최이진의

Logic Pro 11

최이진 지음

무슨 말이 필요한가!
국내 최고의 로직 마스터가 공개하는 학습서

노하우
도서출판

최이진의 Logic Pro 11

초판 발행 2025년 2월 26일

지은이 최이진

펴낸곳 도서출판 노하우
기획 현음뮤직
진행 노하우
편집 덕디자인

주소 서울시 관악구 행운1길
전화 02)888-0991
팩스 02)871-0995

등록번호 제320-2008-6호
홈페이지 hyuneum.com

ISBN 978-89-94404-60-8

값 55,000원

Thanks to readers

Apple Logic Pro

멈추지 마라! 꿈은 이루어진다!

멀티 미디어 출판 부문 1위!
독자 여러분! 고맙습니다.

세상을 살다 보면
차라리 죽고만 싶을 만큼
힘들고, 괴로울 때가 있습니다.

하지만, 누가 봐도
힘들고, 괴로워 보이는 사람들은
오히려 그 속에서 피와 땀을 흘려가며
가슴속 깊이 전해지는 감동을 만들어냅니다.

도서출판 노하우는
힘들게 공부하는 사람들과
함께하는 작은 디딤돌이 되겠습니다.

힘들고, 괴로울 때
내가 세상의 빛이 될 수 있다는
꿈과 희망을 품고 열심히 공부하세요
멈추지 않는다면, 꿈은 반드시 이루어집니다.

그 곁에 도서출판 노하우가 함께 하겠습니다

고맙습니다.

학습 내용 미리보기

Apple Logic Pro

PART 1 : 로직 시작하기

로직 설치부터 기본 인터페이스와 설정 방법을 배우며, 프로젝트 시작을 위한 기초를 다집니다. 로직을 처음 사용하는 이들에게 필수적인 지식을 제공합니다.

PART 2 : 프로젝트 관리

프로젝트의 파일 관리, 저장 및 불러오기부터 트랙 구성까지 효율적으로 관리하는 방법을 배웁니다. 음악 작업의 흐름을 체계적으로 조직할 수 있습니다.

PART 3 : 도구와 트랙의 역할

로직의 다양한 도구와 트랙 설정을 배우고, 글로벌 트랙의 역할을 이해합니다. 효율적인 작업을 위한 기초적인 트랙 관리 기법을 익힙니다.

PART 4 : 이벤트 입력 방법 익히기

미디와 오디오 이벤트를 다양한 방법으로 입력하는 기술을 배웁니다. 키보드, 마우스, 외부 컨트롤러 등을 활용한 효율적인 데이터 입력 방법을 익힙니다.

PART 5 : 미디 편집 창 익히기

미디 편집 창에서 이벤트를 수정하고, 시각적으로 편집하는 다양한 기법을 배웁니다. 미디 이벤트 편집을 위한 에디터의 모든 조작 방법을 익힙니다.

PART 6 : 미디 편집 테크닉

미디 이벤트를 정확하게 조정하고, 고급 편집 도구를 활용하는 방법을 배웁니다. 미디 이벤트를 효율적으로 편집하는 실용적인 팁을 제공합니다.

PART 7-8 : 소프트웨어 악기

디지털과 아날로그 소프트웨어 악기의 특징을 배우고, 각 악기의 매력을 극대화하는 방법을 익힙니다. 다양한 사운드 창출을 위한 기법을 배웁니다.

PART 9 : 오디오 편집 테크닉

효율적인 오디오 파일 편집과 믹서 사용법을 배우며, 오디오 작업을 더 효율적으로 수행하는 방법을 익힙니다. 편집과 믹싱의 기초를 다집니다.

PART 10 : **믹싱과 마스터링**

믹서 사용법과 필수 이펙트 플러그인인 EQ, 컴프레서, 리버브를 배우며 믹싱과 마스터링의 핵심 기법을 익힙니다. 음악을 더욱 완성도 있게 다듬는 방법을 배웁니다.

PART 11 : **이펙트 플러그인**

믹싱과 마스터링에 필요한 다양한 이펙트 플러그인을 배우고, 그 효율적인 사용법을 익힙니다. 음악 작업에서 필수적인 이펙트 기술을 다룹니다.

PART 12 : **나만의 작업 환경 만들기**

로직을 더욱 효율적으로 활용할 수 있는 개인화된 작업 환경을 설정하는 방법을 배웁니다. 나만의 창작 공간을 최적화하여 작업 흐름을 개선합니다.

실습 샘플

Apple Logic Pro

입문자를 위한 실습 프로젝트와 오디오 샘플은 hyuneum.com에서 다운 받을 수 있습니다. 홈페이지에 접속한 후 도서출판 노하우 페이지를 열고, 자료실을 선택합니다. 그리고 로직 프로 도서 그림을 선택하면 보이는 다운로드 버튼을 클릭하면 됩니다.

[영상 강좌]

CONTENTS

Apple Logic Pro

PART 02 프로젝트 관리

CONTENTS

Apple Logic Pro

PART 04 이벤트 입력하기

CONTENTS
Apple Logic Pro

PART 05 미디 편집 창 익히기

PART 06 미디 편집 테크닉

CONTENTS
Apple Logic Pro

PART 07

디지털 소프트웨어 악기

CONTENTS
Apple Logic Pro

CONTENTS
Apple Logic Pro

PART 09 오디오 편집 테크닉

PART 10

믹싱과 마스터링

CONTENTS
Apple Logic Pro

CONTENTS
Apple Logic Pro

LOGIC PRO 11

01 PART

로직 시작하기

음악 작업에 필요한 시스템의 종류와 연결 방법, 오디오 드라이버 설정 방법 등, 로직을 사용하기 위한 준비과정을 살펴봅니다. 이미 로직을 이용하여 작업을 진행하는데 큰 문제가 없더라도 한 번쯤 읽어보면서 자신의 시스템 설정을 체크해보기 바랍니다.

컴퓨터 음악의 이해

과거에는 작곡, 편곡, 연주, 녹음 및 믹싱과 마스터링 등 각 분야별로 참여 인원이 명확하게 구분되어 있었습니다. 그러나 요즘에는 이 모든 작업을 혼자서 해내고 있으며, 녹음을 위해 엄청난 비용의 스튜디오를 빌려야 했던 일까지 집에서 해결하고 있습니다. 이 모든 작업이 가능하게 된 것은 디지털 오디오 워크스테이션(DAW)이라고 불리는 컴퓨터 음악 프로그램이 발전했기 때문입니다. 음악을 하고자 한다면 이 도구를 반드시 익혀야 하는 것이 분야에 상관없이 필수적인 요구사항이 되었습니다. 그 중 하나인 로직은 맥 또는 아이패드 시스템에서 가장 많이 사용되는 DAW입니다.

작곡 및 작사

컴퓨터 음악 프로그램은 미디와 오디오 데이터를 입력하고 편집하는 툴을 말하며, 다양한 제품이 있습니다. 그 중에서 맥 또는 아이패드 시스템에서 가장 많이 사용되고 있는 프로그램이 Apple사의 Logic Pro이며, 음악을 제작하는 모든 과정을 처리할 수 있다고 해서 Digital Audio Workstation(DAW)이라고도 합니다.

녹음기를 틀어 놓고, Piano 또는 Guitar를 연주하면서 흥얼거리는 노래를 녹음합니다. 그리고 녹음한 음악을 모니터 하면서 마음에 드는 부분을 악보로 옮기는 과정을 반복하여 멜로디와 코드를 완성해가는 것이 작곡가들의 전형적인 작업 방식이었습니다. 그러나 요즘에는 악기와 녹음기 대신에 노트북이나 아이패드 하나 달랑 들고 음원까지 만들어내는 작곡가들의 모습을 흔하게 볼 수 있는데, 이것을 가능하게 한 것이 컴퓨터 음악 프로그램입니다.

대중의 사랑을 받는 히트곡의 대부분이 오랜 시간 작업실에서 만들어진 것보다는 이동하는 자동차 안이나 친구를 기다리는 커피숍 등에서 문득 떠오르는 악상으로 탄생한 것들이 더 많다는 일화는 많습니다. 이것은 늘 음악을 생각하는 열정을 가지고 있으며, 언제 어디서든 악상을 기록할 수 있는 장치를 휴대하고 있다는 증거입니다.

작곡가의 꿈을 가지고 있다면, 로직이 설치되어 있는 노트북이나 아이패드를 늘 소지하고 다니는 습관을 가져야 할 것입니다. 물론, 간단한 악상을 기록하는 도구로는 휴대폰의 녹음 기능이 최적이기는 하지만, 아이패드는 로직뿐만 아니라 맥 시스템의 로직을 무선으로 컨트롤할 수 있는 Logic Remote를 비롯하여 다양한 창작 아이디어를 얻을 수 있는 어플들이 있기 때문에 음악을 하는 사람들에게 거의 필수적인 아이템이기도 합니다.

▲ 아이패드용 로직 프로

▲ 아이패드 및 아이폰용 로직 리모트

편곡 및 녹음

작곡된 악보 또는 음악은 편곡을 의뢰합니다. 편곡가는 작곡가가 보내준 악보를 반복 연주해 보면서 드럼은 어떻게 연주하는 것이 좋은지, Guitar와 Piano 등의 솔로 악기를 첨가할 것인지의 여부를 고민하면서 각 악기 파트의 연주 악보를 완성합니다. 그리고 스튜디오를 빌리고, 수십 명의 연주자들을 섭외하여 편곡한 악보에 맞추어 음악을 녹음합니다. 이것이 과거의 음악 작업 형태입니다. 그러나 요즘에는 마우스 드래그 만으로도 편곡 작업을 진행할 수 있기 때문에 전문적인 음악 지식보다는 감각이 요구되는 시대가 되었고, 곡의 특징을 누구보다도 잘 알고 있는 작곡가가 직접 편곡을 하는 추세입니다. 이렇게 자신이 작곡한 곡에 편곡 작업을 진행할 때 필요한 것이 본서에서 학습할 로직이며, Yamaha사의 Cubase나 Ableton사의 Live 등 다양한 제품들이 있습니다.

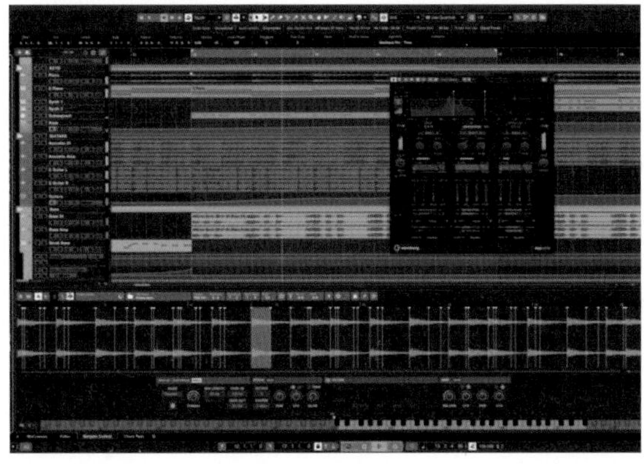

▲ Cubase Pro

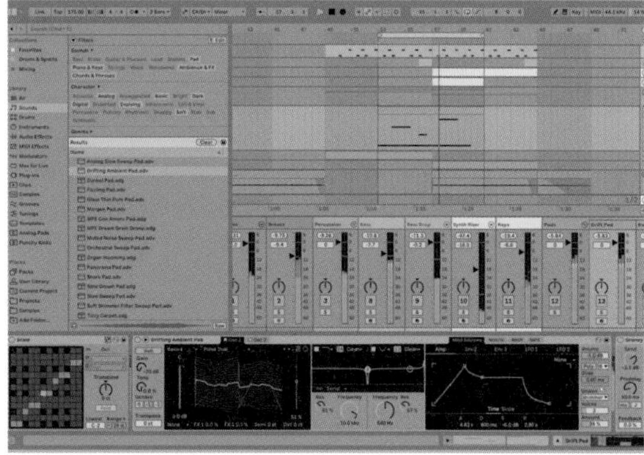

▲ Ableton Live

홈 스튜디오

작사, 작곡, 편곡, 녹음이 끝난 곡은 믹싱과 마스터링 작업을 진행합니다. 믹싱은 각 트랙에 녹음한 악기 연주의 볼륨과 EQ, 그리고 다양한 이펙트를 사용하여 현장감 있는 사운드를 연출하기 위한 작업이며, 마스터링은 음원을 발표하기 전에 다이나믹 범위와 색채 등을 최종적으로 다듬는 작업입니다.

믹싱과 마스터링 작업을 하기 위해서는 스튜디오의 음향 시설과 각종 음향 장치들이 필요한데, 로직에는 실제 수천만 원 상당의 스튜디오 장비와 대등한 기능의 음향 장치들을 제공하고 있습니다. 물론, 장비보다 중요한 것이 음향에 대한 전문 지식과 경험이기 때문에 아직도 녹음과 믹싱 작업은 스튜디오의 엔지니어와 함께 하는 경우가 많습니다. 그러나 열심히 공부한다면, 안방에서 작곡, 편곡, 녹음, 믹싱 등의 모든 작업을 혼자서 해결할 수 있게 해주는 것이 로직의 역할입니다.

▲ 스튜디오의 믹싱 콘솔

▲ 로직의 믹싱 콘솔

미디 작업

마우스 드래그만으로 음악을 만들 수 있는 시대에 미디 학습을 거론한다는 것이 조금은 뒤떨어지는 것이 아니냐는 의견이 있을 수 있습니다. 그러나 미디는 입력한 데이터를 사용자가 원하는 스타일로 쉽게 편집할 수 있기 때문에 연주 실력에 상관없이 작/편곡에 많은 도움이 됩니다. 미디 작업을 대부분의 학생들이 컴퓨터를 처음 배울 때 익히는 워드 프로세서와 비교해보면 키보드를 이용해서 컴퓨터에 글자를 입력하고, 워드 프로그램의 다양한 기능을 활용하여 입력한 글자를 수정하거나 꾸민 다음에, 컴퓨터에 연결한 프린터로 인쇄하는 것과 비슷하다는 것을 알 수 있습니다.

❶ 연주 정보 입력

사람이 연주해야만 하는 악기를 컴퓨터가 연주하게 하는 것이 미디 음악입니다. 독자가 작곡한 곡을 연주자에게 연주하게 하려면, 악보라는 연주 정보를 그려줘야 하듯이 컴퓨터에 연결한 악기를 연주하게 할 미디 정보를 컴퓨터에 입력해야 합니다. 이때 사용하는 프로그램이 로직입니다. 게임을 할 때 마우스 보다는 조이스틱을 사용하고, 그림을 그릴 때도 타블렛이라는 도구를 사용하듯이 로직에 미디 정보를 입력할 때는 마스터 건반을 많이 사용합니다.

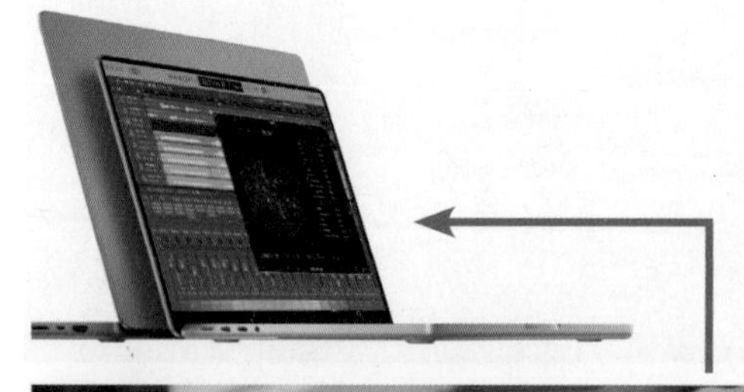

▲ 마스터 건반을 이용하여 로직에 미디 정보 입력

❷ 연주 정보 편집

디카로 찍은 사진을 컴퓨터에 입력하여 배경을 바꾸고, 밝기를 조정하면, 좀 더 멋진 사진을 만들 수 있듯이, 로직에 입력한 어설픈 연주를 훌륭하게 편집하는 기술을 익히는 것이 미디 학습의 핵심입니다. 로직은 대부분의 음악 프로그램에서 채택하고 있는 '피아노 롤', 악보에 익숙한 사용자를 위한 '악보 편집기', 컨트롤 정보를 빠르게 편집할 수 있는 '목록 편집기' 등의 미디 편집 창과 효과적인 시스템 구성을 위한 Environment를 제공하고 있습니다.

▲ 로직의 미디 에디터

❸ 연주 정보 출력

로직에서 편집한 연주 정보로 외부 악기를 연주하는 것은 재생 버튼을 클릭하는 간단한 동작으로 할 수 있습니다. 이때 악기의 성능이 사운드를 결정하기 때문에 프로 뮤지션들이 악기를 장만하는데 많은 돈을 쓰고 있으며, 대부분의 학생들이 여기서 꿈을 접는 경우가 종종 있습니다. 그러나 컴퓨터의 발달로 하드웨어 악기를 소프트웨어로 구현하는 시대가 되었기 때문에 고가의 하드웨어 악기를 장만해야만 하는 부담을 크게 줄일 수 있게 되었습니다. 결국, 경제적인 이유로 꿈을 접는다는 이유는 실력 없는 사람들의 핑계일 뿐입니다. 소프트웨어 악기는 로직에서 제공하는 것 외에 전문 업체에서 만든 것들이 있는데, 이렇게 로직에서 사용할 수 있도록 제 3 업체에서 만든 것을 서드파티 플러그인이라고 합니다.

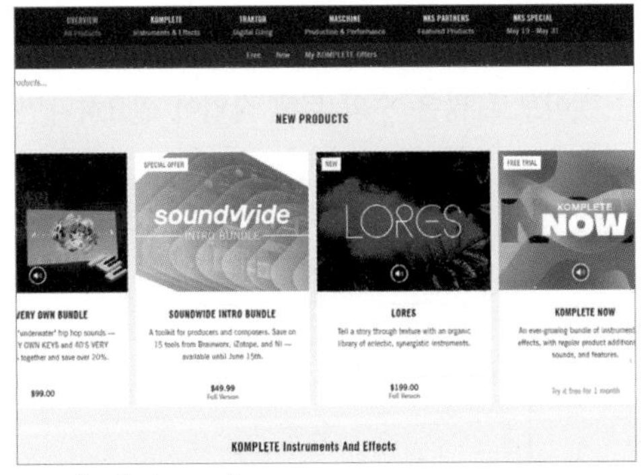

▲ native-instruments.com

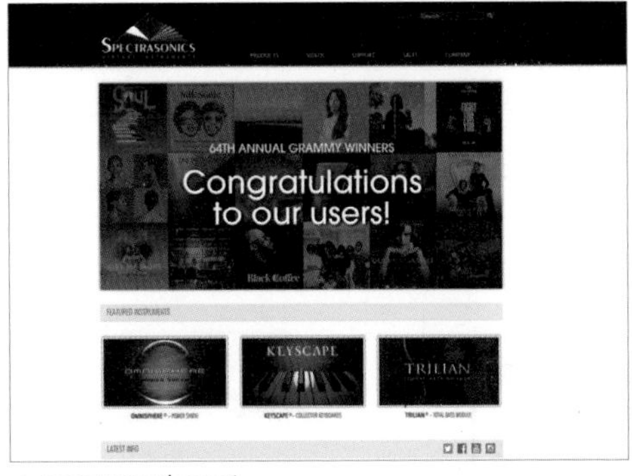

▲ spectrasonics.net

하드 레코딩

연주가 목적이라면 미디 작업만으로 목적을 이룰 수 있겠지만, 음반을 제작하기 위해서는 악기 연주를 사운드로 녹음하는 과정이 필요합니다. 취미로 음악 작업을 하는 경우라면 하나의 레코더에 음악을 한번에 녹음해도 상관이 없지만, 상업 음악을 하기 위해서는 기타, 베이스, 피아노 등, 각각의 악기 사운드를 개별적으로 편집하기 위해서 따로 녹음을 해야 합니다. 20가지의 악기 사운드를 사용하고 있다면, 20개의 레코더가 필요하다는 것입니다.

❶ 레코더를 이용하는 경우

20개의 레코더를 이용해서 녹음한다고 가정할 때, 각각의 연주 타이밍을 맞추거나 컨트롤 하는 것이 불가능하다는 것은 쉽게 짐작할 수 있을 것입니다. 그래서 하나의 장비로 동시에 16개 또는 24개의 녹음기 역할을 하는 멀티트랙 레코더라는 하드웨어 장비를 많이 사용합니다. 하드웨어는 언제 어디서든 녹음이 가능한 이동성과 안전성이 있지만, 고가라는 단점이 있습니다.

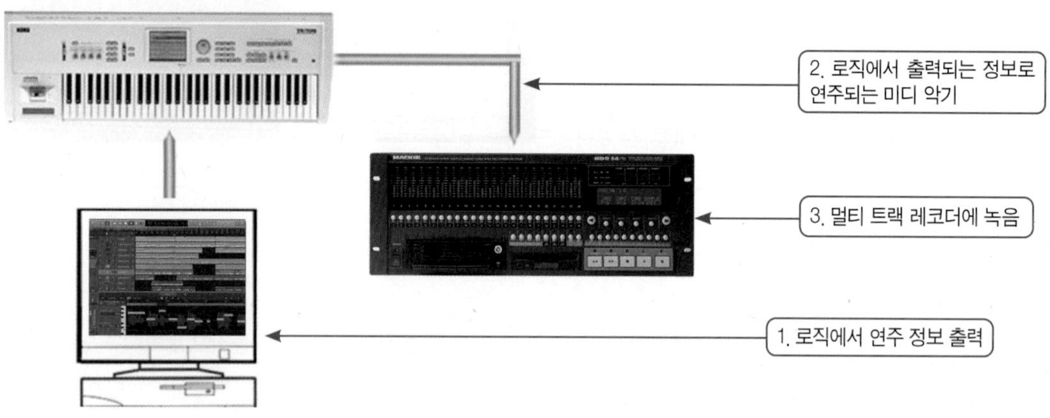

▲ 하드웨어를 이용한 레코딩

❷ 로직를 이용하는 경우

로직는 미디 작업외에도 사운드를 녹음할 수 있는 레코더 기능이 있습니다. 녹음 방식은 컴퓨터 하드디스크를 이용한다는 점에서 하드웨어 레코더와 동일합니다. 그러나 로직는 녹음 트랙에 제한이 없고, 녹음한 사운드를 자유롭게 편집할 수 있는 등 하드웨어와 비교할 수 없는 많은 장점을 가지고 있습니다. 단, 높은 시스템 사양을 필요로 합니다. CPU와 RAM의 용량도 중요하지만, 하드 디스크에 녹음하는 것이므로 많은 수의 트랙 작업이 필요하다면 빠른 속도의 하드 디스크를 갖출 필요가 있습니다.

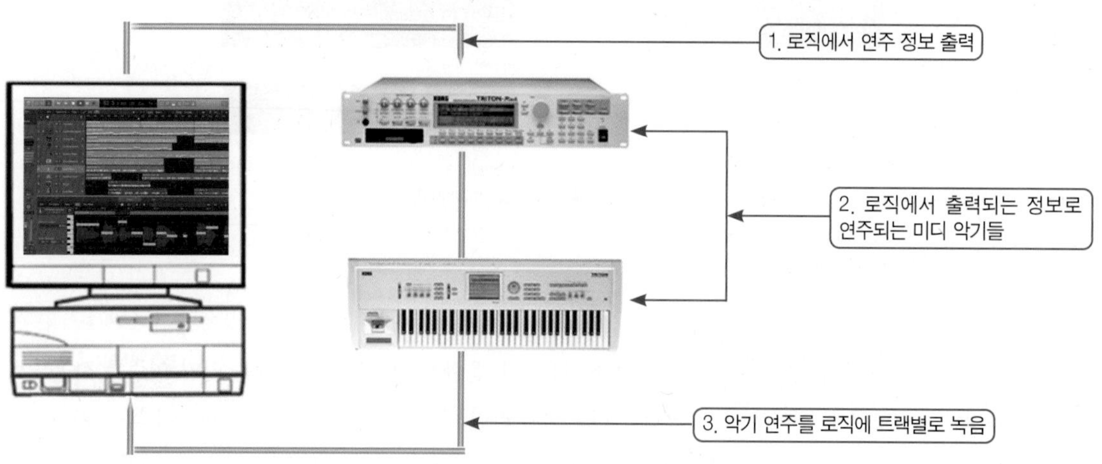

▲ 로직를 이용한 레코딩

❸ 스튜디오와의 호환 작업

컴퓨터 음악 프로그램은 로직 외에도 Ableton사의 Live, Yamaha사의 Cubase Pro, Digidesign사의 Pro Tools 등이 있습니다. 각각의 프로그램 마다 장/단점이 있기 때문에 사용자 폭도 다양합니다. 문제는 독자가 작업한 음악을 스튜디오에 가져가서 믹싱과 마스터링 작업을 하고 싶을 때, 스튜디오에서 사용하는 프로그램이 다를 수 있다는 것입니다. 그러나 로직은 트랙 내보내기가 가능하고, Premiere Pro나 Fianl Cut Pro 등의 영상 프로그램과도 호환 가능한 XML 및 AAF 파일 제작이 가능하기 때문에 별다른 문제없이 작업을 진행할 수 있습니다.

▲ 로직의 프로젝트를 AAF 파일로 내보내기

▲ 영상 편집 프로그램에서 AAF 파일을 가져오기

믹싱과 마스터링 작업

멀티 녹음을 완료한 후에는 디지털 컨텐츠를 위한 Wav 및 MP3 파일 제작을 위한 믹싱과 마스터링 작업을 진행합니다. 믹싱은 각 트랙 별로 녹음한 사운드에 각종 이펙트를 사용하여 정위감과 공간감을 만드는 작업이고, 마스터링은 최종적으로 레벨과 색체를 다듬어 가장 인상 깊고, 듣기 좋은 음악을 만들기 위한 작업입니다.

❶ 믹싱 작업

각 트랙으로 녹음한 사운드의 레벨을 조정하고, 다양한 이펙트를 사용하여 정위감과 공간감을 만드는 믹싱 작업은 오랜 경험이 필요할 만큼 어려운 작업이기 때문에 많은 뮤지션들이 전문 스튜디오를 찾습니다. 로직는 녹음 스튜디오의 환경을 그대로 옮겨놓은 듯한 믹싱 콘솔과 다양한 이펙트를 내장하고 있기 때문에 녹음실에서의 모든 작업이 가능한 프로그램입니다.

▲ 녹음실 전경

❷ 가상 이펙트

하드웨어 악기를 소프트웨어로 구현하는 플러그인 악기가 있듯이 하드웨어 이펙트를 소프트웨어로 구현하는 플러그인 이펙트도 있습니다. 특히, 소프트웨어 이펙트의 기술은 이미 하드웨어와 대등하다는 평가를 듣고 있기 때문에 라이브 공연이 아니라면 굳이 하드웨어 이펙트가 필요없을 정도입니다. 로직는 믹싱과 마스터링 작업에 필요한 다양한 이펙트가 내장되어 있으며, 추가 플러그인이 필요없을 만큼의 성능을 가지고 있습니다.

▲ 로직의 이펙트

❸ 마스터링 작업

각각의 트랙 사운드를 조정한 후 최종 마스터 트랙에서 사운드 파일 제작을 위한 익스포팅 작업을 하기전에 EQ나 컴프레서를 사용하여 전체 사운드의 색깔과 다이나믹을 조정하는 마스터링 작업을 합니다. 일반적으로 믹싱 작업과 동시에 하기 때문에 국내에는 마스터링 전문 엔지니어가 없지만, 세계 동향을 보면, 전문직으로 급부상할 수 있는 분야이기도 합니다. 로직를 학습하면 지금까지 살펴본 미디, 하드레코딩, 믹싱, 마스터링 등의 모든 작업을 혼자서 해낼 수 있는 능력을 갖출 수 있습니다.

▲ 로직에서의 마스터링 작업

그 밖의 작업

로직는 미디, 하드레코딩, 믹싱과 마스터링 작업은 물론 멀티미디어 파일 제작의 익스포팅까지 음악 제작에 필요한 모든 것을 하나로 해결할 수 있는 컴퓨터 음악 프로그램입니다. 그 밖에 사용자 센스에 따라 악보 작업, 리믹스 작업, 영상 음악 작업 등이 가능합니다.

❶ 악보 작업

실제 음악 작업과 거리가 있어서인지 대부분의 컴퓨터 음악 프로그램은 악보 제작 기능은 형편없습니다. 그래서 악보 제작이 필요한 사용자는 '도리코'나 '시벨리우스'와 같은 악보 제작 프로그램을 따로 공부해야만 하는 부담이 있습니다. 하지만, 로직는 전문 사보 프로그램 못지않은 악보 제작 기능을 갖추고 있습니다. 다만, 로직으로 악보를 제작하는 것과 전문 툴을 이용해서 악보를 제작하는 수고가 비슷하기 때문에 악보 제작을 위해서 하나의 툴을 더 공부할 것인지, 로직를 활용할 것인지의 여부는 개인이 선택해야 할 몫입니다.

▲ 도리코 (steinberg.net)

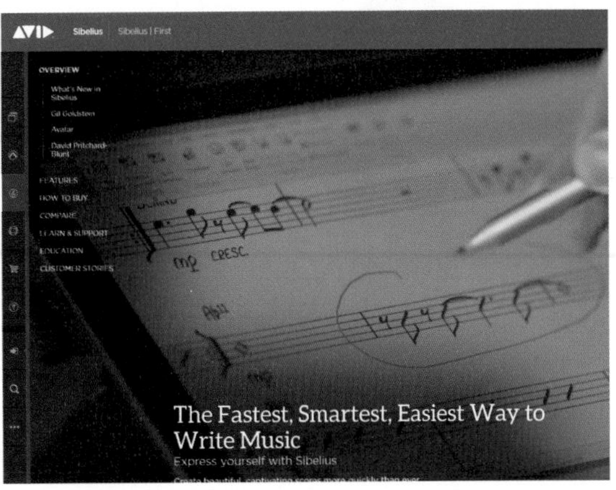

▲ 시벨리우스 (avid.com)

❷ 리믹스 작업

원곡의 리듬을 바꾸는 리믹스 작업에 가장 많이 사용하는 프로그램에는 Ableton사의 Live나 VST Instruments로 유명한 Native사의 Traktor Pro등이 있습니다. 로직는 자체 기능만으로도 전문 믹싱 프로그램 못지않은 작업이 가능하지만, Ableton Live를 리와이어로 연결하여 사용할 수 있기 때문에 시간을 내어 Ableton Live를 학습을 해둔다면, 음악 작업을 한 단계 업그레이드 시킬 수 있는 노하우를 얻게 될 것입니다.

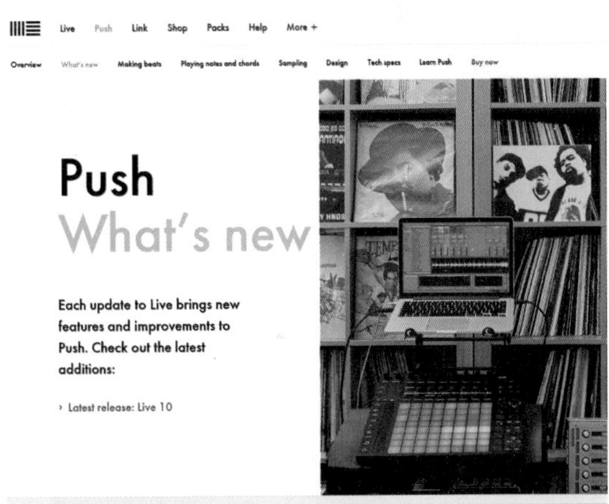

▲ 에이블톤 라이브 (abletone.com)

❸ 사운드 트랙 및 방송

영화 및 드라마 등의 상업 분야에서는 사운드가 영상의 퀄리티를 결정한다는 말을 원칙으로 여기며 많은 비용을 투자합니다. 개인 유튜브 편집자라도 어느 정도 경험이 쌓이면 이 사실을 몸소 체감하며 최종적으로 사운드 편집을 공부하게 됩니다. 로직은 맥의 대표적인 영상 편집 프로그램인 파이널 컷 프로와 연동 작업이 가능하며, 깨끗하고 선명한 실시간 방송 사운드를 송출할 수 있습니다.

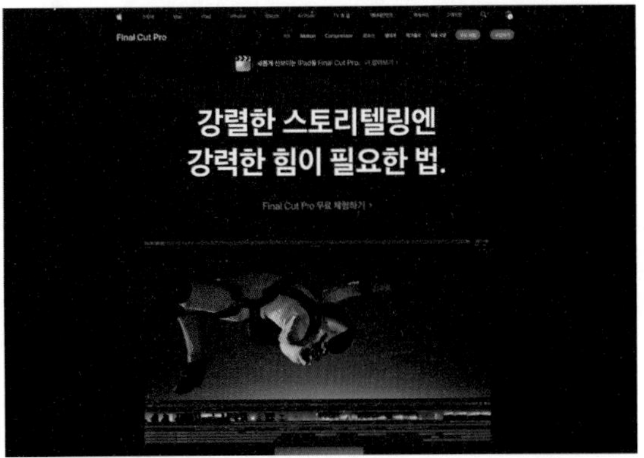

▲ 파이널 컷 프로 (apple.com/kr/final-cut-pro)

시스템 준비하기

로직은 Apple 사에서 출시되고 있는 MacBook Air, MacBook Pro, iMac, Mac mini, Mac Studio, Mac Pro의 모든 제품에서 사용할 수 있지만, 작업 스타일과 목적에 따라 개인차가 크기 때문에 특정 모델을 추천하기는 어렵습니다. 다만, 시스템을 새로 구매할 예정이라면 어떤 모델이든 메모리는 16GB 이상의 옵션을 선택하고, 저장 장치도 가능하면 1TB SSD 이상을 선택하는 것이 좋습니다. 그 외, 음악 작업에 필요한 시스템의 종류를 살펴보겠습니다.

● 맥의 선택

맥의 1차 선택 기준은 이동이 잦은 사용자는 MacBook Air와 MacBook Pro의 노트북, 주로 집이나 스튜디오에서 작업을 하는 사용자는 iMac, Mac mini, Mac Studio, Mac Pro의 데스크탑입니다. 1차 선택이 완료되었다면 2차 선택 기준은 자신의 작업 상황에 어울리는 옵션을 고르는 일입니다. 맥은 프로세서, 메모리, 하드 용량을 옵션으로 선택할 수 있는데 무조건 큰 게 좋습니다. 하지만, 어느 정도 기준이 필요할 것입니다. 프로세서는 칩셋마다 기본형부터 Pro, Max, Ultra로 구분되어 있는데 선택 요령은 메모리와 하드 용량을 먼저 결정하는 것입니다.

▲ 맥 (apple.com)

첫째 메모리 용량은 음악 작업에 있어서 아주 중요합니다. 모든 소프트 악기는 메모리로 로딩되며, 큰 것은 음색 하나에 1GB가 넘는 것도 많습니다. 즉, 악기 사용에 제한이 있을 수 있으므로, 자신이 주로 사용하는 소프트 악기의 총 메모리 용량을 체크해야 하며 입문자라면 최소 16GB 이상을 권장합니다.

둘째는 하드 용량입니다. 음악 작업을 하다 보면 가상 악기와 샘플을 많이 사용하게 되는데, 가장 많이 사용하는 Native instruments사의 Komplete만 해도 설치 용량이 800GB가 넘습니다. 물론, 외장 하드를 써도 상관없지만, 자주 사용하는 음색은 설치를 하는 것이 좋습니다. 그러므로 자신이 주로 사용하는 라이브러리와 샘플 용량을 체크해야 하며 입문자라면 최소 1TB 이상을 권장합니다. 이렇게 작업에 필요한 메모리와 하드 용량을 먼저 체크하고 예산에 맞추어 프로세서를 선택하면 후회 없는 결정이 될 것입니다.

아이패드도 좋은 선택이 될 수 있습니다. 창작 아이디어는 스튜디오 밖에서 떠오르는 경우가 더 많기 때문입니다. 터치 기반으로 설계된 아이패드용 로직 프로는 언제 어디서든 떠오르는 아이디어를 바로 스케치할 수 있습니다. 창작자들에게 순간의 아이디어를 놓치지 않고 기록할 수 있는 기기를 항상 가지고 다니는 습관은 매우 중요합니다.

▲ 아이패드용 로직 프로

● 마스터 건반

로직을 이용한 음악 작업의 첫 번째 단계는 로직에서 제공하는 소프트 악기 또는 컴퓨터에 연결한 외부 악기를 자동으로 연주 시켜줄 미디 정보를 입력하는 것입니다. 로직에 미디 정보를 입력하는 도구로는 컴퓨터의 기본 장비인 키보드와 마우스를 이용할 수도 있지만, 컴퓨터 게임을 할 때 '조이스틱'이라는 게임 컨트롤러를 이용하면, 보다 자유롭게 게임을 즐길 수 있듯이, 미디 정보 입력을 리얼하게 할 수 있는 미디 정보 입력 장치를 사용하는 것이 편리합니다. 미디 정보 입력 장치로 많이 사용하는 것에는 피아노와 같은 모양의 건반이 있는 마스터 건반입니다. 외관상으로는 신디사이저라는 건반 악기와 비슷하지만, 대부분 미디 연주 정보 입력용으로 사용하는 장치이기 때문에 내장된 음색이 없습니다.

마스터 건반 외에 미디 정보 입력 장치로 사용하는 것에는 가격은 부담스럽지만, 음원을 내장하고 있기 때문에 미디 정보 출력용으로도 사용이 가능한 신디사이저가 있습니다. 그리고 많이 사용하지는 않지만, 각종 연주 테크닉을 리얼하게 입력할 수 있는 드럼 패드, 미디 기타, 윈드 컨트롤러 등의 미디 정보 입력 장치도 있습니다.

▲ 마스터 건반

▲ 신디사이저

▲ 드럼 패드

● 미디 음원

로직에 입력한 미디 연주 정보로 연주되는 악기를 미디 음원이라고 합니다. 미디 음원에는 앞에서 살펴본 신디사이저 외에도 건반 없이 음원만 내장되어 있는 모듈이라는 것을 많이 사용합니다. 즉, 신디사이저에서 건반만 떼어놓은 것을 마스터 건반, 음원만 떼어놓은 것을 모듈이라고 이해하면 됩니다.

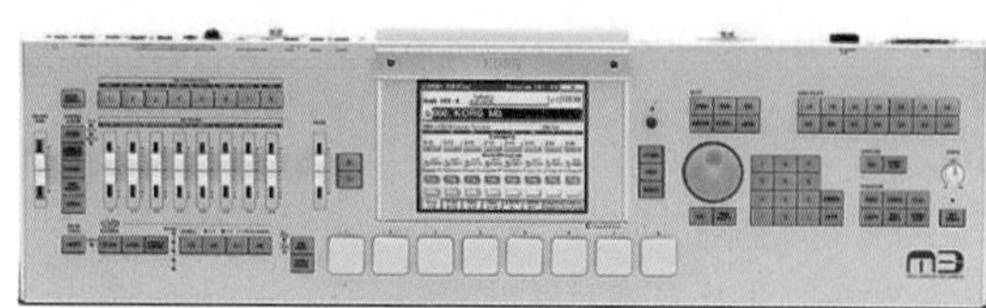

▲ 모듈

모듈은 최소한 백여 가지 이상의 음색이 내장되어 있으며, 로직에서 음색 번호를 선택하는 것 만으로도 쉽게 사용할 수 있다는 장점이 있습니다. 그러나 이미 내장된 음색 이외의 사운드를 만들어 사용할 수 없다는 단점이 있기 때문에 원하는 음색을 만들어 사용할 수 있는 샘플러라는 장치를 미디 음원으로 많이 사용하기도 합니다.

▲ 샘플러

모듈과 샘플러는 가격이 높다는 단점이 있기 때문에 라이브 연주가 필요 없는 컴퓨터 뮤지션이라면 소프트 악기를 권장합니다. 소프트 악기는 하드웨어 악기를 컴퓨터에서 구현하는 기술을 의미하며, 실제 하드웨어 못지 않은 음질을 가지고 있습니다. 로직는 Alchemy, ES, Sampler를 비롯한 프로 급 소프트웨어 악기가 내장되어 있으며, 타사에서 제작된 AU 플러그-인을 자유롭게 사용할 수 있습니다. 현재 뛰어난 음질과 기능을 자랑하는 다양한 소프트 악기가 여러 회사에서 쏟아지고 있기 때문에 컴퓨터와 마스터 건반만 덩그러니 놓여있는 뮤지션들의 작업실 모습을 많이 볼 수 있습니다.

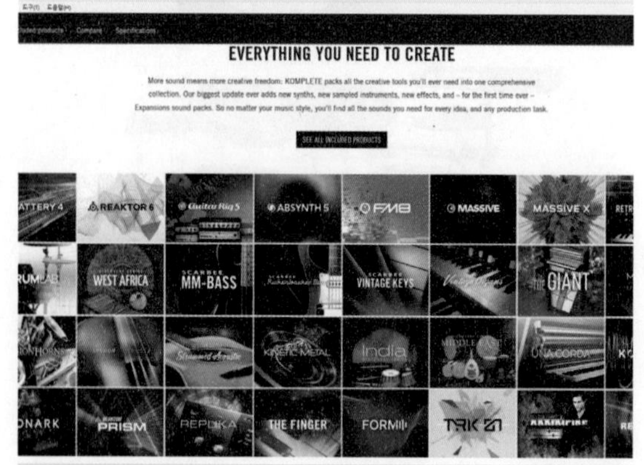

▲ KONTAKT 제작사인 native-instruments.com

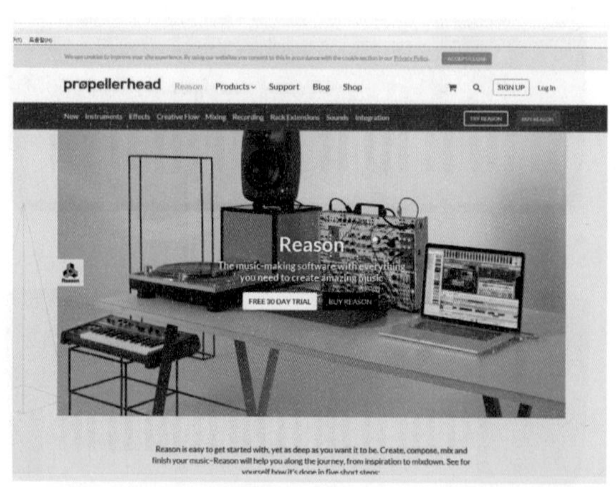

▲ REASON 제작사인 propellerheads.se

● 오디오 인터페이스

사운드 카드는 미디 및 사운드의 입/출력, 미디 음원 등의 기능을 포함하고 있는 멀티 제품이고, 컴퓨터에 기본적으로 내장되어 있기 때문에 추가 비용 없이 음악을 시작할 수 있는 아주 유용한 장치입니다. 그러나 작업에 어느 정도 익숙해지면, 레이턴시 해결을 위한 ASIO 드라이버 지원 제품과 좀더 깨끗한 사운드를 원하게 됩니다. 오디오 인터페이스는 사운드의 입/출력만을 다루는 전문 제품이기 때문에 컴퓨터에 내장된 사운드 카드보다 깨끗한 사운드를 구현할 수 있으며, 마이크 프리 기능이 내장되어 있어 별도의 추가 장비 없이 스튜디오급 녹음이 가능합니다.

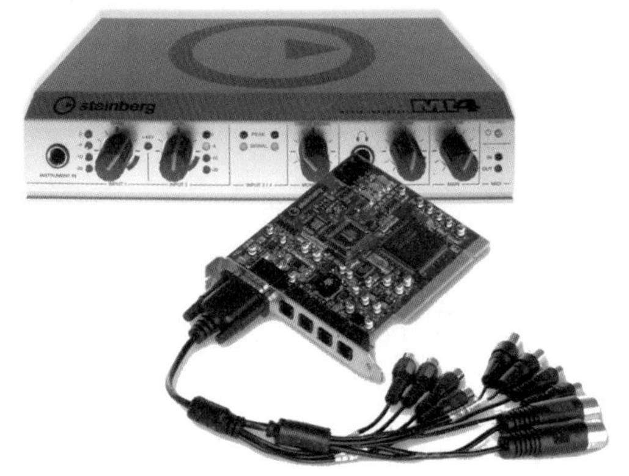

▲ 오디오 인터페이스

● 헤드폰

보컬이나 색소폰 등의 마이크 녹음을 할 때 필요한 것이 헤드폰입니다. 녹음을 할 때는 헤드폰에서 들리는 소리가 마이크로 들어오면 안 되기 때문에 외부 소리를 차단할 수 있는 밀폐 형을 써야 하며, 그래도 문제가 있는 경우라면 이어폰을 끼고, 그 위에 헤드폰을 덧쓰는 방법도 있습니다.

보컬이나 연주자는 녹음을 할 때 오로지 헤드폰을 통해 들려오는 소리로만 모니터를 하기 때문에 가급적 주파수 왜곡이 없는 모니터용 헤드폰을 구비하는 것이 좋으며, 연주자가 두 명 이상이거나 집에서 녹음을 하는 경우라면 4개 혹은 8개의 헤드폰을 동시에 연결할 수 있는 헤드폰 앰프도 필요합니다.

▲ 모니터 헤드폰

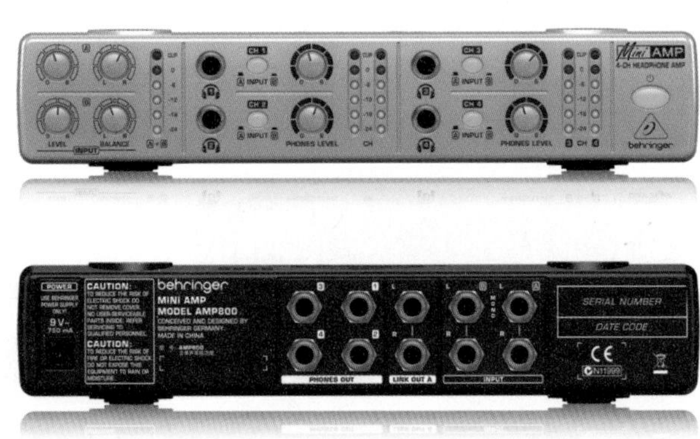

▲ 헤드폰 앰프

● 마이크

사람의 목소리와 같이 라인으로 연결할 수 없는 아날로그 신호를 로직에 디지털 신호로 녹음할 수 있는 방법은 마이크를 이용하는 것 밖에 없습니다. 특히, 팝에서는 가수의 역할이 음악의 승패를 좌우하므로, 마이크의 성능이 다른 무엇보다도 중요한 역할을 합니다.

마이크는 스튜디오에서 많이 사용하는 콘덴서 마이크와 충격에 강하기 때문에 라이브 공연에서 많이 사용하는 다이나믹 마이크 등이 있습니다. 마이크를 구입할 때는 다른 장비와 마찬가지로 주변에서 많이 사용하는 제품을 선택하는 것이 요령입니다.

▲ 무선 마이크 ▲ 콘덴서 마이크

전문 녹음실의 경우에는 좀 더 질 높은 마이크 녹음을 위해서 마이크 프리 앰프와 컴프레서라는 장비를 사용하고 있습니다. 일부 뮤지션의 경우 "실력 없는 것들이 장비 탓 한다" 라는 말들을 하곤 하는데, 이것을 액면 그대로 받아들여 "실력만 있으면 아무 장비나 사용해도 질 좋은 사운드 작업을 할 수 있다"라고 오해하면 안 됩니다. 좋은 장비는 좋은 결과를 만들고, 나쁜 장비는 나쁜 결과를 만드는 것이 당연합니다. "실력 없는 것들이 장비 탓 한다" 라는 말은 자신이 사용하고 있는 장비에 대한 충분한 학습조차 하지 않고, 무조건 비싸고, 좋은 장비만을 구입하려고 하는 일부 사람들을 비난 하는 말로 이해하는 것이 좋겠습니다. 독자는 가지고 있는 장비를 충분히 연구하고, 학습하여 최대의 작업 성과를 이룰 수 있도록 하기 바랍니다. 그리고 부족함을 느낄 때쯤 여건이 허락하는 한도 내에서 전문 장비에 욕심을 내는 것이 바람직한 태도입니다.

▲ 마이크 프리 앰프

▲ 컴프레서

▲ 8채널 마이크 프리 앰프

● 모니터 스피커

로직을 이용해서 음악 작업을 할 때 가장 중요한 역할을 하는 것이 바로 독자의 '귀' 입니다. 그리고 로직에서 작업하는 음악을 귀로 들려주는 역할을 하는 장비가 소리를 증폭시켜 주는 앰프와 증폭된 소리를 전달하는 스피커로 구성된 모니터 시스템입니다. 입문자들이 많이 사용하는 모니터 시스템으로는 가정용 오디오와 컴퓨터용 스피커가 있습니다. 그 이유는 적은 비용으로도 모니터 시스템을 구성할 수 있기 때문입니다. 그러나 요즘에 출시되는 모니터 스피커는 앰프가 내장되어 있는 저렴한 제품들이 많이 있으므로 구입을 고려해보는 것이 좋겠습니다. 모니터용으로 나와 있는 제품들의 특징은 가정용 오디오 스피커나 라이브용 스피커와는 다르게 주파수 대역이 고르기 때문에 독자가 원하는 사운드를 구현하는데 효과적입니다.

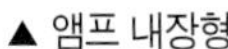
▲ 앰프 내장형

▲ 앰프 분리형

● 미디 컨트롤러

로직 믹서의 볼륨과 팬, 플러그인의 파라미터 등을 마우스가 아닌 외부 장치로 조정할 수 있게 해주는 장치를 미디 컨트롤러라고 합니다. 컨트롤러 전용 장치도 있지만, 대부분의 마스터 건반에는 슬라이더, 노브, 키 패드 등의 컨트롤러 기능을 제공하기 때문에 꼭 필요한 경우가 아니라면 추가 구매는 필요 없습니다. 다만, 로직 10.5에서부터 Ableton Live와 동일한 Loop 기능을 도입하면서 Novation사의 런치패드를 이용할 수 있게 되었습니다. 하나쯤 가지고 있으면 로직의 루프 기능을 실시간으로 제어하는데 도움이 됩니다.

▲ Luchpad (novationmusic.com) : 로직의 Loop 컨트롤

▲ SSL UF1 (solidstatelogic.com) : 로직의 믹서 컨트롤

시스템 연결하기

Ai 기술이 발전한 현대에는 몇 번의 마우스 클릭으로도 음악을 만들어내는 것이 가능합니다. 간단한 유튜브 배경 음악 제작과 같은 개인적 목적을 위해서는 오디오 인터페이스, 마이크, 스피커와 같은 추가 장비 없이도 아이패드나 노트북 하나만으로 충분할 수 있습니다. 하지만 팝 음악 뮤지션으로 활동하고자 한다면, 여전히 전문 장비와 기술력이 필요하며, 음악적 표현력을 극대화하기 위한 이론 학습과 악기 연습은 꾸준히 병행되어야 합니다. 따라서 음악을 하고자 하는 목적에 따라 필요한 장비와 학습 방향을 결정하는 것이 중요합니다.

● 오디오 레코딩 장치 연결

오디오 레코딩에 필요한 장비는 오디오 인터페이스, 마이크, 헤드폰입니다. 친구들끼리 모여서 녹음을 한다면, 여러 대의 헤드폰을 연결할 수 있는 헤드폰 앰프도 필요합니다. 요즘에는 입문자들을 위해서 레코딩 장비를 패키지로 담아서 판매하는 회사가 많습니다. 오디오 인터페이스가 마이크를 2 대만 연결할 수 있는 2In 제품이라서 동시 녹음은 할 수 없지만, 상업용 음원을 제작하는데 아무런 문제가 없습니다. 동시 녹음을 할 일이 없는 개인 작업자에게는 가장 저렴하게 시스템을 꾸밀 수 있는 방법입니다.

▲ Steinberg 패키지

▲ Focusrite 패키지

▲ Presonus 패키지

▲ Behringer 헤드폰 앰프

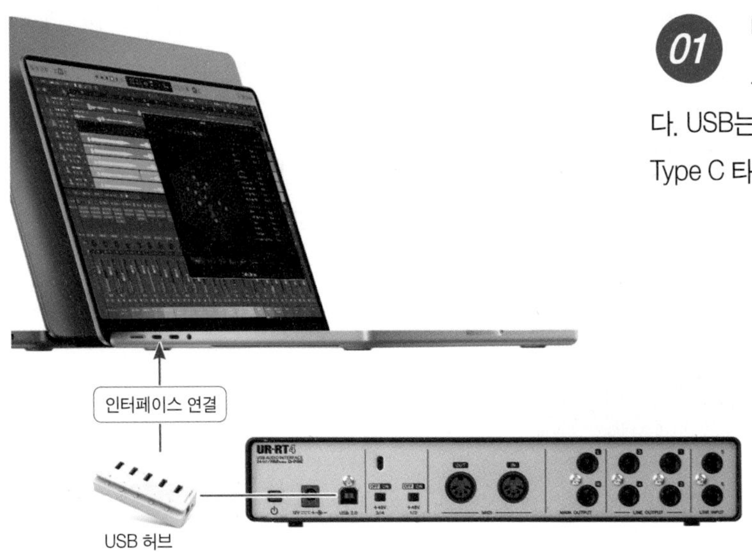

01 대부분의 오디오 인터페이스는 USB 또는 Thunderbolt 포트로 연결됩니다. USB는 아직도 2.0 제품이 많으므로, USB-Type C 타입 허브가 필요할 수 있습니다.

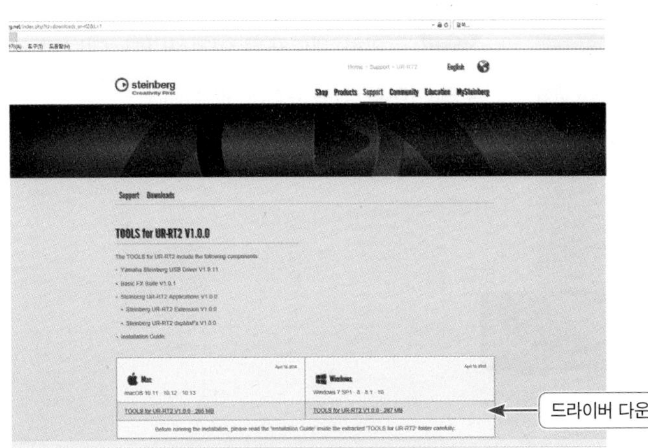

02 오디오 인터페이스는 자동으로 인식되지 않고, 별도의 드라이버를 설치해야 하는 경우가 많습니다. 제작사 홈페이지에서 드라이버를 다운 받아 설치합니다. 자세한 사항은 설명서를 참조하거나 구입처에 문의 합니다.

03 마이크는 인터페이스 Mic Input 단자에 연결합니다. 녹음할 때 많이 사용하는 콘덴서 마이크는 +48V의 펜덤 파워가 On으로 되어 있을 때 동작합니다.

04 인풋이 2개라면 나머지는 기타나 베이스와 같은 악기를 연결할 수 있는 하이 임피던스(Hi-z) 단자입니다. 4채널 이상의 멀티 인터페이스도 Hi-z 단자는 1-2개뿐인 경우가 많으므로, 확인하고 연결합니다.

05 보컬 및 연주자에게 음악을 들려주기 위한 헤드폰을 연결합니다. 대부분 헤드폰 그림으로 표시되어 있습니다.

06 음악 작업에서 보컬까지 혼자서 해내는 싱어송 라이터라면 상관없지만, 친구와 함께 녹음을 할 때는 두 개 이상의 헤드폰이 필요하며, 여러 대의 헤드폰을 연결할 수 있는 헤드폰 앰프도 필요합니다. 제품에 따라 라인 아웃으로 연결되는 것도 있으므로, 구입시 확인합니다.

알아 두면 좋아요! 구형 제품 설치하기

애플 실리콘이 탑재된 Mac은 새로운 보안 기능을 사용하기 때문에 인텔 기반에 출시되었던 구형 제품을 설치하려면 보안 수준을 변경해야 합니다.

1. 맥을 종료합니다.
2. 옵션 아이콘이 보일때까지 전원 버튼을 누르고 있습니다.
3. 옵션 아이콘을 선택하고 계속 버튼을 클릭합니다.
4. 유틸리티 메뉴에서 시동 보안 유틸리티를 선택합니다.

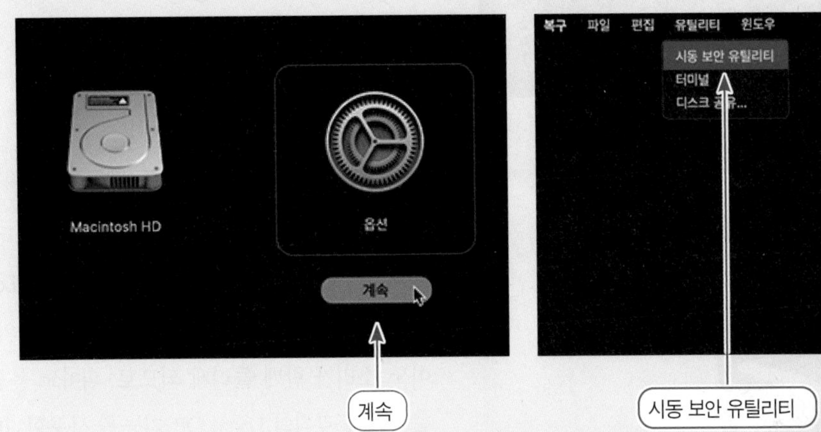

5. 시동 디스크를 선택하고, 보안 정책 버튼을 클릭합니다.
6. 부분 보안을 선택합니다.
7. '확인된 개발자가 배포한 커널 확장 파일의 사용자 관리 허용' 옵션을 체크합니다.
8. 확인하고, 애플 메뉴의 재시동을 선택합니다.

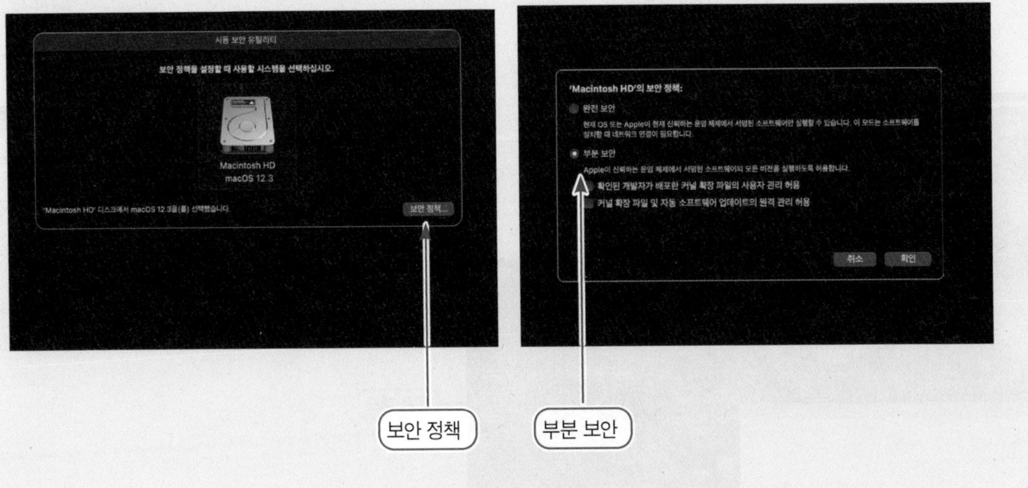

● 미디 레코딩 장치 연결

음악 작업을 위한 미디 레코딩은 필수입니다. 혼자서 모든 섹션의 악기를 구현할 수 있다는 것이 컴퓨터 음악의 매력이기도 하며, 이를 위해 필요한 장비는 마스터 건반 하나면 됩니다. 대부분의 마스터 건반은 USB로 연결되며, 자동으로 인식됩니다. 단, 미디 컨트롤 기능을 제공하는 경우에는 제작사 홈페이지에서 별도의 프로그램을 다운받아 설치해야 하는 경우도 있습니다. 자세한 것은 설명서를 참조하거나 구입처에 문의합니다.

마스터 건반을 USB에 연결

USB 포트가 있는 디지털 피아노라면 마스터 건반으로 사용할 수 있습니다. 단, 대부분 Local Off를 지원하지 않기 때문에 소프트 악기와 피아노 소리가 함께 들리게 되므로, 피아노 볼륨을 줄이거나 로직의 Local Off 기능을 사용합니다

USB 포트

그루브를 살리기 위해서 건반으로 드럼 리듬을 연주하는 경우가 있습니다. 하지만, 건반은 쉽게 망가질 수 있으므로, 리얼 연주가 필요한 경우라면 드럼 패드를 사용하는 것이 좋습니다. 장치는 USB로 연결됩니다.

드럼 패드

● 모니터 연결

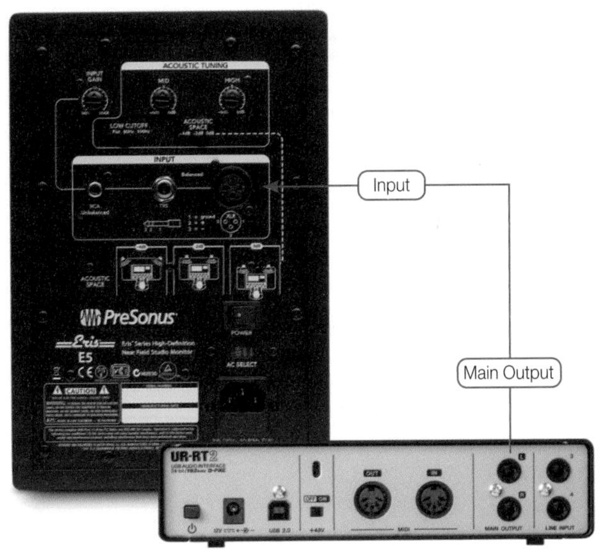

사운드를 레코딩하고 편집하는 오랜 시간 동안 헤드폰만으로 모니터하는 것은 청력에 좋지 않습니다. 가능하면 모니터 스피커까지 갖추길 권장합니다. 모니터 스피커의 Input은 오디오 인터페이스의 Main Out에 연결합니다. 오디오 레코딩 패키지, 마스터 건반, 모니터 스피커를 모두 갖추면 음악을 만들고 음원을 발표할 수 있는 준비는 완료된 것입니다. 이제 남은 것은 꾸준한 학습과 연습입니다.

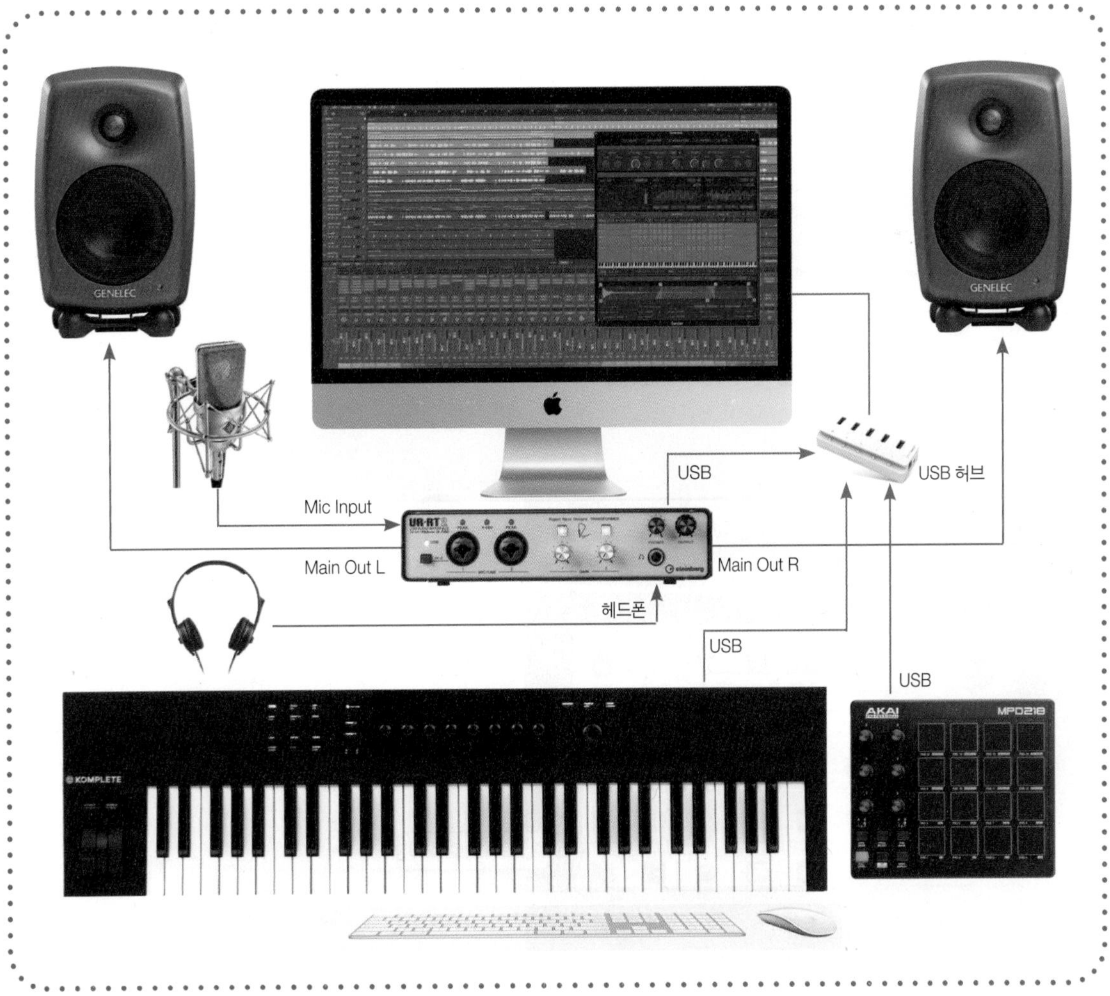

USB
USB 허브
Mic Input
Main Out L
Main Out R
헤드폰
USB
USB

로직 설치 및 실행

로직은 앱 스토어에서 간편하게 다운로드할 수 있으며, 설치 과정은 자동으로 진행되어 별다른 번거로움이 없습니다. 다만, 백그라운드에서 진행되는 사운드 라이브러리 다운로드에는 시간이 소요될 수 있습니다. 이 시간은 사용자의 인터넷 속도에 따라 다르며, 때때로 다소 지루하게 느껴질 수 있습니다. 그러나 그 시간을 통해 자신만의 음악 스튜디오를 세팅하는 즐거운 경험을 만끽할 수 있습니다.

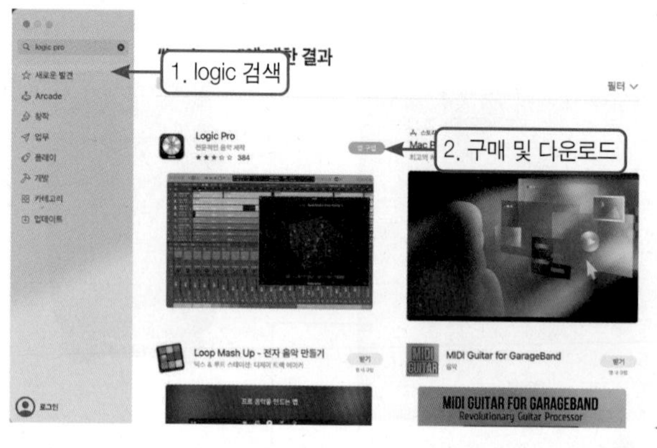

01 로직은 앱스토어에서 검색하여 구매할 수 있으며, 설치는 자동으로 이루어집니다.

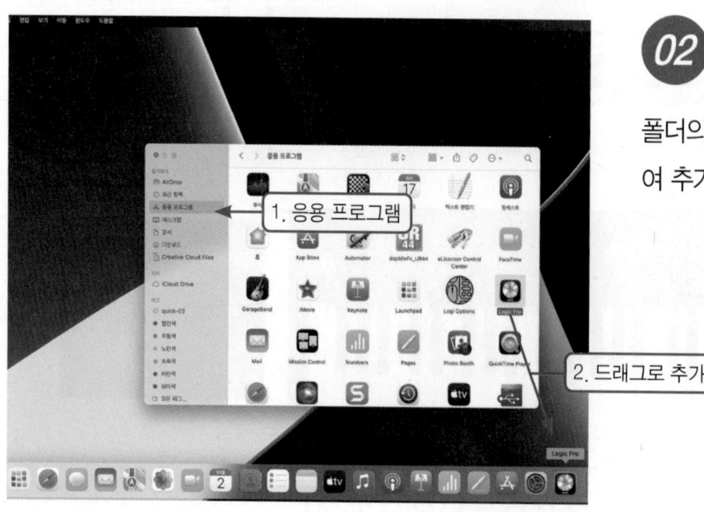

02 로직은 자주 사용하는 프로그램이 될 것이므로, 파인더에서 응용 프로그램 폴더의 Logic Pro를 찾아 Dock으로 드래그하여 추가합니다.

Logic Pro 시작하기

이 앱을 사용할 방법을 선택하십시오.

경험이 많은 Logic 사용자는 전문가 도구 전체를 사용할 수 있는 '컴플리트' 모드를 선택하십시오.

Logic을 처음 접하는 사용자는 음악 제작을 위한 강력한 기능의 핵심 모음을 사용할 수 있도록 앱 전반의 도구 및 메뉴가 정리된 '심플' 모드를 선택하십시오. 환경설정 > 고급에서 언제든지 도구 전체를 사용하도록 설정할 수 있습니다.

더 알아보기...

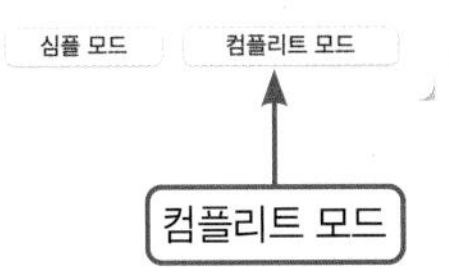

03 로직을 처음 실행하면 어떤 모드로 사용할 것인지를 묻는 창이 열립니다. 로직의 모든 기능을 사용하려면 컴플리트 모드를 선택합니다.

Session Player 악기

Session Player의 악기 및 루프를 다운로드하십시오.

어쿠스틱 및 일렉트로닉 드럼 3.78GB

Studio Basses 5.82GB

Studio Pianos 3.67GB

04 라이브러리 다운로드 과정이 진행됩니다. 나중에 다운로드 받을 수 있지만, 로직의 악기와 이펙트를 제대로 사용하려면 완료해야 합니다.

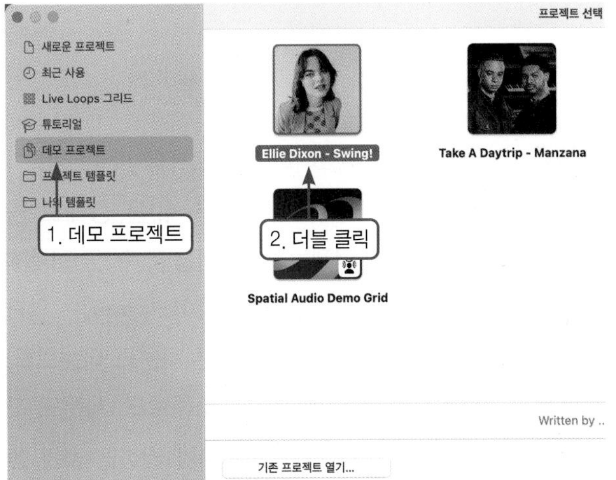

05 새로운 프로젝트를 만들거나 기존 프로젝트를 열 수 있는 창이 열립니다. 데모 프로젝트에서 제공하는 데모 곡을 더블 클릭하여 열어 봅니다.

> **TIP** 라이브러리 다운로드가 완료되지 않았다면, 데모 곡을 다운 받는 동안 시간이 걸릴 수 있습니다.

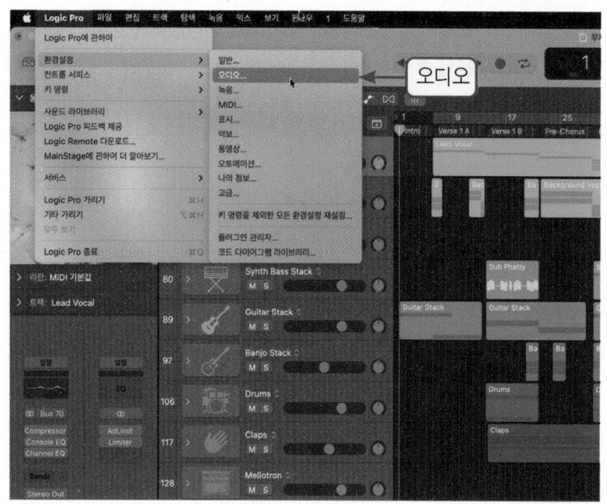

06 데모 곡이 열리면 스페이스 바 키를 눌러 제대로 재생되는지 확인합니다. 사용자 모니터 스피커로 재생되지 않고 있다면 Logic Pro 메뉴의 환경설정에서 오디오를 선택합니다.

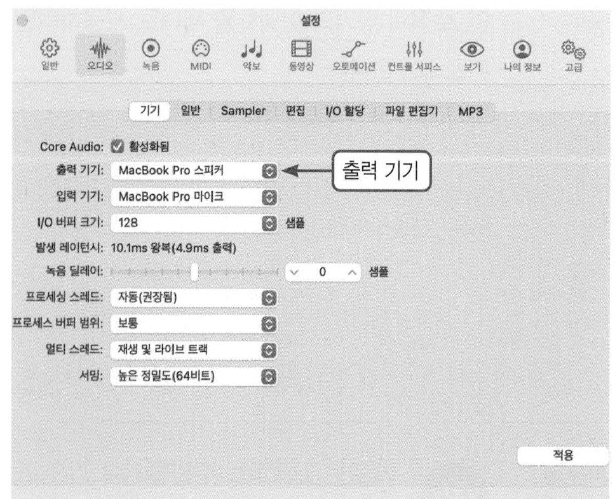

07 환경설정 창의 오디오 탭이 열립니다. 출력 기기와 입력 기기 목록에서 맥에 연결한 오디오 인터페이스가 선택되어 있는지 확인하고, 시스템이나 마이크로 선택되어 있다면 변경합니다.

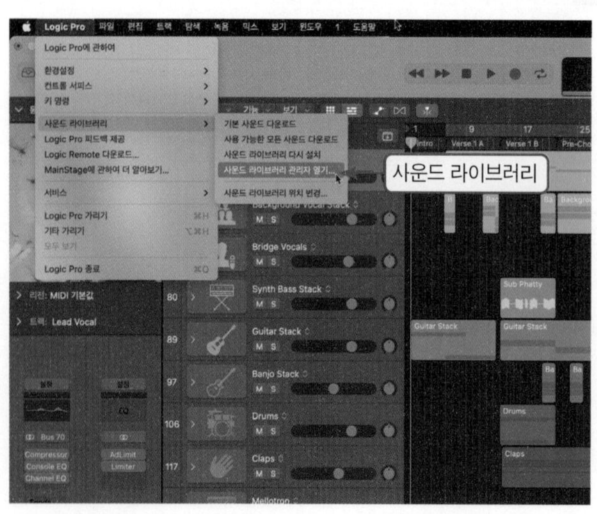

08 라이브러리 다운로드를 나중으로 미루었거나 완료되지 않은 상태로 종료했더라도 언제든 추가 진행할 수 있습니다. Logic Pro 메뉴의 사운드 라이브러리에는 악기 및 이펙트 사용을 위한 기본 사운드 다운로드, 사용 가능한 모든 사운드 다운로드, 사운드 라이브러리 다시 설치, 사용자가 원하는 것만 선택할 수 있는 사운드 라이브러리 관리자 열기를 제공합니다.

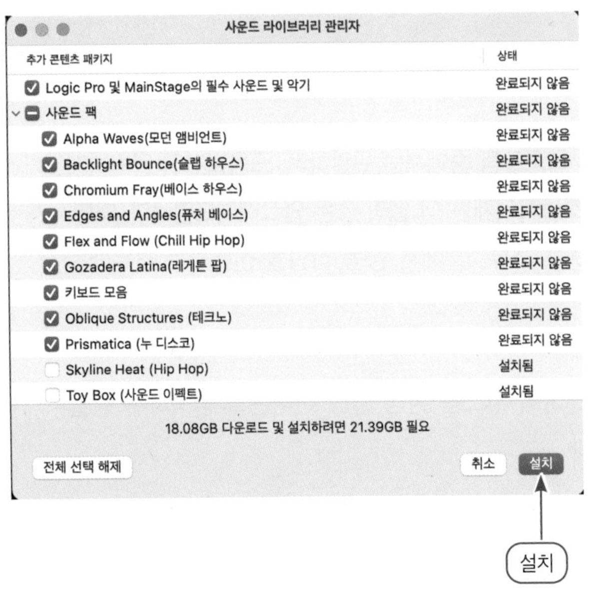

09 사운드 라이브러리 관리자 열기를 선택하면 설치된 것과 완료되지 않은 목록을 볼 수 있으며, 사용자가 원하는 샘플만 체크하여 설치할 수 있습니다

10 사운드 라이브러리 위치 변경을 선택하면 라이브러리를 외장 SSD 및 USB로 이동시킬 수 있습니다. 디스크를 삽입하고 재배치 버튼을 클릭하면 되는데, 이는 맥 시스템의 용량이 부족한 경우에 사용됩니다. 다만, 필요할 때마다 외장 디스크를 연결해야 하는 불편함이 있습니다. 사실 로직 라이브러리조차 설치가 어려운 상황이라면 다른 서드파티 제품은 아예 사용을 할 수 없다는 얘기입니다. 간혹 깡통으로 불리는 256GB의 기본 제품도 충분하다는 내용의 영상이 많은데, 대부분 광고입니다. 맥은 나중에 업그레이드가 불가능하므로, 처음 구입할 때 다소 무리가 있더라도 최소 1TB 이상을 권장합니다. 나중에 이것도 부족하다고 하는 경우를 많이 보았습니다.

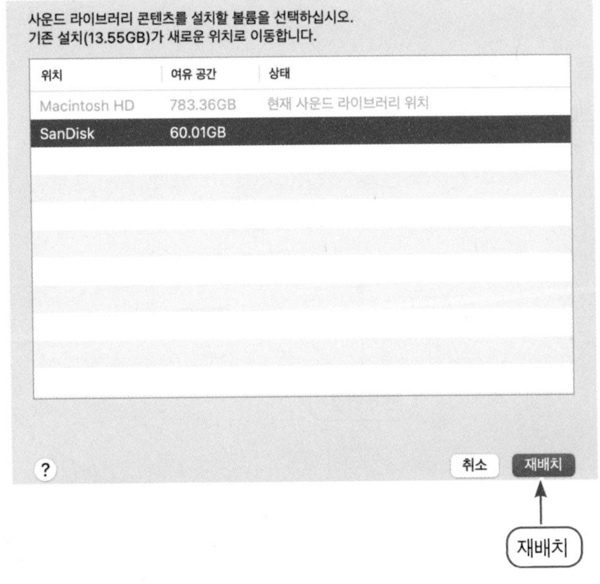

알아 두면 좋아요! 언어 변경

로직은 10.7.2 버전부터 한글을 지원합니다. 관련 프로그램 중에서는 유일하며, 도움말까지 완벽하게 한글로 제공되고 있기 때문에 혼자서 공부하는 초보자에게는 더 없이 좋은 업그레이드입니다. 다만, 로직에 어느 정도 익숙해져 있는 일부 사용자 또는 스튜디오에서 공동 작업을 진행하는 경우에는 영문을 선호하는 경우가 있습니다.

한글로 설치되는 로직을 영문으로 바꾸려면 Dock의 시스템 환경 설정 아이콘을 클릭하여 창을 열고, 일반 카테고리의 언어 및 지역을 선택합니다.

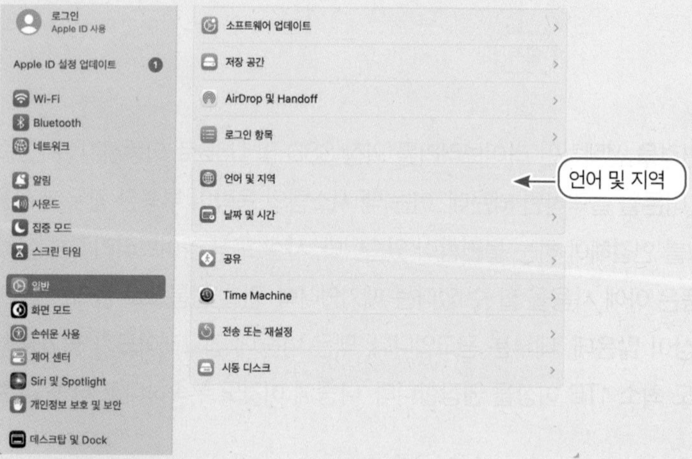

응용 프로그램 항목에서 + 기호의 추가 버튼을 클릭하여 Logic Pro를 추가합니다. 그리고 시스템 기본-한국어로 설정되어 있는 언어를 English-영어로 변경합니다.

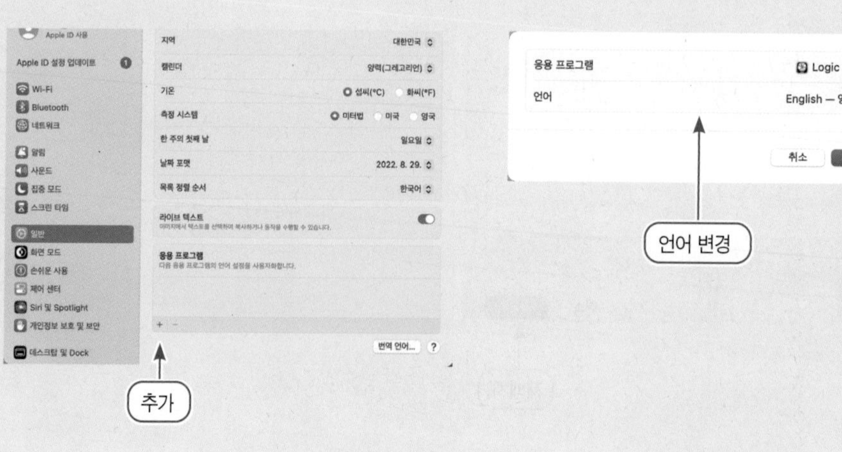

나만의 템플릿 만들기

로직을 실행하면 프로젝트를 만들거나 템플릿을 선택할 수 있는 창이 열립니다. 템플릿은 음악 제작 시 필요한 트랙 수, 악기 음색, 이펙트 설정 등이 미리 구성된 서식으로, 음악 작업을 쉽고 빠르게 진행할 수 있게 도와줍니다. 그러나 로직에서 제공하는 템플릿이 모든 사용자의 작업 환경과 목적을 충족시킬 수는 없습니다. 처음 시작하는 사람이 자신에게 필요한 프로젝트 환경을 알기는 어렵겠지만, 나중에는 반드시 필요한 도구가 될 것입니다. 지금은 템플릿을 역할만 기억해두고, 자신의 작업 스타일이 형성되었을 때 활용할 수 있기를 기대합니다.

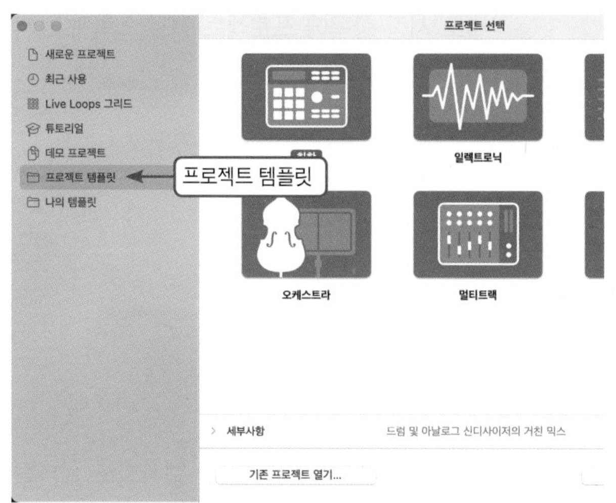

01 로직을 실행하면 열리는 창에서 프로젝트 템플릿(Project Template) 항목을 선택하고, 힙합(Hip Hop) 아이콘을 더블 클릭합니다. 로직이 이미 실행되어 있는 상태라면 파일 메뉴의 템플릿으로부터 신규를 선택하여 창을 엽니다.

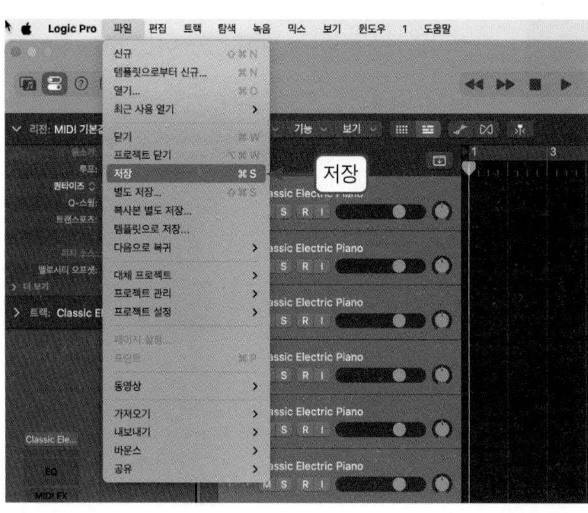

02 힙합 음악 작업에 용의한 악기 트랙과 사운드가 설정되어 있기 때문에 각 트랙에 데이터만 입력해도 힙합 사운드에 어울리는 음악을 만들 수 있습니다. 이력서, 보고서 등 문서 작업을 편하게 할 수 있게 준비된 서식과 같은 개념입니다. 파일 메뉴의 저장을 선택하여 저장합니다.

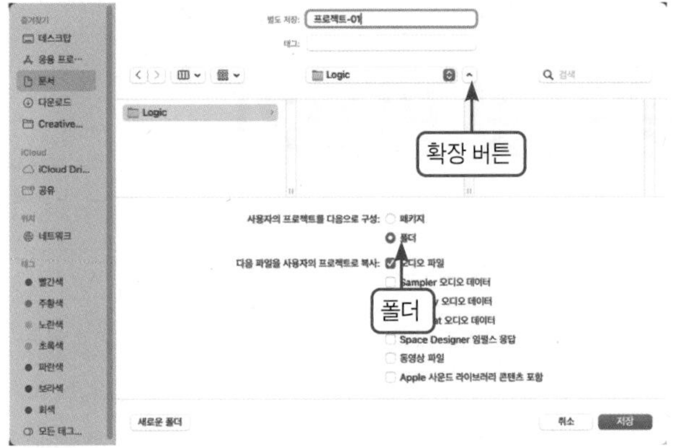

03 확장 버튼을 클릭하여 옵션을 열고, 사용자의 프로젝트를 다음으로 구성에서 폴더를 선택합니다. 프로젝트는 폴더 단위로 저장하는 것이 좋기 때문입니다. 만약, 파일 관리가 서툰 경우라면 하나의 파일로 저장되는 패키지를 선택해도 좋습니다.

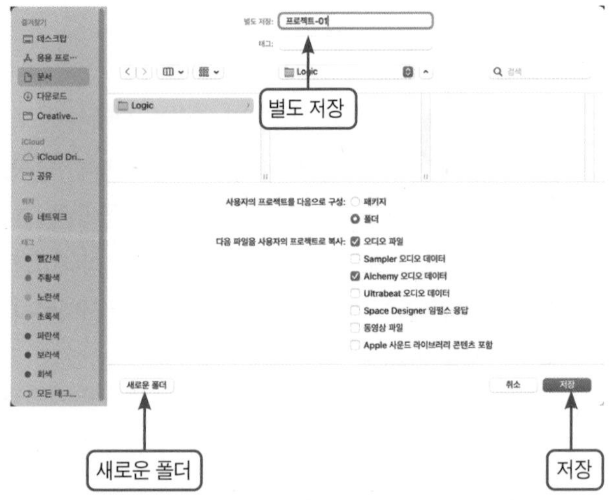

04 새로운 폴더를 클릭하여 로직 프로젝트가 저장될 폴더를 만듭니다. 그리고 별도 저장 항목에 프로젝트-01로 입력하고 저장합니다.

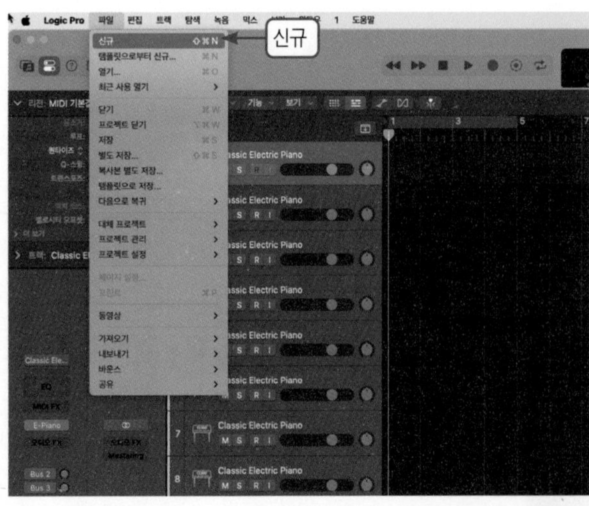

05 로직에서 제공하는 템플릿은 장르별로 악기와 이펙트 세팅을 어떻게 구성했는지 파악하는 데 유용하지만, 자신의 작업 스타일에 완벽하게 맞지 않는 다는 것을 확인했습니다. 결국, 자신만에게 맞는 템플릿은 직접 만들어야 합니다. 파일 메뉴에서 신규를 선택합니다.

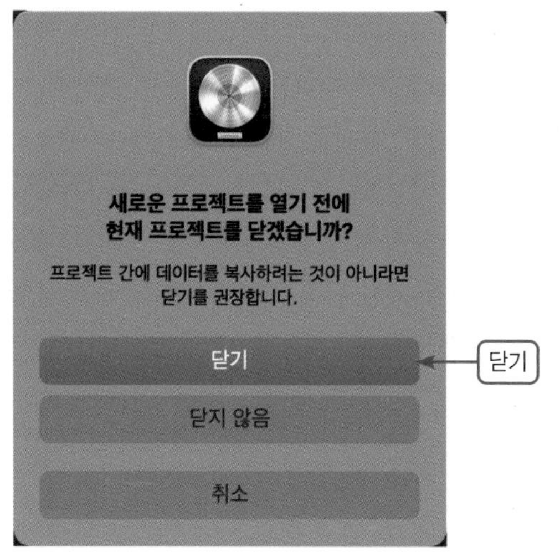

06 현재 열려 있는 프로젝트를 닫을 것인지를 묻는 창이 열립니다. 닫기 버튼을 클릭하여 닫습니다.

07 새로운 트랙을 만들 수 있는 창이 열립니다. 로직에서 제공하는 트랙은 MIDI, 패턴, Session Player, 오디오의 4가지입니다. MIDI가 선택되어 있는 상태에서 생성할 트랙의 수 항목에 10을 입력하고, 생성 버튼을 클릭합니다.

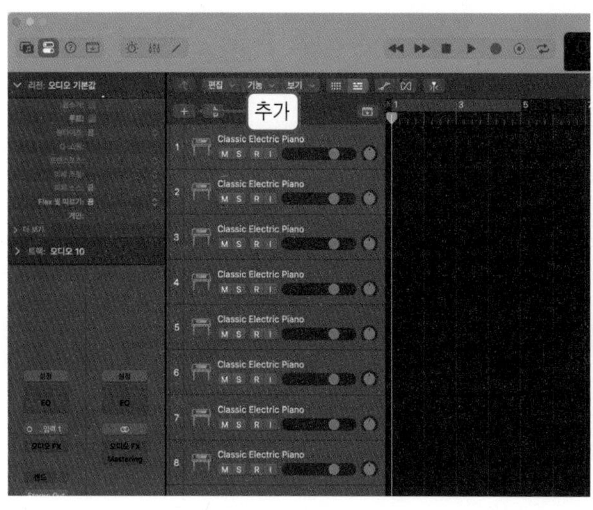

08 트랙 리스트 상단의 추가(+) 버튼을 클릭하면 앞에서 보았던 새로운 트랙 생성 창이 열립니다. 오디오를 선택하고, 생성할 트랙의 수 항목에 10을 입력하여 10개의 오디오 트랙을 추가합니다.

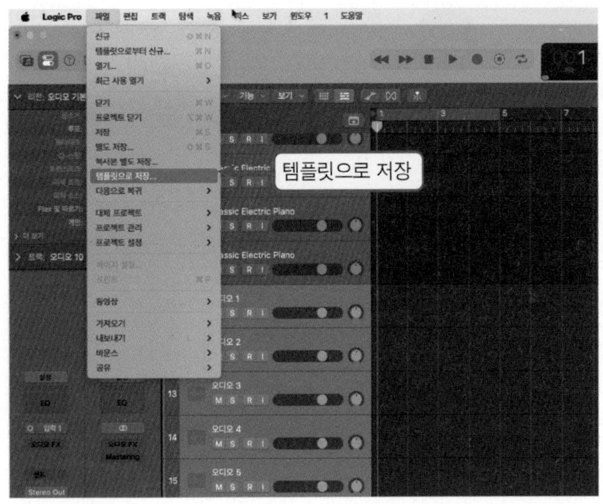

09 오디오와 소프트 악기 트랙을 각각 10개씩 만들었습니다. 소프트 악기 트랙에 자주 사용하는 악기를 장착하고, 오디오 트랙에 이펙트를 세팅하는 과정이 추가되겠지만, 템플릿 제작 방법을 알아보는 것이 목적이므로, 이쯤에서 파일 메뉴의 템플릿으로 저장을 선택합니다.

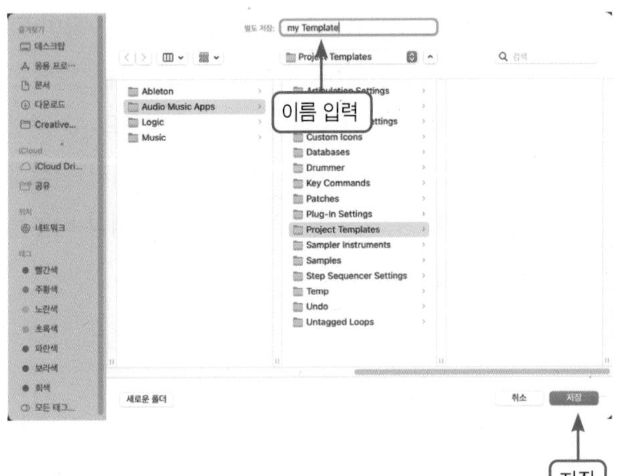

10 템플릿 저장을 위한 창이 열립니다. 별도 저장에서 구분하기 쉬운 이름을 입력하고 저장합니다.

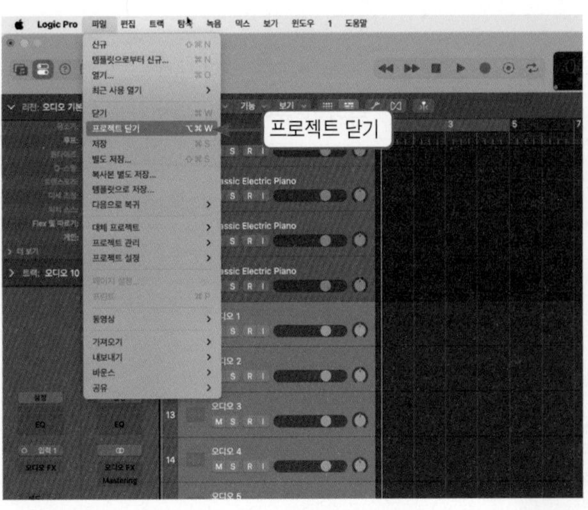

11 사용자가 만든 템플릿을 확인하겠습니다. 파일 메뉴의 프로젝트 닫기를 선택합니다.

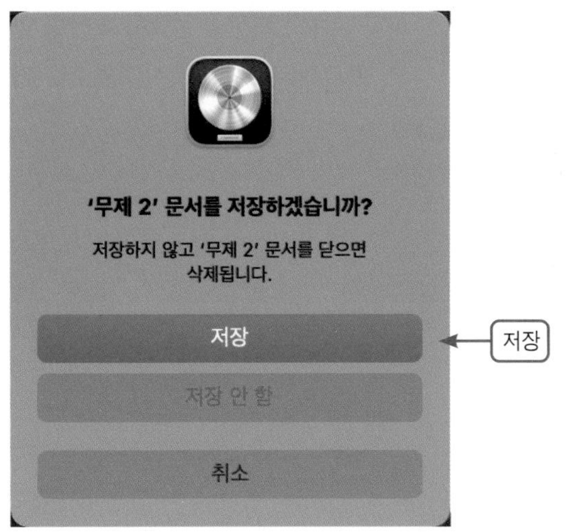

12 저장 여부를 묻는 창이 열립니다. 저장할 이유는 없지만, 프로젝트-02라는 이름으로 저장합니다.

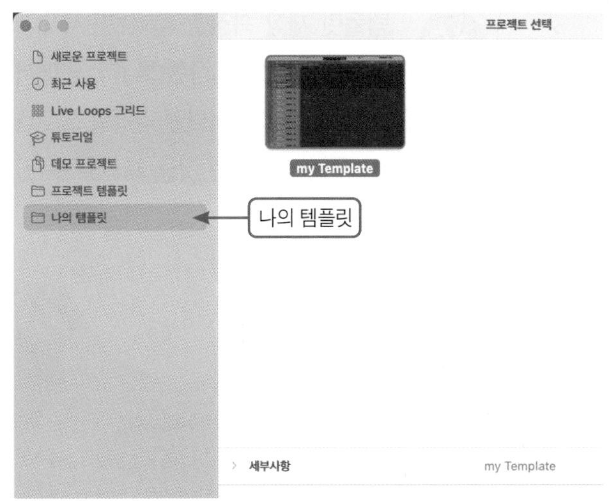

13 파일 메뉴의 템플릿으로부터 신규를 선택하여 템플릿 선택 창을 열고, 나의 템플릿 콜렉션을 선택하면 앞에서 저장한 사용자 템플릿을 확인할 수 있습니다. 더블 클릭하여 엽니다.

14 오디오와 소프트 악기 트랙이 10개씩 준비되어 있는 프로젝트가 열립니다. 여기에 미디와 오디오 데이터를 녹음하고, 편집하면서 음악을 만들게 되는 것입니다. 아직은 템플릿을 만들 이유가 없겠지만, 자신만의 작업 스타일이 구체화 되었을 때는 꼭 필요한 기능이 될 것입니다.

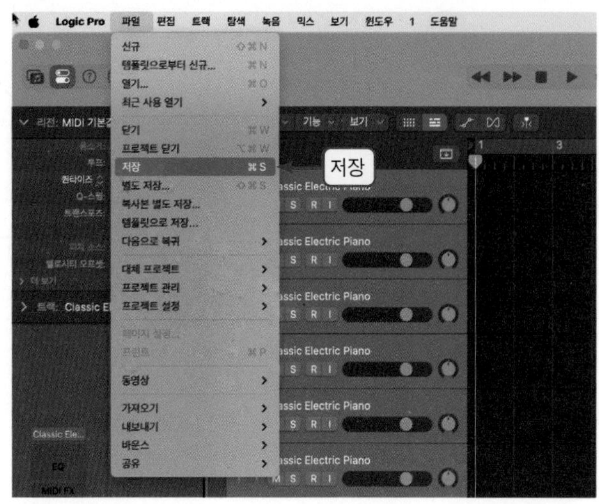

15 파일 메뉴의 저장을 선택하여 창을 열고, 프로젝트-03 이라는 이름으로 저장합니다.

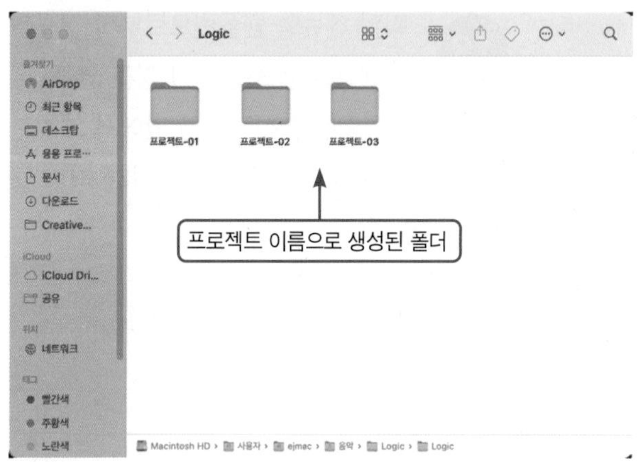

16 템플릿 제작 과정을 살펴보면서 3개의 프로젝트를 저장했습니다. 앞에서 새로 만든 로직 폴더를 열어보면 각각의 프로젝트가 폴더로 구분되어 있는 것을 확인할 수 있습니다.

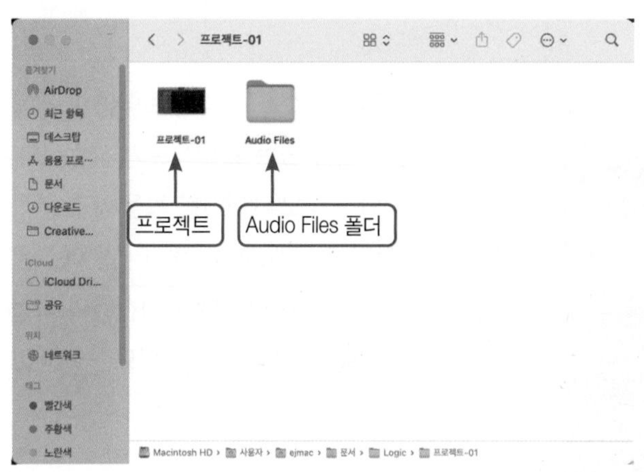

17 폴더를 더블 클릭하여 열어 보면, 프로젝트 파일과 Audio Files 폴더가 존재합니다. Audio Files 폴더에는 작업을 하면서 녹음하는 오디오가 저장됩니다. 작업한 음악을 스튜디오로 가져갈 때는 프로젝트 이름으로 만들어진 폴더를 복사해가면 되는 것입니다.

> TIP 파일 관리가 서툰 경우에는 파일 메뉴의 복사본 별도 저장을 이용하거나 패키지로 저장하여 가져가는 것이 안전합니다.

알아 두면 좋아요! 시작 동작 옵션

로직을 실행하면 최근에 작업하던 프로젝트가 자동으로 열립니다. 이것은 Preference의 Startup Action 옵션이 Open Most Recent Project로 선택되어 있기 때문입니다. 만일 새로운 프로젝트가 열리게 하거나 템플릿 선택 창이 열리게 하고 싶다면 이 옵션을 변경합니다.

로직의 환경을 설정하는 Logic Pro 메뉴의 환경설정에서 일반을 선택하여 엽니다. 시작 동작 옵션은 로직을 실행할 때의 선택 사항이므로, Command+Q 키로 로직을 종료했다가 다시 실행할 때 적용됩니다. 단, 본서에서는 템플릿 선택 창이 열리는 기본 옵션을 기준으로 설명합니다.

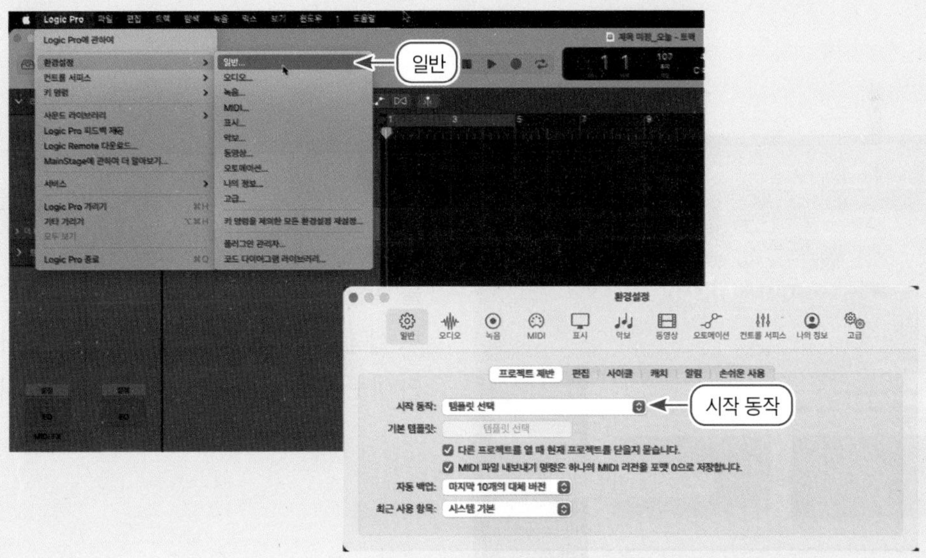

● 동작 실행 안 함 : 아무것도 실행하지 않습니다. 새로운 프로젝트를 만들거나 기존에 작업하던 프로젝트를 불러오기 위해서는 파일 메뉴의 신규 또는 열기를 선택합니다.
● 가장 최근 프로젝트 열기 : 마지막에 저장했던 프로젝트를 엽니다.
● 기존 프로젝트 열기 : 기존에 작업하던 프로젝트를 열기 위한 창을 엽니다.
● 템플릿 선택 : 템플릿 선택 창을 엽니다. 옵션이 이것으로 선택되어 있었기 때문에 로직을 실행하면 프로젝트 및 템플릿을 선택할 수 있는 창이 열리는 것입니다.
● 비어 있는 새로운 프로젝트 생성 : 비어있는 프로젝트를 선택했을 때와 같은 동작입니다.
● 기본 템플릿을 사용하여 새로운 프로젝트 생성 : 아래쪽 기본 템플릿 옵션에서 원하는 템플릿을 선택할 수 있으며, 자신만의 템플릿을 만든 경우에 유용합니다.
● 묻기 : 시작 동작 옵션을 선택할 수 있는 창을 엽니다.

오디오 드라이버 설정하기

맥에 내장되어 있는 사운드 카드는 24비트를 지원하는 고품질의 사운드를 구현하고 있기 때문에 공부를 시작하는 사람은 고가의 오디오 인터페이스를 구매할 필요가 없습니다. 하지만, 실력이 어느 정도 향상되면 자연스럽게 좀 더 좋은 음질, 레이턴시 현상 제거, 콘덴서 마이크 사용 등의 욕심이 생기기 마련입니다. 어떤 이유에서든 독자가 구매한 오디오 인터페이스를 로직에서 사용하려면 간단한 설정이 필요합니다.

01 대부분의 오디오 인터페이스는 맥과 윈도우를 모두 지원하지만, 구입을 하기 전에 맥의 Core Audio 드라이브 지원 여부를 확인합니다. 그리고 당장은 필요 없다고 해도 실력이 향상되면서 장비도 늘어날 것이므로 인/아웃 포트 수가 넉넉한 제품을 권장합니다.

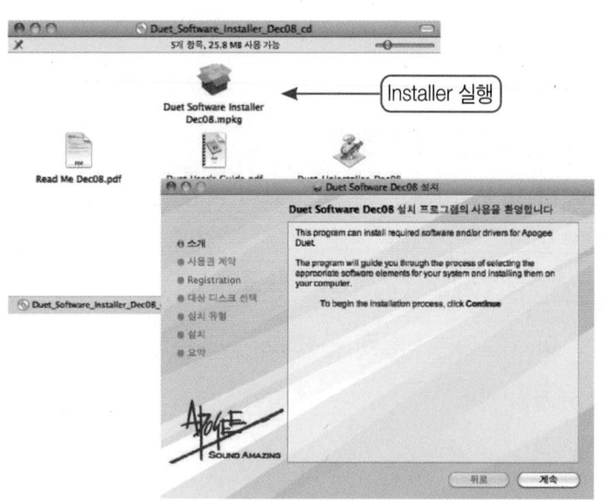

02 오디오 인터페이스를 맥에 연결하고, 제품을 판매하는 홈페이지에서 드라이버를 다운받아 설치합니다. 드라이버 설치 방법은 제품마다 차이가 있지만, 대부분 다운 받은 파일을 더블 클릭하여 실행하면 자동으로 진행됩니다.

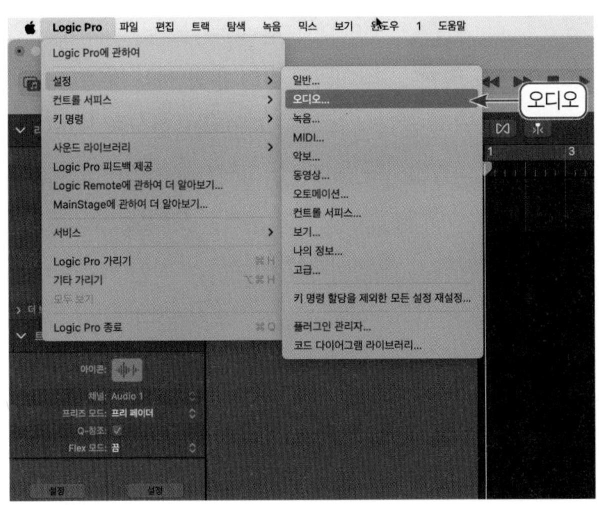

03 새로운 프로젝트를 만들고, Logic Pro 메뉴의 설정에서 오디오를 선택하여 환경 설정 창을 엽니다.

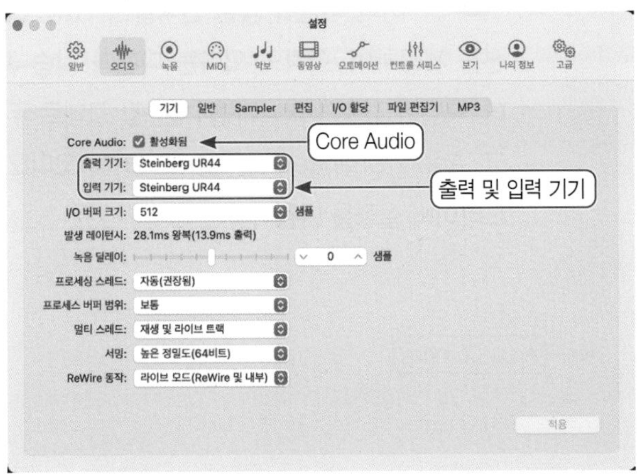

04 기기 탭의 Core Audio 옵션을 체크하여 활성화 하고, 출력 기기 및 입력 기기에서 맥에 설치한 오디오 인터페이스를 선택합니다.

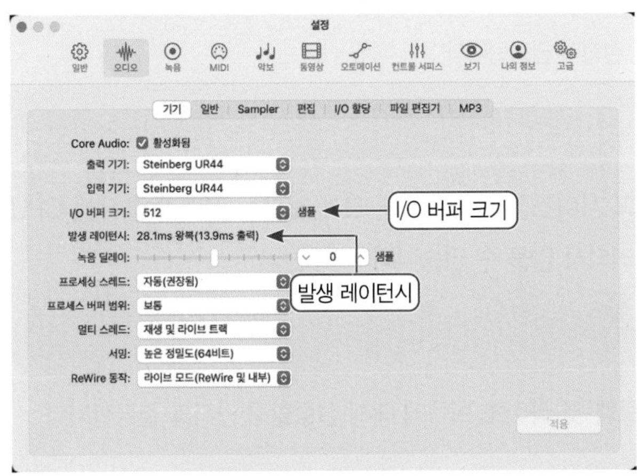

05 레이턴시는 입력 사운드가 출력되는 데까지 걸리는 타임을 말하며 I/O 버퍼 크기로 조정합니다. 값이 적을 수록 레이턴시는 짧아지지만 시스템에 따라 에러가 발생할 수 있습니다. 인간은 레이턴시가 30ms이하면 구분을 하지 못하므로 발생 레이턴시 값을 확인하면서 I/O 버퍼 크기를 가능한 크게 설정하고 작업을 하면서 불편함이 발생하면 한 단계 증/감하는 식으로 결정합니다.

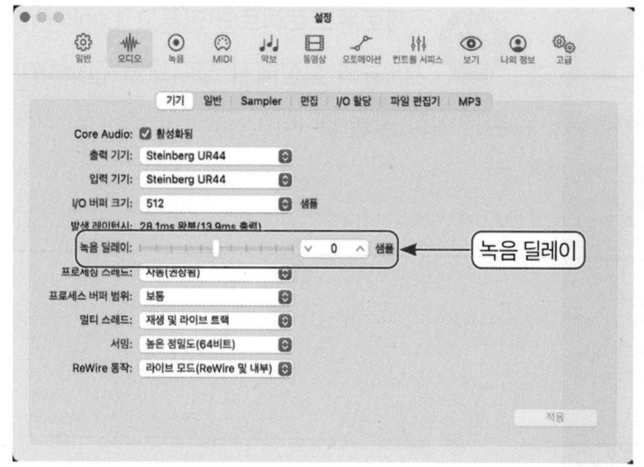

07 Recording Delay는 입력 사운드의 타이밍이 맞질 않아 시작 부분이 녹음되지 않거나 녹음이 지연되는 현상을 보정하는 역할입니다. 하지만, 이러한 현상이 발생할 때는 이 값을 조정하기 보다는 오디오 인터페이스 제작사 홈페이지를 방문하여 최신 드라이버를 다운 받아 설치해보는 것이 좋습니다.

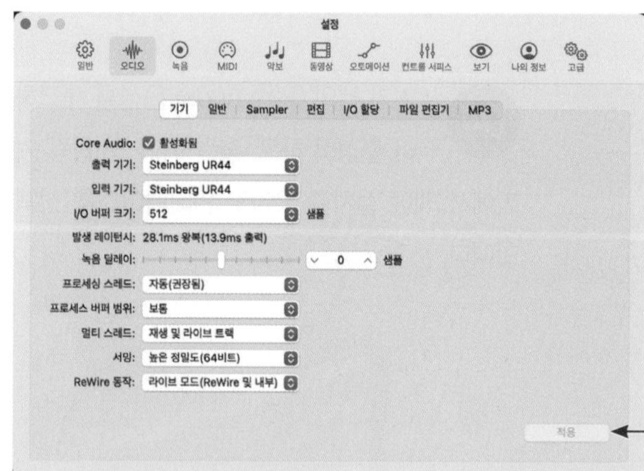

08 그 밖에 프로세싱 스레드, 프로세스 버퍼 버범위 등을 선택할 수 있는 옵션을 제공하며, 각각의 의미는 다음과 같습니다. 특별한 경우가 아니라면 기본 값 그대로 두고, Apply Changes 버튼을 클릭하여 오디오 드라이버 설정을 마칩니다.

- **프로세싱 스레드**

  사용되는 최대 프로세싱 스레드 수를 선택하거나 스레드 수를 설정합니다. CPU를 많이 사용하는 다른 응용 프로그램을 로직 프로와 동시에 사용하는 경우를 제외하고 기본 설정이 권장됩니다.

- **프로세스 버퍼 범위**

  이펙트를 적용한 사운드를 처리하는데 필요한 버퍼 사이즈를 선택합니다. 크게 보다는 작게가 좋지만, CPU 처리 속도에 따라 이펙트 사운드가 정상적으로 처리되지 않을 수 있습니다.

- **멀티스레드**

  멀티스레딩을 재생 트랙에만 설정할 것인지 재생 트랙 및 라이브 트랙에 대해 설정할 것인지를 결정합니다.

- 서밍
  로직 프로 오디오 엔진이 오디오를 서밍할 때 높은 정밀도(64비트) 또는 표준 정밀도(32비트) 버퍼를 사용하는지 여부를 결정합니다.

- ReWire 동작
  리와이어 소프트 악기를 사용할 때의 전송 방식을 선택합니다. 낮은 시스템 사양에 어울리는 재생 모드와 높은 시스템 사양에서도 무난한 라이브 모드가 있습니다.

알아 두면 좋아요! Rosetta 사용하기

로직은 애플 실리콘이 장착된 맥에서 아무 문제없이 사용할 수 있지만, 서드파티 플러그인들이 정상적으로 동작하지 않는다는 문제가 있습니다. 그래서 인텔 기반으로 동작하던 플러그인들을 애플 실리콘에서 사용할 수 있도록 변환시켜주는 Rosetta가 백그라운드로 실행되게 해야 하는데 방법은 간단합니다.

Finder에서 로직 아이콘을 마우스 오른쪽 버튼으로 클릭하여 단축 메뉴를 열고, 정보 가져오기를 선택합니다. 그리고 Rosetta를 사용하여 열기 옵션을 체크합니다.

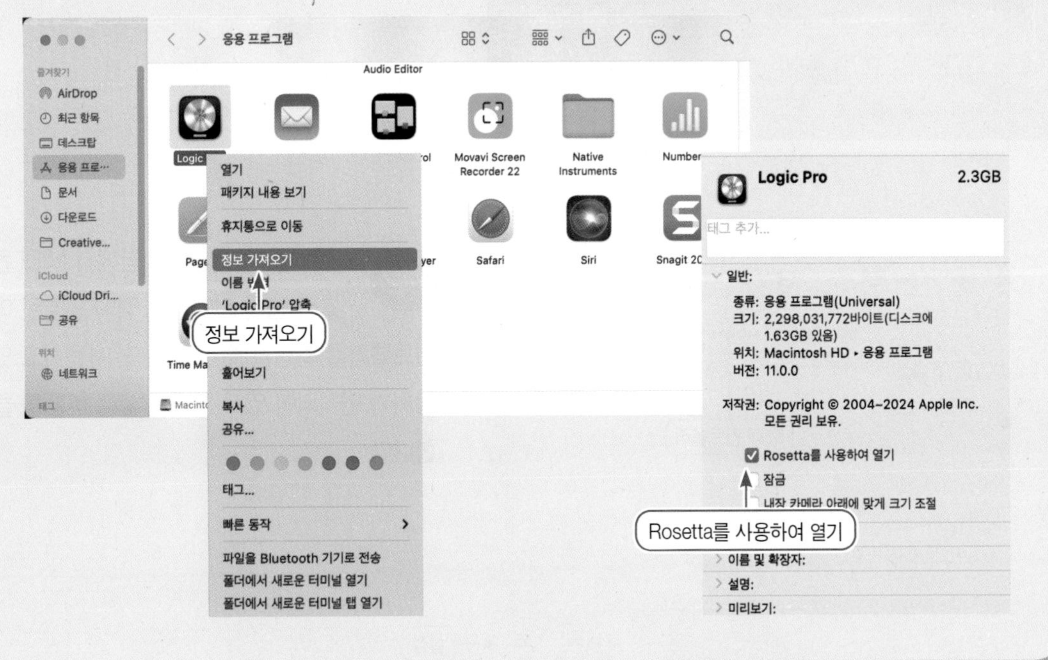

미디 컨트롤러 설정하기

상업용 음원이 가정에서 만들어지는 홈 스튜디오가 일반화되면서 컴퓨터 및 오디오 카드의 성능과 함께 눈부시게 발전한 것이 미디 컨트롤러입니다. 실제로 요즘에는 미디 컨트롤러나 아이패드 한 대 만으로 대형 스튜디오에서나 가능한 작업들을 해내고 있습니다. 로직의 믹서나 소프트 악기 및 이펙트를 자유롭게 조정하기 위한 미디 컨트롤러의 설정 방법을 살펴보겠습니다.

1 로직에서 지원하는 컨트롤러

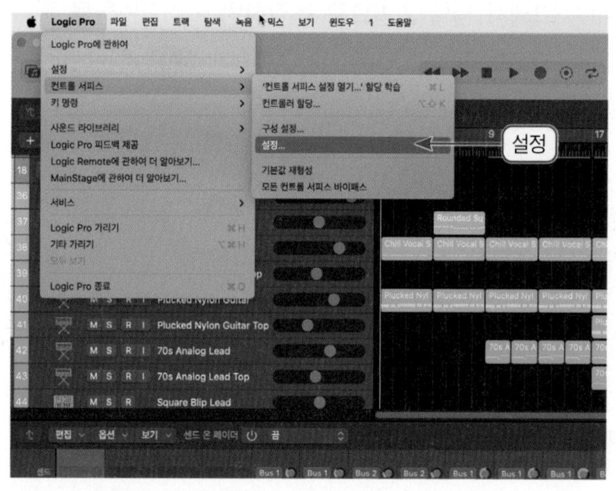

01 로직은 미디 컨트롤러가 연결되면 자동으로 인식을 하기 때문에 별다른 설정 없이 바로 사용할 수 있습니다. Logic Pro 컨트롤 서피스 메뉴에서 설정을 선택합니다.

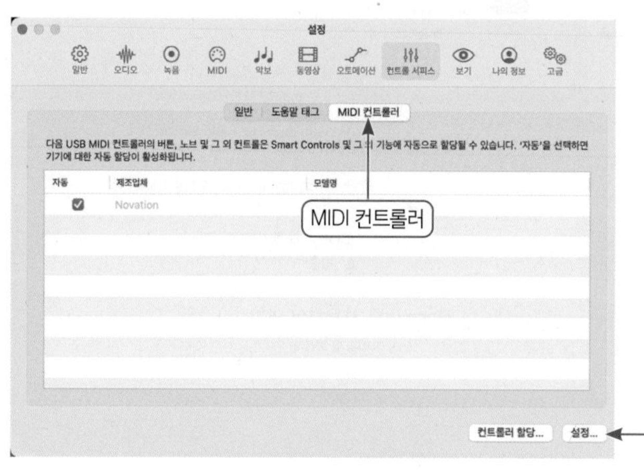

02 컨트롤 서피스 설정 창에서 MIDI 컨트롤러 탭을 선택하면 맥에 연결된 미디 컨트롤러를 확인할 수 있습니다. 사용하고 있는 장치가 인식되어 있지 않다면 설정 버튼을 클릭합니다.

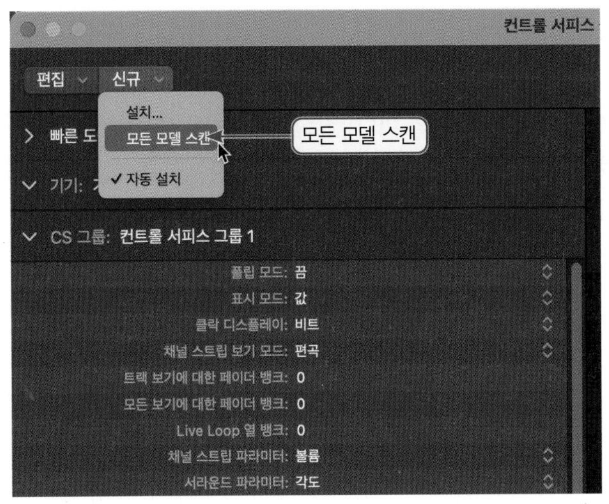

03 컨트롤 서피스 설정 창이 열립니다. 신규 메뉴에서 모든 모델 스캔을 선택하여 연결된 장치를 다시 한번 검색할 수 있도록 하거나 설치를 선택하여 수동으로 추가할 수 있습니다.

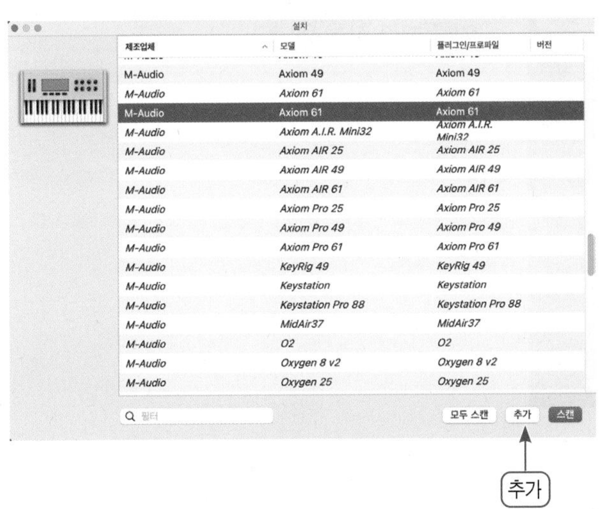

04 로직에서 지원하는 컨트롤러의 모델이 나열됩니다. 여기서 사용하고 있는 제품을 선택하고 추가 버튼을 클릭합니다.

> **TIP** 제품에 따라 드라이버를 설치해야 하는 경우도 있습니다. 자세한 것은 해당 제품의 설명서를 참조하기 바랍니다.

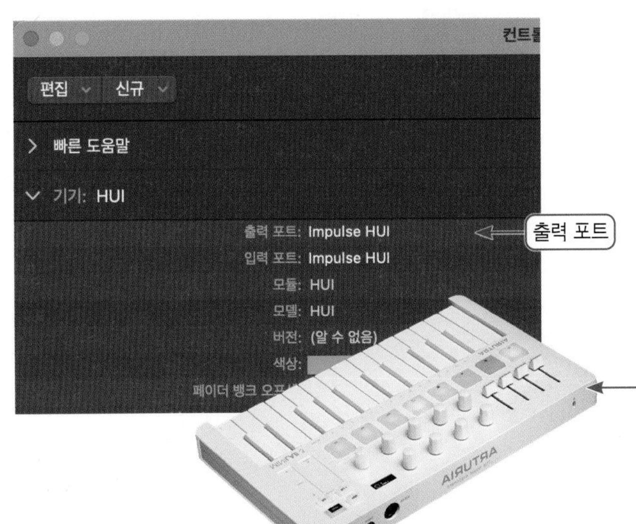

05 출력 및 입력 포트에서 추가한 장치를 선택하고, 미디 컨트롤러의 슬라이드나 노브 등을 움직여 정상적으로 작동하는지 확인합니다. 컨트롤러에서 로직 프리셋을 선택하는 방법은 해당 장치의 설명서를 참조하기 바랍니다.

2 로직에서 지원하지 않는 컨트롤러

요즘 출시되는 마스터 건반은 슬라이드, 노브, 드럼 패드, 터치 패드 등의 미디 컨트롤러 기능을 모두 갖추고 있는 제품들이 주류를 이루고 있어 별도의 전문 컨트롤러가 없어도 로직의 모든 기능을 하나의 장치로 컨트롤할 수 있습니다. 그리고 대부분 로직 프리셋을 제공하고 있기 때문에 별다른 설정 없이 USB로 연결하여 바로 사용할 수 있습니다. 하지만 수동으로 연결해야 하는 경우도 있고, 자동 설정된 기본 프리셋을 사용자 작업 스타일에 맞춰 변경해야 하는 경우도 있습니다.

파라미터 연결하기

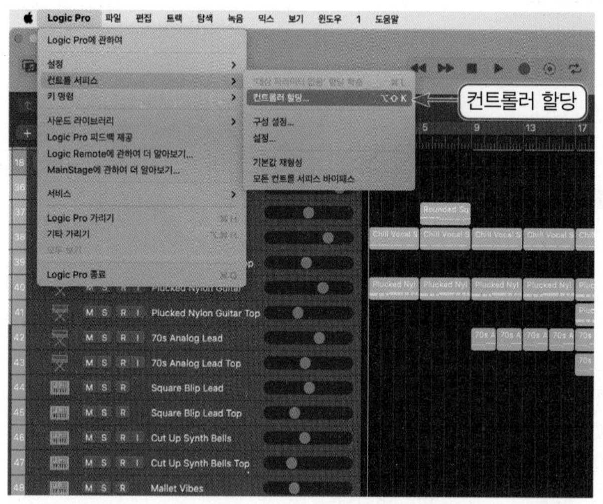

01 Logic Pro 메뉴의 컨트롤 서피스에서 컨트롤러 할당 또는 Shift+Option+K 키를 눌러 창을 엽니다.

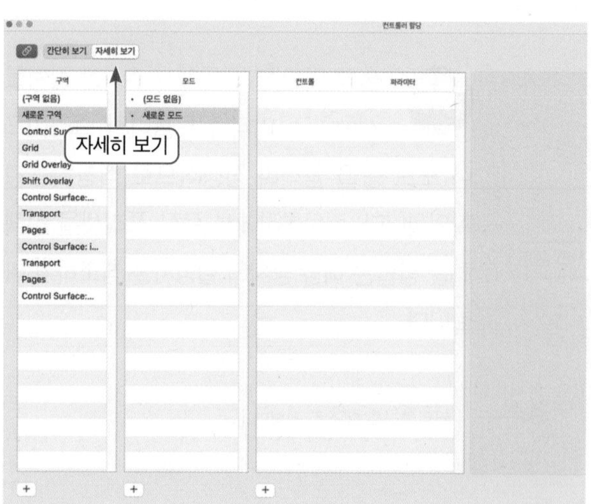

02 컨트롤러 할당 창은 쉽게 이용할 수 있는 간략히 보기와 고급 설정이 가능한 자세히 보기의 두 가지를 제공합니다. 자세히 보기를 선택합니다.

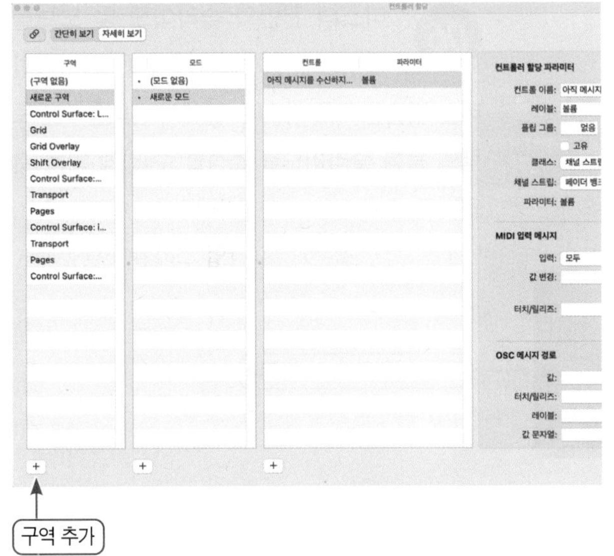

03 구역 칼럼은 장치의 종류를 의미합니다. 이미 아이폰 및 아이패드를 포함한 컨트롤러를 등록했다면, 몇 가지 구역이 등록되어 있습니다. 새로운 장치를 추가하겠다면 + 기호의 버튼을 클릭하여 추가하고, 제품 이름을 입력합니다.

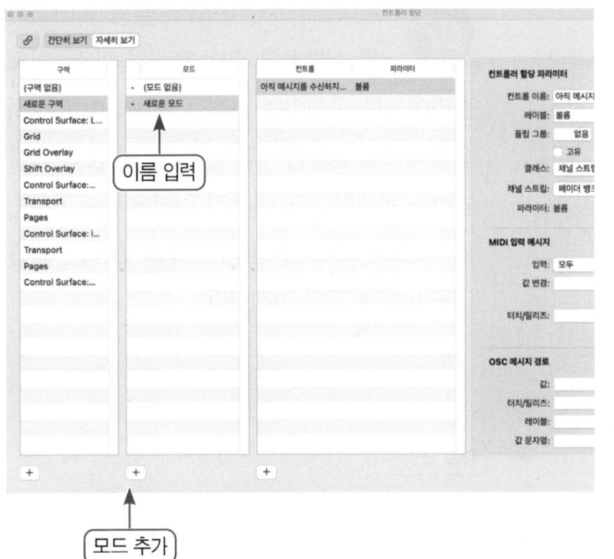

04 모드는 컨트롤할 파라미터를 분리해 두는 폴더 역할을 합니다. 예를 들어 컨트롤러와 믹서를 연결하겠다면 믹서, 소프트 악기를 연결하겠다면 악기 이름 등으로 만들어 두는 것입니다. 모드 추가 버튼을 클릭하여 추가하고, 믹서라고 입력합니다.

TIP 구역 및 모드의 이름은 독자가 구분하기 쉬운 것으로 입력을 합니다.

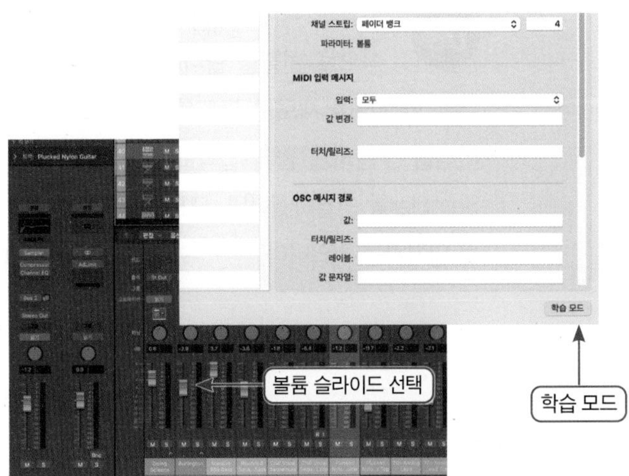

05 학습 모드를 클릭하고, 컨트롤하고 싶은 파라미터를 선택합니다. 예를 들어 마스터 건반의 첫 번째 슬라이드로 1번 트랙의 볼륨을 컨트롤하겠다면, 믹서에서 1번 트랙의 볼륨 슬라이드를 선택하는 것입니다. 컨트롤 칼럼에 아직 메시지를 수신하지 않음 메시지가 뜨고, 파라미터 칼럼이 Volume으로 설정됩니다.

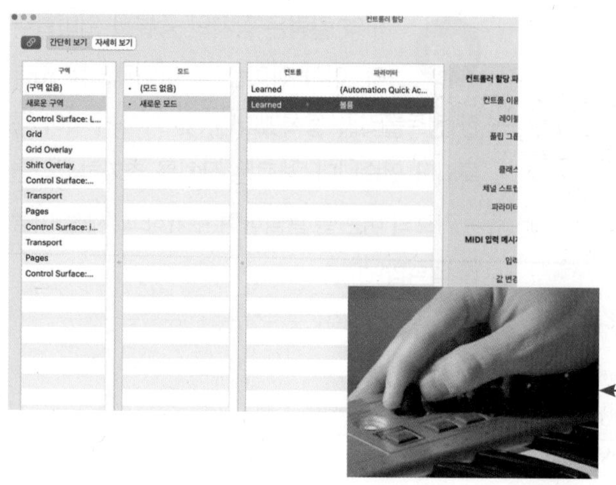

06 마스터 건반의 슬라이드 및 노브를 움직여 연결시킵니다. 컨트롤 파라미터는 학습됨으로 바뀌며, 앞에서 선택한 1번 트랙의 볼륨 슬라이드를 조정할 수 있게 되는 것입니다.

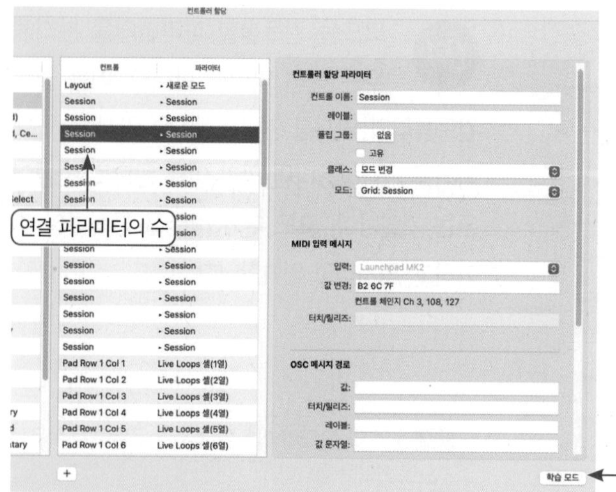

07 계속해서 2번 트랙의 볼륨 파라미터를 선택하고, 마스터 건반의 두 번째 슬라이드를 움직이는 과정을 반복하여 각각의 슬라이드에 연결합니다. 팬, M,S,R 등의 연결 방법도 동일합니다. 마스터 건반에서 제공하는 슬라이드나 노브 수 만큼 연결을 했다면, 학습 모드 버튼을 끄고 마칩니다.

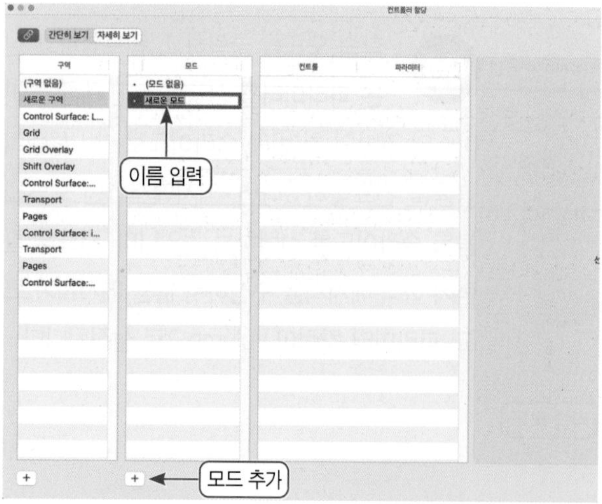

이름 입력

모드 추가

08 소프트 악기 및 이펙트도 동일한 방식으로 연결을 합니다. 모드 추가 버튼을 클릭하여 새로운 모드를 추가하고, 파라미터를 구분하기 쉽게 입력합니다. 예를 들어 Sampler를 연결하겠다면, 모드 이름을 샘플러로 입력하는 것입니다.

09 채널 스트립의 I/O 슬롯에서 외부 미디 컨트롤러로 제어할 악기를 선택합니다.

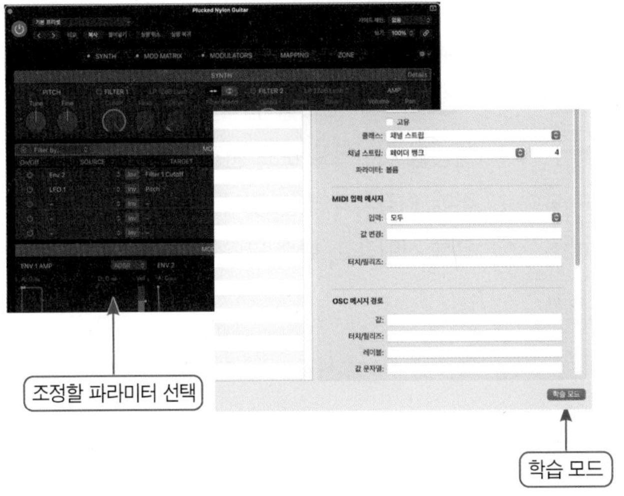

10 연결 과정은 믹서에서와 동일합니다. 학습 모드 버튼을 On으로 하고, 악기에서에서 조정할 파라미터를 선택합니다. 그리고 마스터 건반의 슬라이드나 노브를 움직여 연결시킵니다.

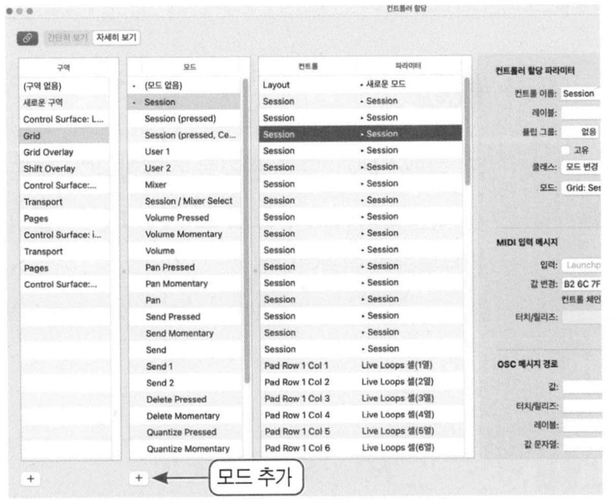

11 로직에서 제공하는 소프트 악기와 이펙트를 모두 연결하겠다면, 각각의 모드를 추가하여 앞의 과정을 반복합니다. 단, 한 번에 많은 모드를 추가하면, 기억도 나지않고, 혼란스러울 수 있으므로 익숙해질 때 쯤 하나씩 추가하는 것이 좋습니다.

모드 선택 설정

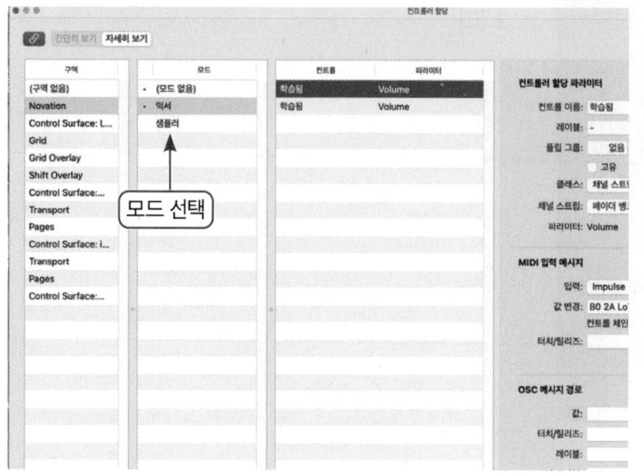

01 두 개 이상의 모드를 만든 경우에는 사용할 모드를 선택해야 합니다. 즉, 믹서를 조정하려면 믹서 모드, Sampler를 조정하려면 샘플러 모드를 선택해야 한다는 것입니다. 선택한 모드는 칼럼에 점으로 표시됩니다.

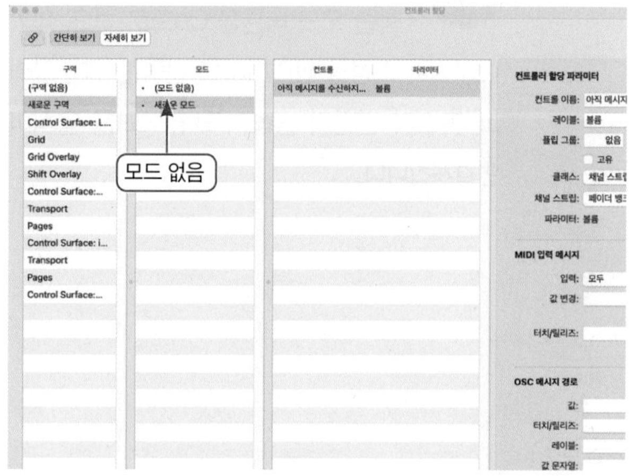

02 컨트롤러 할당 창을 열어놓고, 컨트롤할 모드를 선택해야 한다면, 상당히 불편할 것이므로 모드 변경 파라미터를 컨트롤러에 연결시켜 놓는 것이 좋겠습니다. 모드 없음를 선택하고, 학습 모드를 On으로 합니다.

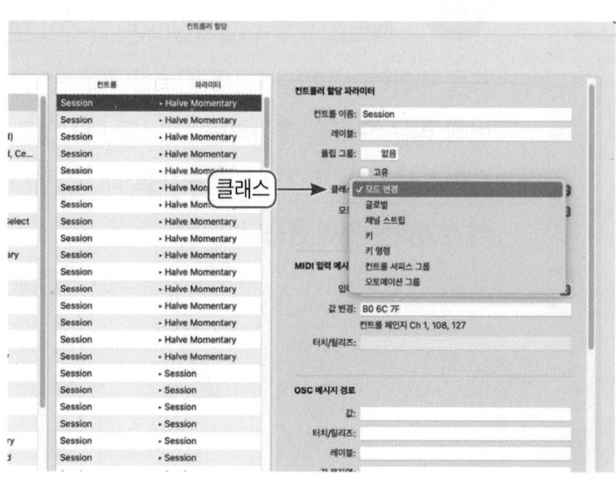

03 컨트롤러에서 모드 선택으로 이용할 파라미터를 움직여 연결합니다. 그리고 클래스에서 모드 변경을 선택합니다. 모드 선택은 슬라이드나 노브 보다는 버튼 타입의 컨트롤러를 연결합니다.

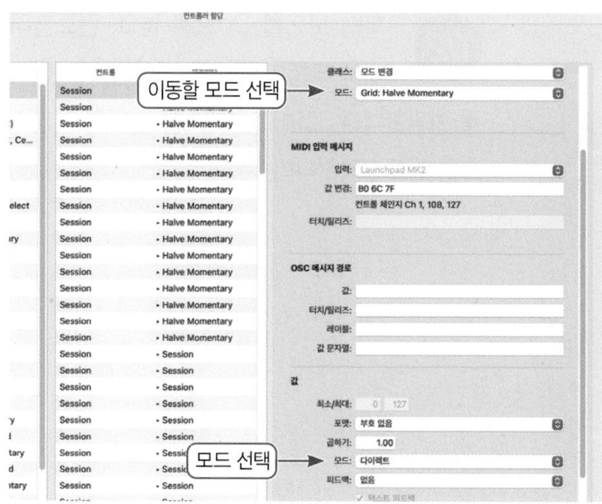

04 모드 항목에서 이동할 모드를 선택합니다. 앞에서 만든 믹서 모드라면, 믹서를 택하는 것입니다. 그리고 값 항목의 모드는 다이렉트로 선택합니다.

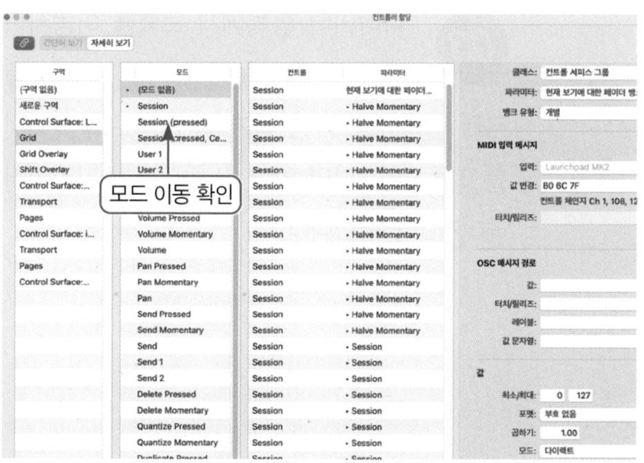

05 컨트롤러에서 버튼을 누르고, 클래스에서 모드 변경, 모드에서 이동할 모드 선택, 그리고 값 항목의 모드를 다이렉트로 설정하는 과정을 반복합니다. 학습 모드를 Off로 하고, 컨트롤러의 버튼을 눌러 모드 이동이 정상적으로 되는지 테스트 합니다.

모드 선택 설정

01 슬라이드 및 노브의 수는 컨트롤러에 따라 다르지만, 로직의 모든 것을 한 번에 처리할 수 있을 만큼을 제공하는 제품은 없습니다. 트랙의 경우에는 마우스로 선택하여 이동할 수 있지만, 가상 악기 및 이펙트는 페이지 이동 모드가 필요합니다.

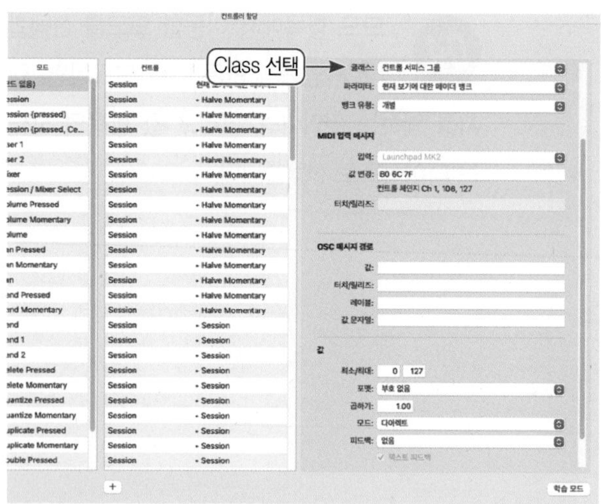

02 학습 모드를 On으로 놓고, 컨트롤러에서 그룹 이동으로 사용할 파라미터를 연결합니다. 그리고 클래스를 컨트롤 서피스 그룹으로 선택합니다.

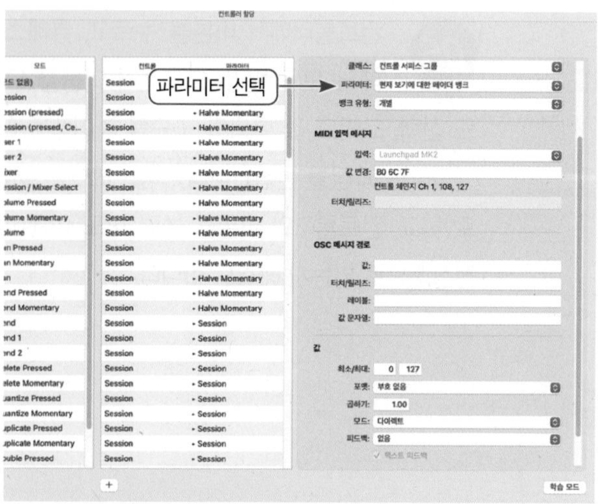

03 파라미터 항목에서 트랙을 이동시키겠다면, 트랙 보기에 대한 페이더 뱅크를 선택하고, 가상 악기 및 이펙트의 페이지를 이동시키겠다면 악기 및 플러그인 파라미터 페이지를 선택합니다.

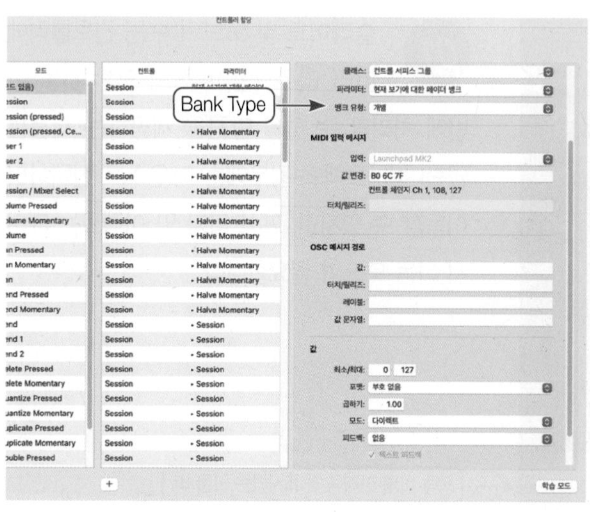

04 뱅크 유형에서 그룹 단위로 이동하려면 뱅크별을 선택하고, 한 트랙 또는 한 페이지 단위로 이동하려면 개별을 선택합니다. 트랙 이동 모드라면 뱅크 별이 편할 것이고, 가상 악기 모드라 개별로 합니다.

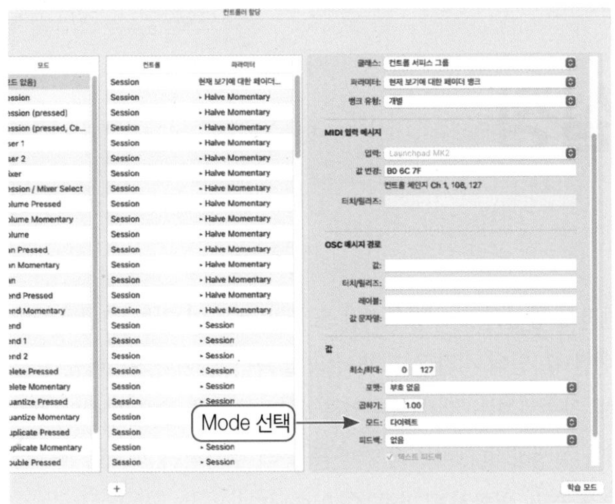

05 값 항목의 모드에서 마지막 그룹이 선택되었을 때 멈추게 하려면 토글, 다시 처음으로 이동하게 하려면 회전을 선택합니다. 실습에서는 반대로 이동하는 모드를 하나 더 만들 것이므로 상대적을 선택합니다.

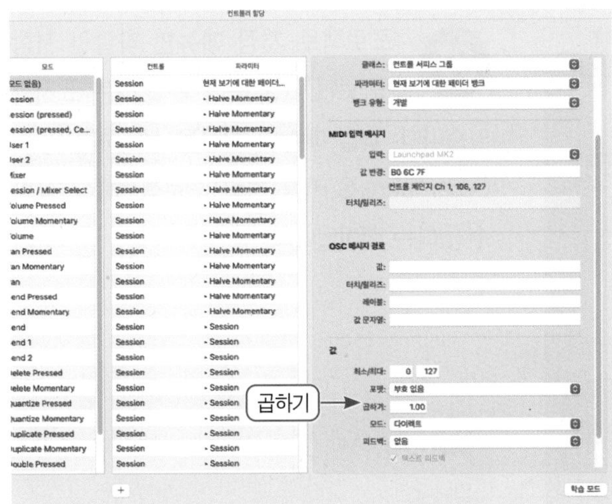

06 컨트롤러에서 버튼을 움직여 파라미터를 추가합니다. 클래스, 파라미터, 뱅크 유형, 모드는 앞에서와 동일하게 곱하기 값을 -1 로 설정하여 반대로 이동되게 합니다.

07 수동 연결에 관한 내용을 모두 살펴보았습니다. 컨트롤러의 이동 버튼을 눌러 뱅크가 이동되는지, 가상 악기에 추가 파라미터를 연결할 수 있는지 등을 테스트 해보기 바랍니다. 마스터 건반에 2~3개의 슬라이드 밖에 없는 경우에도 대형 녹음실의 48채널 믹서도 부럽지 않은 컨트롤러 환경을 구현할 수 있게 된 것입니다.

단축키 설정

로직에서 제공하는 키보드 단축키는 작업 효율성을 현저히 향상시키는 필수적인 도구입니다. 이 기능을 활용하면 메뉴를 찾아 다니지 않고도 원하는 작업을 빠르게 실행할 수 있어 시간을 크게 절약할 수 있습니다. 각 메뉴 오른쪽에 표시된 단축키를 확인하고 자주 사용하는 기능에 익숙해지는 것이 단축키를 익히는 가장 좋은 방법입니다. 단축키가 없는 메뉴라면 사용자가 직접 원하는 단축키를 설정하거나, 마스터 건반을 통해 추가적인 제어도 가능합니다. 이러한 기능들을 효과적으로 활용하면 작업 흐름을 더욱 원활하게 만들 수 있습니다.

01 프로젝트 저장 메뉴인 파일의 저장을 보면, 오른쪽에 ⌘ S 라는 표시가 있습니다. 파일 메뉴의 저장을 선택하지 않고, Command+S 키를 눌러 프로젝트를 저장할 수 있다는 의미입니다.

> TIP ⇧는 Shift, ⌃는 Control, ⌥는 Option 키입니다.

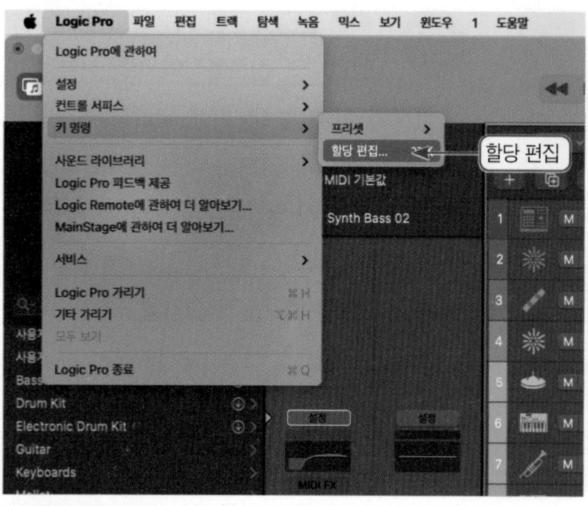

02 로직에 능숙해 보이고 싶다면, 메뉴를 열고, 확인하는 수고를 하더라도 단축키를 이용하는 습관을 갖는 방법밖에 없으며, 단축키가 설정되어 있지 않은 메뉴는 직접 만들어야 합니다. Logic Pro의 키 명령 메뉴에서 할당 편집을 선택합니다.

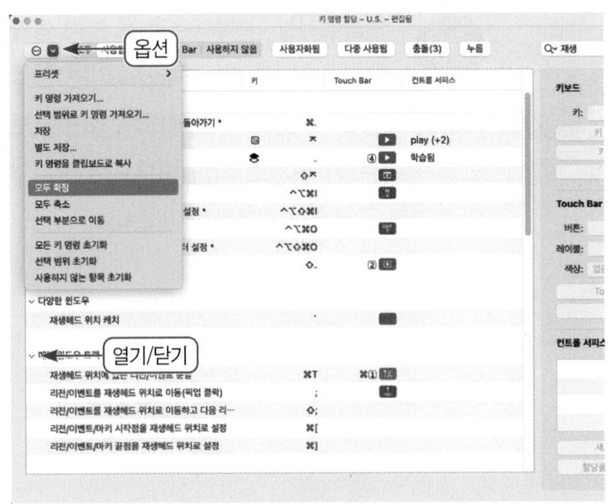

03 작업 창별로 분리되어 있는 단축키 목록을 볼 수 있으며, 왼쪽의 작은 삼각형을 클릭하여 목록을 열거나 닫습니다. 옵션 메뉴의 모두 확장 및 모두 축소를 선택하여 모든 목록을 한 번에 열거나 닫을 수 있고, 선택 부분으로 이동은 선택한 목록으로 화면을 이동시킵니다.

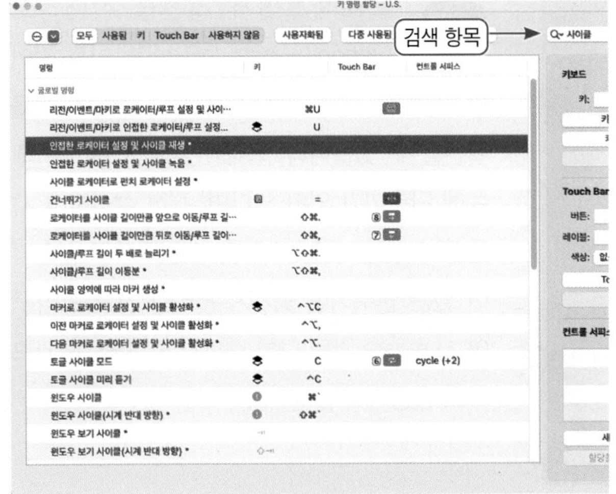

04 선택한 리전을 반복 재생하는 메뉴에 단축키를 설정해보겠습니다. 검색 창에 사이클을 입력하여 인접한 로케이터 설정 및 사이클 재생을 찾습니다.

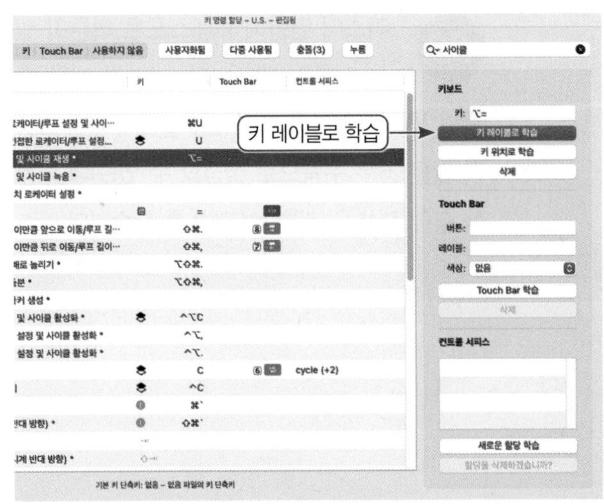

05 키 레이블로 학습 버튼을 클릭하고, 독자가 원하는 단축키를 누릅니다. 이미 다른 메뉴에 설정되어 있는 경우에는 승인 버튼을 클릭하여 공통으로 적용하거나 대치 버튼으로 변경할 수 있지만, 취소하고, 다른 단축키를 눌러봅니다.

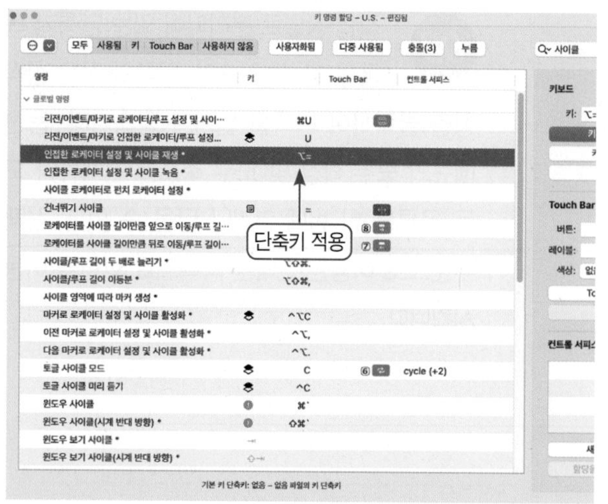

06 실습에서는 Option+= 키를 눌러 설정해보겠습니다. 참고로 단축키는 한글 모드를 적용할 수 있으며, 키패드가 있는 키보드 사용자는 키 위치로 학습 버튼으로 숫자열의 숫자와 구분해서 지정할 수 있습니다.

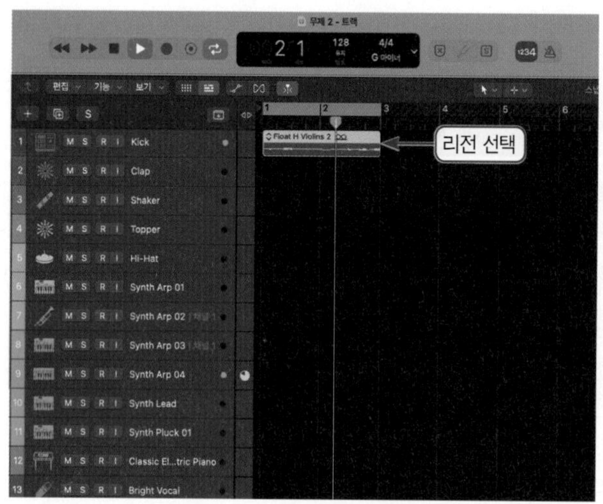

07 프로젝트에서 리전을 선택하고 Option+= 키를 눌러보면, 리전 길이가 로케이터 구간으로 설정되며, 재생되는 것을 확인할 수 있습니다. 독자가 즐겨 사용하는 메뉴에 단축키가 있지 않다면, 직접 설정하여 사용할 수 있는 것입니다. 단, 기본적으로 설정되어 있는 단축키를 독자가 편리한 것으로 바꾸어 사용하는 것은 다른 곳에서 혼동될 수 있으므로 권장하지 않습니다.

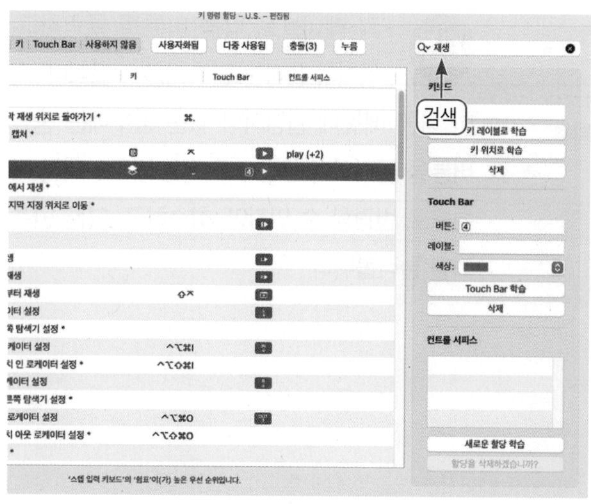

08 마스터 건반에 트랜스포트 버튼이 있는 제품이 있습니다. 대부분 해당 제품의 프리셋을 이용하면 자동 설정되지만, 그렇지 않은 경우 수동으로 설정할 수 있습니다. 검색 창에 재생을 입력하여 메뉴를 찾습니다.

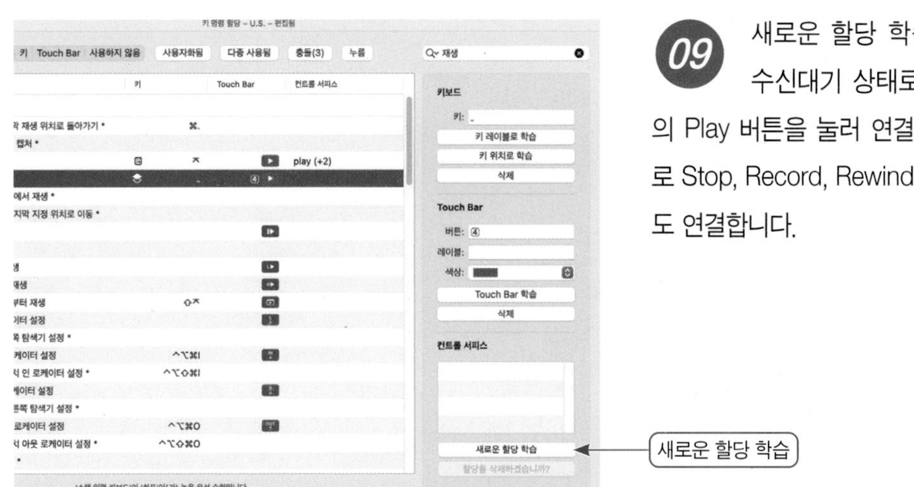

09 새로운 할당 학습 버튼을 클릭하여 수신대기 상태로 놓고, 마스터 건반의 Play 버튼을 눌러 연결합니다. 같은 방법으로 Stop, Record, Rewind, Forward 등의 버튼도 연결합니다.

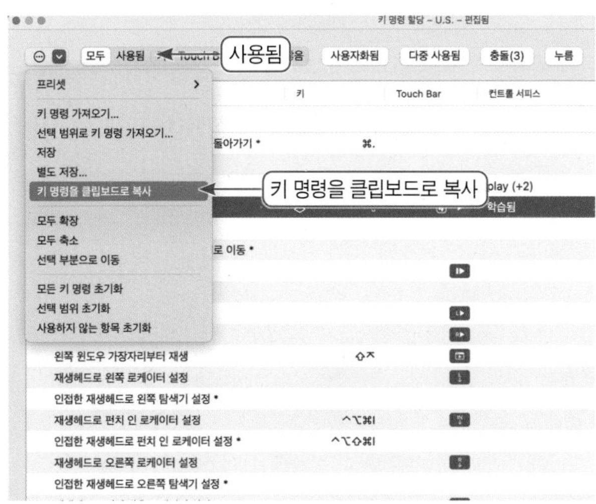

10 로직에서 제공하는 단축키를 프린트해서 책상 위에 놓아두고 싶다면, 사용됨을 선택하여 단축키가 설정되어 있는 목록만 표시하고, 옵션 메뉴의 키 명령을 클립보드로 복사를 선택합니다.

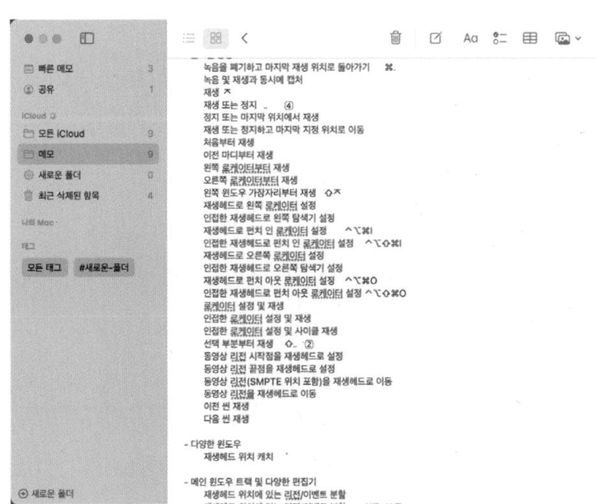

11 맥에서 기본으로 제공하는 메모장을 실행하여 Command +V 키를 눌러 클립보드에 저장된 내용을 붙입니다. 그리고 Command+P 키를 눌러 프린트 합니다.

> **TIP** 사용자가 설정한 단축키를 다른 시스템에서 사용할 경우 저장을 선택하여 파일로 저장하고, 키 명령 가져오기를 선택하여 불러옵니다.

Logic Pro 11

02

PART

프로젝트 관리

프로젝트는 음악 제작의 기본 단위로, 모든 작업을 담고 있는 파일을 말합니다. 프로젝트에 오디오 및 미디 트랙을 만들고, 각 트랙에 사용자 연주를 담은 리전을 생성하는 과정으로 진행되며, 음악을 제작하고 편집하는 데 사용되는 모든 요소를 포함합니다.

프로젝트 열기 및 저장

로직을 이용하여 음악을 만들 때 가장 먼저 준비하는 것이 프로젝트입니다. 워드에서 글을 입력하기 전에 문서를 준비하는 것과 같습니다. 그 이후에 트랙을 만들고, 오디오 및 미디 데이터를 입력하고, 편집하면서 음악을 만들게 됩니다. 결국, 로직에서의 음악 작업은 프로젝트 안에서 이루어지는 것이며, 입문자는 프로젝트를 효율적으로 관리할 수 있는 저장 옵션에 관해서 정확히 알고 있어야 합니다.

1 프로젝트 만들기

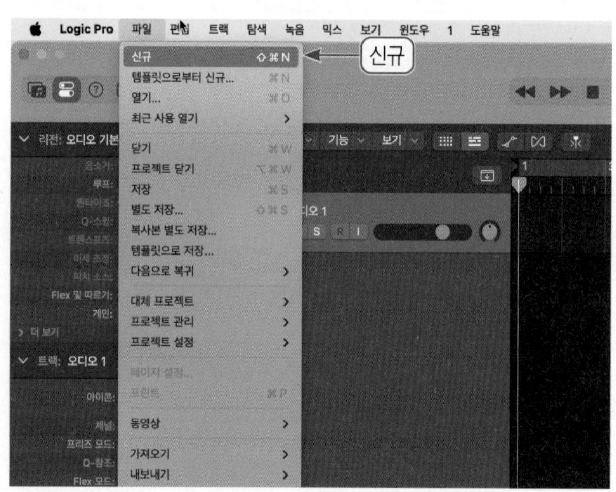

01 로직을 실행하면 프로젝트를 선택할 수 있는 창이 열립니다. 로직이 실행되어 있는 상태라면 파일 메뉴의 신규 또는 템플릿으로부터 신규를 선택하여 새로운 프로젝트를 만들 수 있습니다.

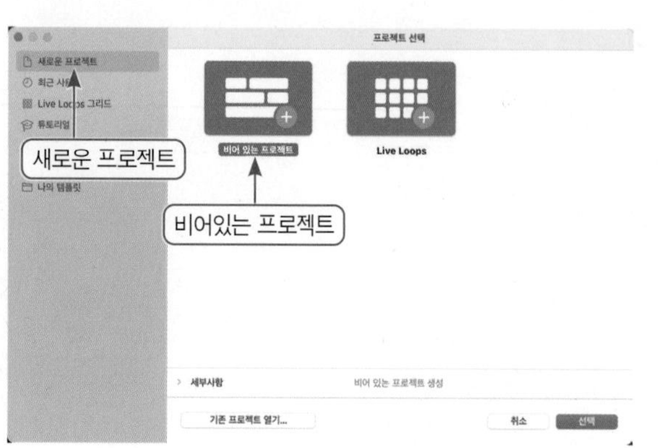

02 로직을 실행했을 때 또는 파일 메뉴의 템플릿으로부터 신규를 선택했을 때 열리는 프로젝트 선택 창에서 새로운 프로젝트 항목의 비어 있는 프로젝트를 더블 클릭하여 워드의 새 문서와 같은 프로젝트를 만들 수 있습니다.

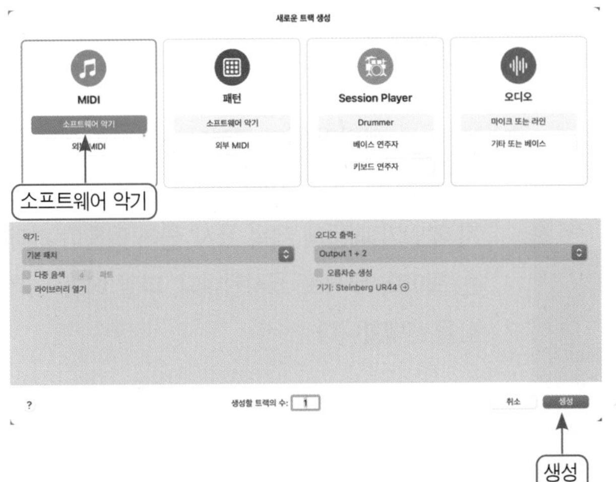

03 프로젝트 선택 창에서 비어 있는 프로젝트를 더블 클릭하거나 파일 메뉴의 신규를 선택하면 트랙 타입을 선택할 수 있는 창이 열립니다. 기본적으로 MIDI 타입의 소프트웨어 악기가 선택되어 있으며, 이를 더블 클릭하거나 생성 버튼을 클릭하여 소프트웨어 악기 트랙이 추가된 프로젝트를 만들 수 있습니다.

04 기본 옵션으로 생성된 트랙은 Classic Electric Piano 음색이 할당되어 있지만, 툴 바의 라이브러리 아이콘을 클릭하여 라이브러리 창을 열고, 원하는 악기 음색을 선택하여 변경할 수 있습니다.

05 트랙은 리스트 상단의 + 기호로 표시되어 있는 아이콘을 클릭하여 추가할 수 있으며, 드럼, 베이스, 피아노 음색의 트랙 등을 만들고, 연주 데이터를 입력하여 음악을 완성해가는 것입니다.

> TIP 동일한 유형의 트랙은 리스트의 빈 공간을 더블 클릭하여 만들 수 있습니다.

2 프로젝트 저장하기

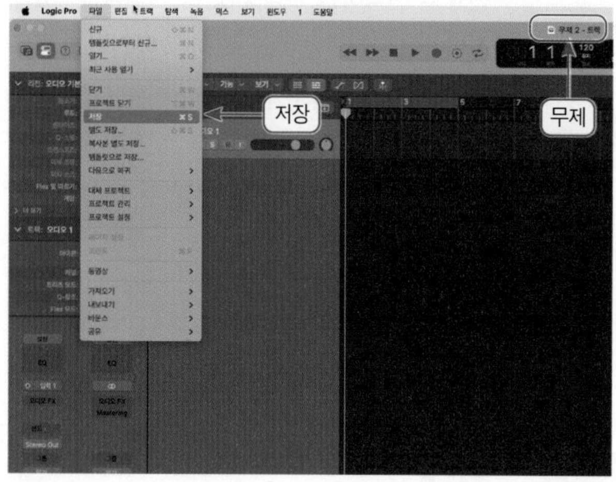

01 하나의 미디 트랙이 생성된 새로운 프로젝트를 만들었지만 아직 저장은 하지 않았기 때문에 제목 표시 줄에 이름이 없다는 의미의 무제로 표시됩니다. 파일 메뉴의 저장을 선택합니다.

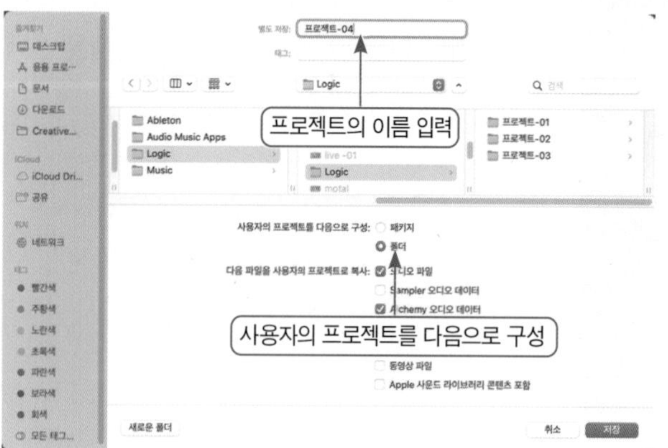

02 로직은 프로젝트를 패키지와 폴더의 두 가지 타입으로 저장할 수 있습니다. 사용자 프로젝트를 다음으로 구성 항목에서 폴더를 선택하고 별도 저장 항목에 곧 제목을 입력합니다. 그리고 저장 버튼을 클릭하여 저장합니다.

03 패키지는 프로젝트를 하나의 파일로 생성하기 때문에 관리가 편하지만, 용량이 커진다는 단점이 있고, 폴더는 프로젝트와 오디오 폴더가 별도로 생성되어 효율적인 관리가 가능하지만, 프로젝트를 복사할 때 데이터를 빼먹는 실수를 할 수 있다는 단점이 있습니다.

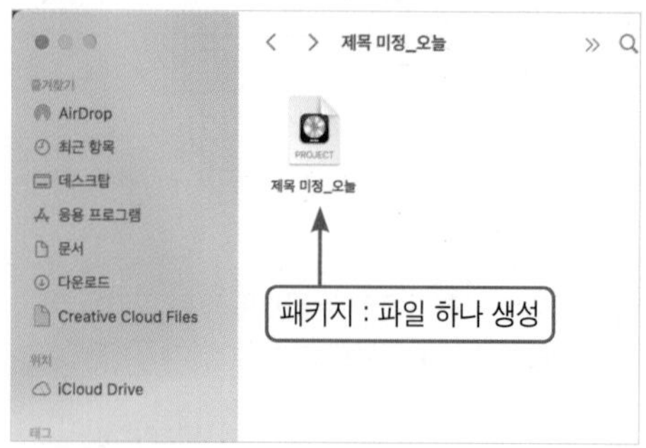

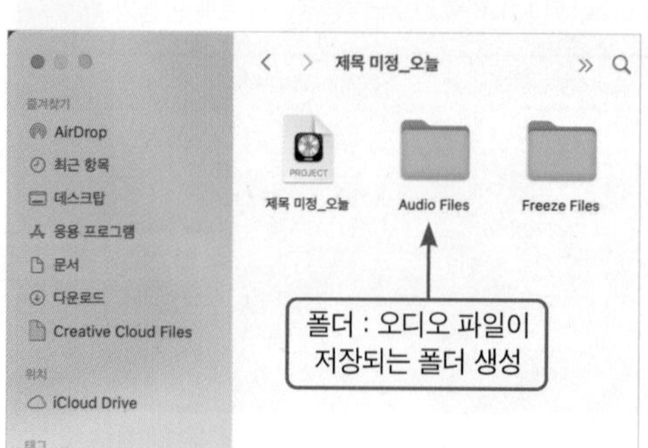

3 프로젝트 열기

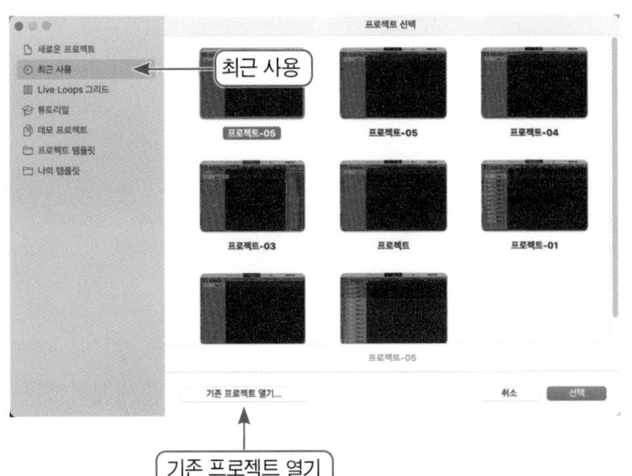

01 로직을 실행하고 기존에 작업한 프로젝트는 열 때는 창 아래쪽의 기존 프로젝트 열기를 클릭하거나 최근 사용 항목에서 프로젝트를 더블 클릭합니다.

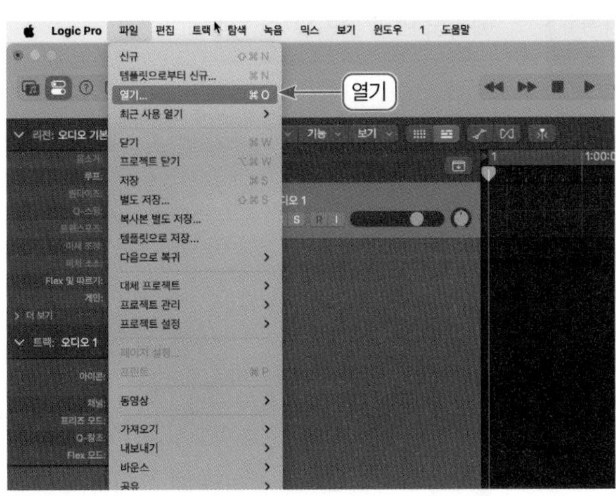

02 로직이 실행되어 있는 상태에서 기존에 작업하던 프로젝트를 불러올 때는 파일 메뉴의 열기를 선택합니다.

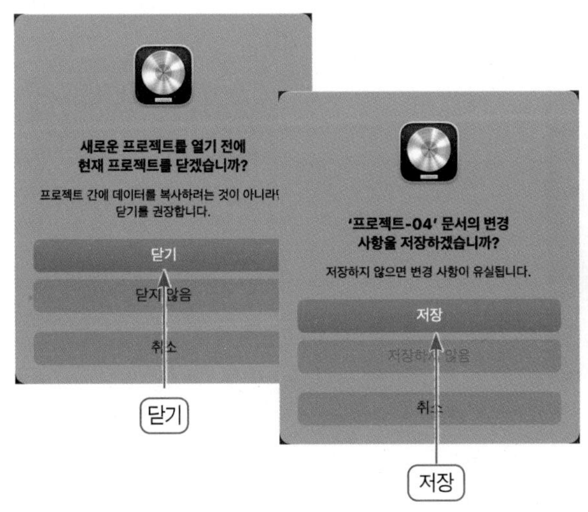

03 로직이 실행되어 있는 상태에서 파일 메뉴의 열기를 선택한 경우에는 현재 열려 있는 프로젝트를 닫을 것인지를 묻는 창이 열립니다. 현재 프로젝트에서 어떤 작업을 진행하고 저장하지 않은 경우에는 저장 여부를 묻는 창도 열립니다.

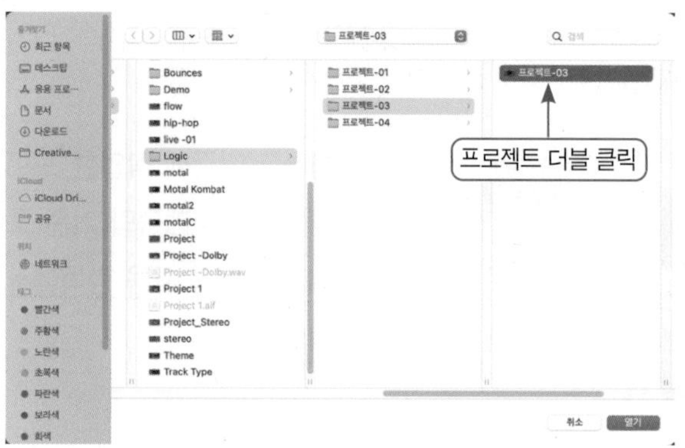

04 파일 메뉴의 열기 또는 로직을 실행했을 때 열리는 프로젝트 선택 창의 기존 프로젝트 열기 버튼을 클릭하면 열리는 창에서 더블 클릭하여 열 수 있습니다.

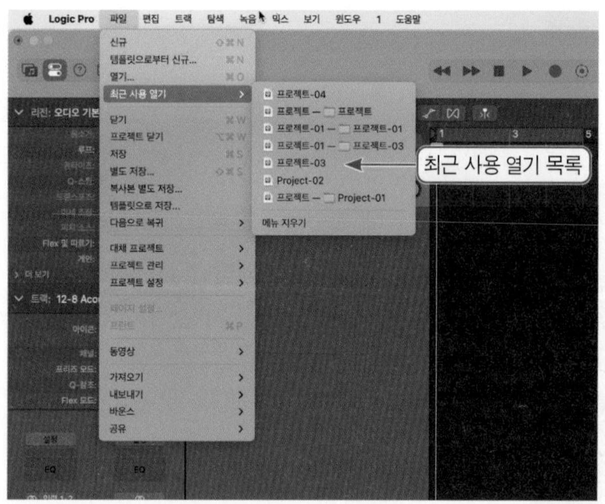

05 로직이 실행되어 있는 상태에서 최근에 작업했던 프로젝트는 파일 메뉴의 최근 사용 열기에 나열되어 있으며, 여기서 선택하여 바로 불러올 수 있습니다.

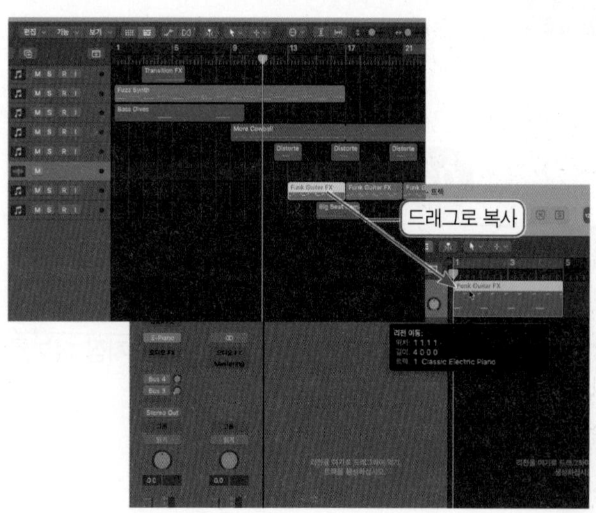

06 프로젝트를 불러올 때 작업하던 프로젝트를 닫지 않았다면 두 프로젝트를 동시에 열어놓고, 데이터를 복사하는 등의 작업을 진행할 수 있습니다.

07 두 개의 프로젝트를 열어 놓은 경우에 각 프로젝트의 제목 표시줄을 드래그하여 위치를 이동할 수 있고, 테두리를 드래그하여 크기를 조절할 수 있습니다. 화면이 작은 맥북 사용자라면 윈도우 메뉴 아래쪽에서 트랙 창을 선택하여 전환할 수 있습니다.

4 프로젝트 닫기

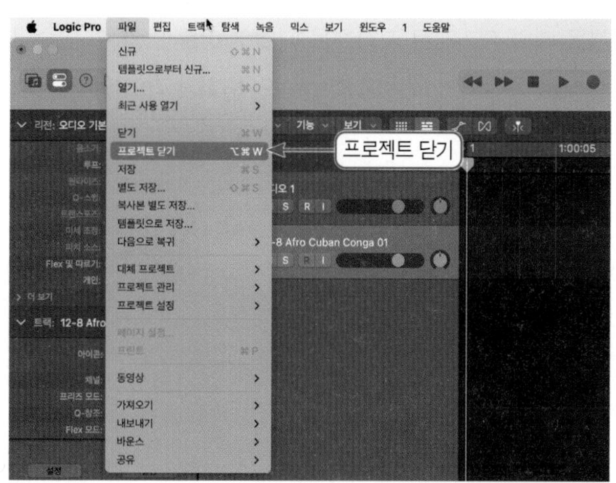

01 프로젝트는 파일 메뉴의 프로젝트 닫기를 또는 트랙 창 왼쪽 상단의 빨간색으로 표시되어 있는 닫기 버튼을 클릭하여 닫을 수 있습니다.

02 로직의 프로젝트는 트랙 창 외에도 미디 및 오디오 편집 창, 믹서, 스마트 컨트롤 등의 다양한 작업 창을 제공하며, 파일 메뉴의 닫기는 사용자가 열어놓은 작업 창을 닫는 역할입니다. 트랙 창이 선택되어 있는 경우에는 프로젝트 닫기와 동일합니다.

5 프로젝트 별도 저장

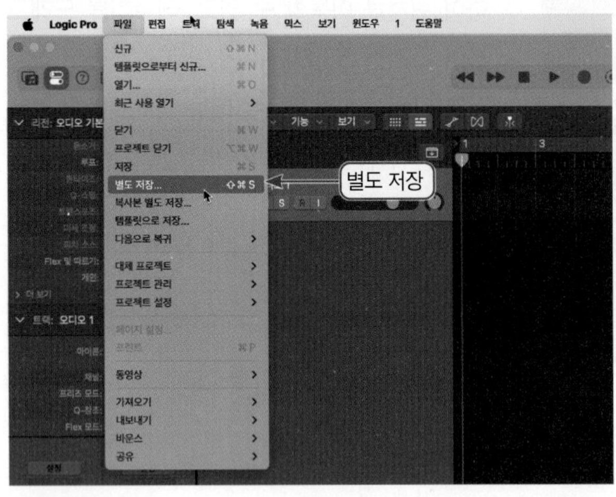

01 일반적으로 프로젝트를 레코딩, 보컬, 믹싱, 마스터링 등으로 구분해서 작업하는 경우가 많습니다. 레코딩한 프로젝트를 보관해두고, 믹싱과 마스터링은 별도의 프로젝트를 만들어 진행하는 방식입니다. 파일 메뉴의 별도 저장을 선택합니다.

02 별도 저장을 하면 프로젝트를 폴더로 저장했을 때와 패키지로 저장했을 때의 차이를 느낄 수 있습니다. 폴더로 저장한 경우에는 오디오 파일이 폴더로 공유되기 때문에 총 용량의 변화가 거의 없지만, 패키지의 경우에는 원본의 두 배가 되는 것입니다.

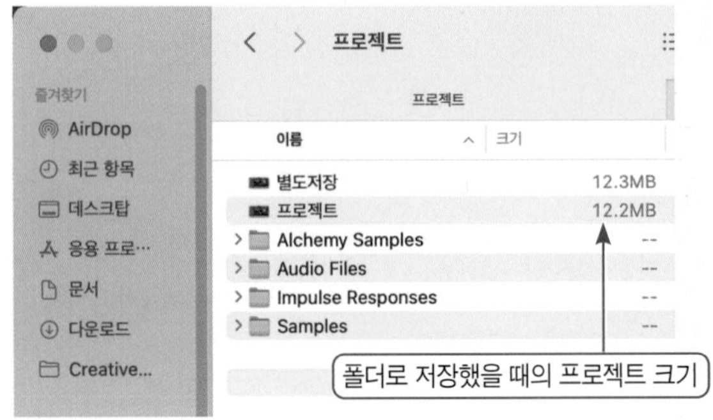

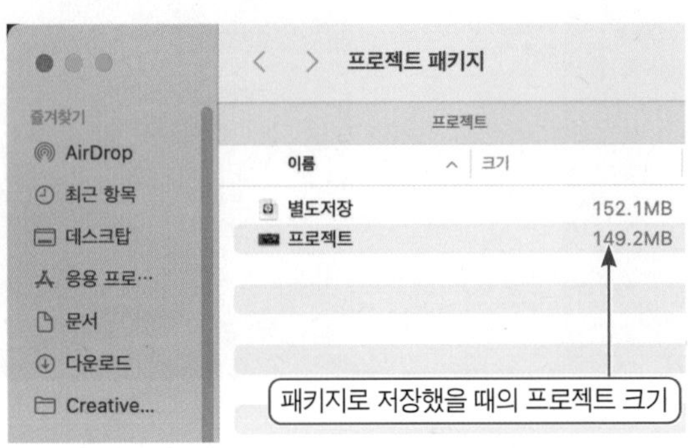

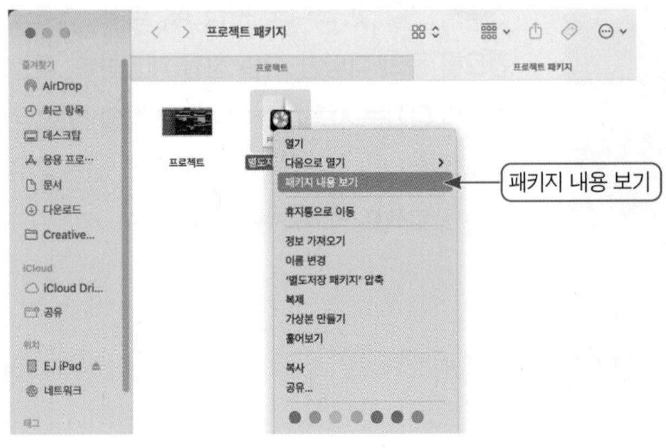

03 패키지 프로젝트에 포함되어 있는 오디오 폴더는 마우스 오른쪽 버튼을 클릭하여 단축 메뉴를 열고, 패키지 내용 보기를 선택하면 보이는 Media 폴더에서 확인할 수 있습니다.

6 프로젝트 백업하기

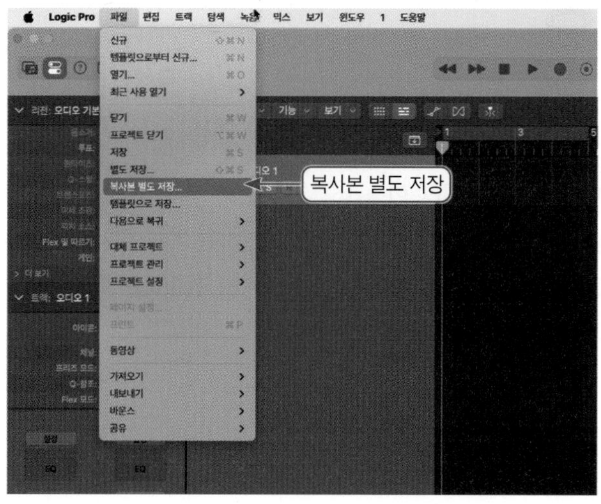

01 작업이 끝난 프로젝트를 스튜디오로 가져가거나 만일을 위해 외장 하드에 복사할 때 파인더에서 복사해도 좋지만, 샘플러에 사용한 오디오 파일을 빼먹지 않으려면 로직의 백업 기능을 이용하는 것이 안전합니다. 파일 메뉴의 복사본 별도 저장을 선택합니다.

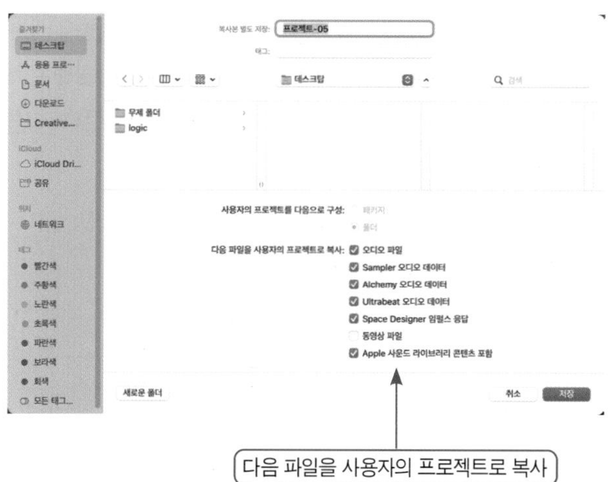

02 다음 파일을 사용자의 프로젝트로 복사에서 음악 작업에 사용된 데이터를 체크합니다. 프로젝트에 어떤 데이터를 사용했는지 기억나지 않는다면 모두 체크합니다. 그리고 프로젝트를 보관할 외장 하드 또는 USB 메모리에 저장합니다.

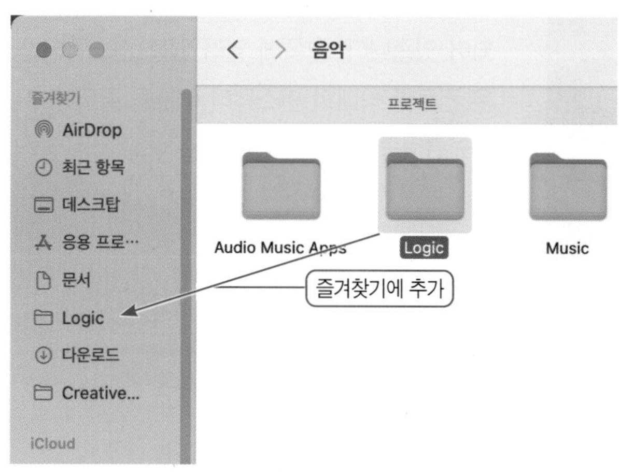

03 프로젝트를 저장할 때의 기본 위치는 사용자/음악/Logic 폴더입니다. 항상 기본 폴더를 사용하겠다면 사이드바로 드래그하여 즐겨찾기로 추가해 놓는 것이 편리할 것입니다. 프로젝트는 로직이 실행되어 있지 않아도 파인더에서 더블 클릭하여 열 수 있습니다.

화면 구성

새로운 프로젝트를 만들면 보게 되는 메인 윈도우 상단에는 라이브러리, 인스펙터, 컨트롤 바 등을 열거나 닫을 수 있는 컨트롤 바가 있고, 화면 중심에 음악 작업 데이터를 트랙별 리전으로 기록하고 편집하는 어레인지 윈도우가 있습니다. 그 외, 믹싱과 마스터링 작업을 할 때 유용한 믹서, 오디오 및 미디 편집 창, 샘플을 관리하는 루프 창 등은 컨트롤 바에서 제공하는 버튼이나 윈도우 메뉴를 이용해서 열거나 닫을 수 있습니다.

1 트랙 창

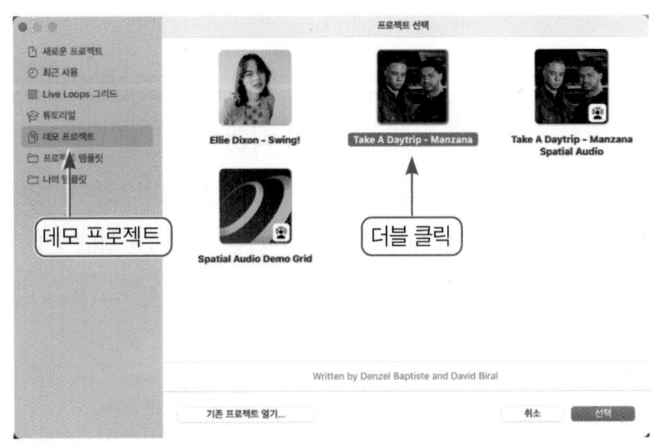

01 로직을 실행하면 열리는 프로젝트 선택 창에서 데모 프로젝트 항목의 데모 곡을 더블 클릭하여 엽니다. 로직이 실행되어 있는 상태라면 파일 메뉴의 템플릿으로부터 신규를 선택합니다.

02 로직 프로젝트의 메인 창은 상단에 컨트롤 막대와 하단에 트랙 창으로 구성되어 있습니다. 왼쪽에 열려 있는 인스펙터 창은 컨트롤 막대의 인스펙터 버튼을 클릭하거나 Y 키를 눌러 닫거나 열 수 있습니다.

03 트랙 창을 좀 더 세부적으로 들여다보면 상단에 편집, 기능, 보기 메뉴와 몇 가지 기능 버튼이 있는 메뉴 바가 있고, 바로 아래쪽에 곡의 위치를 마디로 표시하고 있는 눈금자가 있습니다. 그리고 작업 공간은 왼쪽의 트랙 리스트와 오른쪽에 리전이 생성되는 영역으로 구분되며, 리전 영역에는 재생 및 편집 위치를 나타내는 재생헤드가 있습니다.

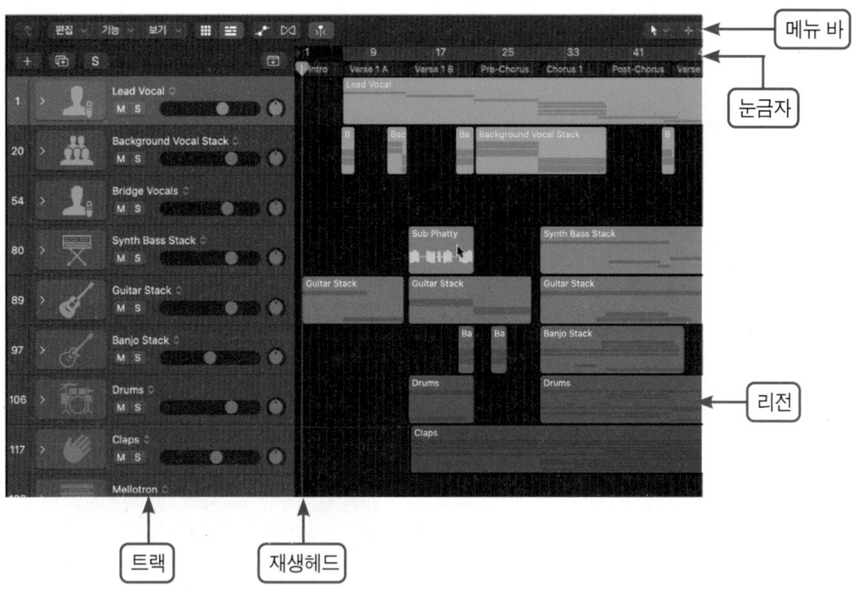

● 메뉴 바 : 편집, 기능, 보기 메뉴를 비롯하여 작업 공간에 생성되는 리전을 편집하는데 필요한 다양한 도구를 제공합니다.

● 눈금자 : 곡의 재생 및 편집 위치를 나타내며, 필요에 따라 타임으로 표시할 수 있습니다. 데모 프로젝트는 눈금자 아래쪽에 Intro, Verse 1 A 등, 곡의 구성을 파악할 수 있는 문자가 입력되어 있는데, 이 트랙을 리전이 생성되는 연주 트랙과 구분하여 글로벌 트랙이라고 합니다.

● 재생헤드 : 스페이스 바 키를 누르면 오른쪽으로 이동하는 세로 라인이 보이는데, 이것을 재생헤드라고 합니다. 재생 및 편집 위치를 나타냅니다.

● 트랙 : 연주자로 비교할 수 있습니다. 피아노 연주자, 드럼 연주자, 기타 연주자 등 필요한 수만큼 만들 수 있습니다. 실제 사람과 다른 점은 사용자가 원하는 것이라면 어떤 악기라도 연주할 수 있는 실력자인데도 섭외 비용이 필요 없다는 것입니다.

● 리전 : 작업 공간에 색깔을 가지고 있는 막대 모양의 바를 리전이라고 합니다. 연주자를 섭외하면 어떻게 연주해달라고 요구를 하듯이 트랙에게 어디서부터 어디까지 어떻게 연주해달라고 하는 데이터를 담고 있습니다. 물론, 이 데이터는 사용자가 직접 만들어야 하며, 곡의 결과물을 결정하는 요소가 됩니다.

2 컨트롤 막대

컨트롤 막대에는 곡을 재생하거나 레코딩 동작을 수행할 수 있는 트랜스포트 버튼과 디스플레이가 중앙에 있고, 양쪽으로 작업 창을 열거나 닫는 역할을 하는 버튼들이 있습니다. 그리고 자주 사용하는 기능 버튼과 전체 볼륨을 조정할 수 있는 마스터 볼륨 바가 있습니다.

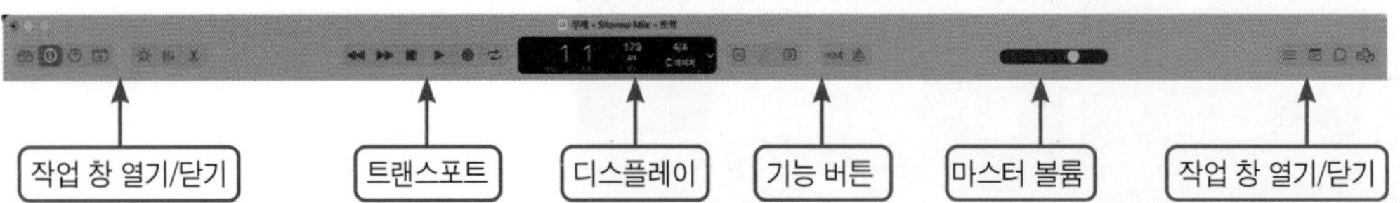

라이브러리 열기/닫기 : 트랙 리스트 왼쪽에 트랙에서 연주할 악기 및 음색을 선택할 수 있는 라이브러리 창을 열거나 닫습니다. 단축키는 Y 입니다.

- **보기 메뉴** : 리스트에 표시할 악기를 선택할 수 있습니다. 기본적으로 모든 악기를 표시합니다.
- **트랙 아이콘** : 악기를 쉽게 구분할 수 있는 그림이 표시됩니다.
- **검색 필드** : 음색 이름을 입력하여 검색할 수 있습니다.
- **리스트** : 왼쪽에서 악기를 선택하면 오른쪽에 음색(패치)이 나열되고, 음색을 선택하면 트랙에 적용됩니다.
- **옵션** : 버튼을 클릭하면 다음과 같은 옵션 메뉴가 열립니다.

기본값으로 정의 : 소프트웨어 트랙을 만들 때 기본적으로 적용되는 패치를 설정합니다.

사용자 기본값 지우기 : 기본값으로 정의된 패치를 취소합니다.

라이브러리 새로 고침 : 리스트를 새로 고쳐 표시합니다.

패치 병합 활성화 : 다른 패치의 설정을 현재 패치와 병합합니다. 병합할 수 있는 유형은 MIDI 이펙트, 악기, 오디오 이펙트, 센드의 4가지로 선택할 수 있습니다.

다운로드 가능한 항목 보기 : 다운로드가 완료되지 않은 패치에 다운 로드 버튼을 표시합니다.

- **복귀** : 패치의 변경 사항을 초기값으로 복구합니다.
- **삭제** : 선택한 패치를 삭제합니다.
- **저장** : 사용자가 만든 패치를 저장합니다.

ⓘ 인스펙터 열기/닫기 : 트랙의 연주 정보를 컨트롤할 수 있는 인스펙터 창을 열거나 닫습니다. 단축키는 I 이며, 파라미터의 구성은 트랙 종류에 따라 달라집니다.

● 리전 인스펙터 : 선택한 리전의 연주 정보를 컨트롤할 수 있는 파라미터를 제공합니다.

● 트랙 인스펙터 : 트랙의 연주 정보를 컨트롤할 수 있는 파라미터를 제공합니다. 트랙에 존재하는 모든 리전은 영향을 받습니다.

● 채널 스트립 : 미디 및 오디오 신호의 볼륨이나 팬 등을 컨트롤할 수 있는 파라미터를 제공합니다. 믹서를 열지 않고도 해당 트랙의 신호를 컨트롤할 수 있습니다. 기본적으로 오른쪽은 최종 출력을 담당하는 마스터 트랙의 채널 스트립이 표시되지만, 아웃이 Bus로 설정되는 경우에는 Aux 트랙을 표시합니다.

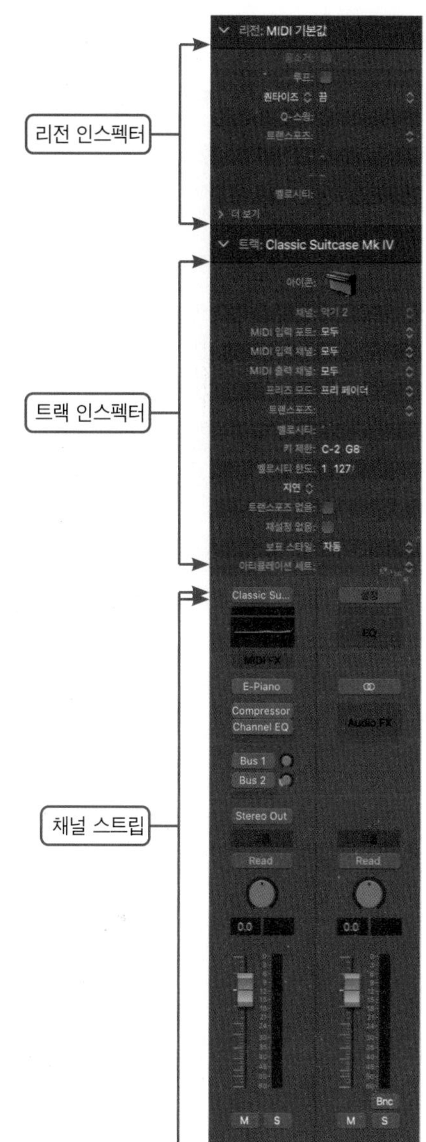

? 빠른 도움말 열기/닫기 : 리전 인스펙터 위쪽에 마우스 위치 파라미터의 기능을 간략하게 설명하는 도움말 창을 열거나 닫습니다. 단축키는 Shift+/이며, Command+/키를 누르면 상세 도움말 창을 열 수 있습니다.

〈도움말 메뉴〉

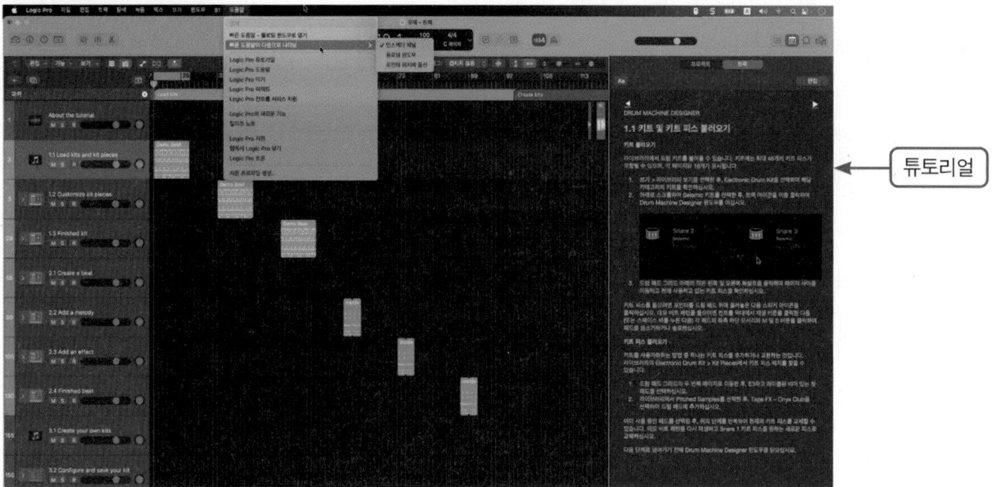

● 빠른 도움말 : 빠른 도움말 열기, 플로팅 윈도우로 열기, 닫기 순서로 동작합니다.

● 빠른 도움말이 다음으로 나타남 : 빠른 도움말의 표시 방법을 선택합니다.

● Logic Pro 튜토리얼 : 온라인 교육을 받는 듯한 느낌으로 독학할 수 있는 학습 창을 엽니다.

● Logic Pro 도움말 : 로직 사용 설명서를 엽니다. 설명서 아래쪽에는 도서를 다운 받을 수 있는 Apple Books 링크를 제공합니다. 악기와 이펙트 설명서를 선택하여 열 수 있고, 컨트롤 서피스, 새로운 기능, 릴리즈 노트, 지원, 토론 등의 웹페이지에 연결하여 도움을 받을 수도 있습니다.

도구 막대 열기/닫기 : 컨트롤 막대 아래쪽으로 리전을 편집할 수 있는 도구 막대를 열거나 닫습니다. 도구 막대에서 마우스 오른쪽 버튼을 클릭하여 바로 가기 메뉴를 열고, 도구 막대 사용자화를 선택하면 사용자가 원하는 도구들로 구성할 수 있는 창이 열립니다.

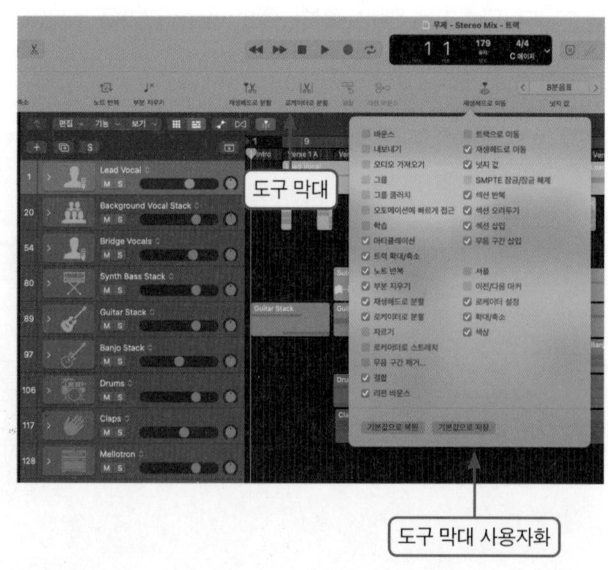

Smart Control 열기/닫기 : 도구 막대 열기/닫기 버튼 오른쪽의 3가지 열기/닫기 버튼은 작업 공간 아래쪽에 창을 열거나 닫습니다. 첫 번째 Smart Control 버튼은 트랙의 주요 파라미터를 빠르게 컨트롤할 수 있는 스마트 컨트롤 창을 열거나 닫습니다. 단축키는 B 입니다.

믹서 열기/닫기 : 모든 트랙의 채널 스트립을 한 화면에서 컨트롤할 수 있는 믹서 창을 열거나 닫습니다. 단축키는 X 입니다. 믹싱과 마스터링 작업을 할 때 가장 많이 사용하게 되는 창이며, 오랜 경험과 학습이 필요한 분야입니다.

편집기 열기/닫기 : 오디오 및 미디 데이터를 편집할 수 있는 창을 열거나 닫습니다. 로직은 오디오, 피아노 롤, 드러머, 악보, 스텝 등의 다양한 편집기를 제공하며, 트랙 유형에 따라 달라집니다. 기본적으로 오디오 리전을 더블 클릭하면 오디오 편집기가 열리고, 미디 리전을 더블 클릭하면 피아노 롤 편집기가 열립니다. 단축키는 E 입니다.

목록 편집기 열기/닫기 : 컨트롤 막대 오른쪽에 위치한 4가지 버튼은 메인 윈도우 오른쪽에 창을 열거나 닫는 역할을 합니다. 첫번째 목록 편집기는 메인 윈도우 또는 리전에 기록되어 있는 이벤트, 마커, 템포, 조표 및 박자표를 편집할 수 있는 창을 열거나 닫습니다. 숫자만 가득한 이벤트 창이 초보자에게는 다소 어려워 보일 수 있지만, 정밀한 작업을 하기 위해서는 반드시 익숙해져야 하는 창이기도 합니다.

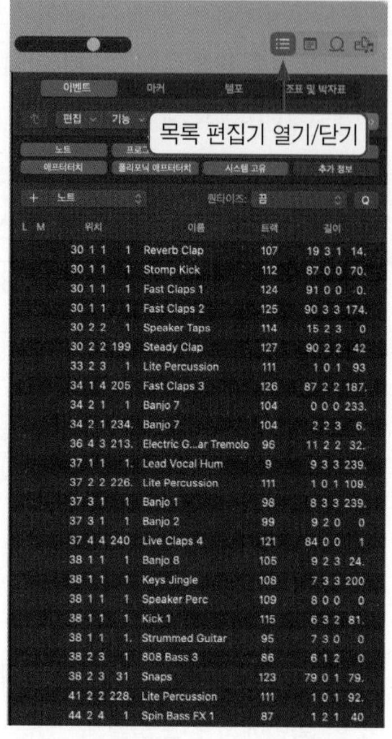

메모장 열기/닫기 : 메모장은 의미 그대로 프로젝트 및 트랙에 대한 정보를 기록해둘 수 있습니다. 녹음이나 믹싱 작업이 하루에 끝나는 경우는 없기 때문에 각 트랙에 대한 정보를 기록해두면 나중에 세팅을 할 때 매우 요긴하게 사용됩니다. 물론, 곡의 가사를 입력해 놓아도 좋고, 갑자기 떠오른 아이디어를 기록해 놓아도 좋습니다. 메모장의 사용 용도는 개인마다 얼마든지 달라질 수 있습니다.

루프 브라우저 열기/닫기 : 로직에서 무료로 제공하는 Apple 루프 창을 열거나 닫습니다. 단축키는 O입니다. 드럼 비트, 리듬 파트, 연주 프레이즈, 리프 등을 비롯하여 패턴과 효과음까지 80GB에 달하는 샘플을 제공하고 있으며, 프로젝트로 드래그하여 자유롭게 사용할 수 있습니다. Apple 루프는 프로젝트 템포와 키에 자동으로 일치되기 때문에 별다른 수고없이 높은 퀄리티의 음악을 만드는 일이 가능합니다. 간혹, 샘플을 이용하여 음악을 만드는 사람들에게 창작 운운하며 비판하는 사람들도 있지만 신경 쓸 필요 없습니다. 샘플 조합으로 완성도 높은 음악을 만드는 일 또한 능력입니다.

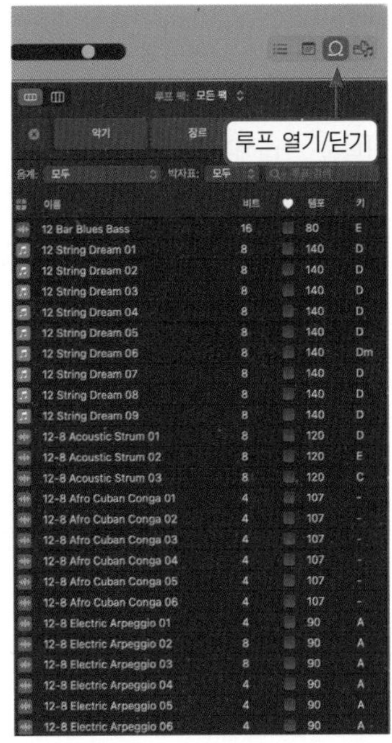

브라우저 열기/닫기 : 프로젝트에서 사용되고 있는 오디오 파일을 관리할 수 있는 창을 열거나 닫습니다. 초보자에게 파일 관리의 중요성은 잔소리에 불과하겠지만, 하드 용량이 부족해지면서 백업용 외장 하드를 하나 둘 추가하는 단계가 되면, 처음부터 제대로 관리하지 못한 자신을 자책하는 날이 오게 됩니다. 다소 귀찮더라도 처음부터 파일을 체계적으로 관리하는 습관을 들이기 바랍니다.

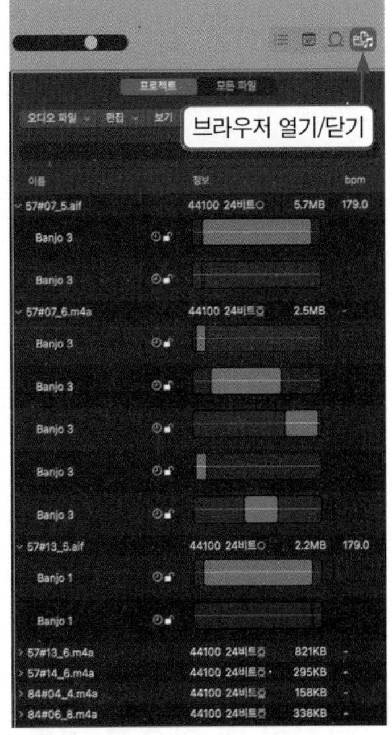

3 트랜스포트

컨트롤 막대에는 곡을 재생하거나 녹음을 진행하는 등의 역할을 하는 트랜스포트 버튼들을 제공합니다. 하지만, 실제로 이 버튼들을 클릭하여 컨트롤하는 경우는 거의 없습니다. 로직을 이용하여 음악을 만들겠다면 최소한 트랜스포트 기능을 수행하는 단축키 정도는 외우고 시작하기 바랍니다. 특히, 재생과 정지 역할의 스페이스 바와 녹음의 R키는 기본입니다.

재생 헤드

곡의 재생과 녹음을 시작하는 위치는 작업 공간에 세로 라인으로 표시되어 있는 재생헤드입니다. 재생헤드의 위치는 〈꺾쇠〉 모양이 있는 콤마(,) 키와 마침표(.) 키를 이용해서 마디 단위로 이동하거나 return 키를 이용해서 처음으로 이동시킬 수 있습니다. 재생 중에 return 키를 누르면 처음으로 이동하여 재생합니다.

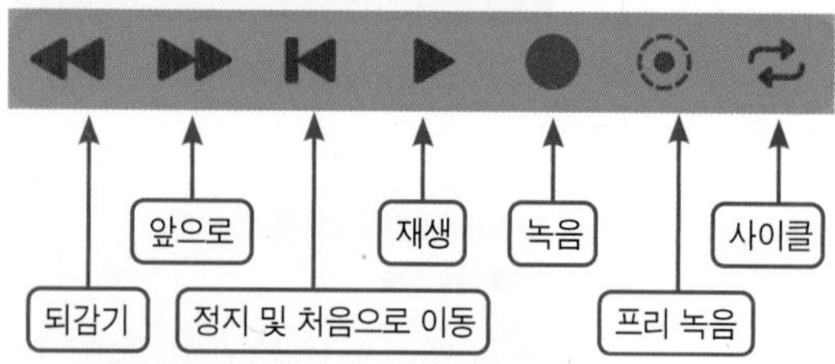

버튼		단축키		기능	
되감기	Fast	,	〈	왼쪽으로 한 마디씩 이동	Fast는 8마디씩 이동
앞으로	Fast	.	〉	오른쪽으로 한 마디씩 이동	Fast는 8마디씩 이동
재생 및 정지		Spacebar		정지 중일 때는 재생 / 재생 중일 때는 정지	
일시정지		Option+return		일시 정지 / 일시 정지 중일 때는 재생	
녹음		R		녹음	
프리 녹음		Ctrl+Opt+Cmd+R		메트로놈 및 템포를 지정하지 않고 녹음을 진행합니다.	
사이클		C		사이클 기능 On/Off	

되감기 및 앞으로 버튼

재생헤드를 이동시키는 방법은 되감기의 콤마(,) 키와 앞으로의 마침표(.) 키 외에도 다양한 것들이 있습니다.

① Shift 키를 누른 상태에서 콤마 및 마침표 키를 누르면 8마디 단위로 이동합니다.

② Option 키를 누른 상태에서 콤마 및 마침표 키를 누르면 이전 또는 다음 마커로 이동합니다. 물론, 마커가 입력되어 있는 경우입니다.
Command 키를 누른 상태에서 되감기 및 앞으로 버튼을 클릭하여 이전 또는 다음 마커로 이동할 수 있습니다.
Option 키를 누른 상태에서 마커를 클릭하면 해당 마커의 시작점으로 이동합니다.
숫자 키를 눌러 해당 마커의 위치로 이동할 수 있습니다. 숫자 키가 없는 경우에는 Shift 키를 누른 상태로 문자열의 숫자 키를 이용할 수 있습니다.
③ 눈금자 아래쪽에 세로 라인으로 마디 및 박자 위치를 나타내는 부분을 클릭하여 이동합니다.
④ Shift 키를 누른 상태로 작업 공간을 클릭하여 이동합니다.
⑤ 재생헤드를 드래그하여 이동합니다. 되감기 및 앞으로 버튼을 드래그하여 빠르게 이동하는 것도 가능합니다.
⑥ 디스플레이에서 마디 및 박자 위치를 표시하는 부분을 드래그하거나 더블 클릭하여 입력하는 방법이 있습니다. 이때 마디와 박자는 마침표로 구분할 수 있지만, 보통은 마디만 입력하여 이동합니다.

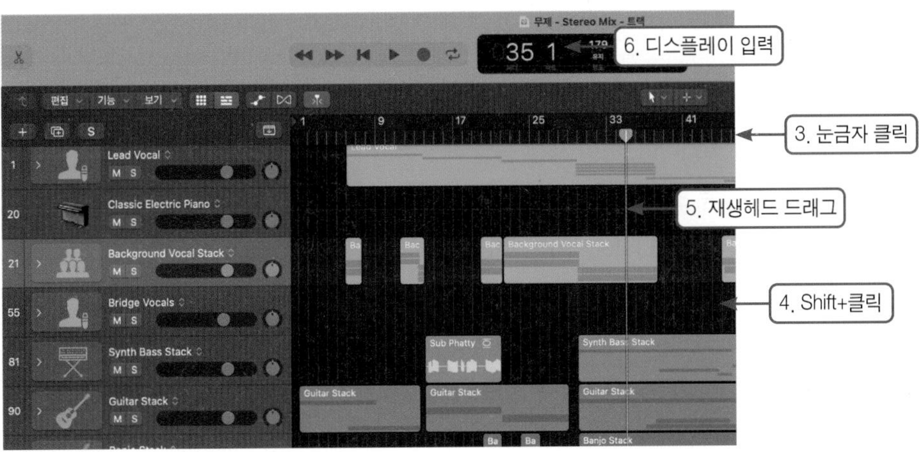

정지 버튼

재생 버튼 왼쪽에 있는 버튼은 곡이 재생 중일 때는 정지 버튼 역할을 하며, 곡이 정지 중일 때는 처음으로 이동 버튼 역할을 합니다. 단축키는 정지와 처음으로 이동이 구분되어 있습니다. 정지는 스페이스 바 키이며, 처음으로 이동은 return 키입니다. 숫자 키가 있는 경우에는 0번 키가 정지 및 처음으로 이동 버튼 역할을 합니다. 정지 버튼을 마우스 오른쪽 버튼으로 클릭하면 역할을 변경할 수 있는 메뉴가 열립니다.

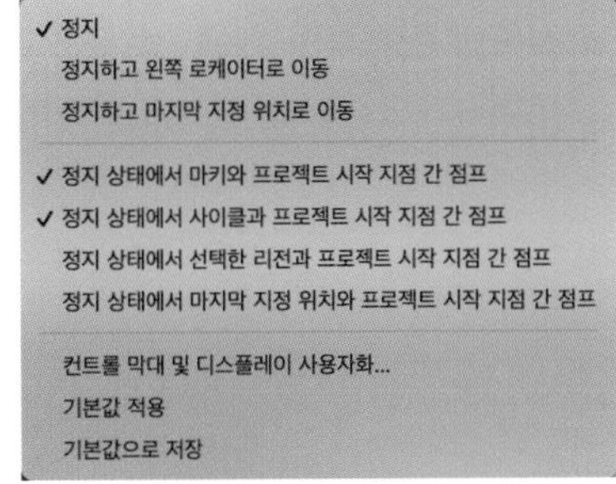

- 정지 : 프로젝트 재생을 정지합니다.
- 정지하고 왼쪽 로케이터로 이동 : 재생을 정지하고, 재생헤드가 로케이터 시작 위치로 이동합니다.
- 정지하고 마지막 지정 위치로 이동 : 재생을 정지하고, 재생헤드가 로케이터 끝 위치로 이동합니다.
- 정지 상태에서 마키와 프로젝트 시작 지점 간 점프 : 정지되어 있을 때 재생헤드를 마키 시작점 또는 프로젝트 시작 지점 사이에서 앞뒤로 이동합니다.
- 정지 상태에서 사이클과 프로젝트 시작 지점 간 점프 : 정지되어 있을 때 재생헤드를 사이클 영역 시작점과 프로젝트 시작 지점 사이에서 앞뒤로 이동합니다. 활성화된 사이클 영역이 있을 때만 적용됩니다.
- 정지 상태에서 선택한 리전과 프로젝트 시작 지점 간 점프 : 정지되어 있을 때 재생헤드를 처음 선택된 리전의 시작점과 프로젝트 시작 지점 사이에서 앞뒤로 이동합니다. 리전이나 폴더를 선택한 경우에만 적용됩니다.
- 정지 상태에서 마지막 지정 위치와 프로젝트 시작 지점 간 점프 : 정지되어 있을 때 재생헤드를 마지막으로 찾은 위치와 프로젝트 시작 지점 사이에서 앞뒤로 이동합니다.

재생 버튼

곡을 재생하며, 단축키는 스페이스 바 키입니다. 곡이 재생 중일 때 스페이스 바 키는 정지 역할을 합니다. 즉, 스페이스 바 키는 재생과 정지 역할을 하는 모두 수행합니다. 숫자 열의 return 키는 재생 기능을 하며, 재생 중일 때는 처음으로 이동하여 재생을 하고, 0번 키가 정지 기능을 하며, 정지 중일 때는 처음으로 이동입니다. 재생 버튼을 마우스 오른쪽 버튼으로 클릭하면 역할을 변경할 수 있는 메뉴가 열립니다.

✓ 마키의 선택 범위부터 재생
✓ 사이클부터 재생
선택한 리전부터 재생
마지막 지정 위치부터 재생

컨트롤 막대 및 디스플레이 사용자화...
기본값 적용
기본값으로 저장

- 마키의 선택 범위부터 재생 : 마키 선택 범위를 재생합니다.
- 사이클부터 재생 : 사이클 모드가 켜져 있으면 왼쪽 로케이터 위치에서 재생이 시작됩니다.
- 선택한 리전부터 재생 : 처음 선택된 리전의 시작 부분에서 재생이 시작됩니다.
- 마지막 지정 위치부터 재생 : 마지막 재생헤드 위치에서 재생이 시작됩니다.

녹음 버튼

녹음을 시작하며, 단축키는 R 키입니다. 숫자 열이 있는 경우에는 별표(*) 키입니다. 그 외, 녹음 버튼을 마우스 오른쪽 버튼으로 클릭하면 역할을 변경할 수 있는 메뉴가 열립니다.

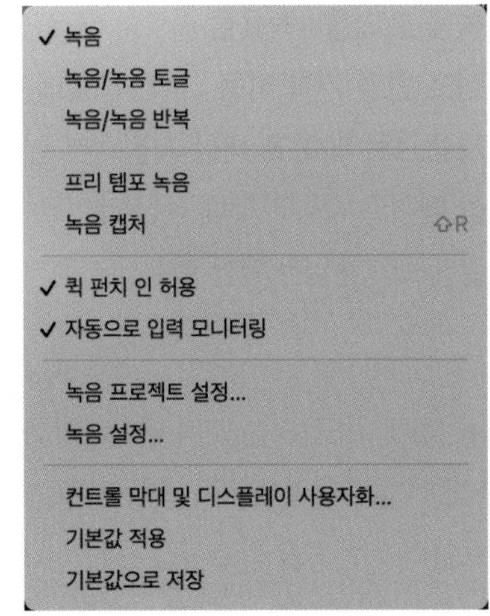

- 녹음 : 녹음 기능을 수행합니다. 정지할 때는 스페이스 바 키를 이용합니다.
- 녹음/녹음 토글 : 녹음과 정지 모드를 전환합니다.
- 녹음/녹음 반복 : 녹음을 취소하고 시작한 위치로 되돌아가 다시 녹음을 합니다.
- 프리 템포 녹음 : 프리 템포 녹음을 진행합니다.
- 녹음 캡처 : 녹음 중인 아닌 상태에서 연주한 미디 정보를 기록합니다.
- 퀵 펀치 인 허용 : 재생 중에 바로 녹음 모드로 진입할 수 있도록 합니다.
- 자동으로 입력 모니터링 : 녹음 중에만 입력 신호를 모니터할 수 있게 합니다.
- 녹음 설정 : 프로젝트 녹음 설정 창을 엽니다.

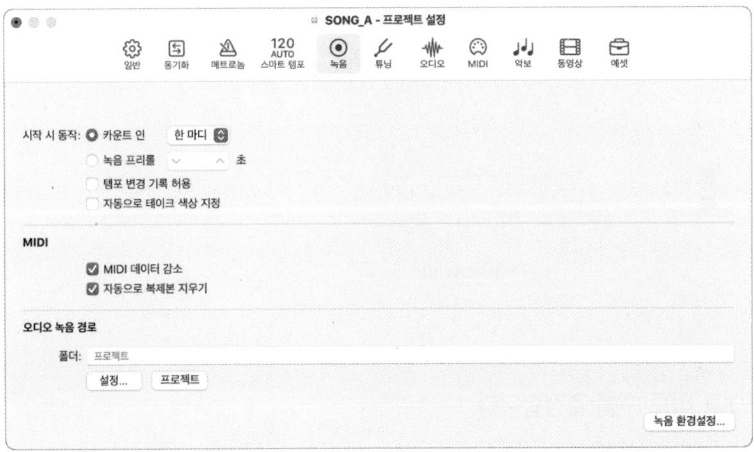

● 시작 시 동작 버튼 : 녹음을 시작할 때 카운트 인 또는 프리롤 길이를 선택합니다.

카운트 인 : 녹음을 시작할 때의 카운트 길이를 선택합니다.

녹음 프리롤 : 녹음을 시작할 때 몇 초 전부터 재생되게 할 것인지를 설정합니다.

템포 변경 기록 허용 : 녹음 모드에서 모든 템포 변경을 기록합니다.

자동으로 테이크 색상 지정 : 첫 번째 테이크는 색상 팔레트에서 선택한 색상을 테이크 폴더에 할당하지만 다음 테이크 각각에 대해 해당 테이크 폴더에서 다른 색상을 지정합니다. 테이크 폴더에 사용된 모든 색상은 색상 팔레트의 동일한 색상 행에서 선택되며 각 테이크 후에 미리 정의된 열 수만큼 진행됩니다.

● MIDI : 녹음되는 미디 데이터의 처리 방법을 결정합니다.

MIDI 데이터 감소 : 녹음 중에 일련의 컨트롤러 메시지의 끝에 값을 유지하는 지능형 알고리즘을 사용하여 컨트롤러 이벤트를 감소시킵니다.

자동으로 복제본 지우기 : 기존 노트와 동일한 위치, 피치 및 MIDI 채널에서 스텝 녹음 또는 병합을 통해 MIDI 리전으로 노트를 재생하거나 추가하면 이전 노트를 삭제합니다. 동일한 위치는 두 노트가 모두 동일하게 퀀타이즈된 경우이거나, 퀀타이즈가 사용되지 않는 경우에는 100틱 이내로 정의됩니다.

● 오디오 녹음 경로 : 설정 버튼을 클릭하여 녹음 폴더를 지정할 수 있습니다. 프로젝트 버튼을 클릭하면 프로젝로 재설정됩니다.

● 녹음 환경설정 : 로직의 녹음 환경설정 창을 엽니다.

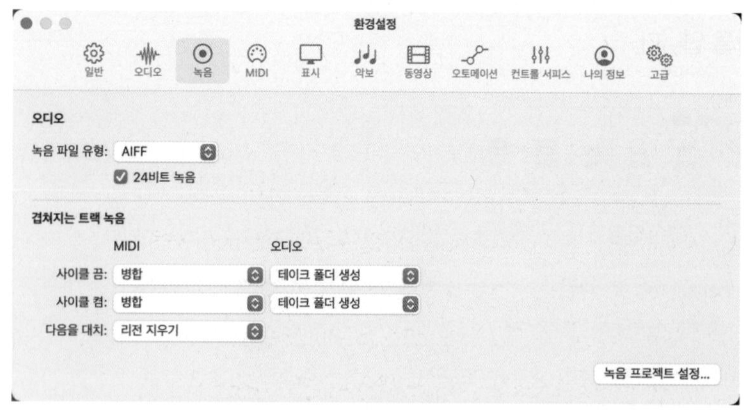

● 오디오 : 녹음되는 오디오 파일 포맷과 비트 수를 결정합니다.

녹음 파일 유형 : 녹음할 오디오 파일 포맷을 선택합니다. AIFF, BWF(Wave) 또는 CAF 파일 중에서 선택할 수 있습니다.

24비트 녹음 : 녹음 비트를 24비트로 설정합니다. 해제하면 16비트로 녹음됩니다.

● 겹쳐지는 트랙 녹음 : MIDI 및 오디오 트랙이 겹칠 때의 동작을 설정합니다.

테이크 폴더 생성 : 기존 MIDI 또는 오디오 리전에 녹음할 때 신규 테이크 폴더가 생성됩니다.

병합 : 새로 녹음된 MIDI 데이터를 이전에 녹음한 MIDI 데이터와 병합합니다.

겹침 : 동일한 트랙의 이전 MIDI 리전과 겹치는 신규 MIDI 리전을 생성합니다.

선택한 리전 겹치기/병합 : 새로 녹음된 데이터는 선택한 모든 리전과 병합되어 단일 리전을 형성합니다. 이것은 각 녹음이 완료된 후에 발생합니다.

트랙 생성 : 기존 MIDI 또는 오디오 리전에 녹음할 때 새로운 트랙이 생성됩니다.

대체 트랙 생성 : 새로운 대체 트랙은 각 녹음 또는 사이클 반복과 함께 자동으로 생성됩니다.

현재 녹음만 병합 : 모든 사이클 패스에서 기록된 데이터를 단일 리전으로 병합합니다.

트랙 생성 : 사이클 반복에 대해 새로운 트랙을 자동으로 생성합니다. 녹음하는 동안 이전 트랙이 재생됩니다.

트랙 생성 및 음소거 : 사이클 모드에서 녹음할 때 각 사이클 반복에 대해 동일한 채널 스트립에 할당된 새로운 트랙을 자동으로 생성합니다. 녹음이 중지된 후에 트랙이 생성됩니다.

새로운 트랙 생성 : 기존 자료 위에 녹음하면 새로운 오디오 트랙이 자동으로 생성됩니다. 녹음이 중지된 후에 새로운 트랙이 생성됩니다.

대치 : 대치가 활성화된 경우의 동작을 설정합니다.

리전 지우기 : 녹음 구간의 리전을 지웁니다.

리전 펀치 : 오디오 또는 MIDI 이벤트가 녹음된 리전만 지웁니다.

콘텐츠 지우기 : 리전 안의 오디오 또는 MIDI 콘텐츠를 지웁니다.

콘텐츠 펀치 : 리전 안의 오디오 또는 MIDI 이벤트가 녹음된 부분에만 있는 콘텐츠를 지웁니다.

프리 녹음 버튼

사용자 연주를 분석하여 프로젝트 템포를 설정할 수 있습니다. 새 프로젝트를 만들고, 템포를 결정하지 않았을 때, 흥얼거리는 오디오 또는 미디 연주에 맞추어 템포를 결정하고 싶을 때 유용한 기능입니다. 프리 녹음 버튼을 클릭하면 메트로놈이 비활성화 되며, 프로젝트 작업 중에는 선택한 트랙이 솔로로 진행됩니다. 녹음을 마치면 어떻게 처리할 것인지를 묻는 창이 열립니다.

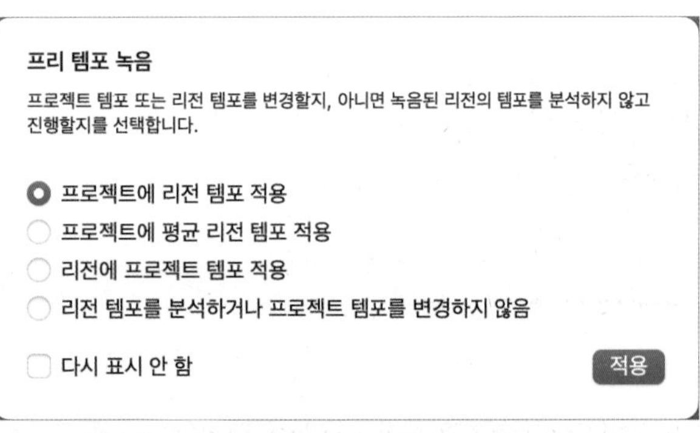

● **프로젝트에 리전 템포 적용** : 사용자 연주 템포를 분석하여 프로젝트 템포를 설정합니다.

● **프로젝트에 평균 리전 템포 적용** : 사용자 연주의 평균 템포를 분석하여 프로젝트 템포를 설정합니다. 프로젝트에 리전 템포 적용은 사용자 연주 템포의 변화를 모두 기록하는 것이고, 프로젝트에 평균 리전 템포 적용은 하나의 템포로 설정하는 것입니다.

● **리전에 프로젝트 템포 적용** : 사용자 연주를 프로젝트 템포에 맞춥니다. 느린 연주를 프로젝트 템포에 맞출 때 유용합니다.

● **리전 템포를 분석하거나 프로젝트 템포를 변경하지 않음** : 프로젝트 템포 변화 없이 사용자 연주를 그대로 기록합니다.

프리 템포 녹음 창에서 다시 표시 안 함 옵션을 체크한 경우에는 마지막에 선택한 옵션이 적용됩니다. 옵션을 변경하거나 원래 대로 창이 열리게 하고 싶다면 파일 메뉴의 프로젝트 설정에서 스마트 템포를 선택하여 창을 열고, 프리 템포 녹음 항목의 기본 템포 동작에서 원하는 옵션을 선택하거나 묻기를 선택하면 됩니다.

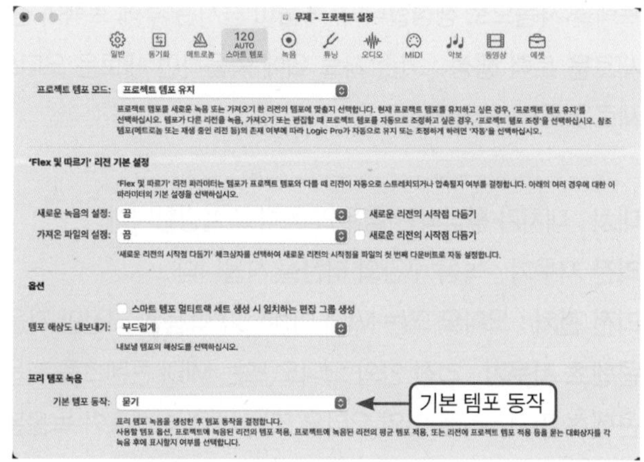

사이클 버튼

눈금자 위에 마디 번호가 표시되어 있는 부분을 드래그하여 사이클 범위를 설정할 수 있습니다. 사이클 범위는 해당 구간을 반복하여 재생하거나 녹음할 때 사용하며, 사이클 버튼 또는 눈금자에 표시되는 노란색 범위를 클릭하거나 단축키 C를 눌러 On/Off 할 수 있습니다.

사이클 버튼을 마우스 오른쪽 버튼을 클릭하여 단축 메뉴를 열고, 로케이터 자동 설정을 선택하면 마커, 리전, 노트에 따라 사이클 범위가 자동으로 설정되게 할 수 있습니다.

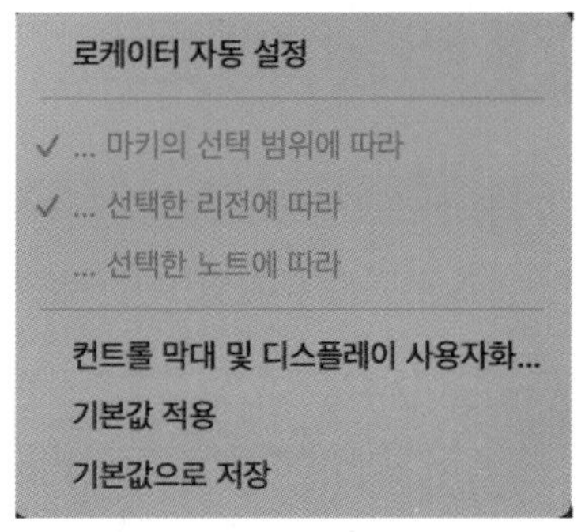

마키의 선택 범위에 따라 : 마키 툴로 범위를 선택하면 해당 범위가 사이클 범위로 설정됩니다.

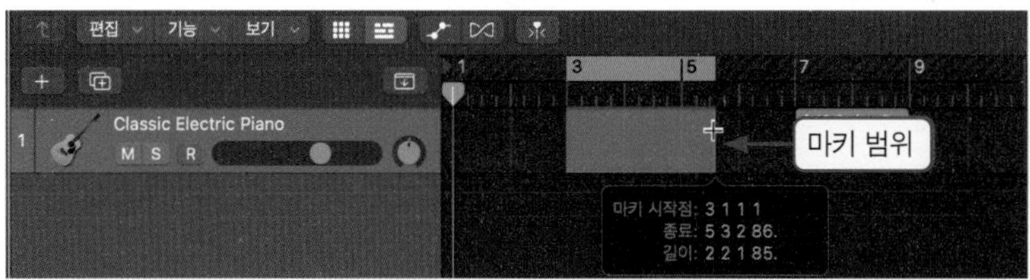

선택한 리전에 따라 : 리전을 선택하면 해당 길이만큼 사이클 범위로 설정됩니다.

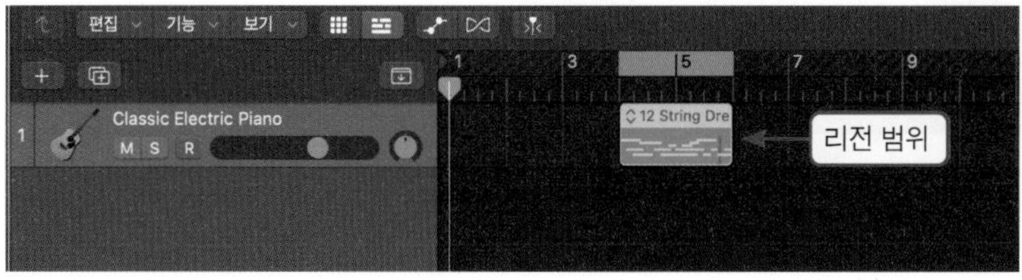

선택한 노트에 따라 : 미디 에디터에서 노트를 선택하면 해당 마디가 사이클 범위로 설정됩니다.

4 디스플레이 모드

컨트롤 막대의 보기 버튼, 트랜스포트 버튼, 디스플레이(LCD) 정보, 모드 및 기능 버튼은 기본적으로 표시되는 것들 외에 몇 가지가 더 있으며, 사용자가 원하는 것들로 재구성할 수 있습니다. 여기서 재생헤드 위치 및 템포와 조표 등의 정보를 표시하고 있는 디스플레이 창은 좀 더 많은 정보를 표시하는 사용자 설정을 사용하는 경우가 많습니다.

사용자 설정

디스플레이(LCD) 오른쪽의 작은 삼각형을 클릭하면 표시 정보를 선택할 수 있는 메뉴가 열립니다. 여기서 사용자 설정을 선택하면 일반적으로 많이 사용하는 타입으로 변경할 수 있습니다.

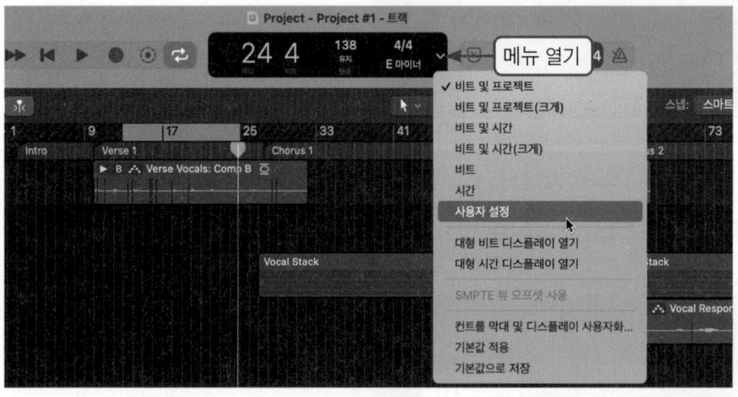

재생헤드 위치

사용자 설정의 첫 번째 항목은 재생헤드위 위치를 표시합니다. 위쪽은 SMPTE라고 부르는 시간 단위이며, 아래쪽은 마디 단위입니다. 각각의 단위를 드래그하거나 더블 클릭하여 재생헤드의 위치를 이동시킬 수 있습니다.

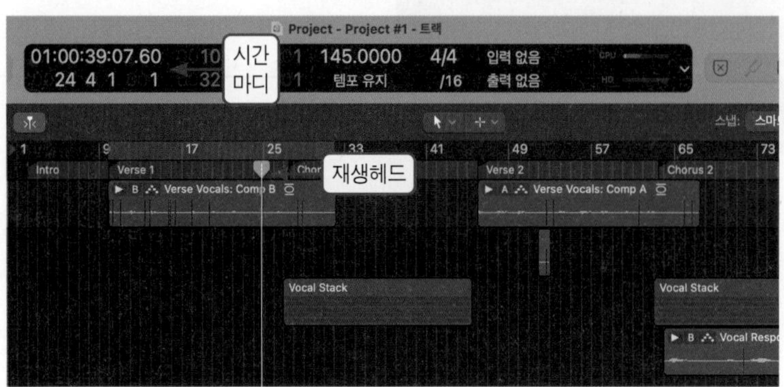

로케이터 범위

눈금자에서 마우스 드래그로 사이클 범위를 설정할 수 있는데, 이때 선택된 구간을 로케이터 범위라고 하며 LCD의 두 번째 항목은 이 로케이터 범위를 표시합니다. 위쪽은 시작 위치이고, 아래쪽은 끝 위치이며, 마우스로 드래그하거나 더블 클릭하여 변경할 수 있습니다.

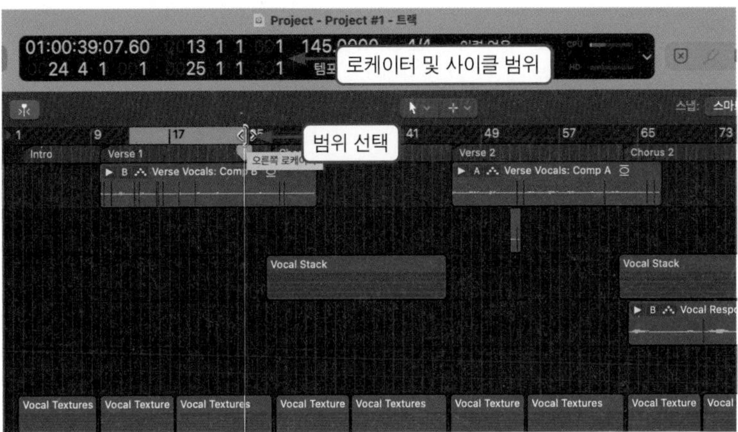

템포

LCD 세 번째 항목은 템포를 표시하며, 마우스 드래그 또는 더블 클릭으로 변경 가능합니다. 아래쪽에 템포 유지 항목을 클릭하면 모드를 선택할 수 있는 메뉴가 열립니다.

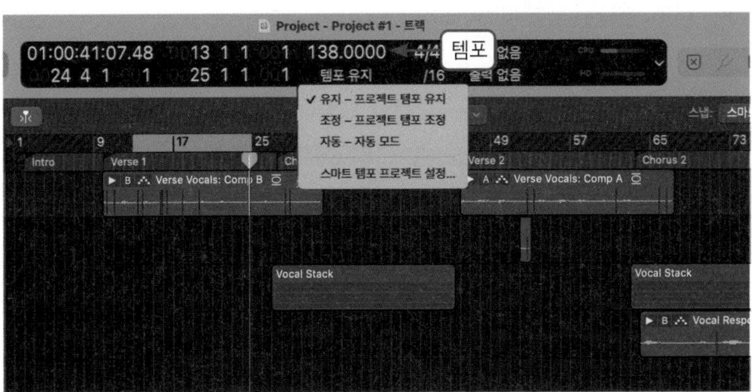

● 템포 모드

녹음을 할 때 또는 오디오 샘플을 가져올 때 템포를 어떻게 처리할 것인지를 설정합니다.

유지 - 프로젝트 템포 유지 : 프로젝트 템포를 변경하지 않습니다.

조정 - 프로젝트 템포 조정 : 가져오는 샘플에 프로젝트 템포를 맞춥니다. 새 프로젝트에서 메트로놈을 끄고 녹음을 하면 프로젝트 템포가 녹음본에 맞춰 조정됩니다.

자동 - 자동모드 : 샘플에 템포 정보가 있으면 유지 모드로 동작하고, 없으면 조정 모드로 동작합니다. 새 프로젝트에서 녹음을 할 때 메트로놈을 켜면 유지 모드로 동작하고, 끄면 조정 모드로 동작합니다.

스마트 템포 프로젝트 설정 : 템포 모드를 선택할 수 있는 프로젝트 설정 창을 엽니다.

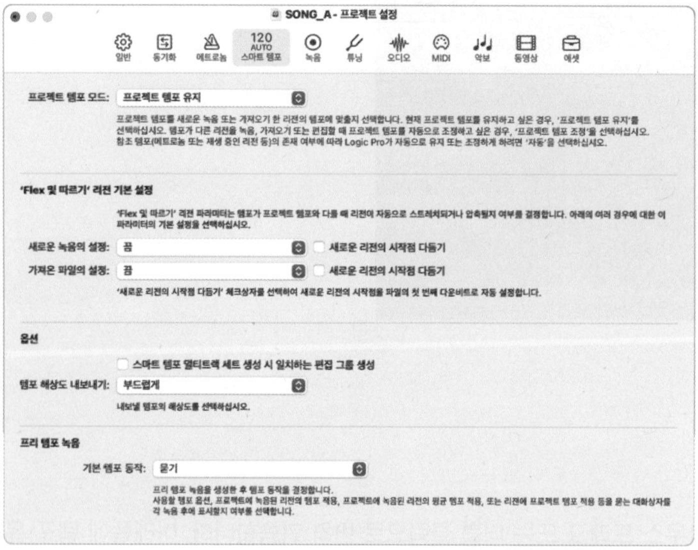

- 프로젝트 템포 모드 : 프로젝트의 기본 템포 모드를 선택합니다.

- 'Flex 및 따르기' 리전 기본 설정 : 녹음(새로운 녹음의 설정)을 하거나 샘플(가져온 파일의 설정)을 가져올 때 프로젝트 템포에 맞출 것인지를 선택합니다. 기능을 활성화하는 켬, 그리고 마디에 정렬할 것인지, 마디 및 비트에 정렬할 것인지를 선택할 수 있습니다. 새로운 리전의 시작점 다듬기 옵션을 체크하면 리전의 시작을 첫 번째 다운비트로 자동 설정합니다.

- 옵션 : 내보내기 템포 정보의 해상도를 결정합니다.

스마트 템포 멀티트랙 세트 생성 시 일치하는 편집 그룹 생성 : 멀티 트랙 세트를 생성하기 위해 사용한 모든 오디오 파일을 단일 그룹으로 결합하여 편집합니다.

템포 해상도 내보내기 : 템포 변화를 모두 내보내는 부드럽게와 비트 단위의 정보만 내보내는 비트 중에서 선택할 수 있습니다.

- 프리 템포 녹음 : 프리 템포 녹음 모드를 선택합니다. 각각의 옵션은 이미 살펴본 내용입니다.

박자표 / 디비전

LCD의 네 번째 항목은 위쪽에 박자를 표시하고, 아래쪽에 디비전을 표시합니다. 각각의 항목을 클릭하면 값을 변경할 수 있는 메뉴가 열립니다. 디비전은 눈금자에 표시되는 세로 라인 수(Grid)를 의미하는데, 기본값 16은 한 마디에 16개의 세로 선을 표시한다는 의미입니다. 단, 작업창 크기에 따라 16개의 라인을 모두 표시하지 못하는 경우도 있지만, 리전을 편집할 때 스넵 기능은 그대로 적용됩니다.

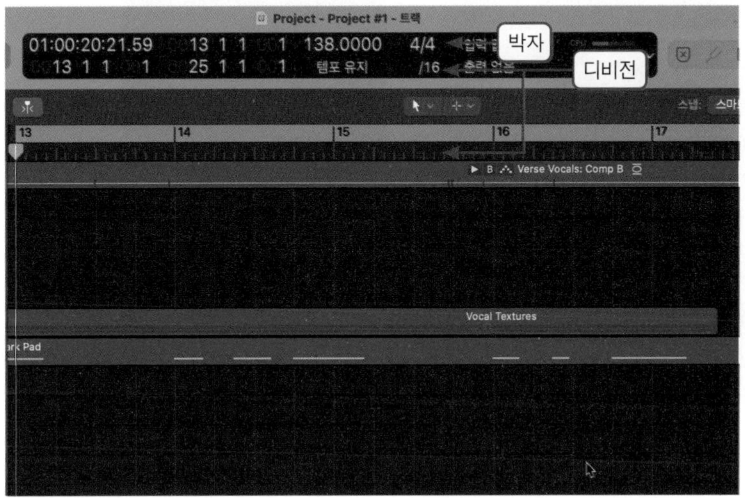

미디 입/출력

LCD의 다섯 번째 항목은 미디 입력과 출력 정보를 표시합니다. 코드를 연주하면 로직이 이를 분석하여 코드로 표시하고, 컨트롤러를 움직이면 해당 정보를 표시합니다. 사용하고 있는 마스터 건반의 컨트롤러 이상 유무를 체크할 때도 유용합니다.

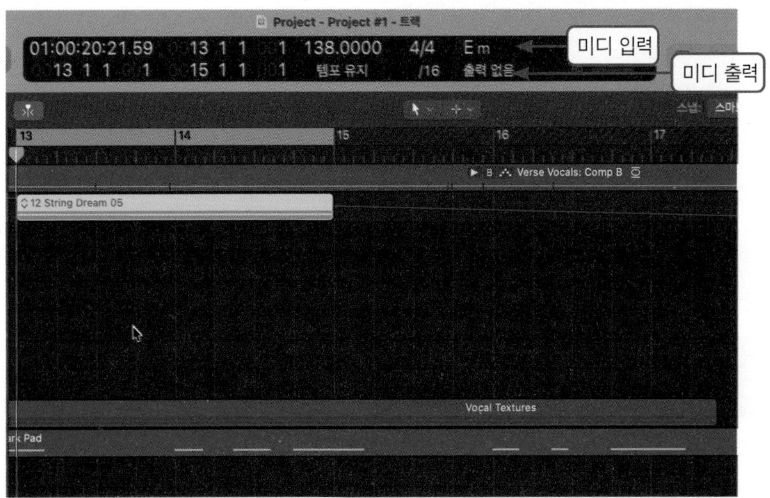

CPU/HD

LCD 마지막 항목은 시스템의 사용량을 표시합니다. 항목을 더블 클릭하면 CPU(프로세싱 스레드) 및 하드 디스크 캐쉬(드라이브 I/O) 사용량을 퍼센트 단위로 확인할 수 있는 성능 측정기가 열립니다. 로직을 사용하는 가장 안전한 방법은 틈틈히 Command+S 키를 룰러 작업 중인 프로젝트를 저장하는 것입니다.

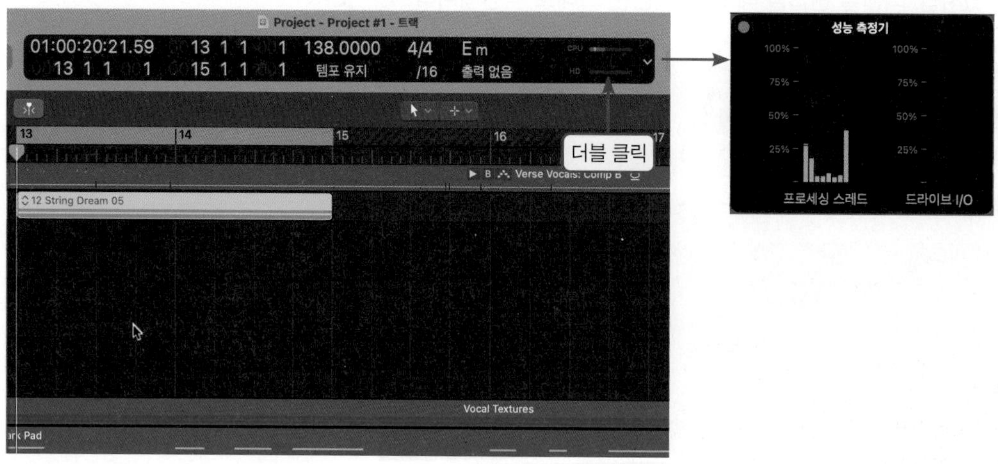

컨트롤 막대 및 디스플레이 사용자화

컨트롤 막대에서 마우스 오른쪽 버튼을 클릭하여 단축 메뉴를 열고, 컨트롤 막대 및 디스플레이 사용자화를 선택하여 디스플레이 표시 항목은 사용자가 원하는 것으로 재구성할 수 있습니다. 그 밖에 컨트롤 막대양쪽에 있는 보기 버튼, 트랜스포트 버튼, 디스플레이 오른쪽에 있는 모드 및 기능 버튼도 사용자가 원하는 것으로 구성할 수 있으며, 기본값으로 저장 가능합니다.

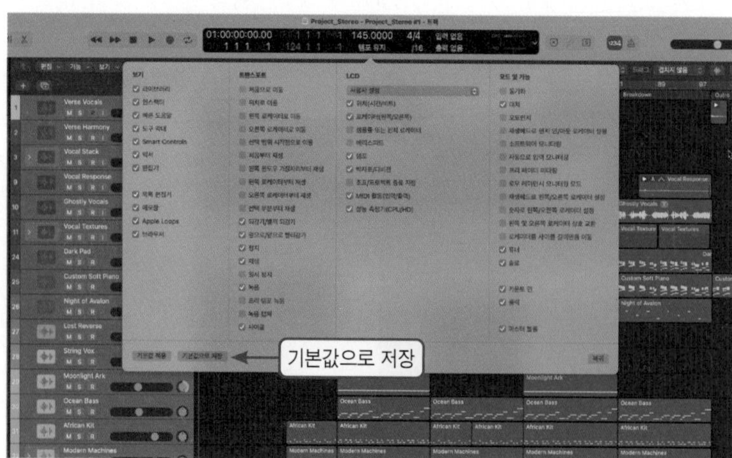

5 기능 버튼

디스플레이 오른쪽에는 대치, 튜너, 솔로, 카운트 인, 메트로놈 기능의 버튼과 마스터 볼륨을 제어할 수 있는 슬라이더를 제공합니다.

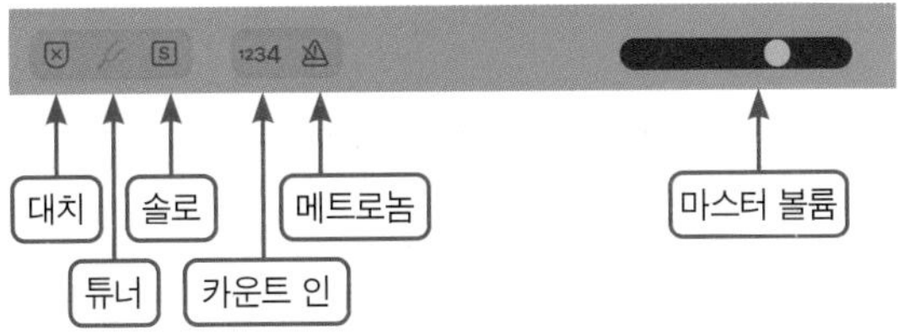

● 대치 버튼

리전이 있는 구간에서 녹음을 할 때 새로운 테이크를 만들지 않고, 기존의 리전을 새로 녹음하는 리전으로 교체합니다. 버튼을 누르고 있으면 리전이나 콘텐츠를 선택할 수 있는 옵션 메뉴가 열립니다.

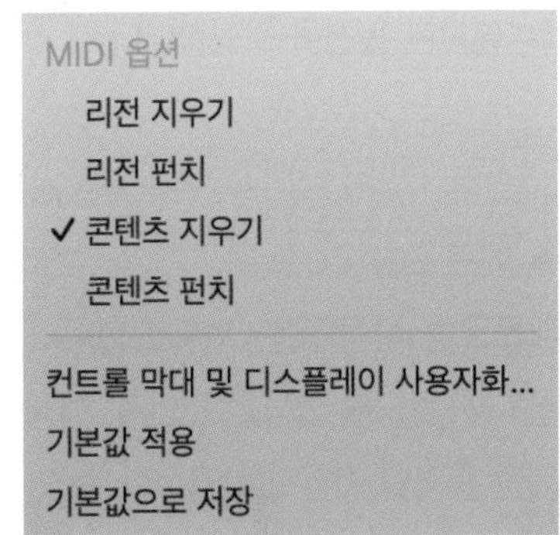

리전 지우기 및 대치 : 기존의 리전 전체를 지울 것인지, 새로 녹음되는 구간만 지울 것인지를 선택합니다.

콘텐츠 지우기 및 펀치 : 기존 데이터를 지울 것인지, 새로 녹음되는 구간만 지울 것인지를 선택합니다.

● 튜너 버튼

악기를 조율할 수 있는 튜너기를 엽니다. External Instrument를 사용한 레코딩을 모든 소프트웨어 악기, 샘플 또는 프로젝트에 있는 기존의 레코딩에 맞게 조율할 수 있으며, 하울링 방지를 위한 음소거 버튼을 제공합니다.

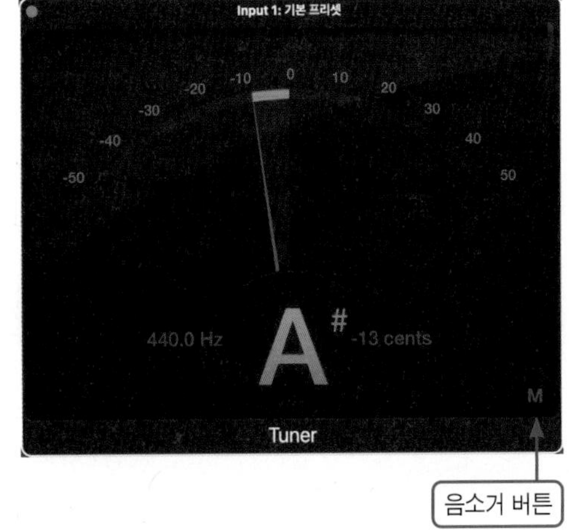

● 솔로 버튼

선택한 리전을 솔로로 연주합니다. 트랙을 선택하면 해당 트랙의 모든 리전이 선택되며, 두 개 이상의 리전을 선택할 때는 Shift 키를 이용합니다. 선택한 리전은 노란색 테두리로 구분됩니다. 솔로 버튼을 누르고 있으면 솔로로 설정한 리전을 유지시킬 수 있는 솔로 잠금 메뉴를 볼 수 있습니다. 잠긴 리전은 선택이 해제되어도 솔로로 연주되며, 솔로 버튼을 Off하여 해제할 수 있습니다.

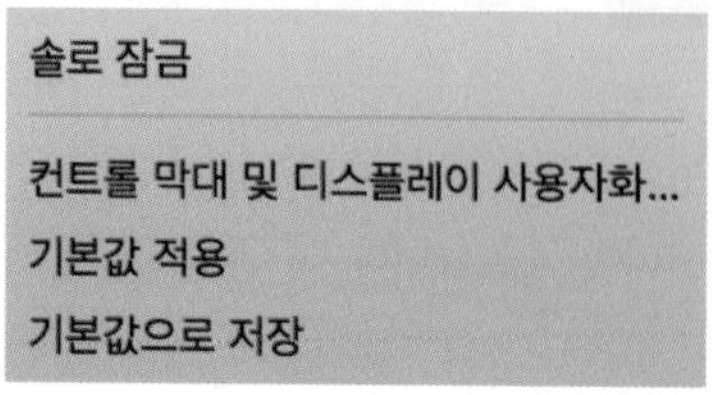

솔로 잠금
컨트롤 막대 및 디스플레이 사용자화...
기본값 적용
기본값으로 저장

● 카운트 인

녹음을 진행할 때의 예비 박자를 들려줍니다. 기본 값은 1 마디로 되어 있으며, 버튼을 누르고 있으면 길이를 변경할 수 있는 메뉴가 열립니다. 값을 고정하고 싶은 경우에는 녹음 설정을 선택하여 창을 열고, 필요한 옵션을 결정합니다.

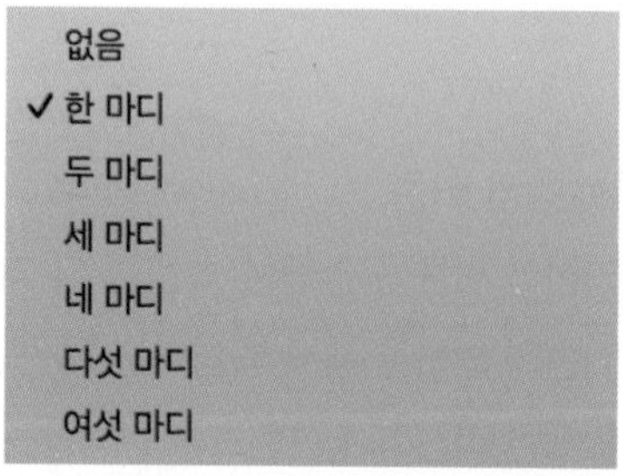

없음
✓ 한 마디
두 마디
세 마디
네 마디
다섯 마디
여섯 마디

● 메트로놈

메트로놈 사운드를 On/Off 합니다. 버튼을 누르고 있으면 녹음 중 클릭 사운드를 출력할 것인지, 재생 중 출력할 것인지, 카운트 인 중에만 출력할 것인지를 결정할 수 있는 메뉴가 열립니다. 심플 모드는 메트로놈을 켤 때만 동작되도록 하는 것으로 다른 옵션이 비활성화 됩니다.

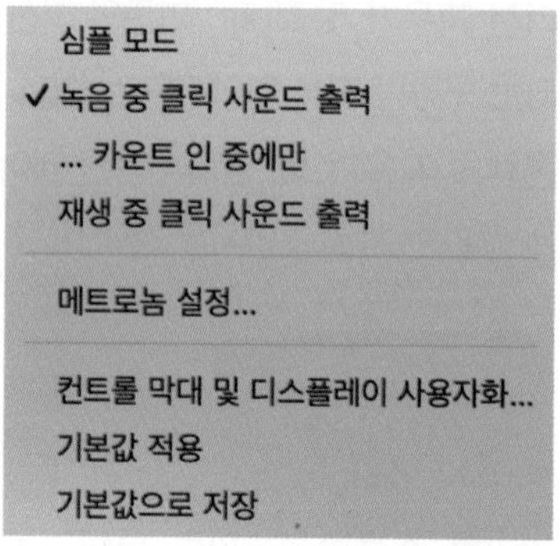

심플 모드
✓ 녹음 중 클릭 사운드 출력
... 카운트 인 중에만
재생 중 클릭 사운드 출력
메트로놈 설정...
컨트롤 막대 및 디스플레이 사용자화...
기본값 적용
기본값으로 저장

● 마스터 볼륨

프로젝트의 최종 출력 레벨을 결정하는 마스터 볼륨을 조정합니다. 믹서 창의 Master 볼륨을 조정하는 것입니다. 라인 아웃이 지정된 Stereo Out과 다른 것이므로 착오 없길 바랍니다.

스크린 세트 만들기

로직은 화면의 구성을 번호 키에 할당하여 사용할 수 있는 스크린 세트 기능을 제공합니다. 미디 작업을 할 때 적합한 화면의 구성, 오디오 작업을 할 때 적합한 화면의 구성 등, 작업 목적이나 스타일에 따라 자신에게 편리한 윈도우 배치가 있을 것입니다. 자신의 작업 스타일에 어울리게 윈도우를 배치하고, 번호 키에 저장을 했다가 각각의 번호 키를 눌러 화면의 구성을 불러오는 기능입니다.

01 로직에서 제공하는 데모 곡을 열고, 리전을 더블 클릭하면 아래쪽에 미디 또는 오디오 편집 창이 열립니다. 현재의 화면 구성은 1번 키에 저장된 스크린 세트 1 입니다.

02 2번 키를 누르면 스크린 세트 번호가 2번으로 바뀝니다. 루프 버튼을 클릭하여 패널을 엽니다. 현재의 화면 구성은 2번 키에 저장되는 스크린 세트 2번 입니다.

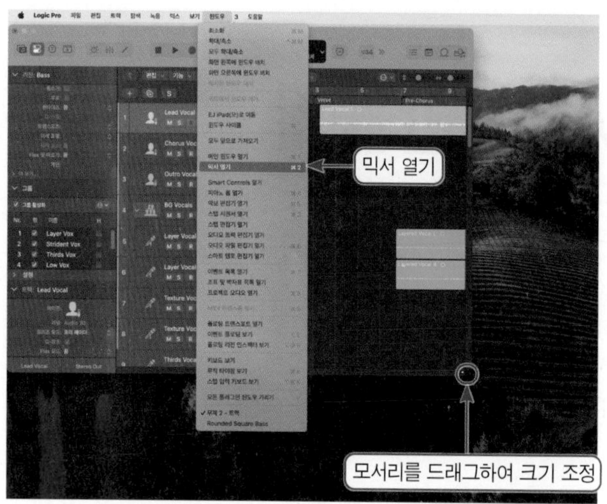

03 3번 키를 눌러 스크린 세트을 3번으로 변경하고, 로직의 오른쪽 하단 모서리를 드래그하여 화면을 축소시킵니다. 그리고 윈도우 메뉴의 믹서 열기를 선택하거나 Command+2 키를 눌러 창을 엽니다.

04 윈도우 메뉴에서 선택한 창은 독립 창으로 열립니다. 타이틀 바를 드래그하여 원하는 위치에 배치하고, 오른쪽 하단 모서리를 드래그하여 크기를 조정합니다. 현재의 화면 구성은 3번 키에 저장되는 스크린 세트 3번입니다.

05 지금까지 3개의 스크린 세트를 만들었으며, 같은 과정으로 원하는 만큼 추가할 수 있습니다. 1, 2, 3 키를 눌러 화면 구성의 변화를 확인합니다. 패널의 구성이나 윈도우의 크기, 위치 등을 자신이 원하는데로 배치하고, 번호 키로 불러올 수 있는 것입니다.

> **TIP** 10 번 이상의 두 자리 숫자는 Shift 키를 누른 상태에서 번호 키를 누릅니다.

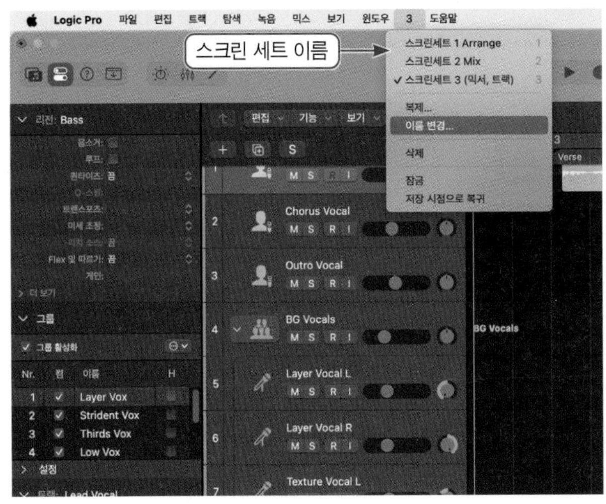

06 스크린 세트는 번호를 클릭하면 앞에서 만든 3가지 세트 이름이 나열되며, 선택하여 이동할 수도 있습니다. 그 외, 이름을 변경하거나 삭제하는 등의 역할을 하는 메뉴를 제공합니다.

- 복제 : 현재 스크린 세트를 복사합니다. 화면 구성을 조금만 바꿔서 새로운 스트린 세트로 만들고 싶은 경우에 유용합니다.
- 이름 변경 : 스크린 세트의 이름을 구분하기 쉬운 이름으로 변경할 수 있습니다. 이름을 먼저 입력하고 화면을 구성해도 좋습니다.
- 삭제 : 현재 스크린 세트를 삭제합니다.
- 잠금/잠금 해제 : 스크린 세트를 잠궈 화면 구성이 변경되는 것을 방지합니다. 메뉴는 잠금 해제로 변경되며, 잠긴 스크린 세트를 해제합니다.
- 저장 시점으로 복귀 : 스크린 세트를 저장했던 상태로 복구합니다.

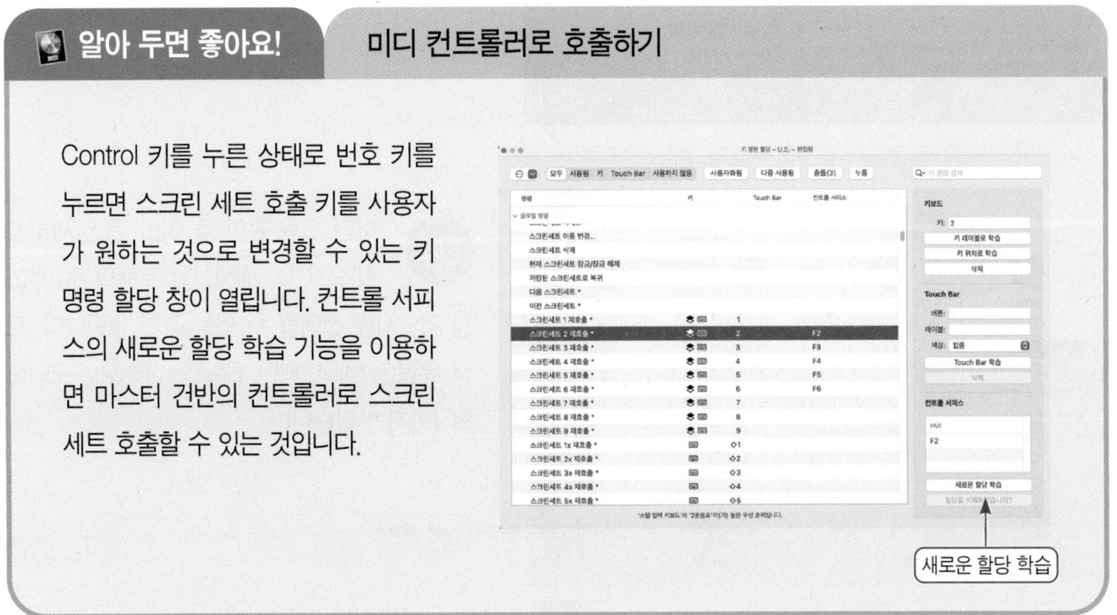

알아 두면 좋아요! **미디 컨트롤러로 호출하기**

Control 키를 누른 상태로 번호 키를 누르면 스크린 세트 호출 키를 사용자가 원하는 것으로 변경할 수 있는 키 명령 할당 창이 열립니다. 컨트롤 서피스의 새로운 할당 학습 기능을 이용하면 마스터 건반의 컨트롤러로 스크린 세트 호출할 수 있는 것입니다.

LESSON 04 트랙의 유형

로직에서 제공하는 트랙 유형은 오디오와 미디로 구분됩니다. 미디는 소프트 악기 연주를 목적으로 하는 소프트웨어 악기 트랙과 컴퓨터에 연결되어 있는 하드웨어 악기 연주를 목적으로 하는 외부 MIDI 트랙이 있고, 오디오는 마이크 및 라인 입력 신호를 레코딩 하거나 Session Player를 포함한 샘플 재생 트랙이 있습니다. 각각의 트랙을 만들 때 적용할 수 있는 옵션과 트랙의 타입을 변경하는 방법, 트랙 헤더의 파라미터를 구성하는 방법, 필요 없는 트랙을 삭제하는 방법 등 트랙을 다루는 기본적인 내용들을 살펴보겠습니다.

1 트랙 추가하기

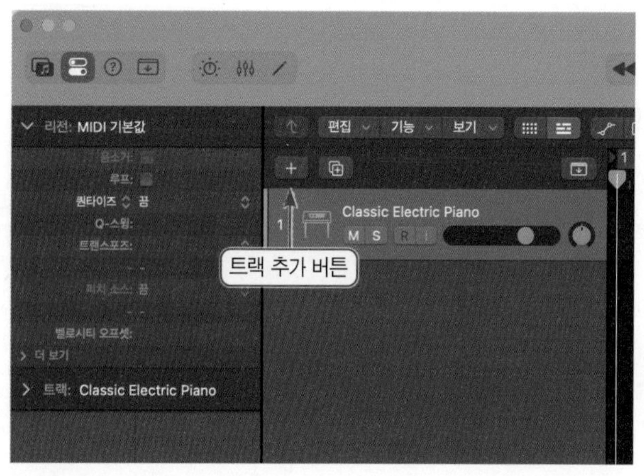

04 작업 도중에 트랙을 추가할 때는 트랙 리스트 상단의 + 기호로 되어 있는 트랙 추가 버튼을 클릭하거나 Option+Command+N 키를 누릅니다.

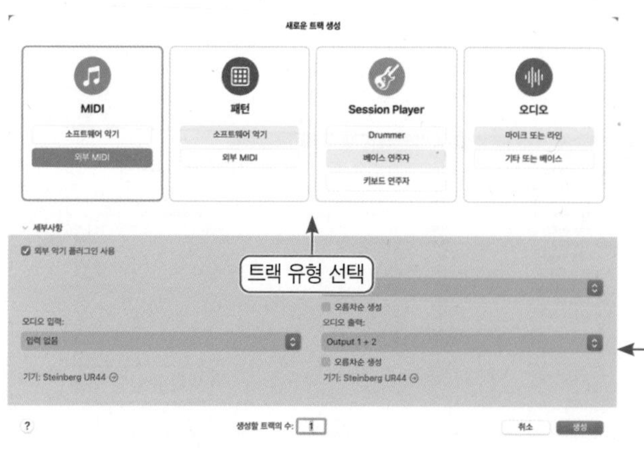

04 어떤 트랙(유형)을 어떤 옵션(세부사항)으로 몇 개(생성할 트랙의 수) 추가할 것인지를 선택할 수 있는 창이 열립니다. 트랙 유형은 MIDI, 패턴, Session Player, 오디오의 4가지가 있습니다.

소프트웨어 악기

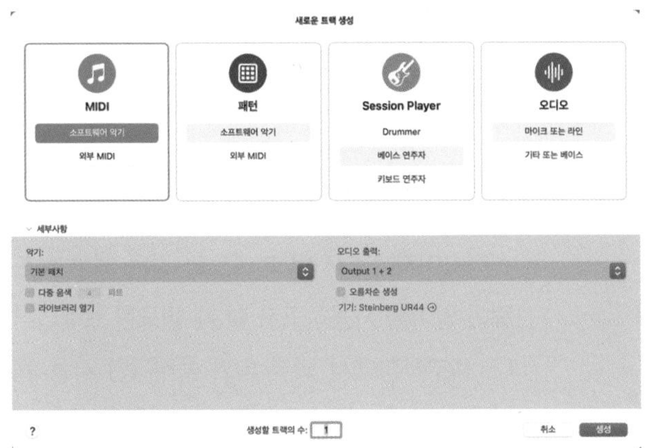

MIDI 유형은 소프트웨어 악기와 외부 MIDI가 있습니다. 소프트웨어 악기는 로직에서 제공하는 것 또는 사용자가 설치한 소프트웨어 악기를 연주하기 위한 트랙이며, 세부 사항은 악기 및 오디오 출력을 설정할 수 있는 옵션으로 구성되어 있습니다.

- 악기 : 해당 트랙에서 연주할 악기를 선택합니다. 트랙을 만든 후에 라이브러리에서 선택할 수 있기 때문에 굳이 결정하지 않아도 됩니다. 기본 패치 Vintage Electric Piano의 Classic Electrci Piano 입니다.

- 라이브러리 열기 : 라이브러리 창을 엽니다. 컨트롤 막대의 라이브러리 버튼을 클릭하거나 Y 키를 눌러 언제든 열고 닫을 수 있기 때문에 굳이 체크하지 않아도 됩니다.

- 다중 음색 : 2개 이상의 소프트웨어 악기 트랙을 만들어 새로운 합성 음색을 만들 수 있습니다. 필요하면 언제든 2개 이상의 트랙을 서밍으로 묶어서 사용할 수 있기 때문에 트랙을 만들 때 결정할 필요는 없습니다.

- 오디오 출력 : 오디오 출력 포트를 선택합니다. 기본적으로 모니터 스피커는 오디오 인터페이스 메인 아웃(1+2)에 연결되어 있을 것이므로 특별히 변경할 이유는 없습니다.

● 오름차순 생성 : 멀티 아웃 시스템을 사용하는 경우라면 2개 이상의 트랙을 만들 때 각각의 아웃 풋을 오름차순으로 생성할 수 있습니다. 일반 사용자가 멀티 아웃 시스템을 갖춘 경우는 드물기 때문에 이것도 거의 사용할 일은 없는 옵션입니다. 결국, 소프트웨어 악기 트랙을 만들 때 세부 사항에서 체크할 옵션은 없습니다.

외부 MIDI

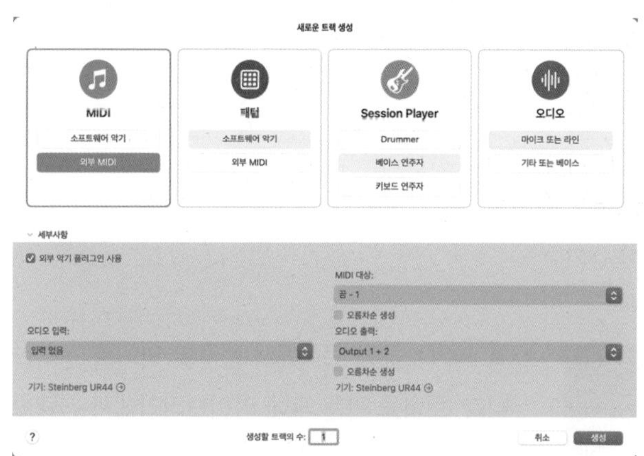

신디사이저나 디지털 피아노와 같은 외부 하드웨어 악기를 사용하고자 할 때 필요한 트랙입니다. 세부사항에서 외부 악기 플러그인 사용 옵션을 체크하고 오디오 입력에서 악기의 라인 아웃이 연결되어 있는 오디오 인터페이스의 인풋을 선택합니다. 그리고 MIDI 대상에서 사용하고 있는 악기와 채널(1)을 선택합니다.

● 외부 악기 플러그인 사용 : 하드웨어 악기는 아웃 라인이 오디오 인터페이스의 인풋에 연결되어 있어야 하며, 외부 악기 플러그인 사용 옵션을 체크하고, 오디오 입력 항목에서 하드웨어 악기가 연결되어 있는 인풋을 선택합니다.

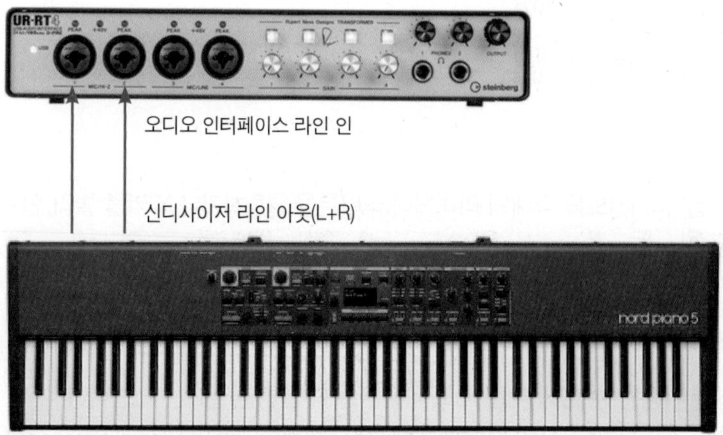

● 미디 대상 : USB로 연결되어 있는 하드웨어 악기를 선택합니다. 트랙을 두 개 이상 생성하는 경우에는 오름차순 생성 옵션을 체크하여 미디 채널을 오름차순으로 설정할 수 있습니다.

● 오디오 출력 : 오디오 출력 포트를 선택합니다.

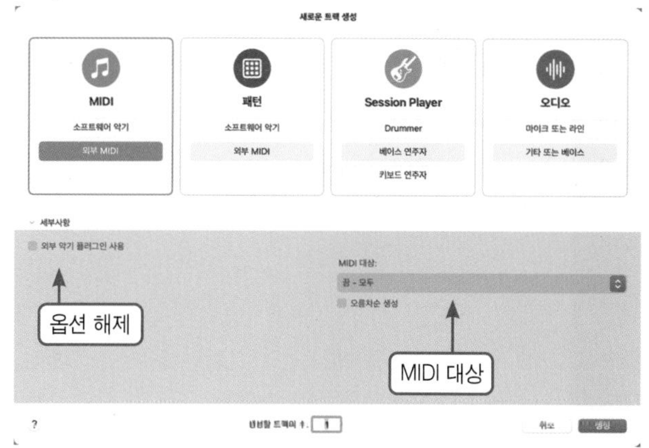

01 외부 악기 플러그인 사용 옵션을 체크한 외부 MIDI 트랙은 실제 미디 이벤트를 입력하고 편집하는 것이 목적이 아니라 믹싱을 위한 AUX 채널 역할을 하는 것입니다. 즉, 외부 악기 플러그인 사용 옵션을 해제한 외부 MID 트랙을 하나 더 만들 필요가 있습니다. MIDI 대상에서 동일한 채널을 선택합니다.

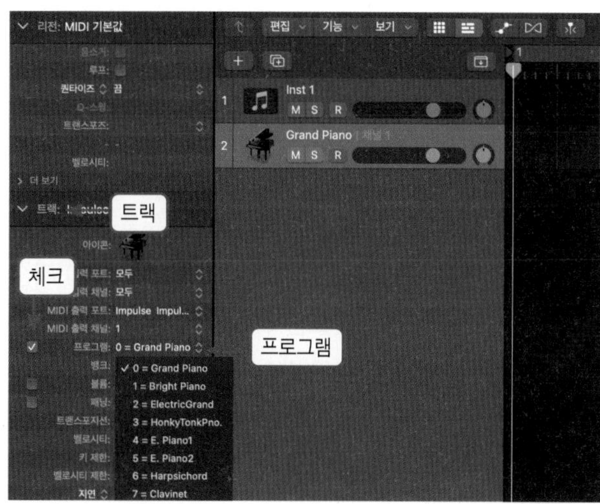

02 인스펙터 창의 트랙 파라미터를 열고, 프로그램 항목을 체크합니다. 그리고 프로그램 목록에서 음색을 선택합니다. 기본적으로 표시되는 음색 이름은 디지털 피아노에 많이 채택되어 있는 GM 모드입니다. 자신이 사용하고 있는 악기의 음색 이름과 달라도 상관없습니다. 그냥 번호로 선택하면 됩니다. 단, 제품에 따라 0번을 1번으로 인식하는 경우가 있습니다.

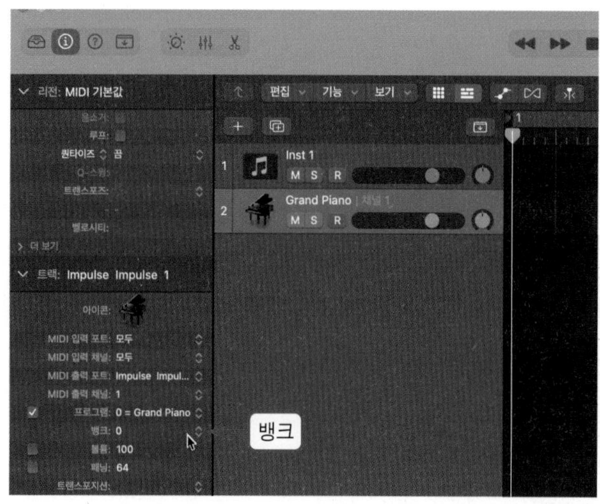

03 대부분의 신디사이저는 수 백 개의 음색을 가지고 있습니다. 하지만 프로그램은 0에서 127까지로 제한되어 있습니다. 그래서 그 이상의 음색을 제공하는 신디사이저는 프로그램을 뱅크 단위로 제공합니다. 즉, 음색은 몇 번 뱅크에 몇 번 프로그램으로 지정하는 것입니다. 악기의 뱅크 번호를 확인하여 선택합니다.

04 프로그램 리스트의 음색 이름을 자신이 사용하고 있는 악기 이름으로 표시되게 하고 싶다면 약간의 수고가 필요합니다. 미디 트랙의 아이콘을 더블 클릭합니다.

05 GM 모드로 지정되어 있는 음색 리스트를 볼 수 있습니다. 뱅크 번호를 선택하고, 각각의 항목을 더블 클릭하여 이름을 변경하면 되지만, 수 백 개의 이름을 일일이 입력할 수는 없습니다. 악기 제작사 홈페이지를 방문하여 PDF 또는 Excel 파일로 제공되는 음색 리스트를 다운 받습니다.

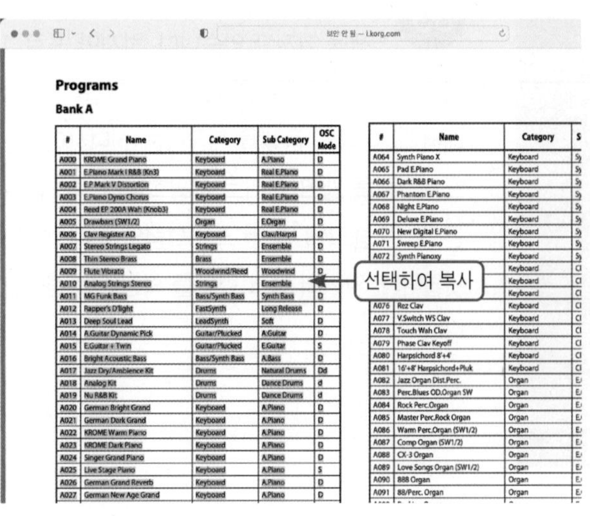

06 PDF 파일로 제공되는 경우라면 이름만 복사해서 사용할 수 없습니다. 음색 리스트를 드래그로 선택하고 Command+C 키를 눌러 복사합니다.

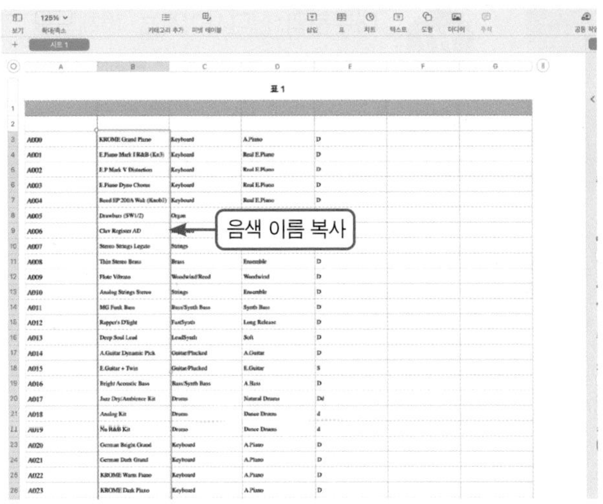

07

맥에서 기본적으로 제공하는 Numbers를 실행하여 빈 페이지를 만들고, Command+V 키를 눌러 앞에서 복사한 리스트를 붙입니다. 그리고 음색 이름 셀만 드래그하여 선택하고 Command+C 키를 눌러 복사합니다.

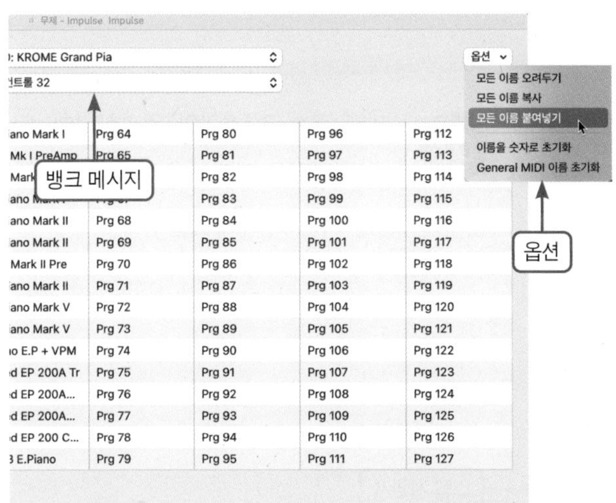

08

로직의 프로그램 리스트 옵션에서 이름을 숫자로 초기화 하고, 모든 이름 붙여넣기를 선택하면 됩니다. 뱅크마다 이 과정을 반복하면 자신이 사용하는 악기의 음색 이름을 그대로 로직에서 사용할 수 있습니다.

> **TIP** 뱅크 메시지는 제품마다 컨트롤 32번을 사용하는 것과 컨트롤 0번을 사용하는 것이 있으므로 프로그램이 선택되지 않으면 0번으로 바꿔봅니다.

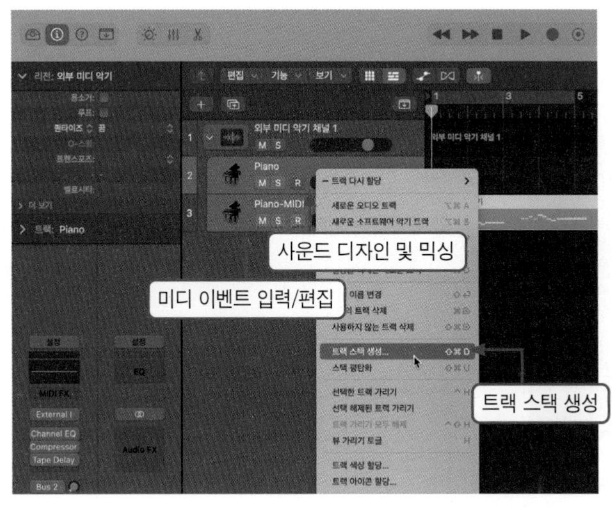

09

외부 MIDI 트랙은 이렇게 2개의 트랙으로 구성되는 것이며, 외부 악기 플러그인 사용 옵션을 해제한 트랙에서 미디 이벤트를 입력하거나 편집하고, 외부 악기 플러그인 사용 옵션을 체크한 트랙에서 사운드 디자인 및 믹싱 작업을 진행하는 것입니다. 두 트랙을 Shift 키를 누른 상태로 선택하고, 마우스 오른쪽 버튼을 클릭하면 열리는 단축 메뉴에서 트랙 스택 생성을 선택하여 폴더 스택으로 정리하면 화면도 깔끔하고, 작업도 편리합니다.

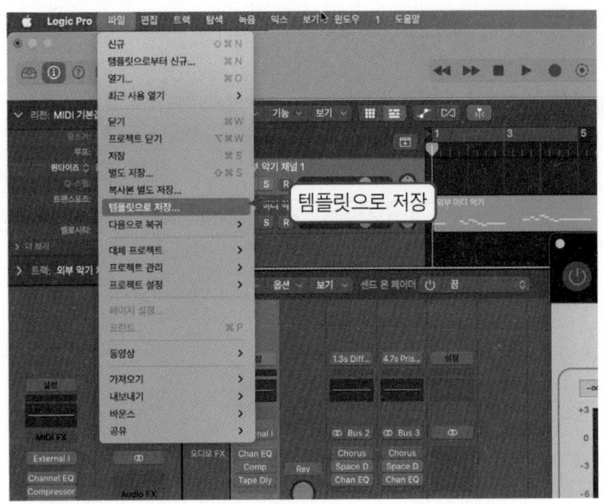

10 대부분의 신디사이저는 16채널을 지원하므로, 총 32개의 트랙을 만들어 사용할 수 있습니다. 뱅크 및 프로그램 작업이 완료된 프로젝트는 템플릿으로 저장하여 사용합니다.

패턴

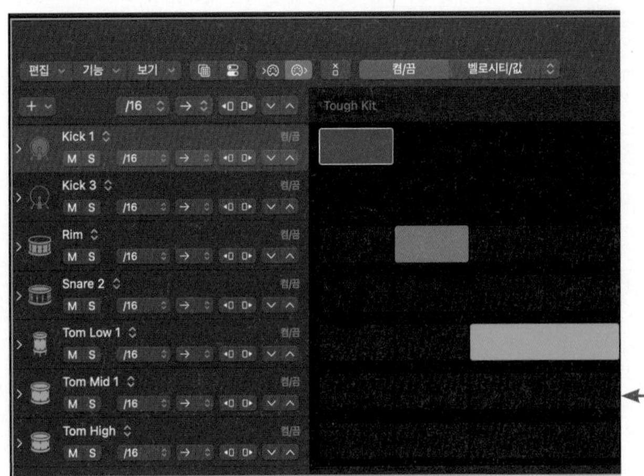

01 패턴 유형은 MIDI와 동일합니다. 단, 반복 패턴을 편집하기 편리한 스텝 시퀀서를 제공한다는 차이가 있습니다.

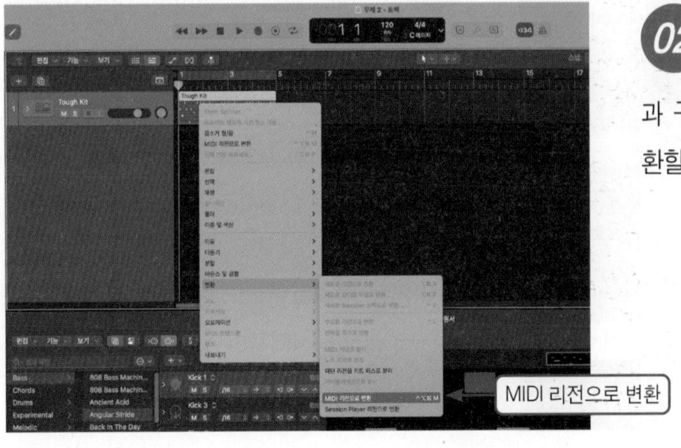

02 트랙에 생성되는 리전 역시 패턴 리전으로 미디 트랙에 생성되는 미디 리전과 구분됩니다. 필요한 경우 미디 리전으로 변환할 수 있습니다.

Session Player

Session Player 유형은 Drummer, 베이스 연주자, 키보드 연주자 트랙을 만들 수 있습니다. 이름에서 짐작할 수 있듯이 실제 연주자를 섭외에서 작업을 진행하는 것과 비슷한 방식으로 음악을 만들 수 있게 제공되는 특별한 기능입니다. Drummer는 라이브러리 열기 옵션을 제공하며, 베이스 및 키보드 연주자는 새로운 리전에 기본 코드 진행 사용 옵션을 제공합니다.

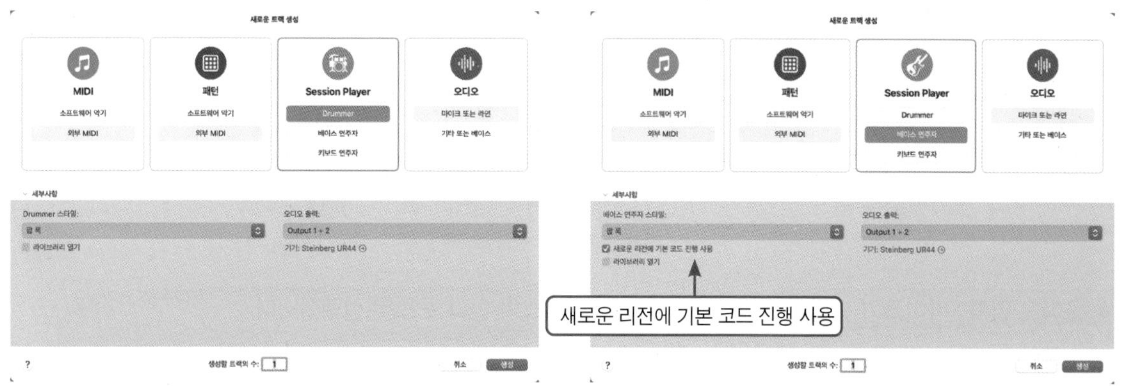

베이스 및 키보드 연주자 트랙은 글로벌 코드 트랙에 입력되어 있는 코드대로 연주가 됩니다. 코드 트랙을 만들어 놓지 않은 경우 로직에서 제공하는 기본 코드 진행으로 코드 트랙이 생성되게 하는 옵션입니다. 베이스 및 키보드 연주자 트랙에 생성되는 리전은 자체적으로 코드를 입력할 수 있는데, 이것을 리전 코드라고 하며, 리전 인스펙트 파라미터에는 해당 리전을 코드 트랙으로 연주되게 할 것인지, 리전 코드로 연주되게 할 것인지를 결정할 수 있는 피치 소스를 제공합니다.

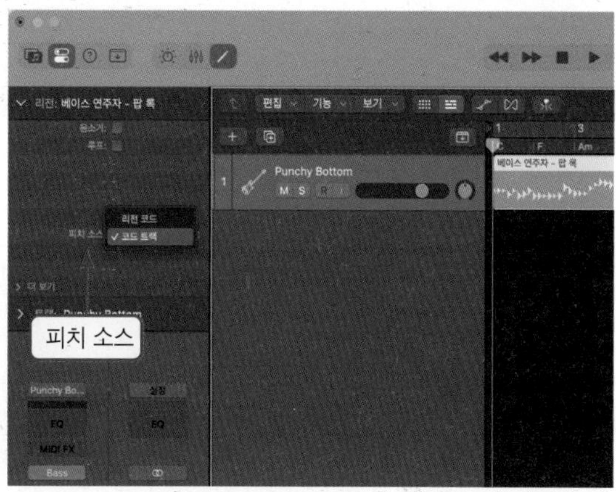

TIP Session Player 유형의 리전은 오디오로 생성되지만, 미디로 변환하여 편집할 수 있는 하이브리드 타입입니다.

마이크 또는 라인

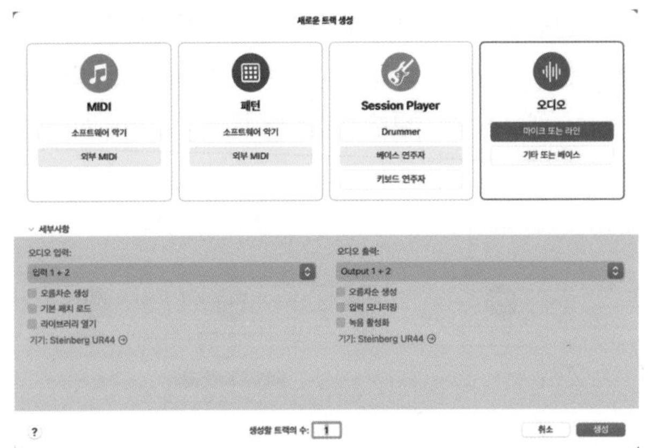

보컬을 비롯한 마이크 입력 사운드를 녹음하거나 오디오 샘플을 사용할 수 있는 트랙입니다. 세부사항은 오디오 입/출력을 설정할 수 있는 옵션으로 구성되어 있습니다.

- 오디오 입력 : 마이크가 연결되어 있는 오디오 인터페이스의 입력 포트를 선택합니다.
- 오름차순 생성 : 멀티 오디오 인터페이스를 사용하는 경우에 여러 개의 트랙을 생성하면 입력 포트를 오름차순으로 설정합니다.

- 기본 패치 불러오기 : 채널 스트립에 EQ가 로딩되고, 리버브가 로딩된 2개의 Aux 트랙을 만듭니다. Aux2에는 긴 타임의 리버브, Aux3에는 짧은 타임의 리버브가 장착되어 있으며, 각각 Bus 노브를 드래그하여 리버브 양을 조정할 수 있습니다.

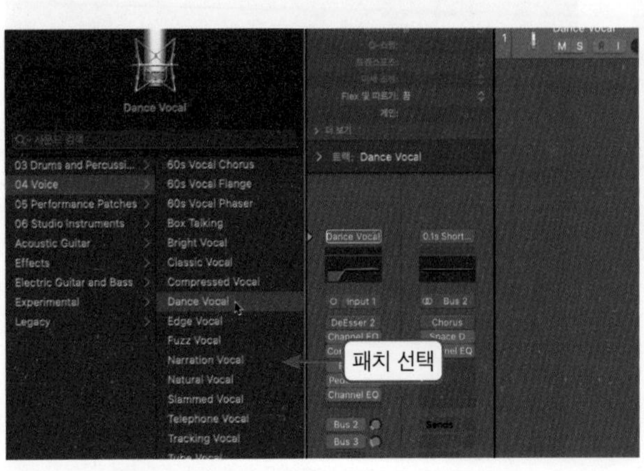

- 라이브러리 열기 : 라이브러리 창을 엽니다. 오디오 트랙의 라이브러리는 보컬 및 악기에 어울리는 이펙트가 장착되어 있어 이펙트 사용이 서툰 사용자도 사운드를 멋지게 디자인할 수 있습니다.

● 오디오 출력 : 오디오 출력 포트를 선택합니다.

● 입력 모니터링 : 트랙의 입력 모니터링 버튼을 활성화 합니다. 녹음을 할 때 채널 스트립에 리버브를 장착하고, 리버브가 적용된 사운드를 모니터 하고 싶을 때 이 버튼을 On으로 해야 합니다. 단, 필요한 경우에 On/Off 할 수 있으므로, 트랙을 만들 때 체크할 필요는 없습니다.

● 녹음 활성화 : 트랙의 녹음 버튼을 활성화 합니다. 이것 역시 트랙을 만들고, On/Off 할 수 있기 때문에 트랙을 만들 때 체크할 필요는 없습니다.

기타 또는 베이스

마이크 또는 라인 트랙과 동일합니다. 단, 세부사항에서 기본 패치 불러오기 옵션을 체크하면 기타와 베이스 사운드 메이킹에 필요한 페달 보드(Pedalboard) 및 앰프(Amp)와 같은 이펙트가 세팅 되어 있는 채널 스트립을 만들어준다는 차이만 있습니다.

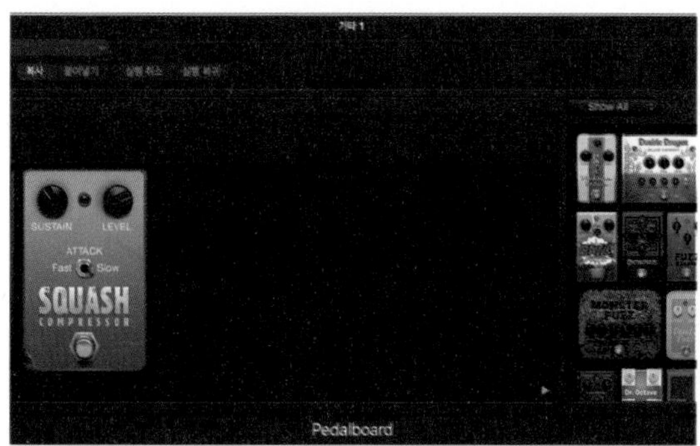

▲ 페달 보드

▲ 앰프

2 트렉 헤더의 구성

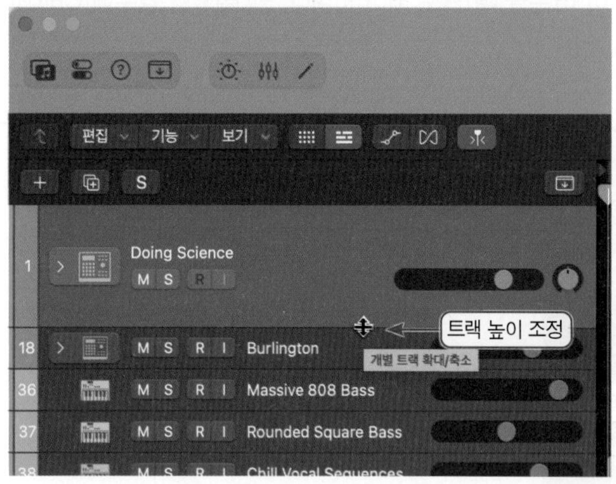

01 트랙 헤더는 기본적으로 컨트롤 바, 번호, 아이콘, 이름, 인풋 모니터, 녹음 준비, 뮤트, 솔로 버튼으로 구성되어 있습니다. 트랙의 높이는 컨트롤 바를 드래그하여 조정할 수 있으며, Command 키를 누른 상태에서는 동일한 타입의 트랙 높이가 함께 조정되고, Shift 키를 누른 상태에서 클릭하면 초기화 됩니다.

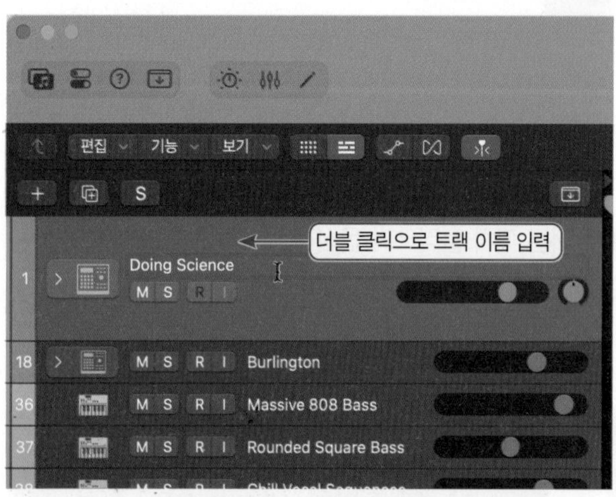

02 트랙의 이름은 마우스 더블 클릭으로 입력할 수 있으며, 해당 트랙에서 녹음되는 리전은 트랙의 이름으로 만들어지므로, 녹음을 하기전에 트랙 이름을 결정하는 것이 좋습니다. 물론, 트랙과 리전의 이름은 언제든 변경 가능합니다.

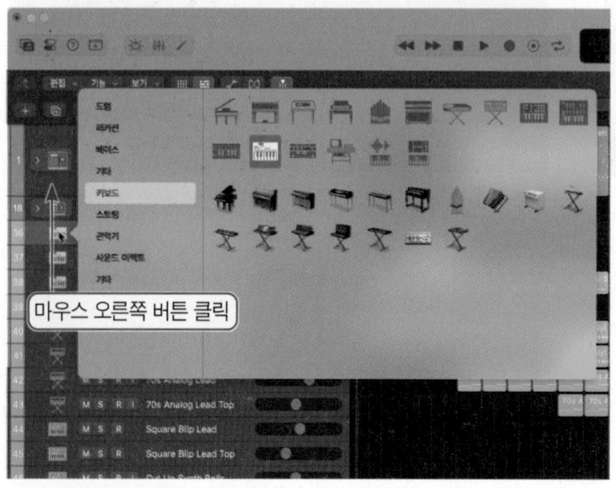

03 트랙에 입력한 데이터의 종류를 한 눈에 확인할 수 있는 아이콘은 마우스 오른쪽 버튼을 클릭하여 변경할 수 있습니다. 많은 트랙을 사용한 음악의 믹싱 작업에서 이름과 함께 유용한 정보가 되므로, 아이콘 설정도 습관화 하는 것이 좋습니다.

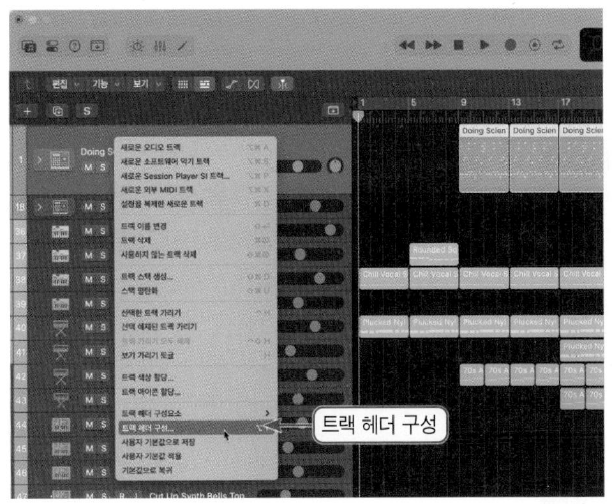

04 트랙 헤더에는 켬/끔, 보호, 프리즈 등의 버튼을 추가할 수 있으며, 마우스 오른쪽 버튼을 클릭하면 열리는 단축 메뉴에서 트랙 헤더 구성 메뉴를 선택하면, 헤더 구성을 한 번에 컨트롤할 수 있는 창이 열립니다.

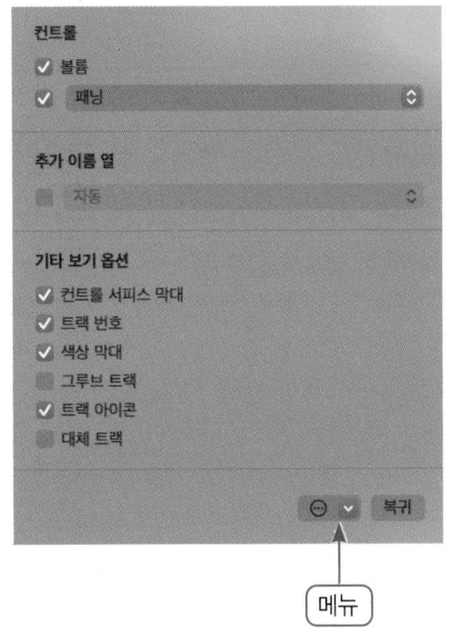

05 트랙 헤더 구성 창에서 트랙 헤더에 표시할 것들은 체크 옵션으로 결정합니다. 메뉴 버튼을 클릭하면 사용자 기본값으로 저장 및 사용자 기본값 적용, 또는 기본값으로 복귀할 수 있는 메뉴를 선택할 수 있습니다.

06 그림은 모든 옵션을 선택했을 때의 트랙 구성입니다. 볼륨과 팬은 트랙의 경계선을 드래그하여 확대했을 때 볼 수 있으며, Groove Track은 트랙 번호에 마우스를 가져가면 보이는 별표 모양을 클릭했을 때 볼 수 있습니다.

3 트랙 삭제하기

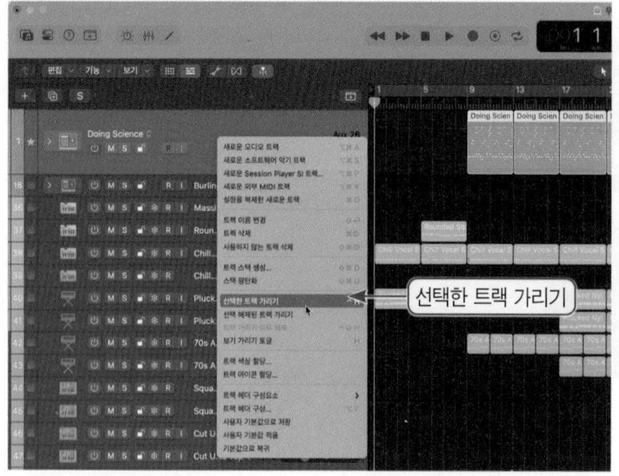

01 많은 트랙을 사용하고 있는 경우에 임시로 트랙을 감출 수 있습니다. 마우스 오른쪽 버튼을 클릭하여 선택한 트랙 가리기를 선택합니다.

02 트랙에 H 버튼이 표시되며, 이를 클릭하여 감춤 속성을 부여할 수 있습니다. 감춤 속성이 적용된 트랙은 가리기 토글 버튼을 클릭하여 화면에서 감추거나 표시합니다.

03 트랙을 감추는 이유는 여러가지가 있겠지만, 사용자 실수로 편집되는 것을 방지하고자 한다면, 헤더에 자물쇠 모양의 트랙 보호 버튼으로 잠그는 방법도 있습니다.

04 트랙 번호는 위에서부터 순서대로 표시되며, 마우스 드래그로 트랙을 이동시키면, 번호가 함께 변경됩니다. 즉, 트랙을 구분할 때는 이름이 중요하므로, 데이터를 기록하기 전에 이름을 입력하는 습관을 갖는 것이 좋습니다.

05 트랙은 인스펙터 창 방향으로 드래그하거나 Delete 키를 눌러 삭제할 수 있습니다. 삭제할 트랙에 리전이 있는 경우에는 정말 삭제할 것인지를 묻는 창이 열리고, 오토메이션이 기록되어 있는 경우, 이를 삭제할 것인지의 여부를 묻는 창이 열립니다.

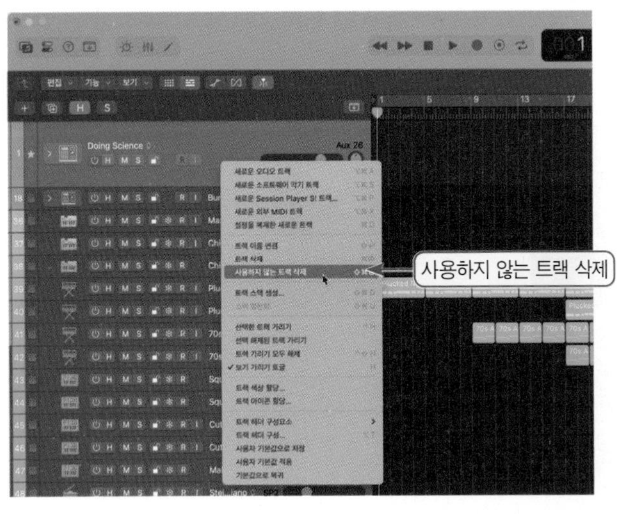

06 데이터를 기록하지 않은 비어 있는 트랙을 한 번에 삭제할 때는 마우스 오른쪽 버튼을 클릭하여 단축 메뉴를 열고, 사용하지 않는 트랙 삭제를 선택합니다.

리전 파라미터

인스펙터 창은 세 가지 주요 패널인 리전 파라미터, 트랙 파라미터, 채널 스트립으로 구성됩니다. 리전 파라미터는 선택한 리전의 연주 방식을 조절합니다. 미디 리전에서는 노트 정렬과 벨로시티 범위 등을 조정하여 음악의 정밀한 편집을 가능하게 하고, 오디오 리전에서는 레벨 조절과 페이드 인/아웃 범위를 통해 사운드의 믹싱 및 편집을 세밀하게 조정할 수 있습니다. 트랙 파라미터와 채널 스트립 패널은 각각 트랙 전반적인 설정과 채널별 조정을 위한 다양한 옵션들을 제공하여 사용자가 프로젝트의 각 세부 부분을 정교하게 조작할 수 있도록 합니다.

1 미디 리전

퀀타이즈

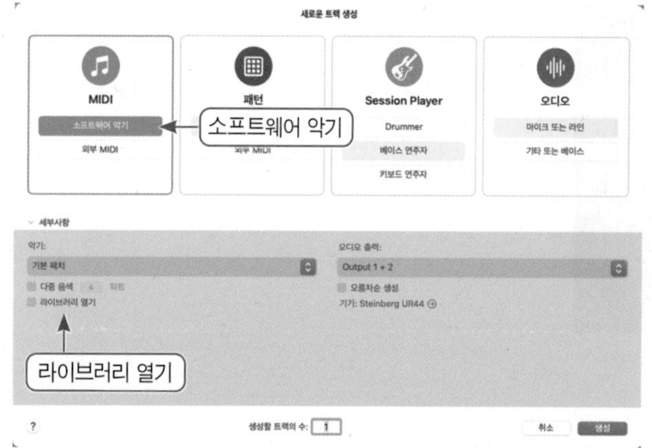

01 노트를 정확한 박자로 맞추는 기능입니다. 파일 메뉴의 신규를 선택하여 새로운 프로젝트를 만들고, 트랙 생성 창에서 소프트웨어 악기와 라이브러리 열기를 선택하여 트랙을 만듭니다.

02 라이브러리 패널의 Drum Kit을 선택하고, 적당한 음색을 선택합니다.

03 R 키를 눌러 녹음을 진행합니다. 퀀타이즈 기능을 알아보는 것일 뿐이므로, F#3 노트의 hi-hat을 8비트로 간단하게 녹음합니다.

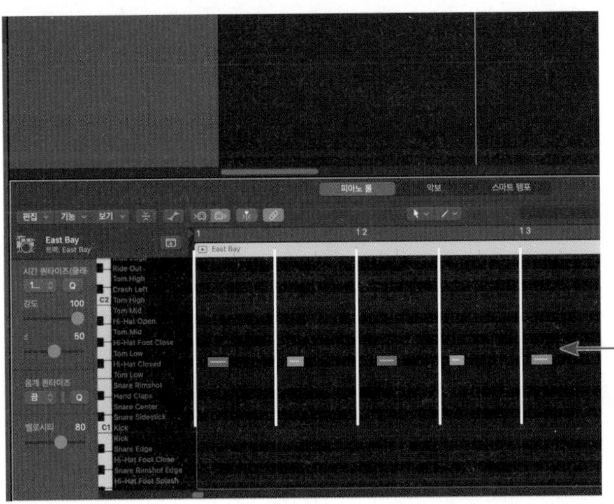

04 녹음한 리전을 더블 클릭하여 피아노 롤을 열어보면, 각각의 노트가 그리드 라인에서 조금씩 벗어나 있는 것을 확인할 수 있습니다. 이것은 당연한 것입니다.

05 리전 파라미터의 퀀타이즈 항목 또는 피아노 롤의 시간 퀀타이즈에서 8분 음표를 선택합니다. 한 마디에 8개의 가상 라인을 만들고, 가까이 있는 노트들을 끌어다 맞추게 하는 것입니다.

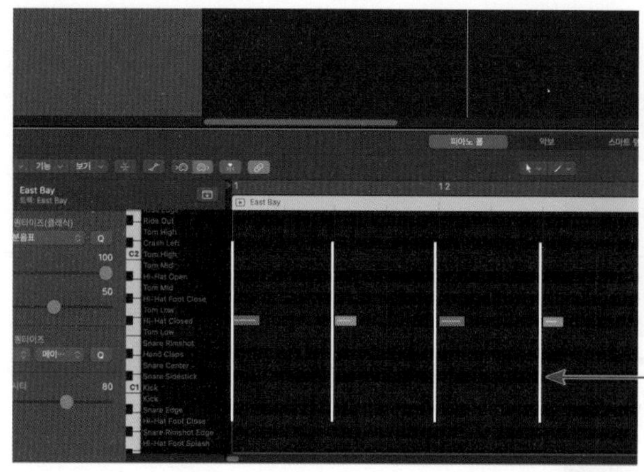

노트가 그리드 라인에 일치된다

06 피아노 롤을 보면, 어긋나 있던 노트들이 그리드 라인에 정확하게 일치되어 있는 것을 확인할 수 있습니다. 리전 파라미터에서 퀀타이즈 값을 미리 선택하고, 녹음을 하면, 녹음하는 노트들이 자동으로 정렬된다는 것도 기억해두면 유용합니다.

알아 두면 좋아요! 퀀타이즈 주의 사항

● 퀀타이즈 값을 1/8-Note로 선택하면 8비트 간격으로 가상의 퀀타이즈 라인을 만들고, 라인에서 가까운 노트들을 끌어다 맞추는 것입니다. 결국, 입력한 노트 중에서 가장 짧은 비트를 기준으로 잡아야 합니다. 악보과 같은 리듬을 연주했다면, 퀀타이즈 값을 1/16-Note로 선택해야 하는 것입니다.

● 퀀타이즈가 가상의 라인에서 가장 가까운 노트를 끌어 맞추는 기능이라는 것을 이해했다면, 연주가 어느 정도 되어 있어야 한다는 것도 짐작할 수 있을 것입니다. 그림의 〈입력〉에서와 같이 B-Note가 두 번째 라인에서 멀리 떨어져 있으면, 〈결과〉에서 보듯이 3번째 라인으로 이동되는 오류가 발생하는 것입니다.

〈입력〉 〈결과〉

● 퀀타이즈를 적용할 때 가장 주의해야 할 것은 모든 연주를 퀀타이즈시켜서는 안 된다는 것입니다. 모든 연주를 퀀타이즈 하면, 마우스로 입력한 것과 동일한 결과이기 때문에 기계적인 연주가 됩니다. 물론, 마우스로 입력한 것을 사람이 연주한 것처럼 바꾸는 기능이 있기는 하지만, 이것은 연주가 어려운 사용자가에 권장되는 방법이고, 어느 정도 연주가 되는 사람은 프레이즈가 시작되는 위치 또는 세션이 시작되는 위치 정도에서만 적용하여 휴머니즘을 그대로 표현할 수 있어야 합니다.

Q-스윙

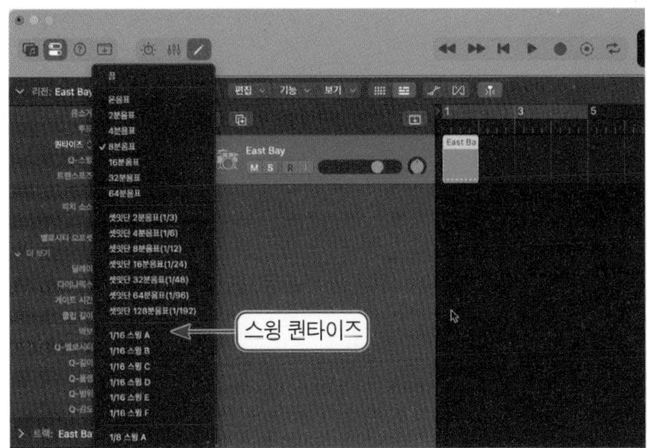

01 퀀타이즈 항목에는 8분음표, 16분음표 등의 정박자 외에 셋잇단 및 스윙 리듬을 위한 목록도 제공합니다. 스윙의 정도는 A, B, C 순서로 커집니다. 정도가 커진다는 것은 업 비트의 박자가 좀 더 뒤로 밀린다는 의미입니다.

02 퀀타이즈 항목에서 제공하는 스윙외에 사용자가 원하는 정도가 필요한 경우에는 Q-스윙 항목에서 직접 입력합니다. 50%를 기준으로 작은 값은 업 비트가 앞으로 이동되고, 큰 값은 뒤로 이동됩니다.

> TIP 다운/업 비트는 기타 스트로크 동작에서 유래된 말이며, 앞박/뒷박으로 구분하기도 합니다.

루프

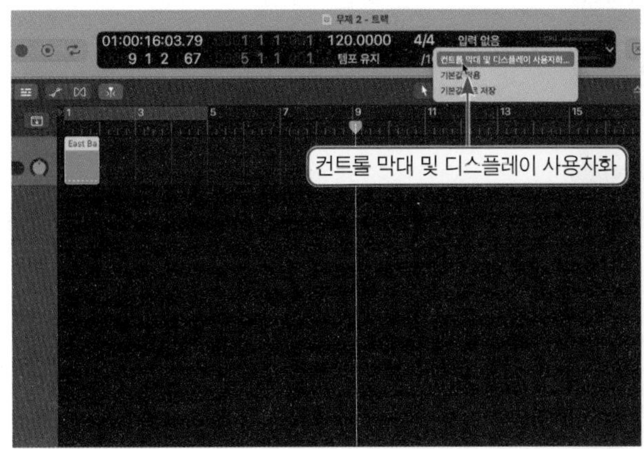

01 선택한 리전을 곡의 엔딩 또는 다음 리전이 있는 곳까지 반복시킵니다. 곡의 엔딩 마디는 트랜스포트 바에서 설정 가능하며, 이를 표시하려면 디스플레이에서 단축 메뉴를 열고, 컨트롤 막대 및 디스플레이 사용자화를 선택합니다.

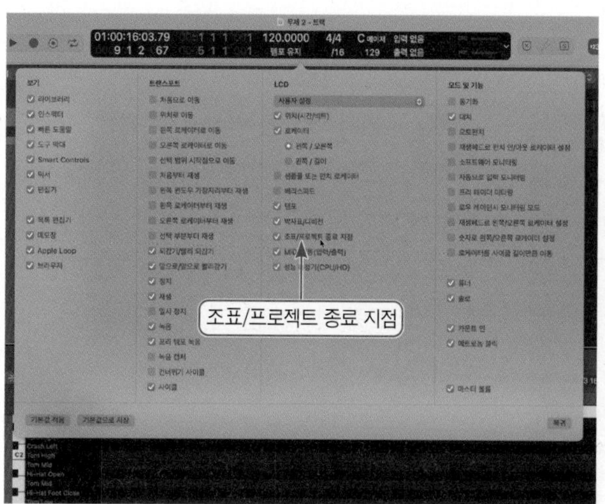

02 LCD 목록에서 조표/프로젝트 종료 지점을 체크합니다.

03 조표 아래쪽에 종료 지점이 표시되며, 더블 클릭으로 수정할 수 있습니다. 눈금자의 종료 마커를 드래그해도 됩니다. 16으로 설정해봅니다.

04 리전 파라미터의 루프 옵션을 체크하면 리전이 프로젝트의 종료 위치인 16마디까지 반복되는 것을 확인할 수 있습니다.

> TIP 종료 위치를 넘어서는 데이터가 입력되면 길이가 자동으로 연장됩니다.

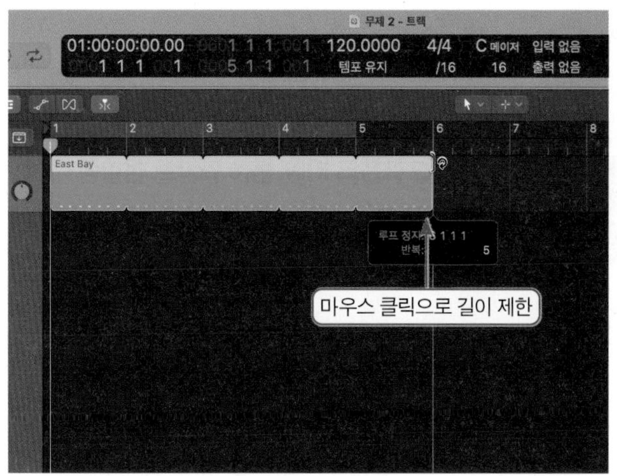

05 반복되는 리전은 오른쪽 상단을 클릭하여 길이를 제한 할 수 있으며, 드래그하여 길이를 조정할 수 있습니다.

트랜스포즈

01 음정을 변경합니다. 트랜스포즈 항목을 클릭하면 옥타브 단위로 변경할 수 있는 메뉴가 열리며, 빈 공간에서 마우스를 드래그하여 반 음 단위로 변경할 수 있습니다.

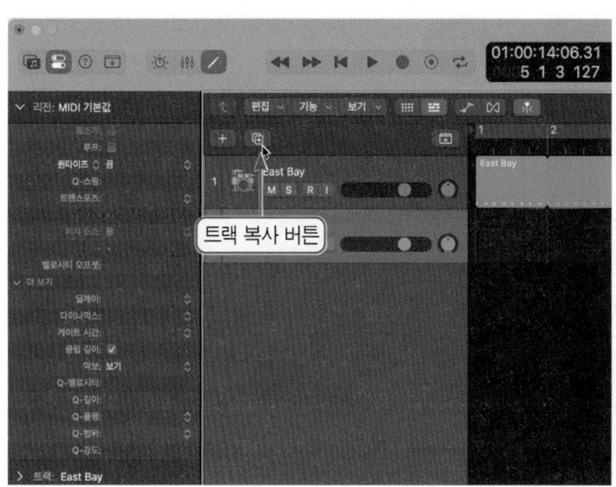

02 Guitar와 Bass 악기는 악보의 기보음보다 한 옥타브 낮은 음정으로 연주가 됩니다. 이것을 트랜스포즈으로 간단하게 연출할 수 있습니다. 트랙 복사 버튼을 클릭하여 드럼 트랙을 복사합니다.

03 라이브러리에서 적당한 Guitar 음색을 선택하여 복사한 트랙을 Guitar 연주 트랙으로 바꾸고, 템포는 70 정도로 변경합니다. 그리고 R 키를 눌러 간단한 아르페지오를 연주를 녹음해봅니다.

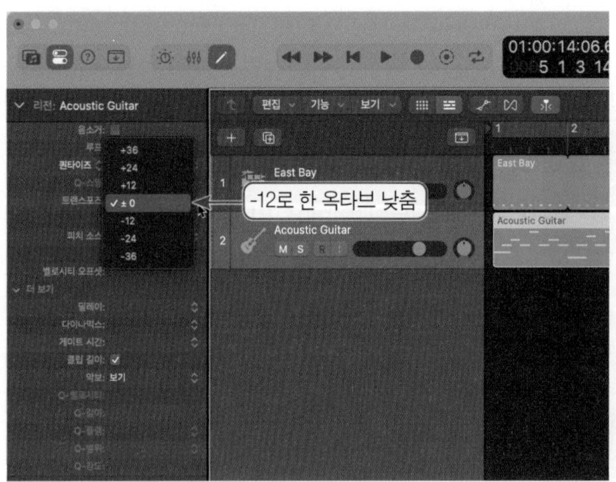

04 악보대로 연주한 Guitar 음색을 재생해보면, 매우 낯설게 느껴집니다. 그러나 트랜스포즈 항목을 클릭하여 메뉴를 열고, -12를 선택하여 한 옥타브 낮춘 다음에 재생을 해보면, 한결 Guitar 음색에 가까워진 것을 느낄 수 있습니다.

딜레이

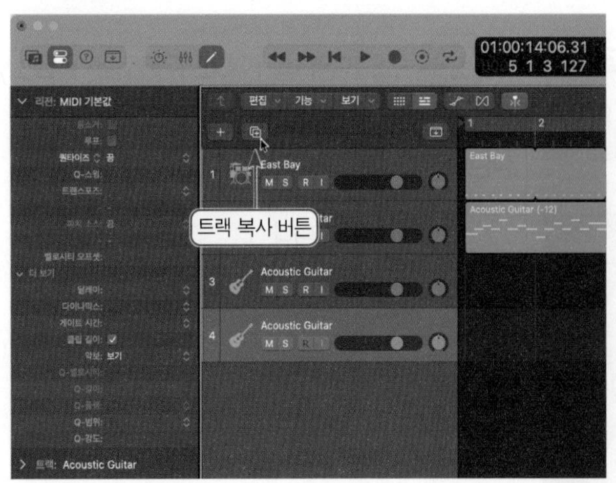

01 리전의 재생 타임을 조정합니다. 값을 증가시켜 지연시키거나 연주가 지연되는 리전을 마이너스 값으로 앞당겨 보정하거나 트랙을 복사하여 딜레이 효과를 연출할 수 있습니다. 트랙 복사 버튼을 이용해서 앞에서 녹음한 기타 트랙을 2개 복사합니다.

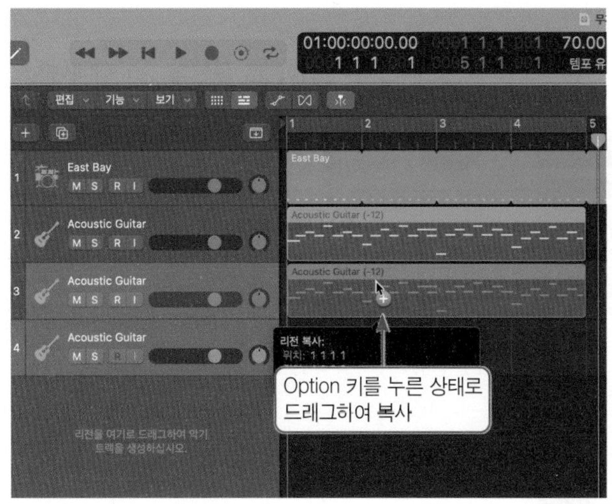

02 Option 키를 누른 상태에서 기타 연주 리전을 아래쪽으로 드래그하여 복사합니다. 이 과정을 한 번 더 반복하여 두 개의 기타 트랙에 모두 복사합니다.

03 리전 파라미터 더보기 항목의 작은 삼각형을 클릭하여 목록을 엽니다.

04 딜레이 파라미터를 클릭하여 목록을 열고, 1/16을 선택합니다. 4번 트랙에 복사한 리전은 1/8로 선택합니다. 재생을 해보면, 16비트 간격으로 사운드가 반복되는 딜레이 효과를 모니터 할 수 있습니다.

벨로시티 오프셋

01 벨로시티는 건반을 얼마나 세게 눌렀는지를 의미하는 것으로 연주의 강약을 결정합니다. 벨로시티 오프셋은 입력한 노트의 벨로시티 값을 증/감 합니다. 3번 트랙의 리전을 선택하고 벨로시티 값을 -20으로 감소시킵니다.

02 4번 트랙의 리전은 벨로시티 값을 -40으로 감소시킵니다. 딜레이 실습에서 지연시켰던 리전들을 점점 약하게 연주되도록 하여 딜레이 효과를 완성하는 것입니다.

> **TIP** 벨로시티의 최대 값은 127입니다. 입력되어 있는 노트의 벨로시티 값이 127이면, 벨로시티 오프셋 값을 증가시켜도 효과가 없다는 의미입니다.

다이나믹스

벨로시티의 최대 값과 최소 값의 범위를 조정합니다. 100%를 기준으로 값을 증가시키면, 세게 연주하는 것은 더 세게, 약하게 연주한 것은 더 약하게 연주되도록 하는 것입니다. 고정은 모두 64 세기로 연주합니다.

게이트 시간

노트의 길이를 조정합니다. 100%를 기준으로 값을 증가시키면, 실제로 입력되어 있는 노트 길이보다 길게 연주되는 것입니다. 3개의 기타 연주를 모두 레가토로 선택하여 연주되게 합니다. 좀 더 기타 연주같은 효과를 얻을 수 있습니다. 고정은 스타카토로 연주되게 합니다.

클립 길이

리전의 길이를 넘기는 노트가 입력되어 있는 경우에 연주는 지속됩니다. 리전이 끝나는 위치에서 연주를 중지시키려면 클립 길이 옵션을 체크합니다.

악보

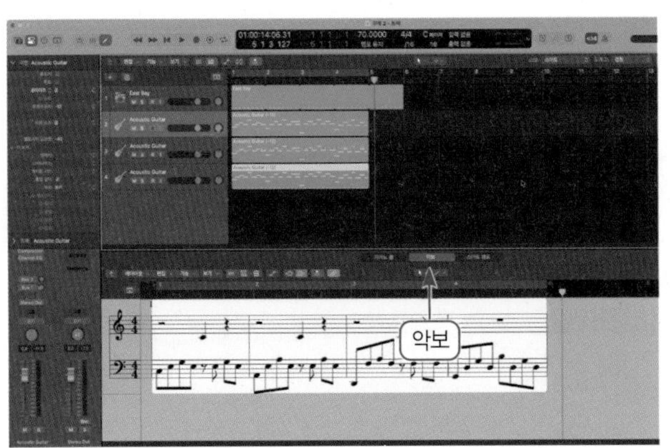

악보 창에서 리전을 사용할 수 있게 합니다. 악보 창의 빈 공간을 더블 클릭하여 전체 리전을 표시할 때, 옵션이 해제되어 있는 리전은 표시되지 않습니다.

Q-파라미터

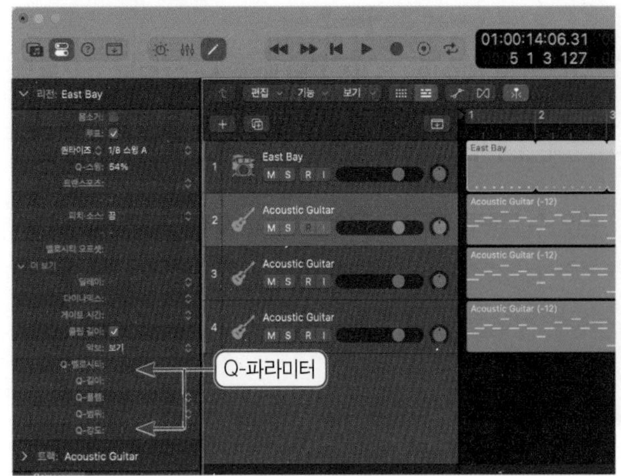

그 밖의 리전 파라미터에는 보다 인간적인 효과를 연출하기 위한 Q-벨로시티, Q-길이, Q-플램, Q-범위, Q-강도 항목이 있으며, 각 역할은 다음과 같습니다.

- Q-벨로시티

벨로시티 값을 퀀타이즈 하는 옵션입니다. 일반적인 퀀타이즈 보다는 사용자가 만들어 놓은 그루브 퀀타이즈의 벨로시티 값을 적용할 때 많이 이용합니다. Q-벨로시티 값을 100%로 설정을 하면 그루브 퀀타이즈의 벨로시티 값을 그대로 적용하며, 일반 퀀타이즈에서는 박자의 첫 비트는 96, 나머지는 64로 변경합니다.

예를 들어 입력되어 있는 노트의 벨로시티 값이 모두 100이고, 사용자가 만들어놓은 그루브 퀀타이즈의 벨로시티 값이 90 이라고 가정합니다. Q-벨로시티 값을 100%로 조정하면, 일반 퀀타이즈를 적용했을 경우에는 〈그림 A〉에서와 같이 박자의 첫 비트는 96, 나머지는 64로 조정되고, 그루브 퀀타이즈를 적용했을 때에는 〈그림 B〉와 같이 90으로 조정되는 것입니다.

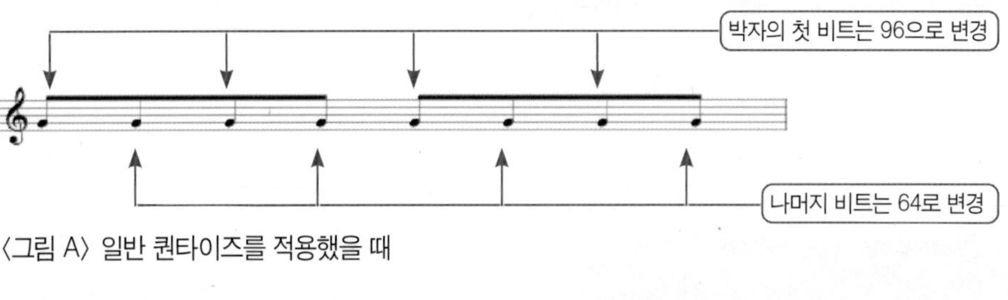

〈그림 A〉 일반 퀀타이즈를 적용했을 때

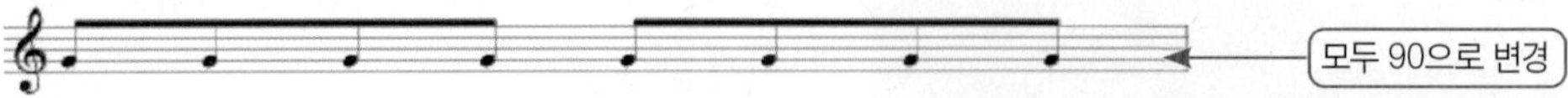

〈그림 B〉 그루브 퀀타이즈를 적용했을 때는 100% 반영되므로, 모두 90으로 변경된다

Q-벨로시티 값을 50%로 설정하면 어떻게 될까요?

Q-벨로시티 값이 100%일 때, 일반 퀀타이즈에서는 박자의 첫 비트가 96이라고 했으므로, 입력된 벨로시티 값 100을 96으로 변화시키기 위해서 4만큼 줄인 결과입니다. 그러므로 Q-벨로시티 값이 50% 이면, 그 절반인 2를 줄이게 되므로, 첫 비트는 98이 되며, 나머지는 입력 값 100을 64로 변화시키기 위해서 36만큼 줄인 결과이므로, 그 절반인 18이 적용되어 82가 됩니다. 사용자가 만들어놓은 그루브 퀀타이즈를 적용할 때는 입력되어 있는 값과 10 차이이므로, 그 절반인 5가 적용되어 95가 됩니다.

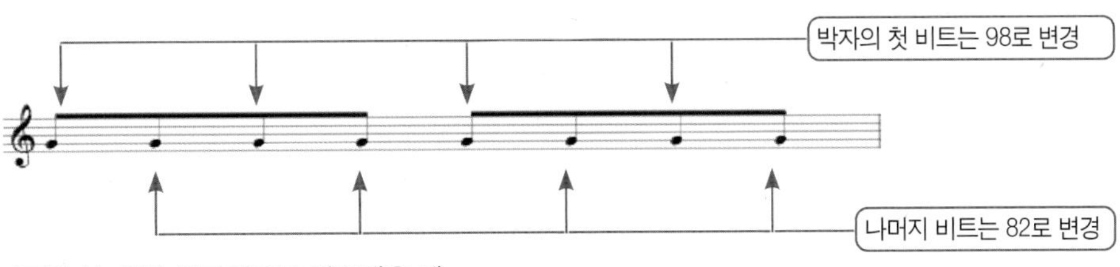

〈그림 A〉 일반 퀀타이즈를 적용했을 때

〈그림 B〉 그루브 퀀타이즈를 적용했을 때는 50% 반영되므로, 모두 95으로 변경된다

● Q-길이

노트의 길이를 퀀타이즈 하는 옵션입니다. Q-벨로시티에서와 같인 일반 퀀타이즈 보다는 그루브 퀀타이즈를 적용할 때 많이 이용합니다. 예를 들어 사용자가 많들어 놓은 그루브 퀀타이즈의 노트 길이가 다음 그림과 같다고 가정합니다.

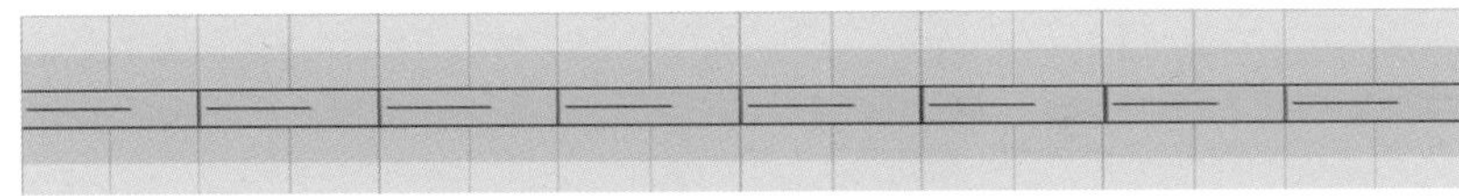

리전에 입력한 노트의 길이가 다음과 같다고 가정합니다.

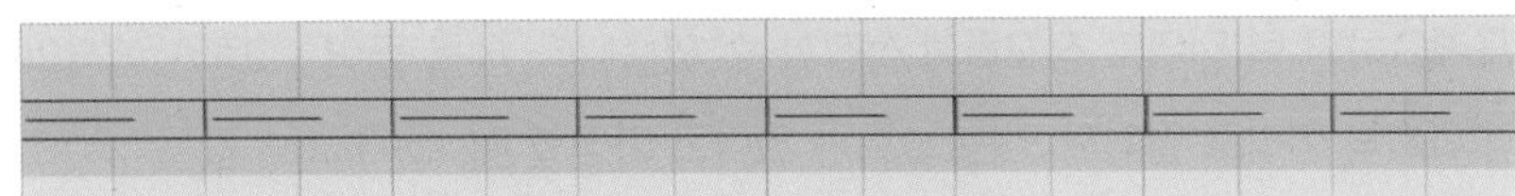

Q-Length 값을 100% 적용하면 다음 그림에서와 같이 그루브 퀀타이즈와 동일한 위치에 있는 노트들의 길이가 100% 반영되는 것입니다.

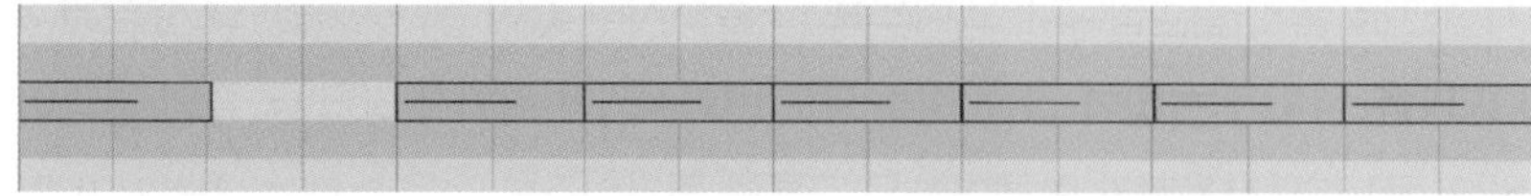

Q-Length 값을 50% 적용하면 다음 그림에서와 같이 그루브 퀀타이즈 노트의 50%가 반영됩니다.

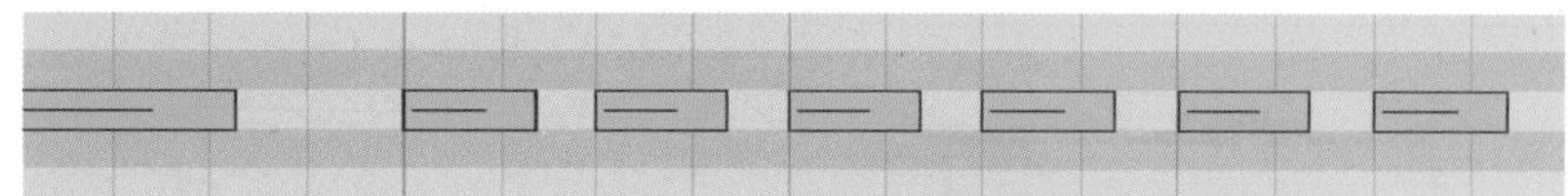

● Q-플램

같은 위치에 입력되어 있는 노트를 비트 및 틱 단위로 지연시켜 아르페지오나 기타의 다운/업 주법을 연출할 수 있는 퀀타이즈 옵션입니다. 다른 음악 프로그램을 사용해본적이 있다면, 이 기능이 얼마나 놀라운 것인지를 알 수 있을 것입니다. 예를 들어 〈그림 A〉에서와 같이 동시에 입력되어 있는 3개의 노트가 있다고 가정을 하고, Q-Flam값을 100틱으로 설정하면 〈그림 B〉에서와 같이 낮은 음을 기준으로 상위 노트들을 100 틱 만큼씩 차례로 퀀타이즈 시킵니다. Q-Flam 값을 마이너스 값으로 설정하면 높은 음을 기준으로 하위 노트들을 차례로 퀀타이즈 합니다.

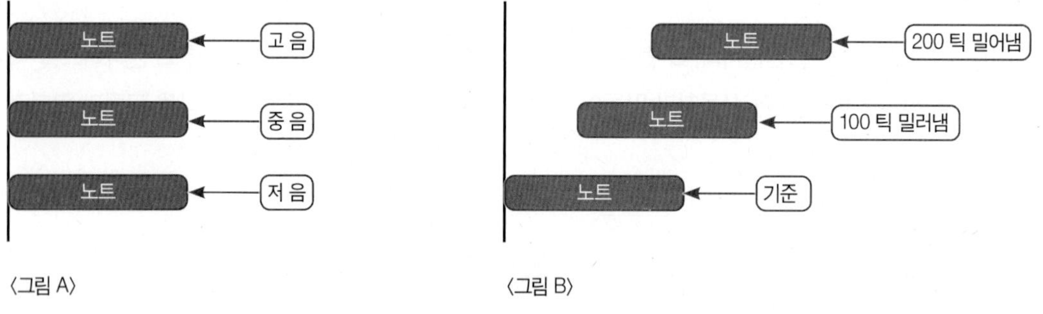

〈그림 A〉 〈그림 B〉

● Q-범위

여기서 설정한 범위의 노트들만 퀀타이즈합니다. Q-Range 항목의 삼각형을 클릭하면 비트 단위로 선택할 수 있는 메뉴가 열리고, 빈 공간을 드래그하면 틱 단위로 정교하게 설정할 수 있습니다. 예를 들어 〈그림A〉에서와 같이 퀀타이즈 라인에서 100틱과 200틱 거리로 떨어져 있는 노트가 있다고 가정할 때, Q-Range 값을 100으로 설정하면, 〈그림B〉에서와 같이 100틱 떨어져 있는 노트가 퀀타이즈 되며. Q-Range 값을 -100으로 설정하면, 〈그림 C〉와 같이 100틱 밖에 있는 200틱 노트가 퀀타이즈 됩니다. 이때 Q-Strengrh 값을 50%로 하면 모든 노트의 거리를 100틱으로 유지할 수 있는 것입니다.

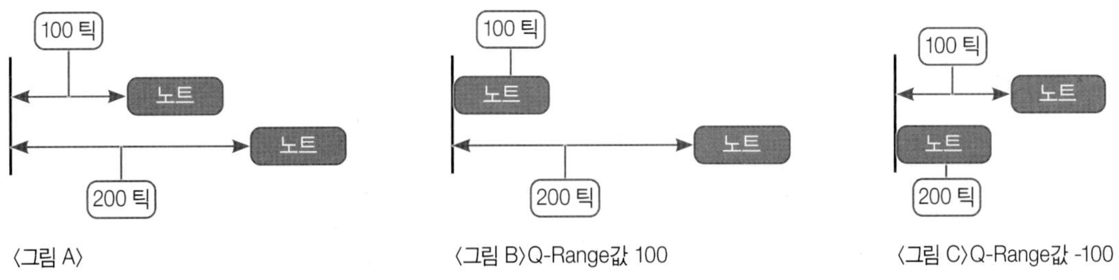

〈그림 A〉 〈그림 B〉Q-Range값 100 〈그림 C〉Q-Range값 -100

- Q-강도

퀀타이즈 범위를 퍼센트 단위로 조정합니다. Advanced Quantization 옵션의 대부분은 정확한 퀀타이즈를 피하여 보다 인간적인 효과를 만들기 위해 사용합니다. 예를 들어 〈그림 A 〉와 같이 입력된 노트를 퀀타이즈 라인에서 100% 떨어져 있다고 가정할 때, Q-Strengrh를 50%로 설정하면 〈그림 B〉에서와 같이 50% 정도만 끌어다가 맞추는 것입니다.

〈그림 A〉 〈그림 B〉

알아 두면 좋아요! 그루브 퀀타이즈

로직에서 제공하는 퀀타이즈는 음악을 기계적으로 만든다는 단점이 있기 때문에 댄스 음악 외에는 잘 사용하지 않습니다. 하지만, 연주가 서툰 사용자들에게는 뿌리칠 수 없는 유혹입니다. 그래서 등장한 것이 그루브 퀀타이즈입니다. 연주가 서툰 경우라면 마우스를 이용해서 틱이나 벨로시티를 직접 연주한 것처럼 1~2 마디 길이로 만들어 놓고, 이것을 퀀타이즈 메뉴의 글루브 템플릿 만들기를 선택하여 목록에 추가할 수 있습니다.

2 오디오 리전

01 오디오 리전을 선택한 경우에는 파라미터의 구성에 차이가 있습니다. 앞의 실습에서 만들었던 3개의 Guitar 리전을 마우스 드래그로 선택하고, 파일 메뉴의 바운스에서 리전 바운스 후 대치를 선택합니다.

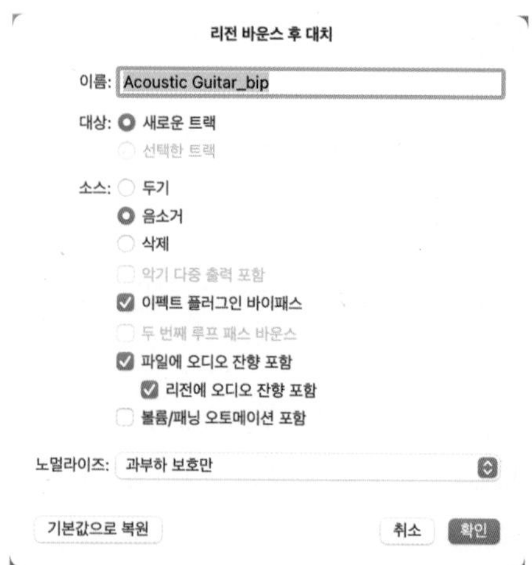

02 트랙 이름과 생성 방법 등의 옵션을 선택할 수 있는 창이 열립니다. 오디오 리전 파라미터를 학습하는 것이 목적이므로, 기본 값 그대로 확인 버튼을 클릭합니다.

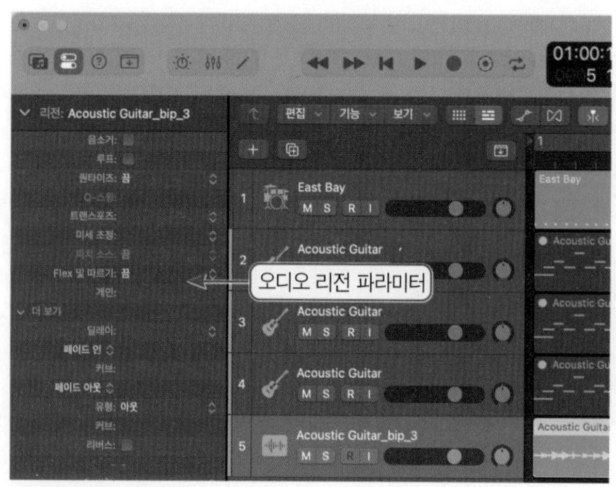

03 딜레이 효과를 연출하기 위해 만들었던 3개의 미디 리전을 하나의 오디오 리전으로 생성한 것입니다. 리전 파라미터의 구성은 미디와 차이가 있습니다. 동일한 파라미터는 역할도 동일합니다. 오디오 리전에서만 볼 수 있는 파라미터의 역할만 살펴보겠습니다.

미세 조정

피치를 센트 단위로 조정합니다. 센트는 반음을 100분의 1로 나눈 단위입니다. 메뉴에서 10 단위로 선택하거나 드래그 및 더블 클릭으로 조정할 수 있습니다.

피치 소스

애플 루프 또는 세션 플레이어 리전에서 사용할 수 있는 파라미터입니다. 애플 루프의 경우 조표를 따르게 할 것인지를 선택할 수 있고, 세션 플레이어의 베이스 및 키보드 리전의 경우 코드 트랙을 따르게 할 것인지, 리전 코드를 따르게 할 것인지를 결정합니다.

Flex 및 따르기

프로젝트 템포를 따르게 합니다. 마디 및 비트 단위로 정렬할 수 있습니다.

템포 & 피치 따르기

애플 루프의 경우 템포 외에 조표까지 따를 수 있게 템포 & 피치 따르기로 표시됩니다.

게인

리전의 레벨을 조정합니다. 게인 도구를 이용하여 리전에 표시되는 게인 라인을 직접 조정할 수도 있습니다.

딜레이

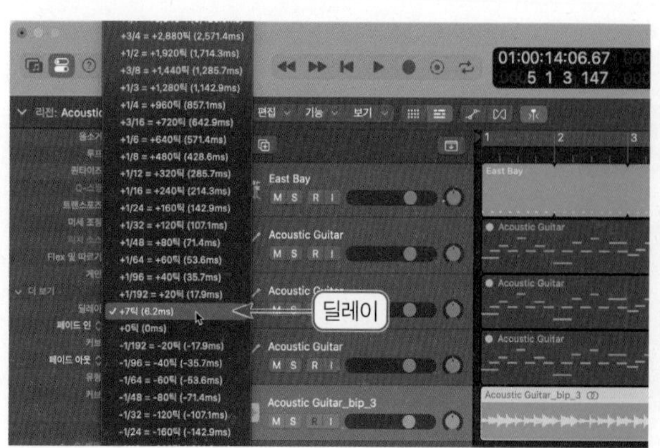

리전의 재생 타임을 지연시켜 딜레이 효과를 만들 수 있지만, 녹음이 지연된 오류를 마이너스 값으로 보정할 때 이용합니다.

페이드 인/아웃

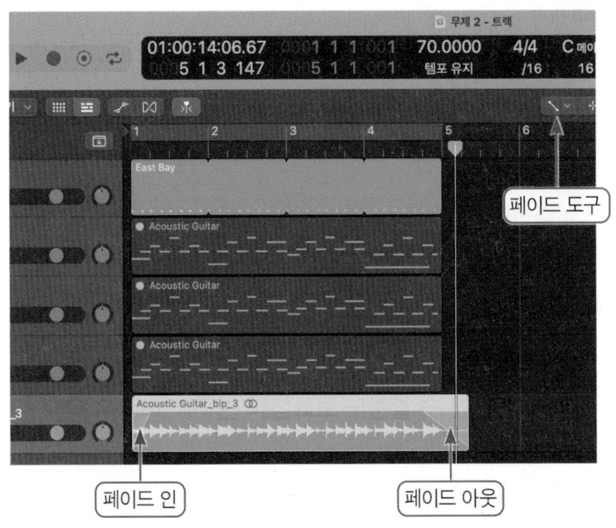

소리가 점점 커지는 페이드 인 또는 점점 작아지는 페이드 아웃을 만듭니다. 커브는 페이드 인/아웃의 속도를 결정하는 라인의 형태를 조정합니다. 페이드 도구로 페이드 인/아웃 타임 및 커브를 조정할 수 있습니다.

페이드 아웃 유형에는 리전과 리전 사이에 적용되는 크로스 페이드를 선택할 수 있으며, 기본 곡선의 X, 좀 더 빠른 곡선의 EqP 또는 부드러운 곡선의 XS을 선택할 수 있습니다.

리버스 & 속도

애플 루프의 경우 거꾸로 재생되게 하는 리버스 옵션과 재생 속도를 조정할 수 있는 파라미터를 제공합니다.

트랙 파라미터

리전 파라미터는 선택한 리전에만 영향을 미치며, 트랙 파라미터는 선택한 트랙의 모든 리전에 적용되는 옵션입니다. 미디 데이터를 연주하는 소프트 악기 트랙과 External MIDI 트랙은 기본적으로 유사하지만, 소프트 악기 트랙은 출력이 오디오로 되기 때문에 Freeze Mode 항목이 추가되어 있습니다. Freeze Mode은 오디오 트랙에서 사용되며, 이를 통해 CPU 부하를 줄이고 더욱 부드러운 재생을 가능하게 합니다.

1 미디 트랙의 파라미터

Icon

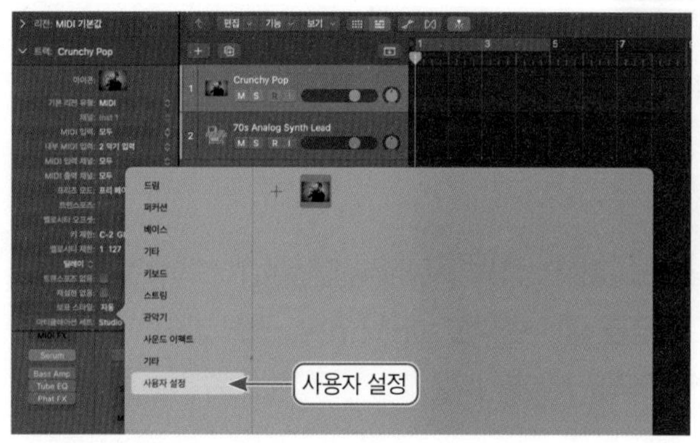

트랙 헤더에 표시되는 악기 그림을 선택합니다. 트랙의 이름과 함께 해당 트랙에서 연주되는 악기를 쉽게 구분할 수 있는 것으로 선택하는 습관을 갖는 것이 좋습니다. 사용자 설정에서 + 기호를 클릭하여 저장된 그림 및 사진을 불러올 수 있습니다.

기본 리전 유형

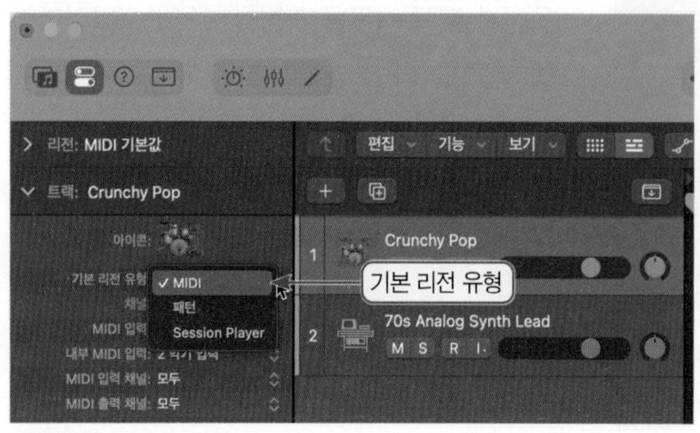

MIDI, 패턴 또는 Session Player를 선택하여 트랙의 기본 리전 유형을 설정합니다. 이에 따라 트랙을 선택할 때 기본적으로 열리는 편집기가 결정됩니다.

채널

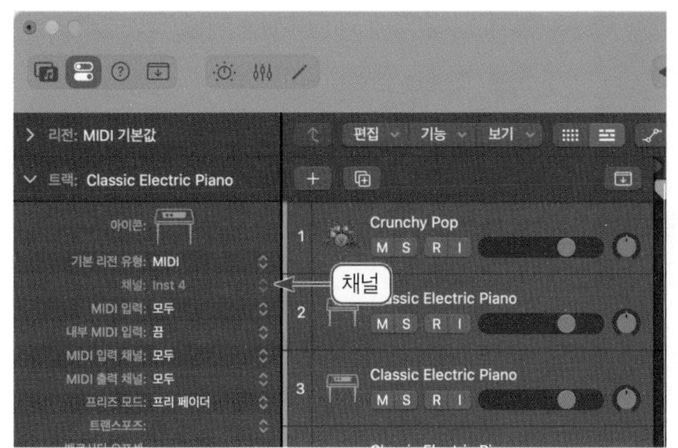

채널 스트립 유형 및 번호를 표시합니다. 채널 파라미터는 편집할 수 없습니다.

MIDI 입력

미디 입력 포트를 선택합니다. 멀티 레코딩에서 각 트랙의 장치를 구분하는 경우 외에는 일반적으로 모두를 사용합니다.

내부 MIDI 입력

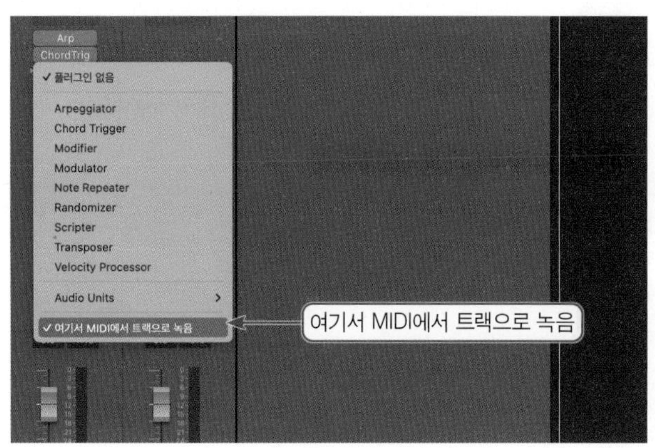

다른 트랙의 연주를 레코딩합니다. 미디 이펙트 사용 트랙의 연주를 기록할 때 주로 사용하며, 악기 입력 목록에서 트랙을 선택할 수 있습니다. 미디 이펙트 슬롯에서 여기서 MIDI에서 트랙으로 녹음을 선택한 경우 해당 주황색 라인 이전의 이펙트 연주만 기록할 수 있는 MIDI에서 트랙으로 목록을 선택할 수 있습니다.

MIDI 입/출력 채널

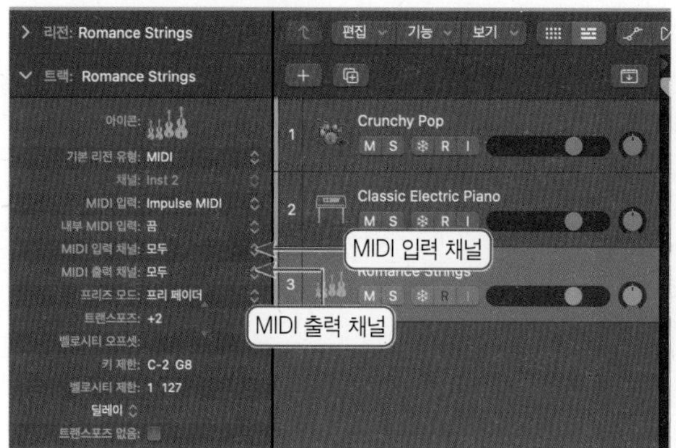

트랙 입/출력에 대한 MIDI 채널 또는 모든 입/출력 채널을 선택합니다.

프리즈 모드

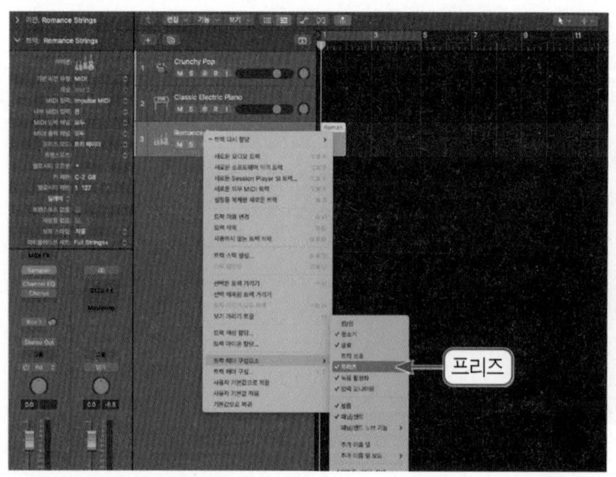

트랙을 프리즈하여 재생에 필요한 프로세싱 파워를 줄일 수 있습니다. 프리즈 버튼은 트랙에서 단축 메뉴를 열고, 트랙 헤더 구성요소의 프리즈를 선택하여 추가할 수 있습니다.

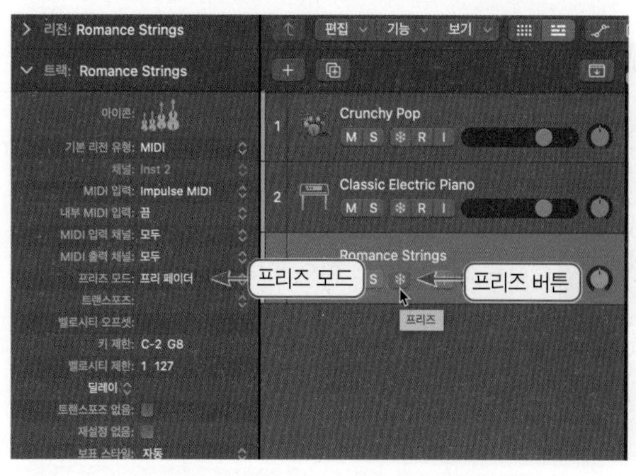

프리즈는 이펙트 플러그인을 포함하지 않는 원본만을 선택한 경우 초록색으로 표시되며, 이펙트 플러그인을 모두 포함한 프리 페이더는 파란색으로 표시됩니다.

트랜스포즈

피치를 조정합니다. 리전의 트랜스포즈은 선택한 리전의 음정만 조정하지만, 트랙 파라미터의 트랜스포즈은 해당 트랙에서 연주되는 모든 리전의 음정이 조정됩니다.

벨로시티 오프셋

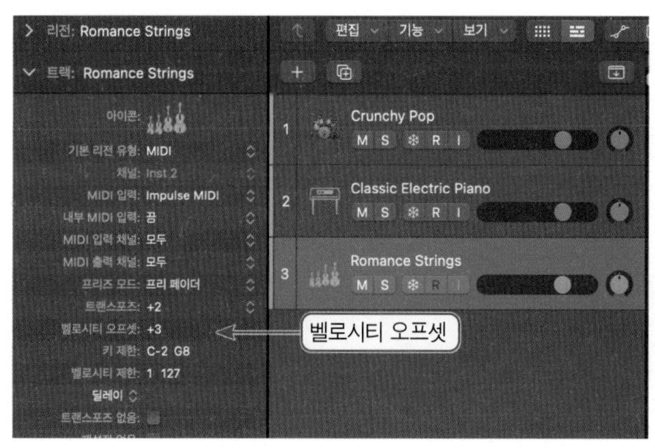

리전 파라미터의 벨로시티와 동일하게 입력한 노트의 벨로시티를 증/감합니다. 선택한 트랙에서 연주되는 모든 리전에 영향을 준다는 차이만 있습니다.

키 제한

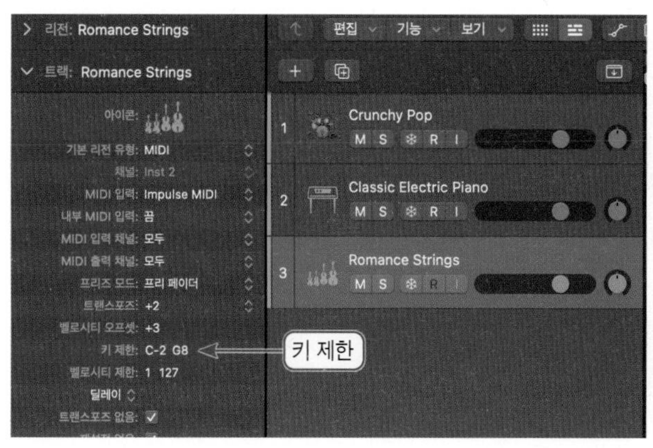

노트의 연주 범위를 조정합니다. 해당 트랙의 음색을 플루트로 선택했다면, 값을 C3~C6 범위로 조정하여 실제 플루트 악기의 실음역에서 벗어나는 노트가 연주되지 않게 하는 역할로 이용할 수 있습니다.

벨로시티 제한

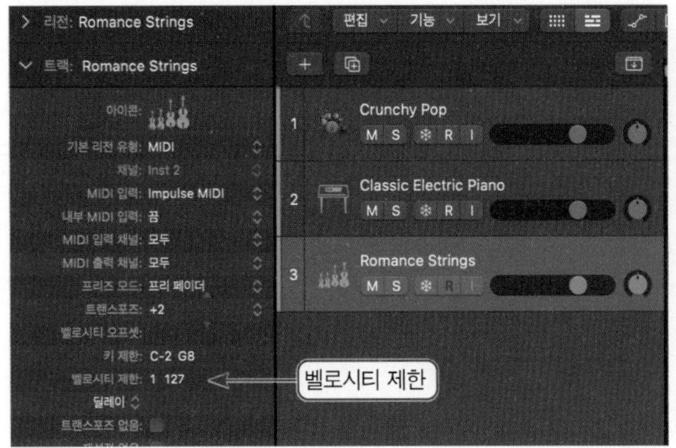

벨로시티의 연주 범위를 조정합니다. 범위를 40~127로 조정하면, 리얼로 녹음한 노트 중에서 40 이하로 입력된 노트가 연주되는 것을 방지할 수 있습니다.

딜레이

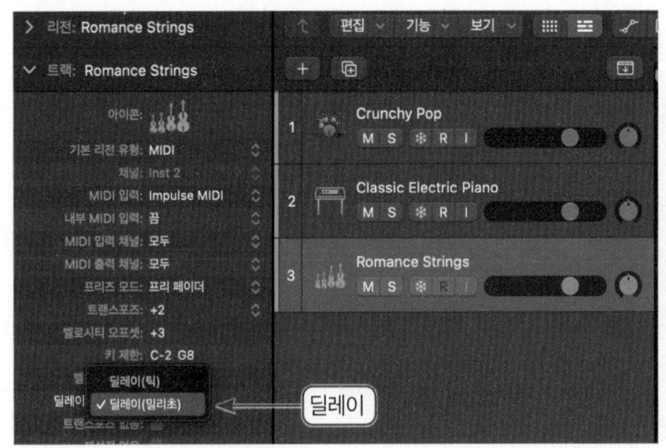

트랙의 연주 타임을 밀리초 및 틱 단위로 설정합니다. 리전 파라미터에서와 같이 2~3 트랙으로 복사하여 딜레이 효과를 연출할 수 있습니다.

트랜스포즈 없음

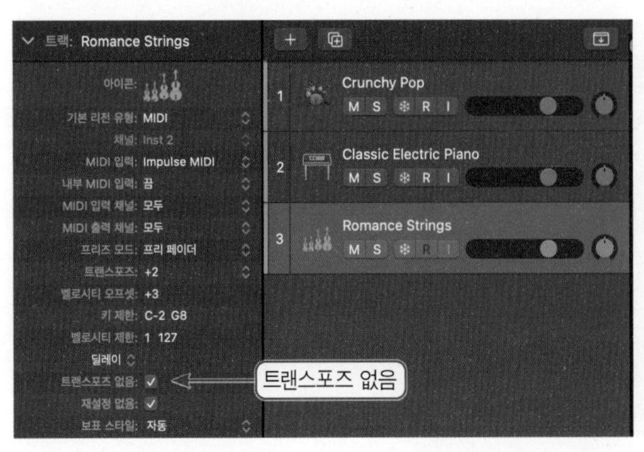

선택한 트랙의 피치가 조정되지 않게 합니다. 곡의 키를 변경할 때, Command+A 키를 눌러 모든 리전을 선택하는 것이 일반적입니다. 이때 음정이 조정되어서는 안 되는 드럼 트랙을 체크하여 음색을 유지할 수 있게 합니다.

재설정 없음

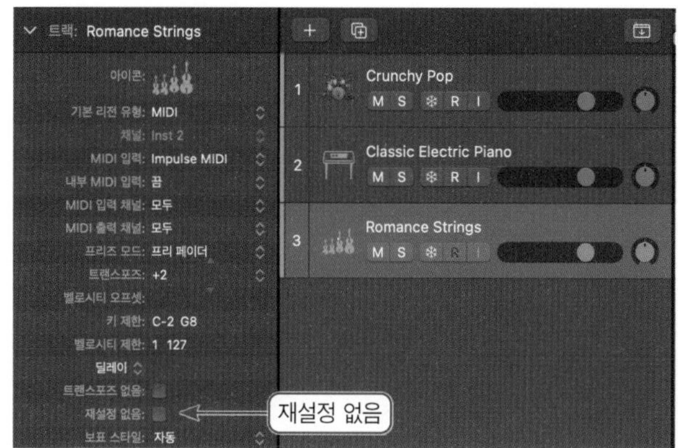

트랜스포트 바의 미디 인/아웃 디스플레이 항목을 더블 클릭하면, 미디 악기를 초기화 시킬 수 있는 Reset 정보를 전송합니다. 이때 재설정 없음 파라미터의 옵션이 체크되어 있는 트랙은 Reset 정보를 전송하지 않습니다.

보표 스타일

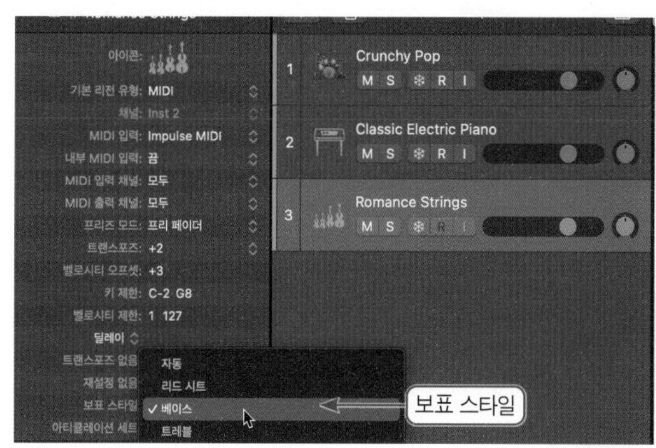

리전을 악보 편집 창에서 표시할 악보 스타일을 선택합니다. 기본값 자동은 입력되어 있는 노트에 어울리는 악보를 자동으로 만들어주는 것이며, 타브 악보 및 이조 악기 악보를 손쉽게 만들 수 있습니다.

아티큘레이션

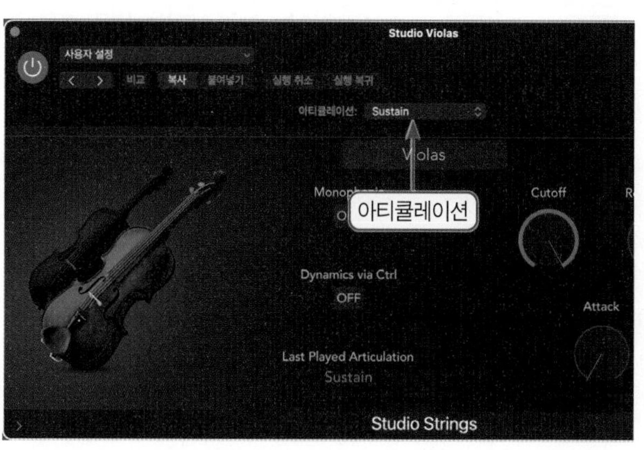

Studio Bass 및 Horn 또는 Strings 아티큘레이션을 선택하거나 편집할 수 있습니다.

2 오디오 트랙의 파라미터

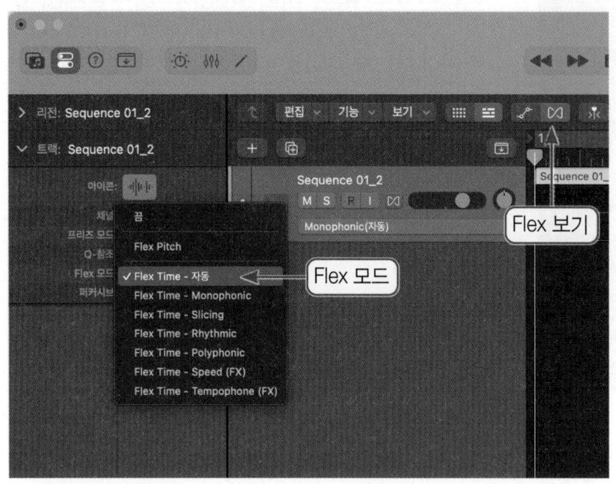

01 오디오 트랙의 아이콘, 채널, 프리즈, Q-참조 모드 파라미터는 미디 트랙의 파라미터와 동일합니다. 차이점은 비트 및 피치 교정을 위한 Flex 모드입니다. Flex 보기를 클릭하여 활성화하며, 파라미터에서 모드를 선택합니다.

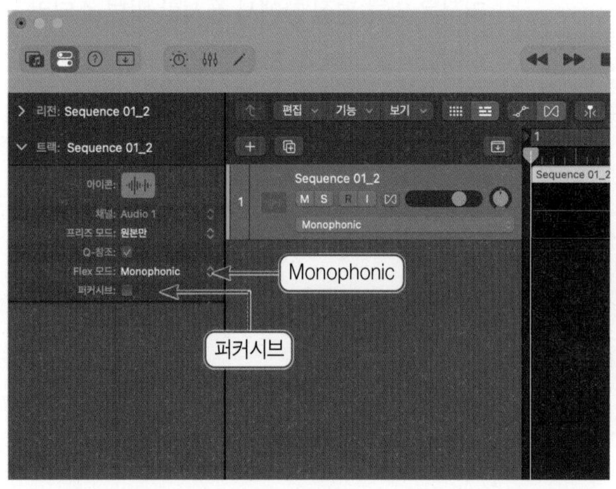

02 **자동**은 트랙에 기록된 오디오 파형에 따라 알고리즘이 자동으로 선택되게 하며, 수동으로 Monophonic은 단일 노트만 재생되는 멜로디 악기에 적합합니다. 퍼커시브 옵션을 제공하며, 트랜지언트 마커 주변의 영역을 유지하여 사운드의 타격음을 보호합니다.

03 Slicing은 드럼 또는 퍼커션에 있어 좋은 석택으로 트랜지언트 마커에서 오디오 자료를 잘라낸 다음, 각 슬라이스를 원래 속도로 재생하여 원본 사운드를 유지합니다.

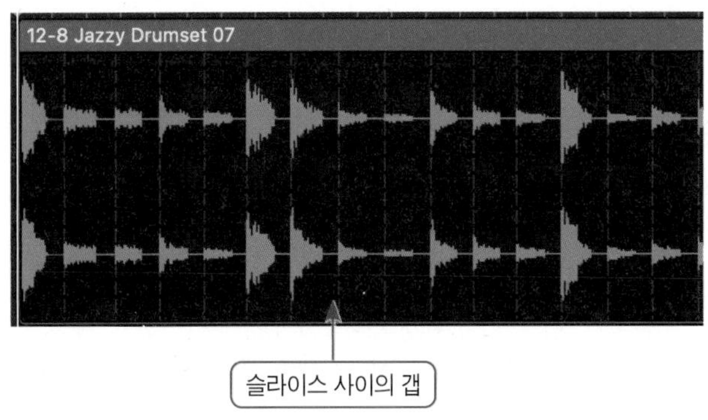

트랜지언트 위치에서 슬라이스 되고 원본 길이가 유지되기 때문에 갭이 발생할 수 있으며, 이 모드에서는 갭을 처리할 수 있는 채우기, 디케이, 길이 옵션을 제공합니다.

- 갭 채우기 : 디케이 기능을 켜거나 꺼서, 슬라이스 사이에 발생하는 갭을 채울 수 있습니다.
- 디케이 : 갭을 보정할 수 있는 타임 스트레치가 발생하지 않기 때문에 사운드 사이에 디케이 타임을 설정합니다.
- 슬라이스 길이 : 각 슬라이스를 백분율 값으로 줄입니다. 슬라이스 줄이기는 다음 슬라이스에서 원치 않는 프리 어택 사운드를 제거하거나 게이트된 이펙트를 생성하는 데 유용할 수 있습니다.

트랜지언트 마커 위치에서 오디오 리전을 슬라이스하여 각 트랜지언트 마커에서 별도의 리전으로 분할할 수 있습니다. 이는 단축 메뉴의 트랜지언트 마커에서 슬라이스를 선택하여 수행할 수 있습니다.

Flex 마커 위치에서 오디오 리전을 슬라이스하여 이전에 놓은 각 Flex 마커에서 별도의 리전으로 분할할 수 있습니다. 이는 단축 메뉴의 Flex 마커에서 슬라이스를 선택하여 수행할 수 있습니다.

참고로 선택된 Flex 알고리즘에 관계없이 트랜지언트 마커에서 슬라이스와 Flex 마커에서 슬라이스를 사용할 수 있습니다.

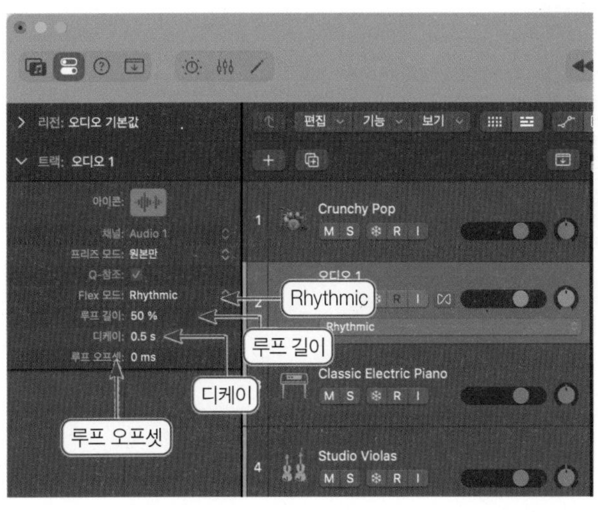

04 Rhythmic은 리듬 기타, 키보드, 애플 루프와 같은 자료에 적합하며, 슬라이스 오디오를 루핑시켜 갭을 채웁니다. 이 모드에서는 루핑되는 오디오의 시작 및 끝 처리 방법을 결정할 수 있는 옵션을 제공합니다.

● 루프 길이 : 슬라이스 끝의 루프된 섹션의 길이를 설정합니다.

● 디케이 : 루프된 영역의 디케이 값을 조절합니다.

● 루프 오프셋 : 최대 100ms까지 왼쪽으로 이동하여 다음 트랜지언트의 프리 어택 사운드가 루프된 영역과 크로스페이드된 영역에 나타나는 것을 방지합니다.

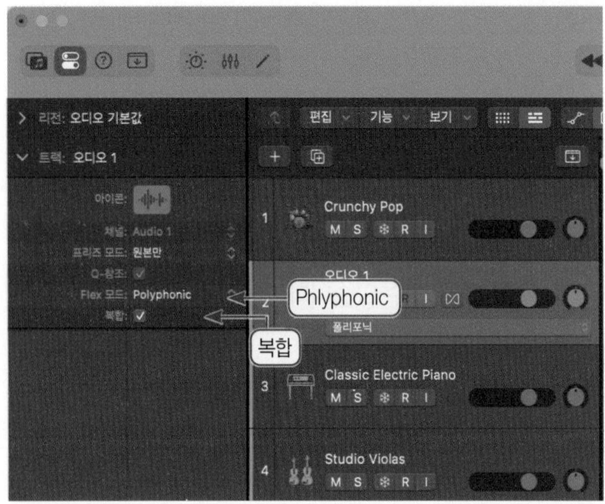

05 Phlyphonic은 페이즈 보코딩이라고 하는 프로세스를 기반으로 오디오를 피치 변화 없이 타임 스트레칭하는 프로세스입니다. 코드 연주 및 복잡한 믹스에 적합한 폴리포닉은 모든 Flex 알고리즘에서 가장 집중적인 프로세스이지만, 적절한 폴리포닉 자료로 고품질의 음을 제공합니다. 더 많은 폴리포닉 자료를 만들고 싶은 경우 복합 옵션을 체크합니다.

06 Speed(FX)는 피치 변경을 포함하여 소스 자료를 더 빠르거나 느리게 재생할 수 있도록 스트레치합니다. 주로 퍼커시브 자료에 유용하지만, 흥미롭고 창의적인 사운드 효과를 연출할 수 있습니다.

07 Tempophone(FX)은 템포폰이라고 알려진 과거의 테이프 기반 타임 스트레칭 기기를 모방하고 세분화된 합성 기법을 통해 기계적인 사운드를 만듭니다.

- 그레인 사이즈 : 원래 속도로 재생 또는 반복되는 타임 스트레치를 생성하기 위해 크로스페이드되는 그레인 사이즈를 설정합니다.
- 크로스페이드 : 강한 아티팩트를 생성하는 0.00부터 부드러운 사운드를 내는 1.00의 풀 그레인 길이까지 크로스페이드 길이를 조정합니다.

08 Flex Pitch는 오디오의 피치가 변경되는 방식을 결정하는 트랙 기반 설정입니다

- 포먼트 트랙 : 피치를 따라 포먼트가 트랜스포즈되는 간격을 결정합니다.
- 포먼트 시프트 : 포먼트가 피치 전환에 대해 조절되는 방식을 결정합니다. 0으로 설정되면 포먼트는 피치 전환과 함께 조정됩니다.
- 포먼트 : Flex Pitch 포먼트를 처리하는 방법을 선택합니다.

  항상 처리 : 모든 포먼트가 처리됩니다.

  들리지 않는 포먼트 유지 : 보이스 있는 포먼트만 처리됩니다. 치찰음 및 파열음이 유지되면서 더 자연스럽게 들리는 이펙트를 만들어냅니다.

채널 스트립

인스펙터 파라미터에는 리전을 컨트롤하는 리전 파라미터와 트랙을 컨트롤 하는 트랙 파라미터 외에 트랙의 인/아웃을 컨트롤하는 채널 스트립을 제공합니다. 믹싱과 마스터링 작업을 할 때 사용되는 믹서 창은 작업에 사용되고 있는 전체 트랙의 채널 스트립을 한 화면에서 컨트롤 할 수 있고, 여기서 살펴보는 채널 스트립은 선택한 트랙만 컨트롤 할 수 있다는 차이가 있을 뿐 동일한 것입니다. 결국, 채널 스트립의 역할을 알게 되면, 믹서 창은 그냥 사용할 수 있습니다.

출력 및 센드 슬롯

● 실습 프로젝트 : Channel

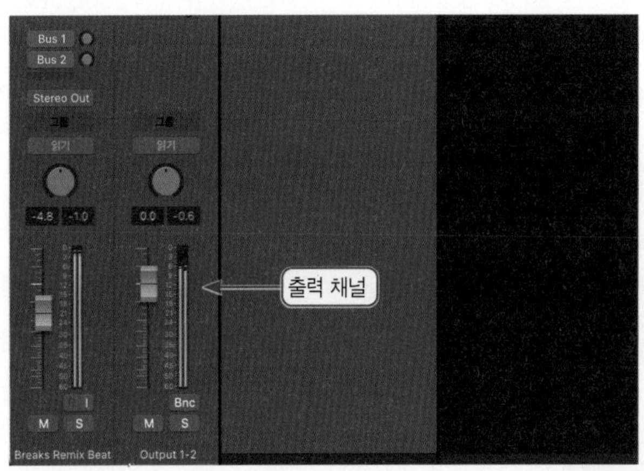

01 스페이스 바 키를 눌러 재생합니다. 그리고 파라미터를 테스트하면서 익히기 바랍니다. 선택한 트랙의 볼륨 및 팬 등을 조정하는 채널 스트립은 두 개의 라인으로 표시되며, 오른쪽은 선택한 트랙의 출력 채널을 표시합니다.

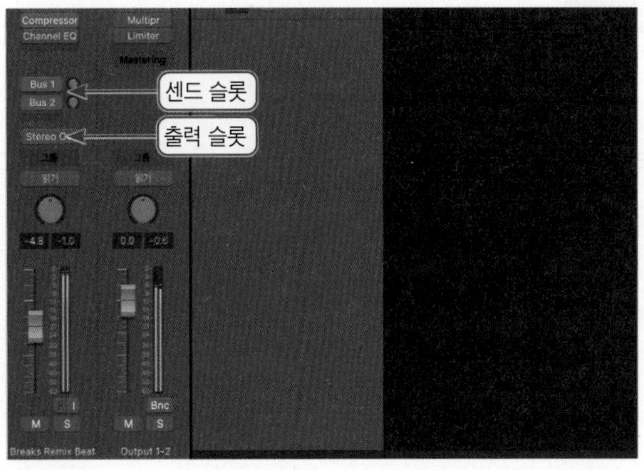

02 아웃 트랙은 기본적으로 출력 슬롯에서 선택한 트랙이 표시되며, 센드 슬롯의 Bus를 선택하여 버스 트랙을 표시할 수 있습니다. 출력 슬롯과 센드 슬롯을 각각 선택해 보면서 아웃 트랙의 변화를 확인해봅니다.

볼륨 페이더

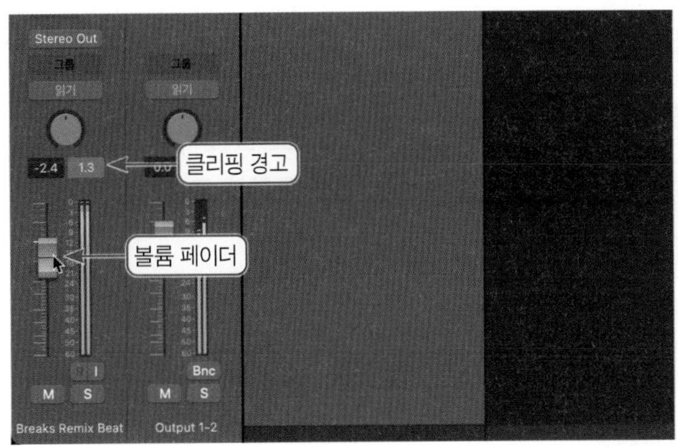

선택한 트랙의 볼륨을 조정합니다. 볼륨 값은 빨강, 노랑, 주황의 3가지 색상으로 레벨의 크기를 표시하며, 너무 크게 조정을 하면, 사운드가 찌그러지고 있다는 의미로 레벨 미터 상단에 주황색으로 클리핑 경고가 표시됩니다.

패닝

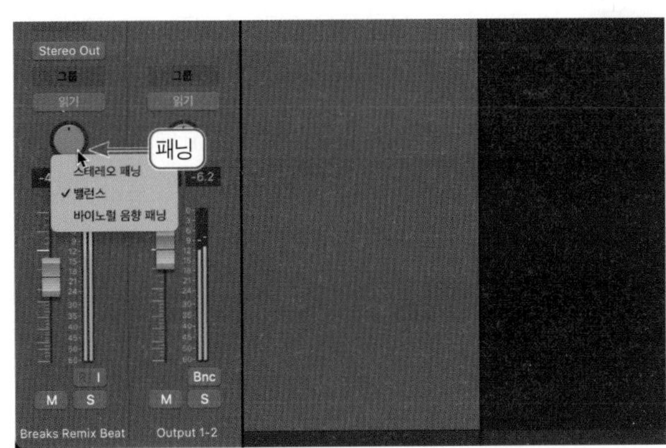

패닝이란 소리의 방향을 의미하는 것이며, 노브를 왼쪽으로 돌려 - 값을 가지면, 사운드가 왼쪽에서 들리고, 오른쪽으로 돌리면 오른쪽에서 들립니다. Option 키를 누른 상태에서 노브를 클릭하면 기본값인 중앙으로 초기화되며, 마우스 오른쪽 버튼을 클릭하면 스테레오 및 바이노럴 패닝으로 변경할 수 있습니다.

MSRI

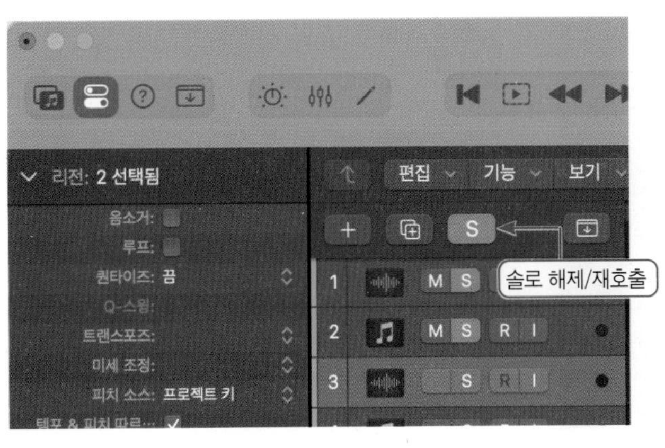

채널을 음소거(M)하거나 솔로(S)로 연주되게 하며, 녹음 활성화(R) 및 입력 모니터(I) 기능을 활성화 합니다. 믹서 또는 트랙 헤더에서 이용하는 경우가 많으며, 2개 이상의 트랙은 Shift 키를 누른 상태로 클릭합니다. 상단의 솔로 버튼은 트랙의 모든 솔로 버튼을 해제하거나 재호출합니다.

포맷 버튼

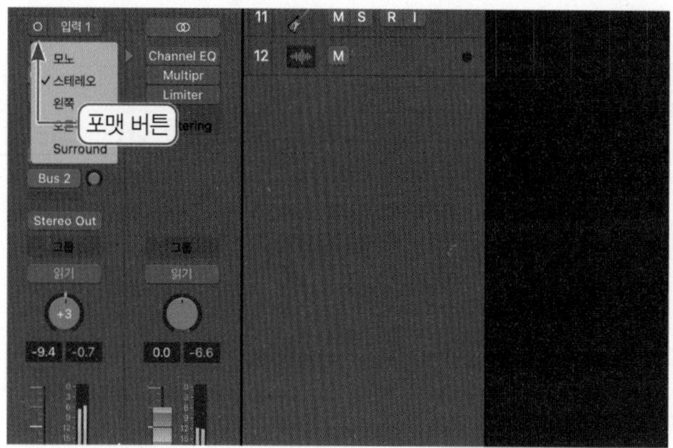

입력 슬롯 왼쪽의 동그라미는 채널의 포맷을 결정합니다. 포맷 버튼을 클릭하면 모노 및 스테레오의 입력 포맷이 변경됩니다. 버튼을 누르고 있으면, Surround를 포함한 포맷 메뉴를 볼 수 있습니다.

입력 슬롯

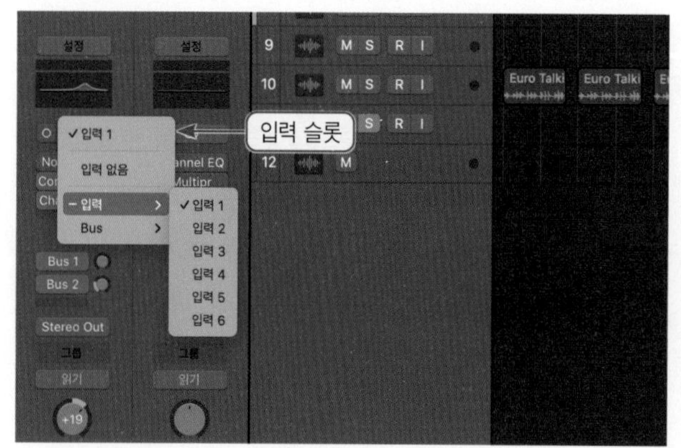

포맷 버튼 오른쪽은 입력 슬롯은 마이크 및 악기가 연결되어 있는 오디오 인터페이스의 입력 포트를 선택합니다. 사용자 컴퓨터에 연결한 오디오 인터페이스의 2번 포트에 연결한 마이크로 녹음을 하려면, 입력 슬롯에서 입력 2 를 선택하는 것입니다.

그룹

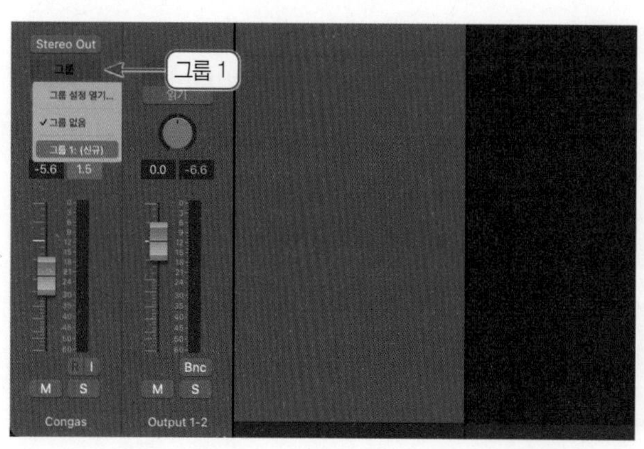

01 아웃 슬롯 아래쪽의 그룹 슬롯은 함께 조정하고 싶은 트랙을 하나의 그룹으로 묶어서 컨트롤 할 수 있게 합니다. 1번 트랙을 선택하고, 그룹 슬롯에서 그룹 1을 선택합니다.

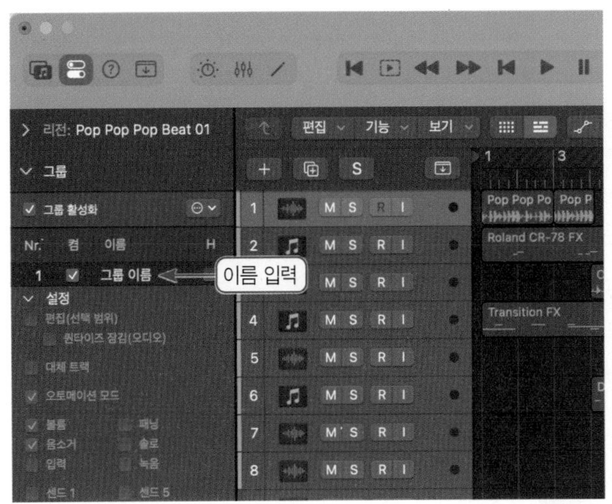

02 어떤 파라미터를 그룹으로 묶을 것인지를 선택할 수 있는 그룹 인스펙터창이 열립니다. 1번 그룹의 이름 항목을 더블 클릭하여 이름을 입력합니다.

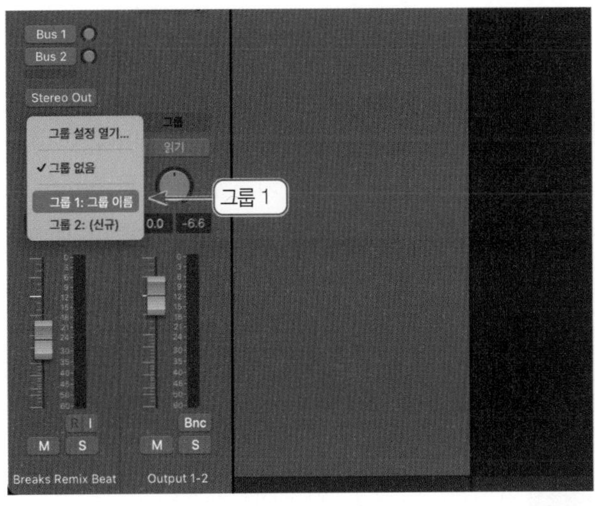

03 3번 트랙의 그룹 항목에서 앞에서 입력한 그룹 1을 선택합니다. 실제 작업을 할 때 드럼과 같은 악기는 2개 이상의 트랙을 사용하게 되며, 그룹으로 묶어서 관리하는 것이 일반적입니다.

04 X 키를 눌러 모든 트랙의 채널 스트립을 한 화면에서 컨트롤할 수 있는 믹서 창을 엽니다. 그리고 1번 트랙의 볼륨 페이더를 움직여보면, 3번 트랙의 볼륨 페이더가 함께 조정되는 것을 확인할 수 있습니다. 그룹을 해제할 때는 목록에서 그룹 없음을 선택합니다.

오토메이션

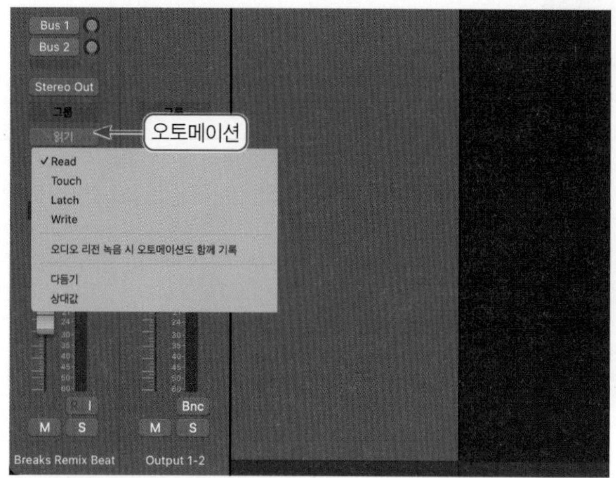

01 채널 스트립 파라미터의 움직임을 기록할 수 있는 기능이 오토메이션입니다. 오토메이션 항목을 클릭하여 Touch를 선택합니다.

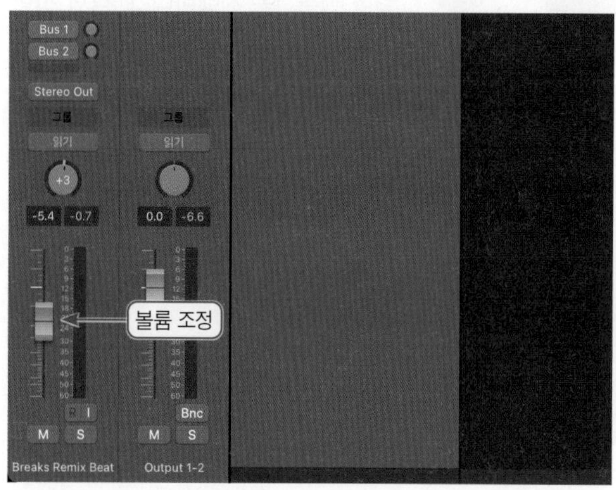

02 스페이스 바 키를 눌러 곡을 재생하고, 볼륨을 조정해봅니다. 그리고 다시 스페이스 바 키를 눌러 곡을 정지하고, return 키를 눌러 시작 위치로 이동합니다.

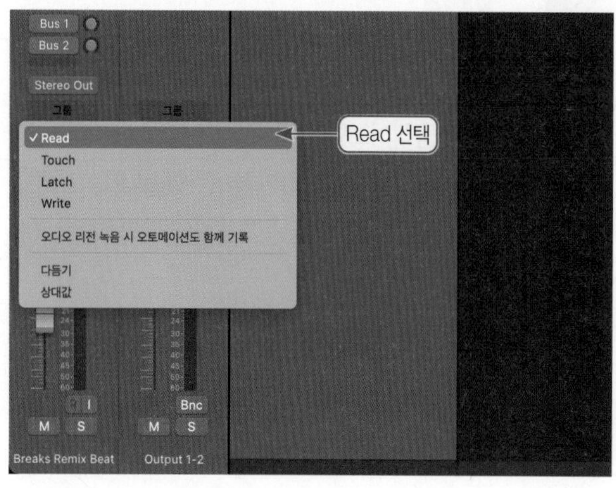

03 오토메이션 항목에서 Read를 선택하고, 스페이스 바 키를 눌러 곡을 재생해봅니다. 볼륨 페이더가 스스로 움직이는 것을 확인할 수 있습니다.

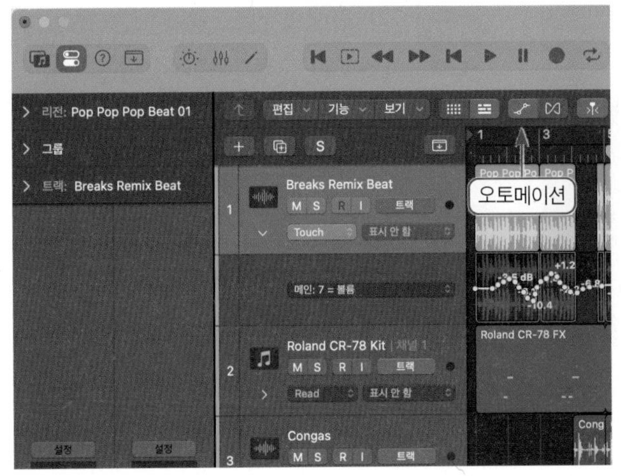

04 사용자가 기록한 오토메이션 라인은 도구 바의 오토메이션 버튼을 On으로 하여 볼 수 있으며, 포인트를 드래그하여 편집하거나 연필 도구를 이용하여 직접 그려 넣을 수 있습니다.

05 도구 바의 오토메이션 버튼을 On으로 한 경우에는 트랙 헤더에서도 오토메이션을 선택할 수 있으며, Off를 선택하여 작동을 정지시킬 수 있습니다. 오토메이션을 기록하는 방식은 움직임만 기록하는 Touch와 움직임의 마지막 값을 유지하는 Latch 모드가 있습니다. Write는 Touch 모드로 작동합니다.

센드

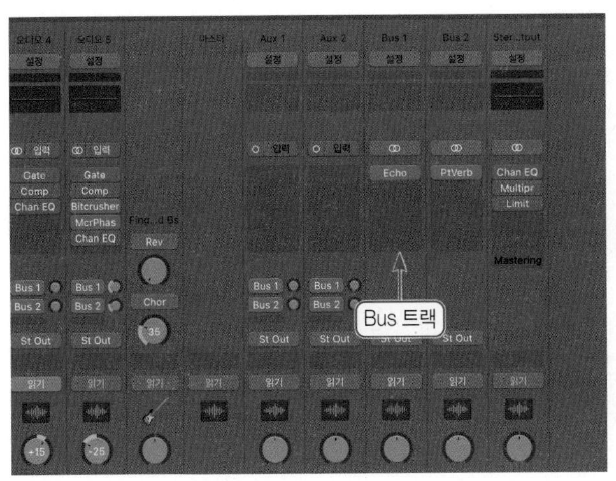

01 트랙의 이펙트를 센드 방식으로 걸어줍니다. 믹서 창을 열고, Bus 트랙을 보면, 1번에 Echo, 2번에 PrVerb라는 이펙트가 적용되어 있는 것을 확인할 수 있습니다.

TIP 편집 창의 크기를 어레인지 창과의 경계선을 드래그하여 조정할 수 있습니다.

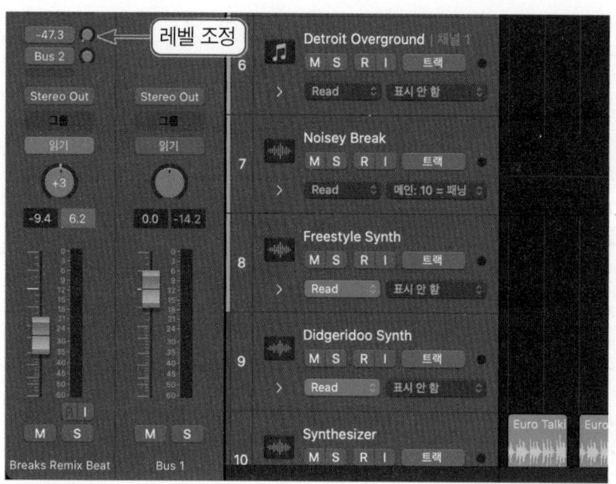

02 각 트랙의 센드 슬롯에는 Bus1과 Bus2가 모두 선택되어 있습니다. 곡을 재생하고, 1번 트랙 센드 슬롯의 Bus1 오른쪽에 보이는 작은 노브를 조정하여 레벨을 높여 봅니다.

03 1번 트랙의 드럼 연주에 에코가 첨가되는 것을 모니터 할 수 있습니다. 2번 트랙, 3번 트랙 등도 Bus1 레벨을 조정해봅니다. 모두 에코가 첨가됩니다. 즉, Bus 트랙에 하나의 에코를 장착하고, 여러 트랙에서 동시에 이용하는 방식이 센드입니다.

오디오 이펙트 슬롯

01 센드 방식은 하나의 이펙트를 여러 트랙에서 동시에 사용함으로써 시스템을 절약할 수 있다는 장점이 있습니다. 하지만, 모든 트랙이 하나의 세팅으로 이용되고 있기 때문에 공간계 이펙트 외에는 잘 사용하지 않으며, 독립 세팅이 필요한 경우 오디오 이펙트 슬롯에서 사용하는 인서트 방식을 이용합니다.

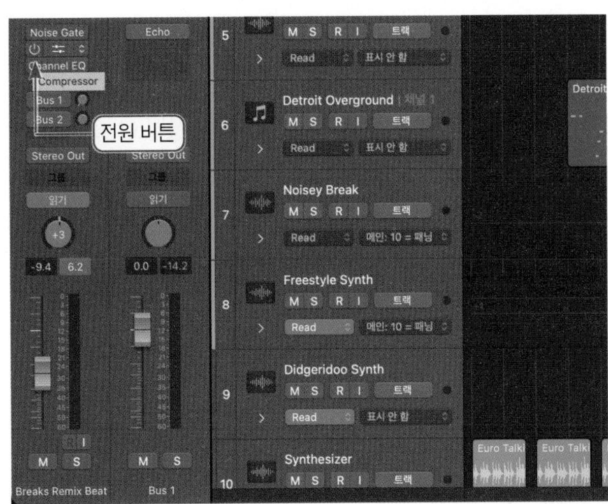

02 오디오 이펙트 및 센드 슬롯에 장착되어 있는 이펙트에 마우스를 가져가면 전원 On/Off 버튼이 보입니다. 3번 트랙의 Bus를 Off 시키고, 오디오 이펙트 슬롯의 Distortion을 On 합니다. 곡을 재생해보면, 드럼 사운드에 디스토션이 첨가되는 것을 모니터 할 수 있습니다.

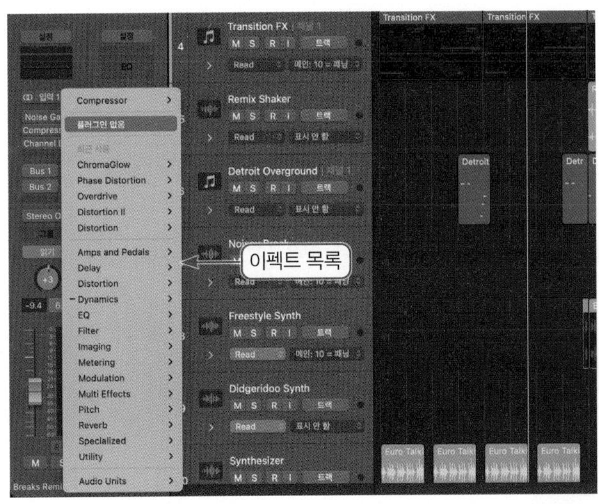

03 오디오 이펙트 슬롯을 누르고 있으면, 로직에서 제공하는 이펙트 목록을 확인할 수 있으며, 마우스 선택으로 슬롯에 장착합니다. 이펙트를 해제할 때는 플러그인 없음을 선택하여 제거하거나 전원을 Off 시킵니다.

04 슬롯에 장착한 이펙트를 클릭하면, 세부 설정을 할 수 있는 패널이 열립니다. 이펙트의 자세한 내용은 믹싱과 마스터링 편에서 살펴보겠습니다.

EQ 및 컴프레서 슬롯

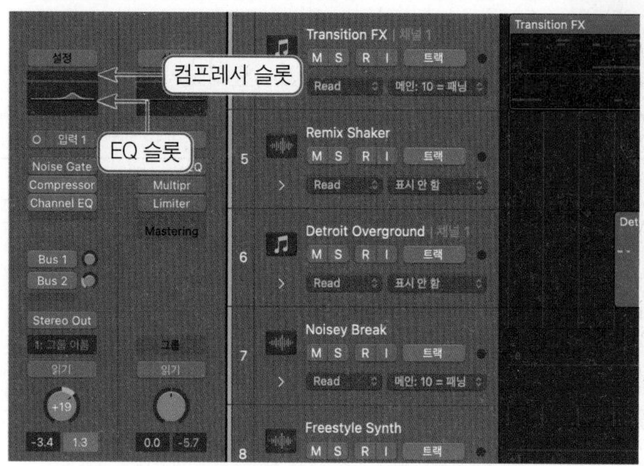

설정 버튼 아래쪽에 컴프레서 및 EQ 슬롯이 제공되며, 각 슬롯을 클릭하여 장치를 추가할 수 있습니다. EQ는 기본적으로 Channel EQ이며, Shift 키를 누른 상태로 클릭하여 Linear Phase EQ를 장착할 수 있습니다.

설정

01 채널 스트립은 설정 버튼을 클릭하면 열리는 메뉴에서 채널 스트립 설정 별도 저장을 선택하여 저장할 수 있습니다.

02 저장된 설정은 메뉴 또는 라이브러리 창에서 선택하여 불러올 수 있습니다.

> **TIP** 채널 스트립에서 단축 메뉴를 열면 사용자가 원하는 것들로 구성할 수 있는 채널 스트립 구성요소 메뉴를 이용할 수 있습니다.

미디 이펙트 슬롯

소프트웨어 악기 트랙에는 EQ 슬롯 아래쪽에 미디 연주를 다양하게 변형할 수 있는 미디 이펙트 슬롯을 제공합니다.

악기 슬롯

소프트웨어 악기 트랙의 미디 이펙트 슬롯 아래쪽에는 해당 트랙에서 연주되게 할 악기를 선택할 수 있는 슬롯이 있습니다.

바운스 버튼

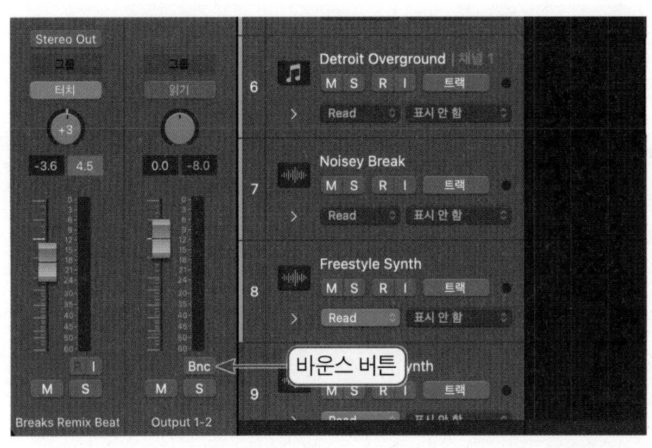

출력 채널에는 Wav 및 MP3 파일을 제작할 수 있는 바운스 버튼을 제공합니다. 대부분 출력 채널은 메인 아웃으로 설정되어 있기 때문에 믹싱과 마스터링 작업이 끝난 최종 파일을 제작하는 것이 목적이지만, 버스 및 트랙의 일부분을 출력하기도 합니다.

Logic Pro 11

03 PART

도구와 트랙의 역할

프로젝트의 중심이 되는 메인 윈도우에서 기본이 되는 인스펙터 파라미터를 살펴보겠습니다. 인스펙터 파라미터에는 리전을 컨트롤하는 리전 파라미터와 트랙을 컨트롤하는 트랙 파라미터, 트랙의 인/아웃을 컨트롤하는 채널 스트립으로 구성되어 있습니다.

LESSON 01 도구의 종류와 역할

로직 프로에서는 마우스 왼쪽 버튼과 Command 키를 눌러 개별적으로 지정된 도구를 사용할 수 있습니다. 이는 사용자가 작업에 따라 필요한 도구를 빠르게 전환하고 사용할 수 있게 해줍니다. 그리고 마우스 오른쪽 버튼에도 도구를 할당할 수 있어 다양한 작업 흐름에 맞게 설정할 수 있습니다. 이 기능은 다른 음악 제작 프로그램과 비교했을 때 특히 편리하며, 사용자가 작업의 효율성을 높이고 자신만의 작업 환경을 만들 수 있도록 도와줍니다.

도구의 선택

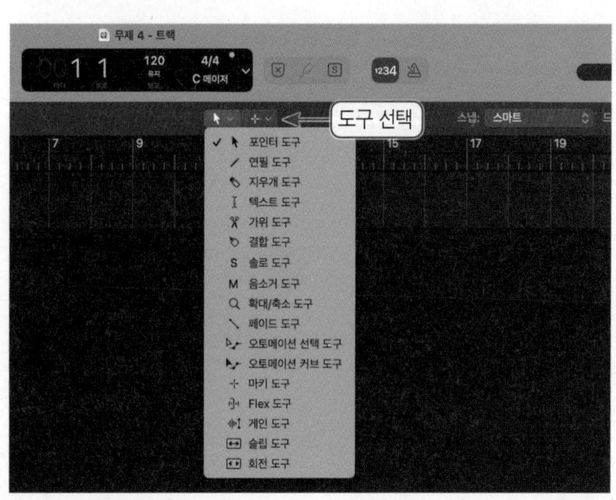

01 왼쪽의 도구 선택 메뉴는 마우스 왼쪽 버튼에 적용되는 것이며, 오른쪽의 도구 선택 메뉴는 Command 키를 눌렀을 때 적용되는 것입니다. 이것은 로직의 모든 편집 창에서 공통되는 내용입니다.

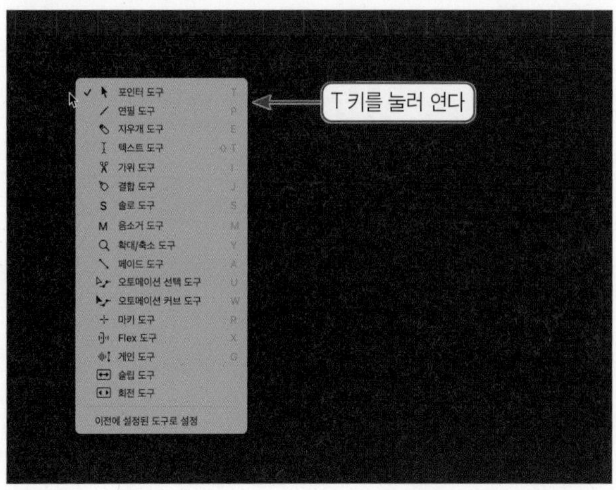

02 작업 공간에서 Control 키를 누른 상태로 마우스 오른쪽 버튼을 클릭하거나 T 키를 누르면, 왼쪽 버튼에 할당할 수 있는 도구 목록이 열립니다. 특히, 단축키가 함께 표시되어 각 도구의 단축키를 기억하기 좋습니다.

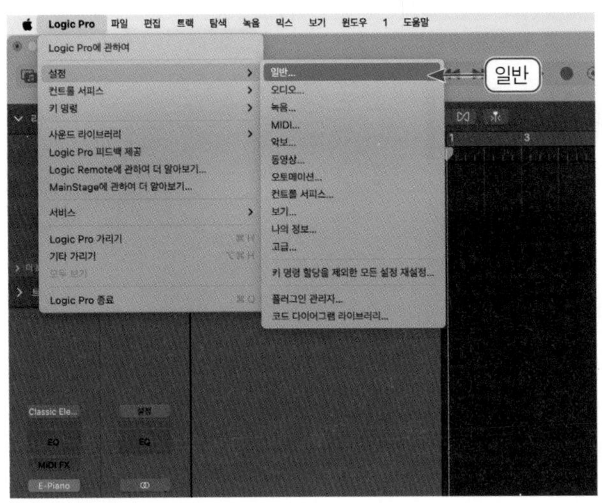

03 로직은 마우스 오른쪽 버튼에도 도구를 적용할 수 있습니다. Logic Pro 메뉴의 설정에서 일반을 선택하여 창을 엽니다.

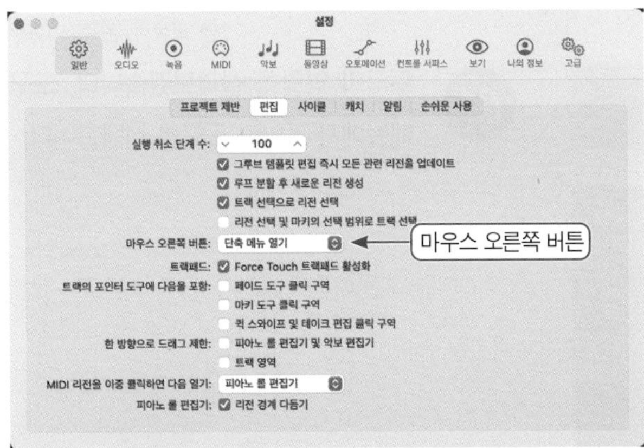

04 편집 탭을 선택하여 페이지를 열고, 마우스 오른쪽 버튼 메뉴에서 도구에 할당을 선택하면, 도구 버튼이 추가되는 것을 확인할 수 있습니다.

05 그 외, 마우스 오른쪽 버튼을 클릭했을 때 도구 메뉴 열기, 단축 메뉴 열기(기본 설정), 도구 및 단축 메뉴 열기 옵션을 제공합니다.

리전 선택하기

로직 프로의 왼쪽 버튼에 기본으로 설정된 '포인터 도구'와 Command 키에 기본 설정된 '마키 도구'는 모두 편집 대상을 선택하고 조작하는 데 사용됩니다. 메인 윈도우에서는 리전을 선택하여 편집하며, 피아노 롤에서는 노트를 선택하여 편집합니다. 이는 작업 창의 특성에 따라 선택하는 대상이 다를 뿐, 도구의 기능과 작동 방식은 일관되게 유지된다는 것을 의미합니다. 따라서 메인 윈도우에서 편집 방법을 익히면, 피아노 롤에서도 동일한 방식으로 작업을 효율적으로 수행할 수 있습니다.

● 실습 프로젝트 : Tools

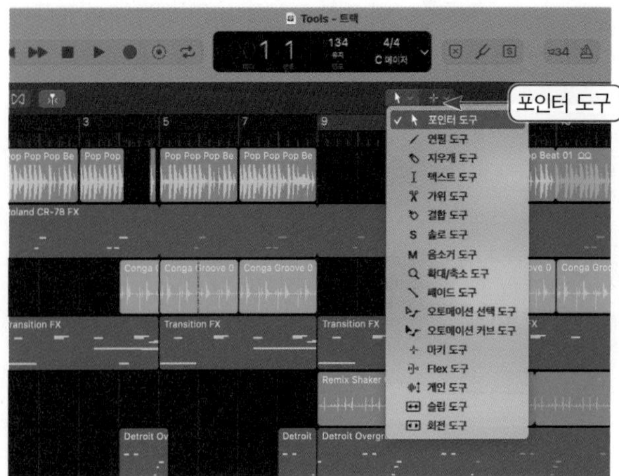

01 도구의 역할을 살펴보겠습니다. 도구 메뉴에서 포인터 도구를 선택합니다.

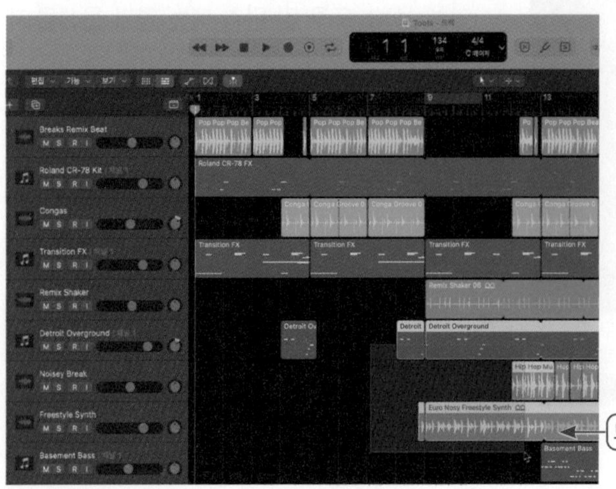

02 편집할 리전은 마우스 클릭으로 선택하며, 마우스 드래그로 두 개 이상의 리전을 선택할 수 있습니다. 키보드의 좌/우, 상/하 방향키를 눌러도 트랙 단위로 선택이 가능합니다.

03 떨어져 있는 리전을 동시에 선택할 때는 Shift 키를 누른 상태에서 클릭 또는 드래그 합니다. 선택되어 있는 리전을 클릭하여 해제할 수 있으며, 빈 공간을 클릭하면 모든 리전의 선택이 해제됩니다.

04 트랙을 선택하면, 해당 트랙의 모든 리전을 선택할 수 있으며, 사이클 구간이 설정되어 있는 경우에는 해당 구간의 리전만 선택됩니다.

05 두 개 이상의 트랙을 선택할 때는 Command 또는 Shift 키를 누른 상태에서 트랙을 선택합니다. Command 키는 떨어져 있는 트랙, Shift 키는 연속된 트랙을 선택합니다.

> **TIP** 리전이 선택되어 있는 것을 유지하면서 트랙을 선택할 때는 Option 키를 누릅니다.

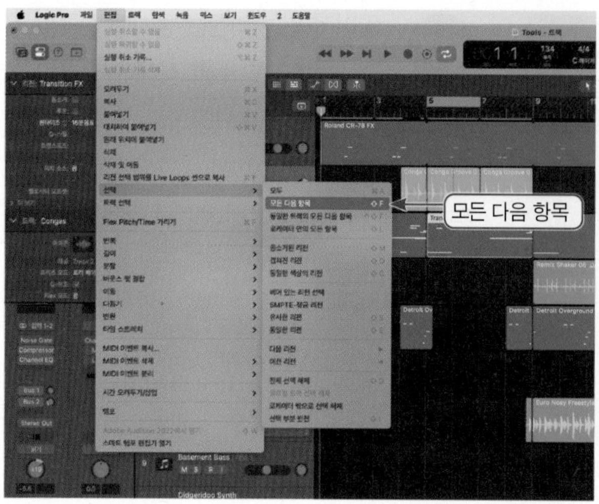

06 선택한 리전 오른쪽의 모든 리전을 선택할 때는 Shift+F 또는 편집 메뉴의 선택에서 모든 다음 항목을 선택합니다. 트랙의 리전만 선택하는 동일한 트랙의 모든 다음 항목 메뉴도 테스트를 해봅니다.

07 작업을 하다보면, 특정 범위를 선택하는 경우도 많습니다. 이때 이용하는 도구이 마키 도구 입니다. 오른쪽 도구에서 마키 도구를 선택합니다.

08 오른쪽 도구는 Command 키를 누른 상태에서 이용합니다. Command 키를 누른 상태에서 리전의 일부분을 드래그하여 선택해 봅니다.

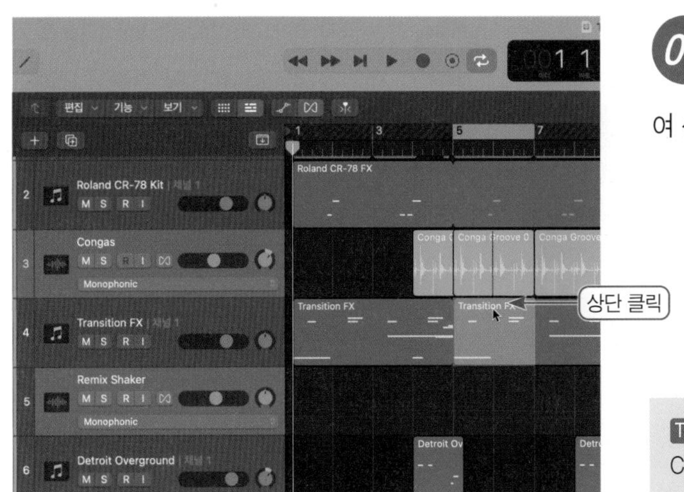

09 마키 도구로 일정 범위를 선택하고, 리전 이름이 표시되는 상단을 클릭하여 선택한 범위를 자를 수 있습니다.

> **TIP** 마키 도구로 선택한 범위를 자르는 단축키는 Control+C 키 입니다.

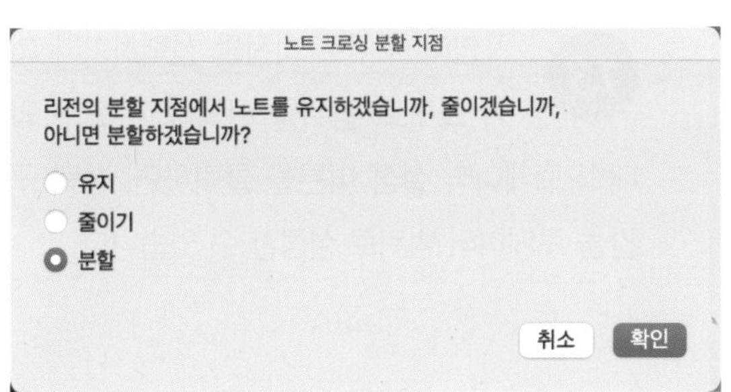

10 선택 범위에 노트가 있는 미디 리전을 편집할 때는 노트를 어떻게 처리할 것인지를 묻는 창이 열립니다. 유지, 줄이기, 분할 중에서 선택할 수 있습니다.

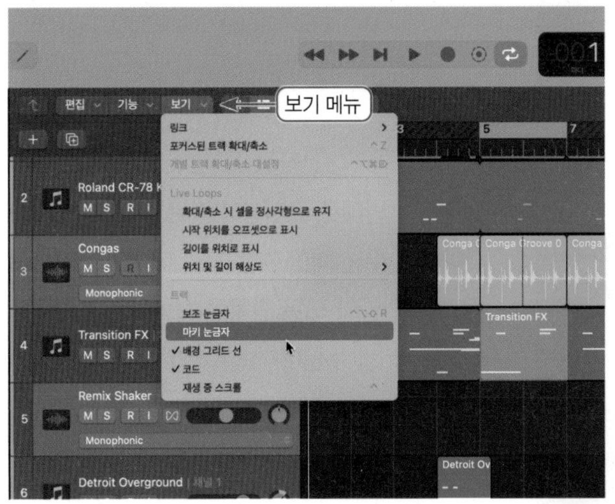

11 눈금자 라인에 마키 눈금자를 표시할 수 있습니다. 보기 메뉴의 마커 눈금자를 선택합니다.

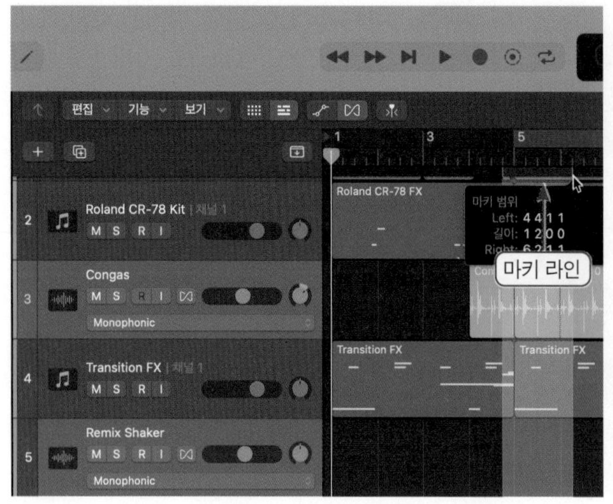

12 눈금자 라인 아래쪽에 가느다란 마키 라인이 표시됩니다. 이 부분을 드래그하여 특정 범위의 리전을 한 번에 선택할 수 있습니다. 특정 범위를 반복시키거나 제거할 때 유용한 기능입니다.

13 포인터 도구로 리전을 선택하거나 마키 도구로 범위를 선택하고, 도구 막대의 로케이터 설정 버튼을 클릭하면, 선택 구간을 로케이터 범위로 설정할 수 있습니다.

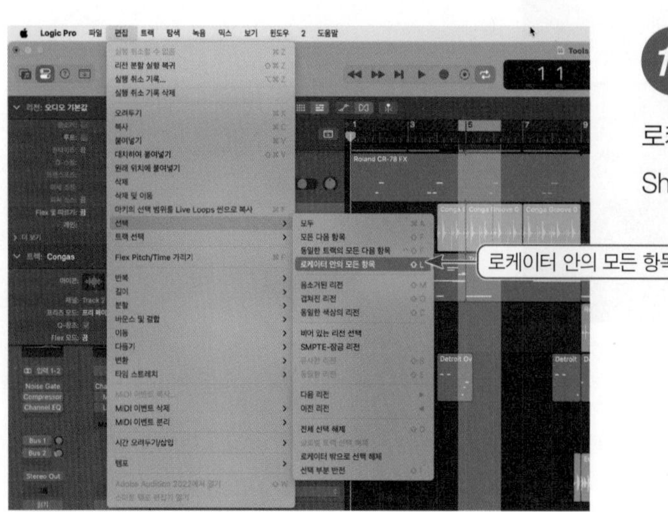

14 반대로 로케이터 범위 안의 리전을 모두 선택할 때는 편집 메뉴의 선택에서 로케이터 안의 모든 항목을 선택하거나 단축키 Shift+L 키를 누릅니다.

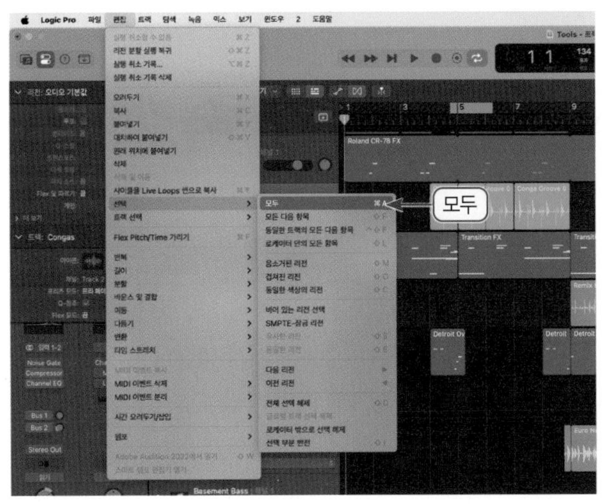

15 프로젝트의 리전을 모두 선택할 때는 편집 메뉴의 선택에서 모두를 선택하거나 Command+A 키를 누릅니다. 선택을 해제할 때는 Shift+Command+A 키를 누르거나 메인 윈도우의 빈 공간을 클릭합니다.

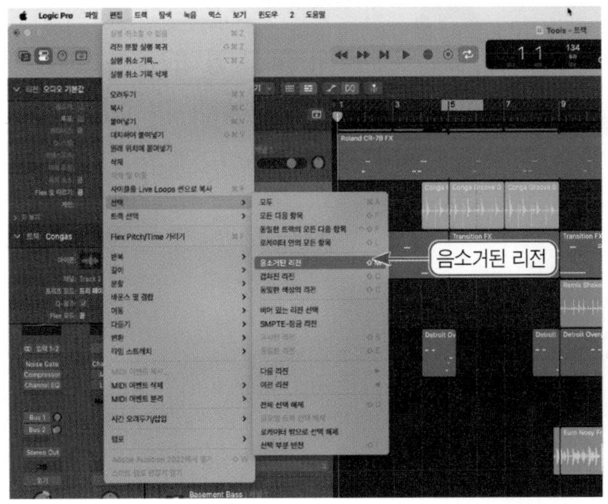

16 선택 메뉴에는 음소거된 리전, 겹쳐진 리전, 선택한 것과 동일한 색상의 리전, 비어있는 리전과 같은 유용한 선택 기능을 제공 합니다.

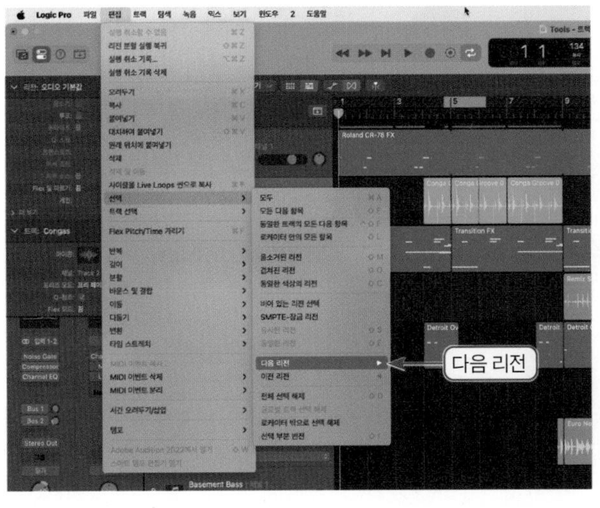

17 그 외, 선택한 리전 다음 또는 이전 리전을 선택, 선택한 것 외의 것들을 선택하는 선택 부분 반전 메뉴도 있습니다. 자주 사용하게 될 것들은 단축키를 외워두면 유용합니다.

작업 공간의 확대와 축소

편집할 대상을 선택하거나 미세한 작업을 수행할 때 작업 공간을 확대하거나 축소하는 것이 필요합니다. 보통 이러한 작업을 위해 확대/축소 도구를 사용할 수 있지만, 실제로 도구를 이용하는 경우는 거의 없습니다. 일반적으로 마우스 휠이나 단축키를 이용하는 경우가 더 많습니다. 이 방법들을 알고 있으면 작업 중간에 도구를 변경하거나 선택할 필요 없이 작업 흐름을 끊임없이 유지할 수 있습니다.

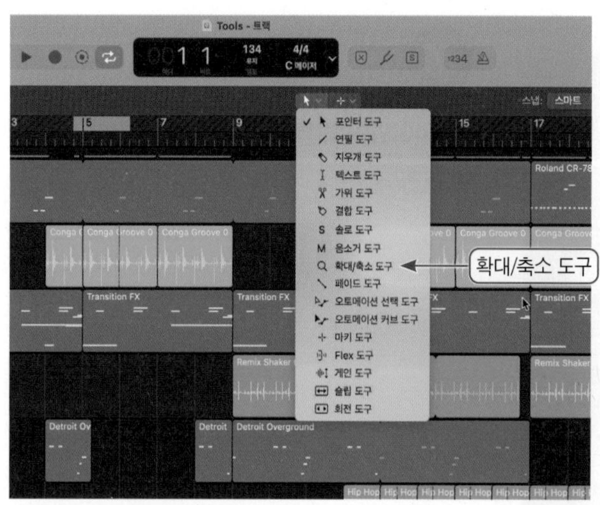

01 확대/축소 도구는 드래그로 작업 공간을 확대하고, 클릭으로 축소하는 역할을 합니다. 확대를 반복한 경우에는 축소도 단계별로 진행됩니다.

02 오른쪽 모서리에 있는 가로 및 세로 확대/축소 슬라이더를 이용하거나 Option 키를 누른 상태에서 휠을 돌리면 세로 크기, Option+Control 키를 누른 상태에서는 가로 크기를 조정할 수 있습니다.

> **TIP** Shift 키를 누른 상태에서 휠을 돌려 작업 공간을 좌/우로 이동할 수 있습니다.

03 Control+Z 키를 누르면 선택한 트랙을 확대/축소할 수 있으며, Z 키를 누르면 전체 화면으로 확대/축소할 수 있습니다. 미세한 작업이 필요할 때 유용한 단축키이므로 기억을 해두기 바랍니다.

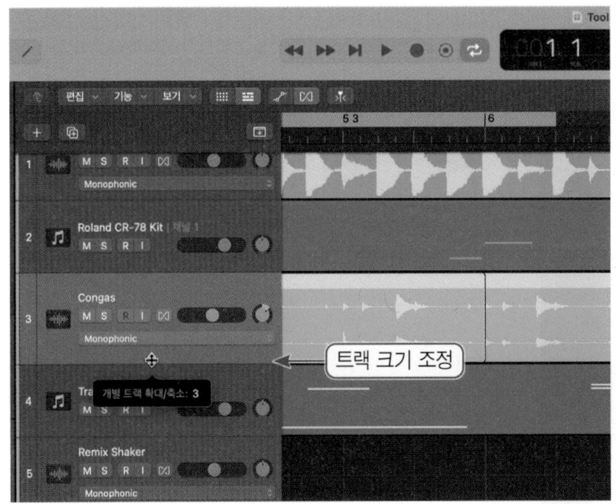

04 트랙의 컨트롤 바 아래쪽을 드래그하여 트랙의 크기를 조정할 수 있습니다. Command 키를 누른 상태에서는 전체 트랙이 함께 조정됩니다.

05 도구 막대의 트랙 확대/축소 버튼을 활성화 해두면 트랙을 선택할 때 자동으로 커지게 할 수 있습니다. 이때 트랙 경계선을 드래그하여 조정한 크기가 유지됩니다.

> **TIP** Command 키를 누른 상태로 방향키를 이용하여 작업 공간의 크기를 조정할 수 있습니다.

리전 편집하기

리전을 삭제하거나 자르고 붙이는 등의 편집 작업은 로직에서 다양한 도구를 사용하여 수행할 수 있습니다. 삭제할 리전을 선택한 후 Delete 키를 누르거나 메뉴에서 삭제를 선택하여 처리할 수 있습니다. 리전을 자를 때는 편집 메뉴나 특정 단축키를 이용하여 자를 위치를 정하고, 붙여넣기 기능을 활용합니다. 이러한 기능들은 작업을 보다 효율적으로 처리할 수 있도록 도와줍니다. 일반적으로 도구를 직접 선택해서 사용하는 것보다는 단축키나 메뉴를 활용하는 경우가 많으며, 이를 잘 숙지하고 활용하는 것이 중요합니다.

삭제하기

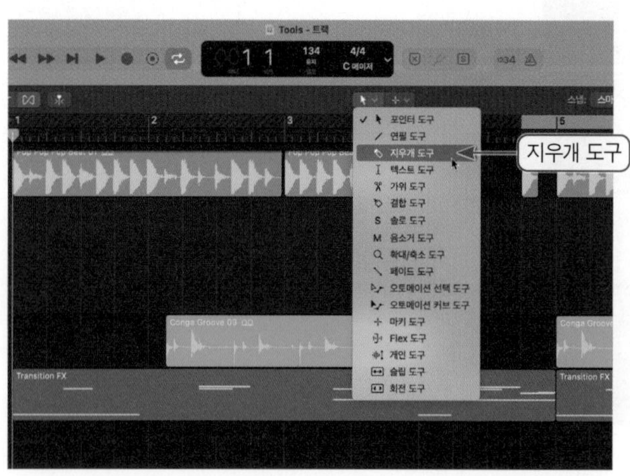

01 리전을 클릭이나 드래그로 삭제하는 역할의 지우개 도구는 사용 빈도가 가장 적은 도구입니다. 일반적으로 포인터 도구로 리전을 선택하고 Delete 키로 삭제합니다.

02 리전의 시작과 끝 부분을 삭제할 때는 시작과 끝 부분을 드래그합니다. 실제 데이터가 삭제되는 것은 아니며, 연주되는 부분만 제한하는 것이기 때문에 언제든 리전의 길이를 조정하여 복구할 수 있습니다.

스냅 모드

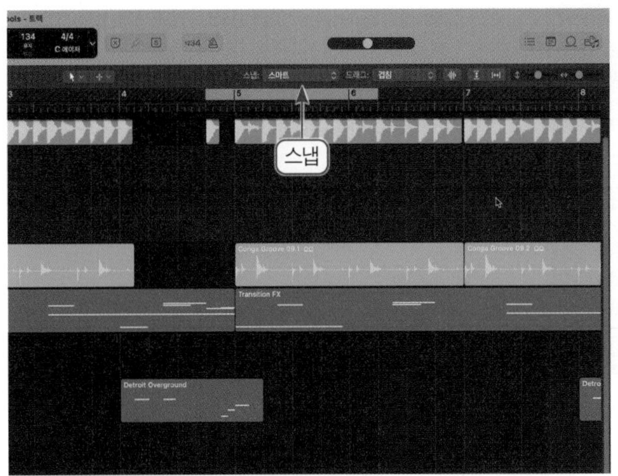

01 마우스 드래그로 리전을 이동하거나 복사할 때, 일정한 간격이 유지될 수 있도록 스냅 기능이 작동합니다. 기본 값으로 선택되어 있는 스마트는 작업 공간의 크기에 따라 간격이 설정되는 모드 입니다.

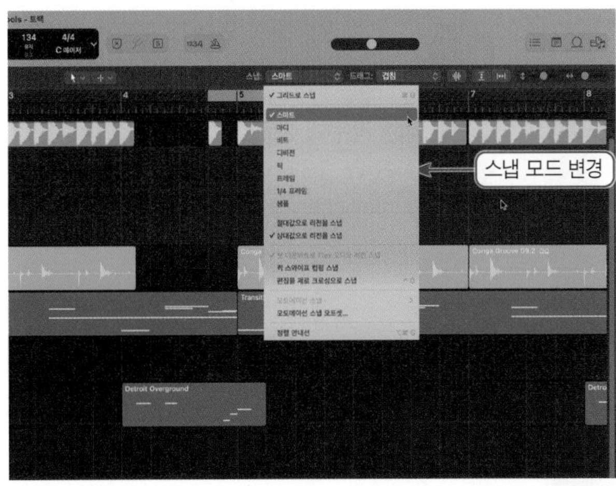

02 리전을 특별한 간격으로 편집할 필요가 있는 경우 스냅 목록에서 원하는 단위를 선택합니다. 마디, 비트, 디비전, 틱, 프레임, 1/4 프레임, 샘플 단위를 제공합니다.

03 스냅 목록에서 마디 단위를 선택하고, 리전을 드래그하여 좌/우로 이동시켜 봅니다. 리전이 마디 단위로 움직이는 것을 확인할 수 있습니다.

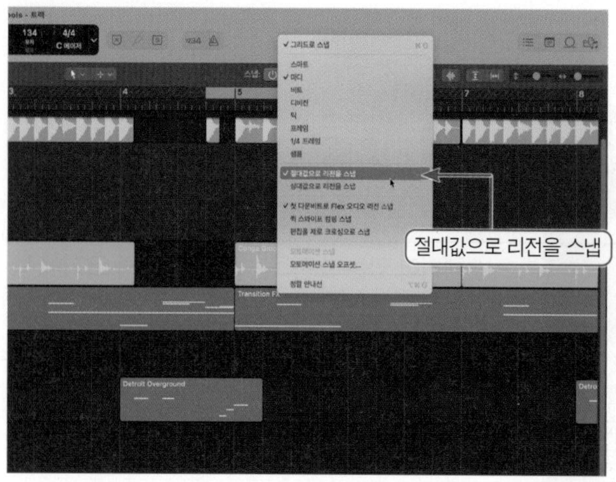

04 스냅에서 마디를 선택하고, 2박자에서 시작하는 리전을 오른쪽으로 드래그하면, 다음 마디 2박자로 이동합니다. 만일, 다음 마디의 시작 위치로 맞추고 싶다면, 스냅 목록에서 절대값으로 리전을 스냅 옵션으로 변경합니다.

드래그 모드

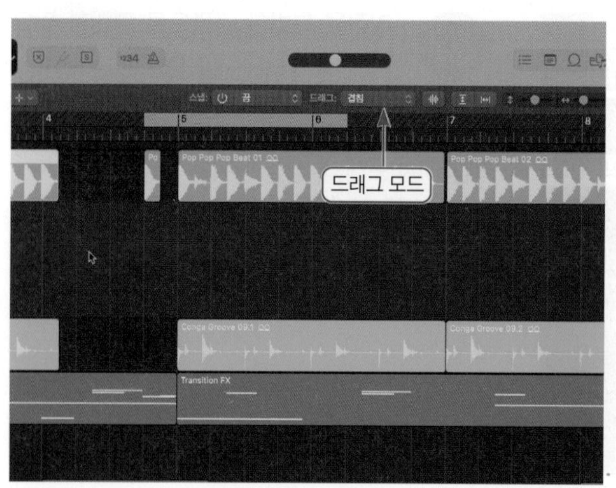

01 스냅 오른쪽의 드래그 모드는 리전을 드래그하여 이동시킬 때, 다른 리전과 겹치게되는 경우의 처리 방법을 선택합니다. 기본값 겹침은 두 리전이 겹치게 두는 것입니다.

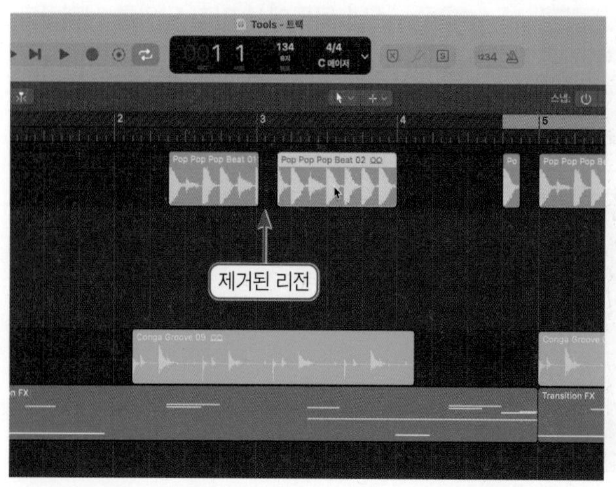

02 드래그 모드를 겹치지 않음으로 선택하면, 리전이 겹치는 부분이 제거됩니다. 리전을 겹쳐 놓았다가 원 위치로 이동시키면, 겹쳐있던 부분이 제거된 것을 확인할 수 있습니다. 물론, 실제 데이터가 삭제되는 것은 아니므로 길이를 조정하여 복구할 수 있습니다.

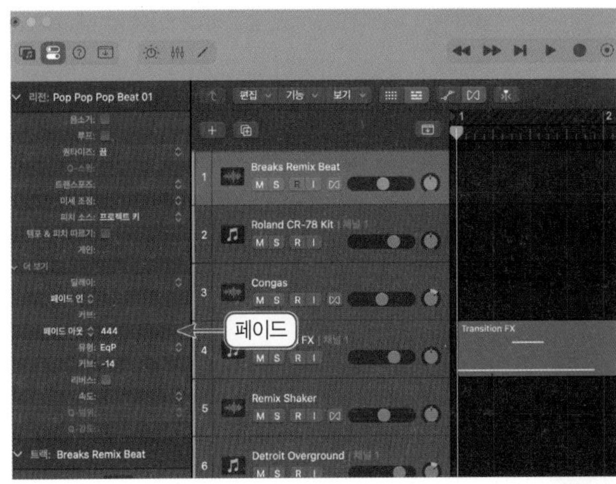

03 드래그 모드를 크로스 페이드로 선택하면 겹치는 부분을 크로스 페이드로 처리합니다. 페이드 곡선이나 길이는 리전 파라미터의 페이드 인/아웃 값을 이용하여 조정할 수 있습니다.

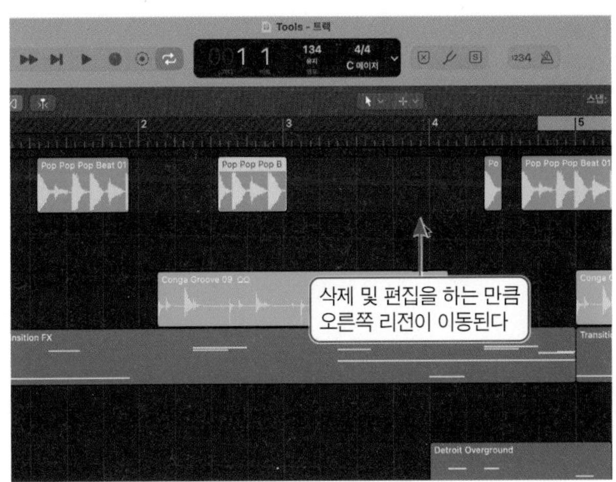

04 드래그 모드의 셔플은 리전의 길이를 조정하거나 이동할 때, 왼쪽 리전이 영향을 받는 셔플(L)과 오른쪽 리전이 영향을 받는 셔플(R)의 두 가지가 있습니다. 방송 나래이션을 편집할 때 매우 유용합니다.

수직 이동

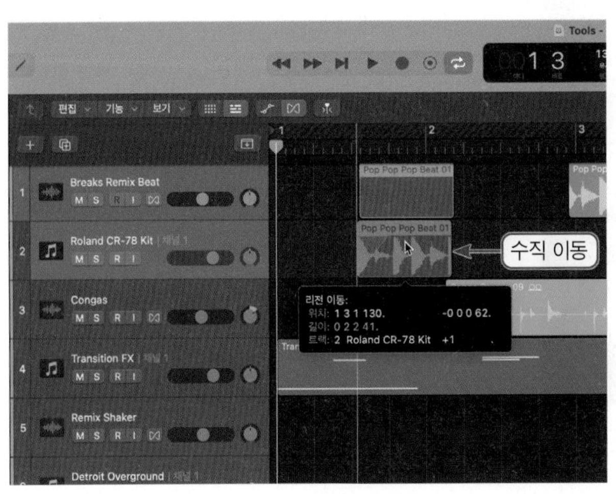

01 리전은 위/아래로 드래그하여 트랙 이동이 가능합니다. 이때 사용자 실수로 위치가 변경되는 것을 방지하고자 한다면, Shift 키를 누른 상태로 드래그합니다.

TIP 위치를 고정하는 역할의 Shift 키는 리전을 선택한 다음에 누릅니다.

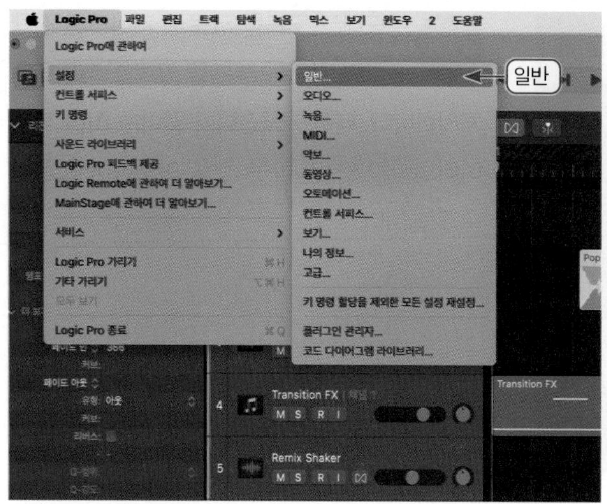

02 수직으로 드래그하여 이동할 때, Shift 키를 이용하지 않고, 위치를 고정시키고자 한다면, Logic Pro 메뉴의 설정에서 일반을 선택하여 창을 엽니다.

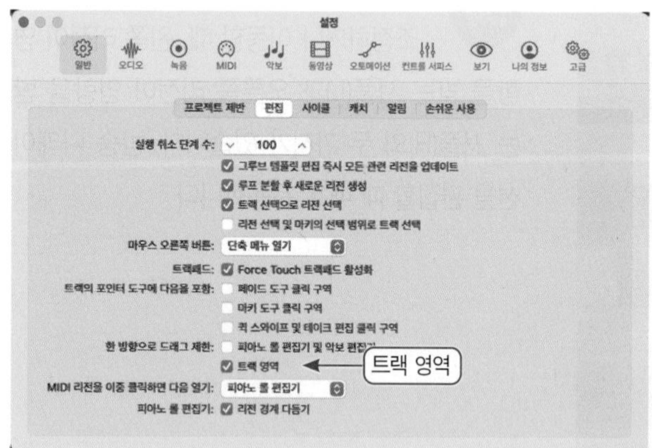

03 편집 탭을 선택하여 페이지를 열고, 한 방향으로 드래그 제한 항목의 트랙 영역 옵션을 체크합니다. 이 경우에는 Shift 키를 눌러 위치를 변경할 수 있습니다.

> **TIP** 리전을 다른 트랙으로 이동시킨다는 것은 트랙의 연주 설정을 바꾼다는 의미입니다.

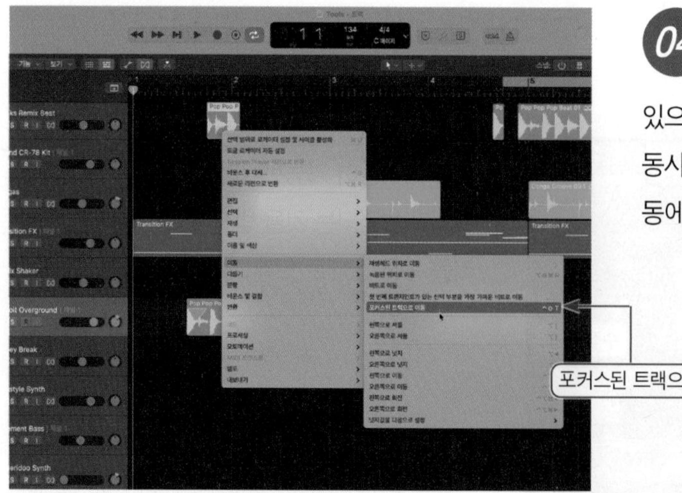

04 많은 트랙을 사용하는 경우에는 모든 트랙이 한 화면에 표시되지 않을 수 있으며, 이때 보이지 않는 트랙으로 리전을 이동시킬 때는 트랙을 선택하고, 단축 메뉴의 이동에서 포커스된 트랙으로 이동을 선택합니다.

이동과 복사

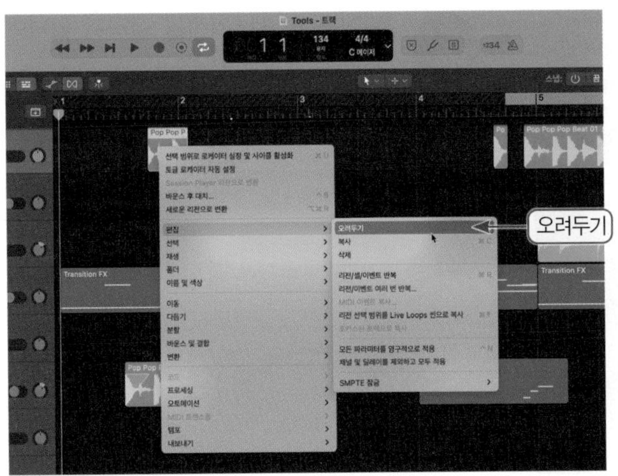

01 가까운 거리는 마우스 드래그로 이동과 복사 작업을 하는 것이 편리하지만, 한 화면에 보이지 않는 먼 거리는 단축키를 이용합니다. 이동시킬 리전을 선택하고, 편집 메뉴의 오려두기 단축키인 Command+X 키를 누릅니다.

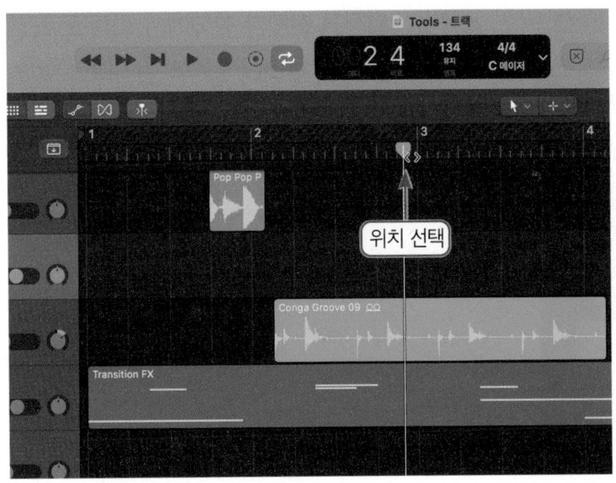

02 눈금자 라인을 클릭하여 Cut으로 잘라낸 리전을 가져다 놓을 위치를 선택합니다. 이때 선택된 트랙으로 이동되므로, 트랙의 위치도 확인합니다.

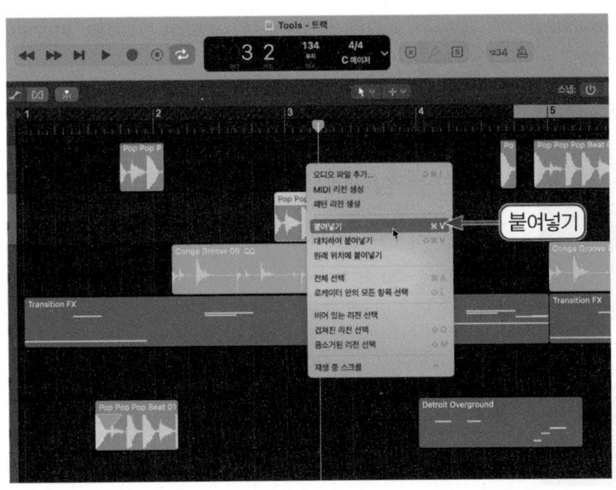

03 붙여넣기 단축키인 Command+V 키를 누릅니다. 재생헤드가 있는 위치로 이동되는 것을 확인할 수 있습니다. 복사를 할 때는 Command+C 키로 복사하고, Command+V 키로 붙입니다. 편집에서 가장 많이 사용하는 단축키 입니다.

자르고 붙이기

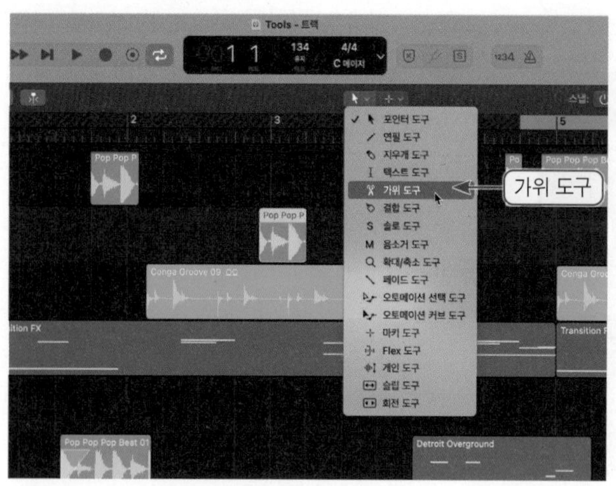

01 편집을 할 때, 리전을 잘라서 일부만 이동/복사해야 하는 경우도 있습니다. 도구 메뉴에서 가위 도구를 선택합니다.

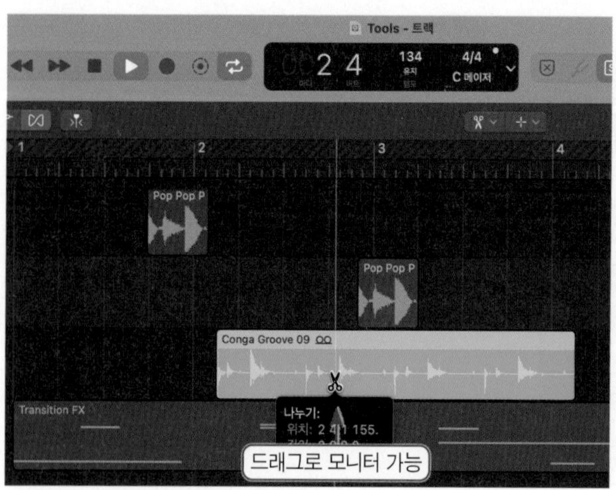

02 리전을 선택한 상태에서 좌/우로 드래그하여 모니터 할 수 있습니다. 자르고자 하는 위치를 정확히 찾는 것입니다. 가위 도구는 마우스를 놓을 때 잘립니다.

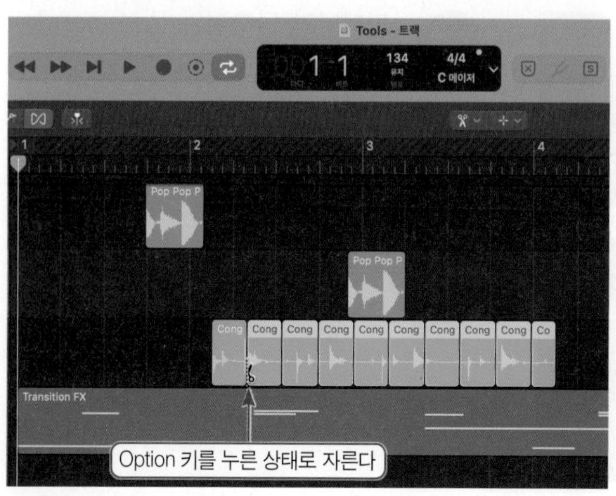

03 선택한 리전을 일정한 간격을 토막내고 싶은 경우에는 Option 키를 누른 상태에서 마우스 버튼을 놓습니다. Option 키를 누른 상태에서 모니터 해도 좋고, 모니터를 하고 마우스 버튼을 놓기 전에 Option 키를 눌러도 좋습니다.

04 리전을 선택하고, 자를 위치에 재생헤드을 가져다 놓습니다. 그리고 도구바의 재생헤드로 분할을 선택하여 자를 수 있습니다. 단축키는 Command+T 입니다.

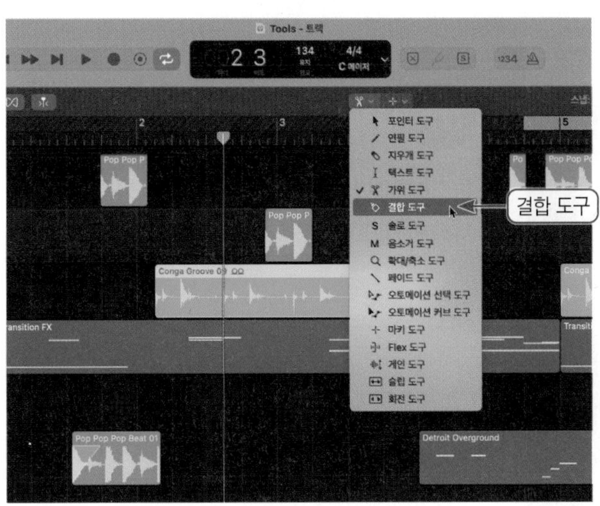

05 결합 도구는 가위 도구와 반대로 떨어져 있는 리전을 붙입니다. 도구를 이용해서 떨어져 있는 리전을 선택하고, 선택한 리전 중 하나를 클릭하면 됩니다.

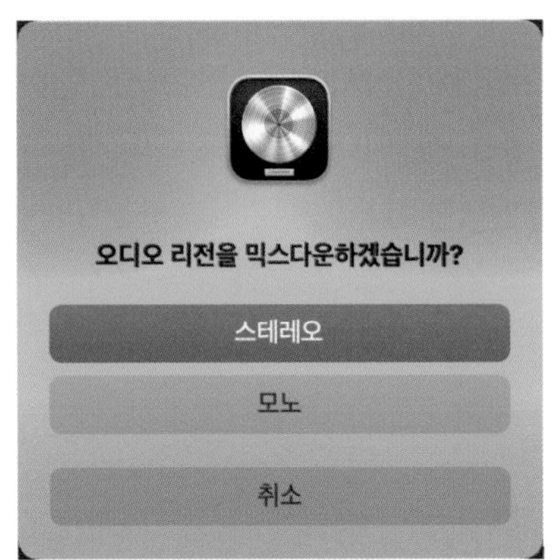

06 로직은 서로 다른 트랙의 리전도 하나로 붙일 수 있습니다. 방법은 동일하며, 모노 및 스테레오를 선택할 수 있는 채널 창이 열린다는 차이만 있습니다. 여러 트랙을 사용하는 드럼을 하나로 붙여서 간소화 시킬 수 있는 것입니다. 물론, 믹싱 작업이 끝난 후에 적용해야 할 것입니다.

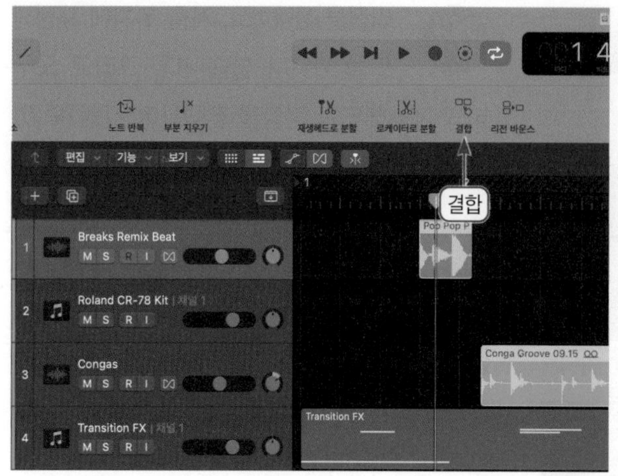

07 결합 도구 역시 도구 막대의 결합을 선택하여 처리할 수 있습니다. 오디오 리전인 경우에는 새 파일을 생성할 것인지를 묻습니다.

취소 및 복구

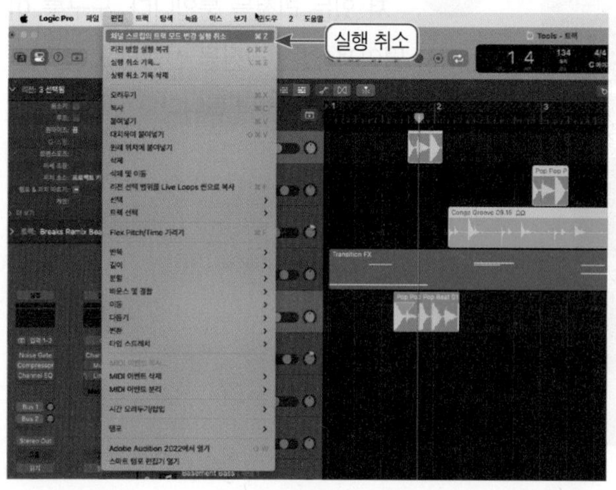

01 편집 작업을 하다보면, 실수를 할 수 있습니다. 하지만, 편집 메뉴의 실행 취소에 해당하는 Command+Z 키를 누르면, 작업의 역순으로 취소할 수 있습니다.

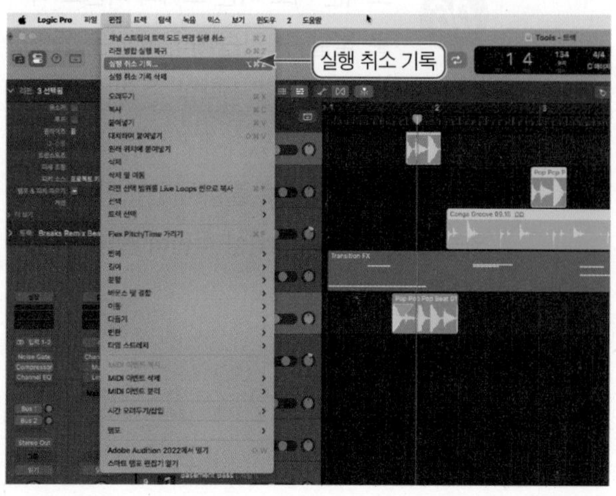

02 로직은 편집 내용을 히스토리로 담아 놓고 있습니다. 편집 메뉴의 실행 취소 기록을 선택합니다.

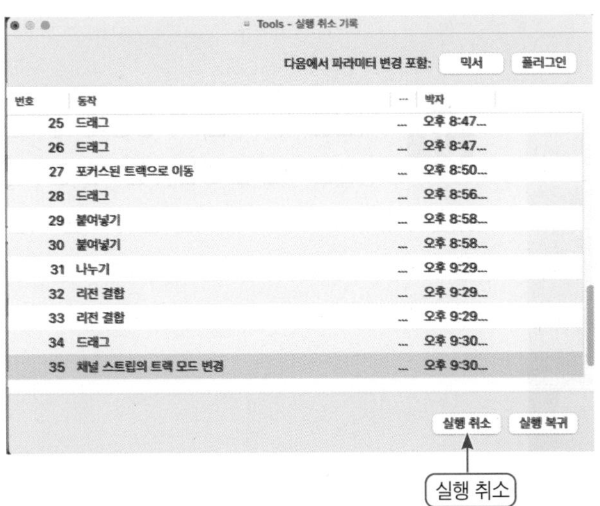

03 편집 내용이 기록되어 있는 히스토리 창이 열립니다. 목록에서 원하는 작업을 선택하고, 실행 취소 버튼을 클릭하여 한 번에 모든 작업을 취소할 수 있습니다.

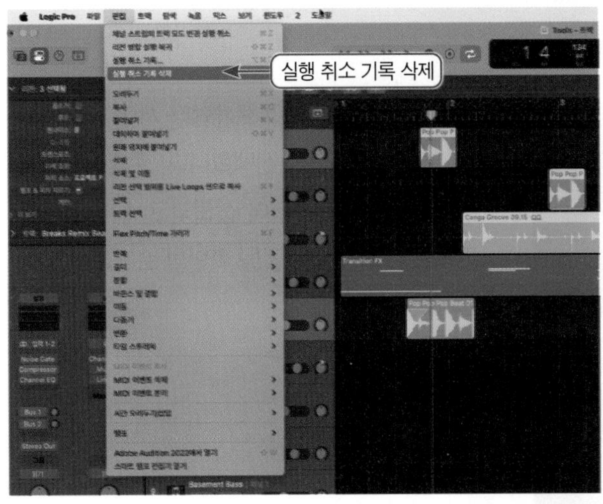

04 작업을 취소할 수 있는 히스토리 기능은 꼭 필요한 것이지만, 시스템 자원을 차지한다는 단점이 있습니다. 정말 취소할 일이 없다면, 편집 메뉴의 실행 취소 기록 삭제를 선택하여 히스토리 내용을 삭제합니다.

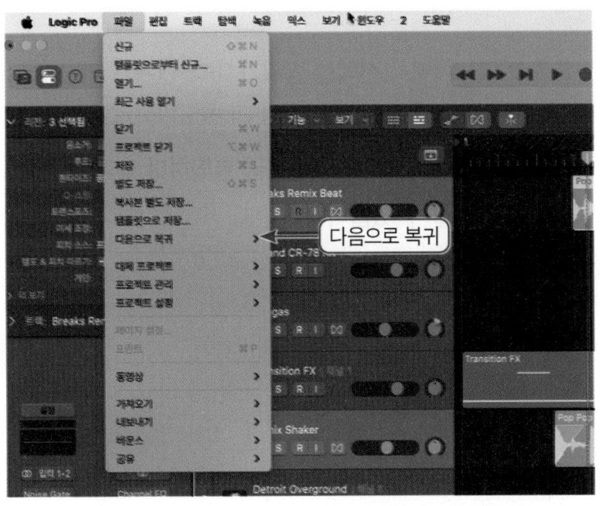

05 편집 작업을 취소하는 것이 아니라 처음으로 복구하고 싶은 경우도 있습니다. 이때는 파일 메뉴의 다음으로 복귀를 선택하여 프로젝트를 저장했던 시점으로 되돌릴 수 있습니다.

빈 공간 삽입하기

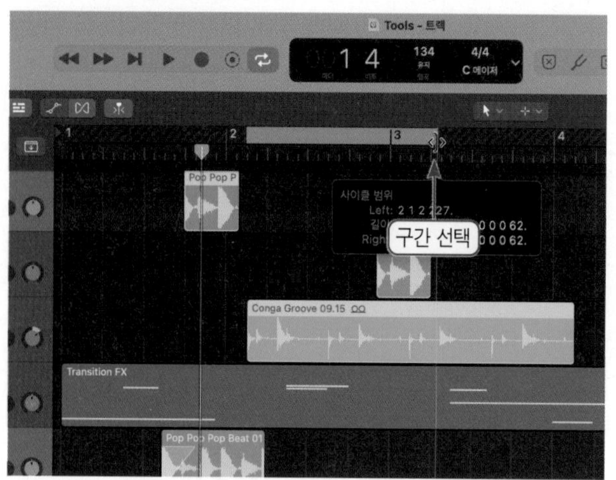

01 작업을 하다보면, 곡 중간에 새로운 작업을 위한 빈 공간이 필요한 경우가 있습니다. Command+A 키를 눌러 모든 리전을 선택하고, 눈금자 라인을 드래그하여 필요한 공간 만큼의 로케이터 구간을 설정합니다.

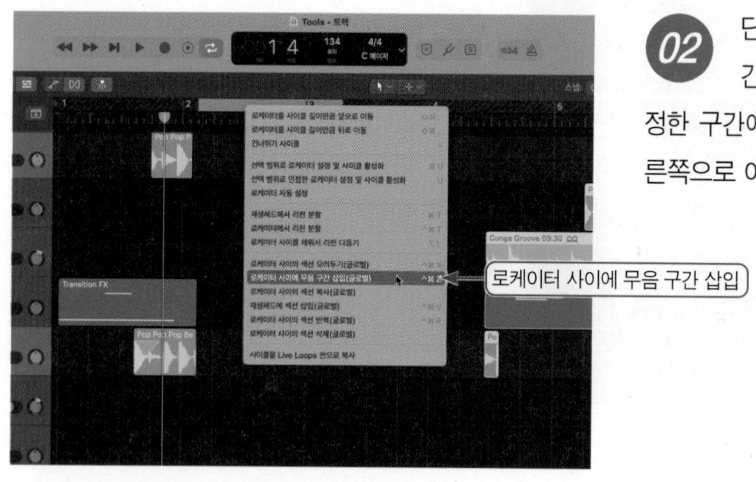

02 단축 메뉴의 로케이터 사이에 무음 구간 삽입을 선택합니다. 로케이터로 설정한 구간에 빈 공간이 삽입되고, 나머지가 오른쪽으로 이동하는 것을 확인할 수 있습니다.

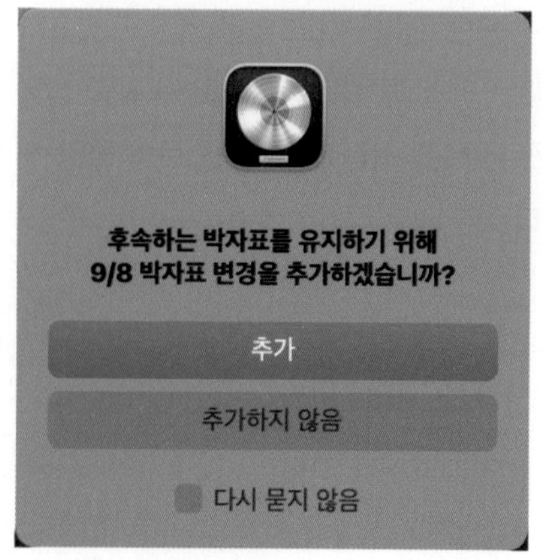

03 선택한 범위가 마디 단위가 아닌 경우에는 박자를 변경할 것인지를 묻는 창이 열리며, 추가 버튼을 클릭하여 박자 표를 삽입할 수 있습니다.

LESSON 05 페이드 인/아웃

페이드 도구는 오디오 편집에서 주로 사용되며, 주요 기능으로는 페이드 인과 페이드 아웃 그리고 크로스 페이드가 있습니다. 페이드 인은 오디오 클립의 시작 부분에서 소리가 점점 커지는 효과를 만들어 부드러운 시작을 제공하며, 페이드 아웃은 클립의 끝 부분에서 소리가 점점 작아지는 효과를 추가하여 자연스러운 종료를 가능하게 합니다. 또한, 크로스 페이드 기능을 사용하면 두 오디오 클립을 부드럽게 연결하여 갑작스럽지 않게 전환할 수 있습니다. 이러한 기능들은 초보자도 사용하기 쉬우며, 오디오 편집을 더 부드럽고 전문적으로 만들어 줍니다.

● 실습 프로젝트 : Close

01 도구 메뉴에서 페이드 도구를 선택합니다. 3, 4, 5, 번 트랙의 리전에서 시작 부분의 4마디 범위를 드래그합니다. 4마디 위치에서 왼쪽으로 드래그하는 것이 편리할 것입니다.

02 스페이스 바 키를 눌러 곡을 재생해보면, 3, 4, 5 번 트랙의 연주가 점점 커지는 페이드 인으로 연출되는 것을 확인할 수 있습니다.

> **TIP** 포인터 도구에서 Control+Shift 키를 누르면 페이드 도구 역할을 수행할 수 있습니다.

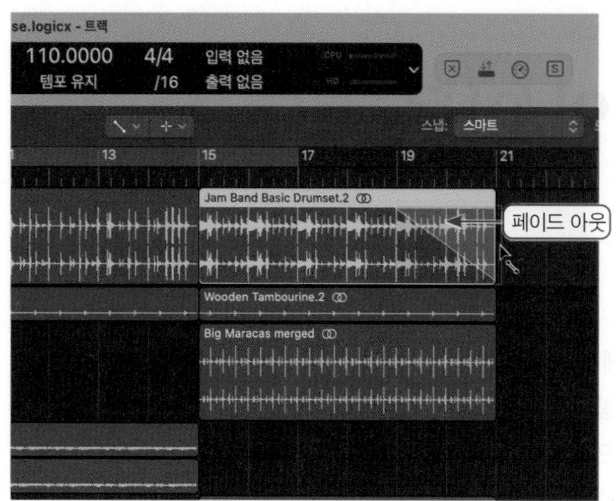

03 1, 2, 3, 6, 11, 12 트랙 리전을 끝 부분 4마디 정도를 드래그하여 소리가 점점 작아지는 페이드 아웃을 만들어봅니다. 리전의 시작 위치에서는 페이드 인, 끝 위치에서는 페이드 아웃이 만들어지는 것입니다.

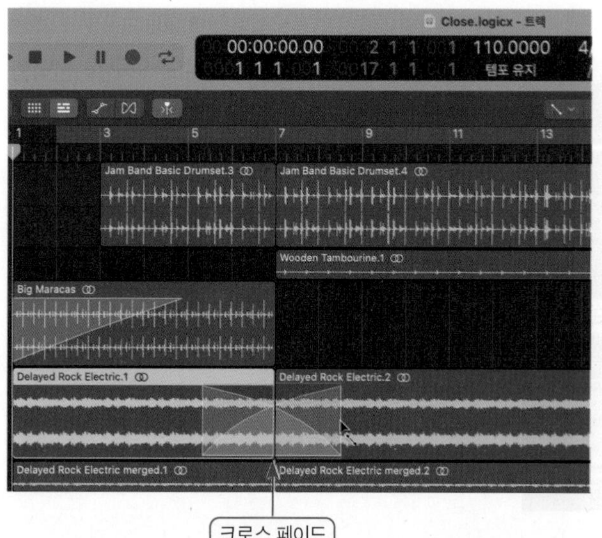

04 크로스 페이드는 리전이 붙어있는 부분에서 드래그하면 만들어집니다. 4, 5, 번 트랙의 7마디 위치 리전에서 크로스 페이드를 만들어 봅니다. 두 리전이 자연스럽게 겹치면서 연주되는 것을 느낄 수 있습니다.

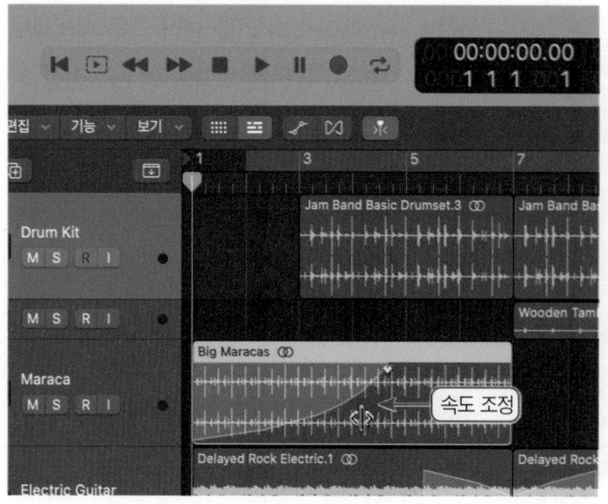

05 페이드 인/아웃 및 크로스 페이드는 꼭지 점을 드래그하여 범위를 조정할 수 있고, 경사 라인을 드래그하여 속도를 조정할 수 있습니다.

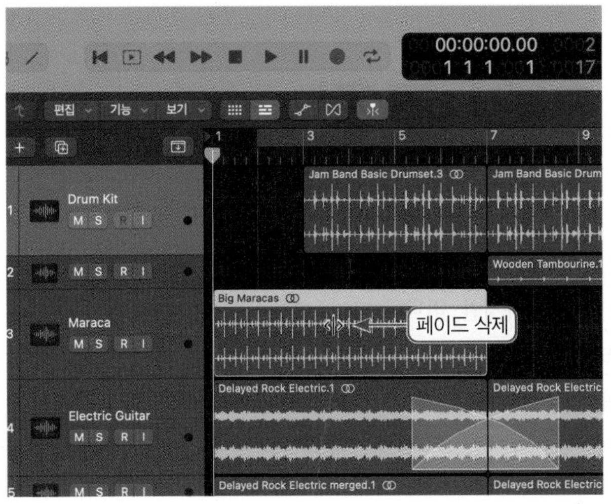

06 페이드 인/아웃 및 크로스 페이드 라인을 삭제할 때는 Option 키를 누른 상태에서 페이드 라인을 클릭하면 됩니다.

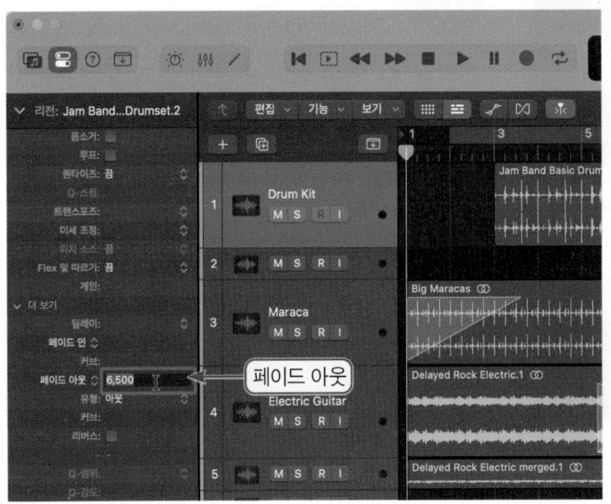

07 전체 리전의 페이드 인/아웃을 만들 때는 리전 파라미터를 이용하는 것이 편리합니다. 엔딩 리전을 마우스 드래그로 모두 선택하고, 리전 파라미터의 페이드 아웃 항목을 더블 클릭합니다. 그리고 6500 정도의 길이를 페이드 아웃을 만들어봅니다.

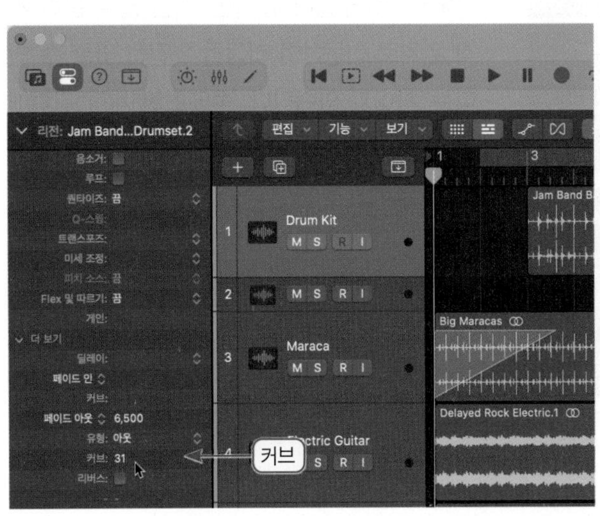

08 전체 리전의 페이드 인/아웃 속도를 조정할 때도 리전 파라미터의 커브 항목을 이용하는 것이 편리합니다. 곡 전체의 페이드 인과 아웃을 동일한 속도로 만들 수 있습니다.

비트 및 타임 조정

로직은 오디오를 편집할 수 있는 다양한 기능을 제공합니다. 하지만, 비트나 타임은 Flex 도구를 이용해서 간편하게 편집할 수 있습니다. 그 외, 미디와 오디오 콘텐츠 타임을 조정할 수 있는 슬립 및 회전 도구를 제공합니다. 슬립 도구는 리전 경계를 이동하지 않고 콘텐츠를 자유롭게 이동시킬 수 있게 하고, 회전 도구는 리전의 콘텐츠를 왼쪽 또는 오른쪽으로 슬립 값만큼 이동시킬 때, 연결된 콘텐츠가 자연스럽게 반대편에 나타나는 특징이 있습니다.

01 슬립 도구는 리전 길이를 유지한 상태에서 콘텐츠을 이동시켜 시작 타입을 조정할 수 있습니다. 리전의 경계를 변경하지 않고 콘텐츠를 조정하여 정밀한 편집이 가능합니다.

02 이와 비슷한 역할을 하는 것이 회전 도구입니다. 다만, 리전 끝 부분이 시작 위치로 이동하여 리듬을 완전히 바꿀 수 있다는 차이가 있습니다. 콘텐츠의 시작 위치에 검은 선이 표시되어 정확히 원하는 위치를 맞출 수 있습니다.

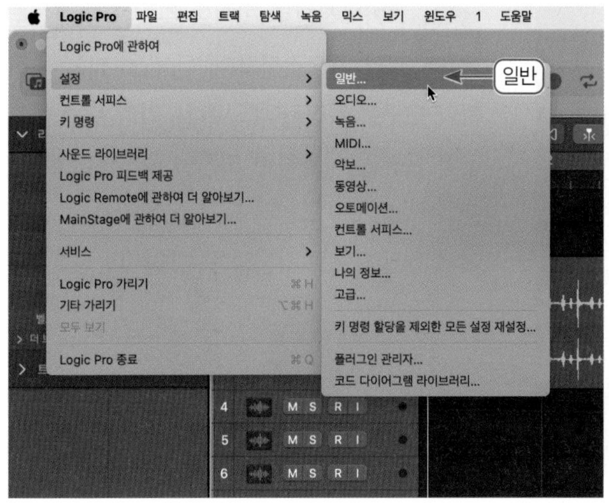

03 로직 도구에서 가장 많이 사용되는 포인터 도구는 리전의 선택 위치에 따라 달라지게 할 수 있습니다. Logic Pro 메뉴의 일반을 선택합니다.

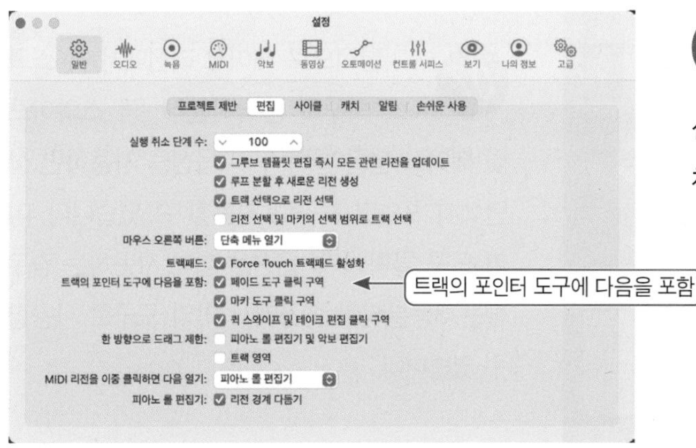

04 편집 탭을 선택하여 페이지를 열고, 트랙의 포인터 도구에 다음을 포함 옵션에서 포인터 도구를 어떻게 사용할 것인지를 체크할 수 있습니다.

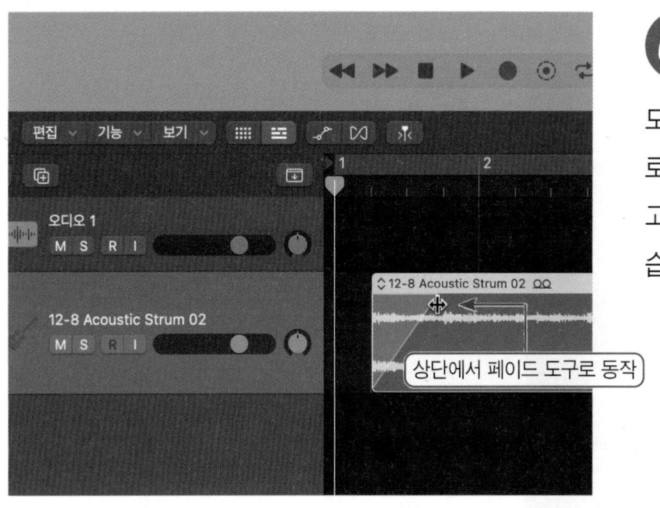

05 기본적으로 리전의 시작 및 끝 위치는 드래그로 길이를 조정합니다. 페이드 도구 클릭 구역 옵션을 사용하면 리전을 상/하로 구분하여 하단에서는 포인터 도구를 동작하고, 상단 부분에서 페이드 도구로 사용할 수 있습니다.

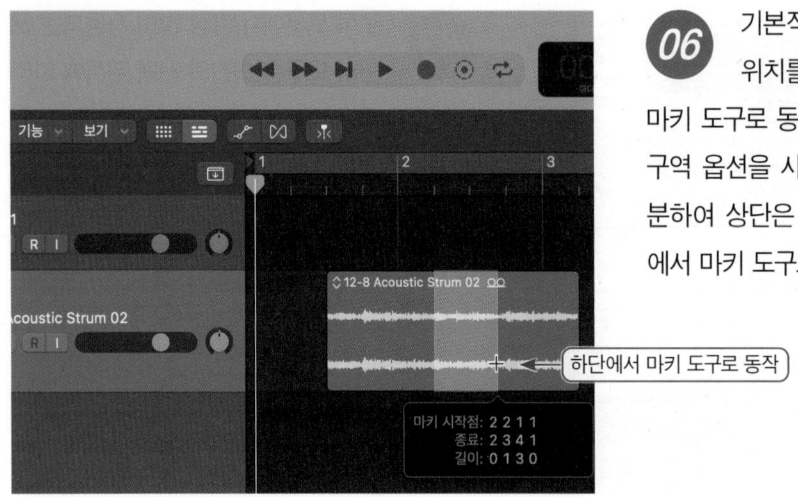

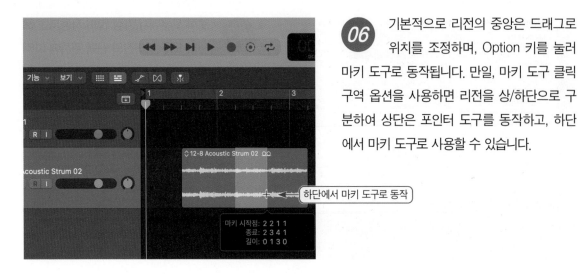

06 기본적으로 리전의 중앙은 드래그로 위치를 조정하며, Option 키를 눌러 마키 도구로 동작됩니다. 만일, 마키 도구 클릭 구역 옵션을 사용하면 리전을 상/하단으로 구분하여 상단은 포인터 도구를 동작하고, 하단에서 마키 도구로 사용할 수 있습니다.

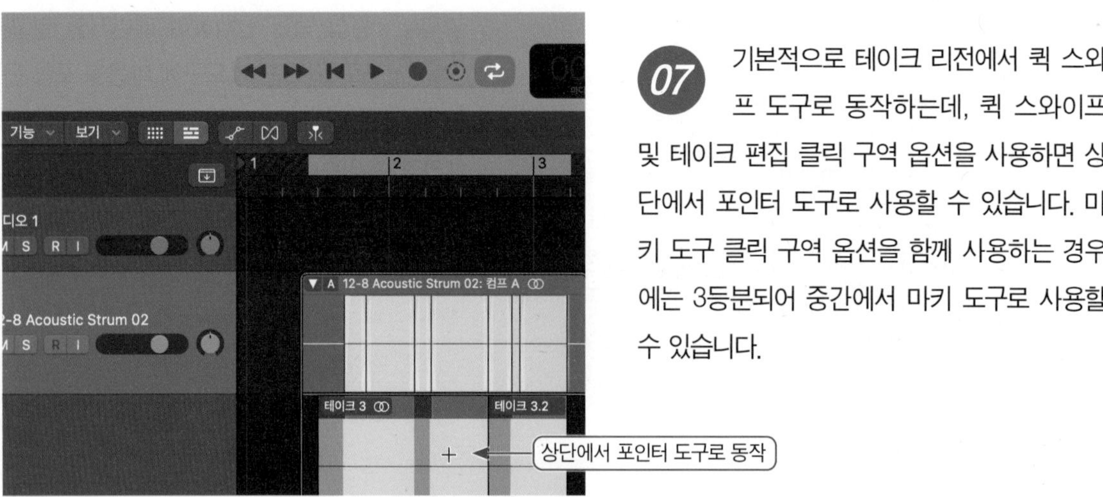

07 기본적으로 테이크 리전에서 퀵 스와프 도구로 동작하는데, 퀵 스와이프 및 테이크 편집 클릭 구역 옵션을 사용하면 상단에서 포인터 도구로 사용할 수 있습니다. 마키 도구 클릭 구역 옵션을 함께 사용하는 경우에는 3등분되어 중간에서 마키 도구로 사용할 수 있습니다.

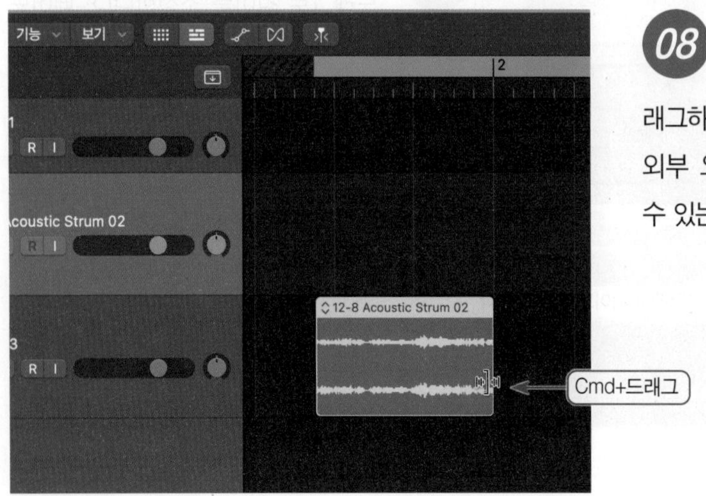

08 기본적으로 Command 키를 누른 상태에서 리전의 시작 및 끝 부분을 드래그하여 콘텐츠의 길이를 조정할 수 있습니다. 외부 오디오를 프로젝트 템포에 간단히 맞출 수 있는 기능입니다.

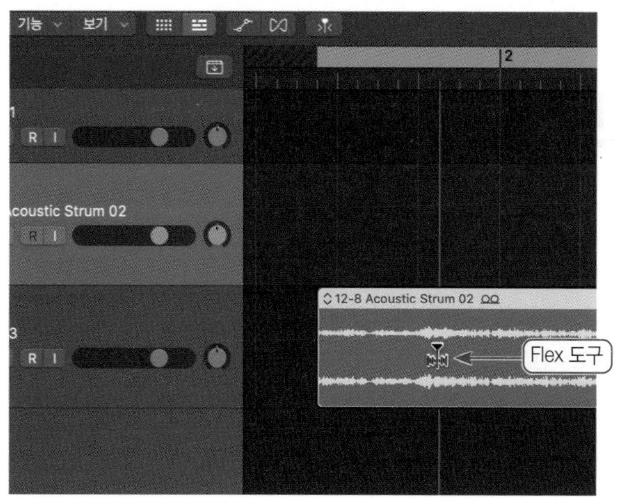

09 오디오 콘텐츠의 비트를 정교하게 맞출 필요가 있을 경우에는 Flex 도구를 이용합니다. 보다 자세한 사항은 오디오 편집 편에서 살펴보겠습니다.

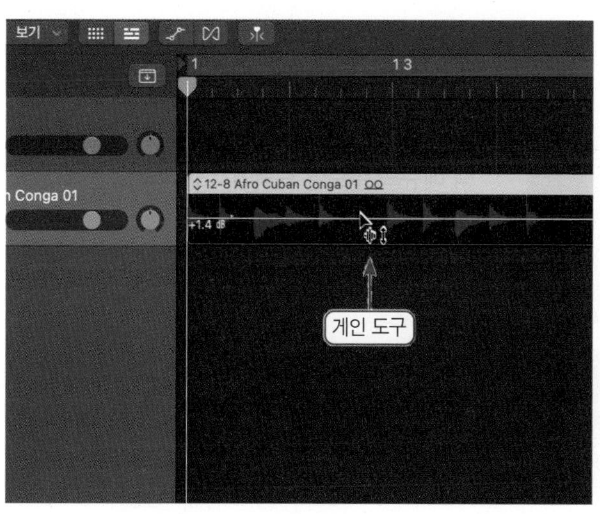

10 새롭게 추가된 게인 도구는 오디오 리전의 볼륨 및 미디 리전의 벨로시티 오프셋을 직접적으로 조정하는 역할을 합니다.

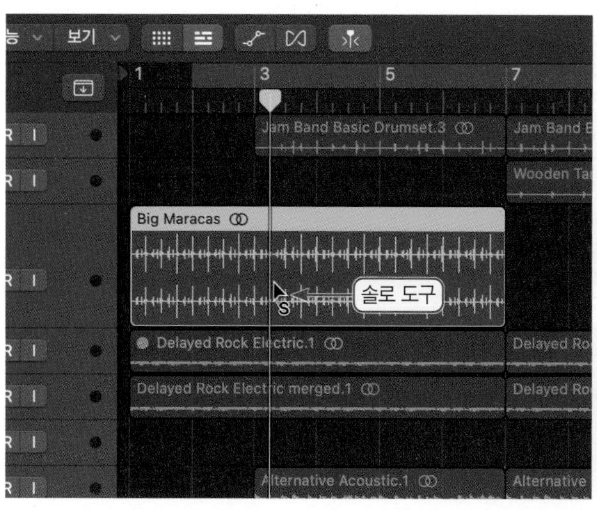

11 그 외, 도구 메뉴는 선택한 리전을 소리 나지 않게 하는 음소거 도구와 드래그하여 솔로로 모니터해볼 수 있는 솔로 도구를 제공합니다.

글로벌 트랙

로직은 전체 프로젝트의 다양한 요소를 제어할 수 있는 글로벌 트랙을 제공합니다. 편곡 트랙, 동영상 트랙, 템포 트랙, 코드 트랙, 마커 트랙, 조표 및 박자표 트랙, 그리고 비트 매핑 트랙이 포함되어 있으며, 모두 글로벌 트랙으로 통합되어 관리됩니다. 기본적으로 글로벌 트랙을 열면 눈금자 아래쪽에 동영상 및 비트 매핑 트랙을 제외한 모든 트랙이 표시되며, 필요에 따라 원하는 것들로 재구성하거나 크기를 조정할 수 있습니다.

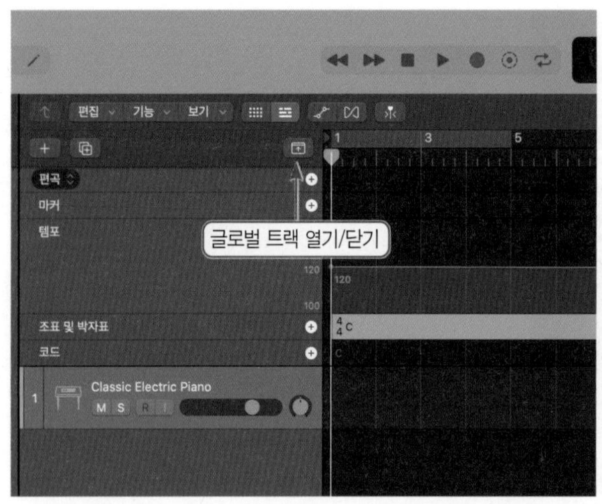

01 글로벌 트랙은 트랙 리스트 상단의 글로벌 트랙 보기 버튼을 클릭하거나 단축키 G 키를 눌러 열거나 닫을 수 있습니다. 트랙 메뉴의 글로벌 트랙에서 선택해도 됩니다.

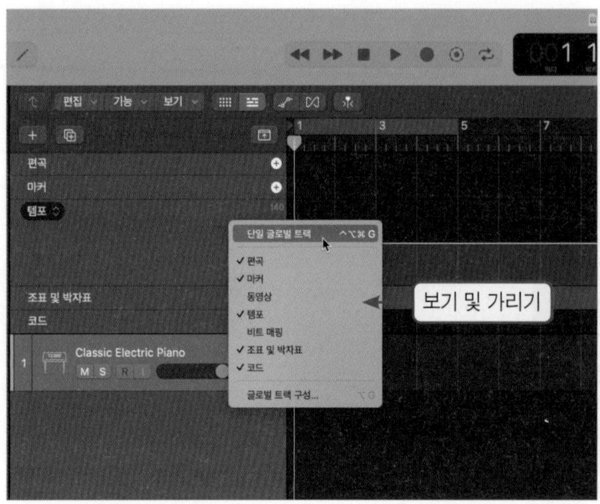

02 기본적으로 편곡, 마커, 템포, 조표 및 박자표, 코드 트랙이 보이며, 마우스 오른쪽 버튼을 클릭하면 표시할 트랙을 선택할 수 있는 메뉴가 열립니다.

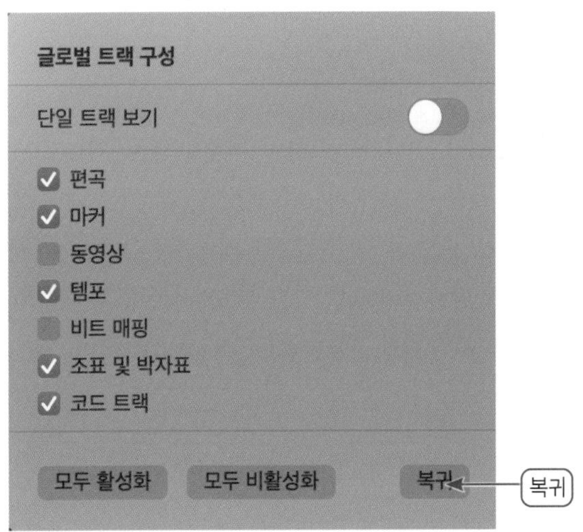

03 표시할 트랙과 감춰진 트랙은 체크 표시 유무로 확인되며, 단축 메뉴에서 글로벌 트랙 구성을 선택하면 사용자가 원하는 것들로 구성할 수 있는 창이 열립니다. 복귀는 초기 구성으로 되돌립니다.

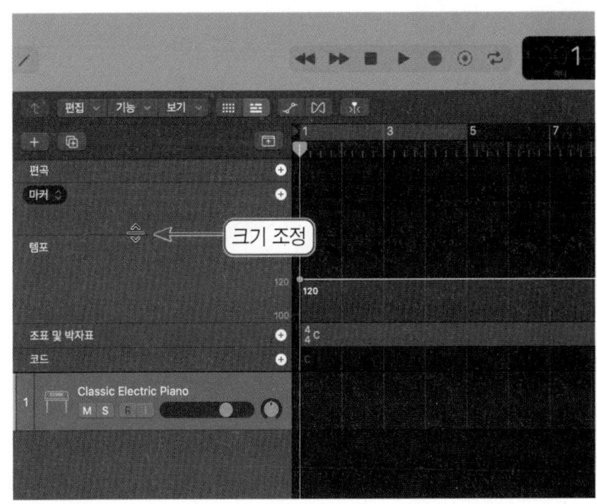

04 트랙은 드래그로 이동시킬 수 있으며, 경계선을 드래그하여 크기를 조정할 수 있습니다. 변경된 사항은 프로젝트와 함께 저장됩니다.

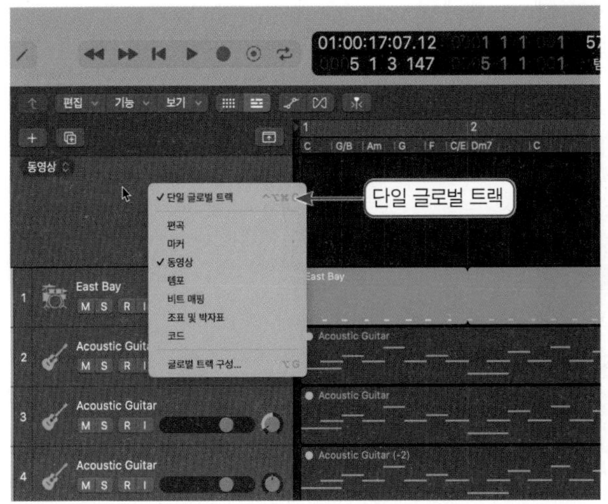

05 단축 메뉴에서 단일 글로벌 트랙을 체크한 경우 하나의 트랙만 표시할 수 있습니다. 이때 단축 메뉴를 다시 열어 표시할 트랙을 선택해야 합니다.

> **TIP** 글로벌 트랙은 오디오 편집기, 피아노 롤, 스텝 편집기에서도 볼 수 있습니다.

1 마커 트랙

마커 트랙은 프로젝트에서 특정 위치에 메모를 남길 수 있는 공간입니다. 직접적으로 음악 작업에 연결되지는 않지만, 작업의 구성과 위치 별 기획을 기록하고 필요할 때마다 쉽게 접근할 수 있는 기능을 제공합니다. 이는 일상 생활에서 메모가 중요한 것과 마찬가지로, 녹음 작업에서 곡의 구조를 이해하고 관리하는 데 매우 중요한 역할을 합니다. 특히 영화 음악 작업과 같이 인/아웃 타임을 정밀하게 맞춰야 하는 경우에는 마커 트랙이 필수적입니다. 이를 통해 각 세션의 시작과 끝을 정확하게 기록하고, 시간에 따라 음악 작업의 흐름을 시각적으로 파악할 수 있으며, 협업 및 프로젝트 관리에 있어서도 중요한 트랙으로 활용됩니다.

마커 만들기

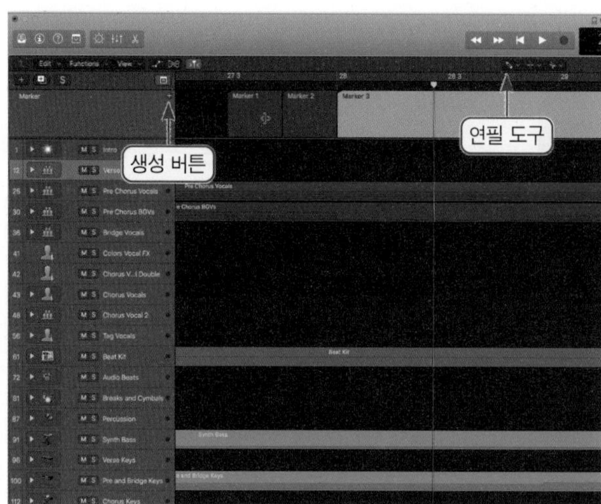

01 마커는 연필 도구 또는 마커 트랙의 생성 버튼을 클릭하여 만들 수 있습니다. 연필 도구는 클릭 위치에 추가되며, 생성 버튼은 재생헤드가 있는 위치에 추가됩니다.

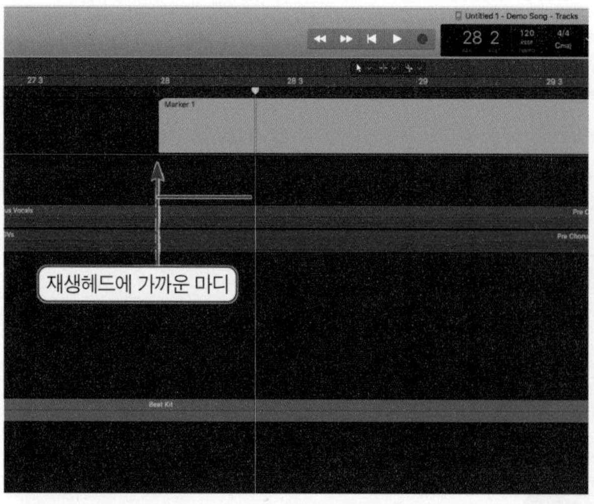

02 Option+(') 키를 누르면 재생헤드가 있는 위치에서 가까운 마디에 마커가 생성되며, Control+Option+(') 키를 누르면 재생헤드 위치에 만들 수 있습니다.

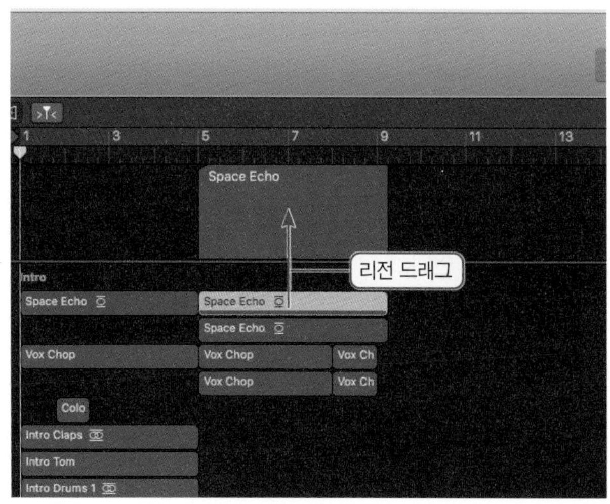

03 리전을 마커 트랙으로 드래그하거나 Shift+Option+(') 키를 누르면, 리전의 길이를 마커 구간으로 만들 수 있습니다. 이때 마커는 선택한 리전의 이름과 색상으로 생성됩니다.

마커 편집

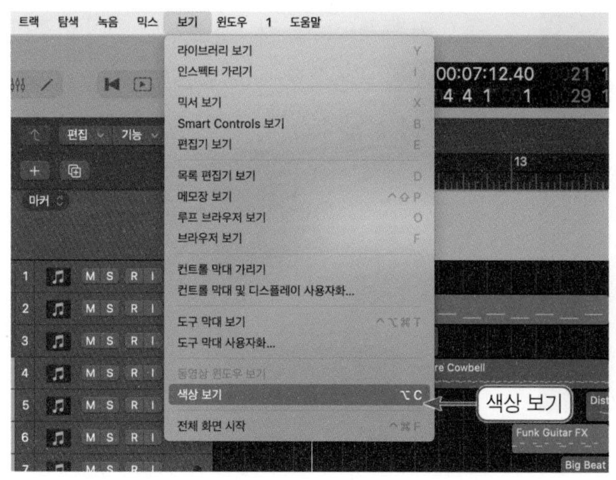

01 마커를 색상으로 구분할 수 있게 표시하는 것도 좋은 방법입니다. 보기 메뉴의 색상 보기를 선택하거나 Option+C 키를 누르면 색상을 선택하여 변경할 수 있는 팔레트를 열 수 있습니다.

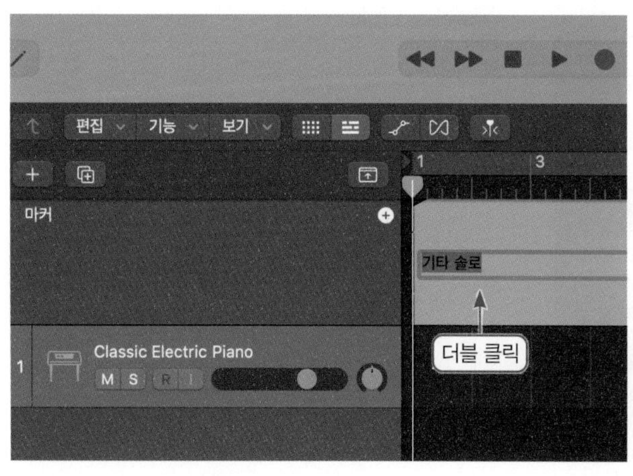

02 마커의 이름은 마우스 더블 클릭으로 수정할 수 있으며, Tab 키를 누르면 다음 마커의 이름을 변경할 수 있는 상태가 됩니다.

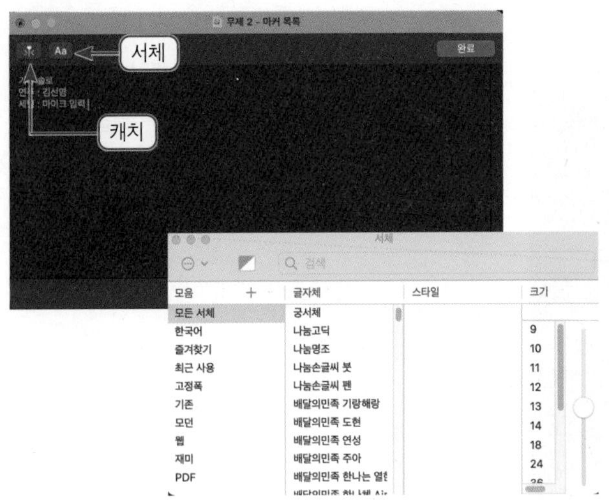

03 Option 키를 누른 상태에서 마커를 더블 클릭하면, 세부 내용을 입력할 수 있는 창을 열 수 있습니다. 캐치 버튼은 재생 헤드 위치의 마커를 표시하며, 서체 버튼은 글자의 모양과 크기 등을 변경할 수 있는 속성 창을 엽니다.

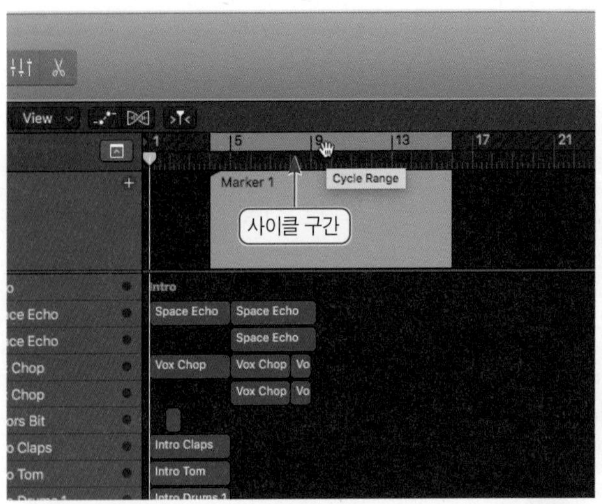

04 마커는 시작과 끝 부분을 드래그하여 길이를 조정할 수 있고, 사이클 구간을 마커 트랙으로 드래그하면 해당 길이로 조정됩니다. 빈 공간으로 드래그하면 사이클 길이의 마커가 생성됩니다.

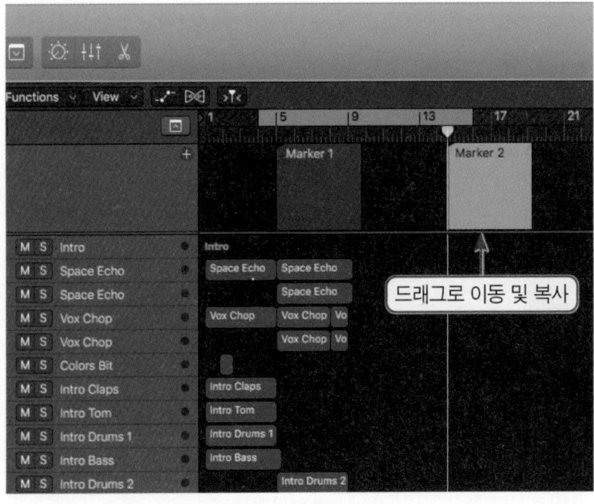

05 마커는 드래그로 위치를 이동하거나 Option 키를 누른 상태로 드래그하여 복사할 수 있으며, Delete 키로 삭제할 수 있습니다.

06 마커는 Command 키를 누른 상태로 클릭하여 뒷부분을 잘라낼 수 있으며, Shift+Command 키를 누르면, 앞부분이 잘립니다. 그리고 Command+T 키를 눌러 재생헤드 위치를 자를 수 있습니다.

마커 편집 창

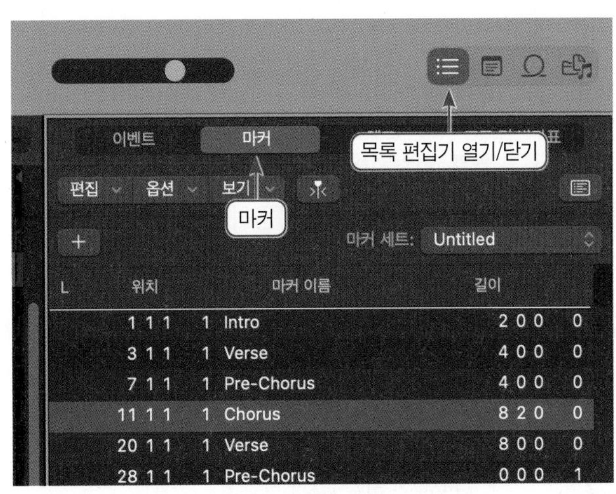

01 로직은 마커를 관리할 수 있는 별도의 편집 창을 제공합니다. 컨트롤 바의 목록 편집기 버튼을 클릭하여 패널을 열고, 마커 탭을 선택하여 열 수 있습니다.

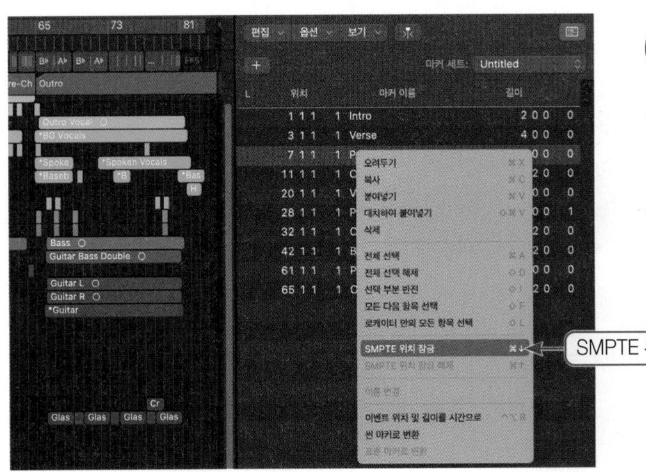

02 위치 및 길이를 드래그 및 더블 클릭으로 수정할 수 있고, 이름을 더블 클릭하면 텍스트를 편집할 수 있는 창이 아래쪽에 열립니다. 사용자 실수로 위치가 변경되지 않게 하려면 단축 메뉴의 SMPTE 위치 잠금을 선택하여 고정시킬 수 있습니다.

마커로 이동하기

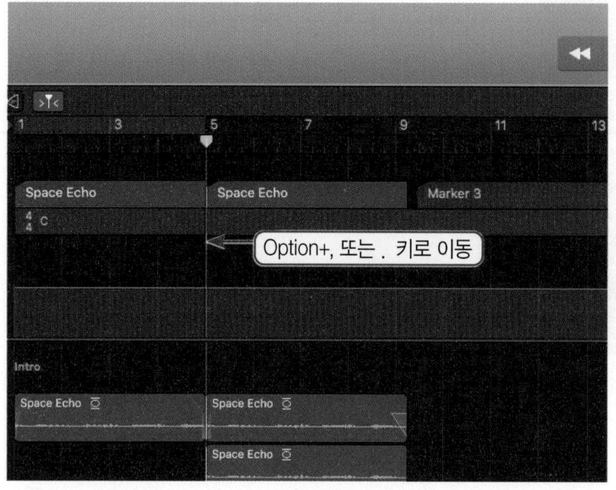

01 Option 키를 누른 상태에서 콤마(,) 및 마침표(.) 키를 눌러 재생헤드를 이전 및 다음 마커로 이동시킬 수 있습니다.

TIP 콤마(,)와 마침표(.) 키는 재생헤드를 마디 단위로 이동시킵니다.

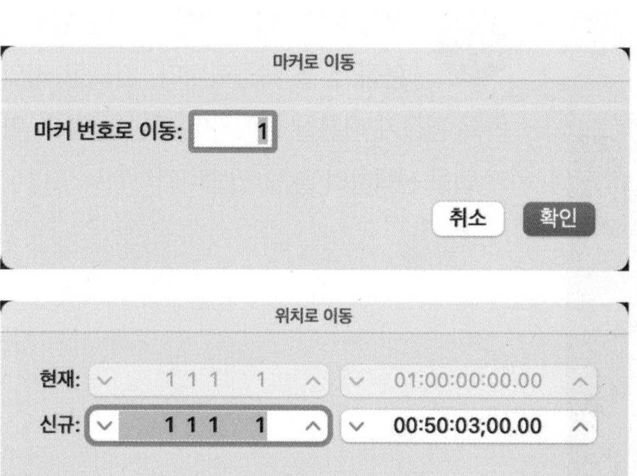

02 마커는 왼쪽에서부터 1, 2, 3... 순서로 취급하며, Option+/ 키를 누르면, 번호를 입력하여 이동할 수 있습니다. 숫자 패드가 있는 키보드를 사용하고 있다면, 숫자 열의 번호를 눌러 바로 이동할 수 있습니다.

TIP Control+/ 키를 누르면 마디 번호를 입력하여 이동할 수 있는 창이 열립니다.

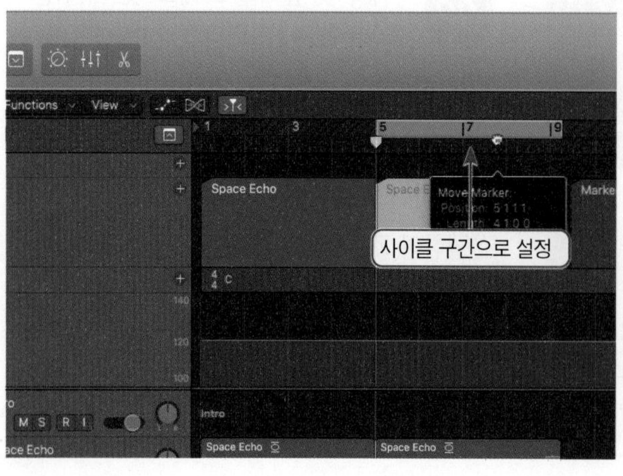

03 마커를 눈금자 라인으로 드래그하여 사이클 구간을 설정할 수 있습니다. Control+Option 키를 누른 상태에서 콤마(,) 및 마침표(.) 키를 누르면 이전 및 다음 마커가 사이클 구간으로 설정됩니다.

마커 세트

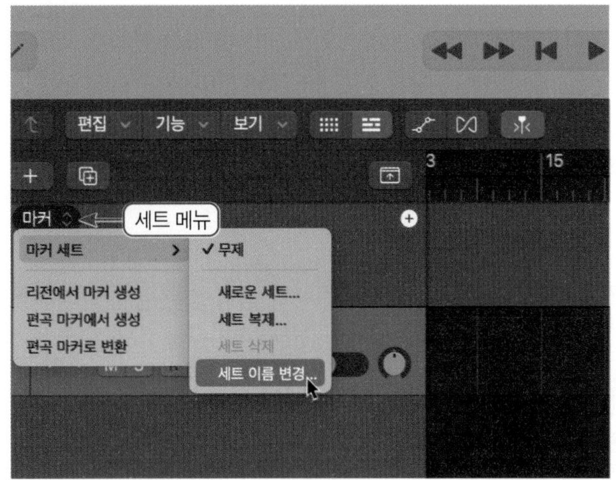

01 마커, 템포, 조표 및 박자표 트랙은 두 개 이상의 세트를 만들어 사용할 수 있습니다. 세트 메뉴를 클릭하여 열고, 무제로 생성된 세트 이름을 변경합니다.

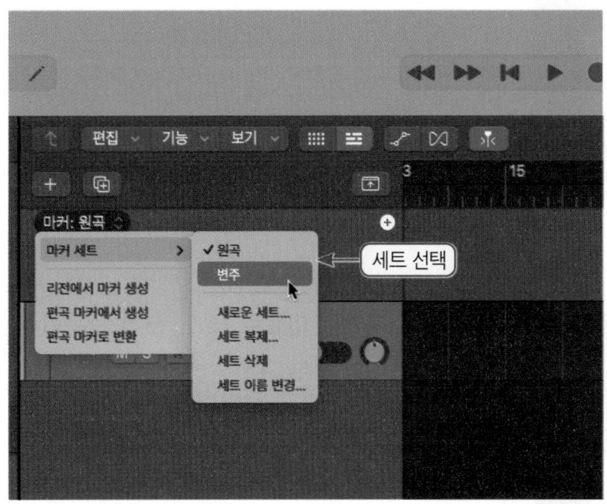

02 또 다시 새로운 세트를 만들면 세트 목록에 추가되어 작업 상황에 따라 적절한 마커 세트를 선택하여 표시할 수 있습니다. 그 외, 세트를 복제하거나 삭제할 수 있는 메뉴도 제공되고 있습니다.

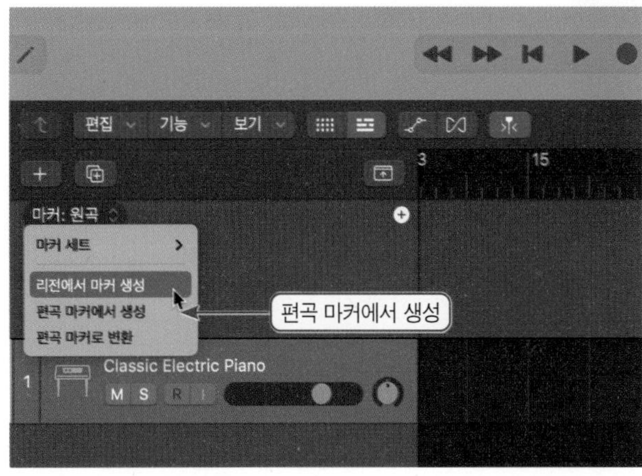

03 리전에서 마커 생성은 리전을 마커 트랙으로 드래그하여 만드는 것과 동일한 명령이고, 편곡 트랙의 마커를 가져오거나 편곡 트랙을 변환할 수 있는 메뉴도 있습니다.

2 편곡 트랙

편곡 마커는 인트로, 벌스, 코러스 등과 같은 음악적 섹션을 명확하게 정의하여 전체 구성을 쉽고 빠르게 편집할 수 있게 합니다. 세션 플레이어 트랙에서 생성되는 리전은 각 마커에 설정된 이름과 길이에 따라 자동으로 연주되어 음악 작업을 간편하게 만듭니다. 협업 환경에서는 각 섹션의 이름과 위치를 기반으로 팀원들이 작업을 조율할 수 있어 작업의 효율성을 높이고, 전반적인 진행 과정을 체계적으로 관리할 수 있습니다.

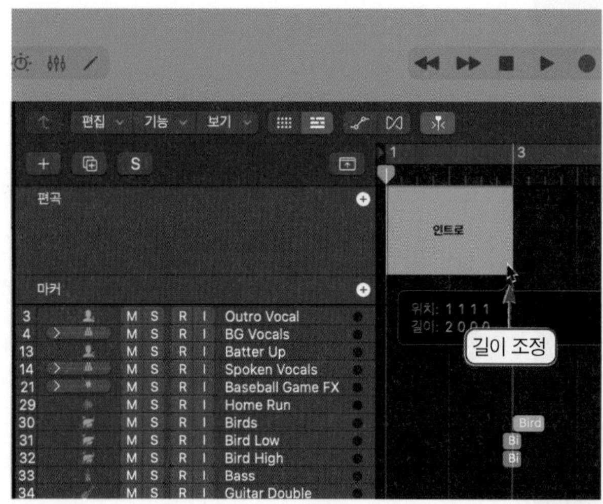

01 편곡 트랙의 생성 버튼을 클릭하면 8마디 길이로 마커가 추가되며, 필요한 경우 오른쪽 끝 부분을 드래그하여 길이를 조절할 수 있습니다.

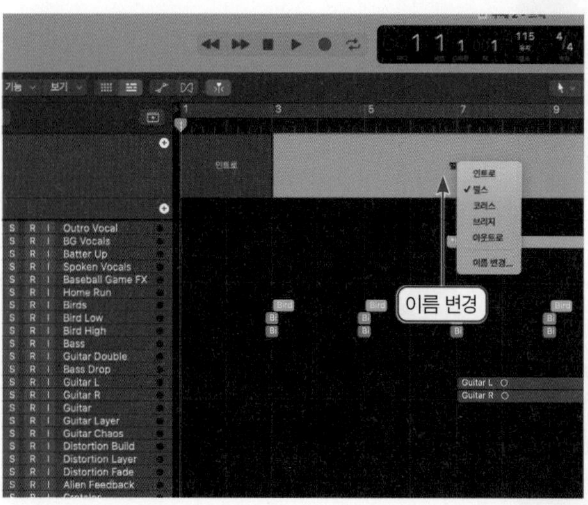

02 마커는 인트로, 벌스, 코러스 등의 일반적인 곡 구성으로 생성되며, 필요한 경우 이름 항목을 클릭하여 변경할 수 있습니다. 편곡 마커의 이름은 세션 플레이어 트랙에 그대로 적용됩니다.

03 마커는 드래그로 이동 및 Option+드래그로 복사할 수 있습니다. 이때 해당 범위의 모든 리전이 함께 동작하여 곡의 구성을 자유롭게 편집할 수 있다는 것이 마커 트랙과의 차이점입니다.

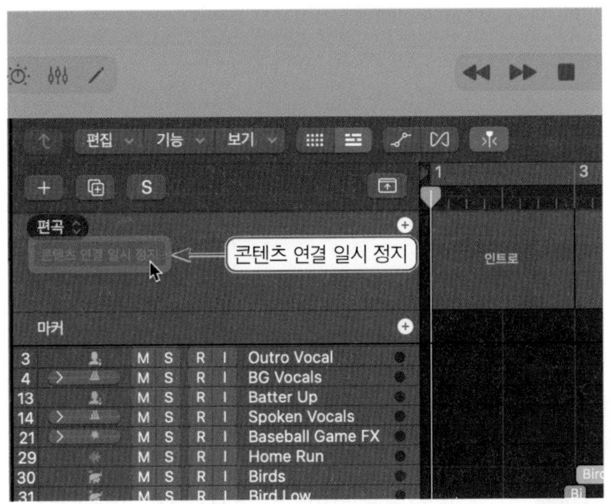

04 리전이 함께 움직이는 것을 해제하고 마커만 편집할 일이 있는 경우 트랙 이름을 클릭하여 콘텐츠 연결 일시 정지를 선택합니다.

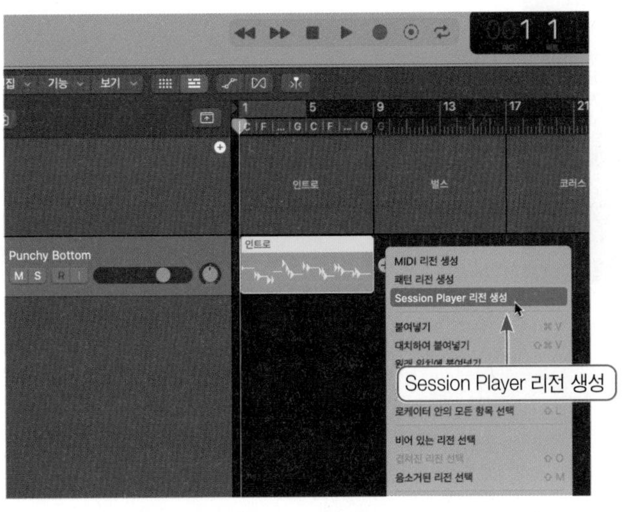

05 편곡 트랙을 만들고 Session Player의 드러머, 베이스 및 키보드 연주자 트랙을 추가하면 각 세션별 연주 리전이 자동으로 생성됩니다. 편곡 트랙을 나중에 만들었다면 Session Player 트랙을 만들 때 기본적으로 생성되는 리전을 삭제하고, 단축 메뉴의 Session Player 리전 생성을 선택하여 다시 만듭니다.

3 조표 및 박자표 트랙

조표 및 박자표는 새로운 프로젝트를 시작할 때 세부사항에서 설정할 수 있으며, 프로젝트를 만든 후에도 디스플레이에서 변경할 수 있습니다. 이 설정은 모든 트랙에 일관되게 적용되며, 특히 애플 루프와 같은 오디오 샘플을 사용할 때 기준이 되므로 사전 설정이 반드시 필요합니다. 조표 및 박자표 트랙에서는 전체 프로젝트의 박자와 조표를 한눈에 볼 수 있어 일관된 박자와 조표를 효율적으로 관리하고 수정할 수 있습니다.

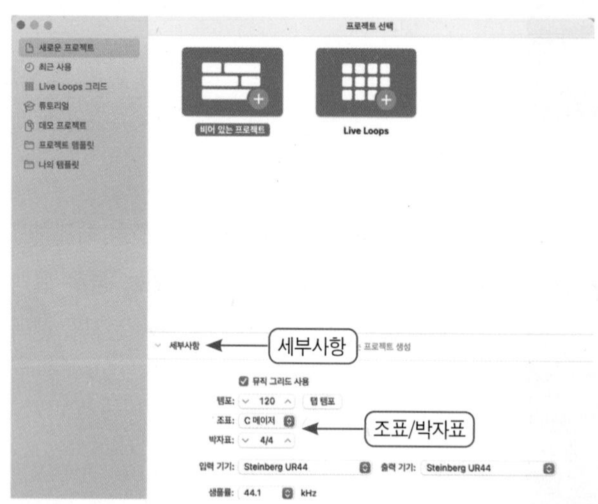

01 새 프로젝트를 만들 때 세부사항에서 박자와 조표를 결정할 수 있습니다. 이를 결정하지 않고 프로젝트를 만드는 경우 4/4박자의 C 메이저로 설정됩니다.

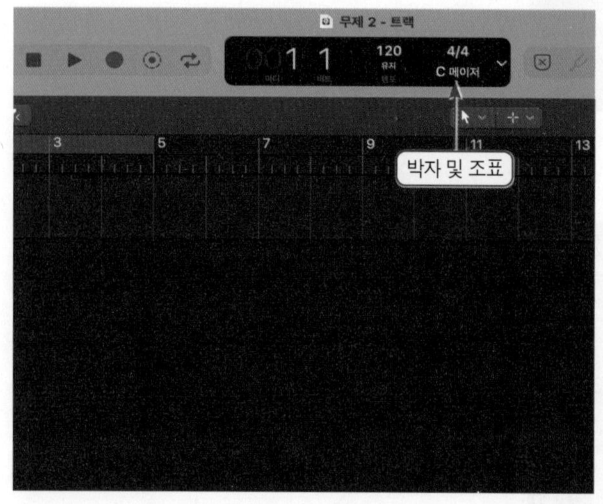

02 프로젝트를 만들 때 결정하지 않았어도 디스플레이 창에 표시되는 박자와 조표 항목을 클릭하여 결정할 수도 있습니다.

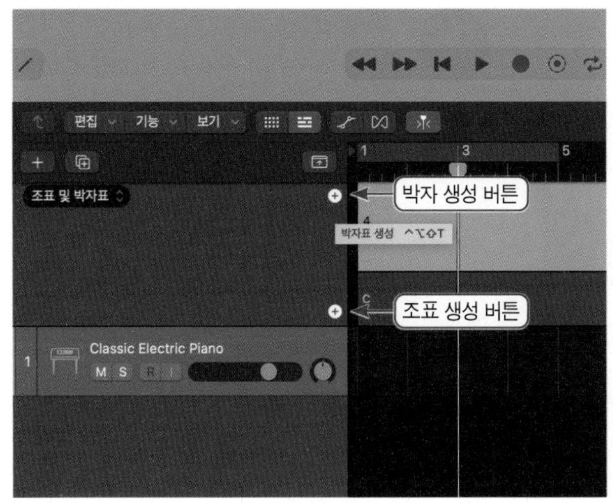

03 곡 중간에 박자와 조표가 바뀌는 경우 글로벌 트랙의 조표 및 박자표 트랙에서 입력합니다. 조표 및 박자가 변경되는 위치에 재생헤드를 가져다 놓고, 각 트랙의 생성 버튼을 클릭하거나 연필 도구를 이용하여 입력할 수 있습니다.

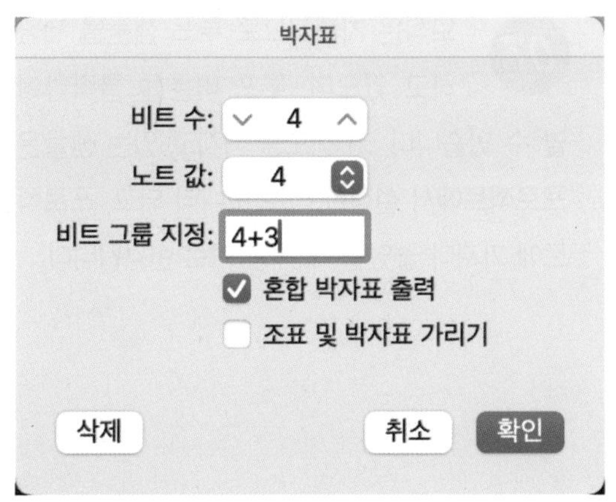

04 박자표 생성 창입니다. 혼합 박자표 출력 및 조표 및 박자표 가리기 옵션은 악보 편집에서의 표시 여부를 결정합니다.

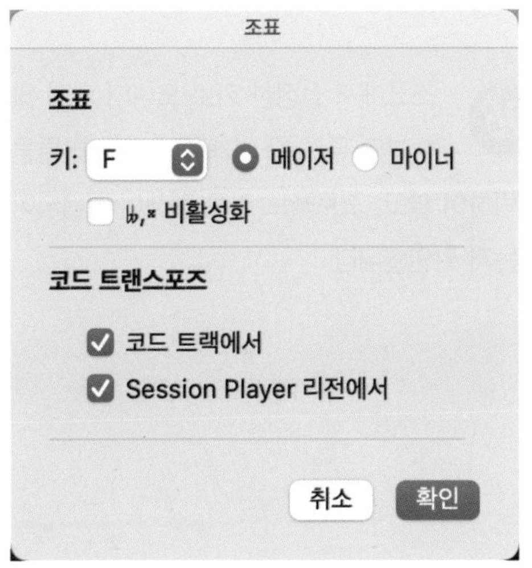

05 조표 생성 창입니다. 코드 트랙 또는 리전 코드의 적용 여부를 선택할 수 있는 코드 트랜스포즈 옵션과 더블 플랫 및 더블 샵 비활성화 옵션을 제공합니다.

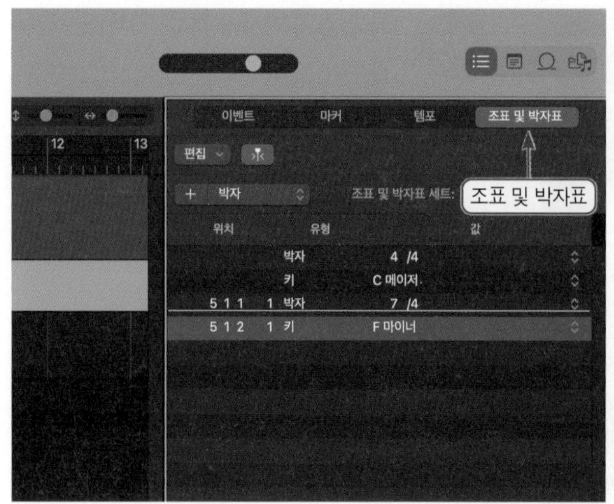

06 프로젝트에 입력한 조표와 박자표는 목록 편집기의 조표 및 박자표 탭에서 일괄적으로 관리할 수 있습니다.

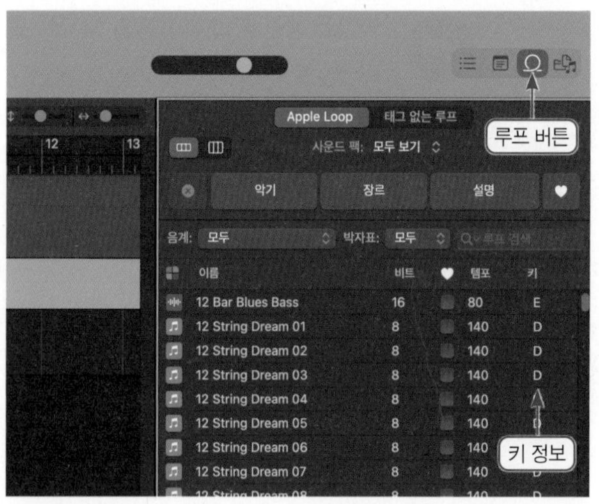

07 로직은 자체적으로 루프 샘플을 제공하고 있으며, 루프 버튼을 클릭하여 열 수 있습니다. 키 정보를 가지고 있는 샘플은 프로젝트에서 설정한 키로 모니터 되고, 프로젝트에 가져다 놓았을 때 해당 키로 변경됩니다.

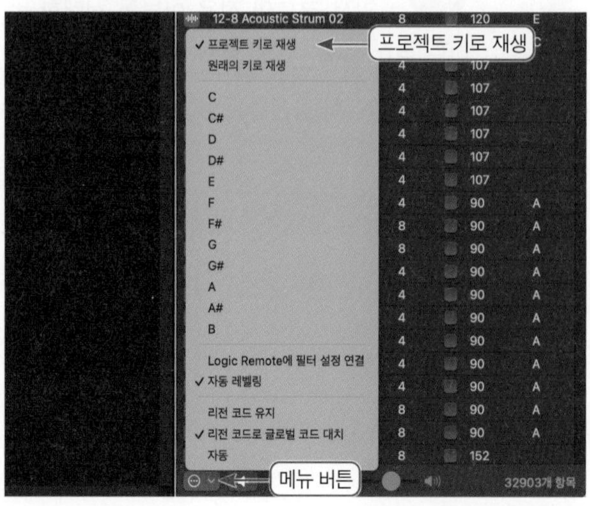

08 조표에서 설정한 키로 모니터 되지 않는다면 루프 창 아래쪽에 메뉴 버튼을 클릭하여 열고, 프로젝트 키로 재생이 선택되어 있는지 확인합니다.

4 템포 트랙

프로젝트의 템포 값은 조표와 박자표와 마찬가지로, 프로젝트를 시작할 때 세부사항 설정을 통해 결정하거나 프로젝트를 만든 후에 디스플레이 템포 항목에서 조정할 수 있습니다. 하지만, 점점 느리게 혹은 점점 빠르게와 같은 템포 변화가 필요할 때는 템포 트랙을 활용합니다. 로직은 템포 변화를 조절하는 라인을 다양하게 설정할 수 있어 다채로운 음악적 템포 변화를 연출할 수 있습니다.

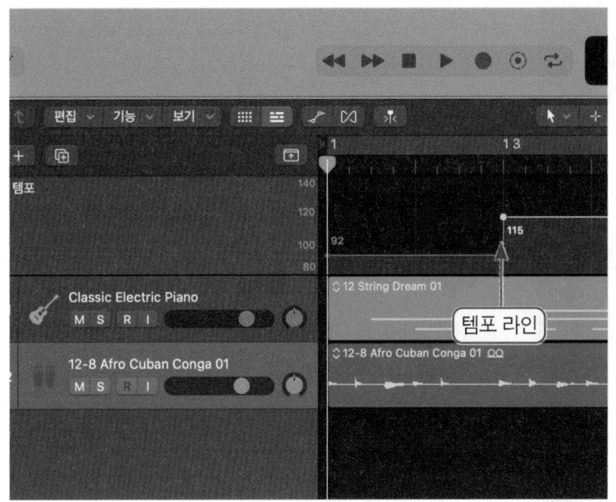

01 템포 트랙에 보이는 라인을 클릭하여 포인트를 만들고, 위/아래로 드래그하여 템포 값을 설정할 수 있습니다. 포인트를 삭제할 때는 더블 클릭합니다.

TIP Control+ Option+Command 키를 누른 상태로 라인을 클릭하면 값을 바로 입력할 수 있습니다.

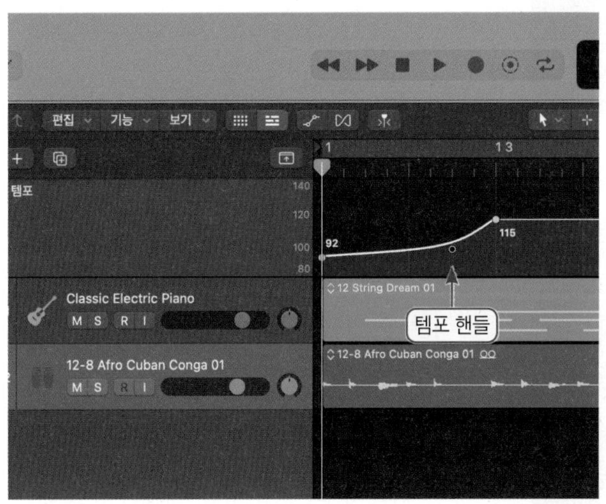

02 포인트 사이의 핸들을 드래그하면 곡선 타입으로 만들 수 있어 점점 느리게와 같이 연속적으로 변하는 템포를 연출할 수 있습니다.

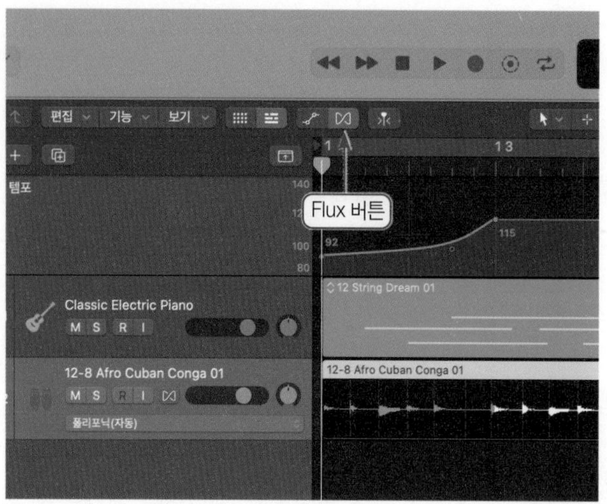

03 로직에서 제공하는 샘플이나 미디 트랙 외에 사용자가 녹음한 트랙의 오디오는 템포가 변경되지 않습니다. 이는 오디오에 플랙스가 적용되어 있지 않기 때문입니다. Command+F 키를 누르거나 프로젝트 도구 바의 Flux 버튼을 클릭합니다.

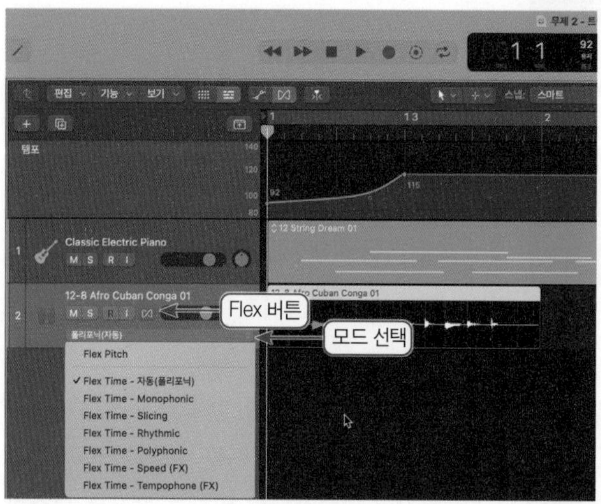

04 트랙에 표시되는 Flex 버튼을 On으로 하고, 오디오 소스에 어울리는 모드를 선택하면 템포가 조정되는 것을 확인할 수 있습니다. 보컬을 비롯한 솔로 악기라면 Monophonic, 코드를 연주하는 기타나 피아노라면 Polyphonic이 적합합니다.

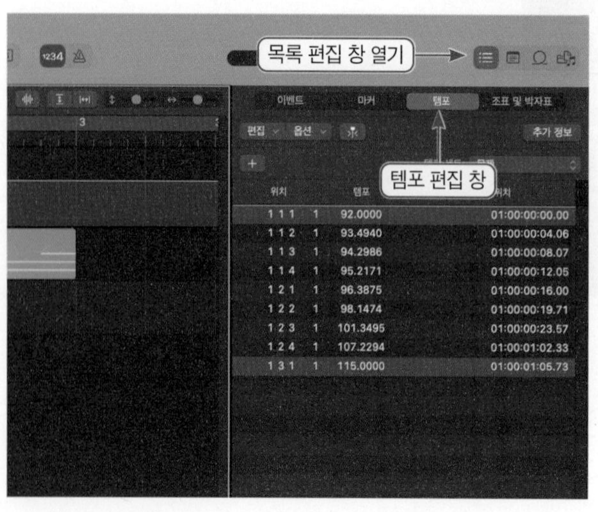

05 목록 편집 창의 템포 탭에서 프로젝트에 입력되어 있는 템포를 일괄적으로 관리할 수 있습니다. 템포 변화가 많은 곡에서 일률적으로 템포를 조정할 필요가 있을 때 유용합니다.

5 비트 매핑 트랙

비트 매핑 트랙은 프리 템포로 연주된 미디 및 오디오 이벤트의 템포를 추출하여 템포 트랙에 기록하는 역할을 합니다. 이미 진행 중인 음악 작업이 있다면, 음질의 변화를 감수하고 소스를 프로젝트의 템포에 맞추는 것이 필요할 수 있습니다. 그러나 새로운 음악을 만들 계획이라면, 프로젝트의 템포를 소스에 맞추어 음질을 유지하는 것이 좋습니다. 비트 매핑 트랙을 사용하면 템포 변화나 외부 샘플의 템포를 쉽게 조정할 수 있어, 음악 작업을 효율적으로 관리할 수 있습니다.

● 실습 프로젝트 : Beat

01 G 키를 눌러 글로벌 트랙을 엽니다. 비트 매핑은 기본적으로 가려져 있습니다. 단축 메뉴의 비트 매핑을 선택하여 표시합니다.

02 비트를 분석할 오디오 리전을 선택하고, 비트 매핑 트랙의 세트 메뉴에서 트랜지언트 분석을 선택합니다.

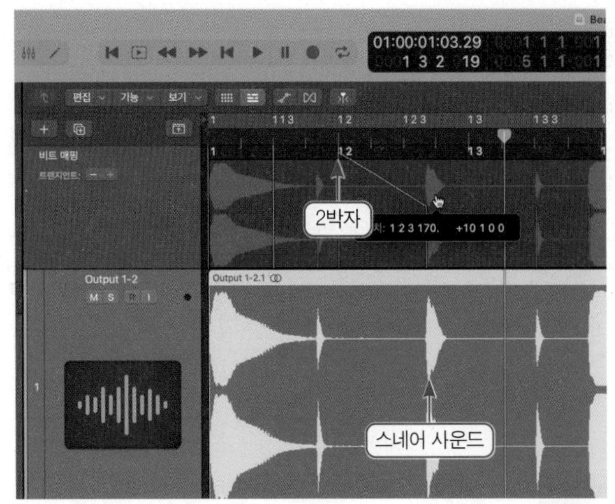

03 오디오 파형이 시작되는 위치마다 트랜지언트 라인이 생성됩니다. 스페이스 바 키를 눌러 재생해보면서 비트 매핑 눈금자의 2박자 라인을 드래그하여 스네어 연주에 맞춥니다.

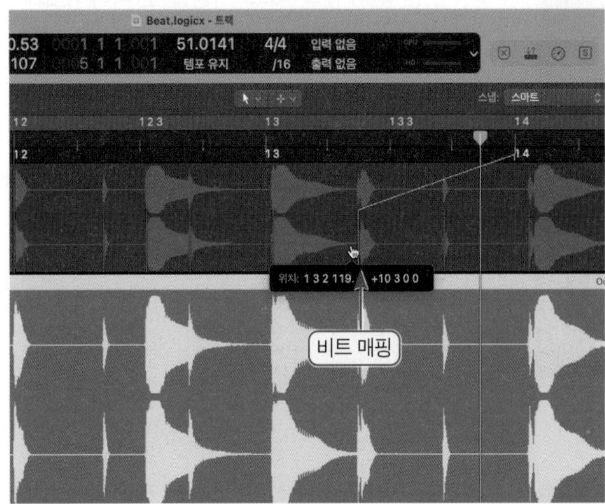

04 기준 비트는 정해졌습니다. 이 과정을 반복하면서 비트를 매핑시킵니다. 템포 변화가 심하지 않은 경우라면 마디 단위로 맞추어도 충분합니다.

05 비트 매핑 작업이 끝나면 템포 트랙은 자동으로 설정되며, 애플 루프를 가져다 놓으면 프로젝트 템포에 맞추어 연주되게 할 수 있습니다.

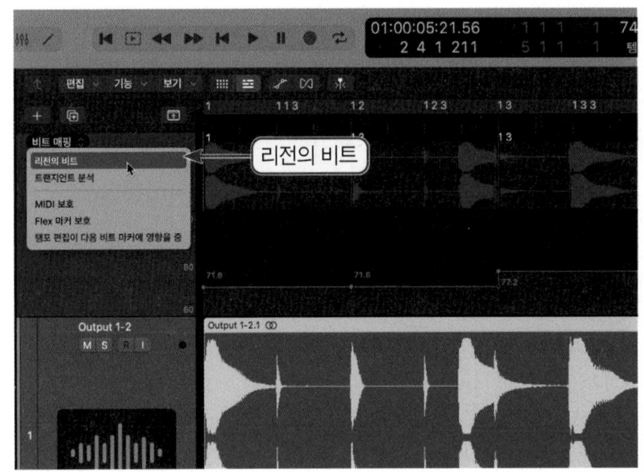

06 드럼 연주와 같이 트랜지언트가 분명한 리전은 비트 매핑을 자동으로 수행할 수 있습니다. 비트 매핑 메뉴에서 리전의 비트를 선택합니다.

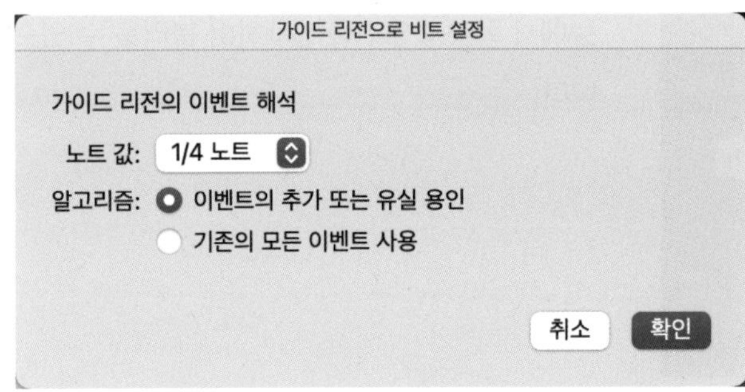

07 비트 생성 단위를 결정하는 노트 값 및 알고리즘을 선택합니다.

- **이벤트의 추가 또는 유실 용인** : 오직 템포 관련 트랜지언트만 비트 매핑에 사용됩니다. 대체적으로 템포가 일정한 리전에서 좋은 결과를 만들며, 급격한 템포 변경을 방지합니다.
- **기존의 모든 이벤트 사용** : 감지된 모든 트랜지언트가 비트 매핑에 사용됩니다. 이 옵션은 수동으로 시작 위치 다운 비트를 설정해 놓고 실행하는 것이 좋은 결과를 만듭니다.

그 외, 비트 매핑 메뉴의 역할은 다음과 같습니다.

- **트랜지언트** +/- : 트랜지언트 분석으로 생성된 라인을 증/감 합니다. 트랜지언트의 수가 증가하면, 비트 매핑 리전이 분명하지 않은 악센트를 가지고 있을 때 유용합니다. 그러나 높은 설정 값은 리듬 구조에 실제로 의미가 없는 트랜지언트가 표시될 수도 있습니다. 일반적으로 낮은 설정 값에서 시작하여 트랜지언트에 분명한 리듬 요소가 빠져있는 경우에만 조금씩 증가시킵니다.
- **MIDI 보호** : 오디오 리전을 비트 매핑할 때 MIDI 이벤트를 현재 눈금자 위치에 유지합니다.
- Flex **보호** : MIDI 리전을 비트 매핑할 때에도 Flex 마커를 현재 눈금자 위치에 유지합니다.
- **템포 편집이 다음 비트 마커에 영향을 줌** : 비트 마커를 편집할 때 다음 트랜지언트 마커를 유지합니다.

6 동영상 트랙

로직은 QuickTime Player에서 재생 가능한 MOV, MP4 등의 표준 영상 파일을 불러와 동기 작업을 진행할 수 있습니다. 이는 고가의 영상 동기화 장비 없이도 영상 음악 작업을 효율적으로 수행할 수 있음을 의미합니다. 또한, 완성된 음악을 Final Cut Pro로 쉽게 전송할 수 있어 작업 흐름을 더욱 효율적으로 관리할 수 있으며, 클라이언트에게도 호환성을 보장하여 작업 프로세스를 원활하게 유지할 수 있습니다.

동영상 열기

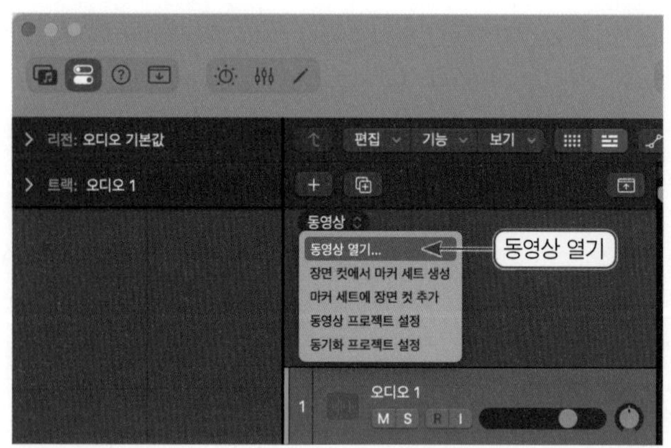

01 영상은 파일 메뉴의 동영상에서 동영상 열기를 선택하거나 동영상 트랙 메뉴에서 동영상 열기를 선택하여 불러올 수 있습니다.

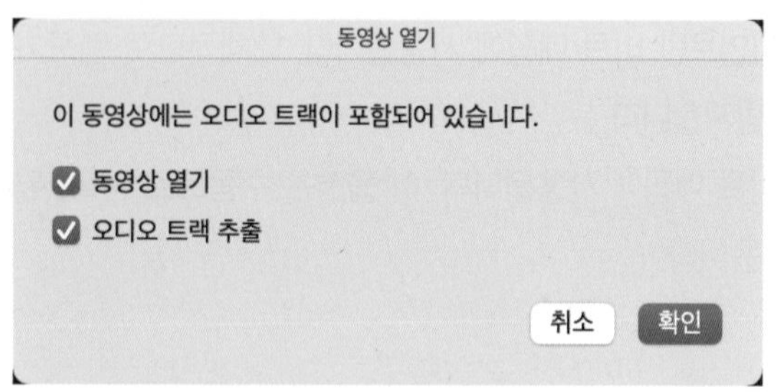

02 동영상에 포함되어 있는 사운드 트랙을 추출하여 오디오 트랙을 만들 것인지를 선택할 수 있는 창이 열립니다. 필요한 경우 체크되어 있는 상태로 엽니다.

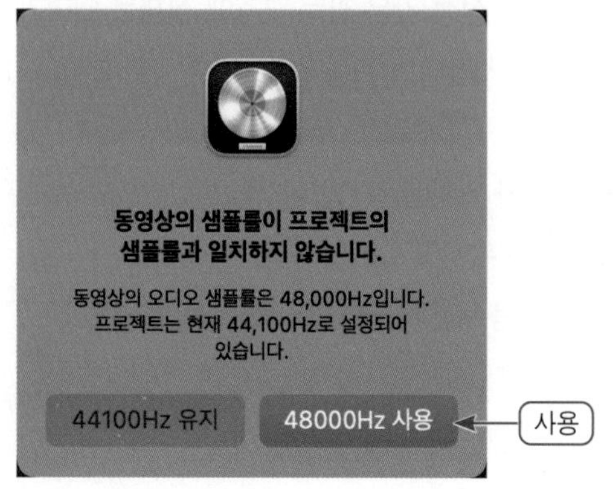

03 오디오 트랙을 추출할 때 현재 프로젝트의 샘플률 설정과 다른 경우 프로젝트 환경을 변경할 것인지를 묻는 창이 열립니다. 사용을 선택하여 동영상의 샘플률로 프로젝트 설정이 변경되게 합니다.

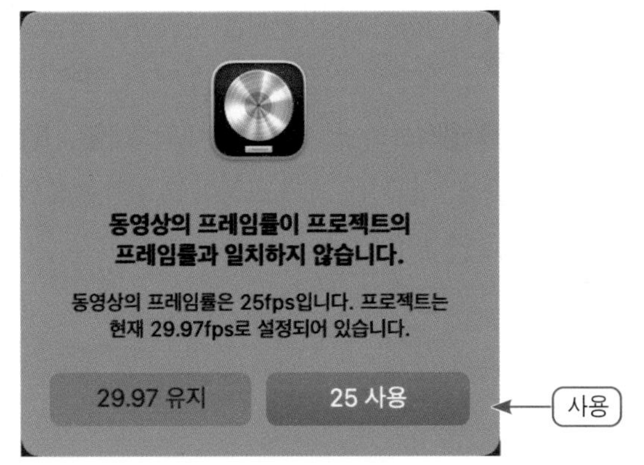

04 영상 프레임률과 프로젝트 설정이 다른 경우 프로젝트 설정 창이 열립니다. 동영상 프레임률을 사용합니다.

TIP 프레임은 1초에 재생되는 필름 수를 말합니다.

05 동영상 창은 경계선을 드래그하여 크기를 조정할 수 있으며, 단축 메뉴에서 원본 크기로 되돌리거나 2x 크기로 확대 또는 0.5 크기로 축소할 수 있습니다.

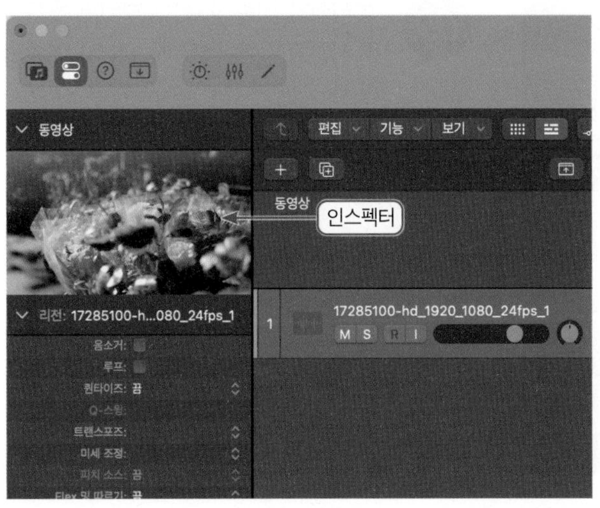

06 동영상 창을 닫으면 인스펙터 창에 표시되며, 더블 클릭하여 다시 열 수 있습니다.

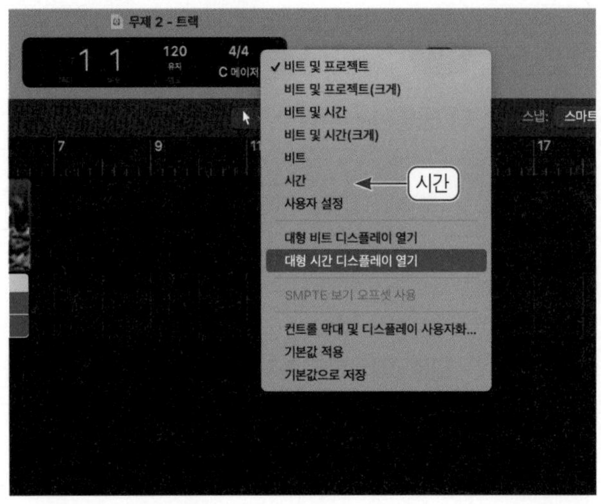

07 영상은 타임 단위를 사용하여 작업합니다. 디스플레이 메뉴에서 비트 및 시간을 선택하여 표시되게 합니다. 대형 시간 디스플레이 열기는 크기 조정이 가능한 별도의 창으로 엽니다.

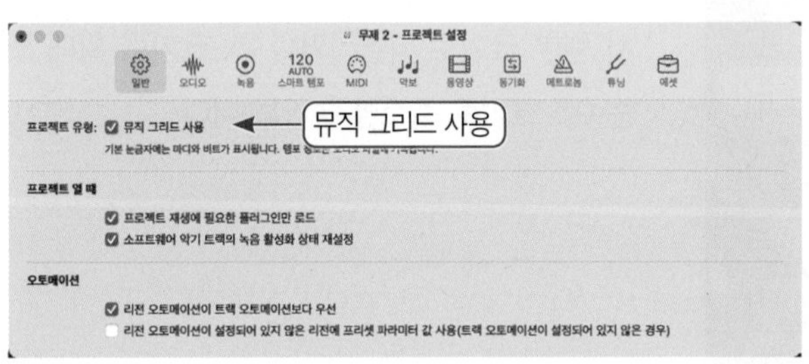

08 눈금자를 시간 단위로 표시하고 싶은 경우에는 파일 메뉴의 프로젝트 설정에서 일반을 선택하여 창을 열고, 프로젝트 유형의 뮤직 그리드 사용 옵션을 해제합니다.

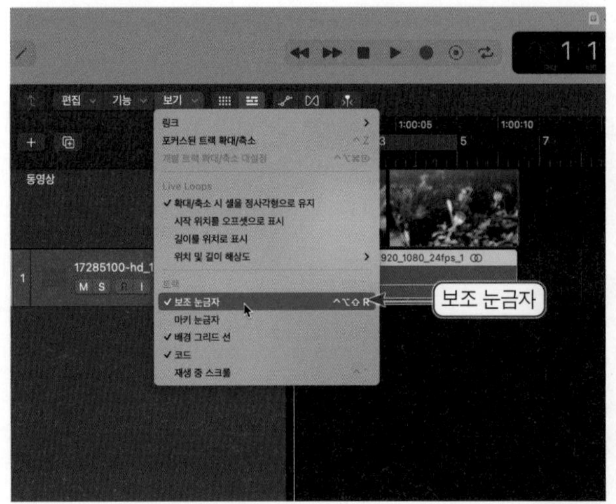

09 눈금자에 비트 및 시간 단위를 동시에 표시하고 싶은 경우에는 보기 메뉴의 보조 눈금자를 선택합니다. 일반적으로 이 옵션을 주로 사용합니다.

동기화

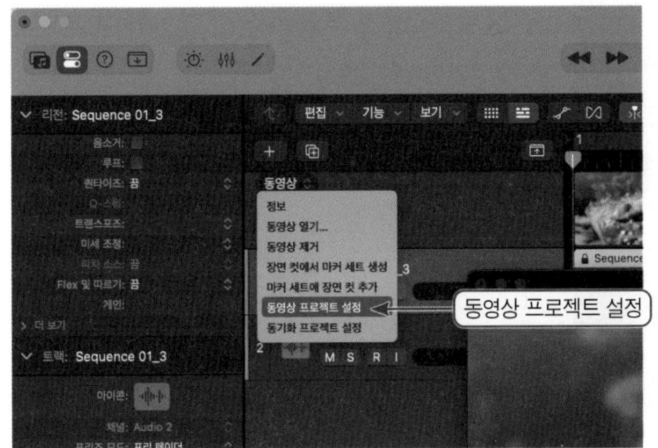

01 상업 영상은 타임 코드가 기록되어 있으며, 0에서 시작하지 않는 경우가 많습니다. 작업 영상이 풀 영상의 일부라면 동영상 트랙 메뉴에서 동영상 프로젝트 설정을 선택합니다.

02 동영상의 위치를 설정할 수 있는 창이 열립니다. 영상의 시작 타임으로 설정하여 맞춥니다.

03 동영상 창에서 단축 메뉴를 열고, 동영상 리전을 프로젝트 시작 지점으로 이동시켜 작업을 진행합니다.

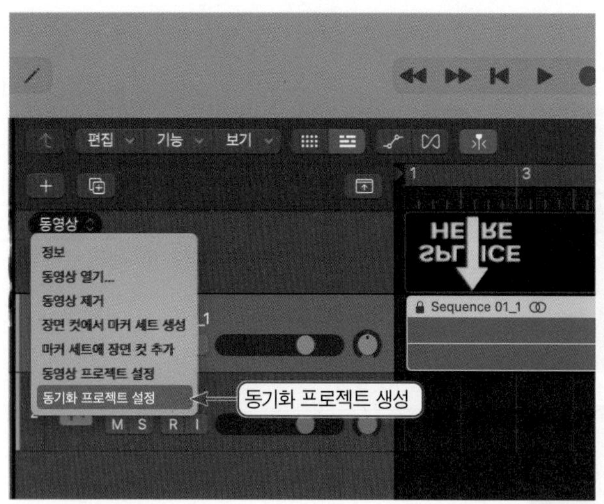

04 카운트 영상 등의 오프셋 타임으로 프로젝트와 영상 타임이 다른 경우도 있습니다. 동영상 트랙 메뉴의 동기화 프로젝트 설정을 선택합니다.

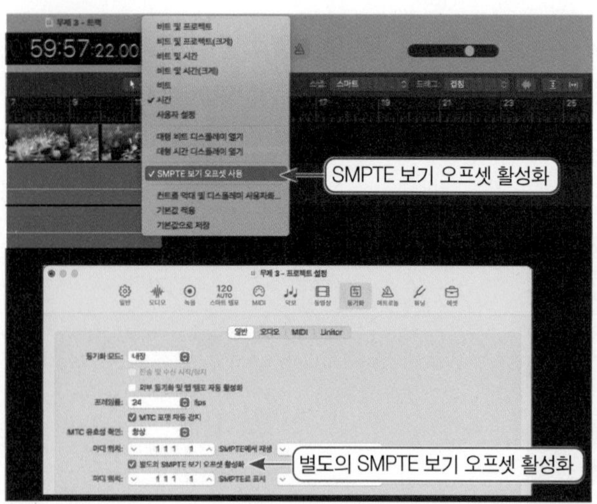

05 별도의 SMPTE 보기 오프셋 활성화 옵션을 체크하고, 타임 코드를 일치되게 조정합니다. 그리고 타임 디스플레이의 SMPTE 보기 오프셋 사용을 선택합니다.

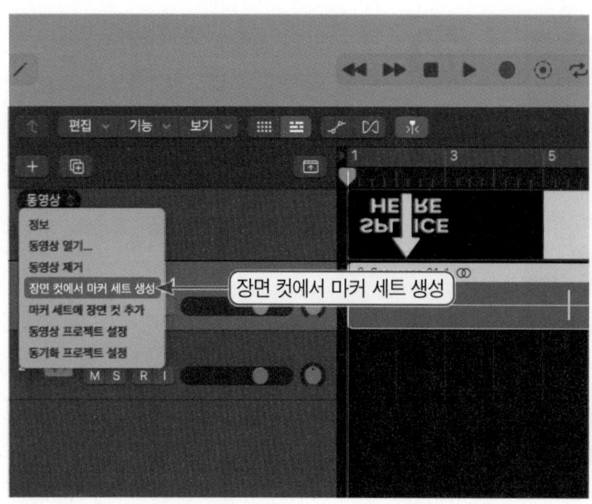

06 영상 음악은 씬(Scene) 별로 진행하는 경우가 많으며 동영상 트랙 메뉴의 장면 컷에서 마커 세트 생성을 선택하면 장면마다 마커를 생성할 수 있습니다.

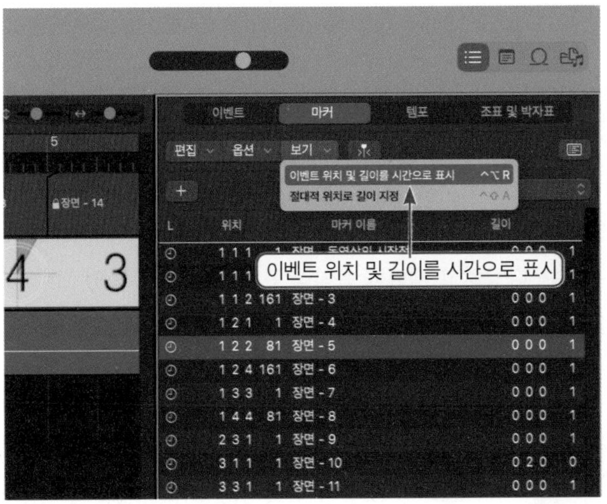

07 생성된 마커는 목록 편집 창의 마커 탭에서 확인할 수 있으며, 보기 메뉴의 이벤트 위치 및 길이를 시간으로 표시를 선택하여 시간 단위로 표시할 수 있습니다.

08 장면 마커는 L 칼럼에 시계 모양으로 표시되며, 템포에 상관없이 절대적 위치를 유지합니다. 편집이 필요한 경우 단축 메뉴를 열고, 표준 마커로 변환합니다.

09 로직의 작업 프로젝트를 영상 편집 프로그램인 파이널 컷 프로에서 그대로 사용할 수 있습니다. 작업한 리전을 선택하고 Command+U 키를 눌러 사이클 구간으로 설정합니다. 그리고 파일 메뉴의 내보내기에서 프로젝트를 Final Cut Pro XML로 저장합니다.

7 코드 트랙

로직은 글로벌 코드 트랙과 개별 세션 플레이어 리전에서 코드를 자유롭게 활용할 수 있습니다. 코드 트랙에 코드를 추가하면 해당 코드를 기반으로 하는 모든 세션 플레이어들이 연주됩니다. 코드를 수정하면 세션 플레이어들의 연주가 실시간으로 변경됩니다. 각 세션 플레이어 리전에서는 코드 트랙과는 다른 코드를 사용하여 다양한 연주 스타일을 구현할 수 있습니다. 이러한 기능을 통해 사용자는 다양하고 세밀한 음악적 표현을 시도할 수 있으며, 각 프로젝트의 부분에서 창의적인 작업을 쉽게 할 수 있습니다.

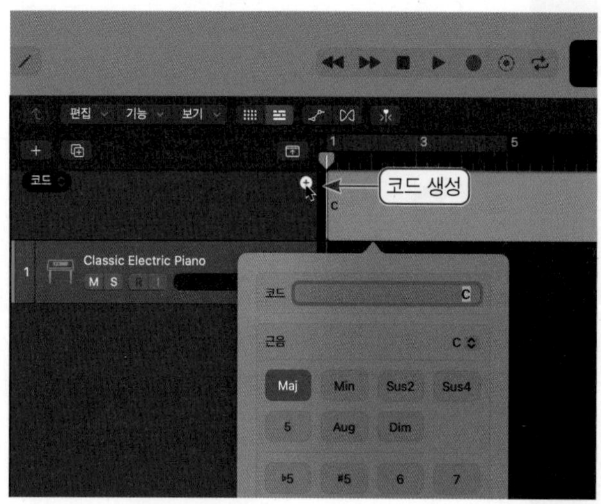

01 코드는 코드 트랙의 생성 버튼 또는 연필 도구를 이용해서 입력할 수 있습니다. 생성 버튼은 마디 단위로 입력되며, 연필 도구를 이용하면 원하는 위치에 자유롭게 입력할 수 있습니다.

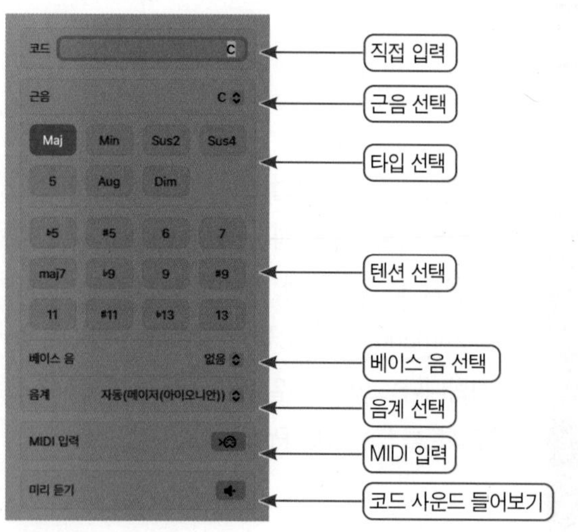

02 코드 항목에 코드를 직접 입력하거나 MIDI 입력 버튼을 활성화하여 마스터 건반을 누르는 방법 외에 근음 및 타입, 그리고 텐션과 베이스 음을 선택하여 코드를 만드는 방법이 있습니다. 텐션은 두 가지 이상의 조합이 가능하며, 음계는 자동으로 설정됩니다. Tab 키를 눌러 다음 마디로 이동할 수 있습니다.

TIP 5 타입은 3음이 생략된 파워 코드입니다.

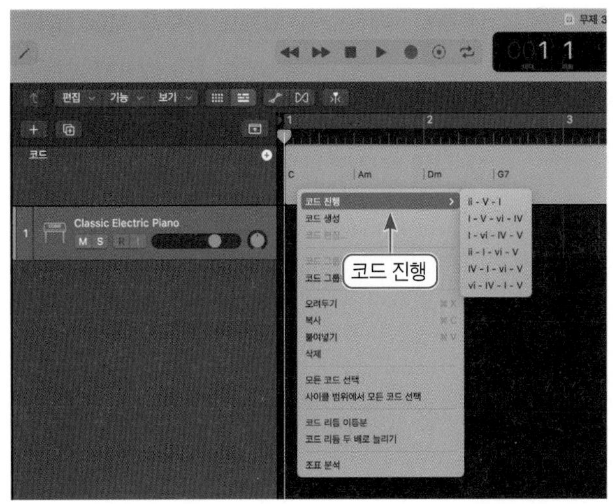

03 로직은 머니 코드라고 불리는 팝에서 많이 사용되는 기본 진행을 제공하며 단축 메뉴의 코드 진행에서 선택하여 입력할 수 있습니다. 입력 코드는 더블 클릭으로 수정할 수 있습니다.

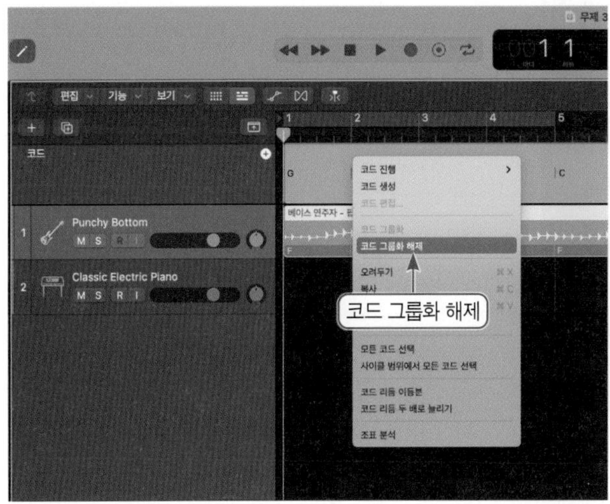

04 Tab 키를 이용하여 코드를 입력하고 return 키를 눌러 완료할 때까지 입력된 코드는 그룹으로 묶여 한 번에 이동 및 복사 등의 편집 작업이 가능합니다. 개별 편집이 필요한 경우라면 단축 메뉴의 코드 그룹화 해제를 선택하여 개별 마커로 만들 수 있습니다.

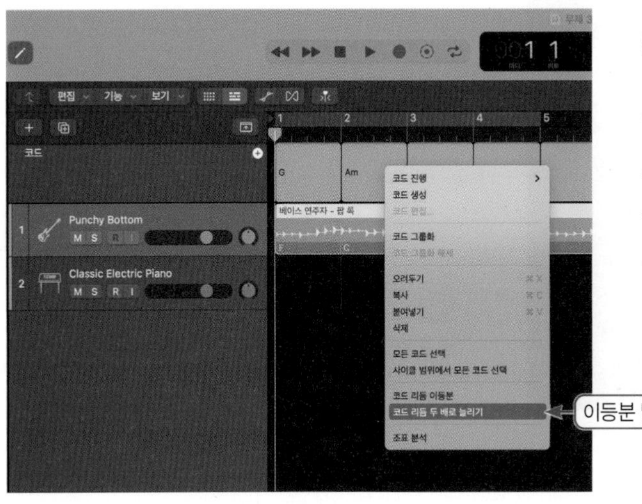

05 한 마디 간격으로 입력된 코드는 단축 메뉴의 코드 리듬 이등분을 선택하여 2마디 간격으로 늘리거나 코드 리듬 두 배로 늘리기를 선택하여 2박자 단위로 줄일 수 있습니다.

06 베이스 및 키보드 연주자 세션 플레이어의 연주는 코드 트랙을 따라 연주되며, 트랙을 만들 때 새로운 리전에 기본 코드 진행 사용 옵션을 체크하여 만들 수 있습니다.

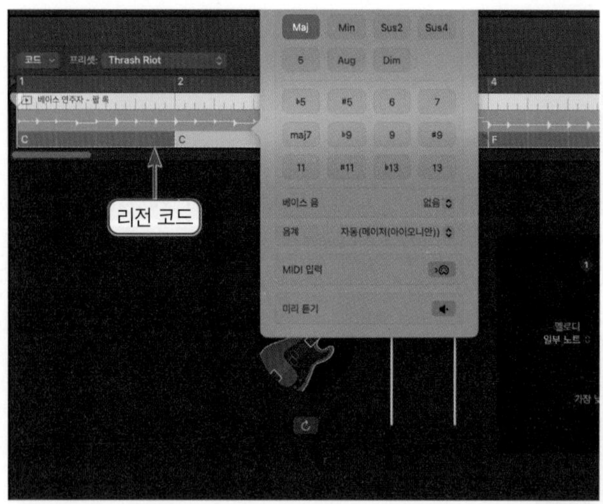

07 베이스 및 키보드 연주자 리전은 편집 창에서 코드 트랙과 동일한 방식으로 코드를 입력할 수 있습니다. 이것을 리전 코드라고 합니다.

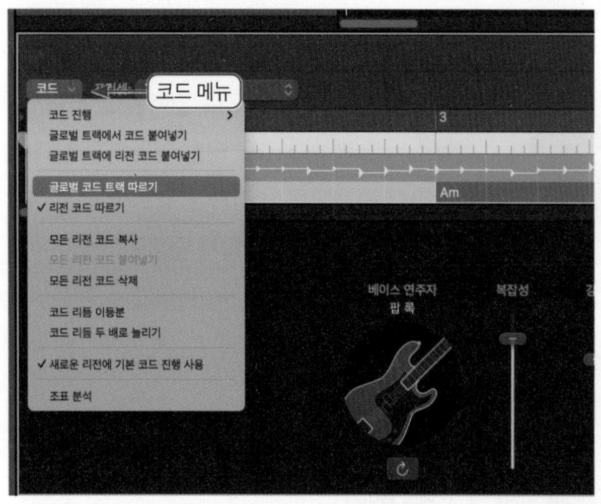

08 리전 코드가 입력되어 있는 경우 리전 인스펙터 창의 피치 소스 또는 리전 편집 창의 코드 메뉴에서 리전이 글로벌 코드로 연주되게 할 것인지, 리전 코드로 연주되게 할 것인지를 선택할 수 있습니다.

TIP 코드 트랙은 미디 트랙으로 드래그하여 이벤트를 생성할 수 있고 보이싱 및 패턴을 편집하여 사용자만의 연주를 만들 수 있습니다.

폴더 스택

컴퓨터 학습을 시작하면 폴더라는 용어를 자주 듣게 됩니다. 폴더는 책상 서랍과 비교될 때, 같은 종류의 물건들을 모아 정리하는 방식을 생각하게 합니다. 중요한 문서는 첫 번째 서랍에 보관하고, 각종 문서는 두 번째 서랍에 나누어 보관하면 나중에 필요할 때 물건을 찾기 쉽고 관리하기도 편리합니다. 로직에서도 이러한 폴더 개념을 도입하여 비슷한 종류의 트랙을 분류하고 관리할 수 있는 폴더 트랙을 제공합니다.

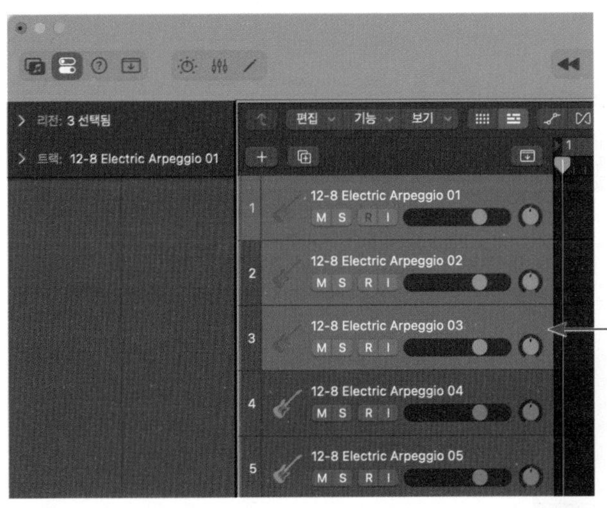

01 폴더로 관리하고 싶은 트랙을 Shift 키를 누른 상태로 선택합니다. 폴더 트랙으로 많이 사용하는 소스는 여러 트랙으로 나누어 작업을 하는 드럼 연주가 많습니다.

02 기능 메뉴의 폴더에서 폴더 패킹 또는 테이크 폴더 패킹을 선택합니다. 폴더 패킹은 단순히 폴더로 구성하는 것이고, 테이크 폴더 패킹은 선택한 트랙을 테이크로 묶어 마음에 드는 구간만 재생할 수 있는 테이크 작업을 진행할 수 있게 합니다.

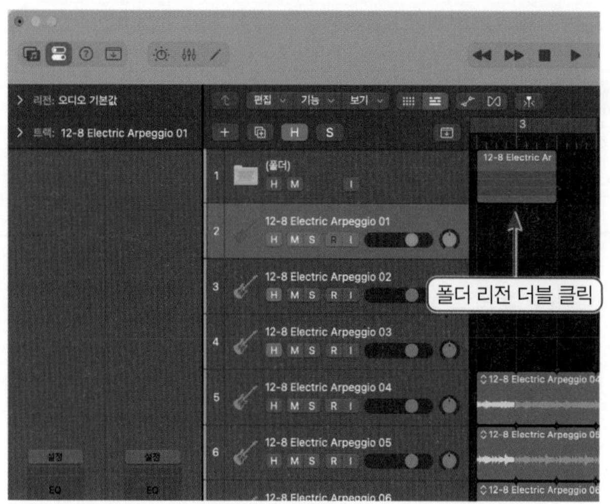

03 폴더 트랙의 리전은 하나의 리전과 동일한 편집을 적용할 수 있으며, 개별적인 편집이 필요한 경우에는 폴더 리전을 더블 클릭합니다.

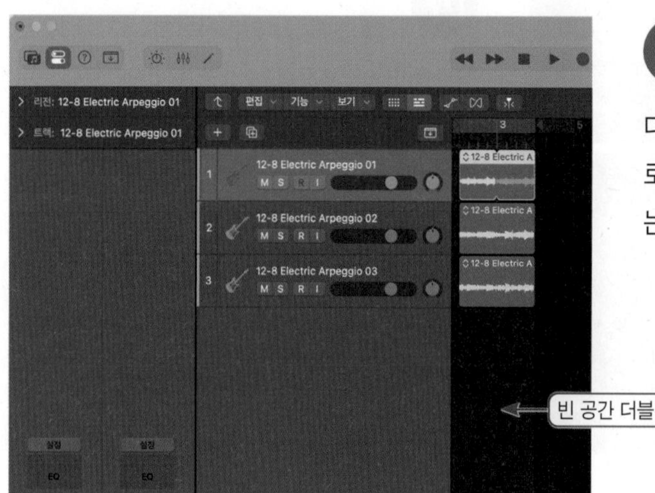

04 폴더 리전을 더블 클릭하여 열었을 때의 모습은 프로젝트 패널과 동일합니다. 즉, 프로젝트의 모든 편집 기능을 개별적으로 적용할 수 있습니다. 폴더 트랙을 벗어날 때는 빈 공간을 더블 클릭합니다.

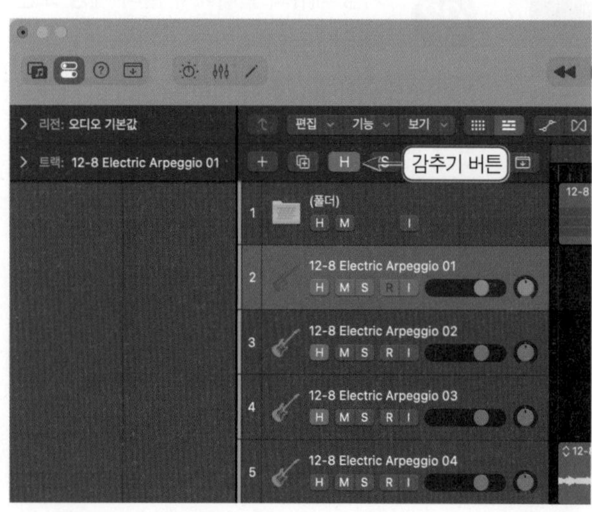

05 폴더로 리전을 이동시켜 비어 있게 된 트랙은 감추기 버튼을 클릭하여 트랙 헤더에 H 버튼이 표시되게 하고, 이것을 On으로 하여 감출 수 있습니다.

> **TIP** 글로벌 트랙의 Hide 버튼은 Control+H 키를 눌러 표시할 수 있습니다.

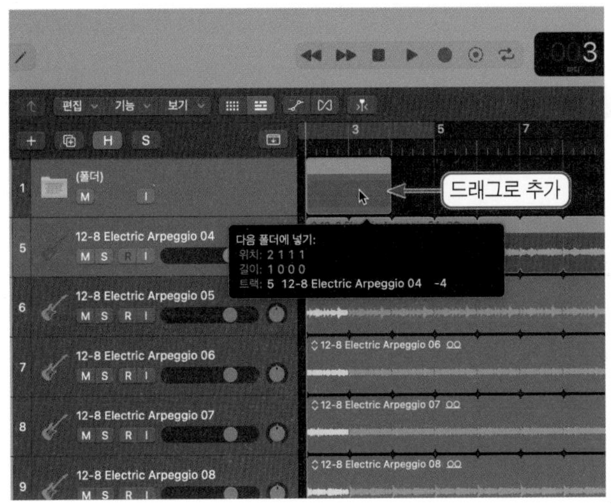

06 폴더에 새로운 리전을 추가할 때는 리전을 폴더 리전으로 드래그하여 가져다 놓은 동작으로 수행할 수 있습니다.

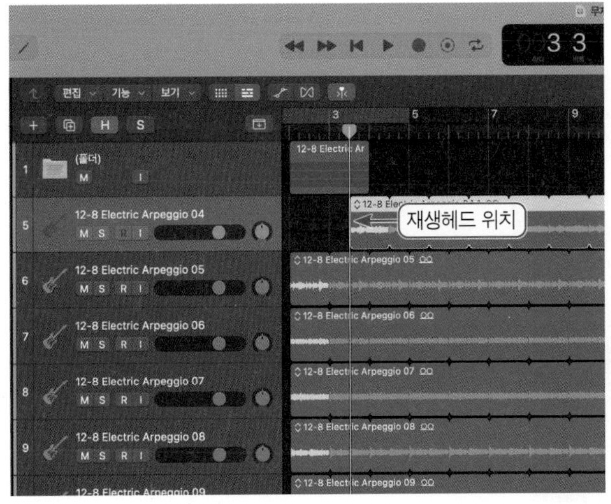

07 폴더 리전에서 분리하고 싶은 리전은 Command+X 키를 눌러 잘라내고, Command+V 키를 눌러 프로젝트로 이동시키는 방법을 이용합니다. 이때 선택된 트랙과 재생헤드 위치로 이동되므로, 주의하기 바랍니다.

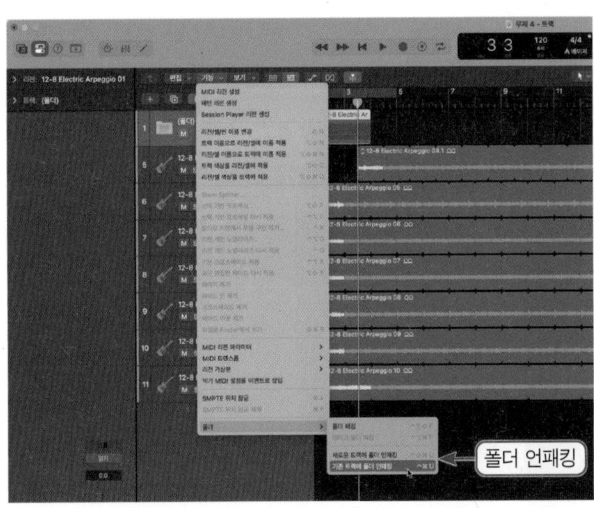

08 폴더를 해제할 때는 기능 메뉴 폴더에서 폴더 언패킹을 선택합니다. 새로운 트랙으로 해제하는 새로운 트랙에 폴더 언패킹과 기존 트랙으로 해제하는 기존 트랙에 폴더 언패킹의 두 가지 메뉴를 제공합니다.

서밍 스택

트랙 스택은 여러 트랙을 하나로 모아 놓는 폴더 트랙과 비슷하지만, 몇 가지 중요한 차이가 있습니다. 폴더는 여러 트랙을 하나의 그룹으로 묶어 관리하는 역할을 하지만, 스택은 여러 트랙을 하나의 트랙에서 서로 다른 방식으로 조작할 수 있습니다. 이러한 기능 덕분에 스택을 사용하여 서로 다른 음색을 합성하거나 각기 다른 미디 이펙트를 적용하여 창의적이고 독특한 연주 스타일을 만들어 낼 수 있습니다.

● 실습 프로젝트 : Give

01 샘플 프로젝트를 열고, 재생을 해보거나 마스터 건반에서 코드를 눌러보면, 리듬과 아르페지오 연주가 동시에 이루어진다는 것을 확인할 수 있습니다.

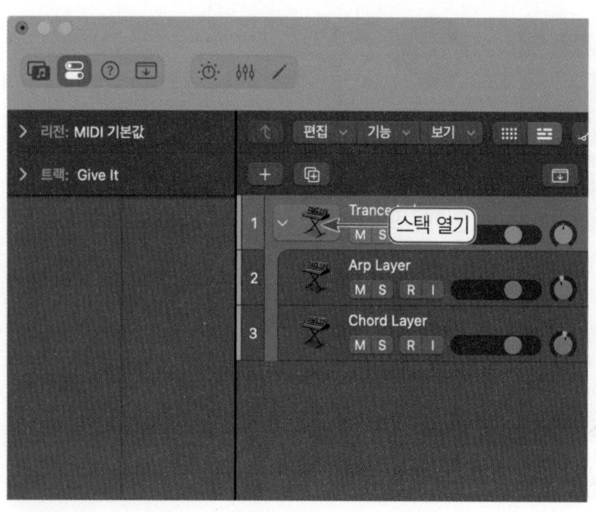

02 이것은 아르페이오와 코드 패턴 연주의 미디 이펙트가 적용된 두 개의 트랙을 하나로 모아놓았기 때문입니다. 트랙 아이콘의 작은 삼각형을 클릭하면 두 개의 하위 트랙을 확인할 수 있습니다.

03 미디 이펙트에 관한 것은 해당 학습편에서 살펴보기로 하고, 여기서는 트랙을 모아놓는 스택 기능만 살펴보겠습니다. 트랙 리스트 빈 공간을 더블 클릭하여 두 개의 트랙을 추가하고, 하나는 Piano 음색, 또 하나는 Studio Strings 패치를 선택합니다.

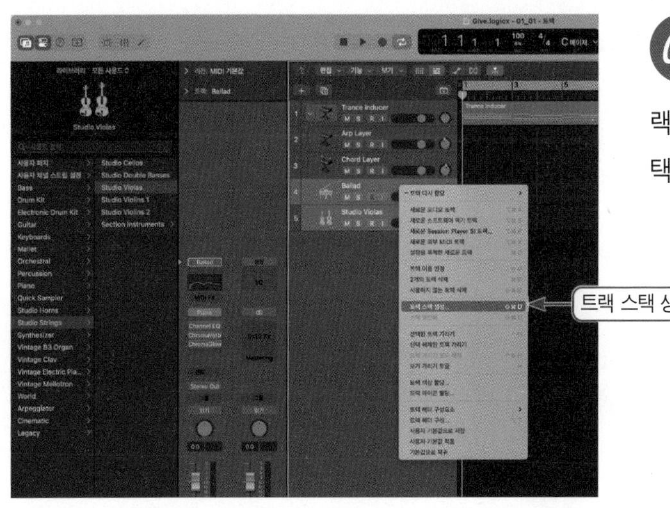

04 Command 키를 누른 상태로 새로 추가한 Piano 트랙과 Studio Strings 트랙을 선택합니다. 그리고 단축 메뉴의 트랙 스택 생성을 선택합니다.

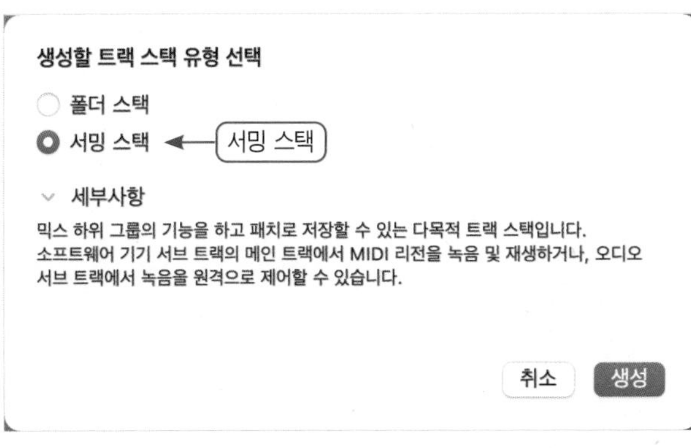

생성할 트랙 스택 유형 선택
폴더 스택
서밍 스택
서밍 스택
세부사항
믹스 하위 그룹의 기능을 하고 패치로 저장할 수 있는 다목적 트랙 스택입니다.
소프트웨어 기기 서브 트랙의 메인 트랙에서 MIDI 리전을 녹음 및 재생하거나, 오디오 서브 트랙에서 녹음을 원격으로 제어할 수 있습니다.
취소
생성

05 폴더로 모을 것인지, 써밍으로 모을 것인지를 선택할 수 있는 창이 열립니다. 서밍 스택이 선택되어 있는 상태에서 생성 버튼을 클릭합니다. 피아노와 스트링이 합성된 악기 트랙이 완성되는 것입니다.

> **TIP** 서밍 스택을 또 다른 서밍 스택과 함께 그룹화할 수 있습니다.

Logic Pro 11

04 PART

이벤트 입력하기

음악 작업은 연주 이벤트를 입력하는 것으로 시작합니다. 로직은 마이크와 라인 입력을 통해 오디오를 레코딩하고, 마스터 건반이나 마우스 및 키보드를 이용하여 미디를 입력하는 전통적인 방법 외에 이미 만들어진 샘플을 활용할 수 있는 세션 플레이어와 애플 루프를 제공하여 보다 손쉽게 완성도 높은 음악을 제작할 수 있습니다.

Drummer

로직은 실제 연주자를 섭외하여 녹음하는 것과 유사한 방식으로 음악을 만들 수 있는 세션 플레이어 트랙을 제공합니다. 이 기능을 통해 드럼, 베이스, 키보드 연주자의 역할을 시뮬레이션할 수 있어 음악 작업을 절반 이상 완성된 상태에서 시작할 수 있습니다. 세션 플레이어를 효과적으로 활용하기 위해서는 연주자를 섭외할 때처럼 코드와 편곡 트랙을 미리 준비하는 것이 좋습니다. 이렇게 하면 작업의 흐름을 더욱 원활하게 이어나갈 수 있습니다.

1 트랙 및 리전 만들기

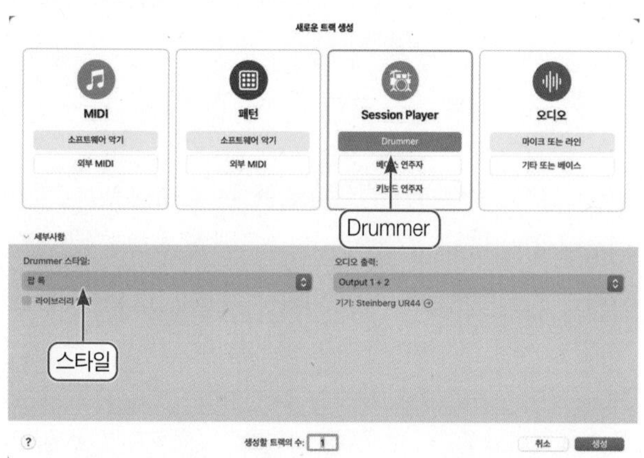

01 드러머 트랙은 새로운 트랙 생성 창에서 Session Player의 Drummer를 선택하여 만들 수 있습니다. 드러머는 어쿠스틱, 일렉트로닉, 타악기 스타일별로 선택할 수 있으며, 트랙을 만든 후에도 변경 가능합니다.

에디터 창

02 드러머 트랙을 만들면 8마디 패턴의 연주가 기록되어 있는 드러머 리전이 생성되며, 아래쪽에는 연주 스타일을 변경할 수 있는 에디터 창이 열립니다. 에디터 창은 E 키를 눌러 열거나 닫을 수 있습니다.

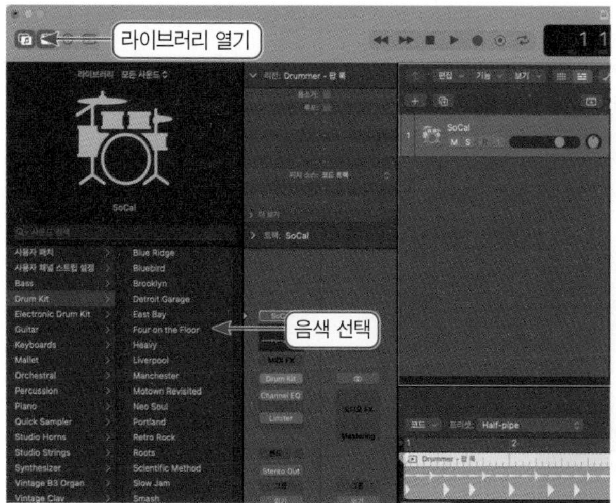

03 어쿠스틱 드러머가 사용하는 악기는 Drums Kit이며 음색은 컨트롤 바의 라이브러리 버튼 또는 Y 키를 눌러 창을 열고 선택하여 변경할 수 있습니다.

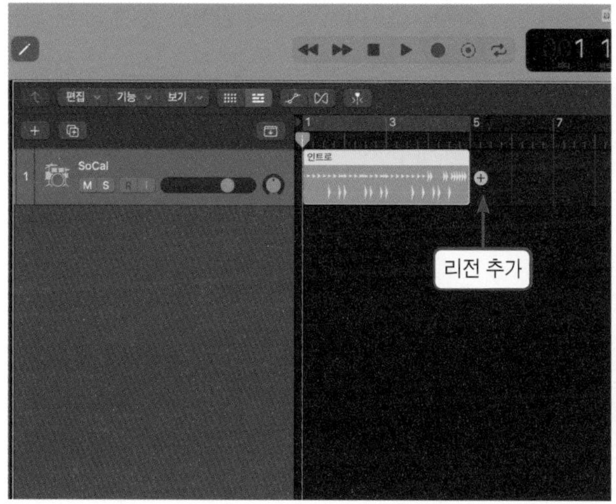

04 리전 오른쪽에 마우스를 가져가면 + 버튼이 보이며, 클릭하여 추가할 수 있고, 백 스페이스 또는 Delete 키로 선택한 리전을 삭제할 수 있습니다.

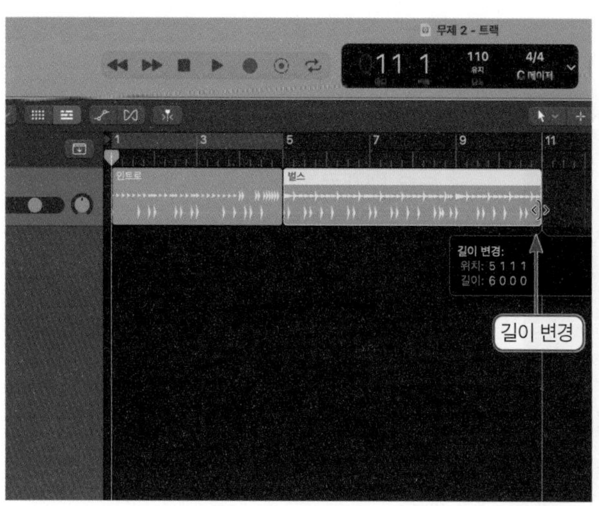

05 추가되는 리전은 8마디 길이이며, 오른쪽 끝 부분을 드래그하여 길이를 조정할 수 있습니다.

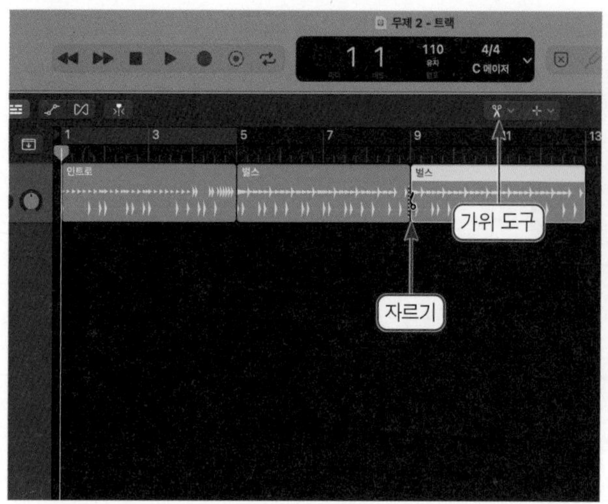

06 리전을 둘로 나눌 때는 가위 도구를 이용해도 좋고, Command 버튼에 기본적으로 할당 되어 있는 마키 도구를 이용해도 좋습니다. Command+T 키를 눌러 재생헤드 위치를 자를 수도 있습니다.

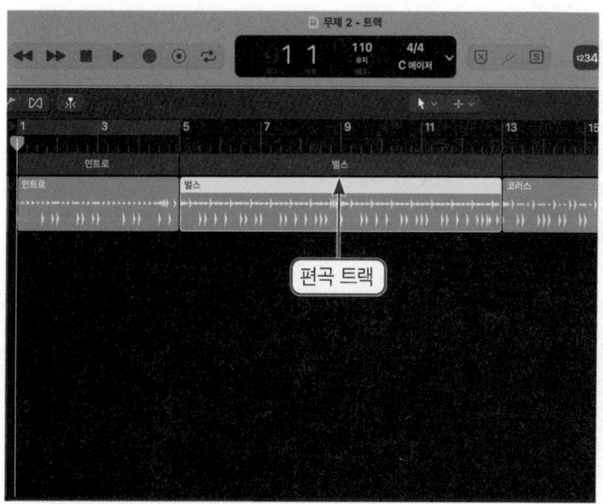

07 드러머 트랙을 만들기 전에 편곡 트랙을 만들어 놓은 경우에는 각 세션에 어울리는 스타일로 연주되는 드러머 리전이 생성됩니다.

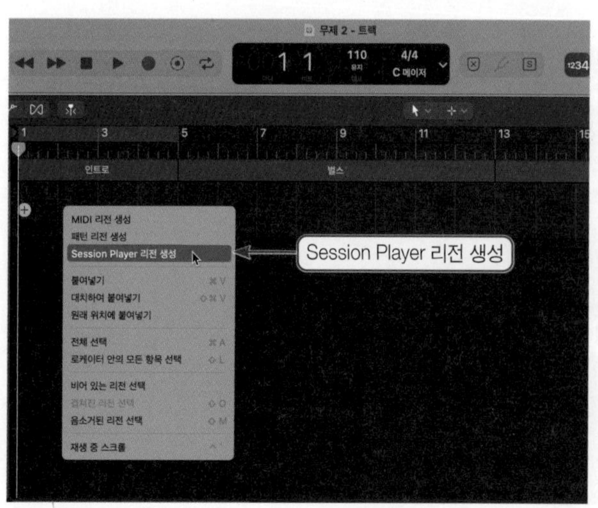

08 편곡 트랙을 나중에 만든 경우라면 기본으로 생성된 리전을 삭제하고 마우스 오른쪽 버튼을 클릭하여 Session Player 리전 생성 메뉴로 새롭게 만들 수 있습니다. 아예 드러머 트랙을 새로 만들어도 됩니다.

2 드러머 편집 창

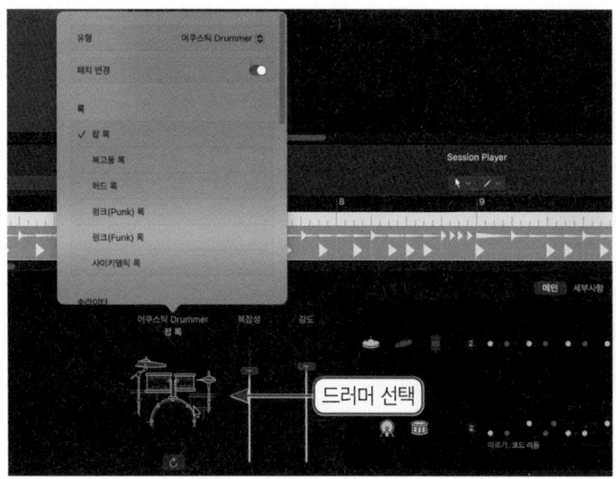

01 기본적으로 생성되는 드러머는 록 스타일의 팝 록이며, 편집 창의 드럼 그림을 클릭하면 송라이터, 얼터네이티브, R&B 스타일의 드러머를 선택할 수 있습니다.

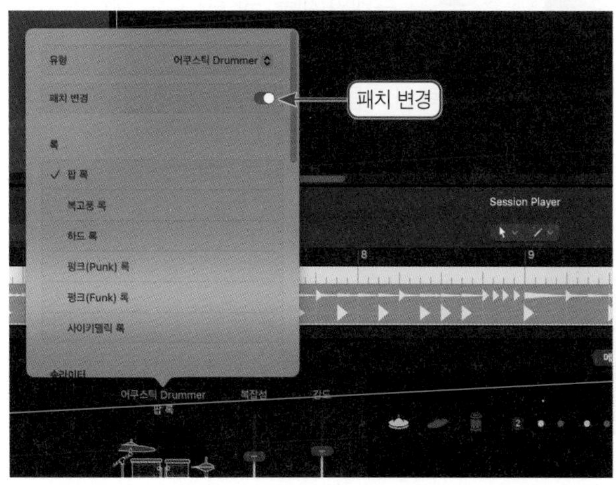

02 드러머를 변경하면 음색도 함께 변경됩니다. 음색을 유지하고 싶은 경우에는 메뉴 상단의 패치 변경 스위치를 끕니다. 트랙의 유형을 변경할 수 있는 메뉴도 제공되고 있습니다.

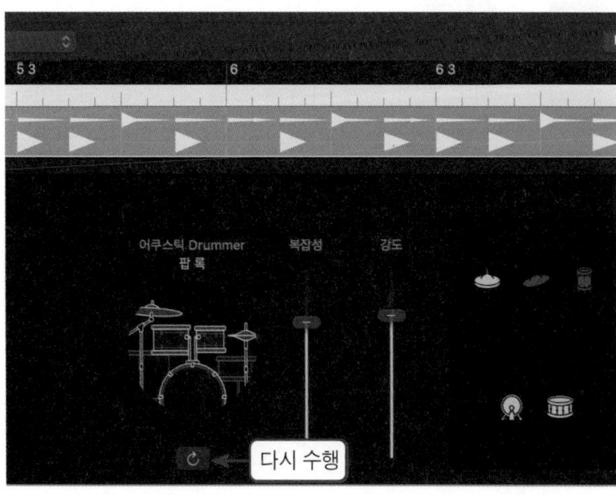

03 같은 드러머라도 다시 수행 버튼을 클릭하여 연주 스타일을 변형시킬 수 있으며, 버튼을 클릭할 때 마다 달라집니다.

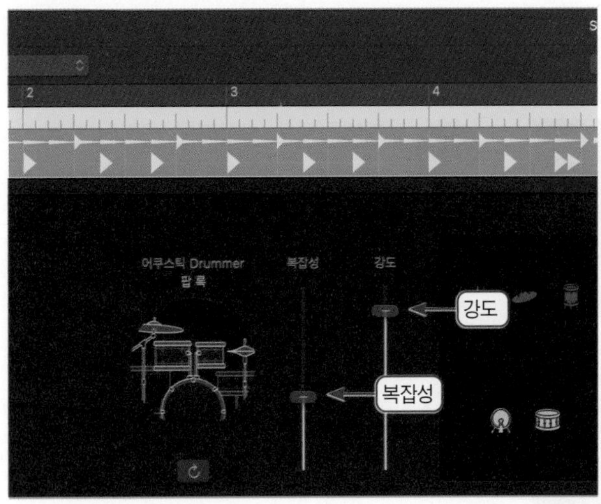

04 복잡성과 강도 슬라이더는 실제 연주자에게 "좀 더 심플하게 연주해주세요" , "조금 세게 연주해주세요" 등을 요구하듯이 연주의 복잡성과 강도를 조절합니다.

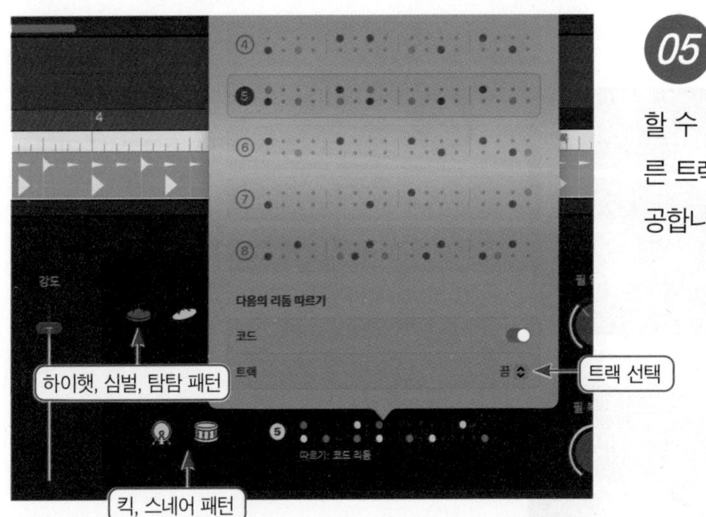

05 패턴 항목은 하이햇, 심벌, 탐탐, 킥, 스네어 개별 악기의 연주 패턴을 변경할 수 있습니다. 킥과 스네어 패턴은 코드 및 다른 트랙의 리듬을 따를 수 있게 하는 메뉴를 제공합니다.

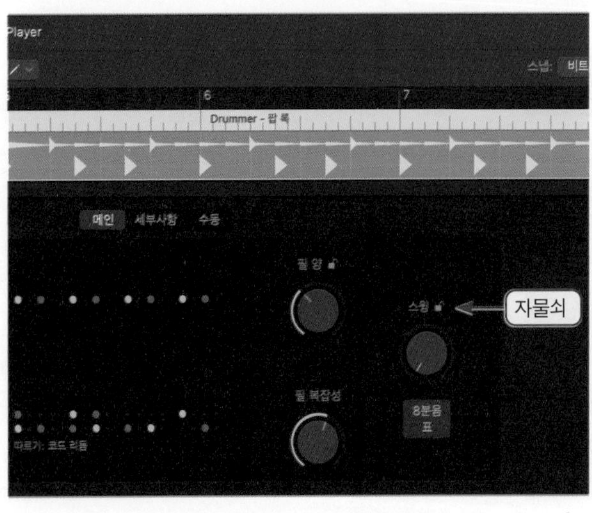

06 필 양, 필 복잡성, 그리고 8비트 또는 16비트를 기준으로 업 박을 얼만큼 뒤로 밀어 스윙 리듬을 만들 것인지를 결정하는 스윙 노브를 제공합니다. 자물쇠 모양의 버튼을 On 하면, 프리셋을 바꿔도 세팅 값을 유지할 수 있게 합니다.

세부사항을 선택하면 느낌, 고스트 노트, 하이-햇 비율을 세부적으로 조정할 수 있는 창이 열립니다.

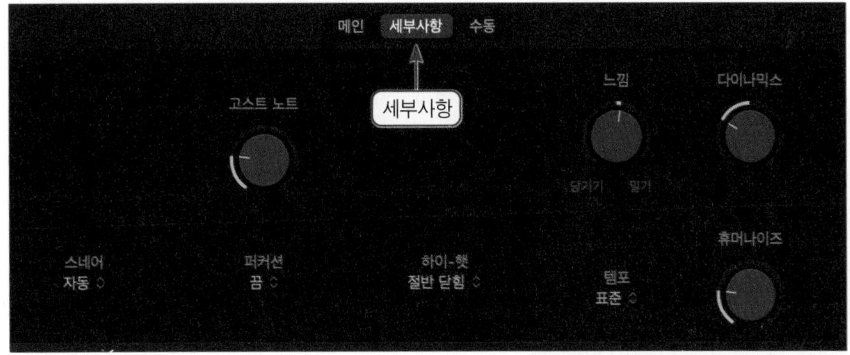

- 고스트 노트 : 스틱을 움직여 리듬을 타는 작은 소리를 말하는 것으로 노브를 이용하여 그 양을 결정합니다.
- 스네어 : 중앙, Rim Shot, 사이드 스틱, 탐으로 히트 옵션을 선택합니다.
- 퍼커션 : 탬버린, 세이커, 클랩으로 퍼커션 종류를 선택합니다.
- 하이-햇 : 메인 창에서 선택한 하이-햇, 심벌, 탐의 히트 옵션을 선택합니다.
- 느낌 : 리듬을 뒤로 당기거나 앞으로 밀어줍니다.
- 다이나믹스 : 최소 및 최대 연주 강약의 범위를 결정합니다.
- 템포 : 하프 및 더블 타임 템포를 선택합니다.
- 휴머나이즈 : 비트를 이동시켜 사람이 연주하는 듯한 효과 정도를 조절합니다.

08

수동을 선택하면 킥과 스네어의 연주 패턴을 직접 만들 수 있습니다. 점 3개로 표시되어 있는 버튼은 사용자가 만든 패턴을 복사하고 붙여 넣거나 재설정할 수 있는 메뉴로 구성되어 있습니다.

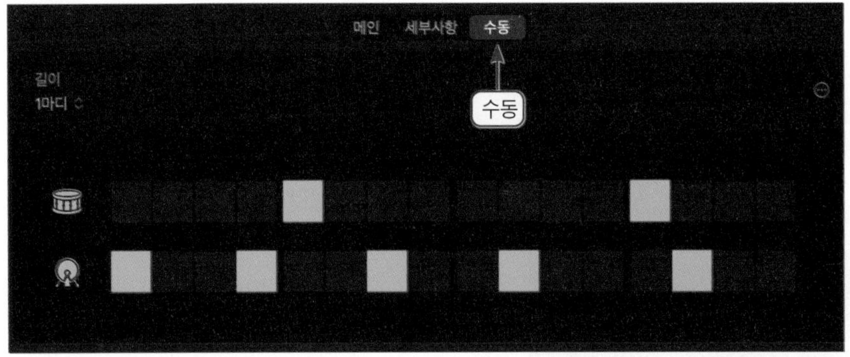

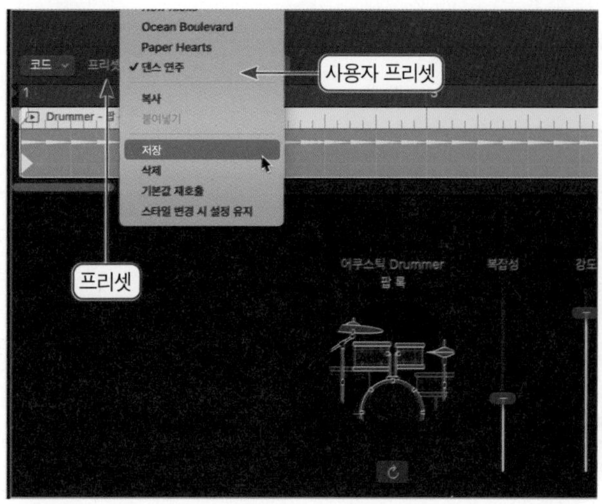

09 편집한 스타일은 프리셋 메뉴의 저장을 선택하여 사용자 프리셋으로 저장할 수 있습니다. 삭제 및 선택한 프리셋으로 초기화하는 기본값 재호출과 스타일 변경시 설정값을 유지할 수 있는 메뉴가 제공됩니다.

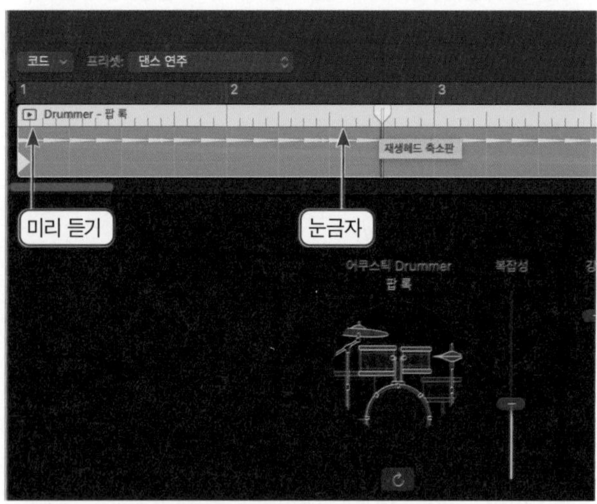

10 미리 듣기 또는 Option+스페이스 바 키를 눌러 선택한 드러머 리전을 솔로로 모니터할 수 있으며, 눈금자를 더블 클릭하여 재생/정지할 수 있습니다.

11 라이브러리 창의 악기 그림 또는 채널 스트립의 악기 슬롯을 클릭하여 Drum Kit Designer를 열고, 사용자가 원하는 음색으로 재구성할 수 있습니다.

3 Drum Kit Designer

01 드럼 키트 구성 악기를 클릭하여 사운드를 모니터할 수 있으며, 왼쪽에 나열된 모델 중에서 마음에 드는 음색을 선택하여 변경할 수 있습니다.

> **TIP** 멀티채널 키트는 더 많은 악기와 추가 옵션이 제공되며, 모든 구성 악기를 변경할 수 있습니다.

02 오른쪽 Edit에는 선택한 악기의 음정을 조정하는 Tune, 오버 톤을 잡아주는 Dampen, 볼륨을 조정하는 Gain 설정 노브를 제공합니다.

03 일반적으로 드럼은 악기별로 믹싱을 할 수 있는 멀티 트랙으로 작업을 합니다. 패치 리스트 하단에 Multi-Channel Kits에서 +가 붙어있는 것을 선택하면 드러머 트랙이 멀티 아웃으로 설정됩니다.

04 Multi-Channel Kits에서 패치를 선택하면 트랙은 서밍 트랙으로 변경되며, 악기별로 믹싱 작업을 진행할 수 있게 됩니다.

05 Multi-Channel Kits은 Leak, Overheads, Room 마이크 사운드를 포함시킬 수 있는 옵션이 추가됩니다. Room은 A와 B 스튜디오를 시뮬레이션 합니다.

06 왼쪽 하단의 화살표 버튼을 클릭하면 드럼 맵을 선택하거나 Shaker, Tambourine, Claps, Cowbell, Sticks 레벨을 조절할 수 있는 확장 파라미터를 열거나 닫을 수 있습니다.

알아 두면 좋아요! GM 드럼 맵

Input Mapping은 미디 맵의 표준인 GM, 모듈레이션 휠로 하이-햇을 열거나 닫을 수 있는 GM+ModWheel, 그리고 Roland사의 V-Drum 맵을 제공합니다. GM 드럼 맵은 다음과 같습니다.

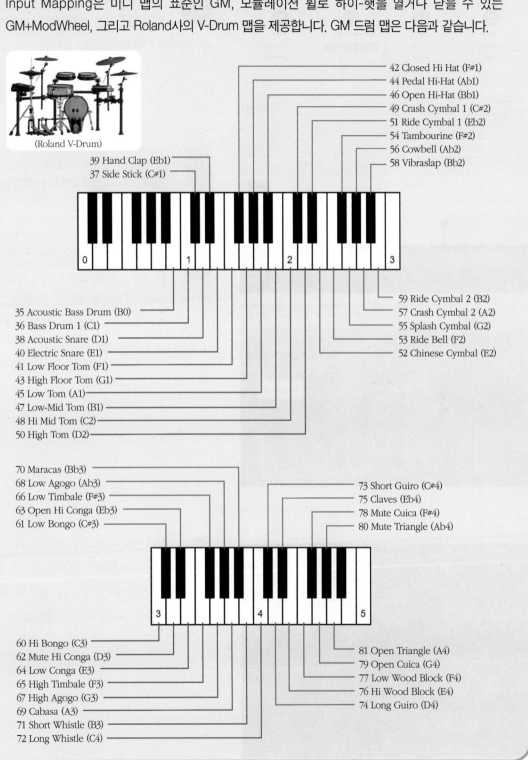

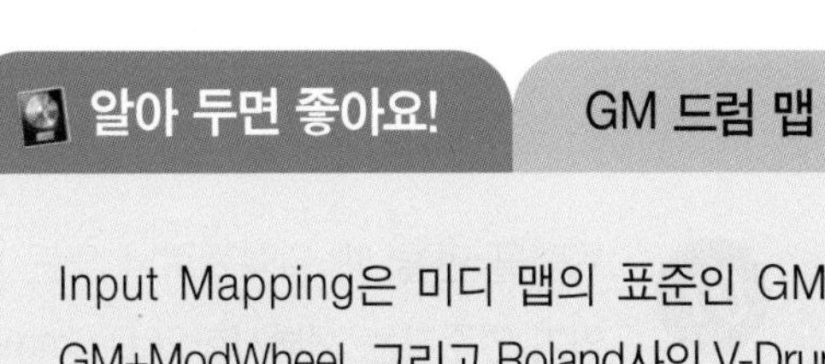
(Roland V-Drum)

0 1 2 3

42 Closed Hi Hat (F#1)
44 Pedal Hi-Hat (Ab1)
46 Open Hi-Hat (Bb1)
49 Crash Cymbal 1 (C#2)
51 Ride Cymbal 1 (Eb2)
54 Tambourine (F#2)
56 Cowbell (Ab2)
58 Vibraslap (Bb2)
39 Hand Clap (Eb1)
37 Side Stick (C#1)

35 Acoustic Bass Drum (B0)
36 Bass Drum 1 (C1)
38 Acoustic Snare (D1)
40 Electric Snare (E1)
41 Low Floor Tom (F1)
43 High Floor Tom (G1)
45 Low Tom (A1)
47 Low-Mid Tom (B1)
48 Hi Mid Tom (C2)
50 High Tom (D2)

59 Ride Cymbal 2 (B2)
57 Crash Cymbal 2 (A2)
55 Splash Cymbal (G2)
53 Ride Bell (F2)
52 Chinese Cymbal (E2)

3 4 5

70 Maracas (Bb3)
68 Low Agogo (Ab3)
66 Low Timbale (F#3)
63 Open Hi Conga (Eb3)
61 Low Bongo (C#3)

73 Short Guiro (C#4)
75 Claves (Eb4)
78 Mute Cuica (F#4)
80 Mute Triangle (Ab4)

60 Hi Bongo (C3)
62 Mute Hi Conga (D3)
64 Low Conga (E3)
65 High Timbale (F3)
67 High Agogo (G3)
69 Cabasa (A3)
71 Short Whistle (B3)
72 Long Whistle (C4)

81 Open Triangle (A4)
79 Open Cuica (G4)
77 Low Wood Block (F4)
76 Hi Wood Block (E4)
74 Long Guiro (D4)

4 일렉트로닉 드러머

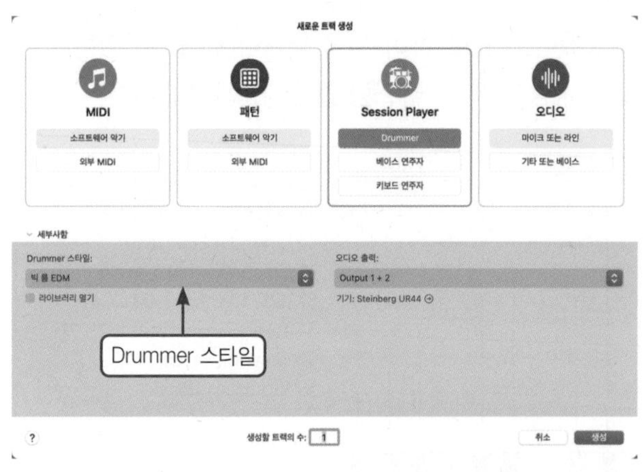

01 트랙을 만들 때 일렉트로닉 또는 타악기 연주자는 세부사항의 Drummer 스타일에서 선택할 수 있습니다.

> TIP 트랙을 만들었다면 에디터 창의 드럼 그림을 클릭하면 열리는 메뉴의 유형 항목에서 선택합니다.

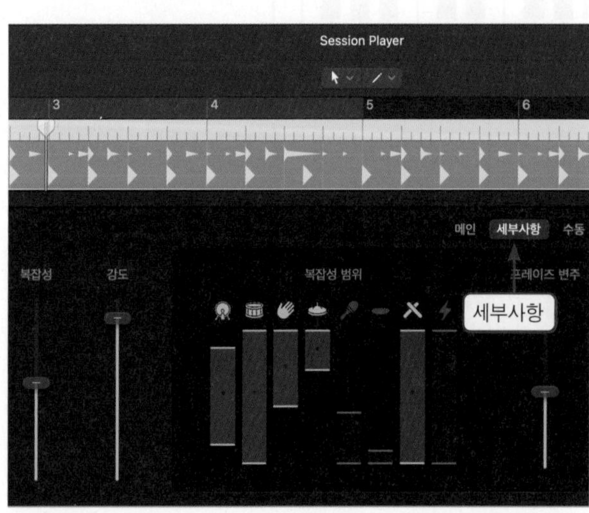

02 일렉트로닉 및 타악기 연주자 편집 창은 어쿠스틱과 크게 다르지 않습니다. 복잡성 범위를 악기별로 조절할 수 있고, 프레이즈를 변주할 수 있는 슬라이더 등의 세부옵션이 제공되고 있다는 차이만 있습니다.

03 어쿠스틱 드러머와 가장 큰 차이점은 악기가 사용자가 원하는 오디오 샘플로 세트를 구성할 수 있는 드럼 머신 디자이너(Drum Machine Designer)라는 점입니다.

5 타악기 연주자

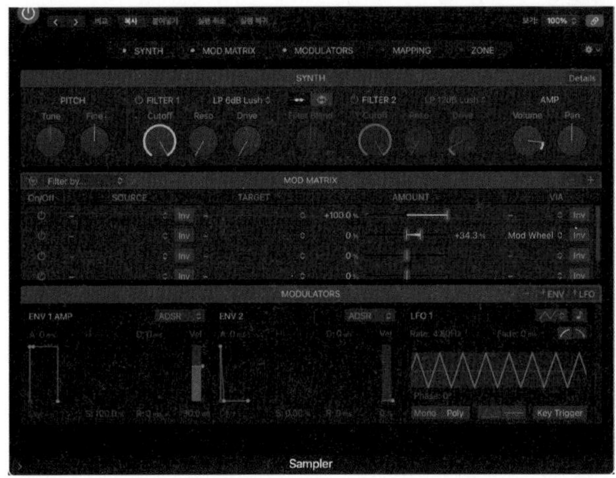

01 타악기 연주자 트랙의 편집 창 역시 크게 다르지 않습니다. 로직에서 제공하는 악기 중에 탑 클래스에 해당하는 샘플러(Sampler)를 사용한다는 차이점만 있습니다.

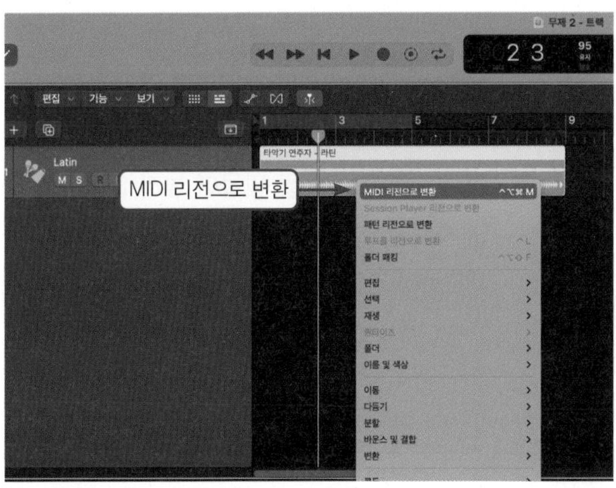

02 세션 플레이어에서 제공하는 편집 창만으로도 다양한 패턴을 만들 수 있지만, 좀 더 정밀한 연주가 필요한 경우에는 미디 이벤트로 변환하여 편집할 수 있습니다. 리전을 마우스 오른쪽 버튼으로 클릭하면 열리는 단축 메뉴에서 MIDI 리전으로 변환을 선택합니다.

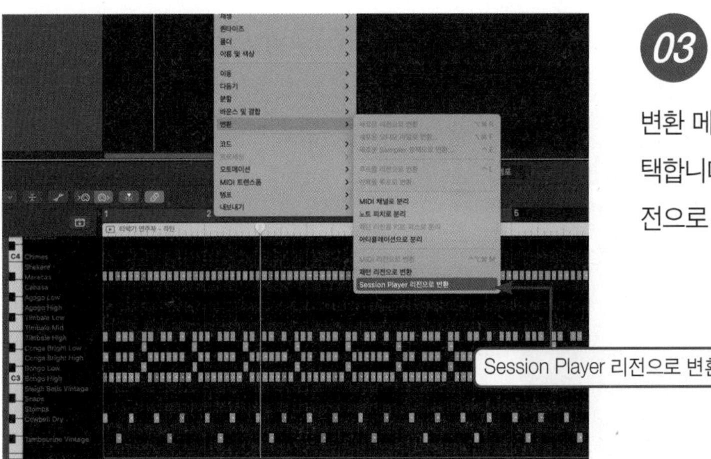

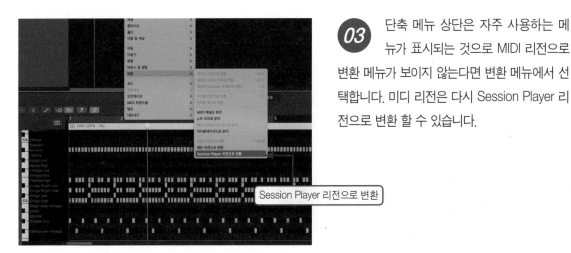

03 단축 메뉴 상단은 자주 사용하는 메뉴가 표시되는 것으로 MIDI 리전으로 변환 메뉴가 보이지 않는다면 변환 메뉴에서 선택합니다. 미디 리전은 다시 Session Player 리전으로 변환 할 수 있습니다.

베이스 연주자

베이스 및 키보드 세션 플레이어는 자체적인 코드 패턴을 가질 수 있는데, 이를 리전 코드라고 합니다. 리전 코드는 코드 트랙과는 별개로 존재하며, 작업할 때는 보통 코드 트랙을 먼저 만들어 두고, 베이스 및 키보드 세션 플레이어의 리전이 코드 트랙을 따라 연주되도록 설정하는 것이 일반적입니다. 그러나 필요에 따라 리전 코드를 입력하여 코드 트랙과는 다른 리듬으로 연주되게 할 수도 있습니다. 이는 창의적인 음악 제작을 위한 유연한 선택 사항이며, 사용자의 취향과 작업의 목적에 따라 결정될 수 있습니다.

1 트랙 및 리전 만들기

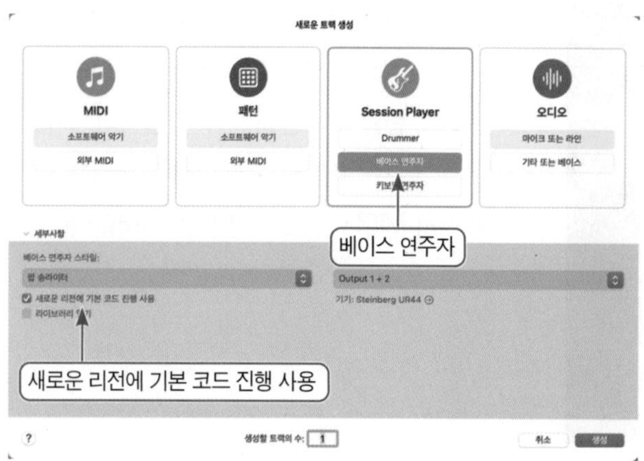

01 베이스 연주자 트랙은 Session Player의 베이스 연주자를 선택하여 만들 수 있으며, 코드 트랙을 만들어 놓지 않은 경우라면 새로운 리전에 기본 코드 진행 사용 옵션을 체크하여 코드 트랙을 생성할 수 있습니다.

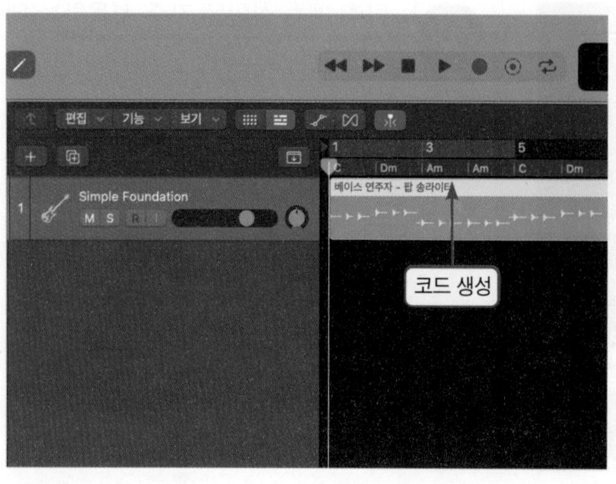

02 새로운 리전에 기본 코드 진행 사용 옵션을 체크한 경우에는 코드 트랙이 생성되며, 옵션을 해제한 경우에는 생성되지 않습니다. 코드 트랙을 미리 만들어 놓은 경우에는 옵션 사용 여부에 상관없이 코드 트랙으로 연주됩니다.

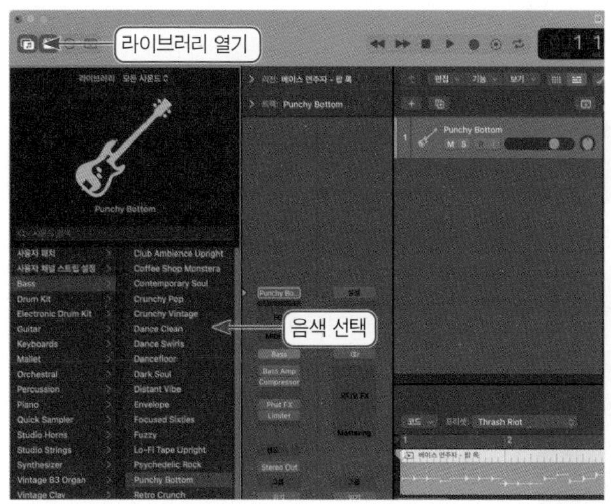

03 베이스 연주자가 사용하는 악기는 Studio Bass이며 음색은 컨트롤 바의 라이브러리 버튼 또는 Y 키를 눌러 창을 열고 선택하여 변경할 수 있습니다.

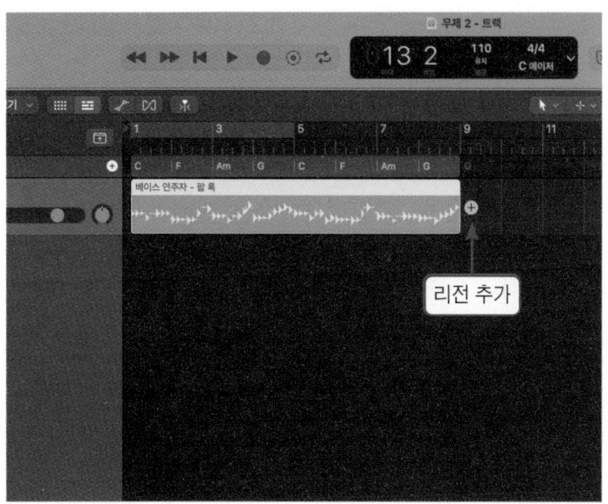

04 리전 오른쪽에 마우스를 가져가면 + 버튼이 보이며, 클릭하여 추가할 수 있지만, 코드 트랙은 반복되지 않습니다.

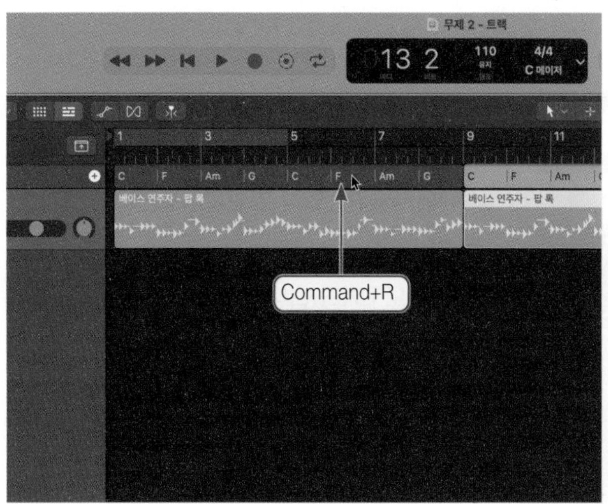

05 코드 트랙을 반복하려면 코드 그룹을 선택하고, Command+R 키를 누릅니다. Shift 키로 리전과 코드 그룹을 함께 선택하여 동시에 반복시켜도 좋습니다.

2 베이스 연주자 편집 창

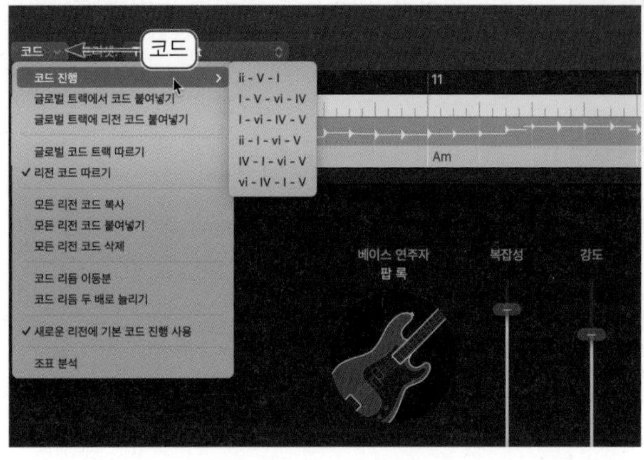

01 베이스 및 키보드 세션 플레이어 리전은 코드 트랙과는 별개로 자체 코드를 가질 수 있습니다. 이를 리전 코드라고 하며, 편집 창의 코드 메뉴에는 이러한 리전 코드를 만들 수 있는 명령들이 제공됩니다.

- 코드 진행 : 리전에 선택한 코드 진행을 생성합니다.
- 글로벌 트랙에서 코드 붙여넣기 : 코드 트랙의 코드를 리전에 적용합니다.
- 글로벌 트랙에 리전 코드 붙여넣기 : 리전 코드를 코드 트랙에 적용합니다.
- 글로벌 코드 트랙 따르기 : 코드 트랙으로 연주되게 합니다.
- 리전 코드 따르기 : 리전 코드로 연주되게 합니다.
- 모든 리전 코드 복사 : 리전 코드를 클립보드에 복사합니다.
- 모든 리전 코드 붙여넣기 : 클립보드에 복사된 코드를 붙여 넣습니다.
- 모든 리전 코드 삭제 : 리전 코드를 삭제합니다.
- 코드 리듬 이등분 : 한 마디 코드를 두 마디 길이로 늘립니다.
- 코드 리듬 두 배로 늘리기 : 한 마디 코드를 두 박자 코드로 줄입니다.
- 새로운 리전에 기본 코드 진행 사용 : 생성되는 리전에 기본 코드 진행을 사용합니다.
- 조표 분석 : 코드를 분석하여 조표를 결정하고 조표 및 박자표 트랙에 추가합니다.

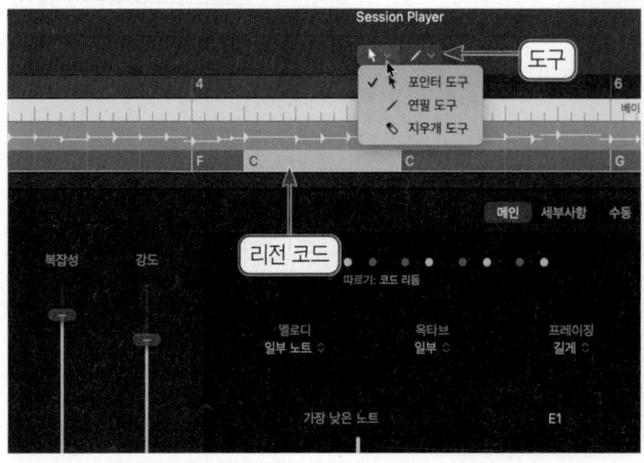

02 도구를 이용하면 사용자가 원하는 위치에 코드를 입력하거나 편집할 수 있습니다. 연필은 입력 및 편집, 포인터는 위치 이동 및 편집(더블 클릭), 그리고 코드를 삭제하는 지우개 도구가 있습니다.

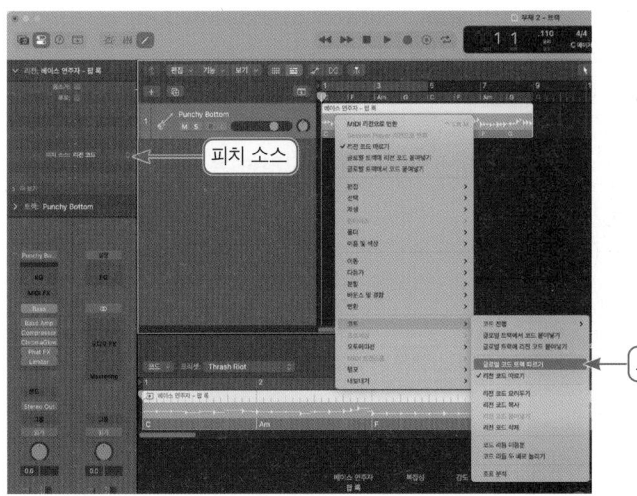

03 베이스 및 키보드 연주자 리전 파라미터에는 코드 트랙으로 연주되게 할지, 리전 코드로 연주되게 할지를 선택할 수 있는 피치 소스 항목을 제공합니다. 단축 메뉴의 코드에서도 선택 가능합니다.

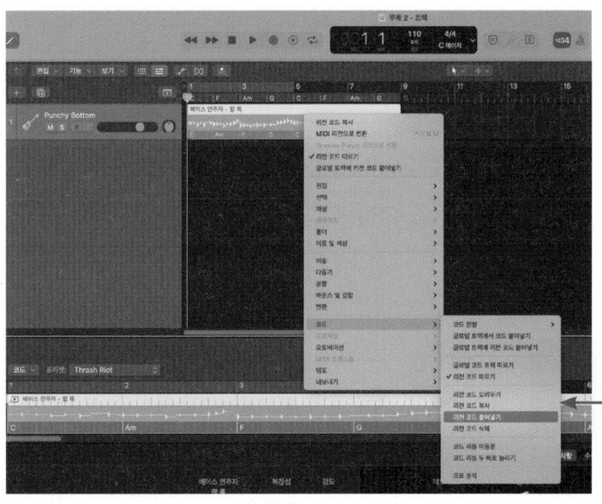

04 코드 메뉴에는 리전의 코드를 오리거나 복사하여 다른 리전에 붙여넣을 수 있는 서브 메뉴로 구성되어 있습니다. 앞에서 살펴본 편집 창의 코드 메뉴와 동일합니다.

05 코드는 기본적으로 그룹으로 묶여 있습니다. 코드를 개별적으로 이동하거나 복사하는 등의 편집 작업이 필요하다면 단축 메뉴의 코드 그룹화 해제를 선택하여 나눕니다. 코드 그룹화 메뉴는 Shift 키로 선택한 코드를 다시 결합합니다.

> **TIP** 단축 메뉴의 모든 코드 선택 및 사이클 범위에서 모든 코드 선택을 이용하여 모든 코드 또는 로케이터 및 사이클 범위의 코드를 선택할 수 있습니다.

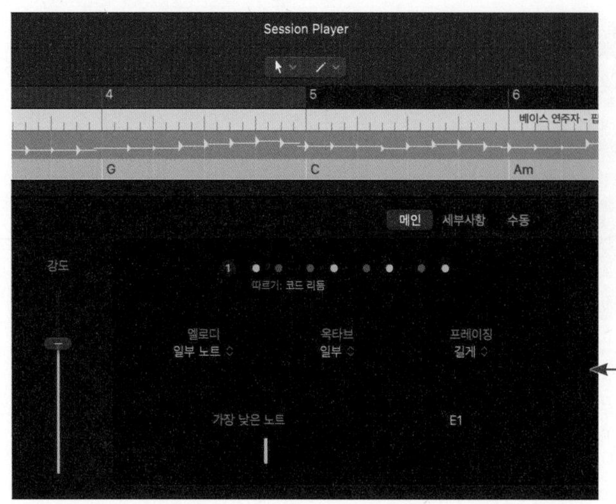

베이스 전용 파라미터

06 베이스 연주자 편집 창의 파라미터는 대부분 드러머 설정과 동일하지만, 코드 톤, 노트 음소거, 프렛 위의 슬라이드 등 베이스 퍼포먼스를 고려한 옵션이 있습니다.

- 멜로디 : 단순히 근음이나 코드 톤이 포함된 정교한 패시지와 같이 베이스 연주자가 재생하는 노트를 결정합니다. 사용 가능한 옵션은 스타일에 따라 조금씩 차이가 있습니다.
- 옥타브 : 옥타브 점프를 연주할 빈도와 확률을 결정합니다.
- 프레이징 : 노트 연주의 최대 가능 길이를 결정하여 베이스 연주 퍼포먼스의 프레이징에 영향을 줍니다.
- 가장 낮은 노트 : 베이스 연주자가 연주할 수 있는 가장 낮은 노트를 설정합니다.

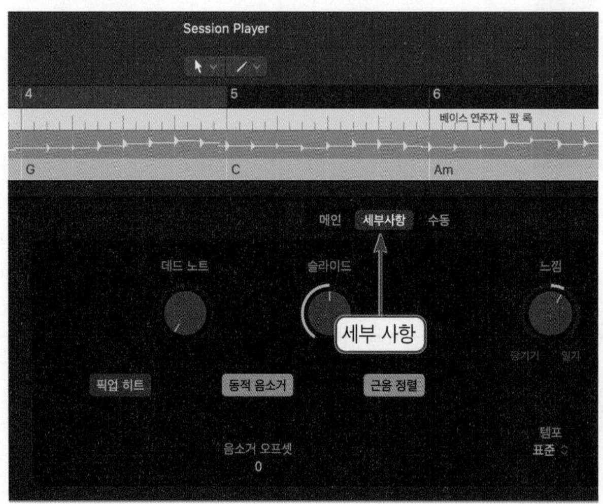

07 코드는 기본적으로 그룹으로 묶여 있습니다. 코드를 개별적으로 이동하거나 복사하는 등의 편집 작업이 필요하다면 단축 메뉴의 코드 그룹화 해제를 선택하여 나눕니다. 코드 그룹화 메뉴는 Shift 키로 선택한 코드를 다시 결합합니다.

- 데드 노트 : 피치가 없는 퍼커시브 노트의 수를 조절합니다.
- 픽업 히트 : 두 번째 및 네 번째 비트에 손바닥으로 현을 치게 합니다.
- 슬라이드 : 노트 사이 및 노트 전에 슬라이드하는 빈도를 조절합니다.

● 근음 정렬 : 코드 진행을 통해 움직일 때 베이스 연주자가 근음에 더 가까운 음을 선택하게 합니다.
● 음소거 오프셋 : 노트의 음소거 정도를 조정합니다. 이는 Studio Bass 플러그인의 음소거 슬라이더에 대한 오프셋으로 0으로 설정한 경우, 음소거 오프셋은 적용되지 않습니다.
● 동적 음소거 : 주변 음을 기준으로 음소거가 이루어지게 합니다.

※ 일부 스타일은 퍼포먼스 아티큘레이션을 보완할 수 있는 추가 옵션을 제공합니다.

〈모던 R&B, 복고풍 록 및 팝 송라이터〉
● 더블 스톱 : 두 음이 함께 재생되는 더블 스톱 확률을 조절합니다.

〈모던 R&B〉
● 레이드 백 : 비트의 마지막 8분음표를 뒤로 이동시켜 레이드 백 효과를 만듭니다.

〈복고풍 록 및 루트 업라이트〉
● 블루 노트 : 메이저 코드와 쿼터톤 슬라이드를 재생할 때 마이너 3분의 1로 벤딩합니다.

〈루트 업라이트〉
● 슬랩 : 퍼커시브 슬랩의 확률을 조절합니다.

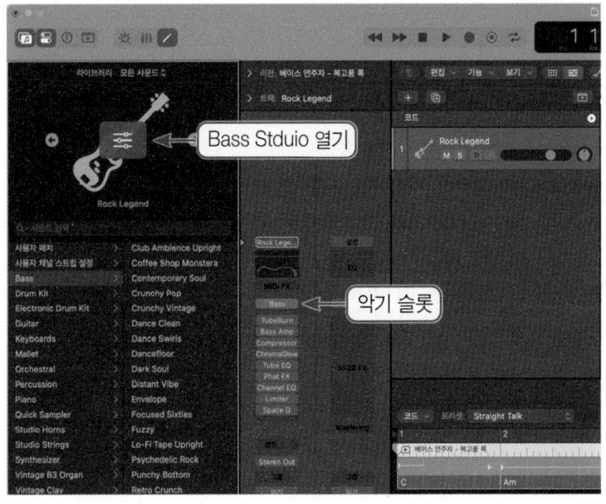

08 라이브러리 창의 악기 그림 또는 채널 스트립의 악기 슬롯을 클릭하여 Bass Studio 악기를 열 수 있습니다.

3 Studio Bass

베이스 연주자 트랙의 기본 악기는 실제 연주의 아티큘레이션을 리얼하게 표현할 수 있는 Studio Bass입니다. 파라미터의 구성은 Classic, Rock, Modern 등 선택한 모델에 따라 조금씩 차이가 있습니다.

공통 파라미터

- Playing Style : 베이스 악기의 연주 스타일을 선택합니다. (American Upright 제외)
  Finger : 손가락으로 베이스를 연주합니다.
  Pick : 피크로 베이스를 연주합니다.
  Slap : 펑키한 슬랩 스타일로 베이스를 연주합니다. 슬랩 연주 스타일은 Classic 및 Modern 베이스 악기에서만 사용할 수 있습니다.
- Last Played : 가장 최근에 사용한 아티큘레이션을 표시합니다. 상단 아티큐레이션 항목에 표시된 것과는 다른 항목이 나타날 수 있습니다.
- Mute : 베이스 스트링이 음소거되는 정도를 컨트롤합니다. (American Upright 제외)
- Definition : 스트링의 트랜지언트 어택 레벨을 컨트롤합니다. (American Upright 제외)
- Main Volume : 악기의 출력 레벨을 설정합니다.

Classic 파라미터

초기 컨트리 및 록 녹음본 일부에서 들을 수 있는 빈티지 일렉트릭 기타입니다.

- Volume : 픽업 볼륨을 설정합니다.
- Tone : 픽업의 톤을 설정합니다.

Sixties 파라미터

평평하게 감긴 스트링과 풍부한 라운드 톤이 있는 할로우 바디 베이스입니다.

- Neck Volume : 넥 픽업의 볼륨을 설정합니다.
- Bridge Volume : 브리지 픽업의 볼륨을 설정합니다.
- Rhythm/Solo : Rhythm은 더 낮은 주파수가 증폭되며, Solo는 더 높은 주파수가 증폭됩니다.
- Bass : 브리지 픽업을 켜거나 끕니다.
- Treble : 넥 픽업을 켜거나 끕니다.

Rock 파라미터

사운드가 힘이 있고 공격적이며 배음이 풍부한 솔리드 베이스입니다.

- Neck Volume : 넥 픽업의 볼륨을 설정합니다.
- Bridge Volume : 브리지 픽업의 볼륨을 설정합니다.
- Neck Tone : 넥 픽업의 톤을 설정합니다.
- Bridge Tone : 브리지 픽업의 톤을 설정합니다.
- Pickup : 픽업 구성을 선택합니다.

  Neck : 넥 픽업의 출력만 들립니다.

  Both : 브리지 픽업 및 넥 픽업의 출력이 함께 혼합됩니다.

  Bridge : 브리지 픽업의 출력만 들립니다.

  Stereo : 브리지 픽업의 출력은 오른쪽 채널에 있고 넥 픽업의 출력은 왼쪽 채널에 있습니다. 듀얼 모노 모드 플러그인을 사용하여 각 채널에 다양한 이펙트 설정을 적용할 수 있습니다.

Session 파라미터

두 픽업을 혼합할 수 있는 기능 덕분에 다양한 톤을 갖춘 스튜디오 장비입니다.

- Neck Volume : 넥 픽업의 볼륨을 설정합니다.
- Bridge Volume : 브리지 픽업의 볼륨을 설정합니다.
- Tone : 픽업의 톤을 설정합니다.

Modern 파라미터

험버커 픽업과 타이트하고 다양한 사운드를 제공하는 2-Band EQ의 콤비네이션.

- Volume : 픽업 볼륨을 설정합니다.
- Bass : 톤의 베이스 주파수를 높이거나 낮춥니다.
- Treble : 톤의 트레블 주파수를 높이거나 낮춥니다.

American Upright 파라미터

풍부하고 자연스러운 톤으로 가득 찬 시대를 초월한 어쿠스틱 사운드.

- Growl : 지판에서 공명하는 스트링으로 생성된 높은 하모닉의 볼륨을 컨트롤합니다.
- Growl Attack : 그로울이 들리는 데 걸리는 시간을 컨트롤합니다. 노트가 길수록 그로울 어택이 더 길어지고, 노트가 높을수록 그로울 어택이 더 빨라집니다.
- Noises : 벨로시티 및 재생하는 노트를 기반으로 다양한 악기 노이즈의 발생 확률을 늘립니다. Details 보기에서 Rattles, Releases 및 Handling 파라미터의 서브믹스입니다.

Studio Bass의 Details 보기는 노트 사이에 포르타멘토 슬라이드의 타이밍을 변경하고 베이스의 음질을 조절할 수 있는 등의 세부 사항을 설정할 수 있는 파라미터를 제공합니다.

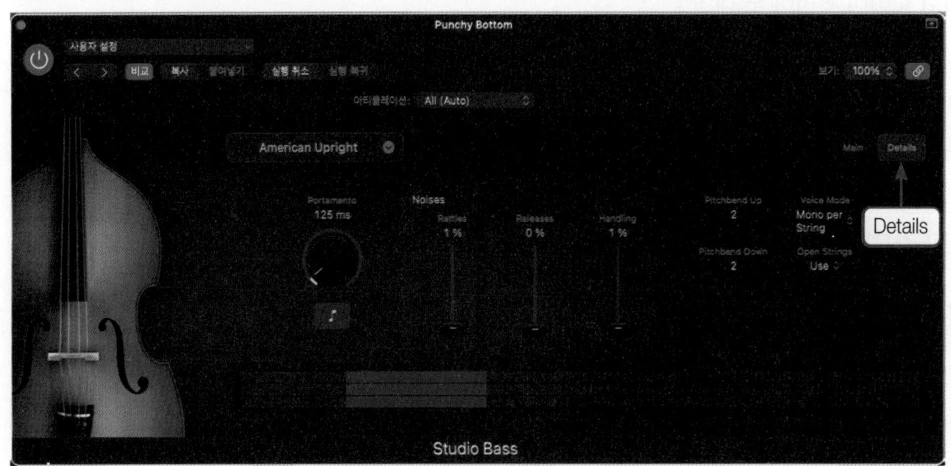

Portamento 파라미터

- Portamento : 하나의 노트에서 다른 노트로 이동하는 데 걸리는 시간을 설정합니다.
- Tempo Sync: 켜진 경우 포르타멘토 시간이 밀리초 대신 노트 값으로 설정됩니다.

Noise 파라미터

일렉트릭 베이스

- Scrapes : 스트링에서 피크를 긁는 사운드 볼륨을 설정합니다. 이 컨트롤은 Main 보기의 Playing Style 파라미터가 Pick로 설정된 경우에만 사용할 수 있습니다.
- String Noise : 스트링에서 손 움직임의 사운드 볼륨을 설정합니다.
- Hum & Hiss : 각 베이스 악기의 특성인 전기 회로의 볼륨을 설정합니다.
- Release Noise : 손가락이 노트를 감쇠할 때 발생하는 사운드 볼륨을 설정합니다.

American Upright :

다음 파라미터의 출력은 합쳐지며 Main 보기의 Noises 파라미터로 제어됩니다.

- Rattles : 업라이트 베이스 악기의 공명 진동 특성의 볼륨을 설정합니다.
- Releases : 손가락이 노트를 감쇠할 때 발생하는 사운드 볼륨을 설정합니다.
- Handling : 악기에서 위치를 이동하고 손 움직임의 사운드 볼륨을 설정합니다.

Pitch, Voice Mode 및 Open String 파라미터

- Pitchbend Up : 상향 피치 벤드 범위를 세미톤 단위로 설정합니다.
- Pitchbend Down : 하향 피치 벤드 범위를 세미톤 단위로 설정합니다.
- Voice Mode : 폴리포닉 또는 모노포닉 동작을 선택합니다.
- Polyphonic : 여러 노트를 동시에 재생할 수 있습니다.
- Monophonic : 한 번에 하나의 노트만 재생할 수 있습니다.
- Mono per String : 한 번에 스트링당 하나의 노트만 재생할 수 있으며, 네 개의 노트로 제한됩니다.
- Open Strings : 개방 스트링의 노트가 재생되는 방법 또는 재생 여부를 선택합니다.
- Use : 현재 재생 위치 근처에 있는 경우 개방 스트링의 노트를 재생합니다.
- Avoid : 가능한 경우, 개방 스트링의 노트를 재생하지 않습니다.
- Prefer : 사용 가능한 경우 개방 스트링의 노트를 재생합니다.

Mute Controller 파라미터

- Mute Controller : MIDI 컨트롤러를 선택하여 Main 보기의 Mute 파라미터를 조절합니다. (American Upright 제외)

LESSON 03 키보드 연주자

세션 플레이어의 키보드 트랙은 마치 실제 키보드 연주자를 섭외하여 녹음하는 것과 비슷하게, MIDI 입력 없이도 자동으로 키보드 소리를 추가하고 조정할 수 있어 음악 작업을 더욱 효율적으로 진행할 수 있도록 도와줍니다. 이 기능을 통해 사용자는 다양한 음악적 세부사항을 쉽게 조절하며, 다른 악기와도 쉽게 협업할 수 있어 자신만의 음악을 만들어내기에 이상적입니다. 따라서 음악 제작에 처음 도전하는 초보자도 직관적이고 쉽게 참여할 수 있는 장점이 있습니다.

1 트랙 및 리전 만들기

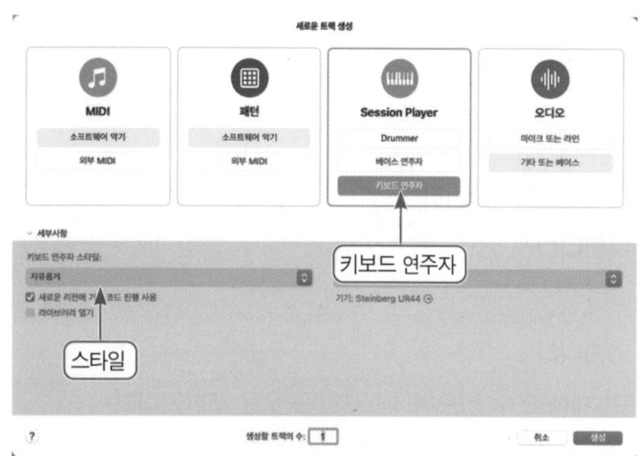

01 키보드 연주자는 Session Player의 키보드 연주자를 선택하여 만들 수 있습니다. 스타일은 자유롭게, 분산 화음, 블록 코드, 아르페지오, 심플 패드를 제공합니다.

02 피아노 연주자 트랙을 만들면 8마디 패턴의 연주가 기록되어 있는 리전이 생성되며, 아래쪽에는 연주 스타일을 변경할 수 있는 에디터 창이 열립니다.

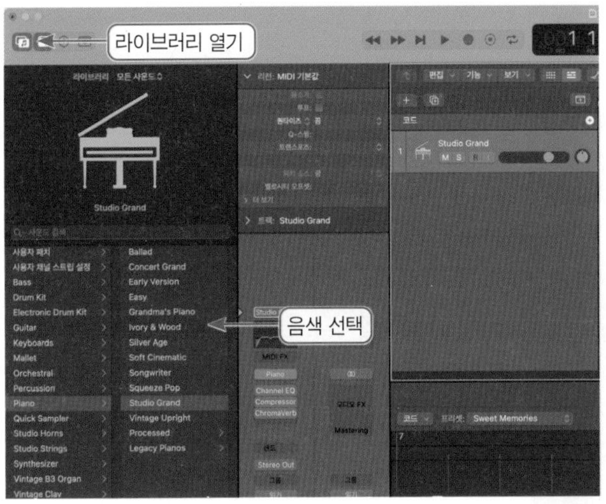

03 키보드 연주자 트랙의 기본 악기는 Studio Piano이며 음색은 컨트롤 바의 라이브러리 버튼 또는 Y 키를 눌러 창을 열고 선택하여 변경할 수 있습니다.

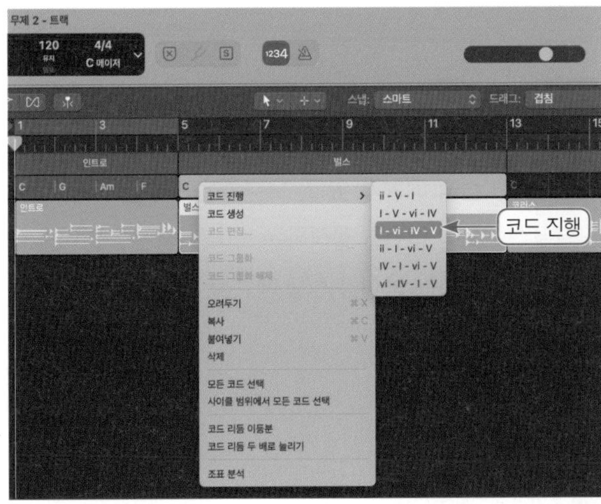

04 트랙을 만들기 전에 편곡 트랙을 만들었다면 모든 세션에 리전이 생성되지만, 기본 코드는 수동으로 추가해야 합니다. 기본 코드는 단축 메뉴의 코드 생성으로 마커를 생성하고, 다시 단축 메뉴의 코드 진행을 선택하여 입력할 수 있습니다.

05 세션 플레이어의 드러머, 베이스 및 피아노는 모두 리전 마지막 마디에서 필인이 연주됩니다. 두 마디 이상의 빌드업이 필요한 경우에는 리전을 잘라서 복잡성이나 강도 또는 필 양과 복잡성을 컨트롤하여 연출하는 것이 요령입니다.

2 키보드 연주자 편집 창

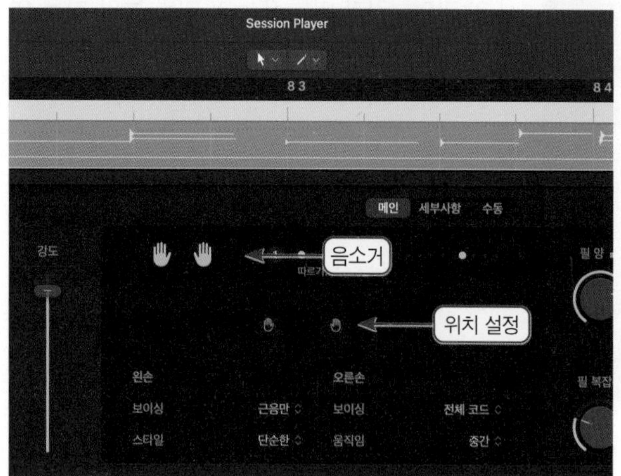

01 패턴 선택 항목 왼쪽에 손 그림은 왼손 및 오른손 연주를 On/Off하는 역할을 하며, 왼손을 끄면 오른손 보이싱이 바뀝니다. 아래쪽에 있는 손 그림은 건반의 연주 위치를 설정합니다. 중앙의 빈 공간을 드래그하여 양손 위치를 동시에 조정할 수 있습니다.

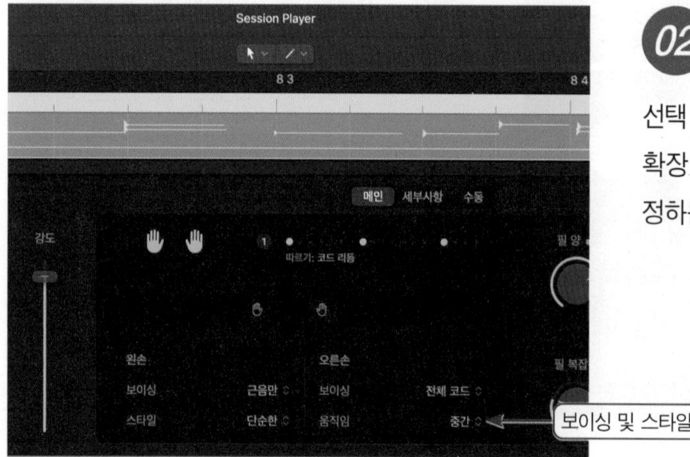

02 왼손은 연주할 음을 설정하는 보이싱과 연주의 복잡성을 결정하는 스타일 선택 메뉴가 있고, 오른손은 보이싱 수와 코드 확장 범위를 설정하는 보이싱과 연주 범위를 설정하는 움직임 선택 메뉴를 제공합니다.

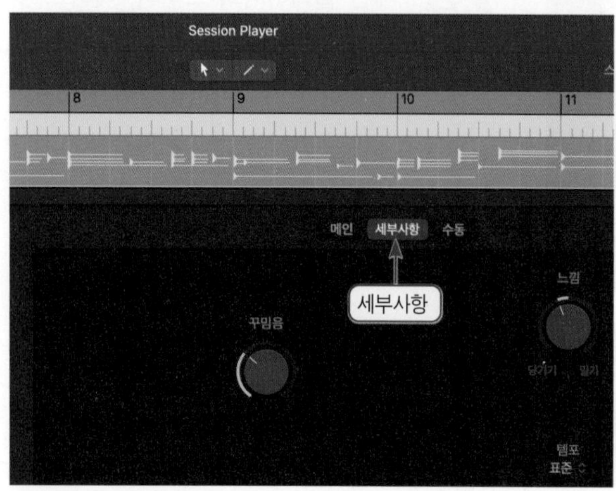

03 세부사항에는 꾸밈음의 연주 비율을 조절할 수 있는 옵션을 제공합니다. 그 밖의 옵션은 드러머 및 베이스 연주자 모두 동일합니다.

3 Studio Piano

키보드 연주자 트랙의 기본 악기는 멀티 샘플링 기반의 Studio Piano입니다. 고품질의 피아노 사운드를 제공하며, 댐퍼 및 레조넌스 등의 물리적 특성을 시뮬레이션합니다. Stduio Grand, Concert Garin, Vintage Upright 등의 다양한 모델을 제공하며 사용자의 음악적 취향에 맞는 것을 선택을 할 수 있습니다.

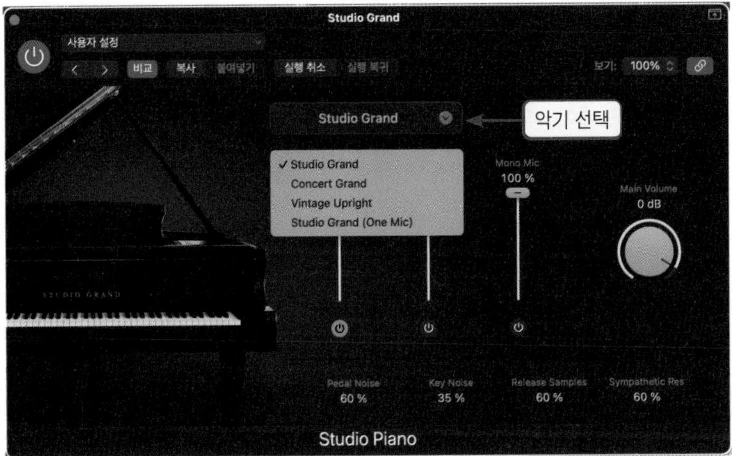

- Stereo Mic A : 스테레오 콘덴서 마이크의 볼륨을 조정하거나 켜고 끕니다.
- Stereo Mic B : 스테레오 리본 마이크의 볼륨을 조정하거나 켜고 끕니다.
- Mono Mic : 모노 리본 마이크의 볼륨을 조정하거나 켜고 끕니다.
- Main Volume : 악기의 출력 레벨을 조정합니다.
- Pedal Noise : 피아노 페달 동작의 사운드 볼륨을 설정합니다.
- Key Noise : 키를 눌렀다 떼는 동작의 사운드 볼륨을 설정합니다.
- Release Samples : 키를 놓을 때 현으로 돌아가는 댐퍼 볼륨을 설정합니다. Release Samples를 통해 자연스러운 사운드의 디케이를 얻을 수 있습니다. Release Samples 값이 낮게 설정되면 사운드가 갑자기 컷오프 되어 부자연스러운 사운드를 얻게 됩니다.
- Sympathetic Resonance : 현의 공명 사운드 볼륨을 설정합니다.

원음 MR 만들기

로직은 원음에서 보컬을 분할 수 있는 Stem Splitter 기능을 제공합니다. 이 기능을 이용하면 오래된 곡을 현대적인 음원으로 리믹스하거나, 노래방 반주와는 비교할 수 없는 음질의 유튜브 커버 영상을 만들 수 있습니다. 또한, 악기 연습 시에도 매우 유용하며, 특히 보컬 외에도 베이스와 드럼 등을 분리할 수 있어 음악을 공부하는 학생들에게는 귀중한 자료가 될 수 있습니다. 이 기능은 음악 제작뿐만 아니라 학습 목적으로도 매우 유용하게 활용될 수 있습니다.

01 인터넷에서 다운 받은 음원 파일을 프로젝트에 가져다 놓습니다. 마우스 오른쪽 버튼을 클릭하여 단축 메뉴를 열고, 템포에서 프로젝트 템포에 리전 템포 적용을 선택하여 템포를 추출합니다.

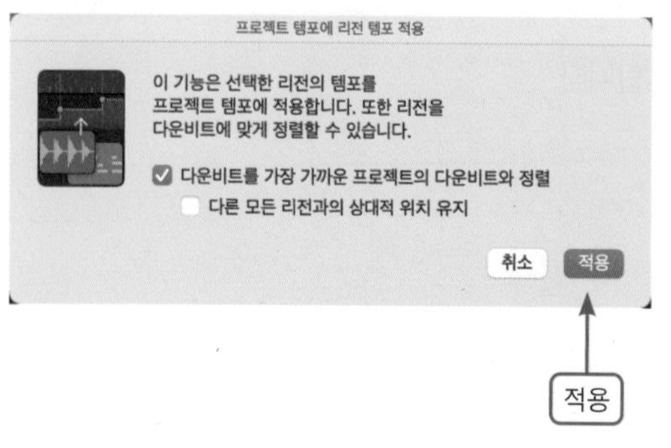

02 프로젝트 템포가 조정되고, 리전의 시작 비트를 그리드 라인에 정렬할 것인지를 묻는 창이 열립니다. 옵션이 체크되어 있는 상태로 적용하여 리전이 정렬되게 합니다.

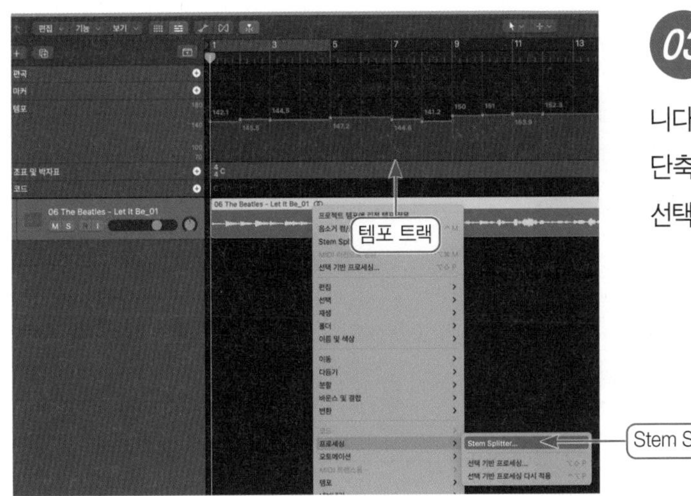

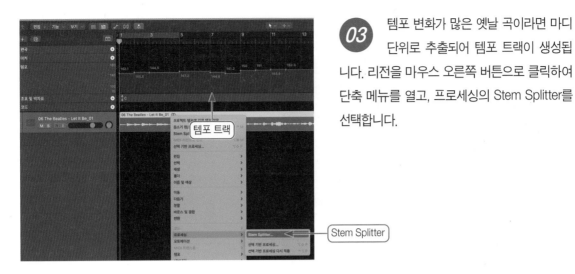

03 템포 변화가 많은 옛날 곡이라면 마디 단위로 추출되어 템포 트랙이 생성됩니다. 리전을 마우스 오른쪽 버튼으로 클릭하여 단축 메뉴를 열고, 프로세싱의 Stem Splitter를 선택합니다.

Stem Splitter

Dream That Crazy Dream

보컬

드럼

베이스

그 외

?

취소 분할

분할

04 원음에 추출할 소스를 선택할 수 있는 창이 열립니다. MR을 만드는 것이 목적이라면 보컬을 제외시켜도 좋지만, 그대로 분할 버튼을 클릭하여 모두 추출합니다.

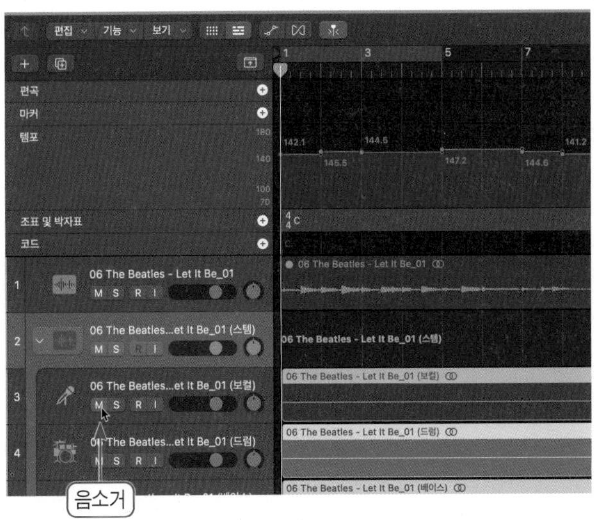

05 보컬, 드럼, 베이스, 그리고 나머지 소스의 트랙이 분할됩니다. 커버 송 제작이 목적이라면 보컬 트랙을 음소거하고, 사용자 목소리를 녹음하면 됩니다.

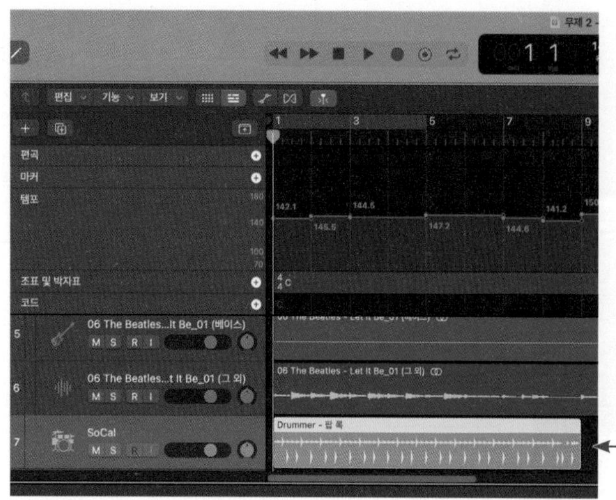

06 드럼 및 베이스 트랙까지 음소거하고, 세션 플레이어의 드러머나 베이스 연주자 트랙을 추가하여 리믹스하면, 남들과 다른 완전히 새로운 MR을 만들 수도 있습니다.

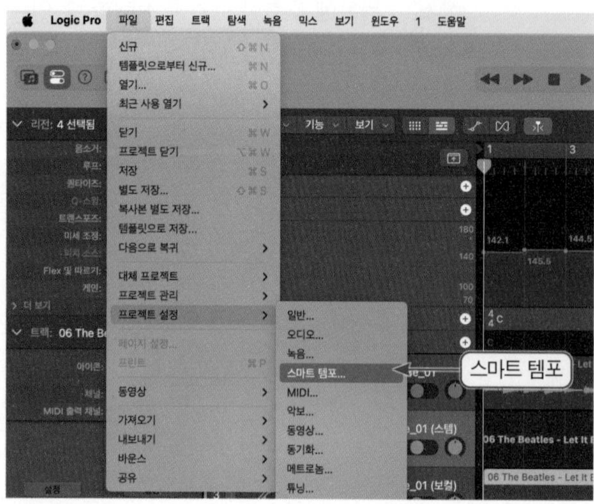

07 기본 설정에서 템포는 마디 단위로 추출되기 때문에 템포 변화가 많은 곡이라도 리믹스 작업에 큰 문제는 없습니다. 만일, 비트 단위로 정밀한 템포 추출이 필요한 경우라면 파일 메뉴의 프로젝트 설정에서 스마트 템포를 선택하여 창을 엽니다.

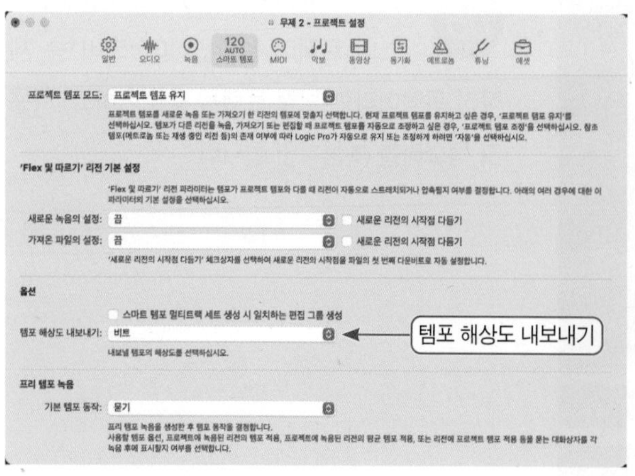

08 템포 해상도 내보내기 옵션을 비트로 설정하면, 프로젝트 템포에 리전 템포 적용할 때 마디 단위가 아닌 비트 단위로 템포를 추출할 수 있습니다.

애플 루프 이용하기

요즘 댄스 및 힙합 곡들은 보컬을 제외한 대부분의 트랙을 오디오 샘플로 완성하는 경우가 많습니다. 심지어 슬로우 곡에서도 이 방식이 많이 사용됩니다. 앞서 살펴본 세션 플레이어 트랙 역시 오디오 샘플을 기반으로 구성됩니다. 이처럼 오디오 샘플은 음악 제작에 있어 필수적인 요소로, 미디와 오디오 편집 기술을 익히며 자연스럽게 믹싱하는 기술은 음악의 품질과 창의성을 높이는 데 중요한 역할을 합니다.

1 루프 유형

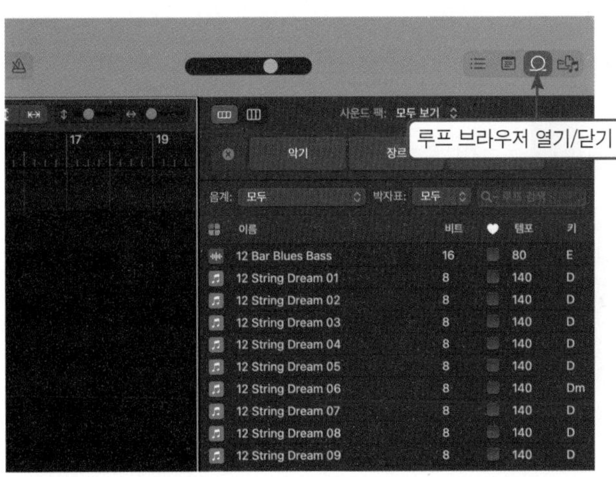

01 로직에서 제공하는 Apple Loops는 루프 브라우저 창에서 관리되며, 컨트롤 막대의 루프 브라우저 버튼을 클릭하거나 O 키를 눌러 열거나 닫을 수 있습니다.

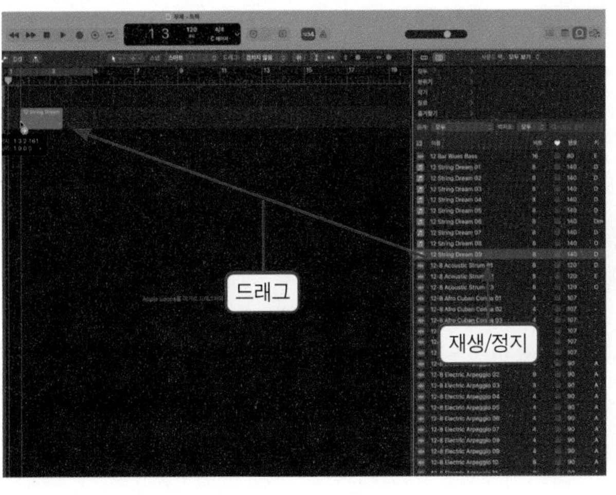

02 Apple Loops는 마우스로 선택하여 모니터하거나 정지시킬 수 있으며, 미디 및 오디오 트랙으로 드래그하여 사용할 수 있습니다. 빈 공간으로 드래그하면 유형에 따라 미디 및 오디오 트랙이 자동으로 생성됩니다.

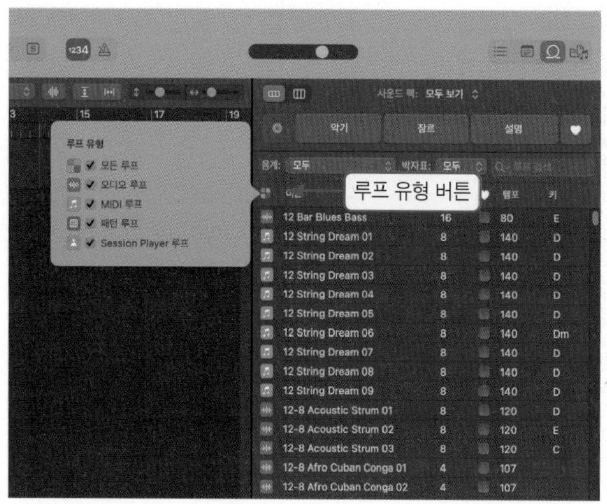

03 Apple Loops는 오디오와 미디 외에도 로직에서만 사용되는 패턴과 세션 플레이어를 포함하여 5가지 유형을 제공하고 있으며, 루프 유형 버튼을 클릭하면 사용자가 원하는 유형의 루프만 표시할 수 있는 체크 옵션 창이 열립니다.

04 루프 브라우저 상단에는 악기, 장르, 설명, 즐겨찾기 별로 테그를 선택하여 표시 범위를 줄일 수 있는 검색 기능을 제공합니다. 재설정 버튼은 사용자 선택을 초기화 하며, 즐겨찾기 버튼은 목록에서 즐겨찾기 옵션을 체크한 것이 있을 경우에만 활성화됩니다.

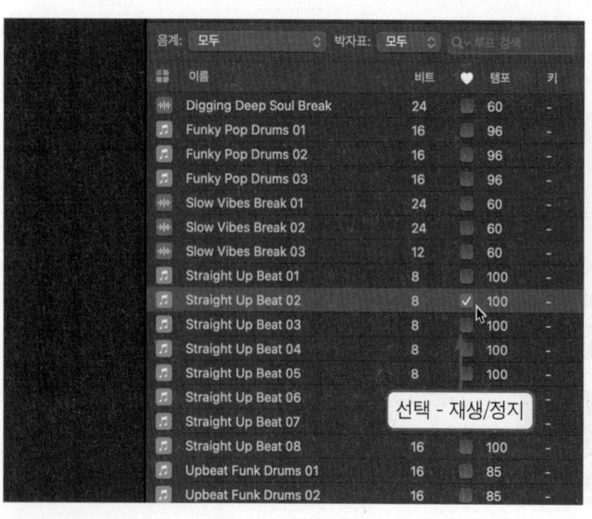

05 검색된 루프는 이름순으로 나열되며, 칼럼을 클릭하여 비트, 즐겨찾기, 템포, 키 순으로 나열되게 할 수 있습니다. 각각의 루프를 마우스로 선택하면 재생되고, 다시 선택하면 정지됩니다. 키보드를 이용할 때는 방향키로 선택하고, Option+스페이스 바 키로 재생/정지할 수 있습니다.

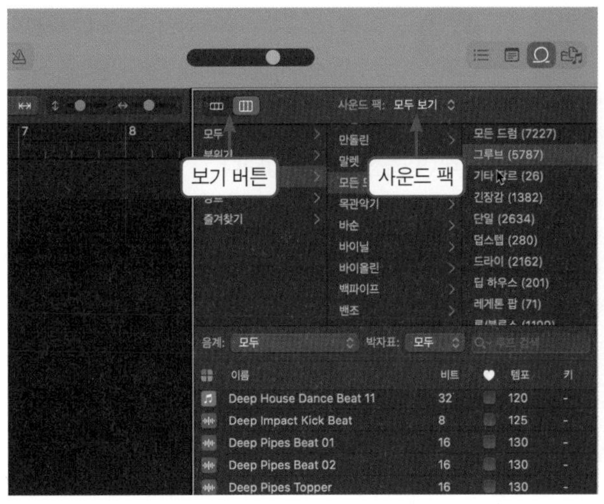

06 루프 브라우저는 목록 또는 계층 구조로 표시할 수 있는 보기 버튼과 루프가 저장되어 있는 폴더를 선택할 수 있는 사운드 팩 메뉴를 제공합니다. 기본적으로 설치된 폴더는 큰 의미가 없지만, 사용자가 관리하는 폴더가 있을 때 유용합니다.

07 카테고리 아래쪽에는 루프를 메이저 및 마이너를 구분하는 음계와 박자를 제한하는 박자표와 직접 이름을 입력하여 찾을 수 있는 검색 필드를 제공합니다. 물론, 모니터를 해보기 전까지는 알 수가 없기 때문에 입문자에게는 의미 없지만, 자신만의 샘플을 추가해서 사용할 때쯤 이름을 입력하여 검색하는 기능은 자주 사용하게 될 것입니다.

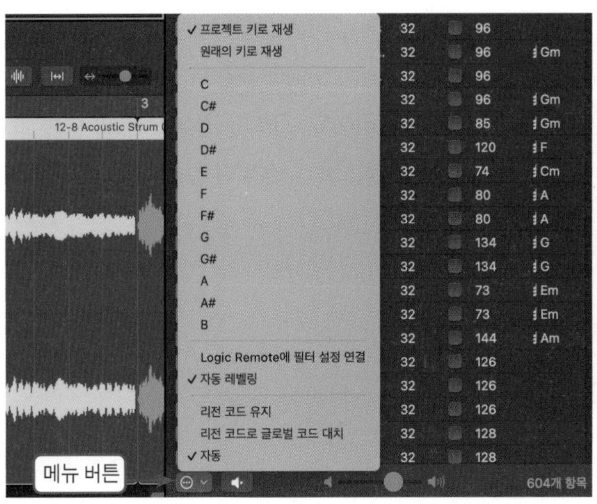

08 애플 루프는 어떤 키로 제작된 것인지에 대한 정보를 표시하지만, 프로젝트 키로 재생됩니다. 만일, 원래 키로 모니터 하고 싶다면 메뉴 버튼을 클릭하여 열고, 원래의 키로 재생을 선택합니다. C부터 B까지 원하는 키로 재생하는 것도 가능합니다.

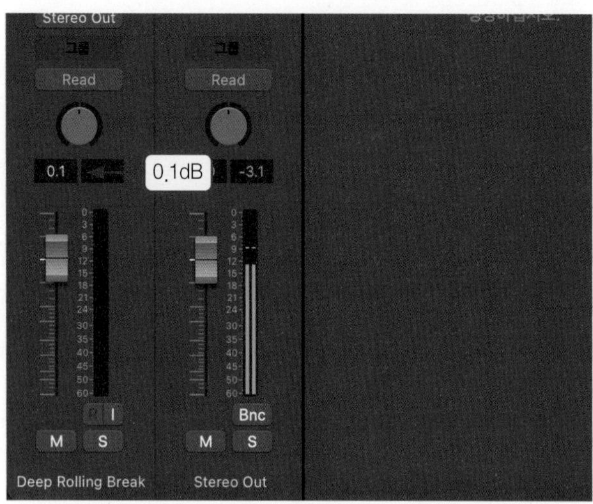

09 애플 루프의 오디오 샘플은 항상 0.1dB로 사용됩니다. 만일 원래 레벨로 사용하고 싶다면 메뉴에서 자동 레벨링을 선택하여 옵션을 해제합니다.

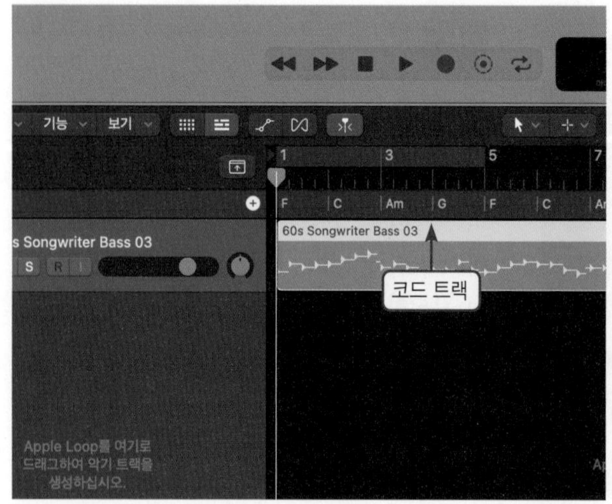

10 코드 정보를 가지고 있는 애플 루프의 경우 코드 트랙이 있으면 코드 트랙으로 연주됩니다. 만일 리전 코드를 유지하거나 코드 트랙을 대치하고 싶은 경우 메뉴에서 리전 코드 유지 및 글로벌 코드 대치로 선택합니다.

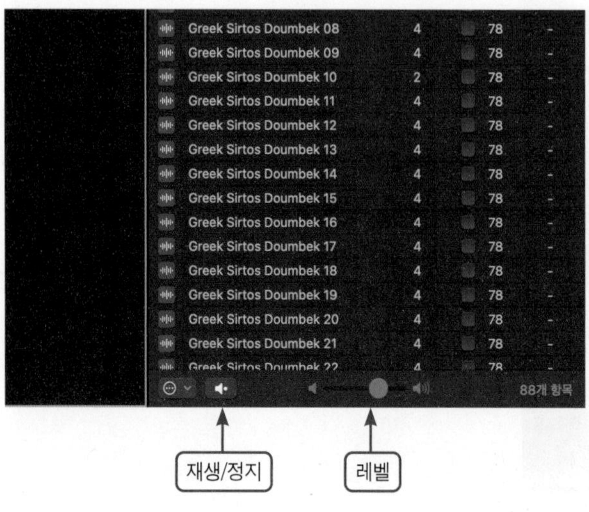

11 메뉴 버튼 오른쪽에는 재생/정지할 수 있는 모니터 버튼과 모니터 레벨을 조정하는 슬라이드, 그리고 검색된 루프 수를 표시하는 항목으로 구성되어 있습니다.

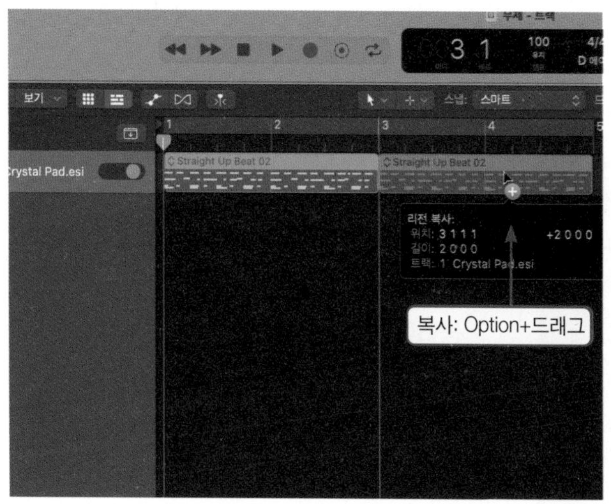

12 검색한 루프는 작업 공간으로 드래그하여 자신의 음악 작업에 사용할 수 있습니다. 프로젝트 창에 생성된 리전은 드래그하여 원하는 위치로 이동하거나 Option 키를 누른 상태로 드래그하여 필요한 만큼 복사하여 사용할 수 있습니다.

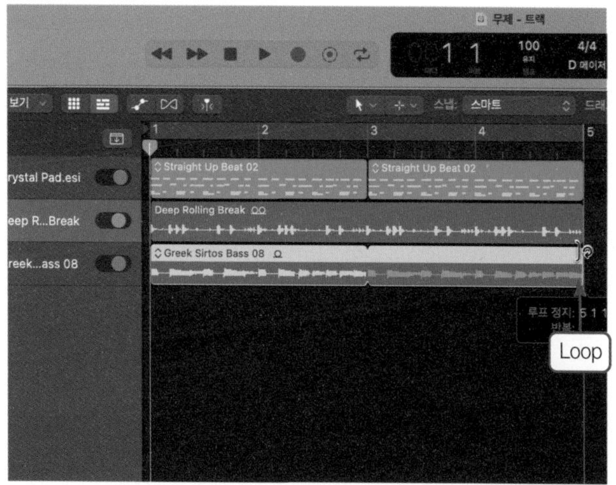

13 리전 오른쪽 상단을 드래그하면 사용자가 원하는 길이만큼 반복시킬 수 있습니다. Option 키로 복사한 것은 서로 다른 편집이 가능하지만, Loop로 반복시킨 것은 항상 원본관 동일하게 편집된다는 차이가 있습니다.

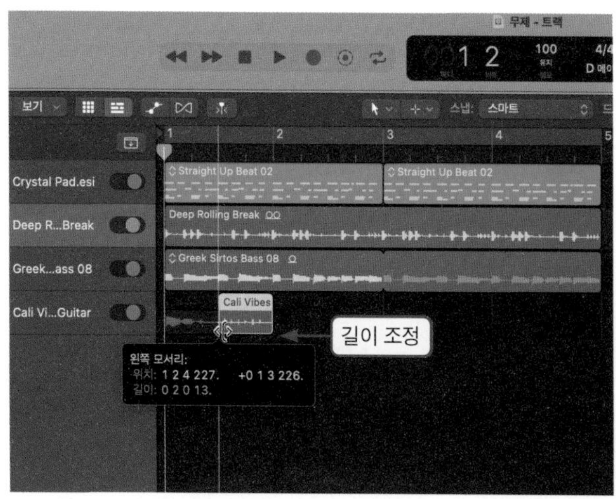

14 리전의 시작과 끝 부분을 드래그하면 길이를 조정할 수 있습니다. 애플 루프에서 필요한 부분만 사용할 수 있는 것입니다.

2 나의 루프

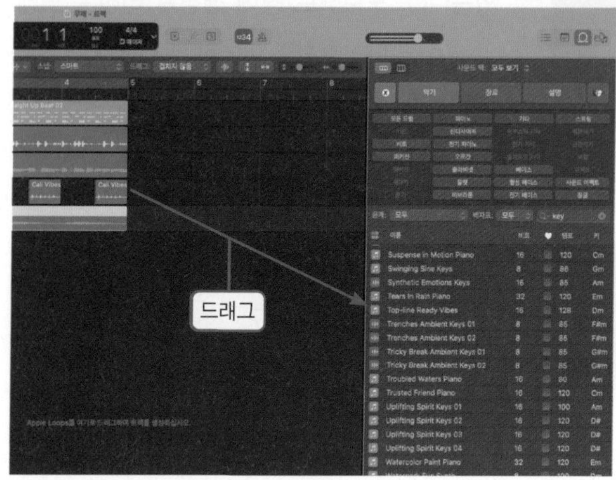

01 사용자 연주 오디오 및 미디 리전을 루프 브라우저로 드래그하여 애플 루프로 등록할 수 있습니다. 별도로 관리하는 오디오 샘플은 Finder에서 직접 드래그하는 것도 가능합니다.

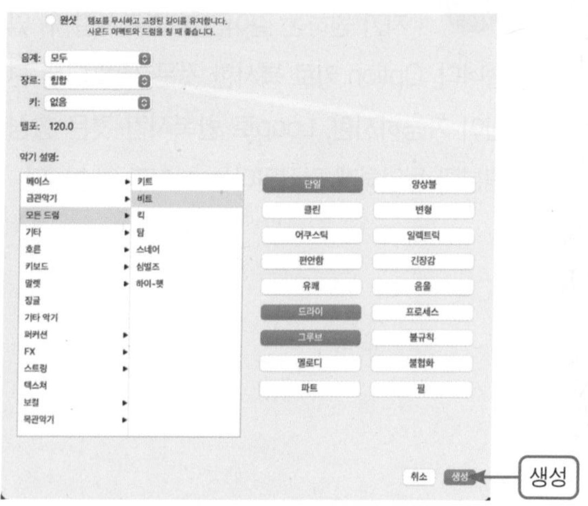

02 테그 정보를 입력할 수 있는 창이 열립니다. 필요한 정보를 모두 입력하고, 생성 버튼을 클릭합니다.

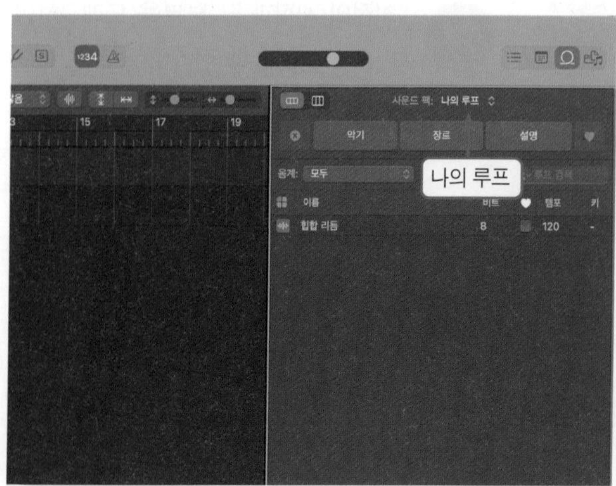

03 사운드 팩 메뉴에 나의 루프 폴더가 추가되며, 사용자만의 애플 루프를 관리할 수 있습니다.

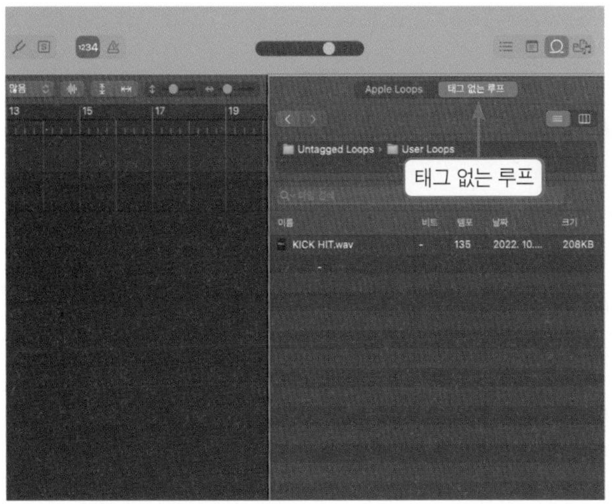

04 Finder에서 추가되는 파일은 태그 없는 루프에 추가되며, 루프 브라우저에 태그 없는 루프 탭이 생성됩니다.

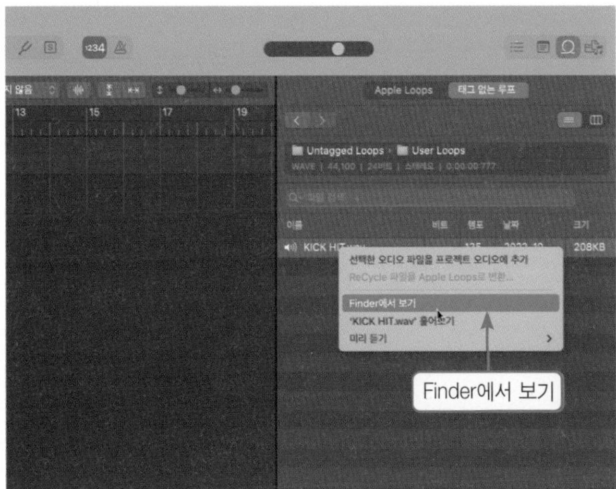

05 태그 없는 루프는 마우스 오른쪽 버튼으로 클릭하여 단축 메뉴를 열고, Finder에서 보기를 선택하면 해당 파일이 저장된 User Loops 폴더를 열 수 있으며, 나의 루프는 Finder에서 라이브러리〉Audio〉Apple Loops〉User Loops〉SingleFiles 폴더로 이동하여 찾을 수 있습니다.

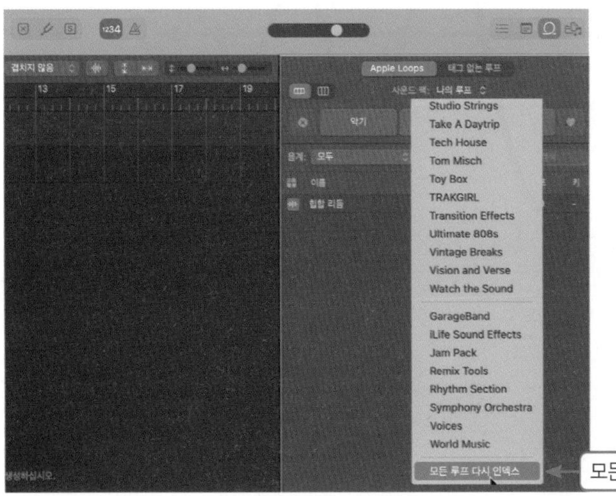

06 User Loops 및 SingleFiles 폴더에 저장한 사용자 라이브러리 파일을 삭제한 경우에는 사운드 팩 메뉴 가장 아래쪽에 있는 모든 루프 다시 인덱스를 선택하여 목록을 정리할 수 있습니다.

디지털 사운드의 이해

샘플레이트와 비트는 디지털 오디오에서 핵심적인 매개 변수입니다. 샘플레이트는 초당 샘플링 횟수를 나타내며, 더 높은 샘플레이트는 더 정밀한 사운드 재현을 가능하게 합니다. 비트는 각 샘플의 정밀도를 결정짓으며, 더 높은 비트 뎁스는 더 넓은 동적 범위와 정밀한 음향 표현을 가능하게 합니다. 이 두 요소는 오디오의 품질과 파일 크기에 직접적인 영향을 미치며, 오디오 녹음을 시작하기 전에 반드시 설정해야 할 중요한 사항입니다.

디지털 사운드

디지털 사운드는 소리의 진동을 0과 1이라는 디지털 신호로 바꿔서 기록하거나 재생하며, 파형으로 표시되는 소리를 눈으로 보고, 편집할 수 있다는 장점을 가지고 있습니다. 파형은 베이스 라인을 기준으로 시간의 흐름에 따라 변하는 주파수와 진폭을 나타냅니다.

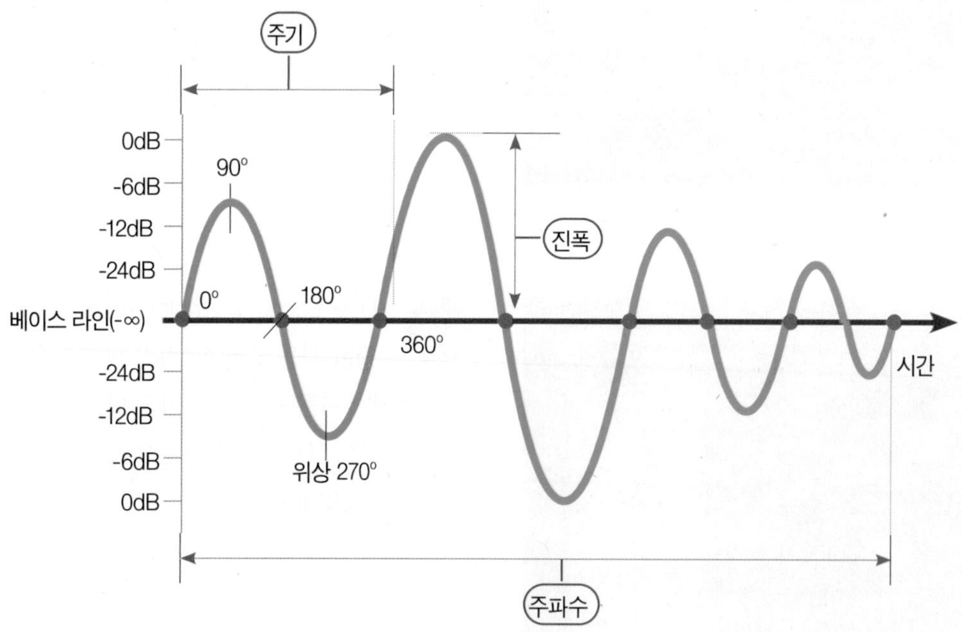

● 주파수(Frequency) : 베이스 라인을 0°로 보고, 최대 진폭인 90°로 올라갔다가 360°로 한 바퀴 돌아서 베이스 라인에 도착하는 사이클을 주기하고 하며, 1초 동안에 발생하는 주기의 수를 주파수라고 합니다. 주파수는 소리의 높낮이를 결정하며, 단위는 헤르츠(Hz)를 사용합니다. Piano 또는 Guitar의 음정을 조율할 때 사용하는 장치를 보면, A=440Hz라고 표시되어 있는데, 이것은 1초 동안 440번의 주기가 발생하는 소리이며, A 음에 해당된다는 의미입니다.

● 진폭(Amplitude) : 베이스 라인을 기준으로 파형의 위/아래 폭을 말하며, 사운드의 레벨을 의미합니다. 단위는 데시벨(dB)을 사용하며, 디지털의 최대 레벨은 0dB이고, 그 이하의 레벨은 마이너스(-) 기호를 사용합니다. 베이스 라인에 해당하는 무음은 무한대 기호(-∞)로 표시합니다.

샘플 레이트

디지털은 0과 1의 2진수로 동작을 합니다. 즉, 연속적인 아날로그 신호가 그대로 기록되는 것이 아니라 1에서만 기록이 되기 때문에 그림과 같이 일정한 간격이 발생합니다. 이때 주파수를 1초에 몇 번 기록할 것인지를 결정하는 것이 샘플 레이트(Sample Rate)입니다. 이 값이 크면 클수록 간격이 촘촘하기 때문에 아날로그 사운드의 손실을 최소화할 수 있습니다. 하지만, 인간이 들을 수 있는 최대 주파수 대역이 20,000Hz(20KHz)이기 때문에 그 두배에 해당하는 44.100Hz(44.1KHz)로 기록을 하면 충분하다는 것이 학자들의 이론입니다. 그래서 디지털 미디어의 시초인 CD 포맷이 44,1KHz로 규정된 것입니다.

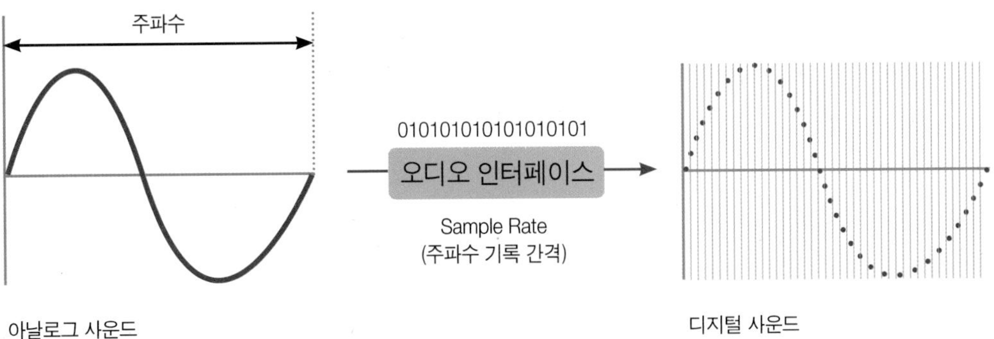

그러나 오디오 CD는 고정 팬이 확보되어 있는 탑 클래스의 가수가 아니라면 거의 제작을 하지 않는 유물이 되었고, 그 뒤로 LD, DVD, DAT 등, 48,000Hz(48KHz)를 기록할 수 있는 미디어 시대를 지나 192,000Hz(192KHz)가 일반화되고 있는 시대에 살고 있으며, 현재는 384.000Hz(384KHz)까지 지원하는 장치들이 출시되고 있는 시점입니다.

192KHz나 384KHz는 원음에 가까운 디지털 기록이 가능하기 때문에 믹싱과 마스터링 작업을 할 때 용의하지만, 용량이 크고 높은 시스템을 요구한다는 단점이 있어서 전문 스튜디오에서도 잘 사용하지 않는 샘플 레이트입니다. 일반적으로 96KHz나 48KHz를 많이 사용하는데, 개인 사용자라면 온라인에서 가장 많이 사용하는 48KHz면 충분합니다. 대부분의 오디오 인터페이스는 48KHz를 지원하기 때문에 특별히 구입을 할 때 체크할 필요는 없지만, 96KHz나 192KHz로 녹음이 필요한 경우라면 제품을 구입할 때 지원 여부를 확인할 필요가 있습니다.

비트 뎁스

사운드는 가로 축의 주파수와 세로 축의 진폭으로 이루어져 있으며, 가로 축의 주파수를 디지털로 기록하는 단위를 샘플 레이트라고 하고, 세로 축의 진폭을 디지털로 기록하는 단위를 비트 레이트(Bit Rate) 또는 비트 뎁스(Bit Depth)라고 합니다.

그림을 보면 알 수 있듯이 샘플 레이트와 마찬가지로 비트 값이 클수록 기록 오차의 폭이 작게 발생합니다. 특히, 디지털 사운드는 오차를 아예 인식하지 못하거나 에러가 발생하는 경우가 있기 때문에 Bit Depth는 음질에 큰 영향을 줍니다. CD는 최대 96dB의 진폭을 기록할 수 있으며, 이것을 처리하는데 필요한 비트 값은 16Bit입니다. 그래서 오디오 CD의 표준 Bit Depth가 16Bit로 규격화된 것입니다.

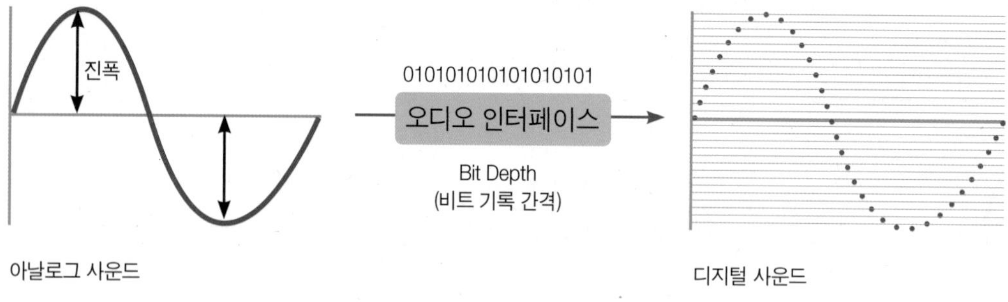

16Bit는 2의 16제곱을 의미하는 것으로 65,536 간격으로 처리되며, 프로 스튜디오에서 많이 사용하는 24Bit는 16,777,216 간격으로 144dB의 진폭을 처리하고, 새롭게 선보이고 있는 32Bit는 192dB의 진폭을 처리할 수 있습니다. 물론, 32Bit를 지원하는 오디오 인터페이스는 가격이 비싸고, 아직은 보편화 되어 있지 않기 때문에 제품을 구입할 때 고려해야 할 사항은 아닙니다. 16Bit 및 24Bit를 지원하는 제품이면 충분합니다.

알아 두면 좋아요! 마이크 프리앰프

레코딩 스튜디오에서 사용되는 각 장비들은 오디오 녹음 과정에서 중요한 역할을 담당합니다. 주로 마이크와 오디오 인터페이스 사이에 위치하는 장비들로는 마이크 프리앰프, 이퀄라이저(EQ), 컴프레서 등이 있습니다.

마이크 프리앰프는 마이크로 들어오는 신호를 증폭하여 적절한 레벨로 변환해 주는 장치로, 오디오 인터페이스가 신호를 처리하기 위해 필수적인 역할을 합니다. 이퀄라이저는 주파수 응답을 조절하여 특정 음역대를 강조하거나 약화시키는 역할을 하며, 컴프레서는 오디오 신호의 다이내믹 레인지를 제한하여 녹음된 소리가 더 균일하게 유지되도록 합니다.

레코딩 기술이 발전하고 사용자의 기술적 능력이 쌓이면 먼저 마이크 프리앰프에 관심을 가지게 됩니다. 그러나 초기 레코딩 학습 단계에서 가장 흔한 오해는 마이크 프리앰프만으로도 사운드 품질이 급격하게 향상될 것이라는 기대입니다. 실제로는 오디오 인터페이스의 DA/AD 변환 기술과 내장된 프리앰프의 품질이 전체적인 녹음 품질에 큰 영향을 미치기 때문에, 단순히 마이크 프리앰프의 유무만으로는 큰 차이를 느끼기 어렵습니다.

오디오 인터페이스의 가격은 주로 내장된 마이크 프리앰프의 품질과 기능에 따라 결정됩니다. 고가의 오디오 인터페이스에는 이미 우수한 프리앰프가 내장되어 있어 추가적으로 마이크 프리앰프를 구매할 필요가 없습니다. 저가의 인터페이스도 충분히 좋은 녹음 결과물을 만들어낼 수 있으며, 이는 예산이 제한된 사용자나 레코딩을 처음 시작하는 사람들에게 매우 유리한 선택이 됩니다.

다만, 마이크 프리앰프의 품질이 낮으면 입력 소스의 손실이 발생할 수 있습니다. 이는 사운드의 왜곡을 일으키지는 않지만, 녹음 결과를 정확히 평가하는 데 어려움을 줄 수 있습니다. 따라서 녹음 단계에서의 장비 선정은 매우 중요합니다. 초보자들은 먼저 가지고 있는 장비로 다양한 실험을 통해 개인적인 필요와 부족한 점을 파악하고 실력을 쌓은 후에 장비 업그레이드를 고려하는 것이 좋습니다. 고가의 오디오 인터페이스를 선택할 것인지, 마이크 프리앰프를 추가할 것인지는 실제 사용 경험을 통해 결정하는 것이 바람직합니다.

▲ 마이크 프리앰프

녹음 품질 설정하기

샘플 레이트와 비트는 레코딩 작업을 시작하기 전에 결정되어야 합니다. 이 설정들은 녹음 초기에 정확히 설정되어야 하며, 이미 레코딩된 오디오의 샘플 레이트와 비트는 작업 중에는 변경할 수 없습니다. 물론, 로직은 오디오 포맷을 변경할 수 있는 기능을 제공하지만, 낮은 품질의 오디오를 높은 품질로 변환해도 음질 개선은 이루어지지 않고 파일 크기만 증가할 뿐입니다. 따라서 초기 설정이 녹음 작업의 전체적인 품질에 매우 중요한 역할을 하며, 최종적으로 제작되는 오디오 결과물에 직접적으로 영향을 미칩니다.

샘플 레이트 설정

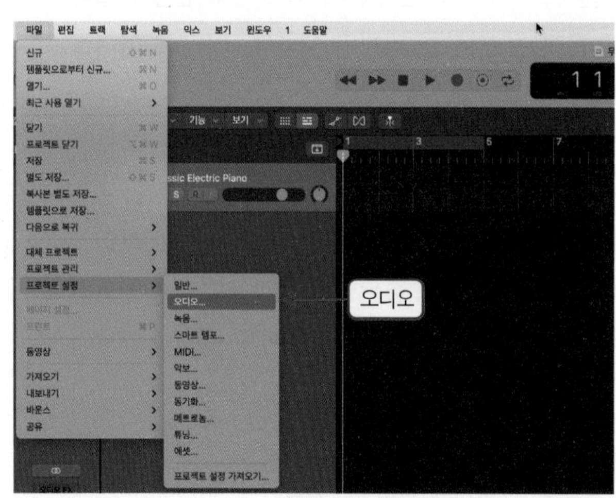

01 샘플 레이트는 파일 메뉴의 프로젝트 설정에서 오디오를 선택하여 창을 열고, 샘플률 목록에서 결정합니다.

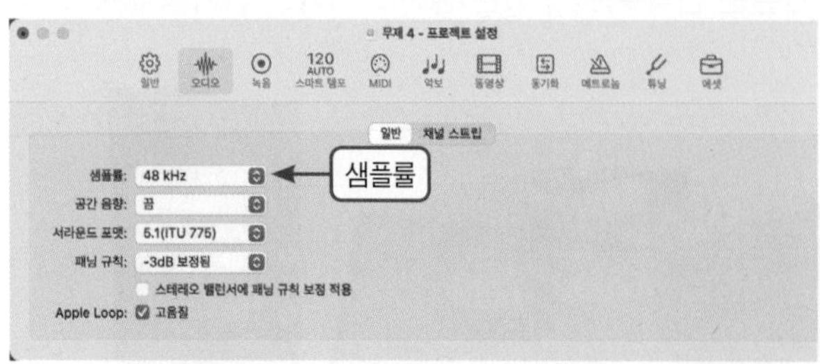

02 44.1KHz에서부터 192KHz까지 선택할 수 있습니다. 일반적으로 48KHz를 많이 사용합니다.

샘플 비트 설정

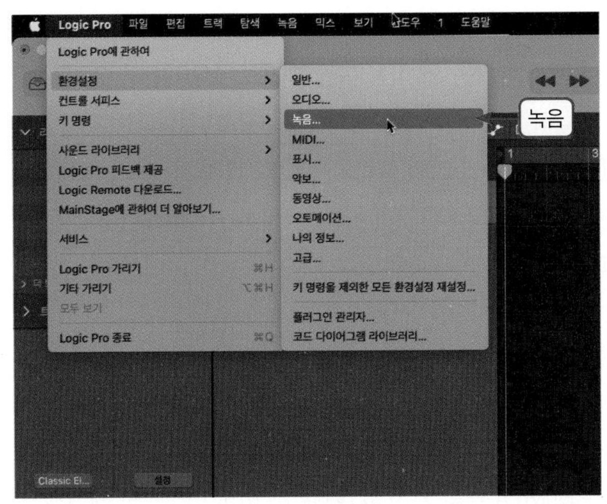

01 샘플 비트는 Logic Pro 메뉴의 환경설정에서 녹음을 선택하여 창을 열고, 샘플 심도 목록에서 결정합니다.

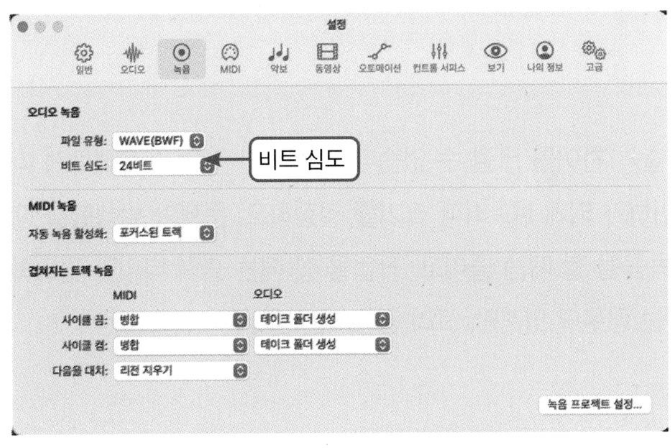

02 16비트 또는 24비트, 그리고 32비트 부동소수 중에서 선택할 수 있습니다. 일반적으로 24비트를 많이 사용합니다.

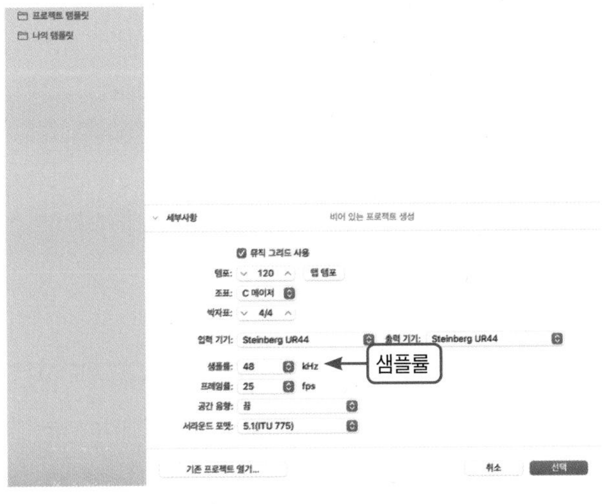

03 샘플 비트는 한 번 설정하면 바뀌지 않지만 샘플 레이트는 로직을 실행하면 열리는 프로젝트 선택창의 세부 옵션에서 설정하지 않으면 매번 바뀔 수 있으므로 주의합니다.

버퍼 크기 설정

녹음을 할 때 샘플 레이트와 비트만큼 중요한 요소가 한 가지 더 있습니다. 오디오 신호가 입력되면 로직은 자체 프로세싱 과정을 거쳐서 프로젝트에 기록하고, 기록된 오디오는 또 다시 복잡한 프로세싱 과정을 거쳐서 출력합니다. 즉, 오디오 신호가 바로 입/출력되는 것이 아니라 컴퓨터가 이를 처리하는 시간이 걸린다는 것입니다. 이것을 레이턴시(Latency)라고 하는데, 이 시간이 길면 입력되는 소리와 출력되는 소리 간에 시간차가 발생하기 때문에 녹음을 할 때 매우 불편합니다. 이 시간차를 줄이려면 컴퓨터가 오디오를 처리하는데 필요한 시간을 짧게 설정해야 하며, 이 처리 시간을 결정하는 것이 버퍼 크기입니다.

이 설정은 Logic Pro 메뉴의 환경설정에서 오디오를 선택하여 창을 열고, I/O 버퍼 크기 목록에서 샘플 단위로 선택할 수 있습니다. 입력되는 오디오 샘플의 양이 얼만큼 일 때 컴퓨터가 이를 처리하여 출력할 것인지를 결정하는 것이므로 값이 작을 수록 입력 사운드가 지연되어 출력되는 레이턴시 현상이 줄어듭니다. 다만, 값이 적으면 그 만큼 빠르게 처리할 수 있는 CPU 성능이 필요한데, 이것 또한 작업 프로젝트에 따라 달라지기 때문에 개인 마다 모두 다를 수 밖에 없습니다. 만일, 프로젝트에 비해 CPU가 감당할 수 있는 양보다 작게 설정하면 입력되는 사운드를 놓치는 일이 발생하기 때문에 사운드에 잡음이 발생하거나 심한 경우 시스템이 정지되는 일이 발생하기도 합니다.

일반적으로 발생 레이턴시 값이 30ms 이하이면 입/출력 차이를 느낄 수 없습니다. 하지만 작업 프로젝트에 따라 다르기 때문에 일단 발생 레이턴시 값이 30ms 이하가 되게 I/O 버퍼 크기를 설정하고, 문제가 발생했을 때 변경하거나 시스템 업그레이드를 고려합니다. 간혹, 녹음을 할 때는 줄이고, 작업을 할 때는 출력 타임만 필요하기 때문에 버퍼 크기를 늘려서 사용하는 해결책을 찾는 경우도 있지만, 그리 권장되는 방법은 아닙니다.

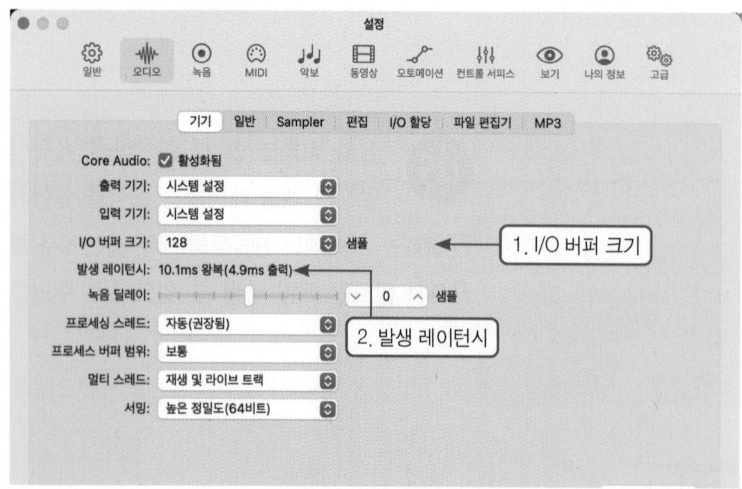

메트로놈 및 카운트

팝 작업자들은 드럼 루프를 사용하여 작업하는 경우가 많아 메트로놈을 자주 사용하지 않습니다. 그러나 녹음을 할 때 메트로놈을 켜 놓고 진행하는 스타일을 선호하기도 합니다. 메트로놈은 정확한 타이밍을 유지하는 데 도움이 되며, 특히 정교한 리듬이 필요한 경우에 필수적입니다. 녹음 시작 전 카운트 설정은 작업의 일관성과 협조를 증진시켜 모든 참여자가 준비되었음을 알리는 중요한 역할을 합니다. 따라서 메트로놈과 카운트 설정은 개인의 작업 환경과 선호에 따라 조정되어야 하며, 이는 녹음과 세션의 효율성과 정확성을 높이는 데 중요한 요소입니다.

01 녹음을 진행할 때 들리는 메트로놈은 로직의 Klopfgeist라는 소프트 악기 소리입니다. 컨트롤 막대의 믹서 버튼을 클릭하거나 X 키를 눌러 믹서 창을 열고, All을 선택합니다.

02 메트로놈 소리를 컨트롤 하는 Click 트랙의 I/O 항목을 보면, Klopfgeist가 장착되어 있는 것을 확인할 수 있습니다. Klopfgeist를 클릭하여 악기 패널을 엽니다.

03 메트로놈 소리는 Klopfgeist 프리셋에서 다른 음색을 선택하거나, 믹서의 입력 항목에서 다른 악기를 선택하여 변경할 수 있습니다.

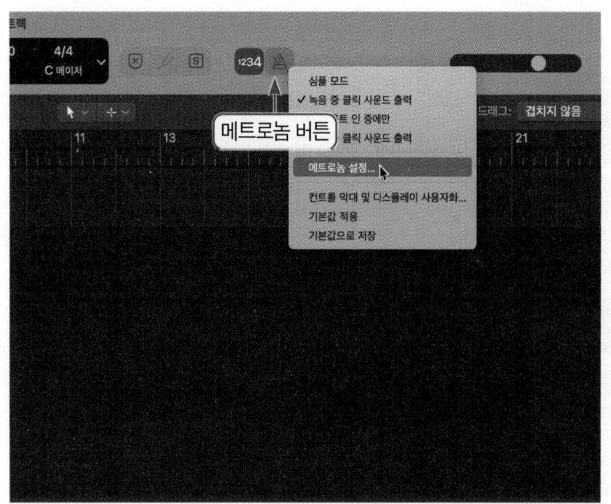

04 굳이 메트로놈 소리를 바꿀 일은 없겠지만, 어떤 악기를 사용하고 있는지 정도는 알고 있어야 할 것입니다. 컨트롤 막대의 메트로놈 버튼을 마우스 오른쪽 버튼으로 클릭하여 단축 메뉴를 열고, 메트로놈 설정을 선택합니다.

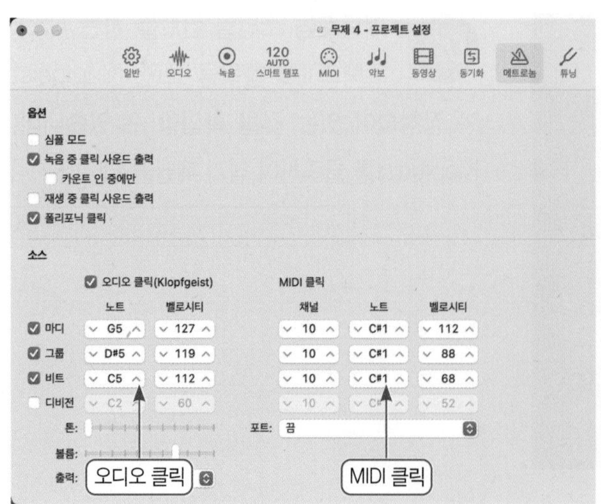

05 메트로놈 환경을 설정할 수 있는 프로젝트 설정 창의 메트로놈 페이지가 열립니다. 사운드 소스는 외장 악기를 의미하는 MIDI와 앞에서 열어본 Klopfgeist 소프트 악기를 의미하는 오디오 클릭이 있습니다.

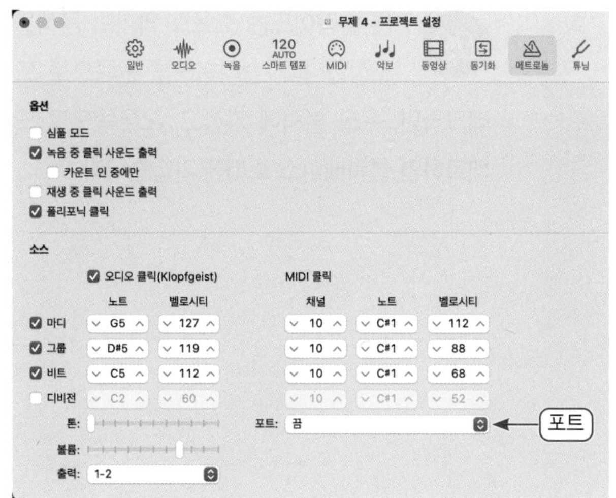

06 메트로놈을 하드웨어 악기로 소리를 내겠다면, MIDI 소스의 포트에서 악기가 연결되어 있는 미디 포트를 선택합니다. 목록은 컴퓨터에 연결되어 있는 미디 인터페이스로 표시됩니다.

> **TIP** 미디 소스를 사용할 때는 오디오 클릭 옵션을 해제하여 소프트 악기와 겹치지 않게 합니다.

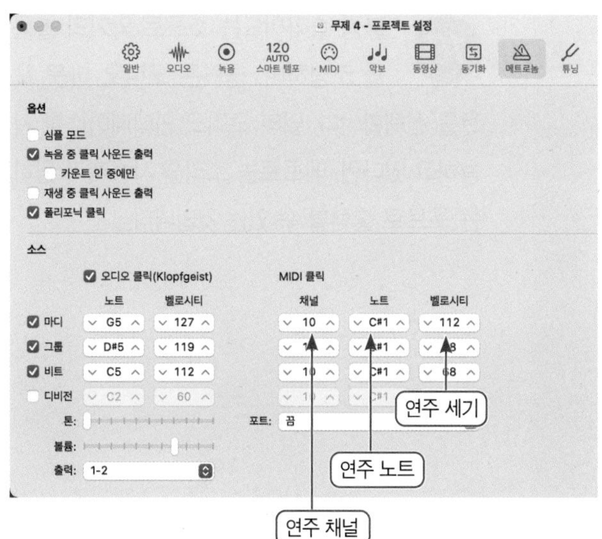

07 마디는 마디 마다 들려주는 소리, 비트는 박자 마다 들려주는 소리입니다. 각각의 소리로 이용할 노트와 벨로시티를 변경할 수 있습니다. MIDI 소스는 외장 악기 이므로, 채널 선택 항목도 있습니다.

> **TIP** GM/GS 모드의 악기라면 10번 채널이 드럼으로 설정되어 있습니다.

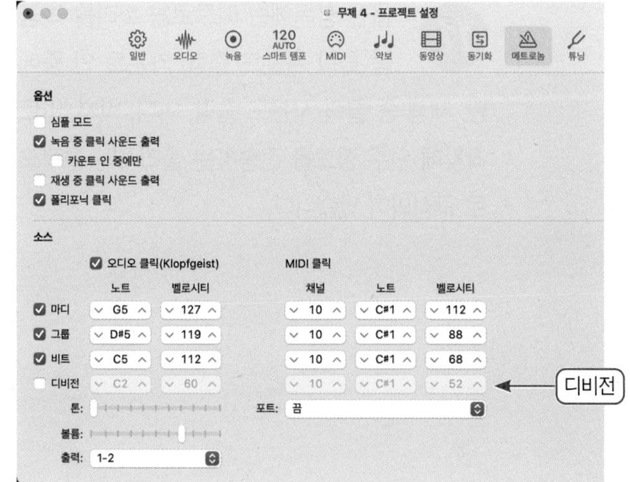

08 디비전은 비트 단위를 세분화 한 것으로 기본값은 16입니다. 즉, 한 박자에 4번의 소리가 들립니다. 이것을 사용하겠다면 디비전 옵션을 체크하고, 패널, 노트, 벨로시티 등을 설정합니다.

> **TIP** 본서에서는 비트를 박자, 디비전을 비트라고 표기하고 있으므로 혼동 없길 바랍니다.

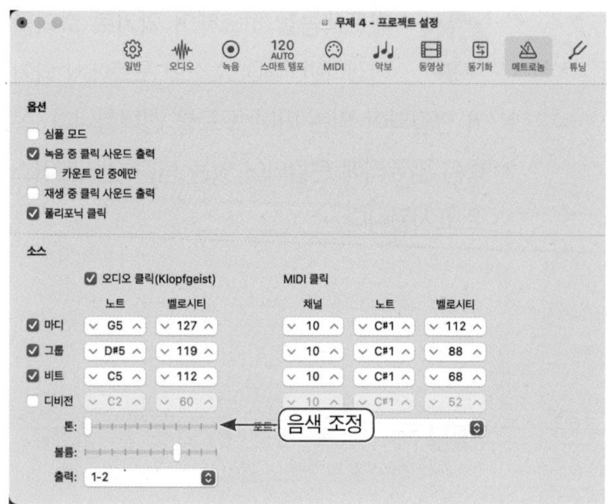

09 톤 슬라이드는 소프트 악기의 음색을 조정합니다. 슬라이드를 왼쪽으로 드래그하면, 우드 블럭에 가깝고, 오른쪽으로 드래그하면 클라베이스 소리에 가깝습니다.

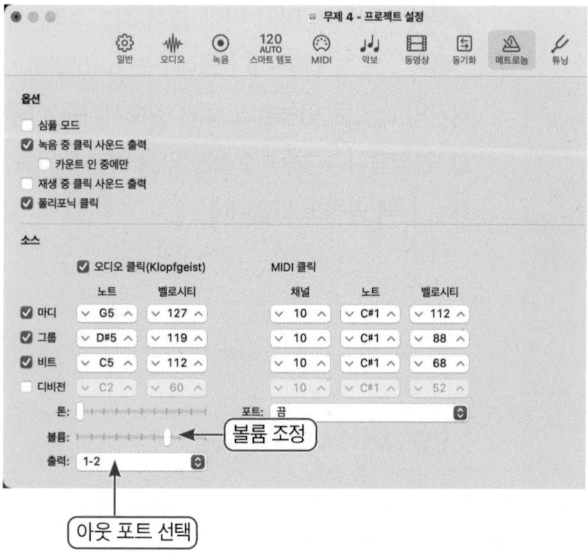

10 볼륨 슬라이드는 소프트 악기의 볼륨을 조정하며, 출력은 오디오 아웃 포트를 선택합니다. 멀티 오디오 인터페이스를 사용하고 있다면, 메트로놈 소리를 사용자가 원하는 포트로 출력할 수 있는 것입니다.

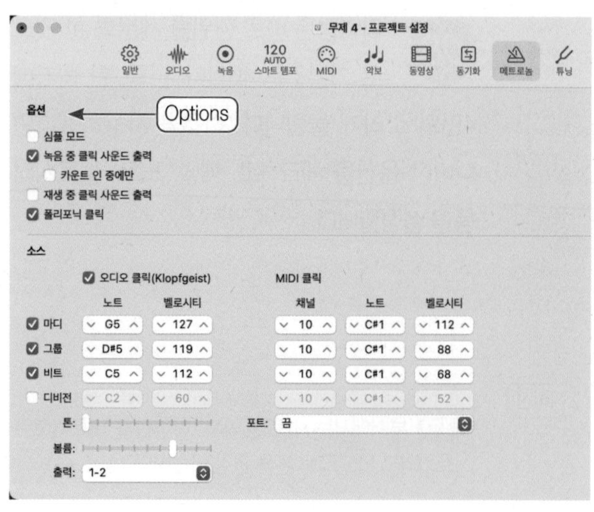

11 옵션 항목에는 메트로놈 소리를 녹음 중 클릭 사운드 출력, 카운트 인 중에만, 재생 중 클릭 사운드 출력, 마디, 박자, 비트 각각에 연주 정보를 전송하는 폴리포닉 클릭으로 구성되어 있습니다.

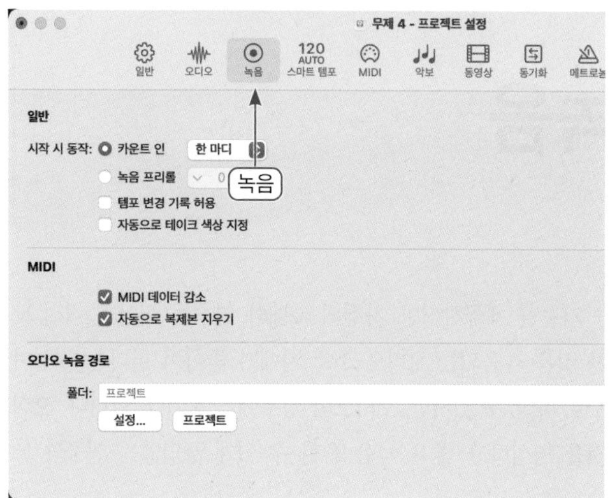

12 메트로놈의 기본 설정을 변경할 이유는 없겠지만, 녹음 시작을 알려주는 카운트 설정은 작업자마다 큰 차이가 있습니다. 녹음 탭을 선택하여 페이지를 엽니다.

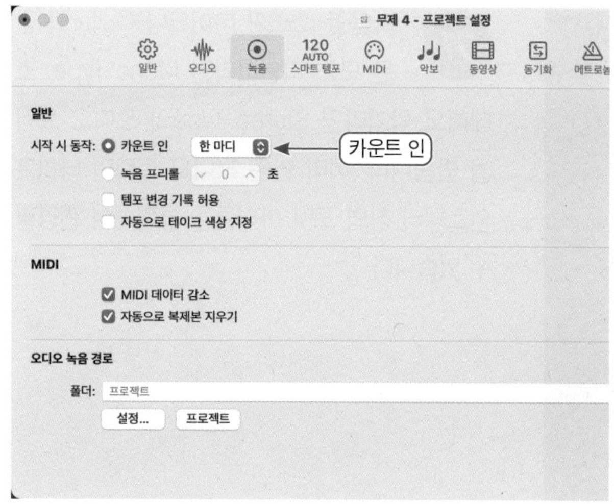

13 카운트 인 항목을 보면 한 마디로 설정되어 있습니다. 즉, 한 마디 길이의 카운트를 들려준 후에 녹음이 시작된다는 의미입니다. 이 값을 원하는 길이로 선택합니다.

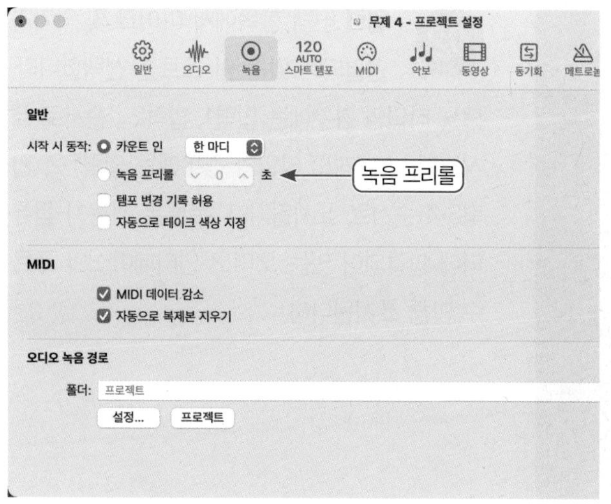

14 리듬 파트의 작업이 끝난 상태에서 녹음을 진행할 때는 카운트보다 재생헤드을 녹음 위치 이전으로 이동시켜 재생하는 것이 편리할 수 있습니다. 이때는 녹음 프리롤 옵션을 선택하고 원하는 타임을 초 단위로 설정합니다.

오디오 녹음

로직은 완벽하게 제작된 오디오 샘플을 사용할 수 있는 기능을 제공하지만, 자신의 노래와 연주는 어차피 직접 노래하거나 연주하여 녹음해야 합니다. 이 때 가장 중요한 것은 녹음되는 오디오 소스 자체가 좋아야 한다는 것입니다. 미디의 경우 유치원 수준의 연주를 모차르트의 연주로 바꿀 수 있지만, 오디오의 경우에는 불가능 합니다. 오디오 작업의 승패는 녹음과 믹싱 작업에서 결정된다는 것을 명심하고, 좋은 녹음을 할 수 있게 끊임없는 연구와 노력을 하기 바랍니다.

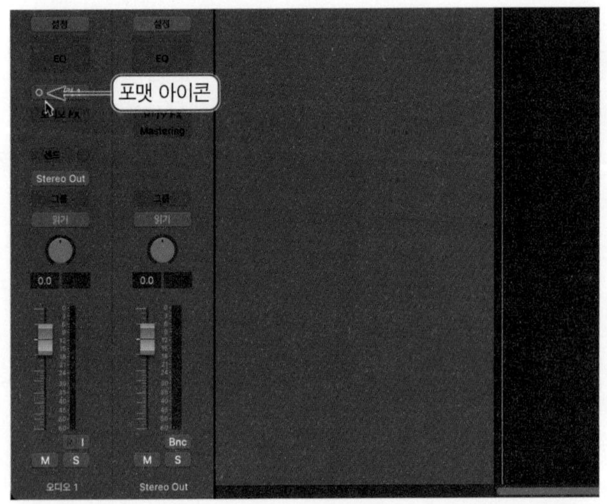

01 녹음할 소스가 마이크나 Guitar와 같은 모노 라인이라면 Mono Type, 스테레오 악기라면 Stereo Type의 오디오 트랙을 만듭니다. 이미 만든 오디오 트랙의 타입은 인스펙터 창의 포맷 아이콘을 클릭하여 변경할 수 있습니다.

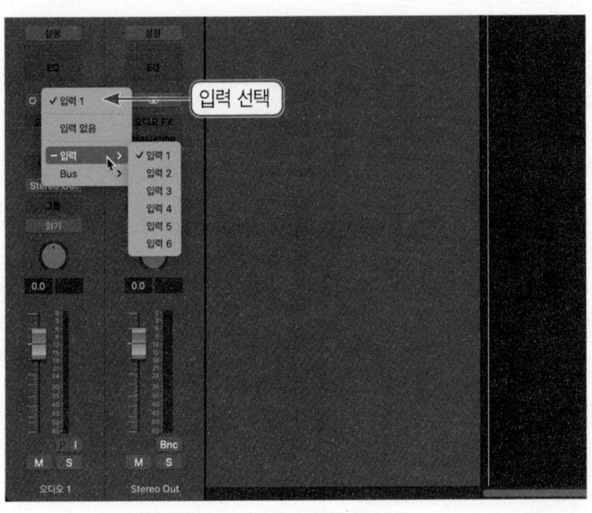

02 입력 선택 항목에서 마이크 및 악기가 연결되어 있는 인 포트를 선택합니다. 모노 타입인 경우에는 입력1, 입력2... 순서로 표시되며, 스테레오 타입인 경우에는 입력1-2, 입력3-4 순서로 표시됩니다. 목록은 사용자 컴퓨터에 연결되어 있는 오디오 인터페이스의 포트 수 만큼 표시됩니다.

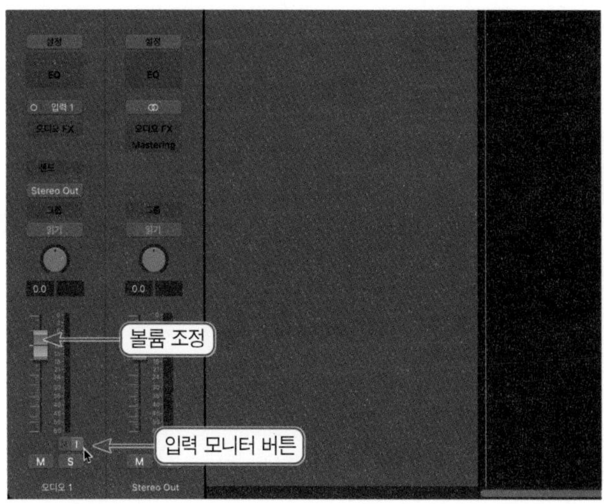

03 오디오 트랙은 녹음을 하기 전에 사운드를 체크해 볼 수 있는 기능이 있습니다. 입력 모니터 버튼을 On으로 하고, 악기를 연주해보면서 사운드를 체크합니다. 이때 볼륨 슬라이드는 입력 사운드 모니터 볼륨을 조정하게 됩니다.

> **TIP** 녹음을 할 때, 입력 사운드를 모니터 할 수 있으므로, 매번 사운드를 체크할 필요는 없습니다.

04 프로젝트/Audio Files 폴더에 저장되는 레코딩 파일은 트랙 이름으로 생성됩니다. 그러므로 녹음을 하기 전에 트랙 이름을 지정하는 것이 좋습니다. 트랙 이름 항목을 더블 클릭하여 녹음 소스를 쉽게 구분할 수 있는 이름을 입력합니다.

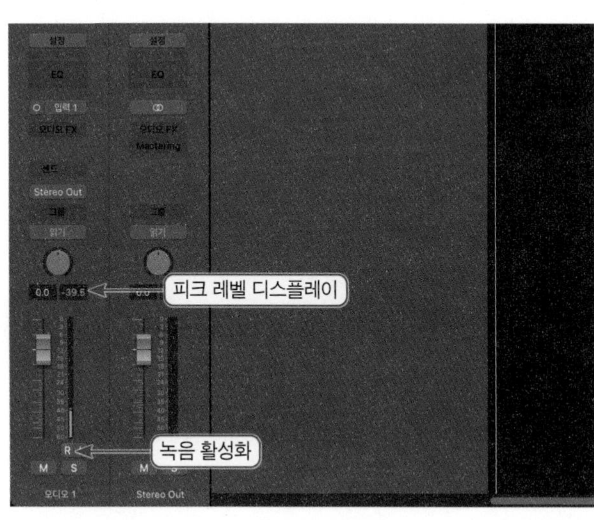

05 트랙 또는 채널 스트립의 녹음 활성화 버튼을 On으로 하고, 노래 및 연주를 해보면서 레벨을 체크합니다. 피크 레벨 디스플레이를 보면서 가장 크게 노래하거나 연주하는 부분이 -6dB에서 -3dB를 넘지 않게 오디오 인터페이스의 Input Gain을 조정합니다.

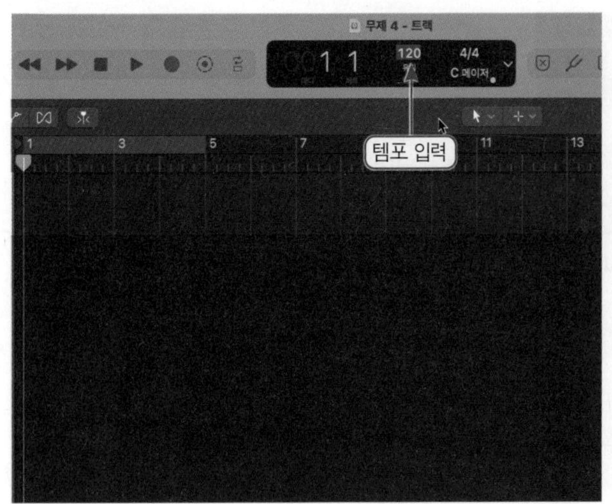

06 로직은 녹음을 한 후에 오디오 템포를 자유롭게 조정할 수 있지만, 녹음 소스의 음색을 유지하기는 어렵습니다. 그러므로 작업할 곡의 템포는 미리 결정하는 것이 좋습니다. 템포 항목을 드래그하거나 더블 클릭하여 템포 값을 입력합니다.

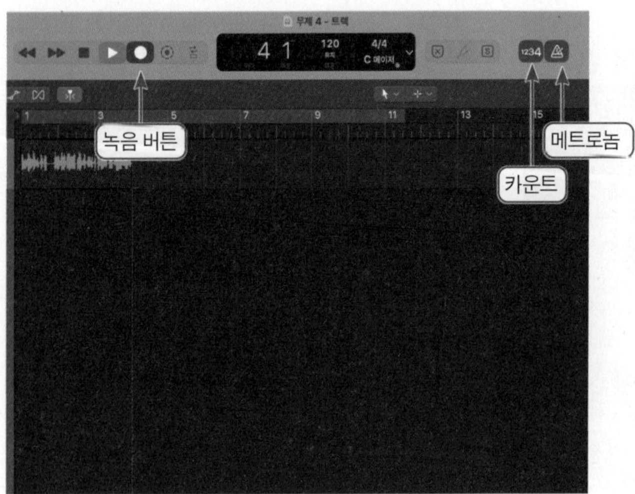

07 메트로놈이 필요하다면 메트로놈 버튼을 On으로 하고, 카운트가 필요하다면 카운트 버튼도 On으로 합니다. 그리고 녹음 버튼을 클릭하거나 R 키를 누르면 녹음이 시작됩니다. 녹음을 마칠 때는 스페이스 바 키를 눌러 정지합니다.

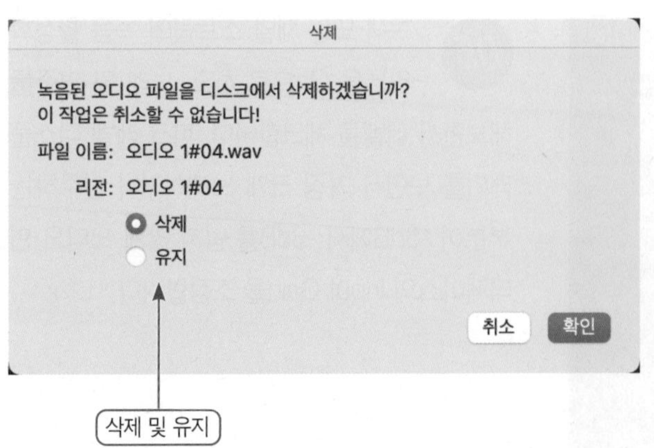

08 녹음 결과가 마음에 들지 않으면, Command+Z 키를 눌러 최소하거나 Delete 키를 눌러 삭제하고, 다시 녹음합니다. Delete 키를 누른 경우에는 파일을 삭제할 것인지, 리전만 삭제(유지) 할 것인지를 선택할 수 있는 창이 열립니다.

TIP 유지로 리전만 삭제한 경우에는 프로젝트가 저장되어 있는 Audio Files 폴더에 파일이 남습니다.

알아 두면 좋아요! 레코딩 모드

녹음 버튼은 기본적으로 클릭했을 때 녹음을 시작하며, 정지할 때는 정지 및 재생 버튼을 눌러야 합니다. 하지만, 필요에 따라 녹음 버튼을 이용해서 On/Off 하거나 취소되게 할 수 있습니다. 녹음 버튼을 누르고 있으면 모드를 변경할 수 있는 메뉴가 열리며 기본적으로 녹음으로 선택되어 있습니다.

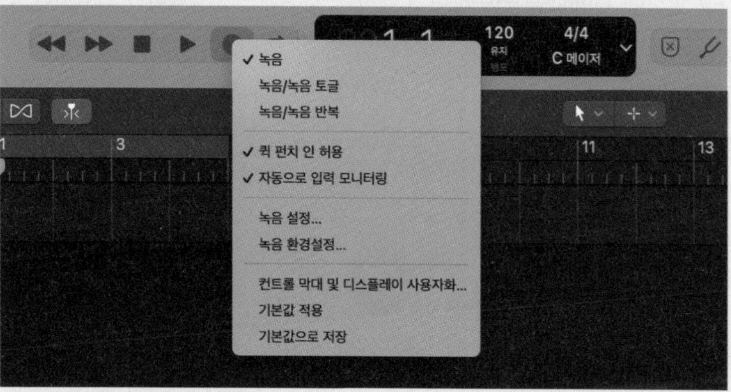

- 녹음

기본 모드입니다. 녹음을 시작하며 정지 및 시작 버튼을 클릭해야 Off 됩니다.

- 녹음/녹음 토글

녹음 버튼으로 On/Off 되게 합니다. 녹음을 진행하면서 노래 및 연주를 하고 있지 않을 때 R 키를 눌러 Off 했다가 다시 녹음이 필요한 위치에서 R 키를 눌러 On 할 수 있습니다.

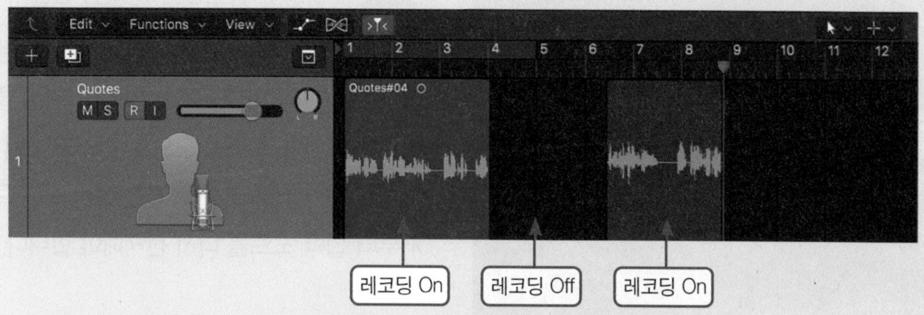

- 녹음/녹음 반복

녹음을 취소하고 시작했던 위치로 돌아가 다시 녹음을 진행합니다. 마음에 드는 프레이즈가 녹음될 때까지 다양한 시도를 해보고 싶을 때 유용한 모드입니다.

멀티 녹음

Guitar를 연주하며 노래하거나 친구들과 함께 하는 밴드 연주를 녹음할 때, 각각의 소스가 서로 다른 트랙으로 녹음되게 하는 방식을 멀티 녹음이라고 합니다. Guitar를 연주하며 노래하는 경우에는 2 트랙이면 되겠지만, 4~5인조 밴드라면 Vocal 1 개, Guitar 1 개, Bass 1 개, Keyboard 2 개, Drums 10 개 이상의 라인을 연결할 수 있는 멀티 오디오 인터페이스와 마이크가 필요합니다. Drums을 스테레오로 녹음하더라도 8개 정도의 In 포트를 지원하는 오디오 인터페이스와 마이크를 갖추고 있어야 한다는 조건이 필요한 것입니다.

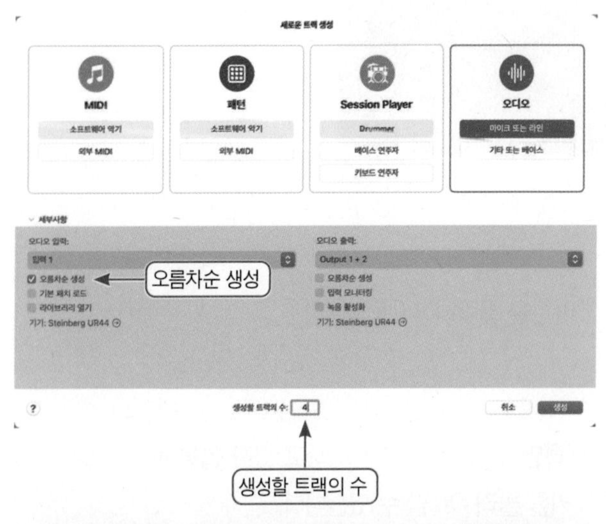

01 파일 메뉴의 신규를 선택하여 새로운 프로젝트를 만듭니다. 새로운 트랙 생성 창의 생성할 트랙의 수에서 필요한 트랙 수를 입력하고, 오름차순 생성 옵션을 체크합니다. 1번 트랙에 입력1, 2번 트랙에 입력2 순서로 설정해주는 옵션입니다.

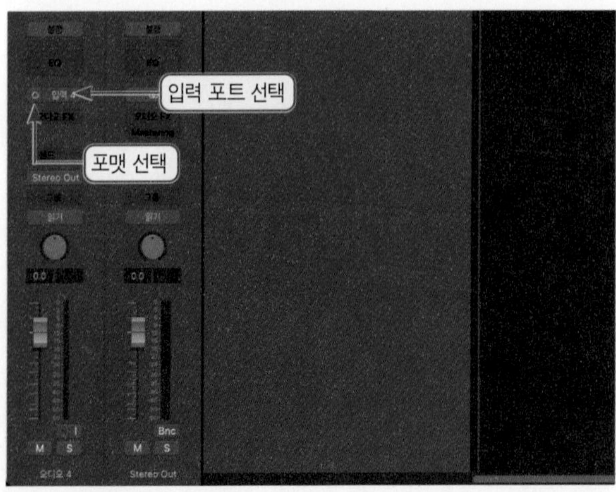

02 입력이 자동으로 설정된 트랙이 만들어집니다. 채널 타입을 변경할 필요가 있는 트랙이 있다면, 포맷 선택 버튼을 클릭하여 변경합니다. 트랙을 모노로 만들고, 3번 트랙의 채널을 스테레오로 변경한다면, 4번 트랙에서부터 입력 포트를 다시 선택해야 합니다.

03 싱글 트랙 녹음을 할 때도 동일하지만, 멀티 트랙 녹음을 할 때는 각 트랙에 녹음되는 사운드를 쉽게 구분할 수 있게 트랙의 이름을 미리 입력해두는 것이 좋습니다. 트랙 이름을 더블 클릭하여 변경합니다.

> **TIP** Tab 키를 눌러 다음 트랙, Shift+Tab 키를 눌러 이전 트랙으로 이동할 수 있습니다.

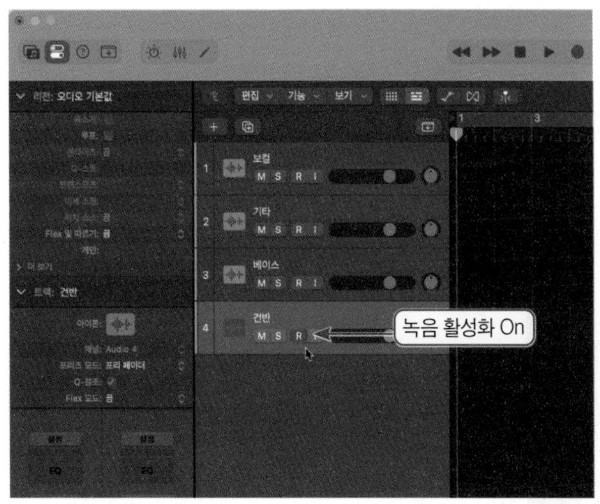

04 싱글 트랙 녹음을 할 때는 R 키를 눌러 녹음을 진행할 때, 선택된 트랙의 녹음 활성화 버튼이 자동으로 On 되지만, 멀티 녹음을 할 때는 수동으로 On 시켜야 합니다. 각 트랙의 녹음 활성화 버튼을 On으로 합니다.

05 R 키를 눌러 녹음을 진행하면, 녹음 활성화 버튼이 On으로 되어 있는 모든 트랙에 동시 녹음이 진행됩니다. 각 트랙의 인풋을 서로 다르게 선택한 다는 것 외에는 싱글 녹음과 큰 차이가 없습니다.

> **TIP** R 키를 눌러 녹음이 작동되지 않는다면, 키보드가 한글 모드로 되어 있는지 확인합니다.

펀치 녹음

펀치 녹음은 원하는 구간에서 녹음을 시작하고 중간에 녹음을 멈추어 다시 녹음할 수 있는 기능입니다. 이 기능은 특정 부분을 수정하거나 개선할 때 매우 유용합니다. 그러나 펀치 녹음을 사용할 때는 몇 가지 주의할 점이 있습니다. 먼저, 정확한 펀치 인/아웃 포인트를 설정하여 원하는 부분을 정확히 녹음해야 합니다. 두 번째로, 펀치 녹음 중에는 원본 오디오를 모니터링할 수 없어 곡의 흐름을 유지하기 어려울 수 있습니다. 이는 녹음 시작 전에 섬세하게 계획하고 설정하는 것이 중요합니다. 마지막으로, 마음에 들지 않는 부분이 생기면 새로운 트랙을 생성하고 해당 부분을 다시 녹음하는 방법을 선택할 수 있습니다.

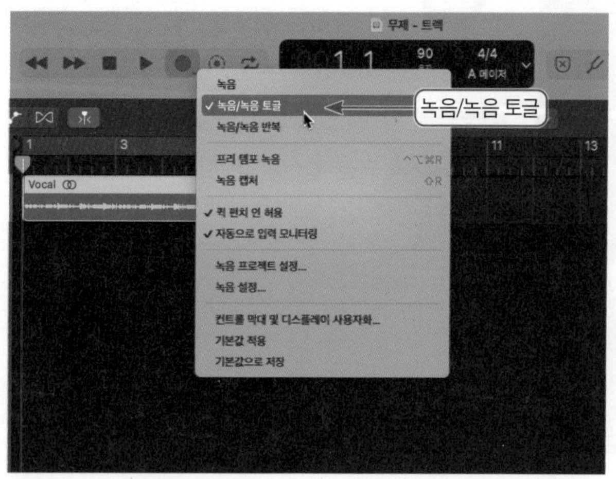

01 녹음을 하고 모니터를 해보니 마음에 안 드는 부분이 있다고 가정합니다. 녹음 버튼을 누르고 있으면 열리는 메뉴에서 녹음/녹음 토글을 선택하여 R 키로 녹음을 On/Off 할 수 있게 모드를 변경합니다.

02 곡을 재생하면서 수정할 구간에서 R 키를 눌러 녹음을 진행합니다. 이것이 아날로그 시절부터 사용하던 펀치 레코딩 기법입니다. 과거에는 이것으로 엔지니어의 실력이 평가받던 시절도 있었지만, 로직은 수정 전의 오디오가 남아있는 테이크로 진행이 되기 때문에 실수를 해도 큰 문제가 되지는 않습니다.

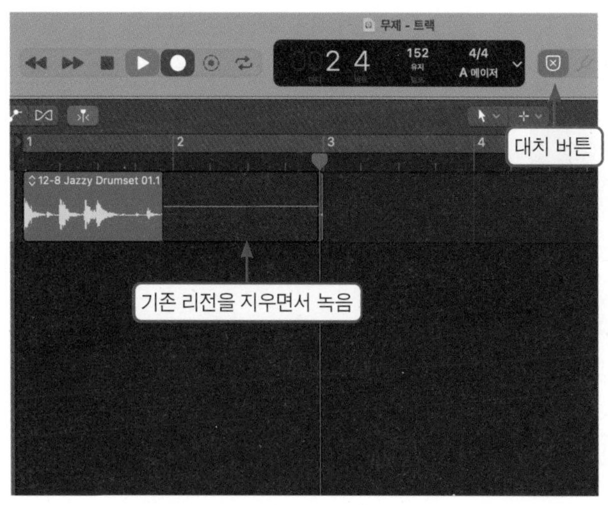

03 테이크로 생성되어 복잡해지는 것이 싫은 경우에는 컨트롤 막대의 대체 버튼을 On으로 하고 진행합니다. 그러면 이전 오디오를 지우면서 새로운 오디오로 수정할 수 있습니다.

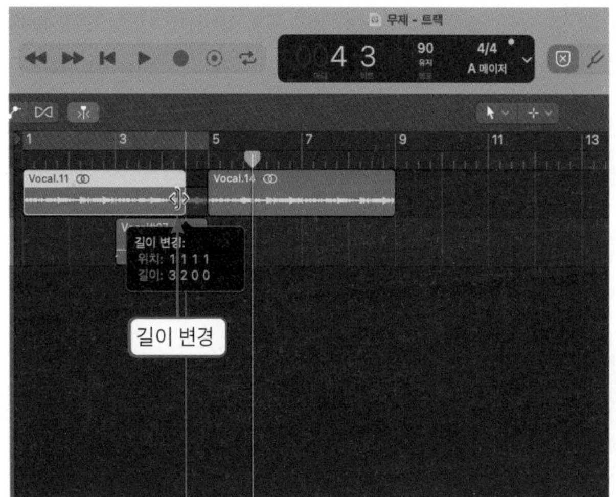

04 대체 모드로 녹음을 진행해도 오디오가 실제로 지워지는 것은 아니기 때문에 안심해도 됩니다. 언제든 기존의 리전 길이를 원래대로 변경하면 복구할 수 있습니다.

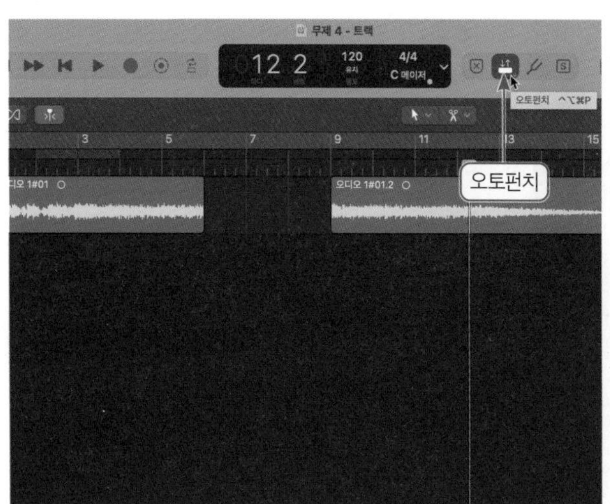

05 앞의 방법은 충분한 경험이 필요합니다. 이를 자동으로 수행할 수 있는 방법을 살펴보겠습니다. Command+Z 키를 눌러 앞의 작업을 취소하고, 컨트롤 막대의 오토펀치 버튼을 클릭하여 On으로 합니다.

> **TIP** 오토펀치 버튼은 컨트롤 막대 및 디스플레이 사용자화에서 오토펀치를 체크하여 표시할 수 있습니다.

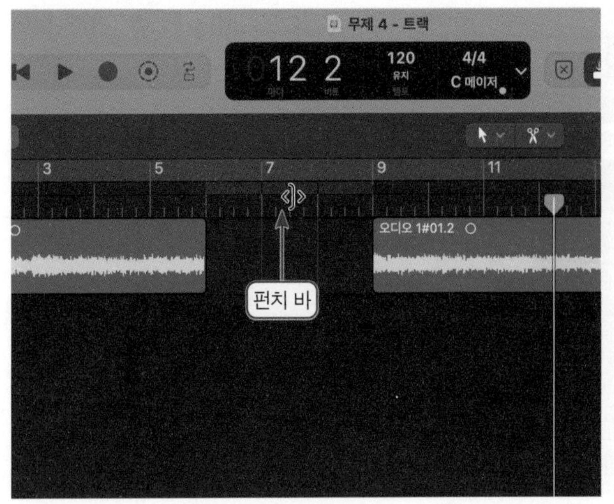

06 룰러 라인에 펀치 구간을 설정할 수 있는 바가 표시됩니다. 중간을 드래그하여 위치를 변경하고, 시작과 끝 위치를 드래그하여 범위를 조정합니다.

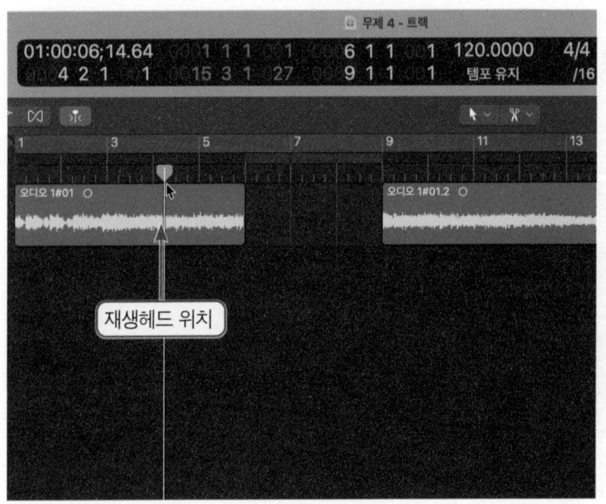

07 눈금자를 클릭하여 펀치 시작점 이전에 재생헤드를 가져다 놓습니다. 그리고 R 키를 눌러 녹음을 진행합니다.

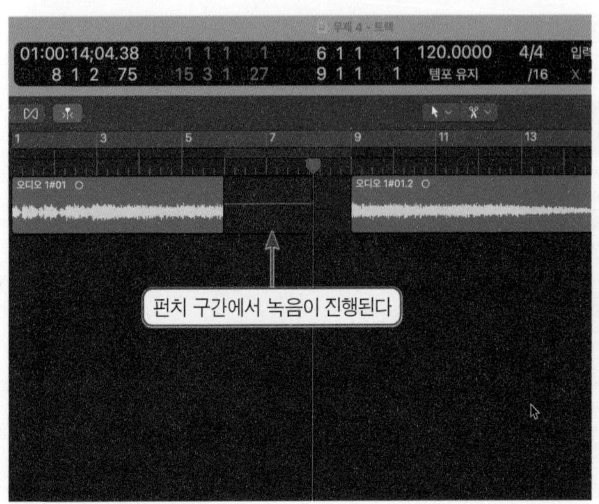

08 펀치 구간까지는 정상적으로 재생이 되고, 펀치 구간에서만 녹음이 진행되는 것을 확인할 수 있습니다. 연주의 흐름을 유지하면서 원하는 범위만 수정할 수 있는 것입니다.

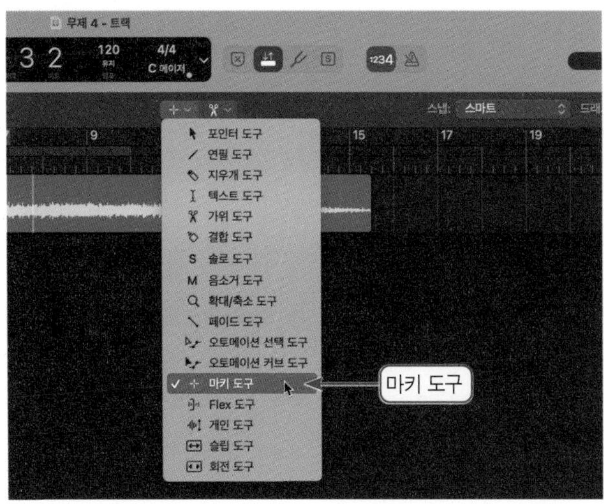

09 펀치 구간은 오른쪽 도구에 기본으로 선택되어 있는 마키 도구를 이용하는 방법도 있습니다. 마키 도구를 선택합니다.

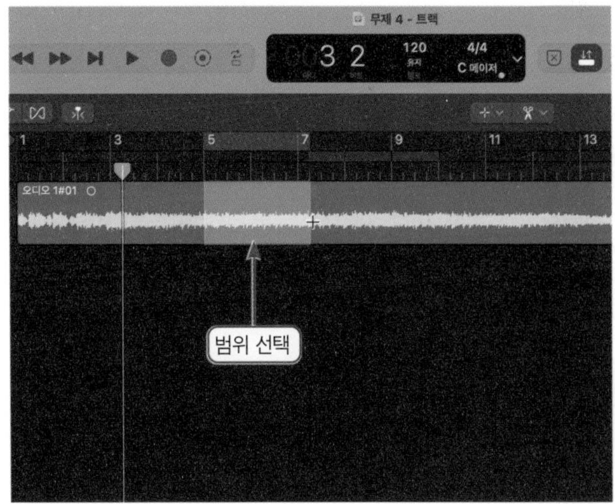

10 다시 녹음할 구간을 선택하고, 재생헤드를 이전에 가져다 놓습니다. 그리고 녹음을 하면 마키 범위에서 펀치 녹음이 진행되는 것을 확인할 수 있습니다.

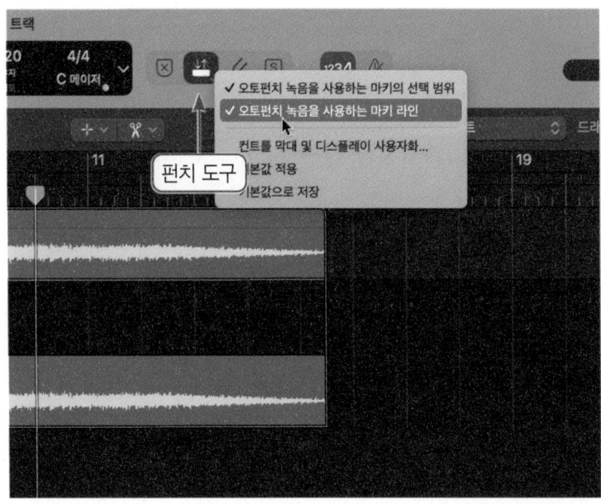

11 마키 구간에서 펀치 녹음이 진행되지 않으면 펀치 도구를 누르고 있으면 열리는 메뉴에서 오토펀치 녹음을 사용하는 마키의 선택 범위가 체크되어 있는지 확인합니다.

테이크 녹음

테이크 녹음은 같은 프레이즈를 반복 녹음한 후에 잘 된 연주만 골라내는 기법입니다. 영화에서 같은 씬을 반복해서 촬영한 다음에 최종 편집을 할 때 가장 마음에 드는 씬을 골라 사용하는 기법을 테이크 촬영이라고 하는데, 이것과 같은 의미입니다. 특히, 보컬 녹음을 할 때는 수 차례 반복하여 녹음하는 테이크 녹음 기법은 아주 많이 사용하므로, 정확하게 익히길 바랍니다.

테이크 폴더

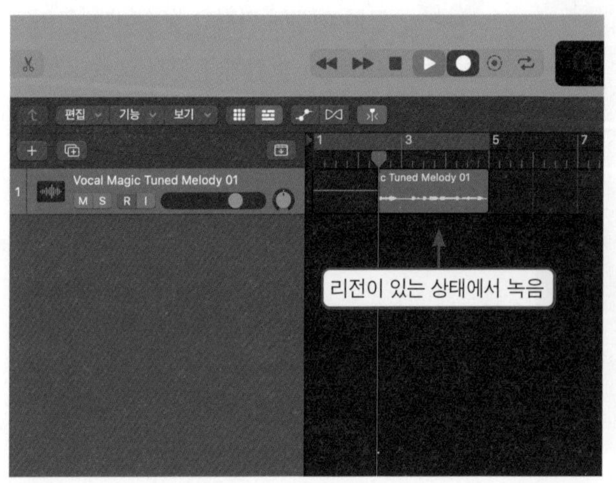

01 녹음을 마치고 삭제할 정도는 아닌데 뭔가 아쉬워 다시 녹음하는 경우가 있습니다. 로직은 기존에 녹음되어 있는 오디오 리전 위에 새로운 녹음을 얼마든지 반복할 수 있습니다. 단, 가장 마지막에 녹음한 오디오가 재생됩니다.

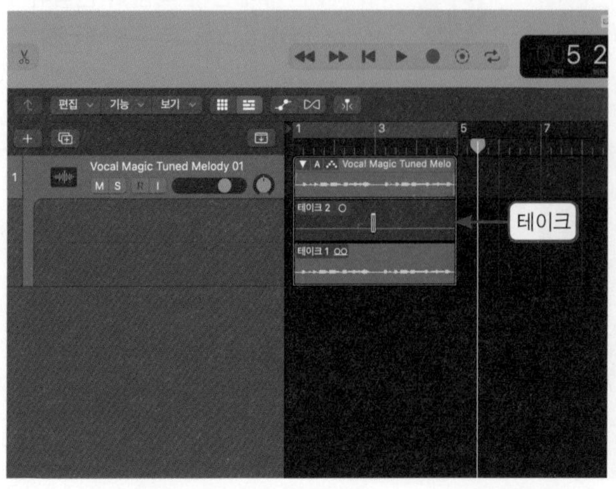

02 오디오 리전 위에 새로운 녹음을 시도하면 각각의 리전은 테이크라는 이름의 폴더로 생성되며, 최근에 녹음한 것이 가장 위에 배치됩니다.

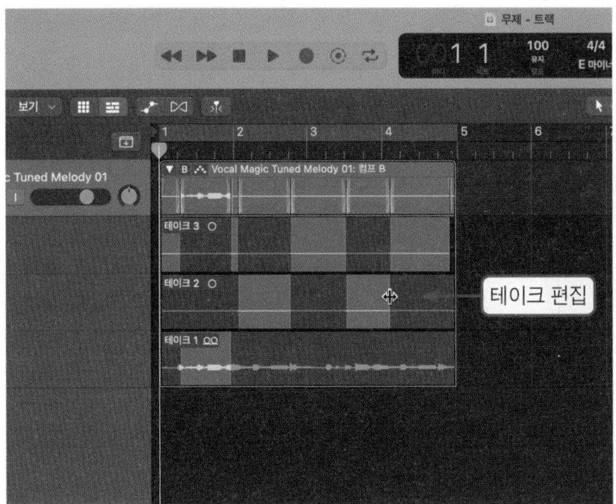

03 테이크 레코딩의 장점은 몇 차례 녹음을 한 후에 마음에 드는 것을 클릭하여 선택할 수 있으며, 각각의 테이크마다 마음에 드는 구간을 마우스 드래그로 지정할 수 있다는 것입니다.

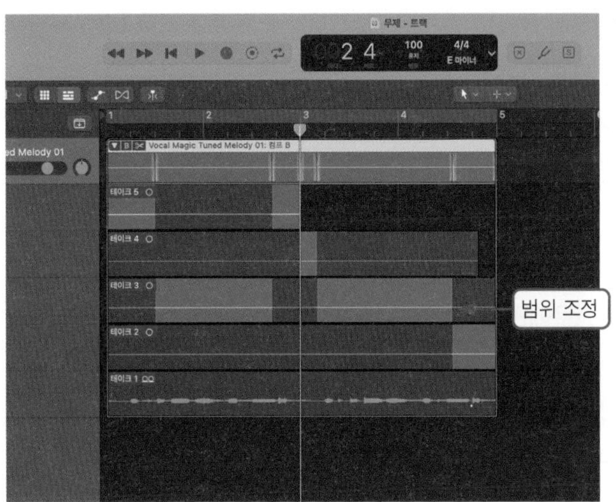

04 테이크에서 마음에 드는 구간을 골라내면 재생 구역은 리전 색상으로 표시되고, 해당 구간을 드래그하여 위치를 이동하거나 시작 및 끝 부분을 드래그하여 범위를 수정할 수 있습니다.

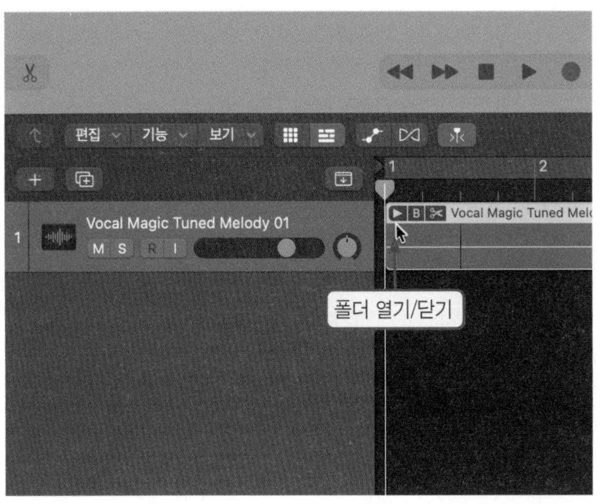

05 테이크 폴더 왼쪽 상단에 작은 삼각형 모양 버튼을 클릭하거나 테이크 폴더를 더블 클릭하여 테이크 폴더를 열거나 닫을 수 있습니다.

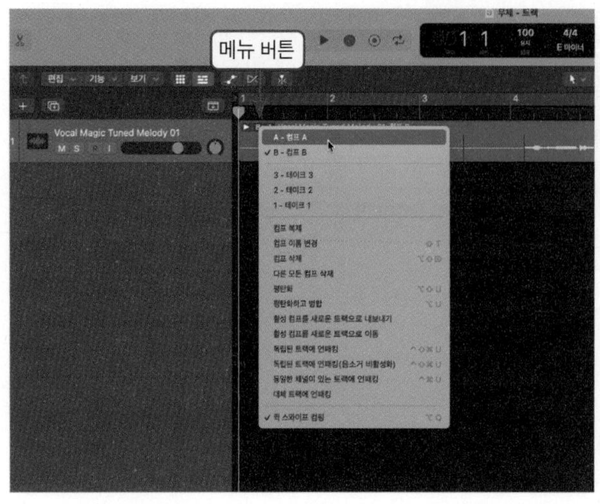

06 두 번째 A라고 표시되어 있는 버튼은 메뉴를 엽니다. 처음에 레코딩을 하면 테이크 숫자가 표시되며, 편집을 하면 A로 변경됩니다. 이것을 컴프(Comp)라고 하며 사용자가 원하는 만큼 컴프 B, 컴프 C… 순서로 만들 수 있고, 각각의 컴프마다 서로 다른 편집을 하고, 원하는 것을 선택할 수 있습니다.

- **컴프** : 편집을 하면 컴프 A가 생성되며, 이를 복제하여 B, C... 순서로 만들고 각 컴프마다 서로 다른 편집을 진행할 수 있습니다. 그리고 원하는 컴프를 선택하여 재생합니다.
- **테이크** : 반복 녹음한 수만큼 테이크가 만들어지며, 선택하여 재생합니다.
- **컴프 복제** : 컴프 테이크를 복사하여 컴프 B, C...만듭니다.
- **컴프 이름 변경** : 선택한 컴프의 이름을 구분하기 쉬운 것으로 변경할 수 있습니다.
- **컴프 삭제** : 선택한 컴프를 삭제합니다.
- **다른 모든 컴프 삭제** : 두 개 이상의 컴프를 만든 경우에만 볼 수 있는 메뉴입니다. 선택한 컴프 이외의 나머지 컴프를 모두 삭제합니다.
- **평탄화** : 편집한 테이크를 제외한 나머지를 제거합니다.
- **평탄화하고 병합** : 평탄화를 하고, 테이크를 하나의 리전으로 만듭니다.
- **활성 컴프를 새로운 트랙으로 내보내기** : 새로운 트랙을 만들어 평탄화합니다.
- **활성 컴프를 새로운 트랙으로 이동** : 새로운 트랙을 만들어 이동시킵니다.
- **독립된 트랙에 언패킹** : 각 테이크를 트랙으로 만듭니다.
- **독립된 트랙에 언패킹(음소거 비활성화)** : 각 테이크를 트랙으로 만들고 뮤트합니다.
- **동일한 채널이 있는 트랙에 언패킹** : 각 테이크를 동일한 채널 스트립 트랙으로 만듭니다.
- **대체 트랙에 언패킹** : 각 테이크를 대체 트랙으로 만듭니다. 대체 트랙은 두 개 이상의 트랙이 하나로 통합된 형태이며, 트랙 이름 오른쪽에 꺽쇠 모양의 버튼을 클릭하여 재생 테이크를 선택할 수 있습니다. 동일한 채널 스트립 환경에서 여러 연주를 비교해 볼 때 유용한 트랙입니다.

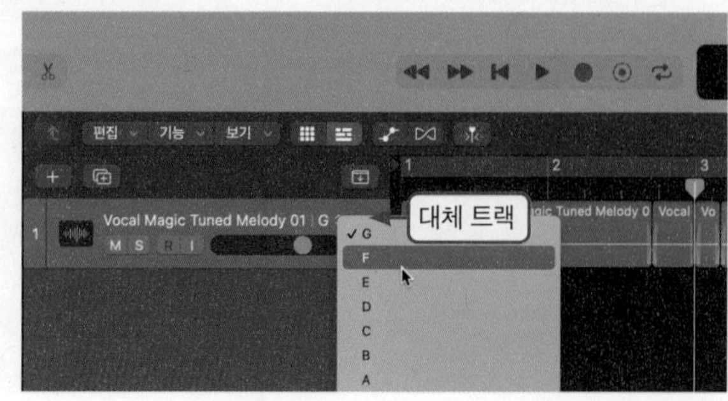

● **퀵 스와이프 컴핑** : 테이크를 편집할 수 있는 스와프 컴핑 버튼을 On/Off 합니다. 테이크 폴더 메뉴 버튼 오른쪽에 있는 것이 퀵 스와이프 컴핑 버튼입니다. 클릭하면 퀵 스와이프 기능이 Off 되며, 가위 모양으로 표시됩니다. 테이크가 실수로 편집되는 것을 방지합니다.

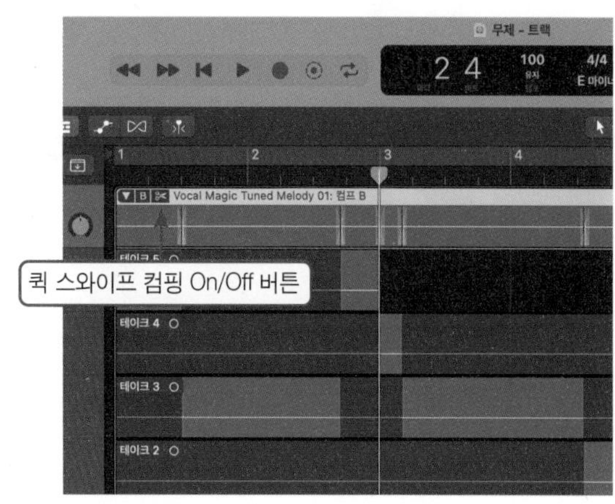

사이클 레코딩

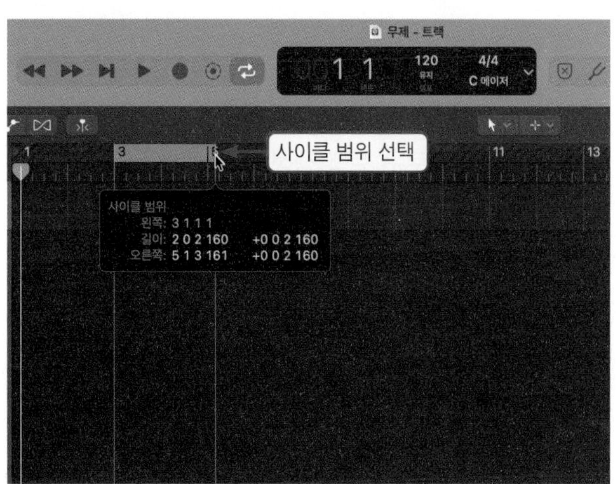

01 아이디어를 얻기 위해 처음부터 몇 차례 반복해서 녹음을 해볼 경우에는 사이클 기능을 이용하여 테이크를 만들 수 있습니다. 사이클 구간은 눈금자를 드래그하여 설정합니다.

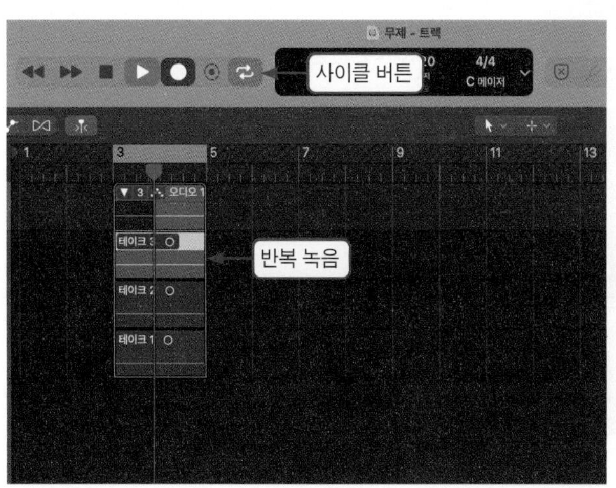

02 녹음을 진행하면 사이클 구간이 반복되면서 테이크를 만들기 시작합니다. 녹음이 끝나면 컴핑 작업을 통해 마음에 드는 연주 범위를 골라냅니다.

미디 녹음

미디는 악기를 다루기 어려운 사람들을 위한 도구가 아닙니다. 미디는 외부 악기뿐만 아니라 가상 악기를 다룰 수 있는 유일한 방법이며, 연주를 보정하는 단계를 넘어서서 사람이 할 수 없는 테크닉을 표현하는 데도 중요한 역할을 합니다. 특히 혼자서 작곡과 편곡을 하는 컴퓨터 뮤지션으로 성장하기 위해서는 기본적인 미디 작업을 확실히 이해하고 습득하는 것이 필수적입니다.

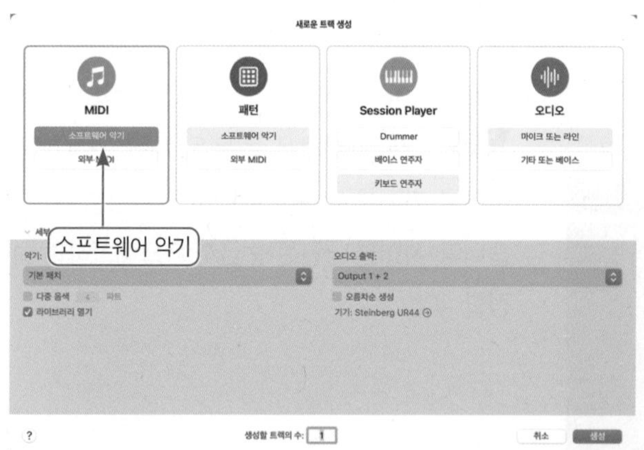

01 미디는 악기 연주를 위한 데이터를 기록하는 것입니다. 그래서 언제든 편집이 가능하며, 사람이 연주할 수 없는 테크닉을 연출할 수 있습니다. 새로운 프로젝트를 만들고, 새로운 트랙 생성 창에서 소프트웨어 악기를 선택합니다.

02 기본 패치는 Classic Electric Piano이지만, 라이브러리 창에서 원하는 음색을 선택하여 변경할 수 있습니다. 트랙을 만들 때 라이브러리 열기 옵션을 체크하지 않은 경우에는 컨트롤 막대의 라이브러리 버튼을 클릭하거나 Y 키를 눌러 라이브러리 창을 열 수 있습니다.

03 기본 패치는 사용자가 원하는 음색으로 설정할 수 있습니다. 패치를 선택하고 메뉴 열기 버튼을 클릭하여 기본값으로 정의를 선택하면 됩니다. 필요하면 사용자 기본값 지우기를 선택하여 로직의 기본 패치로 복구할 수 있습니다.

04 미디는 데이터를 기록한다는 것 외에 오디오 녹음과 동일합니다. 드럼을 입력해볼 것이므로, 라이브러리에서 Drum Kit의 음색을 선택하고, 눈금자를 드래그하여 4마디 길이를 사이클 구간으로 설정합니다.

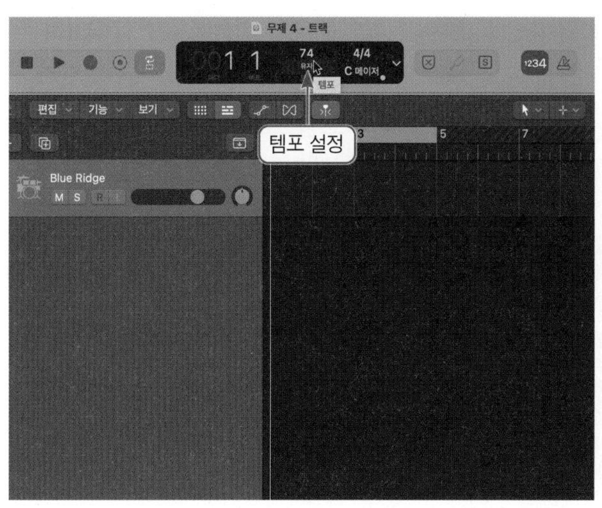

05 미디는 녹음 후에 템포를 자유롭게 바꿀 수 있지만, 느낌을 유지하기 위해서는 자신이 만들 곡의 템포를 미리 결정하는 것이 좋습니다. 템포 항목을 드래그하거나 더블클릭하여 수정합니다.

06 리전 파라미터의 퀀타이즈 항목을 클릭하여 목록을 열고, 8분음표를 선택합니다. 녹음하는 노트를 8비트로 자동 정렬하게 만드는 것입니다.

07 미디와 오디오의 녹음 방법은 다르지 않습니다. R 키를 눌러 다음 악보의 드럼 연주를 녹음합니다. 처음에 F#1과 A#1 건반으로 C.HH과 O.HH, 두 번째 D1으로 스네어 드럼(S.Dr), 세 번째 C1으로 베이스 드럼(B. Dr)을 차례로 반복하여 녹음하는 것입니다.

08 녹음한 미디 리전을 더블 클릭하여 피아노 롤을 열어보면, 사용자가 입력한 노트가 막대 모양으로 표시되는 피아노 롤을 열 수 있으며, 원하는 연주 스타일로 편집이 가능합니다.

뮤직 타이핑

미디 악기 연주를 위한 이벤트를 입력할 때 일반적으로 마스터 건반이나 신디사이저와 같은 장치를 사용하지만, 야외에서 맥북을 들고 있을 때는 키보드를 사용해야 할 때가 있습니다. 이런 경우 뮤직 타이핑을 사용하면 좀 더 현실감 있는 연주를 할 수 있습니다. 이 기술은 마치 건반을 사용하여 연주하는 것과 비슷한 효과를 제공하여 야외에서도 더 나은 연주 경험을 만들어 줍니다.

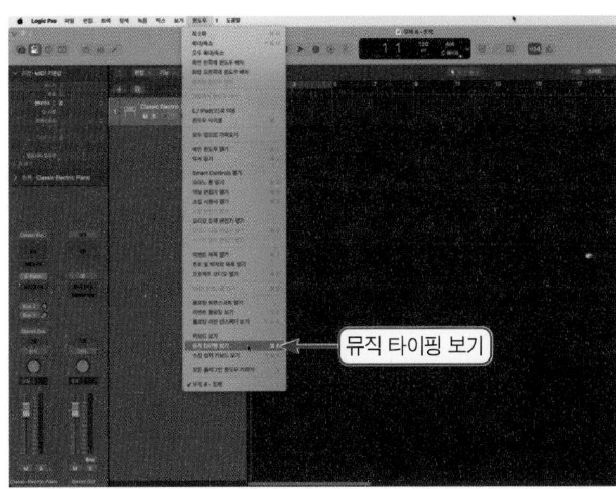

01 야외에서 마스터 건반을 다루듯 키보드를 이용하여 악기를 연주할 수 있는 뮤지컬 타이핑은 윈도우 메뉴의 뮤직 타이핑 보기를 선택하거나 Command+K 키를 눌러 열 수 있습니다.

02 뮤직 타이핑은 매우 직관적이기 때문에 손쉽게 사용할 수 있습니다. 먼저 Z(ㅋ) 또는 X(ㅌ) 키를 눌러 연주할 음역을 선택하고, A(ㅁ) 부터 콤마(') 키를 이용하여 연주 및 레코딩을 합니다. 익숙해지는데 다소 시간이 필요하겠지만, 야외에서 갑자기 떠오른 테마를 기록할 때 더 없이 좋은 선택입니다.

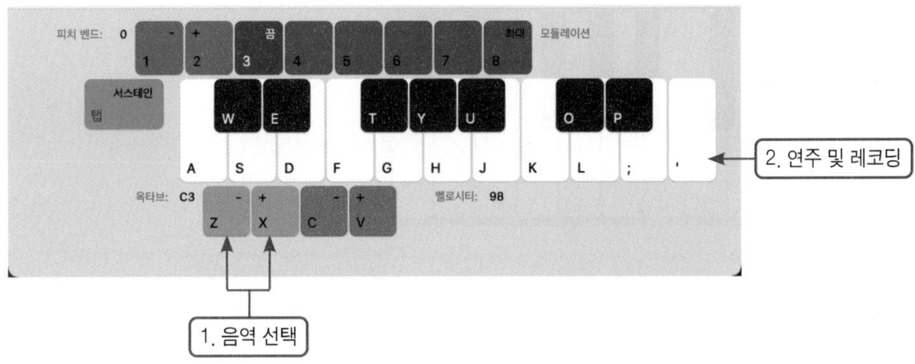

03 그 외, 별 의미는 없지만 벨로시티, 피치, 모듈레이션을 조정할 수 있는 키들도 제공합니다.

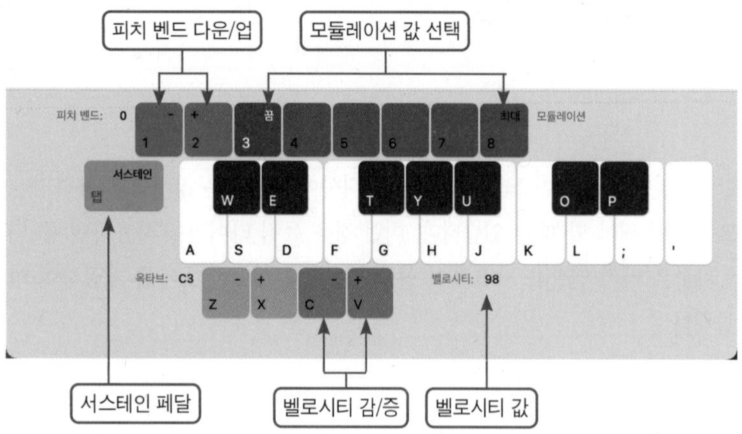

- **C(ㅊ)/V(ㅍ) 키** : 벨로시티 값을 감/증합니다. 선택 값은 오른쪽에 표시됩니다.
- **1/2 키** : 피치 벤드 다운/업 휠 역할을 합니다.
- **4-8키** : 모듈레이션 값을 선택합니다. 3번키는 모듈레이션을 끔니다.
- **Tab** : 피아노 서스테인 페달 역할을 합니다.

04 왼쪽 상단의 키보드 버튼을 클릭하면 뮤직 타이핑을 키보드 타입으로 표시할 수 있습니다. 윈도우 메뉴의 키보드 보기를 선택하여 바로 열 수도 있습니다. 마우스를 이용하여 건반을 연주하거나 레코딩을 할 수 있지만, 실제로 그렇게 사용하지는 않고, 사용자 연주를 캡처할 때 응용할 수 있습니다. 키보드는 상단의 바를 드래그하여 표시 범위를 조정할 수 있고, 가장자리를 드래그하여 크기를 조정할 수 있습니다.

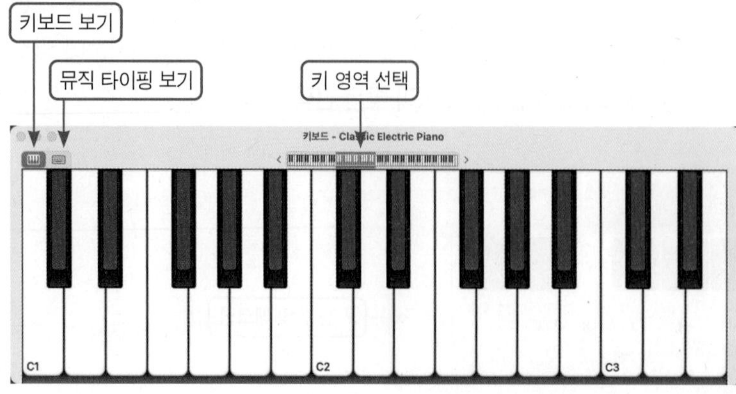

미디 스텝 입력

로직은 마치 글자를 타이핑하는 것처럼 미디 노트를 입력할 수 있는 스텝 기능을 제공합니다. 이 기능은 실시간 연주가 아니라 시퀀서의 그리드에 맞춰 정해진 위치에 노트를 추가하는 방식으로 그리드 해상도에 따라 노트를 입력할 수 있습니다. 반복적인 패턴을 만들거나 정교한 악기 부분을 작성할 때 매우 유용하며, 미디 편집 창에서는 추가된 노트를 쉽게 수정하거나 이동할 수 있어, 음악적 창의성을 자유롭게 발휘할 수 있습니다.

01 스텝 기능을 이용해서 입력해볼 악보는 다음과 같습니다. 독자가 좋아하는 곡의 악보를 가지고 실습을 진행해도 좋습니다.

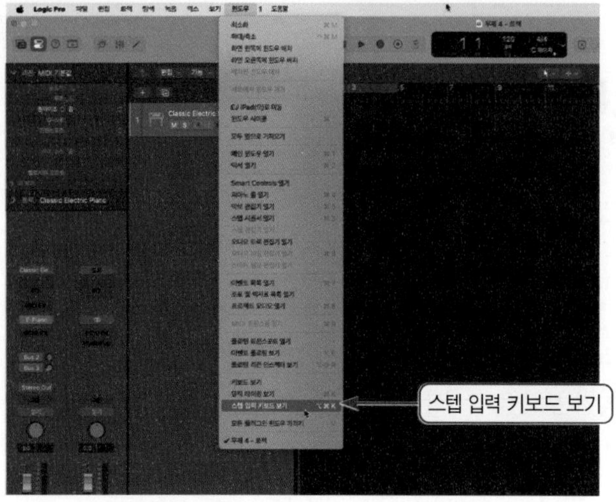

02 스텝 입력 키보드는 윈도우 메뉴의 스텝 입력 키보드 보기를 선택하여 열 수 있습니다. 스텝으로 입력하는 노트는 피아노 롤에서 바로 확인할 수 있으므로 편집 창을 열어 놓고 실습합니다.

03 음표 버튼에서 입력할 노트의 길이를 선택하고, 셈여림 버튼에서 벨로시티를 선택합니다. 벨로시티는 기본값 mf를 그대로 두고, 4분 음표를 선택한 다음에, D4, G4 건반을 클릭하여 높음 음자리표 음표를 입력하는 것입니다.

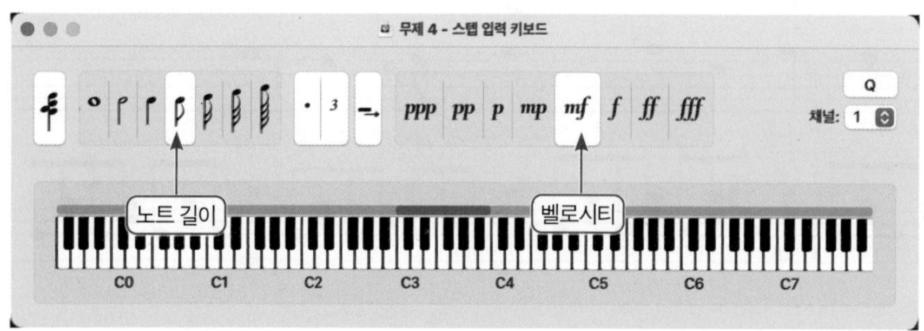

04 두 번째 마디의 2분 음표는 노트를 선택하여 입력해도 좋고, 그냥 4분 음표로 입력을 한 다음에 서스테인 버튼을 클릭하여 연장해도 좋습니다. 서스테인 버튼은 선택한 노트를 연장하며, 선택한 노트가 없을 경우에는 재생헤드만 이동시켜 쉼표를 입력합니다.

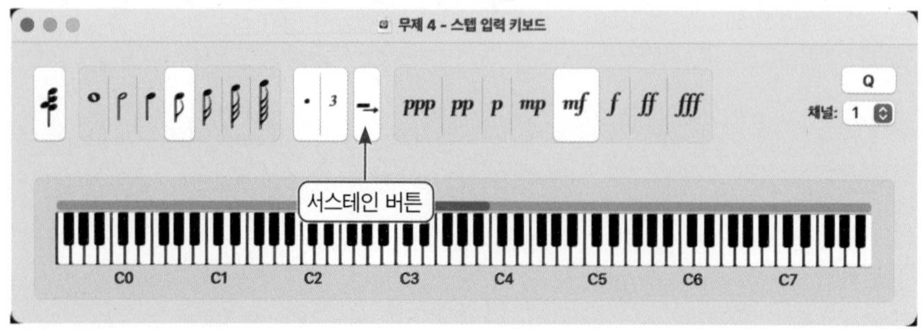

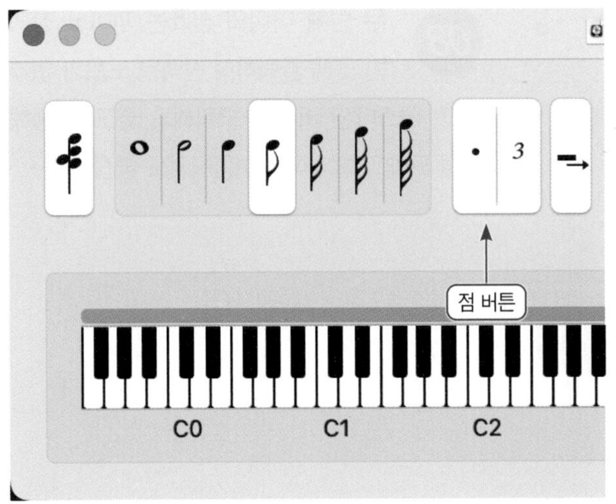

05 세 번째 마디의 4분 점 음표는 점 버튼을 클릭하여 입력합니다. 노트를 입력한 후에는 점 버튼을 Off 하여 실수를 방지합니다. 실수한 노트가 있다면, 마우스로 수정하거나 Command+Z 키로 취소하고 다시 입력합니다. 다시 입력할 때는 재생헤드를 드래그하여 입력할 위치로 이동시켜야 합니다.

06 높은 음자리표의 음표를 모두 입력한 후에는 retune 버튼으로 재생헤드를 첫 마디 업 비트 위치로 이동합니다. 그리고 낮은 음자리표의 8분 음표를 입력합니다.

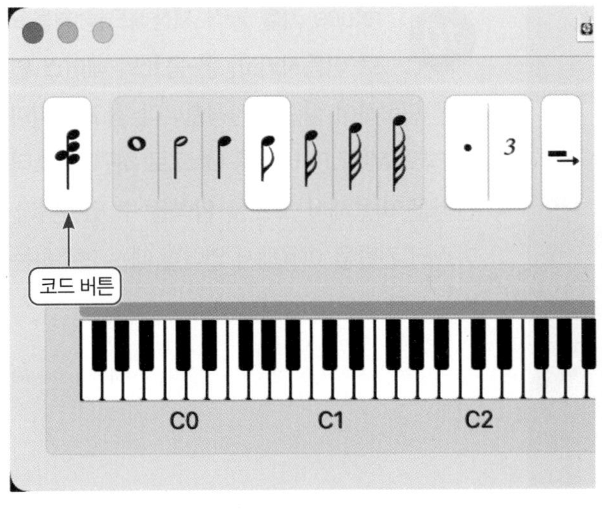

07 두 번째 박자의 화음은 코드 버튼을 On으로 하고, 입력합니다. 노트를 입력하고, 코드 버튼을 Off 하면, 재생헤드가 다음 위치로 이동합니다.

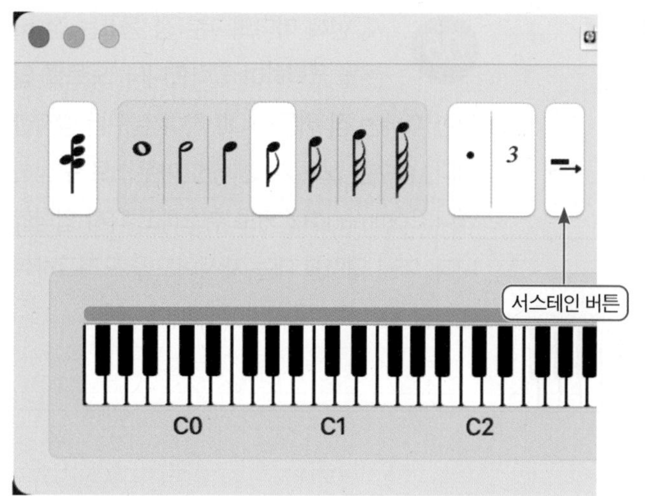

08 두 번째 마디의 쉼표는 피아노 창의 빈 곳을 클릭하여 선택된 노트가 없게 하고, 서스테인 버튼을 클릭해도 좋고, 재생헤드을 드래그하여 직접 이동시켜도 좋습니다.

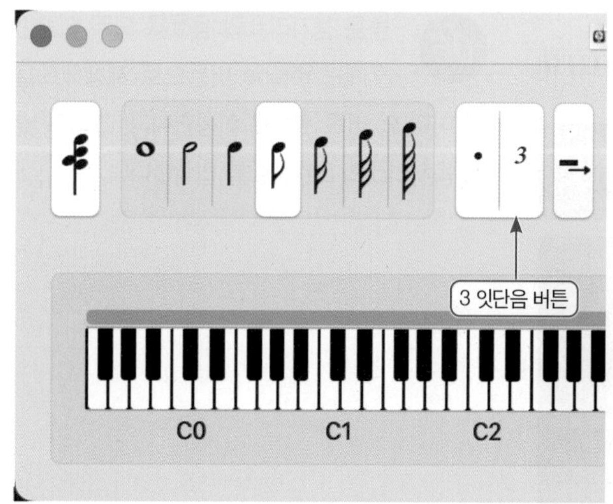

09 다섯 번째 마디의 3 잇단음는 3 잇단음 버튼을 클릭하여 On으로 놓고 입력합니다. 3 잇단음 버튼은 3개의 노트를 입력하면, 자동으로 Off 되므로, 각 박자마다 On 시켜야 합니다.

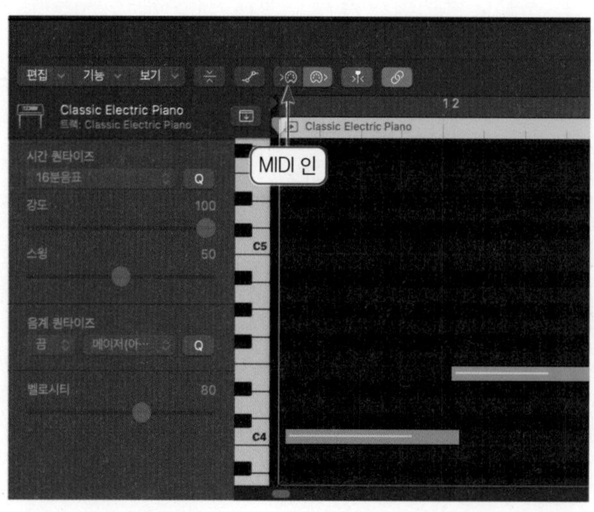

10 retune 키를 눌러 재생헤드을 처음으로 이동시키고, 온 음표의 베이스 연주를 입력하여 실습을 완성합니다. 참고로 피아노 창의 MIDI 인 버튼을 On으로 하면, 마스터 건반을 이용해서 노트를 입력할 수 있습니다. 마스터 건반을 이용해서 입력할 때는 연주하는 벨로시티 값으로 입력됩니다.

프리 템포 녹음

로직은 미디 및 오디오 연주를 프리 템포로 녹음할 수 있는 강력한 기능을 제공합니다. 이는 드럼 루프나 메트로놈 없이도 사용자가 자유롭게 연주할 수 있음을 의미합니다. 프리 템포 녹음 기능을 사용하면 드러머 트랙이나 메트로놈에 의존하지 않고도 원하는 속도와 리듬으로 악기를 연주할 수 있습니다. 이후 다른 악기들은 이 프리 템포 연주에 맞춰 녹음할 수 있어서, 다양한 연주 스타일과 창의적인 접근을 지원합니다. 이 기능은 개인의 작업 스타일과 음악적 비전을 구현하는 데 있어서 큰 자유를 제공합니다.

01 트랜스포트 바의 스탠다드 녹음 버튼 오른쪽에 보이는 프리 템포 녹음 버튼을 클릭하면 메트로놈 소리 없이 녹음이 진행됩니다.

프리 템포 녹음

프로젝트 템포 또는 리전 템포를 변경할지, 아니면 녹음된 리전의 템포를 분석하지 않고 진행할지를 선택합니다.

- ◉ 프로젝트에 리전 템포 적용
- ○ 프로젝트에 평균 리전 템포 적용
- ○ 리전에 프로젝트 템포 적용
- ○ 리전 템포를 분석하거나 프로젝트 템포를 변경하지 않음

☐ 다시 표시 안 함　　적용

02 녹음을 마치고 스페이스 바 키를 눌러 정지하면 녹음된 이벤트의 템포 분석과 적용 방법을 선택할 수 있는 옵션 창이 열립니다.

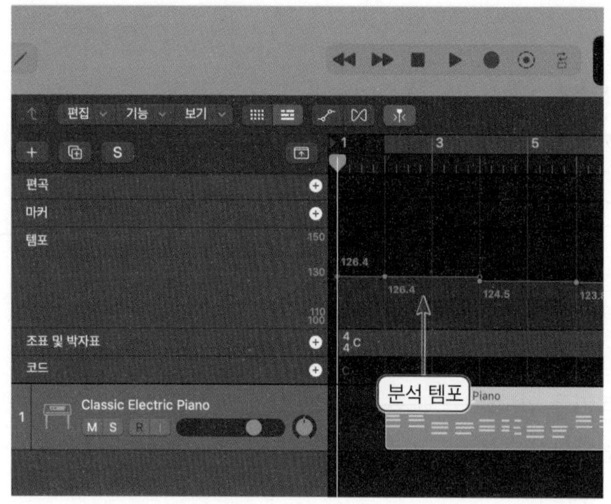

03 첫 번째 프로젝트에 리전 템포 적용 옵션을 선택하면 연주된 이벤트의 템포를 분석하여 템포 트랙에 적용합니다. 자유롭게 연주된 리전에 맞추어 다른 악기를 맞추고자 할 때 매우 유용한 옵션입니다.

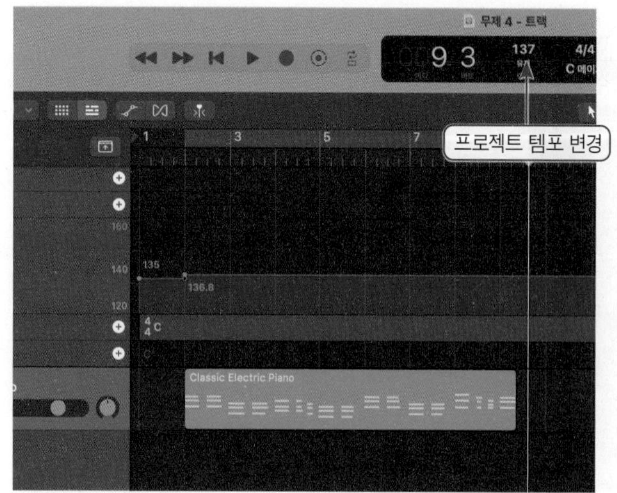

04 두 번째 프로젝트에 평균 리전 템포 적용 옵션을 선택하면 녹음된 이벤트의 평균 템포 값을 프로젝트에 적용합니다.

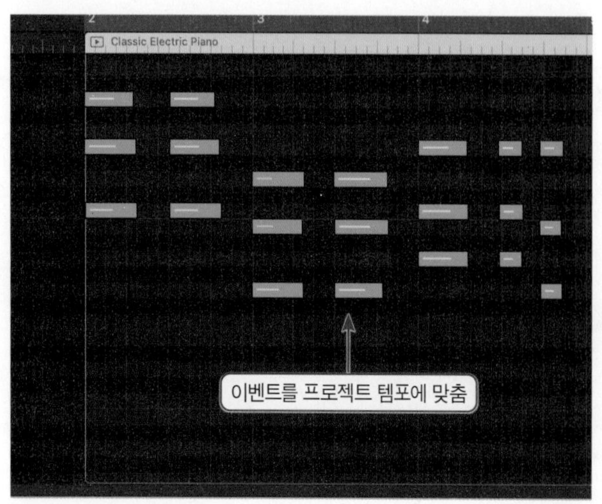

05 세 번째 리전에 프로젝트 템포 적용을 선택하면 녹음된 이벤트를 프로젝트에 템포에 맞춥니다. 오디오의 경우 Flex Time이 적용됩니다.

알아 두면 좋아요! 캡처 레코딩

로직은 20초 이상의 공백이 발생하기 전의 미디 연주를 기억하고 있기 때문에 실제로 녹음을 하지 않아도 아이디어를 놓치지 않을 수 있습니다. 컨트롤 막대에서 마우스 오른쪽 버튼을 클릭하여 단축 메뉴를 열고 컨트롤 막대 및 디스플레이 사용자화를 선택합니다. 그리고 녹음 캡처 옵션을 체크합니다.

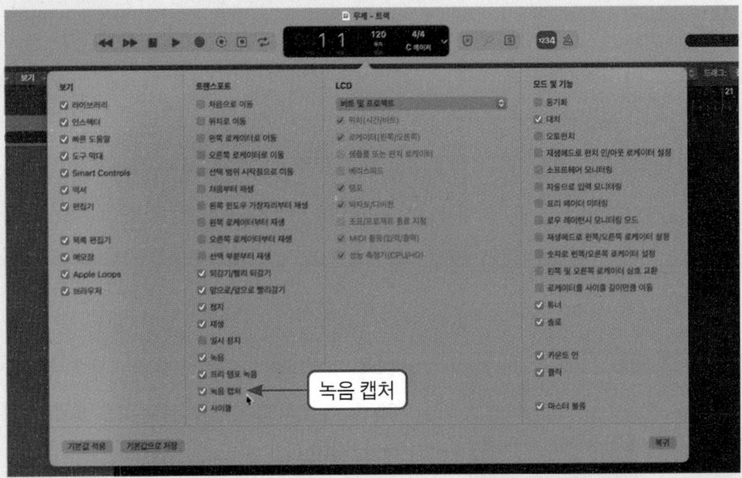

재생 및 정지 중에 이런 저런 연주를 해보고 마음에 들면 트랜스포트 패널의 캡처 버튼을 클릭하거나 Shift+R 키를 누릅니다. 사용자가 연주했던 이벤트가 기록되는 것을 확인할 수 있습니다. 사이클 기능을 활성화한 경우 반복 연주를 테이크 폴더로 캡처할 수도 있습니다.

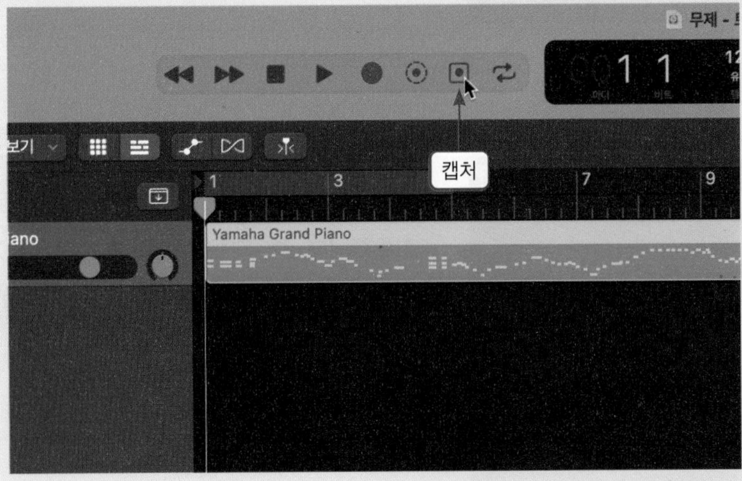

스마트 템포

스마트 템포 기능을 사용하면 프리 템포로 녹음된 미디와 오디오 혹은 템포 정보가 없는 외부 샘플을 프로젝트 템포에 맞게 자동으로 조정하거나 리전에 맞출 수 있습니다. 이를 통해 서로 다른 템포를 가진 오디오 파일이나 MIDI 리전을 쉽게 프로젝트에 통합하여 리믹스를 제작할 수 있습니다. 템포 분석을 개선하기 위해 힌트를 추가하거나, 분석 결과를 수정하기 위해 비트 마커를 편집할 수도 있으며, Flex 및 따르기 설정을 사용하여 개별 오디오 리전이 프로젝트 템포 모드와 어떻게 상호작용할지 설정할 수 있습니다.

1 템포 모드

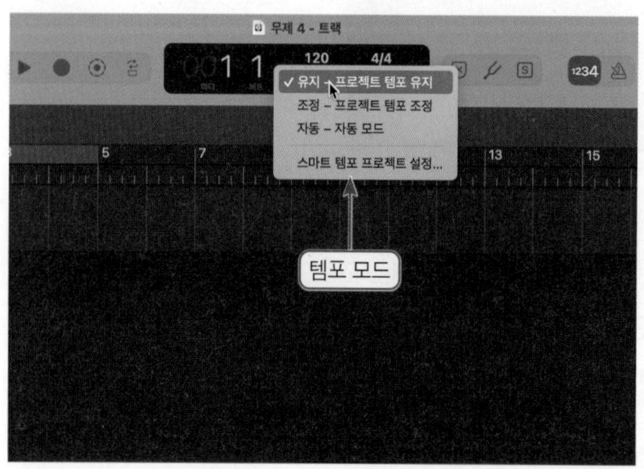

01 프로젝트 템포 항목 아래쪽에 유지로 표시되어 있는 부분을 클릭하면 템포 모드를 변경할 수 있는 메뉴가 열립니다. 기본 모드가 유지이며, 새로 입력되는 이벤트의 템포를 분석하지 않고, 그대로 유지합니다. 즉, 사용자는 메트로놈 또는 드럼 비트에 맞추어 녹음을 할 필요가 있습니다.

02 조정으로 선택하면 새로 입력되는 이벤트의 템포를 분석하여 템포 트랙에 기록합니다. 즉, 메트로놈을 끄고 자유롭게 녹음을 했거나 외부에서 가져온 오디오 샘플에 맞추어 작업을 할 수 있습니다.

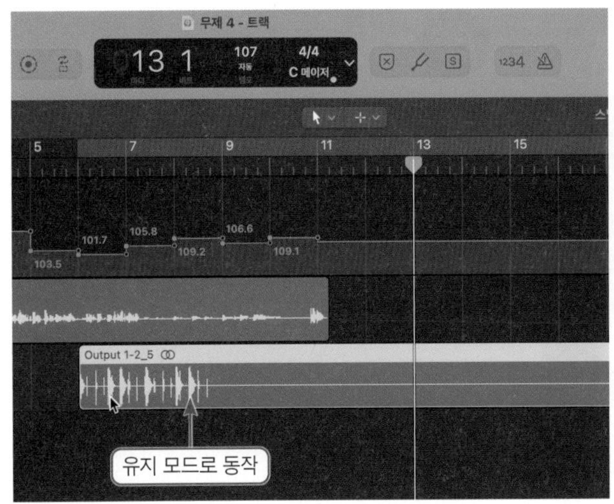

03 자동 모드는 유지와 조정 모드가 필요에 따라 전환합니다. 이미 템포가 분석된 파란색 위치에 새로운 리전이 추가되면 유지 모드로 동작합니다.

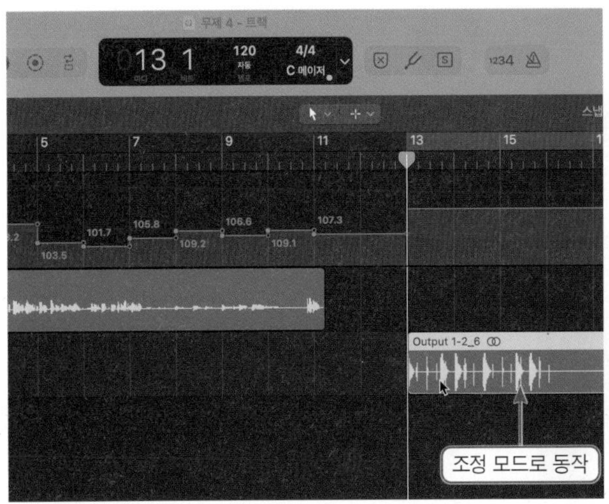

04 그러나 템포가 분석되지 않은 주황색 위치에 새로운 리전이 추가되면 조정 모드로 동작합니다.

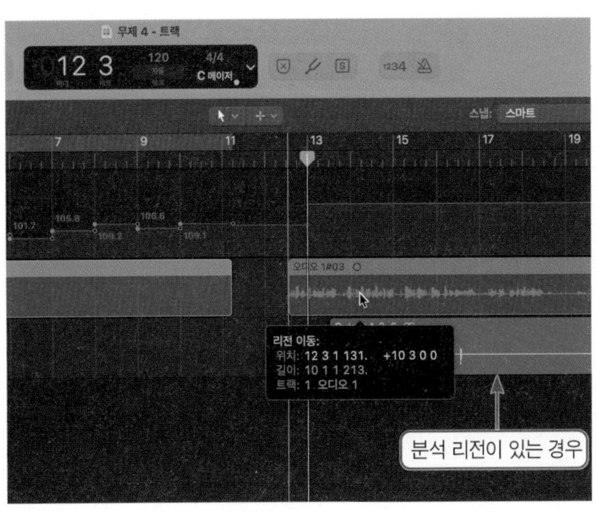

05 이벤트를 이동하거나 복사할 때도 마찬가지입니다. 새 위치에 분석된 이벤트가 없으면 리전 템포가 함께 이동되고, 분석된 이벤트가 있으면 리전만 이동합니다.

06 자동 모드에서 유지로 동작하는 리전의 경우 템포가 조정되지 않습니다. 템포를 프로젝트에 맞춰야 할 필요가 있으면 수동으로 리전 인스펙터의 Flex 및 따르기 파라미터를 켭니다. 마디 및 비트 단위로 정렬할 수도 있습니다.

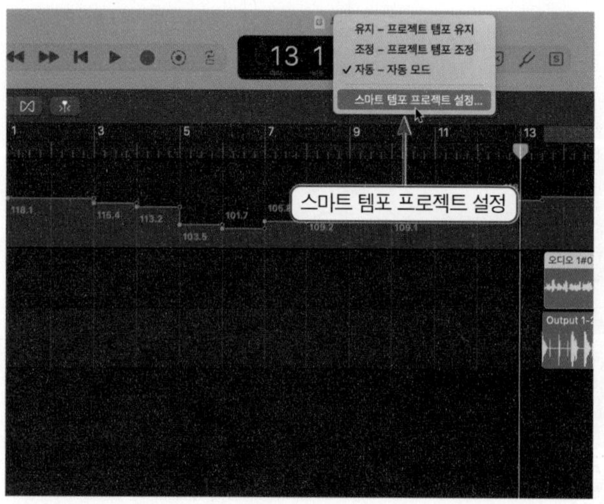

07 레코딩 및 임포트 또는 이동과 복사 등의 편집 작업을 할 때 유지 모드에서 Flex 및 따르기 옵션이 자동으로 활성화되도록 하려면 모드 선택 메뉴에서 스마트 템포 프로젝트 설정을 선택합니다.

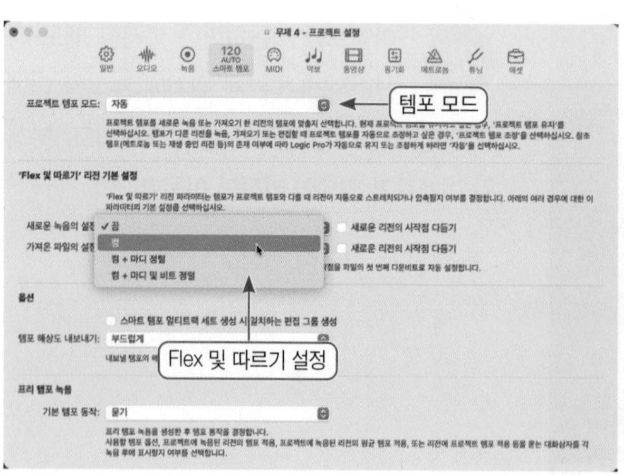

08 프로젝트 템포 모드에서 기본 모드를 설정할 수 있고, Flex 및 따르기 리전 기본 설정에서 녹음 할 때 또는 외부 파일을 가져올 때의 Flex 및 따르기 옵션을 설정할 수 있습니다. 새로운 리전의 시작점 다듬기 옵션을 체크하면 리전 시작 부분에 공백이 발생할 때 자동으로 제거해 줍니다.

2 스마트 템포 편집기

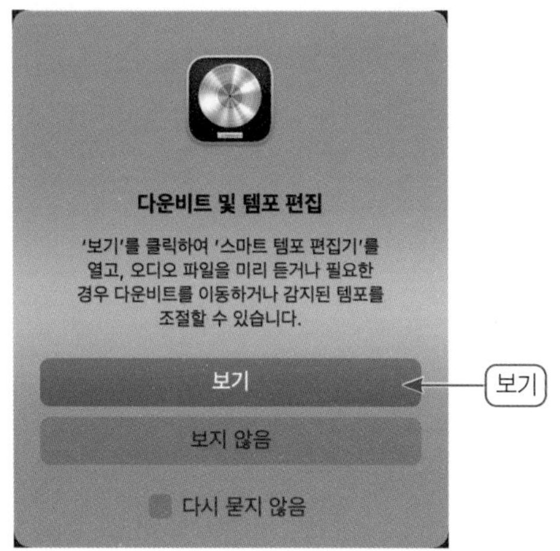

01 조정 모드에서 레코딩 및 외부 파일을 가져오면 분석된 템포를 편집할 수 있는 스마트 템포 편집기를 열 것인지를 묻습니다. 보기 버튼을 탭하여 열 수 있습니다.

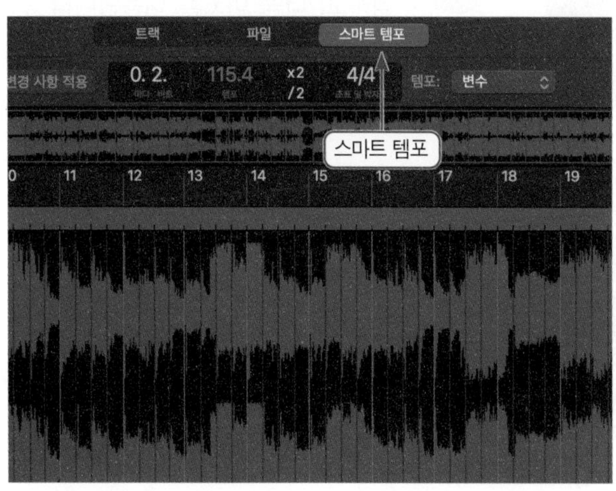

02 팝업 창에서 보지 않음을 선택한 경우에도 필요한 경우 리전을 더블 클릭하면 열리는 편집기에서 스마트 템포 탭을 선택하여 접근할 수 있습니다.

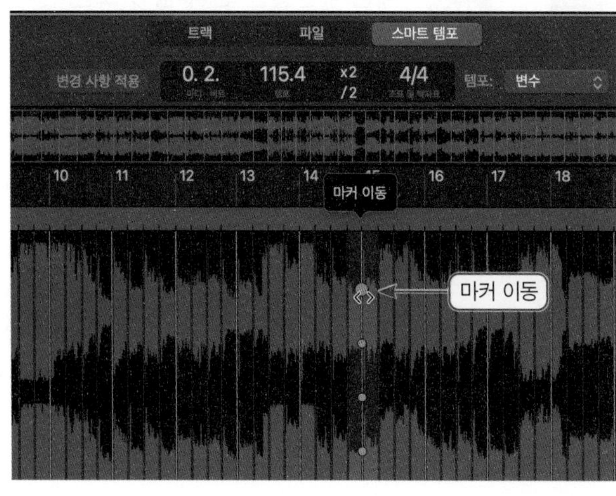

03 스마트 템포 편집기 파형에 표시되는 세로 라인은 분석된 비트를 나타내는 비트 마커이며, 마우스를 가져가면 이를 편집할 수 있는 5개의 핸들이 보입니다. 맨 위의 첫 번째 핸들은 위치를 이동합니다.

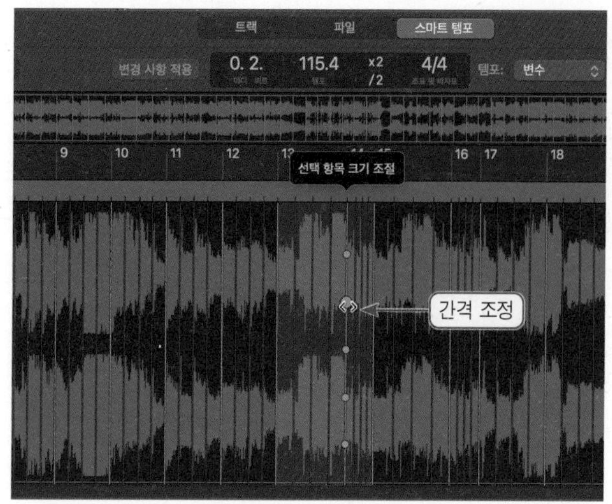

04 두 번째 핸들은 위치 이동에 따라 선택 범위의 핸들 간격이 조정됩니다. 선택은 마우스 드래그로 가능하며, 선택을 하지 않은 경우에는 마커 위치의 마디가 선택되며, 다운 비트인 경우에는 이전 및 다음 마디가 선택됩니다.

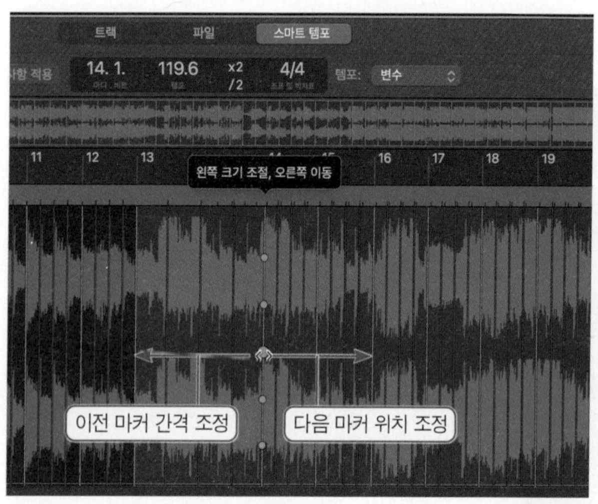

05 세번째 핸들은 이전 마커의 간격을 조정하고, 다음 마커를 이동합니다. 범위 선택 방법은 이전과 동일하며, 템포가 일시적으로 변하는 부분을 조정하는데 유용합니다.

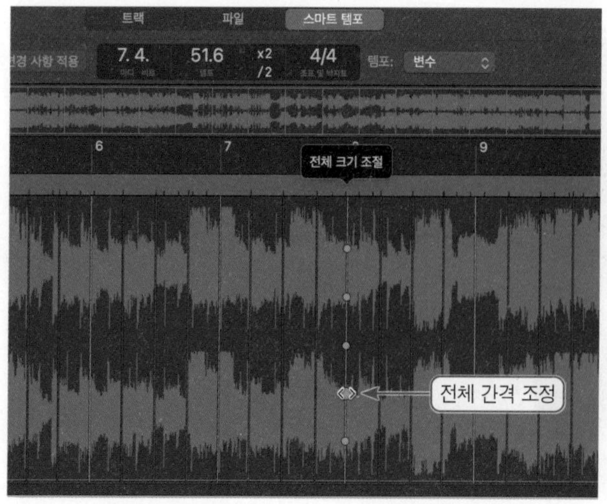

06 네번째 핸들은 선택 범위 또는 전체 마커의 간격을 조정합니다.

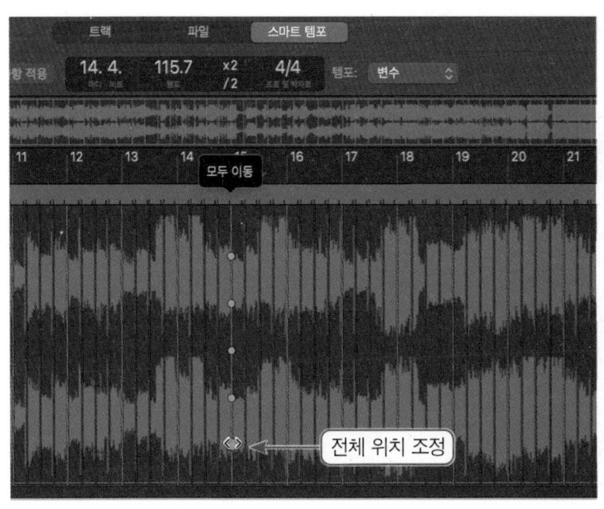

07 마지막 다섯 번째 핸들은 선택 범위 또는 전체 마커의 위치를 이동합니다.

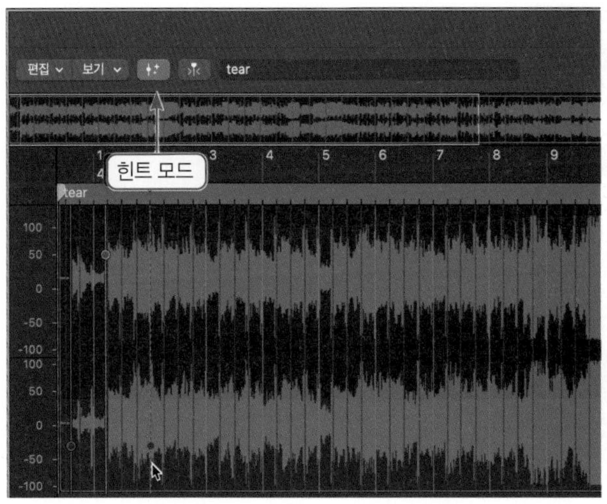

08 못 갖춘 마디 또는 박자가 변하는 연주에서 다운 비트가 잘못 설정되는 경우가 있습니다. 이때 힌트 모드를 활성화 하고, 파형의 상단을 클릭하여 다운 비트를 추가할 수 있습니다. 하단을 클릭하면 비트 마커가 추가됩니다.

> **TIP** 스마트 템포의 다운 비트는 일반적으로 사용되는 앞 박자가 아니라 마디의 첫 박을 의미합니다.

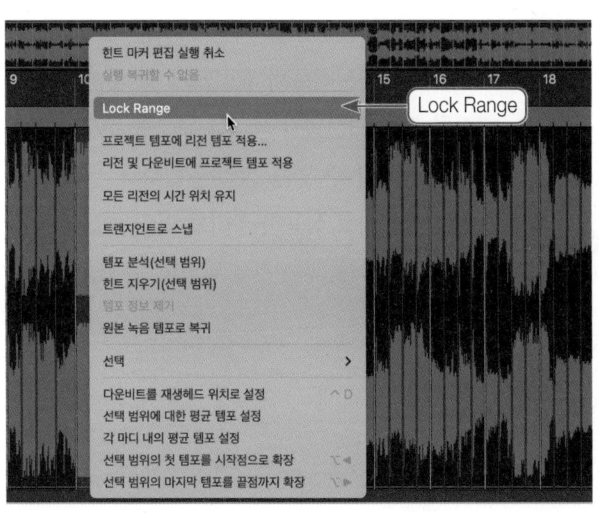

09 편집한 마커가 다른 마커의 영향으로 변경되는 것을 방지하고자 한다면 단축 메뉴의 Lock Range를 선택하여 선택 범위의 마커를 고정시킵니다.

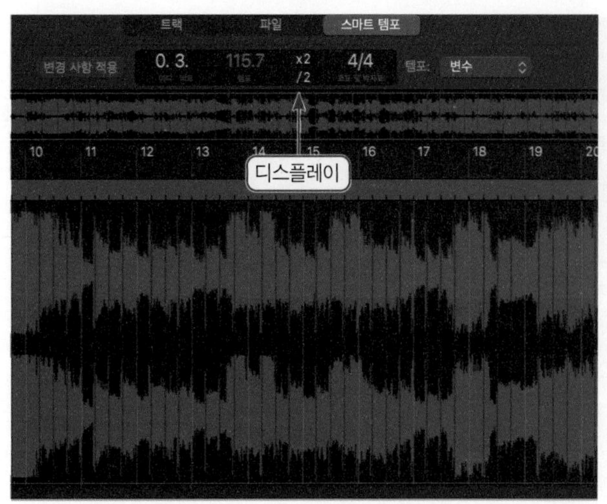

10 디스플레이는 위치 및 템포 정보를 표시하며, 분석된 템포를 두 배 또는 절반으로 줄일 수 있는 버튼과 박자를 변경할 수 있는 조표 및 박자표를 제공합니다.

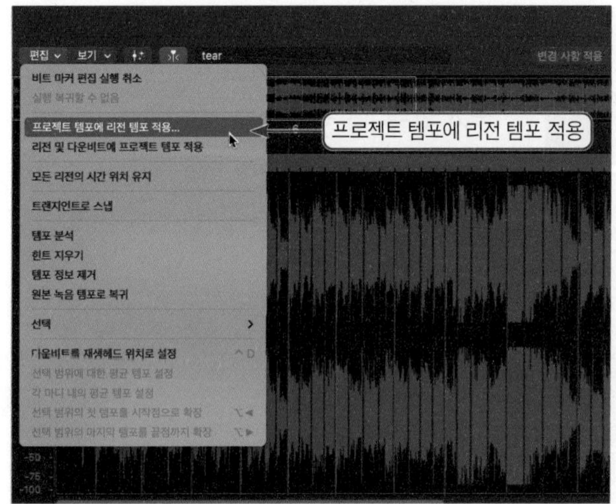

11 프로젝트 템포 모드가 유지인 경우 편집된 비트 마커에 의한 템포를 재구성하려면 편집 메뉴의 프로젝트 템포에 리전 템포 적용을 선택합니다.

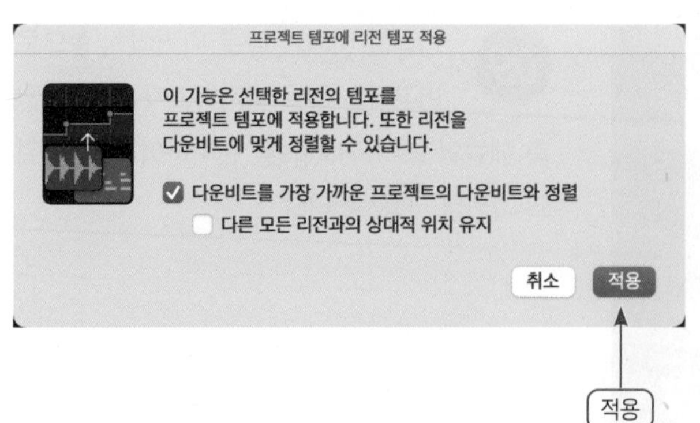

12 다운비트를 가장 가까운 프로젝트이 다운비트와 정렬되게 할 것인지 또는 다른 모든 리전과의 상대적 위치를 유지할 것인지를 선택할 수 있는 창이 열립니다. 필요한 옵션을 체크하고 적용하면 비트 마커 편집에 의한 템포 값이 적용되는 것을 확인할 수 있습니다.

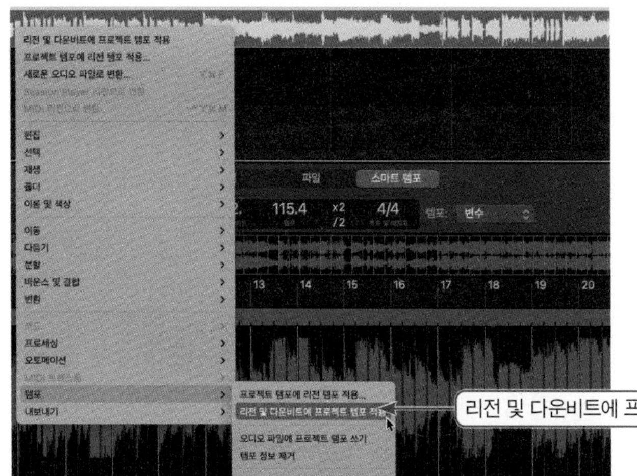

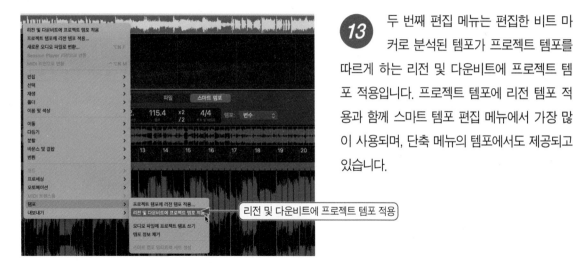

13 두 번째 편집 메뉴는 편집한 비트 마커로 분석된 템포가 프로젝트 템포를 따르게 하는 리전 및 다운비트에 프로젝트 템포 적용입니다. 프로젝트 템포에 리전 템포 적용과 함께 스마트 템포 편집 메뉴에서 가장 많이 사용되며, 단축 메뉴의 템포에서도 제공되고 있습니다.

그 밖의 편집 메뉴에는 스마트 템포 편집기와 관련된 다양한 작업들을 처리하는 데 도움을 주는 역할을 합니다.

- **모든 리전의 시간 위치 유지** : 스마트 템포 편집기에서 작업할 때 프로젝트의 리전 간 시간적 관계가 유지되게 하는 옵션 메뉴입니다. 조정 모드에서 유용합니다.

- **트랜지언트로 스냅** : 힌트 및 비트 마커를 편집할 때 트랜지언트로 스냅되게 하는 옵션 메뉴입니다.

- **템포 분석** : 파일이나 리전, 또는 선택 범위의 템포를 분석합니다. 이는 변경 사항을 적용하기 전, 힌트를 새로 편집하기 전, 비트 마커만 편집했거나 스마트 템포 편집기에서 MIDI 리전을 볼 때 활성화 됩니다.

- **힌트 지우기** : 모든 힌트 마커를 제거합니다.

- **템포 정보 제거** : 파일에서 템포 분석 결과와 모든 템포 정보를 삭제합니다. 이는 파일에 템포 정보를 저장하고 싶지 않을 때 사용합니다.

- **원본 녹음 템포로 복귀** : 템포 분석을 삭제하고 원본 녹음의 템포로 복귀합니다.

LESSON 18 속주 녹음하기

일반적으로 다른 파트의 악기를 모두 녹음한 후, 연주자가 감당할 수 없는 속주 부분을 처리하는 방법은 해당 부분만 따로 녹음하여 속도를 조정하거나 미디로 처리하는 것입니다. 그러나 로직은 프로젝트 템포를 자유롭게 조정할 수 있어 다른 파트의 음악을 들으며 원하는 템포로 녹음할 수 있습니다. 이는 연주의 흐름을 유지하면서도, 녹음된 속주 부분을 프로젝트에 쉽게 통합할 수 있음을 의미합니다.

01 컨트롤 막대의 빈 공간에서 마우스 오른쪽 버튼을 클릭하여 단축 메뉴를 열고, 컨트롤 막대 및 디스플레이 사용자화를 선택합니다.

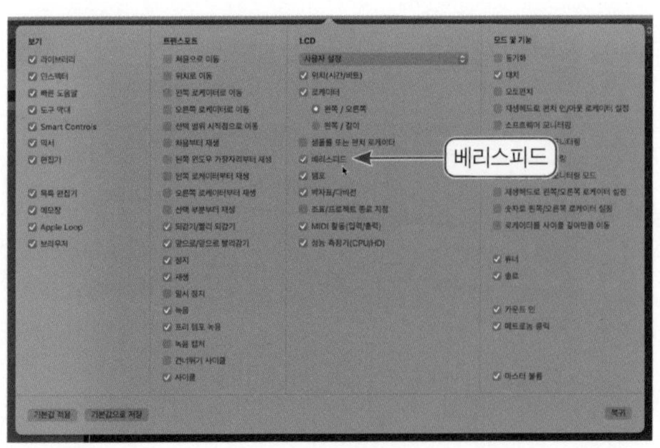

02 트랜스포트 바에 표시할 항목을 선택할 수 있는 창이 열립니다. LCD 칼럼의 베리스피드 옵션을 체크합니다.

03 디스플레이에 속도만으로 표시되는 항목과 모드에 +/- 기호를 가지고 있는 베리스피드 버튼이 추가됩니다. 베리스피드 버튼을 클릭하여 On으로 합니다.

> **TIP** 베리스피드 디스플레이 값을 조정하면, +/- 버튼은 자동으로 On 됩니다.

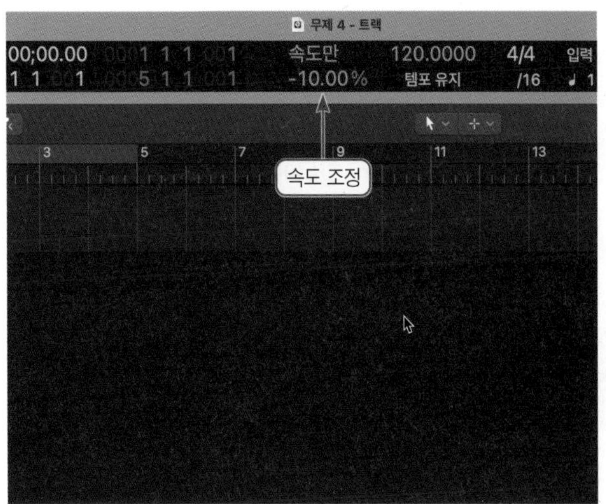

04 디스플레이 항목에 속도만으로 표시되는 부분에서 템포를 퍼센트 단위로 조정합니다. 연주자가 10% 정도만 늦춰달라고 요구하면, -10으로 입력하는 것입니다.

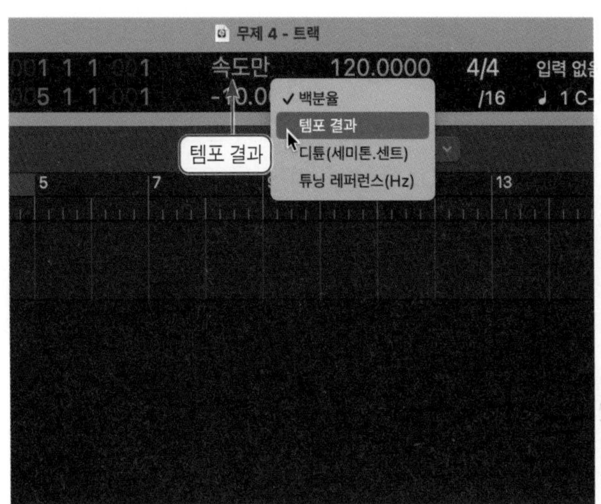

05 퍼센트 단위가 아닌 템포 값으로 변경을 하고 싶다면, %로 표시되는 항목을 클릭하여 메뉴를 열고, 템포 결과를 선택합니다.

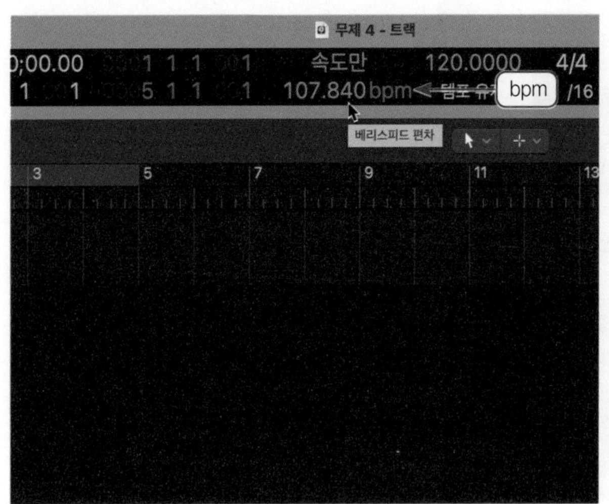

06 템포 값을 의미하는 bpm으로 표시됩니다. 템포 값을 위/아래로 드래그하여 변경할 때는 마우스 위치에 따라 정수와 소수를 개별적으로 조정할 수 있습니다.

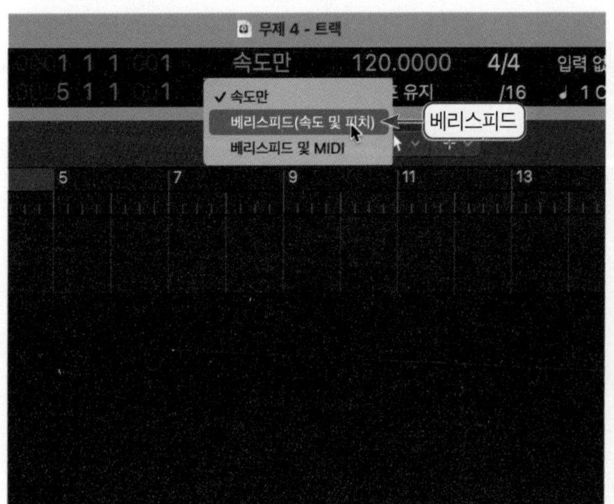

07 베리스피드는 프로젝트의 템포 뿐만 아니라 연주하기 쉬운 키로도 조정할 수 있습니다. 속도만 항목에서 베리스피드를 선택하고, bpm 항목에서 디튠을 선택합니다.

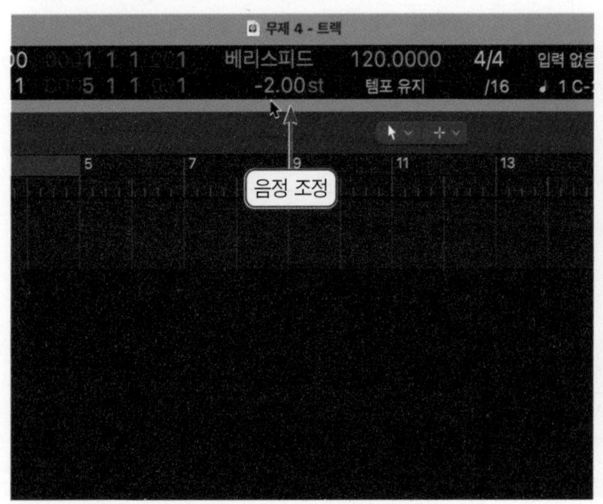

08 디스플레이 항목은 템포와 음정을 동시에 조정할 수 있는 베리스피드로 표시되며, 단위는 1의 값이 반음을 의미하는 디튠으로 표시됩니다. 값을 -2로 하면, 온 음이 내려가는 것 입니다.

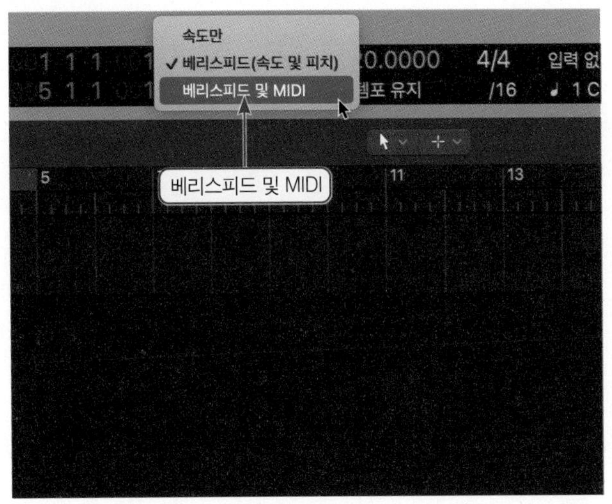

09 베리스피드 및 MIDI는 미디 데이터가 함께 기록되어 있는 프로젝트에서 템포와 음정을 조정할 때 사용하며, 튜닝 레퍼런스는 단위를 Hz로 사용하는 것입니다.

TIP 튜닝 레퍼런스 단위로 사용할 때는 A 음을 의미하는 440Hz가 기준입니다.

10 속도만 변경하거나 베리스피드로 음정을 함께 변경하거나 연주자가 원하는 환경으로 프로젝트를 만든 후에 지금까지 익힌 다양한 방법으로 연주자가 어려워 하던 속주 부분을 녹음합니다.

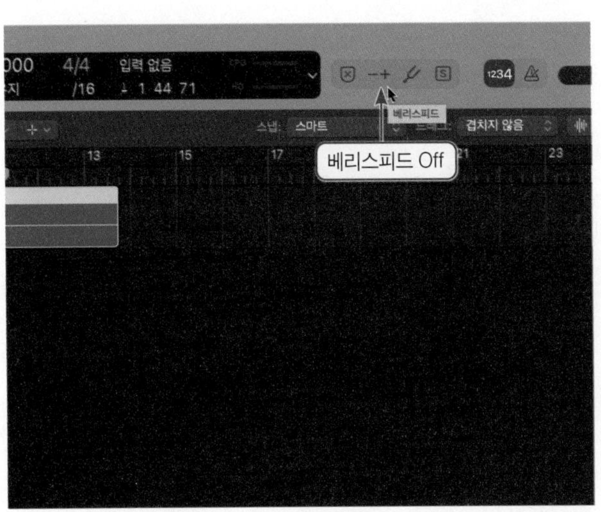

11 연주자가 원하는 템포와 음정으로 녹음을 한 후에는 트랜스포트 바의 베리스피드 버튼을 Off 하여 원래의 템포와 음정으로 복구합니다. 아무리 빠르고, 어려운 스케일의 연주라도 쉽게 녹음할 수 베리스피드 기능은 음악 작업의 재미를 한 층 더 업그레이드 시켜줄 것입니다.

LOGIC PRO 11

05

PART

미디 편집 창 익히기

미디 데이터를 입력하고 편집하는 역할의 피아노 롤과 스텝 편집기, 악보 편집기 그리고 기본적인 미디 편집 기능을 살펴보겠습니다. 로직에서 제공하는 편집 창은 선택하는 이벤트의 모양만 다를 뿐, 편집 방법은 모두 동일기 때문에 피아노 롤만 확실히 익혀두면, 나머지는 별다른 설명이 필요 없습니다.

피아노 롤

피아노 롤은 시간에 따라 노트를 수평으로 배열하여 보여주는 미디 편집 도구입니다. 이 창을 통해 직접 미디 노트를 입력하고 수정할 수 있으며, 각 노트의 위치와 길이를 매우 정밀하게 조절할 수 있습니다. 또한, 다양한 미디 컨트롤 메시지를 시각적으로 편집하여 음악적 표현의 다양성을 높이는 데 유용합니다. 피아노 롤은 미디 편집을 처음 배우는 초보자들에게 매우 중요한 도구로 음악 제작에서 핵심적인 역할을 합니다.

1 피아노 롤 열기

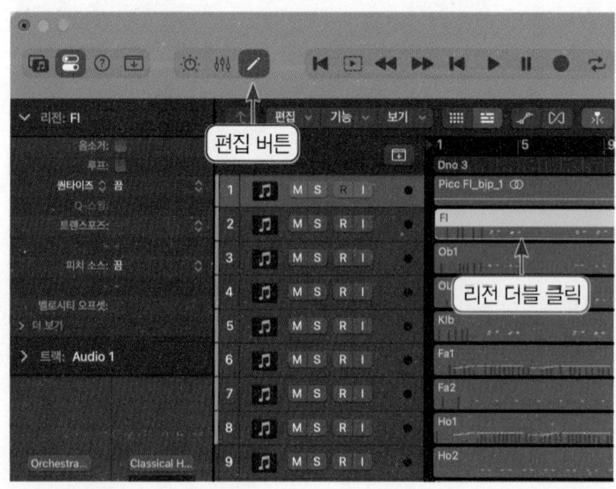

01 피아노 롤은 미디 리전을 더블 클릭하거나 컨트롤 막대의 편집 버튼을 클릭하여 열 수 있습니다.

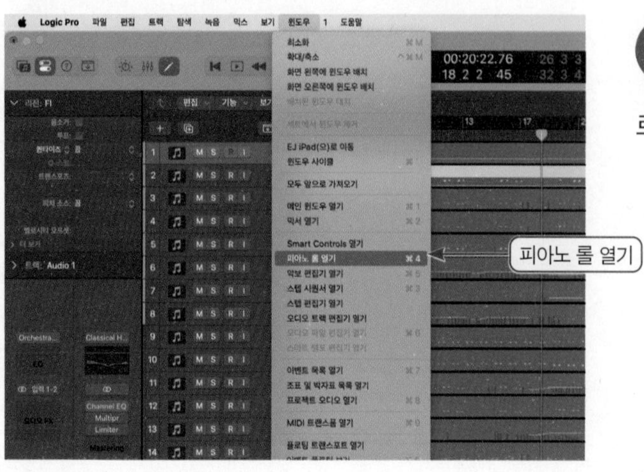

02 윈도우 메뉴의 피아노 롤 열기를 선택하거나 단축키 Command+4 키를 누르면 독립창으로 열 수 있습니다.

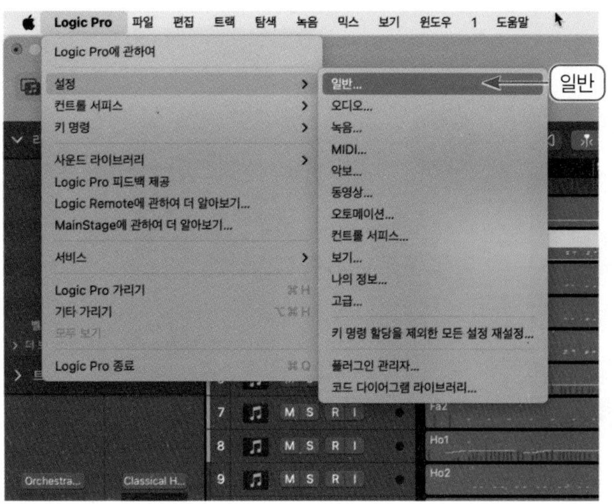

03 미디 리전을 더블 클릭했을 때 열리는 편집 창은 사용자가 자주 사용하는 것으로 바꿀 수 있습니다. Logic Pro 메뉴의 설정에서 일반을 선택하거나 Command+콤마(,) 키를 눌러 환경 설정 창을 엽니다.

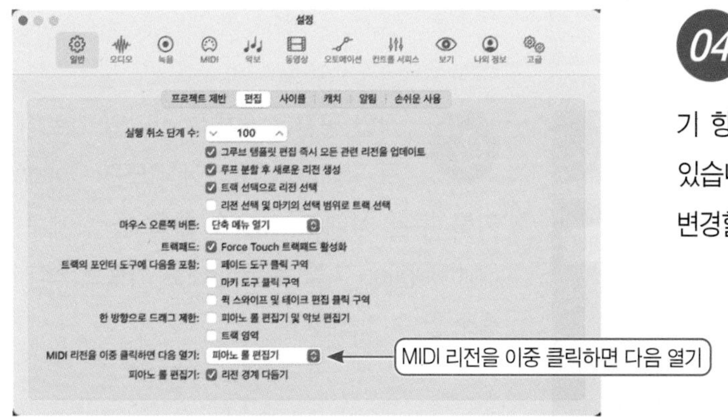

04 편집 탭을 선택하여 페이지를 열고, MIDI 리전을 이중 클릭하면 다음 열기 항목을 보면, 피아노 롤 편집기로 설정되어 있습니다. 여기서 자신이 원하는 편집 창으로 변경할 수 있습니다.

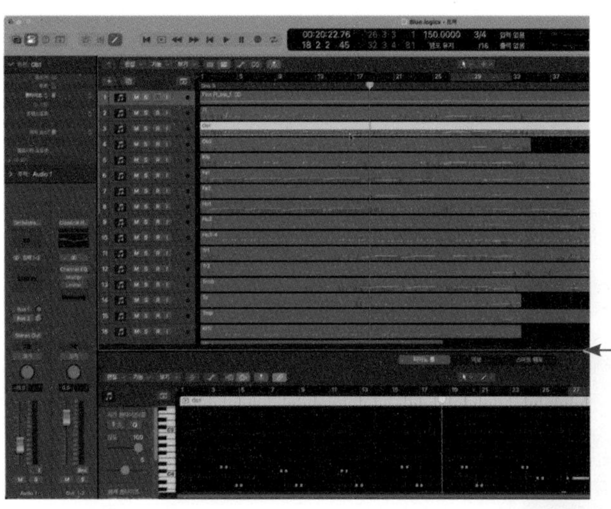

05 피아노 롤 창의 경계를 드래그하여 작업 공간을 확장할 수 있고, 다른 리전을 선택하여 편집 대상을 변경할 수 있습니다. 편집기를 닫을 때는 열 때와 마찬가지로 리전을 더블 클릭하거나 컨트롤 막대의 편집기 버튼을 끕니다.

재생 헤드

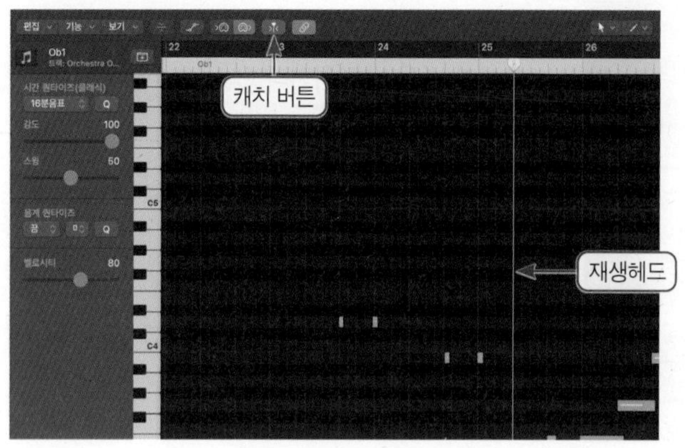

06 피아노 롤에도 재생 및 편집 위치를 나타내는 재생헤드이 있으며, 캐치 버튼을 Off로 하면, 재생헤드 위치에 상관없이 화면을 고정시킬 수 있습니다.

확대/축소

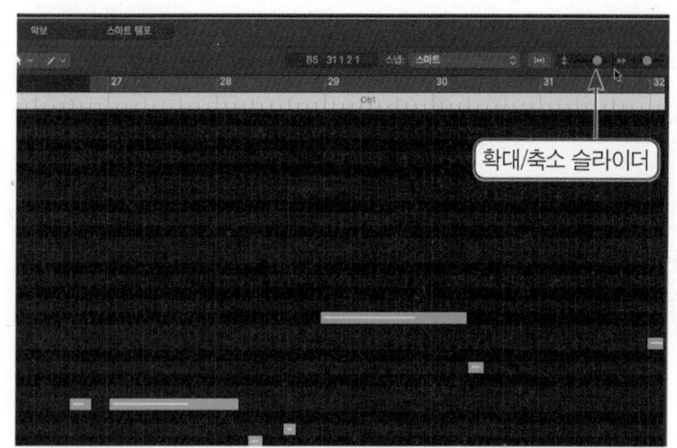

07 작업 공간은 오른쪽 상단의 가로/세로 확대/축소 슬라이더 또는 Option 키를 누른 상태로 마우스 휠을 돌려 세로, Shift+Option 키를 누른 상태로 가로로 확대/축소 할 수 있습니다.

이동

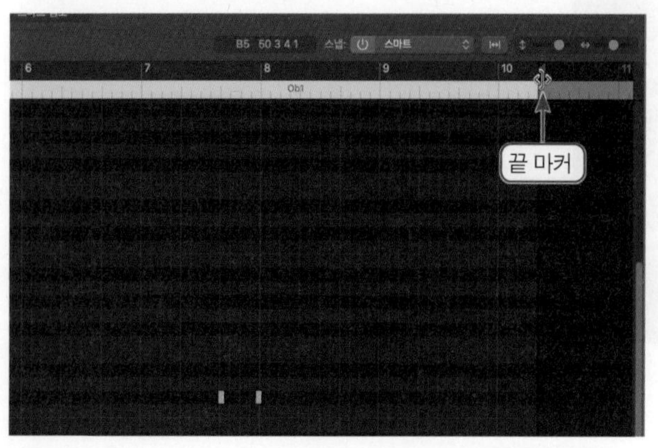

08 마우스 휠을 돌리면 세로 방향, Shift 키를 누른 상태에서 가로 방향으로 이동할 수 있으며, 끝 부분의 마커를 드래그하여 리전의 길이를 조정할 수 있습니다.

정보 디스플레이

09 화면 왼쪽에는 음정을 확인할 수 있는 피아노 건반이 있습니다. 노트는 눈금자의 위치와 피아노 건반을 참조하여 입력하거나 편집하며, 마우스의 정확한 위치는 정보 디스플레이 창에서 확인할 수 있습니다.

피아노 건반

10 피아노 건반은 편집할 노트를 선택할 때도 유용하게 이용됩니다. 건반을 클릭하면, 해당 음정의 노트를 모두 선택할 수 있고, 건반을 드래그하여 편집할 음역의 노트를 모두 선택할 수 있습니다.

인스펙터

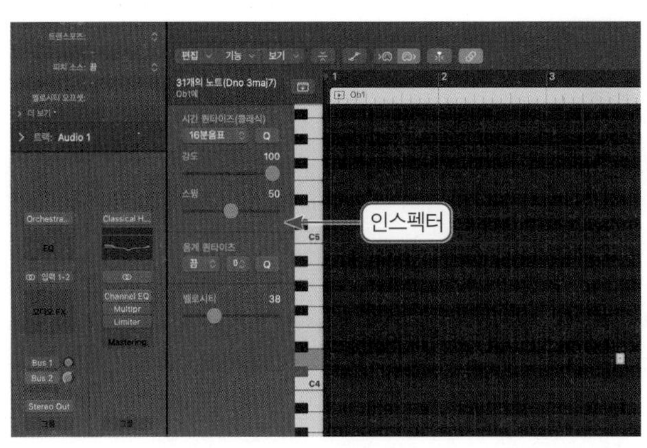

11 피아노 건반 왼쪽에는 선택한 노트의 비트를 맞추는 시간 퀀타이즈, 스케일을 맞추는 음계 퀀타이즈, 벨로시티를 조정하는 파라미터를 제공합니다. 트랙 영역의 리전 인스펙터와 동일한 역할입니다.

2 미디 이벤트 입력하기

피아노 롤은 미디 데이터를 편집하거나 입력하는 도구입니다. 일부 사용자는 연주를 실시간으로 입력하기 어려운 복잡한 프레이즈나 연주를 위해 마우스를 사용하여 데이터를 입력하기도 합니다. 마우스를 사용한 데이터 입력 방법은 간단하게 클릭하여 원하는 위치에 노트를 생성하고, 드래그하여 노트의 길이를 조절할 수 있습니다. 이는 특히 정교한 편집이 필요한 경우 유용하며, 미디 편집에서 중요한 기술 중 하나입니다.

01 간단한 예제 악보를 가지고 피아노 롤에서의 노트 입력과 편집 방법을 실습하겠습니다. 셈 여림 기호는 컨트롤 정보 11번인 Expression을 이용해서 표현할 것입니다.

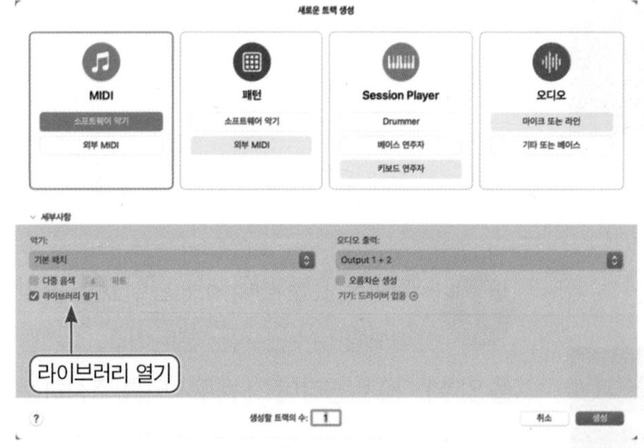

02 파일 메뉴의 신규를 선택하여 새로운 프로젝트를 만들고, 소프트웨어 악기 트랙을 만듭니다. 새로운 트랙 생성 창의 라이브러리 열기 옵션을 체크합니다.

03 라이브러리 패널의 Studio Strings 목록에서 마음에 드는 음색을 선택합니다. 선택한 음색은 마스터 건반을 눌러 모니터할 수 있습니다.

04 컨트롤 막대의 편집 버튼을 클릭하여 피아노 롤을 열고, 경계선을 드래그하여 창의 크기를 조정합니다.

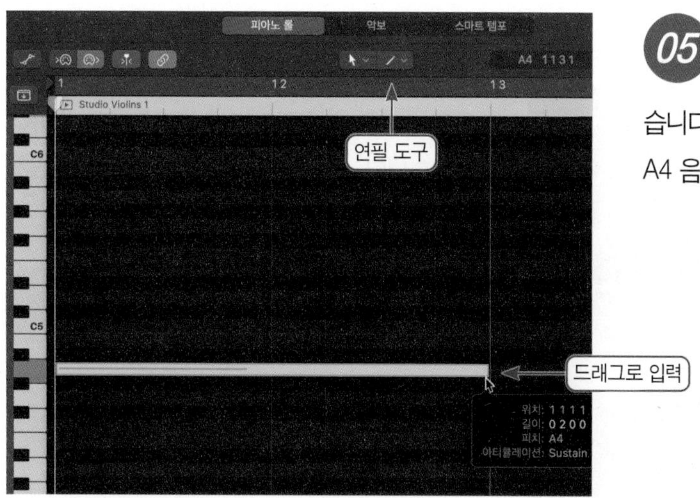

05 피아노 롤의 도구는 왼쪽이 포인터 도구, 오른쪽이 연필 도구로 선택되어 있습니다. Command 키를 누른 상태에서 악보의 A4 음을 드래그로 입력합니다.

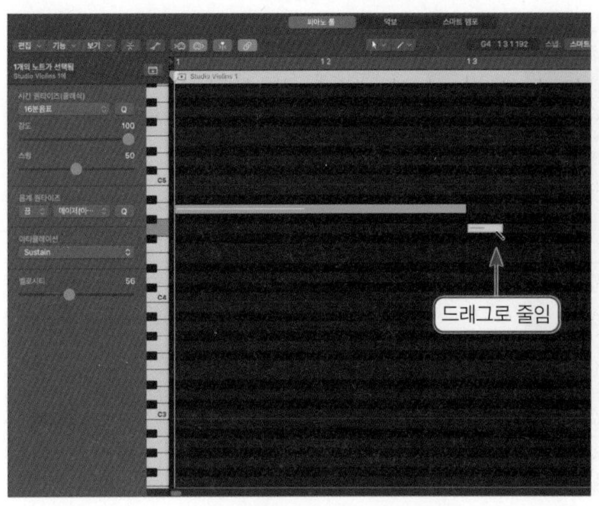

06 로직은 마지막에 입력했거나 선택한 노트의 길이를 기억합니다. 그러므로, 두 번째 16비트 길이는 앞에서와 반대로 Command 키를 누른 상태에서 노트를 입력하고, 왼쪽으로 드래그하여 길이를 줄입니다.

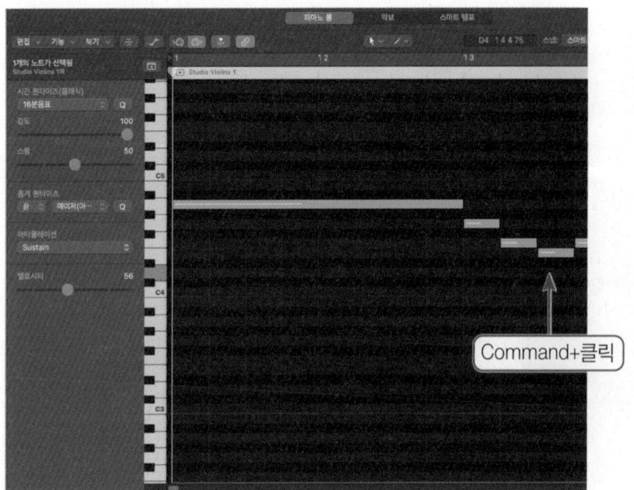

07 마지막에 입력한 노트의 길이를 기억한다고 했으므로, 계속되는 16비트 길이의 노트는 Command 키를 누른 상태에서 마우스 클릭만으로 입력할 수 있습니다.

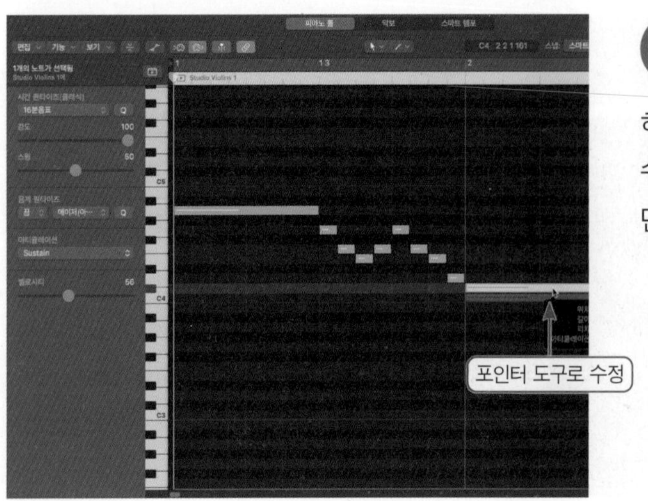

08 음정 및 위치를 잘못 입력한 노트는 Delete 키를 눌러 삭제하고 다시 입력하거나 왼쪽 버튼(포인터 도구)으로 드래그하여 수정합니다. 노트의 시작과 끝 위치를 드래그하면 길이가 조정됩니다.

09 악보의 클레센도와 디클레센도 표현을 위한 컨트롤 정보를 입력하겠습니다. 오토메이션 버튼을 클릭하여 패널을 열고, 경계선을 드래그하여 크기를 조정합니다.

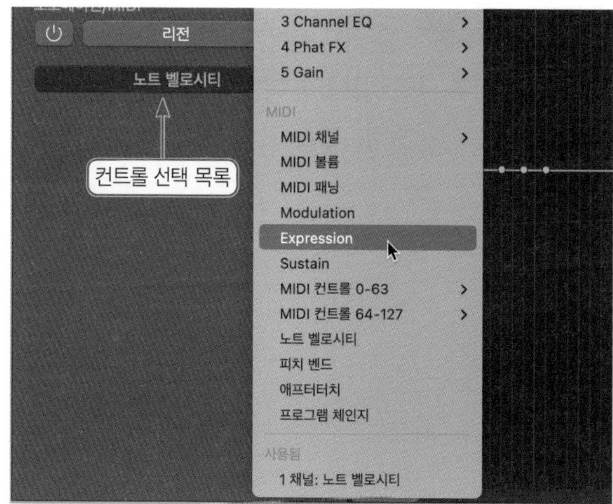

10 컨트롤 선택 목록에서 Expression을 선택합니다. 익스프레션은 컨트롤 정보 11번에 해당하는 것으로 상대 볼륨 값을 조정하는 역할을 합니다. 컨트롤 정보에 관해서는 뒤에서 살펴보겠습니다.

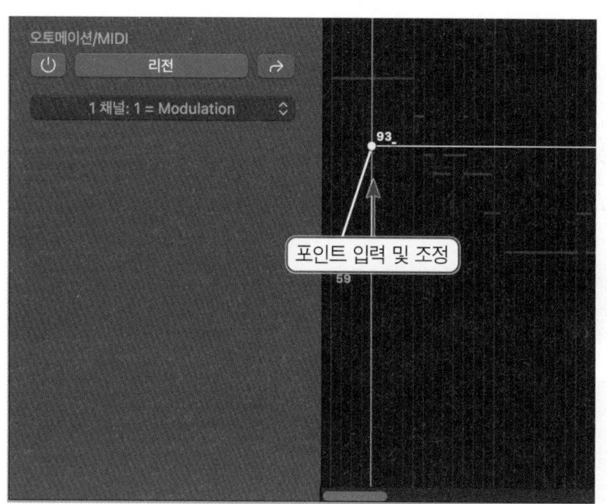

11 시작 위치의 40 정도 높이에서 클릭하여 포인트를 만들고, 한 박자 반 위치의 100 높이에서 클릭하여 포인트를 만듭니다. 음량이 40에서 100까지 점점 커지는 크레센토를 연출하는 것입니다. 포인트의 값은 마우스 드래그로 수정 가능합니다

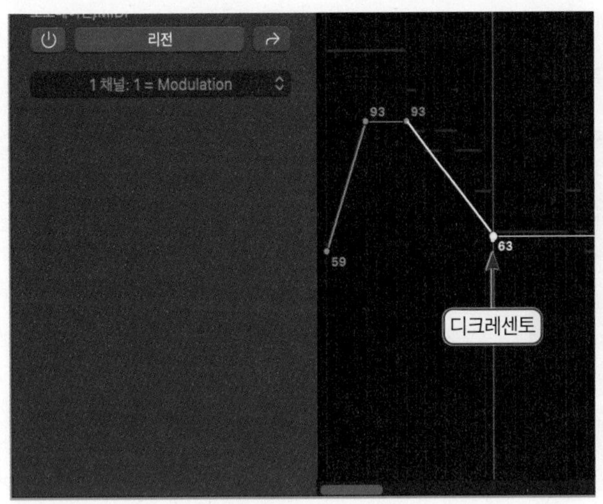

12 소리가 점점 작아지는 디크레센토는 라인이 하행되도록 만들면 됩니다. 포인트를 선택한 상태에서 Delete 키를 누르면 삭제할 수 있습니다.

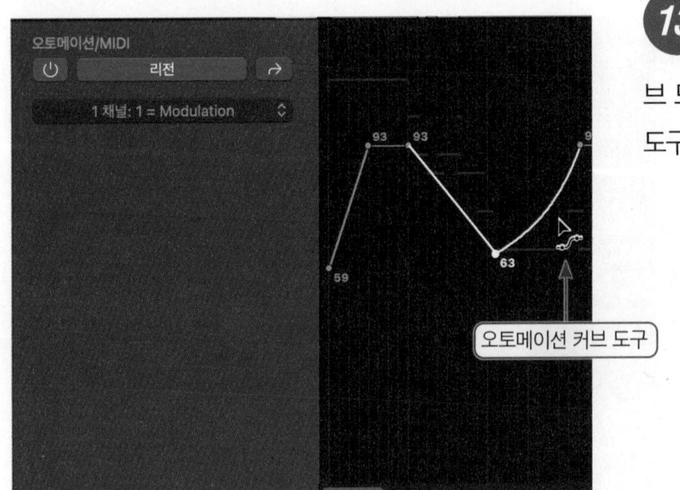

13 곡선 라인으로 좀 더 자연스러운 표현을 하고 싶은 경우에는 오토메이션 커브 도구를 이용하여 라인을 드래그합니다. 연필 도구로 그려도 좋습니다.

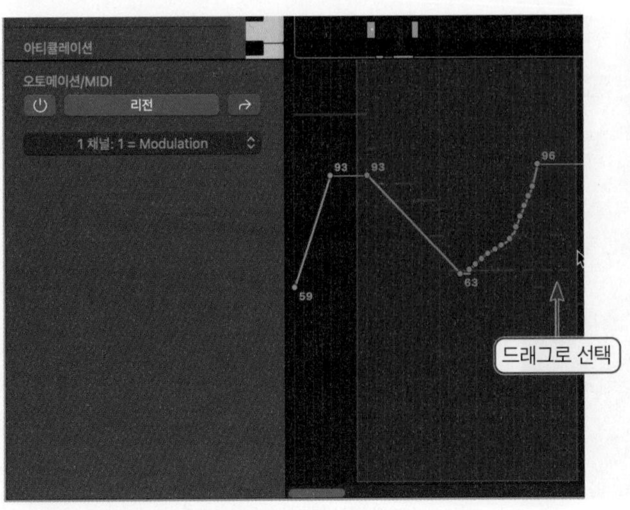

14 여러 개의 포인트를 수정하거나 삭제할 필요가 있을 경우 드래그하여 선택합니다. 더 이상의 설명이 없어도 예제 악보를 완성할 수 있을 것입니다. 완성된 프로젝트는 Piano Roll 샘플입니다.

3 피아노 롤의 도구

피아노 롤의 도구들은 주로 노트와 관련된 편집 작업을 수행합니다. 각 도구는 노트의 위치, 길이, 속도 등을 정밀하게 조정하여 음악적 표현을 다채롭게 변형할 수 있습니다. 또한, MIDI 컨트롤러 데이터를 추가하거나 수정하는 데에도 유용하게 사용됩니다. 이러한 기능들은 음악 제작 과정에서 중요한 역할을 하며, 작곡가나 프로듀서들이 음악의 감정과 흐름을 정교하게 조절하는 데 필수적입니다. 피아노 롤은 이러한 작업에 특화된 도구이지만, 리전을 대상으로 하는 트랙 영역의 편집 도구와 크게 다르지 않습니다.

포인터 도구

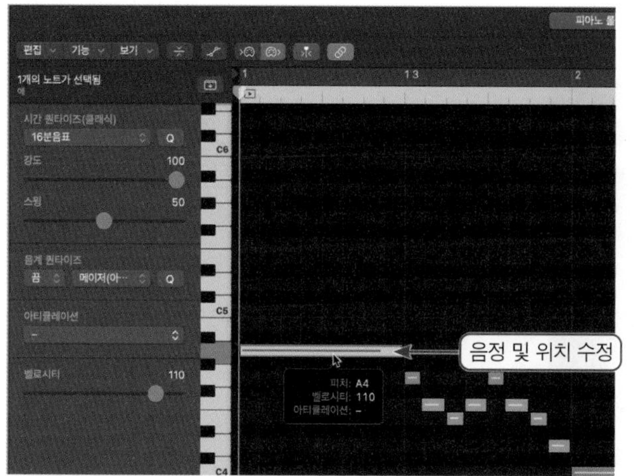

편집할 노트를 선택하거나 노트의 음정과 길이를 수정합니다. 노트의 중간을 잡고, 위/아래로 드래그하면 음정, 좌/우로 드래그하면 위치가 수정되고, 시작 및 끝 위치를 드래그하면 길이가 수정됩니다.

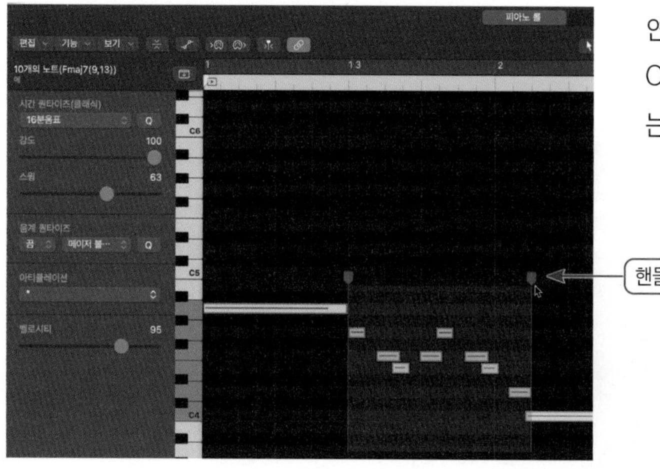

연주 속도를 조정할 필요가 있는 경우에는 Option+Shift 키를 누른 상태로 선택하면 보이는 핸들을 드래그 합니다.

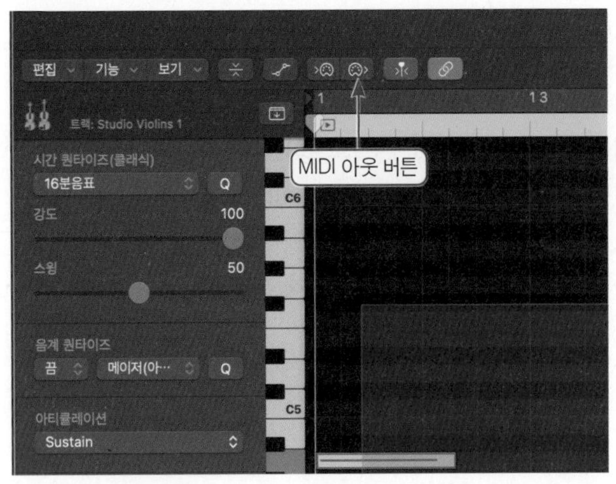

두 개 이상의 노트를 동시에 편집하고자 할 때는 마우스 드래그로 편집할 노트들을 선택합니다. 노트를 선택할 때 들리는 사운드를 꺼두고 싶다면, MIDI 아웃 버튼을 Off로 합니다.

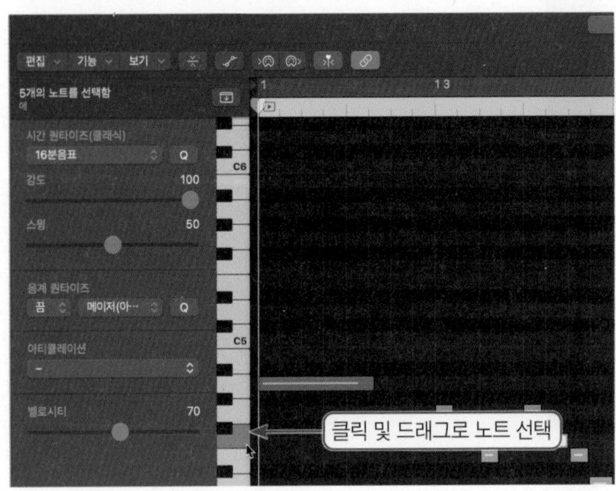

편집하고 있는 리전에서 특정 음을 한 번에 선택할 때는 피아노 건반을 클릭합니다. 피아노 건반을 드래그하여 특정 음역의 노트를 선택할 수도 있습니다.

연필 도구

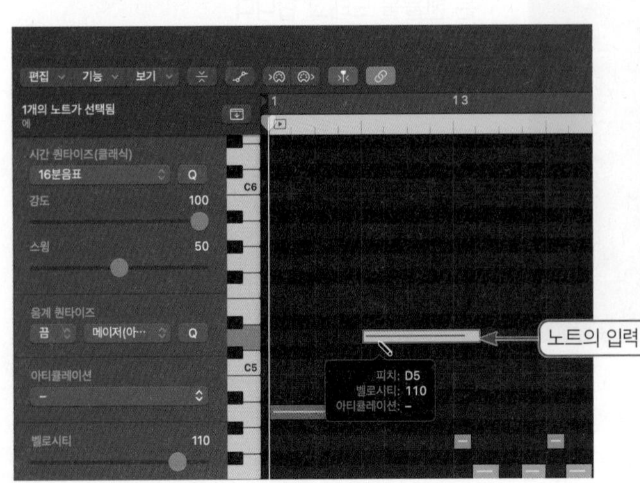

연필 모양의 아이콘에서 짐작할 수 있듯이 노트 및 컨트롤 정보를 입력합니다. 노트의 길이는 마지막에 입력했거나 선택한 노트로 결정되며, 끝 부분을 드래그하여 길이를 조정할 수 있습니다.

지우개 도구

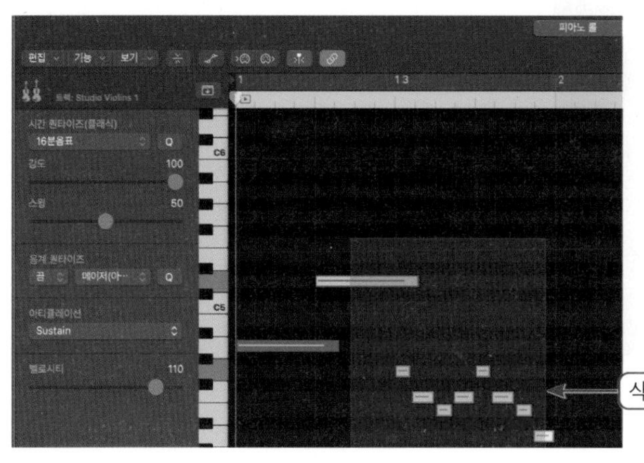

노트 및 컨트롤 정보를 삭제합니다. 마우스 드래그로 삭제할 노트를 선택할 수 있습니다. 컨트롤 정보의 포인트를 삭제할 때는 정확한 위치를 클릭하는 것이 어려우므로, 드래그하는 방법이 편리합니다.

손가락 도구

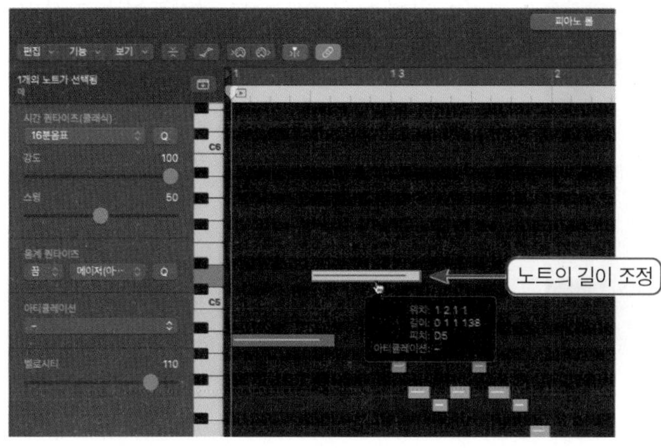

노트의 길이를 조정합니다. 포인터 도구을 이용하는 것이 편리하기 때문에 손가락 도구을 이용할 경우는 없을 것입니다.

가위 도구

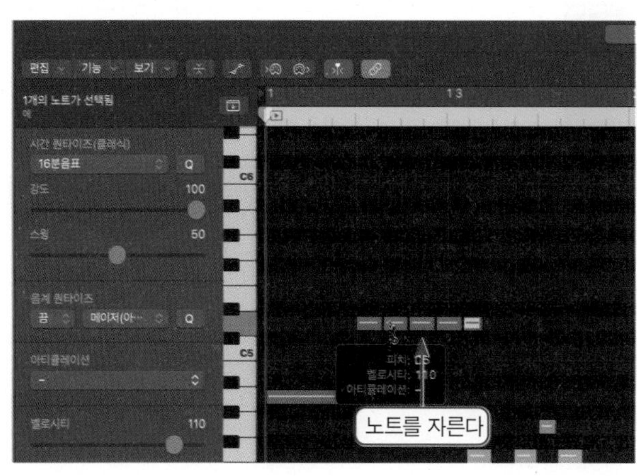

가위 모양의 아이콘에서 짐작할 수 있듯이 노트를 자릅니다. 노트는 마우스 버튼을 놓을 때 잘리므로, 클릭한 상태에서 정확한 위치를 선택할 때까지 드래그로 움직일 수 있습니다.

> **TIP** Option 키를 누르면 일정한 간격으로 노트를 자를 수 있습니다.

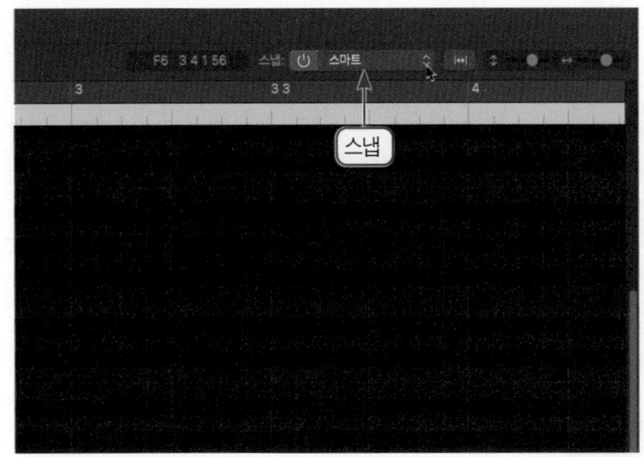

노트를 자르거나 입력할 때 일정한 간격을 유지하고 싶은 경우에는 스냅 목록에서 원하는 단위를 선택합니다.

결합 도구

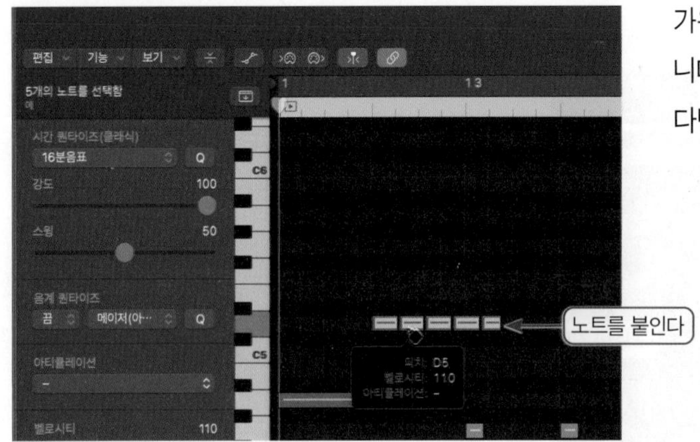

가위 도구과 반대로 선택한 노트를 하나로 붙입니다. 가위 도구 실습으로 잘라놓은 노트가 있다면, 드래그로 선택하고, 클릭하여 붙입니다.

음소거 도구

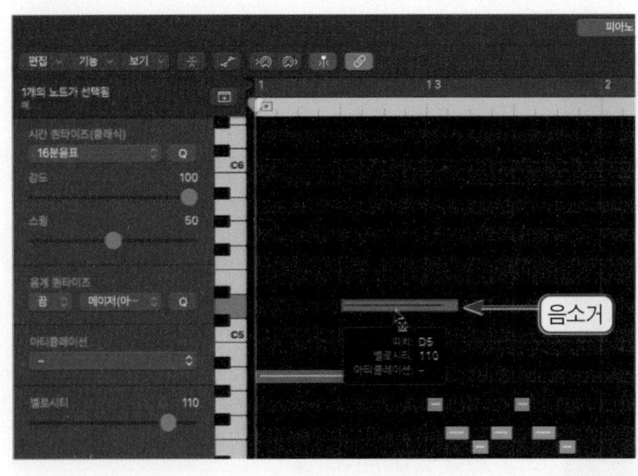

선택한 노트를 음소거합니다. 음소거된 노트는 회색으로 표시되며, 다시 클릭하여 해제할 수 있습니다.

Q 퀀타이즈 도구

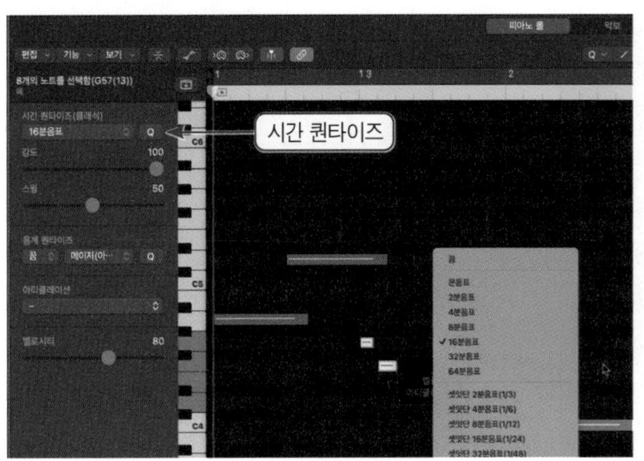

선택한 노트를 시간 퀀타이즈에서 선택한 값으로 정렬합니다. 리전 파라미터의 퀀타이즈 기능을 이용해서 전체 데이터를 퀀타이즈하면, 기계적인 연주가 되기 때문에 대부분의 음악인들은 프레이즈의 시작이나 세션 부분에서 퀀타이즈 시키는 방법을 많이 이용합니다.

TIP 마우스를 누르고 있으면 시간 퀀타이즈 값을 선택할 수 있는 메뉴가 열립니다.

V 벨로시티 도구

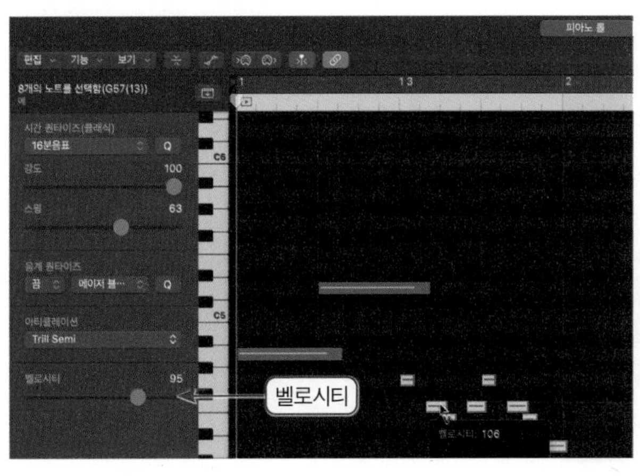

노트의 강약을 의미하는 벨로시티를 조정합니다. 노트 중앙의 가로 선이 벨로시티 값을 표시하는 것이며, 연 보라에서 빨강까지 노트의 색상으로도 구분이 가능합니다. 인스펙터 창의 벨로시티를 이용해도 좋습니다.

Q 확대/축소 도구

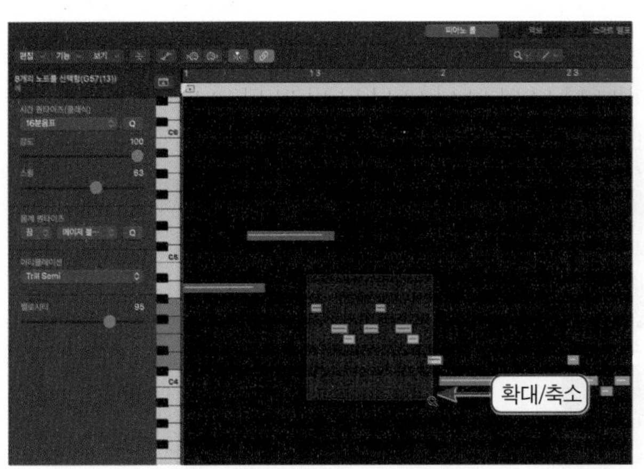

마우스 드래그로 특정 범위의 작업 공간을 확대합니다. 클릭을 하면 확대한 순서의 반대로 축소됩니다. 노트 편집 보다는 컨트롤 정보를 미세하게 편집할 일이 있을 때 유용합니다. Option 키 또는 Option+Command 키를 누른 상태로 마우스 휠을 돌려 확대/축소 해도 좋습니다.

오토메이션 선택 도구

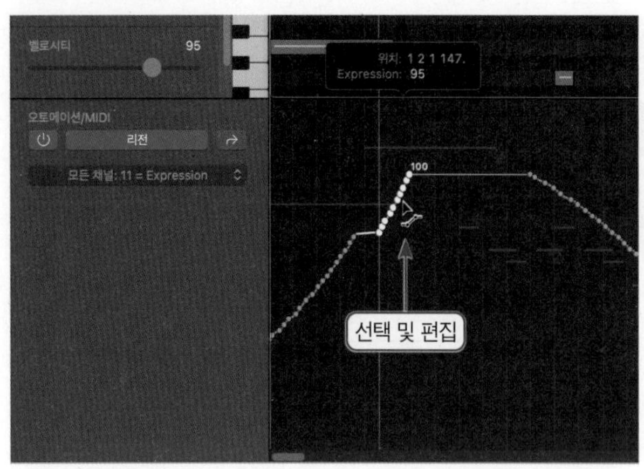

오토메이션 뷰에서 편집할 컨트롤 정보를 마우스 드래그로 선택하거나 포인트를 드래그하여 값을 수정할 수 있습니다. 포인터 도구로 컨트롤 정보를 편집할 수 있고, Shift 키를 누른 상태로 선택하는 것이 가능하기 때문에 잘 사용하지는 않습니다.

오토메이션 커브 도구

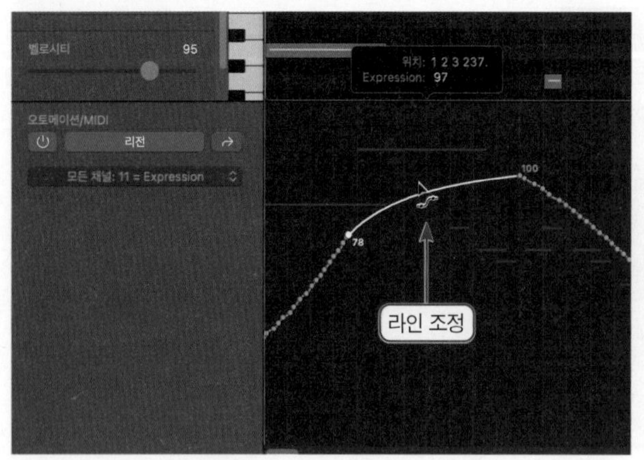

컨트롤 정보 라인을 조정합니다. 오토메이션 선택 도구로 다수의 포인트를 선택한 경우에는 해당 라인을 한 번에 조정할 수 있습니다.

브러시 도구

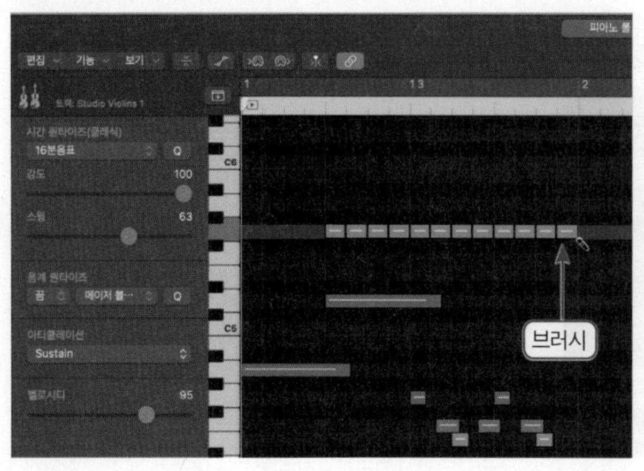

그림을 그리듯 노트를 연속해서 입력할 수 있습니다. 입력 노트의 길이는 스냅 값이며, 하이햇과 같은 타악기 노트를 입력할 때 유용하지만, 포인터 도구에서 Command+Shift 키로 수행할 수 있기 때문에 직접 사용하는 경우는 거의 없는 도구입니다.

4 피아노 롤의 메뉴

피아노 롤은 편집, 기능, 그리고 보기 메뉴를 통해 다양한 편집 기능을 제공합니다. 이는 로직에서 제공하는 악보 및 스텝 편집기와 유사합니다. 각 창에서 선택하는 대상이 피아노 롤의 시간에 따라 수평으로 나열된 노트이거나 악보 및 스텝 편집기와 차이는 있지만, 편집 기능 자체는 매우 유사합니다. 본서에서는 특별한 기능 차이를 제외하고 각 편집기에서 제공하는 메뉴를 일일이 살펴보지 않을 것이므로, 피아노 롤에서 제공하는 메뉴의 역할과 사용법을 완벽히 익혀 두는 것이 중요합니다.

글로벌 트랙

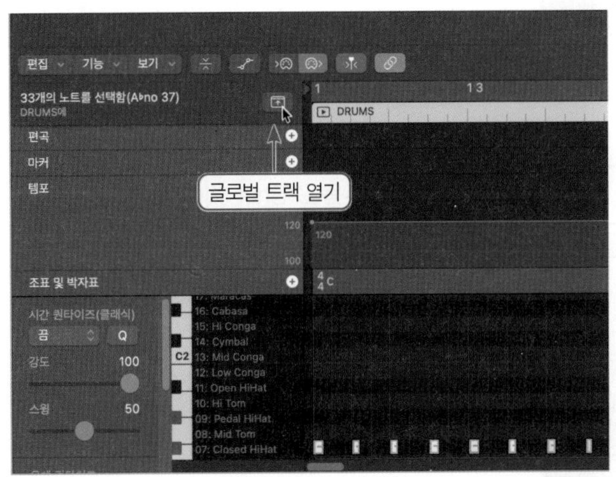

트랙 영역에서 살펴보았던 글로벌 트랙을 제공하고 있습니다. 피아노 롤에서도 조표, 박자, 템포 등의 작업을 할 수 있다는 것이며, 이것은 다른 편집 창에서도 마찬가지 입니다.

비슷한 노트 선택하기

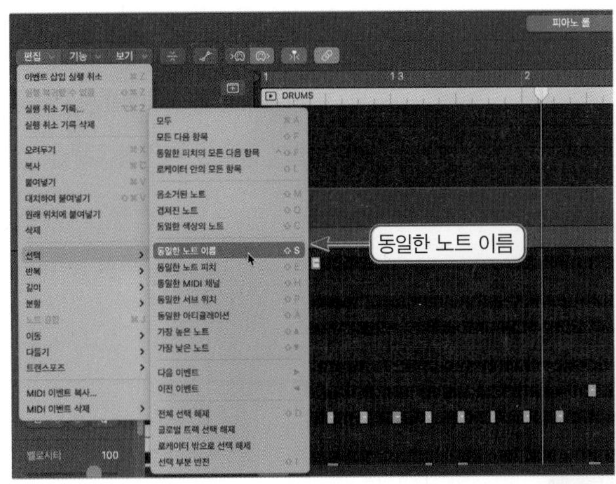

피아노 롤에서 C2 노트를 모두 선택할 때는 건반을 클릭하면 되지만, 모든 C 노트를 선택할 때는 편집 메뉴의 선택에서 동일한 노트 이름을 선택합니다. C2 노트를 선택하고, 이 메뉴를 이용하면 C1, C2, C3 등의 모든 C 노트를 선택할 수 있습니다.

기타 스트로크 주법 만들기

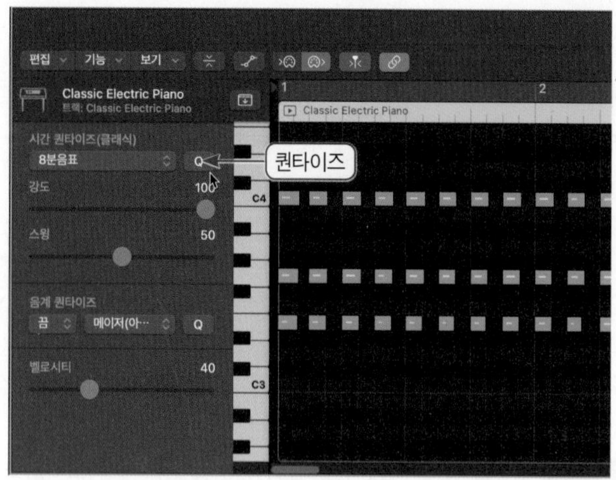

01 편집 메뉴의 선택에서 동일한 서브 위치 명령을 이용해서 기타 스트로크 주법을 연출하는데 응용할 수 있습니다. 간단한 코드 연주를 녹음하고, 퀀타이즈를 잡습니다.

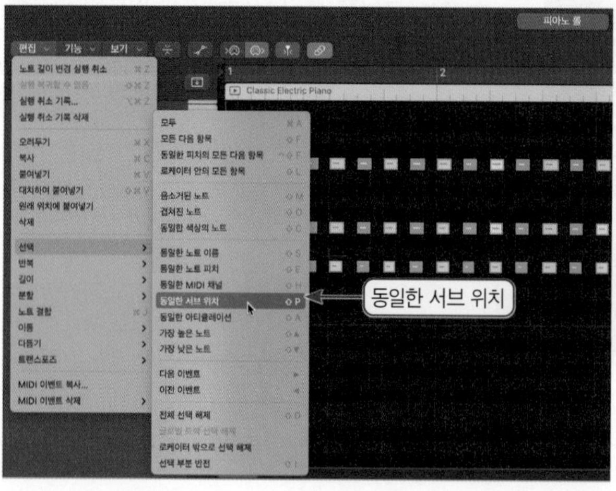

02 한 마디 범위에서 다운 비트로 처리할 노트들을 Shift 키를 누른 상태로 선택합니다. 그리고 편집 메뉴의 선택에서 동일한 서브 위치을 선택하여 동일한 위치의 노트들이 모두 선택되게 합니다.

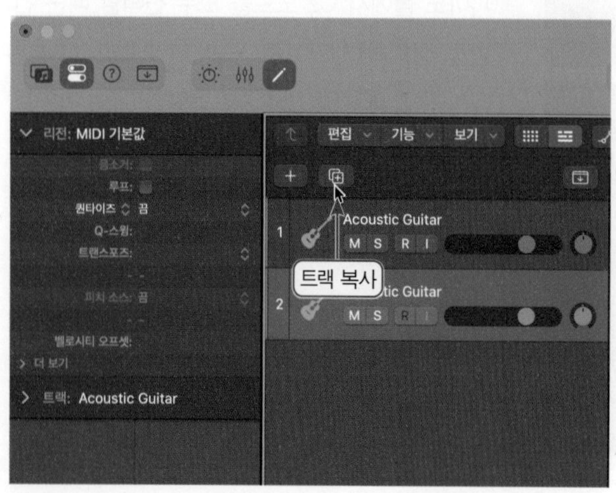

03 Command+X 키를 눌러 선택한 노트들을 잘라냅니다. 트랙 영역에서 트랙 복사 버튼을 클릭하여 동일한 환경의 트랙을 추가합니다.

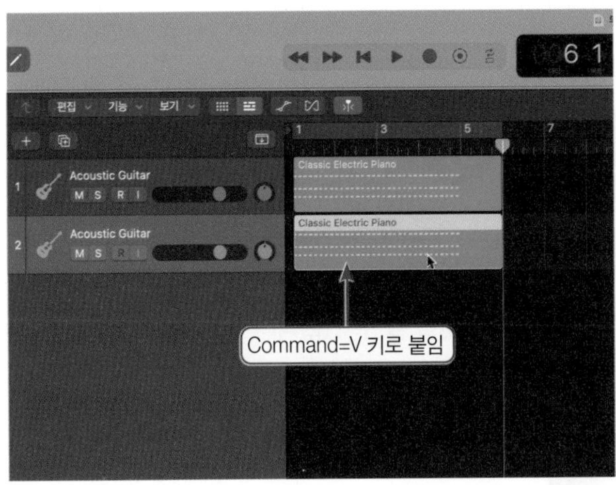

04 트랙 영역의 빈 공간을 클릭하여 선택되어 있는 리전을 해제합니다. 그리고 return 키를 눌러 재생헤드를 처음 위치로 이동하고, Command+V 키를 눌러 붙입니다.

05 리전 파라미터의 Q-플램 값을 조정하여 노트가 차례로 연주되게 합니다. 다운 비트에 해당하는 리전은 + 값, 업 비트에 해당하는 리전은 - 값으로 처리하여 기타의 스트로크 주법을 만드는 것입니다.

소프라노 선택하기

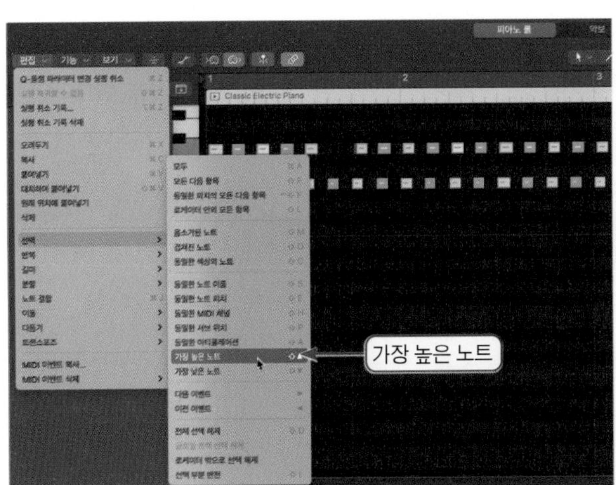

코드를 입력한 노트에서 가장 아래쪽의 베이스 또는 가장 위쪽의 소프라노를 선택할 필요가 있다면, 편집 메뉴의 선택에서 가장 높은 노트 또는 가장 낮은 노트를 선택합니다. 피아노 연주의 낮은 음을 복사하여 베이스 연주 트랙을 만드는데 응용할 수 있습니다.

겹친 노트 제거하기

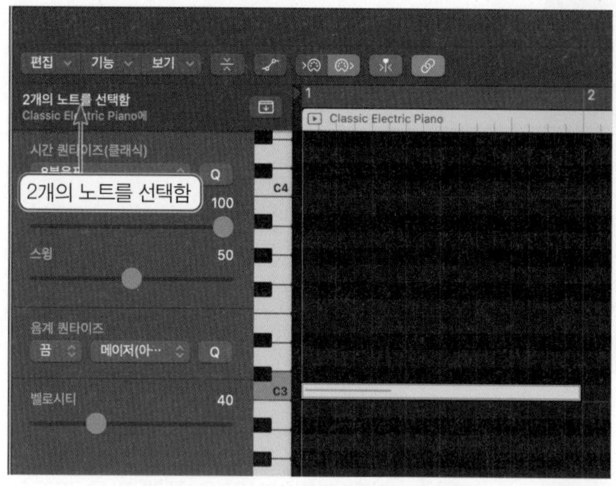

01 작업을 하다보면, 노트가 겹치는 실수를 하는 경우가 종종 있습니다. 그림을 보면 화면으로는 구분할 수 없지만, 정보 창에 2개의 노트를 선택함으로 노트가 겹쳐있다는 것을 알 수 있습니다.

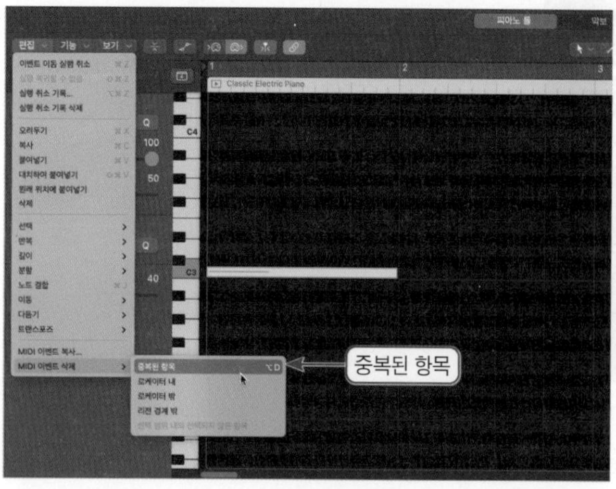

02 노트가 겹치면 사운드가 끊어지는 현상이 발생합니다. 작업한 미디 음악에서 이러한 현상이 느껴지면 Commad+A 키를 눌러 모든 노트를 선택하고, 편집 메뉴의 MIDI 이벤트 삭제에서 중복된 항목을 선택하여 제거합니다.

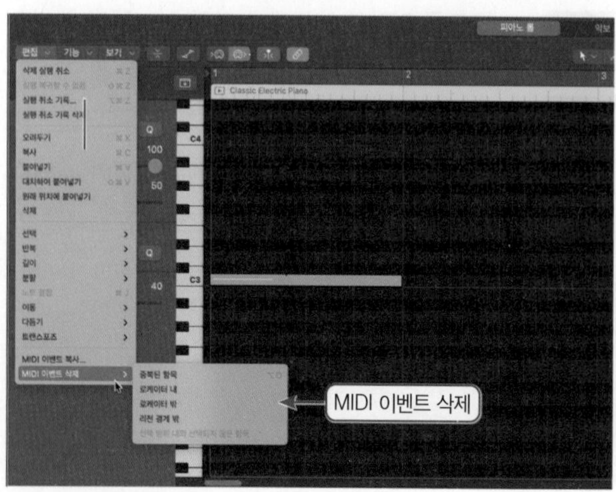

03 그 외, MIDI 이벤트 삭제에는 로케이터 범위 내, 밖, 리전 경계 밖의 노트, 선택한 범위 내의 선택되지 않은 항목을 제거할 수 있는 유용한 메뉴를 제공합니다.

레가토 정리하기

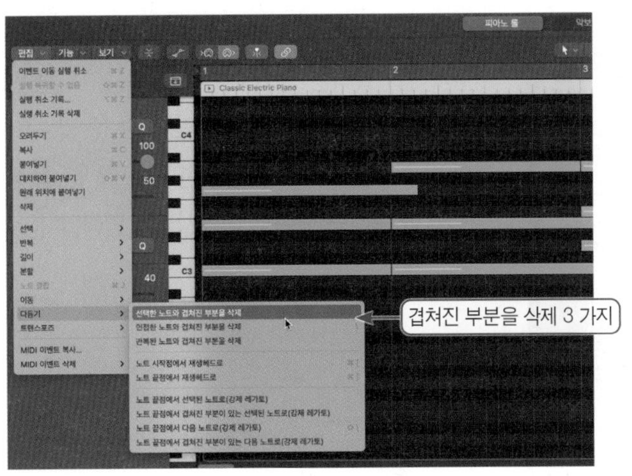

01 레가토 연주로 겹쳐진 노트를 정리할 필요가 있다면, 편집 메뉴의 다듬기에서 선택한 노트와 겹쳐진 부분을 삭제를 선택합니다. 그 외, 위/아래로 인접한 노트와 겹쳐진 부분을 삭제하거나 동일 음을 처리하는 반복된 노트와 겹쳐진 부분을 삭제 메뉴도 제공합니다.

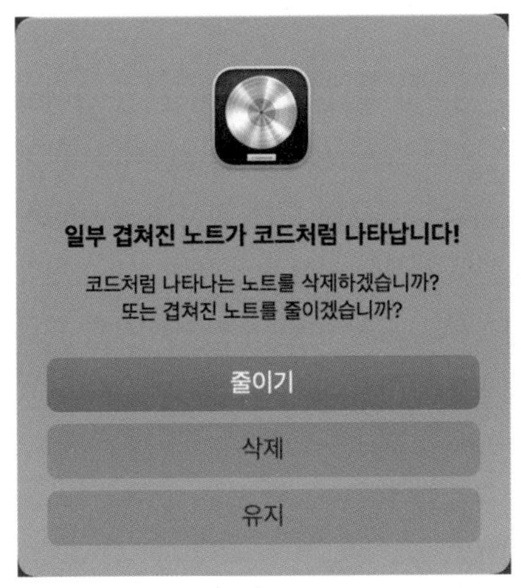

02 겹친 노트를 어떻게 처리할 것인지를 묻는 창이 열립니다. 줄이기는 겹친 노트를 자르고, 그 외, 삭제하거나 유지할 수 있습니다.

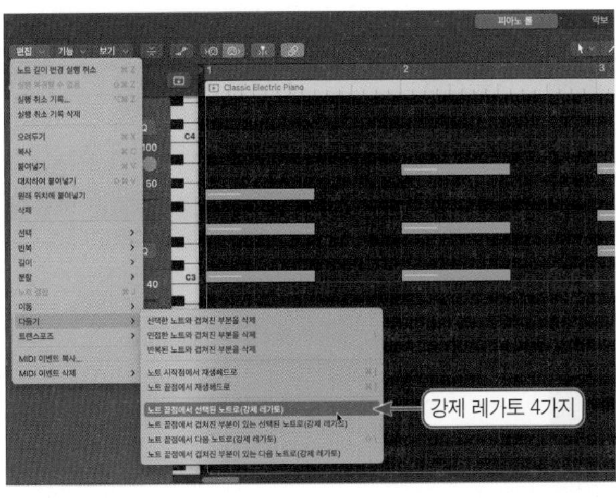

03 반대로 짧은 노트를 다음 노트의 시작점까지 연장하여 레가토를 만드는 방법도 있습니다. 편집 메뉴의 다듬기에서 강제로 레가토를 이용합니다. 노트 끝점에서 선택된 노트로, 겹쳐진 부분이 있는 선택된 노트로, 다음 노트로, 겹쳐진 부분이 있는 다음 노트로의 4가지 명령이 있습니다.

음정 조정하기

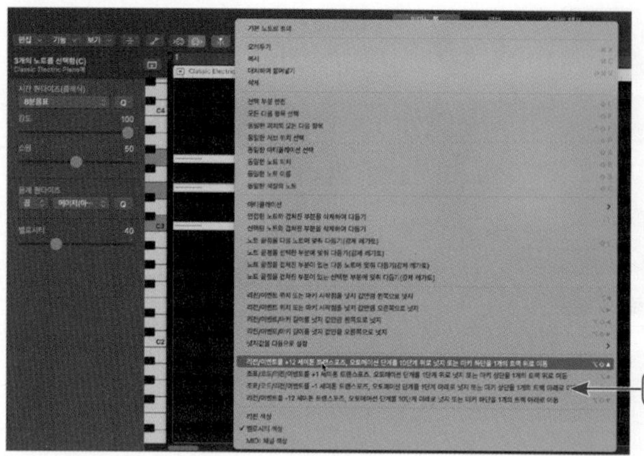

미디 편집 창의 메뉴는 마우스 오른쪽 버튼을 클릭하면 열리는 단축 메뉴로도 이용이 가능합니다. 단축 메뉴에서 볼 수 있는 +/-12 및 +/-1 세미톤 트랜스포즈는 선택한 노트를 한 음정 또는 한 옥타브 단위로 이동시키는 명령입니다.

보기 메뉴

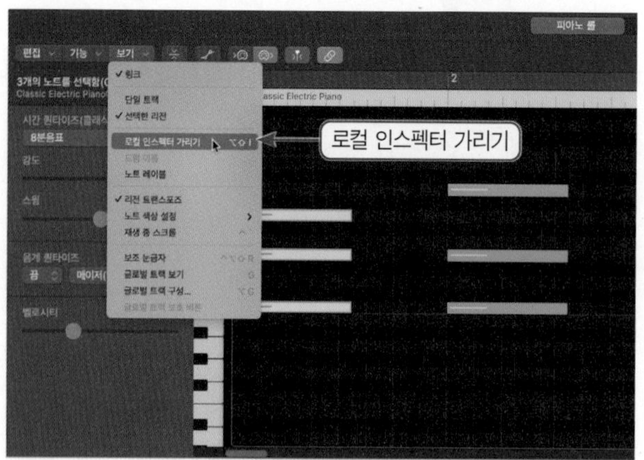

01 피아노 롤의 보기 메뉴는 말 그대로 화면 표시 상태를 선택합니다. 단일 트랙은 선택한 트랙의 모든 리전을 표시하며, 기본 설정은 선택한 리전을 표시합니다. 그리고 로컬 인스펙터, 드럼 이름, 노트 레이블을 표시하거나 가릴 수 있습니다.

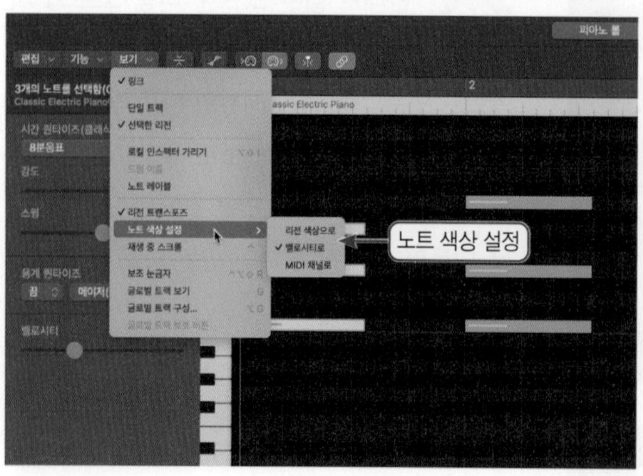

02 그 외, 노트 색상을 어떤 정보로 표시할 것인지, 보조 눈금자 및 글로벌 트랙 표시할 것인지, 재생할 때 화면이 스크롤되게 할 것인지의 여부를 선택할 수 있는 메뉴를 제공합니다.

5 미디 퀀타이즈

피아니스트가 연주할 때 완벽하게 정확한 박자로 데이터를 입력하는 것은 불가능합니다. 연주는 감정과 예술적 표현이 중요한데, 너무 정밀한 박자에만 의존할 경우 감정이 전달되지 않을 수 있습니다. 이런 이유로 퀀타이즈는 부정확한 연주를 정확한 박자로 맞춰주는 기능이지만, 사용할 때는 연주의 자연스러움과 감정 전달을 고려해야 합니다. 따라서 리전 파라미터에서 퀀타이즈를 적용할 때는 프레이즈의 시작이나 세션 일부에서만 사용하는 것이 바람직합니다. 이렇게 하면 연주의 흐름과 감정이 유지되면서도 정확성을 보장할 수 있습니다.

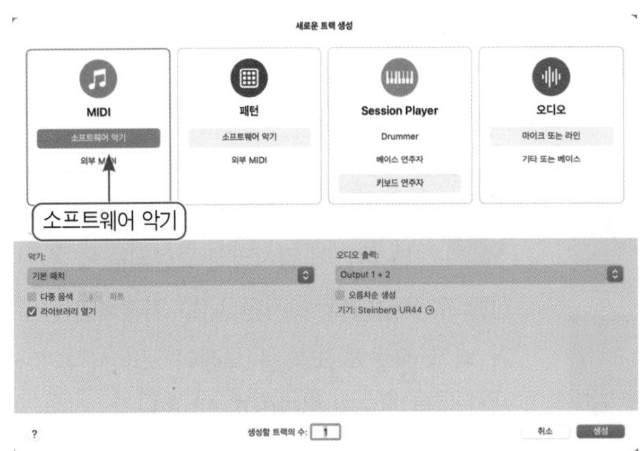

01 새 프로젝트의 소프트웨어 악기 트랙을 만듭니다. 그리고 R 키를 눌러 간단한 녹음을 진행해 봅니다.

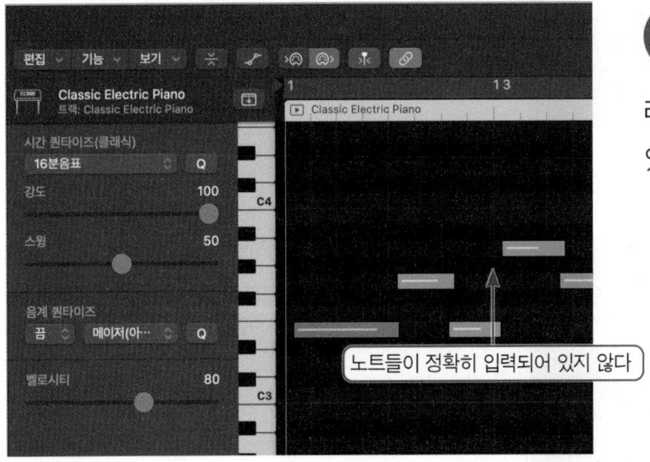

02 녹음한 리전을 더블 클릭하여 피아노 롤을 열어보면, 각각의 노트가 그리드 라인에서 조금씩 벗어나 있는 것을 확인할 수 있습니다. 당연한 결과입니다.

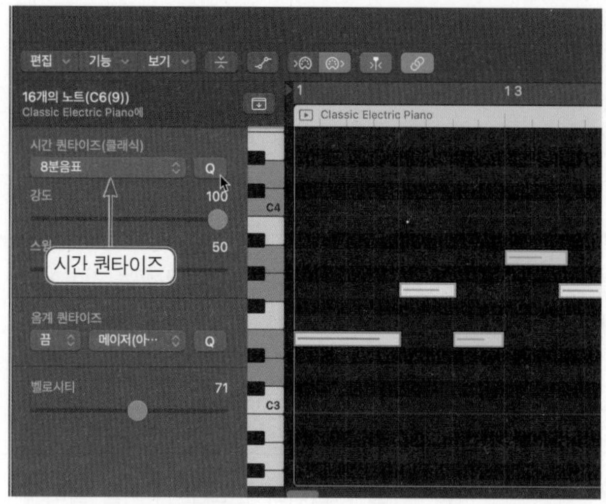

03 Command+A 키를 눌러 노트를 모두 선택하고, 인스펙터 창의 시간 퀀타이즈 항목에서 독자가 연주한 비트를 선택합니다. 8비트로 연주했다면, 8분음표, 16비트로 연주했다면, 16분음표 입니다.

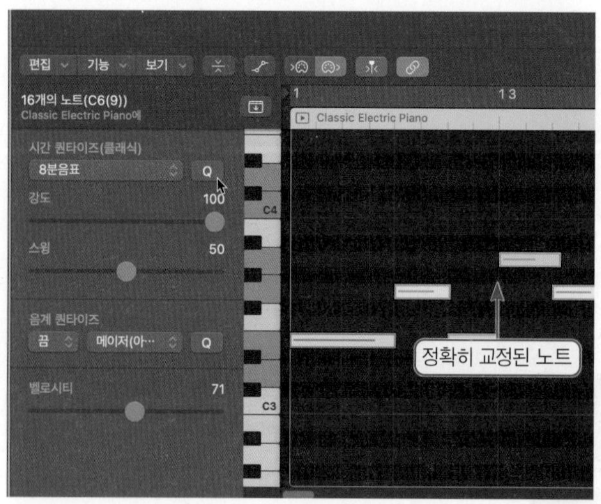

04 피아노 롤의 노트들을 확인해보면, 스넵 라인에 일치되게 교정되는 것을 확인할 수 있습니다. 하지만, 너무 기계적인 연주가 되기 때문에 보통은 프레이즈의 시작이나 세션 노트 정도만 퀀타이즈 합니다.

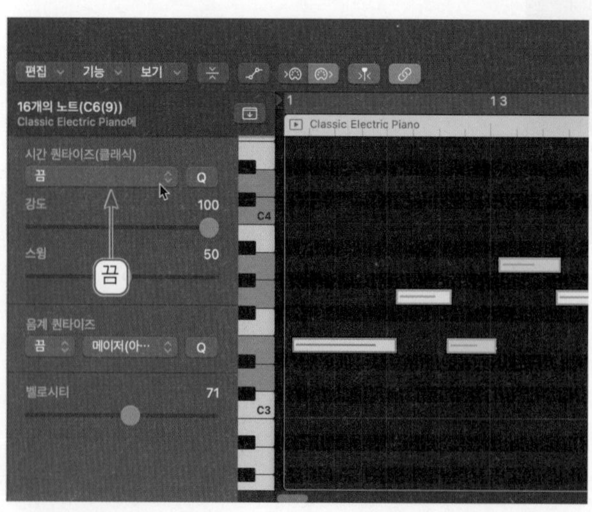

05 노트의 일부분을 퀀타이즈 시켜보기 위해 퀀타이즈를 취소하려면, 시간 퀀타이즈 항목에서 끔을 선택합니다.

6 그루브 퀀타이즈

너무 정확한 퀀타이즈는 기계적인 사운드를 유발할 수 있어서 이를 피하는 것이 중요합니다. 이를 극복하기 위해 프레이즈의 일부분만 퀀타이즈하는 방법이 유효합니다. 또한, 사용자가 만든 미디 데이터나 오디오 샘플을 기반으로 하는 그루브 퀀타이즈 기능도 유용합니다. 이 기술은 DJ 믹싱에서도 활용될 수 있어 음악의 감정적 요소를 유지하면서도 정확한 리듬을 유지할 수 있습니다. 그루브 퀀타이즈는 음악 제작과 DJ 세트에서 풍부하고 독창적인 효과를 낼 수 있습니다.

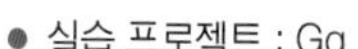

● 실습 프로젝트 : Gq

01 프로젝트를 재생을 해보면, 마우스로 입력한 1번 트랙의 베이스 연주가 너무 기계적이라는 것을 알 수 있습니다.

02 리얼로 입력한 2번 트랙의 연주와 같은 타이밍으로 보정하기 위해서는 그루브 퀀타이즈 기능이 필요합니다. 2번 트랙의 리전을 선택하고, 리전 파라미터의 퀀타이즈 항목에서 그루브 템플릿 만들기를 선택합니다.

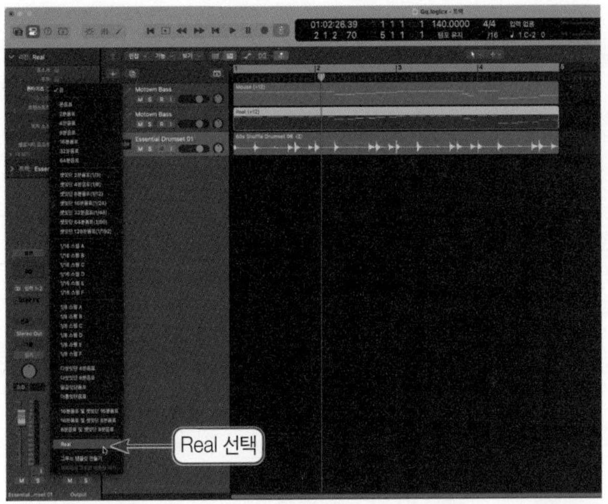

03 2트랙의 연주를 기준으로 하는 퀀타이즈를 만든 것입니다. 1번 트랙의 리전을 선택하고, 리전 파라미터의 퀀타이즈 항목에서 Real을 선택합니다. Real은 2번 트랙의 리전 이름이며, 그루브 퀀타이즈는 리전 이름으로 만들어집니다.

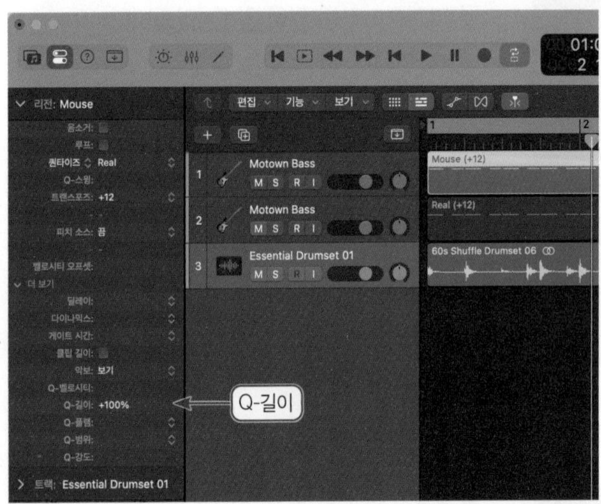

04 1번 트랙의 미디 리전을 더블 클릭하여 피아노 롤을 열어보면, 노트가 2번 트랙의 연주와 동일한 위치로 정렬된 것을 확인할 수 있습니다. 더 보기 항목의 Q-길이 값을 100%로 설정하여 길이도 동일하게 퀀타이즈 합니다.

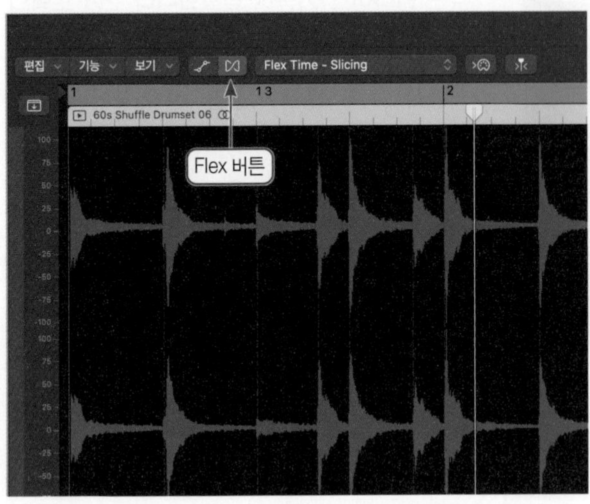

05 그루브 퀀타이즈는 미디 데이터 뿐만 아니라 오디오 샘플에서도 추출이 가능합니다. 3번 트랙의 오디오 리전을 더블 클릭하여 샘플 에디터를 열고, Flex 버튼을 클릭하여 On 합니다.

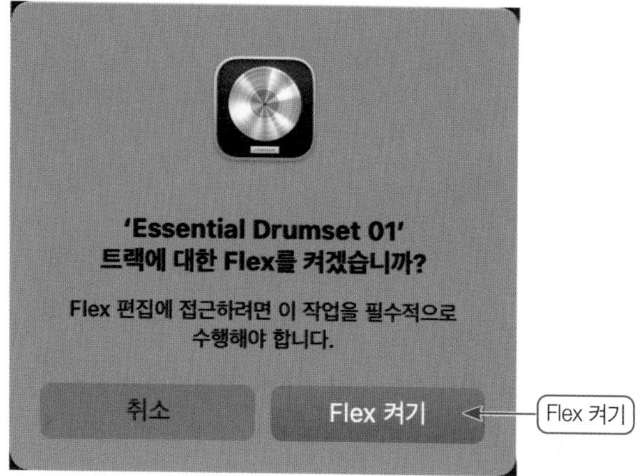

06 플렉스 기능을 활성화 시킬 것인지를 묻습니다. Flex 켜기 버튼을 클릭하여 활성화 합니다.

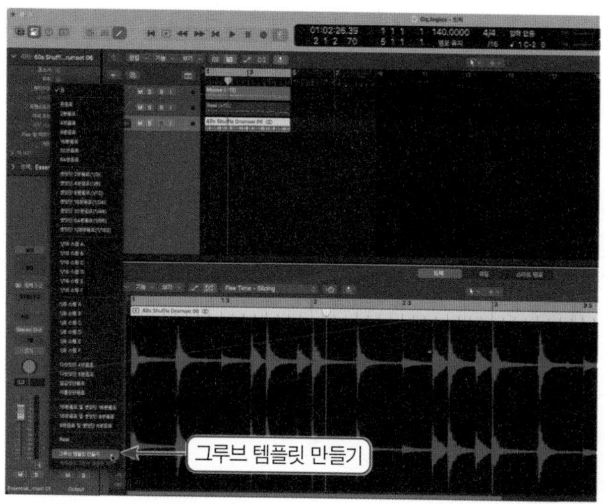

07 오디오 어택 타임을 기준으로 그리드 라인이 생성되며, 편집이 가능합니다. 오디오 타임과 피치를 조정할 수 있는 플렉스 기능은 해당 학습편에서 학습하기로 하고, 미디에서와 동일하게 퀀타이즈 목록의 그루브 템플릿 만들기를 선택합니다.

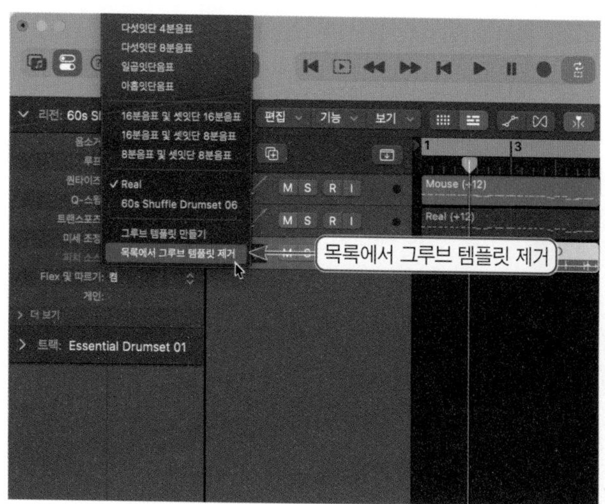

08 퀀타이즈 목록을 열어보면 오디오 리전 이름으로 생성된 그루브 퀀타이즈를 볼 수 있습니다. 그루브 템플릿을 삭제할 때는 목록에서 그루브 템플릿 제거를 선택합니다.

스텝 편집기

피아노 롤 아래쪽에는 오토메이션 뷰가 있어 컨트롤 정보를 입력하고 편집할 수 있습니다. 이 오토메이션 뷰는 스텝 편집기라는 별도의 창에서도 사용할 수 있습니다. 특히 빔 형태로 편집할 수 있어 입문자에게 접근하기 쉬운 장점이 있습니다. 피아노 롤의 오토메이션 뷰는 라인 형태로 편집되어 있어 익숙하지 않은 사용자에게는 실수가 발생할 수 있지만, 스텝 편집기에서는 시각적으로 각 스텝을 조정할 수 있어 드럼 패턴 등을 만들 때에도 유용합니다.

● 실습 프로젝트 : Pitch-01

1 컨트롤 정보의 입력과 편집

01 2번 트랙의 리전을 선택하고 윈도우 메뉴에서 스텝 편집기 열기를 선택합니다.

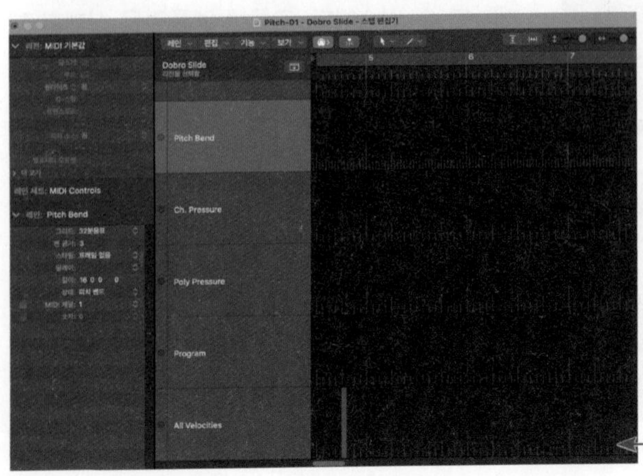

02 볼륨(Volume), 팬(Pan), 모듈레이션(Modulation) 등, 자주 사용하는 컨트롤 정보 레인을 형성하고 있는 스텝 창을 볼 수 있습니다. 노트의 벨로시티 값을 표시하는 All Velocities 레인에서 노트의 위치를 확인할 수 있습니다.

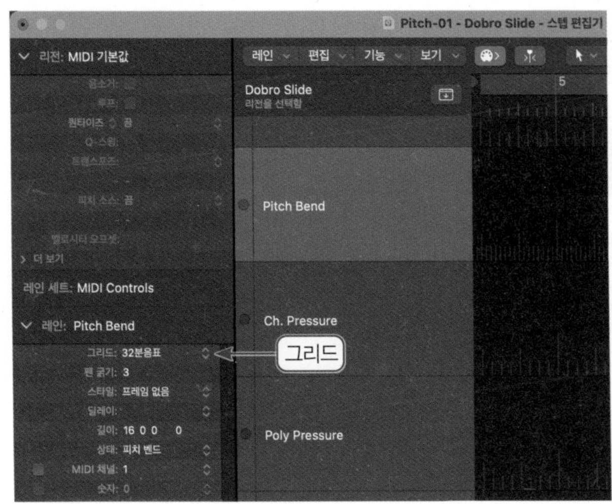

03 인스펙터 창에는 레인 파라미터가 추가됩니다. 첫 번째 그리드 항목은 선택한 레인에 표시할 빔의 단위를 선택합니다. Pitch Bend 레인을 선택하고, 32분음표를 선택하여 좀 더 미세한 입력이 가능하게 합니다.

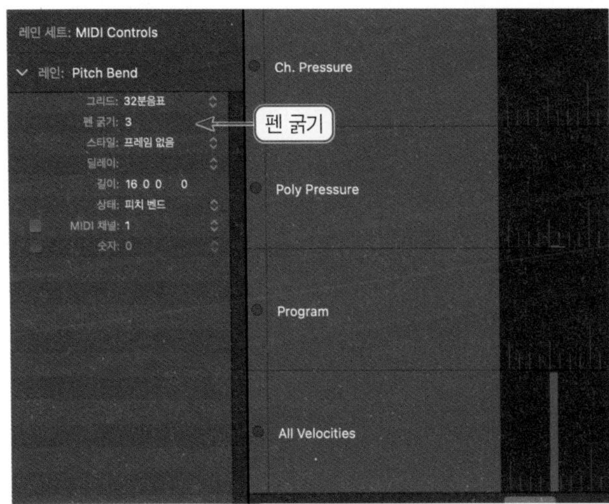

04 펜 굵기는 빔 형태로 입력되어 있는 정보의 가로 사이즈를 조정합니다. 빔을 확인할 수 있는 All Velocities 레인을 선택하고, 값을 변경해 봅니다. 큰 값일 수록 빔의 가로 사이즈가 커지는 것을 확인할 수 있습니다.

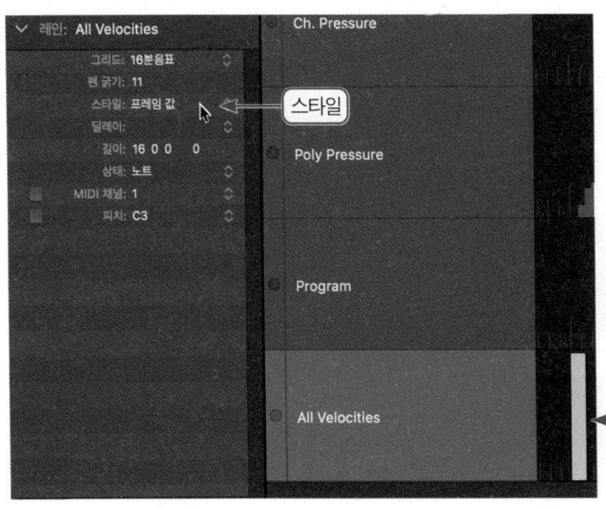

05 스타일은 빔에 프레임을 표시할 것인지의 여부를 선택합니다. 프레임 값을 선택하여 표시하면, 빔의 값이 어느 정도인지를 쉽게 짐작할 수 있습니다.

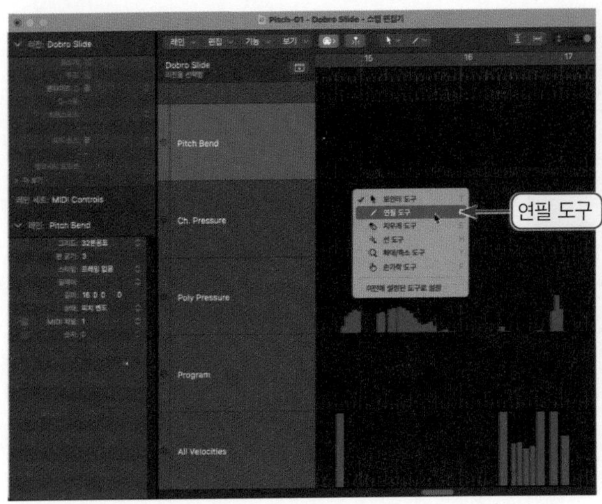

07 나머지 옵션은 뒤에 살펴보기로 하고, 컨트롤 정보를 입력해보겠습니다. Ctonrol 키를 누른 상태로 마우스 오른쪽 버튼을 클릭하여 도구 메뉴를 열고, 연필 도구을 선택합니다.

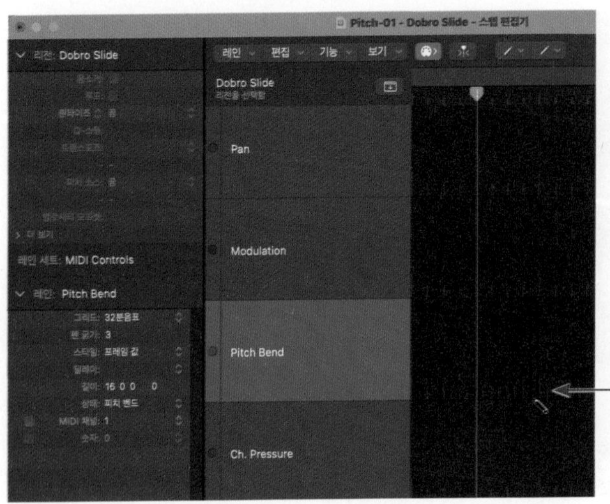

08 Pitch Bend 레인을 선택하고, 펜 굵기는 3, 스타일은 프레임 값을 선택합니다. 그리고 4.4 위치의 두 번째 칸을 클릭하고, 마우스를 아래쪽으로 드래그하여 값을 -64로 입력합니다.

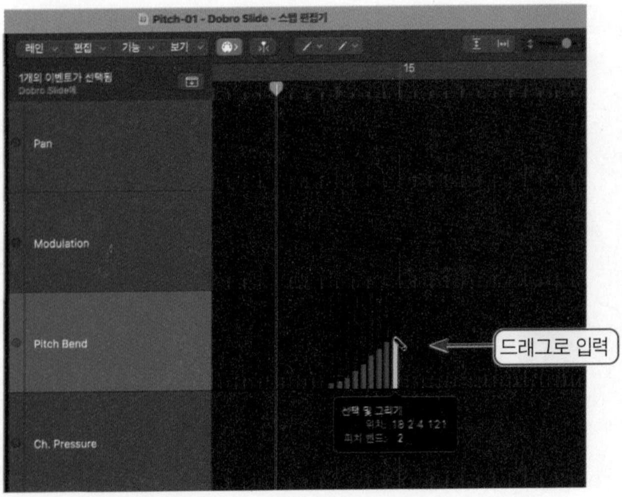

08 계속해서 4.4 위치의 5번째 칸에서부터 5마디 위치의 4번째 칸까지 드래그하여 점점 상승하는 라인을 그려줍니다. 최종 값은 0입니다.

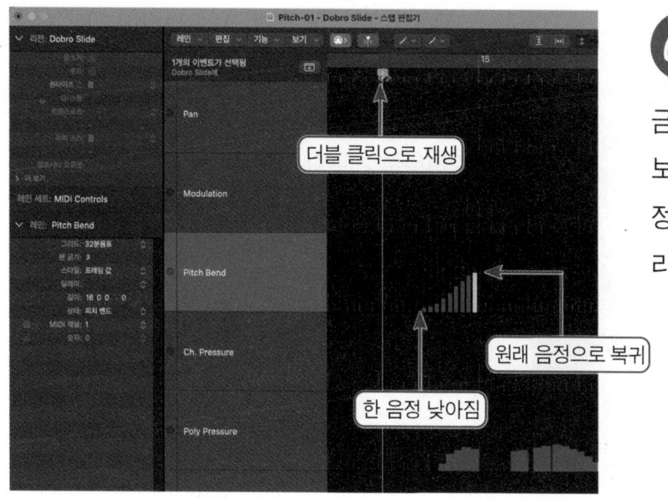

09 마스터 건반의 피치 휠을 아래로 내렸다가 제자리로 되돌리는 것입니다. 눈금자의 4.3 위치를 더블 클릭하여 곡을 재생해 보면, 4.4 위치에서 연주되는 기타 음색이 한 음정 낮아 졌다가 원래의 음정으로 복구되는 슬라이드 주법을 모니터 할 수 있습니다.

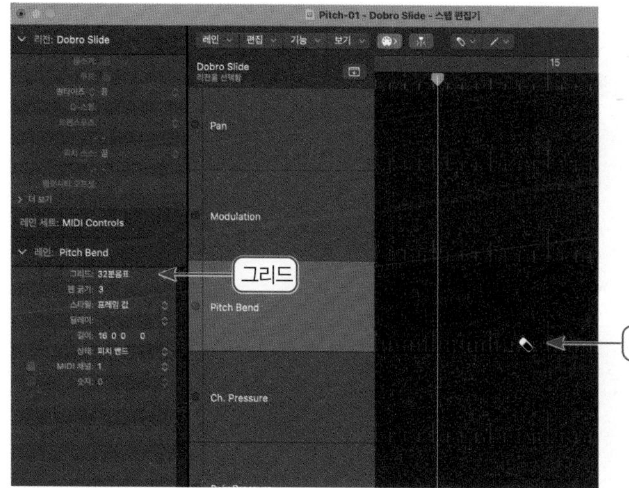

10 좀 더 미세한 단위로 컨트롤 되게 하고 싶다면, 그리드 단위를 높게 설정합니다. 그리드 단위를 끔으로 선택하고, 지우개 도구로 앞에서 입력한 정보를 삭제합니다.

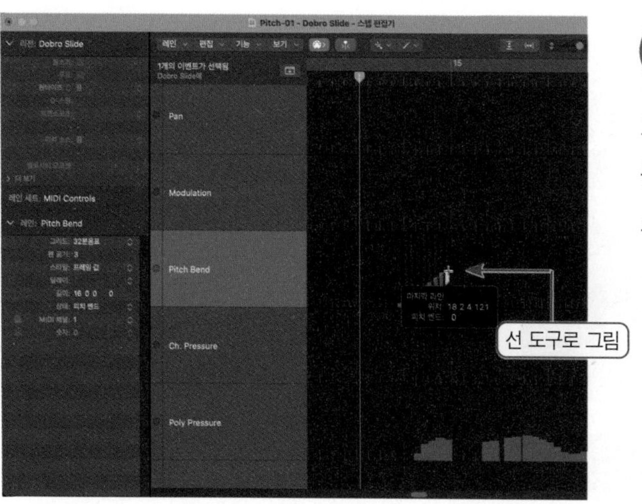

11 선 도구로 4.4.4 위치를 클릭하고, 마우스를 5.1.2 위치로 이동합니다. 그리고 값이 0로 표시되는 위치에서 놓습니다. 컨트롤 정보를 라인으로 입력할 수 있어 보다 스무스한 피치 벤드 효과가 만들어집니다.

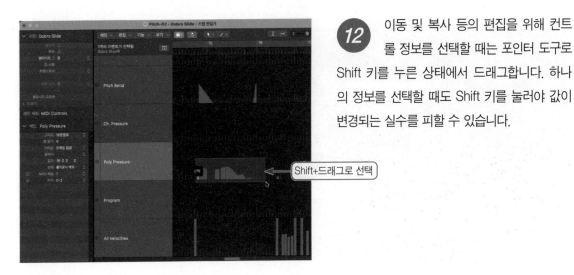

12 이동 및 복사 등의 편집을 위해 컨트롤 정보를 선택할 때는 포인터 도구로 Shift 키를 누른 상태에서 드래그합니다. 하나의 정보를 선택할 때도 Shift 키를 눌러야 값이 변경되는 실수를 피할 수 있습니다.

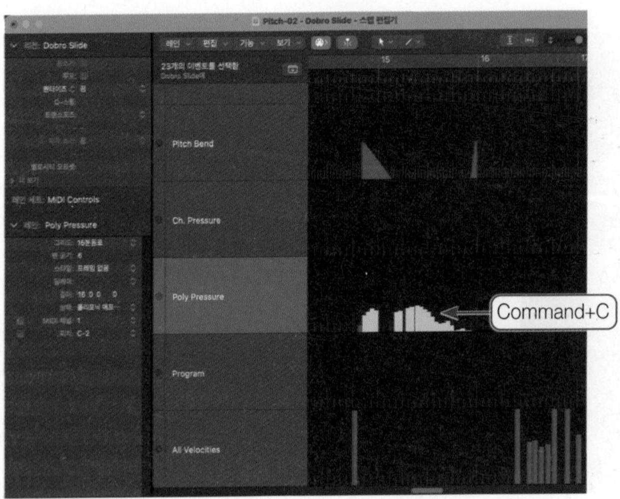

13 선택한 정보는 Command+C 키로 복사, Command+X 키로 이동이 가능합니다. Commmand+C 키를 눌러 복사를 해봅니다. 아직까지 화면에서의 변화는 없습니다.

14 눈금자을 클릭하여 앞에서 복사한 정보를 붙여놓을 위치에 재생헤드를 가져다 놓고 Command+V 키를 눌러 붙입니다. 취소는 Command+Z 키 입니다.

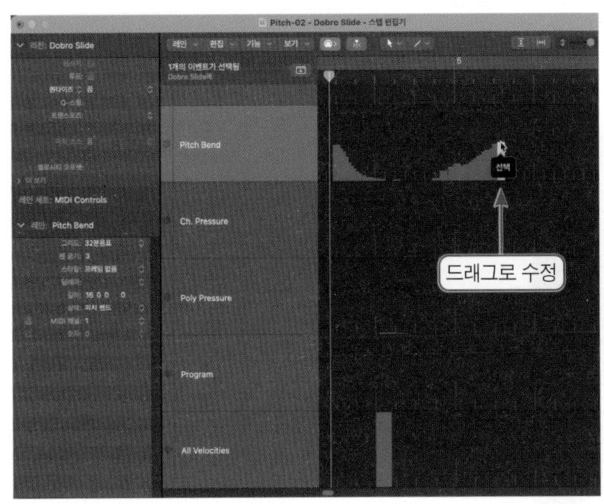

15 컨트롤 값은 언제든 수정이 가능합니다. 앞에서 복사한 상행 정보를 하행하는 값으로 수정을 해봅니다. 포인터 도구로 수정하는 것에 익숙하지 않다면, 선 도구를 이용해도 좋습니다.

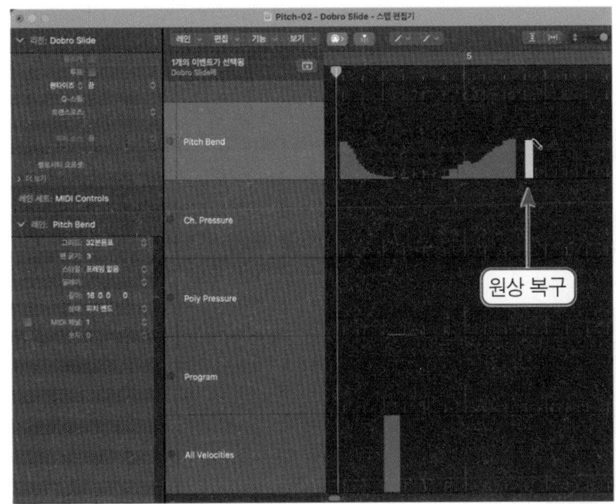

16 컨트롤 정보를 이용해서 어떤 값을 변경했다면, 연필 도구를 이용해서 원상 복구하는 값이 필요합니다. 특히, 피치 정보의 경우 원상 복구를 하지 않으면 변경된 피치로 계속 연주가 되기 때문에 주의 해야 합니다.

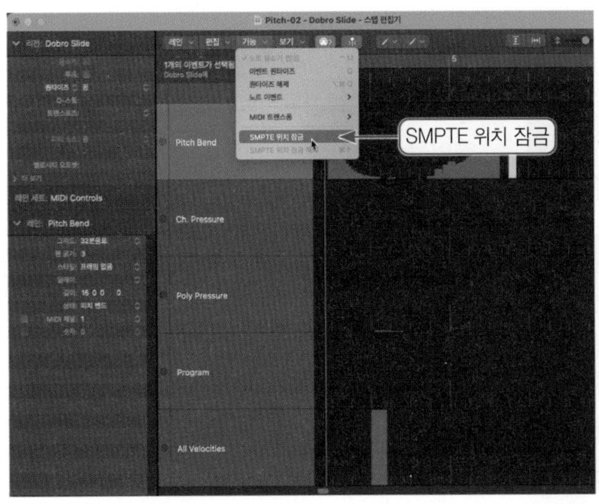

17 편집 작업이 끝나고 사용자 실수로 변경되는 것을 방지하고 한다면, 기능 메뉴의 SMPTE 위치 잠금을 선택하여 포지션을 고정합니다. 지금까지의 실습으로 완성된 샘플은 Pitch-02 파일 입니다.

2 컨트롤 정보와 추가 및 삭제

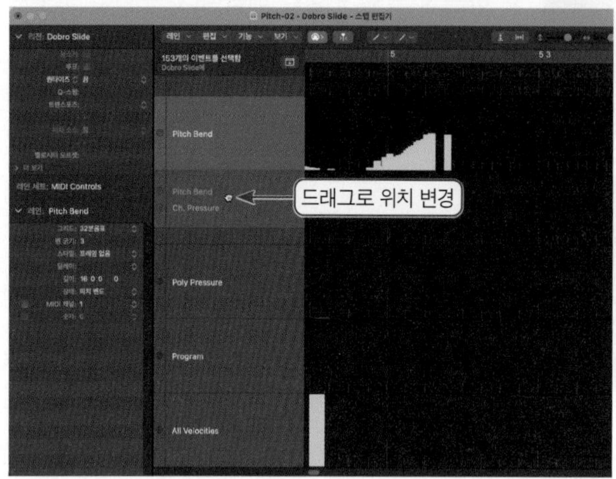

01 스텝 편집기 레인은 사용자가 원하는 것들로 재구성할 수 있습니다. 위치를 변경할 때는 레인을 위/아래로 드래그합니다.

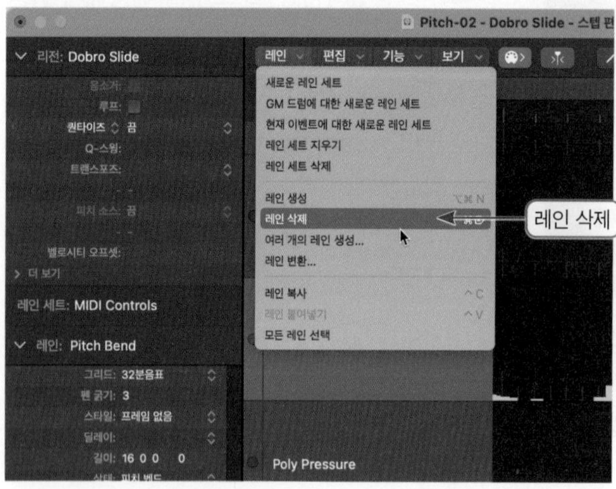

02 스텝 편집기에 표시하고 싶지 않은 레인은 레인 메뉴의 레인 삭제를 선택합니다. 해당 레인에 입력되어 있는 정보가 삭제되는 것은 아니며, 화면에서만 감추는 것입니다.

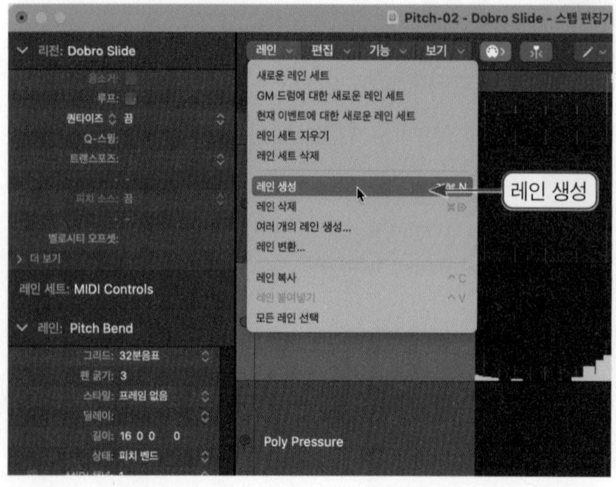

03 새 레인을 추가할 때는 레인 메뉴의 레인 생성을 선택합니다. 선택되어 있는 레인을 복사하므로, 새로 만들 정보와 비슷한 종류를 선택하는 것이 편리합니다.

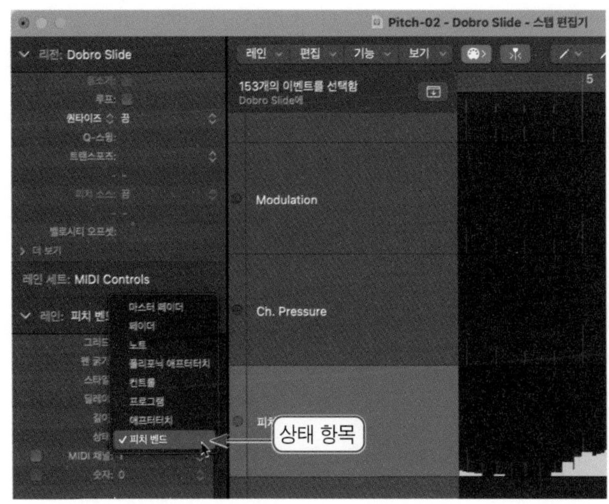

04 복사된 레인에 입력할 정보는 상태항목에서 선택합니다. 페이더, 노트, 컨트롤 등의 정보를 선택할 수 있습니다. 실습으로 컨트롤을 선택해 봅니다.

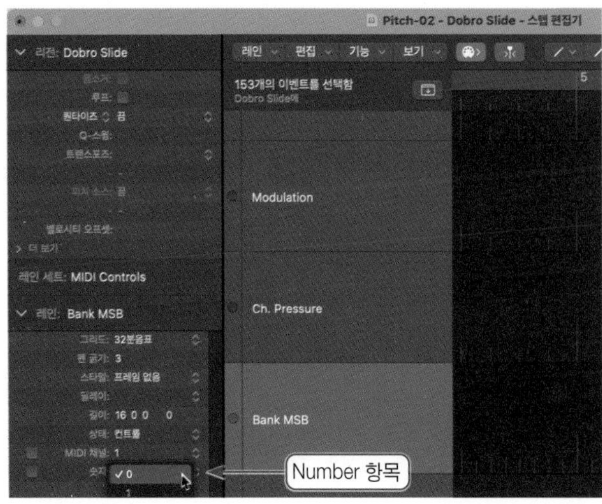

05 어떤 컨트롤 정보를 입력할 수 있게 할 것인지는 숫자 항목에서 선택합니다. 상대 볼륨을 조정하는 11 번을 선택합니다.

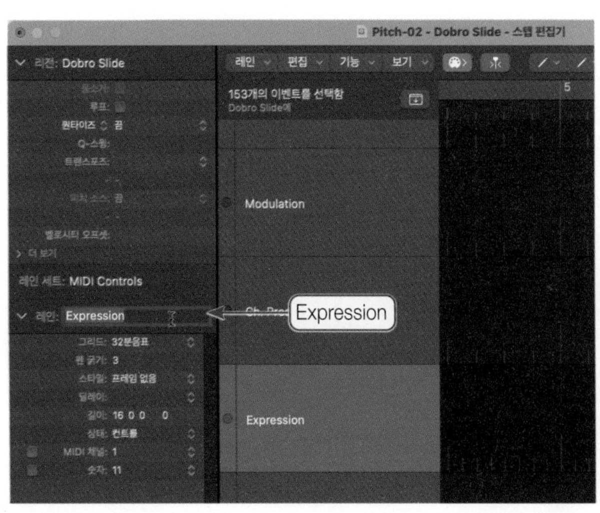

06 추가한 레인은 Expression 정보를 입력하거나 편집할 수 있는 상태가 되는 것입니다. 레인 이름은 자동으로 설정되며, 필요하다면 더블 클릭하여 변경할 수 있습니다.

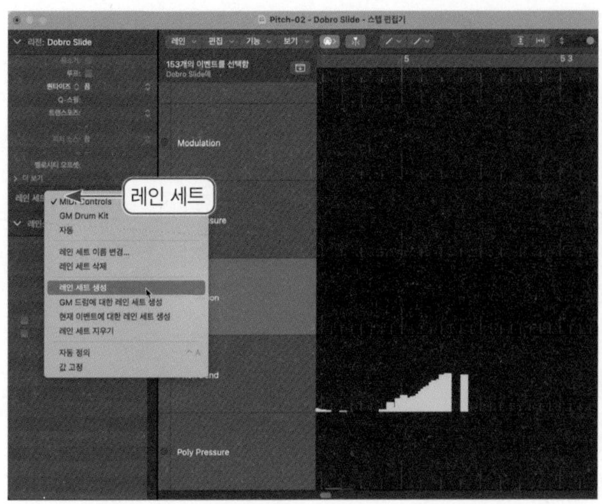

07 사용자가 재구성한 레인 세트를 구분하기 쉬운 이름으로 입력하여 저장할 수 있습니다. 세트를 새로 만들겠다면, 레인 세트 파라미터를 클릭하여 레인 세트 생성을 선택합니다.

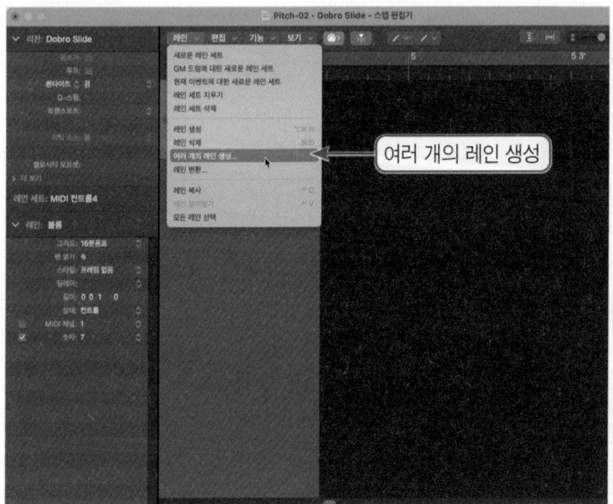

08 새로 만든 세트의 구성을 선택한 리전에 입력되어 있는 정보로 만드는 방법도 있습니다. 레인 메뉴의 여러 개의 레인 생성을 선택합니다.

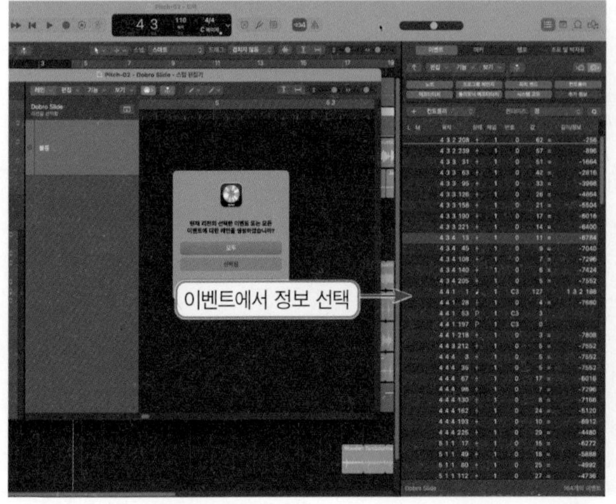

09 선택한 리전의 모든 정보 또는 선택한 정보로 만들 것인지를 결정할 수 있는 창이 열립니다. 선택됨의 경우는 피아노 롤 및 이벤트 창에서 선택한 정보를 의미합니다.

3 드럼 패턴 입력하기

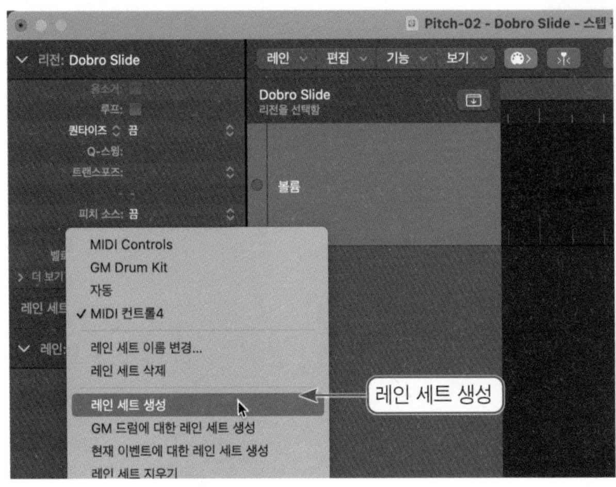

01 스텝 편집기는 컨트롤 정보 외에 드럼 패턴을 입력하는 용도로도 많이 사용합니다. 피치 정보를 입력했던 Pitch-01 샘플에서 4번 트랙의 리전을 선택하고, 세트 메뉴에서 레인 세트 생성를 선택합니다.

> TIP GM 모드 드럼이라면 GM Drum Kit을 선택하여 만들 수 있습니다.

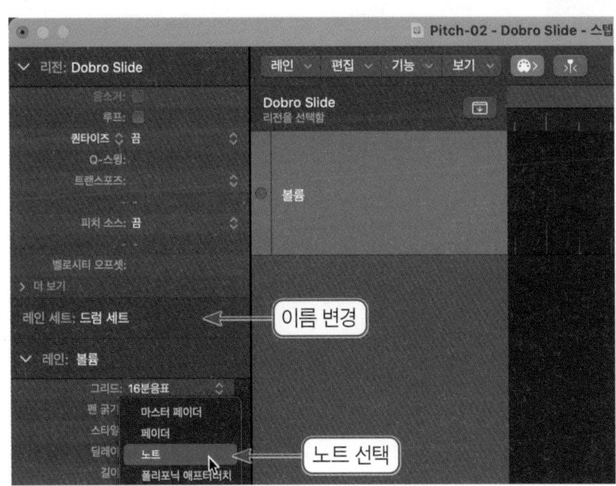

02 새로 만든 세트 이름은 레인 세트 이름 변경을 선택하여 구분하기 쉬운 이름으로 변경하고, 상태 항목에서 노트를 선택합니다.

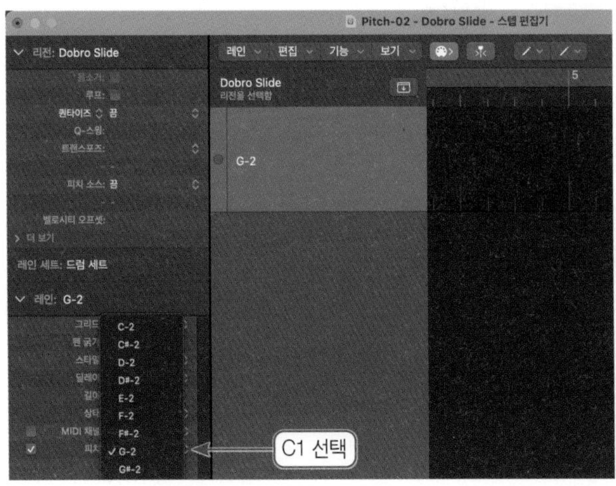

03 컨트롤 번호를 선택하는 숫자 항목은 노트를 선택할 수 있는 피치로 변경됩니다. 베이스 드럼에 해당하는 C1 노트를 선택합니다.

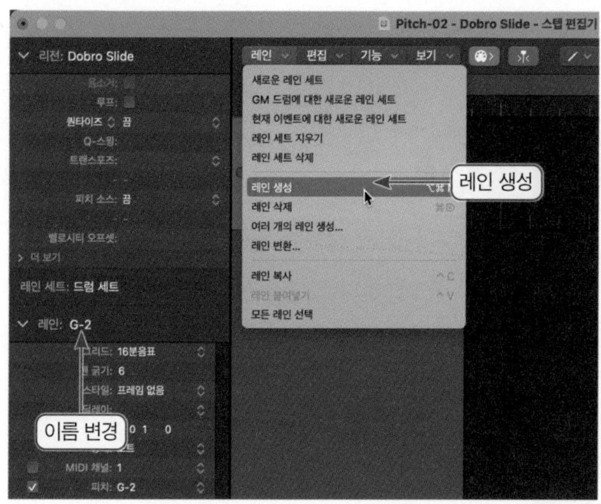

04 레인 메뉴의 레인 생성을 선택하여 추가하고, 구분하기 쉽게 이름을 변경합니다. 그리고 각 레인의 피치를 사용자 악기에 맞추어 세팅합니다.

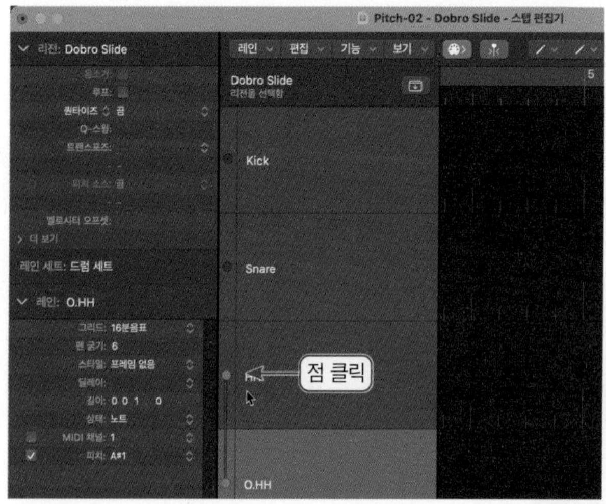

05 Closed 및 Open Hi-Hat 등 함께 연주될 수 없는 악기는 이름 외쪽의 작은 점을 클릭하여 연결합니다. 그러면 해당 악기는 하나의 레인에서만 입력이 가능하기 때문에 실수를 피할 수 있습니다.

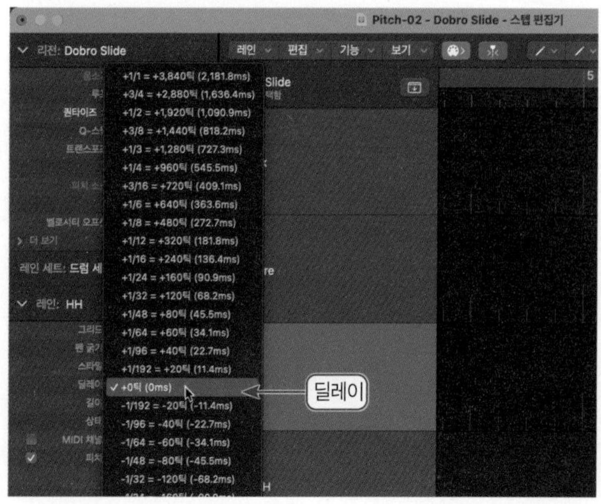

06 스텝 파라미터의 딜레이 항목은 해당 레인의 연주를 지연시키는 역할을 합니다. Cloed HH 레인을 선택하고, +1/192을 선택하여 20 틱 지연되게 합니다.

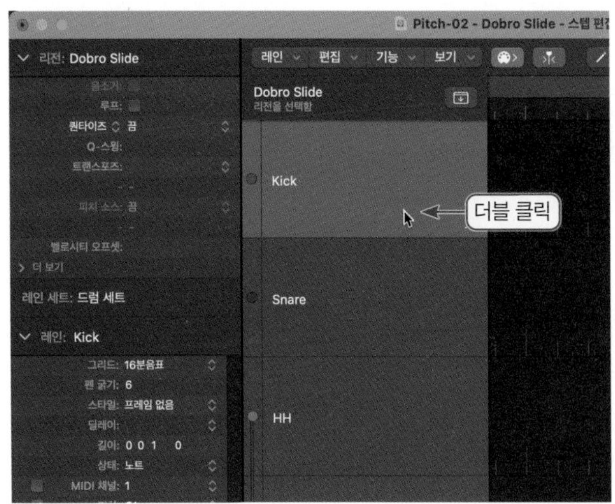

07 스텝 편집기의 정보는 사용자가 원하는 것으로 변경할 수 있습니다. 변경할 정보의 레인을 더블 클릭합니다.

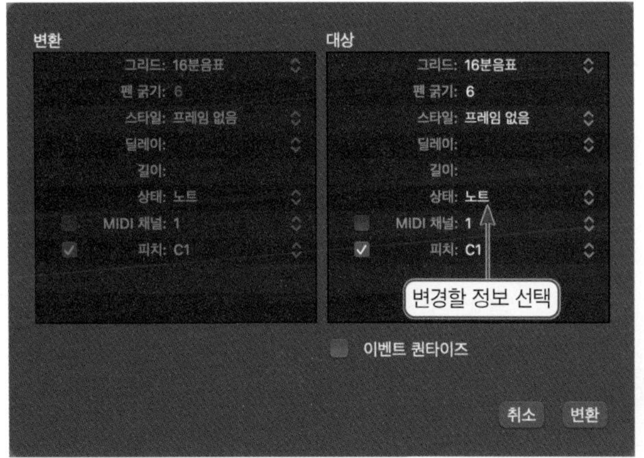

08 변경할 정보를 선택할 수 있는 창이 열립니다. 창의 옵션은 스텝 파라미터와 동일합니다. 상태 항목에서 컨트롤을 선택하고, 숫자 항목에서 1을 선택합니다. 그리고 변환 버튼을 클릭합니다.

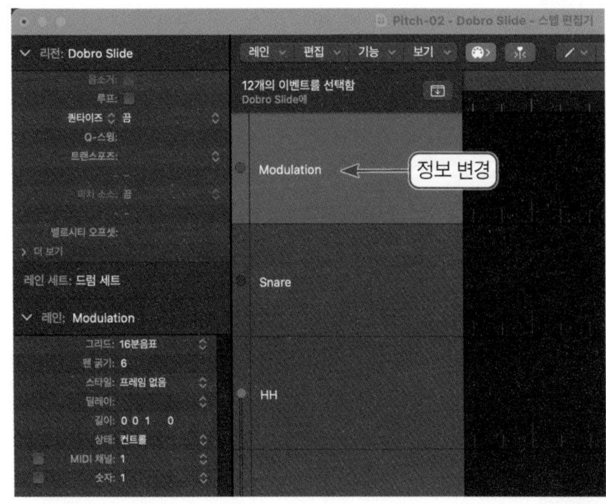

09 스텝 파라미터를 보면, 앞에서 선택한 노트가 컨트롤 정보 1번으로 변경된 것을 확인할 수 있습니다. 컨트롤 정보 및 드럼 패턴을 입력하고 편집할 때 유용한 스텝 편집기의 모든 기능을 살펴보았습니다.

악보 편집기

로직의 악보 편집기은 미디 데이터를 입력하고 편집하는 기능 외에도 악보를 작성할 수 있는 기능이 있습니다. 이 기능은 도리코나 시벨리우스 같은 전문 악보 작성 프로그램과 유사합니다. 악보에 익숙한 사람이라면 피아노 롤보다 악보 편집기을 이용하는 것이 더 편리할 수 있습니다. 단, 악보에 표기하는 대부분의 기호들은 출판을 목적으로 하는 것이며, 실제로 연주되는 것이 아니라는 점에 착오 없길 바랍니다.

1 노트 입력하기

01 로직의 악보 편집기은 매우 직관적이기 때문에 쉽게 익숙해질 수 있습니다. 새로운 프로젝트에서 소프트웨어 악기 트랙을 만듭니다. 그리고 연필 도구로 작업 공간을 클릭하여 비어있는 리전을 만듭니다.

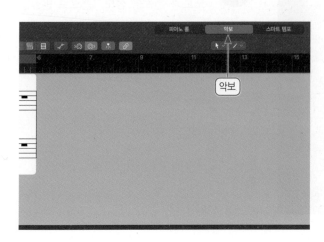

02 악보 편집기은 편집 창의 악보 탭을 클릭하거나 윈도우 메뉴의 악보 편집기를 선택하여 독립 창으로 열 수 있습니다. 악보는 2단으로 되어 있는 피아노 보표로 열리며, 마디 길이는 리전의 길이로 조정합니다.

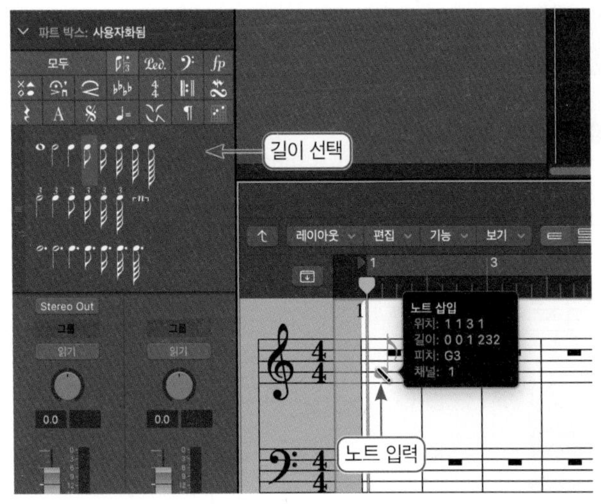

03 음표는 연필 도구을 이용해서 입력하며, 파트 박스에서 선택한 기호로 입력됩니다. 노트를 입력할 때는 파트 박스에서 입력할 음표의 길이를 선택하고, 오선에서 음정을 클릭하면 됩니다. 노트는 마우스 버튼을 놓을 때 입력되므로, 정확한 위치를 찾을 때 까지 드래그할 수 있습니다.

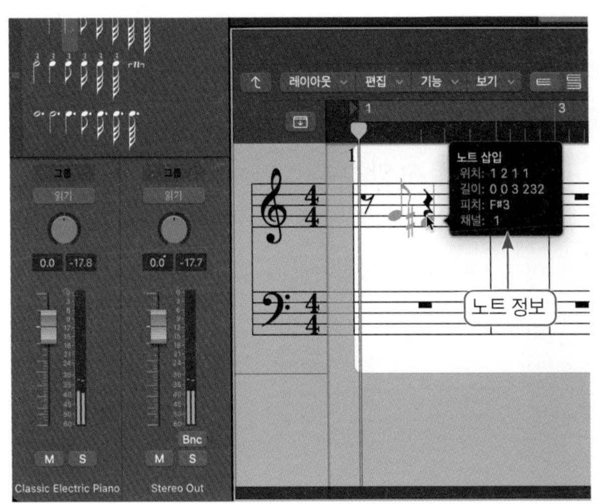

04 잘못 입력한 노트는 Command+Z 키를 눌러 취소하거나 Delete 키로 삭제할 수 있고, 마우스 드래그로 수정할 수 있습니다. 수정되는 노트의 위치와 음정은 노란색의 팝업 창으로 확인합니다.

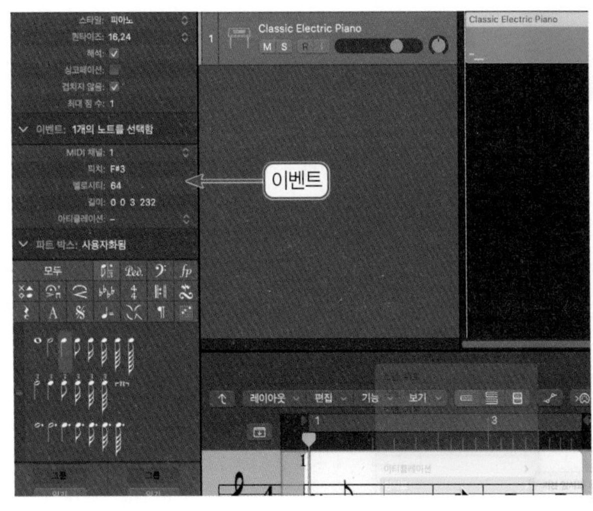

05 인스펙터 창의 이벤트는 선택한 음의 정보를 편집할 수 있는 파라미터로 구성되어 있습니다. 노트를 선택한 경우에는 MIDI 채널, 피치, 벨로시티, 길이, 아티큐레이션 정보가 표시되며, 수정 가능합니다.

06 데이터 입력을 위한 연필 도구와 편집을 위한 포인터 도구의 전환이 귀찮은 경우에는 포인터 도구 상태로 파트 박스에서 음표를 드래그하여 입력하는 방법도 있습니다. 다른 기호도 마찬가지 입니다.

07 기본적으로 붙는 임시표는 단축 메뉴의 임시표에서 플랫을 샵으로 또는 샵을 플랫으로를 선택하여 플랫(b) 또는 샵(#)으로 바꿀 수 있습니다. 그 외 더블 샵을 위한 딴이름한소리 이동, 괄호 표시를 위한 가이드 임시표 메뉴도 제공됩니다.

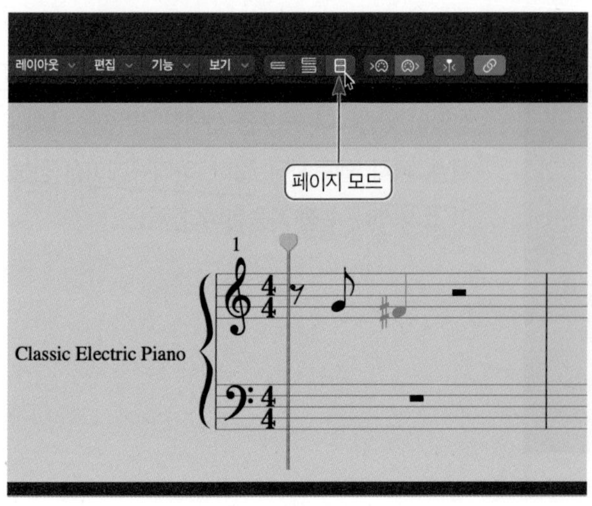

08 작업 중인 프로젝트의 모든 리전을 악보 편집기으로 보고 싶은 경우에는 빈 공간을 더블 클릭하며, 인쇄 상태를 미리 확인하고 싶은 경우에는 페이지 버튼을 On으로 하여 페이지 모드로 선택합니다.

> **TIP** 전체 악보 보기에서 특정 리전으로 이동할 때는 해당 트랙의 악보를 더블 클릭합니다.

2 기호 입력하기

기타 코드

01 악보에 기호를 입력하는 방법은 노트와 다르지 않습니다. 옵션 지정이 가능한 몇 가지를 살펴보겠습니다. 기타 폼 박스의 기타 폼을 선택하고, 연필 도구로 입력할 위치를 클릭합니다. 포인터 도구로 드래그해도 좋습니다.

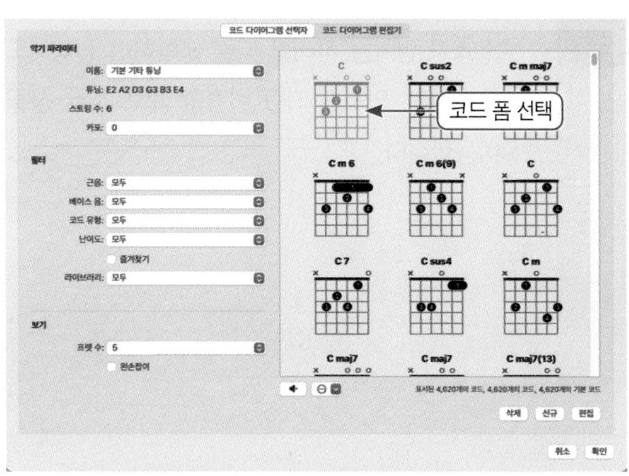

02 기타 폼을 선택하거나 만들 수 있는 라이브러리 창이 열립니다. 기타 폼에 지식이 없는 경우에는 기본적으로 제공되는 폼을 선택하고 확인 버튼을 클릭합니다.

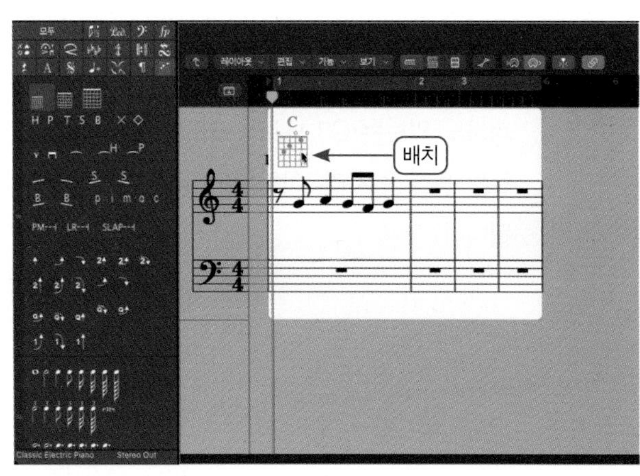

03 악보에 삽입된 기타 폼을 원하는 위치로 드래그하여 배치합니다. 코드 폼을 배치할 공간이 부족하다면, 음자리표를 아래쪽으로 드래그하여 확보합니다.

가사

가사는 텍스트 박스의 Lyric를 이용하여 입력합니다. 글자를 입력하고 다음 음표로 이동할 때는 스페이스 바 키가 아닌 tab 키를 이용해야 한다는 것에 주의하기 바랍니다.

조표

조표는 키 박스에서 선택하여 입력해도 좋고, 조표가 입력될 자리를 더블 클릭하여 선택해도 좋습니다. 입력한 키를 변경할 때도 조표 창을 이용합니다.

음자리표

음자리표 박스를 이용하거나 악보의 음자리표를 클릭하여 변경할 수 있습니다. 기본적으로 피아노 악보는 C3 노트를 기준으로 이상의 노트는 높은음 자리, 이하는 낮은음 자리에 기보됩니다.

박자

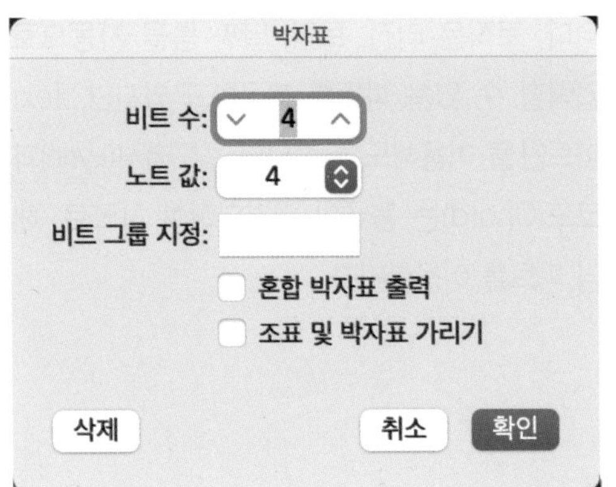

박자 박스를 이용하거나 보표의 박자를 더블 클릭합니다. 비트 그룹 지정에 + 박자를 입력하고, 혼합 박자표 출력 옵션을 체크하면, 혼합 박자도 표시할 수 있습니다.

주법

점점 세게, 초킹, 슬러 등의 주법은 주법 박스를 이용하여 입력합니다. 라인의 길이와 폭 등은 핸들을 드래그하여 조정할 수 있습니다.

텍스트

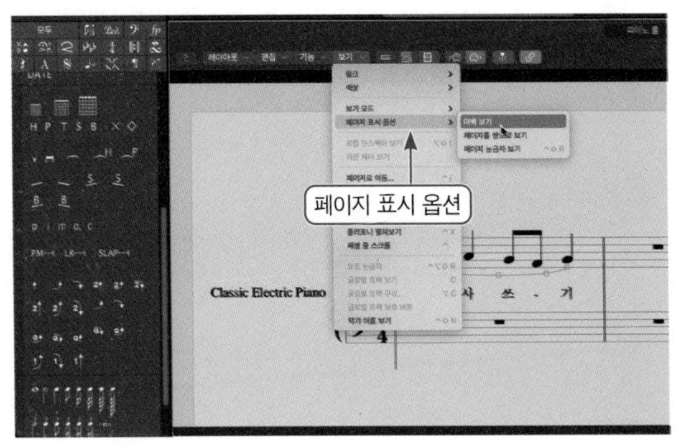

01 페이지 모드를 선택하여 인쇄 결과를 확인할 수 있게 하고, 보기 메뉴의 페이지 표시 옵션에서 여백 보기를 선택하여 종이 밖으로 글자가 잘리지 않게 합니다.

02 곡의 제목, 작/편곡자 등의 글자는 가사를 입력했던 텍스트 박스를 이용합니다. 로직은 리전, 트랙, 날짜 등을 자동으로 입력할 수 있는 파트를 제공하고 있지만, Text 파트만을 이용해도 좋습니다. 단, 가사(Lyric)과 코드(Chord)는 음표와 연결되어야 하므로, 해당 파트를 이용합니다.

03 입력한 글자는 마우스 드래그로 마진 경계선이 넘지 않도록 조정하며, 이벤트 파라미터의 정렬 항목을 이용해서 좌/우 및 중앙으로 정렬합니다.

> TIP 글자는 텍스트 도구를 이용하여 입력하는 것도 좋습니다.

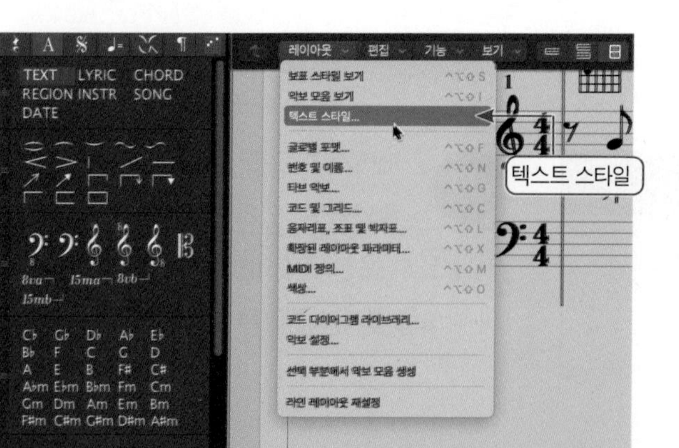

04 그 외, 수직 및 수평 옵션은 모두 글자의 위치를 조정합니다. 글자체와 크기를 결정하는 스타일을 변경하겠다면, 레이아웃 메뉴의 텍스트 스타일을 선택합니다.

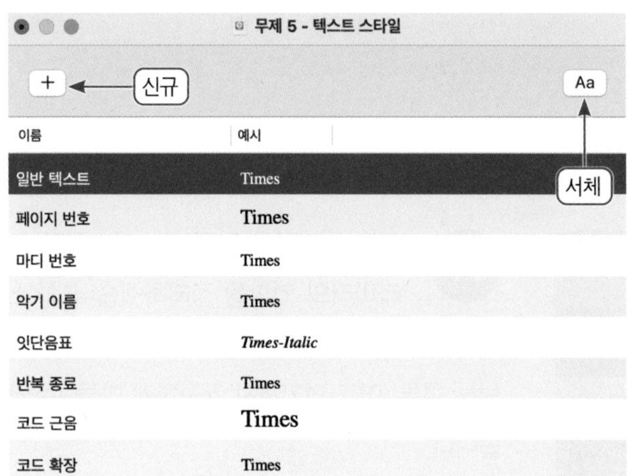

05 스타일 항목의 목록이 열리며, 신규 버튼을 클릭하여 새로 만들거나 서체 버튼을 클릭하여 폰트와 크기 등을 수정할 수 있습니다. 서체는 컴퓨터에 설치되어 있는 목록이므로, 그림과 차이가 있을 수 있습니다.

색상

01 로직은 컬러 악보 제작도 가능합니다. 색상을 변경할 이벤트를 선택하고, 기능 메뉴의 노트 속성에서 색상을 선택합니다.

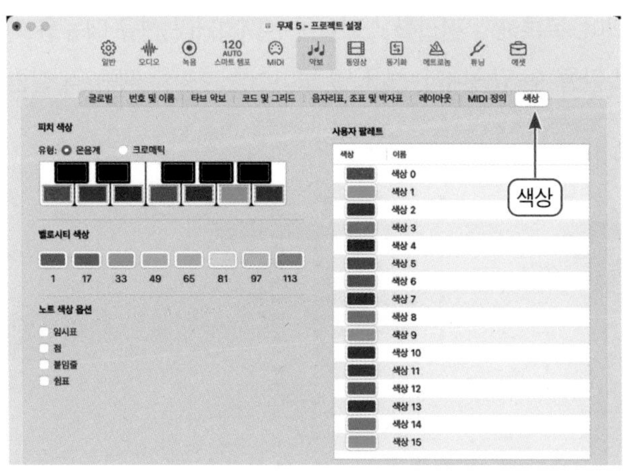

02 색상 메뉴를 구분하기 쉬운 이름으로 관리하고 싶은 경우에는 레이아웃 메뉴의 색상을 선택하여 프로젝트 설정 창의 색상 탭을 열고, 색상과 이름을 편집합니다.

3 디스플레이 파라미터

스타일

01 악보 스타일을 결정하는 인스펙터 파라미터의 역할을 정리하겠습니다. 스타일은 보표 타입을 선택합니다. 기타 타브 악보는 물론, 이조 악기까지 간단하게 만들 수 있습니다.

02 로직에서 제공하는 스타일을 편집하거나 새로 만들고 싶은 경우에는 스타일 목록 또는 악보 편집 창의 레이아웃 메뉴에서 보표 스타일 보기를 선택합니다.

03 편집 창은 스타일에서 선택한 것으로 표시되며, 목록에서 편집할 스타일을 선택하거나 신규 메뉴를 이용하여 단일 또는 이중 보표 스타일을 새로 만들 수 있습니다. 보표 및 보이스를 추가할 때는 각 칼럼의 추가 버튼을 클릭합니다.

● 디스플레이 창

브라켓 : 왼쪽에서부터 보표를 묶는 역할의 큰 브라켓, 작은 브라켓을 마우스 드래그로 만들 수 있습니다.
음자리표 : 음자리표 타입을 선택할 수 있습니다.
마디 선 : 보표의 첫 마디 세로 줄과 각 마디의 세포 줄을 나타냅니다. 마우스 드래그로 각각의 선을 만들 수 있습니다.

● 보표

음자리표 : 보표 타입을 선택합니다.
키 : 조표의 표시 유무를 선택합니다.
공간 : 보표의 간격을 조정합니다.
크기 : 보표의 크기를 조정합니다.
트랜스포즈 : 음정을 조정합니다.

● 보이스

쉼표 : 쉼표를 표시갈 것인지의 유무를 선택합니다. 슬래시를 선택하여 사선으로 표시할 수 있습니다.
스템 : 음표 기의 방향을 선택합니다. 가리기를 선택하여 감출 수 있습니다.
스템 위치 : 음표의 위치를 머리 왼쪽, 중앙, 오른쪽으로 선택할 수 있습니다.
붙임줄 : 붙임줄의 방향을 선택합니다.
잇단음표 : 잇단음표의 방향을 선택합니다.
묶기 : 음표를 묶는 빔을 사용하지 않을 것인지, 수평으로 표시할 것인지를 선택합니다.
색상 : 음표의 색상을 선택합니다. 색상 메뉴와 동일합니다.
모리 : 음표 머리 모양을 선택합니다.

● 할당

채널 : 미디 채널을 선택합니다. 여기서 1번 채널을 선택하면, 미디 채널 1번으로 입력된 노트들이 해당 보표에 표시됩니다. 미디 데이터를 녹음할 때나 피아노 악보를 만들 때, 채널에 따라 노트를 분리할 수 있습니다.
분할 : 큰 보표에서 분리 기준이 될 노트를 선택합니다. 각 보표에 채널이 설정된 경우에는 성부 분리 도구를 이용해서 원하는 노트만 위/아래로 이동시킬 수 있습니다.

퀀타이즈

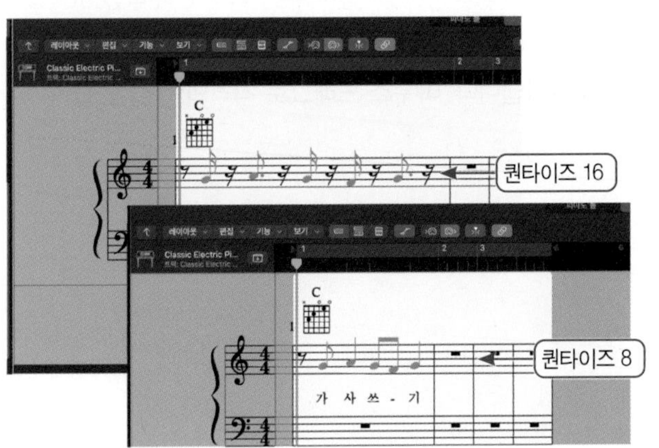

악보를 퀀타이즈 합니다. 악보를 보기 좋게 정렬하는 것이 목적이며, 노트의 위치를 변경하지 않기 때문에 안심하고 사용할 수 있습니다.

해석

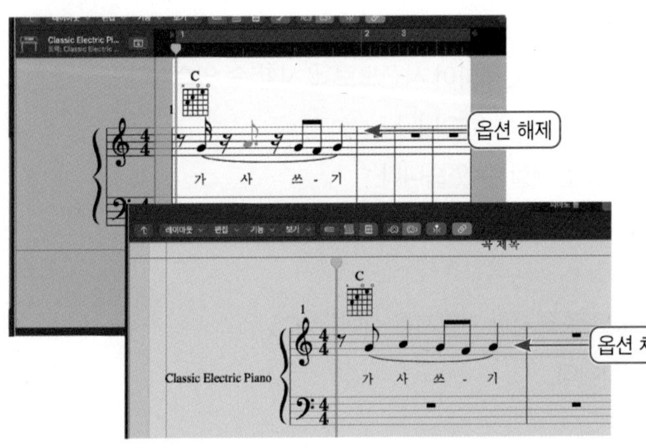

음표를 실제 입력되어 있는 노트 길이로 표시할 것인지, 박자 단위로 정렬해서 표시할 것인지를 선택합니다. 기본적으로 보기 좋은 악보를 위해서 체크되어 있지만, 실제 이벤트 길이를 확인하거나 마우스 입력이 서툰 경우에는 옵션을 해제합니다.

싱코페이션

마디내에 연결된 싱코페이션(붙임줄)을 하나의 박자로 표시할 것인지의 여부를 선택합니다. 옵션을 체크하면 싱코페이션을 정리하여 박자로 표시합니다.

겹치지 않음

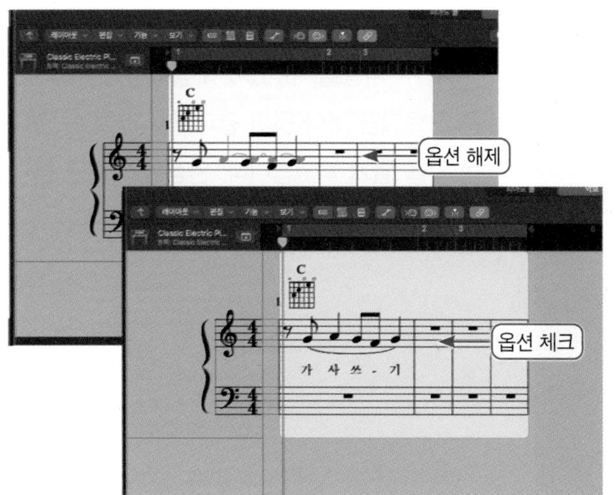

겹쳐있는 노트들을 악보로 표시할 것인지의 여부를 선택합니다. 옵션을 해제하면 겹쳐있는 노트가 표시되어 알아보기 힘든 경우도 있습니다.

최대 점 수

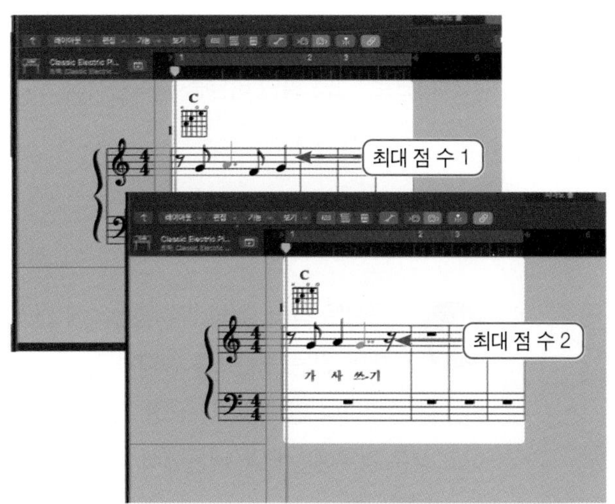

부 점의 표시 수를 제한합니다. 팝 악보에서는 보기 드물지만, 클래식 악보에서는 2개 이상의 부 점을 사용하고 있는 경우가 많습니다.

4 인쇄하기

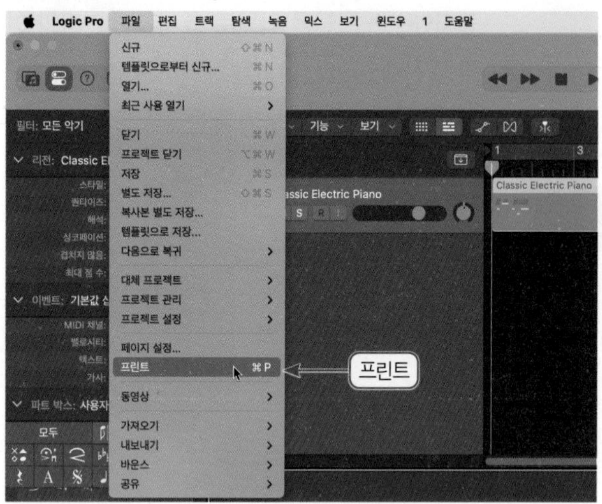

01 로직의 악보 편집기은 입문자도 쉽게 사용할 수 있게 구성되어 있지만, 전문 프로그램 보다 멋진 결과물을 만들 수 있다는 것을 알게 되었습니다. 완성한 악보를 출력할 때는 파일 메뉴의 프린트를 선택합니다.

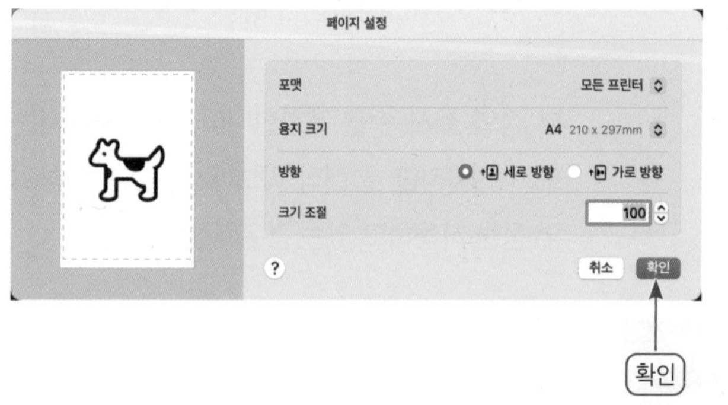

02 종이 크기, 페이지 방향 및 크기를 조정할 수 있는 페이지 설정 창이 열립니다. 기본적으로 A4 용지의 세로 방향을 많이 사용하므로, 그냥 확인 버튼을 클릭합니다.

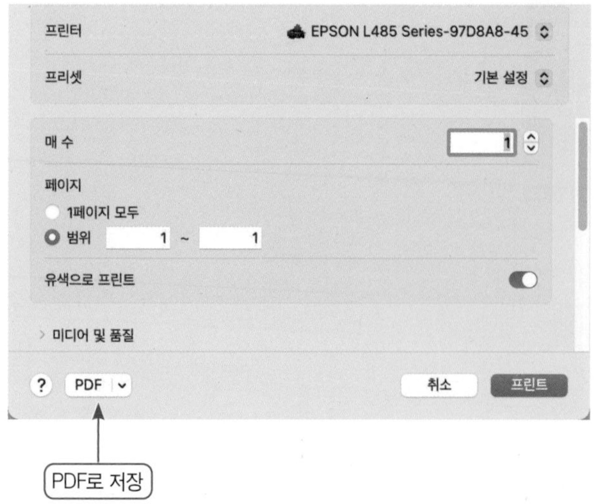

03 프린트 창이 열립니다. 컴퓨터에 연결되어 있는 프린트를 선택하고, 프린트 버튼을 클릭하여 인쇄합니다. PDF 파일로 저장하고 싶은 경우에는 PDF 버튼에서 PDF로 저장을 선택합니다.

04 악보의 일부분을 캡처하여 텍스트 편집기, 포토샵 등에서 이미지로 사용할 수 있습니다. 카메라 도구를 이용하여 캡처하고 싶은 부분을 마우스 드래그로 선택합니다.

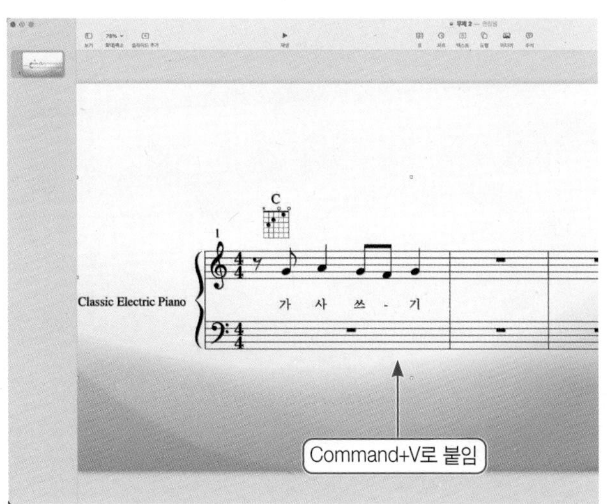

05 선택한 범위는 컴퓨터의 클립 보드라는 곳에 저장이 됩니다. 클립 보드에 저장된 내용은 텍스트 편집기 또는 포토샵 등에서 Command+V 키로 붙여서 이용할 수 있습니다. 교재를 준비하는 독자에게 유용한 기능이 될 것입니다.

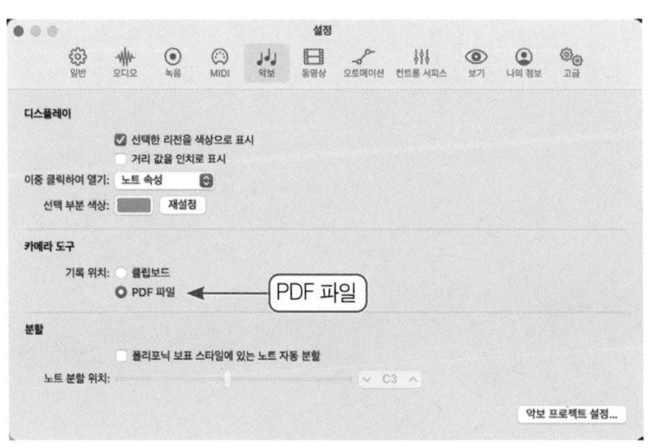

06 카메라 도구로 선택한 범위를 PDF 파일로 저장하고 싶은 경우에는 설정 창의 악보 탭에서 카메라 도구 옵션을 PDF 파일로 변경합니다. 마우스 드래그로 범위를 선택하면, 파일을 저장할 수 창이 열립니다.

LOGIC PRO 11

06
PART

미디 편집 테크닉

미디 편집에 필요한 고급 기능과 로직 프로 X 에서 새롭게 선보이고 있는 미디 이펙트에 관해서 살펴보겠습니다. 컨트롤 정보, 시스템 익스클루시드 등, 입문자에게는 다소 부담스러운 내용이 포함되어 있지만, 고급 사용자가 되기 위해서는 반드시 마스터 해야 할 것입니다.

이벤트 리스트

이벤트 리스트는 모든 미디 이벤트의 세부 정보를 보여주는 창입니다. 초보자에게는 낯설고 복잡해 보일 수 있지만, 미디 편집에 익숙해지면 이 창을 통해 미디 노트들을 정확하게 조정하고 수정할 수 있습니다. 이벤트 리스트는 미디 제작과 편집에서 매우 중요한 창으로, 정밀한 조작을 통해 작업의 정확성과 효율성을 크게 높일 수 있습니다. 따라서 미디에 대한 이해가 깊어질수록 이 창을 자주 활용하게 되며, 미디 편집에서 필수적인 창이 될 것입니다.

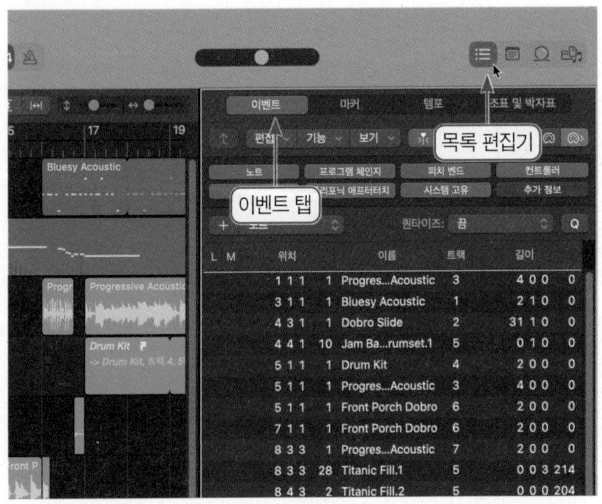

01 이벤트 리스트는 컨트롤 막대의 목록 편집기 버튼을 클릭하여 창을 열고, 이벤트 탭을 선택하거나 D 키를 눌러 엽니다. 다른 편집 창과 마찬가지로 윈도우 메뉴의 이벤트 목록 열기를 선택하면 독립 창으로 열 수 있습니다.

02 선택한 리전이 없는 경우에는 프로젝트에 생성되어 있는 리전들이 표시되며, 선택한 리전이 있는 경우에는 리전에 입력되어 있는 미디 이벤트들이 표시됩니다.

03 리전을 선택한 경우에는 상위 버튼을 클릭하여 프로젝트 정보로 이동할 수 있으며, 프로젝트 정보는 리전의 시작 위치, 이름, 트랙 번호, 길이로 구성됩니다.

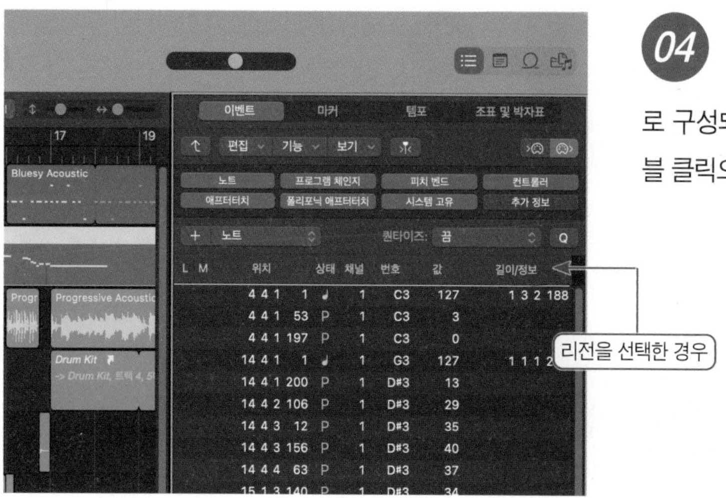

04 리전을 선택한 경우에는 이벤트의 위치, 상태, 채널, 번호, 값, 길이 및 정보로 구성되며, 각각의 값은 마우스 드래그 및 더블 클릭으로 편집할 수 있습니다.

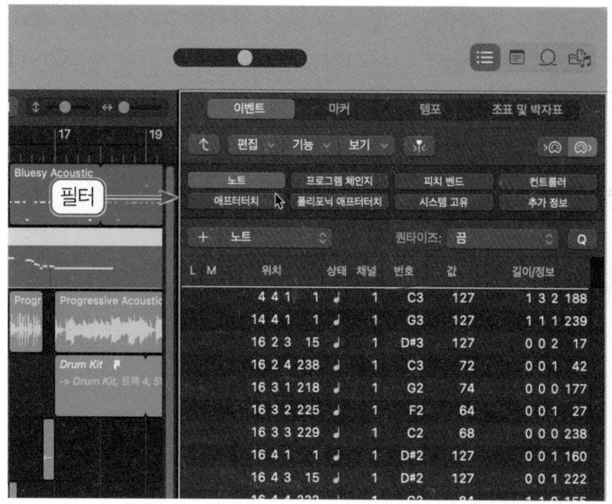

05 이벤트 리스트에서 보고 싶지 않은 정보가 있다면, 필터 버튼에서 원하는 종류를 선택합니다. 파란색으로 On 되어 있는 이벤트의 종류를 표시하며, 꺼져 있는 정보는 표시하는 않는 것입니다.

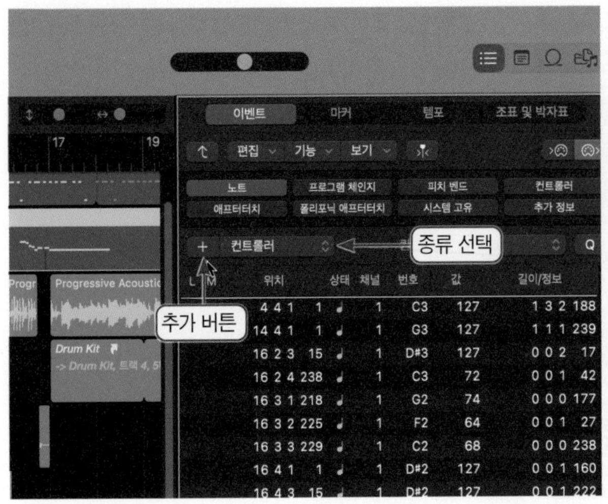

06 이벤트를 입력할 때는 종류를 선택하고, 추가 버튼을 클릭합니다. 재생헤드가 있는 위치에 정보가 삽입되며, 위치를 변경할 수 있는 상태가 됩니다. 컨트롤러를 추가해봅니다.

07 길이/정보 항목을 클릭하여 이벤트 타입(1= Modulation)을 선택합니다. 컨트롤 정보에 관한 지식이 필요한 부분입니다.

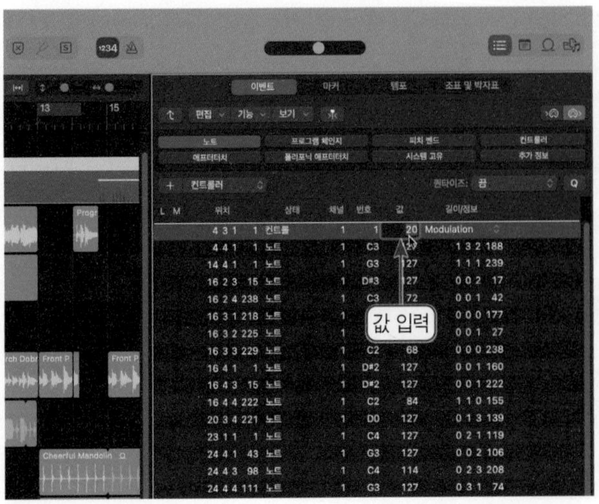

08 계속해서 값 항목을 드래그 및 더블 클릭하여 모듈레이션 값을 입력합니다. 나머지 정보도 동일한 방법으로 추가하고, 값을 입력하며, Delete 키를 눌러 삭제하는 등의 편집이 가능합니다.

컨트롤 정보

피아노 롤, 메인 창의 오토메이션, 이벤트 리스트 등은 로직에서 컨트롤 정보를 편집하는 데 중요한 역할을 하며, 고급 사용자가 되기 위한 필수적인 도구입니다. 각 컨트롤 정보는 다양한 채널에서 악기를 조정할 수 있는 방법을 표준화하고 있지만, 악기마다 약간의 차이가 있을 수 있으므로 사용자는 자신이 사용하는 악기의 설명서를 참고하는 것이 좋습니다. 여기서는 GM(General MIDI) 및 GS(General Standard) 악기를 기준으로 정리합니다.

1. Bank selects (Controller number 0, 32)

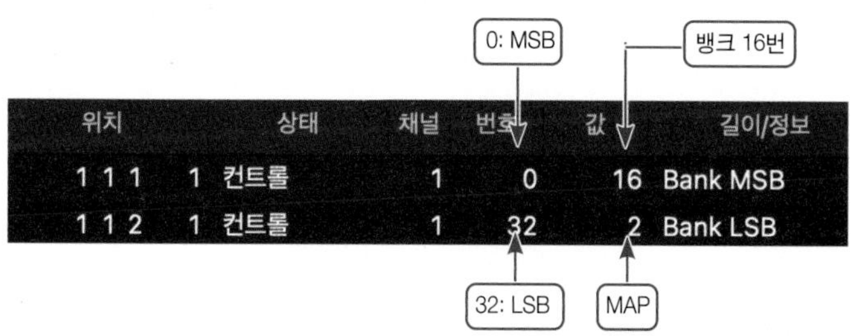

뱅크 선택에 사용하는 컨트롤 번호는 0번 또는 32번으로 값은 0에서 127까지입니다.
악기에는 수 백 가지의 음색이 있지만 프로그램으로 선택할 수 있는 음색은 1에서 128까지 128개뿐입니다. 그래서 만들어진 것이 뱅크라는 컨트롤 체인지 정보로 128개 이하의 음색을 하나의 뱅크라는 단위로 묶어서 사용할 수 있게 하고 있습니다. 이러한 뱅크 선택의 컨트롤 번호는 악기마다 0번 또는 32번을 개별적으로 사용하거나 0번과 32번을 모두 사용하는 악기도 있으므로 반드시 악기 설명서를 참조하기 바랍니다.

오른쪽 표는 Roland사의 악기 리스트 중에서 Guitar 부분에 해당하는 24번 음색의 뱅크입니다. 같은 프로그램 번호에서도 여러 개의 뱅크 번호를 선택하여 전혀 다른 음색을 사용할 수 있다는 것을 알 수 있습니다.

Guitar			
프로그램 번호	뱅크 번호	88MAP	55MAP
25	0	Nylon-str.Gt	Nylon-str.Gt
	8	Ukulele	Ukulele
	16	Nylon Gt.o	Bylon Gt.o
	24	Velo Harmnix	-
	32	Nylon Gt.2	Nylon Gt.2
	40	Lequint Gt.	-

2. Modulation (Controller Number 1)

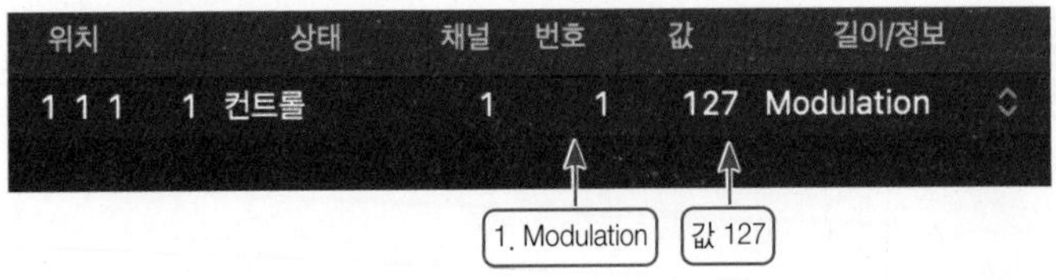

위치	상태	채널	번호	값	길이/정보
1 1 1 1	컨트롤	1	1	127	Modulation

모듈레이션에 사용하는 컨트롤 번호는 1번으로 컨트롤 값은 0-127입니다.

모듈레이션 정보에 반응하여 변화하는 효과는 악기마다 차이가 있지만, 대부분 비브라토 효과를 만듭니다. 건반 악기의 경우 다음 그림과 같이 왼쪽에 피치 벤드와 함께 모듈레이션 값을 조정할 수 있는 휠이 있어 연주/녹음 중일 때에도 모듈레이션 컨트롤 값을 조정할 수 있습니다.

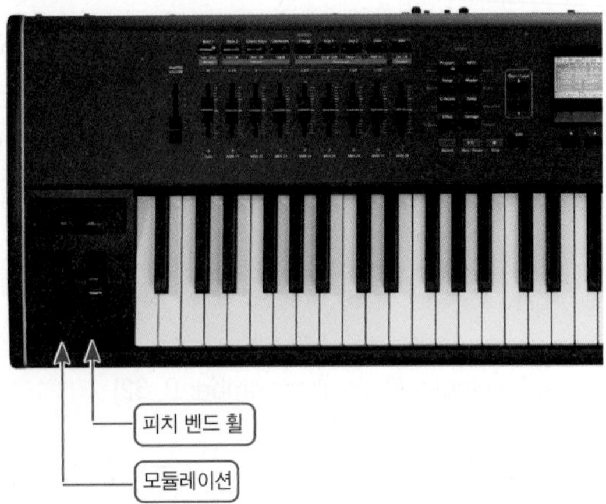

3. Portamento Time (Controller number 5, 65)

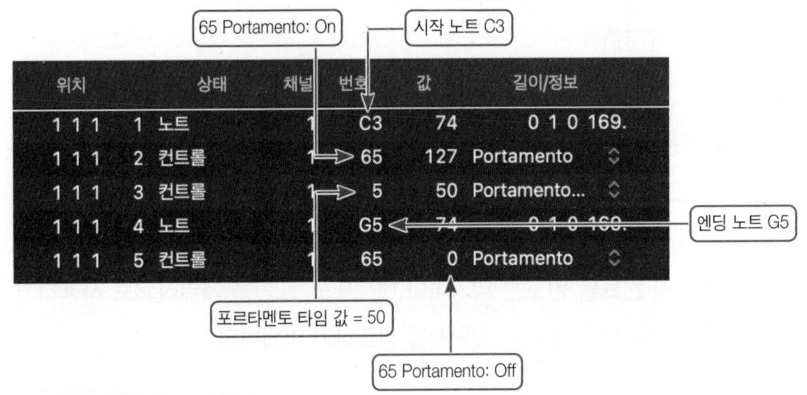

위치	상태	채널	번호	값	길이/정보
1 1 1 1	노트	1	C3	74	0 1 0 169.
1 1 1 2	컨트롤	1	65	127	Portamento
1 1 1 3	컨트롤	1	5	50	Portamento...
1 1 1 4	노트	1	G5	74	0 1 0 169.
1 1 1 5	컨트롤	1	65	0	Portamento

포르타멘토에 사용하는 컨트롤 번호는 5번과 65번으로 컨트롤 값은 0-127입니다.

포르타멘토란 현악기를 연주하는 독자의 경우에는 쉽게 이해할 수 있는 슬러 주법과 같은 것으로 두 음 사이의 음들을 미끄러지듯 연결하여 연주하는 컨트롤 체인지 정보입니다. 즉, 앞의 보기에서는 C3와 G3를 차례로 연주할 때 두 음 사이에 포르타멘토 타임 정보를 입력하여 C3와 G3 사이의 음들이 미끄러지듯 연주하는 것입니다. 여기서 사용하는 시간 값(0-127)은 값이 적을수록 빠르게 미끄러지지만, 곡의 템포에 따라 달라지므로 독자 스스로 값을 변경하면서 많은 실험을 해보기 바랍니다. 중요한 것은 포르타멘토 컨트롤 체인지 정보를 사용하기 위해서는 먼저 컨트롤 번호 65번인 포르타멘토 On/Off 정보 값을 127로 하여 On하고, 끝나는 부분에서 포르타멘토 On/Off 정보 값을 0으로 하여 Off 해야 한다는 것입니다.

4. Volume (Controller number 7)

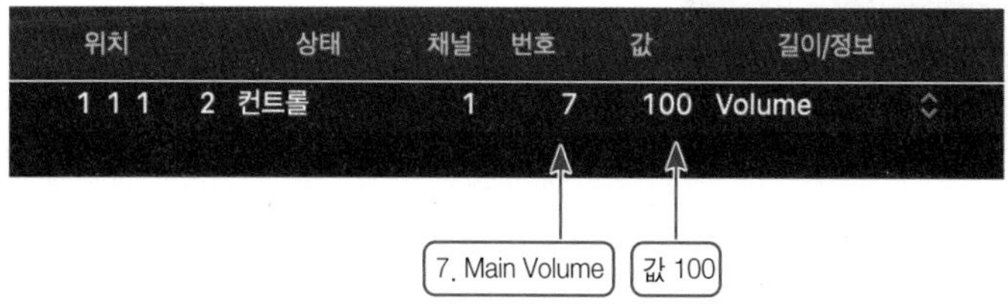

볼륨에 사용하는 컨트롤 번호는 7번으로 컨트롤 값은 0-127입니다.

볼륨은 굳이 설명하지 않아도 소리의 크기라는 것을 알 수 있을 것입니다. 하지만, 각 채널마다 적당한 볼륨을 설정하는 것은 그렇게 만만한 작업이 아닙니다. 앞에서 설명한 뱅크 항목의 프로그램(악기 음색)과 뒤에서 설명하는 팬은 볼륨과 함께 음악의 승패를 좌우할 정도로 중요한 역할을 하는 것임에도 불구하고, 적당히 사용하는 학생들이 있습니다. 반드시 많은 음악을 들으면서 그 음악에 사용된 음색, 볼륨, 팬 등을 연구하기 바랍니다.

5. Pan (Controller number 10)

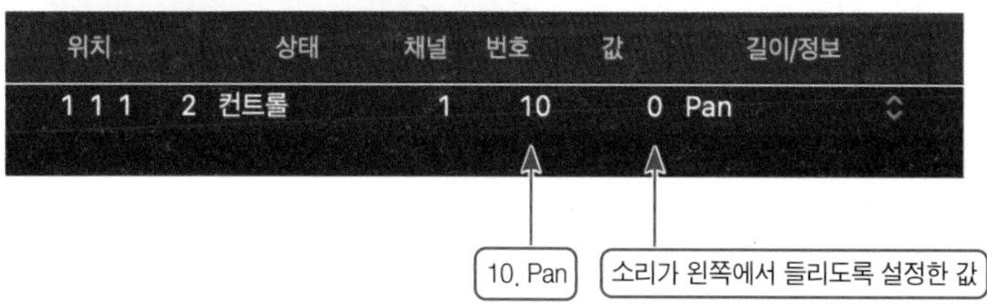

팬에 사용하는 컨트롤 번호는 10번으로 컨트롤 값은 0-127입니다.

팬이란 스피커 좌/우의 방향을 설정하는 컨트롤 체인지 정보입니다. 팬의 값은 0(좌)-64(중앙)-127(우)로 조정할 수 있습니다. 예를 들어서 1번 채널의 악기 소리를 왼쪽 스피커 방향에서 들리게 하고 싶다면 팬의 값을 0으로 설정합니다. 팬은 볼륨 항목에서도 강조했듯이 아주 중요한 컨트롤 체인지 정보입니다. 물론 팬을 리스트 윈도우에서 직접 입력하는 경우는 드물겠지만, 중요한 것은 입력이 아니라 사운드의 안정성과 스테레오 효과를 충분히 만들기 위한 훈련입니다. 이제부터 음악을 감상할 때 각 악기의 사운드가 어느 방향에서 들리는지 훈련 해 볼 것을 권장합니다. 자신이 좋아하는 악기 음색부터 도전하면 좀더 쉽게 접근할 수 있습니다.

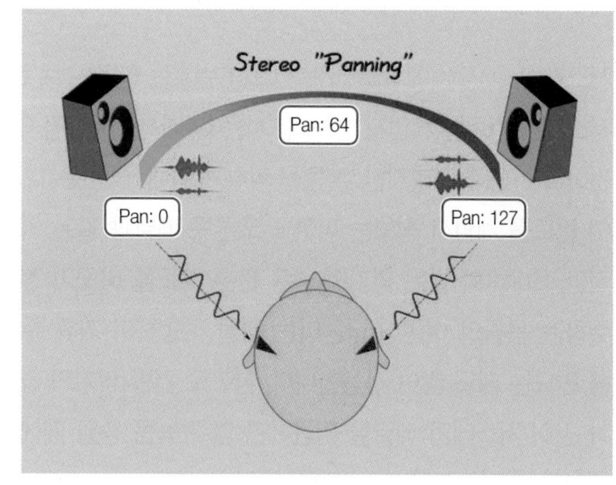

6. Expression (Controller number 11)

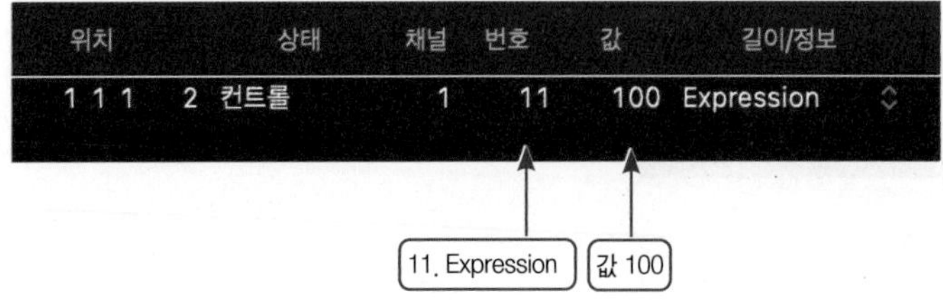

익스프레션에 사용하는 컨트롤 번호는 11번으로 컨트롤 값은 0-127입니다.

익스프레션이란 상태적인 볼륨 값을 말합니다. 여기서 상대적인 볼륨 값이란 앞에서 설명한 컨트롤 체인지 정보 7번의 볼륨 값을 최대값으로 하는 볼륨 값을 말합니다. 즉, 컨트롤 체인지 정보 7번의 값이 100이고, 익스프레션이 최대 값인 127이라면, 귀에 들리는 것은 실제로 100입니다. 이러한 익스프레션은 바이올린이나 트럼펫과 같은 악기의 특징인 연주 중에 미세하게 변하는 볼륨 값을 표현하거나 점점 세계(Crescendo) 또는 점점 여리게(Decrescendo)와 같은 연주의 셈 여림을 표현할 때 많이 사용합니다. 참고로 미디 악기의 경우 그림과 같은 컨트롤 페달을 이용해서 연주/녹음 중일 때 익스프레션 컨트롤 값을 조정할 수 있습니다.

7. Sustain On/Off (Controller number 64)

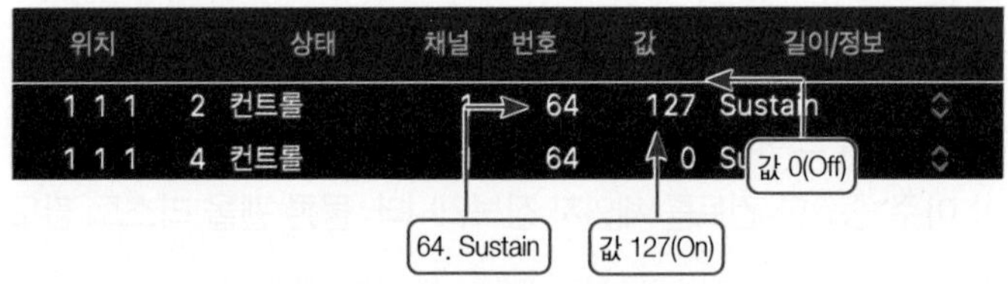

서스테인 On/Off 에 사용하는 컨트롤 번호는 64번으로 컨트롤 값은 On(64-127) / Off(0-63)입니다.

서스테인 컨트롤 체인지 정보의 On은 64에서 127까지 아무것이나 사용해도 되고, Off 역시 0에서 63까지 아무것이나 사용해도 되지만, 혼동을 피하기 위해서 On은 127, Off는 0으로 기억해두면 편리할 것입니다.

이 컨트롤 체인지 정보는 피아노 오른쪽 페달과 같은 역할을 하지만, Guitar와 같은 악기의 경우 왼손 코드를 바꾸기 전까지 연주하는 음들의 여운이 남는다는 것을 적용하여 기타 주법 효과를 만드는 데도 많이 사용합니다. 참고로 건반 악기의 경우 그림과 같이 서스테인 페달을 이용하면 연주/녹음 중일 때에도 서스테인의 컨트롤 값을 On/Off 할 수 있습니다.

알아 두면 좋아요! 피아노 페달

컨트롤 정보 64, 66, 67번은 피아노 페달 역할을 하는 값입니다. 이를 이해하기 위해 피아노 페달의 기능을 간단히 살펴보겠습니다. 그림에서 볼 수 있듯이, 피아노에는 3개의 페달이 있습니다. 각 페달의 역할은 업라이트 피아노와 그랜드 피아노에서 차이가 있지만, 여기서는 그랜드 피아노의 소프트 페달, 소스테누토 페달, 서스테인 페달을 기준으로 설명합니다.

▶ 서스테인 페달

서스테인 페달은 뎀퍼 페달이라고도 불리며, 페달을 밟고 있는 동안 연주된 음이 지속되도록 합니다. 다음은 서스테인 페달을 밟고 떼는 표기를 하고 있는 피아노 악보 입니다.

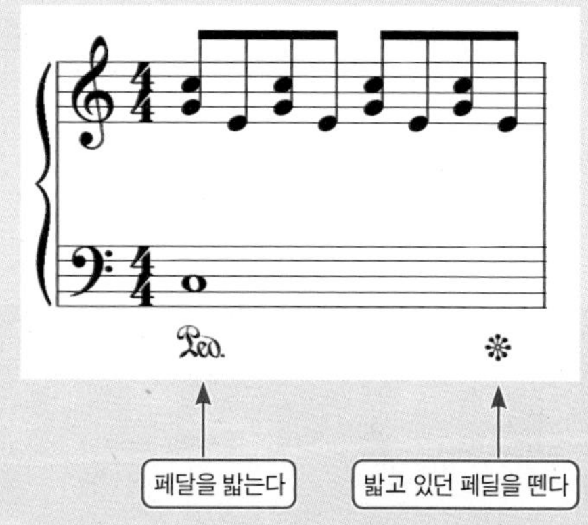

▶ 소스테누토 페달

소스테누토 페달은 서스테인 페달과 비슷하게 소리를 지속시키는 역할을 합니다. 차이점은 서스테인 페달은 페달을 밟고 있는 동안 연주되는 모든 음에 영향을 주지만, 소스테누토 페달은 페달을 밟았을 때 연주된 음에만 영향을 미칩니다.

▶ 소프트 페달

소프트 페달은 페달을 밟고 있는 동안 연주되는 음을 작고 부드럽게 만들어, 더 부드러운 소리를 생성하는 역할을 합니다.

8. Sostenuto On/Off (controller number 66)

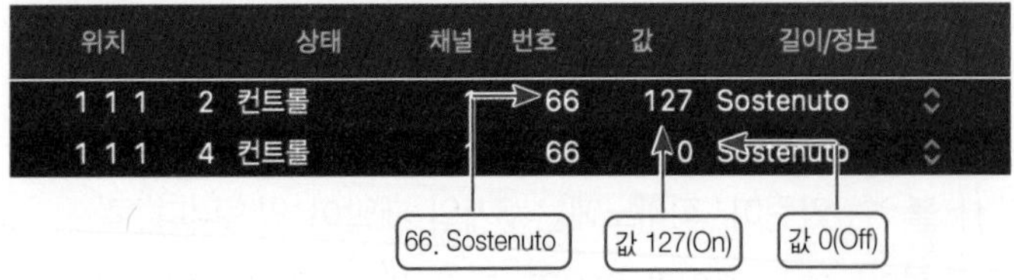

소스테누토 On/Off에 사용하는 컨트롤 번호는 66번으로 컨트롤 값은 On(64-127)/Off(0-63)입니다.

소스테누토 컨트롤 체인 정보의 On은 64에서 127까지 아무것이나 사용해도 되고, Off 역시 0에서 63까지 아무것이나 사용해도 되지만, 혼동을 피하기 위해서 On은 127, Off는 0으로 기억해두면 편리할 것입니다.

이 컨트롤 체인지 정보는 피아노 가운데 페달과 같은 역할을 합니다.

9. Soft On/Off(Controoler number 67)

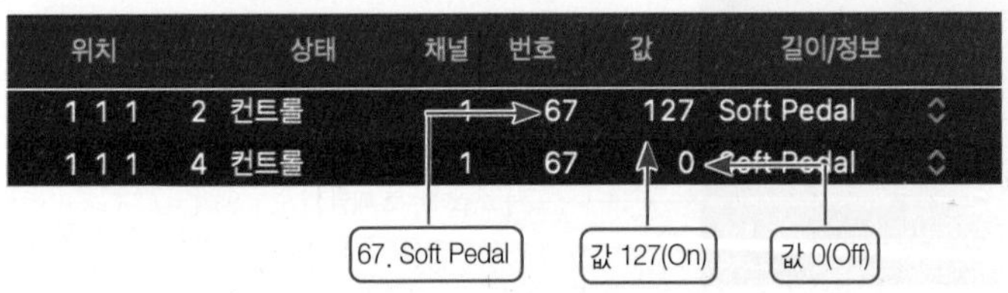

소프트 On/Off에 사용하는 컨트롤 번호는 67번으로 컨트롤 값은 On(64-127)/Off(0-63)입니다.

소프트 컨트롤 체인지 정보의 On은 64에서 127까지 아무것이나 사용해도 되고, Off 역시 0에서 63까지 아무것이나 사용해도 되지만, 서스테인, 소스테누토 등과 같이 On은 127, Off0으로 기억해두면 편리할 것입니다.

이 컨트롤 체인지 정보는 피아노 왼쪽 페달과 같은 역할을 합니다.

10. Portamento Control (Controller number 84 / 5)

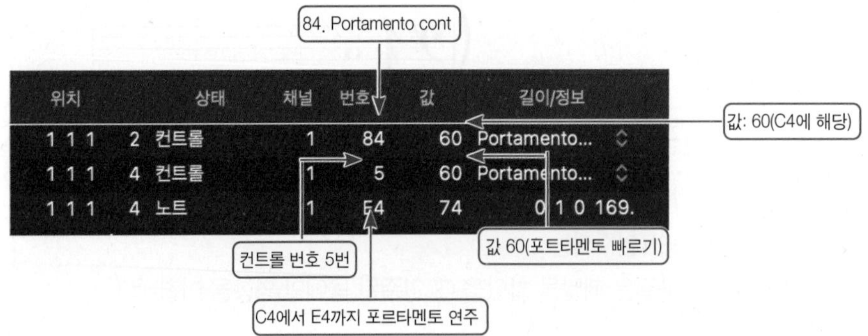

포르타멘토 컨트롤에 사용하는 컨트롤 번호는 84번으로 컨트롤 값은 0에서 127입니다.

포르타멘토 효과에 관해서는 앞의 컨트롤 번호 5번인 포르타멘토 타임에서 설명하였습니다. 그리고 그 포르타멘토 타임은 두 음정 사이에서 효과를 발휘하지만, 컨트롤 체인 정보 84번은 컨트롤 값(0-127)에서 지정한 음정으로부터 다음 노트의 음정까지 포르타멘토 효과를 만듭니다. 물론 포르타멘토의 빠르기는 컨트롤 체인지 정보 5번인 포르타멘토 타임으로 결정하므로, 이 두 정보는 함께 사용합니다. 참고로 포르타멘토 컨트롤 체인지 정보의 컨트롤 값인 0-127과 음정과의 관계는 건반 그림에서 보는 것과 같이 가운데 도(C3)가 60이므로, 반음 단위로 상행하는 음정은 61(C#3), 62(D3)...로 지정할 수 있으며, 반음 단위로 하행하는 음정은 59(B2), 58(A#2)...로 지정할 수 있습니다.

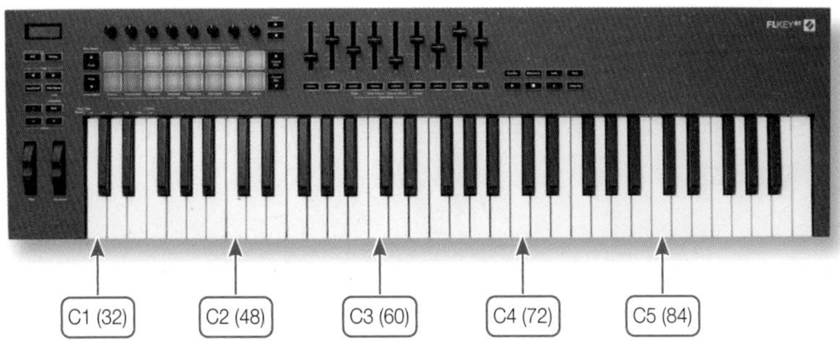

11. Reverb Send Level (Controller number 91)

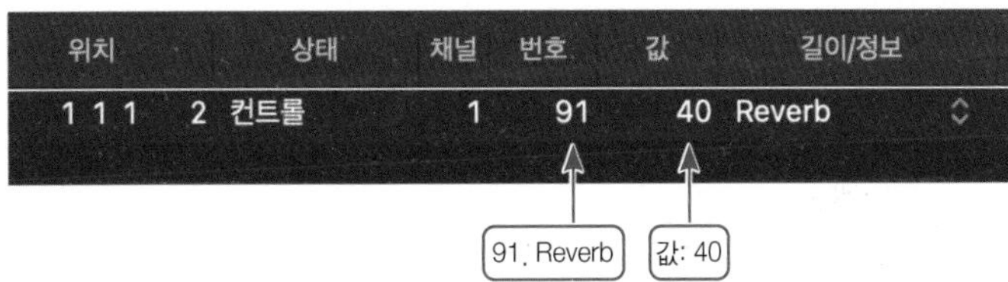

리버브 컨트롤에 사용하는 컨트롤 번호는 91번으로 컨트롤 값은 0-127입니다.
앞에서 리버브가 공간감을 만드는 것이라고 했으므로 초보자의 경우 리버브 값을 공간의 크기라고 이해를 해도 좋습니다

12. Chorus Send Level (Controller number 93)

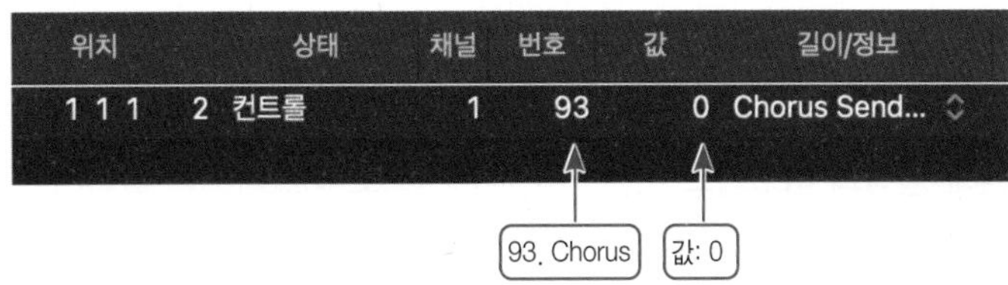

코러스 컨트롤에 사용하는 컨트롤 번호는 93번으로 컨트롤 값은 0에서 127입니다.
앞에서 코러스는 합창 효과를 만드는 것이라고 했으므로 초보자의 경우 코러스의 값을 합창하는 사람의 수라고 이해를 해도 좋습니다.

13. Delay Send Level (Controller number 94)

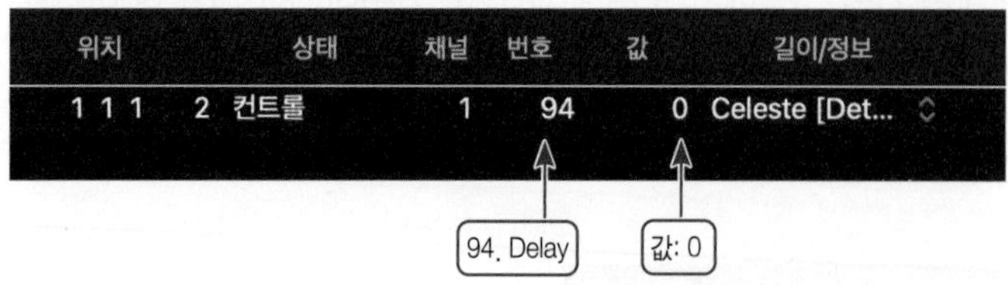

딜레이 컨트롤에 사용하는 컨트롤 번호는 94번으로 컨트롤 값은 0-127입니다.
앞에서 딜레이는 반복하는 시간 차를 만들어 내는 것이라고 했으므로 초보자의 경우 딜레이의 값을 반복하는 사운드의 시간 간격이라고 이해를 해도 좋습니다.

14. NRPN (Controller number 99, 98, 6)

NRPN이란 국제적으로 협의된 사항이 아닌 악기 제조사 특유의 기능을 컨트롤 하기 위한 정보를 말하는 것으로 99번 (NRPN MSB), 98번(NRPN LSB), 6번 (Data entry)의 3가지 컨트롤 체인지 정보를 함께 사용합니다.
NRPN은 국제적으로 협의된 사항이 아니기 때문에 악기 제조사 마다 컨트롤 값과 정보가 다릅니다. 그러므로 NRPN를 정확하게 사용하기 위해서는 각 악기의 메뉴얼을 필히 참조해야 합니다. 여기서는 GS 악기에 정의된 NRPN 컨트롤 체인지 정보를 살펴보겠습니다.

▶ Vibrato Rate (비브라토 비율의 조절)

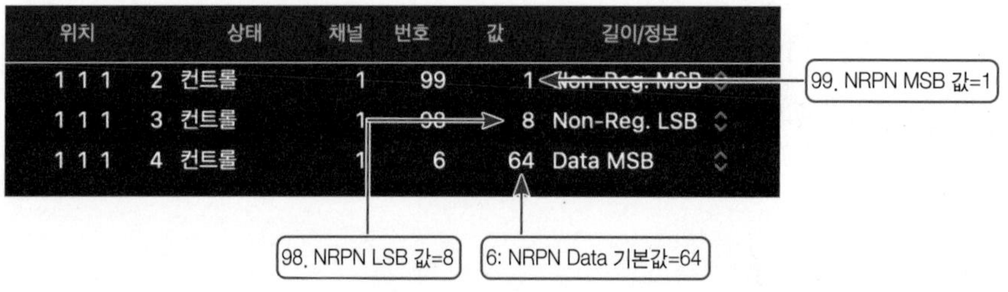

비브라토 비율을 조절하는 NRPN 컨트롤 번호는 99번이 1, 98번이 8 이며, 비율(비브라토 회수)을 조정하는 이벤트 엔트리 6번 값은 기본값이 64(원래 음색의 비브라토 비율)입니다.
기본값 보다 많은 비브라토 비율(65-127)은 원래 음색의 비브라토 비율보다 많아지므로 비브라토가 빨라지고, 기본값 보다 적은 비브라토 비율(0-63)은 원래 음색의 비브라토 비율보다 적어지므로 비브라토가 느려집니다.

▶ Vibrato Depth (비브라토 깊이 조절)

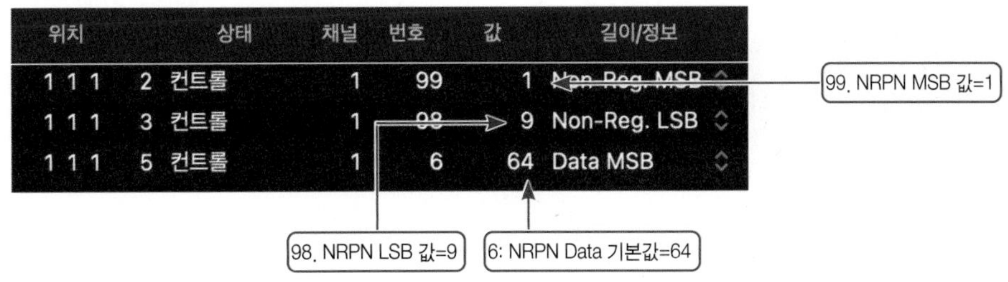

비브라토 폭을 조절하는 NRPN 컨트롤 번호는 99번이 1, 98번이 9이며, 폭을 조정하는 이벤트 엔트리 6번의 값은 기본값이 64(원래 음색의 비브라토 폭)입니다.

기본값 보다 많은 비브라토(65-127)는 원래 음색의 비브라토 크기 보다 커지고, 기본값 보다 적은 비브라토 (0-63)는 원래 음색의 비브라토 크기 보다 작아집니다.

▶ Vibrto Frequency (비브라토의 시작점을 조절)

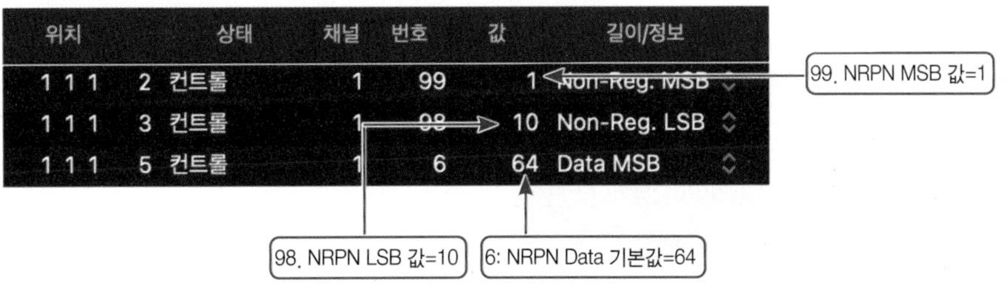

비브라토 시작점을 조절하는 NRPN 컨트롤 번호는 99번이 1, 98번이 10이며 시작점(음이 발생한 후 비브라토가 시작하는 위치)을 조정하는 이벤트 엔트리 6번의 값은 기본값이 64(원래 음색의 비브라토 시작 지점)입니다.

기본 값 보다 많은 비브라토 시작점(65-127)은 원래 음색의 비브라토 시작점 보다 늦고, 기본 값보다 적은 비브라토 시작점(0-63)은 원래 음색의 비브라토 시작점보다 빨라집니다.

▶ TVF Cutoff Frequency (음색 필터의 주파수대를 조절)

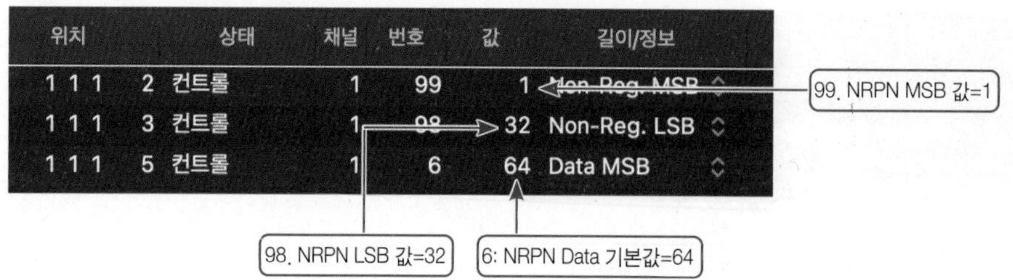

음색 필터의 주파수대를 조절하는 NRPN 컨트롤 번호는 99번이 1, 98번이 32이며, 필터를 적용하고자 하는 주파수대(원래 음색의 주파수에서 차단하고자 하는 기준점)을 조정하는 이벤트 엔트리 6번의 기본값은 64(원래 음색 필터의 주파수대)입니다.

기본값 보다 높은 값(65-127)은 원래 음색 필터의 주파수대보다 높아지므로 음색이 크고, 강해지며, 기본값 보다 낮은 값(0-63)은 원래 음색 필터의 주파수대보다 낮아지므로 음색이 작고, 약해집니다.

▶ TVF Resonance (공진 값의 조절)

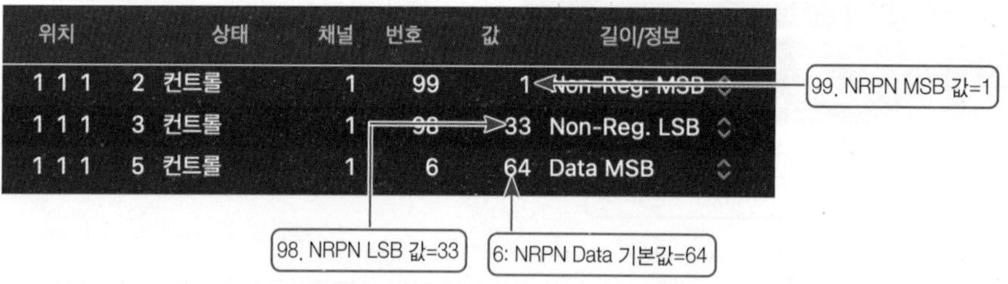

공진 값을 조절하는 NRPN 컨트롤 번호는 99번이 1, 98번이 33이며, 공진 주파수대(원래 음색 주파수의 진동수와 일치하는 주파수대)를 조정하는 이벤트 엔트리 6번의 기본값은 64(원래 음색 주파수의 공진 값)입니다.

기본값 보다 높은 값(65-127)은 음색 주파수의 높은 부분을 공진하므로 음색이 날카롭고, 화려해지며, 기본 값 보다 낮은 값(0-63)은 음색 주파수의 낮은 부분을 공진하므로 음색이 무겁고, 부드러워집니다.

▶ TVF & TVA Envelope Attack Time (어택 타임의 조절)

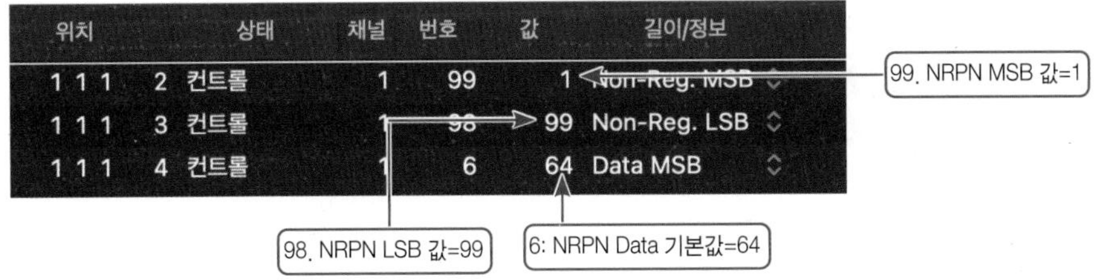

어택 타임을 조절하는 NRPN 컨트롤 번호는 99번이 1, 98번이 99이며, 어택 타임 값을 조정하는 이벤트 엔트리 6번의 기본값은 64(원래 음색의 어택 타임)입니다.

기본값 보다 높은 값(65-127)은 원래 음색의 어택 타임보다 늦어지고, 기본값 보다 낮은 값(0-63)은 원래 음색의 어택 타임보다 빨라집니다.

알아 두면 좋아요! **엔벨로프**

NRPN 컨트롤 정보를 다루기 위해서는 음이 발생하고 소멸하는 과정, 즉 엔벨로프(Envelope)에 대한 이해가 필요합니다. 엔벨로프는 건반을 눌러 음이 소리 나기 시작하고, 그 음이 사라지기까지의 소리 변화 과정을 시간(Time)으로 구분한 것입니다. 엔벨로프의 파형은 크게 어택 타임, 디케이 타임, 서스테인 타임, 릴리즈 타임의 4가지 단계로 나눌 수 있습니다.

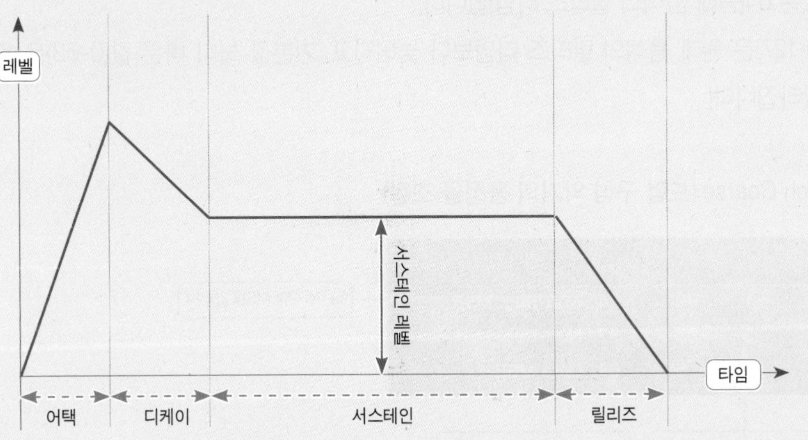

- 어택 타임: 건반을 눌렀을 때 음이 처음 발생하여 최대 레벨에 도달하는 데 걸리는 시간입니다.
- 디케이 타임: 음이 최대 레벨에서 일정 레벨로 떨어지는데 걸리는 시간입니다.
- 서스테인 타임: 건반을 누르고 있는 동안 일정한 레벨(서스테인 레벨)을 유지하는 시간입니다.
- 릴리즈 타임: 건반을 놓은 후 음이 사라지기까지 걸리는 시간입니다.

▶ TVF&TVA Envelope Decay Time(디케이 타임의 조절)

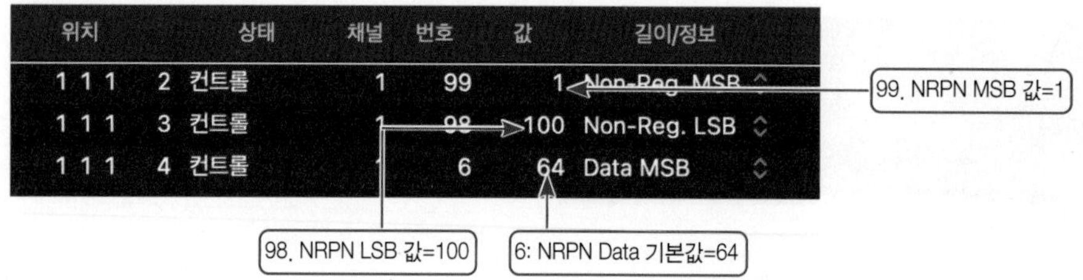

디케이 타임을 조절하는 NRPN 컨트롤 번호는 99번이 1, 98번이 100이며, 디케이 타임 값을 조정하는 이벤트 엔트리 6번의 기본값은 64(원래 음색의 디케이 타임)입니다.

기본값 보다 높은 값(65-127)은 원래 음색의 디케이 타임보다 늦어지고, 기본값 보다 빠른 값(0-63)은 원래 음색의 디케이 타임보다 빨라집니다.

▶ TVF&TVA Envelope Release Time (릴리즈 타임의 조절)

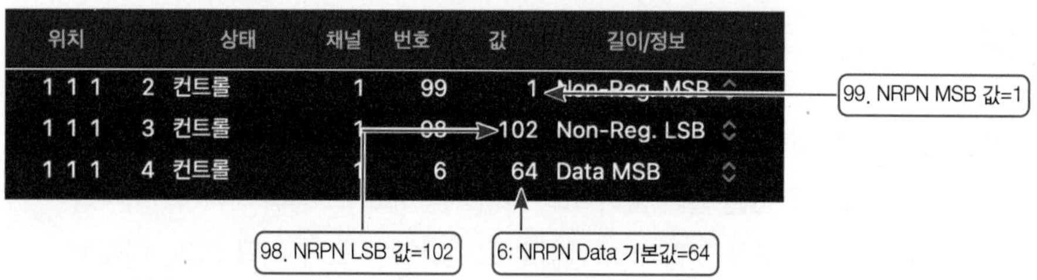

릴리즈 타임을 조절하는 NRPN 컨트롤 번호는 99번이 1번, 98번이 102이며, 릴리즈 타임 값을 조정하는 이벤트 엔트리 6번의 기본 값은 64(원래 음색의 릴리즈 타임)입니다.

기본값 보다 높은 값(65-127)은 원래 음색의 릴리즈 타임보다 늦어지고, 기본값 보다 빠른 값(0-63)은 원래 음색의 릴리즈 타임보다 빨라집니다.

▶ Drum Instrument Pitch Coarse (드럼 구성 악기의 음정을 조절)

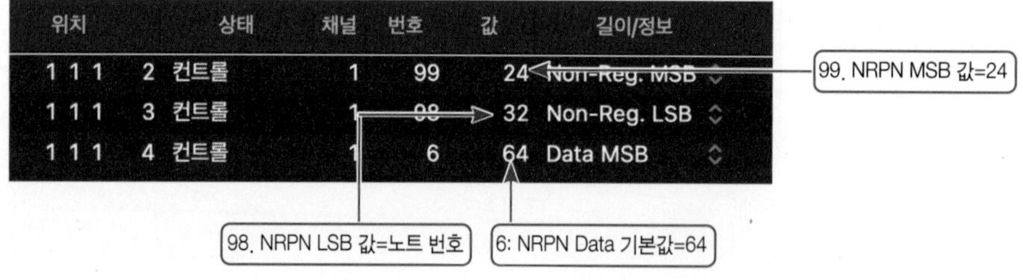

드럼 구성 악기의 음정을 조절하는 NRPN번호는 99번이며, 98번은 음정을 조절하고자 하는 노트 번호(0-127)이며, 음정을 조절하는 이벤트 엔트리 6번의 기본 값은 64(원래 드럼의 음정)입니다. 기본값 보다 높은 값(65-127)은 원래 드럼 음정보다 높아지고, 기본값 보다 낮은 값(0-63)은 원래 드럼 음정보다 낮아집니다.

▶ Drum Instrument TVA Level (드럼 구성 악기의 진폭을 조절)

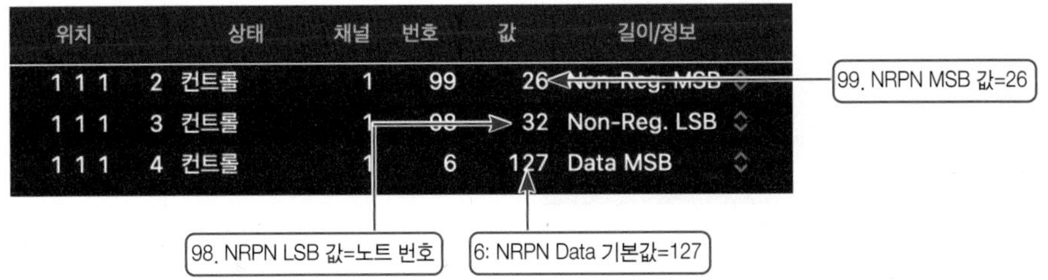

드럼 구성 악기의 진폭을 조절하는 NRPN 번호는 99번이 26이고, 98번은 진폭을 조절하고자 하는 노트 번호(0-127)이며, 진폭을 조절하는 이벤트 엔트리 6번의 기본 값은 127(원래 드럼의 진폭)입니다.
기본 값보다 낮은 값(0-126)은 원래 드럼의 진폭보다 낮아지므로 소리가 작아집니다.

▶ Drum Instrument Panpot (드럼 구성 악기의 팬 조절)

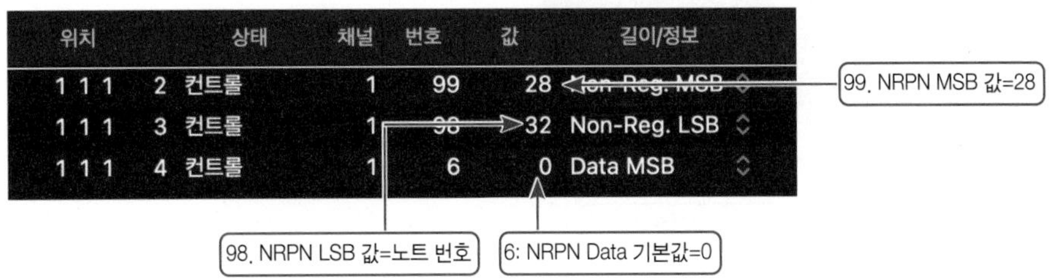

드럼 구성악기의 팬을 조절하는 NRPN 컨트롤 번호는 99번이 28이고, 98번이 팬을 조절하고자 하는 노트 번호(0-127)이며, 팬을 조절하는 이벤트 엔트리 기본값 (원래 드럼의 팬 값)은 0입니다.
이벤트 엔트리 6번 값이 1-63이면 왼쪽, 64는 가운데, 65-127이면 오른쪽 방향입니다.

▶ Drum Instrument Reverb Send Level (드럼 구성 악기의 리버브 값을 조절)

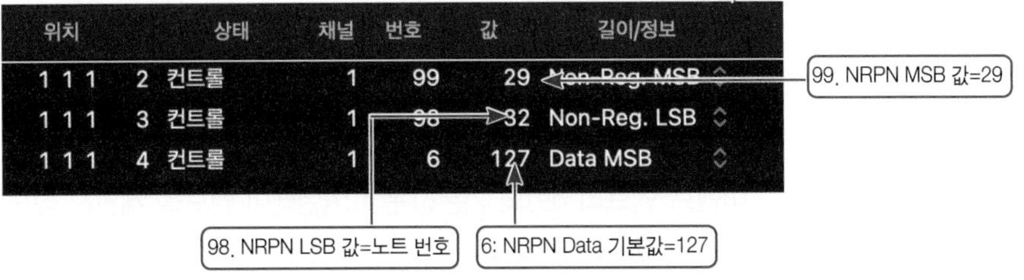

드럼 구성악기의 리버브를 조절하는 NRPN 번호는 99번이 29이고, 98번은 리버브를 조절하고자 하는 노트의 번호(0-127)이며, 리버브를 조절하는 이벤트 엔트리 6번의 기본값은 127(리버브 컨트롤 체인지 정보 91로 설정된 값)입니다.
기본값 보다 적은 값(0-126)은 리버브 컨트롤 체인지 정보 91에서 설정한 리버브 값보다 작아집니다.

▶ Drum Instrument Chorus Send Level (드럼 구성 악기의 코러스 값을 조절)

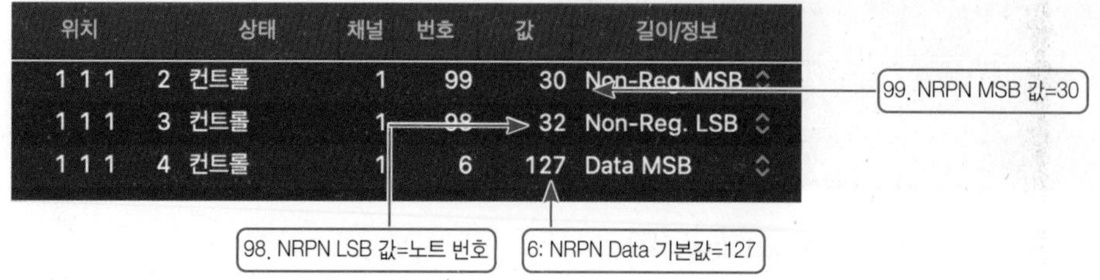

드럼 구성 악기의 코러스를 조절하는 NRPN 번호는 99번이 30이고, 98번이 코러스를 조절하고자 하는 노트의 번호(0-127)이며, 코러스를 조절하는 이벤트 엔트리 6번의 기본 값은 127(코러스 컨트롤 체인지 정보인 93으로 설정된 값)입니다. 기본값 보다 적은 값(0-126)은 코러스 컨트롤 체인 정보 93에서 설정된 코러스 값보다 작아집니다.

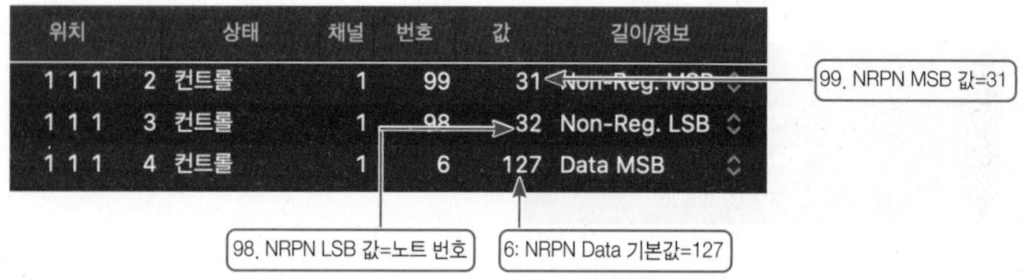

▶ Drum Instrument Delay Send Level (드럼 구성 악기의 딜레이 값을 조절)

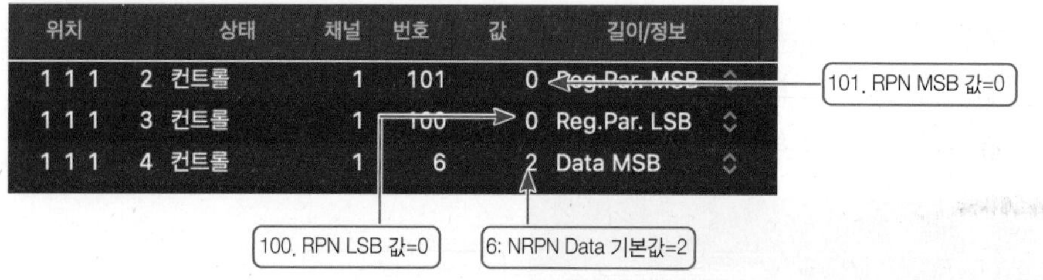

위치 상태 채널 번호 값 길이/정보
1 1 1 2 컨트롤 1 101 0 Reg.Par. MSB
1 1 1 3 컨트롤 1 100 0 Reg.Par. LSB
1 1 1 4 컨트롤 1 6 2 Data MSB
101. RPN MSB 값=0
100. RPN LSB 값=0
6: NRPN Data 기본값=2

드럼 구성 악기의 딜레이 값을 조절하는 NRPN 컨트롤 번호는 99번이 31이고, 98번이 딜레이를 조절하고자 하는 노트의 번호(0-127)이며, 딜레이를 조절하는 이벤트 엔트리 6번의 기본값은 127(딜레이 컨트롤 체인지 정보 94로 설정된 값)입니다. 기본값 보다 적은 값(0-126)은 딜레이 컨트롤 체인지 정보 94에서 설정된 딜레이 값보다 작아집니다.

15. PRN (controller number 101, 100, 6)

RPN이란 NRPN의 첫 글자인N(Non)이 빠진 것으로 짐작할 수 있듯이 국제적으로 협의된 컨트롤 체인지 정보로 101번 (RPN MSB), 100번(RPN LSB), 6번 (Data entry) 의 3가지 컨트롤 체인지 정보를 함께 사용합니다.

▶ Pitch Bend Sensitivity (피치 벤드의 범위 설정)

피치 벤드의 범위를 설정하는 RPN 컨트롤 번호는 101번이 0, 100번이 0이며, 피치 범위를 조절하는 이벤트 엔트리 값은 0-24(1=반음)으로 조정할 수 있습니다. 이벤트 엔트리의 기본 값이 2로 설정되어 있으므로 건반의 피치 휠을 움직였을 때 장2도 범위로 피치가 조정되었던 것을 이미 경험했을 것입니다. 만일 1옥타브 범위로 피치가 조정하려면 이벤트 엔트리 6번의 값을 12로 설정합니다.

▶ Master Fine Tuning (미세한 음정 조정)

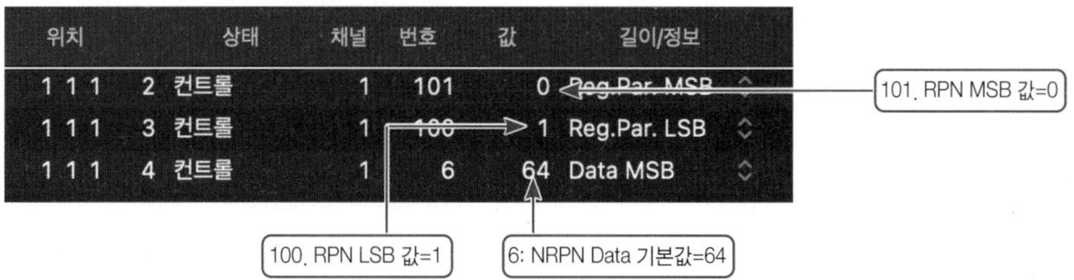

음정을 미세하게 조정하는 RPN 컨트롤 번호는 101번이 0, 100번이 1이며, 음정을 미세하게 조정하는 이벤트 엔트리 6번의 값은 0에서 127(기본값=64)으로 조정할 수 있습니다. 여기서 이벤트 엔트리 값은 1/100로 조정되므로 기본 음정을 미세하게 높이고 싶다면 이벤트 엔트리 값을 65-127로 설정하고, 기본 음정을 미세하게 낮추고 싶다면 이벤트 엔트리 값을 0-63으로 설정합니다. 참고로 보조 이벤트 엔트리 번호인 38번을 함께 사용하면 6번 이벤트 엔트리 값에 +1.6만큼의 값을 추가할 수 있어 메인 이벤트 엔트리 6번으로 조정할 수 있는 최고 상행 조절 값인 +98.4을 +100으로 정확히 반음까지 조정할 수 있습니다. 즉, 다음과 같이 이벤트 엔트리 6번 값을 최고 127로 설정하여 얻은 +98.4에 보조 엔트리 38번 값(기본 값=0)의 최고 값인 127(+1.6)을 합하면 최고 +100의 반음 조정 값을 얻을 수 있습니다.

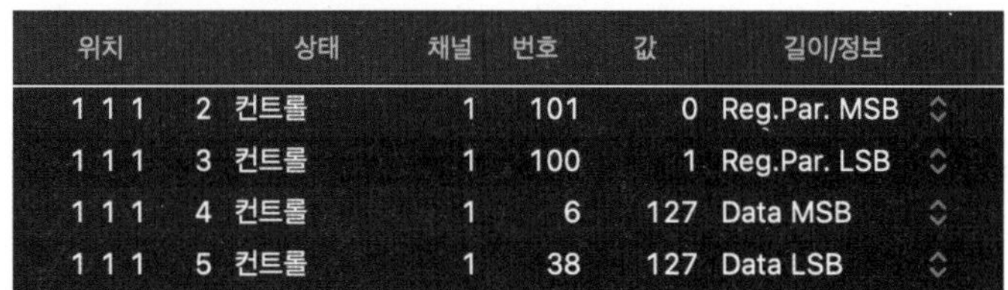

▶ Master Coarse Tuning (전체 음정 조정)

악기에서 출력하는 전체 음정을 조정하는 RPN 컨트롤 번호는 101번이 0, 100번이 2이며, 음정을 조정하는 이벤트 엔트리 값은 40-88(기본값=64)범위로 조정할 수 있습니다. 여기서 이벤트 엔트리 값은 반음 단위로 조정되므로 악기에서 출력하는 전체 음정을 높이고 싶다면 이벤트 엔트리 값을 65-88로 설정하고, 악기에서 출력하는 전체 기본 음정을 낮추고 싶다면 이벤트 엔트리 값을 40-63으로 설정합니다.

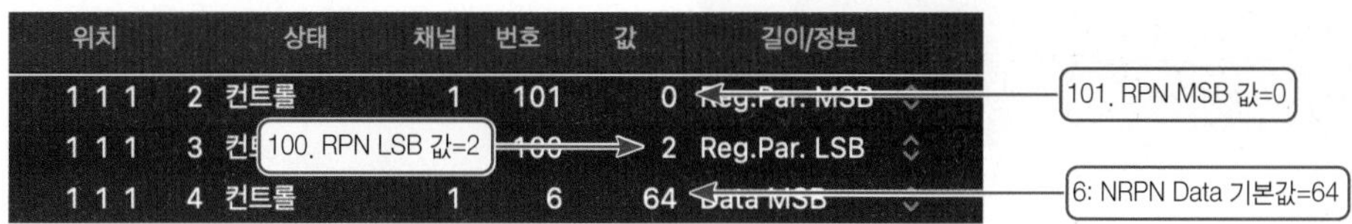

▶ RPN null(RPN 해제)

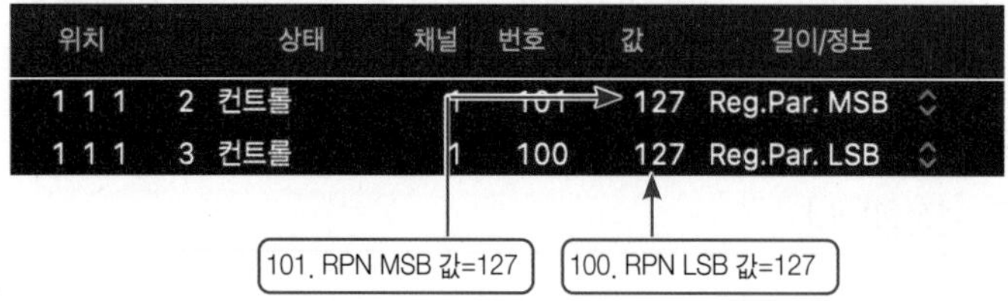

지금까지 학습한 NRPN과 RPN 컨트롤 체인지 정보 기능을 해제하는 RPN null 정보는 101번이 127, 100번이 127이며, 이벤트 엔트리 6번은 사용하지 않습니다. RPN 해제 컨트롤 정보는 독자가 설정한 NRPN과 RPN 컨트롤 값을 초기화 하는 것이 아니라 설정했던 기능을 해제하는 것입니다. 이것이 필요한 이유는 NRPN 또는 RPN 컨트롤 정보를 사용한 후 다른 NRPN 또는 RPN 정보를 계속해서 사용할 때입니다. NRPN과 RPN는 이벤트 엔트리 컨트롤 정보가 같은 6인 관계로, 먼저 사용한 NRPN 또는 RPN 컨트롤 정보의 기능을 해제해야만, 새로운 NRPN과 RPN을 설정할 수 있기 때문입니다.

알아 두면 좋아요! 그 밖의 채널 정보

미디 학습자가 알아야 할 채널 보이스 정보 중에는 컨트롤 체인지 정보 외에도 프로그램 체인지 정보, 애프터터치 정보, 피치 벤드 정보, 폴리포닉 등의 정보가 있습니다.

● **프로그램 체인지 정보**

미디 악기의 음색을 지정하거나 중간에 악기 음색을 변경할 수 있습니다. 만일, 프로그램 체인지 정보를 입력했다면 External Instrument의 프로그램은 무시됩니다. 그림은 이벤트 리스트에서 프로그램 체인지 정보를 입력하고 있는 경우입니다. 컨트롤 체인지 정보를 입력할 때와 동일하게 종류 선택 메뉴에서 프로그램 체인지를 선택하고 추가 버튼을 클릭합니다. 그리고 번호에서 뱅크, 값에서 프로그램 번호를 선택합니다.

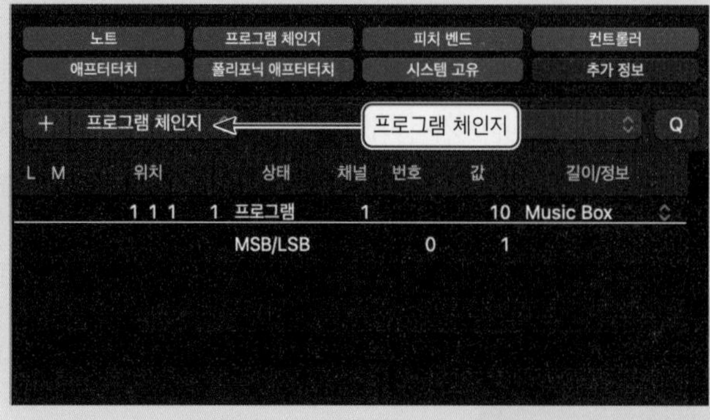

● **애프터터치 정보**

애프터터치란 건반을 누른 상태에서 다시 한번 힘을 주어 건반을 누르는 행위를 말하는 것으로 건반의 종류마다 음색이 변경된다거나, 비브라토가 걸리는 등의 효과를 만드는 미디 정보를 말합니다. 애프터터치 정보에는 모든 노트에 적용하는 애프터터치와 특정 노트에만 적용하는 폴리포닉의 두 가지가 있습니다.

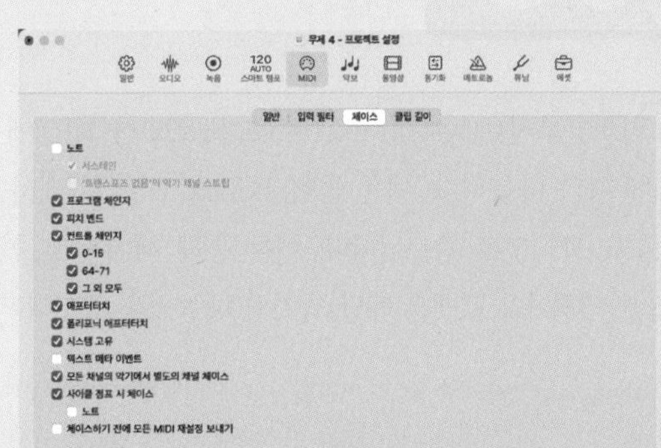

애프터터치 정보는 리얼 입력 과정에서 불필요하게 입력되는 경우가 많습니다. 이것을 원하지 않는다면 프로젝트 설정 창의 MIDI 페이지에서 체이스 탭을 선택하여 창을 열고, 애프터터치 옵션을 체크하여 입력되지 않게 할 수 있습니다.

● **피치 벤드 정보**

피치 벤드란 연주하는 음정을 위/아래로 조정할 수 있는 미디 정보를 말합니다. 이것은 쵸킹, 해머링 등의 기타(Guitar)연주 효과를 표현할 때 많이 사용하는 정보입니다. 건반 악기는 왼쪽에 피치 벤드 값을 조정할 수 있는 휠이나 스틱이 있어 연주/녹음 중일 때에도 피치 벤드의 값은 0에서 127범위로 조정할 수 있습니다. 대부분의 악기는 기본적으로 피치 벤드의 음정 변화 범위가 한음 위/아래로 되어있습니다. 한 옥타브의 피치 벤드 범위를 원할 경우 컨트롤 정보에서 살펴보았듯이 RPN 컨트롤 체인지 정보 101번과 100번을 모두 0으로 하고, 이벤트 엔트리 6번을 12로 설정하면 됩니다. 다음은 피치 벤드가 기본값(한음)인 경우와 옥타브로 설정되었을 때의 값입니다.

기본	6-Data Entry	MSB 12
0	64	
	Up	Down
반음	96	32
한음	127	0

한 옥타브	6-Data Entry	MSB 12
0	64	
	Up	Down
1	69	59
2	75	53
3	80	48
4	85	43
5	90	38
6	96	32
7	101	27
8	106	22
9	112	16
10	117	11
11	122	6
12	127	0

시스템 익스클루시브

시스템 익스클루시브(System Exclusive, SysEx)는 MIDI에서 장비의 설정과 이벤트를 전송하는 메시지로, 제조사와 모델에 따라 다릅니다. 예를 들어, Roland GS 악기에서는 SysEx 메시지는 `F0`로 시작하여 제조사 ID, 모델 ID, 이벤트, 그리고 `F7`로 종료됩니다. 이를 통해 패치를 호출하거나 설정을 변경할 수 있지만, 악기마다 차이가 있으며, 정확한 명령어와 포맷은 해당 악기의 매뉴얼을 참고해야 합니다.

1 시스템 익스클루시브 정보 보기

악기 메뉴얼의 System Exclusive Messages 페이지에서 GS Reset 항목을 보면 다음과 같은 표기법이 나열되어 있습니다. 각각의 의미와 입력 방법을 살펴보겠습니다.

- GS Reset

Status	Data byte	Status
F0H	41H, dev, 42H, 12H, 40H, 00H, 7FH, 00H, 41H	F7H

Byte	Explanation
F0H	Exclusive Status
41H	ID number(Roland)
Dev	Device ID(dev: 01H-1FH(1-32) Initial value is 10H(17)
42H	모드I ID(GS)
12H	Command ID(DT1)
40H	Address MSB
00H	Address
7FH	Address LSB
00H	Data(GS reset)
41H	Checksum
F7H	EXO(End Of Exclusive)

▶ F0H

시스템 익스클루시브 메시지의 시작을 알리는 스테이터스 바이트로 반드시 익스클루시브 메시지의 맨 앞에 입력되어야 합니다.

▶ 41H

각 악기의 제조회사별로 등록된 ID를 입력하는 부분입니다. Roland의 경우 41H라는 것을 표시하고 있습니다.

▶ Dev

악기의 고유번호를 입력하는 부분입니다. 악기 고유번호란, 같은 계열의 악기를 동시에 사용할 경우 익스클루시브 메시지가 공통적으로 적용되지 않도록 악기를 구분하기 위해서 사용되는 번호입니다. 이와 같은 번호는 미디 악기에서 설정을 해야 하는데, Roland사의 GS 악기의 경우 All 버튼을 누르고, PART버튼 2개를 동시에 누르면 악기의 고유 번호인 Device id를 설정할 수 있는 화면이 보입니다. 기본 값은 17(10H)로 되어 있으며, 1-32까지 변경 가능합니다. 변경이 끝나면 PART 버튼 2개를 동시에 눌러 설정을 끝냅니다.

▶ 42H

제품 번호를 입력하는 부분입니다. 악기들은 저마다 제품 번호를 가지고 있으며, GS 악기의 경우 제품 번호가 42H라는 것을 표기합니다.

▶ 12H

익스클루시브 송/수신을 구별하는 번호를 입력합니다. 송신은 11H이고, 수신은 12H입니다. 소나에서는 작성된 익스클루시브 메시지를 악기가 수신할 수 있도록 12H로 입력합니다.

▶ 40H, 00H, 7FH, 00H

4개의 이벤트로 이루어진 이 부분은 시스템 익스클루시브의 실제적인 기능을 수행하는 메인 이벤트입니다. 앞의 3가지 40H, 00H, 7FH는 어떤 것을 조정할 것인지를 의미하는 어드레스이고, 끝의 00H가 조정하는 값을 의미하는 이벤트 입니다.

▶ 41H

Roland사 악기에서 주로 사용되는 부분으로 익스클루시브 메시지가 제대로 전송되고, 수행되는지를 확인하는 항목입니다. 이것을 체크 섬이라고 부르며, 메인 이벤트의 입력 값에 따라 달라집니다. 자세한 것은 다음의 입력 부분 편에서 설명됩니다.

▶ F7H

시스템 익스클루시브 메시지의 끝을 알리는 스테이터스 바이트로 반드시 익스클루시브 메시지의 맨 뒤에 입력되어야 합니다.

2 시스템 익스클루시브 정보 입력하기

앞에서 살펴본 시스템 익스클루시브 정보(GS초기화)의 입력 방법을 살펴보겠습니다. 입문자의 경우에는 다소 어려울 수 있겠지만, 부담 없이 학습을 하기 바랍니다. 전문가들도 모든 익스클루시브 정보를 외워서 사용하는 경우는 없습니다. 원리와 기능만을 이해하고, 필요할 때 찾아서 사용할 수 있을 정도면 충분합니다.

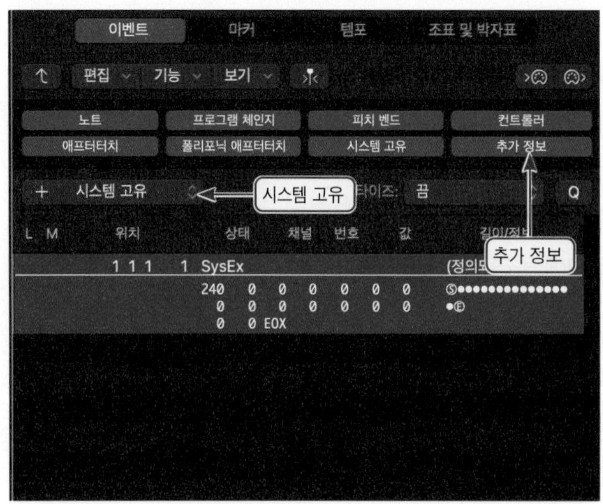

01 이벤트 리스트의 필터 버튼에서 추가 정보를 On합니다. 그리고 시스템 고유를 선택하고, 추가 버튼을 클릭합니다.

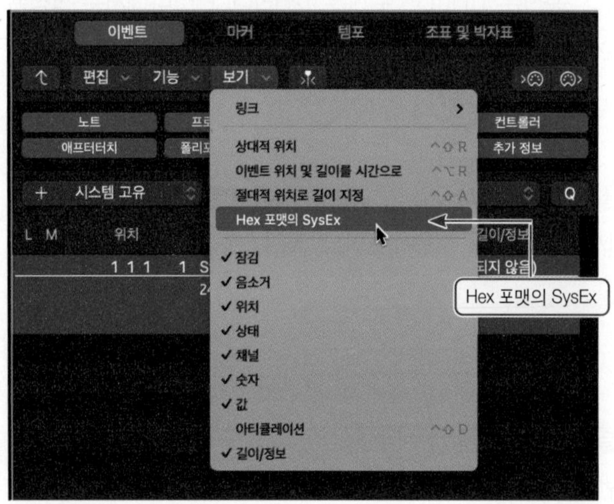

02 악기 설명서의 시스템 익스클루시브는 16비트로 표기되어 있는 것이 대부분입니다. 보기 메뉴의 Hex 포맷의 SysEx을 선택하여 16진수로 표시되게 합니다.

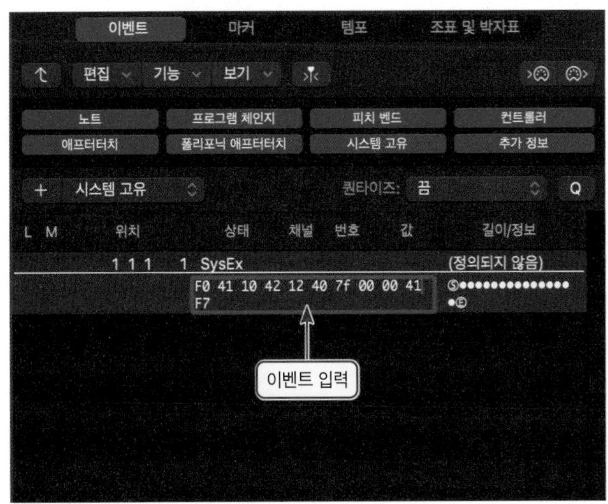

03 시작과 끝을 의미하는 $F0과 $7입력이 되어 있으므로, 중간의 이벤트 값을 입력합니다. 초기화 메시지라면, 41, 10, 42, 12, 40, 00, 7F가 되는 것입니다.

04 GS 초기화 정보의 10번째 해당하는 41은 송/수신 상태를 확인하는 체크섬이라고 했습니다. 예제의 경우에는 이미 값이 나와 있지만, 다른 정보에서는 메인 이벤트 값이 사용자마다 다르게 설정될 것이므로, 체크 섬 값을 구할 수 있는 공식을 알고 있어야 합니다. 계산 방법은 간단합니다. 먼저 메인 이벤트 값의 합을 구합니다. 그리고 메인 이벤트의 합이 128보다 크면 128보다 작아질 때까지 메인 이벤트 합에서 128을 빼고, 그 나머지를 128에서 뺍니다. 메인 이벤트의 합이 128보다 작으면 그냥 메인 이벤트 합에서 128를 빼면 됩니다. GS 초기화의 메인 이벤트(40+00+7F+00)합은 BF가 됩니다. BF를 10진수로 계산하면 191입니다. 메인 이벤트의 합이 128보다 큽니다. 메인 이벤트의 합이 128보다 크면 메인 이벤트 합에서 128를 뺀다고 했으므로, 191-128=63 입니다. 이제 128보다 작아진 메인 이벤트 합을 128에서 빼면 128-63=65 입니다. 65를 16진수로 바꾸면 41이 됩니다. 그래서 GS 초기화 익스클루시브 정보의 체크섬 값이 41이 된 것입니다.

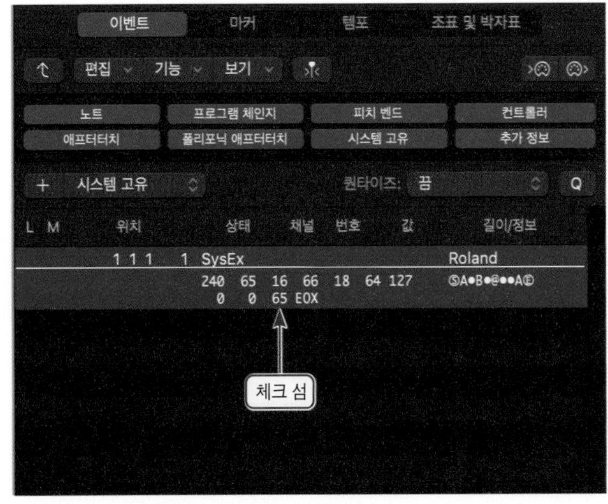

05 로직은 10진수와 16진수를 모두 지원하기 때문에 프로그래머용 계산기가 필요없습니다. 보기 메뉴에서 Hex 포맷의 SysEx 옵션을 해제하여 입력한 수를 10진수로 표시하면, 체크섬 값을 구하거나 입력하는데 아무런 어려움이 없습니다.

3 시스템 익스클루시브의 활용

GS 초기화 시스템 익스클루시브 정보의 형식과 입력 방법, 체크 섬을 구하는 방법 등을 살펴보았습니다. 여기서는 미디 작업을 하는 분들이 습관처럼 사용하고 있는 익스클루시브 정보를 GS모드 기준으로 몇 가지 살펴보겠습니다. 이것을 참조하여 독자가 사용하고 있는 악기의 익스클루시브 정보를 마음껏 다룰 수 있기를 바랍니다.

● GS 초기화

앞의 익스클루시브 형식과 입력에서 살펴보았던 GS 초기화 정보입니다.

Status	Data byte									Status
F0	41	10	42	12	40	00	7F	00	41	F7

● 마스터 튠 초기화

악기 전체의 음정을 세계 표준(A음이 440Hz)이 되도록 설정하는 정보입니다.

Status	Data byte												Status
F0	41	10	42	12	40	00	00	00	04	00	00	3C	F7

● 마스터 볼륨

악기 전체의 음량을 0-127(00-7F)까지 조정하는 정보로 기본 값은 7F입니다.

Status	Data byte									Status
F0	41	10	42	12	40	00	04	음량	체크섬	F7

● 마스터 키

악기 전체의 키를 -24(28)에서 +24(58)까지 반음 단위로 조정하는 정보로 기본값은 40 입니다.

Status	Data byte									Status
F0	41	10	42	12	40	00	05	키	체크섬	F7

● 마스터 팬

악기 전체의 소리 방향을 왼쪽(01)에서 오른쪽 (7F)까지 조정하는 정보로 기본값은 중앙인 40입니다.

Status	Data byte									Status
F0	41	10	42	12	40	00	06	팬	체크섬	F7

● 리버브 종류

GS 악기에 내장된 8가지(00-07)리버브의 종류를 선택할 수 있는 정보입니다.

Status	Data byte									Status
F0	41	10	42	12	40	01	30	종류	체크섬	F7

리버브의 종류와 체크 섬 값은 다음과 같습니다.

종류	값	체크 섬
Room1	00	0F
Room2	01	0E
Room3	02	0D
Hall1	03	0C
Hall2(기본값)	04	0B
Plate	05	0A
Delay	06	09
Paning Delay	07	08

● **리버브 타입**

GS 악기에서 제공되는 8가지(00-07) 리버브 타입(기본값=04)을 선택할 수 있는 정보입니다.

Status	Data byte									Status
F0	41	10	42	12	40	01	31	타입	체크섬	F7

● **리버브 로우패스 필터**

리버브의 고역대를 잘라내는 8가지 (00-07) 필터(기본값=00)를 선택할 수 있는 정보입니다.

Status	Data byte									Status
F0	41	10	42	12	40	01	32	필터	체크섬	F7

● **리버브 레벨**

리버브의 레벨을 0-127(00-7F)까지 조정할 수 있는 정보로 기본 값은 64(40)입니다.

Status	Data byte									Status
F0	41	10	42	12	40	01	33	레벨	체크섬	F7

● **리버브 타임**

리버브 타임을 0-127(00-7F)까지 조정할 수 있는 정보로 기본 값은 64(40)입니다.

Status	Data byte									Status
F0	41	10	42	12	40	01	34	타임	체크섬	F7

● **리버브 딜레이 피드백**

리버브의 반복 양을 0-127(00-7F)까지 조정할 수 있는 정보로 기본 값은 0 입니다.

Status	Data byte									Status
F0	41	10	42	12	40	01	35	피드백	체크섬	F7

● 리버브 딜레이 타임

리버브의 반복 타임을 0-127(00-7F)까지 조정할 수 있는 정보로 기본 값은 0입니다.

Status	Data byte									Status
F0	41	10	42	12	40	01	37	타임	체크섬	F7

● 코러스의 종류

GS 악기에 내장된 8가지(00-07) 코러스의 종류를 선택할 수 있는 정보입니다.

Status	Data byte									Status
F0	41	10	42	12	40	01	38	종류	체크섬	F7

코러스의 종류와 체크 섬 값은 다음과 같습니다.

종류	값	체크 섬
Chorus1	00	07
Chorus2	01	06
Chorus3(기본값)	02	05
Chorus4	03	04
Feedback Chorus	04	03
Flanger	05	02
Short Delay	06	01
Short Delay(FB)	07	00

● 코러스 로우패스 필터

코러스의 고역 대를 잘라내는 8가지 (00-07) 필터를 선택할 수 있는 정보로 기본값은 0입니다.

Status	Data byte									Status
F0	41	10	42	12	40	01	39	필터	체크섬	F7

● 코러스 레벨

코러스의 레벨을 0-127(00-7F)까지 조정할 수 있는 정보로 기본 값은 64(40)입니다.

Status	Data byte									Status
F0	41	10	42	12	40	01	3A	레벨	체크섬	F7

● 코러스 피드백

코러스의 반복 양을 0-127(00-7F)까지 조정할 수 있는 정보로 기본 값은 8(08)입니다.

Status	Data byte									Status
F0	41	10	42	12	40	01	3B	피드백	체크섬	F7

● 코러스 딜레이

코러스의 지연 값을 0-127(00-7F)까지 조정할 수 있는 정보로 기본 값은 80(50)입니다.

Status	Data byte									Status
F0	41	10	42	12	40	01	3C	딜레이	체크섬	F7

● 코러스 비율

코러스의 비율을 0-127(00-7F)까지 조정할 수 있는 정보로 기본 값은 3(03)입니다.

Status	Data byte									Status
F0	41	10	42	12	40	01	3D	비율	체크섬	F7

● 코러스의 깊이

코러스의 깊이를 0-127(00-7F)까지 조정할 수 있는 정보로 기본 값은 19(13)입니다.

Status	Data byte									Status
F0	41	10	42	12	40	01	3E	깊이	체크섬	F7

● 리버브에 보내지는 코러스의 레벨

리버브 값에 보내지는 코러스의 레벨을 0-127(00-7F)까지 조정할 수 있는 정보로 기본 값은 0입니다.

Status	Data byte									Status
F0	41	10	42	12	40	01	3F	레벨	체크섬	F7

● 딜레이에 보내지는 코러스의 레벨

딜레이 값에 보내지는 코러스의 레벨을 0-127(00-7F)까지 조정할 수 있는 정보로 기본 값은 0입니다.

Status	Data byte									Status
F0	41	10	42	12	40	01	40	레벨	체크섬	F7

● 딜레이의 종류

GS 악기에 내장된 10가지 (00-09) 딜레이 종류를 선택할 수 있는 정보입니다.

Status	Data byte									Status
F0	41	10	42	12	40	01	50	종류	체크섬	F7

딜레이의 종류와 체크 섬 값은 다음과 같습니다.

종류	값	체크 섬
Delay1(기본값)	00	6F
Delay2	01	6E
Delay3	02	6D
Delay4	03	6C
Pan Delay1	04	6B
Pan Delay2	05	6A
Pan Delay3	06	69
Pan Delay4	07	68
Dly to Rev	08	67
Pan Repeat	09	66

- **딜레이 로우패스 필터**

딜레이의 고역대를 잘라내는 8가지(00-07) 필터를 선택할 수 있는 정보로 기본 값은 0입니다.

Status	Data byte									Status
F0	41	10	42	12	40	01	51	필터	체크섬	F7

- **딜레이 타임 - 중앙**

딜레이의 중앙 타임 값을 01(0.1ms)에서 73(1sec)까지 조정할 수 있는 정보로 기본 값은 61(340ms)입니다.

Status	Data byte									Status
F0	41	10	42	12	40	01	52	타임	체크섬	F7

- **딜레이 타임 비율 -왼쪽**

딜레이 왼쪽 타임 비율 값을 4%-500%(01-78)까지 조정할 수 있는 정보로 기본 값은 4%입니다.

Status	Data byte									Status
F0	41	10	42	12	40	01	53	비율	체크섬	F7

- **딜레이 타임 비율-오른쪽**

딜레이 오른쪽 타임 비율 값을 4%-500%(01-78)까지 조정할 수 있는 정보로 기본 값은 4%입니다.

Status	Data byte									Status
F0	41	10	42	12	40	01	54	비율	체크섬	F7

- **딜레이 중앙 레벨**

딜레이의 중앙 레벨 값을 0-127(00-7F)까지 조정할 수 있는 정보로 기본 값은 0입니다.

Status	Data byte									Status
F0	41	10	42	12	40	01	55	레벨	체크섬	F7

● **딜레이 왼쪽 레벨**

딜레이의 왼쪽 레벨 값을 0-127(00-7F)까지 조정할 수 있는 정보로 기본 값은 0입니다.

Status	Data byte									Status
F0	41	10	42	12	40	01	56	레벨	체크섬	F7

● **딜레이 오른쪽 레벨**

딜레이의 오른쪽 레벨 값을 0-127(00-7F)까지 조정할 수 있는 정보로 기본 값은 0입니다.

Status	Data byte									Status
F0	41	10	42	12	40	01	57	레벨	체크섬	F7

● **딜레이 레벨**

딜레이의 레벨 값을 0-127(00-7F)까지 조정할 수 있는 정보로 기본 값은 64(40)입니다.

Status	Data byte									Status
F0	41	10	42	12	40	01	58	레벨	체크섬	F7

● **딜레이 피드백**

딜레이의 반복 양을 -64(00)에서 +63(7F)까지 조정할 수 있는 정보로 기본 값은 80(50)입니다.

Status	Data byte									Status
F0	41	10	42	12	40	01	59	피드백	체크섬	F7

● **리버브에 보내지는 딜레이 레벨**

리버브에 보내지는 딜레이 레벨을 0-127(00-7F)까지 조정할 수 있는 정보로 기본 값은 0입니다.

Status	Data byte									Status
F0	41	10	42	12	40	01	5A	레벨	체크섬	F7

● **이퀄라이저 저역 주파수 선택**

다음의 EQ 저역 주파수로 조정되는 저역 주파수를 200Hz(00) 또는 400Hz(01) 중에서 선택하는 정보로 기본 값은 200(Hz) 입니다.

Status	Data byte									Status
F0	41	10	42	12	40	02	00	00/01	3E/3D	F7

● **이퀄라이저 저역 주파수 조정**

앞에서 선택한 저역 주파수 대역을 -12dB(34)에서 +12dB(4C)까지 조정할 수 있는 정보로 기본 값은 0dB(40)입니다.

Status	Data byte									Status
F0	41	10	42	12	40	02	01	조정	체크섬	F7

● **이퀄라이저 고역 주파수 선택**

다음의 EQ 고역 주파수로 조정되는 고역 주파수를 3KHz(00) 또는 6KHz(01) 중에서 선택하는 정보로 기본 값은 3KHz(00) 입니다.

Status	Data byte									Status
F0	41	10	42	12	40	02	02	00/01	3C/3B	F7

● **이퀄라이저 고역 주파수 조정**

앞에서 선택한 고역 주파수 대역을 -12dB(34)에서 +12dB(4C)까지 조정할 수 있는 정보로 기본 값은 0dB(40)입니다.

Status	Data byte									Status
F0	41	10	42	12	40	02	03	조정	체크섬	F7

● **드럼 채널 확장**

10채널 이외에 독자가 원하는 채널을 드럼 파트로 설정할 수 있는 정보입니다.

Status	Data byte									Status
F0	41	10	42	12	40	채널	15	MAP	체크섬	F7

다음은 MAP을 02로 입력하여 88MAP으로 사용되는 경우입니다.

참고로 01=55Map, 00=Default 입니다. .

채널	Ch-1	Ch-2	Ch-3	Ch-4	Ch-5	Ch-6	Ch-7	Ch-8
값	11	12	13	14	15	16	17	18
체크섬	18	17	16	15	14	13	12	11
채널	Ch-9	Ch-10	Ch-11	Ch-12	Ch-13	Ch-14	Ch-15	Ch-16
값	19	-	1A	1B	1C	1D	1E	1F
체크섬	10	-	0F	0E	0D	0C	0B	0A

트랜스폼

트랜스폼은 미디 작업을 간편하게 처리할 수 있는 도구입니다. 창은 Select Events by Condition과 Operation on Selected Events의 두 부분으로 구성되어 있습니다. 전자는 원하는 미디 이벤트를 조건에 따라 선택하고, 후자는 선택된 이벤트에 대해 변형 작업을 수행합니다. 사용자는 프리셋을 활용하여 입문자도 쉽게 다룰 수 있으며, 마우스로 입력한 미디 노트를 리얼 녹음된 것처럼 효과를 줄 수 있습니다. 이 모든 과정을 몇 번의 클릭으로 처리할 수 있어 작업 효율성을 크게 향상시킵니다.

● 실습 프로젝트 : Transform

1 트랜스폼의 구성

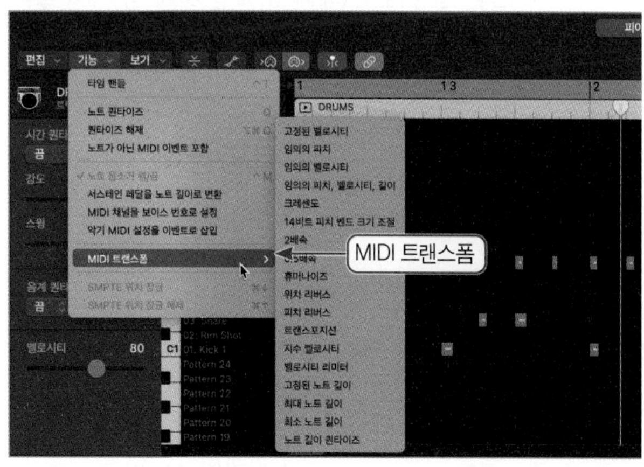

01 트랜스폼은 윈도우 메뉴의 MIDI 트랜스폼을 선택하여 열지만, 미디 이벤트를 편집하는 것이 목적이므로, 미디 편집 창의 기능 메뉴에서 MIDI 트랜스폼의 하위 메뉴를 선택하는 것이 일반적입니다. 하위 메뉴는 트랜스폼에서 제공하는 프리셋입니다.

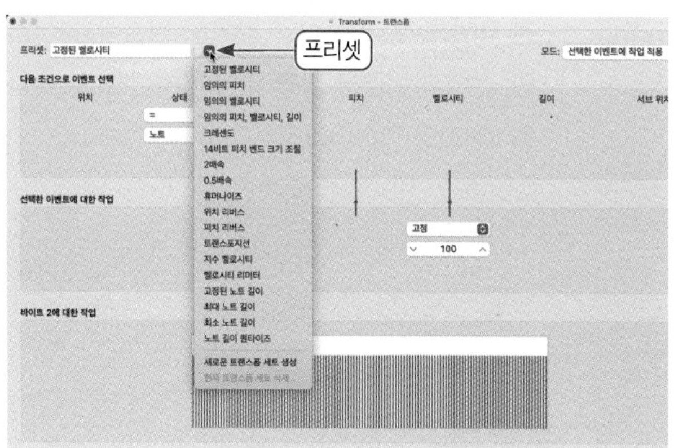

02 기능 메뉴에서 선택한 프리셋으로 설정되어 있는 트랜스폼 창이 열립니다. 기능은 프리셋 목록에서 선택하여 변경할 수 있습니다.

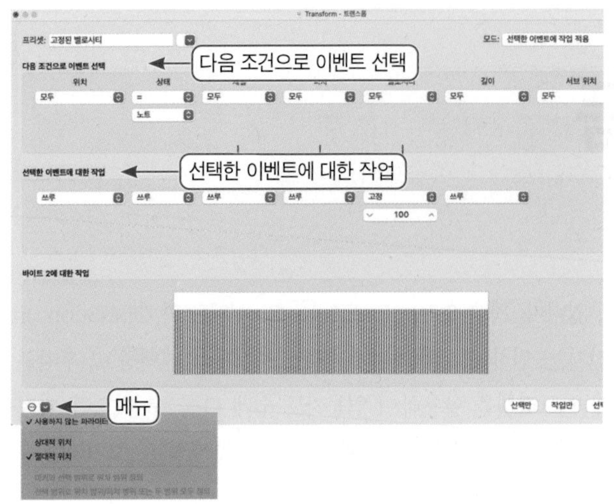

03 트랜스폼은 미디 이벤트 검색 조건을 설정하는 다음 조건으로 이벤트 선택과 검색한 이벤트를 처리하는 선택한 이벤트에 대한 작업으로 구성되어 있으며, 메뉴에서 사용하지 않는 파라미터 가리기 옵션을 해제하여 모든 파라미터를 표시할 수 있습니다.

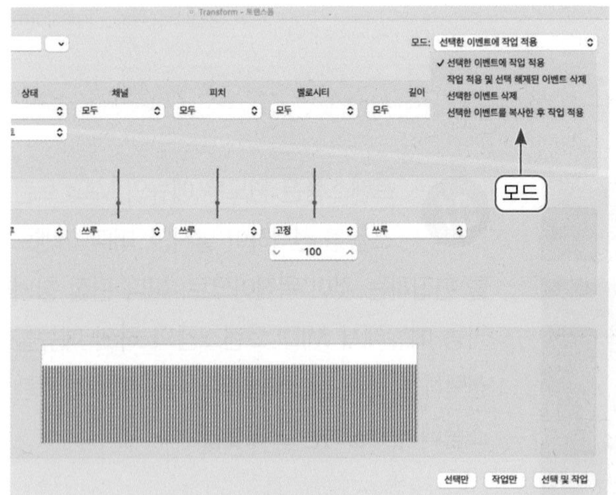

04 모드는 조건에 맞는 이벤트를 변경하는 선택한 이벤트에 작업 적용(기본값), 조건에 맞이 않는 이벤트를 삭제하는 작업 적용 및 선택 해제된 이벤트 삭제, 조건에 맞는 이벤트를 삭제하는 선택한 이벤트 삭제, 이벤트를 복하여 원본을 보존하는 선택한 이벤트를 복사한 후 작업 적용의 4가지가 있습니다.

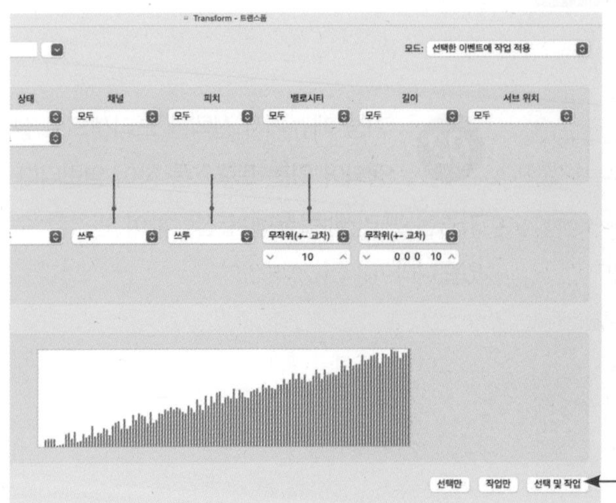

05 버튼은 조건에 맞는 이벤트를 선택하는 선택만, 조건에 맞는 이벤트를 선택한 이벤트에 대한 작업 값으로 변경하는 작업만, 선택과 변경을 함께 실행하는 선택 및 작업의 3가지가 있습니다.

2 프리셋 이용하기

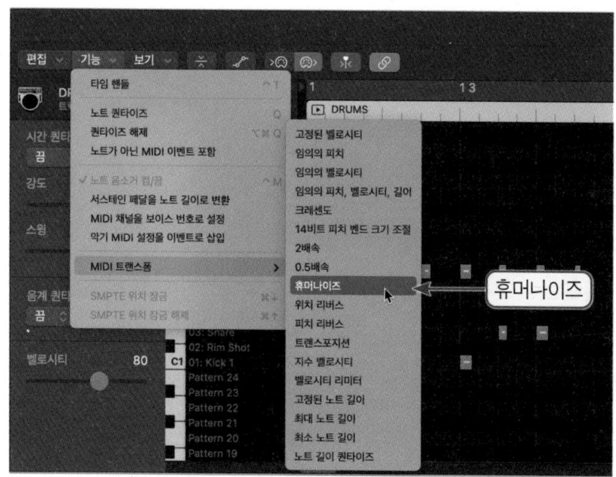

01 트랜스폼 창이 열려있다면, 프리셋에서 휴머나이즈를 선택하고, 닫았다면, 피아노 롤의 기능 메뉴에서 MIDI 트랜스폼의 휴머나이즈를 선택하여 바로 엽니다.

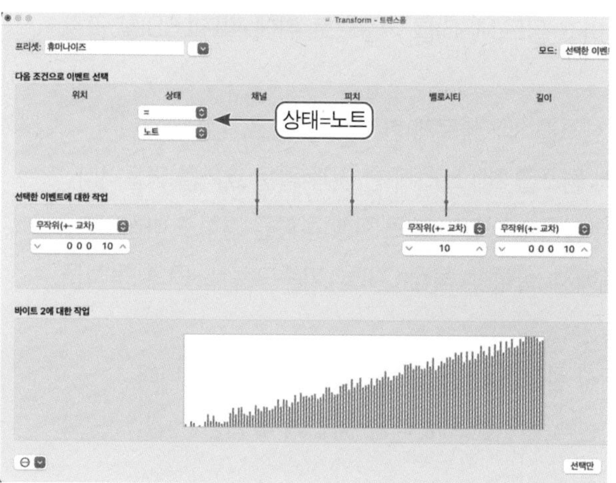

02 사용하지 않는 파라미터 가리기 옵션을 체크하여 사용하는 파라미터만 표시합니다. 다음 조건으로 이벤트 선택 항목에서는 상태 파라미터만 사용하고 있으며, 값은 =노트 입니다. 즉, 모든 노트를 검색하겠다는 의미입니다.

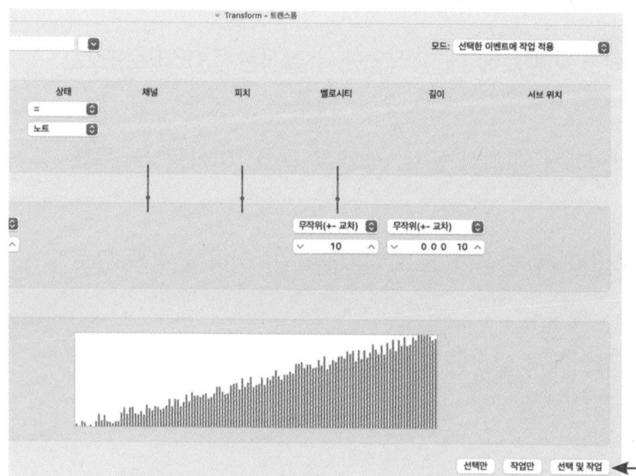

03 선택한 이벤트에 대한 작업 항목을 보면, 위치, 벨로시티, 길이 각각이 +-무작위이고 값은 10입니다. 즉, 위치, 벨로시티, 길이를 10 범위내에서 무작위로 변경되게 한다는 의미입니다. 선택 및 작업 버튼을 클릭하면, 마우스로 입력한 노트가 리얼로 녹음한 것처럼 변경되는 것을 확인할 수 있습니다.

알아 두면 좋아요! **트랜스폼 프리셋**

다음은 트랜스폼 프리셋의 역할입니다.

● **고정된 벨로시티** : 모든 노트의 벨로시티를 100으로 만듭니다.

● **임의의 피치** : 모든 노트의 음정을 C1에서 C5 범위로 자유롭게 변경합니다.

● **임의의 벨로시티** : 모든 노트의 벨로시티를 40에서 127범위로 자유롭게 변경합니다.

● **임의의 피치, 벨로시티, 길이** : 모든 노트를 음정음 C1에서 C5 범위로, 벨로시티는 40에서 127 범위로, 길이는 40 틱에서 16비트 60틱 범위로 자유롭게 변경합니다.

● **크레센도** : 노트 벨로시티를 1에서 127까지 순차적으로 변경하여 점점 세계의 크레센도 효과를 만듭니다. 적용 범위는 기본적으로 1에서 5마디까지로 설정되어 있으므로, 실제로 적용할 범위를 조정할 필요가 있습니다. 그리고 선택한 이벤트에 대한 작업의 값을 127에서 1로 변경하면, 디크레센도 효과로 응용할 수 있습니다.

● **12비트 피치 벤드 크기 조절** : 피치 벤드를 아래 필드(MSB)를 기준으로 위에 필드(LSB)를 곱한 값으로 변경합니다.

● **2배속** : 노트의 위치와 길이를 2배로 줄여서 템포를 2배 빠르게 한 것과 같은 효과를 만듭니다.

● **0.5배속** : 노트의 위치와 길이를 2배로 늘려서 템포를 2배 느리게 한 것과 같은 효과를 만듭니다.

● **위치 리버스** : 다음 조건으로 이벤트 선택에서 설정한 범위의 노트 진행 방향을 거꾸로 바꿉니다.

● **피치 리버스** : 다음 조건으로 이벤트 선택에서 설정한 음정(C3)을 기준으로 노트의 음정을 거꾸로 바꿉니다.

● **트랜스포지션** : 선택한 이베트에 대한 작업에서 설정한 값(반음=1)으로 음정을 변경합니다.

● **지수 벨로시티** : 모든 노트의 벨로시티를 선택한 이벤트에 대한 작업에서 설정한 값(%)으로 변경합니다.

● **벨로시티 리미터** : 선택한 이벤트에 대한 작업에서 설정한 벨로시티 값(100) 이상의 노트를 100으로 조정합니다.

● **고정된 노트 길이** : 모든 노트의 길이를 선택한 이벤트에 대한 작업에서 설정한 값(16비트)으로 변경합니다.

● **최대 노트 길이** : 선택한 이벤트에 대한 작업에서 설정한 노트 길이(온 음표) 이상을 온 음표 길이로 조정합니다.

● **최소 노트 길이** : 선택한 이벤트에 대한 작업에서 설정한 노트 길이(40틱) 이하를 40틱으로 조정합니다.

● **노트 길이 퀀타이즈** : 선택한 이벤트에 대한 작업에서 설정한 노트 길이(40틱)를 범위로 벗어나는 길이를 조정합니다.

3 프리셋 만들기

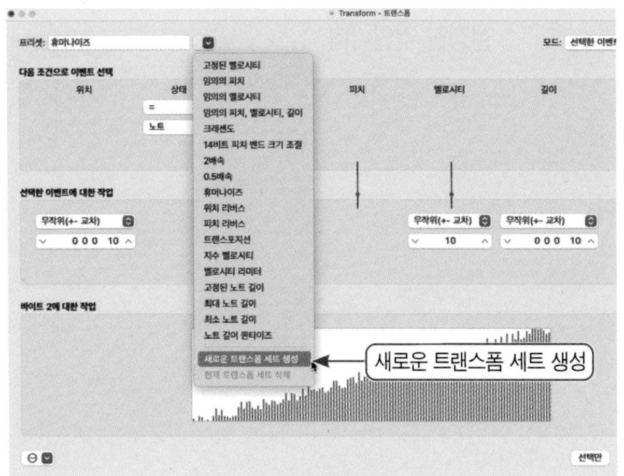

01 로직에서 제공하는 프리셋의 대부분은 작업 상황에 맞게 값을 조정하면서 사용 합니다. 여기서 좀 더 익숙해지면, 트랜스폼 프리셋 메뉴의 새로운 트랜스폼 세트 생성을 선택하여 자신만의 프리셋을 만들어 사용하기도 합니다.

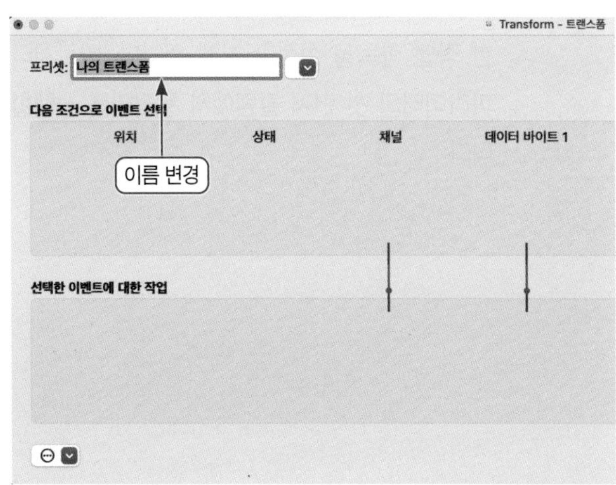

02 새로운 파라미터 세트라는 이름의 프리셋이 만들어집니다. 이름 항목을 더블 클릭하여 구분하기 쉬운 이름으로 변경합니다. 파라미터 옵션을 설정한 후에 결정해도 좋습니다.

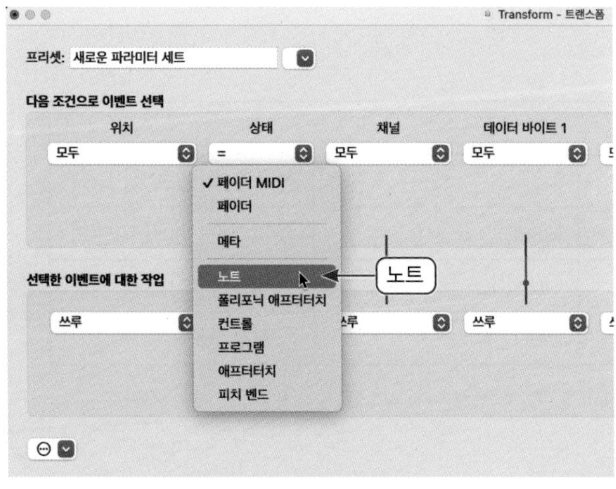

03 다음 조건으로 이벤트 선택 항목에서 어떤 이벤트를 검색할 것인지를 설정합니다. 상태의 첫 번째 등식 칼럼에서 =를 선택하고, 두 번째 종류 칼럼에서 노트를 선택합니다. 조건과 같은 노트를 검색하겠다는 의미입니다.

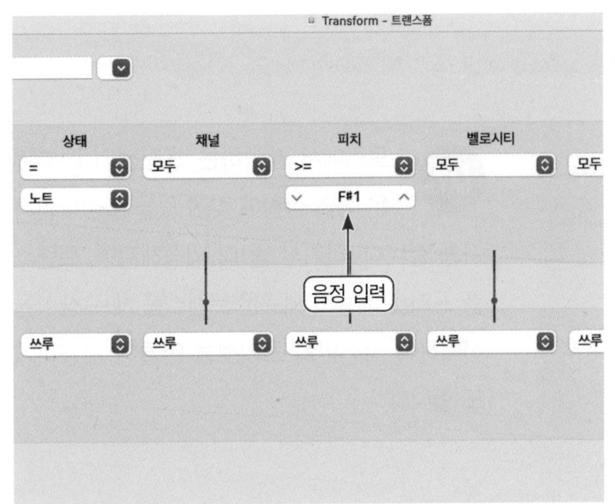

04 Pitch 파라미터에서 첫 번째 칼럼은 〉=를 선택하고, 두 번째 칼럼은 F#1으로 입력합니다. 검색 조건은 F#1 이상의 노트로 설정한 것입니다.

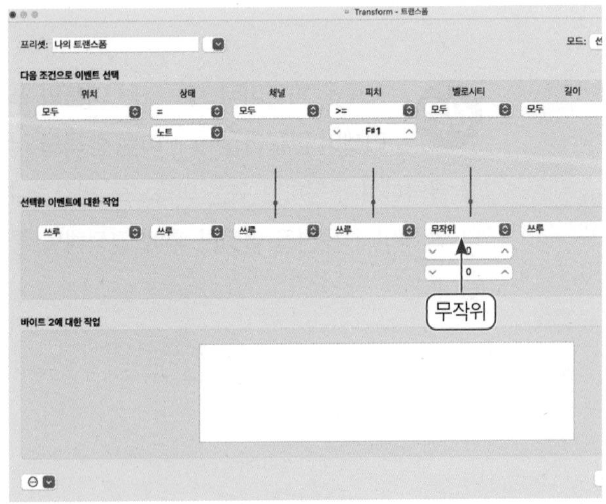

05 F#1 이상의 노트를 어떻게 변경할 것인지를 결정하는 선택한 이벤트에 대한 작업 항목을 설정할 차례 입니다. 벨로시티 파라미터의 첫 번째 칼럼에서 무작위를 선택합니다.

알아 두면 좋아요! 검색 조건의 등식과 역할

검색 조건의 등식			
All	모든 이벤트	〉=	선택한 이벤트 값 이하
=	선택한 이벤트	Inside	검색 범위 내의 이벤트
Unequal	선택한 이벤트 제외	Outside	검색 범위 밖의 이벤트
〈=	선택한 이벤트 값 이상	Map	그래프 사용

상태 파라미터는 검색할 이벤트의 종류를 선택합니다.

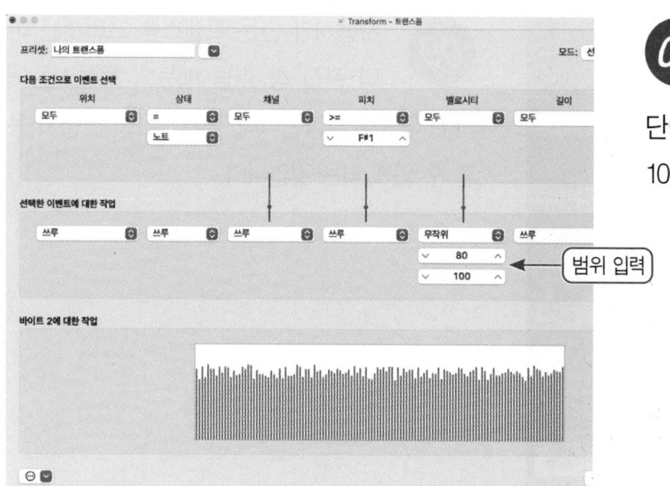

06 범위를 설정할 수 있는 칼럼이 보입니다. 상단 칼럼에서 80을 입력하고, 하단에서 100을 입력합니다. 벨로시티를 80에서 100 범위로 자유롭게 변경되도록 하는 것입니다.

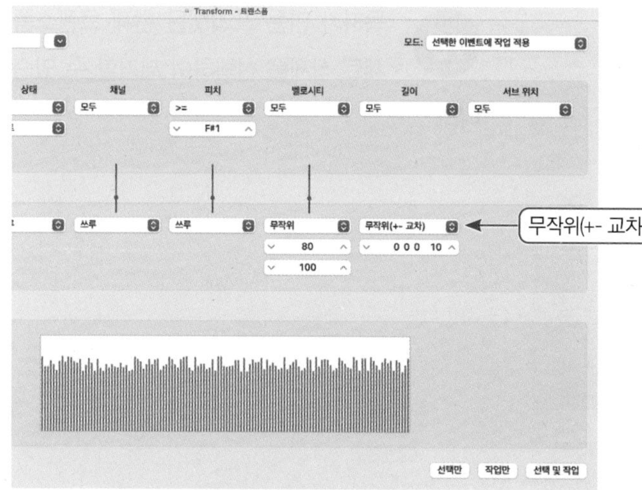

07 길이 파라미터의 첫 번째 칼럼에서 무작위(+- 교차)를 선택하고, 두 번째 칼럼에서 10을 입력합니다. 노트의 길이를 +-10 범위로 자유롭게 조정되게 하는 것입니다.

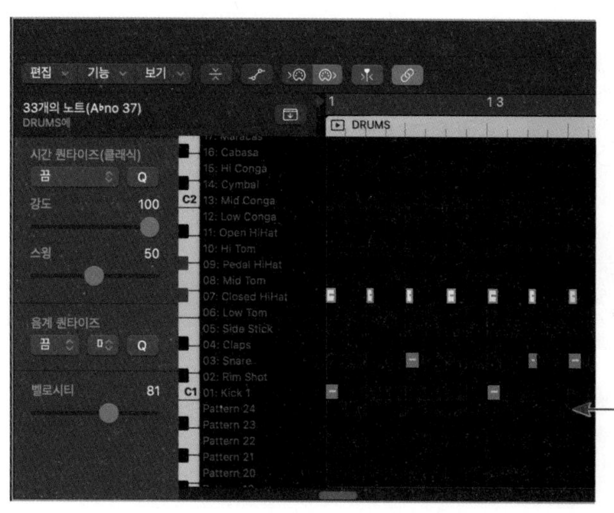

08 지금까지의 결과를 살펴보면, F#1 이상의 노트를 모두 검색하여 벨로시티는 80~100범위, 길이는 +-10 범위로 자유롭게 변경되게 한 것입니다. 선택 및 작업 버튼을 클릭하여 확인합니다.

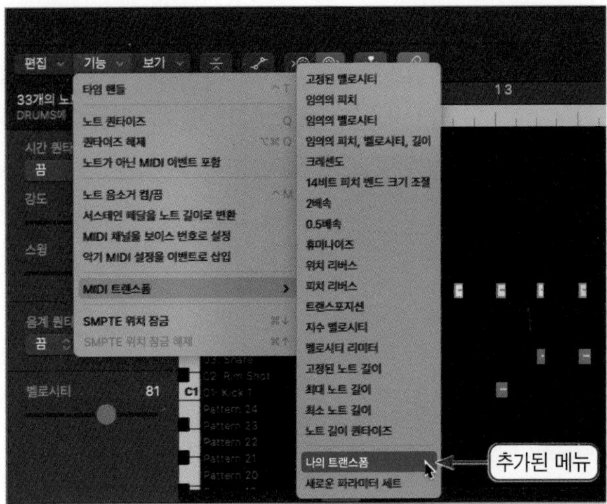

09 사용자가 만든 트랜스폼 프리셋은 미디 편집 창 기능 메뉴의 트랜스폼에 하위 메뉴로 추가됩니다. 언제든 프리셋을 이용할 수 있게 되는 것입니다.

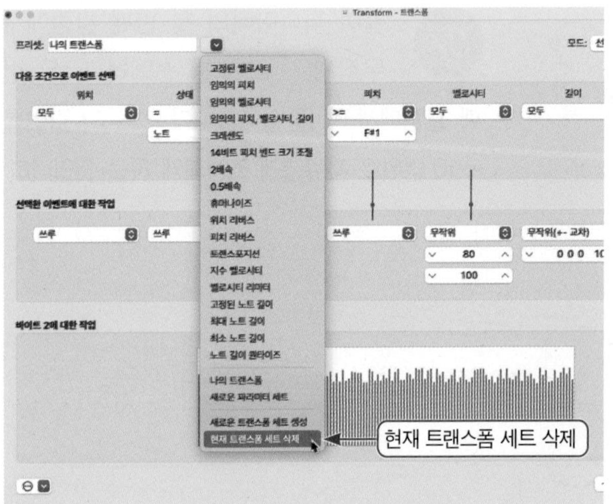

10 독자가 만든 프리셋은 현재 트랜스폼 세트 삭제를 선택하여 제거할 수 있습니다.

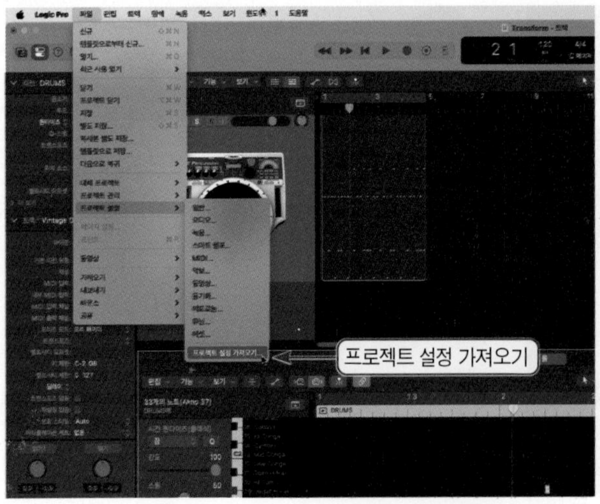

11 독자가 만든 트랜스폼 프리셋을 다른 곡 작업을 할 때 이용하고 싶다면, 파일 메뉴의 프로젝트 설정에서 프로젝트 설정 가져오기를 선택합니다.

12 프로젝트를 불러올 수 있는 창이 열립니다. 트랜스폼 프리셋을 만들었던 프로젝트를 더블 클릭합니다. 그리고 어떤 세팅을 불러올 것인지 선택하는 팝업 창에서 트래느폼 세트를 체크하고, 가져오기 버튼을 클릭합니다.

알아 두면 좋아요! 결과 등식과 역할

결과 등식			
쓰루	변경사항 없음	고정	설정 값으로 고정
더하기	설정값을 더함	빼기	설정값을 뺌
최소	최소 설정 기준 값	최대	최대 설정 기준 값
뒤집기	변경 기준 값	곱하기	설정값을 곱함
나누기	설정값을 나눔	크기 조절	최소에서 최대 값을 순차적으로 더함
범위	설정 범위 제한 값	무작위	자유롭운 변경
무작위(+-교차)	설절 값을 기준으로 +-	리버스	검색 값을 바꿈
퀀타이즈	설정 값의 배수로 변경	퀀타이즈 최소	최소 설정 값으로 변경
기하급수적	설정 값 비율로 조정	크레센	설정 값 비율로 증가
상대적 크레센도	설정 값 비율로 감소	맵 사용	그래프로 편집

미디 이펙트

미디 및 가상 악기 트랙의 채널 스트립에는 최대 9가지의 MIDI FX를 적용할 수 있는 슬롯이 있습니다. MIDI FX는 코드를 누르는 것만으로도 자동으로 아르페지오를 연주하거나, 하나의 건반으로 전체 코드를 연주할 수 있게 해줍니다. 이러한 기능은 특히 스택 트랙과 결합하여 한 건반에서 피아노는 아르페지오로, 스트링은 코드로 연주하는 등 다양한 연주 효과를 창출할 수 있습니다. MIDI FX는 음악적 창의성을 높이고, 복잡한 연주 기법을 간편하게 구현할 수 있는 중요한 도구입니다.

1 Arpeggiator

Arpeggiator MIDI 플러그인은 입력된 MIDI 노트를 기반으로 자동으로 음악적인 아르페지오 패턴을 생성합니다. 이 도구는 스플릿(split)과 리모트(remote) 기능을 제공하여 키보드에서 손을 뗄 필요 없이 다양한 아르페지오 기능을 제어할 수 있습니다. 아르페지오는 코드의 분산 재생을 의미하며, 플러그인은 다양한 패턴과 변조 옵션을 제공합니다. 인버전 기능은 코드의 근음을 변경하여 아르페지오 패턴을 변형할 수 있습니다. 이러한 기능은 라이브 공연이나 스튜디오에서 빠르게 창의적인 변화를 적용할 때 매우 유용합니다.

컨트롤 파라미터

01 Arpeggiator는 사용자가 누르는 코드를 아르페지오가 연주되게 하는 이펙트입니다. 기본 설정은 16비트 상행 패턴으로 연주되며, 플레이 버튼은 아르페지오 연주를 On/Off 합니다.

02 캡처 버튼은 미디 트랙으로 드래그하여 사용자가 연주하는 코드 패턴을 리전으로 배치할 수 있습니다. 위쪽은 사용자 연주 코드이고, 아래쪽이 아르페지오 연주 패턴입니다.

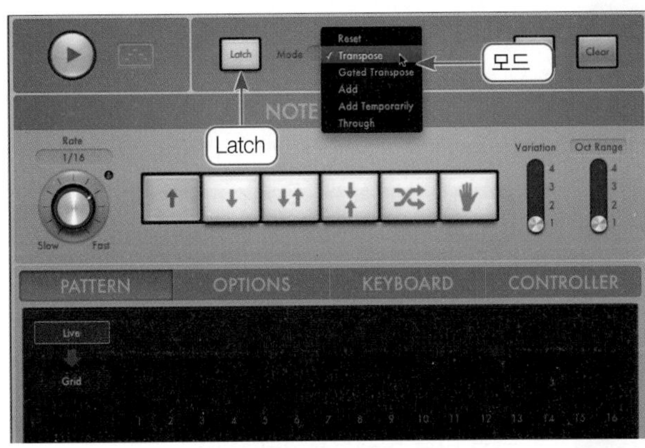

03 Latch 버튼은 모드 항목에서 선택한 기능을 On/Off 합니다. 모드는 5가지를 제공하며, 기본 모드의 Transpose는 코드를 노트 별로 할당합니다. 예를 들어 C 코드를 눌러 연주하고, 〈레〉를 누르면 D 코드, 〈미〉를 누르면 E 코드로 연주되는 것입니다.

Latch 모드

● Reset : 건반으로 누르고 있지 않아도 아르페지오가 연주되는 래치 기본 기능만 작동합니다.

● Transpose : 코드를 노트 별로 할당합니다. 도-레-미... 노트 별로 C, D, E 코드가 연주되는 것입니다. 이 모드는 다른 코드를 누르면 변경됩니다. 즉, C7을 누르면 노트 별로 C7, D7, E7으로 바뀝니다.

● Gated Transpose : Transpose 모드와 동일합니다. 단, 건반을 누르고 있는 동안에만 작동합니다.

● Add : 노트를 추가 합니다. C 코드로 연주되고 있는 상태에서 〈시〉누르면 CM7으로 연주되는 것입니다. Delete Last 버튼을 클릭하여 추가된 노트를 역순으로 삭제하거나 Clear 버튼을 클릭하여 모든 노트를 삭제할 수 있습니다.

● Add Temporarily : Add와 동일하지만, 새로 추가되는 노트를 변경한다는 차이가 있습니다. Add 모드에서는 C 코드에서 〈시〉를 누르고, 〈레〉를 누르면 두 노트가 모두 추가되어 〈도-미-솔-시-레〉로 연주되지만, Add Temporarily 모드는 〈시〉가 〈레〉로 변경되어 〈도-미-솔-레〉로 연주됩니다.

● Through : 처음에 누른 코드만 아르페지오로 동작되고, 이후에는 일반 노트로 연주되게 합니다.

Note Order

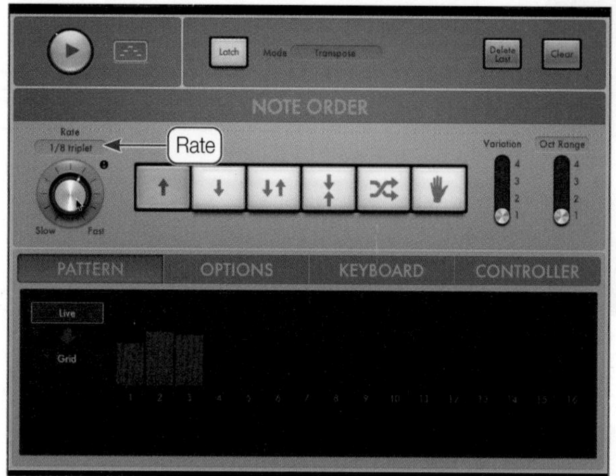

01 Note Order 섹션에는 아르페지오의 속도, 방향, 범위 등을 설정할 수 있는 파라미터로 구성되어 있습니다. Rate 노브가 속도를 결정하는 것으로 4비트에서 32비트까지 다양한 설정이 가능합니다.

> **TIP** Rate 항목의 값을 클릭하면 비트를 선택할 수 있는 목록이 열립니다.

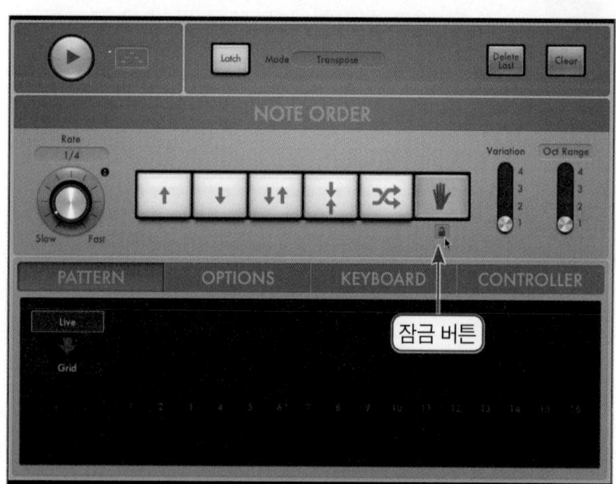

02 Up(상행), Down(하행), Up/Down(상/하행), Outside-in(외성에서 내성으로), Random(무작위), As played(노트를 누른 순서)의 6개 버튼은 연주 방향을 결정하는 것이며, 손바닥 모양의 As Played는 패턴을 유지하는 잠금 버튼을 제공합니다.

> **TIP** 1-3-5-7 노트를 눌렀을 때 밖에 있는 1-7이 외성이며, 안쪽의 3-5가 내성 노트입니다.

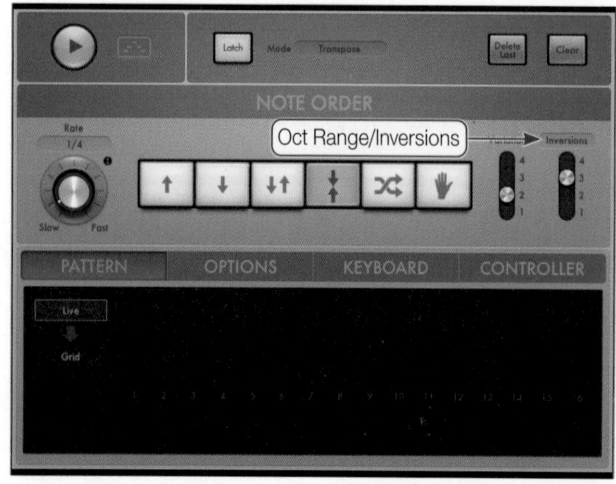

03 Variation은 4가지로 패턴의 변화를 줄 수 있으며, Oct Range는 4 옥타브 범위로 확장할 수 있습니다. Oct Range 버튼을 클릭하여 Inversions으로 변경하면 4가지 전위 코드로 연주되게 하는 기능을 합니다.

Pattern

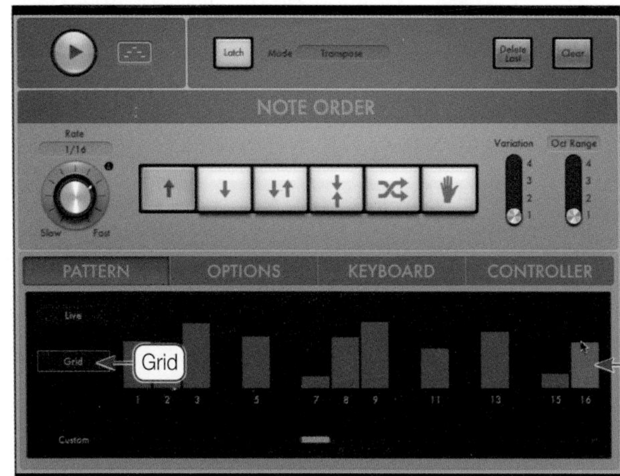

01 Pattern 패널의 Grid 버튼을 클릭하면 패턴을 수동으로 편집할 수 있습니다. 벨로시티 라인을 클릭하여 노트를 추가하고 바를 위/아래로 드래그하여 값을 조정할 수 있습니다. 노트를 삭제할 때는 번호를 클릭합니다.

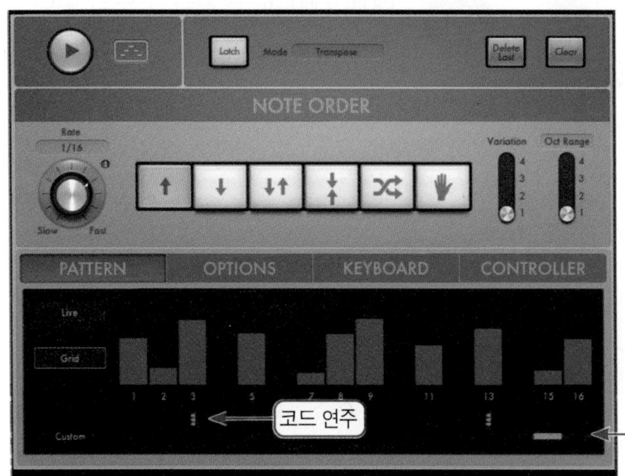

02 노트 번호 아래쪽의 코드 버튼을 클릭하여 On으로 하면, 해당 비트가 연주되는 위치에서 코드로 연주됩니다. 비트를 확장할 때는 아래쪽의 스크롤 바를 드래그합니다.

Custom

03 Arpeggiatro에서 제공하는 패턴은 Custom 버튼을 클릭하여 선택할 수 있으며, 사용자가 만든 패턴은 Save Pattern as를 선택하여 저장할 수 있습니다.

Options

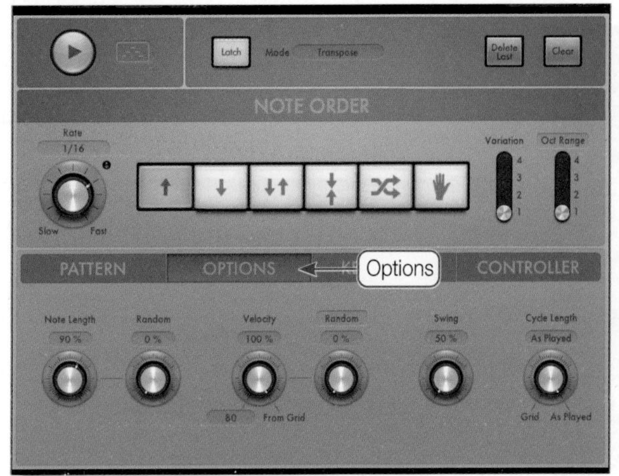

01 Options 패널은 노트의 길이와 벨로시티를 조정할 수 있는 파라미터를 제공합니다. 미디 이벤트를 마우스로 입력한 경우에도 실제 연주를 녹음한 듯한 효과를 만들 수 있는 것입니다.

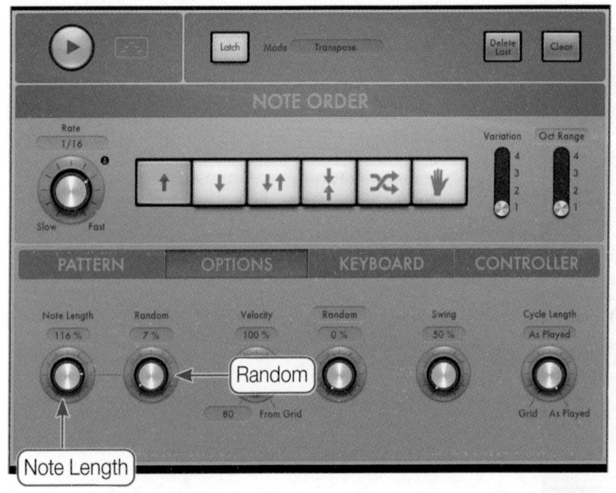

02 Note Length는 입력 노트의 길이를 조정합니다. 마우스로 입력한 노트라면 Random 값을 이용하여 무작위로 조정하는 것이 좋습니다.

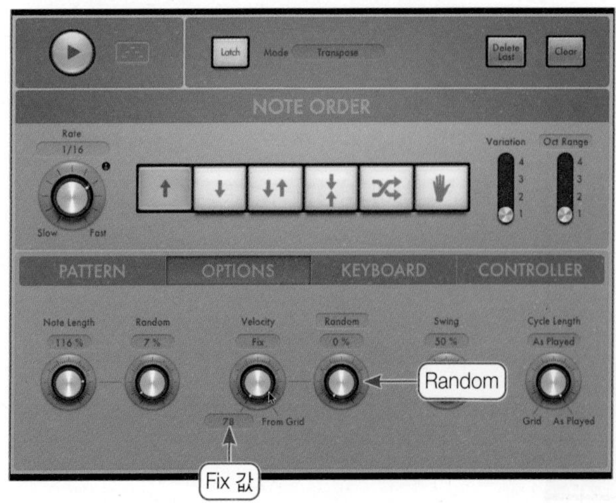

03 Velocity는 입력 노트의 벨로시티를 조정합니다. 왼쪽으로 돌려 Fix로 설정하면, Fix 값으로 설정한 벨로시티로 연주됩니다. 마우스로 입력한 노트라면 Random 값을 이용하여 무작위로 조정하는 것이 좋습니다.

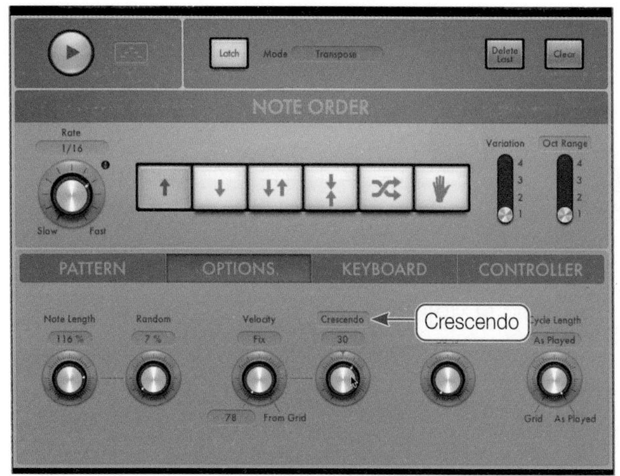

04 Random을 클릭하면 Cresendo로 변경하면 점점 크게(Cresendo) 및 점점 작게(Decresendo) 연주됩니다. 노브를 오른쪽으로 돌리면 점점 크게 연주되며, 왼쪽으로 돌리면 점점 작게 연주됩니다.

05 Swing 노브는 업 박 타임으로 조정하여 스윙 리듬을 만듭니다. 기본 값 50%가 스트레이트이며, 값이 커질 수록 업 박자가 뒤로 이동됩니다.

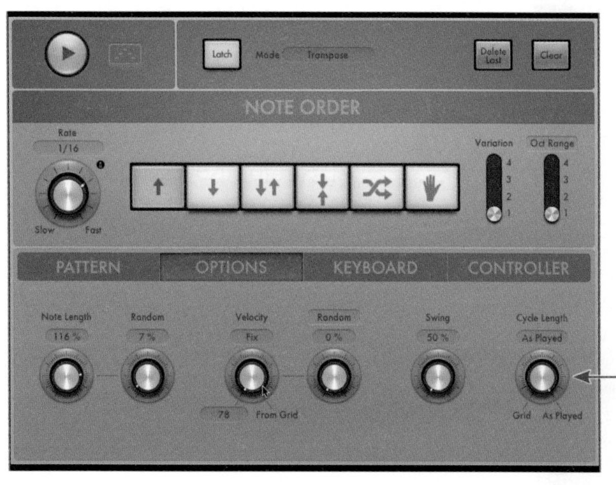

Cycle Length

06 Cycle Length는 아르페지오 연주 패턴이 반복되는 길이를 설정합니다. 왼쪽으로 돌려 Grid 패턴 길이를 반복하거나 오른쪽으로 돌려 건반을 누르고 있는 동안만 반복되게 할 수 있습니다.

Keyboard

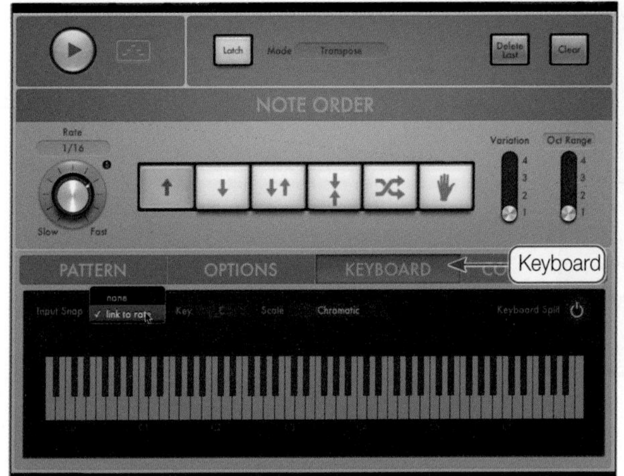

01 Keyboard 패널은 스케일 및 리모트 설정 옵션을 제공합니다. 첫 번째 Input Snap은 패턴의 시작 타임을 Note Order의 Rate 값에 맞출 것인지의 여부를 선택하는 옵션입니다.

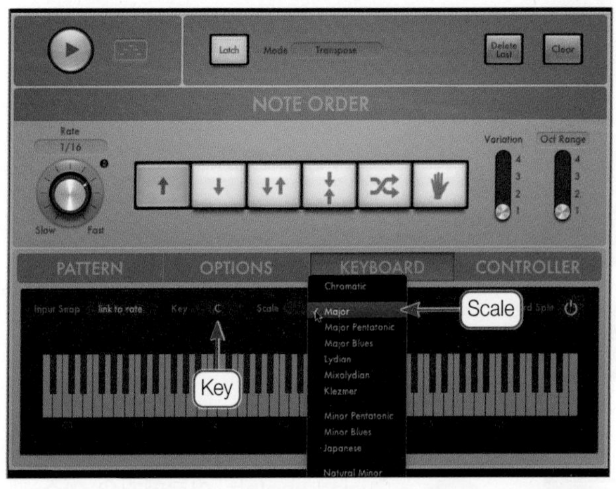

02 Key와 Scale은 건반의 키와 스케일을 설정합니다. C Major 스케일로 설정을 한다면 b이나 #을 연주할 수 없는 것입니다. 스케일 애드립이 연주가 필요한 경우에 이용할 수 있습니다.

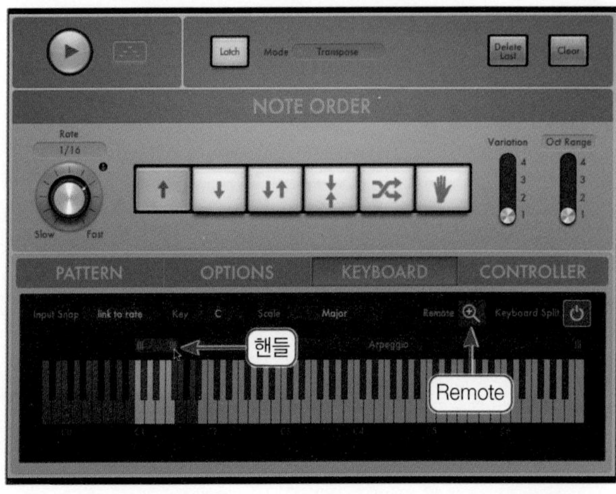

03 Keyboard 패널의 핵심 옵션은 리모트 기능입니다. Keyboard Split 버튼을 On으로 하면 건반이 분리되며, C1~E1까지의 파란색 건반이 리모트 역할을 합니다. 리모트 범위는 핸들을 드래그하여 확장 가능하며, 각 노트에 할당된 파라미터는 Remote 버튼을 클릭하여 볼 수 있습니다.

04 각 노트에 할당되어 있는 파라미터는 마우스 드래그로 변경 가능합니다. 연주를 하면서 패턴을 바꾸거나 Variation 및 Oct 범위를 조정할 수 있는 것입니다.

Controller

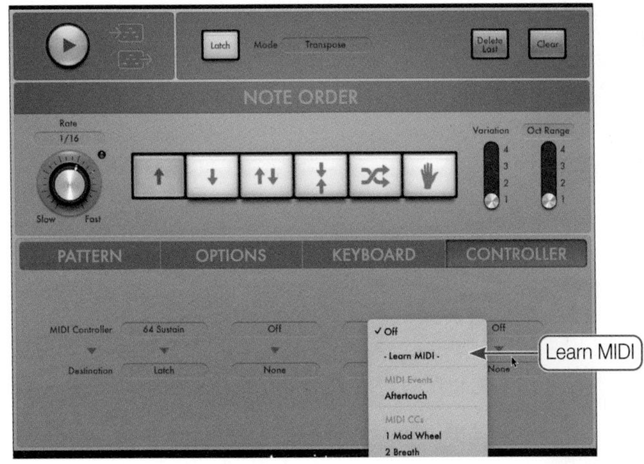

01 Arpeggiator의 옵션을 외부 장치로 컨트롤할 수 있게하는 것이 Controller 패널입니다. Destination에서 조정할 옵션을 선택하고, MIDI Controller에서 Learn MIDI를 선택한 다음에 외부 컨트롤러를 움직여 인식시키면 됩니다.

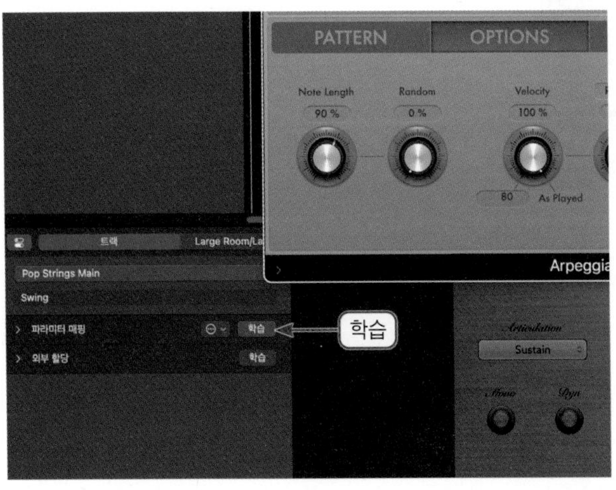

02 Arpeggiator 파라미터는 스마트 컨트롤러를 이용해서 조정할 수 있으며, 학습 버튼을 On으로 놓고, 옵션을 선택하여 기본 설정을 변경할 수 있습니다. 외부 장치 연결이 필요한 경우에는 외부 할당의 학습 버튼을 On으로 합니다.

2 Chord Trigger

코드 트리거(Chord Trigger)는 MIDI 이펙트로, 하나의 건반 입력으로 코드나 화음을 자동으로 연주할 수 있게 해줍니다. 이 기능은 코드 연주가 서툰 사용자에게 매우 유용하며, 마스터 키보드 없이 야외에서 뮤직 타이핑을 이용하여 작업할 때 편리합니다. 음악적 창의성을 높이고, 복잡한 코드나 화음을 손쉽게 사용할 수 있는 코드 트리거는 작곡가나 프로듀서들에게 창의적인 연주 기법을 구현하는 데 큰 도움이 됩니다.

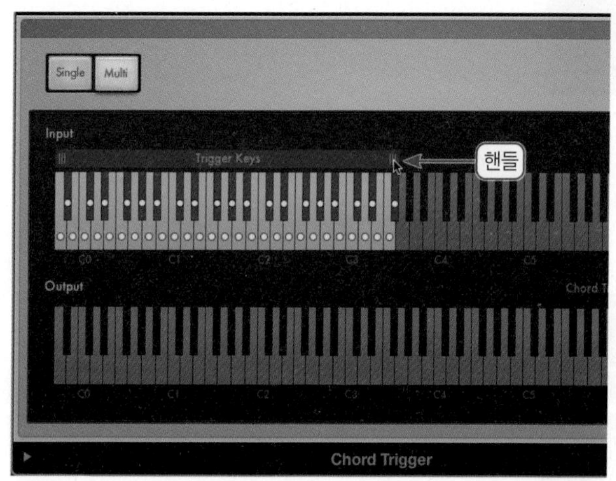

01 Chord Trigger는 하나의 노트로 코드를 연주할 수 있게하는 이펙트 입니다. 상단의 Input이 누르는 노트이고, 하단의 Output이 연주되는 코드입니다. Input 범위는 핸들을 드래그하여 조정할 수 있습니다.

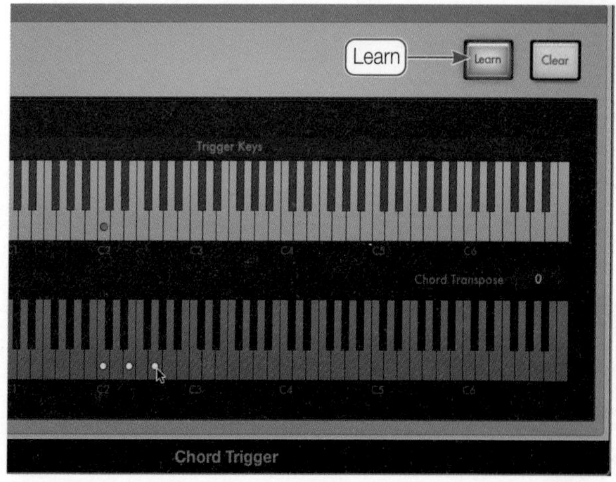

02 코드를 정의할 때는 Learn 버튼을 On으로 놓고, Input에서 노트를 선택합니다. 그리고 Output에서 연주될 코드를 선택하면 됩니다. 선택된 노트는 다시 클릭하여 해제 할 수 있습니다.

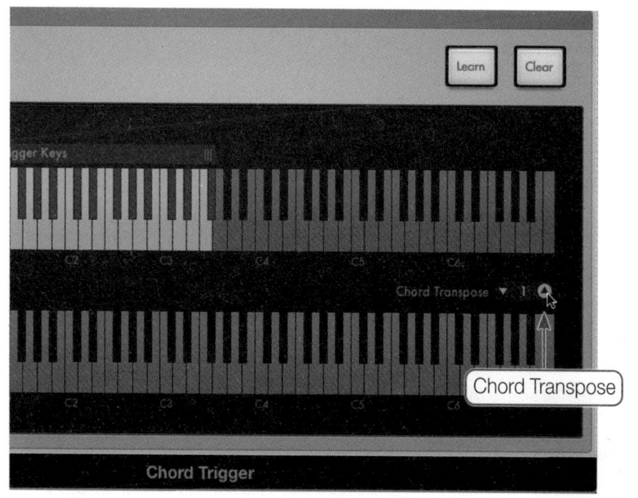

03 Clear 버튼은 정의된 노트를 삭제하고 재 설정 할 수 있게 하고, Output의 Chord Transpose는 음정을 조정합니다. C 스케일 코드를 정의하고, +2를 하여 D 스케일 코드 연주를 할 수 있는 것입니다.

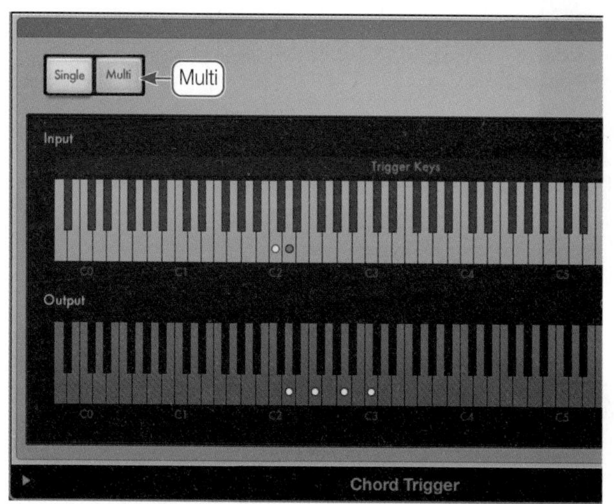

04 Multi 모드에서는 Learn 버튼을 Off 할 때 까지 각 노트에 코드를 할당 할 수 있습니다. 코드를 정의할 노트가 많다면 Single 모드 보다 편리할 것입니다.

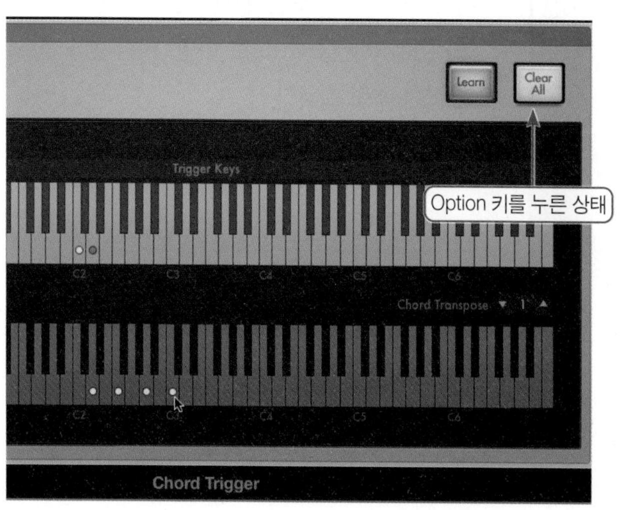

05 Multi 모드에서 Clear 버튼은 노트를 개별적으로 취소하여 편집할 수 있는 역할을 하며, 모든 정의를 삭제할 때는 Option 키를 누른 상태에서 Clear 버튼을 클릭합니다.

TIP Chord Trigger와 Arpeggiator를 함께 사용하면, 하나의 노트로 아르페지오 연주를 할 수 있게 되는 것입니다.

3 Modifier

모디파이어(Modifier)는 MIDI 이벤트를 실시간으로 변형하여 사용자가 원하는 형태로 출력해주는 MIDI 이펙트입니다. 이 도구를 사용하면 마스터 키보드의 슬라이더나 노브를 활용하여 가상 악기의 파라미터를 조절하거나, MIDI 노트의 음정과 속도를 수정하여 음악적 표현을 다채롭게 변화시킬 수 있습니다. 모디파이어는 작곡가나 프로듀서들에게 특히 중요한 도구로서, 창의적인 음악 제작에 큰 기여를 합니다.

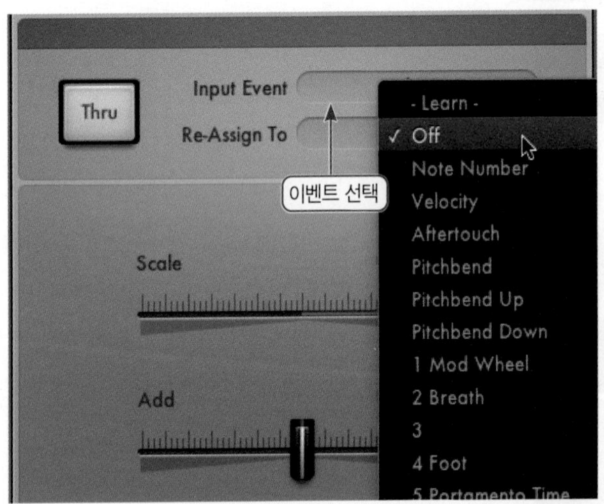

01 Modifier는 입력되는 미디 이벤트를 다른 정보로 출력 되게 하거나 필터링 하는 역할을 합니다. Input Event에서 입력 이벤트를 선택하고, Re-Assign To에서 출력 이벤트를 선택합니다. Re-Assign To에서 Off를 선택하면 Input Event가 필터링 됩니다.

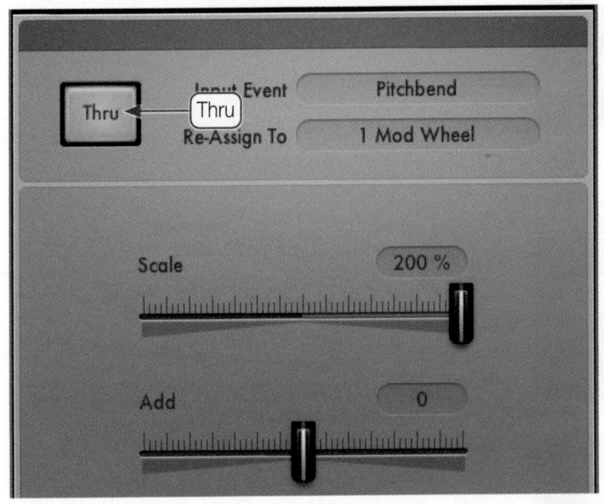

02 Thru 버튼은 입력 이벤트의 출력 여부를 결정합니다. 예를 들어 Input Event에서 Pitchbend를 선택하고, Re-Assign To에서 1 Mod Wheel을 선택하면 입력되는 피치 벤드 정보가 모듈레이션 정보로 출력 되는데, Thru 버튼을 On으로 하면, 피치 벤드 정보도 함께 출력 됩니다.

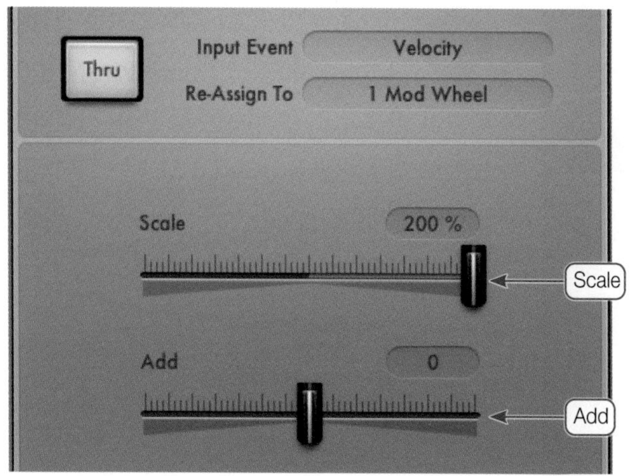

03 Re-Assign To에 할당된 이벤트는 Scale 슬라이더를 이용해서 확장이 가능하며, Add 슬라이더는 추가되는 이벤트 타임을 조정합니다.

4 Modulator

모듈레이터(Modulator)는 MIDI 노트의 음높이, 길이, 벨로시티 등을 실시간으로 조정하여 음악적 변형을 가능하게 하는 도구입니다. 이를 통해 MIDI 컨트롤러를 사용하여 음악적 요소들을 자유롭게 수정하고 조작할 수 있습니다. 피치를 바이브레이션으로 변형하거나, 길이를 자동으로 늘리거나 줄일 수 있으며, 벨로시티 모듈레이션을 통해 감정적인 연주를 강조하거나, 음향 디자인에서 창의적인 표현을 가능하게 합니다. 이러한 기능들은 음악 제작 과정에서 중요한 역할을 하며, 다양한 사용자들에게 음악적 창의성을 높이는 강력한 도구로 활용됩니다.

LFO

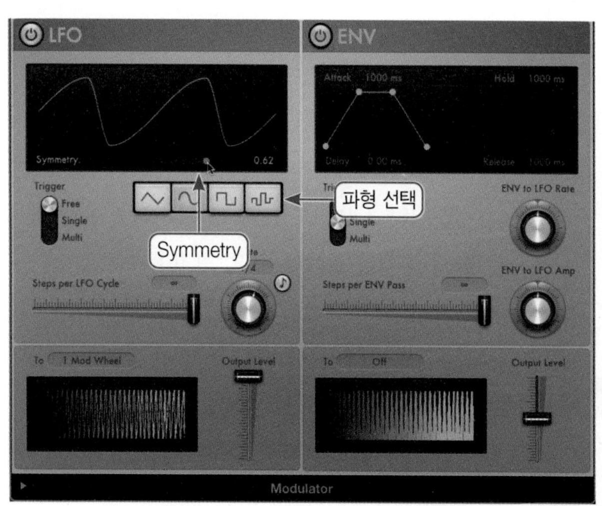

01 Modulator는 입력되는 노트에 LFO 파형의 연속적인 컨트롤 정보를 추가합니다. LFO 파형은 삼각, 사인, 사각, 불규칙의 4가지 버튼을 Symmetry 슬라이더를 이용해서 기울기를 조정할 수 있습니다.

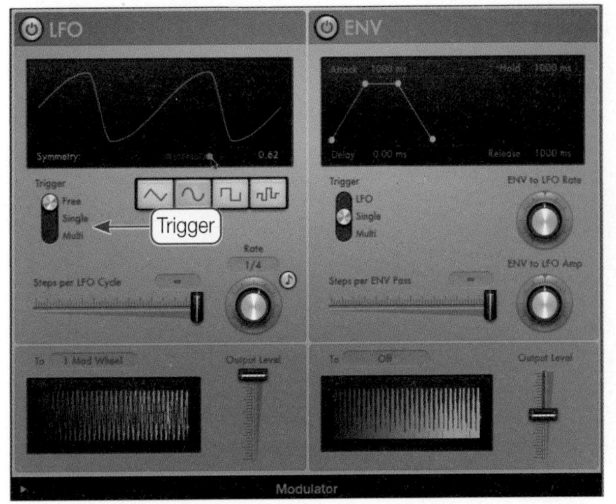

02 Trigger은 LFO의 시작 타임을 결정합니다. Free는 입력 노트에 상관없이 파형이 반복되고, Single은 첫 번째 입력되는 노트로 재설정됩니다. 그리고 Multi는 입력되는 노트마다 재설정됩니다.

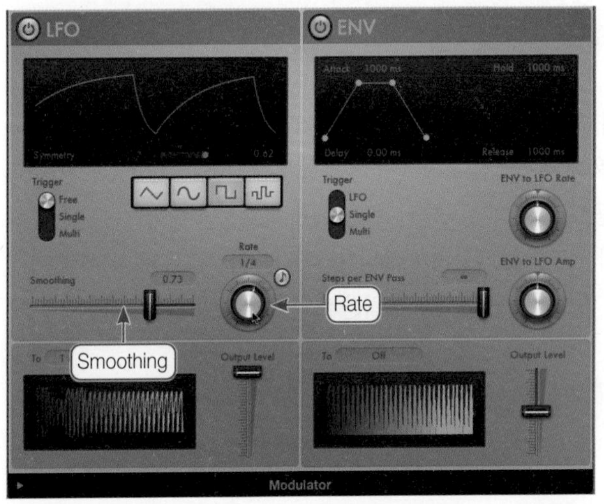

03 Smoothing은 파형의 각도를 조정하며, Rate는 속도를 조정합니다. Rate 노브 오른쪽의 음표 모양의 싱크 버튼은 속도를 템포에 맞출 것인지 Hz 단위로 자유롭게 조정할 것인지를 결정합니다.

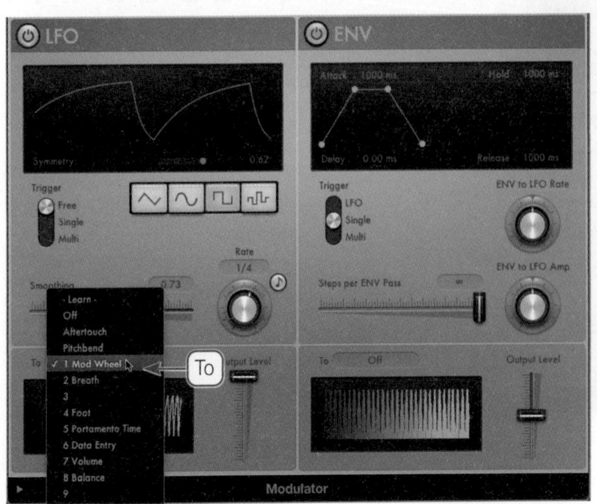

04 To 목록은 Modulator의 핵심이며, 여기서 선택한 컨트롤 정보가 출력되는 것입니다. Output Level 슬라이더를 이용해서 출력 레벨을 조정할 수 있습니다.

ENV

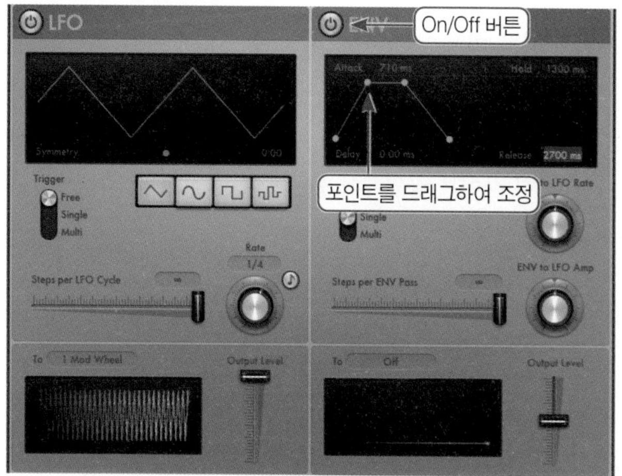

01 ENV 전원 버튼을 On으로 하면 LFO의 시작(Attack), 유지(Hold), 지연(Delay), 소멸(Release) 타임을 조정할 수 있습니다. 조정 방법은 포인트를 드래그 하거나 각 항목의 값을 더블 클릭하여 직접 입력하는 것입니다.

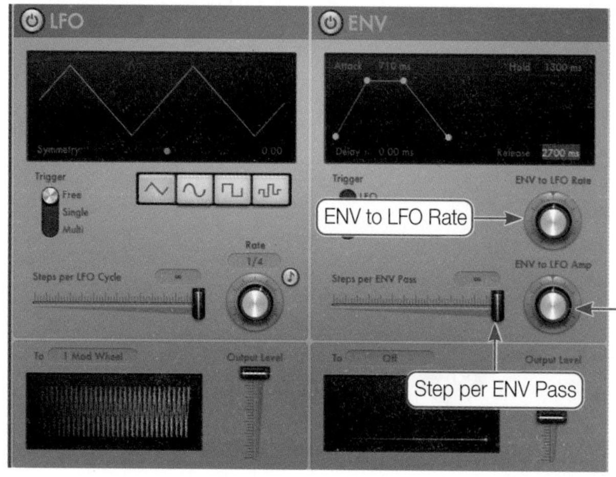

02 Steps per ENV Pass는 싸이클에 적용되는 엔벨로프 횟수를 지정하며, EVN to LFO Rate로 속도를 조정합니다. ENV 패널에는 출력 크기를 조정하는 ENV to LFO Amp는 노브도 제공되고 있습니다.

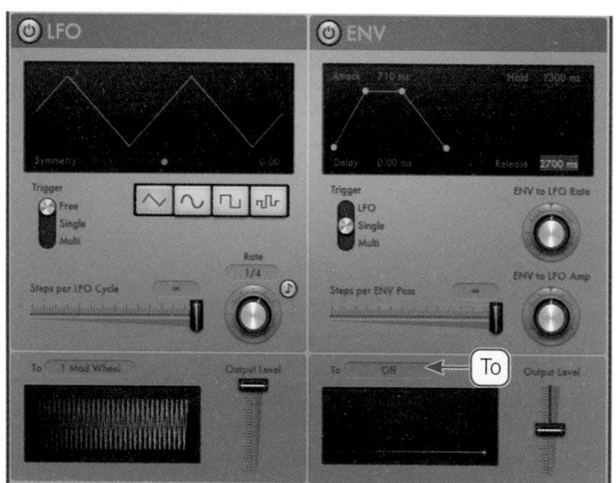

03 To 목록에서 엔벨로프 출력 컨트롤 정보를 선택할 수 있으며, Off 일 때 LFO 정보만 출력됩니다. Output Level은 출력 레벨을 조정합니다.

5 Note Repeater

노트 리피터(Note Repeater)는 MIDI 노트를 설정한 패턴에 따라 자동으로 반복 재생하는 MIDI 플러그인입니다. 이 도구는 사용자가 입력한 MIDI 노트를 설정한 반복 패턴으로 재생하며, 이를 통해 아르페지오 효과나 특정 패턴을 반복하여 음악에 다채로운 효과를 추가할 수 있습니다. 사용자는 다양한 반복 패턴과 속도 설정 옵션을 조정하여 원하는 리듬과 효과를 자유롭게 구현할 수 있습니다. 특히 라이브 공연에서 유용하며, 음악 제작 과정에서도 창의적인 표현을 도울 수 있는 강력한 도구입니다.

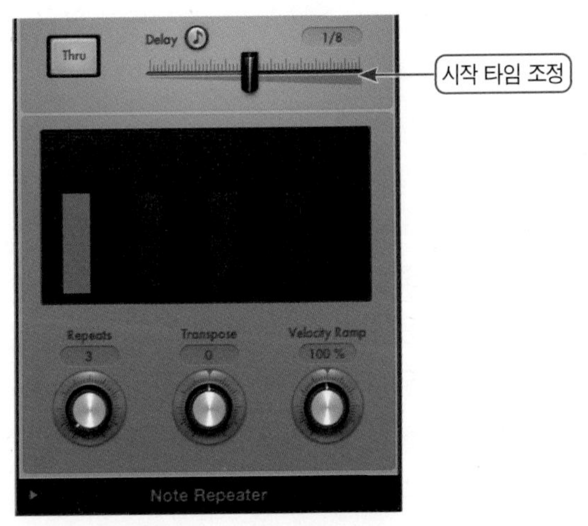

01 Note Repeater는 노트를 반복시키는 것으로 반복 시작 타임은 음표 모양의 싱크 버튼으로 템포에 맞추거나 시간(ms) 단위로 조정할 수 있습니다.

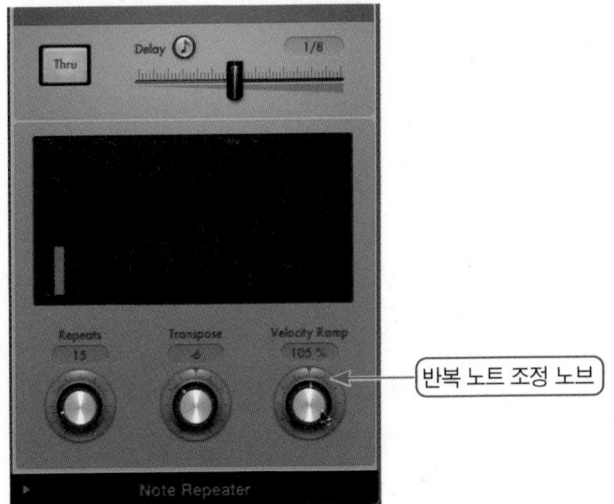

02 Repeats는 반복 간격, Transpose는 음정, Velocity Ramp는 레벨을 조정하는 노브 입니다. 디스플레이 창이 막대 모양으로 표시가 되기 때문에 쉽게 이해할 수 있을 것입니다.

6 Randomizer

랜덤마이즈(Randomizer)는 MIDI 노트나 컨트롤러 이벤트에 무작위 변화를 주어 음악적 창의성을 높이거나 다양한 효과를 만들어내는 플러그인입니다. 선택한 MIDI 이벤트에 무작위성을 추가하여 새로운 음악적 요소를 쉽게 삽입할 수 있으며, 범위와 방식을 자유롭게 설정하여 음악의 다양한 변화와 효과를 창출할 수 있습니다.

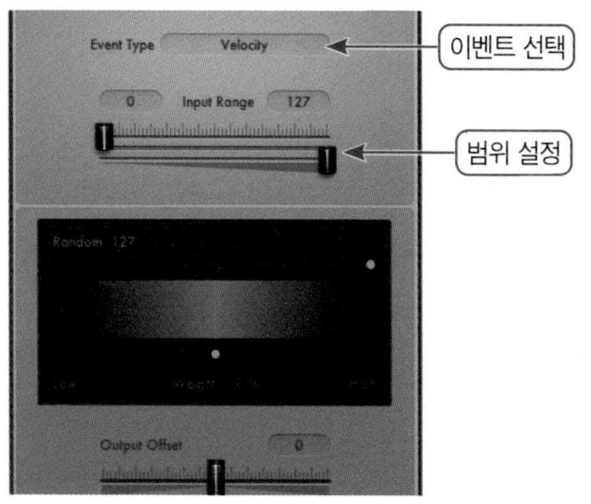

01 Randomizer는 입력 이벤트를 무작위로 출력합니다. 입력 이벤트는 이벤트 Type에서 선택하며, 적용 범위는 Input Range 슬라이더로 조정합니다.

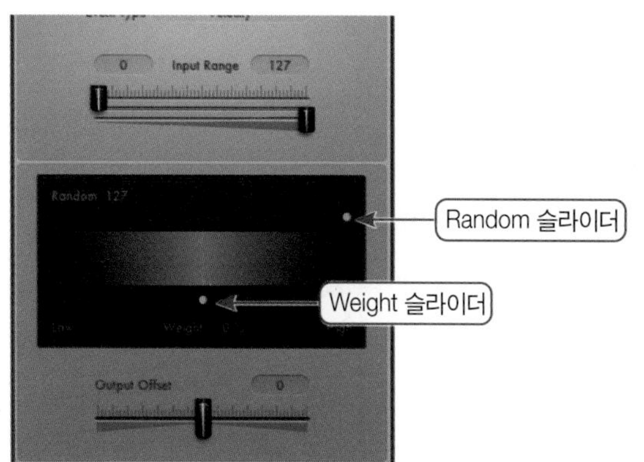

02 Random 슬라이더는 적용 범위를 설정하며 디스플레이 창에서 그라데이션으로 확인 됩니다. Weight 슬라이더는 Random이 적용되는 범위를 설정하는 것으로 Low 쪽은 낮은 값, High 쪽은 높은 값에서 무작위로 출력됩니다.

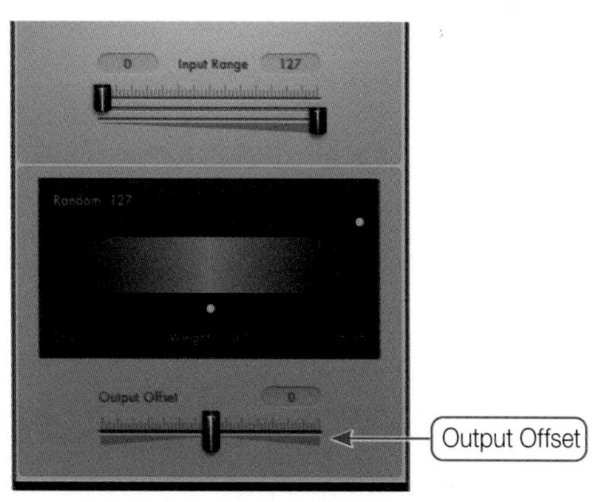

03 Output Offset은 Randomizer가 상쇄되는 값을 설정합니다. 양수의 High와 음수의 Low가 될 수 있습니다.

7 Scripter

스크립터(Scripter)는 자바스크립트 기반의 프로그래밍 언어로 사용자가 원하는 MIDI 효과를 만들 수 있습니다. 이에 대한 지식을 갖추고 있는 경우라면 미디 이벤트를 변조할 수 있는 가능성은 거의 무한대에 가깝고, 동적 재생이 가능한 음악 웹 페이지를 만들 수도 있습니다. 그러나 하루 아침에 익힐 수 있는 것은 아니므로, 관심을 가져보라고 권하지는 않습니다. 인터넷에서 Logic Pro Scripter를 검색하여 전문가들이 만들어 놓은 코드를 활용하거나 기본 프리셋을 사용하는 정도면 충분할 것입니다.

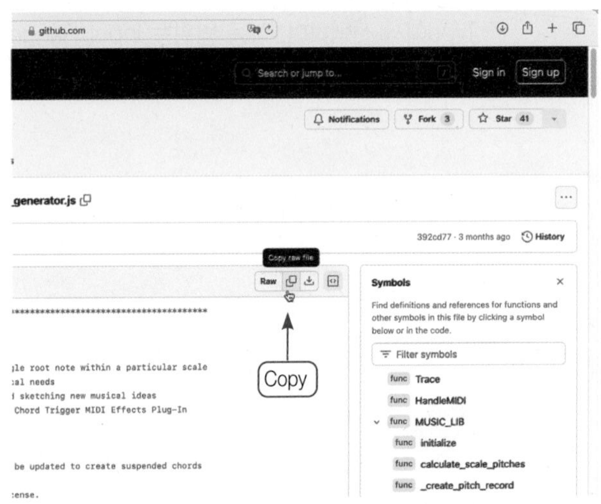

01 인터넷에서 Logic Pro Script를 검색하여 코드를 복사하거나 파일을 다운 받습니다. 스크립트 코드를 제공하는 사이트가 현저하게 줄고 있기 때문에 그림과 다를 수 있습니다.

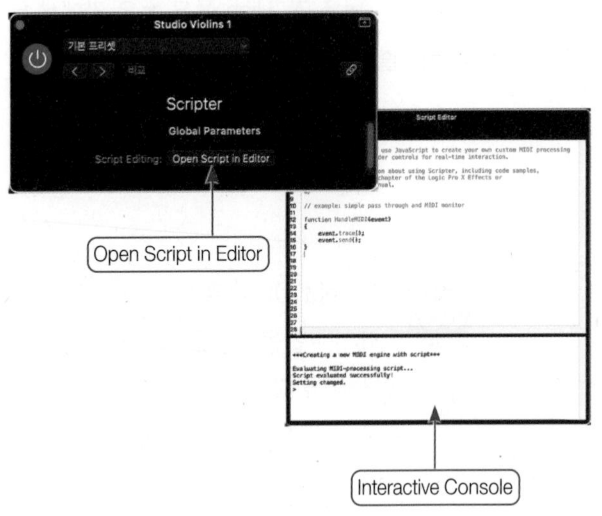

02 Scripter를 로딩하면 비어 있는 장치와 편집 창이 열립니다. 편집 창을 닫은 경우에는 Open Script in Editor 버튼을 클릭하여 열 수 있습니다. 편집 창 아래쪽의 Interactive Console은 코드의 오류 및 결과를 표시합니다.

Script Editor

Run Script

```
/*
With Scripter, you can use JavaScript to create your own custom MIDI processing
effects, including slider controls for real-time interaction.

For detailed information about using Scripter, including code samples,
see the MIDI plug-ins chapter of the Logic Pro X Effects or
MainStage 3 Effects manual.
*/

// example: simple pass through and MIDI monitor

function HandleMIDI(event)
{
	event.trace();
	event.send();
}
```

Creating a new MIDI engine with script

03 Code Editor 창에서 Command+A 키를 눌러 기본 코드를 모두 선택하고, Command+V 키를 눌러 앞에서 복사한 코드를 붙여 넣습니다.

04 코드 편집 창의 Run Script 버튼을 눌러 실행하면 장치의 파라미터가 구성되는 것을 확인할 수 있습니다. 새로운 장치가 생성되는 것입니다.

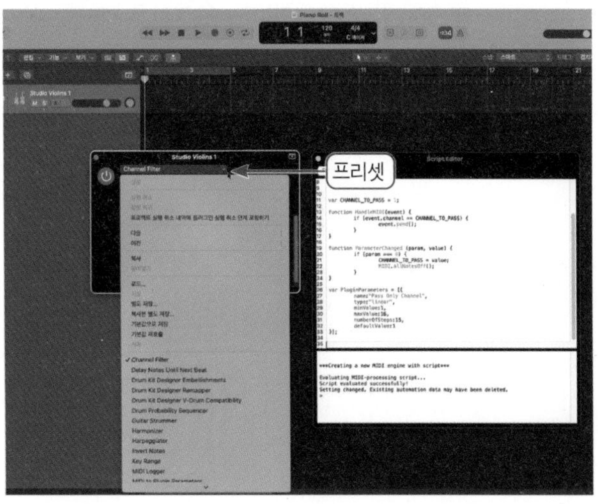

05 Scripter는 다양한 효과를 만들 수 있는 프리셋을 제공합니다. 인터넷에서 검색하는 것에 관심이 없더라도 프리셋은 하나씩 테스트를 해보기 바랍니다. 개인에 따라 유용한 것들이 있을 수 있습니다.

8 Transposer

트랜스포저(Transposer)는 MIDI 트랙에서 사용되며, MIDI 노트의 음정을 원하는 만큼 변조하는 도구입니다. 이 플러그인을 사용하면 입력된 모든 MIDI 노트를 설정한 세미톤 단위로 상향 또는 하향 조정할 수 있습니다. 예를 들어, +12로 설정하면 모든 노트가 옥타브 한 번 상승하고, -5로 설정하면 다섯 반음 내려갑니다. 이는 음악 작업에서 원하는 음정으로 쉽게 조정할 수 있도록 도와줍니다.

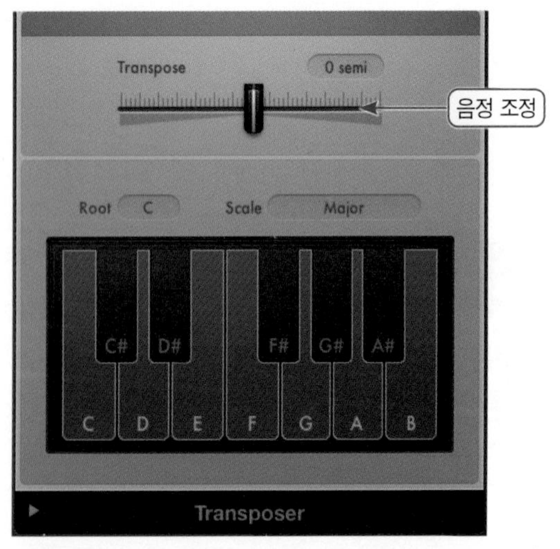

01 Transposer는 입력 노트의 음정과 스케일을 실시간으로 변경할 수 있는 이펙트입니다. Transpose 슬라이더를 이용해서 음정을 반음 단위로 조정할 수 있습니다.

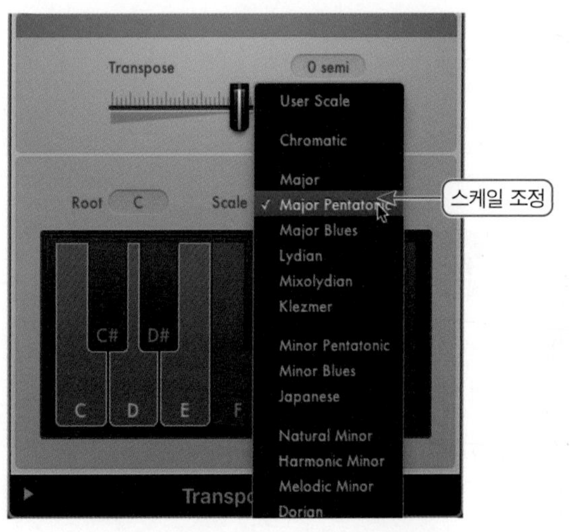

02 Root와 Scale에서는 키와 스케일을 변경할 수 있습니다. 예를 들어 C Major Pentatonic을 선택하면 사용자 연주가 C 메이저 펜타토닉 스케일로 출력됩니다. 건반을 클릭하여 사용자만의 스케일을 만드는 것도 가능합니다.

9 Velocity Processor

벨로시티 프로세서(Velocity Processor)는 MIDI 노트의 벨로시티를 조정하는 플러그인입니다. 이 도구를 사용하면 MIDI 노트의 음량을 조작하여 다양한 효과를 낼 수 있습니다. 모든 노트의 벨로시티 값을 동일하게 설정하거나, 설정한 범위 내에서 랜덤하게 변화를 줄 수 있고, 벨로시티 값을 상수로 곱하여 새로운 값으로 변환하는 것도 가능합니다. 이를 통해 각 MIDI 노트에 다양한 감정과 표현을 추가하여 음악 작업에서 창의적인 결과를 얻을 수 있습니다.

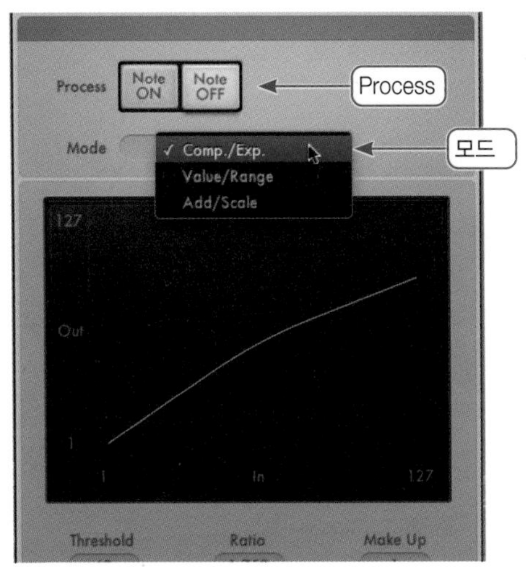

01 Velocity Processor는 입력 노트의 벨로시티 On/Off를 압축하거나 확장합니다. 어떤 노트를 처리할 것인지는 Process 버튼으로 선택하고, 모드는 3가지를 제공합니다.

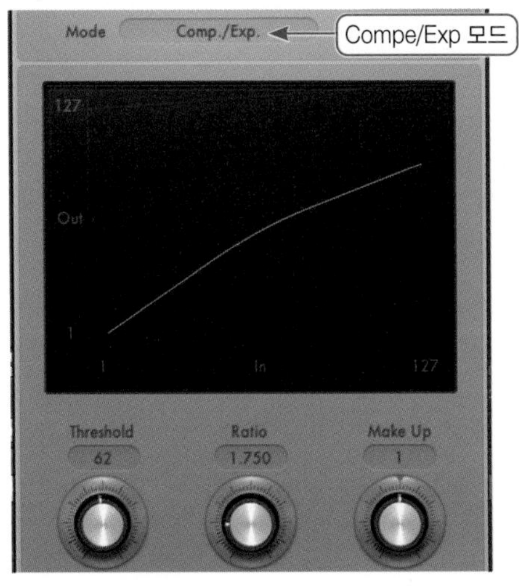

02 Comp/Exp 모드는 Threshold에서 설정한 벨로시티 값 이상 및 이하를 Ratio에서 설정한 값으로 압축 및 확장하는 컴프레서 및 익스펜더 역할을 합니다. Make Up은 처리된 벨로시티 값을 증가 시킵니다.

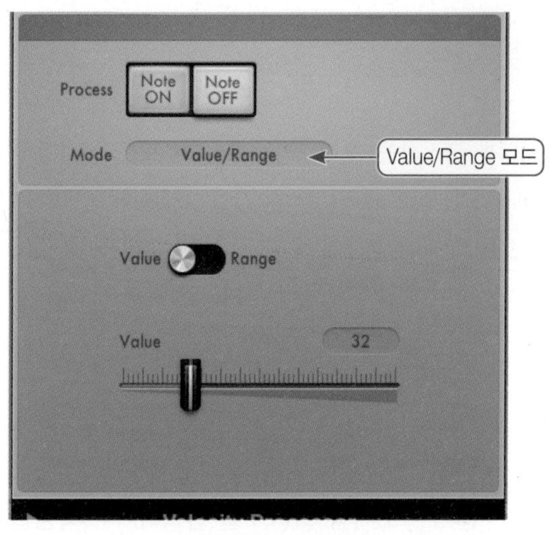

03 Value/Range 모드는 입력 벨로시티 값을 제한하는 리미터 입니다. 스위치를 Value로 놓으면 모든 벨로시티 값을 제한하며, Range로 놓으면, 벨로시티 범위를 설정할 수 있습니다.

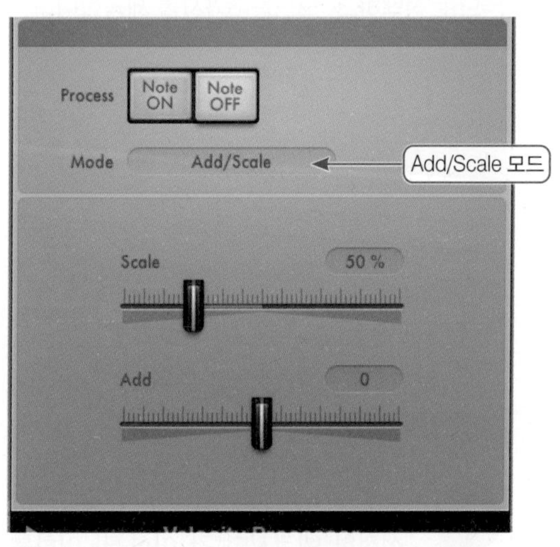

04 Add/Scale 모드는 입력 노트를 추가하거나 빼는 역할을 합니다. Scale 슬라이더로 입력 노트의 처리 비율을 설정하고, Add 슬라이더로 추가하거나 뺍니다.

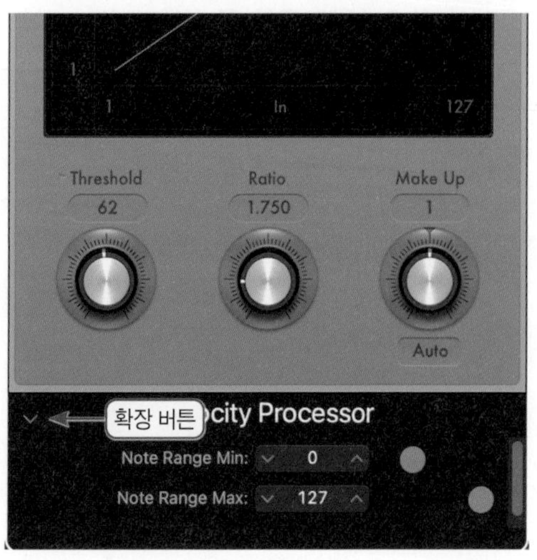

05 왼쪽 하단의 화살표 버튼을 클릭하여 장치를 확장하면 입력 노트의 범위를 설정할 수 있는 Note Range Min/Max 슬라이더를 볼 수 있습니다. Min과 Max 값이 바뀌면 범위 밖의 노트가 처리됩니다.

알아 두면 좋아요! MIDI 플러그인 출력 녹음하기

여기서 MIDI에서 트랙으로 녹음 기능은 MIDI 이펙트의 처리 결과를 트랙의 MIDI 리전에 기록하는 기능입니다. 이는 단순히 연주하는 노트를 기록하는 것이 아니라, MIDI 이펙트에 의해 실시간으로 처리된 출력을 기록하여 최종 MIDI 노트와 컨트롤 이벤트를 정확하게 편집할 수 있게 합니다. 이를 통해 MIDI 트랙에 적용된 이펙트의 영향을 실제로 들어보고, 필요한 수정을 쉽게 할 수 있습니다.

이 기능을 사용하려면 녹음하려는 MIDI 플러그인 오른쪽 끝부분에 있는 화살표를 클릭하여 여기서 MIDI에서 트랙으로 녹음을 선택합니다.

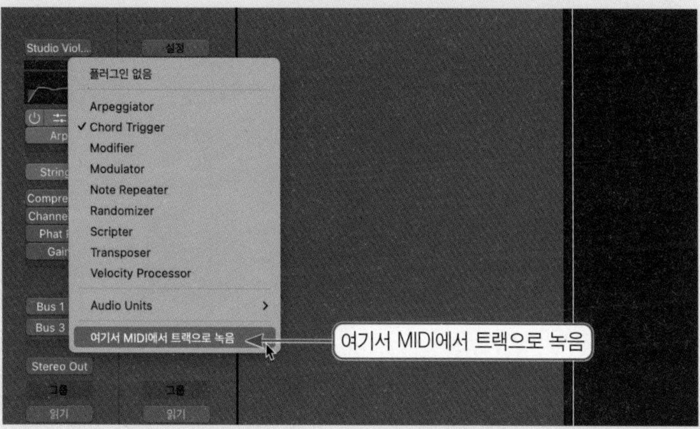

여기서 MIDI에서 트랙으로 녹음은 노란색 삼각형 두 개로 표시되며, 이전 슬롯에 장착되어 있는 MIDI 이펙트의 처리 결과를 트랙에 녹음할 수 있습니다. 위치를 변경하고자 할 때는 마지막 슬롯을 클릭하여 해제하고, 녹음하고자 하는 마지막 이펙트에서 다시 선택합니다.

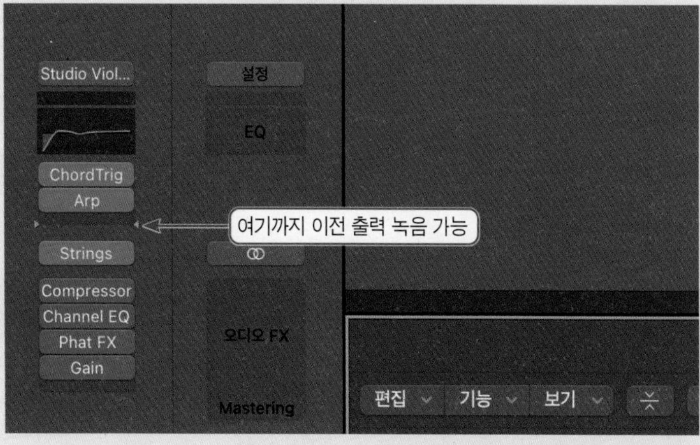

LOGIC PRO 11

07 PART

디지털 소프트웨어 악기

로직의 가장 큰 장점이라면 기본적으로 제공하는 악기가 많기 때문에 별도의 플러그인을 구매하지 않아도 음악 제작이 가능하다는 것입니다. 디지털 샘플러, 아날로그 신디사이저, 드럼, 퍼커션, 빈티지 사운드 등, 음악 장르 구분없이 자체적으로 해결 가능한 다양함을 갖추고 있습니다.

소프트 악기의 종류

로직은 다양한 소프트 악기를 제공합니다. 이들은 Alchemy, Sampler, Quick Sampler, Drum Synth, Ultrabeat, Drum Kit Designer, Drum Machine Designer 등을 포함하며, Vintage B3, Vintage Electric Piano, Vintage Clav, Vintage Mellotron과 같은 빈티지 사운드, 그리고 ES P, ES M, ES E, EFM1, Retro Synth, ES1, ES2와 같은 아날로그 신디사이저도 제공합니다. 이 소프트웨어 악기는 상업용 음원 제작을 위한 다양한 음색과 편집 기능을 제공하여 다양한 음악 장르와 스타일에 적합한 음악 작업을 지원합니다.

샘플러

요즘 댄스 음악은 샘플 기반으로 만들어지는 경우가 대부분이기 때문에 창작 요소가 결여된 음악으로 치부되는 경우가 있지만, 뮤지션이 샘플러를 사용하던 시기는 오래되었으며, 소프트웨어로 대중화되면서 샘플을 가공하고 내 음악에 어울리게 편집하는 기술을 익히고 다루는 것은 필수 요소입니다. 로직은 오디오 샘플을 가공하여 악기처럼 사용할 수 있는 Alchemy, Sampler, Sample Alchemy 및 Quick Sampler와 오디오 샘플을 기반으로 스튜디오 음질을 구현하는 Studio Bass, Piano, Strings 및 Horns을 제공합니다.

▲ Alchemy

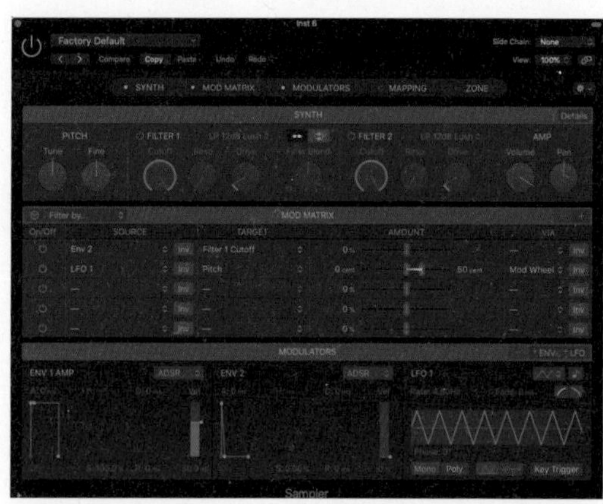

▲ Sampler

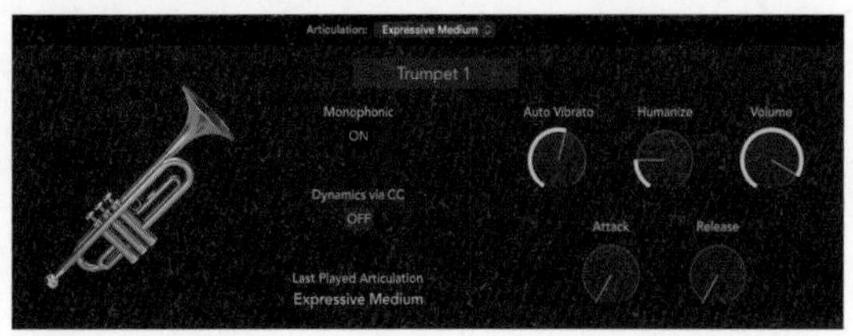

▲ Studio Horns

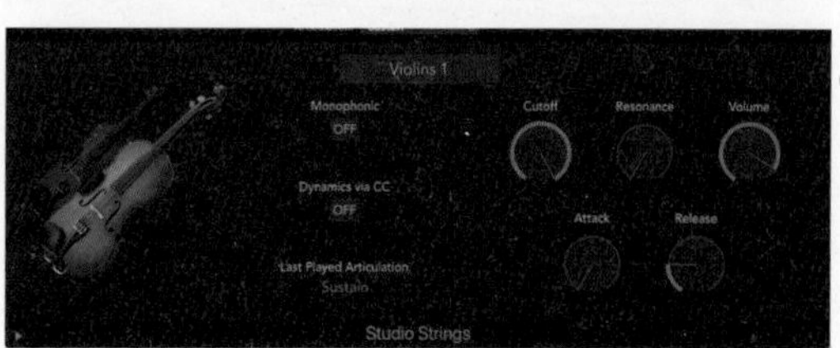

▲ Studio Strings

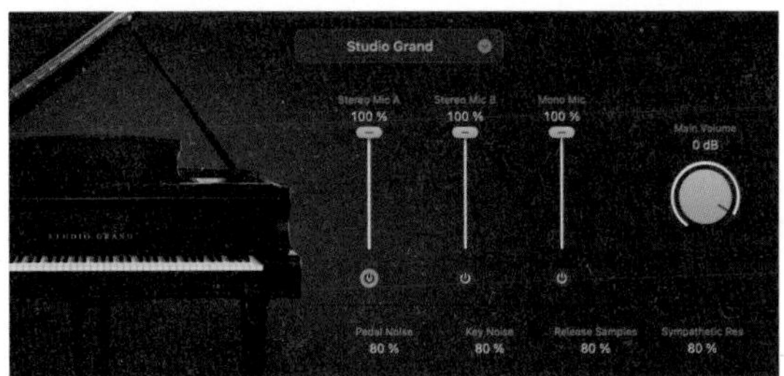

▲ Studio Piano

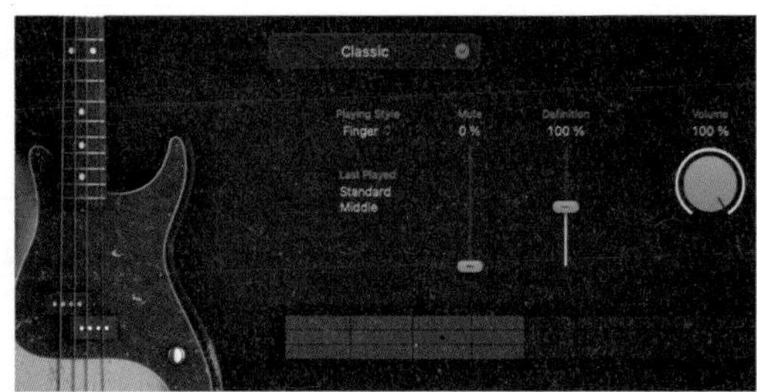

▲ Studio Bass

신디사이저

컴퓨터에서 동작하는 소프트 악기이기 때문에 내부적으로는 디지털이지만, 현대 음악에서 빼놓을 수 없는 아날로그 사운드를 완벽하게 구현하는 신디사이저를 제공합니다. 간단하게 사용할 수 있는 심플 버전으로는 ES P, ES M, ES E, EFM1 등이 있고, 고급 옵션을 제공하는 Retro Synth, ES1, ES2 등이 있으며, 정교한 에디팅이 가능한 Sculpture를 제공합니다.

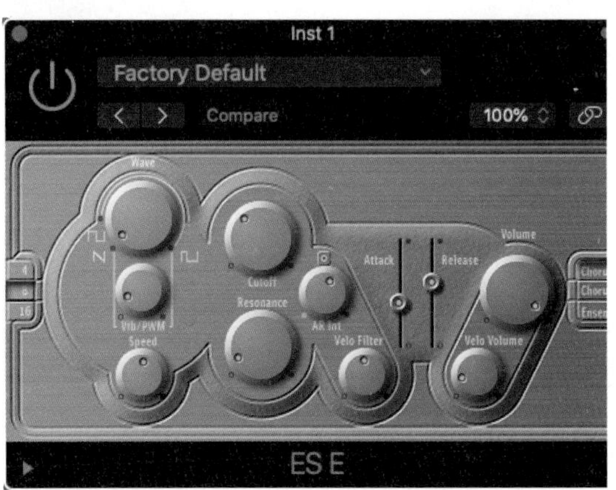

▲ ES E

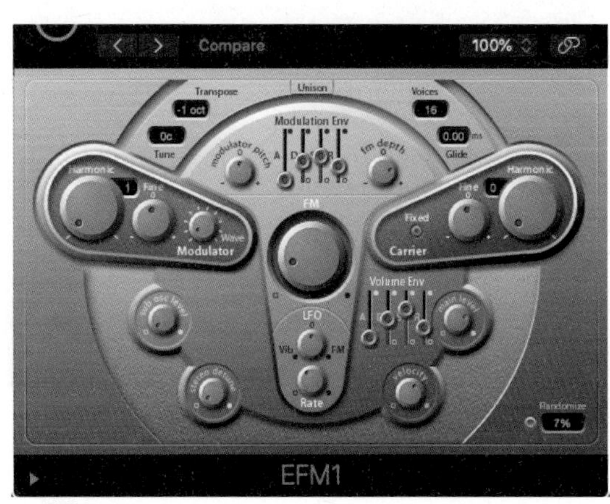

▲ EFM1

▲ ES M

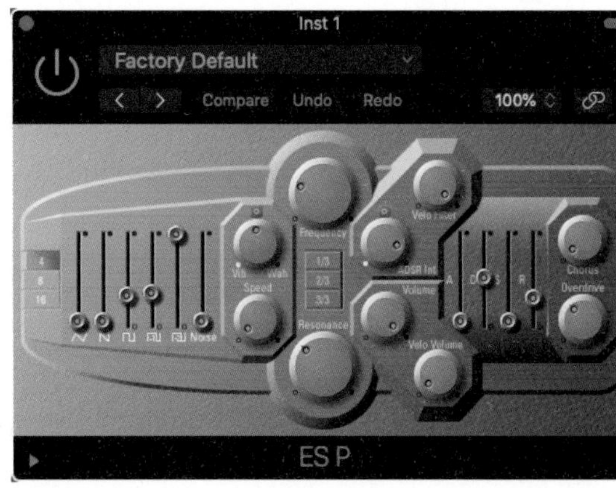

▲ ES P

▲ ES1

▲ ES2

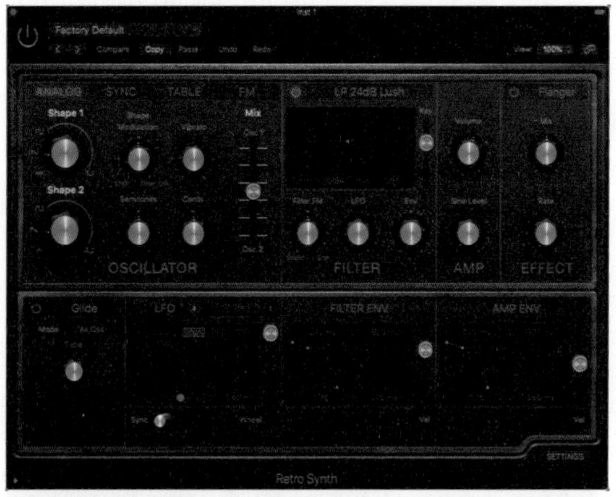

▲ Retro Synth

▲ Sculpture

드럼

드럼 및 퍼커션 트랙을 위한 Drum Synth, Ultrabeat, Drum Kit Designer, Drum Machine Designer를 제공합니다. Ultrabeat는 다수의 퍼커션 전문 합성 엔진과 스텝 시퀀서가 조합된 새로운 소리와 비트를 만들기 위한 강력한 도구이며, Drum Machine Designer는 믹서 또는 스텝 시퀀서에 직접 적용되어 소통하는 트랙 악기입니다.

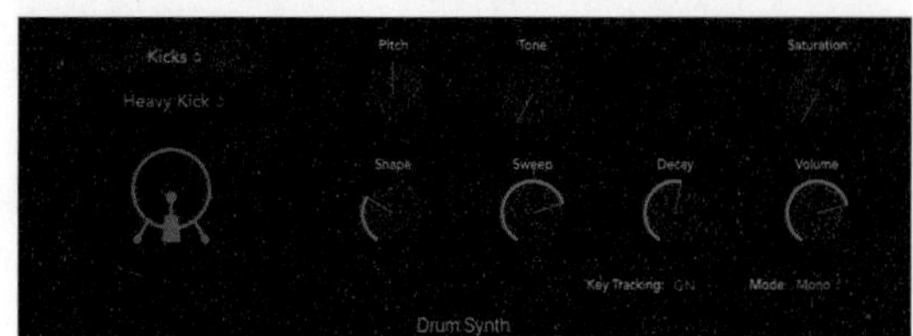

▲ Drum Synth

▲ Drum Machine Designer

▲ Drum Kit Designer

▲ Ultrabeat

빈티지

빈티지 사운드를 구현할 수 있는 Vintage B3, Electric Piano, Clav 및 Mellotron의 4가지 악기를 제공합니다.

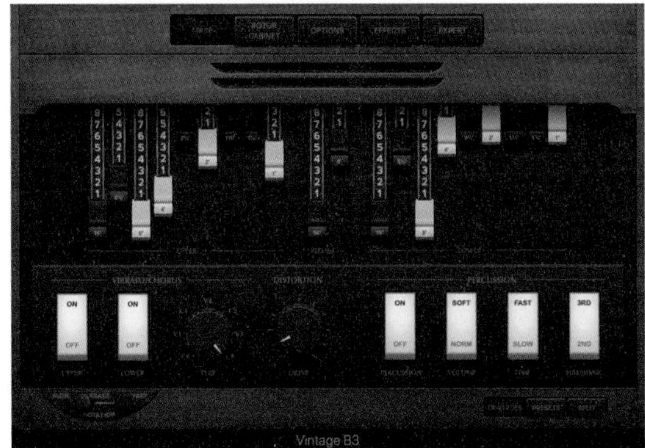

▲ Vintage B3

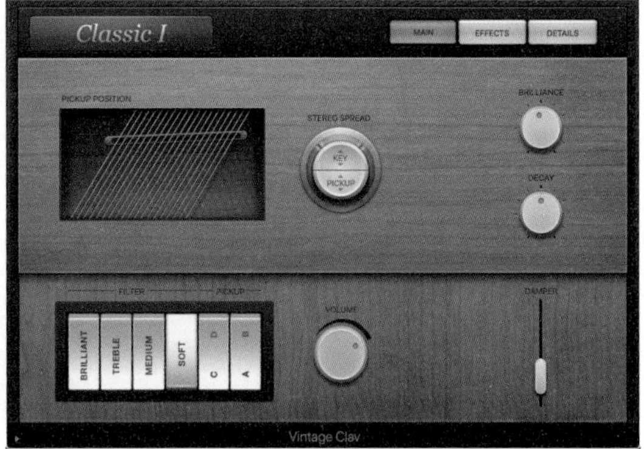

▲ Vintage Clav

▲ Vintage Electric Piano

▲ Vintage Mellotron

유틸리티

그 밖에 로봇 음성을 만드는 EVOC 20 PolySynth 보코더, 하드웨어 악기를 컨트롤할 수 있는 External Instrument 등의 유틸리티 장치를 제공합니다.

▲ EVOC 20 PolySynth

▲ Klopfgeist

▲ Test Oscillator

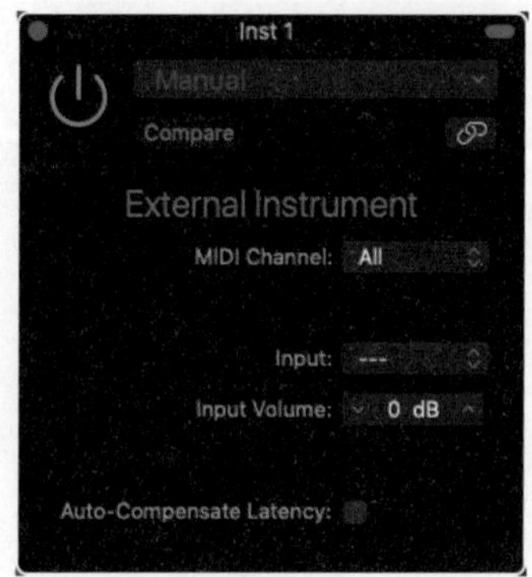

▲ External Instrument

알아 두면 좋아요! Legacy Instruments

로직은 시스템이 낮은 사양에서도 무리 없이 사용할 수 있는 Legacy Instruments를 제공합니다. 악기는 Legacy 카테고리에서 선택할 수 있지만, GarageBand를 위한 프로젝트를 제작하는 경우가 아니라면, 사용할 일은 거의 없습니다.

소프트 악기 사용하기

로직 프로에서는 소프트 악기를 사용할 때 트랙을 만들거나 소프트 악기를 선택하는 두 가지 방법이 있습니다. 일반적으로 악기 선택이 우선인 경우에는 트랙을 생성한 후 채널 스트립에서 소프트 악기를 선택합니다. 이는 트랙 설정과 효과를 조정할 수 있는 곳입니다. 반면, 음색 선택이 우선일 때는 라이브러리에서 먼저 소프트 악기의 음색을 선택한 후 해당 음색을 사용할 트랙을 생성합니다. 이 방식은 특정 음색을 중시하고, 이후에 트랙을 설정하는 순서입니다. 선택된 음색에 맞춰 MIDI 데이터를 생성하거나 녹음할 수 있습니다.

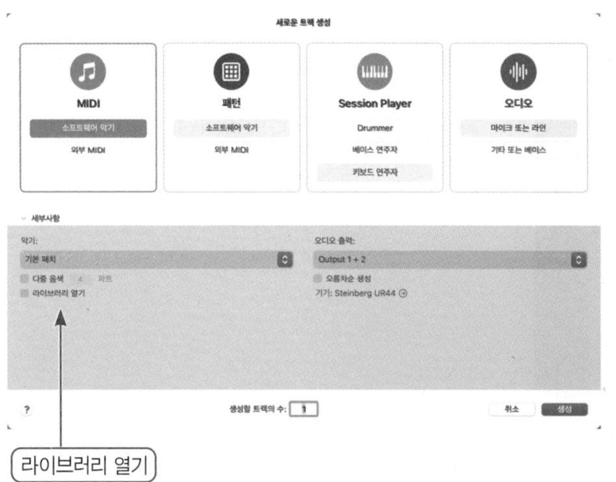

01 새 프로젝트를 만들면 열리는 새로운 트랙 생성 창에서 소프트웨어 악기를 선택합니다. 라이브러리 열기 옵션은 기본적으로 체크되어 있습니다. 라이브러리 패널을 열지 않겠다면 옵션을 해제합니다.

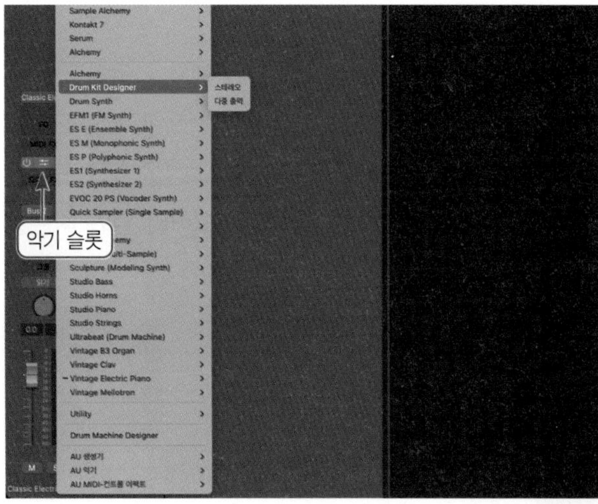

02 채널 스트립의 악기 슬롯을 누르고 있으면, 로직에서 제공하는 것과 독자가 설치한 소프트 악기를 선택할 수 있는 목록이 열립니다. 악기 마다 모노 및 스테레오를 선택할 수 있으며, 다중 출력 및 5.1 채널을 지원하는 것도 있습니다.

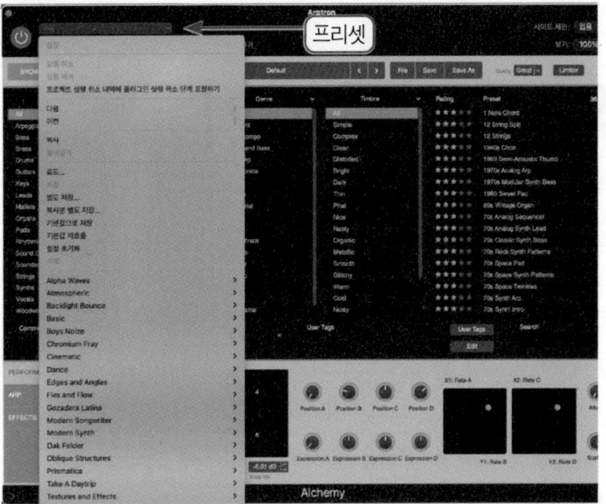

03 선택한 악기의 패널이 열립니다. 악기를 효율적으로 사용하는 방법은 입문자와 고급 사용자의 구분 없이 프리셋에서 음색을 선택하는 것에서부터 시작합니다.

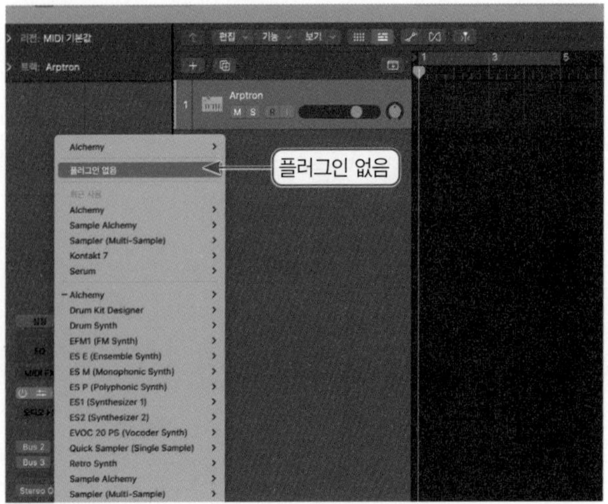

04 로직에서 제공하는 악기에 익숙하지 않은 경우에는 라이브러리에서 음색을 선택하는 것이 편리합니다. 악기 슬롯에서 플러그인 없음을 선택하여 악기 로딩을 해제합니다.

05 라이브러리 패널에서 사용하고자 하는 악기 음색을 선택합니다. 트랙을 만들 때 라이브러리 열기 옵션을 체크하지 않았다면 컨트롤 바의 라이브러리 열기 버튼을 클릭합니다.

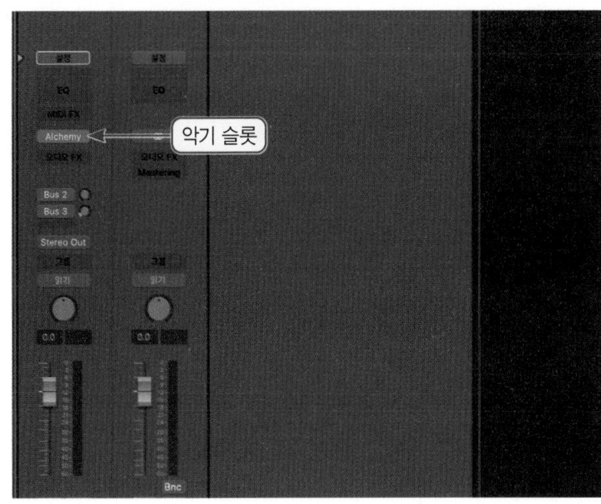

06 라이브러리에서 선택한 음색이 어떤 악기로 만들어졌는지는 채널 스트립의 악기 슬롯을 보면 알 수 있고, 마우스 더블 클릭으로 패널을 열 수 있습니다.

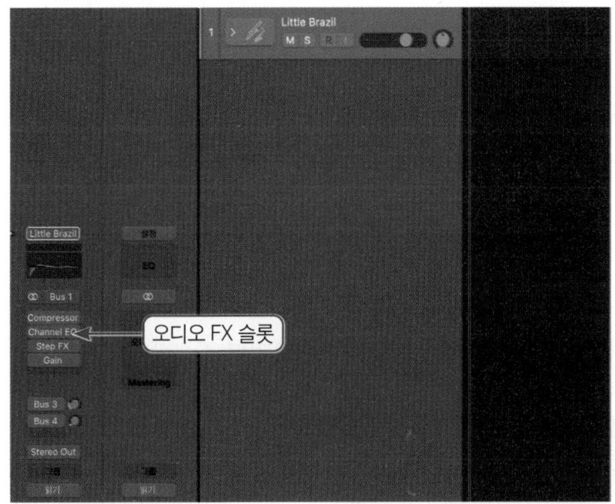

07 악기 슬롯에서 선택할 때는 악기를 결정하고, 음색을 선택하는 것이며, 라이브러리에서 선택할 때는 어떤 악기인지는 모르지만 필요한 음색을 먼저 선택한다는 차이가 있는 것입니다. 입문자는 오디오 FX 슬롯의 이펙트가 자동으로 설정되는 라이브러리가 편리할 것입니다.

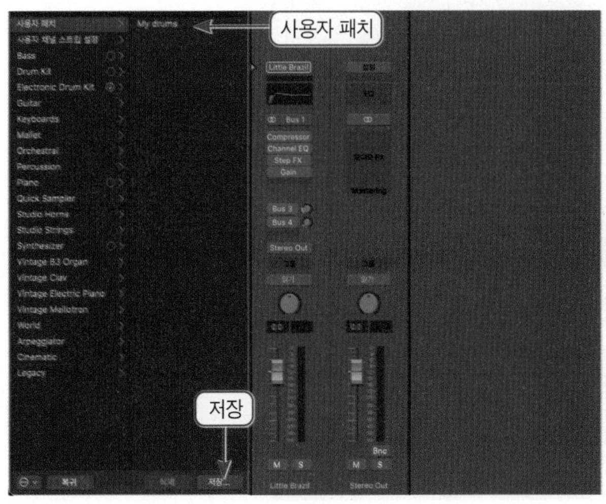

08 사용자가 편집한 음색은 악기 프리셋의 별도 저장을 선택하여 저장할 수 있고, 라이브러리 창 아래쪽의 저장 버튼을 클릭하면 오디오 FX를 포함한 채널 스트립 설정을 사용자 패치로 저장할 수 있습니다.

Sampler

샘플러는 실제 악기 연주를 녹음한 오디오를 기반으로 하여 만든 악기입니다. 이를 통해 사용자는 사실적이고 자연스러운 어쿠스틱 악기 사운드를 손쉽게 제작할 수 있습니다. 초보자도 쉽게 사용할 수 있도록 설계된 이 악기는 기존의 EXS24를 업그레이드한 것으로 새롭게 개발된 사용자 인터페이스와 강화된 기능을 제공합니다. 또한, 기존의 오디오 샘플 라이브러리와 완벽하게 호환되어 기존 사용자들이 새로운 버전으로 이전할 때 어려움이 없습니다.

화면 구성

기존의 EXS24는 막강한 기능을 갖춘 샘플러였지만, 파일을 편집하고 관리하는 것이 불편했습니다. 이러한 단점을 개선하여 새로운 인터페이스로 출시한 샘플러는 Synth, Mod Matrix, Modulators, Mapping, Zone의 5가지 패널로 편집 창을 통합시켜 작업의 효율성을 높여주고 있습니다. 각각의 패널은 네비게이션 바의 탭 버튼을 선택하여 화면 상단으로 올릴 수 있고, 버튼 이름 왼쪽의 노란색 LED 버튼을 클릭하여 닫거나 열 수 있습니다. Option 키를 누른 상태로 클릭하면 해당 패널만 열 수 있고, 더블 클릭으로 확대/축소할 수 있습니다. 3개 이상의 패널을 열었을 때는 세로로 스크롤 하여 이동하거나 악기 테두리를 드래그 하여 크기를 조정할 수 있습니다.

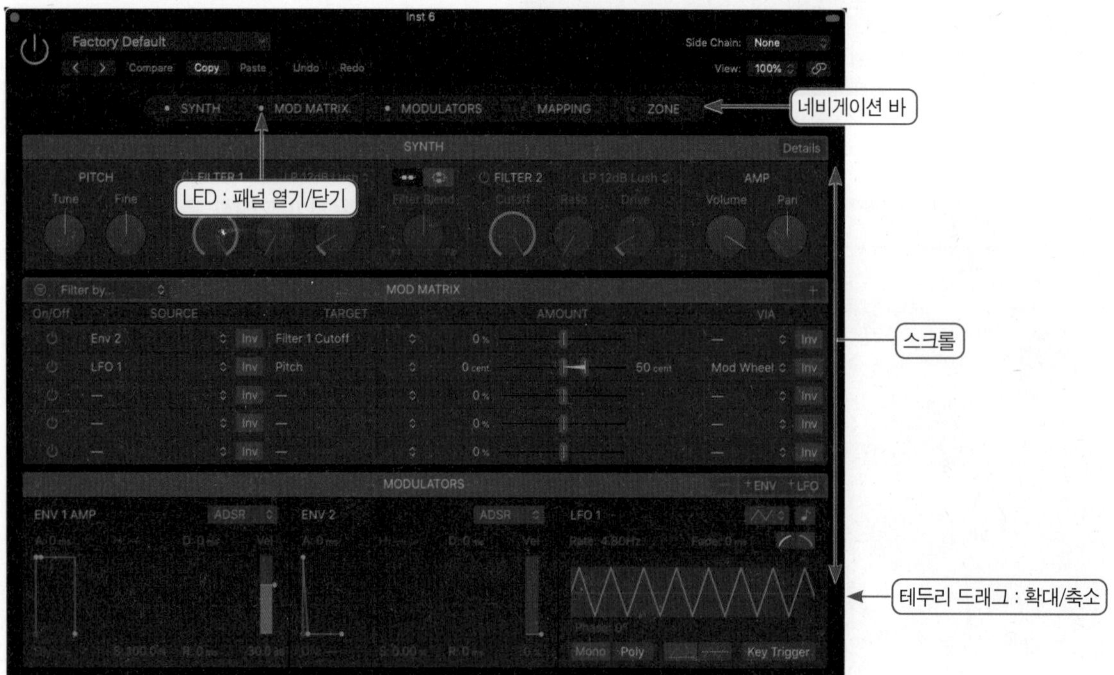

환경 설정

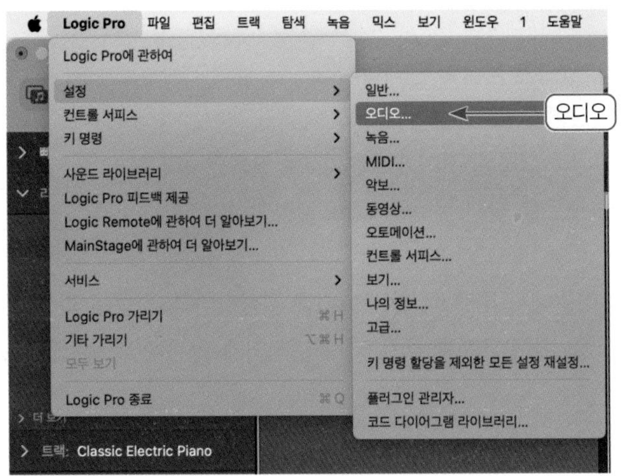

01 샘플러를 자신의 시스템에 맞추어 사용할 수 있는 옵션을 제공합니다. 파일 메뉴의 설정에서 오디오를 선택합니다. 단축키는 Command+콤마(,) 입니다.

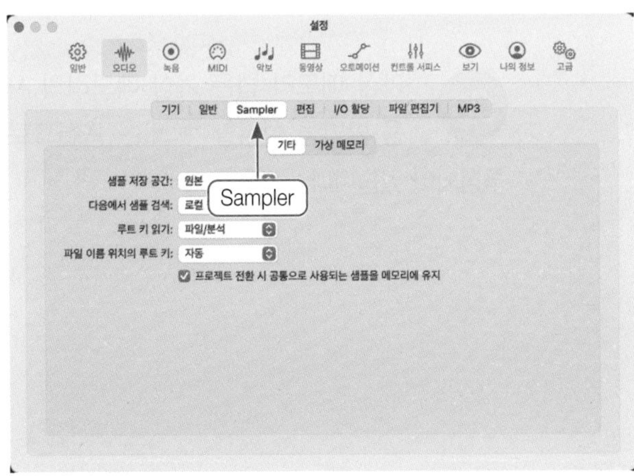

02 Sampler 탭을 선택하면 로딩 방법을 설정할 수 있는 기타 탭이 열립니다.

● 샘플 저장 공간 : 샘플을 불러올 때의 Bit Depth를 선택합니다. 원본과 32비트 부동소수 중에서 선택할 수 있습니다. 여기서 알아야 할 것은 로직의 샘플러는 내부적으로 32비트 부동소수로 처리된다는 것입니다. 원본이 16Bit라면 재생할 때 32Bit Float으로 변환되는 것입니다. 그래서 로딩할 때 32비트 부동소수로 변환되게 설정하면 좀 더 효율적 재생이 가능합니다. 단, 시스템 메모리를 많이 차지한다는 문제가 있으므로, 자신의 시스템에 적절한 옵션을 선택합니다.

● 다음에서 샘플 검색 : 샘플 검색 위치를 지정합니다. 컴퓨터에 연결되어 있는 하드에서 검색하는 로컬 볼륨과 네트워크를 통해 검색할 수 있는 외부 볼륨, 그리고 하드 및 네트워크를 모두 검색하는 모든 볼륨이 있습니다. 공동 작업을 위해 네트워크를 구축한 경우가 아니라면 로컬 볼륨을 선택합니다.

● 루트 키 읽기 : Optimized 모드로 샘플을 로딩할 때 루트 키가 결정되는 방법을 선택합니다.

- **파일/분석** : 파일 헤더에 기록되어 있는 루트 키를 찾습니다. 기록된 것이 없으면 샘플을 분석하여 가장 긴 노트를 루트 키로 결정합니다.
- **파일 이름/분석** : 파일 이름에서 루트 키를 찾습니다. 없으면 샘플을 분석합니다.
- **파일 이름만** : 파일 이름에서 루트 키를 찾습니다. 없으면 C3로 결정합니다.
- **파일만** : 파일 헤더에 기록되어 있는 루트 키를 찾습니다. 기록된 것이 없으면 C3로 결정합니다.
- **분석만** : 샘플을 분석하여 가장 긴 노트를 찾습니다. 노트를 찾지 못하면 C3로 결정합니다.

● 파일 이름 위치의 루트 키 : 샘플러가 오디오 파일 이름에서 루트 키 찾는 방법을 결정합니다. 자동은 파일 이름에서 숫자와 키를 자동으로 분석하게 하는 것이고, 몇 번째 글자를 루트 키로 분석되게 할 것인지 선택할 수 있습니다.

● 프로젝트 전환 시 공통으로 사용되는 샘플을 메모리에 유지 : 두 프로젝트를 열어놓고 작업할 때 공동으로 사용하는 샘플을 다시 로딩 할 것인지를 결정합니다.

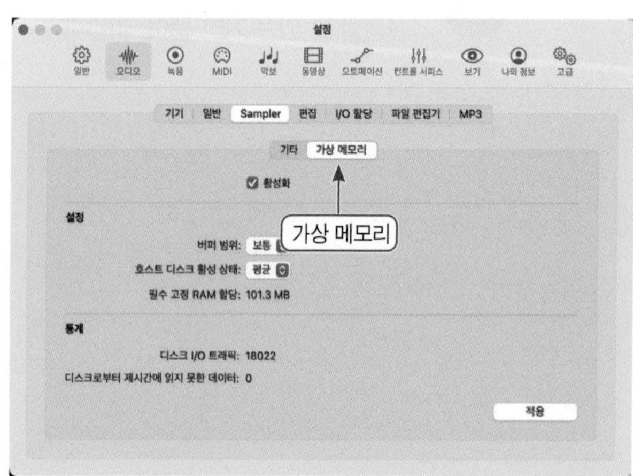

03 가상 메모리 탭은 가상 메모리의 사용 방법을 설정할 수 있는 옵션으로 구성되어 있습니다.

● 활성화 : 가상 메모리의 사용 여부를 On/Off 합니다. 시스템 메모리가 충분한 경우라면 옵션을 해제하여 샘플러의 성능을 향상시킬 수 있지만, 권장하지 않습니다.

● 버퍼 범위 : 샘플 처리에 사용되는 버퍼 크기를 결정합니다.

● 호스트 디스크 활성 상태 : 디스크의 사용량을 결정하여 샘플러를 최적화합니다. 12 트랙(평균)을 기준으로 그 이하면 낮음, 이상이면 높음을 권장하고 있습니다.

● 필수 고정 RAM 할당 : 버퍼 범위 및 호스트 디스크 활성 상태 설정의 램 용량을 표시합니다.

● 디스크 I/O 트래픽 : 읽고 쓰기 초과 용량을 표시합니다.

● 디스크로부터 제시간에 읽지 못한 데이터 : 샘플러가 시간내에 읽지 못한 파일 수를 표시합니다.

1 샘플 가져오기

샘플러는 사용자가 녹음한 사운드 또는 인터넷에서 구매한 오디오 샘플을 악기로 사용할 수 있게 해주는 장치입니다. 즉, 샘플러 사용의 첫 번째 과정은 오디오 파일을 불러와 건반에 할당하는 매핑 작업이며, 다양한 방법이 있습니다.

메뉴 이용하기

01 첫 번째는 Mapping 패널의 Zone 메뉴에서 Load Audio Files를 선택하여 사용자 하드에 있는 오디오 파일을 불러오는 방법입니다.

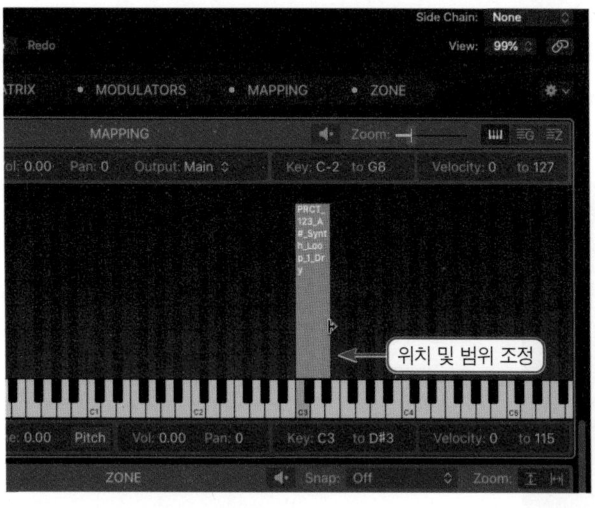

02 로딩된 샘플은 노란색 바 형태의 존(Zone)으로 표시되며, 마우스 드래그로 위치를 변경하거나 좌/우 테두리를 드래그하여 범위를 조정할 수 있습니다.

03 샘플이 배치될 위치와 범위를 미리 지정하고 싶은 경우에는 Zone 메뉴의 New를 선택하여 비어 있는 존을 만들어 놓고, 로딩합니다.

드래그 하기

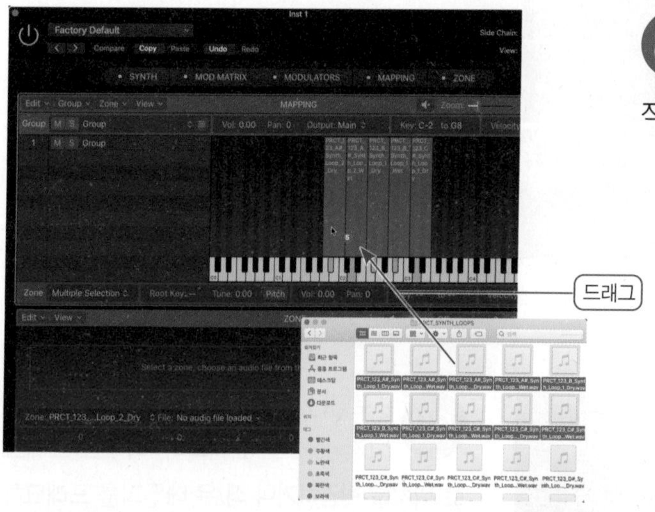

01 두 번째는 파인더 및 루프 창의 오디오 파일이나 사용자가 녹음한 리전을 직접 드래그하여 가져다 놓는 것입니다.

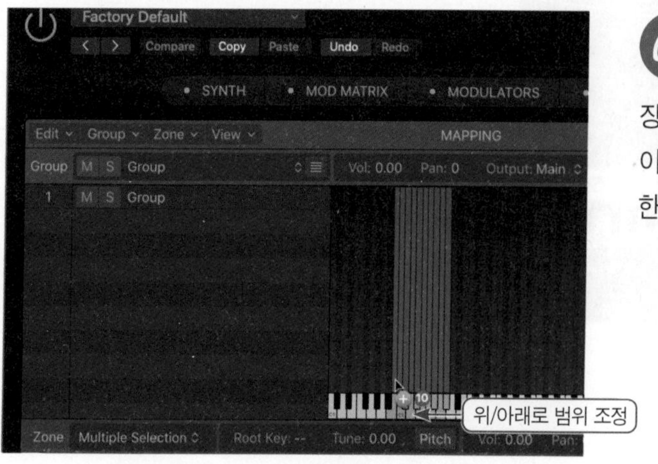

02 실제로 가장 많이 사용하는 이 방법은 위치와 범위를 지정할 수 있다는 장점이 있습니다. 마우스를 놓기 전에 위쪽으로 이동하면 존이 넓어지고, 아래쪽으로 이동하면 한음까지 좁아집니다.

자동 분석 기능 이용하기

01 세 번째는 자동 매핑 기능입니다. 오디오 파일을 패널 상단으로 드래그하면 Chromiatic 또는 Optimized 분석 모드를 선택할 수 있는 옵션이 보입니다.

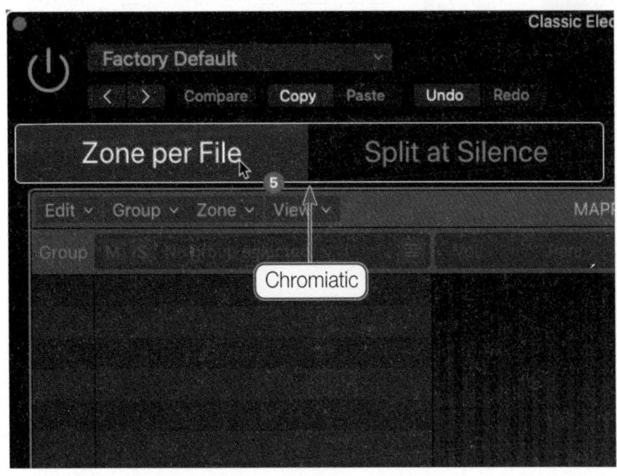

02 Chromiatic은 드럼과 같은 타악기에 적합하며, 파일 마다 존을 만드는 Zone per File과 무음 영역을 나누어 그룹을 만드는 Split at Silence로 구분됩니다.

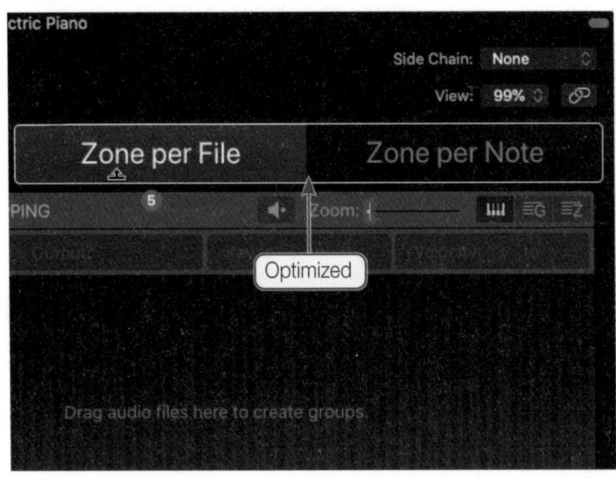

03 Optimized은 피치가 있는 악기에 적합하며, 파일 마다 존을 만드는 Zone per File과 노트 마다 그룹을 만드는 Zone per Note로 구분됩니다.

트랙 만들기

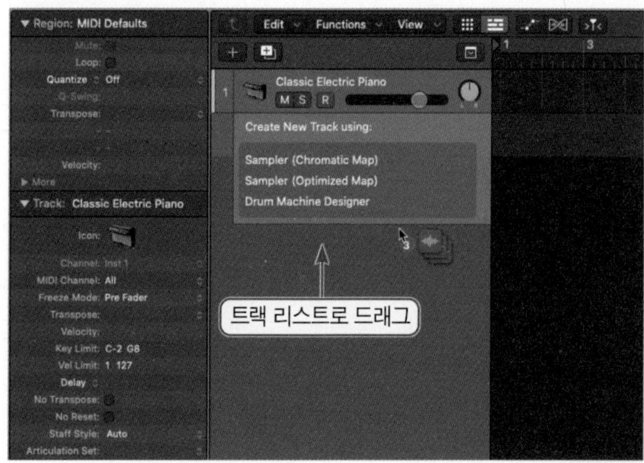

01 네 번째는 샘플을 트랙 리스트의 빈 공간으로 드래그하여 샘플러와 함께 로딩하는 방법입니다. 다중 샘플의 경우에는 타악기에 적합한 Drum Machinge Designer를 선택할 수 있습니다.

02 단일 샘플을 드래그하면 Sampler와 Drum Machine Designer 외에 Quick Sampler 또는 Alchemy을 선택할 수 있습니다.

저장하기

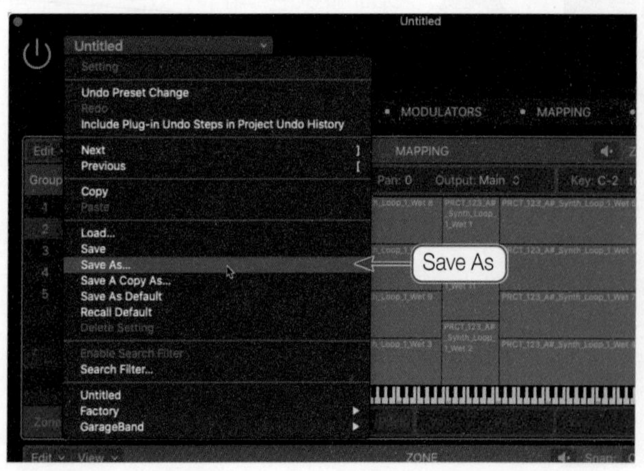

01 사용자가 만든 음색을 다음에 계속 사용하려면 저장을 해야 합니다. 프리셋 메뉴에서 Save As를 선택합니다.

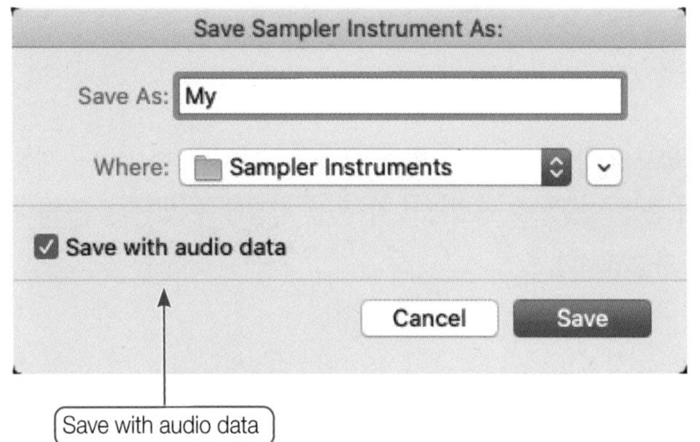

02 파일 이름과 경로를 선택할 수 있는 창이 열립니다. 이때 오디오 파일을 함께 저장하려면 Save with audio data 옵션을 체크합니다.

> **TIP** 사용자가 만든 음색은 별도의 폴더(Where)를 만들어 저장하는 것이 관리하기 편합니다.

03 저장한 음색은 프리셋 메뉴에 등록되어 언제든 사용할 수 있습니다. 다른 경로의 파일을 로딩할 때는 Load 메뉴로 불러옵니다.

04 사용자가 만든 음색을 다른 곳에서 사용하려면 파일과 샘플을 함께 가져가야 합니다. 기본 위치는 C:\사용자\음악\Audio Music Apps의 Sampler Instruments와 Samples 폴더입니다.

2 Mapping

이전 버전의 EXS24에서 샘플을 정렬하고 편집하려면 별도의 창을 이용해야 했기 때문에 다소 불편했습니다. 새롭게 업그레이드된 Sampler는 매핑(Mapping) 편집 창에서 존과 그룹으로 정렬하고 각 존을 편집할 수 있는 창을 하나의 패널에서 다룰 수 있게 되어 보다 효율적인 작업이 가능합니다.

화면구성

매핑 에디터는 왼쪽에 그룹과 오른쪽에 샘플이 배치되는 존 영역으로 구분되며, 상단에는 선택한 그룹을 컨트롤할 수 있는 항목으로 구성된 Group 바가 있고, 하단에는 선택한 존을 컨트롤할 수 있는 항목으로 구성된 Zone 바가 있습니다. 그리고 최상단에는 Edit, Group, Zone, View로 구성된 메뉴 바가 있습니다.

Zone

선택한 존(오디오 파일)의 볼륨 및 팬 등을 컨트롤할 수 있는 Zone, Root Key, Tune, Pitch, Vol, Pan, Key to, Velocity to 항목으로 구성되어 있습니다.

- Zone : 존을 선택합니다. 영역에서 직접 선택을 할 수 있기 때문에 메뉴를 이용하는 경우는 거의 없습니다.
- Root Key : 샘플의 루트 키를 설정합니다. 원음에 맞추는 것이 가장 좋습니다.
- Tune : 피치를 최대 반음 범위로 조정합니다.
- Pitch : 존의 범위를 넓혔을 때 피치가 적용되게 합니다. 타악기의 경우 Off하여 피치가 변하지 않게 합니다.
- Vol : 볼륨을 조정합니다.

- Pan : 좌/우 팬을 조정합니다.
- Key to : 존의 범위를 설정합니다.
- Velocity to : 벨로시티 범위를 설정합니다. 벨로시티에 따라 연주되는 존을 레이어로 겹칠 수 있습니다.

Group

선택한 그룹의 볼륨 및 팬 등을 컨트롤할 수 있는 Group, Vol, Pan, Output, Key to, Velocity to 항목으로 구성되어 있습니다.

- Group : 그룹을 선택합니다. 선택한 그룹을 뮤트하거나 솔로로 연주되게 할 수 있는 버튼을 제공하며, 목록 오른쪽의 List 버튼을 클릭하면 그룹 영역을 닫거나 열 수 있습니다.
- Vol : 볼륨을 조정합니다.
- Pan : 좌/우 팬을 조정합니다.
- Output : 출력 포트를 선택합니다. 총 26개의 채널을 지원합니다.
- Key to : 그룹의 범위를 설정합니다.
- Velocity to : 벨로시티 범위를 설정합니다. 벨로시티에 따라 연주되는 그룹을 레이어로 겹칠 수 있습니다.

메뉴 바

Edit, Group, Zone, View 메뉴와 스피커 모양의 Preview 버튼, Zoom 슬라이더, 그리고 화면을 Mapping, Group, Zone으로 전환하는 3개의 뷰 버튼으로 구성되어 있습니다.

- Edit 메뉴 : 선택한 그룹 및 존을 잘라내거나 복사하는 등의 편집 메뉴로 구성되어 있습니다.
  - Cut : 선택한 그룹 및 존을 잘라냅니다.
  - Copy : 선택한 그룹 및 존을 복사합니다.
  - Paste : 잘라내거나 복사한 그룹 및 존을 붙입니다.
  - Delete : 선택한 그룹 및 존을 삭제합니다.
  - Select All : 그룹 및 존을 모두 선택합니다.
  - Deselect All : 선택한 그룹 및 존을 해제합니다.
  - Select Unused : 사용하지 않는 그룹 및 존을 선택합니다.
  - Invert Selection : 현재 선택을 전환합니다.

- Select from Last Played Keys : 건반을 연주할 때 그룹(Groups)이 선택되게 하거나 그룹과 존(Groups and Zones)이 모두 선택되게 하거나 None으로 선택되지 않게 합니다.
- Edit Key Labels : 키 이름을 지정할 수 있는 Key Labels 창을 엽니다. 드럼과 같은 타악기 음색을 만들 때 유용합니다.
- Edit Output Labels : 오디오 Output 이름을 지정할 수 있는 Output Labels 창을 엽니다.

● Group 메뉴 : 새 그룹을 만들거나 복제하는 등의 그룹 관련 메뉴로 구성되어 있습니다.
- New : 새 그룹을 만듭니다. 그룹의 이름은 더블 클릭으로 변경할 수 있습니다.
- Duplicate : 선택한 그룹을 복제합니다.
- Create Round Robin : 노트가 입력될 때 마다 순차적으로 연주되는 라운드 로빈 그룹을 만듭니다.
- Marge : 선택한 두 개 이상의 그룹으로 하나로 병합합니다.

● Zone 메뉴 : 존을 분할하거나 매핑하는 등의 존 관련 메뉴로 구성되어 있습니다.
- New : 비어있는 새로운 존을 만듭니다.
- Load Audio Files : 오디오 파일을 불러올 수 있는 Open 창을 엽니다.
- Normalize Loudness : -12 LU를 얻기 위해 선택한 존의 볼륨을 높이거나 낮춥니다.
- Retune : 오디오를 분석하여 루트 키를 자동으로 설정합니다.
- Split : 오디오를 분석하여 존을 나누는 서브 메뉴로 구성되어 있습니다.
  Create Zones Split at Silence : 무음을 분석하여 존을 만드는 것으로 타악기에 적합합니다.
  Create Zones Split at Notes : 노트를 분석하여 존을 만듭니다.

- Automap : 오디오를 분석하여 자동으로 존을 매핑하는 서브 메뉴로 구성되어 있습니다.
  Automap using Current Root Note : 선택한 존의 범위를 확장합니다.
  Automap using Pitch Detection : 오디오의 피치 정보로 매핑합니다.
  Automap using Mapping Data from Audio File : 파일의 헤더 정보로 매핑합니다.
  Automap using Root Note from Audio File Names : 파일 이름의 루트 정보로 매핑합니다.
  Automap Velocities Only : 벨로시티 범위를 확장합니다. 존의 위/아래를 드래그하여 조정할 수 있습니다.

- Remap : 오디오를 분석하지 않고 존을 매핑하는 서브 메뉴로 구성되어 있습니다.
  Remap Notes : 선택한 존의 키 범위를 지정할 수 있는 창을 엽니다.
  Remap Velocities : 선택한 존의 벨로시티 범위를 지정할 수 있는 창을 엽니다.
  Remap White Notes : 선택한 존을 흰색 건반 노트로 정렬합니다.
  Remap Black Notes : 선택한 존을 검은 건반 노트로 정렬합니다.
  Remap All Notes : 선택한 존을 가장 낮은 노트에서부터 정렬합니다.
  Remap to Root Notes : 선택한 존을 루트 키에서부터 정렬합니다.

Pivot on Corner : 선택한 존의 범위를 가장 가까운 노트로 축소합니다.
Mirror Velocities : 선택한 존의 벨로시티 범위를 바꿉니다.
Fill Gaps : 선택한 존 사이에 빈 공간이 있을 경우에 키와 벨로시티 범위를 확장합니다.
Fill Gaps(Notes Only) : 선택한 존 사이에 빈 공간이 있을 경우에 키 범위를 확장합니다.
Fill Gaps (Vel Only) : 선택한 존 사이에 빈 공간이 있을 경우에 벨로시티 범위를 확장합니다.
Swap : 선택한 존의 위치를 서로 바꿉니다.

- Loop : 루프 범위를 최적화할 수 있는 서브 메뉴로 구성되어 있습니다.
  Auto-Loop : 선택한 존을 분석하여 루프의 시작과 끝 위치를 자동으로 설정합니다.
  Set Start to Loop Start : 시작 마커를 루프의 시작 위치로 이동합니다.
  Set End to Loop End : 끝 마커를 루프의 끝 위치로 이동합니다.
  Set Loop from Start to End : 시작과 끝 마커를 루프의 시작과 끝 위치로 이동합니다.
  Optimize Loop Start : 루프의 시작점을 자동으로 조정하여 부드러운 사이클을 생성합니다.
  Optimize Loop Crossfade/End : 루프 구간에 크로스 페이드를 적용합니다.

- Audio Fiels : 오디오 파일에 루프 및 매핑 데이터를 기록할 수 있는 서브 메뉴로 구성되어 있습니다.
  Detach : 선택한 존의 오디오 연결을 해제합니다.
  Write Loop : 선택한 존의 오디오 파일 헤더에 루프 시작 및 끝 위치를 기록합니다.
  Write Mapping : 선택한 존의 매핑 데이터를 오디오 파일 헤더에 기록합니다.

- Always Move Root Key with Zone : 존의 위치를 변경할 때 루트 키가 함께 움직이도록 합니다.
- Prefer Splitting Zones by Velocity : 벨로시티 범위를 조정할 때 겹치지 않게 합니다.
- Slide Zones Over : 존을 편집할 때 다른 존을 덮어씌울 수 있게 합니다.
- Protect Unselected Zones in Zone List : 존을 편집할 때 다른 존이 편집되는 것을 방지합니다.
- Preview Selected Zone : 존을 선택하면 자동으로 재생되게 합니다.

● View 메뉴 : 화면 표시 옵션 메뉴로 구성되어 있습니다.
- Show Zone Names : 존의 이름을 표시합니다.
- Show Zones from all Selected Groups : 선택한 그룹의 존을 모두 표시합니다.
- Show Group Column in Mapping Editor : 그룹 영역을 표시합니다.
- Show Group Column in Zone List : 존 뷰에서 그룹 영역을 표시합니다.
- Visible Group List Columns : 그룹 뷰에 표시할 컬럼 리스트를 선택합니다.
- Visible Zone List Columns : 존 뷰에 표시할 칼럼 리스트를 선택합니다.

- Preview 버튼 : 선택한 존의 소리를 모니터할 수 있게 합니다.
- Zoom 슬라이더 : 존 영역을 확대/축소합니다.
- View 버튼 : 각각의 버튼을 클릭하여 키 매핑, 그룹, 존 에디터 화면으로 전환합니다.

Group View

그룹 뷰 버튼(G)을 선택하여 전환할 수 있으며, 각 그룹의 세부 파라미터를 편집할 수 있습니다. 기본적으로 표시되는 칼럼은 Group, Mixer, Key Range, Velocity Range, Release Trigger이며, 그 밖의 칼럼은 View 메뉴의 Visible Gropu List Columns에서 선택하여 표시할 수 있습니다.

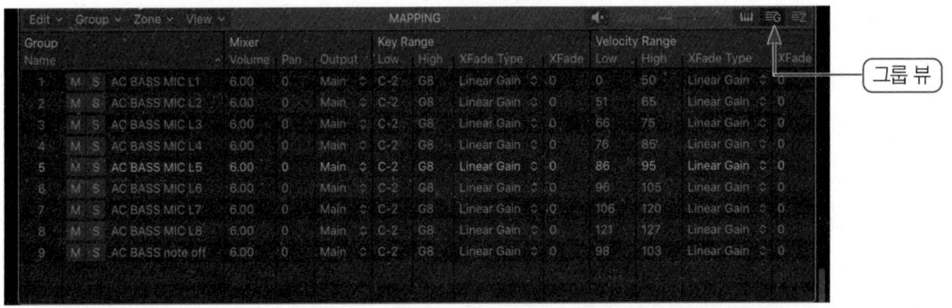

- Group : 그룹의 번호는 자동으로 할당되며, 기본적으로 생성되는 이름은 더블 클릭으로 변경할 수 있습니다. 그 외, 해당 그룹을 뮤트하거나 솔로로 재생할 수 있는 버튼이 있습니다.
- Mixer : 그룹의 볼륨(Volume), 팬(Pan), 아웃포트(Output)를 설정합니다.
- Key Range : 그룹의 키 범위(Low/High), 크로스 페이더 타입 및 범위(XFade Type/Xfade)를 지정합니다.
- Velocity Range : 그룹의 벨로시티 범위(Low/High), 크로스 페이더 타입 및 범위(XFade Type/Xfade)를 지정합니다.
- Round Robin : 하나의 키에 여러 그룹을 할당한 경우에 순차적으로 재생되게 하는 기능을 라운드 로빈(Round Robin)이라고 하며, 이 기능을 On/Off 합니다. On에서는 순서를 선택하거나 끝으로 이동(Add to end) 또는 추가(Move to new Cycle), 삭제(Remove from Cycle) 메뉴를 이용할 수 있습니다.
- Enable by Articulation : 그룹에 대한 아티큘레이션 ID를 정의합니다. 기능을 On 하면 ID를 지정할 수 있는 Value 칼럼이 활성화됩니다.
- Enable by Bend : 그룹에 대한 벤드 범위를 정의합니다. 기능을 On하면 범위를 지정할 수 있는 Low/High 칼럼이 활성화됩니다.
- Enable by Channel : 그룹에 대한 미디 채널을 정의합니다. 기능을 On하면 채널을 설정할 수 있는 Value 칼럼이 활성화됩니다.
- Enable by Control : 그룹에 대한 미디 컨트롤 범위를 정의합니다. 기능을 On하면 범위를 설정할 수 있는 Low/High 칼럼이 활성화됩니다.

- Enable by Note : 그룹에 대한 노트 번호를 정의합니다. 기능을 On하면 노트 값을 설정할 수 있는 Value 칼럼이 활성화 됩니다.
- Enable by Tempo : 그룹에 대한 템포 범위를 정의합니다. 기능을 On하면 템포 범위를 설정할 수 있는 Low/High 칼럼이 활성화 됩니다.
- Release Trigger : 릴리즈 노트에 동작되게 합니다. 해당 기능을 On/Off 하는 버튼과 디케이 타임을 동작시키는 On/Off 버튼, 그리고 디케이 타임을 설정할 수 있는 Time 칼럼이 있습니다.
- Playback : 보이스(Voices)와 클래스(Exclusive)를 할당합니다. 클래스(Class)는 한 그룹이 연주될 때 동일한 클래스의 다른 그룹이 모두 비활성화되게 합니다.
- Envelope 1 and 2 Offsets : 그룹에 대한 Delay 및 A, H, D, S, R 엔벨로프 타임을 설정합니다.
- Filter Offsets : 그룹에 대한 Cutoff 및 Resonance 적용 타임을 설정합니다.
- Playback Details : 랜덤 재생 시 선택되는 값을 설정합니다.

Zone View

존 뷰 버튼(Z)을 선택하여 전환할 수 있으며, 각 존의 세부 파라미터를 편집할 수 있습니다. 기본적으로 표시되는 칼럼은 Zone, Audio File, Pitch, Key Renge, Velocity Range, Mixer, Playback, Group, Loop이며, 그 밖의 칼럼은 View 메뉴의 Visble Zone List Columns에서 선택하여 표시할 수 있습니다.

- Zone : 존의 번호는 자동으로 할당되며, 기본적으로 생성되는 이름은 더블 클릭으로 변경할 수 있습니다. 그 외, 해당 존을 뮤트할 수 있는 버튼이 있습니다.
- Audio File : 존에 할당되어 있는 오디오 파일의 이름을 표시하며, 항목을 클릭하면 오디오 파일을 불러올 수 있는 Lead Audio File, 파인더를 열어 파일이 저장되어 있는 위치를 확인할 수 있는 Show in Finder, 로직 및 외부 오디오 편집 창을 열어주는 Open in Audio File Editor 메뉴가 열립니다.
- Pitch : 존의 루트 키(Key)와 위치를 미세 조정할 수 있는 Tune 칼럼이 있습니다.
- Key Range : 존의 키 범위(Low/High)를 표시하거나 수정할 수 있습니다.
- Velocity Range : 존의 벨로시티 범위(Low/High)를 표시하거나 수정할 수 있습니다.

- Mixer : 존의 볼륨(Volume), 팬(Pan), 출력 포트(Output), 음의 균형을 지정하는 Scale이 있습니다. 스케일을 음수로 설정하면 낮은 피치가 부드러워지며, 양수 값은 그 반대입니다.
- Playback : 재생 방법을 지정합니다. 샘플에 피치를 할당하는 Pitch, 노트 길이에 상관없이 샘플 구간이 한 번 재생되는 1 Shot, 거꾸로 재생되게 하는 Reverse가 있습니다.
- Group : 존이 할당되어 있는 그룹을 표시하거나 변경할 수 있습니다.
- Sample : 샘플의 시작 및 끝 위치(Start/End), 페이드 인/아웃 범위(Fade in/out) 그리고 프로젝트를 재생할 때 샘플이 재생되게 하는 Anchor 칼럼이 있습니다.
- Loop : 샘플의 반복 범위를 제어합니다. 기능을 On/Off 할 수 있는 버튼과 재생 방법을 선택하는 Mode가 있습니다. Forward는 정방향, Reverse는 역방향, Alternate는 정방향과 역방향을 순차적으로 진행합니다. 그리고 릴리즈 구간을 재생되게 하는 Paly to End on Release, 반복 범위를 지정하는 Start/End, 음정을 조정하는 Tune, 크로스페이더 범위를 지정하는 XFade, 크로스페이드 될 때 볼륨이 유지되게 하는 Eq Pwr 칼럼을 제공합니다.
- Audio File Tail : 존 끝에 오디오 파일을 추가할 수 있는 칼럼입니다. 파일을 불러오거나 파인더 및 편집기를 열 수 있는 Audio File 칼럼과 동일한 메뉴를 제공합니다.

참고로 존은 별도의 에디터를 제공하기 때문에 재생 범위 및 방법 등의 세부 작업은 파형을 보면서 편집할 수 있는 존 에디터에서 이루어집니다

3 zone

존 에디터는 Mapping에서 선택한 존의 오디오 파형을 표시하며, 재생 범위 및 반복 구간을 편집할 수 있습니다. 파형은 마우스 휠로 확대/축소할 수 있으며, 포인터의 기능은 위치에 따라 자동으로 변경됩니다. 아래쪽의 파라미터 값은 마우스 더블 클릭으로 입력하거나 드래그하여 변경할 수 있습니다.

화면구성

존 에디터는 매핑 에디터 아래쪽에 배치되며, 매핑 에디터에서 선택한 존의 오디오 파형을 표시합니다. 파형 위쪽에는 메뉴 바가 있고, 아래쪽에는 연주 정보를 편집할 수 있는 다양한 파라미터를 제공합니다.

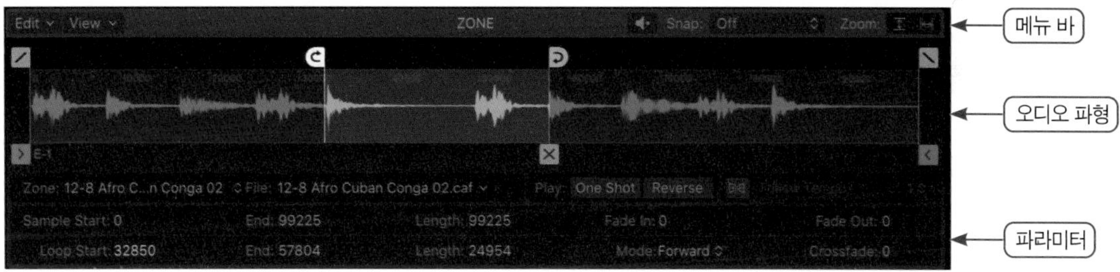

오디오 파형 모서리에는 재생 및 반복 구간을 설정할 수 있는 핸들을 제공합니다. 아래쪽 모서리에 꺽인 모양의 핸들이 샘플이 재생되는 범위를 설정하는 것이고, 상단의 화살표 모양의 핸들이 건반을 누르고 있는 동안 반복 재생되는 루프 구간을 설정하는 것입니다. 그리고 페이드 인/아웃 및 크로스페이드 핸들이 있습니다.

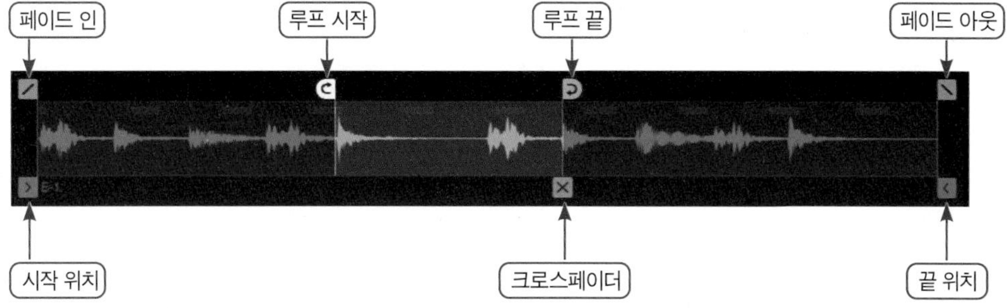

파라미터

샘플의 재생 및 루프 구간을 숫자로 표시하며, 마우스 더블 클릭 및 드래그로 수정할 수 있습니다. 대부분 오디오 파형의 핸들을 드래그하여 편집하지만, 정교한 값이 필요할 때 이용할 수 있습니다.

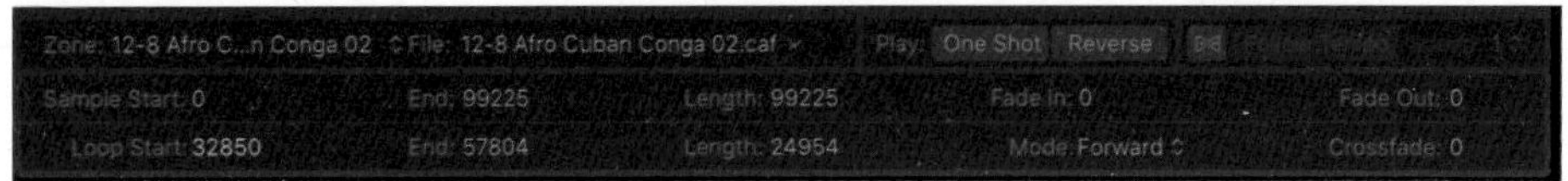

- Zone : 편집할 존을 선택합니다.

- File : 선택한 존에 로딩되어 있는 오디오 파일 이름을 표시하며, 변경 가능한 서브 메뉴를 제공합니다.
  - Load Audio File : 오디오 파일을 불러와 변경합니다.
  - Rename Current File : 오디오 파일의 이름을 변경합니다.
  - Detach Current File : 오디오 파일을 제거합니다.
  - Show in Finder : 오디오 파일의 위치를 엽니다.
  - Open in Audio File Editor : 오디오 파일을 편집할 수 있는 에디터를 엽니다.

- Play : 샘플을 한 번만 재생되게 하는 One Shot과 거꾸로 재생되게 하는 Reverse 버튼을 제공합니다.

- Flex : 플렉스 모드를 On/Off 합니다. On하면 오디오 템포는 피치에 따라 자동 조정되며, 프로젝트 템포에 맞출 수 있는 Follow Tempo 버튼과 재생 속도를 결정하는 Speed 메뉴가 활성화됩니다.

- Sample Start/End/Length : 샘플의 시작/끝/ 범위를 표시하며 변경 가능합니다.

- Fade in/Out : 페이드 인/아웃 범위를 표시하며 변경 가능합니다.

- Loop Start/End/Length : 루프 시작/끝/범위를 표시하며 변경 가능합니다.

- Mode : 루프 재생 방향을 선택할 수 있는 메뉴를 제공합니다.
  - Forward : 루프 구간을 정방향으로 재생합니다.
  - Reverse : 루프 구간을 역방향으로 재생합니다.
  - Alternate : 루프 구간을 정향으로 재생했다가 역방향으로 재생합니다.
  - Play to End on Release : 건반으로 놓았을 때 릴리즈 범위가 재생되게 합니다.

- Crossfade : 크로스페이드 범위를 표시하며 변경 가능합니다.

4 Synth

Synth 패널에서는 최종적으로 출력되는 악기의 피치와 볼륨 및 필터를 제어합니다. 필터는 2개를 제공하고 있으며, 적용 여부는 On/Off 버튼으로 결정합니다. 패널 이름 오른쪽의 Details 버튼을 클릭하면 세부 조정이 가능한 추가 파라미터 패널을 열거나 닫을 수 있습니다.

기본 창

샘플러의 음정을 조정할 수 있는 Pitch, 주파수를 차단하는 2개의 Filter, 볼륨과 팬을 조정할 수 있는 Amp 항목으로 구성되어 있습니다. 필터 사용 여부는 On/Off 버튼으로 결정하며, 타입(Type)은 메뉴에서 선택합니다.

- Tune : 샘플러의 피치를 반음 단위로 조정합니다.
- Fine : 샘플러의 피치를 1/100 단위로 조정합니다.
- Filter On/Off : 필터 사용 유무를 결정합니다.
- Filter Type : 필터 타입을 선택합니다. 로우 패스(LP), 밴드 패스(BP), 하이 패스(HP)를 제공합니다.
- Cutoff : 필터의 차단 주파수를 설정합니다.
- Reso : 차단 주파수 대역의 영역을 증폭하는 레조넌스(Resonance) 입니다.
- Drive : 입력 소스의 고음역을 증가시킵니다.
- Filter Blend : 필터 1과 2를 직렬로 연결할 것인지, 병렬로 연결할 것인지를 선택하며, 아래쪽 노브를 이용하여 각 필터의 적용 비율을 조정합니다.
- Volume : 볼륨을 조정합니다.
- Pan : 팬을 조정합니다. Synth 파라미터를 마우스 오른쪽 버튼으로 클릭하면 모듈레이션 소스를 연결할 수 있는 Add Modulation과 연결된 목록을 확인할 수 있는 Show Modulation 메뉴가 열립니다.

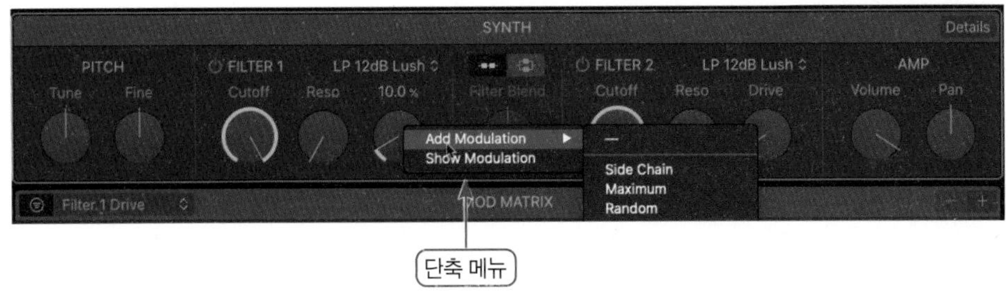

디테일 창

오른쪽 상단의 Details 버튼을 클릭하면 좀 더 세부적인 설정이 가능한 추가 파라미터 창을 열 수 있습니다.

- Glide : 음과 음사이를 미끄러지듯 연주하는 글리산도 타임을 설정합니다.
- Pitch Bend Up/Down : 피치 벤드 업/다운 폭을 설정합니다. Linked는 Up과 동일한 폭을 의미합니다.
- Coarse Tune Remote : 키보드로 제어되는 중심 노트를 선택합니다. 범위는 위/아래 옥타브입니다.
- Transpose : 반음 단위로 조옮김 합니다.
- Sample Select Random : 다중 레이어의 샘플이 무작위로 선택되게 합니다.
- Velocity Random : 벨로시티 값이 무작위로 변하게 합니다.
- Amp Velocity Curve : 샘플러가 벨로시티에 반응하는 감도를 설정합니다.
- Velocity Offset : 벨로시티 값을 증/감합니다.
- Ignore Release Velocity : 벨로시티 Off 샘플을 재생합니다.
- Amp Key Scale : 노트 값에 따라 레벨 변조 양을 설정합니다.
- Polyphony : 동시 발음 수를 설정합니다.
- Mode : 샘플러의 반응 방식을 레가토, 모노, 폴리 포닉 중에서 선택합니다.
- Unison : 보이스 수를 설정하거나 끕니다.
- Random Detune : 유니즌이 2 이상인 경우에 각 보이스의 피치를 무작위로 변경되게 합니다.
- Used Voices : 재생중인 보이스 수를 표시합니다.

5 Modulators

어쿠스틱 악기를 재현하는데 빠질 수 없는 파라미터가 변조를 의미하는 모듈레이터입니다. 5개의 엔벨로프와 4개의 LFO 패널을 제공하며, 볼륨, 필터 주파수 등 소리의 특정 요소를 주기적으로 변화시켜 음악적인 표현을 더 풍부하게 만들 수 있습니다.

엔벨로프

엔벨로프는 소리가 시작될 때부터 끝날 때까지 어떻게 변하는지를 정의하며, 주로 어택(Attack), 디케이(Decay), 서스테인(Sustain), 릴리즈(Release)의 4단계로 구분하는데, 로직의 Sampler는 어택 타임을 얼마나 유지할지를 결정할 수 있는 홀드(Hold) 타임을 제공합니다. 이를 통해 사용자는 원하는 소리의 지속 시간을 세밀하게 조절할 수 있어, 창의적인 사운드를 구현하는 데 큰 도움이 됩니다.

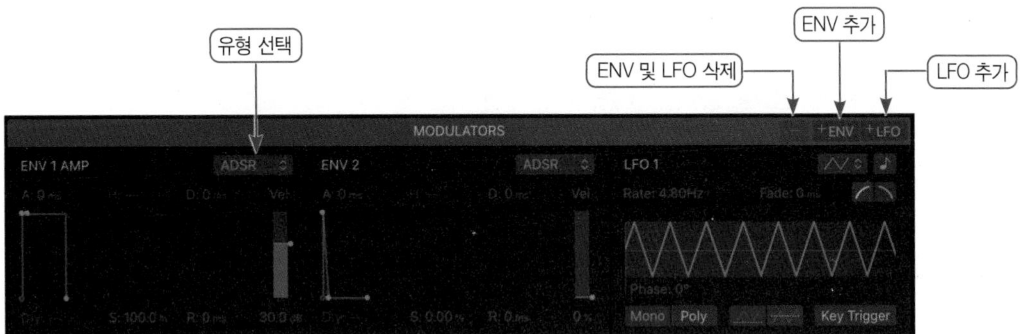

- +ENV : 엔벨로프를 추가합니다. 최대 5개까지 추가할 수 있으며, ENV1은 진폭에 연결됩니다.
- +LFO : LFO를 추가합니다. 최대 4개까지 추가할 수 있습니다.
- - : 선택한 엔벨로프 및 LFO를 삭제합니다. 단, ENV 1은 삭제할 수 없습니다.
- 유형 : 엔벨로프 형태를 선택합니다. 기본은 어택(A), 디케이(D), 서스테인(S), 릴리즈(R)이며, 홀드(H) 및 딜레이(Dly)를 추가할 수 있습니다.
- Curve : 엔벨로프 곡선의 시작 포인트를 드래그하여 조정할 수 있으며, 값은 A 항목에 표시됩니다.
- A : 건반을 눌렀을 때 소리가 가장 큰 레벨에 도달하는 데 까지 걸리는 속도를 의미하는 어택을 조정합니다. 값을 직접 입력하거나 두 번째 포인트를 드래그하여 조정할 수 있습니다.
- D : 최대 볼륨에 도달한 후 줄어드는 속도를 의미하는 디케이를 조정합니다. 값을 직접 입력하거나 세 번째 포인트를 가로로 드래그하여 조정할 수 있습니다.
- S : 건반을 누르고 있는 동안 지속되는 볼륨 수준을 의미하는 서스테인를 조정합니다. 값을 직접 입력하거나 세 번째 포인트를 세로로 드래그하여 조정할 수 있습니다.

- R : 건반을 놓았을 때 소리가 사라지는 데 까지의 속도를 의미하는 릴리즈를 조정합니다. 값을 직접 입력하거나 네 번째 포인트를 드래그하여 조정할 수 있습니다.
- A : AHDSR 유형을 선택한 경우 어택과 디케이 사이에 포인트가 생성되며, 어택 레벨이 유지되는 타임을 설정합니다.
- Dly : DADSR 또는 DAHDSR 유형을 선택한 경우 어택 페이즈가 시작되기 전의 지연 타임을 설정합니다.
- Vel : 입력 벨로시티에 응답하는 진폭 엔벨로프 감도를 설정합니다. 값이 0이면 모든 연주는 최대 레벨로 출력되며, 값이 100이면 전체 다이나믹 레인지가 벨로시티로 제어됩니다.

LFO

저주파 발진기(LFO)는 주파수가 20Hz 이하인 신호로 소리의 특정 요소를 조절하는 데 사용됩니다. 이 신호는 가청 범위 밖에 있으며, 일반적으로 피치나 앰프 같은 매개변수를 선택한 파형의 형태에 따라 주기적으로 변조되게 합니다. 가장 흔하게 사용되는 효과는 비브라토이며, 소리의 높낮이를 미세하게 변화시켜 풍부한 표현을 추가합니다. 그 외, 다양한 파형(삼각파, 사각파 등)을 사용하여 각기 다른 효과를 만들어낼 수 있습니다.

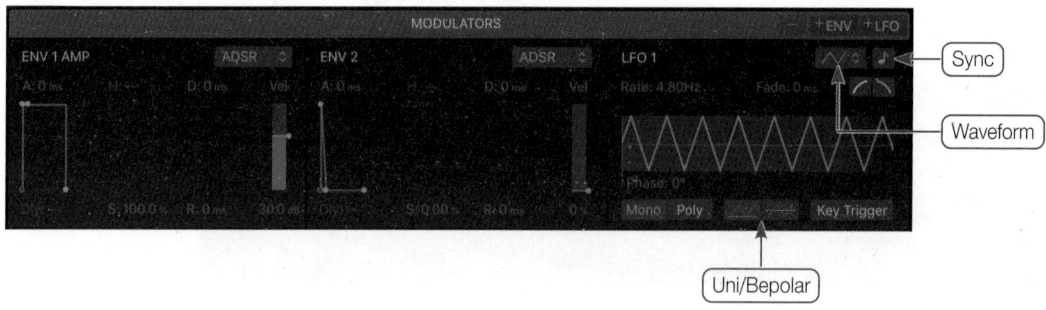

- Waveform : LFO 파형을 선택합니다. Sine, Trangle, Saw, Square, Random(Smooth)를 제공합니다.
- Sync : LFO를 프로젝트 템포에 동기화합니다.
- Rate : LFO 모듈레이션 속도를 설정합니다. Sync 버튼이 활성화되면 비트 단위로 표시됩니다.
- Fade : LFO 모듈레이션 페이드 인/아웃 타임을 설정합니다. 페이드 인/아웃은 오른쪽 버튼으로 선택합니다.
- Display : Wavform에서 선택한 LFO 파형을 나타내며, 수평으로 드래그하여 속도를 설정합니다.
- Phase : 수직으로 드래그하여 파형의 시작점을 설정합니다.
- Mono/Poly : LFO를 모노포닉 또는 폴리포닉으로 실행하도록 설정합니다. Mono는 모든 보이스에서 동일하게 적용되며, Poly는 각 보이스에 독립적으로 적용합니다.
- Unipolar/Bepolar : 단극 또는 양극 모드에서 LFO 파형을 실행합니다.
- Key Trigger : 노트를 연주할 때마다 LFO 파형이 처음부터 다시 시작됩니다.

6 Mod Matrix

Mod Matrix는 샘플러 변조의 핵심 패널입니다. 내부 또는 외부의 거의 모든 소스를 사용하여 타깃의 범위와 깊이를 완벽하게 제어할 수 있습니다. 소스와 타깃은 하나의 라인으로 라우팅 되며, 최대 20개까지 추가할 수 있고, 하나의 타깃에 두 개 이상의 소스를 라우팅하거나 하나의 소스로 두 개 이상의 타깃을 컨트롤하는 것도 가능합니다.

소스와 타깃의 이해

피치가 LFO 파형대로 변조되게 한다면 소스에 해당하는 것이 LFO이고, 타깃에 해당하는 것이 피치입니다. Mod Matrix에서는 소스(Source)와 타깃(Target)을 최대 20개까지 설정할 수 있으며, 라인은 타이틀 바 오른쪽의 + 기호를 클릭하여 추가할 수 있습니다.

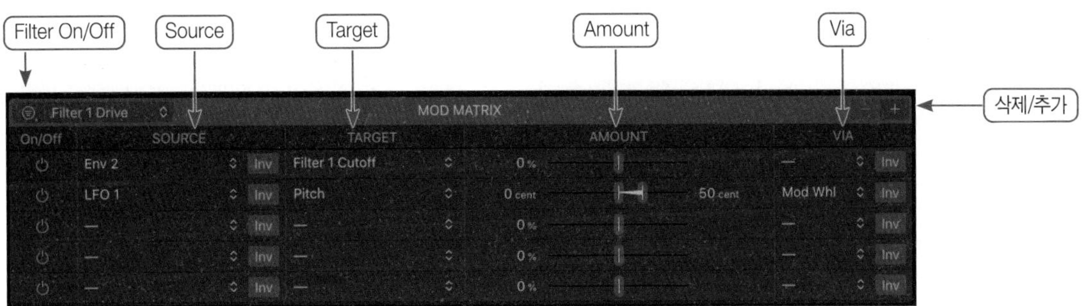

- Filter On/Off : 메뉴에서 선택한 기준과 일치하는 라인만 표시할 수 있습니다.
- On/Off : 변조 기능을 On/Off 합니다.
- Source : 변조 소스를 선택합니다. Inv 버튼을 On으로 하면 값이 반대로 적용됩니다.
- Target : 변조 대상을 선택합니다.
- Amount : 변조 양을 설정합니다.
- Via : Amount 값을 제어할 컨트롤러를 선택합니다. Inv 버튼을 On으로 하면 반대로 적용됩니다.

라우팅

01 타깃(Target)에서 어떤 파라미터가 동작되게 할 것인지를 선택합니다. 예를 들어 피치가 변조되게 하려면 Pitch를 선택하는 것입니다.

02 소스(Source)에서 무엇으로 타깃이 동작되게 할 것인지를 선택합니다. 예를 들어 LFO1에서 설정한 파형대로 피치가 자동으로 올라갔다가 내려가게 하려면 LFO1을 선택하는 것입니다.

03 Amount는 얼만큼 변조되게 할 것인지를 설정합니다. 이것은 타깃에 따라 단위가 달라집니다. 피치가 변조되게 했으므로, 단위는 Cent가 되며, 값을 50cent로 설정하면 피치가 반음 단위로 올라갔다가 내려가는 동작을 반복하게 되는 것입니다.

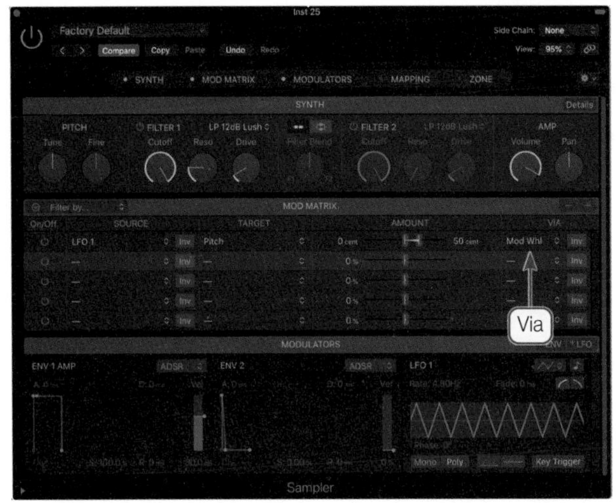

04 Via는 Amount를 컨트롤할 대상을 선택합니다. 지금까지의 설정으로 악기를 연주하면 피치가 자동으로 변조되지만, Via에서 Mod Wheel을 지정하면, 마스터 건반의 모듈레이션 휠을 올렸을 때 피치가 변조되는 것입니다.

05 소스와 타깃의 중복이 가능합니다. 예를 들어 Source에 LFO1을 선택하고, Target에서 Volume을 선택하면, LFO라는 하나의 소스로 피치와 볼륨이라는 두 개의 타깃을 동시에 변조할 수 있는 것입니다.

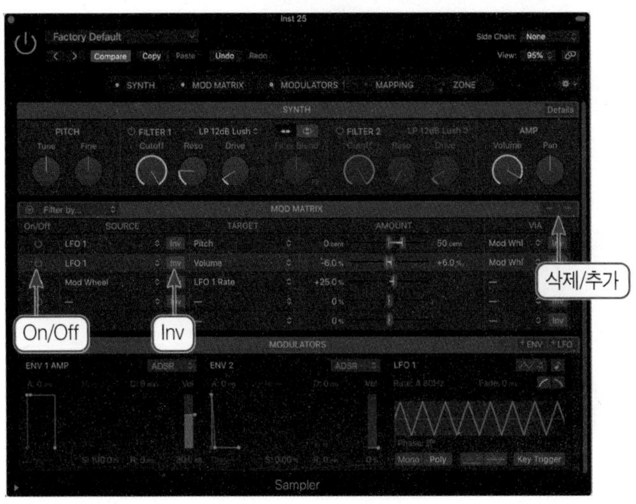

06 그 외, 해당 라인의 라우팅 설정을 On/Off 할 수 있는 버튼과 Source 및 Via 값을 반대로 적용되게 하는 Inv 버튼을 제공하며, 라인은 -/+ 버튼을 클릭하여 삭제/추가할 수 있습니다.

Quick Sampler

Quick Sampler는 단일 오디오 파일로 구성된 악기를 쉽고 빠르게 만들 수 있도록 제공되는 있는 악기입니다. 기존 오디오 파일을 Classic, One Shot, Slice의 3가지 모드로 재생하거나 Recorder로 새로운 오디오 파일을 생성할 수 있으며, 두 개의 LFO와 피치, 필터, 앰프 매개 변수를 제어할 수 있는 파라미터를 제공합니다. 그리고 필요하다면 채널 스트립에서 Sampler로 변경하여 멀티 악기 소스로 사용할 수 있습니다.

화면 구성

오디오 파형을 표시하는 상단의 디스플레이 섹션에는 모드, 재생, 매핑 등을 포함한 샘플 관련 기능들이 제공되고, 하단 컨트롤 섹션에는 독립적인 엔벨로프가 있는 두 개의 LFO와 Pitch, Filter, Amp 패널이 있습니다. 언뜻 Sampler의 축소 버전으로 보이지만, 단일 오디오 파일에 최적화되어 있는 독립 샘플러입니다.

파일 로딩

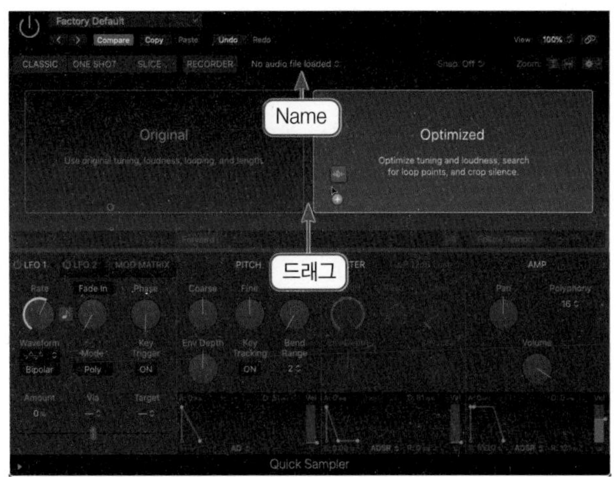

01 파인더 및 루프 패널에서 디스플레이 창으로 드래그하여 파일을 로딩할 수 있습니다. 이때 파일 정보 그대로 로딩되는 Origianl과 파일을 분석하여 루프 및 페이드 마커를 추가하거나 시작과 끝 부문의 무음을 잘라내는 등의 최적화 작업을 진행하는 Optimized 중에서 선택할 수 있습니다.

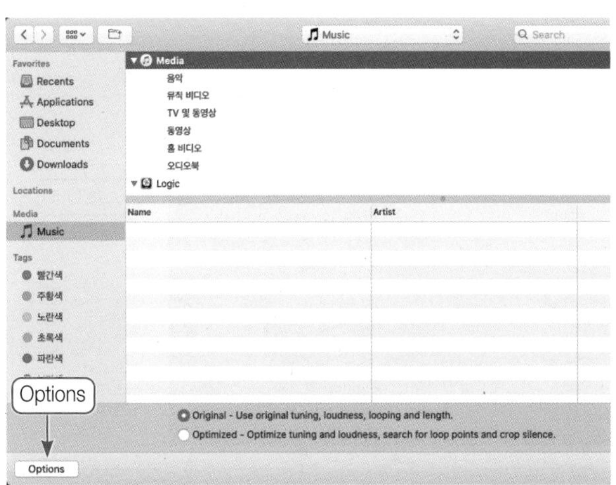

02 디스플레이 창을 클릭하면 열리는 창에서 파일을 불러올 수도 있습니다. 이때 분석 모드는 왼쪽 하단의 Options 버튼이 On으로 되어 있어야 선택할 수 있습니다.

> **TIP** 파일을 교체는 Name 항목을 클릭하여 메뉴를 열고, Load Audio File를 선택하여 불러올 수 있습니다.

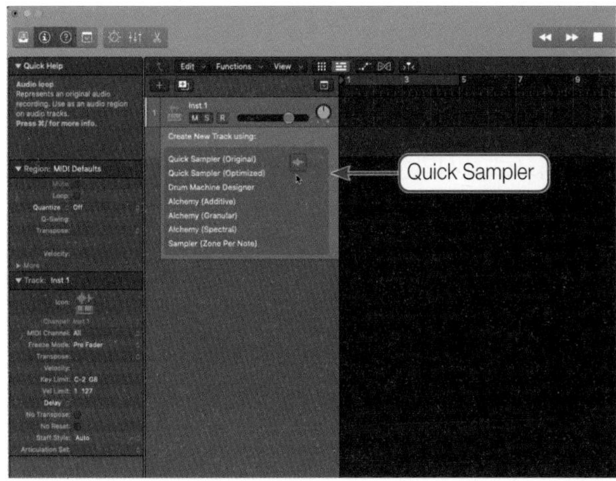

03 파일을 트랙으로 드래그하여 새로운 Quick Sampler를 만드는 방법도 많이 사용합니다. 이때도 Original과 Optimized 중에서 선택할 수 있습니다.

1 Mode

Quick Sampler는 로딩한 파일을 재생하는 Classic, One Shot, Slice의 3가지 모드와 직접 오디오를 녹음할 수 있는 Recorder 모드를 제공합니다. Classic은 건반을 누르고 있는 동안 오디오 파일 및 루프 구간을 반복 재생하고, One Shot은 한 번 만 재생하며, Slice는 오디오 파일을 잘라서 각각의 샘플을 노트에 할당합니다.

Classic mode

오디오 파일 전체 또는 일부분을 재생하고 반복합니다. 기본적으로 오디오 파일은 C3에 매핑되며, 그 이하의 노트에서는 느리게, 이상의 노트에서는 빠르게 연주됩니다. 디스플레이에는 로딩한 오디오 파일의 파형이 표시되며, 재생 및 반복 구간 또는 페이드 인/아웃을 설정할 수 있는 마커를 제공하고, 창 아래쪽에 Root Key, Playback, Loop 등, 재생 옵션을 설정할 수 있는 파라미터가 있습니다. 모드 선택 버튼 오른쪽의 Name, Snap, Zoom 등은 공통적으로 적용되는 파라미터입니다.

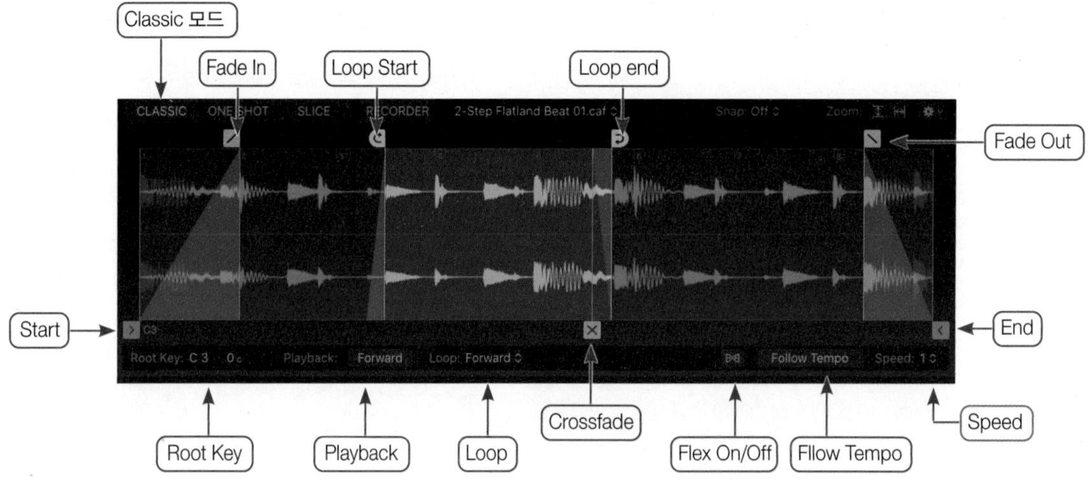

- Start/End : 샘플이 재생되는 길이를 나타내며, 파란색으로 표시되는 Start와 End 마커를 드래그하여 시작과 끝 점을 설정할 수 있습니다.
- Loop start/end : 반복 재생되는 구간을 나타내며 노란색으로 표시되는 Loop start 및 End 마커를 드래그하여 길이를 조정할 수 있습니다. 건반을 누르면 Start 위치에서 시작하며, 건반을 누르고 있는 동안 루프 구간이 반복 재생되는 것입니다.
- Fade in/out : 시작 위치의 페이드 인과 끝 위치의 페이드 아웃 마커를 드래그하여 페이드 인/아웃 길이를 조정할 수 있습니다. Option 키를 누른 상태로 드래그하면 인/아웃 위치를 동시에 조정할 수 있습니다.
- Crossfade : 루프의 시작 점과 끝 점을 부드럽게 연결시킬 수 있는 크로스 페이드를 적용합니다.

- Root Key : 원본 샘플이 로딩된 노트 값을 표시하며, 마우스 드래그 및 더블 클릭으로 변경 가능합니다. 오른쪽은 피치를 100분의 1 단위로 조정할 수 있는 Tune 입니다.
- Playback : 재생 방법을 선택합니다. Start 위치에서 End 방향으로 재생하는 Forward와 거꾸로 재생되게 하는 Reverse를 선택할 수 있습니다.
- Loop : 루프 구간의 재생 방법을 선택합니다.
  - **No Loop** : 루프 기능을 Off 합니다.
  - **Forward** : Loop Start에서 End 방향으로 재생되게 합니다.
  - **Reverse** : 거꾸로 재생되게 합니다.
  - **Alternate** : Forward와 Reverse를 반복합니다.
  - **Play to End on Release** : 건반을 놓으면 Loop end 위치로 이동하여 재생합니다.
- Flex On/Off : 플렉스 모드 기능을 On/Off 합니다. On하면 재생 속도를 프로젝트 템포에 맞출 수 있는 Follow Tempo와 재생 속도를 변경할 수 있는 Speed를 사용할 수 있습니다.

One Shot mode

오디오 파일의 전체 또는 일부분을 한 번 재생합니다. 디스플레이에는 시작과 끝 위치를 설정할 수 있는 Start 및 End 마커와 페이드 인/아웃 마커를 제공하며, 파라미터의 역할은 Classic Mode와 동일합니다. 건반을 누르면 샘플이 한 번만 재생되기 때문에 효과 사운드를 디자인할 때 유용합니다.

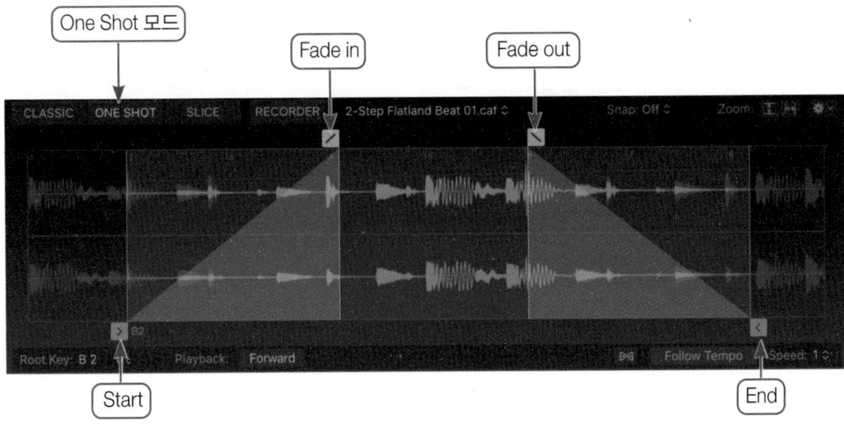

Slice mode

오디오 파일을 잘라서 노트에 매핑하는 모드로 프레이즈 및 드럼 루프를 새롭게 편집하여 연주할 수 있습니다. 오디오를 자르는 기준은 Mode 파라미터에서 선택할 수 있으며, 슬라이스 마커는 디스플레이 창을 클릭하여 추가하거나 드래그하여 위치를 조정할 수 있습니다. 마커를 더블 클릭하면 삭제됩니다.

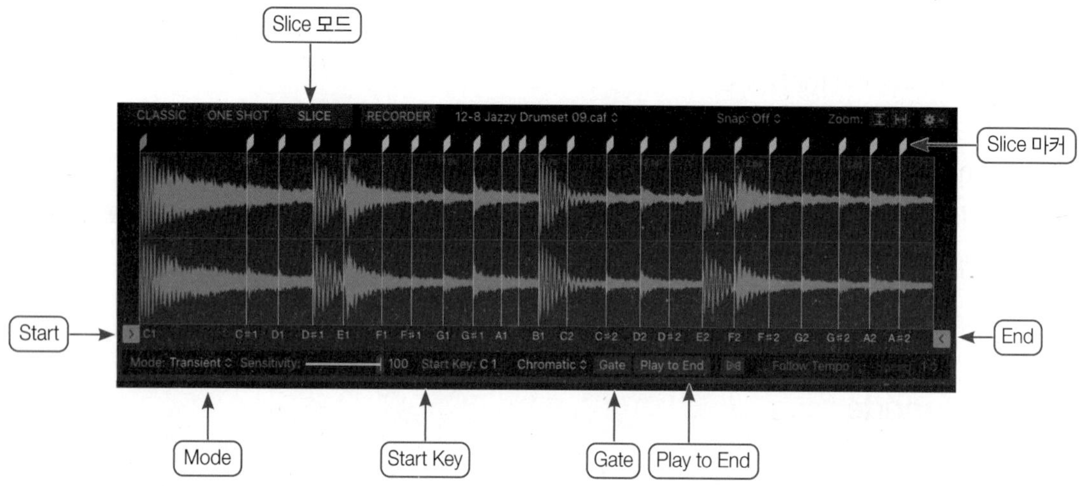

- Mode : 슬라이스 방법을 선택합니다. Transient, Beat, Equal, Manual을 제공하며, 선택한 모드에 따라 Sensitivity, Division, Slices으로 검출 빈도를 조정할 수 있습니다.
  - **Transient** : 오디오 파형의 시작 지점을 검출하여 자릅니다. Sensitivity는 검출 빈도를 조정합니다.
  - **Beat** : 비트 단위로 자릅니다. Division은 비트 단위를 선택합니다.
  - **Equal** : 균일하게 자릅니다. Slices는 마커의 수를 결정합니다.
  - **Manual** : 마커를 마우스 클릭 및 드래그로 직접 삽입합니다.

- Start Key : 샘플이 매핑되는 시작 노트를 설정하며, 반음 간격(Chromatic)이나 흰색(White) 또는 검은색(Black) 건반 순서로 배열합니다.

- Gate : 릴리즈 구간에 Pitch, Filter, Amp 설정을 적용할 수 있게 합니다.

- Play to End : 연주 노트에서부터 샘플 끝까지 재생되게 합니다.

Recorder mode

샘플러에서 직접 오디오를 녹음할 수 있는 모드 입니다. 녹음은 디스플레이 창의 Record 버튼을 클릭하여 진행할 수 있으며, 입력 소스는 Input 파라미터에서 선택합니다.

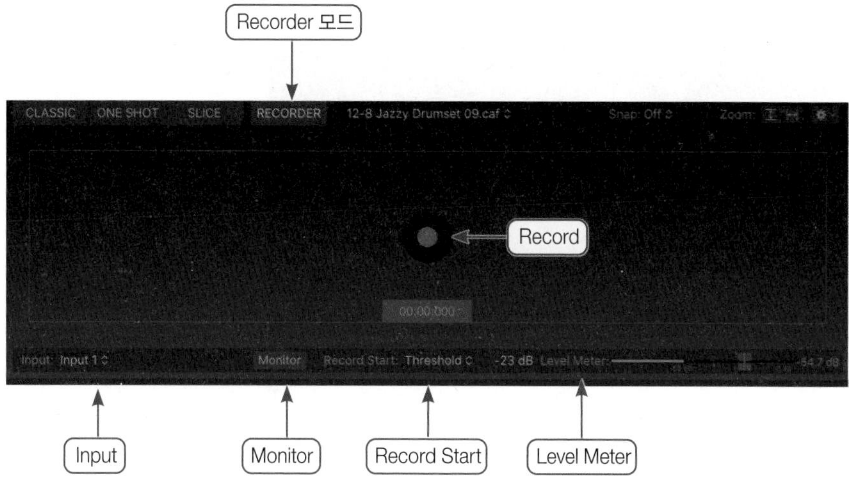

- Input : 마이크 및 트랙 입력 소스를 선택합니다.
- Monitor : 입력 소스를 모니터할 수 있습니다.
- Record Start : 녹음 시작 방법을 선택합니다. Record 버튼을 클릭했을 때 바로 녹음이 시작되는 Start immediately와 사용자가 설정한 레벨 이상의 사운드가 입력되었을 때 녹음이 시작되게 하는 Wait for signal to pass Threshold 중에서 선택할 수 있습니다. Wait for signal to pass Threshold를 선택하면 Level Meter 오른쪽에 레벨을 설정할 수 있는 슬라이더가 표시됩니다.
- Level Meter : 입력 레벨을 표시합니다.

디스플레이 파라미터

디스플레이 상단에는 모드 선택 버튼 외에 Name, Snap, Zoom, Menu 파라미터를 제공합니다.

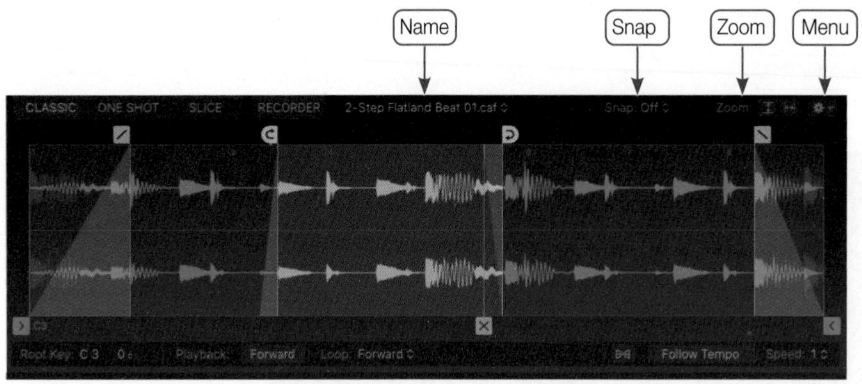

- Name : 로드한 오디오 파일의 이름을 표시하며, 클릭하면 오디오 파일을 다룰 수 있는 메뉴가 열립니다.
  - Show in Finder : 파일이 있는 위치의 파인더를 엽니다.
  - Rename Current File : 파일 이름을 변경할 수 있습니다.
  - Remove Current File : 샘플러를 비웁니다.
  - Clear History : 작업 내용을 지웁니다.
  - Load Audio File : 파일을 불러옵니다.

- Snap : 재생 및 루프 또는 슬라이스 마커를 편집할 때 달라붙게 하는 스넵 단위를 선택합니다.
  - Zero Crossing : 오디오 제로 포인트에 맞춥니다.
  - Transient+note : 오디오 파형의 시작 지점에 맞춥니다.
  - Beat : 비트 간격으로 맞춥니다.
  - Off : 스넵 기능을 Off 하여 미세한 편집이 가능하게 합니다.

- Zoom : 오디오 파형은 마우스 스크롤로 확대/축소할 수 있으며, 버튼을 클릭하여 확대 전/후로 전환합니다.

- Menu : 톱니 바퀴 모양의 아이콘을 클릭하여 모드 메뉴를 열 수 있습니다. 단, 모드에 따라 사용할 수 없는 명령은 비활성화됩니다. 디스플레이에서 마우스 오른쪽 버튼을 클릭하면 해당 모드에서 사용 가능한 단축 메뉴를 열 수 있습니다.

  - Auto Loop : 오디오를 분석하여 자동으로 루프를 설정합니다.
  - Auto Loop within Loop Area : 오디오를 분석하여 루프 영역 내에서 루프를 자동으로 설정합니다.
  - Retune : 오디오를 분석하여 루트 키 및 튜닝 값을 자동으로 설정합니다.

- Initialize Synth Parameters : 피치, 필터, 앰프, 모드 매트릭스 및 LFO의 모든 파라미터를 초기화 합니다.
- Reimport Original : 원본 파일을 다시 가져옵니다.
- Reimport Optimized : 최적화 파일을 다시 가져옵니다.
- Re-Analyze Transients and Tempo : 오디오를 분석하여 정보를 편집 내용으로 수정합니다.
- Derive Tempo from Loop Length : 루프 길이를 기준으로 오디오 파일에 대한 템포를 계산합니다.

- Crop Sample : 시작 및 끝 마커 이외의 부분을 잘라냅니다.
- Crop Loop : 루프 구간 이외의 부분을 잘라냅니다.

- Optimize Loop Start : 루프 시작점을 자동으로 조정하여 부드러운 루프 주기를 만듭니다.
- Optimize Loop Crossfade/End : 루프가 교차하는 지점의 크로스페이드 값을 자동으로 설정합니다.

- Write Sample Loop to Audio File : 루프 데이터 정보를 오디오 파일 헤더에 기록합니다.

- Create Drum Machine Designer Track : 샘플이 포함된 드럼 머신 디자이너 트랙을 만듭니다.
- Copy MIDI Pattern : 슬라이스 마커를 분석하여 클립보드에 복사합니다. 클립보드 내용을 MIDI 또는 악기 트랙에 붙여넣을 수 있습니다.

- Optimize Sample Gain : 오디오를 분석하여 게인 값을 자동으로 설정합니다.

- Linear Crossfade : 크로스페이드 라인을 직선으로 설정합니다.
- Equal Power Crossfade : 크로스페이드 라인을 곡선으로 설정합니다.

- Display Seconds/Sample/Beats Units : 디스플레이에 시간, 샘플, 비트 값을 표시합니다.

- Display Stereo Channels/Mono Sum : 디스플레이를 스테레오 또는 모노 파형으로 표시합니다.

2 Modulators

디스플레이 파라미터 아래쪽에는 사운드를 변조할 수 있는 2개의 LFO와 Pitch, Filter, Amp 파라미터 및 소스와 타겟을 결정할 수 있는 Mod Matrix를 제공합니다.

Mod Matrix

Mod Matrix 패널에서는 최대 4개의 모듈레이션 소스와 대상(Target)을 독립적으로 라우팅하여 다양한 효과를 적용할 수 있습니다.

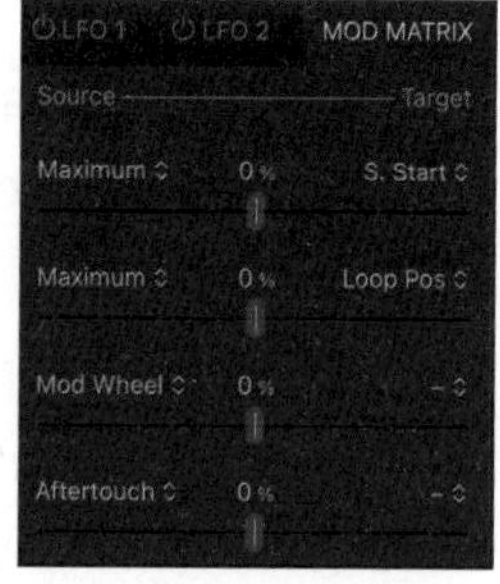

- **Target** : 모듈레이션 대상을 선택합니다.
- **Source** : 모듈레이션 소스를 선택합니다.
- **Amount** : 모듈레이션의 최대값이나 강도를 조정합니다.

LFO

Quick Sampler는 2개의 LFO 유닛을 제공하며, 이를 통해 다양한 파라미터를 변조하거나 제어할 수 있습니다. 모듈레이션 패널의 상단 탭에서 LFO 1 또는 LFO 2를 선택하여 원하는 LFO를 활성화할 수 있습니다.

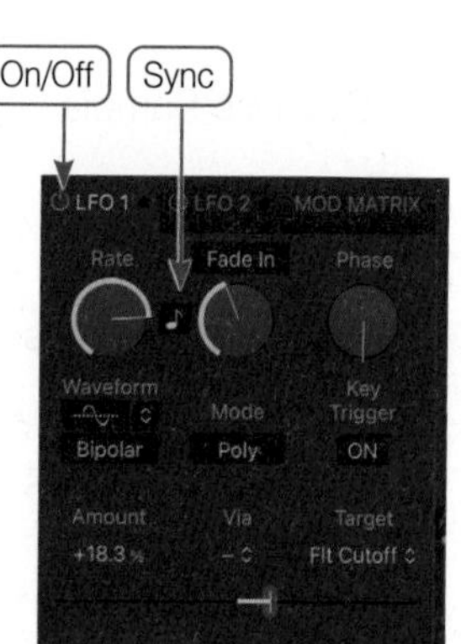

- **On/Off** : LFO를 활성화하거나 비활성화합니다.
- **Rate** : 모듈레이션 속도를 설정합니다. 값은 헤르츠 또는 초당 사이클로 표시되며, Sync 버튼이 활성화되면 마디 또는 비트 값으로 표시됩니다.
- **Sync** : 프로젝트 템포와 LFO를 동기화합니다.
- **Fade Mode** : 버튼을 클릭하여 Fade In 또는 Fade Out을 선택하고, 노브를 이용하여 타임을 조정합니다.
- **Phase** : LFO 파형의 시작점을 설정합니다. 효과적으로 사용하려면 Trigger Mode를 Poly로 설정합니다.
- **Waveform** : LFO 파형을 선택합니다.
- **Polarity** : 바이폴라 또는 유니폴라 LFO 파형 사이클을 활성화합니다.
- **Mode** : LFO 트리거 동작을 정의합니다. Poly는 각 보이스를 독립적으로 변조하며, Mono는 모든 보이스를 동일하게 변조합니다. LFO를 다시 트리거하기 전에 모든 노트를 해제해야 합니다.

- Key Trigger : 노트를 연주할 때 Phase 파라미터로 설정한 시작점으로 LFO 사이클을 재설정합니다.
- Amount : 모듈레이션 정도를 설정합니다. Via를 사용하면 두 개의 슬라이더 핸들을 통해 최소 및 최대 값을 설정할 수 있습니다.
- Via : 모듈레이션의 양을 제어할 소스를 선택합니다. 활성화되면 두 개의 Amount 슬라이더 핸들이 나타나며, 왼쪽은 최소 LFO 양, 오른쪽은 최대 LFO 양을 설정합니다.
- Target : LFO에 대한 모듈레이션 대상을 선택합니다.

Pitch

Pitch 컨트롤은 현재 재생 중인 오디오 파일의 피치를 제어합니다. 모듈레이션 대상 파라미터는 음이 연주될 때 흰색 점으로 표시되며, 범위는 대상 파라미터 주위에 주황색 링으로 표시되어 조정 가능한 범위를 쉽게 시각적으로 확인할 수 있습니다.

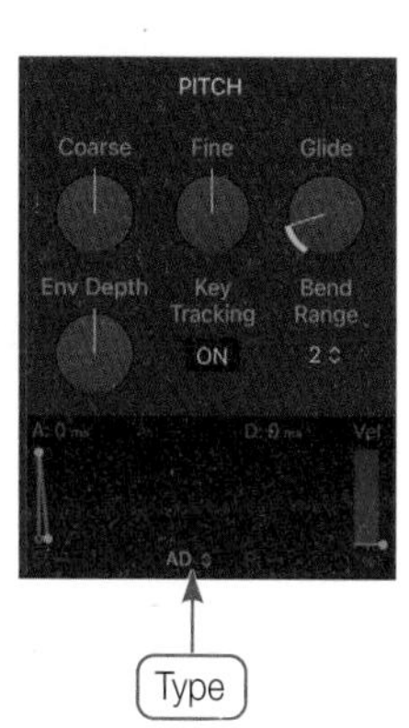

- Coarse : 악기를 반음 단위로 조정합니다.
- Fine : 악기를 100분의 1 단위로 더욱 세밀하게 조정합니다.
- Glide : 음과 음 사이의 이동 시간을 설정합니다.
- Env Depth : 엔벨로프 모듈레이션의 강도를 조절합니다.
- Key Tracking : 다른 음을 누를 때 샘플의 피치와 속도를 변경하려면 켭니다. 원래 피치로 재생하려면 끕니다.
- Bend Range : 피치 벤드 범위를 반음 단위로 설정합니다.
- Display : 점이나 선을 드래그하여 엔벨로프의 파라미터를 조절합니다.
- Type : 엔벨로프 유형을 선택합니다.
- A : 소리가 가장 큰 레벨에 도달하는 어택 타임을 설정합니다.
- H : 최대 레벨이 유지되는 홀드 타임을 설정합니다.
- D : 어택에서 서스테인 레벨로 떨어지는 디케이 타임을 설정합니다.
- S : 건반을 누르고 있는 동안 유지되는 서스테인 레벨을 설정합니다.
- R : 건반을 놓고 소리가 소멸되는 릴리즈 타임을 설정합니다.
- Vel : 벨로시티에 따라 피치 엔벨로프의 강도를 조절합니다. 슬라이더가 0이면 모든 세기에서 최대 레벨을 출력하고, 100%면 벨로시티에 따라 전체 범위가 조절됩니다.

Filter

Low Pass, Band Pass, High Pass 외, BR 6dB 및 Peak Creamy 등의 다양한 필터를 제공합니다. BR은 공진 주파수 주변의 좁은 밴드를 차단하는 역할을 하며, Peak Creamy는 공진 주파수 주변의 좁은 밴드를 부스트합니다.

- On/Off : 필터를 활성화하거나 비활성화합니다.
- Filter Type : 필터의 종류를 선택합니다.
- Cutoff : 필터의 컷오프 주파수를 설정합니다. 높은 주파수는 감쇠되고, 낮은 주파수는 통과합니다.
- Reso : 컷오프 주파수 주위의 신호를 증폭하거나 감쇠합니다.
- Drive : 필터를 오버드라이브하여 디스토션을 추가합니다.
- Env Depth : 필터 엔벨로프 모듈레이션의 양을 설정합니다.
- Keyscale : 키 위치에 따라 필터 컷오프 강도를 조정합니다. 0은 모든 노트에 동일하게 적용되고, 100%는 높은 음에서 필터가 더 열립니다.
- Display : 그래픽에서 점이나 선을 드래그하여 엔벨로프 값을 조절합니다.
- Envelope Type : 엔벨로프의 유형을 선택하여 파라미터 필드와 그래픽을 변경합니다.
- AHDSR : 각각 엔벨로프의 다양한 시간 파라미터를 설정합니다.
- Vel : 벨로시티에 따른 필터 엔벨로프의 강도를 조정합니다

AMP

Quick Sampler Amp 컨트롤은 레벨, 패닝 위치 및 폴리포니를 설정합니다. 다중 모드 엔벨로프를 사용하여 시간이 지남에 따라 레벨을 제어할 수 있습니다.

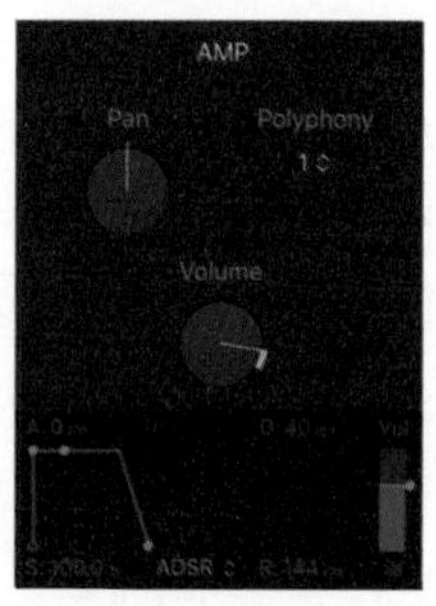

- Pan : 좌/우 소리의 위치를 조절합니다.
- Polyphony : 동시에 재생할 수 있는 음의 수를 결정합니다.
- Volume : 샘플의 전체 볼륨을 조절합니다.
- Display : 엔벨로프 파라미터를 시각적으로 조정할 수 있는 공간입니다.
- Type : 엔벨로프 유형을 선택합니다.
- AHDSR : 각각 엔벨로프의 다양한 시간 파라미터를 설정합니다.
- Vel : 입력되는 벨로시티에 따라 엔벨로프의 반응 정도를 조절합니다.

Drum Machine Designer

드럼 머신 디자이너(DMD)는 드럼 비트와 퍼커션 트랙을 쉽게 제작할 수 있는 도구입니다. 마스터 트랙과 여러 서브 트랙으로 구성되어 있으며, 각 트랙은 퀵 샘플러와 같은 플러그인을 지원합니다. MIDI 입력을 통해 드럼 사운드를 재생하고, 각 드럼 패드는 독립적으로 효과를 추가하거나 타사 플러그인을 사용할 수 있으며, 퀵 샘플러 사운드를 편집하고, 스마트 컨트롤로 채널 스트립을 커스터마이즈할 수 있어 창의적인 작업을 손쉽게 도와줍니다.

화면 구성

Drum Machine Designer (DMD)는 트랙 스택을 기반으로 한 메타 악기로, 메인 트랙과 Quick Sampler가 로딩된 서브 트랙으로 구성됩니다. 각 드럼 패드는 개별 Quick Sampler 트랙에 할당되며, 패드를 클릭하면 Quick Sampler Main과 Quick Sampler Detail 화면을 통해 드럼 샘플을 세부적으로 조정할 수 있습니다. 또한, Pad Controls와 Kit Controls를 사용해 각 드럼 소리와 전체 드럼 키트의 설정을 개별적으로 또는 일괄적으로 제어할 수 있어, 전자 드럼 키트를 쉽게 커스터마이즈하고 편집할 수 있습니다.

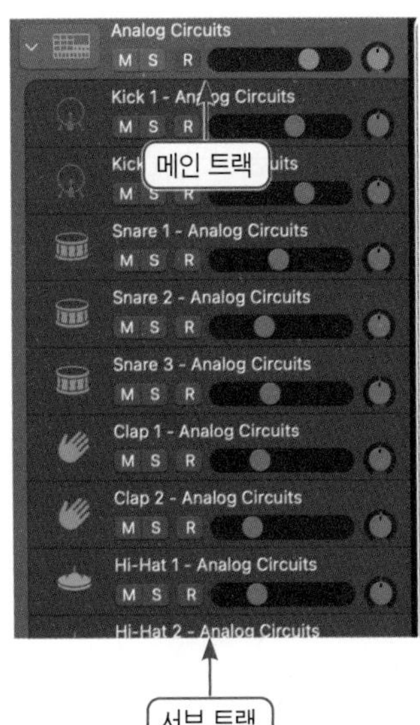

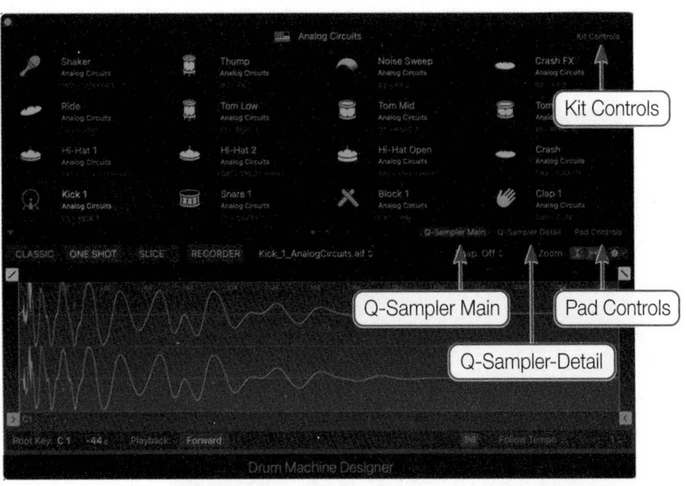

드럼 그리드

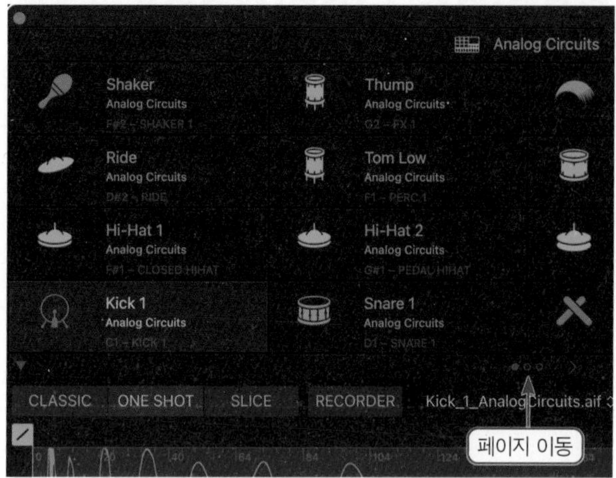

01 드럼 그리드는 각 페이지마다 16개의 패드로 구성되어 있으며, 각 패드에는 드럼과 타악기의 다양한 소리가 배치되어 있습니다. 페이지 간 이동은 이동 버튼을 클릭하여 손쉽게 할 수 있습니다.

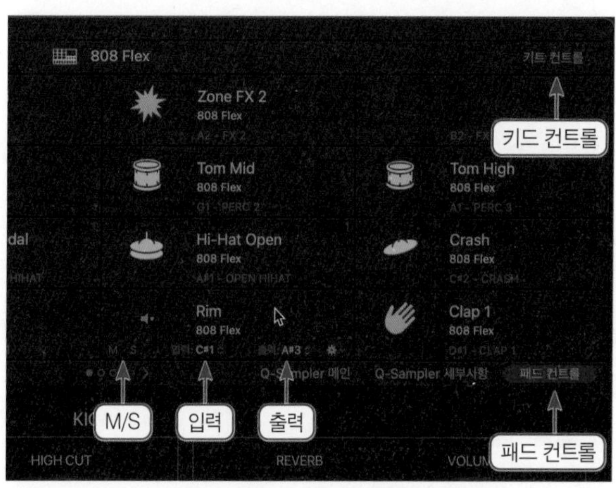

02 사운드는 각 패드를 클릭하여 모니터 할 수 있으며, 각 패드에는 뮤트(M) 및 솔로(S) 버튼과 함께 해당 사운드의 입력/출력 노트가 표시됩니다. 패드 아래쪽에는 선택한 사운드를 디자인할 수 있는 패드 컨트롤이 열리며, 상단 바를 클릭하면 키트 컨트롤로 전환할 수 있습니다.

03 드럼 키트를 선택하면 라이브러리에 드럼 키트 목록이 표시되고, 패드를 선택하면 해당 악기 목록이 나타나 이를 변경할 수 있습니다. 또한, 사용자가 보유한 오디오 샘플을 패드에 드래그하여 할당할 수 있습니다.

키트 컨트롤

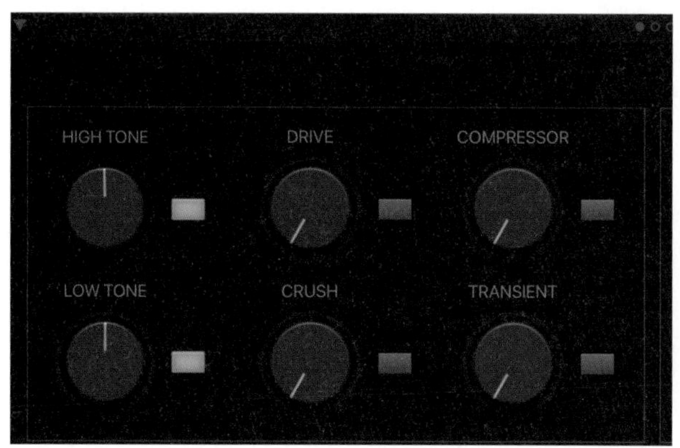

01 키트 컨트롤은 드럼 키트 전체 소리에 대해 믹스와 이펙트를 조작할 수 있는 기능을 제공합니다. 이를 통해 드럼 키트의 전체적인 믹스와 이펙트를 세밀하게 조정할 수 있어, 원하는 사운드를 더욱 쉽게 구현할 수 있습니다.

- High Tone : 고음역을 강화하는 기능으로, 기타 앰프의 트레블 조절처럼 드럼 사운드의 고주파를 더 강조할 수 있습니다.
- Low Tone : 저음역을 얼마나 강조할지 설정합니다. 기타 앰프의 베이스 조정처럼 드럼의 낮은 주파수를 더 두드러지게 만들 수 있습니다.
- Drive : 오버드라이브 효과의 양을 조절합니다. 이 노브를 사용하면 따뜻하고 거친 디스토션 효과를 추가할 수 있습니다.
- Crush : 비트 해상도를 낮추어, 전체 드럼 사운드에 로우파이(Low-Fi) 느낌을 부여하는 효과입니다. 사운드를 더 거칠고 빈티지하게 만들어줍니다.
- Compressor : 드럼 사운드의 다이나믹을 제어합니다. 컴프레서를 사용하면 소리가 더 강하고 풍성하게 들리며, 믹스가 더 일관되게 만들어집니다.
- Transient : 드럼 사운드의 어택을 강화하는 기능입니다. 이를 통해 드럼이 더 강조되며, 비트가 더욱 뚜렷하고 강하게 들리도록 할 수 있습니다.
- Hi Cut Filter : 고주파를 잘라내는 필터입니다. 설정한 주파수 이상의 소리는 감쇠되어, 사운드를 더 부드럽고 따뜻하게 만들어줍니다.
- Lo Cut Filter : 저주파를 잘라내는 필터로, 설정한 주파수 미만의 낮은 소리는 감쇠됩니다. 이 필터를 사용해 불필요한 저주파를 제거할 수 있습니다.
- Phaser : 주파수가 주기적으로 변동하여 사운드에 깊이감을 추가하는 효과입니다. 흔히 공기처럼 휘몰아치는 느낌을 주며, 드럼 사운드를 더 입체적으로 만들어줍니다.
- Flanger : Phaser와 유사하지만, 더 강하고 인위적인 주파수 변화를 주는 효과입니다. 비행기 소리처럼 주파수가 움직이는 느낌을 드럼에 추가해 독특하고 실험적인 사운드를 만들어냅니다.
- Delay : 전체 드럼 키트에 적용되는 딜레이 효과의 강도를 설정합니다. 이 노브로 사운드에 반향을 추가할 수 있습니다.
- Reverb : 전체 드럼 키트에 적용되는 리버브 효과의 양을 조정합니다. 이로 인해 사운드가 더 공간감 있게 들리며, 각 개별 드럼 소리의 리버브 양은 채널별로 세밀하게 조정할 수 있습니다.

04 키트 컨트롤은 스마트 컨트롤 창에서도 확인할 수 있습니다. 스마트 컨트롤 창을 열려면 도구 바의 스마트 컨트롤 버튼을 클릭하거나 B 키를 눌러 열 수 있습니다.

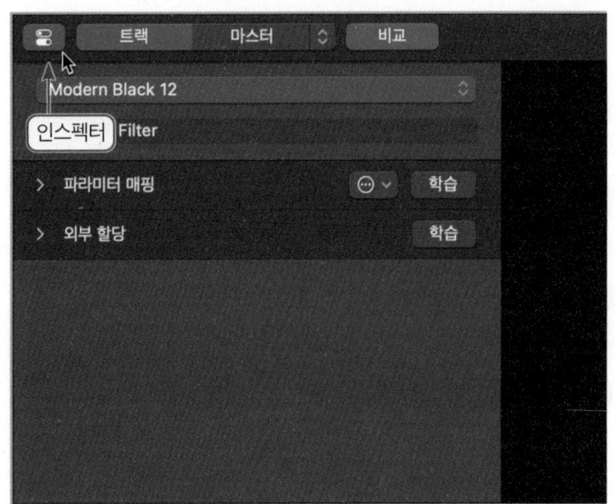

05 스마트 컨트롤은 외부 MIDI 컨트롤러를 사용하여 제어할 수 있습니다. 인스펙터 버튼을 클릭하여 창을 열고, 해당 파라미터에 외부 컨트롤러의 노브나 슬라이더를 연결하면 실시간으로 스마트 컨트롤을 제어할 수 있습니다. 이를 통해 더 직관적이고 효율적인 작업이 가능합니다.

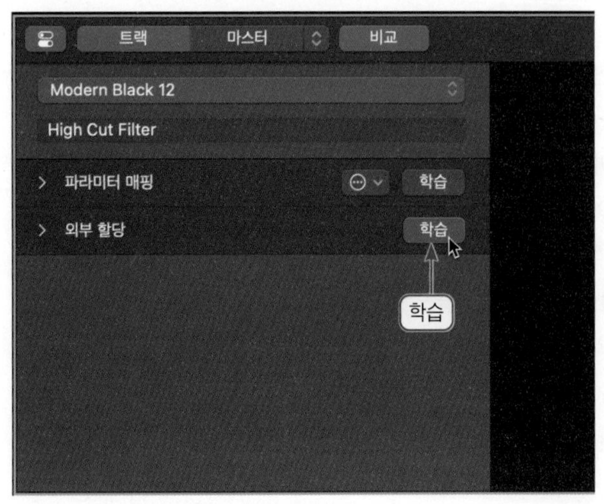

06 연결 방법은 매우 간단합니다. 외부 할당 학습 버튼을 클릭하여 활성화한 후, 제어하려는 파라미터를 선택합니다. 그런 다음 외부 MIDI 컨트롤러에서 원하는 노브나 슬라이더를 움직이면, 해당 컨트롤러가 스마트 컨트롤에 자동으로 할당되어 실시간으로 조정할 수 있습니다.

패드 컨트롤

패드 컨트롤은 선택한 악기에 따라 다르게 구성되며, 이를 통해 악기 사운드를 세밀하게 디자인할 수 있습니다.

- Attack : 사운드가 시작되는 순간의 강도와 길이를 설정합니다.
- Body : 사운드의 깊이를 조절하여 더 풍성하고 강하게 들리거나, 반대로 얇게 만들 수 있습니다.
- Bottom : 저음역대의 강도를 강화하거나 줄일 수 있습니다.
- Color : 사운드를 더 밝거나 어두운 느낌으로 조정할 수 있습니다.
- Crush : 사운드의 비트 해상도를 낮추어, 거친 로우파이(Low-Fi) 음질을 추가합니다.
- Decay : 사운드가 점차적으로 사라지는 시간을 설정합니다.
- Delay : 사운드에 딜레이 효과를 추가합니다.
- Dirt : 사운드에 거칠고 독특한 질감을 추가합니다.
- Distortion : 따뜻한 튜브처럼 부드러운 왜곡이나 디지털 왜곡을 사운드에 추가합니다.
- Envelope : 사운드의 엔벨로프를 조정하여, 소리가 시간이 지남에 따라 어떻게 변할지를 설정합니다.
- Hi Cut : 고주파 영역을 잘라내는 필터입니다.
- Length : 사운드의 지속 시간이나 릴리즈 길이를 조정합니다.
- Lo Cut : 저주파 영역을 잘라내는 필터입니다.
- Pan : 사운드의 스테레오 위치를 설정합니다.
- Pitch : 사운드의 튜닝을 조정합니다.
- Presence : 어택 페이즈를 변경하여, 사운드를 밝고 강렬하게 또는 부드럽고 둔탁하게 만들 수 있습니다.
- Reverb : 사운드에 리버브 효과를 추가하여, 공간감을 주고 깊이를 더할 수 있습니다.
- Spread : 사운드의 스테레오 폭을 조정하여, 소리가 더 넓거나 좁게 느껴지도록 할 수 있습니다.
- Sub : 사운드에 한 옥타브 낮은 사인파를 추가하여, 더 깊고 풍성한 저음을 만듭니다.
- Tone : 사운드의 전반적인 음색을 설정하여 밝기나 어두운 느낌을 조절합니다.
- Volume : 사운드의 출력 레벨을 조정하여, 소리의 크기를 설정합니다.

Ultrabeat

로직은 다양한 소프트 악기들이 제공되며, 이들 각각에서 드럼 사운드를 사용할 수 있습니다. 그러나 드럼 패턴을 독립적으로 시퀀싱할 수 있는 기능을 갖춘 것은 Ultrabeat 뿐입니다. 특히, 리듬 패턴 전용 시퀀서로서, 드럼 연주자들도 만족할 만한 뛰어난 사운드를 제공하기 때문에 단순한 가이드 이상의 다양한 활용이 가능합니다.

1 패널의 구성

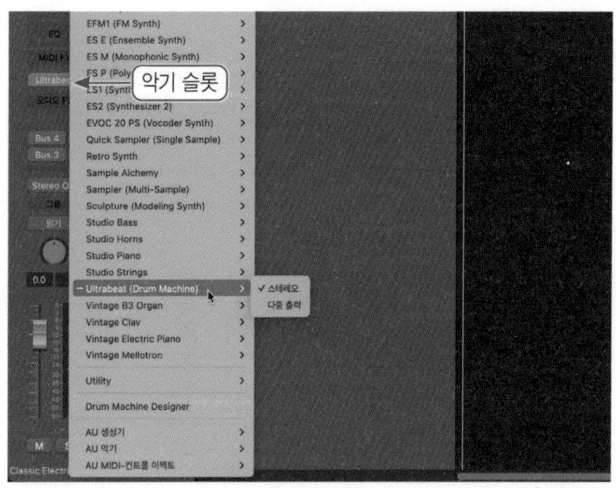

01 소프트웨어 악기 트랙의 새 프로젝트를 만듭니다. 그리고 채널 스트립의 악기 슬롯에서 Ultrabeat (Drum Synth)를 선택합니다.

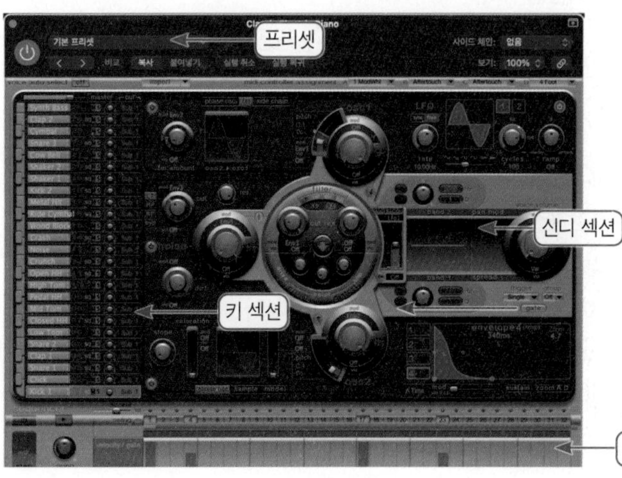

02 키 섹션, 신디 섹션, 스텝 섹션으로 구성되어 있는 Ultrabeat 패널이 열립니다. 음색은 라이브러리 패널의 목록 또는 프리셋 메뉴에서 선택합니다.

03 키 섹션에 보이는 건반 또는 컴퓨터에 연결되어 있는 마스터 건반을 눌러 사운드를 모니터 할 수 있습니다. 이때 Voice auto select 버튼을 On으로 하면, 해당 노트의 섹션이 자동으로 선택됩니다.

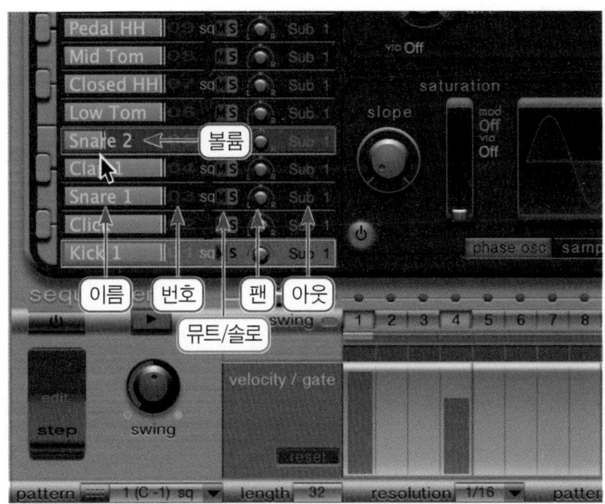

04 각각의 노트에는 악기 이름, 번호, 뮤트, 솔로, 팬, 아웃 파라미터가 있습니다. 악기 이름의 배경으로 보이는 파란 색은 볼륨을 조정하는 슬라이더 입니다.

05 사운드를 디자인 하는 신디 섹션은 사운드의 출발점인 두 개의 오실레이터(OSC)와 노이즈(noise), Filter, LFO, Envelopes, 그리고 Output으로 구성되어 있습니다. 일반적인 아날로그 신디사이저와 동일한 타입입니다.

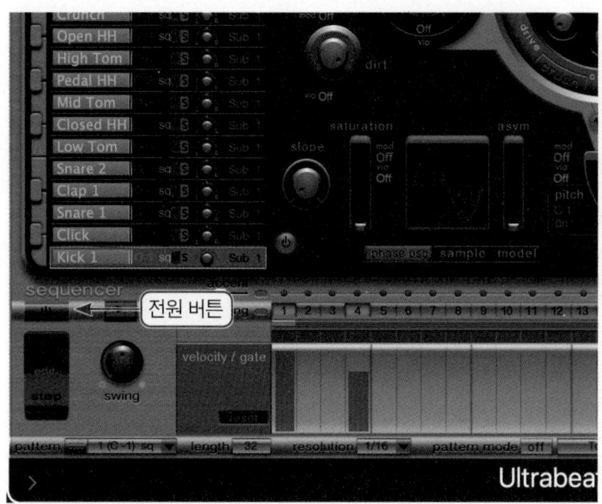

06 패턴을 만드는 스텝 섹션은 두 마디 길이의 32비트 라인을 제공합니다. 스텝 섹션의 전원 버튼을 On으로 합니다.

07 재생 버튼을 클릭하여 기본적으로 제공되고 있는 연주 패턴을 모니터 해봅니다. 연주 패턴은 Pattern 목록에서 선택할 수 있습니다.

08 마음에 드는 연주 패턴은 Pattern 메뉴 왼쪽의 드래그 포인트를 작업 중인 프로젝트로 드래그하여 이용할 수 있습니다. Ultrabeat에서 제공하는 패턴만 이용해도 독자가 만드는 음악의 리듬을 한 층 업그레이드 시킬 수 있을 것입니다.

2 패턴 만들기

01 Ultrabeat는 자신이 원하는 패턴을 직접 만들 수 있습니다. Pattern 메뉴에서 sq 문자가 없는 목록을 선택합니다. 비어 있는 패턴을 의미합니다.

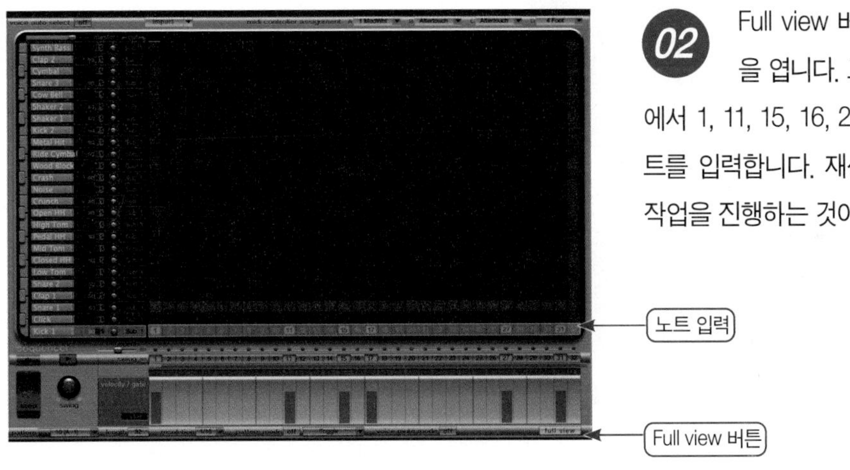

02 Full view 버튼을 클릭하여 시퀀싱 창을 엽니다. 그리고 C1 노트의 킥 드럼에서 1, 11, 15, 16, 27, 31 비트를 클릭하여 노트를 입력합니다. 재생 버튼을 On으로 해놓고 작업을 진행하는 것이 좋습니다.

03 D2 노트의 스네어는 6, 13, 21, 26, 29 비트에 입력합니다. 그리고 26 비트의 벨로시티는 아래쪽으로 드래그하여 절반 정도로 감소 시킵니다. 잘못 입력한 노트는 마우스 클릭으로 Off 시킬 수 있습니다.

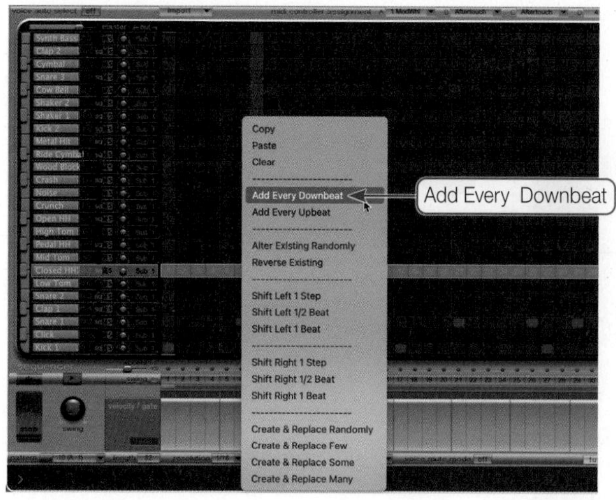

04 F#1의 (Close H.H)는 메뉴를 이용해서 입력하겠습니다. F#1 노트를 선택하고, 시퀀스 라인에서 마우스 오른쪽 버튼을 클릭하여 단축 메뉴를 엽니다. 그리고 Add Every Downbeat와 Upbeat를 차례로 선택합니다. 다운 비트의 1, 5, 9..., 업 비트의 3, 7, 11... 에 자동 입력됩니다.

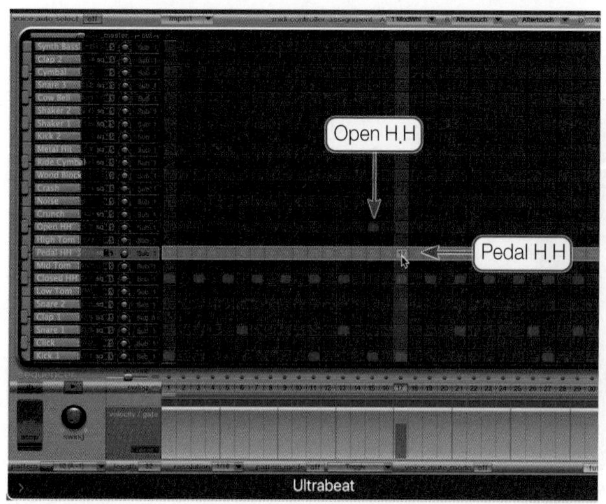

05 F#1 노트(Close H.H)의 15 비트를 클릭하여 삭제하고, A#1 노트(Open H.H)의 15 비트와 G#1 노트(Pedal H.H) 17 비트에 노트를 추가합니다.

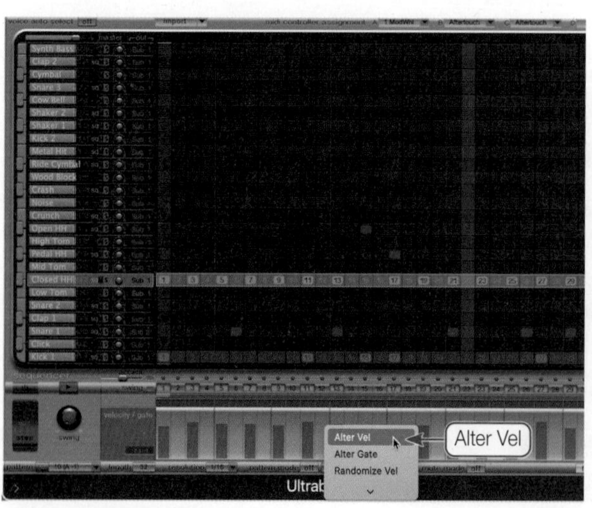

06 F#1의 Close H.H를 선택하고, 벨로시티 라인에서 마우스 오른쪽 버튼을 클릭하여 단축 메뉴를 엽니다. 그리고 Alter Vel을 선택하여 벨로시티를 사람이 연주한 것 처럼 연출합니다. Alter Vel가 제시하는 것이 마음에 들지 않는다면, 조금 수정해도 좋습니다.

07 벨로시티 상단에 보이는 Accent 라인은 해당 비트를 강하게 연주하게 합니다. 킥 드럼을 선택하고, 1과 17 비트의 Row 버튼을 On으로 합니다. 그리고 Accent 슬라이더는 3dB 정도로 조정합니다.

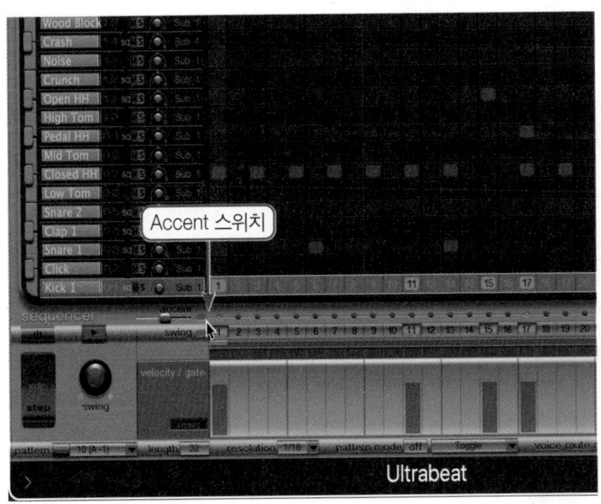

08 킥 드럼의 1과 17 비트만 강조할 것이므로, Close H.H 노트를 선택하고, Accent 스위치를 Off 합니다. Pedal H.H의 17 비트로 Accent 스위치가 On으로 되어 있다면, Off 시킵니다.

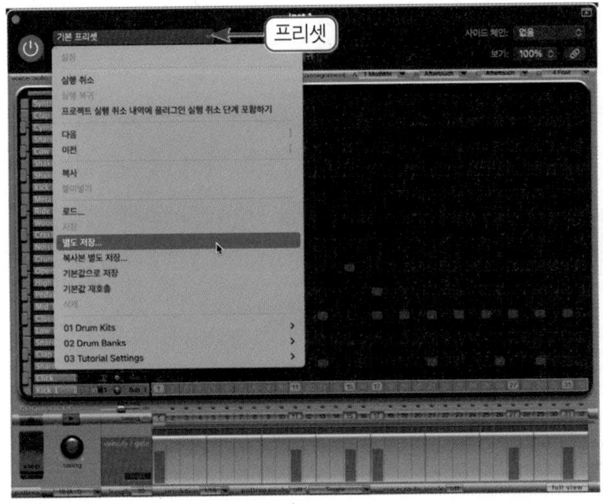

09 간단한 리듬 패턴을 만들어 보면서 스텝 섹션의 역할을 모두 살펴보았습니다. 완성한 패턴은 프리셋 메뉴의 별도 저장을 선택하여 저장합니다.

3 사운드 디자인하기

01 Ultrabeat는 80년대 록 음악에서 현재 유행하는 댄스 음악까지 사용할 수 있는 다양한 음색을 제공하고 있습니다. 여기에 좀 더 욕심을 내는 뮤지션이라면, 신디 섹션의 파라미터를 이용해서 개성있는 음색을 만들 수 있습니다. Full View 버튼을 Off 하여 스텝 섹션을 닫습니다.

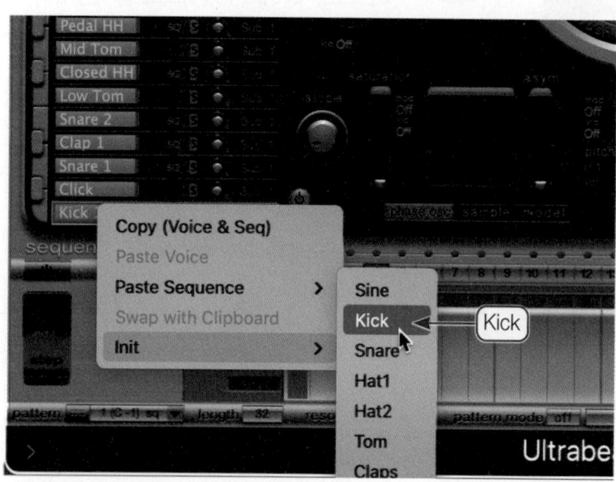

02 OSC 1과 2, Noise, Filter, LFO, Envelope, Output으로 구성되어 있는 신디 섹션은 사용자가 선택한 프리셋 음색의 세팅 값입니다. C1 노트를 마우스 오른쪽 버튼으로 클릭하여 단축 메뉴를 열고, Inst의 Kick을 선택합니다. 프리셋 음색을 수정해도 좋지만, Ultrabeat에서 제공하는 Kick 세팅을 기본으로 살펴보겠습니다.

03 사운드는 모니터를 하면서 디자인하는 것이 효과적입니다. C1 노트의 솔로 버튼을 On으로 하고, 재생 버튼을 클릭하여 킥 드럼의 기본 세팅 사운드를 모니터 합니다.

04 OCS는 사운드가 생성되는 기본 파형을 컨트롤 합니다. Kick 소스는 OSC1만 On으로 되어 있지만, Ultrabeat는 두 개의 OSC를 제공합니다. 즉, 기본 파형을 두 가지로 생성하여 믹스시킬 수 있습니다. 오실레이터의 사용 여부는 전원 버튼으로 결정합니다.

05 OSC1은 3가지 모드를 제공합니다. 자체 파형을 생성하는 Phase OSC 모드, OSC2에서 만든 파형의 주파수를 변조하는 FM 모드, 외부 오디오 입력으로 컨트롤되는 Side chan 모드 입니다.

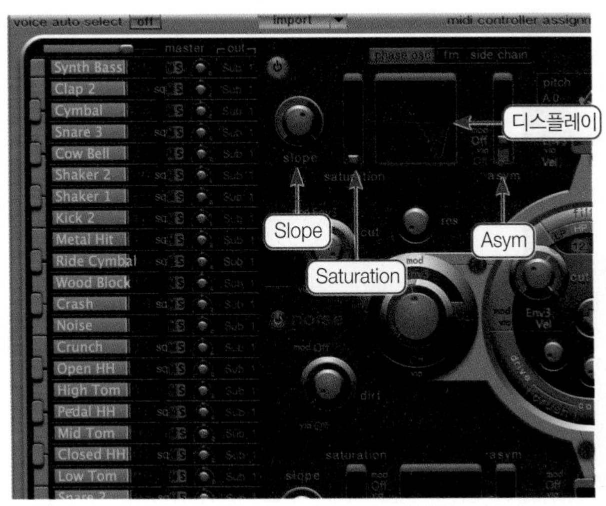

06 Phase OSC 모드에서 Slope 노브로 파형의 기울기를 조정하고, Saturation 슬라이더로 파형을 증감시켜 형태를 조정하고, Asym로 각도를 조정하여 결정합니다. 조정되는 파형은 디스플레이 창에서 확인할 수 있지만, 모양 보다는 소리를 모니터 하면서 원하는 색깔로 조정합니다.

07 OSC1에서 원형 모양을 하고 있는 노브는 사운드의 볼륨을 조정하며, 외각의 슬라이더는 음정을 조정합니다. 음정은 베이스 기타와 일치시키는 것이 일반적이지만, 조금 높여서 사이버틱한 사운드를 연출하는 음악도 많습니다.

08 asym, 피치, 볼륨 조정 슬라이더의 파란색 라인은 Mod 메뉴에서 선택한 항목 적용 범위를 조정합니다. 피치는 Envelope 3을 의미하는 Env3으로 설정되어 있으며, 볼륨은 Env1 입니다. 범위는 슬라이더에 파란색 라인으로 조정하며, Mod는 사용자가 원하는 항목으로 변경 가능합니다.

09 mod 아래쪽의 Via는 적용 방법을 선택합니다. 피치에는 벨로시티를 의미하는 Vel로 설정되어 있으며, 범위는 파란색 라인으로 조정합니다. 즉, 건반을 누르는 세기에 따라 엔벨로프 3이 피치에 적용되는 것입니다.

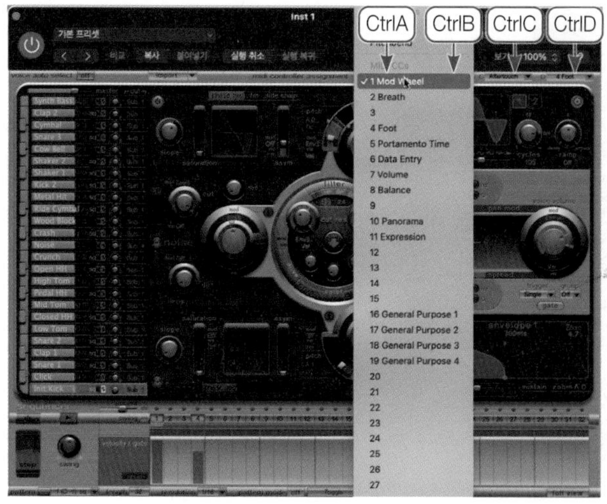

10 Via의 CtrlA~D는 외부 컨트롤러를 이용해서 변조하게끔 하는 것이며, 컨트롤 정보는 Midi controller assignment 메뉴에서 선택합니다. A에 ModWhl로 설정되어 있는데, Via에서 CtrlA를 선택하면, 마스터 건반의 모듈레이션으로 엔벨로프를 적용할 수 있다는 의미이며, mod를 LFO로 선택하면 떨림 효과를 연출할 수 있습니다.

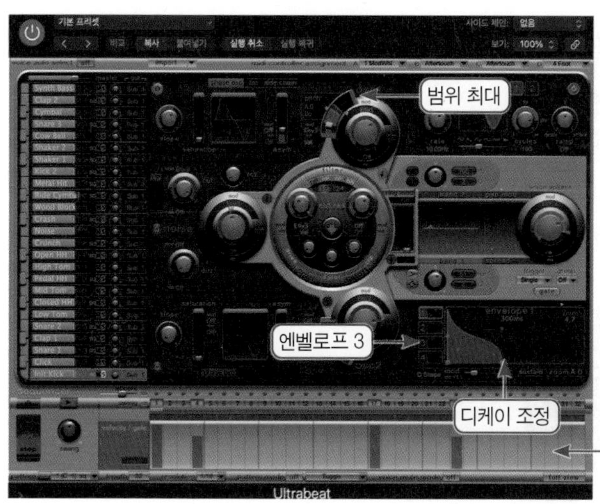

11 mod는 Env3, Via는 Vel로 되어 있는 기본값으로 테스트를 해보겠습니다. 범위를 최대로 올리고, Envelope 3에서 디케이를 길게 조정합니다. 그리고 마스터 건반을 눌러 보거나 스텝 창에서 벨로시티를 조정하여 사운드의 변화를 체크합니다. mod와 via의 역할을 이해할 수 있을 것입니다.

12 OSC 1과 2, 그리고 Noise로 생성한 사운드는 경로 버튼을 이용해서 Filter로 통과시키거나 바로 아웃으로 출력시킬 수 있습니다. Noise 전원 버튼을 ON으로 하고, 경로 버튼을 클릭합니다. OSC1과 Noise가 필터를 통과하게 하는 것입니다.

13 Noise는 뜻 그대로 잡음입니다. 사운드에 잡음을 믹스하면, 보다 현장감 있는 색깔을 연출할 수 있습니다. 노이즈 필터는 저음역을 통과시키는 LP, 고음역을 통과시키는 HP, 설정 주파수 범위만 통과시키는 BP, 그리고 필터를 사용하지 않는 Byp를 제공합니다.

14 필터는 기본적으로 HP가 선택되어 있습니다. Cut 노브를 조정하여 값을 높여 보면, 저음역이 감소되는 것을 모니터 할 수 있습니다. 고음역을 통과시킨다는 의미는 저음역을 차단한다는 것이므로, 노브 이름이 Cut으로 되어 있습니다.

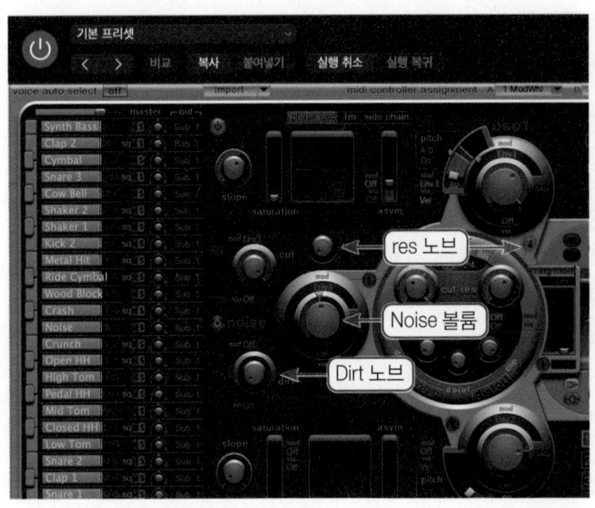

15 res는 필터의 적용 범위를 조정하며, dirt는 잡음의 양을 조정합니다. 그리고 Noise의 최종 출력 레벨은 볼륨 노브를 이용해서 조정합니다.

TIP Cut, Vol, Dirt 노브 외각의 mod와 via는 OSC1에서 살펴본 내용과 동일합니다.

16 OSC2에는 phase 모드 외에 sample과 model 모드를 제공합니다. Sample 모드는 실제 오디오 샘플을 불러와 사운드 소스로 이용하는 것입니다, Sample 모드 메뉴에서 Load Sample을 선택합니다.

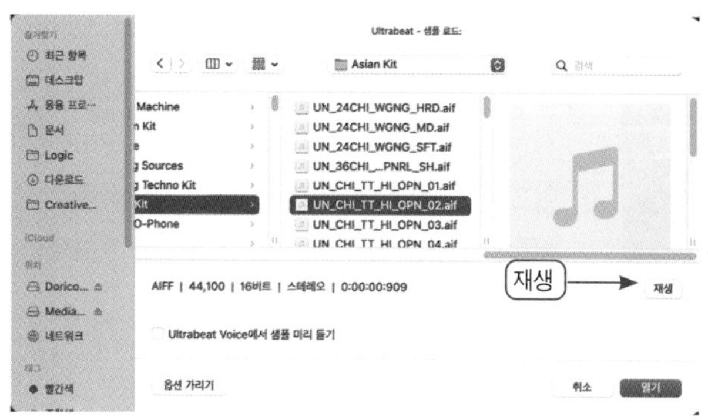

17 Ultrabeat Sample 폴더가 열립니다. 해당 폴더 또는 독자가 샘플을 모아 놓은 폴더에서 킥 드럼 소스로 사용할 파일을 찾아 더블 클릭합니다. 샘플을 불러오기 전에 재생 버튼을 클릭하여 모니터 할 수 있습니다.

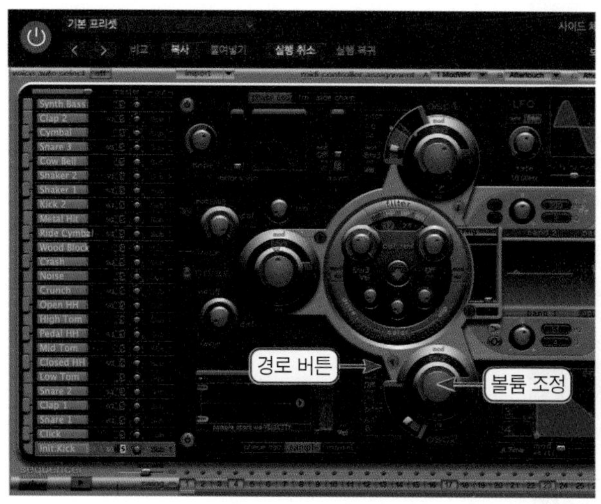

18 OSC2의 전원 버튼을 On으로 하면, OSC1 및 Noise로 만든 사운드와 믹스되는 것을 모니터 할 수 있습니다. 경로 버튼을 클릭하여 필터로 보내고, 볼륨을 적당히 조정합니다.

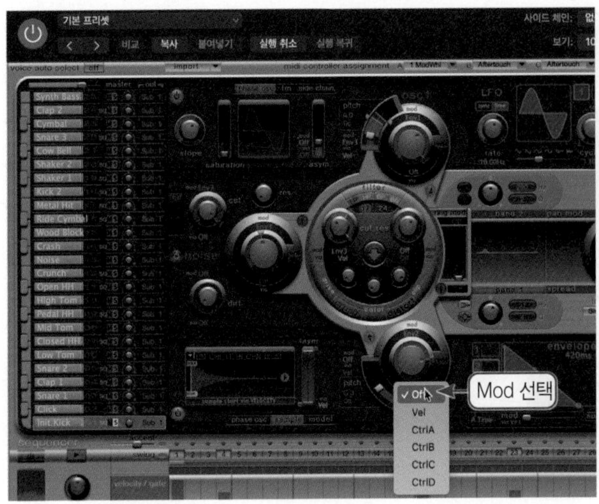

19 OSC2 볼륨에 LFO를 적용하여 떨림 효과를 만들어 보겠습니다. 볼륨 노브 위쪽에 보이는 Mod 메뉴에서 LFO1을 선택합니다. 그리고 녹색 라인을 -14dB 정도의 범위로 조정합니다.

20 LFO는 Low Frequency Oscillator의 약자로 저주파수의 파형을 생성하여 사운드를 변조하는 역할을 합니다. rate는 파형의 진동 속도를 조정하는 것으로 비트로 조정하는 Sync 모드와 주파수 값으로 조정하는 Free 모드가 있습니다.

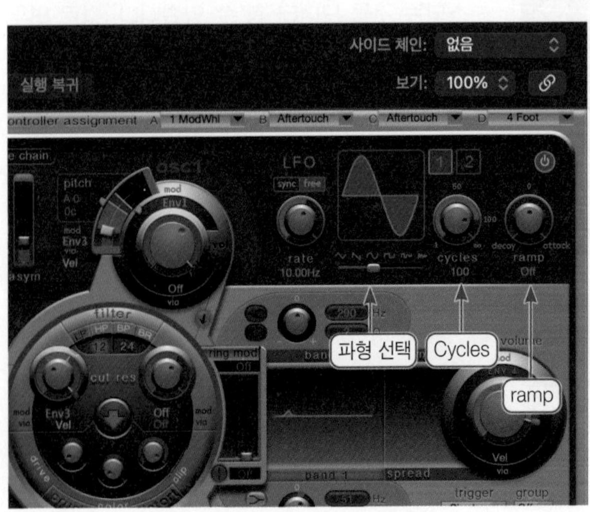

21 파형은 슬라이더로 선택하며, Cycles 노브는 반복 횟 수를 조정합니다. 그리고 ramp는 파형이 반복되는 시작 점(Attack)과 끝 점(Decay)를 조정합니다.

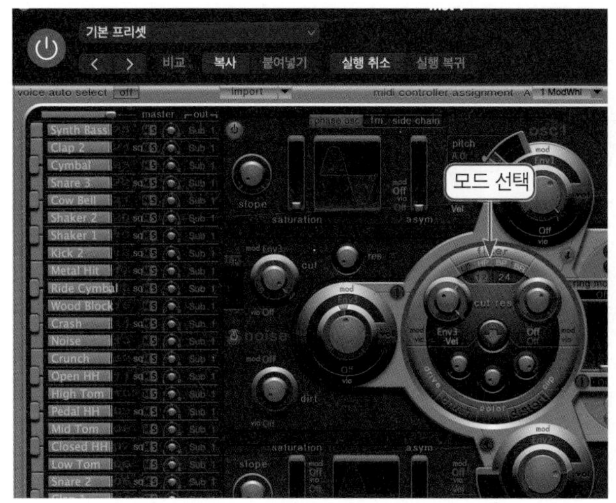

22 OSC1 과 2, Noise로 만든 사운드는 모두 필터(Filter)를 통과하도록 지정하였습니다. 필터는 걸러낸다는 의미 그대로 저주파를 통과시키는 LP, 고주파를 통과시키는 HP, 중심 주파수를 통과시키는 BP, 중심 주파수를 차단하는 BR 모드를 제공합니다.

23 LP 모드에서 Cut 노브의 값을 낮추고, res로 적용 범위를 넓힙니다. 주파수 라인의 Slope는 한 옥타브 범위인 12로 설정되어 있습니다. 고음역을 거의 차단했으므로, 매우 단단한 킥 드럼 사운드를 모니터 할 수 있습니다.

24 Crush 및 Distort 버튼은 사운드를 왜곡시키는 역할을 하며, Drive로 왜곡의 정도, Color로 톤, Clip로 볼륨을 조정합니다. Crush를 선택하고, 각 노브를 조정해보면, 재미있는 사운드 연출이 가능하다는 것을 알 수 있습니다. 중앙의 화살표는 사운드의 경로를 결정하는 역할입니다.

25 필터 오른쪽의 Ring Mod는 사운드의 배음을 조정합니다. 이것은 독립적으로 사용이 가능하지만, OSC1과 2이 모두 사용되고 있을 때만 적용됩니다. Ring mod 버튼을 On으로 놓고, 효과를 모니터 해봅니다.

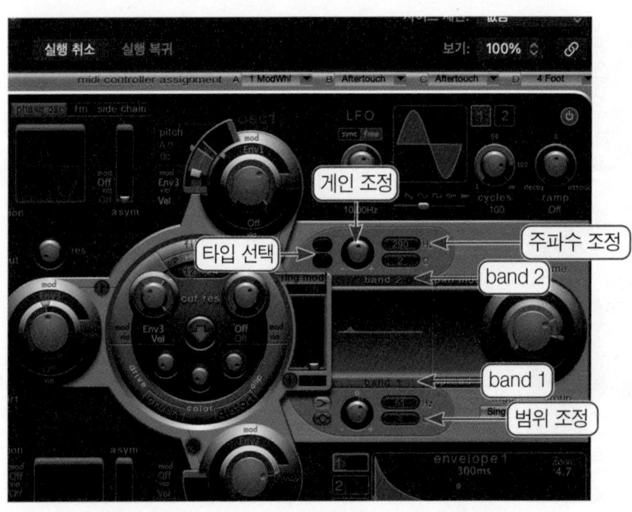

26 Ultrabeat의 최종 출력을 담당하는 Output 항목은 EQ, Pan, Spread, Volume으로 구성되어 있습니다. EQ는 2 밴드로 제공되며, 쉘빙 및 피크 타입으로 선택 가능합니다. EQ의 사용 여부는 band 1, 2 버튼으로 결정합니다.

27 Pan mod는 좌/우 밸런스를 조정하며, spread는 좌/우 넓이를 조정합니다. 그리고 볼륨 노브로 최종 출력 레벨을 조정합니다. 사운드가 만들어지는 경로를 따라 각 파라미터의 역할을 살펴보았습니다. 입문자에게는 다소 버거운 학습일 수 있지만, 지금 당장 완벽한 이해는 필요는 없습니다. 본서를 마칠 때쯤, 자연스럽게 알게 될 것이며, 기본 프리셋만으로도 음악을 만드는데 충분한 소스가 될 것입니다.

4 스텝 섹션의 오토메이션

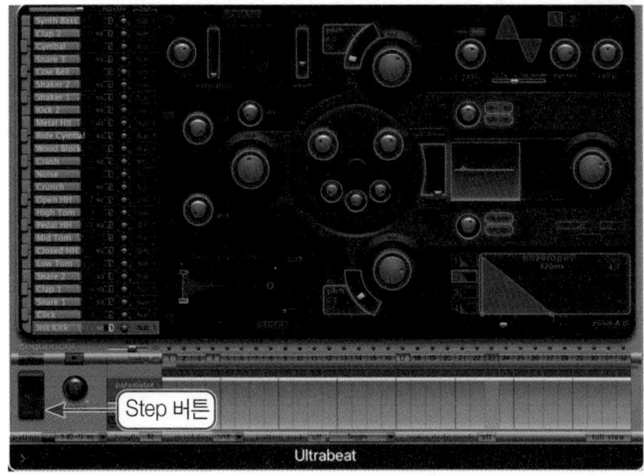

01 앞에서 살펴본 신디 섹션의 각 파라미터를 자동으로 움직일 수 있는 오토메이션을 기록할 수 있습니다. 스텝 섹션의 Step 버튼을 클릭합니다. 각 파라미터에 노란색 라인이 표시됩니다.

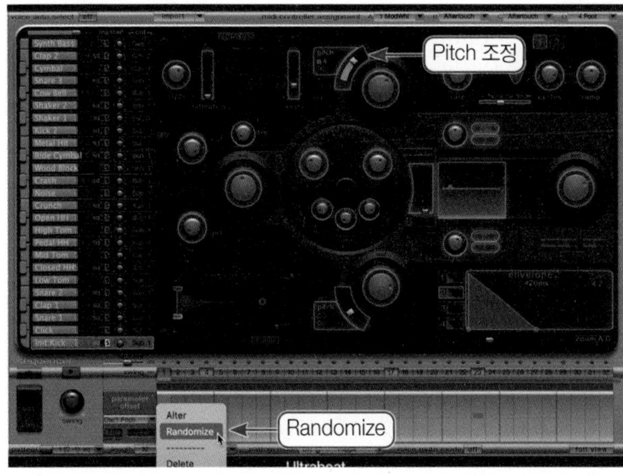

02 1번 비트를 선택하고, OSC1의 Pitch 파라미터를 움직여 음정을 높여 봅니다. Step에 OSC1 라인이 생성되면, 마우스 오른쪽 버튼을 클릭하여 단축 메뉴를 열고, Randomize를 선택하여 자유롭게 값이 조정되게 합니다.

03 재생 버튼을 클릭하여 패턴을 연주해 보면, 음정이 자유롭게 조정되는 것을 확인할 수 있습니다. 다른 파라미터도 같은 방식으로 오토메이션을 기록하여 주기적으로 변하는 사운드를 연출할 수 있습니다. 기록한 값을 편집할 때는 스텝 메뉴에서 파라미터를 선택합니다.

04 지금까지 Ultrabeat의 모든 기능을 살펴보았습니다. 패널 하단의 메뉴 역할을 정리하면서 학습을 마치겠습니다. 스윙 노브는 선택한 노트의 업 박자를 지연시켜 스윙 리듬을 만듭니다. 각 노트에는 스윙 On/Off 버튼이 있습니다.

05 Pattern Mode는 미디 노트로 패턴을 선택할 수 있게 합니다. 미디 노트는 Pattern 목록에서 확인할 수 있으며, 피아노 창에서 해당 노트를 입력하여 연주되게 할 수 있습니다.

06 Playback mode는 패턴이 연주되는 방식을 선택합니다. One-Shot Trig는 한 번 연주, Sustain은 노트 길이 만큼 연주, Toggle은 다음 노트가 입력될 때 까지 계속 연주, Toggle on Step 1은 다음 노트가 입력되도 패턴 주기가 끝난 다음에 바뀝니다. 마지막 Vocie mute mode를 On으로 하면, C1 이상의 노트를 연주할 때, Ultrabeat 믹서에 해당하는 연주를 뮤트 시킵니다.

5 멀티 아웃 사용하기

01 Ultrabeat는 24채널 멀티 아웃을 지원하는 악기이기 때문에 믹싱 작업을 위해 노트를 분리할 필요가 없습니다. Kick, Snare 등의 Out을 서로 다르게 지정합니다.

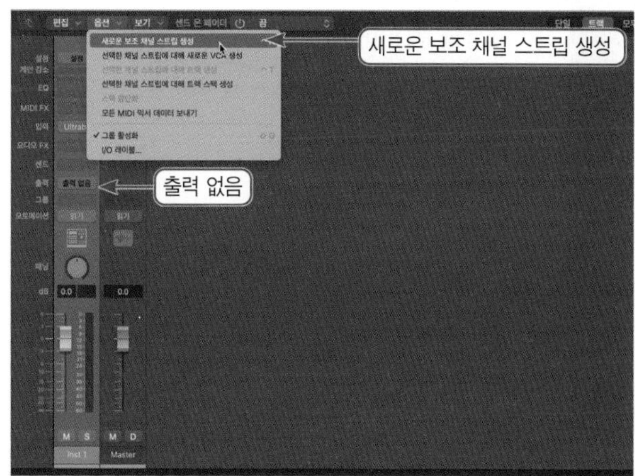

02 믹서에서 Ultrabeat 채널의 아웃을 출력 없음으로 선택합니다. 그리고 옵션 메뉴에서 새로운 보조 채널 스트립 생성을 선택하여 Aux 채널을 아웃 수 만큼 추가 합니다.

03 Aux 채널의 인풋 슬롯을 클릭하여 열어보면, Ultrabeat에서 지정한 Inst 아웃 목록이 보입니다. 각각 Ultrabeat에서 설정한 아웃 풋을 선택합니다.

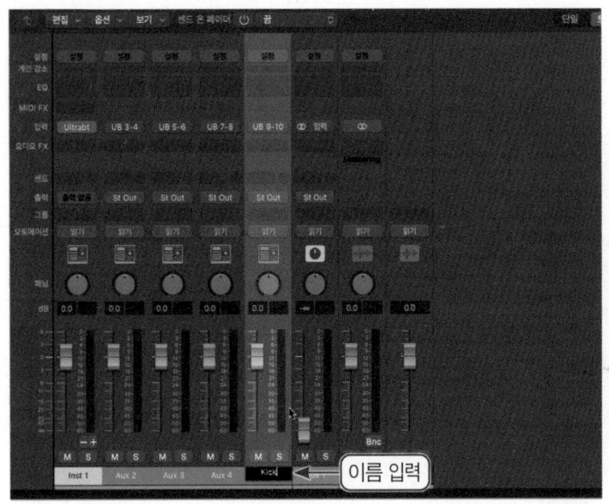

04 추가한 Aux 채널의 이름 항목을 더블 클릭하여 구분하기 쉬운 것으로 변경합니다. 드럼 악기이므로, Kick, Sanre 등의 악기 이름을 입력하는 것이 일반적입니다.

05 Ultrabeat에서 노트를 연주해보서 각각의 아웃이 Aux 채널로 전송되는지를 확인하고, 잘못 연결한 채널이 있다면 Ultrabeat의 아웃과 Aux 채널의 인풋을 확인합니다.

06 하나의 소프트 악기 트랙을 이용하여 드럼 패턴을 만들었지만, 각 악기 별로 출력이 다르기 때문에 EQ, 컴프레서 등을 개별적으로 적용할 수 있습니다. 믹싱 작업을 할 때 매우 유용한 기능이므로, 기억해두기 바랍니다.

Alchemy

Alchemy는 사용하기 쉽지만 강력한 샘플 조작 신디사이저입니다. 다양한 퍼포먼스 컨트롤 기능과 함께 광범위한 프리셋 라이브러리를 통해 실시간으로 사운드를 조작하고 창출할 수 있습니다. 가산 합성, 스펙트럴 합성, 그래뉼러 합성 및 재합성, 샘플링, 가상 아날로그 엔진 등 다양한 기능을 제공하여 사용자는 샘플을 가져와 분석하고, 합성 방법을 활용하여 사운드를 자유롭게 수정할 수 있으며, 샘플 매핑, 루핑 및 그룹화 기능을 통해 복잡한 악기를 손쉽게 생성할 수 있습니다.

1 화면 구성 살펴보기

신호 흐름

Alchemy의 신호 흐름도는 사운드 생성과 처리 과정을 왼쪽에서 오른쪽으로 보여줍니다. 여기에는 소스 설정, 메인 필터, 이펙트 처리의 세 가지 주요 단계가 있습니다.

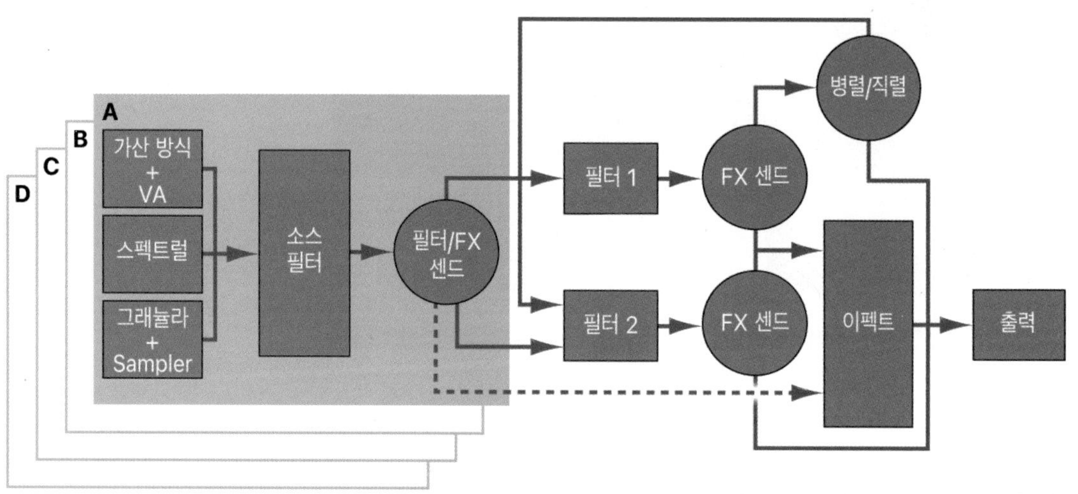

1. 소스 설정 : 각 사운드는 최대 4개의 소스(A, B, C, D)로 구성될 수 있습니다. 각 소스는 가산, 스펙트럴, 그래뉼러, Sampler, 가상 아날로그 등의 요소로 이루어져 있습니다. 이 요소들은 각 소스에서 병렬 또는 직렬로 실행될 수 있는 독립적인 3개의 필터를 가지고 있습니다. 이 단계에서는 기본 사운드 톤을 생성하고 조정하는 작업이 이루어집니다. 모든 모듈레이션은 음색별로 적용됩니다.

2. **메인 필터** : 병렬 또는 직렬로 실행 가능한 2개의 메인 필터가 있습니다. 이 필터는 4개의 소스에서 온 사운드를 결합하거나 변형하는 데 사용됩니다. 메인 필터 섹션에서도 모든 모듈레이션은 음색별로 적용됩니다.

3. **이펙트 처리** : 각 보이스가 믹싱 및 필터링된 후, 이펙트 단계로 이동합니다. 이펙트 섹션에서 설정된 모듈레이션은 메인 필터 섹션에서 전달된 전체 오디오 신호에 적용됩니다. 또한 소스를 직접 이펙트 섹션으로 라우팅하여 메인 필터를 우회할 수도 있습니다.

Browse 보기

Alchemy에서는 사용자가 선택할 수 있는 세 가지 주요 보기가 있습니다. 이름 막대의 보기 버튼을 통해 접근할 수 있으며, 기본적으로 열리는 Browse는 사용 가능한 모든 사운드와 프리셋을 편리하게 탐색할 수 있는 프리셋 브라우저, 키워드를 사용하여 원하는 사운드를 빠르게 검색할 수 있는 검색 필드, 그리고 퍼포먼스, 아르페지에이터, 이펙트를 조정할 수 있는 컨트롤 섹션으로 구성되어 있습니다.

01 음색은 Preset에서 선택하며, 4개의 카테고리 선택으로 관련 프리셋을 좀 더 빠르게 찾을 수 있습니다. Genre(장르)와 Timbre(음색) 목록의 태그는 articulation, newer than 등으로 변경할 수 있습니다.

02 마음에 드는 프리셋은 검색 필드의 User Tags에서 New Tag를 선택하여 사용자만의 태그 목록으로 관리할 수 있습니다.

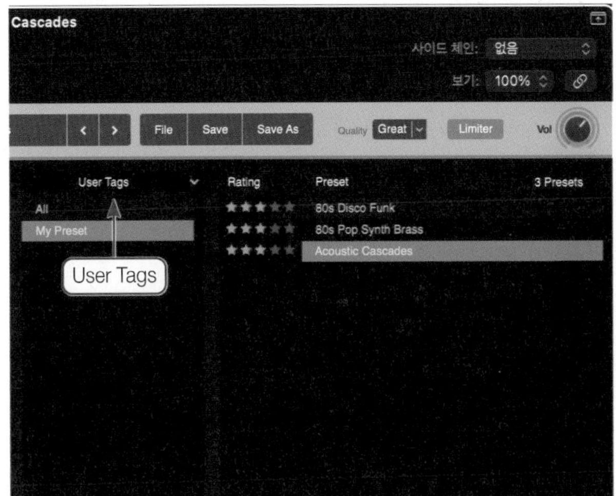

03 새로 만든 태그는 User Tags 목록에 추가되며, 선택한 프리셋을 등록할 수 있고, 언제든 Delete Tag From All Presets으로 삭제할 수 있습니다.

04 User Tags 아래쪽의 Edit 버튼을 클릭하면 선택한 프리셋의 카테고리를 편집할 수 있으며, Comments 패널에 기억하기 쉬운 메모를 입력할 수 있습니다.

Simple 보기

Simple 보기는 라이브 재생에 적합한 퍼포먼스 컨트롤만 표시하여 인터페이스를 간략화 합니다. 8개의 노브와 2개의 XY 패드, 그리고 4개의 엔벨로프 노브가 있으며, 이를 실시간으로 컨트롤할 수 있는 8개의 트랜스폼 패드를 제공합니다. Simple 보기에서 음색은 프리셋 메뉴에서 선택할 수 있습니다.

트랜스폼 패드는 컨트롤 노브 및 XY 패드 세팅 값을 스냅샷으로 저장하여 전환시키는 역할을 합니다. 패드를 선택하거나 드래그하면 각 세팅 값 사이의 변조 값이 적용된 사운드를 실시간으로 제어할 수 있습니다.

패드 아래쪽에 있는 Action , Octave, Rate, ModWheel, Snap Vol 메뉴의 역할은 다음과 같습니다.

Action 메뉴는 Alchemy 플러그인에서 스냅샷 관련 명령을 제공하는 팝업 메뉴를 엽니다.

- Copy Snapshot : 선택한 스냅샷의 모든 퍼포먼스 컨트롤 설정을 버퍼에 저장합니다.
- Paste Snapshot : 버퍼에 저장된 설정을 선택한 스냅샷으로 복사하여 적용합니다.
- Copy 1 To All : 스냅샷 1의 설정을 스냅샷 2~8로 복사합니다.
- Clear : 현재 사운드를 보존하면서 현재 퍼포먼스 컨트롤 값을 캡처해 타겟 파라미터에 즉시 적용합니다. 이후 모든 할당이 지워지고 모든 컨트롤이 0으로 초기화됩니다.
- Randomize Snapshots : 현재 활성화된 스냅샷을 제외하고 모든 스냅샷의 무작위 퍼포먼스 컨트롤 값을 생성합니다.
- Auto Assign All : 현재 프리셋의 모든 퍼포먼스 컨트롤을 자동으로 적절한 파라미터에 할당합니다. 스냅샷 1에서 파생된 무작위 스냅샷 세트도 생성됩니다.

● Auto Assign Empty : 사용되지 않은 모든 퍼포먼스 컨트롤을 현재 프리셋에 자동으로 할당합니다. 기존 할당 내용은 변경되지 않으며 스냅샷 설정도 생성되지 않습니다.

● Snapshot Update : 변경된 퍼포먼스 컨트롤 값을 가장 가까운 스냅샷에 적용합니다. 이는 퍼포먼스 노브를 이동한 후 트랜스폼 패드를 조정하여 노브가 이전 위치로 돌아가지 않도록 합니다.

● Octave : 사용자가 MIDI 키보드에서 특정 범위 내의 노트를 재생할 때 트랜스폼 패드의 옥타브 범위를 설정합니다. 이를 통해 노트를 재생할 때 패드 위치를 변화시킬 수 있습니다.

● Rate : MIDI 키보드에서 노트를 이동할 때 스냅샷 간의 이동 속도를 조절하는 역할을 합니다. 수직 드래그나 화살표로 조정할 수 있습니다.

● ModWheel : 사용자의 키보드 모듈레이션 휠을 퍼포먼스 컨트롤에 할당하는 기능을 제공합니다. 이 설정을 통해 휠을 이용해 노브, XY 패드, 또는 엔벨로프 컨트롤을 조작할 수 있습니다. 없음으로 설정하면 모듈레이션 휠이 비활성화됩니다.

● Snap Vol : 하나의 스냅샷에서 다음 스냅샷으로의 볼륨 변화 강도를 설정합니다. 스냅샷 간의 초기 볼륨 레벨을 조절하여 전체적인 볼륨 변화를 조정할 수 있습니다.

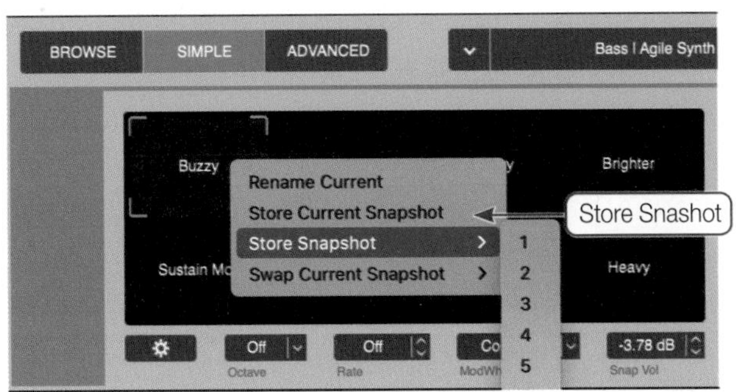

컨트롤 제어 값을 다음에도 사용하려면 단축 메뉴의 Store Current Snapshot을 선택하여 저장합니다. Store snapshot에서 번호를 지정할 수도 있습니다. Rename Current는 패드 리음을 변경하며, Swap Current Snapshot은 선택한 번호의 스넵샷 설정과 바꿉니다.

트랜스폼 패드 및 컨트롤은 스마트 컨트롤러에서 제어할 수 있으며, 외부 할당의 학습 버튼을 클릭하여 미디 컨트롤러에 연결할 수 있습니다.

Advanced 보기

Advanced 보기에는 현재 설정 전체를 볼 수 있는 Global 보기가 있으며, 4개의 개별 소스는 강력한 오실레이터와 함께 설정될 수 있습니다. 이는 실제로 악기 전체를 로드할 수 있음을 의미하며, 각 음원은 다른 소스에 연결되어 전체 샘플러 악기를 사용할 수 있게 합니다. 오른쪽 끝에는 악기에 대한 전역 필터와 Master가 있으며, 이들을 통해 생성된 사운드의 흐름을 조절할 수 있습니다.

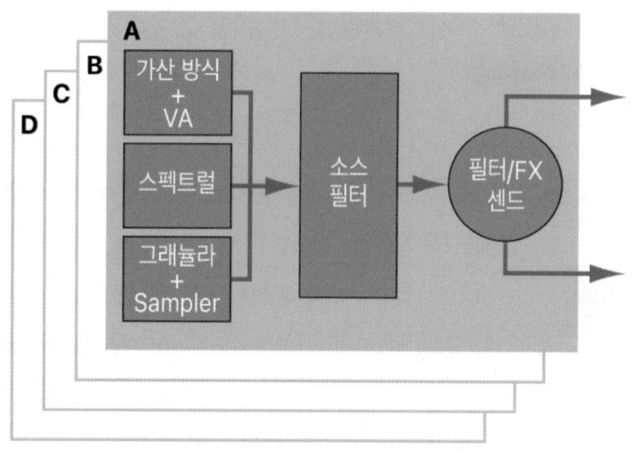

01 사운드 생성 모듈을 소스라고 하며, 4개의 독립 소스(A, B, C, D)를 사용할 수 있습니다. 각 소스는 동일한 컴포넌트 셋으로 구성되며, 합성 방법에 따라 다양한 사운드 생성 요소를 제공합니다.

02 소스 섹션 왼쪽에는 Global, 개별 소스(A, B, C, D) 및 Morph 섹션을 선택할 수 있는 버튼이 있습니다. 활성화된 소스는 파란색으로 표시되고, 모핑이 적용된 소스는 초록색으로 표시됩니다.

03 전체 소스를 제어할 수 있는 Global 섹션에는 각 소스를 On/Off 할 수 있는 버튼과 소스를 선택할 수 있는 메뉴, 그리고 4개의 컨트롤 노브를 제공합니다.

소스 선택 메뉴

- Import Audio : 오디오 데이터를 가져와서 소스로 사용합니다. 오디오를 드래그하여 가져올 수도 있습니다. 오디오 파일 및 리전을 소스 패널로 드래그하여 가져올 수도 있습니다.
- Load VA : 파형 데이터를 VA(Virtual Analog) 요소로 로드합니다. 이로 인해 VA 요소가 활성화되며, 다른 모든 합성 엔진은 비활성화됩니다.
- Load Source : 디스크에서 소스 데이터를 로드합니다. 데이터는 SRC 파일 포맷입니다. 로드한 데이터에는 모든 소스 컨트롤 설정과 오디오 데이터에 대한 참조가 포함됩니다.
- Save Source : 소스 데이터를 SRC 파일 포맷으로 디스크에 저장합니다. 저장된 데이터에는 모든 소스 컨트롤 설정과 오디오 데이터에 대한 참조가 포함됩니다.
- Copy Source : 소스 데이터를 클립보드로 복사합니다.
- Paste Source : 클립보드에서 소스 데이터를 붙여 넣습니다.
- Clear Source : 소스를 기본 상태로 재설정합니다.
- Randomize Source : 활성화된 요소에 무작위 변화를 적용하여 소스 컨트롤에 랜덤한 값이 적용됩니다.
- Swap With Source : 선택한 소스와 현재 소스를 교환하여 설정을 빠르게 비교할 수 있습니다.

컨트롤 노브

- Vol : 소스의 출력 레벨을 설정합니다.
- Tune : 소스의 피치를 세미톤 단위로 조정합니다. 각 소스 서브페이지에 미세한 튜닝을 할 수 있는 컨트롤도 제공됩니다.
- Pan : 소스의 출력 위치를 설정하여 스테레오 필드에서 좌/우 밸런스를 조정합니다.
- Send : 소스의 출력이 송출되는 위치를 결정합니다. Send 노브를 사용하여 메인 필터, 이펙트 랙 A, B, C, D로 라우팅됩니다.

F1/F2 : 소스의 출력이 메인 필터 1 또는 2로 라우팅됩니다.
F1/FX A/B/C/D : 소스의 출력이 메인 필터 1과 이펙트 랙 A, B, C, D로 라우팅됩니다.
F2/FX A/B/C/D : 소스의 출력이 메인 필터 2와 이펙트 랙 A, B, C, D로 라우팅됩니다.

04 A, B, C, D 버튼을 클릭하여 개별 소스를 편집할 수 있습니다. 소스 On/Off 및 메뉴와 Vol, Tune, Pan 노브의 역할은 Global과 동일합니다.

- Solo : 다른 소스를 모두 끄고 선택한 소스만 활성화하여 듣습니다.
- Stereo : 스테레오 모드를 켜거나 끕니다. 켜져 있으면 로드된 오디오 데이터를 스테레오로 재생하며, 꺼져 있으면 모노로 재생됩니다.
- Edit : 선택한 소스의 세부 설정 및 조정을 할 수 있는 편집기 창을 엽니다.

- Vol : 소스의 출력 레벨을 설정합니다.
- Coarse Tune : 소스의 피치를 세미톤 단위로 조정합니다.
- Fine : 소스의 피치를 더 정밀하게 1 센트(1 세미톤의 1/100) 단위로 조정합니다.
- Position : 오디오 데이터의 재생 시작 위치를 결정합니다. 0%는 오디오 데이터의 절대 시작점, 100%는 절대 끝점을 나타냅니다. Loop Mode 메뉴와 필드가 Start/End 또는 Start/Length로 설정되면 Position및 Speed 노브는 다음 2개의 컨트롤로 대치됩니다.

1. (Loop) Start : 루프의 시작 위치를 설정합니다. 0%는 절대 시작점, 100%는 절대 끝점을 나타냅니다.
2. (Loop) End/Length : 루프의 끝점과 길이를 설정합니다. End는 재생이 끝나는 지점, Length는 길이를 결정하며, 샘플 총 길이의 백분율로 표시됩니다.

- Speed : Granular, Additive, Spectral 모드에서 소스의 재생 속도를 설정합니다. 100%는 원래의 재생 속도를 의미하며, 더 높은 설정은 더 빠르게, 낮은 설정은 더 느리게 재생됩니다.
- Wait : 키 스트라이크와 소스 트리거 사이의 딜레이를 설정합니다. 즉, 키 입력 후 소스가 재생되기 전의 지연 시간을 조절합니다.
- Keyscale : MIDI 입력에 따라 소스의 피치 응답을 조정하는 세 가지 옵션을 선택할 수 있습니다.

1. Key+PBend : 이 모드에서는 소스의 피치가 MIDI 노트와 피치 벤드(Pitch Bend) 데이터에 모두 반응합니다. MIDI 노트로 소스의 기본 피치를 조정하고, 피치 벤드 데이터로 추가적인 피치 조정을 수행할 수 있습니다.
2. Key : 이 모드에서는 소스의 피치가 MIDI 노트 데이터에만 반응합니다. MIDI 노트로만 소스의 피치를 조정할 수 있으며, 피치 벤드 데이터는 무시됩니다.
3. Off : 이 모드에서는 소스의 피치가 MIDI 노트나 피치 벤드 데이터에 모두 반응하지 않습니다. MIDI 입력에 따른 피치 변화가 없으며, 소스는 정적인 피치를 유지합니다.

● Loop Mode : 소스의 오디오 데이터 재생 방식을 설정합니다.

1. None : 루프를 실행하지 않고 전체 사운드를 한 번 재생합니다. 루프 시작점과 끝점은 무시됩니다.

2. Continuous : 시작부터 재생하며, 루프 리전에 진입해 한 음이 지속되는 동안 및 엔벨로프 릴리즈 페이즈에서 앞 방향으로 계속 루프를 재생합니다.

3. Sustain : 시작부터 재생하며, 루프 리전에 진입해 한 음이 지속되는 동안 계속 루프를 재생하다가 루프 리전을 빠져나와 기본 사운드 릴리즈 페이즈를 재생합니다.

4. Forward/Back : 지속 옵션과 같이 재생되지만 앞과 뒤를 번갈아 가며 루프 리전을 재생합니다.

5. Start/End : 정의된 시작점에서 재생이 시작되며, 정의된 루프 끝점 위치까지 100%의 속도로 재생한 다음 시작점으로 건너가 반복합니다. 이 모드에서는 Loop Start 노브와 Loop End 노브로 설정한 위치에 따라 재생됩니다.

6. Start/Length : 정의된 시작점에서 재생이 시작되며, 정의된 루프 끝점 위치까지 100%의 속도로 재생한 다음 시작점으로 건너가 반복합니다. 이 모드에서는 Loop Length 노브로 설정한 루프의 길이가 사운드의 총 길이의 백분율로 설정됩니다.

7. All : 전체 사운드를 무한정으로 루프 재생합니다. 루프 시작점과 끝점은 무시됩니다.

● Sample Tempo : 오디오 자료의 분석된 샘플 템포를 표시하며, 프로젝트의 템포와 맞출 수 있습니다.

● Filter : 소스 필터 모듈은 3개의 멀티모드 필터를 제공하며, 이를 직렬(Ser) 또는 병렬(Par)로 구성할 수 있습니다. 각 소스에 독립적으로 적용할 수 있어, 다양한 필터링 효과를 생성할 수 있습니다.

● Filter On/Off : 각 필터 모듈의 사용 여부를 On/Off 합니다.

● Filter Menu : 필터 유형을 선택합니다.

● Cutoff : 선택한 필터 유형의 컷오프 주파수를 설정합니다.

● Resonance : 레조넌스는 컷오프 주파수 주위의 주파수를 높이거나 낮추는 역할을 합니다.

● Drive : 필터에 오버드라이브를 적용하여 강력한 디스토션 효과를 추가할 수 있습니다.

● Send : 소스 출력을 보낼 위치와 레벨을 설정합니다.

1. F1/F2 : 소스의 출력 신호는 메인 필터 1과 메인 필터 2로 동시에 전달되며, Send 노브를 사용하여 각 필터에 도달하는 신호의 레벨을 조절할 수 있습니다.

2. F1/FX A/B/C/D : 소스의 출력이 메인 필터 1과 이펙트 랙 A, B, C, D로 라우팅됩니다. 출력 신호는 메인 필터 1과 선택된 이펙트 랙 사이에서 레벨을 조절하여 전달됩니다.

3. F2/FX A/B/C/D : 소스의 출력이 메인 필터 2와 이펙트 랙 A, B, C, D로 라우팅됩니다. 출력 신호는 메인 필터 2와 선택된 이펙트 랙 사이에서 Send 노브를 사용하여 조절할 수 있습니다.

05 Morph는 다양한 소스를 조합하고 변형하여 복합적이고 풍부한 사운드를 생성하는 데 사용됩니다. 크로스페이드보다 더욱 유연하며, 사용자는 각 소스의 특정 부분을 다른 소스와 결합하여 창의적인 신디사이저 및 샘플러 사운드를 만들어낼 수 있습니다.

- XFade XY : 4개의 소스를 크로스페이드하여 믹스합니다. X/Y 노브를 사용하여 두 개의 크로스페이드 영역을 조절합니다.
- XFade Lin : 벨로시티나 키팔로우에 기반하여 크로스페이드 설정을 조절합니다. X 노브로 크로스페이드를 제어합니다.
- Morph XY : XFade XY와 비슷하지만 사운드의 모든 파라미터가 모핑됩니다. 각 소스의 리전이 시간에 따라 정렬됩니다.
- Morph Lin : XFade 리니어와 유사하지만 사운드의 모든 파라미터가 모핑됩니다. 각 소스의 리전이 시간에 따라 정렬됩니다.

- All : 모든 활성 파라미터의 X/Y 값을 편집합니다.
- Elements : 5개 파라미터(Additive, Spec/Gran, Pitch, Formant, Envelope)의 X/Y 값을 편집합니다.

- **소스 그룹 버튼** : A-B, C-D, A-B-C-D 중 하나의 그룹을 선택하여 모핑을 적용할 소스 그룹을 결정합니다.

- Spec/Gran : X는 활성 스펙트럴 또는 그래뉼러 소스의 모핑 값, Y는 Sampler 요소가 활성화되어 있을 때 Sampler 모핑 위치를 조절합니다.
- Pitch : X튼 활성 소스 간의 피치 모핑 값, Y는 피치 모핑의 세부 설정을 조정합니다.
- Formant : X는 활성 소스 간의 포먼트 레벨 모핑 값, Y는 소스 필터의 포먼트 노브 모핑을 조절합니다.
- Envelope : X는 활성 소스 간의 엔벨로프 모핑 값, Y는 엔벨로프 모핑의 세부 설정을 조정합니다.

- Auto Gain : 소스 레벨을 자동으로 맞추어 부드럽게 모핑합니다.
- Fixed Pitch : 모핑 위치 이동에 관계없이 하나의 피치로 근음을 고정합니다.
- Auto Align : 모든 모핑된 소스를 자동으로 정렬하여 일관된 타이밍을 유지합니다.
- **디스플레이** : 현재 X/Y 모핑 위치를 표시하고 직접 편집할 수 있는 창입니다. 점을 드래그하여 X 또는 Y 값을 조정하거나, 두 값 모두를 동시에 변경할 수 있습니다.

06 메인 필터는 두 개의 필터 모듈이 있으며, 각각은 병렬 또는 직렬 모드로 실행할 수 있습니다. 각 소스의 신호를 메인 필터로 라우팅하거나 필터링을 우회하여 다양한 사운드 처리 옵션을 조정할 수 있습니다.

- On/Off : 각 필터를 활성화 또는 비활성화합니다.
- **필터 유형** : 원하는 필터 유형을 선택합니다.
- Cutoff : 선택한 필터 유형의 컷오프 주파수를 설정합니다.
- Resonance : 컷 오프 주파수 주변을 높이거나 낮추는 데 사용됩니다. 필터 유형에 따라 동작이 달라집니다.
- Drive : 필터에 오버드라이브를 적용하여 디스토션과 위신호를 추가합니다.
- Par/Ser : 필터 라우팅 구성을 설정합니다. 병렬 모드와 순차 모드를 조절할 수 있습니다.
- FX Master : 필터 출력을 메인 이펙트 랙 또는 메인 출력으로 송출하는 비율을 조절합니다.
- Send : Filter 1/2의 출력을 메인 또는 A/B/C/D 이펙트 랙으로 송출할 목적지를 선택합니다.

〈필터 유형〉

- LP : 주어진 컷오프 주파수 아래의 신호를 통과시키고, 주파수 위의 신호는 무시합니다. 이 필터는 일반적으로 고역 필터링이나 부드러운 톤 조정에 사용됩니다.
- BP : 지정된 컷오프 주파수를 중심으로 특정 주파수 밴드의 신호를 통과시키고, 해당 주파수 밴드의 위 및 아래 부분은 무시합니다. 이는 특정 주파수 영역을 강조하거나 특정 범위의 사운드를 분리하는 데 사용될 수 있습니다.
- HP : 지정된 컷오프 주파수보다 높은 신호 부분을 통과시키고, 주파수가 낮은 부분을 롤오프합니다. 이 필터는 주로 저역 톤을 제거하거나 고주파 영역을 강조하는 데 사용됩니다.
- Formant : 매우 좁은 대역폭을 가지며 밴드패스 필터와 유사하게 작동합니다. 이 필터는 둔탁한 울림이나 말하기 중의 모음 사운드를 모방하도록 설계되었습니다. 주로 레조넌스 효과를 추가하는 데 사용됩니다.
- Comb : 딜레이 라인에서 양수 피드백을 사용하여 작동하며, 빗살 모양의 다중 레조넌스 피크를 생성합니다. 주파수 스펙트럼에 강조된 주파수 피크를 추가하거나 사운드에 특정 텍스처를 부여하는 데 사용됩니다.
- Ring Mode : 모듈레이터와 캐리어 신호를 곱하여 상호작용하며, 캐리어 신호의 일부 주파수를 빼거나 추가하여 특정 피치 감수 효과를 만들어냅니다. 이는 특히 실험적인 사운드 디자인에 유용합니다.

07 소스 섹션에서 생성된 각 보이스는 메인 필터를 거쳐 메인 보이스 섹션으로 진행되며, 볼륨, 패닝, 튜닝 등을 조절할 수 있습니다. 그 후에는 이펙트 섹션을 통해 다른 보이스와 믹스됩니다.

- Vol : 보이스의 레벨을 조절합니다. AHDSR 엔벨로프가 기본적으로 이 파라미터를 조절하며, 모듈레이션 깊이가 100%로 설정되어 있으면 음이 무한히 지속될 수 있습니다.

- Pan : 보이스의 스테레오 위치를 조절합니다. 모노 사운드에서는 패닝을, 스테레오 사운드에서는 밸런스를 조정합니다.

- Coarse/Fine Tune : 보이스의 피치를 세미톤 및 센트로 조절합니다.

- All/A/B/C/D : 전역 설정 또는 개별 소스 설정에 적용됩니다. 각 버튼을 선택하여 원하는 파라미터를 설정할 수 있습니다.

- Mode : 트리거 이벤트와 오디오 신호, 포르타멘토 간의 상호작용을 설정합니다. 각 소스별로 또는 전역적으로 사용할 수 있습니다.

- Num : 최대 폴리포닉 수를 설정합니다. CPU 부하를 줄이기 위해 최소 값을 선택하는 것이 좋습니다.

- Priority : 폴리포닉 초과 시 우선순위를 설정합니다. Newest(최신), Oldest(나중), Lowest(최저음), Highest(최고음). 각 소스별로 또는 전역적으로 적용할 수 있습니다.

- Rate/Time : 포르타멘토 모드의 속도 또는 시간을 설정합니다. 글로벌 또는 소스별로 설정할 수 있습니다.

- Glide : 포르타멘토의 속도 또는 시간을 조정합니다. 음과 음 사이의 슬라이딩 효과를 제어합니다.

- Up-Band-Down : 키보드 피치 휠로 수행되는 상행 및 하행 피치 벤드 모듈레이션 범위를 설정합니다.

2 모듈레이션

모듈레이션 시스템은 MIDI, 노트 속성, 퍼포먼스 컨트롤 등 다양한 소스 유형을 지원하며, 각 파라미터에 최대 10개의 모듈레이터를 적용할 수 있습니다. 타겟을 시각적으로 표시하여 사용자가 모듈레이션의 강도와 범위를 쉽게 조정할 수 있도록 하며, 복잡한 모듈레이션 패턴을 생성하고 창의적인 사운드 디자인을 할 수 있습니다.

타깃 설정

01 Global 또는 A, B, C, D 소스 섹션에서 변조할 파라미터를 선택하고, Modulation 섹션에서 타깃을 제어할 소스를 선택합니다.

02 Depth 노브를 이용하여 변조 범위를 설정합니다. 연결된 파라미터 테두리에 주황색으로 표시됩니다.

LFO

01 LFO는 파형의 모양대로 타깃 파라미터 값이 움직이게 합니다. 예를 들어 기본형 사인파를 Pan에 연결했다면 Rate 시간 단위로 사운드가 좌/우로 이동되는 것입니다.

- Current : 최대 16개의 LFO를 제공하며 편집 대상을 선택합니다.
- File : 프리셋을 선택하거나 저장할 수 있으며, Clear를 선택하면 현재 LFO 설정을 초기화합니다.
- Trigger : On을 선택하면 신규 재생된 각 음으로 LFO를 다시 재시작하며, Off를 선택하면 이어서 진행됩니다. Voice On/EffectsOff는 이펙트가 아닌 보이스 파라미터만 조절합니다.
- Bipolar : 버튼을 켜면 사이클마다 LFO가 + 및 - 값을 출력합니다. 버튼을 끄면 + 값만 출력됩니다.
- Shape : LFO 파형을 선택합니다. 이전 및 다음 버튼을 사용하여 단계별로 이동할 수 있습니다.

- Basic : 2개의 Random과 Ramp Up, Ramp Down, Sine, Square, Triangle의 일반 파형입니다. Random Glide는 Rate 컨트롤로 설정된 속도로 무작위 값을 이동시키며, Random Hold는 Rate 컨트롤로 설정된 속도의 값들 사이를 건너뛰고 다음 건너뛰기가 발생할 때까지 각 값을 유지합니다.
- Complex : 다양한 사이클 및 스윕 패턴을 사용하여 규칙적이거나 불규칙적인 모듈레이션을 할 수 있습니다.
- Random Patterns : 다양한 무작위 패턴을 생성하여 LFO 모듈레이션을 다양화할 수 있습니다.
- Serial-Angular : 단계적인 형태의 다양한 LFO 모듈레이션 패턴입니다.
- Serial-Smooth : 부드러운 상승과 하강 패턴을 제공하는 LFO 모듈레이션입니다.
- Ultra High Frequency : 초고주파수 범주의 LFO 파형을 사용하여 한 패턴에 대해 여러 사본을 생성합니다.

- Delay : Trigger가 켜진 상태에서는 노트 켬 메시지와 LFO 사이의 딜레이를 생성합니다.
- Attack : LFO 출력을 페이드 인하여 모듈레이션의 깊이를 증가시킵니다.
- Phase : LFO의 시작점을 사이클의 후반부로 조절할 수 있습니다.
- Rate : LFO의 속도를 설정합니다. 싱크가 켜진 경우에는 비트 단위로 설정됩니다.
- Sync : 프로젝트 템포에 맞추어 LFO의 속도, Attack, Decay를 동기화하거나 자유롭게 설정할 수 있습니다.

AHDSR

02 AHDSR은 Attack(어택), Hold(홀드), Decay(디케이), Sustain(서스테인), Release(릴리즈) 다섯 단계로 MIDI 노트를 눌렀을 때부터 놓을 때까지의 소리의 진행을 지정하며, 포인트 및 노브로 조정할 수 있습니다.

● Current : 숫자를 선택하거나 이전/다음 화살표로 각 AHDSR 컨트롤 패널에 접근할 수 있습니다. 최대 16개의 엔벨로프를 제공하며, 사용자는 필요에 따라 더 많은 엔벨로프를 생성할 수 있습니다.

● File : 엔벨로프 처리 명령이 포함된 메뉴를 엽니다.
- Preset : 프리셋 엔벨로프 형태를 선택하거나 사용자 엔벨로프 형태의 기준점으로 사용할 수 있습니다.
- Save : 현재 엔벨로프를 저장할 수 있습니다. (*.ahd 파일)
- Copy/Paste : 엔벨로프 설정을 복사하거나 붙여넣을 수 있습니다.
- Clear : AHDSR 설정을 초기화합니다.
- Randomize : 무작위 엔벨로프 형태를 생성합니다.

● Trigger : On을 선택하면 각 새로 재생된 음에 대해 엔벨로프를 재시작합니다. Off을 선택하면 첫 음의 엔벨로프만 트리거됩니다.

● Sync : 프로젝트 템포에 맞춰 엔벨로프를 동기화하거나 자유롭게 설정할 수 있습니다.

● 디스플레이 : 편집 가능한 엔벨로프 제너레이터 출력 그래프를 표시합니다.

● Attack, Hold, Decay, Sustain, Release : 각각 어택, 홀드, 디케이, 서스테인, 릴리즈 시간을 설정합니다.

MSEG

03 MSEG(Multi-Stage Envelope Generator)는 엔벨로프 제너레이터 출력 그래프를 시각적으로 표현합니다. 클릭으로 포인트를 추가할 수 있으며, 라인을 드래그하여 곡선으로 만들 수 있습니다. 포인트를 삭제할 때는 오른쪽 버튼을 클릭합니다.

● Current : 숫자를 선택하거나 이전/다음 화살표로 각 MSEG 컨트롤 패널에 접근할 수 있습니다. 최대 16개의 엔벨로프를 사용할 수 있으며, 사용자는 필요에 따라 추가할 수 있습니다.

● File : 여러 MSEG 관련 명령을 포함한 메뉴를 엽니다.

● Trigger : On을 선택하면 각 음에 대해 MSEG를 다시 트리거하며, Off를 선택하면 첫 음의 MSEG만 트리거됩니다.

● Sync : 프로젝트 템포에 맞추어 MSEG를 동기화합니다.

● Snap Y : 포인트의 Y 값(레벨)을 퀀타이즈하여 정확한 비율로 제한할 수 있습니다.

● Loop Mode : MSEG의 루프 동작 모드를 선택합니다.

- None : 루핑이 비활성화됩니다. 루프 마커는 여전히 표시되지만 아무런 영향이 없으며, 한 번만 재생됩니다.
- Continuous : 한 음이 지속되는 동안 루프 섹션이 앞 방향으로 지속적으로 재생됩니다. 음이 릴리즈된 후에도 루프가 지속됩니다.
- Sustain : 한 음이 지속되는 동안 루프 섹션이 재생됩니다. 노트가 릴리즈되면 엔벨로프의 나머지 부분 또는 릴리즈 섹션이 재생됩니다.
- Forward/Back : 노트가 릴리즈된 후에도 노트가 유지되는 동안, 루프 구간은 앞/뒤 방향으로 교차하며 재생됩니다. 이 모드에서는 노트가 지속될 때 루프가 재생됩니다.

● Edit Mode : MSEG의 편집 모드를 선택하여 점을 이동하거나 조정하는 방식을 결정합니다.

- Normal : 선택한 점만 이동시킵니다. 선택하지 않은 점들은 현재 위치를 유지합니다.
- Slide : 선택한 점을 이동시키면, 점들 간의 상대적 거리를 유지한 채로 모든 후속 엔벨로프 점들이 이동합니다.
- Stretch : 선택한 점을 왼쪽으로 드래그하면 이전 점들을 압축하고 이후 점들을 늘리며, 오른쪽으로 드래그하면 이전 점들을 확장하고 이후 점들을 축소합니다. 어느 방향으로든 엔벨로프의 총 길이는 유지됩니다.

Sequencer

04 Sequencer 모듈은 프로젝트 템포에 싱크되며, 최대 128개의 스텝 패턴을 프로그래밍할 수 있는 모듈레이터입니다. 각 스텝은 레벨, 그루브/스윙, 그리고 엔벨로프를 포함한 다양한 매개변수를 글로벌 및 스텝별로 조절할 수 있습니다.

● Current : 시퀀서 컨트롤 패널에 접근하는 방법입니다. 숫자를 선택하거나 이전/다음 화살표를 사용해 각 시퀀서를 선택합니다. Alchemy에서 최대 16개의 시퀀서를 사용할 수 있습니다.

● Trigger : On을 선택하면 각 MIDI 노트 켬으로 시작부터 시퀀서 패턴을 재생하며, Off를 선택하면 시퀀서를 지속적으로 실행합니다. VoiceOn/EffectOff는 이펙트가 아닌 보이스 파라미터만 조절합니다. 시퀀서는 항상 프로젝트 템포로 동기화됩니다.

● Rate : 각 스텝의 지속 시간을 설정합니다. 4분음표 비트에서는 1/2의 값이 8분음표 스텝을 생성하고 1/4의 값이 16분음표 스텝을 생성합니다.

● Value Snap : 스텝 값을 사용 가능한 값으로 제한하여 정확하게 조정합니다. 퀀타이즈를 비활성화하면 자유롭게 설정할 수 있습니다.

● Edit Mode : 3개의 편집 모드 중 하나를 선택합니다.

- Value : 패턴 내 각 스텝의 값을 표시하고 편집합니다.
- Length : 각 스텝의 길이를 표시하고 편집하여 엔벨로프 패턴을 조정합니다.
- Swing : 스텝 타이밍에 베리에이션을 생성하여 리듬을 조절합니다.

● File: 시퀀서 관련 명령을 실행하는 팝업 메뉴를 엽니다.

Preset : 프리셋 시퀀서 구성을 선택합니다.

Save, Copy/Paste, Clear, Randomize, Import : 시퀀서 설정을 저장하거나 클립보드에 복사하고, 초기화하며, 무작위 값 적용 및 MIDI 데이터 가져오기를 관리합니다.

● Swing : 스윙 이펙트 생성 타이밍을 조절합니다.

Env Follower

05 Env Follower는 입력 신호의 움직임을 따라가며, 그 움직임에 따라 출력을 생성하는 모듈입니다. 사용자는 어택과 릴리즈 타임을 설정하여 엔벨로프 팔로워가 얼마나 빠르게 입력을 따라갈지 조절할 수 있습니다.

- Current : 각 엔벨로프 팔로워 컨트롤 패널에 접근할 수 있습니다. 최대 16개의 엔벨로프 팔로워를 지원하며, 사용자는 모듈레이터를 지정할 때 이를 더 많이 생성할 수 있습니다.

- File : 엔벨로프 팔로워 관련 명령을 포함한 메뉴를 엽니다.

- Preset : 미리 설정된 엔벨로프 팔로워 설정을 선택하거나 사용자 설정을 시작점으로 사용할 수 있습니다.
- Save : 현재 엔벨로프 팔로워 설정을 저장합니다. 이름을 지정하고 엔벨로프 파일(*.ef)을 저장할 수 있습니다.
- Copy/Paste : 엔벨로프 팔로워 설정을 복사하거나 붙여넣습니다.
- Clear : 엔벨로프 팔로워를 초기화합니다.

- Source : 엔벨로프 팔로워의 입력 소스를 선택합니다.

- Audio : 여러 소스, 필터, 출력 등을 선택할 수 있습니다.
- Modulators : 모듈레이션 소스로서 LFO, MIDI 등을 선택할 수 있습니다.

- Attack : 입력 소스의 피크 진폭 레벨에 도달하는 데 필요한 시간을 설정합니다.
- Release : 어택 위상 동안 피크 진폭 레벨에서 하강해 현재 레벨에 도달하는 데 필요한 시간을 설정합니다.
- Scale : 엔벨로프 팔로워가 처리 후 출력 신호의 진폭을 설정합니다.

ModMap

06 ModMap은 모듈레이터가 생성하는 값의 범위를 사용자가 원하는 새로운 범위로 매핑합니다. 이를 통해 소리의 다양한 특성을 정밀하게 조정하고 창의적인 사운드를 만들어낼 수 있습니다.

- **Current** : 번호를 선택하거나 이전/다음 화살표를 사용하여 각 모드맵 컨트롤 패널에 접근합니다. 최대 16개의 모드맵을 생성할 수 있으며, 이는 사용자가 설정한 모듈레이션 매핑을 관리합니다.

- **File** : 모드맵 관련 명령을 포함한 팝업 메뉴를 엽니다. 이를 통해 프리셋 모드맵을 선택하거나, 현재 설정을 저장하고 복사/붙여넣기를 할 수 있습니다.

- **Snap X 및 Snap Y** : 포인트의 위치를 퀀타이즈하여 정확한 비율로 제한하는 기능입니다. Snap X는 x(수평) 축을, Snap Y는 y(수직) 축을 퀀타이즈합니다. 이를 통해 정밀한 모듈레이션 매핑을 조정할 수 있습니다.

- **디스플레이** : 모드맵의 그래픽 표현을 보여주며, 입력 모듈레이션 값과 매핑된 출력 모듈레이션 값을 시각적으로 표현합니다. 라인을 클릭하여 포인트를 추가하고, 오른쪽 버튼으로 제거할 수 있습니다.

3 아르페지에이터

Arpeggiator는 다양한 방식으로 아르페지오 패턴을 제어할 수 있는 강력한 도구입니다. 기본 컨트롤에서는 패턴 유형, 속도, 옥타브 범위 등을 조정할 수 있으며, 시퀀서를 사용하여 각 단계의 음 높이, 길이, 벨로시티 등을 설정하고 수정할 수 있습니다. 또한 메뉴 명령을 통해 패턴 저장, 초기화, 복사/붙여넣기, 무작위 생성 등의 작업을 수행할 수 있어, 창의적이고 다채로운 아르페지오를 손쉽게 구성할 수 있습니다.

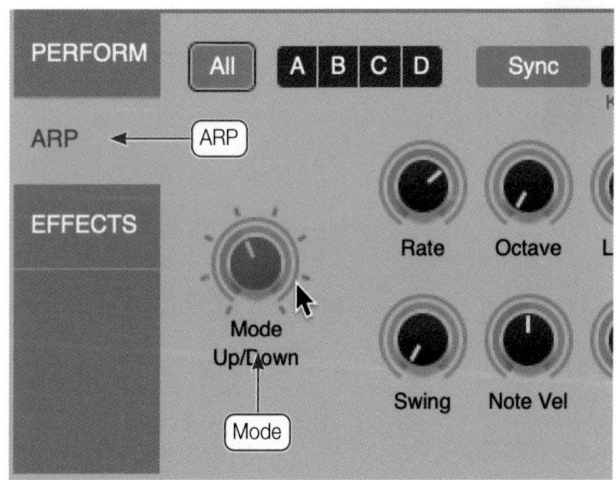

01 아르페지오 연주는 아래쪽의 ARP 탭을 선택하여 열고, Mode 노브를 돌려 활성화할 수 있습니다. Mode는 아르페지오 진행 방향을 결정합니다.

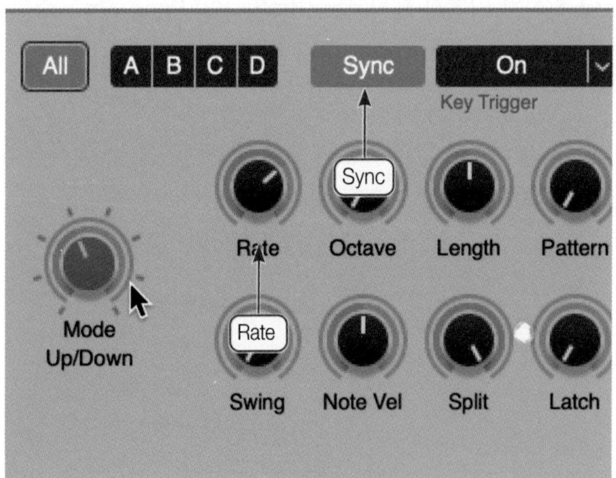

02 아르페지오 연주 속도는 Rate를 이용해 조정하며, Sync 버튼이 On되면 템포에 맞춰 비트 단위로 설정할 수 있습니다.

아르페지오는 Mode를 통해 연주 방향을 설정하고, Rate로 각 스텝의 지속 시간을 조정하여 패턴을 활성화합니다. 그 외, Octave, Length, Pattern, Swing, Note Vel, Split, Latch 등 아르페지오 패턴의 높이, 길이, 패턴 선택, 타이밍 등을 세밀하게 설정할 수 있습니다.

● All/A/B/C/D : Arpeggiator 패턴을 재생하는 데 사용되는 타겟 소스를 선택합니다.
All은 모든 활성 소스에서 Arpeggiator 패턴을 재생하며, A, B, C, D 중 하나의 값을 설정해 단일 타겟으로 아르페지오 패턴을 제한할 수 있습니다. 그 외, 3개의 소스는 활성화되는 경우 아르페지오 없이 유입되는 MIDI 데이터에 반응합니다. 또한 A, B, C, D의 모든 조합으로 다양한 아르페지오 패턴을 활성화하고 생성할 수 있습니다.

● Sync : 버튼을 켜면 아르페지오를 프로젝트 템포에 동기화합니다.

● Key Trigger : 옵션을 하나 선택하면 Arpeggiator 및 호스트 애플리케이션 그리드 값을 정렬합니다. 호스트가 재생 모드일 때 유입되는 노트가 이 값으로 스냅됩니다. Off 외의 값을 선택하면 멈춤 후 첫 번째 노트를 연주할 때 패턴이 재시작됩니다. 이를 통해 사용자는 해당 마디에서 다양한 비트의 코드를 재생하여 패턴 변화를 생성할 수 있으며 더욱 빠른 반응을 느낄 수 있습니다. 레가토 재생은 Arpeggiator를 다시 트리거하지 않습니다. 사용자가 이용 가능한 메뉴 옵션과 다른 호스트 애플리케이션 속도를 사용하고자 하는 경우에는 속도로 스냅을 선택합니다. Cycle Reset을 선택해 활성화 또는 비활성화합니다. 이 옵션은 패턴이 반복되는 각 시간마다, 또는 호스트 애플리케이션이 시작될 때 첫 노트에서부터 아르페지오 만들기를 시작합니다.

● Mode : Arpeggiator를 켜고 끄며 유입되는 노트가 패턴으로 조직되는 순서를 결정합니다.

● Rate : 아르페지오 스텝의 지속 시간을 설정합니다. Sync가 켜지면 마디 및 비트로 설정되며, Sync가 꺼지면 각 스텝의 고정 길이를 설정합니다.

● Octave : 패턴이 반복될 때의 옥타브 범위를 결정합니다.

● Length : 아르페지오된 각 노트의 길이를 설정합니다. 각 노트 길이의 최대 설정인 100%는 완전 스텝입니다. 길이를 더 낮은 값으로 설정하면 스타카토 이펙트가 커질 때 더 짧은 노트가 생성됩니다.

● Pattern : 오른쪽의 스텝 시퀀서 섹션에서 활성 패턴을 선택합니다. 각 아르페지오에서 16개의 다양한 스텝 시퀀서 패턴을 생성하고 편집할 수 있습니다. 기본 설정으로 모든 패턴이 동일하게 설정되어 있으므로 사용자의 패턴이 편집될 때까지는 이 파라미터에는 이펙트가 없습니다.

● Swing : 아르페지오 업 스텝을 후반부 위치로 이동기켜 스윙 리듬을 만듭니다.

● Note Vel : 아르페지오가 노트 벨로시티 값을 처리하는 방식을 결정합니다. 시퀀서 1은 기본적으로 앰프 값을 조절합니다. 노트 벨로시티의 값이 0%으로 설정되면 시퀀서 1의 스텝 값들이 패턴에서의 노트 벨로시티를 결정합니다. 노트 벨로시티의 값이 100%로 결정되면 패턴 노트 벨로시티는 유입되는 MIDI 벨로시티로 결정됩니다. 중간 노트 벨로시티 값들은 시퀀서 스텝 값과 유입되는 MIDI 벨로시티를 조화시킵니다.

● Split : 설정 피치를 기준으로 아래쪽에서만 아르페지오가 연주되게 합니다. 이상의 피치에서 멜로디를 함께 연주할 수 있습니다.

● Latch : Hold 또는 Add 모드에서 사용자가 키보드에서 손을 놓아도 패턴을 유지합니다. Off로 설정하면 건반에서 손을 땔 때 패턴을 정지합니다. Hold는 새로 재생된 노트들이 신규 패턴으로 기존 패턴을 대치하며, Add는 새로 재생된 노트들이 기존 패턴에 추가됩니다.

03 오른쪽의 스텝 시퀀스 창은 기본적으로 노트의 벨로시티를 설정하며, 총 16개의 Pattern을 만들 수 있습니다.

04 스텝 아래쪽의 Tie 버튼은 다음 노트를 연결하여 노트의 길이를 연장합니다. 이를 통해 리듬감 있는 아르페지오를 만들 수 있습니다.

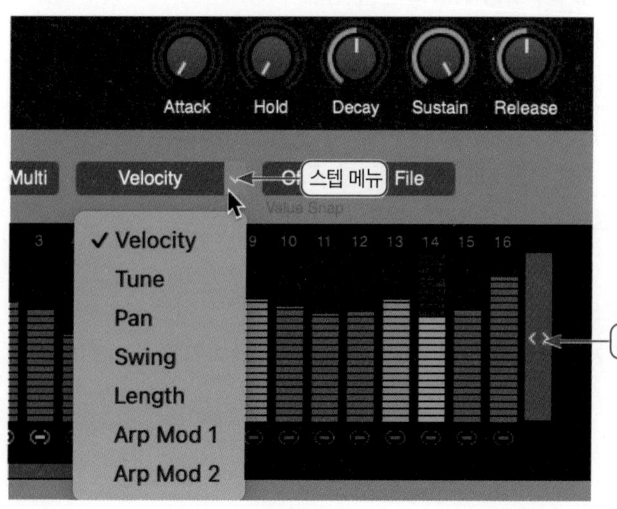

05 스텝은 벨로시티 외에 Tune, Pan, Swing, Length, Arp Mod 등으로 설정하여 편집할 수 있는 메뉴를 제공하며, 오른쪽의 회색 바를 드래그하여 스텝의 길이를 조정할 수 있습니다.

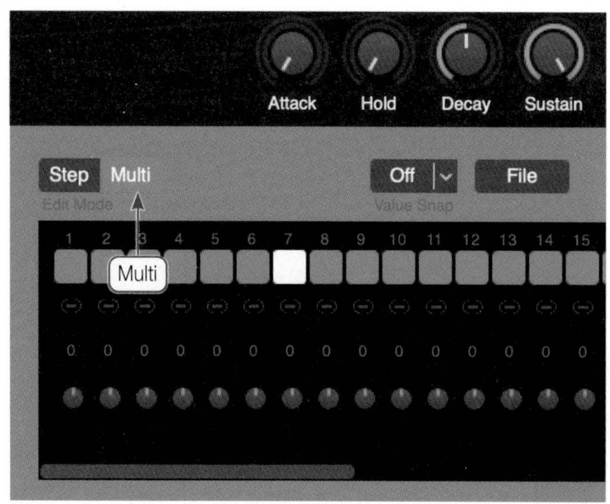

06 스텝 시퀀서를 Multi 모드로 전환하면 노트 On/Off, Tie, Tune, Pan을 동시에 컨트롤할 수 있습니다.

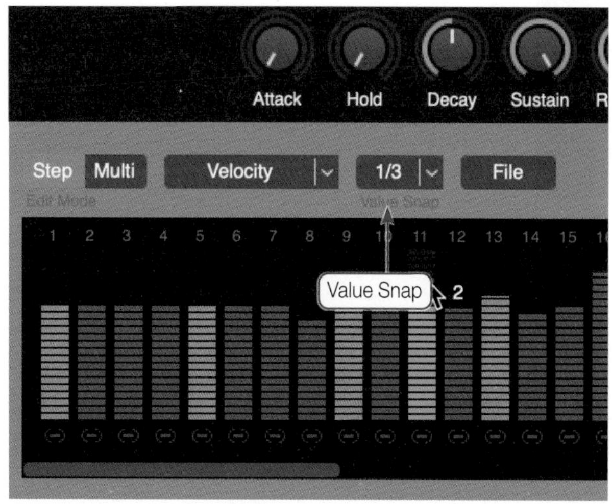

07 Value Snap 스텝의 값을 선택한 간격으로 조정할 수 있게 합니다. 예를 들어 1/3을 선택하면 스텝 값을 100%, 66%, 33%로 3등분하여 편집할 수 있는 것입니다.

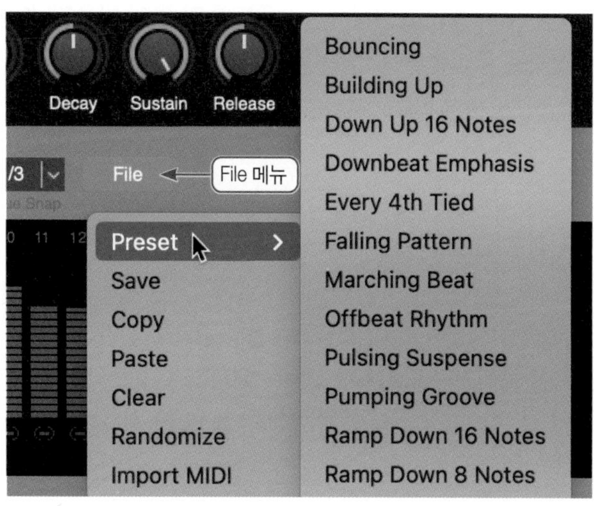

08 File 버튼을 클릭하여 다양한 프리셋을 선택하거나 사용자 프리셋을 저장할 수 있습니다.

4 샘플 편집

Alchemy에서 WAV, AIFF, 그리고 Sampler 형식의 오디오 파일을 가져와 가산(Additive), 스펙트럴(Spectral), 가산+스펙트럴(Add+Spec), 그래뉼러(Granular), 또는 샘플러(Sampler) 요소로 변환할 수 있습니다. 사용자는 각기 다른 합성 방식을 선택하여 사운드를 원하는 대로 조정할 수 있습니다.

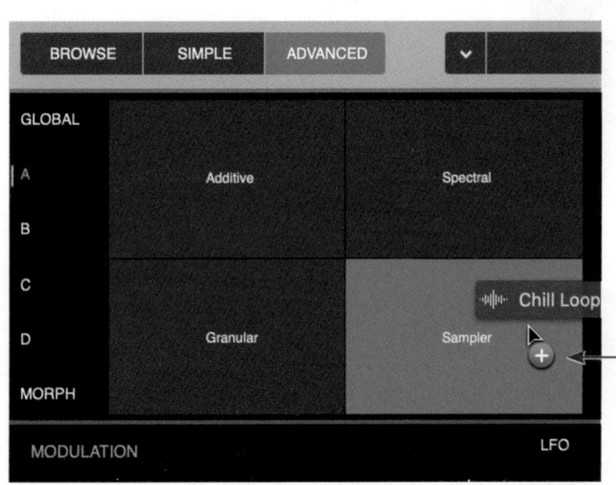

오디오 파일, 오디오 리전, 또는 Apple Loop를 Alchemy로 드래그하여 가져올 수 있습니다. 이때 합성 방식을 Additive, Spectral, Granular, Sampler 중에서 선택할 수 있습니다.

1. Additive 모드

Additive Synthesis(부가합성)는 여러 개의 사인파를 결합하여 복잡한 파형을 생성하는 방법입니다. 이 방식에서는 주파수 성분을 하나씩 추가하여 소리를 구성합니다.

- **특징** : 소리의 각 주파수를 개별적으로 조정할 수 있으며, 각 주파수의 진폭(Amplitude)도 개별적으로 조절할 수 있습니다. 오디오 분석을 통해 소리를 여러 개의 주파수 성분으로 분해하고, 이 성분들을 결합하여 새로운 소리를 만듭니다.
- **용도** : 주로 음악적 조작이나 음향 디자인에서 유용하며, 악기 소리나 실험적인 사운드를 만들 때 사용됩니다.
- **기능** : 이 모드를 활성화하면 Alchemy는 파형을 구성하는 주파수들을 추출하여 각 주파수를 독립적으로 제어할 수 있게 합니다. 이를 통해 매우 정밀한 소리의 조정이 가능합니다.

2. Spectral 모드

Spectral Synthesis(스펙트럼 합성)는 오디오의 주파수 성분을 분석하고, 이를 시간과 피치를 독립적으로 조정할 수 있게 해주는 방법입니다.

- **특징** : 오디오 파일의 주파수 성분을 분석하여 스펙트럼을 생성하고, 이 스펙트럼을 바탕으로 시간과 피치를 조정할 수 있습니다. Flex Time과 비슷한 개념으로, 시간을 늘리거나 줄이면서 피치는 유지할 수 있습니다.
- **용도** : 이 모드는 시간 압축이나 확장을 하면서도 피치를 그대로 유지할 수 있기 때문에, 음악 제작이나 사운드 디자인에서 주로 사용됩니다.

● **기능** : 스펙트럼 분석을 통해 오디오의 트랜지언트(음의 시작 부분)와 배경(지속되는 음)을 따로 처리할 수 있습니다. 또한, 시간 변형을 하면서도 피치 변화를 최소화하는 데 유리합니다.

3. Granular 모드

Granular Synthesis(그라뉼러 신디시스)는 오디오를 매우 작은 조각(Granule)으로 나누고, 이 작은 조각들을 빠르게 재생하면서 새로운 소리를 만드는 방법입니다.

● **특징** : 오디오는 작은 조각으로 분해되어, 이 작은 조각들을 빠르게 재생하여 원본 소리처럼 들리게 만듭니다. 이 방식은 시간 확장이나 시간 축소를 할 때 유용하며, 피치는 유지되거나 변경될 수 있습니다.

● **용도** : 시간 압축과 확장이 중요한 작업에 적합하며, 새로운 음향을 만들거나, 샘플을 변형하는 데 유용합니다.

● **기능** : 이 모드를 사용할 때, Alchemy는 오디오를 작은 그레인으로 나누고, 이를 랜덤으로 조합하여 새로운 소리를 만듭니다. 시간적 변형이 가능하며, 원본 샘플의 속도와 피치를 다르게 처리할 수 있습니다.

4. Sampler 모드

Sampler 모드는 오디오 파일을 샘플로 처리하는 가장 기본적인 방법입니다. 이 모드는 오디오 파일을 로드하여 그것을 즉시 재생할 수 있게 해줍니다.

● **특징** : 샘플러는 음악적인 샘플을 재생할 수 있도록 하며, 키맵핑(키에 따라 다른 음을 재생)을 지원합니다. 샘플 파일을 로드하고, 그 파일을 변형하거나 효과를 추가할 수 있습니다.

● **용도** : 일반적으로 샘플링 작업에서 많이 사용되며, 배경음, 악기 소리, 효과음 등을 만들 때 유용합니다.

● **기능** : 샘플러 모드는 오디오 파일을 가져와 편집하고, 이를 필터링, 튜닝, 벨로시티 조정 등을 통해 변형할 수 있습니다. 다양한 구역을 설정하여 샘플을 조절하고, 이를 키보드에 맵핑하여 멜로디를 연주할 수 있습니다.

모드	특징	용도
Additive	단일 노트 사운드를 미세하게 조정하고 싶을 때 유용합니다.	피아노의 해머 소리나 플루트의 호흡 소리처럼, 복잡하지 않은 소리에서 효과적입니다.
Spectral	주파수 성분을 분석하여 복잡한 소리를 잘 처리할 수 있습니다.	코드나 드럼 루프, 기타의 텍스처 등을 효과적으로 다룰 수 있는 방식입니다.
Granular	오디오를 작은 조각으로 나누어 빠르게 재생하여 새로운 소리 생성할 수 있습니다.	드럼 루프나 퍼커시브한 사운드에 적합합니다.
Sampler	오디오 파일을 가져와 샘플링하여 키보드로 사운드를 변형해 재생하는 방식입니다.	피아노 소리를 키보드에서 다른 음으로 바꾸어 재생하고 싶을 때 사용됩니다.

각 분석 모드는 서로 다른 방식으로 오디오를 처리하고 변형할 수 있기 때문에, 실험적인 사운드 디자인이나 다양한 음향 조작을 할 때 유용합니다. 각 모드의 특성을 잘 이해하고 상황에 맞게 사용하면 매우 창의적이고 독특한 소리를 만들 수 있습니다.

Additive

가산 합성(Additive Synthesis) 모드는 여러 부분음을 조합하여 소리를 생성하는 방식으로, 소스 서브페이지에서 활성화되면 해당 파라미터들이 표시되고, 이를 통해 세밀한 제어가 가능합니다.

- On/Off : 가산 요소를 활성화하거나 비활성화합니다. 가산 합성 엔진과 스펙트럴 합성을 함께 사용할 때 유용하며, 둘 중 하나만 사용하고 싶을 때 비활성화하여 각각 따로 처리할 수 있습니다.
- Vol : 가산 요소의 출력 레벨을 설정합니다. 여러 소스가 함께 사용될 때, 가산 요소의 상대적 크기를 조절하는 데 유용합니다.
- Num Partials : 부분음의 수를 설정합니다. 최대 600개의 부분음을 설정할 수 있습니다. 저음에서는 많은 하모닉을 사용할 수 있지만, 고음에서는 적은 수의 하모닉을 사용할 수 있습니다. 가산 합성에서 4의 배수로 설정하는 것이 CPU 부하와 음질을 적절히 균형 잡을 수 있습니다.
- PVar : 모든 부분음의 피치 변화를 조정합니다. 0%로 설정하면 하모닉 열을 기준으로 모든 부분음을 조정하고, 100%로 설정하면 원본 오디오 파일의 피치 변화를 따릅니다.
- Sine : 각 부분음을 사인파로 재합성합니다. 이는 원본 사운드를 가장 정확하게 재합성할 수 있게 해줍니다.
- Complex : 비 사인파를 사용하여 다양한 파형을 선택할 수 있습니다. 이 모드는 사운드에 드라마틱한 효과를 줄 수 있습니다.
- Sym : 파형의 대칭을 조정합니다. 이 노브를 사용해 사인파의 형태를 변경하고, 전반부와 후반부의 비율을 수정하여 사운드에 선명함을 추가할 수 있습니다.
- Shape : 부분음 재합성에 사용될 파형을 선택합니다. 이를 통해 재합성된 사운드의 기본적인 음색을 결정합니다.

- **이펙트 1 (진폭)** : 각 부분음 그룹의 레벨을 제어하여 특정 하모닉을 강조하거나 감소시킬 수 있습니다.

Harmonic, Fundamental, Octaves, Odd/Even, Fifths : 특정 하모닉 그룹을 강조하거나 감소시켜 사운드의 성질을 조정합니다.

Pulse/Saw : 사인파와 톱니파 혼합을 통해 하모닉 연속을 다룹니다.

Sync : 오실레이터 동기화 기능을 활성화하여 피치를 제어합니다.

• **이펙트 2 (피치)** : 부분음 그룹의 피치를 미세하게 조정하여 다양한 이펙트를 생성합니다.
Beating : 부분음 간 위상 차이를 만들어 비팅 효과나 울려 퍼지는 특성을 만듭니다.
Stretch, Shift, Magnet : 피치를 늘리거나 이동시키거나 특정 타겟 피치로 조정할 수 있습니다.
String : 높은 부분음의 튜닝을 집중적으로 늘려 특정 음향 특성을 추가합니다.

• **이펙트 3 (패닝)** : 오디오 신호의 패닝을 조절하여 스테레오 이미지를 확장하거나 변화시킵니다.
Auto Pan, Spread : 부분음들을 규칙적으로 좌우로 패닝하거나 폭넓은 스테레오 효과를 만듭니다.
Ramp, Cycles : 부분음 간의 위상 변화나 패닝의 깊이를 설정할 수 있습니다.
Filter, EQ, Comb : 출력된 사운드에 필터나 EQ를 적용하여 톤을 더욱 세밀하게 제어합니다.
Strum, Ripples : 스트러밍과 같은 리듬감 있는 진폭 변화를 만들어 독특한 사운드를 생성합니다.

Spectral

스펙트럴(Spectral) 모드는 주파수 스펙트럼을 재합성하는 중요한 기능으로, 오디오의 세밀한 조정과 다양한 사운드 변형을 가능하게 합니다.

• On/Off : 스펙트럴 요소를 활성화하거나 비활성화합니다. Additive+Spectral모드를 사용할 때, 두 엔진이 결합되어 사운드의 다양한 특성을 재현하는 데 유용합니다.
• Vol : 스펙트럴 요소의 출력 레벨을 조정합니다. 여러 요소가 사용될 때, 이 노브를 통해 스펙트럴 컴포넌트의 상대적인 레벨을 설정할 수 있습니다.
• Pitch/Noise : 가져온 오디오의 특성에 따라 이 버튼의 상태가 자동으로 결정되지만, 필요에 따라 사용자가 직접 변경할 수 있습니다.
Pitch : 사인파로 스펙트럴 빈을 채웁니다. 이는 사운드를 고음질로 재생성하는 데 적합합니다.
Noise : 필터링된 노이즈로 스펙트럴 빈을 채웁니다. 노이즈 모드는 속삭임이나 더욱 소음적인 효과를 생성하는 데 유용합니다.
• Low Cut : 특정 주파수 아래의 신호를 차단합니다.
• High Cut : 특정 주파수 위의 신호를 차단합니다.

• **이펙트** : 스펙트럴 이펙트 유닛은 사운드 디자인에 매우 강력하고 창의적인 기능을 제공합니다.
On/Off : 각 이펙트 유닛을 활성화하거나 비활성화합니다.
팝업 메뉴 : 이펙트 유형을 선택하는 메뉴로, 다양한 스펙트럴 이펙트를 적용할 수 있습니다.
Mix : 원 신호와 처리된 사운드 간의 밸런스를 설정합니다. 이 파라미터는 모든 스펙트럴 이펙트 유형에 공통적으로 사용됩니다.
파라미터 노브 1, 2, 3 : 선택된 이펙트의 세부 파라미터를 조정하는 노브입니다. 각 이펙트 유형에 따라 이름과 기능이 다릅니다.

• Bloom : 설명: 주파수를 분출시켜 소스 사운드에 영향을 미칩니다.
Threshold : 이펙트가 들리도록 하는 낮은 진폭의 주파수 양을 설정합니다.
Attack : 이펙트가 생성된 주파수가 페이드 인되는 시간을 설정합니다.
Shift : 하모닉의 중점을 이동시켜 저 하모닉에서 고 하모닉으로의 변화를 제어합니다.

• Blur : 주파수를 흐릿하게 만들어 효과적인 변형을 생성합니다.
Length : 주파수가 유지되는 시간 설정.
Variance : 주파수의 변동 정도를 설정.
Gate : 소스 엔벨로프에 따른 주파수 수를 제어합니다.

• Cloud : 주파수 그레인으로 된 구름을 생성하여 코러스와 같은 텍스처를 만듭니다.
Threshold : 강조되는 최고 진폭의 하모닉을 설정합니다.
Simplify : 저진폭 주파수를 줄여 주요 주파수를 강조합니다.

• Gate : LFO와 엔벨로프 팔로워 모듈레이션을 결합하여 사운드를 변형합니다.
Decay : 주파수가 페이드 아웃되는 시간을 설정합니다.

• Glide : 필터 스윕을 생성하여 상향 또는 하향 필터를 구현합니다.
Freq : 스윕의 시작 주파수를 설정합니다.
Width : 필터의 폭을 설정하여 영향을 미치는 주파수 범위를 조정합니다.

• Freq Shift : 스펙트럴 빈을 이동시켜 사운드를 드라마틱하게 변형합니다.
Shift : 주파수 스펙트럼을 위 또는 아래로 이동시킵니다.
Feedback : 선택된 주파수의 강도를 설정합니다.

• Freq Stretch : 스펙트럴 피크를 확장하여 하모닉 연속을 무작위로 확장합니다.
Alpha : 하모닉 이동으로 포먼트 필터 효과를 생성합니다.
Beta : 주파수 범위를 설정하여 효과의 영향을 제한합니다.

• Metallize : 클래식한 콤 필터 스타일의 이펙트를 생성합니다.
Interval : 이펙트 주파수를 설정합니다.
Feedback : 이펙트의 강도를 설정하여 금속성 레조넌스를 강화합니다.

• Shimmer : 주파수를 스위프하여 느린 이동 또는 빠른 쉬머링 사운드를 만듭니다.
Rate : 스윕 속도를 설정합니다.
Shimmer : 주파수 스윕의 강도를 설정합니다.

• Shuffle : 빈 블록을 무작위로 재배열하여 추상적이고 확산된 사운드를 생성합니다.
Factor : 셔플을 적용할 빈 블록 수를 설정합니다.
Range : 각 블록을 이동할 거리를 설정합니다.

• Smear : 주파수 블록 사이를 부드럽게 만들어 더 일관된 사운드를 생성합니다.
Smooth : 주파수 블록 간의 부드러운 전환을 설정합니다.
Bright : 고주파를 강조합니다.

Pitch

피치 교정 파라미터는 오디오 신호의 피치를 자동으로 조정하여 원하는 음높이를 맞추는 데 사용됩니다. 이 기능은 음악 제작 시 특정 음정이나 주파수를 정확하게 맞추고 싶을 때 유용합니다.

• On/Off : 피치 교정을 활성화하거나 비활성화합니다.
• Amount : 피치 교정의 강도를 설정합니다. 값이 높을수록 교정이 더 강력하게 적용됩니다.
• Speed : 사운드의 피치 변화에 따른 피치 교정 시작 전의 딜레이 시간을 설정합니다. 이 값은 백분율로 표시되며, 딜레이가 클수록 피치 교정이 적용되는 데 시간이 더 걸립니다. 더 빠른 딜레이는 피치가 더 즉시 교정되는 효과를 줍니다.

- **팝업 메뉴** : 선택된 값에 따라 모든 피치를 스냅(맞춤)하는 기준을 선택합니다.

One Note : 모든 피치를 단일 피치로 맞춥니다. 이 옵션은 사운드가 특정 하나의 음으로 맞춰지는 경우에 사용됩니다.

Octaves : 모든 피치를 가장 가까운 옥타브로 맞춥니다. 예를 들어, 주어진 피치가 440Hz라면 가장 가까운 440Hz 옥타브로 조정됩니다.

Fifths : 모든 피치를 가장 가까운 5도로 맞춥니다. 이는 음악 이론에서 5도 간격에 맞춰 피치를 교정하는 방식입니다.

Octaves&Fifths : 모든 피치를 가장 가까운 옥타브 또는 5도로 맞춥니다. 이 옵션은 옥타브와 5도를 모두 고려하여 피치를 교정합니다.

Chromatic : 모든 피치를 크로매틱(모든 반음) 스케일에 맞춰 수정합니다. 이는 피치를 정확히 맞추는 방식으로, 음계 내 모든 음들이 일정한 반음 간격을 유지하도록 조정됩니다.

Formant

Format 필터는 오디오 신호의 공진을 분석하여, 신호의 레조넌스를 필터 형태로 변환하여 악기의 특징적인 사운드를 재현합니다. 이 파라미터는 가산 또는 스펙트럴 엔진에서 활성화되며, 오디오 파일이 가져와지면 포먼트 필터가 해당 신호를 처리하게 됩니다.

- On/Off : 분석 포먼트 섹션을 활성화하거나 비활성화합니다. 이 버튼을 통해 포먼트 분석 기능의 적용 여부를 결정할 수 있습니다.
- Shift : 포먼트 필터의 주파수를 세미톤 단위로 위아래로 이동시킵니다. 값이 높을수록 밝고 얇은 사운드를 생성하며, 값이 낮을수록 어두운 두꺼운 음색이 됩니다.
- KTrack : 포먼트 필터가 키보드 음을 트래킹하는 방식을 설정합니다. 100%에서는 필터의 레조넌스가 해당 노트의 피치로 따라가며, 낮은 값으로 설정하면 키 트래킹 범위가 줄어듭니다.
- Size : 포먼트 필터를 확장하여 공명실의 크기를 변경합니다. 이 파라미터로 악기의 크기를 조절하거나 보컬 사운드를 바꿀 수 있습니다. 크기가 커질수록 소리가 더 넓고 두꺼운 특성을 가질 수 있습니다.
- Center : 포먼트 필터의 중앙 주파수를 설정합니다. Size 노브와 함께 작용하여 주파수의 이동을 제어합니다.

• Smooth : 포먼트 필터의 변화 속도를 설정합니다. 높은 값은 변화가 부드럽고 느리게 적용되며, 낮은 값은 빠르고 과장된 변화를 유발할 수 있습니다.

• Synthesized On/Off : 합성 포먼트 섹션을 활성화하거나 비활성화합니다.
• Shift : 합성 포먼트 필터를 세미톤 단위로 이동시킵니다. 값이 높을수록 밝고 얕은 사운드를, 값이 낮을수록 어두운 음색을 생성합니다.
• Size : 포먼트 필터의 크기를 조정하여 공명실의 크기를 변경합니다. 중앙 주파수와 함께 작동합니다.
• Center : 포먼트 필터의 중앙 주파수를 설정합니다. Size와 함께 작동하여 주파수 이동을 제어합니다.

• Select : 4개의 필터 유닛 사이를 부드럽게 모핑합니다. 숫자는 특정 필터 유닛을 나타내며, 분수 값은 두 필터 사이의 위치를 나타냅니다.
Off : 필터가 꺼져있는 상태로 원 데이터를 그대로 통과시킵니다.
Comb : 하모닉 연속 주파수 스펙트럼에서 고유한 빗 모양의 부스팅 및 컷 패턴을 생성합니다.
Comb Neg / Comb Pos : 각각 위상 반전 및 정위상 필터로, 신호의 하모닉을 조정하여 독특한 사운드를 만듭니다.
Metal Combs : 금속적인 특성을 강조하는 다양한 콤 필터 변형입니다.
Classic / Parallel : 각각 양극 및 다극 설계로, 필터의 설계 방식에 따라 사운드가 다릅니다.
BP, HP, LP, Notch, Peak : 특정 주파수 범위의 신호를 필터링하거나 부스팅합니다.
Vowel : 다양한 모음 소리를 생성하여 음성을 더욱 자연스럽게 변형합니다.

Granular

Granular 합성은 소리의 작은 조각을 재정렬하거나 변형하여 지속적인 사운드를 생성하는 기법입니다. Alchemy에서는 오디오 파일에서 2~230ms 정도의 짧은 조각을 추출하여 그레인을 생성하고, 피치, 패닝, 진폭 등을 조정할 수 있습니다.

• On/Off : 그래뉼러 요소를 활성화하거나 비활성화합니다.

- Vol : 그래뉼러 요소의 볼륨을 설정합니다. 다른 소스 요소들과 별도로 조정할 수 있습니다.
- Size : 각 그레인의 지속 시간을 설정합니다. 범위는 2마이크로초에서 230마이크로초까지 가능합니다. 이 값은 그레인의 길이를 정의하며, 작은 크기일수록 급격한 트랜지언트가 없는 부드러운 사운드를 생성하고, 큰 크기는 깨진 사운드를 유발할 수 있습니다.
- Density : 출력 스트림에서 겹치는 그레인의 숫자를 결정합니다. 밀도가 높을수록 그레인이 더 자주 겹치며, 1일 경우 단일 그레인만 순차적으로 송출됩니다. 밀도 값이 높을수록 더욱 밀집된 그레인 스트림을 형성합니다.
- RTime : 각 그레인의 추출 위치에 작은 무작위 오프셋을 추가합니다. 기본값은 3%이며, 무작위화가 부드러운 그래뉼러 요소 출력을 도와줍니다.
- RPan : 각 그레인의 스테레오 위치에 무작위 오프셋을 추가합니다. 소스 스테레오 버튼이 켜져 있어야 작동합니다.
- Num Taps : 탭의 개수를 설정합니다. 최대 8개까지 설정 가능하며, 탭은 소스의 어택 위상을 다시 트리거하는 역할을 합니다. 루핑 구역에서 탭은 각 루프 사이클에서 다시 트리거됩니다.
- Tap Spacing : 탭 간의 간격을 설정합니다. 값은 전체 사운드 지속 시간의 백분율로 표시되며, 100%로 설정하면 탭 간격이 고르게 배분되고, 50%로 설정하면 중간 지점에서 가까운 간격으로 탭을 트리거합니다.
- Stereo Offset : 스테레오 위치를 오프셋하여 더 넓은 사운드를 생성합니다. 소스 스테레오 버튼이 켜져 있어야 작동합니다.
- Grain Shape : 각 그레인에 적용되는 엔벨로프 형태를 선택할 수 있습니다. 기본적으로 각 그레인에 페이드인 및 페이드아웃이 적용되며, 일부 형태는 크기 및 밀도 값에 따라 더 큰 영향을 미칠 수 있습니다.

Sampler

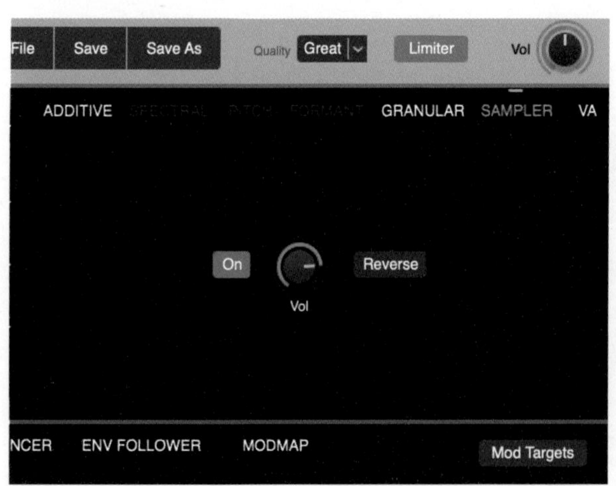

Sampler 엔진은 오디오 샘플을 직접 재생하고 변형하는 데 사용됩니다. 샘플은 원본 피치보다 높은 피치로 재생되면 더 빨리, 낮은 피치로 재생되면 더 느리게 재생됩니다. 샘플의 재생은 해당 샘플의 파형을 실시간으로 표시하며, 진행 바는 가장 최근에 트리거된 노트의 현재 재생 위치를 나타냅니다.

- On/Off : Sampler 요소를 활성화하거나 비활성화합니다. 비활성화하면 해당 소스에서 샘플 컴포넌트를 사용하지 않게 됩니다.

• Vol : 샘플러 요소의 출력 레벨을 설정합니다. 이 파라미터는 해당 소스 내에서 여러 요소가 있을 경우, 샘플 컴포넌트의 상대적 레벨을 조정하는 데 사용됩니다.

• Reverse : 샘플을 역재생할지 여부를 설정합니다. 이 버튼을 활성화하면 샘플의 재생 순서가 반대로 진행됩니다. 또한 메인 소스 섹션에서 루프 모드가 "앞으로/뒤로" 로 설정되어 있을 경우, 이 파라미터는 루프의 재생 순서를 역으로 변경합니다.

VA

VA(가상 아날로그) 모드는 아날로그 신디사이저의 특징을 디지털 환경에서 재현하는 방식으로, 오실레이터와 필터의 파라미터를 조절하여 클래식한 아날로그 사운드를 만듭니다. 이 섹션에서는 오실레이터와 노이즈 오실레이터의 다양한 설정을 통해 더욱 풍부하고 다채로운 소리를 구현할 수 있습니다.

• Oscillator On/Off : 메인 오실레이터를 활성화하거나 비활성화합니다. Initialize Preset을 사용하면 VA 요소가 자동으로 활성화됩니다. 이 버튼을 사용하여 오실레이터의 작동을 제어합니다.

• **팝업 메뉴** : 오실레이터 파형을 선택하는 메뉴입니다. 기본적으로 톱니파, 사인파, 사각파, 삼각파 등 여러 파형이 제공되며, 이들 사이를 단계별로 선택할 수 있습니다.

• Vol : 오실레이터의 출력 레벨을 설정합니다. 여러 요소가 사용될 때, 이 노브는 오실레이터의 상대적 레벨을 조절하는 데 사용됩니다.

• Sym : 오실레이터 파형의 대칭을 조정하여 파형의 형태를 변경합니다. 사각파가 활성화된 경우, 대칭은 펄스 폭을 제어하며, 극단 값은 잡음을 일으킬 수 있으므로 유효 범위는 5% ~ 95%입니다.

• Phase : 오실레이터의 시작점을 설정하는 파라미터입니다. 0% ~ 99.9% 값은 고정된 시작점을 설정하고, 100% 값은 트리거될 때마다 무작위로 시작점이 변하도록 합니다.

• Sync : 오실레이터 동기화를 활성화하고, 메인 오실레이터의 동기화되는 피치를 설정합니다. 이를 통해 오실레이터 간의 위상을 동기화할 수 있습니다.

• Num : 유니즌 보이스의 수를 설정하는 파라미터로, 유니즌 효과를 통해 풍성한 사운드를 만들어냅니다.

• Detune : 유니즌 보이스 간의 디튜닝을 설정하여 각 보이스의 피치를 다르게 만들어 더 넓은 스테레오 이미지를 생성하거나, 와이드 유니즌 모드를 활성화했을 때 오실레이터 간 디튜닝을 설정할 수 있습니다.

- **Noise On/Off** : 노이즈 오실레이터를 활성화하거나 비활성화합니다. 이를 통해 노이즈 신호를 추가하여 사운드에 텍스처를 더할 수 있습니다.
- **팝업 메뉴** : 노이즈 파형을 선택하는 메뉴로, 다양한 스펙트럴 특성을 가진 노이즈 파형을 제공하며, 이를 통해 필터링을 더 미세하게 조정할 수 있습니다.
- **Vol** : 노이즈 오실레이터의 출력 레벨을 설정하는 파라미터로, 노이즈의 상대적 레벨을 조정합니다.
- **Tune** : 노이즈 신호의 튜닝을 설정합니다. 이를 통해 노이즈 신호의 기본 톤을 변화시킬 수 있습니다.
- **Low Cut** : 노이즈 오실레이터의 낮은 컷오프 주파수를 설정합니다. 이 값 이하의 주파수는 약화되고, 이 값 이상의 주파수만 통과됩니다.
- **High Cut** : 노이즈 오실레이터의 높은 컷오프 주파수를 설정합니다. 이 값 이상의 주파수는 약화되고, 이 값 이하의 주파수만 통과됩니다.

Edit - Main

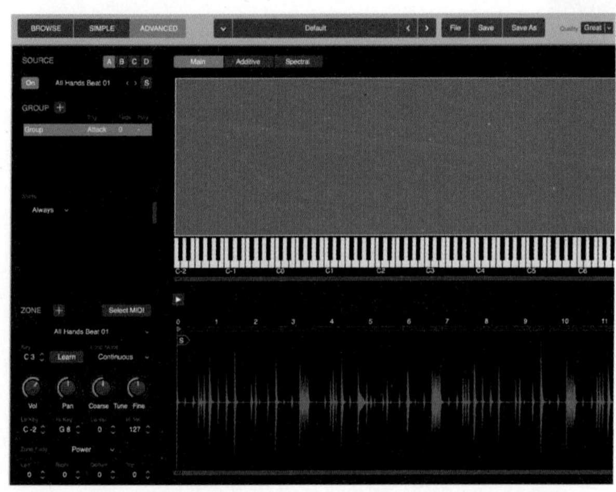

소스 컴포넌트 Edit 버튼을 클릭하면 타임 단위로 사운드를 변조할 수 있습니다. Main 편집 창은 세 가지 주요 영역으로 나누어져 있으며, 이들을 통해 다양한 소스의 파라미터를 효율적으로 편집할 수 있습니다.

- **인스펙터** : 왼쪽의 인스펙터는 글로벌 파라미터, 그룹 기능, 그리고 구역 파라미터를 표시합니다. 이 섹션에서는 전체적인 파라미터와 구역별 설정을 관리할 수 있으며, 소스 전반적인 설정을 변경할 때 사용됩니다.

- **키맵 편집기** : 상단의 키맵 편집기는 샘플 구역을 그래픽적으로 나타내는 부분으로, 샘플 구역 편집에 사용됩니다. 샘플 구역의 피치 범위, 키 할당 등을 설정할 수 있으며, 이는 인스펙터의 구역 파라미터와 연동됩니다.

- **파형 편집기** : 하단의 파형 편집기는 각 샘플 구역에서 사용된 파형을 시각적으로 편집하는 도구입니다. 샘플의 파형을 세밀하게 다룰 수 있는 부분으로, 샘플을 잘라내거나, 병합하거나, 파형의 세부 조정이 가능합니다.

인스펙터

인스펙터는 3개의 주요 파라미터 그룹으로 구성됩니다.

• **글로벌 파라미터** : 전체 소스에 적용되는 전역적인 파라미터들을 설정하는 섹션입니다. 여기서 설정된 파라미터는 선택한 소스에 공통적으로 적용됩니다.

• **그룹 파라미터** : 소스가 속한 그룹에 대한 파라미터를 설정합니다. 그룹은 여러 소스를 묶어서 함께 편집할 때 사용됩니다.

• **존 파라미터** : 개별 소스의 각 구역에 대한 세부적인 설정을 다룹니다. 이를 통해 소스의 특정 구간에 대해 다른 편집을 할 수 있습니다.

글로벌 파라미터

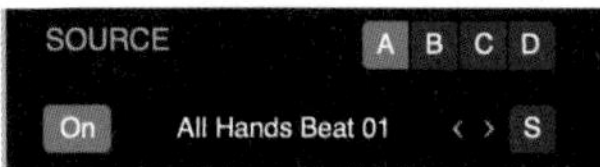

• A/B/C/D : 각 소스를 선택할 수 있는 버튼입니다. 원하는 소스를 선택하여 해당 소스의 편집을 진행할 수 있습니다.

• On/Off : A/B/C/D 버튼을 통해 선택한 소스를 활성화 또는 비활성화할 수 있습니다. 이 버튼을 통해 소스의 활성 상태를 조절할 수 있습니다.

• **소스 선택 팝업 메뉴** : 현재 선택된 소스의 오디오 데이터 이름이 표시됩니다. 팝업 메뉴를 클릭하면 해당 소스에 대한 명령어 목록이 열립니다. 또한, Previous와 Next 버튼을 사용하여 다른 소스 오디오 데이터로 이동할 수 있습니다.

• Solo : 선택한 소스를 Solo 모드로 설정할 수 있는 버튼입니다. Solo 모드가 활성화되면 선택된 소스만 재생되며, 다른 소스들은 음이 소거됩니다. 이를 통해 특정 소스만 집중적으로 들을 수 있습니다.

그룹 파라미터

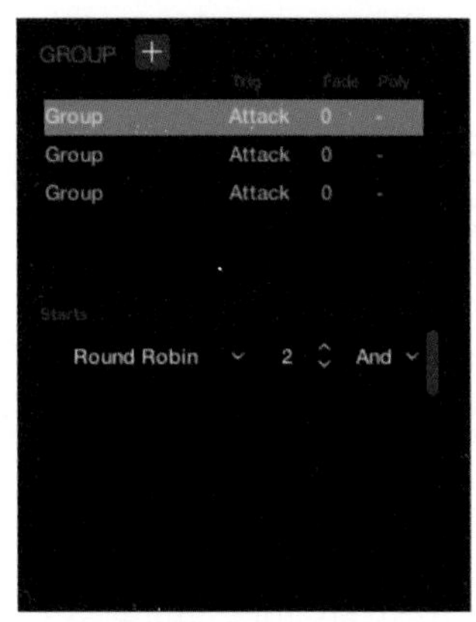

• Group

Group(+) 팝업 메뉴에서 새로운 그룹을 생성하거나, 기존 샘플을 그룹으로 가져올 수 있습니다. 그룹에 대해 트리거, 페이드, 폴리포닉 설정 등을 할 수 있습니다.

Trig는 노트 켬과 끔 이벤트에 따라 그룹 내 구역을 트리거합니다. 예를 들어, 어택은 그룹 구역을 트리거하고, 릴리즈는 그룹 구역을 트리거하는 방식입니다.

Fade는 그룹 내 구역의 페이드 인/아웃 타임을 설정할 수 있습니다.

Poly는 그룹 내에서 동시에 재생되는 최대 구역 수를 설정합니다.

• Start

Always, Round Robin, Random Round Robin, Keyswitch 등의 조건을 설정할 수 있습니다. 예를 들어, Round Robin을 사용하면 샘플 간에 자동으로 순차적 전환이 발생하고, Random Round Robin을 사용하면 샘플 간에 무작위 전환이 발생합니다.

컨트롤러 기반 설정 : 특정 MIDI 컨트롤러나 퍼포먼스 컨트롤을 사용해 그룹을 전환하는 방식도 지원됩니다. 다양한 컨트롤러 값을 설정하여 특정 범위에서만 그룹이 활성화되도록 할 수 있습니다.
논리적 규칙 : And, Or, Not 등의 논리 연산을 통해 여러 조건을 결합해 그룹 전환을 정의할 수 있습니다.

존 파라미터

- **Zone(+) 버튼** : 샘플을 선택하여 구역으로 가져오는 기능으로, 여러 샘플을 동시에 추가할 수 있습니다. 샘플을 추가하면 새로 생성된 구역에 샘플이 배정됩니다.
- Select MIDI : 이 버튼을 켜면 MIDI 키보드를 사용하여 구역을 자동으로 선택할 수 있습니다.
- **Zone 이름 필드** : 현재 선택된 구역의 오디오 파일 이름을 표시합니다. 여러 구역을 선택할 경우 Multiple로 표시됩니다.
- Key : 선택된 구역의 루트 키를 설정하는 필드로, 샘플의 루트 키는 자동으로 파일 이름이나 분석을 통해 결정됩니다. Learn 버튼을 사용하여 MIDI 노트를 통해 루트 키를 설정할 수 있습니다.
- Loop Mode : 5가지 루핑 옵션을 설정할 수 있습니다:

None : 반복 없이 한 번만 재생
Continuous : 반복 리전이 지속적으로 재생
Sustain : 반복 리전에서 지속 후 릴리즈
Forward/Back : 앞뒤로 반복
All : 전체 반복

- Volume, Tune, Pan : 각각 구역의 출력 레벨, 조율, 스테레오 패닝을 조정합니다.
- Lo Key / Hi Key : 해당 구역이 반응할 MIDI 노트 범위를 설정합니다. 키맵 편집기에서 구역을 드래그하여 설정할 수 있습니다.
- Lo Vel / Hi Vel : 구역을 트리거할 MIDI 노트 벨로시티의 범위를 설정합니다.
- Zone Fade : 인접한 구역이 겹치는 키와 벨로시티 범위에서 사운드를 페이드하는 방법을 설정합니다.

Linear : 중간 지점에서 사운드가 서서히 변함.
Power : 더 자연스럽고 균일한 페이드.

- **모핑 소스와의 호환성** : 모핑 소스가 활성화되면 구역 페이드와 겹치는 구역은 비활성화됩니다. 모핑은 각 모핑 소스마다 하나의 구역만을 트리거합니다.

키맵 편집기

키맵 편집기는 선택한 그룹 안에 있는 모든 샘플을 표시하는 도구입니다. 각 샘플은 직사각형 모양으로 나타나는데, 각 직사각형의 크기와 위치는 키와 벨로시티 범위를 나타냅니다.

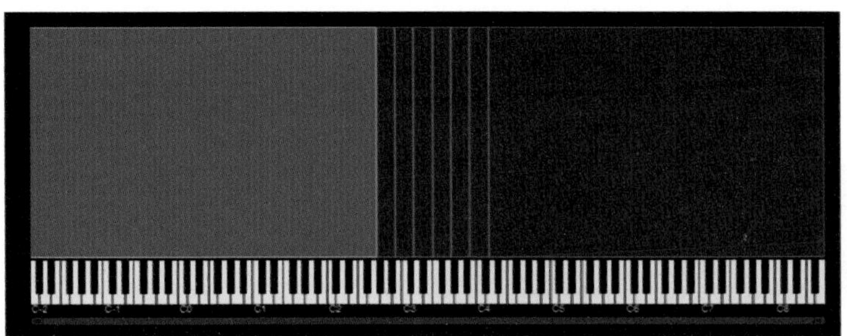

- **키** : 사각형의 왼쪽과 오른쪽 경계는 이 샘플이 어떤 키 범위에서 작동하는지를 나타냅니다. 이를 드래그해서 범위를 설정할 수 있습니다.
- **벨로시티** : 사각형의 위쪽과 아래쪽 경계는 벨로시티(소리의 세기) 범위를 나타냅니다. 이를 드래그해서 벨로시티 범위를 설정할 수 있습니다.
- **복사 및 붙여넣기** : 원하는 샘플을 복사하거나 잘라서 다른 그룹에 붙여넣을 수 있습니다. 새 그룹을 만들거나 기존 그룹에 붙여넣을 수도 있습니다.
- **샘플 교환** : 구역의 샘플을 다른 샘플로 교환할 수 있습니다. 새로운 샘플을 가져오려면 가져오기 브라우저를 열고 선택합니다.
- **미리 듣기** : 선택한 샘플을 미리 들어볼 수 있습니다. 키맵 편집기에서 샘플을 클릭하면 아래에 있는 아이콘을 통해 미리 들을 수 있습니다. 이때 샘플의 루프 설정도 함께 미리 들을 수 있습니다.
- **구역 삭제** : 구역을 삭제하려면 선택한 구역을 클릭한 후 백스페이스 키를 누르면 해당 구역이 삭제됩니다.
- **크로스페이드** : 두 구역이 겹치도록 설정하여, 서로 부드럽게 전환되도록 만들 수 있습니다. 겹치는 부분에 크로스페이드를 적용하여 자연스럽게 이어지는 사운드를 만들 수 있습니다.
- **루프 설정** : 샘플을 루프시키려면, 파형에서 루프 시작점과 끝점을 설정해야 합니다. 이때 루프 XFade 버튼을 사용하여 두 부분을 부드럽게 이어주는 효과를 만들 수 있습니다.

파형 편집기

선택된 존에 해당하는 오디오 파일의 파형 디스플레이는 메인 편집 윈도우 하단에 표시됩니다. 이 구역은 키맵 편집기나 인스펙터의 구역 파라미터에서 선택할 수 있으며, 선택된 구역에 해당하는 오디오의 파형을 시각적으로 확인하고 편집할 수 있습니다.

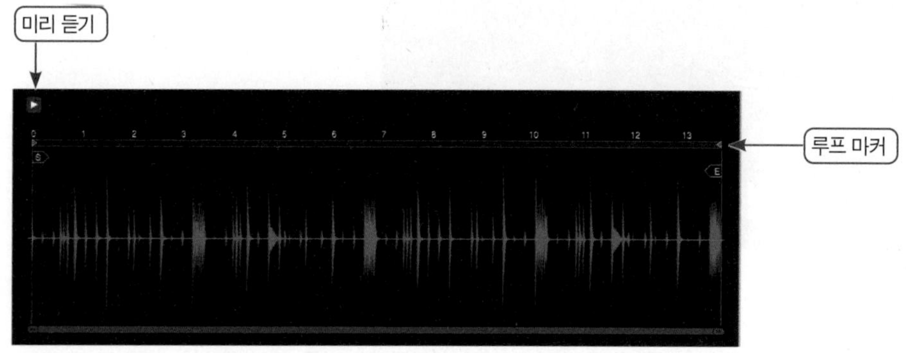

- **모핑 활성화 및 워프 마커** : 모핑(Morphing) 이 활성화되면, 파형 위에 수직 회색선이 표시되며, 그 위에 번호가 붙은 워프 마커가 나타납니다. 워프 마커는 시간에 맞게 사운드를 자동으로 조정하거나, 수동으로 조정할 수 있는 도구입니다.
- **S & E 핸들** : 파형 위에는 S와 E라는 레이블이 붙은 밝은 파란색 수직선이 표시됩니다. S는 사운드의 시작점, E는 끝점을 나타내며, 이 핸들을 왼쪽 또는 오른쪽으로 드래그하면, 불필요한 오디오 부분을 잘라낼 수 있습니다. 또한, 파형의 배경에 하늘색 선이 표시될 수 있는데, 이는 워프 마커를 수동으로 정렬할 수 있는 기준을 제공합니다.
- **루프 설정** : 루프 모드가 활성화되면, 파형 위에 루프 시작점과 끝점을 설정할 수 있는 주황색 마커가 표시됩니다. 각 마커에는 작은 삼각형 핸들이 있어서, 이를 왼쪽이나 오른쪽으로 드래그해 루프 구간을 조정할 수 있습니다. 루프 시작점 마커는 왼쪽으로 향하고, 루프 끝점 마커는 오른쪽으로 향합니다. 루프 구간을 정확하게 조정하려면, 핸들을 클릭해 파형을 수평으로 확대하거나 축소하여 세밀하게 설정할 수 있습니다. 주의할 점은 루프 시작점이 루프 끝점보다 뒤에 있을 수 없다는 것입니다.
- **서스테인(Sustain) 모드 및 루프 리전** : 루프 시작점과 끝점을 동일 위치로 드래그하면, 루프가 아닌 서스테인 지점을 생성할 수 있습니다. 이는 가산, 스펙트럴, 또는 그래뉼러 엔진에서 사용할 수 있으며, Sampler 모드에서는 사용할 수 없습니다.
- **크로스페이드 (Loop XFade)** : 루프 마커 사이에 크로스페이드를 추가할 수 있는 기능이 있습니다. 이 기능은 루프 시작점과 끝점 간의 전환을 부드럽게 만들어 줍니다. 이를 활성화하려면 Loop XFade 버튼을 클릭하고, 마커를 왼쪽으로 드래그하여 크로스페이드 구간을 설정합니다.
- **미리 듣기 버튼** : 키맵 편집기에서 구역을 선택할 때 자동으로 오디오를 미리 들을 수 있습니다.
- **루프 XFade 버튼** : Sampler 모드에서만 표시되며, 다른 가져오기 모드에서는 보이지 않습니다. 이 버튼을 통해 루프 전환을 부드럽게 할 수 있습니다.

Edit - Additive

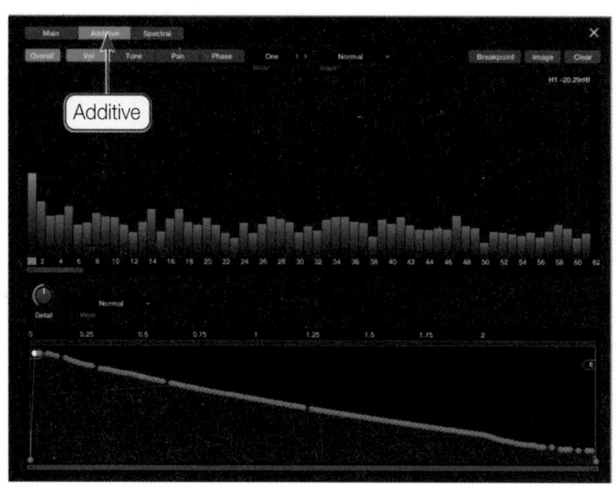

Additive 편집 창은 사용자가 처음부터 가산 데이터를 직접 생성하여 원하는 사운드를 만들 수 있습니다. 이를 통해 매우 세밀한 사운드 디자인이 가능하며, 각 부분음의 진폭, 피치, 패닝, 위상 등을 정확하게 제어하여 다양한 복잡하고 독특한 사운드를 만들어낼 수 있습니다.

부분음 막대 디스플레이

상단 디스플레이는 최대 600개의 부분음을 표시하며, 각 부분음은 개별적으로 진폭, 피치, 패닝, 위상 값을 가집니다. 각 값은 엔벨로프 점에서 독립적으로 설정할 수 있습니다. Num Partials 설정이 적절하지 않으면, 고주파수 부분음이 들리지 않을 수 있습니다. 예를 들어, 부분음의 수를 60으로 설정했을 때, 72 이상의 값을 조정해도 소리가 나지 않습니다.

- Overall 버튼을 활성화하면 전체 엔벨로프의 평균 값이 표시됩니다. 이를 통해 전체적으로 진폭, 피치, 패닝을 조정할 수 있으며, 개별 부분음 값을 선택하여 편집할 필요 없이 사운드를 조절할 수 있습니다. 부분음 디스플레이 모드 버튼을 통해 볼륨(Vol), 피치(Tune), 패닝(Pan), 위상(Phase)을 선택하여 각 파라미터만 표시하고 조정할 수 있습니다.
- Mode 팝업 메뉴에서는 선택한 그룹에 대해 조정할 수 있습니다. 예를 들어, All을 선택하면 모든 부분음 값에 조정이 적용되고, One은 선택한 부분음에만 영향을 미칩니다. 또한, Shape 팝업 메뉴를 사용하여 Normal, Flat, Bright, Dark와 같은 설정을 통해 조정할 부분음의 가중치를 선택할 수 있습니다.
- Breakpoint 버튼을 클릭하면 엔벨로프 점에 대한 여러 명령을 실행할 수 있습니다. 이를 통해 복사, 붙여넣기, 또는 특정 점들 간의 높이를 고르게 조절할 수 있습니다.
- Image 버튼을 클릭하여 PNG 형식의 이미지를 가져오면, 이미지의 각 픽셀이 부분음 데이터로 변환됩니다. 이미지는 밝기에 따라 진폭을 조정하며, 색상 정보는 무시됩니다. 밝은 픽셀은 높은 진폭을, 어두운 픽셀은 낮은 진폭을 나타냅니다.
- **진폭 조정** : 이미지를 가져오거나, 전체 진폭을 줄여서 클리핑을 방지할 수 있습니다. 이때 Overall 버튼을 사용하여 전체 진폭을 낮추거나, 이미지를 미리 어둡게 처리하여 클리핑을 피할 수 있습니다.
- Clear 버튼을 클릭하면 모든 부분음을 제거하고 기본값으로 리셋할 수 있습니다. Copy/Paste Breakpoints 기능을 사용하면 현재 선택된 엔벨로프 점을 복사하거나 붙여넣을 수 있습니다.

부분음 엔벨로프

하단의 부분음 엔벨로프는 가산 합성의 핵심 요소로, 사운드를 세밀하게 조정하는 데 중요한 도구입니다. Overall 버튼을 통해 전체적인 파라미터를 조정할 수 있으며, 피치, 패닝, 진폭 등 각 파라미터를 개별적으로 조정할 수 있습니다. 또한, 워프 마커와 루프 마커를 사용해 타이밍을 정밀하게 편집하고, Detail 노브와 Mode 팝업 메뉴를 활용해 고급 편집을 할 수 있습니다.

• Overall On : 이 모드에서는 각 엔벨로프 점이 모든 부분음의 총 진폭, 피치, 패닝의 스냅샷을 나타냅니다. 즉, 모든 부분음이 함께 조정되며, 수평(x축)은 시간적 위치, 수직(y축)은 전체 값을 표시합니다.

• Overall Off : 이 모드에서는 엔벨로프의 각 점이 개별 부분음에 대해 1:1 대응되며, 각 점은 선택된 부분음의 시간적 위치와 값을 나타냅니다. 이 모드에서는 각 부분음을 독립적으로 조정할 수 있습니다.

• Detail : 부분음 엔벨로프의 레졸루션을 설정합니다. 값을 25%로 설정하면 보이는 점의 수가 줄어들고, 100%로 설정하면 모든 점을 표시할 수 있습니다. 500개 이상의 점은 세밀한 편집이 필요할 때 유용합니다.

• Mode **팝업 메뉴**

Normal : 드래그된 점만 이동하고 다른 점들은 그대로 유지됩니다.

Slide : 한 점을 드래그하면 그 점과 이후의 점들이 상대적인 거리를 유지하면서 함께 이동합니다.

Stretch : 한 점을 드래그하면 이전 점은 축소되고 이후 점은 확장됩니다. 또는 반대로, 이전 점을 확장하고 이후 점을 축소할 수도 있습니다.

• **엔벨로프 조정** : 엔벨로프 점을 수직으로 드래그하면 선택한 점의 값을 조정할 수 있습니다. 엔벨로프 점을 클릭하거나 드래그하여 새로운 점을 생성할 수 있으며, 기존 점들 간에 선택된 점을 연결하여 값을 수정할 수 있습니다. 엔벨로프 점을 더블 클릭하면 삭제할 수 있습니다.

• **피치 조정** : 피치를 편집하는 경우, Tune 버튼을 활성화하고 점을 수직으로 드래그하여 설정합니다.

• **PVar 사용** : PVar(피치 베리에이션) 값을 줄이면 원치 않는 피치 변동을 해결할 수 있으며, 이는 특히 불협화음이 발생하는 경우 유용합니다.

• **워프 마커** : 엔벨로프 점들의 시간을 비율적으로 조정할 수 있으며, 이는 사운드의 타이밍을 세밀하게 조절하는 데 유용합니다.

• **루프 마커** : 루프 마커를 동일한 위치에 설정하면 특정 세그먼트(스냅샷)를 반복하여 들을 수 있습니다. 이는 편집과 오디션을 효율적으로 수행하는 데 유용합니다.

• Breakpoint : 엔벨로프 점의 값을 복사하거나, 다른 점에 붙여넣기할 수 있습니다. 이를 통해 일정한 피치 값을 다른 엔벨로프 점들에 일괄적으로 적용할 수 있습니다.

Edit - Spectral

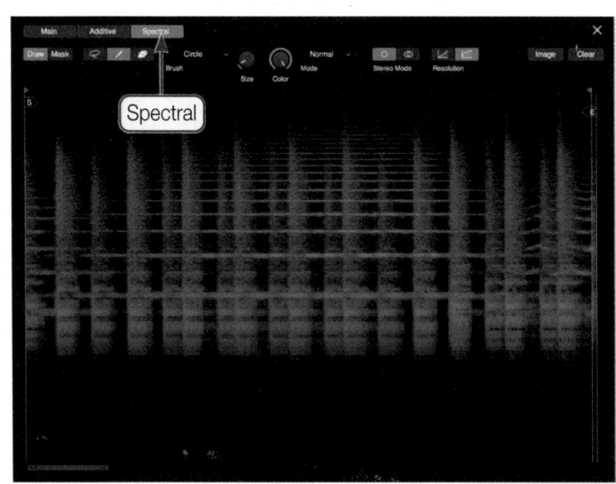

스펙트럴 편집 윈도우는 사운드의 스펙트럼을 시각적으로 편집할 수 있는 강력한 도구입니다. 이 창을 사용하여 스펙트럴 데이터를 수정하거나 새로운 사운드를 생성할 수 있습니다.

- **스펙트럴 편집 윈도우의 기본 구조**

시간(x-축) : 왼쪽에서 오른쪽으로 표시되며, 사운드의 시간적 변화를 나타냅니다.
주파수(y-축) : 위에서 아래로 표시되며, 사운드의 주파수(헤르츠)를 나타냅니다.
진폭 : 색상으로 표시되며, 진폭 값이 낮을수록 파란색에 가까워지고, 높은 진폭은 하늘색에서 흰색으로 나타납니다. 무음 구간은 검정색입니다.
녹색 재생 위치 표시등 : 가장 최근에 재생된 보이스의 위치를 나타냅니다.
워프 마커 : 워프 버튼이 활성화되면 표시되며, 타이밍을 조정할 수 있습니다.

- **Draw/Mask 버튼**: 페인트 도구의 동작을 설정합니다.

Draw : 스펙트럼을 수정하거나 새로운 콘텐츠를 그릴 수 있습니다.
Mask : 기본 이미지에 마스크를 씌워 선택된 부분만 보이게 할 수 있습니다.

- **Lasso, Brush, Erase 버튼** : 선택, 그리기 및 삭제 기능을 선택합니다.

Lasso : 특정 영역을 선택합니다.
Brush : 선택한 브러시로 이미지를 그립니다.
Erase : 선택한 브러시로 이미지를 삭제합니다.

- **Brush 팝업 메뉴** : 다양한 브러시 모양을 선택합니다. Circle, DotBlurred, LineHorizontal, LineVertical, Transient 등의 옵션이 있습니다.

Size : 브러시의 크기를 조정합니다.
Color : 브러시의 진폭 규모를 설정합니다. 100%일 때 브러시 획은 흰색, 50%는 파란색, 0%는 검정색입니다.

• **Mode 팝업 메뉴** : 브러시 모드에서 기존 이미지와의 상호작용 방식을 결정합니다.
Normal : 브러시와 캔버스 이미지가 동일하게 설정됩니다.
Add : 브러시로 그린 값이 기존 이미지에 더해집니다.
Multiply : 브러시 값이 기존 이미지 값에 곱해집니다.

• **Mono/Stereo 버튼** : 모노와 스테레오 간 디스플레이 모드를 전환합니다.
모노 모드 : 왼쪽 및 오른쪽 채널을 하나의 이미지를 사용해 표시합니다.
스테레오 모드 : 왼쪽과 오른쪽 채널을 개별적으로 표시합니다.

• **Resolution 버튼** : 수직 축에서 스펙트럴 데이터의 리니어 및 로그 표현을 전환합니다.
Linear **모드** : 높은 주파수의 세밀한 삭제가 필요할 때 유용합니다.
Logarithmic **모드** : 인간의 피치 인식에 맞는 로그 스케일로, 대부분의 편집 작업에 적합합니다.

• **Image 버튼** : 이미지를 가져오거나 그리기 브러시로 사용할 수 있습니다.
Import Image : PNG 포맷의 이미지를 스펙트럴 캔버스에 가져옵니다. 이미지의 밝기는 진폭에 매핑됩니다.
브러시로 이미지 가져오기 : PNG 이미지를 선택하여 그리기 브러시로 사용할 수 있습니다.
Clear **버튼** : 스펙트럴 데이터를 모두 삭제하고 무음 상태로 초기화합니다.

5 이펙트

이펙트 섹션은 다섯 개의 독립된 이펙트 랙을 제공하여 다양한 소스에 효과를 적용하고 편집할 수 있는 멀티 이펙트 프로세서입니다. Main은 전체 악기 사운드의 이펙트 설정을 담당하고, A, B, C, D는 각 소스에 개별적인 이펙트 체인을 설정할 수 있는 랙을 제공합니다.

01 각 소스나 메인 필터의 신호는 A, B, C, D 랙으로 라우팅될 수 있으며, 메인 필터의 출력이나 개별 소스 출력이 이펙트 랙으로 보내져 최종적으로 Alchemy의 메인 출력으로 전송됩니다.

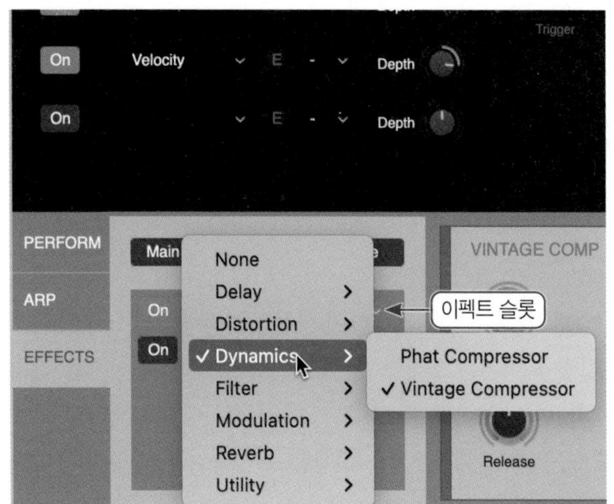

02 각 이펙트 랙에는 이펙트 슬롯이 있으며, 이펙트 종류를 선택하거나 변경할 수 있습니다. 이미 삽입된 이펙트를 드래그하여 다른 슬롯으로 이동하거나 체인의 순서를 변경할 수도 있습니다.

03 각 이펙트는 오른쪽 패널에 선택한 이펙트에 특화된 컨트롤과 저장, 복사, 붙여넣기, 지우기 등의 작업이 가능한 파일 메뉴를 제공합니다.

Alchemy는 소리 생성과 편집에 있어 매우 직관적이고 창의적인 작업을 가능하게 해주는 악기입니다. 다양한 샘플링 기법과 효과를 결합하여 독창적이고 개성 있는 음악을 창조할 수 있도록 돕습니다. 하지만 이러한 고급 기능들을 완전히 활용하기 위해서는 아날로그 신디사이저, 샘플링, 이펙트 등의 기초적인 이해와 학습이 필요합니다. 특히, 다양한 모듈과 파라미터가 결합된 인터페이스는 초보자에게 다소 복잡하고 혼란스러울 수 있습니다. 그렇지만 Alchemy는 기본적으로 제공되는 프리셋만으로도 충분히 훌륭한 결과물을 만들어낼 수 있기 때문에, 초보자는 먼저 프리셋을 활용해보고, 이를 바탕으로 Alchemy의 작동 방식을 익히는 것이 좋습니다.

프리셋을 통해 Alchemy의 기능을 익히고, 점차 자신만의 창작 영역을 확장해 나가면서, 프로 수준의 음악 작업을 하게 될 때쯤 본서를 다시 참고하여 Alchemy의 고급 기능들을 익히고, 이를 통해 더 창의적이고 독창적인 음악을 만들어 갈 수 있기를 바랍니다.

Sample Alchemy

Sample Alchemy는 Granular, Additive, Spectral 등 다양한 합성 기법을 제공하여 사운드를 생성하는 도구입니다. 최대 4개의 독립적인 사운드 소스(A, B, C, D)를 통해 다중 레이어를 조작할 수 있고, Classic 모드로는 샘플 전체를 재생하거나, Loop 모드로는 루프된 세그먼트를 생성할 수 있습니다. Scrub 모드는 카세트 테이프 스타일로 트리거하고, Bow 모드는 현악기 연주를 모방하며, Arp 모드는 MIDI 패턴으로 시퀀싱할 수 있습니다. 다양한 음악적 상호작용과 창의적 사운드 디자인을 지원합니다.

샘플 로드

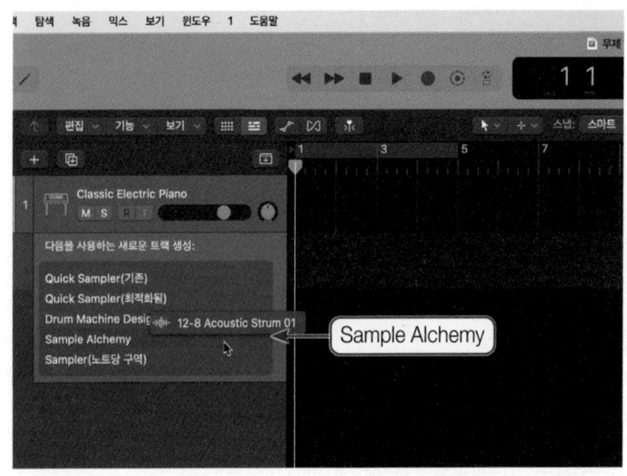

01 오디오 파일, Apple Loop 또는 리전을 트랙 리스트로 드래그하여 Sample Alchemy를 선택하면 샘플이 로딩된 Sample Alchemy 트랙을 만들 수 있습니다.

02 오디오 파일, Apple Loop 또는 리전을 Sample Alchemy 디스플레이로 드래그하여 샘플을 로딩할 수 있으며, 팝업 메뉴의 Load Sample을 선택하여 외부 파일을 로딩할 수 있습니다.

재생 모드

01 Sample Alchemy는 Play, Motion, Trim의 3가지 편집 모드를 제공하며, Play 모드는 Classic, Loop, Scrub, Bow, Arp의 5가지 재생 모드를 제공합니다. Classic은 화면에 A로 표시되어 있는 소스 핸들 위치에서부터 재생하는 것으로 핸들은 드래그하여 위치를 자유롭게 변경할 수 있습니다.

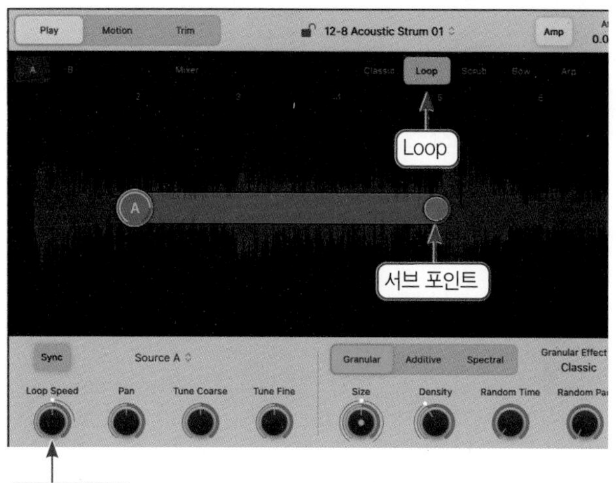

02 Loop 모드는 A 포인트에서 서브 포인트까지 반복 재생합니다. 각각의 핸들은 드래그로 위치를 설정할 수 있습니다. 재생 속도는 Loop Speed로 조정합니다.

03 Scrub 모드는 포인트 위치에서 DJ들이 LP 판을 앞/뒤로 움직여 스크러빙하는 것과 같은 방식으로 재생합니다. Scrub Jitter는 스크러빙 범위를 설정합니다.

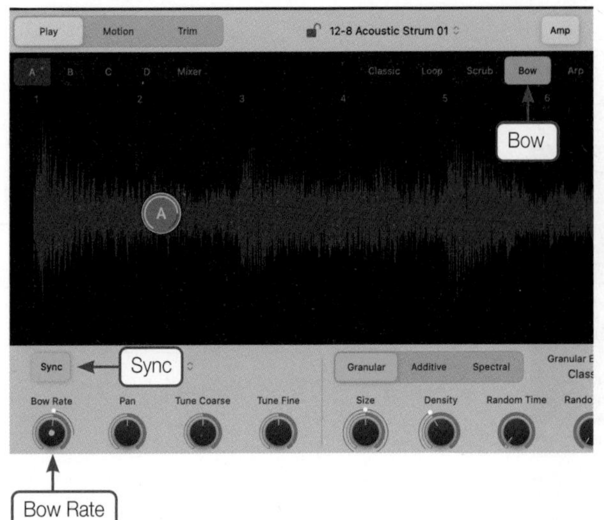

04 Bow 모드는 현악기의 활을 위/아래로 움직이는 동작을 재현하듯이 포인트 지점을 앞/뒤로 재생합니다. Bow Rate는 비트 단위로 재생 속도를 조정합니다. Sync 버튼을 Off하면 Hz 단위로 조정할 수 있습니다.

05 Arp 모드는 2개 이상의 소스를 사용할 때 각각의 소스를 순차적으로 재생하여 아르페지오 효과를 만듭니다. Sample Alchemy는 A, B, C, D로 4개의 소스를 제공하며, 소스 버튼을 탭하여 활성화시킬 수 있습니다. Classic, Loop, Scrub, Bow 모드에서는 각 소스가 동시에 재생됩니다.

모션 모드

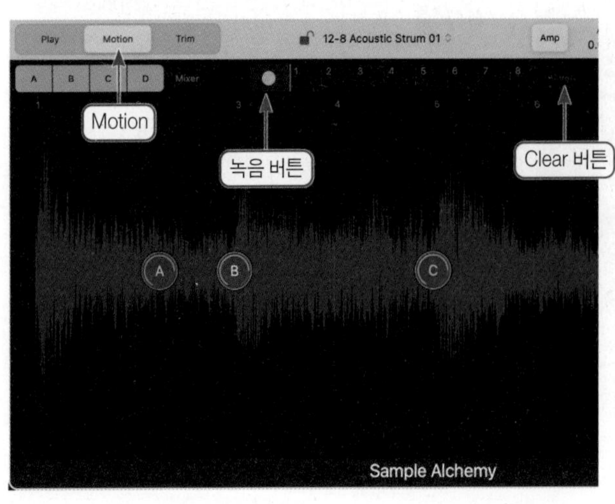

01 Motion 모드는 소스 핸들의 움직임을 녹음하여 시간의 흐름에 따라 변조되는 사운드를 만들 수 있습니다. 녹음 버튼을 클릭하고 소스 핸들을 움직입니다. Clear 버튼은 녹음을 삭제합니다.

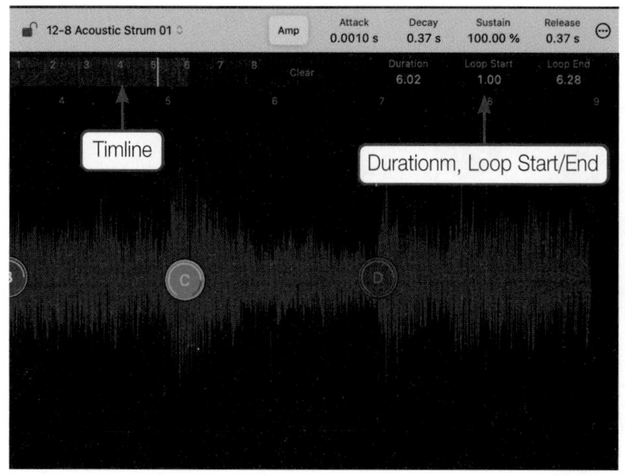

02 Bow 모드는 현악기의 활을 위/아래로 움직이는 동작을 재현하듯이 포인트 지점을 앞/뒤로 재생합니다. Bow Rate는 비트 단위로 재생 속도를 조정합니다. Sync 버튼을 Off하면 Hz 단위로 조정할 수 있습니다.

트림 모드

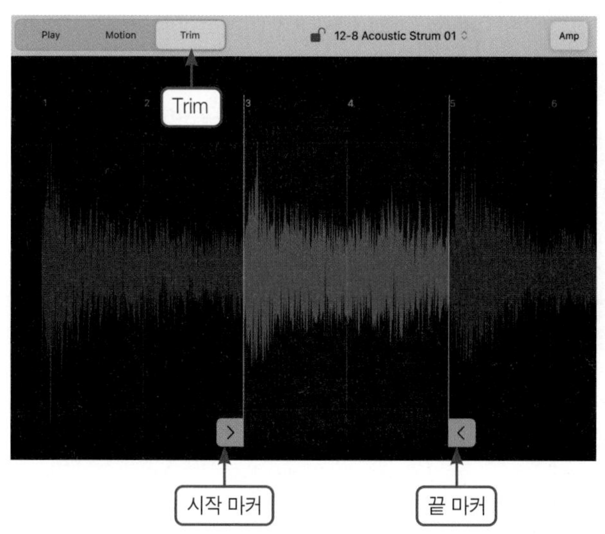

01 Arp 모드는 2개 이상의 소스를 사용할 때 각각의 소스를 순차적으로 재생하여 아르페지오 효과를 만듭니다. Sample Alchemy는 A, B, C, D로 4개의 소스를 제공하며, 소스 버튼을 탭하여 활성화시킬 수 있습니다. Classic, Loop, Scrub, Bow 모드에서는 각 소스가 동시에 재생됩니다.

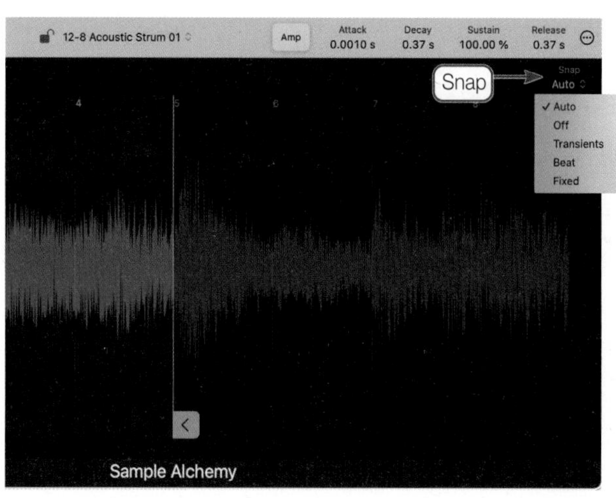

02 Motion 모드는 소스 핸들의 움직임을 녹음하여 시간의 흐름에 따라 변조되는 사운드를 만들 수 있습니다. 녹음 버튼을 탭하고 소스 핸들을 움직입니다. Clear 버튼은 녹음을 삭제합니다.

소스

01 Sample Alchemy은 A, B, C, D로 4개의 소스를 제공하며, Mixer 버튼을 탭하면 각 소스의 출력 레벨을 조정할 수 있습니다.

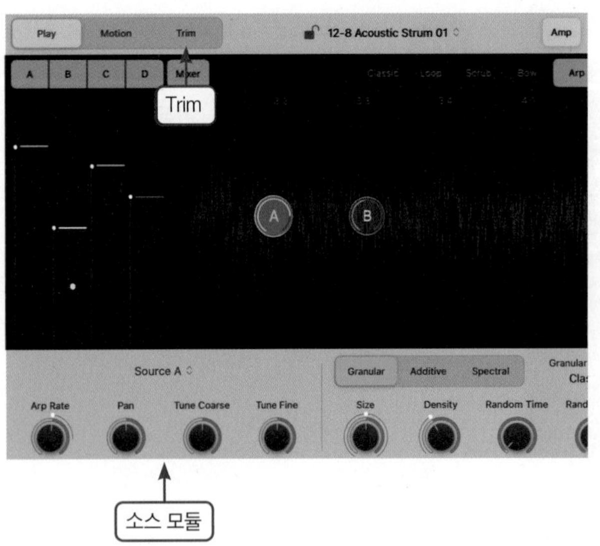

02 디스플레이 아래쪽에는 선택한 소스를 컨트롤할 수 있는 소스 모듈, 합성 모듈, 필터 모듈 세트를 제공하며, 소스 모듈은 재생 속도, 팬, 음정을 조정할 수 있는 파라미터로 구성되어 있습니다.

- Source : 선택된 소스를 표시하며, 탭하면 소스를 선택할 수 있는 메뉴가 열립니다.
- Speed : 재생 모드에 따라 변경되지만, 재생 속도를 조정하는 역할은 동일합니다.
- Pan : 스테레오 필드에서 출력 위치를 설정합니다.
- Tune Coarse : 소스의 음정을 반음 단위로 조정합니다.
- Tune Fine : 반음을 1/100 단위로 조정합니다.

03 각 소스에는 독립적인 파라미터 세트가 있으며 각자 다른 합성 유형으로 설정할 수 있습니다. 그래뉼러(Granular) 합성은 사운드를 작은 조각으로 분할하고, 연속적인 스트림 또는 임의화 되거나 구조화된 패턴 순서대로 재생합니다. 사운드의 미묘한 변화부터 급격한 변화까지 다른 합성 방법으로는 달성하기 어려운 색다른 사운드를 만드는 데 자주 사용됩니다.

- **Size** : 2~230ms로 각 그레인의 지속 시간을 조절합니다.
- **Density** : 1(겹침 없음) ~ 10까지 잠재적으로 겹치는 그레인의 숫자를 결정하며, Size와 상호작용됩니다. Density 값이 1이면 단일 그레인은 출력 스트림으로 송출되며, 한 그레인의 송출이 끝나면 다른 그레인이 송출되고, Size 값이 100ms이면 매 100ms마다 신규 그레인이 송출됩니다.

Density를 2로 올리면 첫 번째 그레인 중간에 송출된 두 번째 그레인을 더하며, 결과적으로 50ms마다 신규 그레인을 더해 100ms의 Size 값을 갖습니다. 첫 번째 그레인과 두 번째 그레인은 서로 겹치고, 고밀도 값들은 추가로 신규 그레인을 출력 스트림에 삽입합니다. 이러한 신규 그레인은 보다 자주 발생하며 더 많이 겹칩니다.

급격한 트랜지언트가 없는 부드러운 패드 사운드를 위해서는 Size를 100ms, Density를 약 5그레인로 설정하는 것이 적합한 경우가 많습니다. 급격한 트랜지언트가 있는 드럼 및 기타 사운드를 위해서는 Size를 40ms~80ms로, Density를 약 2그레인으로 설정하는 것이 유용합니다. 크기 값이 작으면 샘플의 원 피치를 가리는 윙윙거리는 소리를 생성하는 경향이 있으며, 크기 값이 크면 사운드가 깨지는 경향이 있기 때문에 밀도를 올려 이 두 경향을 상쇄시킬 수 있습니다.

- **Random Time** : 작은 무작위 오프셋을 샘플의 그레인 추출 위치에 추가합니다. 기본 값은 3%인데 이는 적은 양의 무작위 할당이 부드럽게 그래뉼러 요소를 출력하는 데 도움이 됩니다.
- **Random Pan** : 무작위 오프셋을 각 그레인의 스테레오 위치에 추가합니다.

04 Additive 합성은 각 사운드를 개별 부분음의 합으로 나타냅니다. 각 개별 부분은 사인파를 사용하여 합성되고 시간의 흐름에 따라 각각 변경되는 진폭, 피치, 패닝 및 위상 파라미터로 표현됩니다. 가산 데이터는 특정 시간 포인트에서 각 부분음을 캡처하는 일련의 스냅샷이라고 할 수 있으며, 스냅샷 사이의 각 파라미터는 다음 스냅샷 값을 향해 고르게 업데이트됩니다. 연속으로 재생되고 타이밍이 맞는 일련의 스냅샷은 잠재적으로 복잡하고 지속적으로 진화하는 사운드를 생성합니다. 컨트롤은 선택된 Additive Effect에 따라 달라지며, A/B/C/D로 레이블된 핸들 중 하나를 탭하여 편집하려는 소스를 선택합니다.

Harmonic

하모닉 인터벌과 관련된 컨트롤로 부분음 레벨의 그룹을 제어할 수 있습니다.

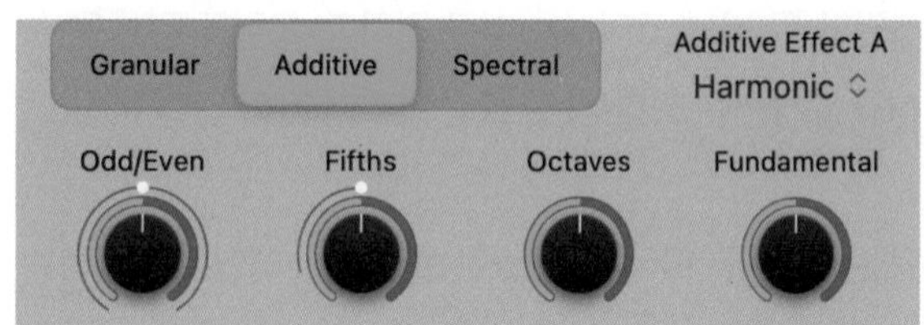

- **Odd/Even** : 홀수 또는 짝수 하모닉 간의 밸런스를 설정합니다. 낮은 값은 홀수 부분음(1, 3, 5, 7 등) 레벨을 증가시켜 둔탁한 사운드를 만들고, 높은 값은 짝수 하모닉(기본 톤 유지 - 제1 하모닉/부분음)의 레벨을 증가시켜 밝고 부드러운 사운드를 만듭니다.

- **Fifths** : 기본 톤 레벨과 이를 초과하는 5도 음정(7개 세미톤)으로 모든 부분음을 설정합니다. 높은 값은 1, 3, 9, 27 등의 하모닉을 증가시키며 이에 따라 다른 하모닉 레벨에서 감소가 이루어지고, 낮은 값은 리버스 이펙트를 주며 보다 커팅되고 엣지 있는 사운드를 만들 수 있습니다.

- **Octaves** : 기본 톤 레벨과 이를 초과하는 전체 옥타브 음정으로 모든 부분음을 설정합니다. 0으로 설정하면 1, 2, 4, 8, 16 등의 하모닉을 완전히 제거하고 비옥타브 하모닉 레벨을 증가시킵니다. 값을 높게 설정하면 옥타브 하모닉 레벨을 부스팅하고 다른 하모닉 레벨을 감소시킵니다.

● Fundamental : 기본 톤 레벨과 이를 초과하는 모든 기본음을 설정합니다. 0으로 설정하면 기본 톤을 완전히 제거하고, 100%로 설정하면 기본 톤을 분리해 들을 수 있습니다. 값이 높을수록 사운드가 풍부해집니다.

Partials Lock

모든 부분음을 시작할 때 동일한 0 위상 값으로 설정합니다. 이는 사운드 길이에 걸쳐 피치 변화가 없도록 부분음을 설정하여 깨끗하고 인공적인 사운드를 생성합니다.

● Symmetry : 파형의 전반부를 늘리고 후반부 또는 리버스를 줄여 사인파의 대칭 및 형태를 바꿉니다. 청감상 영향은 노브가 한 방향으로 돌아가 있을 때와 유사합니다. 대칭은 파형이 형태 면에서 더 이상 순수 사인파가 아닐 때까지 파형을 변경해 각 부분음이 독립 하모닉을 전개하고 더욱 선명한 사운드를 만들어내게 합니다.

● Num Partials : 생성된 가산 부분음의 수를 설정합니다. 필요한 오실레이터의 수는 사운드에 따라 결정됩니다. 플루트에 제한된 수의 하모닉이 있고 첼로나 바이올린보다 부분음이 적어야 할 때 또한 재생 레지스터가 필요한 오실레이터의 수에 영향을 줄 수 있습니다. 높은 노트는 가청 한계에 도달하기 전 적은 수의 높은 하모닉만을 수용하는 반면에 베이스 노트는 한계에 도달하지 않고도 수백 개의 하모닉을 수용할 수 있습니다.

● Pitch Var : 모든 부분음을 동시에 조정합니다. 이는 처리 전에 부분음 튜닝을 확장/전환하는 Additive 모듈에 의해 이루어집니다. 0%로 설정하면 완전한 하모닉 열로 모든 부분음을 조정하고, 100%로 설정하면 각 부분음이 원래 오디오 파일에서 탐지되는 피치 변화를 따릅니다. 이 파라미터의 음향적 영향은 오디오 자료에 따라 달라집니다. 벨 소리와 같은 강렬한 불협화음은 피치 변화를 줄임으로써 드라마틱하게 변경될 수 있습니다. 모든 부분음은 하모닉 열로 튜닝되지만 이 노브는 사운드에 영향을 미치지 않습니다.

Formant Synth

보컬 포먼트 적용하여 합성된 사운드의 음색을 구성하는 이펙트입니다.

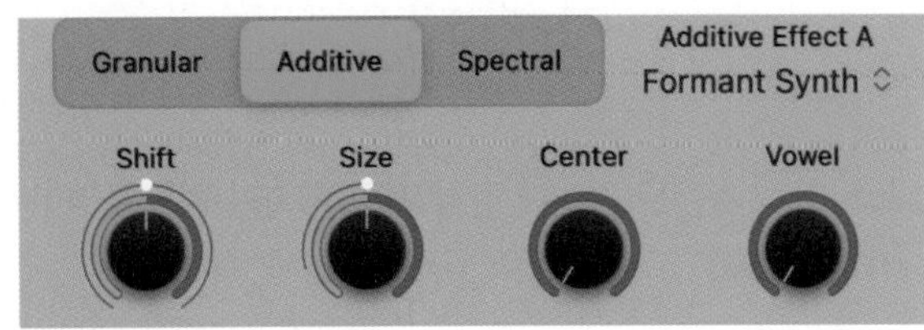

- Shift : 포먼트를 세미톤 위/아래로 이동합니다. 값이 높을수록 밝거나 얕은 사운드가 생성되고, 값이 낮을수록 어둡고 두꺼운 음색이 생성됩니다.

- Size : 포먼트 필터를 확장해 공명 챔버의 인지된 크기를 변경합니다. Select는 Center 노브와 함께 작동합니다.

- Center : Size 노브로 설정한 포먼트 확장의 중앙 주파수를 설정합니다. 중앙 주파수 아래의 레조넌스는 크기 값의 증가에 따라 상행 이동하며, 중앙 주파수 위의 레조넌스에는 이에 상응하는 하행 이동이 발생합니다. Size가 100%로 설정되어 있을 때는 Center에 이펙트가 없습니다.

- Vowel : 네 개의 필터 모양 A, E, I 및 O 사이에 부드럽게 모핑합니다. 표시된 값은 위치를 나타내며, 전체 숫자는 특정 필터 유닛을 의미하며 분수는 필터 간의 위치를 의미합니다.

05 Spectral 합성은 신호의 변경하는 주파수 스펙트럼을 분석하며 이러한 스펙트럴의 특성을 재생성합니다. Alchemy에서 신호의 가청 스펙트럼은 큰 숫자의 스펙트럴 빈의 개수로 분할되며, 이러한 빈들 간의 에너지 분포를 분석하고 사인파 또는 필터링된 노이즈를 사용해 각 스펙트럴 빈을 필요한 양의 신호로 채움으로써 사운드가 재현됩니다.

Formant

특정 주파스 밴드를 강조하거나 감쇠하여 사운드의 스펙트럴 콘텐츠를 구성할 수 있게 허용하는 이펙트이며, 파라미터의 역할은 Addictive Formant와 동일합니다.

Low/High Cut

사운드의 톤 특성을 구성합니다. Low Cut은 설정 주파수 이하를 차단하고, High Cut은 설정 주파수 이상을 차단하며, 로우 및 하이컷이 함께 작동해 두 개의 컷오프 범위에 들어가는 신호가 통과되도록 하는 밴드패스 필터로서 역할을 수행합니다.

Blur

주파수를 흐릿하게 하는 이펙트를 생성합니다.

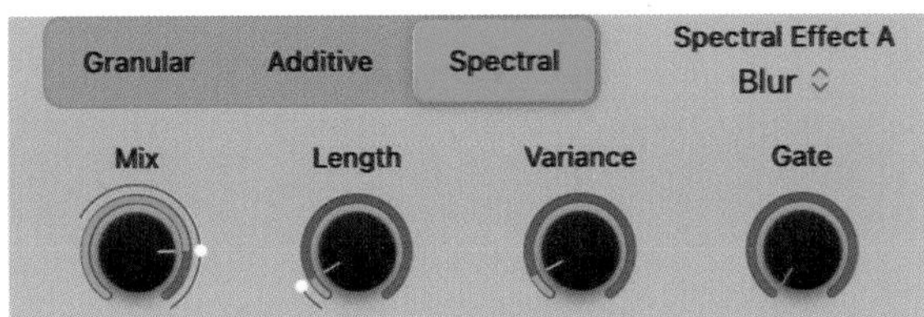

- Mix : 원 신호와 처리된 사운드 간의 밸런스를 설정합니다.
- Length : 주파수가 유지되는 시간(시간 경과에 따라 블러링됨)을 설정합니다.
- Variance : 선택한 주파수의 베리에이션 정도를 설정합니다(블러링된 주파수).
- Gate : 이펙트의 소스 사운드 엔벨로프의 임팩트와 청음 가능한 주파수의 수를 결정합니다.

Cloud

주파수 그레인을 생성하며 코러스 이펙트 텍스처를 만듭니다.

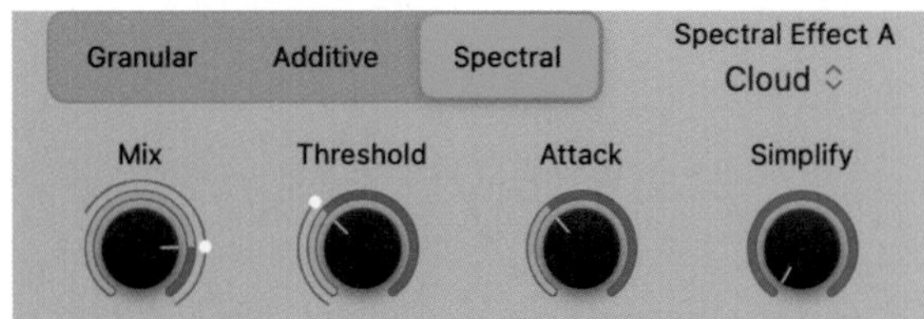

- Threshold : 최고 진폭의 하모닉을 지속적으로 강조하도록 설정합니다.
- Attack : 주파수가 임계값의 페이드 인 설정으로 강조되는 시간을 설정합니다.
- Simplify : 저진폭 주파수를 줄여 주요 주파수를 높이고 디테일을 줄여 순정 톤을 증가합니다.

Metalize

클래식한 콤 필터 스타일 이펙트를 생성합니다.

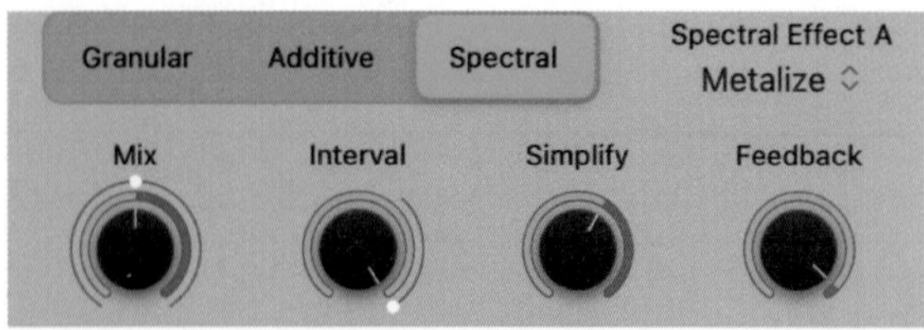

- Interval : 이펙트 주파수를 설정합니다.
- Simplify : 이펙트가 생성한 주파수의 수를 줄이고 간략화된 사운드를 만듭니다.
- Feedback : 이펙트의 강도를 설정합니다. 더 높게 설정할수록 하모닉을 강조하며 금속성의 레조넌스를 생성합니다.

Noise

필터링된 노이즈로 스펙트럴 빈을 채웁니다.

06 필터 모듈은 생성되는 사운드의 하모닉 콘텐츠를 변경합니다. 특정 주파수를 제거하거나 줄이면서 다른 주파수를 통과시켜서 사운드의 톤 특성을 구성할 수 있으며, 다이내믹하고 진화하는 사운드를 생성하기 위해 시간의 흐름에 따라 제어할 수 있는 LFO인 엔벨로프 또는 다른 모듈레이션 소스로도 모듈레이션 할 수 있습니다. Sample Alchemy는 LP, HP, Comb, Downsample, FM 필터를 제공하며, 각 유형은 고유한 음향 특성을 가지며 수신 신호에 다르게 반응합니다.

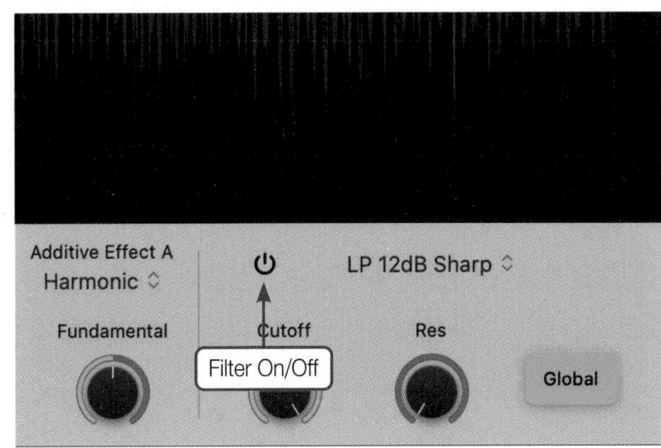

Sample Alchemy는 여러 개의 2극, 4극, 다극 상태 변수 및 아날로그 모델 로우패스(LP) 및 하이패스(HP) 필터 디자인이 있으며 각각의 특징은 용도에 따라 다양합니다. 사용할 수 있는 LP 및 HP 필터 디자인에는 Sharp, Clean, Gritty 및 Edgy 변형이 포함됩니다.

- **Sharp** : 2극 아날로그 모델 필터입니다.
- **Edgy** : 2극 또는 4극 아날로그 모델 필터입니다. 4극 베리에이션은 컷오프를 넘어서는 더 가파른 주파수 차단을 제공합니다.
- **Clean** : Bi-Quad 필터입니다.
- **Gritty** : 더 높은 레조넌스(Res) 설정에서 과하게 세츄레이션 되도록 설계된 2극 필터입니다.

필터 컨트롤에는 모든 로우패스(LP) 및 하이패스(HP) 필터 유형에 대한 표준 기능이 있습니다.

- Cutoff : 필터의 컷오프 주파수를 설정합니다. 더 높은 주파수는 감쇠되고 더 낮은 주파수는 LP 필터를 통과할 수 있습니다. HP 필터를 사용할 때는 그 반대입니다.
- Res : 컷오프 주파수를 둘러싸는 주파수 밴드에서 신호를 증폭하거나 차단합니다.

Comb PM 필터의 명칭은 빗살처럼 보이는 주파수 응답 커브의 모양에서 비롯되었으며, 오디오 신호의 주파수 스펙트럼에 개성적인 패턴의 피크와 트로프를 생성하는 유형입니다.
익사이터 임펄스가 쉽게 들리지 않고 콤이 보다 현저한 클래식한 밝은 Karplus-Strong 스타일의 사운드에 유용합니다. 레조넌스 레벨은 빠르게 극단으로 이동하여 피드백으로 이어질 수 있으므로 주의가 필요하며, 레조넌스 레벨을 0으로 시작해서 적합한 이펙트 강도를 찾을 때까지 천천히 올리거나 내립니다.

- Note : 모듈레이션 주파수를 설정합니다.
- Feedback : 콤 서킷의 피드백 양을 제어합니다.

Downsampler 필터는 디지털 오디오 신호의 샘플링 속도를 줄이는 유형으로 Lo-fi 또는 Vintage 사운드 등 다양한 종류의 이펙트를 생성할 수 있습니다.

다운 샘플링은 오디오 신호를 대표하는 데 사용하는 샘플의 수를 줄이면서 동작합니다. 샘플의 일부를 삭제하여 이 작업을 수행할 수 있습니다. 생성된 오디오 신호의 샘플률과 주파수 범위가 낮아져 다른 특성이나 음색을 가질 수 있습니다.

- Freq : 다운샘플 주파수를 설정합니다.
- Mix : 원본과 필터링된 신호 사이의 밸런스를 설정합니다. 값이 높으면 다운샘플링의 강도도 강해집니다.

주파수 모듈레이션(FM)은 클래식한 FM 신스와는 다른 특성을 지닙니다. FM 전용 신디사이저와는 달리 Sample Alchemy는 FM에 특화된 사전 구성된 알고리즘 또는 모듈레이션 매트릭스가 설정되어 있지 않습니다.

Sample Alchemy에서의 FM은 위상이 아닌 오실레이터 주파수를 모듈레이션하는 아날로그 신디사이저에서 FM을 사용하는 것에 더 가깝습니다. 결과적으로 Sample Alchemy의 FM은 사운드에 다양한 종류의 이펙트와 유기적인 디스토션 텍스처를 추가하기 좋습니다.

- Note : 캐리어 오실레이터 주파수를 설정합니다.
- Mod : 모듈레이터가 캐리어의 주파수 모듈레이션을 가능하게 하는 정도를 설정합니다.

엔벨로프

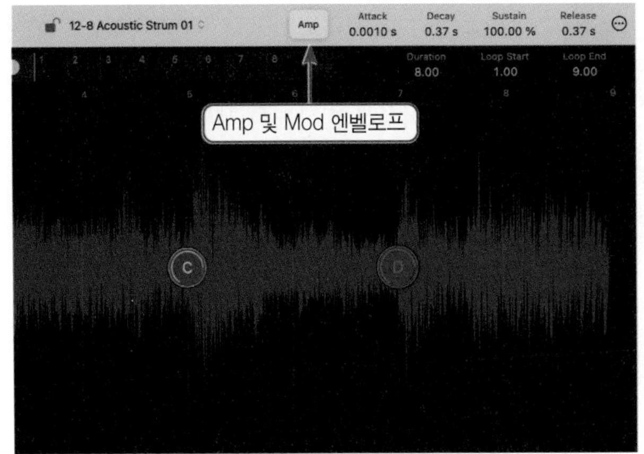

01 엔벨로프 생성기를 사용하여 시간이 지남에 진폭 또는 모듈레이션의 레벨을 제어할 수 있습니다. Amp 버튼을 탭하여 Mod 엔벨로프에 접근할 수 있습니다.

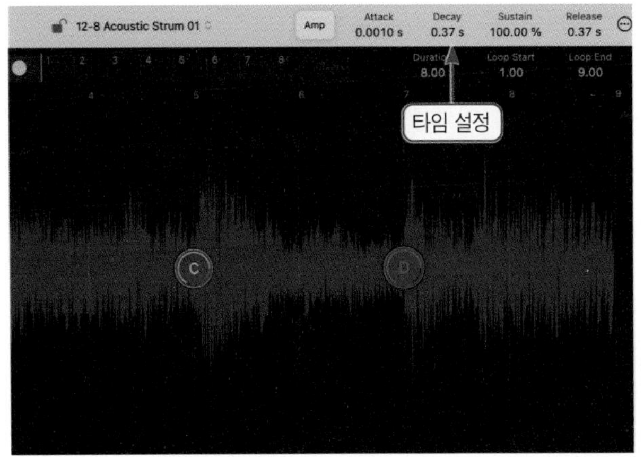

02 초기 레벨에 도달하는 데 걸리는 시간(Attack), 홀드 페이즈 또는 초기 어택 시간에 따라 엔벨로프가 서스테인 레벨로 떨어지는 데 걸리는 시간(Decay), 키를 놓을 때까지 유지되는 레벨(Sustain), 서스테인 레벨에서 0 레벨로 떨어지는 데 걸리는 시간(Relase)을 조정하는 파라미터는 Amp와 Mod 동일합니다.

Mod Matrix

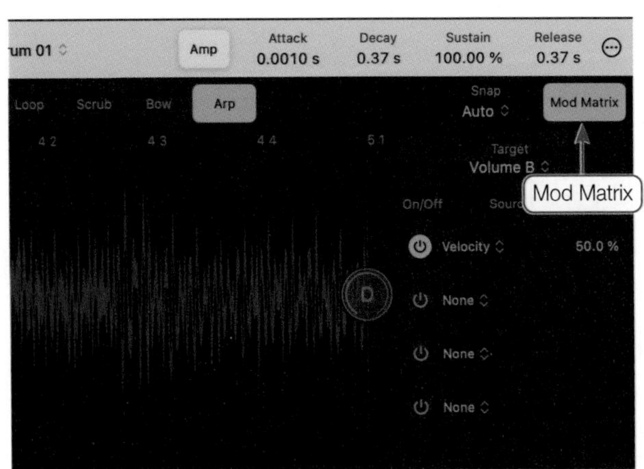

01 Sample Alchemy LFO와 엔벨로프는 모듈레이션 생성기로 알려져 있습니다. 이러한 모듈레이션 소스는 필터 컷오프, 소스 합성 파라미터 및 소스 컨트롤과 같은 모듈레이션 대상을 제어하는 데 사용되며, Mod Matrix 패널에서 모듈레이션 소스 및 대상의 독립적인 라우팅을 최대 4개까지 할당할 수 있습니다.

02 Source 항목을 탭하여 모듈레이션 소스를 선택하고, Depth에서 최대 값 또는 강도를 설정합니다. Waveform Y 모듈레이터로 핸들을 파형의 위/아래로 움직일 때 사운드가 어떻게 변하는지 제어할 수 있고, 키보드 모듈레이션 휠, 애프터터치, 피치 벤드, 벨로시티 및 MIDI 연속 컨트롤러 기능을 Sample Alchemy 파라미터를 위한 실시간 컨트롤 소스로 할당할 수도 있습니다.

설정

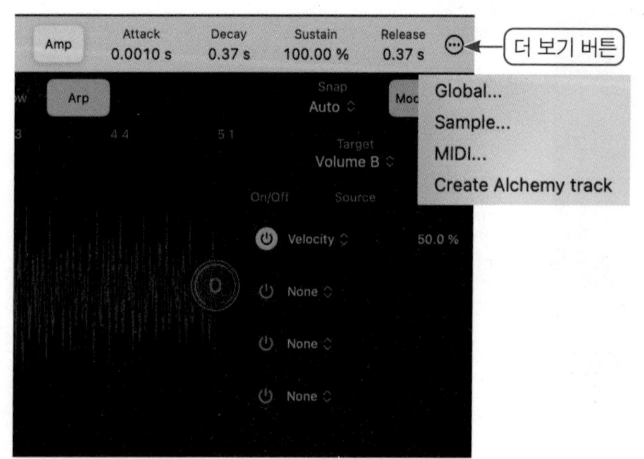

Sample Alchemy의 더 보기 버튼을 탭하면 악기의 환경을 설정할 수 있는 Global, Sample 및 MIDI 옵션을 선택할 수 있습니다.

Global

- Volume : 프리셋의 볼륨 레벨을 설정합니다.
- Polyphony : 프리셋의 최대 폴리포니를 설정합니다(최대 16개 성부). 값이 1이면 모노포닉 프리셋 또는 소스가 됩니다.
- Glide : 포르타멘토 속도를 설정합니다. 글라이드는 하나의 노트 피치에서 다른 노트 피치로 슬라이드를 발생시킵니다.
- Play Mode : 새로운 노트가 처리되는 방식을 결정합니다. Polyphony 및 Glide 컨트롤과 상호작용합니다.

Always : 폴리포니 값이 1이면 각 레가토 그룹 시작 시에 트리거가 생성되며, 포르타멘토가 발생합니다. 그 외 모든 폴리포니 값의 경우에는 각 노트 시작 시에 트리거가 생성되며, 포르타멘토가 발생합니다.

Retrigger : 각 노트 시작 시에 트리거가 생성되며, 포르타멘토가 발생합니다.

Legato : 폴리포니 값이 1이면 각 레가토 그룹 시작 시에 트리거가 생성되며, 각 레가토 그룹 시작 시에 포르타멘토가 발생합니다. 그 외 모든 폴리포니 값의 경우에는 단일 노트 재생 시에는 동작이 동일합니다. 코드 재생 시에는 코드의 각 노트가 개별적으로 트리거됩니다.

- **Pitch Bend** : 상행 및 하행 피치 벤드 모듈레이션의 최대 범위를 설정하며, 일반적으로 마스터 건반의 피치 밴드 휠로 수행됩니다.

Sample

- **Preview Mode** : Preview Mode를 켜거나 끕니다. Preview Mode가 켜져 있으면 핸들을 터치할 때 MIDI 노트가 생성되며, 끄면 핸들을 탭해도 사운드가 재생되지 않습니다.
- **Pitch Lock** : 샘플의 피치를 루트 키에 잠급니다. 다양한 피치를 가진 노트가 포함된 오디오 파일을 불러오는 경우에 Pitch Lock을 사용하면 모든 노트를 하나의 노트에 고정할 수 있습니다. 그런 다음 Sample Alchemy를 연주하면 샘플 내의 다른 피치가 아닌 길게 누르고 있는 노트를 재생합니다.
- **Reverse** : 샘플이 리버스로 재생되도록 설정합니다.
- **Root Key** : 세미톤 사운드의 피치를 조정합니다.
- **Root Cents** : 센트 사운드의 피치를 조정합니다.
- **Tempo** : 샘플의 템포를 설정하거나 샘플이 리드미컬하지 않으면 None을 선택합니다.
- **Derive Tempo from Loop Length** : 다듬기 핸들 사이의 샘플 길이를 기반으로 오디오 파일의 템포를 계산합니다.

MIDI

- **MIDI Mono Mode(MPE)** : MIDI Mono Mode의 설정을 선택할 수 있습니다.
- **MIDI Mono Mode** : Off, On (Common Base Channel 1) 또는 On (Common Base Channel 16) 중에서 선택합니다. 어떤 모드를 선택하든 각각의 보이스는 서로 다른 MIDI 채널에서 수신하며, 음성별 채널은 피치 벤드, 애프터터치, 모듈레이션 휠 및 컨트롤러 할당 메시지를 지원합니다.
- **Pitch Bend Range** : 0~96 사이의 값을 설정합니다. 선택한 피치 벤드 범위는 Common Base Channel을 제외한 모든 채널에서 수신된 개별적인 노트의 피치 벤드 메시지에 영향을 줍니다. 기본값은 48세미톤입니다. 대부분의 미디 기타는 컨버터가 24세미톤을 기본값으로 사용하기 때문에 해당 범위로 설정하는 것이 좋습니다.
- **MIDI Assign** : MIDI 서브 메뉴에서 4개의 다양한 모듈레이션 소스 중 하나를 선택할 수 있으며, Ctrl A/B/C/D를 Mod Matrix 패널의 모듈레이션 대상에 할당할 수 있습니다. 이런 소스들은 브레스 및 풋 컨트롤러 모듈레이션 추가에 이상적입니다.
- **Ctrl A-D** : Ctrl A~D에 할당된 MIDI 지속 컨트롤러를 설정합니다.

Create Alchemy track

Sample Alchemy 오디오 자료를 포함하고 있는 새로운 Alchemy 트랙을 생성합니다.

LOGIC PRO 11

08 PART

아날로그 소프트웨어 악기

아날로그 사운드를 구현하는 EFM1, ES E, ES M, ES P, ES1, Sclpture, EVOC 20, 빈티지 사운드를 구현하는 Vintage B3, Vintage Clav, Vintage Electric Piano 등은 현대 음악에서 빼놓을 수 없는 악기입니다.

신디사이저의 이해

신디사이저는 전자 악기로, 다양한 음색을 생성하고 수정할 수 있는 장치입니다. 주로 오실레이터를 통해 다양한 파형을 생성하고, 필터를 이용해 음색을 조절하며, 앰프로 음의 강도를 조절합니다. 이를 통해 사인파, 사각파, 삼각파 등 다양한 사운드를 만들어내며, 키보드를 통해 연주됩니다. 신디사이저는 음악 제작에서 중요한 역할을 하며, 로직은 다양한 형태의 아날로그 신디사이저를 제공하며 초보자도 간단한 조작법을 익히면 다채로운 음색을 만들어낼 수 있습니다.

신호경로

아날로그 신디사이저가 오디오 샘플을 소스로 사용하는 샘플러와 다른점은 전압으로 생성되는 주파수를 소스로 사용한다는 것입니다. 제품에 따라 주파수를 빼는 감산(Subractive) 방식, 주파수를 더하는 가산(Additive) 방식, 주파수 변조(Frequency Modulation) 방식, 샘플을 잘라서 재구성하는 그래뉼라(Granular) 방식 등으로 다양한 타입이 있지만, 주파수를 생성하는 오실레이터(Osillator), 주파수를 제어하는 필터(Filter), 레벨을 조정하는 앰프 엔벨로프(AMP Envelope)의 기본적인 경로와 엔벨로프 및 LFO로 사운드를 변조하는 모듈레이션(Modulation) 구성은 모두 동일합니다.

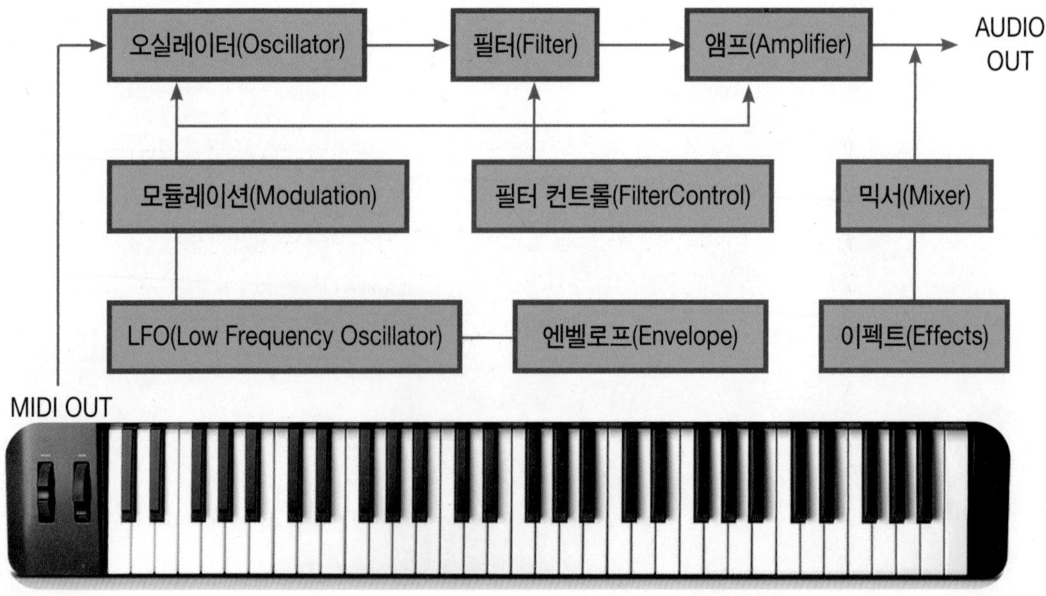

오실레이터

디지털 샘플러와 아날로그 신디사이저의 가장 큰 차이점은 사운드를 생성하는 오실레이터 입니다. 디지털 샘플러는 오디오 샘플을 기반으로 실제 어쿠스틱 악기를 그대로 재현할 수 있지만, 아날로그 신디사이저는 전압이 만들어내는 파형을 기반으로 하기 때문에 실제 악기 사운드를 만들기는 어렵습니다. 하지만, 이러한 전자 사운드는 자신만의 사운드를 구현하고자 하는 음악인들에게 없어서는 안 될 소스로 사용되고 있습니다.

오실레이터(Oscillators)에서 만들어내는 파형의 종류는 악기마다 차이가 있지만, 사인파(Sine), 구형파(Square), 펄스파(Pulse), 삼각파(Triagle), 톱니파(Sawtooth), 노이즈(Noise)를 기본으로 하고 있습니다.

● 사인파(Sine)

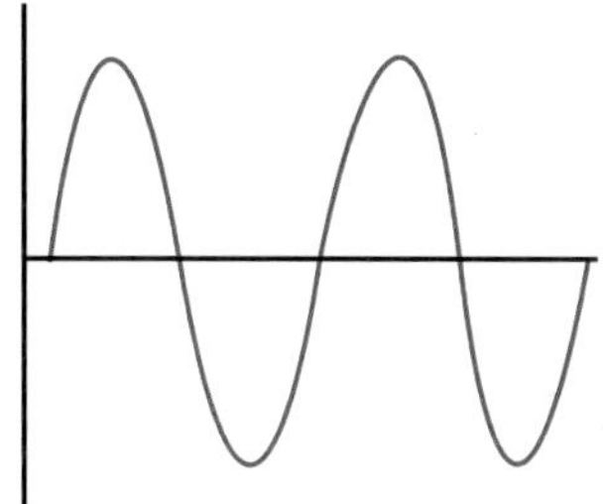

사인파는 아날로그 신디사이저의 가장 기본적인 파형입니다. 배음을 가지고 있지 않은 기본 주파수로만 구성되어 있기 때문에 단일 소스로는 잘 사용하지 않지만, 다른 파형과 혼합하여 밀도나 힘을 더하는 파형입니다.

● 구형파(Square)

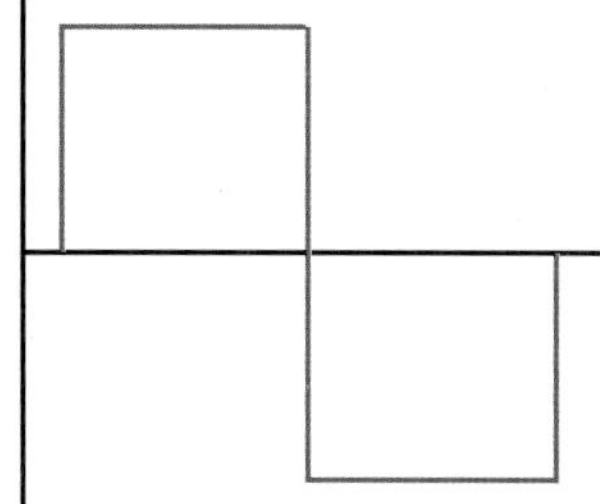

사각파라고도 하며, 하이(High) 또는 로우(Low)의 2가지 상태로만 존재하는 가장 단순한 파형입니다. 홀수 고주파를 생성하여 그윽하거나 공허한 소리를 만들기 때문에 목관악기 느낌으로 현악기나 패드의 폭을 더하거나 깊고 넓은 베이스 사운드 또는 주 멜로디를 만드는데 적합합니다.

● 펄스파(Pulse)

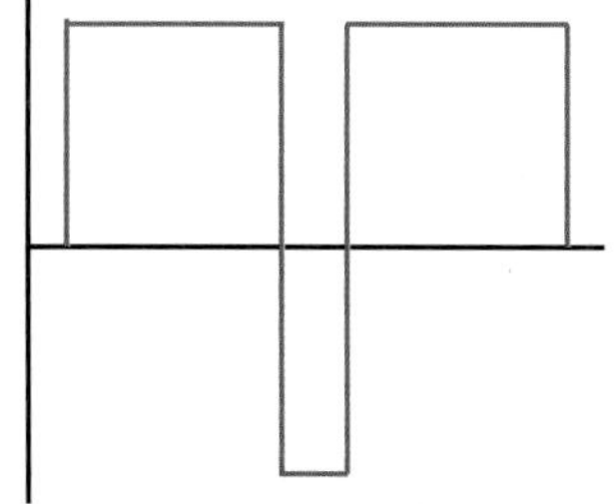

구형파와 비슷하지만, 하이 및 로우 상태의 폭을 조정하여 사운드의 배음 성분을 다양하게 만들 수 있다는 차이가 있습니다. 구형파가 만드는 넓고 공허한 사운드와 함께 얇은 리드 관악기 같은 음색을 냅니다. 일반적으로 펄스파의 폭에 주기적 변조를 활용하여 기간의 흐름에 따라 복합적으로 변조되는 사운드를 만듭니다.

● 삼각파(Tringle)

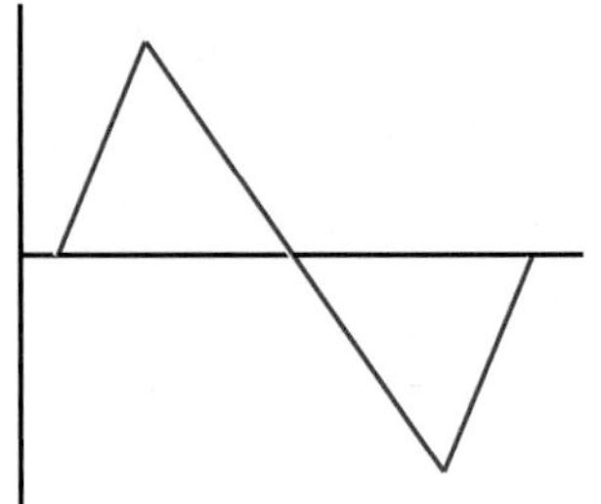

홀수 고주파로만 구성된다는 점에서 구형파와 비슷합니다. 그래서 부분적으로 공허한 음색을 만들어 내지만, 일반적으로 사인파, 구형파, 펄스파 등과 섞어서 밝고 화려한 느낌의 사운드를 만들 수 있습니다.

● 톱니파(Sawtoogh)

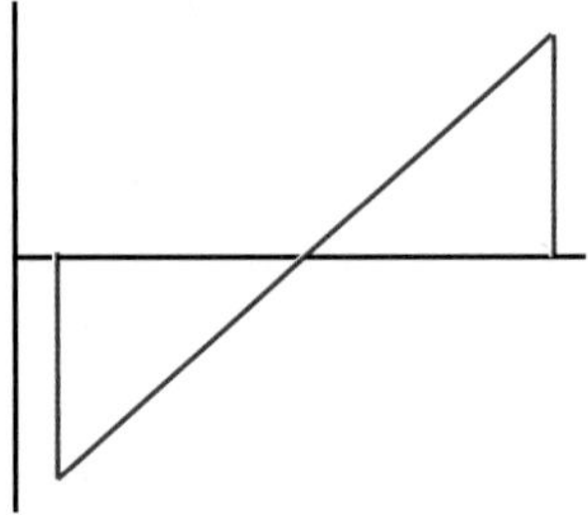

신디사이저에서 가장 많이 사용하는 파형입니다. 짝수와 홀수 고주파를 모두 지니고 있어서 가장 강력한 배음 성분을 지닌 음색을 내기 때문에 복잡하고 충만한 사운드가 요구되는 음색을 만드는데 활용됩니다.

● 노이즈(Noise)

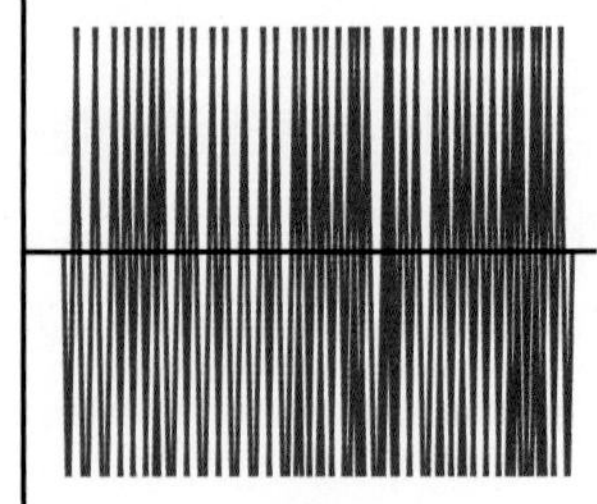

뜻 그대로 모든 주파수가 무작위로 뒤섞여 있는 잡음입니다. 화이트(White) 또는 핑크(Pink)로 나눠며, 화이트 노이즈는 전체 주파수 영역에 동일한 양의 에너지를 지니며, 핑크 노이즈는 주파수에 따라 에너지의 양이 다르기 때문에 더 무겁고 깊은 소리를 만듭니다.
노이즈는 타악기 사운드를 만드는데 가장 유용하며, 베이스와 리드 음색에 높은 주파수 에너지를 믹스하여 소리를 두드러지게 만드는데 활용됩니다.

● 추가파형

하드웨어 신디사이저는 몇 가지 기본 파형을 조합하여 새로운 파형과 음색을 만들지만, 소프트웨어 신디사이저는 컴퓨터 성능 향상으로 이미 조합되어 있는 수십 종류의 파형을 비롯하여 실제 음원 파형을 제공하는 경우도 많습니다. 샘플러가 거의 완벽한 음색을 구현할 정도로 발달되었다고 해도 사람이 연주하는 그루브를 표현할 수 없기 때문에 아직까지 어쿠스틱 악기는 리얼 레코딩을 선호하지만, 신디사이저는 오히려 소프트웨어 성능이 하드웨어를 넘어 선지 오래되었기 때문에 소프트웨어 신디사이저를 더 많이 사용하고 있고, 하드웨어는 점점 사라지는 추세입니다. 결국, 소프트웨어에서 제공하는 추가 파형을 살펴보는 것은 현실적으로 불가능하고, 제품마다 다르기 때문에 직접 사운드를 모니터하고 디자인하는 수밖에 없습니다. 하지만, 오실레이터에서 파형을 선택하여 조합하고, 디튜닝으로 배음을 추가한 다음에 필터로 전송되는 프로그래밍하는 과정은 모두 동일합니다.

필터

대부분의 신디사이저는 2개 이상의 오실레이터를 제공하며, 각 오실레이터에서 선택한 파형을 조합하여 사운드 소스를 생성합니다. 그리고 각 오실레이터마다 파형을 겹겹이 쌓을 수 있는 보이스와 각 파형의 피치를 옥타브, 반음, 센트 단위로 조정할 수 있는 디튜닝 파라미터를 제공하여 거의 무한대에 가까운 파형을 만들 수 있습니다. 이렇게 생성된 파형은 필터 단계를 거치면서 다듬어지게 됩니다.

필터는 공기 청정기나 정수기에 사용되는 필터와 같은 의미로 오실레이터에서 생성된 주파수에서 원치 않는 구간을 차단하는 역할을 합니다. 출력 사운드의 대략적인 원형이 만들어지는 단계이며, 타입은 고음역을 차단하는 로우 패스 필터(Lowpass Filter), 저음역을 차단하는 하이 패스 필터(Highpass Filter), 저음역과 고음역을 동시에 차단하는 밴드 패스 필터(Bandpass Filter), 특정 대역을 차단하는 밴드 리젝트 필터(Band reject Filter), 그리고 일정한 간격으로 차단하는 콤 필터(Comb Filter) 등이 있습니다.

● **로우 패스 필터(Lowpass Filter)**

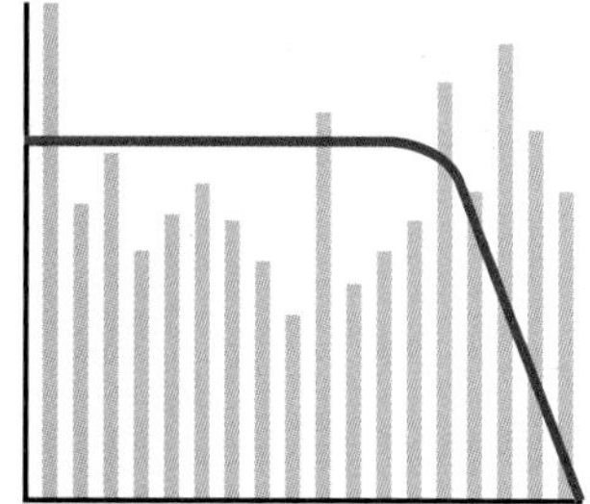

사용자가 지정하는 지점(Cutoff)을 넘어서는 고주파수 대역을 차단하는 역할을 합니다. 2개 이상의 오실레이터 파형을 합성하고 디튜닝 하면 필요 이상의 고주파가 발생하기 때문에 어느 정도 필요 없는 고주파수 대역을 차단해야 편안하고 듣기 좋은 음색을 만들 수 있습니다. 그리고 모듈레이터를 통해 실시간으로 변조되는 흥미로운 음색을 만들 수 있습니다.

리얼 악기는 신디사이저의 오실레이터 파형과 같이 일률적으로 지속되는 경우가 없습니다. 초기에는 아주 선명하지만 서서히 희미해지면서 사라지는 것이 일반적입니다. 신디사이저에서 이러한 움직임을 표현하기 가장 쉬운 방법이 필터를 열었다가 점차 주파수를 낮춰 잦아드는 효과를 만드는 것입니다. 이때 고주파는 완전히 제거되는 것이 아니라 특정한 경사(Slope)에 따라 약화되며, -12dB, -24dB 등으로 선택할 수 있습니다. -12dB은 옥타브당 -12dB을 감소시킨다는 것이고, -24dB은 옥타브당 -24dB을 감소시킨다는 것입니다. 결국, -12dB 보다 -24dB이 차단율이 높지만, 인위적인 느낌을 만들 수 있기 때문에 어떤 기울기로 필터를 걸어야 할 것인지는 직접 사운드를 모니터해보면서 결정해야 합니다.

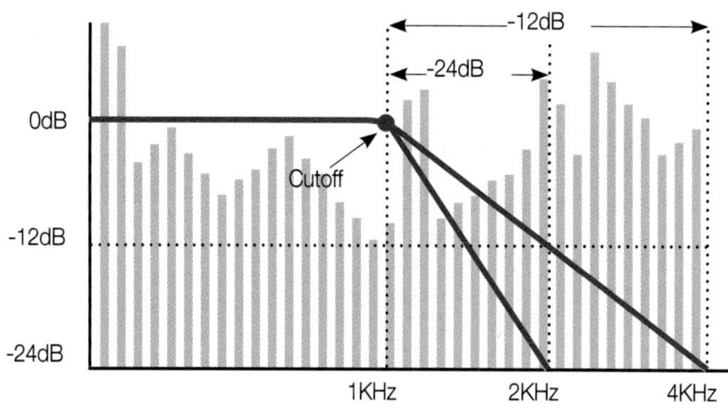

그림은 로우 패스 필터의 Cutoff를 1KHz로 설정했을 때 Slope가 -24dB인 경우와 -12dB인 경우를 비교한 것입니다. -24dB은 옥타브 위 2KHz에서 -24dB이 감소하고, -12dB은 옥타브 위 2KHz에서 -12dB 감소되고 있습니다.

● 하이 패스 필터(Highpass Filter)

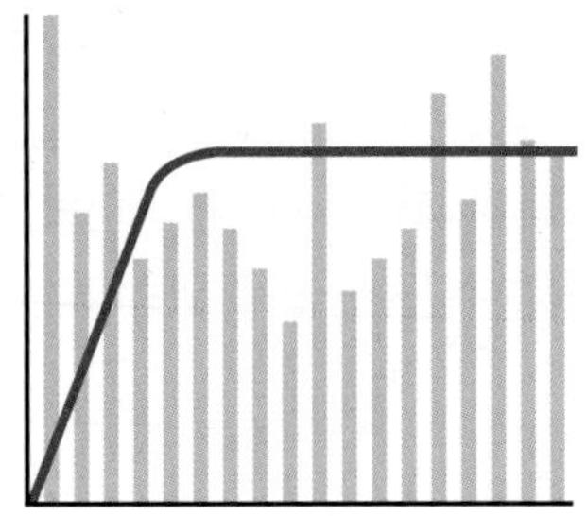

로우 패스 필터와 반대로 사용자 설정 지점 이하의 저주파를 차단합니다. 기본 주파수가 제거되기 때문에 단독으로 사용되기 보다는 다른 사운드 위에 겹쳐서 고주파 성분을 강화하거나 밝은 음색을 만드는 데 주로 사용되며, 댄스 음악에서 빼놓을 수 없는 기법 중의 한가지입니다.

● 밴드 패스 필터(Bandpass Filter)

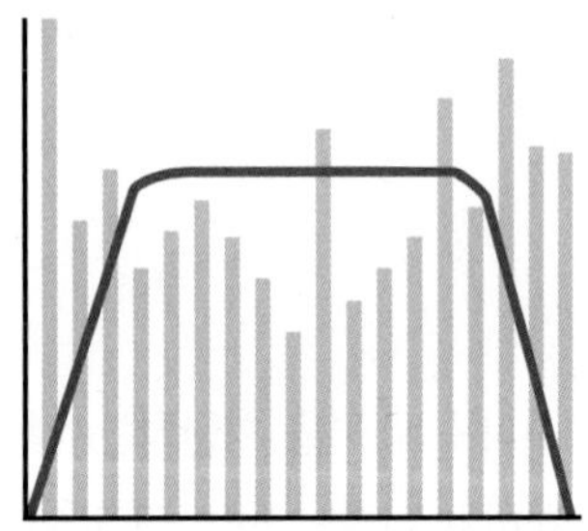

하이 패스 필터와 로우 패스 필터를 동시에 건 것처럼 고음역과 저음역을 차단합니다. 하이 패스와 마찬가지로 배음으로 구성되는 음색을 만드는데 사용되기도 하며, 기본 주파수를 제거하여 음색을 뒷받침하거나 얇은 소리를 만드는데 유용한 필터입니다.

● 밴드 리젝트 필터(Band-reject Filter)

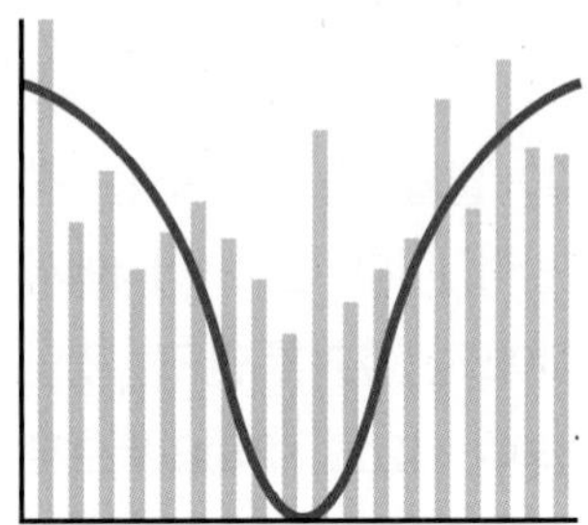

노치 필터(Notch Filter)라고 불리는 밴드 리젝트 필터는 사용자 지정 주파수 대역을 차단합니다. 밴드 패스 필터와 혼동하는 경우가 많은데, 역할은 반대입니다. 사운드를 얇게 만드는 한편 기본 주파수를 보존 시켜 식별 가능한 피치를 담으면서도 배음 성분이 많지 않은 음색을 만드는데 유용합니다.

● 콤 필터(Comb Filter)

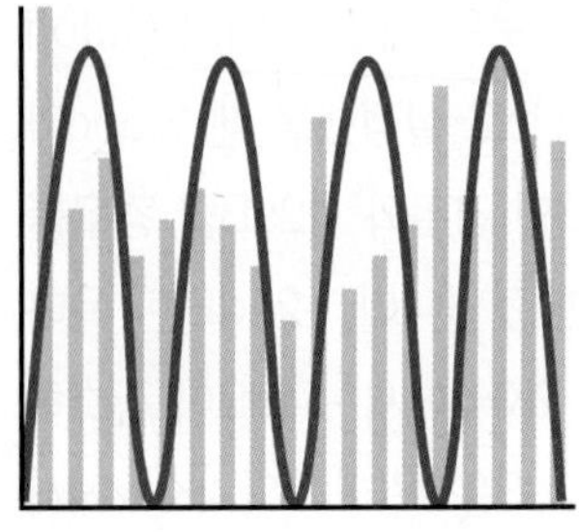

주파수를 배수 간격으로 제거하는 필터이며, 빗 모양을 닮았다고 해서 콤 필터라고 합니다. 이를 적용하면 입력되는 일부 샘플의 시간이 지연되어 특정 배음을 늘리거나 줄일 수 있습니다. 그래서 다른 방식으로 불가능한 복잡한 음색을 만드는데 유용합니다. 다만, 기본적인 사운드 보다는 극단적인 사운드를 디자인할 때 주로 사용합니다.

● 레조넌스(Resonance)

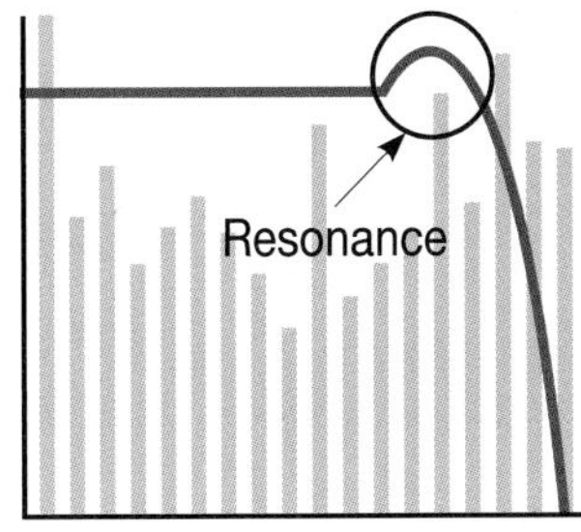

필터에서 사운드를 컨트롤할 수 있는 파라미터 중에 레조넌스(Resonance)라는 것이 있습니다. 이것은 설정 주파수(Cutoff) 주변의 공명 주파수를 컨트롤 하는 것으로 입력으로 되돌아가는 필터 출력의 양을 조정합니다. 컷 오프 주변의 주파수가 강조되는 결과를 만듭니다.

공명 주파수가 증가하면 자체적으로 피드백이 발생하여 컷 오프 주파수와 같은 자체 사인파를 만듭니다. 이를 로우 패스 필터에서 활용하면 피치가 높아지면서 줄어드는 저음을 보충하여 선명한 음색을 유지할 수 있습니다.

● 드라이브(Drive)

대부분의 신디사이저는 게인을 추가하여 파형을 왜곡시키고, 배음을 증가시킬 수 있는 드라이브 파라미터를 제공합니다. 값을 높이면 음색이 거칠어지는 디스토션 효과를 만들기도 하며, 적당한 값으로 음색을 두껍고 풍부하게 만들기도 합니다. 그림은 로직에서 제공하는 아날로그 신디사이저 중의 하나인 ES1이며, 가운데 필터 패널에 Drive 파라미터가 있다는 것을 확인할 수 있습니다.

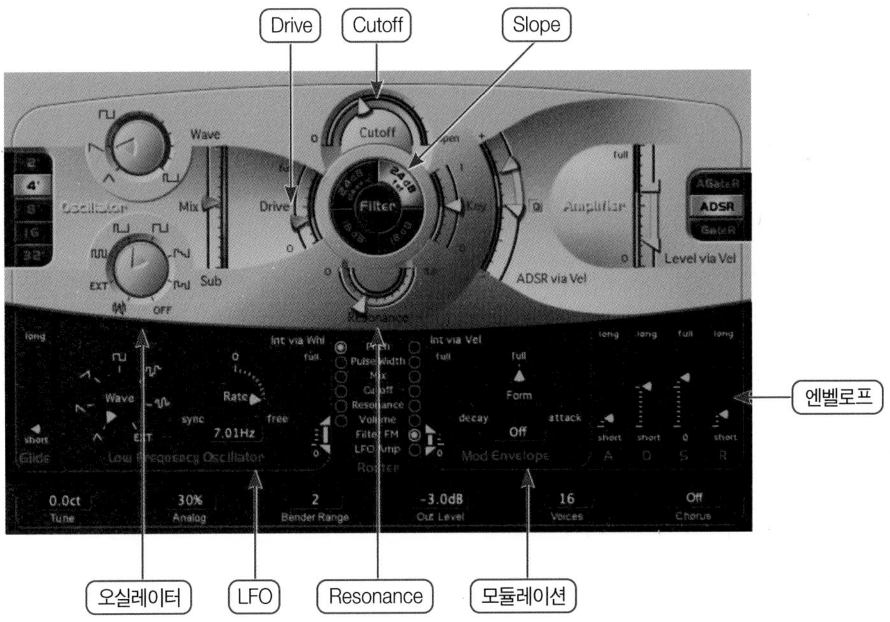

엔벨로프

어쿠스틱 악기를 연주하면 소리가 시작되었다가 점차 줄어들며 사라집니다. 하지만, 신디사이저의 파형은 소리의 시작과 끝이 일정하기 때문에 자연스럽지 않습니다. 그래서 모든 신디사이저는 이것을 리얼 악기처럼 표현할 수 있게 디자인할 수 있는 엔벨로프(Envelope) 파라미터를 제공합니다.

엔벨로프는 소리가 발생하고 사라질 때까지의 레벨 변화를 어택(Attack), 디케이(Decay), 서스테인(Sustain), 릴리즈(Release)의 4구간으로 나눈 것을 말하며, ADSR이라고 합니다.

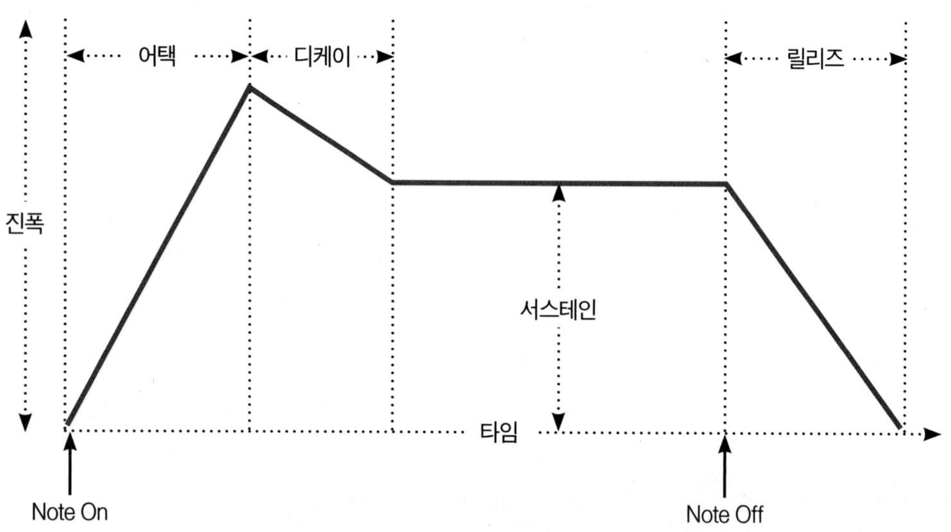

- **어택(Attack)**

건반을 누른 시점부터 사운드가 완전한 음량까지 이르는데 걸리는 시간을 결정합니다. 어택이 길면 사운드가 페이드 인 되는 것처럼 서서히 소리가 커지고, 짧게 설정하면 건반을 누르는 순간 사운드가 바로 시작되는 것입니다. 스트링이나 패드와 같이 백그라운드로 사용되는 악기들의 경우 어택을 느리게 하기도 하지만, 대부분 짧은 어택을 사용합니다.

- **디케이(Decay)**

모든 어쿠스틱 악기는 사운드가 시작된 직후 음량이 살짝 감쇠한 다음에 일정한 소리가 유지됩니다. 바로 일정한 소리가 유지되기 전에 살짝 감쇠하는 타임을 디케이라고 합니다.

- **서스테인(Sustain)**

건반을 누르고 있는 동안 일정 음량이 유지되는 타임을 말합니다. 단, 신디사이저의 서스테인 파라미터는 타임을 조정하는 것이 아니라 레벨을 조정한다는 것에 착오 없길 바랍니다. 즉, 실제 사운드의 음량을 결정하는 것입니다. 그래서 서스테인을 최대로 올리면 디케이 타임이 아무런 영향을 주지 못하고, 서스테인을 0으로 설정하면 건반을 누르고 있어도 사운드가 바로 사라지기 때문에 디케이 타임이 사운드 유지 타임을 결정하게 됩니다.

● **릴리즈(Release)**
건반에서 손을 뗀 후 사운드가 서스테인에서 소멸되기 까지의 타임을 결정합니다. 릴리즈 타임을 0으로 설정하면 건반에서 손을 때는 순간 바로 멈추고, 길게 설정하면 손을 떼도 사운드가 길게 유지되는 것입니다.

대부분 ADSR 엔벨로프를 사용하지만, 제품에 따라 어택과 릴리즈만 컨트롤할 수 있는 AR 엔벨로프만 갖추고 있거나 서스테인 타임을 조정할 수 있는 ADSTR 엔벨로프를 제공하는 악기들도 있습니다. 그리고 악기 마다 엔벨로프 곡선이 다르며, 곡선 형태를 컨트롤할 수 있는 제품들도 있기 때문에 실제 악기에서 제공하는 엔벨로프 파라미터를 컨트롤해보면서 사운드의 변화를 모니터해보는 시간을 꼭 가져야 할 것입니다.

모듈레이션

대부분의 신디사이저는 사운드를 변조할 수 있는 매트릭스(Matrix)를 제공합니다. 변조 매트릭스는 어떤 것을 무엇으로 변조할 것인지를 선택하는 방식인데, 어떤 것에 해당하는 파라미터가 소스(Source)이고, 무엇에 해당하는 파라미터가 대상(Destination) 입니다. 소스는 벨로시티, 키 스케일링, 모듈레이션과 같은 외부 정보가 될 수 있고, 엔벨로프나 LFO와 같은 내부 정보가 될 수도 있습니다.

LFO는 저주파 발진기(low frequency oscillator)라고 해서 인간의 가청 주파수(20Hz-20KHz) 이하의 저주파를 생성하는 것인데, 쉽게 이해하면 LFO에서 선택한 파형의 모양대로 대상을 움직이도록 만드는 것입니다. 예를 들어 LFO에서 사인파를 선택하고, 대상으로 피치를 선택했다면 사운드의 피치가 사인파 모양대로 올라갔다가 내려가는 움직임을 반복하여 비브라토와 같은 효과를 만드는 것입니다.

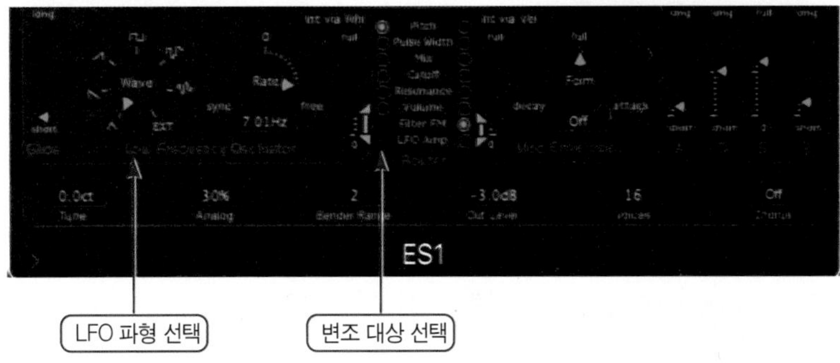

LFO에서 제공하는 파형은 악기마다 차이가 있지만, 대부분 사인파, 구형파, 삼각파, 톱니파 등의 기본 타입이며, 파형의 폭을 어느 정도로 할 것인지를 설정하는 Amount와 속도를 결정하는 Rate를 함께 제공합니다. 물론, 같은 소스와 대상을 선택했다고 해도 결과물은 악기마다 완전히 다릅니다. 입문자는 악기에서 프리셋 메뉴의 Initialize를 선택하여 악기를 초기화 시키고, 오실레이터, 엔벨로프, 필터, LFO 순서로 악기에서 제공하는 파라미터를 하나씩 움직여 보면서 특성을 파악하고, 각 파라미터가 음색에 어떤 영향을 주는지 연습하는 시간을 가져보기 바랍니다. 코드와 스케일만 공부하던 시대는 지났습니다. 사운드를 디자인하는 기술 역시 현대 음악을 하는 뮤지션이 반드시 공부해야 할 분야입니다.

Sculpture

Sculpture는 현악기의 물리적 속성을 기반으로 사운드를 생성하는 신디사이저입니다. 이는 컴포넌트 모델링을 통해 바이올린이나 첼로와 같은 악기를 완벽히 모사할 수 있습니다. 목재, 금속, 나일론 등 다양한 재질을 모방하여 다양한 톤과 텍스처를 생성할 수 있으며, 연주 방식과 환경도 자유롭게 설정할 수 있습니다. 또한 전통적인 신디사이저 톤도 잘 구현하여 다양한 사운드를 만들어냅니다. 최적화된 기능과 다양한 소리 조작 도구를 통해 영화 음악이나 과학적 테마의 사운드 디자인에 매우 유용합니다.

1 신호 흐름

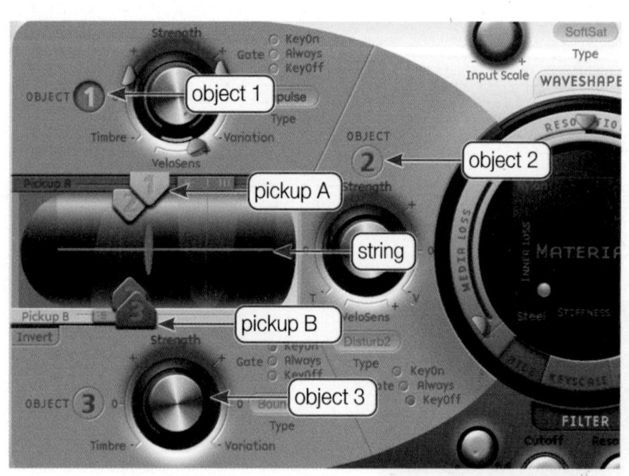

01 소리의 생성은 왼쪽 오브젝트 섹션에서 시작됩니다. 3개의 object가 녹색 라인의 string을 진동시키고, pickup이 그 진동을 감지합니다. pickup은 드래그로 자유롭게 위치를 조정할 수 있습니다.

02 생성된 소리는 엔벨로프 섹션으로 이동합니다. 이곳에서는 소리의 어택(A), 디케이(D), 서스테인(S), 릴리즈(R) 타임을 조정합니다.

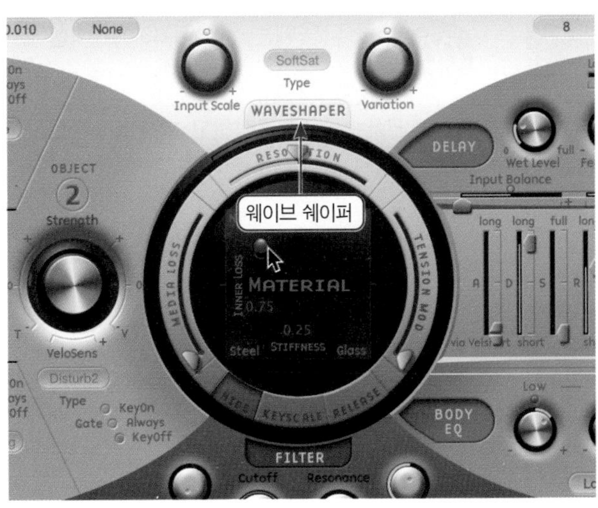

03 엔벨로프 신호는 웨이브 쉐이퍼(Waveshaper)를 통과합니다. 웨이브 쉐이퍼는 소리의 진폭을 왜곡하여 다양한 음악적 색깔을 만들어내며, 이는 실제 악기에서도 자연스럽게 발생하는 현상입니다.

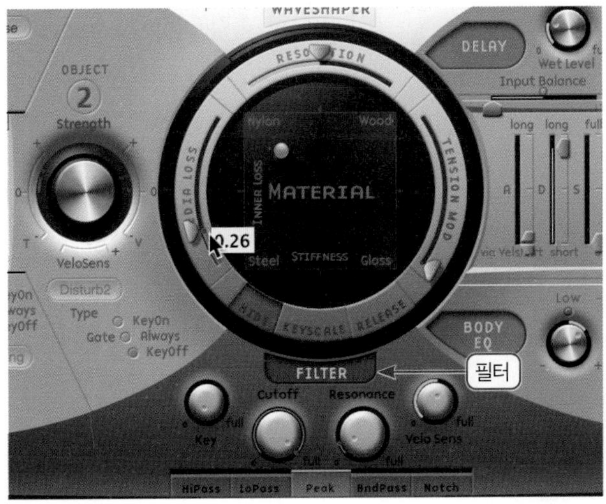

04 다음으로 소리는 필터(filter) 섹션으로 이동합니다. 이곳에서는 HiPass, Lopass, Peak, Bndpass, Notch 필터 등을 선택할 수 있으며, 주파수(Cutoff)와 공명(Resonance)도 조절할 수 있습니다.

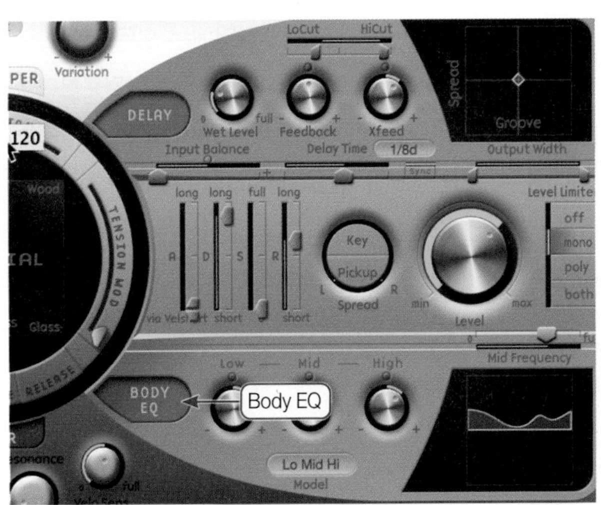

05 이후 소리는 Body EQ로 넘어갑니다. Body EQ는 악기의 공명을 조정하는 역할을 하며, 이를 통해 더블 베이스부터 플루트까지 다양한 공명음을 재현할 수 있습니다.

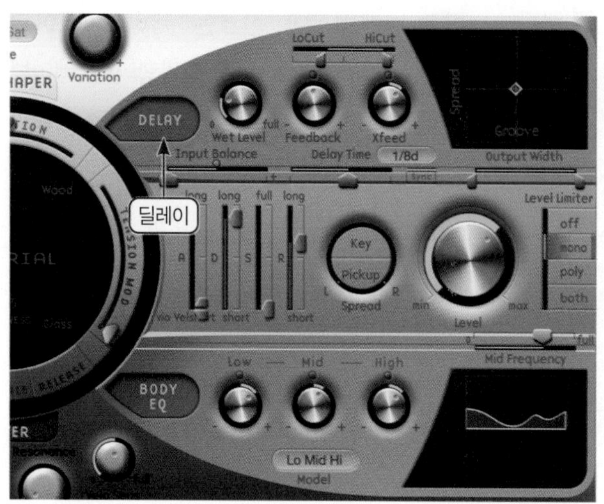

06 그 다음에는 딜레이(delay) 섹션에서 효과 레벨(wet)과 원본 신호의 비율(Input Balance)을 조절하고 피드백(feedback) 설정도 할 수 있습니다.

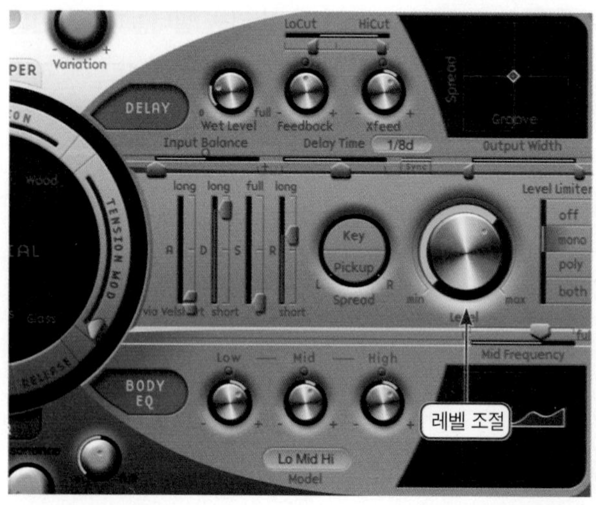

07 마지막으로 출력(Output) 섹션에 도달합니다. 이곳에서 최종 출력 레벨을 조절할 수 있으며, 리미터(Limiter) 기능이 있어 스컬프처의 갑작스러운 볼륨 변화로부터 귀와 스피커를 보호합니다.

08 인터페이스 상단에는 모든 악기 소리에 영향을 미치는 글로벌 컨트롤이 있습니다. 여기서 포르타멘토(glide time), 음정을 반음(tune), 랜덤(warmth), 옥타브(transpose)를 조절할 수 있으며, 동시 발음 수(Voices)와 키보드 연주 모드(Keyboard Mode)를 선택할 수 있습니다. 하단에는 MIDI 제어 및 내부 자동화 섹션이 위치해 있습니다.

2 오브젝트

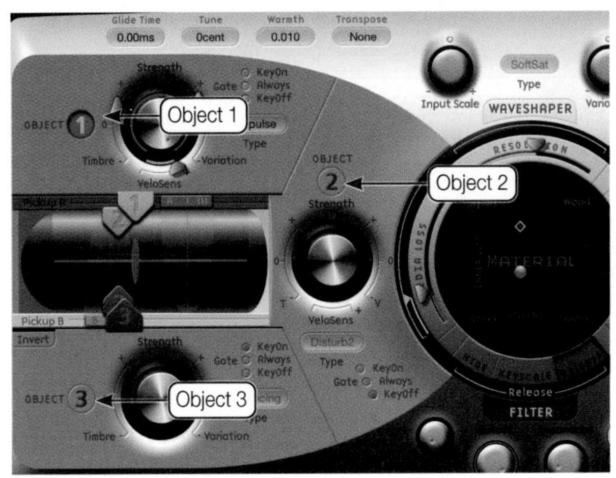

01 오브젝트 파라미터는 선택한 타입의 생성 방식을 결정하는 중요한 요소로, 총 세 가지 옵션을 제공합니다. 각 오브젝트의 활성화 여부는 해당 번호를 클릭하여 간단히 On/Off 할 수 있습니다.

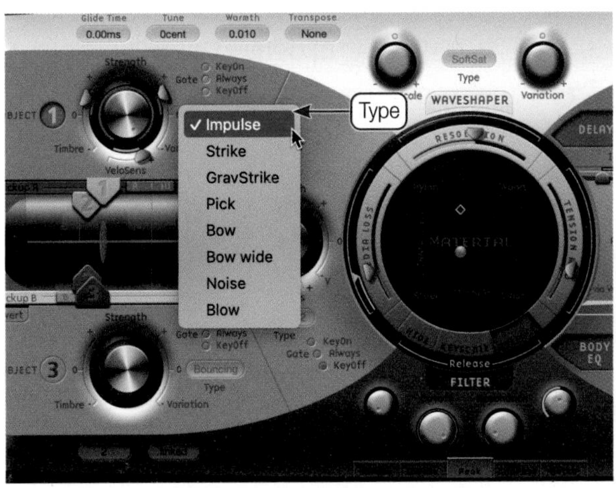

02 Type은 현을 연주하는 방법과 유형을 선택합니다. 예를 들어 기타를 손으로 연주하는 것과 피크로 연주하는 것의 뚜렷한 차이를 구현합니다. 각각의 연주 방식이 어떻게 소리를 다르게 만드는지를 이해하기 위해 하나씩 모니터링해 보시기 바랍니다.

TIP 오브젝트 1과 2는 방법, 2와 3은 유형을 제공합니다.

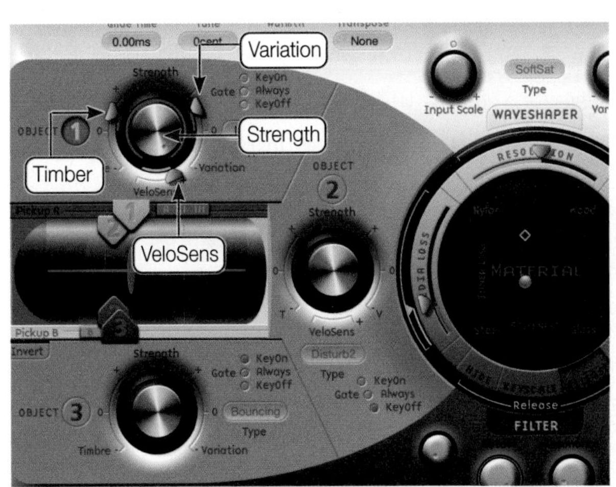

03 Strength 노브는 연주 강도를 조절하며, 주변에는 톤을 조정하는 Timber, 미세 음색을 조절하는 Variation, 감도를 설정하는 VeloSens 슬라이더가 배치되어 있습니다.

TIP Timber, Variation, VeloSens의 역할은 선택 타입에 따라 차이가 있으므로, 모니터를 하면서 디자인합니다.

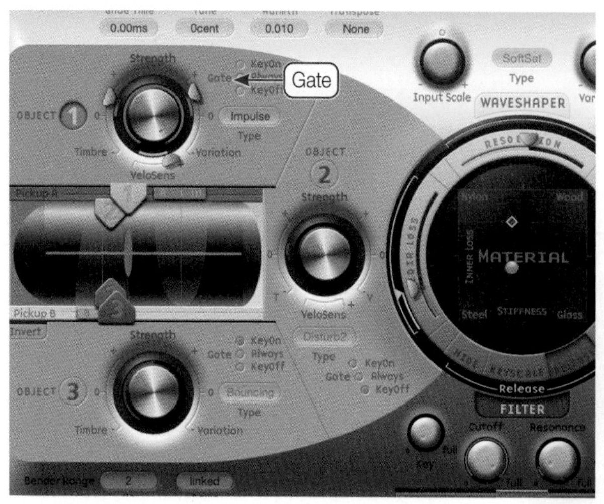

04 Gate는 현을 방해하거나 자극하는 시점을 결정하는 중요한 요소입니다. KeyOn은 건반을 누를 때, Always는 건반을 누르고 있는 동안, KeyOff는 건반을 놓을 때 활성화되어 현의 진동을 종료하는 방식입니다.

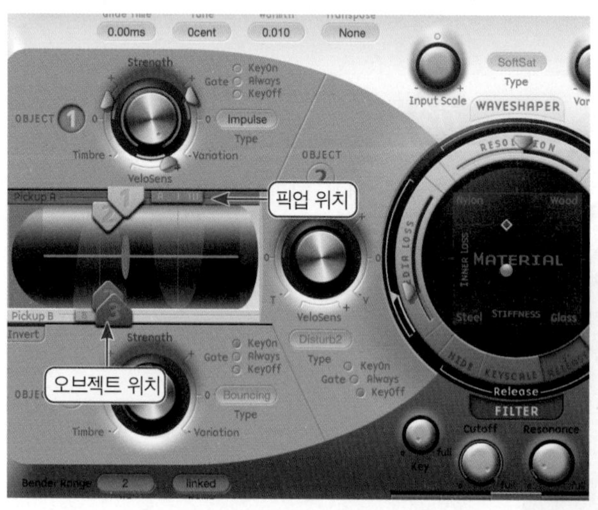

05 Pickup은 현의 진동을 증폭하는 기타 픽업을 구현하고 있는 것으로 위치를 변경하여 톤을 디자인할 수 있습니다. 픽업은 A와 B의 두 개이며, 각 오브젝트의 위치는 번호를 드래그하여 조정합니다.

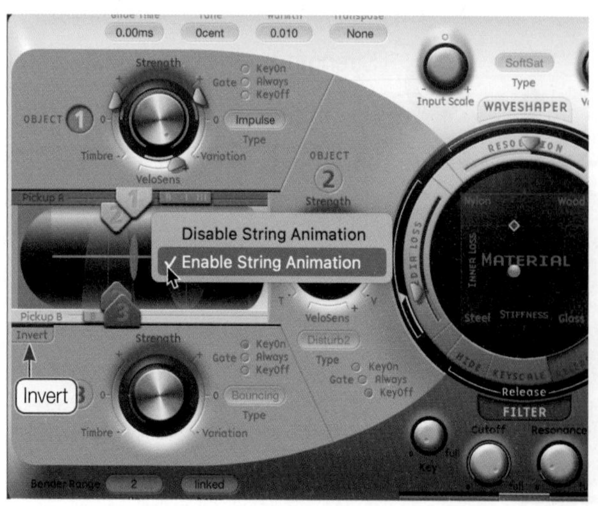

06 디스플레이에서 마우스 오른쪽 버튼을 클릭하면 현 애니메이션을 활성화하거나 비활성화할 수 있습니다. 시스템에 부담이 느껴질 경우 애니메이션을 비활성화하여 자원을 절약할 수 있습니다. Invert는 Pickup B의 위상을 반전시키는 역할을 합니다.

3 머티리얼 패드

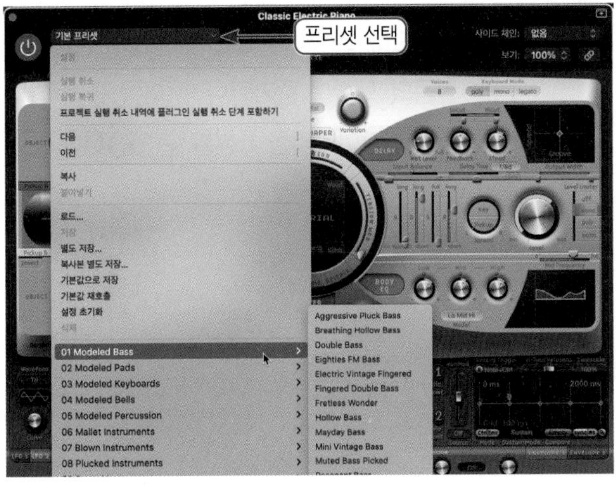

01 본서는 악기 패널에서 제공하는 파라미터의 역할을 이해하기 위해서 사운드를 디자인하는 과정으로 진행하고 있지만, 실제로는 프리셋을 선택하고, 음악 분위기에 어울리게 조정하는 정도로 사용하는 것이 현명하다는 것을 기억해두기 바랍니다. 모든 악기는 프리셋을 제공하고 있습니다.

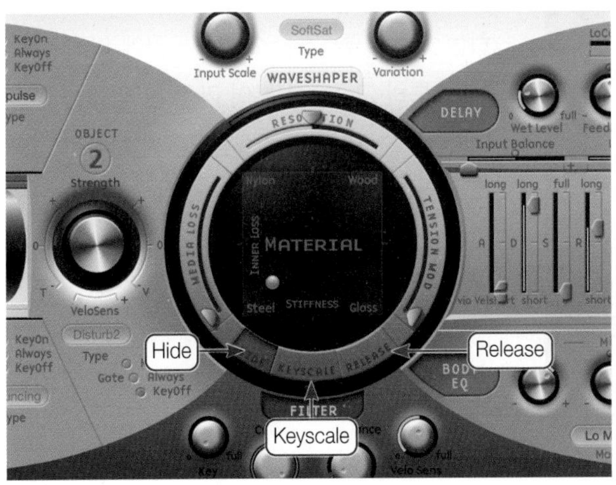

02 머티리얼(material) 패드는 현의 재료를 정의하고, 활로 켜고 뜯고 치는 등의 연주 동작을 설정합니다. Hide, Keyscale, Release의 세 가지 옵션 중에서 선택할 수 있으며, 각 옵션은 소리의 특성과 연주 스타일에 영향을 미칩니다.

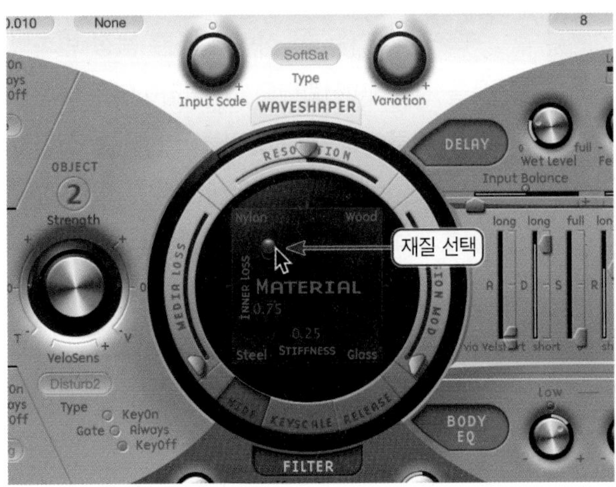

03 Hide는 복잡한 파라미터를 감추고, 패드를 단순화시킨 모습입니다. 포인트를 각 모서리의 Nylon, Wood, Steel, Gloss 쪽으로 이동시키고, 마스터 건반을 연주하면서 재질에 따른 사운드의 변화를 모니터합니다.

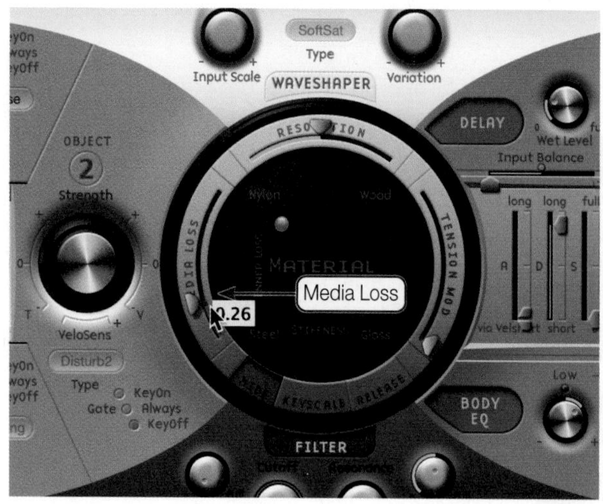

04 왼쪽 가장자리에 위치한 Media Loss 슬라이더는 현의 진동 폭을 조절하는 기능을 합니다. 패드 주변의 슬라이더는 C3 음을 기준으로 설정되어 있으며, 음정이 멀어질수록 진동의 확산이 증가합니다. 이를 통해 다양한 음색과 다이나믹을 표현할 수 있습니다.

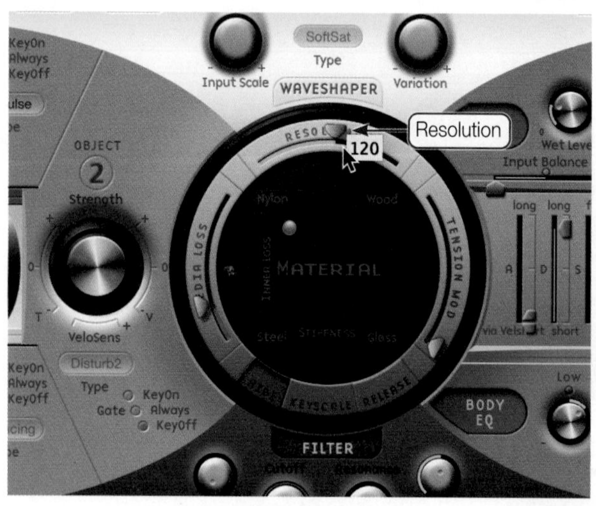

05 위쪽 Resolution 슬라이더는 하모닉스를 조정하여 소리의 공간감을 구현하는 역할을 합니다. 소리는 공간에 따라 달라지며, 특히 고주파 성분이 가장 큰 영향을 받습니다. 이 슬라이더를 조절함으로써 다양한 음향적 환경을 시뮬레이션할 수 있습니다.

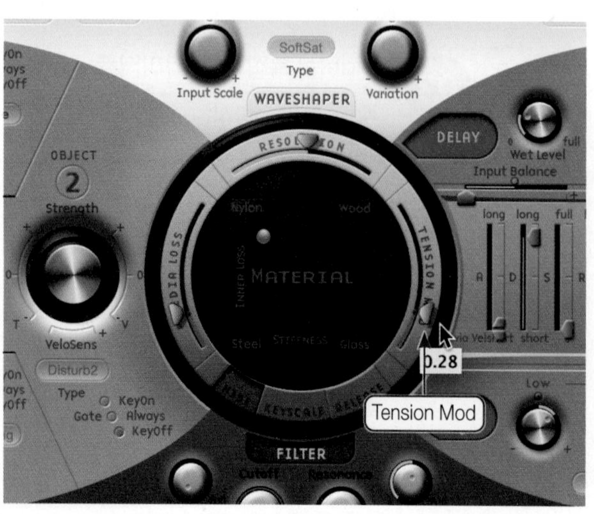

06 오른쪽에 위치한 Tension Mod 슬라이더는 현 장력에 따른 음정 변화의 폭을 시뮬레이션합니다. 이 슬라이더를 아래쪽으로 내릴수록 값이 줄어들어 단단한 장력을 표현하게 됩니다. 이를 통해 다양한 장력 상태를 효과적으로 재현할 수 있습니다.

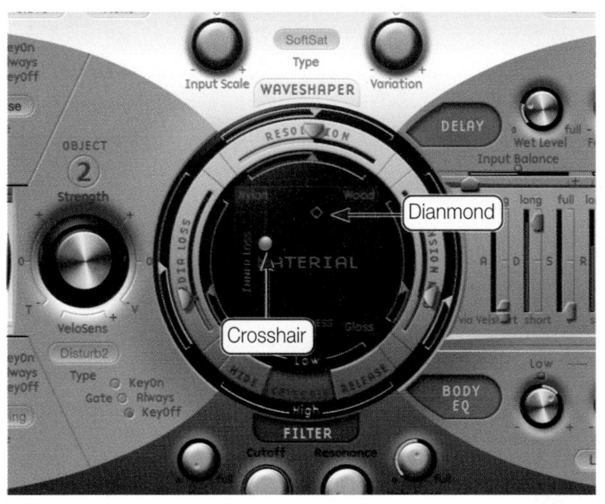

07 Keyscale 모드는 Inner Loss와 Stiffness의 교차 지점을 조정하는 녹색 다이아몬드 포인트와 스케일 및 릴리즈를 조정하는 파란색 십자형 포인트를 제공합니다. 이 두 가지 포인트를 통해 소리의 특성과 반응을 세밀하게 조정할 수 있어, 더욱 다양하고 복잡한 음색을 구현할 수 있습니다.

> **TIP** Dianone 및 Crosshair 포인트는 패드의 가로 및 세로 라인을 드래그하여 찾을 수 있습니다.

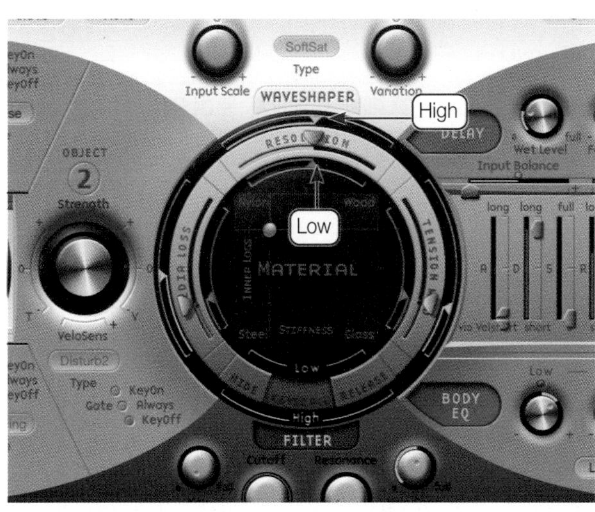

08 Media Loss, Resolution, Tension Mod 슬라이더 바깥쪽에는 고음역을 조정할 수 있는 High 슬라이더가 있으며, 안쪽에는 저음역을 조정하는 Low 슬라이더가 있습니다. 이 두 슬라이더를 사용하여 고음과 저음의 음색을 개별적으로 조절함으로써 더욱 풍부한 사운드를 만들어낼 수 있습니다.

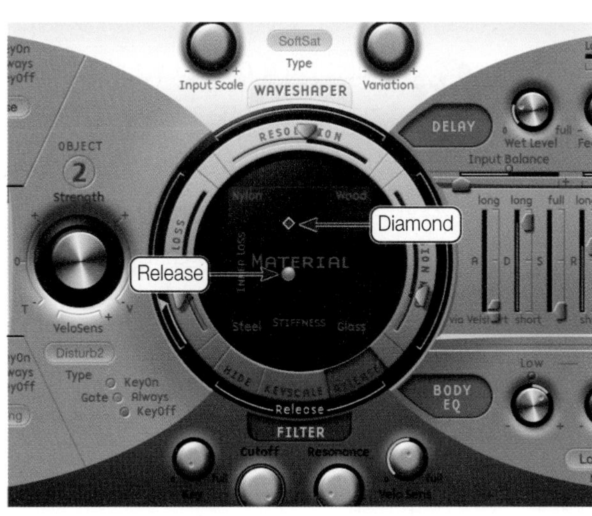

09 Release 모드는 Inner Loss 지점을 조정하는 다이아몬드 포인트와 릴리즈 타임을 조정하는 슬라이더를 제공합니다. 이 설정을 통해 소리의 감쇠 특성과 발음을 세밀하게 조절할 수 있어 원하는 음색을 더욱 정교하게 구현할 수 있습니다.

4 필터

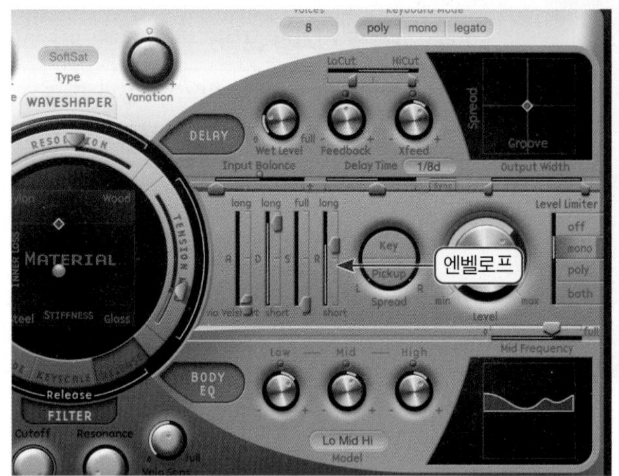

01 material 패드에서 탄생한 오브젝트는 픽업을 통해 수집되고 정제되고, 엔벨로프, 웨이브 쉐이퍼, 필터의 각 단계를 거치면서 점차 형태를 갖춰갑니다. 엔벨로프는 어택, 디케이, 서스테인, 릴리즈 타임을 결정짓습니다.

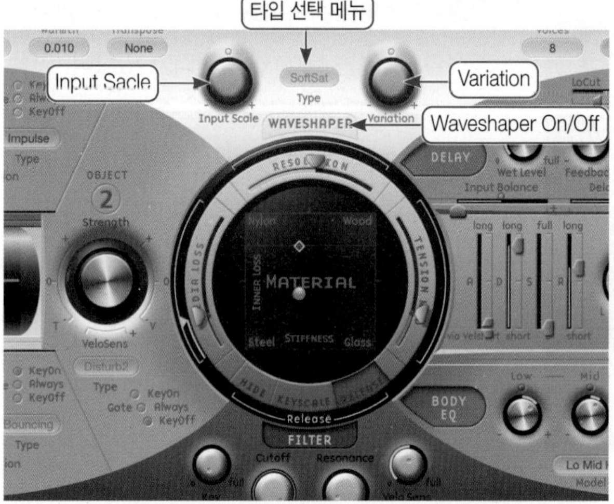

02 엔벨로프에서 들어오는 신호를 제어하는 Waveshaper는 소리의 변화를 창조하는 핵심 도구입니다. 버튼 클릭으로 활성화하고, Type을 선택해 소리에 개성을 더합니다. Input Scale은 입력 신호의 강도를 조절하며, Variation에서 최종 출력 값을 조정합니다.

> TIP Variation은 Type이 VarDrive일 경우에는 속도를 조정하고, 나머지는 곡선의 각도를 조정합니다.

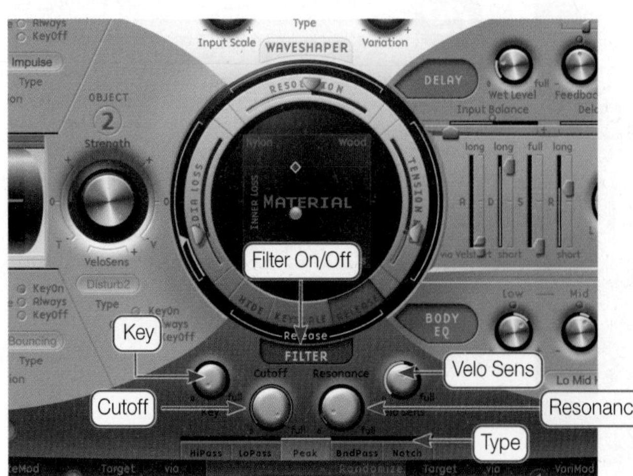

03 Filter의 사용 여부도 On/Off 버튼으로 결정하며, 타입은 Hipass, LoPass, Peak, BandPass, Notch의 5가지를 제공합니다. 주파수를 조정하는 Resonance와 값을 조정하는 Cutoff 외에 필터의 적용 범위를 조정하는 Key, 벨로시티 감도에 따른 변화를 조정하는 Velo Sens 노브가 있습니다.

5 아웃 파라미터

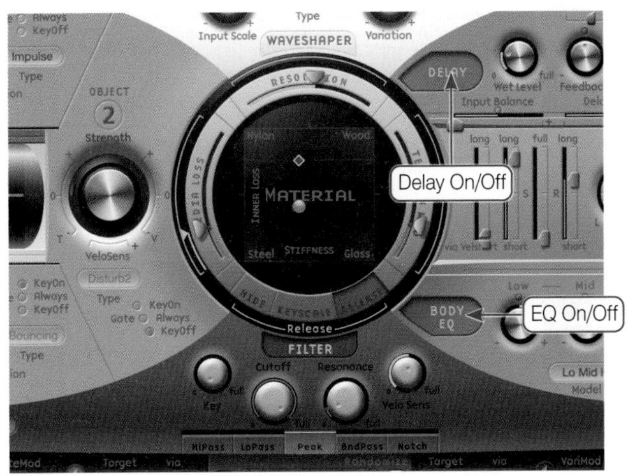

01 필터를 거친 사운드는 Delay와 EQ를 거쳐 메인 아웃으로 출력됩니다. 이 두 효과의 사용 여부는 각각의 On/Off 버튼으로 설정할 수 있습니다. Delay는 소리에 깊이와 공간감을 더하고, EQ는 주파수 밸런스를 조정하여 최종 사운드를 더욱 풍부하게 만듭니다.

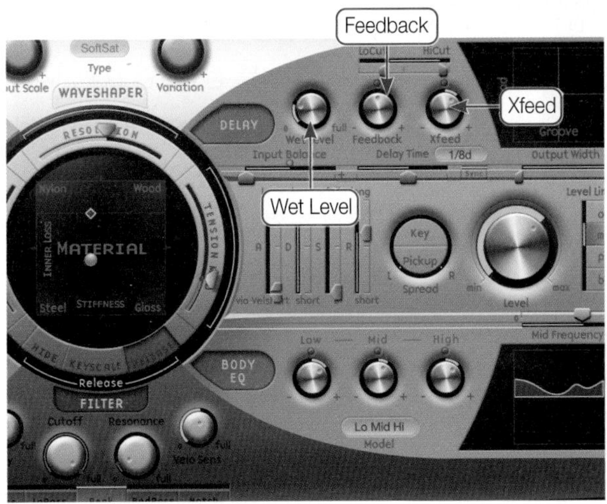

02 딜레이는 세 가지 노브로 구성되어 있습니다. Wet Level은 효과가 적용된 사운드의 양을 조정합니다. Feedback은 반복되는 사운드의 양을 조절하여, 에코 효과의 깊이를 결정합니다. Xfeed는 반복되는 사운드의 크로스 페이드 값을 조정해 각 반복이 부드럽게 이어지도록 돕습니다.

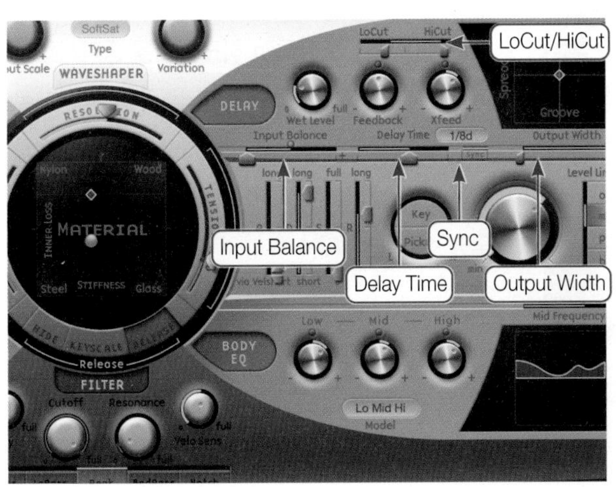

03 LoCut/Hicut은 딜레이가 적용되는 주파수 범위를 조정합니다. Input Balance로 입력 밸런스를 조절하고, Delay Time으로 딜레이 타임을 설정하며, Output Width 슬라이더로 출력 폭을 조정할 수 있습니다. Delay Time은 Sync 버튼을 On으로 하여 프로젝트 템포와 맞출 수 있습니다.

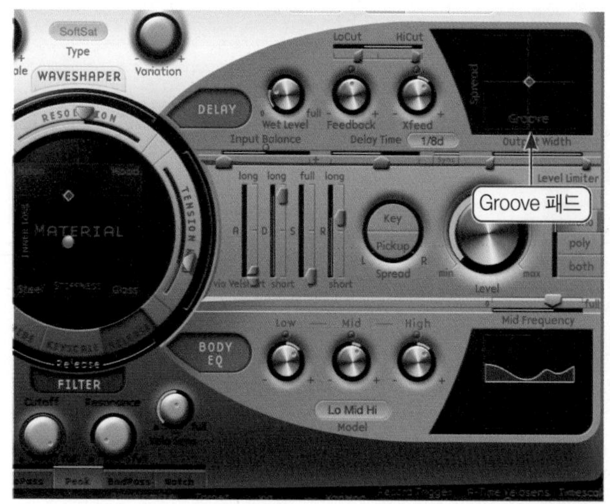

04 딜레이에 관해서는 이펙트 학습 편에서 자세히 살펴보겠지만, Sculpture에서는 피드백 간격과 밸런스를 조정할 수 있는 Groove 패드를 제공합니다. 이 덕분에 더 현장감 있는 사운드를 연출할 수 있는 특징이 있습니다. 꼭 모니터를 해보시기를 권장합니다.

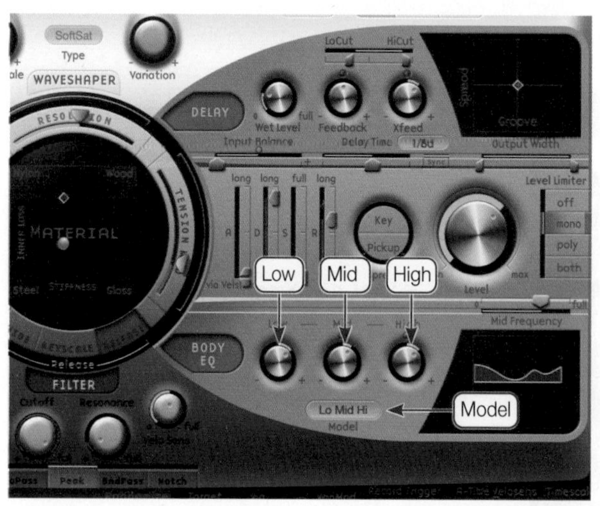

05 Sculpture의 EQ는 실제 악기의 EQ를 시뮬레이션한다는 점이 특징입니다. Medel 메뉴에서 악기를 선택하면 Low, Mid, High가 Intensity, Shift, Stretch 노브로 변환됩니다. 그래픽 인터페이스 덕분에 각 노브의 변화를 실시간으로 확인할 수 있어, 보다 직관적으로 조정할 수 있습니다.

06 Fine Structure 슬라이더는 주파수 간격을 조정하여 하모닉스를 증가시킵니다. 악기는 몸체의 크기에 따라 공진음이 다르게 나타나는데, 이 슬라이더를 통해 이러한 공진음을 조절하여 더욱 어쿠스틱한 사운드를 연출할 수 있습니다.

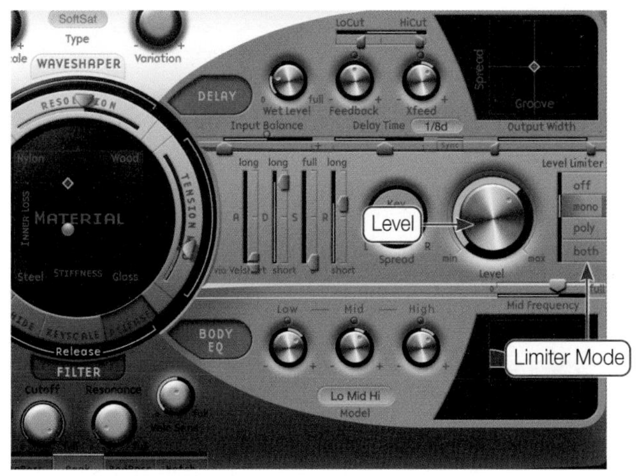

07 Level 노브는 Sculpture의 최종 출력 레벨을 조정하며, 리미터를 적용할 수 있습니다. 리미터는 전체 주파수를 처리하는 Mono, 독립적으로 처리하는 Poly, 두 가지 유형을 결합한 Both의 세 가지 모드를 제공합니다. 리미터를 사용하지 않으려면 Off를 선택하면 됩니다.

6 컨트롤 패널

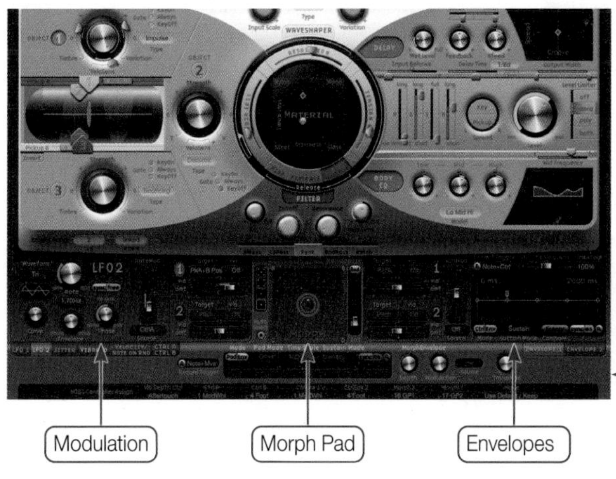

01 아래쪽에는 상단에서 생성한 소리가 어떻게 표현되고, 변화하는지를 조절할 수 있는 컨트롤 패널이 있으며, Modulation Generators, Morph Pad, Control Envelopes 및 MIDI Controller Assignments 섹션으로 구성되어 있습니다.

02 저주파를 생성하여 사운드를 변조하는 LFO 1과 2는 Wavefrom, Curve, Rate, Rate Mod, Source, Envelope, Via Sources 등으로 구성되어 있으며, 각각의 역할은 다음과 같습니다.

- Waveform : LFO 파형을 선택할 수 있는 메뉴입니다.
- Curve : Waveform에서 선택한 파형의 커브를 조정합니다.
- Rate : 속도를 조정합니다. 오른쪽의 sync 버튼을 클릭하여 프로젝트 템포와 일치시키거나 Free 버튼을 클릭하여 자유롭게 조정할 수 있습니다.
- Envelope : 파형의 사이클이 진행되는 시간을 조정합니다.
- Phase : LFO 파형의 위상을 변조합니다.
- Source : LFO를 컨트롤 할 소스를 선택합니다. RateMod 슬라이더를 이용해서 범위를 조정합니다.
- Via Amt : LFO로 제어할 파라미터를 연결합니다. 동시에 2개를 사용할 수 있으며, 번호를 클릭하여 On/Off 합니다. Target에서 파라미터를 선택하고, Via에서 소스를 선택합니다. 그리고 각각의 슬라이더를 이용하여 범위를 조정합니다.

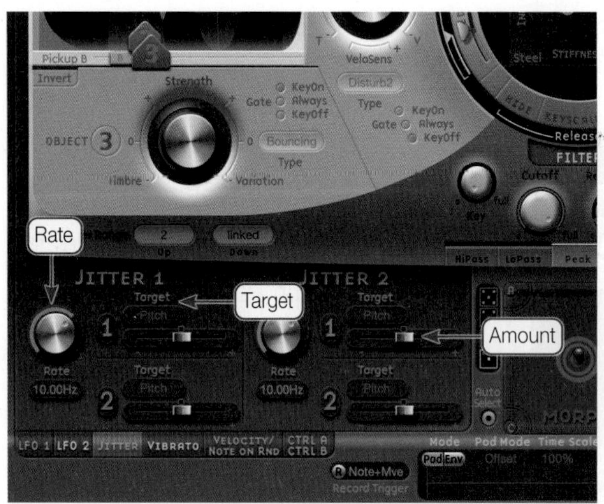

03 파형이 벗어날 때 발생하는 지터 잡음을 추가할 수 있습니다. 파라미터를 선택하는 Tartget 메뉴와 범위를 조정하는 슬라이더, 그리고 속도를 조정하는 Rate 노브로 구성되어 있습니다. 아날로그 효과를 증가시키는 역할을 합니다.

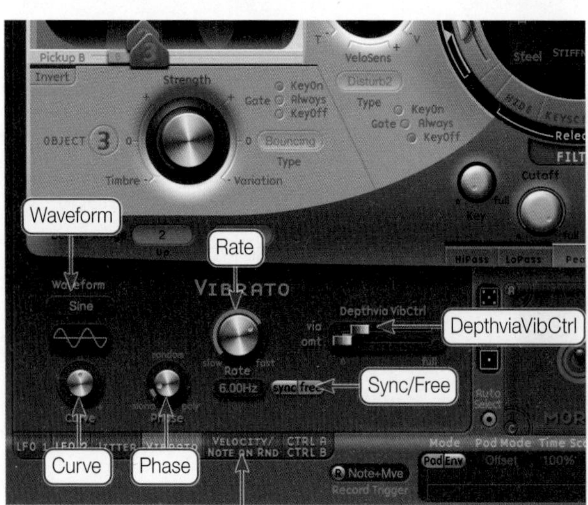

04 피치 변화를 이용한 비브라토를 만듭니다. Waveform에서 파형을 선택하고, Curve로 라인을 조정하고, Rate로 속도를 조정합니다. DepthviaVibCtrl은 비브라토의 폭과 컨트롤러의 범위를 조정하며, Vib depth Ctrl에서 컨트롤러를 연결합니다.

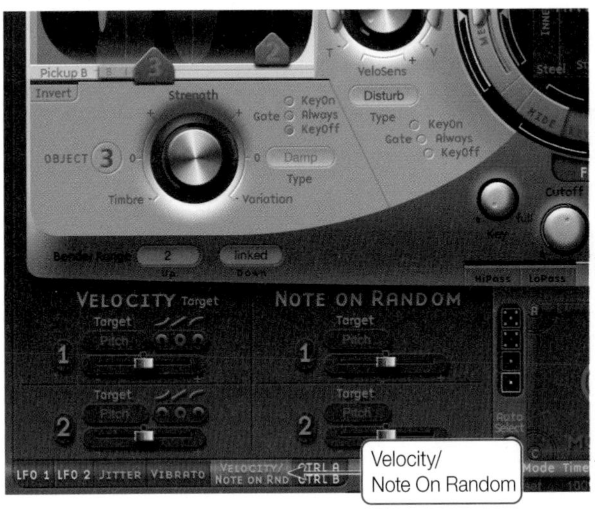

05 벨로시티 및 노트 온으로 파라미터를 변조합니다. 각각의 파라미터를 선택할 Target 메뉴와 범위를 조정할 수 있는 슬라이더를 제공합니다.

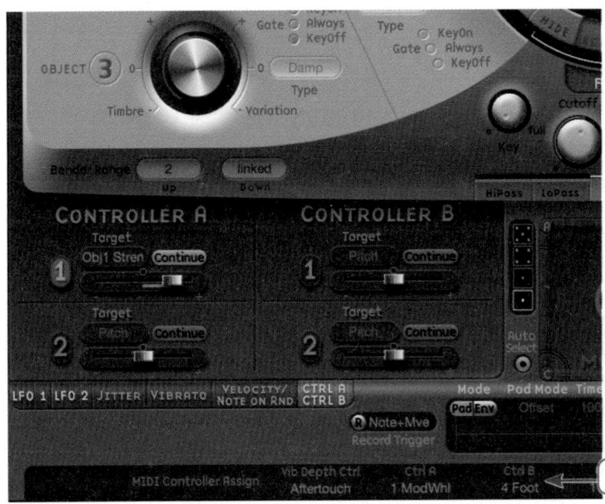

06 컨트롤러로 파라미터를 변조합니다. Target에서 파라미터를 선택하고, 슬라이더로 값을 조정합니다. Continue 버튼은 변조를 지속할 것인지, 노트 온 상태에서만 변조되게 할 것인지를 결정합니다. 그리고 컨트롤할 소스는 아래쪽의 Ctrl A와 B에서 선택합니다.

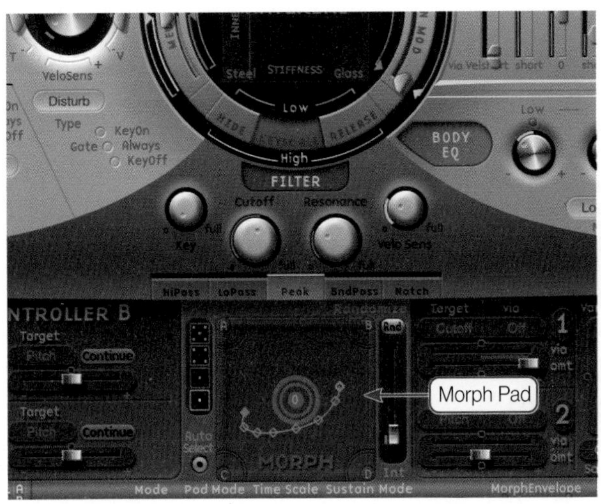

07 Morph 패드는 시간적 흐름에 따라 사운드가 변하는 효과를 연출할 수 있는 특별한 기능입니다. 상단에 패드, 하단에 엔벨로프 타입으로 제공되고 있으며, Pad 및 Env 버튼으로 각 디스플레이의 사용 여부를 결정합니다.

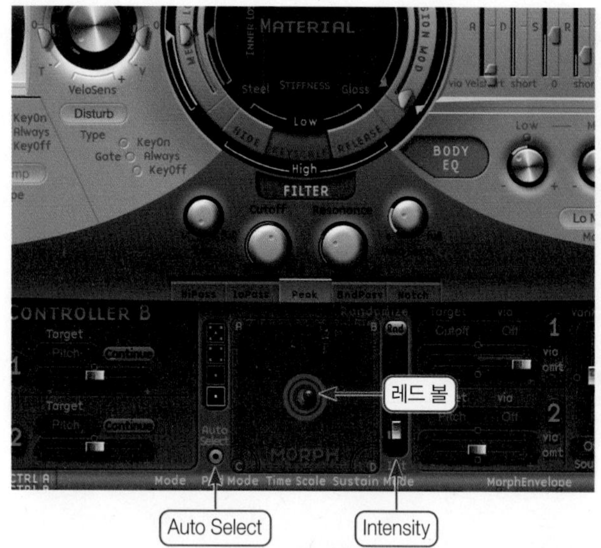

08 Morph 패드는 중앙과 코너의 A, B, C, D까지 5개의 포인트가 있으며, Auto Select 버튼을 On으로하면, 레드 볼을 움직였을 때, 자동으로 해당 포인트가 선택되게 할 수 있습니다. Auto Select를 On으로 놓고, Intensity 슬라이더 값을 20%로 설정해 봅니다.

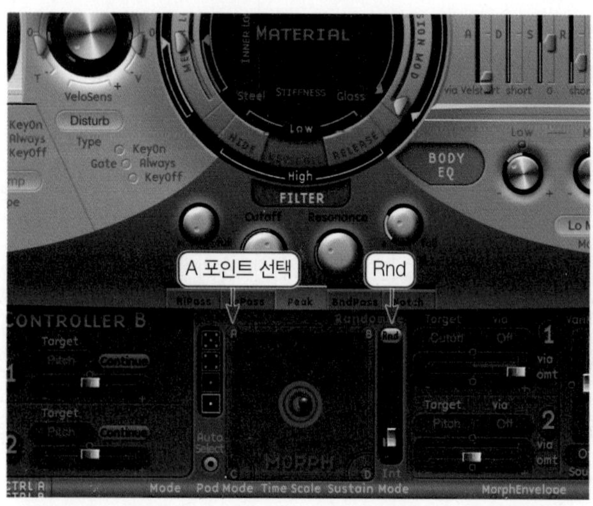

09 레드 볼을 조정할 포인트로 드래그하여 선택합니다. 그리고 Rnd 버튼을 클릭하여 파라미터가 자유롭게 변경되게 합니다. 이때의 범위가 20% 내외가 되는 것입니다.

10 엔벨로프의 움직임을 기록하겠다면, Record 버튼을 On으로 합니다. 기본 값은 노트와 움직임으로 작동하는 Note+Move Morph Point 입니다. 건반을 누르고, 레드 볼을 움직입니다. 정지할 때 누르고 있던 건반을 Off 합니다.

11 엔벨로프에 기록된 포인트는 편집이 가능하며, Pad Mode에서 편집 모드를 선택합니다. Offset은 선택한 포인트를 시작점으로 편집할 수 있고, Point Set은 컨트롤러와 함께 편집하며, Point Solo는 포인트만 편집합니다.

TIP Pad Mode는 Env와 Pad 버튼이 On으로 되어 있는 경우에만 선택할 수 있습니다.

12 서스테인 구간은 마우스 드래그로 위치를 변경할 수 있습니다. 루프 방법은 Loop Mode 메뉴에서 선택합니다. 루프의 진행 방향은 화살표로 표시되어 쉽게 구분할 수 있습니다.

13 모듈레이션의 폭은 Depth 노브를 이용해서 조정하고, 컨트롤러는 Source 메뉴에서 선택합니다. 범위는 Modulation 노브를 이용해서 조정하며, Transition 노브를 이용해서 각 포인트 사이의 곡선을 조정합니다.

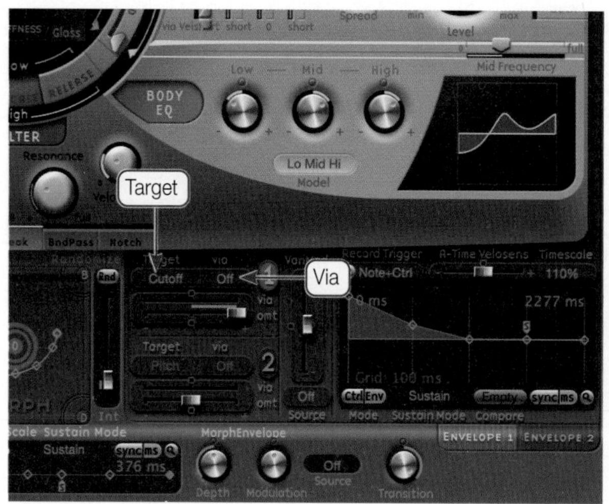

14 엔벨로프를 컨트롤 할 파라미터는 Target에서 선택하고, Via에서 소스를 선택합니다. 그리고 Via 및 Amt 슬라이더를 이용하여 범위를 설정합니다.

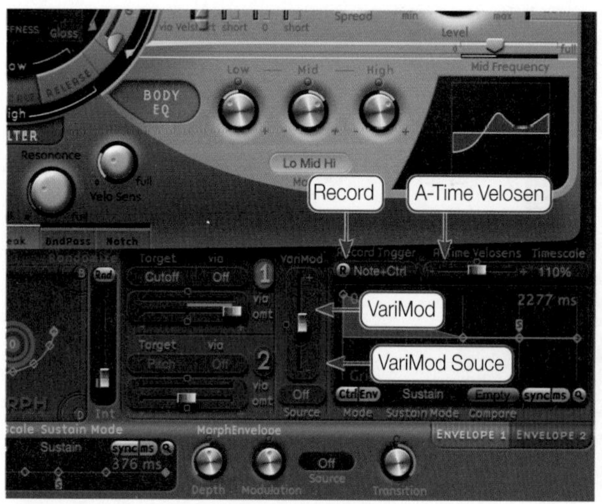

15 컨트롤러의 움직임을 기록할 때는 Record 버튼을 On으로 놓고, VariMod Souce에서 소스를 신택합니다. 그리고 범위는 VariMod 슬라이더, 감지 속도는 A-Time Velosen 슬라이더를 이용해서 설정합니다.

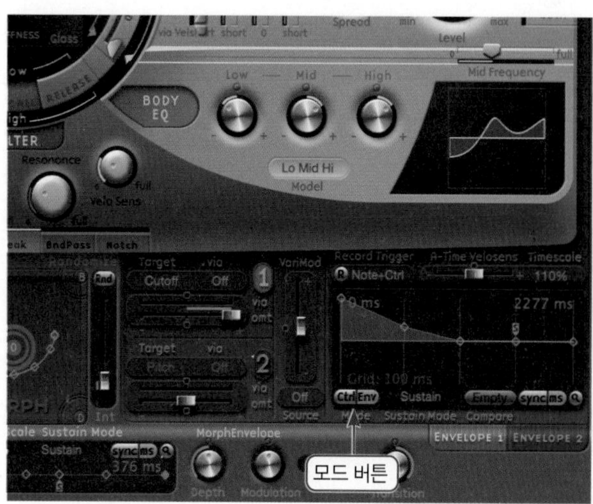

16 기록된 엔벨로프 라인은 포인트를 드래그하여 레벨과 타임을 편집할 수 있습니다. 이때 Ctrl과 Env 모드 버튼이 On으로 되어 있어야 합니다. Sculature의 모든 파라미터를 살펴보았습니다. 반드시 모니터를 해보면서 익혀두기 바랍니다.

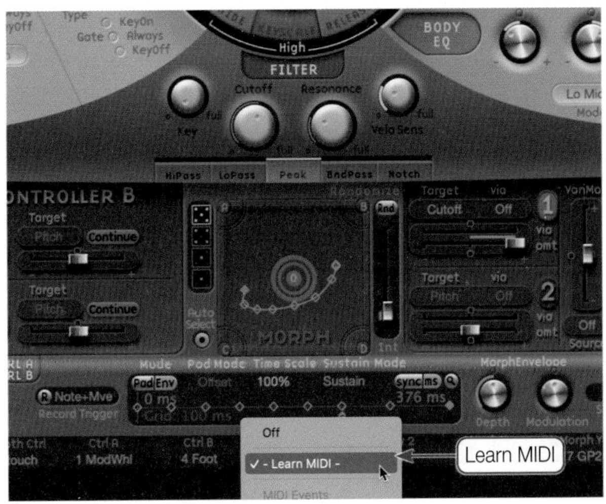

17 하단 스트립은 비브라토 깊이 또는 Morph 패드와 같은 움직임을 위해 MIDI 컨트롤러를 정의하는 데 사용됩니다. 방법은 Learn MID를 선택한 후 사용하고 있는 MIDI 건반의 컨트롤러를 움직이면 됩니다.

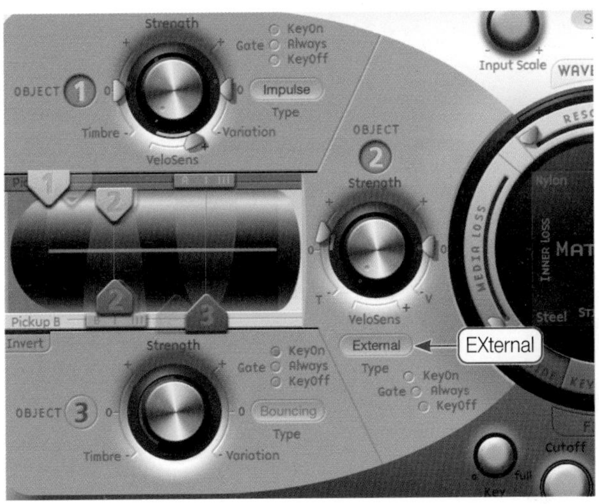

18 외부 트랙을 활용하여 스컬프처에서 사이드체인 엑사이터를 적용할 수 있습니다. 먼저, 오브젝트 2를 엑사이터로 설정합니다. 이 오브젝트는 다양한 엑사이터 기능을 지원하는 가장 유연한 선택지입니다.

19 사이드체인 메뉴에서 원하는 트랙을 선택하면, 오브젝트 2를 자극하여 독창적인 사운드를 창출합니다. 이 과정을 통해 각 요소 간의 상호작용을 극대화하며, 음악적 표현의 새로운 가능성을 열어줍니다.

ES2

ES2는 다양한 사운드 생성을 위한 신디사이저로, 클래식 아날로그 파형과 100개의 단일 사이클 파형을 제공합니다. 세 개의 오실레이터는 교차 모듈레이션, 동기화, 링 모듈레이션을 통해 다채로운 아날로그와 디지털 사운드를 생성할 수 있습니다. 최대 10개의 모듈레이션 라우팅을 지원하는 유연한 모듈레이션 라우터가 있고, 평면 패드와 Vector Envelope 기능으로 복잡한 사운드를 조작할 수 있습니다. 내장된 디스토션, 코러스, 페이저, 플랜저 이펙트는 사운드에 깊이와 텍스처를 더해 다양한 음색을 만듭니다.

1 오실레이터

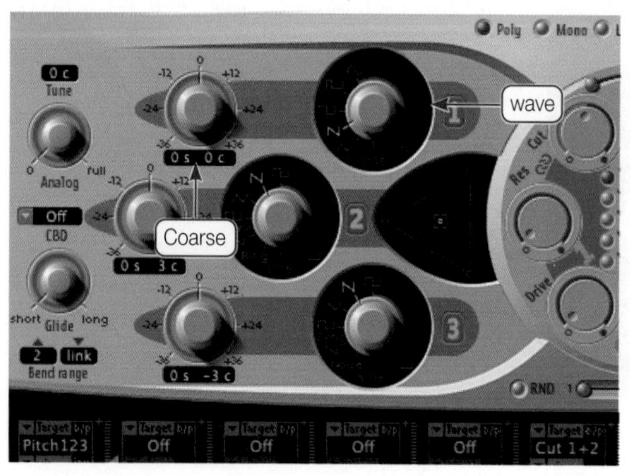

01 ES2는 세 개의 오실레이터를 갖추고 있으며, 각각은 음색을 다양하게 조정할 수 있는 두 가지 노브로 구성되어 있습니다. Wave 노브는 음색의 기초가 되는 파형을 선택하고, Coarse 노브는 선택한 파형의 피치를 조정하는 역할을 합니다.

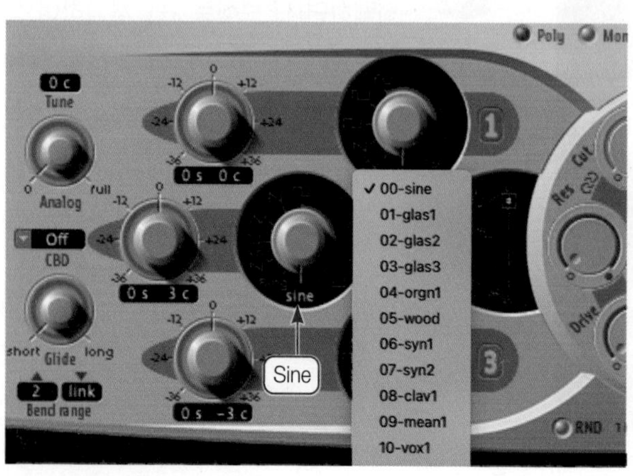

02 ES2는 100가지 이상의 오실레이터 파형을 제공하며, Sine 파형을 드래그하거나 마우스 오른쪽 버튼을 클릭하여 쉽게 선택할 수 있습니다.

TIP 오실레이터 파형은 노브를 돌려 선택해도 좋고, 파형을 클릭하여 선택해도 좋습니다.

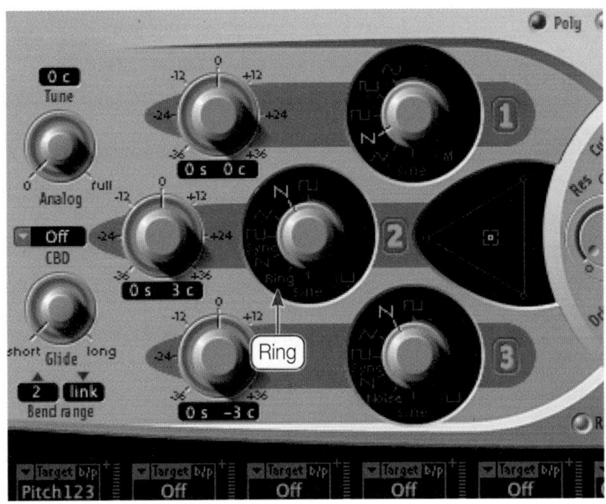

03 OSC 2는 OSC 1과는 약간 다른 방식으로 작동합니다. 이 오실레이터는 펄스 폭 변조(PWM)를 지원하여 높은 하모닉스를 추가적으로 제어할 수 있는 기능과 OSC1과 동기화 할 수 있는 Sync 기능을 제공합니다. 특히 Ring 모듈레이터도 내장되어 있어 자신의 출력을 오실레이터 1의 출력과 결합하여 독특하고 새로운 소리를 만들어낼 수 있습니다.

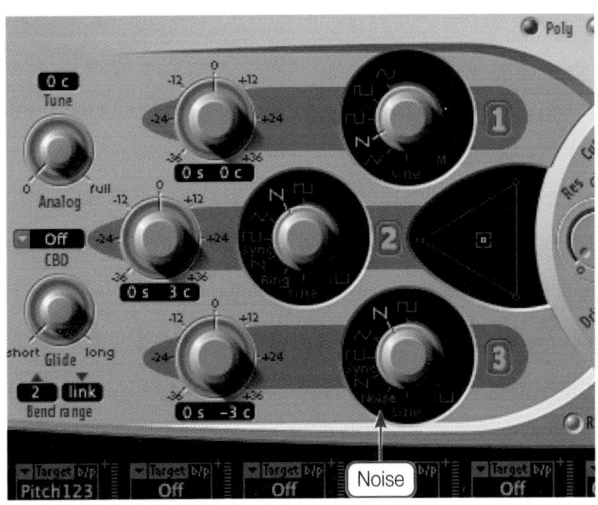

04 오실레이터 3은 오실레이터 2와 밀접하게 관련되어 있으며, 가장 큰 차이점은 Noise 생성기가 있다는 점입니다. 이 노이즈 생성기는 화이트 노이즈를 제공합니다.

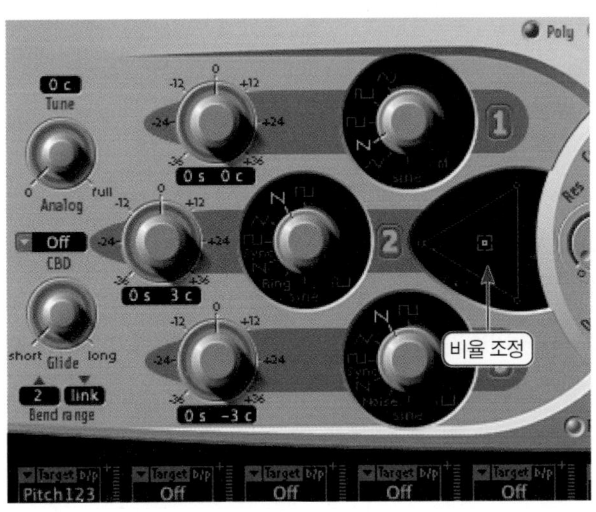

05 각 오실레이터의 합성 비율은 오른쪽에 있는 삼각형 패널의 포인트를 드래그하여 조정할 수 있습니다. 이 방식으로 사용자는 원하는 소리를 더욱 세밀하게 조정할 수 있습니다.

2 글로벌 파라미터

인터페이스의 상단과 왼쪽에는 전체 사운드에 영향을 주는 글로벌 파라미터가 위치해 있습니다. 이 파라미터들은 신스의 전반적인 음색과 성격을 조정하는 데 중요한 역할을 하며, 사운드를 더욱 풍부하고 다양하게 만드는 데 기여합니다.

- Tune

이 컨트롤은 ES2의 전체적인 음 높이를 조정합니다. 최대 $\pm$50센트($\frac{1}{4}$ 음)까지 조정할 수 있으며, 이는 모든 오실레이터에 동시에 영향을 미칩니다.

- Analog

아날로그 파라미터는 ES2가 아날로그 신스를 에뮬레이션하는 데 사용됩니다. 아날로그 신스는 종종 미세하게 조율이 맞지 않아 따뜻한 사운드를 제공합니다. 이 아날로그 컨트롤을 사용하면 사운드에 약간의 불완전함을 추가하여 60년대, 70년대, 80년대의 생동감을 불어넣을 수 있습니다. 폴리(Poly) 모드에서만 작동하며, 유니즌(Unison) 모드를 활성화하면 각 음성이 두 배로 쌓여서 소리가 더욱 풍부해지지만, 총 Voice는 절반으로 줄어듭니다. 이때, 화음을 연주할 때마다 미세하게 다른 음색이 만들어지는 이유는 오실레이터의 시작 설정이 자유롭게 되어 있기 때문입니다.

- CBD

CBD는 Constant Beat Detuning의 약자로, 이 모드는 조화를 유지하면서 사운드를 더욱 풍부하게 만들어줍니다. 오실레이터의 주파수를 약간 조정하면 비트라는 현상이 발생합니다. 이는 오실레이터가 약간 어긋날 때 나타나는 진동 현상으로, 사운드의 진폭이 변하는 것을 들을 수 있습니다.

1. **오실레이터 조정** : 오실레이터 3를 더 많이 디튠하면 사운드가 더욱 두꺼워지지만, 음의 옥타브를 변경할 때 비트가 더 빨라지는 것을 느낄 수 있습니다. 이는 때때로 불쾌할 수 있습니다.
2. **CBD 사용** : 이 모드는 여러 옥타브에 걸쳐 비트를 균일하게 조정해 줍니다. CBD의 비율을 조정함으로써 비트 속도를 조절할 수 있습니다. 예를 들어, 25%로 설정하면 비트가 빨라지지만, 100%로 설정하면 비트가 느려집니다. 일반적으로 50%의 CBD 설정은 모든 음을 거의 조화롭게 유지하는 데 도움을 줍니다. 이처럼 CBD를 활용하면 고음에서 비트가 너무 빨라지는 문제를 해결할 수 있습니다.

• Glide

글라이드 컨트롤은 음의 피치 간에 부드럽게 이동하게 하는 기능입니다. 삼각형 믹서와 함께 사용하면 더욱 흥미로운 음색을 조합할 수 있습니다.

• Bend range

피치 밴드 휠을 사용하면 음을 위아래로 조정할 수 있습니다. 이 기능은 독립적으로 조정이 가능하며, 각 방향의 범위를 따로 설정할 수 있습니다. Link는 하향 피치 밴드를 상향과 연결하여 같은 범위를 적용할 수 있습니다.

• Mono/Poly

모노 모드에서는 한 음성만 제공되므로 화음을 연주할 수 없습니다. 폴리 모드로 변경하면 필요한 만큼의 음성을 추가할 수 있습니다.

• Legato

모노 모드에서는 음을 칠 때마다 인벨로프 제너레이터가 재트리거됩니다. 그래서 음을 연결하려고 해도 제대로 되지 않습니다. 하지만 모노 레가토 모드로 전환하면 인벨로프 제너레이터가 재트리거되지 않고, 이를 통해 음을 부드럽게 연결할 수 있습니다.

1. **모노 모드** : 음을 칠 때마다 인벨로프 제너레이터가 재트리거되므로, 음을 연결하기 어렵습니다.
2. **모노 레가토 모드** : 음을 연결할 수 있으며, 손가락을 떼지 않는 한 인벨로프 제너레이터가 재트리거되지 않습니다. 이를 통해 부드러운 레가토 연주가 가능합니다. 이 모드에서는 음을 연결할 수도 있고, 스카토 연주도 가능하므로, 원하는 대로 음을 표현할 수 있습니다. 음악에서는 이러한 연결을 프레이징이라고 합니다.

• Voice/Unison

모노 모드에서 유니즌 모드를 선택하면 16개의 Voice가 하나로 쌓이게 됩니다. 일반적으로 Voice가 많을수록 소리가 더 크게 들립니다. 삼각형 믹서에서 믹스를 조정하고 아날로그 컨트롤을 활용하면 클래식한 아날로그 사운드를 만들어낼 수 있습니다.

• OSC Start

Hard 모드로 설정하면 모든 오실레이터가 가장 큰 소리에서 시작하게 되고, Soft 모드는 0 교차점에서 시작하게 됩니다. 이는 서로 다른 음색을 만들어내며, 위상 간섭을 발생시킬 수 있습니다.

• Fit Reset

ES2의 필터가 셀프 오실레이터 상태로 작동하게 됩니다. 셀프 오실레이터란 필터가 스스로 소리를 만들어내는 기능입니다. 이 기능을 활성화하면 필터가 직접 소리를 생성할 수 있으며, 필터의 주파수와 공명을 조정할 수 있습니다. 즉, 필터가 스스로 소리를 내도록 돕고, 그 소리를 조정할 수 있는 재미있는 방법을 제공합니다.

3 필터

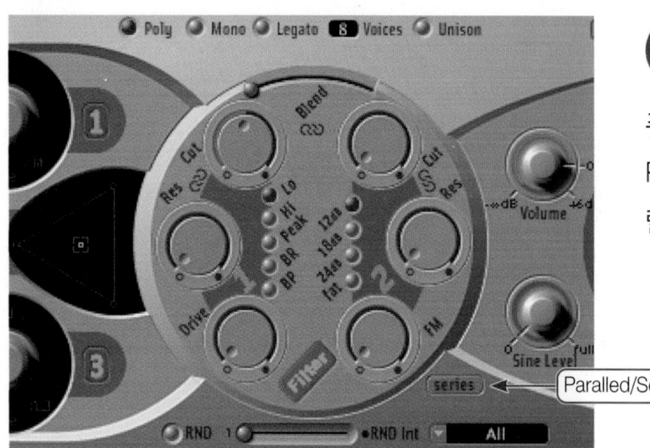

01 사운드 디자인의 첫 번째는 오실레이터에서 생성한 사운드에서 불필요한 주파수를 차단하는 필터입니다. ES2의 필터는 Paralled/Series 버튼을 클릭하여 병렬 또는 직렬 방식으로 선택할 수 있습니다.

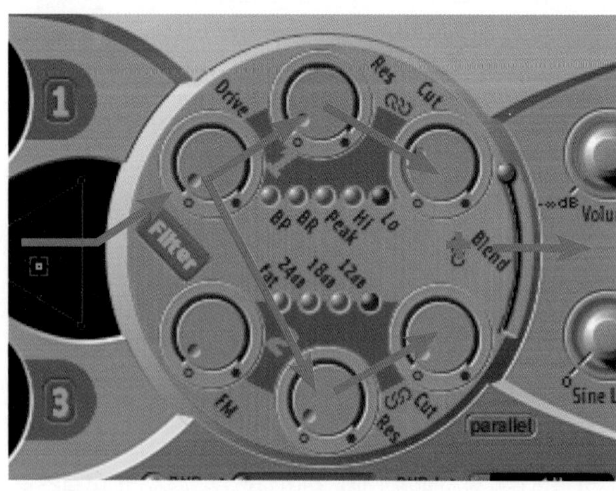

02 병렬 모드에서는 각각의 필터가 독립적으로 작동하며, 신호는 먼저 Drive를 통해 왜곡을 추가한 후, 두 필터로 분할됩니다. 이후 각 필터에서 독립적으로 처리된 신호는 Blend 컨트롤을 통해 혼합되어 최종 출력으로 전달됩니다.

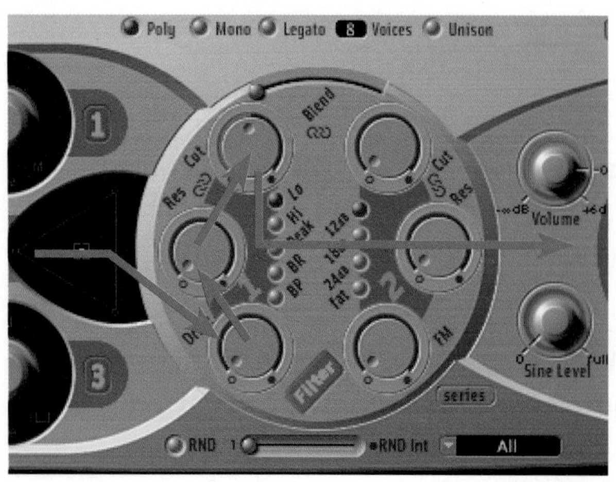

03 직렬 방식은 신호가 필터를 순차적으로 통과하게 됩니다. 즉, 두 필터가 동시에 작동하는 것이 아니라 한 필터에서 다음 필터로 신호가 이동합니다. 이때 Blend 신호 처리 방식에 큰 영향을 미칩니다. Bland 위치가 -1면 신호는 Drive로 직접 흐른 다음 필터 1을 통과합니다.

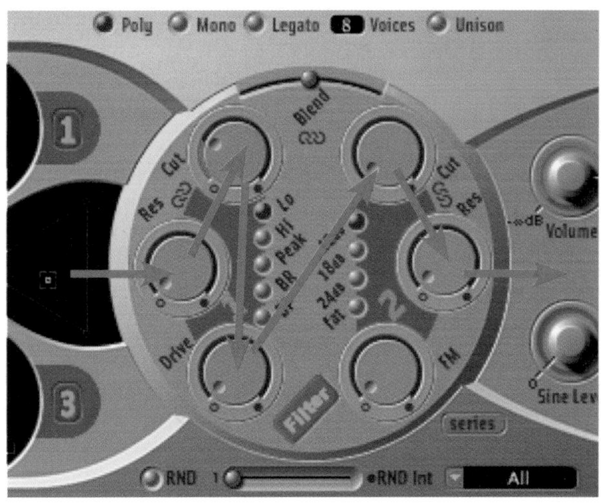

04 Bland 위치가 0 이면 신호는 먼저 필터 1을 통과한 후 드라이브 유닛을 지나 필터 2로 이동합니다. 이렇게 하면 두 필터가 모두 신호를 처리하게 되어 더 복잡한 필터링 효과를 만들어냅니다.

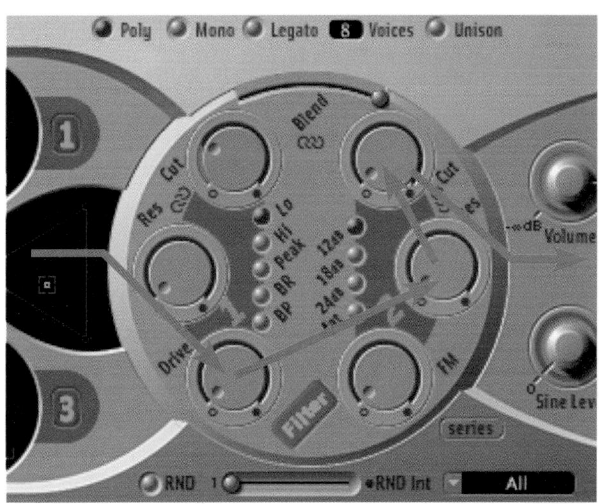

05 Bland 위치가 +1이면 신호는 필터 1을 완전히 우회하고 필터 2로 직접 이동합니다. 이 과정에서 드라이브 유닛 2를 통과하게 되어 필터 1의 영향을 받지 않고, 필터 2의 저역 통과 효과가 두드러지게 나타납니다.

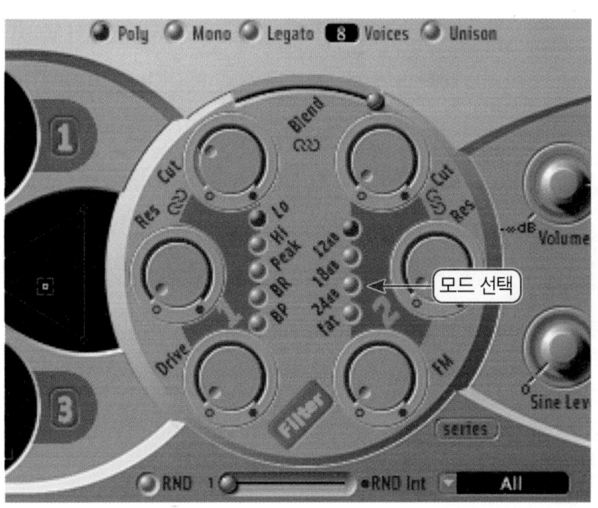

06 필터 1은 Lo Pass(Lo), Hi Pass(Hi), Peak, Band Reject(BR), Band Pass(BP)의 5 가지 모드를 가지고 있으며, 필터 2는 저역 통과 필터로만 작동하지만, 다양한 컷오프 기울기를 제공합니다. fat은 필터가 손실한 저주파를 보완해 줍니다.

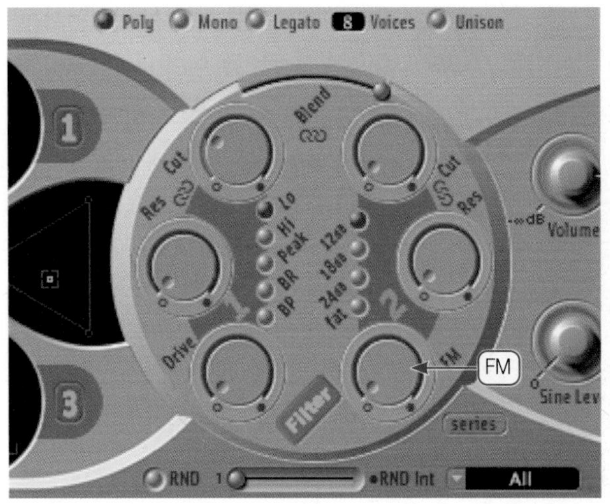

07 필터 2의 FM은 오실레이터 1의 사인파로 필터 2의 컷오프 주파수를 변조합니다. 사운드의 미묘한 음색 변화를 가능하게 하여, 필터의 특성을 더욱 풍부하고 다채롭게 만들어줍니다.

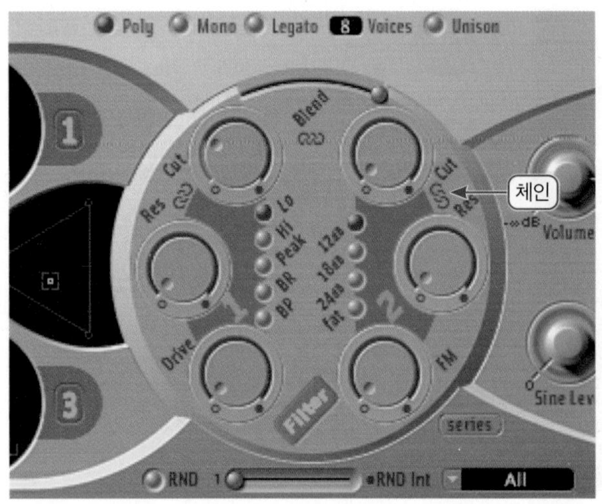

08 체인 링크 아이콘은 마우스 드래그로 각 필터의 컷오프 주파수(cut)와 레조넌스(Res) 값을 동시에 조정하는 역할을 하며, Blend의 체인은 두 체널의 컷오프 주파수를 동시에 조정합니다.

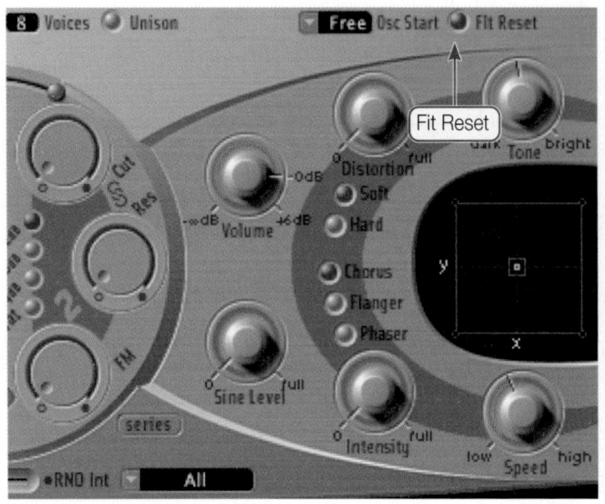

09 오래된 아날로그 신시사이저 시절, 필터의 레조넌스를 높이면 필터가 진동하여 핑(ping) 소리를 낼 수 있었습니다. ES2에서는 Fit Reset 버튼을 사용하여 필터에 트리거 신호를 보내 사운드에 어택을 추가할 수 있으며, 주파수와 레조넌스를 변경하여 소리의 질감을 조절할 수 있습니다.

4 아웃 섹션

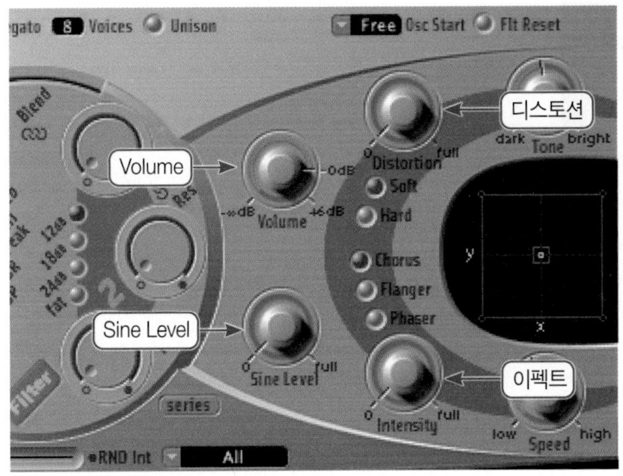

01 ES2의 아웃 섹션에는 출력 볼륨을 조정하는 Volume과 OSC1의 Sine 파형을 추가하는 Sine Level 외에 디스토션(Distortion)과 코러스(Chorus), 플랜저(Flanger), 패이저(Phaser) 등의 이펙트를 첨가할 수 있는 노브가 있습니다.

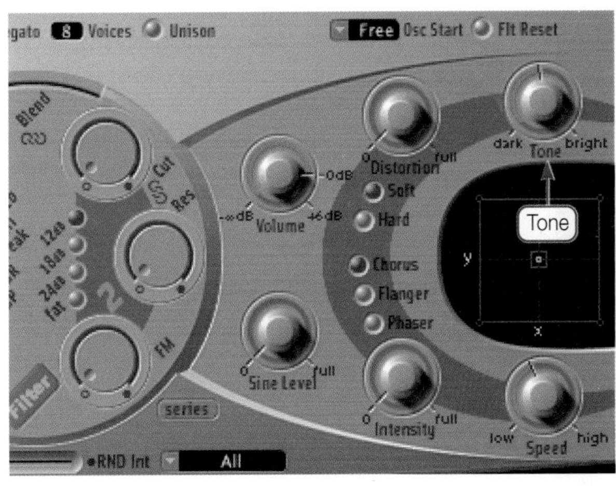

02 디스토션은 부드럽고 따뜻한 느낌을 주는 Soft와 강하고 날카로운 느낌을 주는 Hard 타입을 제공하며, Tone 노브를 이용하여 밝고 어둡게 조정할 수 있습니다. 이 두 개의 컨트롤은 함께 작동하여 원하는 소리를 더욱 세밀하게 조정할 수 있게 합니다.

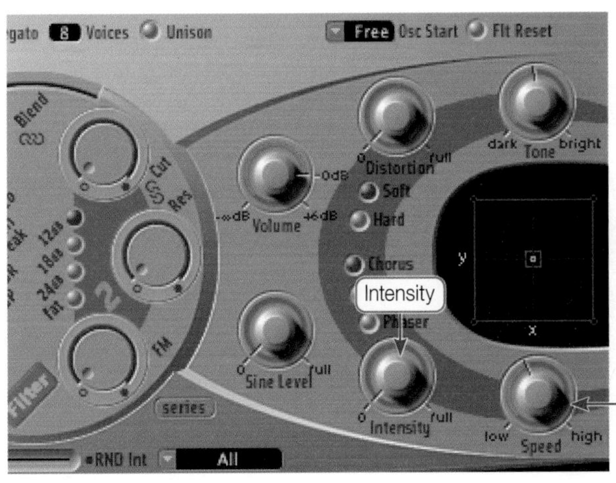

03 이펙트는 코러스, 플랜저, 페이저를 사용할 수 있으며, Intensity로 양을 조절하고, Speed로 속도를 조절할 수 있습니다. 이들을 디스토션 사운드에 추가하면 더 두텁고 흥미로운 소리를 만들 수 있습니다.

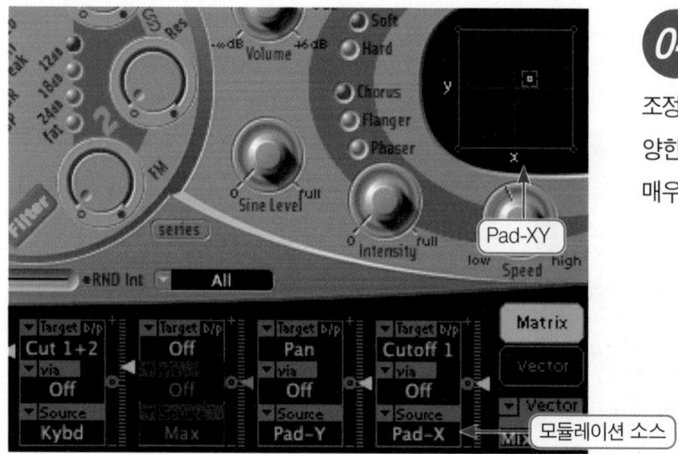

04 XY 패드는 모듈레이션 소스로 활용할 수 있는 컨트롤러로 설정된 타겟을 동시에 조정할 수 있습니다. X축과 Y축의 움직임을 통해 다양한 파라미터를 동시에 변형할 수 있어 음악적으로 매우 흥미로운 효과를 만들어낼 수 있습니다.

5 매트릭스

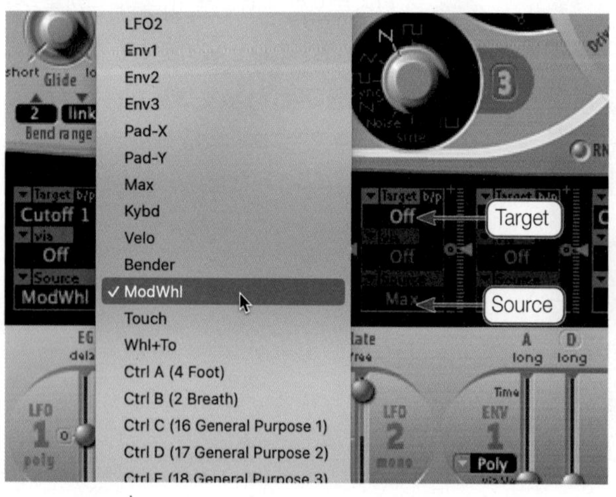

01 Matrix 섹션은 소스(Source)에서 설정한 신호를 타깃(Target)으로 보내어 조절할 수 있는 기능을 제공합니다. 예를 들어, 소스로 모듈레이션 휠(ModWhl)을 선택하고, 타깃으로는 cutoff 1을 설정하면, 모듈레이션 휠을 돌려 필터 1의 주파수를 쉽게 조절할 수 있습니다.

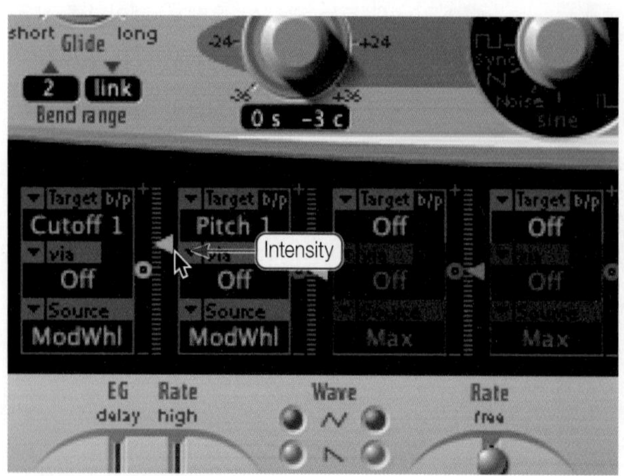

02 Instensity 슬라이더를 이용하여 강도를 조절할 수 있으며, 추가 소스(Via)를 설정한 경우에는 최소 강도를 조절할 수 있는 주황색 포인트가 생성됩니다.

6 모듈레이션

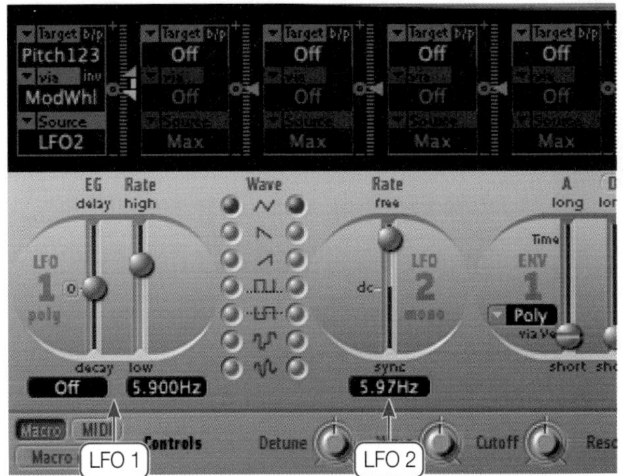

05 모듈레이션은 사운드에 변화를 주는 중요한 섹션으로, LFO는 주로 사운드에 비브라토 효과를 주는데 사용합니다. Wave에서 파형을 선택하고, Rate 슬라이더를 통해 속도를 조정할 수 있습니다. LFO1에는 파형의 시작과 끝 타임을 조절할 수 있는 EG 슬라이더가 있어, 더욱 섬세한 조정이 가능합니다.

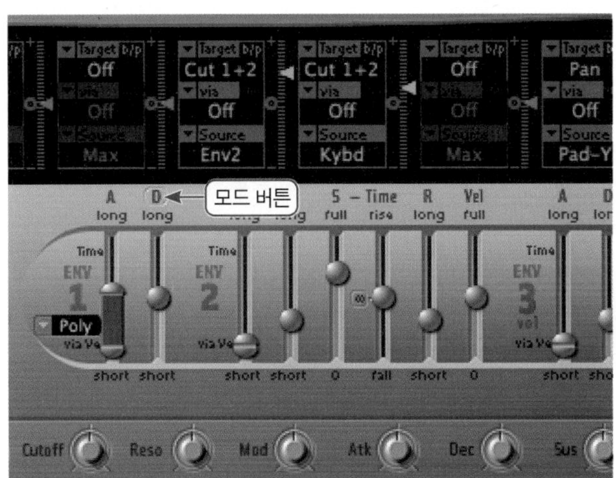

05 EX2는 보이스당 3개의 엔벨로프 생성기가 제공됩니다. 이 중 ENV1의 오른쪽 슬라이드는 모드 버튼을 클릭하여 Release(R)와 Decay(D) 중에서 선택할 수 있습니다.

05 ENV1은 3가지 트리거 모드를 제공하며, 모든 음이 하나의 ENV로 동작하는 Mono, 각 음이 독립적으로 어택과 디케이를 가지는 Retrigger, 여러 음이 동시에 공유하는 Trigger 중에서 선택할 수 있습니다.

7 벡터 엔벨로프

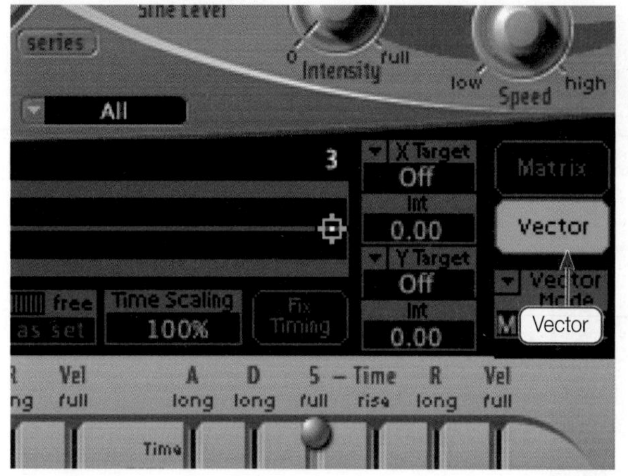

01 Vector 버튼을 선택하면 오실레이터의 믹스 패드와 아웃 섹션의 XY 패드를 실시간으로 제어할 수 있는 벡터 엔벨로프 기능을 사용할 수 있습니다. 벡터 엔벨로프는 특정 지점 간의 시간과 값을 정의하여 루프가 가능한 멀티포인트 모듈레이션 소스입니다.

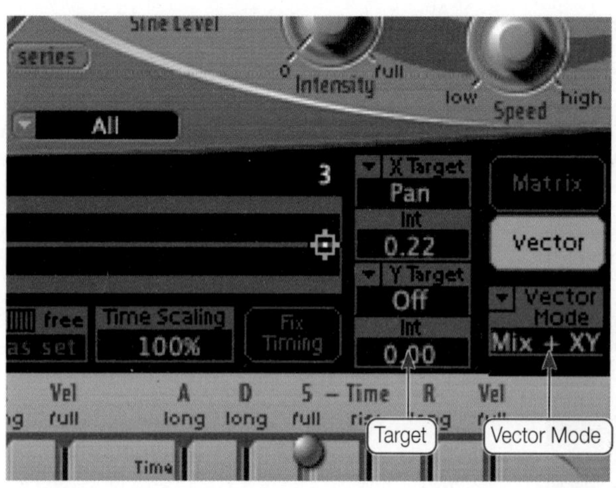

02 Vector Mode에서는 Mix, XY 또는 Mix+XY 중에서 제어할 패드 선택할 수 있습니다. X와 Y Target 메뉴를 통해 XY 패드로 제어할 타깃을 설정하고, Int 슬라이더를 사용해 각 타깃의 범위를 조절할 수 있습니다.

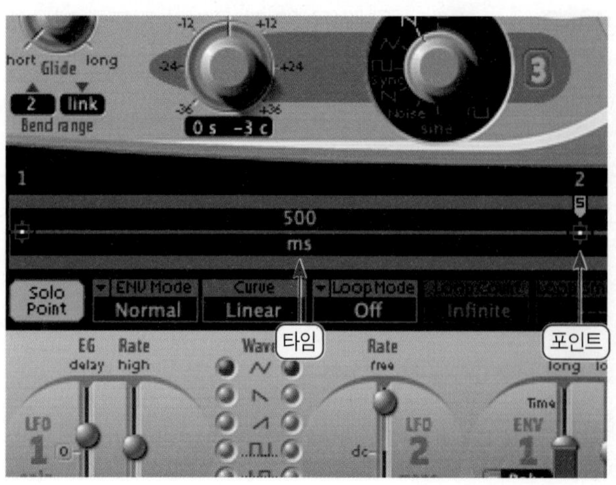

03 벡터 섹션에서 가장 중요한 부분은 타임라인입니다. 타임라인은 패드의 움직임이 기록되는 포인트가 시간 간격에 따라 배열되며, 각 포인트 사이의 시간은 밀리초 단위로 측정됩니다.

04 타임라인의 포인트는 Shift 키를 누른 상태로 클릭하여 최대 16개까지 추가할 수 있으며, 타임은 마우스 드래그로 최대 10초(10000ms)까지 설정할 수 있습니다. 포인트를 삭제할 때는 단축 메뉴의 Delete Selected Point를 선택합니다.

- Delete Selected Point : 선택한 포인트를 삭제합니다.
- Insert Point to the Right of Selected Point : 선택한 포인트의 오른쪽에 새로운 포인트를 생성합니다.
- Copy Point : 선택한 포인트의 설정을 복사합니다.
- Paste Point : 복사한 포인트의 설정을 현재 선택된 포인트에 붙여넣습니다.
- Paste to All Points : 복사한 포인트를 설정을 모든 포인트에 붙여넣습니다.
- Set Segments to Average Time : 모든 포인트의 세그먼트 시간을 전체 길이의 평균값으로 변경합니다.
- Init to 8/8 Loop : 8개의 새로운 포인트를 생성하고 전체 타임라인을 동일한 길이의 세그먼트로 나눕니다.
- Init to 16/16 Loop : 16개의 새로운 포인트를 생성하고 전체 타임라인을 동일한 길이의 세그먼트로 나눕니다.
- Clear Envelope : 벡터 엔벨로프를 초기화 합니다.
- Copy Envelope : 전체 벡터 엔벨로프를 클립보드에 복사합니다.
- Paste Envelope : 클립보드에 복사한 벡터 엔벨로프를 붙여넣습니다.

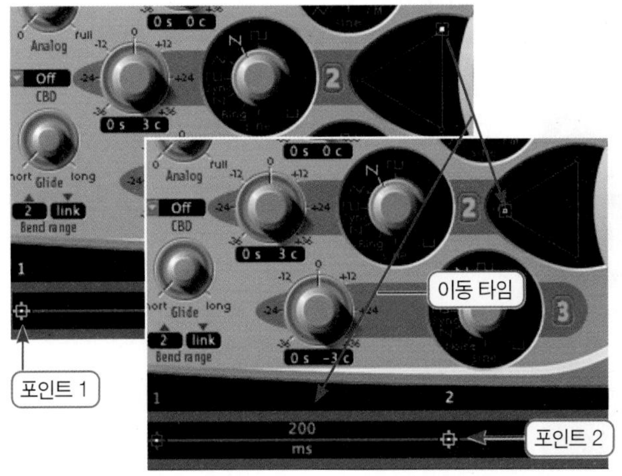

05 벡터 모드의 타임라인 동작 원리는 간단합니다. 예를 들어, 포인트 1에서 Mix 포인트를 OSC 1 위치에, 포인트 2에서 OSC 2 위치에 두고, 타임을 200ms로 설정하면, 건반을 누를 때 0.2초 동안 OSC 1에서 OSC 2로 부드럽게 변조되는 사운드가 생성되는 것입니다.

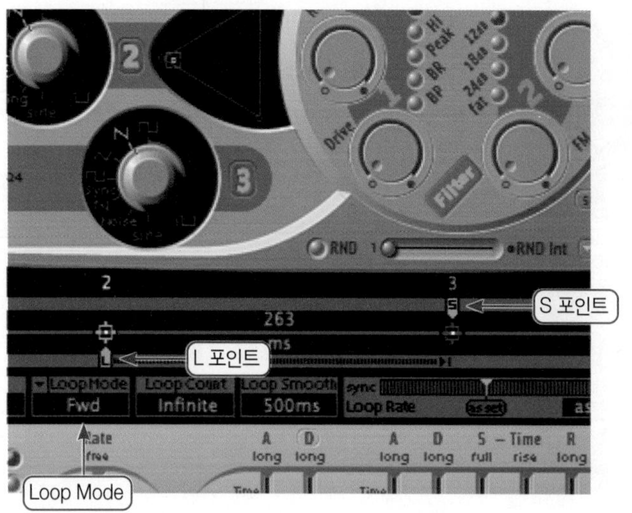

06 건반을 누르고 있는 동안 지속되는 S 포인트는 상단의 바를 클릭하여 지정할 수 있고, Loop Mode가 활성화된 경우, 하단의 바를 클릭하여 반복 구간을 설정하는 L 포인트를 지정할 수 있습니다.

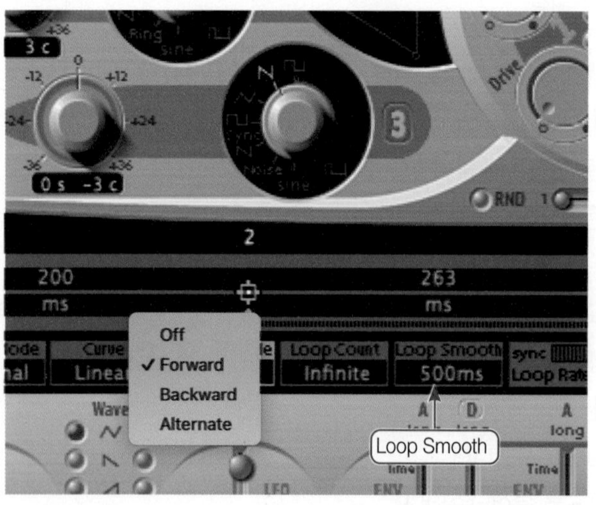

07 루프 모드에서는 세 가지 옵션을 선택할 수 있습니다. Forward 모드는 L에서 S로 진행하며, Backward 모드는 S에서 L로 진행합니다. Alternate 모드는 L에서 S로 이동한 후 다시 L로 돌아가는 방식입니다. 이때 Loop Smooth에서 타임을 지정하여 부드럽게 전환되게 할 수 있습니다.

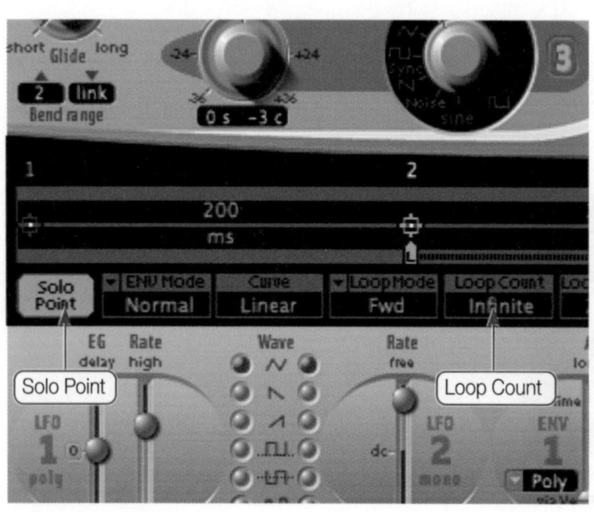

08 Solo Point 기능은 선택한 포인트만 들을 수 있게 해 주며, 이를 통해 특정 사운드를 쉽게 편집할 수 있습니다. Loop Count에서는 반복 횟수를 지정할 수 있으며, 기본값은 무한(Infinite)입니다.

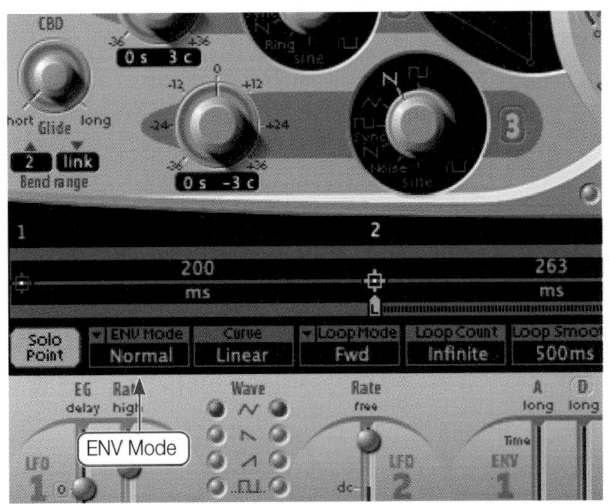

09 Env Mode는 재생 방법을 결정하는 것은 Normal은 건반을 누르고 있는 동안 루프가 계속 반복되며, 떼면 S 포인트 이후의 벡터 포인트로 이어지고, Finish는 건반을 떼더라도 루프가 계속 반복됩니다.

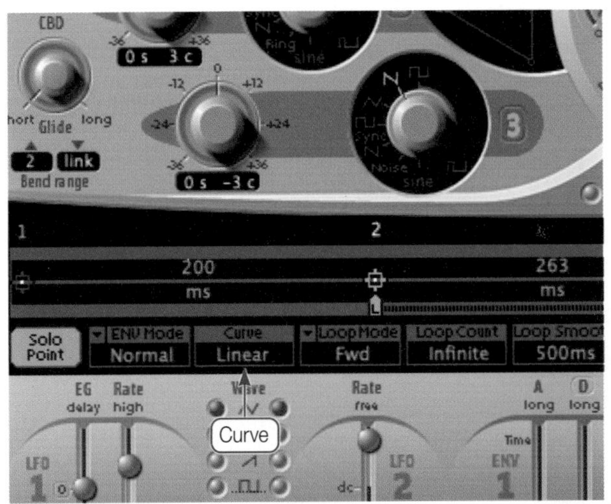

10 Curve 설정은 포인트 간의 이동 방식을 결정합니다. Linear는 직선으로 이동하며, Concave는 목적지에 가까워질수록 빨라지는 곡선입니다. 반면, Convex는 느려지는 곡선입니다. Step+Hold는 포인트에 도달하면 즉시 다음 포인트로 점프하여 리드미컬한 효과를 제공합니다.

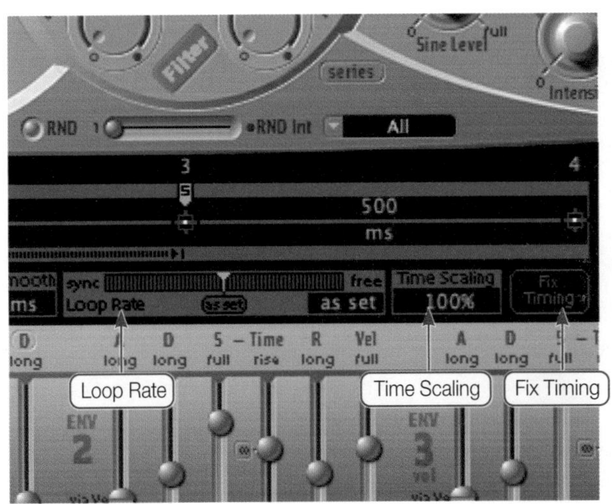

11 반복 속도는 Loop Rate에서 비트 또는 Hz 단위로 조정할 수 있으며, Time Scaling은 전체 길이를 증가시키거나 줄이는 역할을 합니다. Fix Timing 옵션을 사용하면 모든 타이밍 변경이 고정됩니다.

8 랜덤라이저

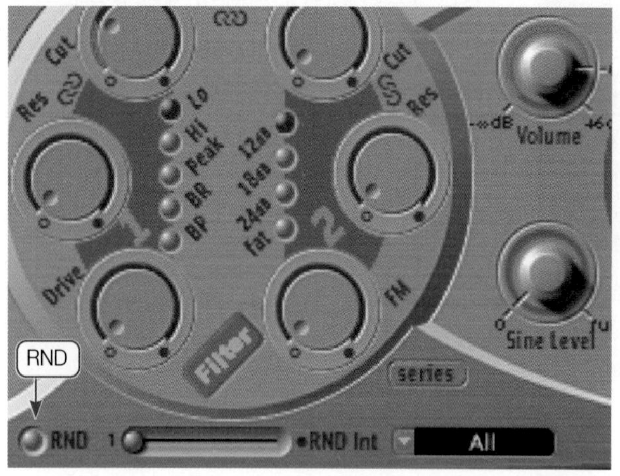

01 랜덤화 기능은 ES2 신디사이저에서 다양한 요소를 무작위로 조정하여 새로운 사운드를 생성하는 역할을 합니다. RND 버튼을 클릭함으로써 음색, 피치, 웨이브 형태 등 특정 요소를 선택하여 실험할 수 있으며, 이를 통해 기존의 소리에서 벗어난 독창적인 음색을 만들어낼 수 있습니다.

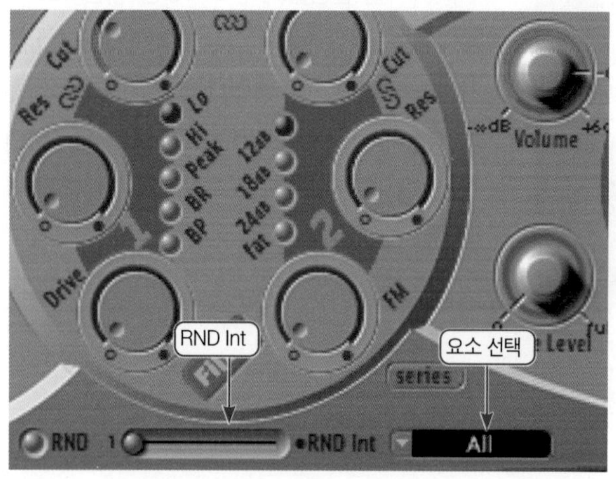

02 랜덤화를 할 때는 메뉴에서 어떤 요소를 바꿀지 선택하고, RND Int 슬라이더를 사용해 랜덤화의 범위를 조절할 수 있습니다. 이때 벡터 엔벨로프는 랜덤화 대상에서 제외되지만, 특정 포인트와 XY 패드 등을 조정하여 새로운 사운드를 탐색할 수 있습니다.

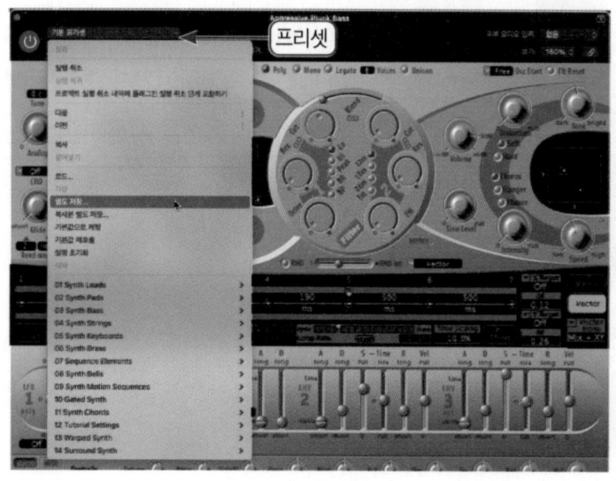

03 마음에 드는 랜덤화 설정이 있으면, 해당 설정을 프리셋으로 저장하여 나중에 쉽게 불러올 수 있습니다. 랜덤화 기능을 활용하면 창의적인 사운드를 손쉽게 생성할 수 있어, 다양한 음색을 실험하고 자신만의 독특한 소리를 만들어낼 수 있습니다.

9 매크로

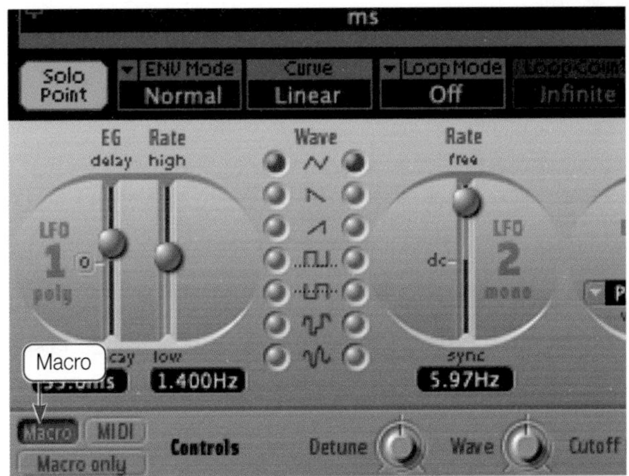

01 매크로 모드는 ES2 신디사이저에서 하나의 노브로 여러 파라미터를 동시에 조정할 수 있는 기능입니다. 이를 통해 복잡한 설정을 간편하게 관리할 수 있으며, 하나의 조작으로 필터, 볼륨, 이펙트 등 여러 요소를 동시에 변화시킬 수 있습니다. 이 방식은 사운드 디자인을 더욱 효율적으로 만들어 주며, 빠르게 원하는 음색을 찾는 데 유용합니다.

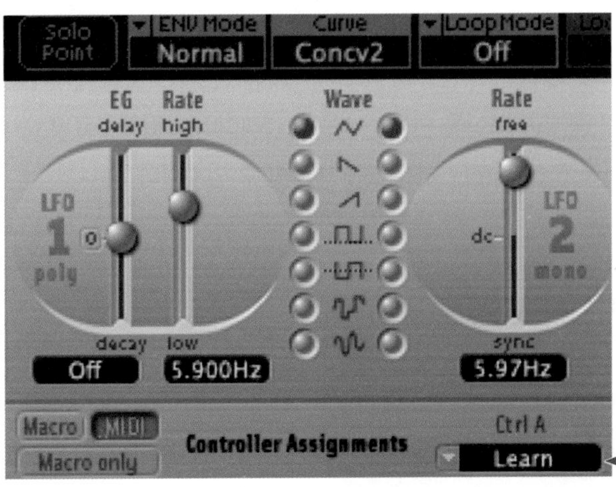

02 매크로는 MIDI 컨트롤러에 연결하여 사용할 수 있습니다. 메뉴에서 Learn을 선택한 후, 연결할 컨트롤러를 조작하면 자동으로 해당 파라미터와 연결됩니다. 이렇게 하면 외부 장비로 파라미터를 쉽게 조작할 수 있어 사운드 디자인이 훨씬 간편해집니다.

03 패널을 확장하면 여러 보이스를 동시에 사용할 때 각 보이스가 독립적으로 MIDI 신호를 수신할 수 있는 MIDI Mono Mode와 ES2의 피치를 조정할 수 있는 Mono Mode Pitch Range를 설정할 수 있습니다. Macro only 버튼을 선택하면 인터페이스를 매크로 모드로 축소하여 작업 공간을 확보할 수 있습니다.

ES 시리즈

로직에서 제공하는 ES1, EFM1, ES E, M, P는 각기 다른 합성 기술을 사용하여 다양한 사운드를 창출합니다. ES1은 전통적이고 풍부한 사운드를 제공하는 세 개의 오실레이터를 가지고 있습니다. EFM1은 6개의 연산자를 사용하여 복잡한 텍스처를 만들어내며, ES E는 다양한 아날로그와 디지털 파형을 제공하고 오실레이터 동기화와 교차 모듈레이션을 활용하여 사운드를 다룹니다. SE M은 파형 모듈레이션과 펄세이션을 중심으로 한 정교한 사운드 디자인에 적합하며, ES P는 풍부한 모듈레이션과 효과 처리 기능을 제공하여 깊이 있는 사운드 패드를 만들어냅니다.

1 ES E

ES E는 8 보이스를 지원하며, 따뜻하고 풍부한 패드 및 앙상블 사운드를 빠르게 생성하는 데 적합합니다. 감산 합성법을 사용하여 사운드를 생성하며, 하모닉적으로 풍부한 파형을 만들어내는 오실레이터를 탑재하고 있습니다. 이 오실레이터의 일부 파형을 감산하고 윤곽을 다시 잡아 새로운 사운드를 생성할 수 있습니다.

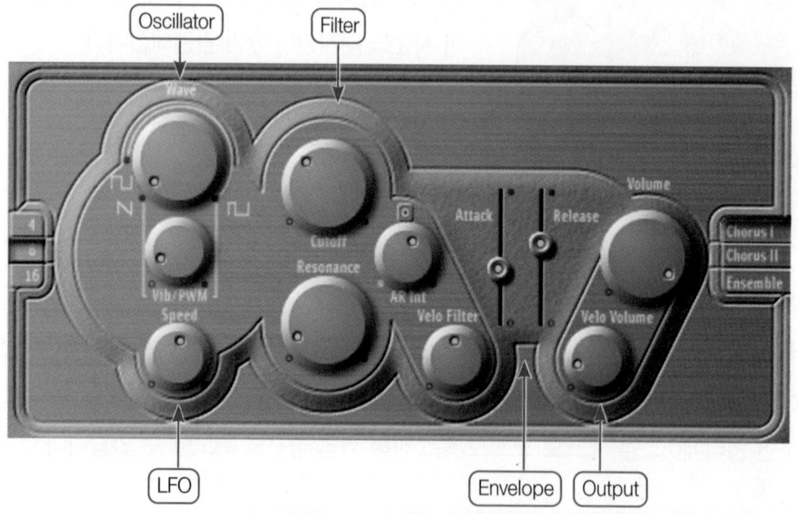

- **Oscillator** : Wave와 Octave 파라미터는 왼쪽 영역에 위치하며, 사운드의 기초가 되는 파형을 생성합니다.
- **LFO** : 사운드를 모듈레이트하며, Wave 노브 아래에 위치합니다.
- **Filter** : Cutoff와 Resonance 노브가 포함되어 있으며, 오실레이터에서 전송한 파형의 윤곽을 조정합니다.
- **Envelope** : 시간 경과에 따라 사운드 레벨을 제어하는 파라미터로 구성되어 있습니다.
- **Output** : 통합 모듈레이션 이펙트를 위한 스위치와 메인 출력 레벨을 조정하는 Volume 노브가 있습니다.

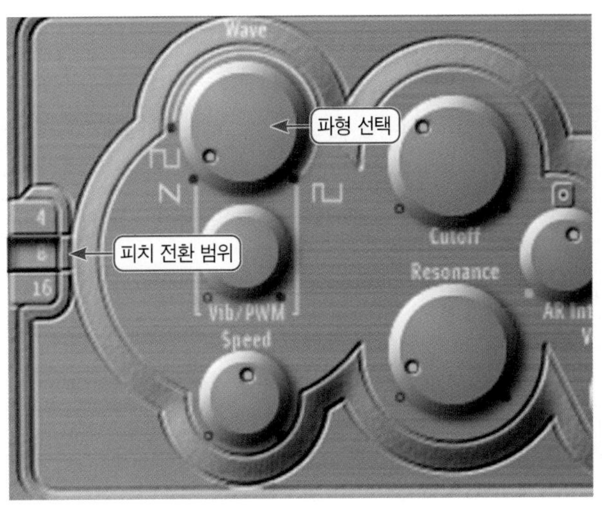

01 신디사이저의 오실레이터는 기본적인 파형을 생성하여 다른 엔진 파트로 전송해 프로세싱합니다. Wave 노브는 톱니파 또는 펄스파와 같은 음색을 결정하며, 4, 8, 16 버튼을 통해 피치를 옥타브 단위로 조정합니다. 피트 단위는 오르간 파이프 길이를 기준으로 하여, 파이프가 길고 넓을수록 더 깊은 톤을 생성합니다.

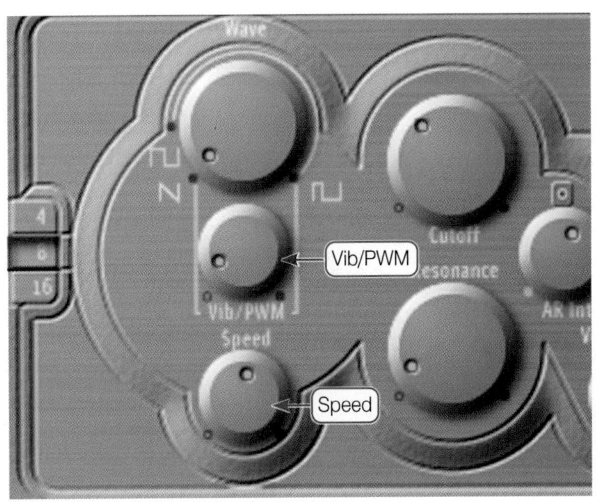

02 LFO는 주기적인 파형을 생성하여 사운드를 변조합니다. 톱니파로 설정하면 비브라토나 사이렌 이펙트를 발생시키고, 펄스파로 설정하면 펄스 폭 모듈레이션(PWM) 효과를 생성합니다. 모듈레이션 강도를 조절하는 Vib/PWM 노브와 주파수를 설정하는 Speed 노브가 포함되어 있습니다.

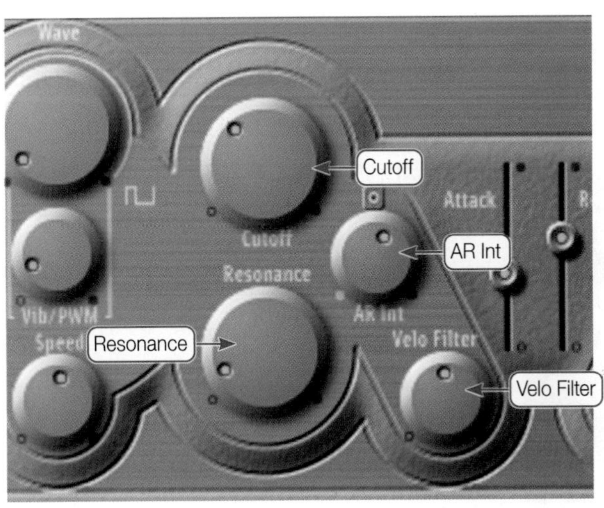

03 ES E에는 오실레이터 출력의 윤곽을 수정하는 로우패스 필터가 있습니다. Cutoff는 주파수를 설정하고, Resonance는 해당 주파수 주변 신호를 증폭하거나 차단합니다. AR Int 는 엔벨로프에 의한 컷오프 주파수 변조의 깊이를 설정하며, Velo Filter는 벨로시티에 따른 변조 감도를 조절합니다. AR Int가 0일 경우 Velo Filter는 효과가 없습니다.

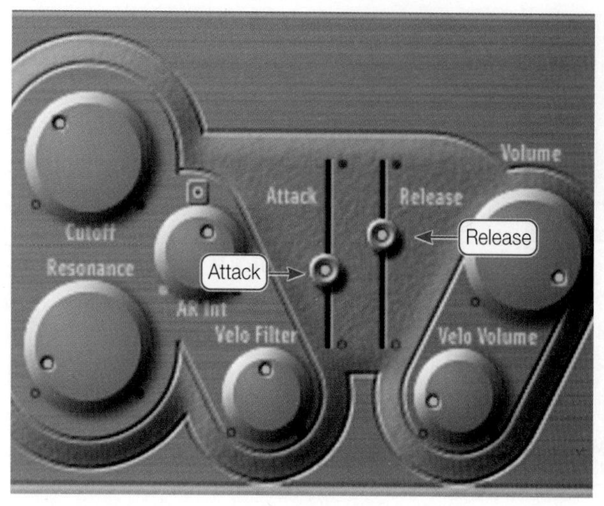

04 AR 엔벨로프는 필터 컷오프와 사운드 레벨에 영향을 미칩니다. A(어택) 슬라이더는 신호가 서스테인 레벨에 도달하는 시간을 설정하고, 릴리즈 슬라이더는 신호가 서스테인 레벨에서 0으로 떨어지는 시간을 설정합니다.

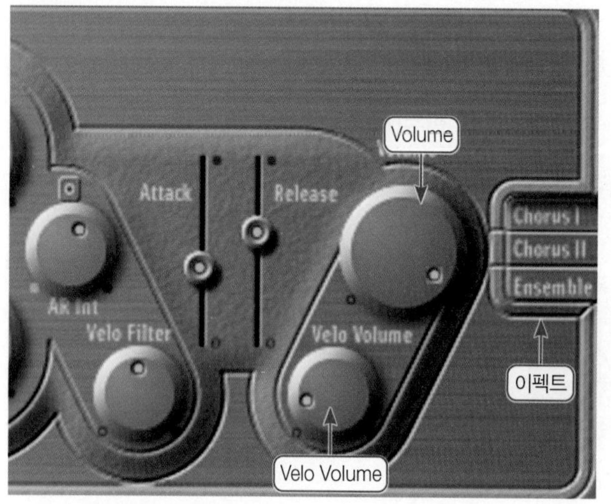

05 출력 섹션은 Volume과 Chorus/Ensemble으로 구성되어 있습니다. Volume은 전체 출력 레벨을 조절하고, Velo Volume은 연주 강도에 따른 볼륨 차이를 조정합니다. Chorus I과 II 버튼은 각각 일반적인 코러스와 강한 모듈레이션 효과를 제공하며, Ensemble 버튼은 더 풍부한 사운드를 생성합니다.

06 왼쪽 하단 화살표를 클릭하여 패널을 확장하면 세 가지 추가 파라미터가 나타납니다. Pos. Bender Range 슬라이더는 상향 피치 벤드 레인지를 설정하고, Neg. Bender Range는 하향 피치 벤드 레인지를 최대 2 옥타브까지 조절합니다. Tune 슬라이더는 소리를 센트 단위로 조정합니다.

2 ES M

ES M(ES Mono) 신디사이저는 주로 베이스 사운드를 만들기 위해 설계된 모노포닉 신디사이저입니다. 모노포닉이란 한 번에 하나의 음만 재생할 수 있다는 의미로, 주로 베이스 라인 같은 단순한 멜로디에 적합합니다. 이 신디사이저는 사용자에게 다이나믹하고 힘 있는 베이스 사운드를 제공하는 데 중점을 두고 있습니다.

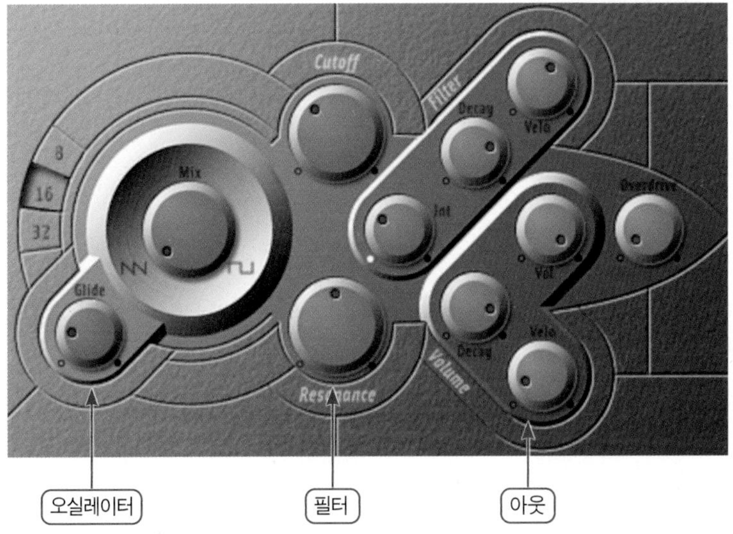

- **오실레이터** : Mix와 옥타브 파라미터가 포함되어 있어, 사운드의 기초가 되는 파형을 설정할 수 있습니다.
- **필터** : Cutoff와 Resonance 노브가 있으며, 사운드의 윤곽을 조정하는 데 사용됩니다.
- **출력** : 최종적으로 소리가 어떻게 나올지를 결정합니다. Overdrive를 사용하여 공격성을 더할 수 있습니다.

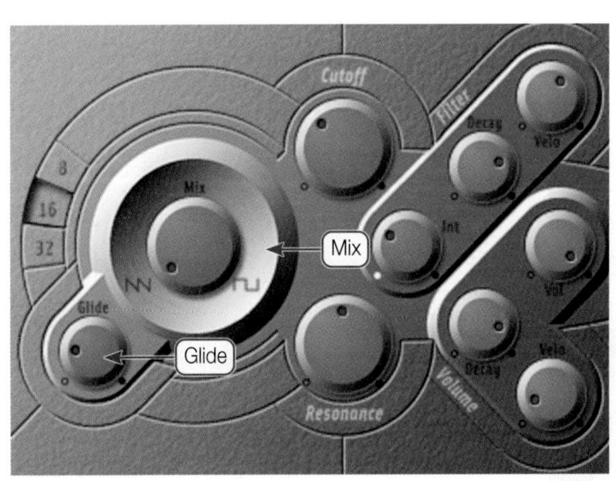

01 오실레이터는 소리를 생성하는 핵심 요소로, Mix 노브를 사용해 기본 음색을 설정하며, 톱니파와 사각파를 출력합니다. 옥타브 버튼(8, 16, 32)은 소리의 높낮이를 조정하고, Glide 노브는 두 음 사이의 피치를 부드럽게 변환시킵니다.

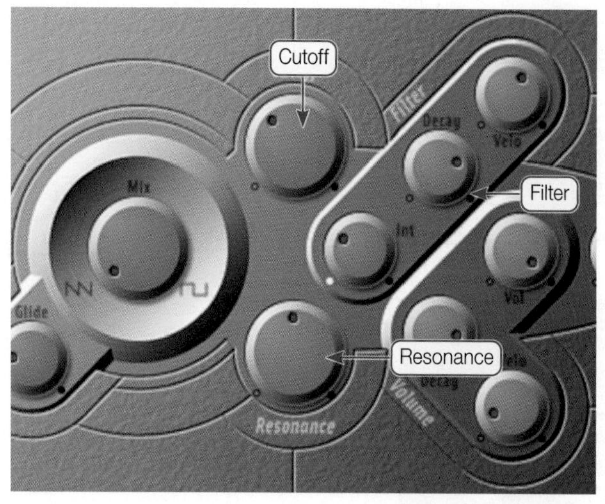

02 ES M 신디사이저에는 오실레이터 소리를 조정하는 로우패스 필터가 있습니다. Cutoff로 컷오프 주파수를 설정하고, Resonance로 이 주파수 주변의 신호를 조절합니다. Int는 필터 변조 깊이를, Decay는 엔벨로프의 디케이 시간을 설정하며, Velo는 벨로시티에 따른 변조 감도를 조절합니다.

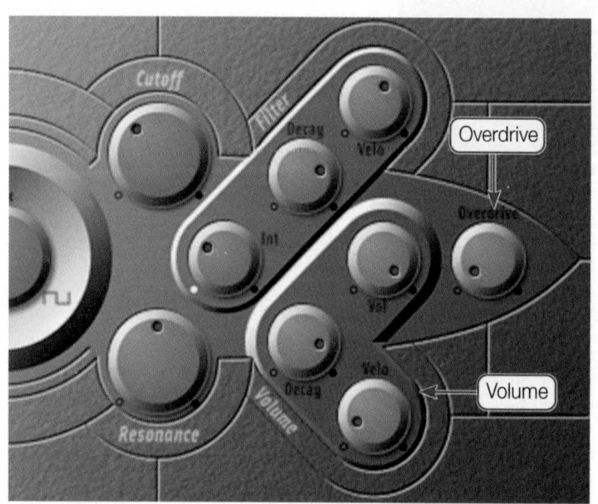

03 출력 스테이지의 Decay는 다이나믹 스테이지의 디케이 시간을 설정하고, Velo는 벨로시티 감도를 조절합니다. Vol은 마스터 출력 레벨을 설정하며, Overdrive는 오버드라이브 이펙트의 레벨을 조정합니다.

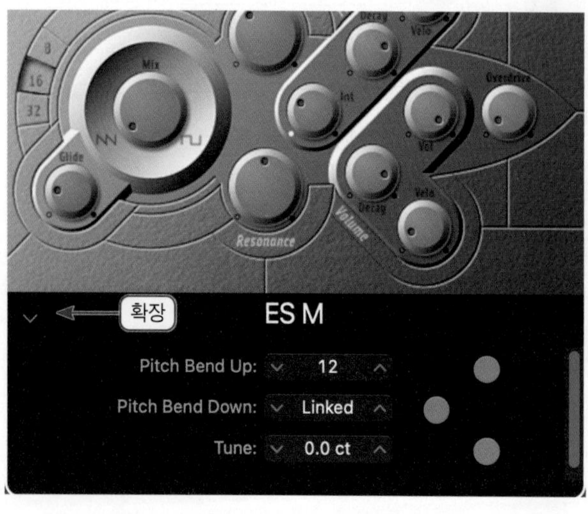

04 확장 패널의 Bender Up/Down은 피치 벤드의 범위를 세미톤 단위로 설정하며, Tune 슬라이더는 악기의 음을 센트 단위로 미세하게 조정하는 기능을 제공합니다.

3 ES P

ES P(ES Poly)는 1980년대의 클래식 폴리포닉 신디사이저를 기반으로 한 악기입니다. 폴리포닉이란 여러 음을 동시에 연주할 수 있다는 뜻으로, ES P는 다양한 음악적 사운드를 만들어낼 수 있는 매우 유용한 악기입니다. 특히, 전통적인 아날로그 신디사이저에서 자주 들을 수 있는 브라스(금관악기) 사운드를 잘 재현합니다.

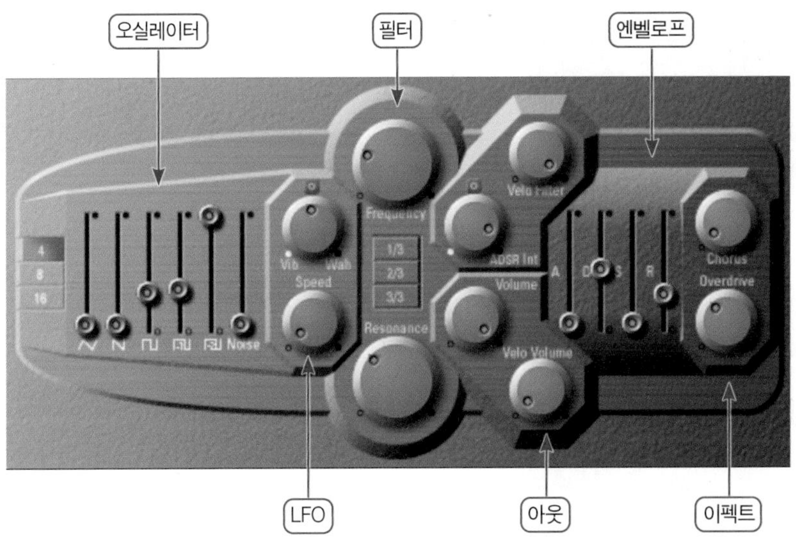

- **오실레이터** : 소리의 기본 파형을 선택하는 부분입니다.
- **LFO** : 소리를 더 다이나믹하게 하고, 비브라토 같은 효과를 추가합니다.
- **필터** : 저음역을 차단하여 오실레이터 출력 신호의 윤각을 수정합니다.
- **엔벨로프** : 사운드의 어택, 서스테인, 릴리즈 시간을 조절하여 소리의 변화를 설정합니다.
- **아웃** : 전체적인 사운드 레벨을 조절합니다.
- **이펙트** : 사운드에 풍부함을 추가하고, 소리를 왜곡시켜 더욱 강렬한 효과를 만들어줍니다.

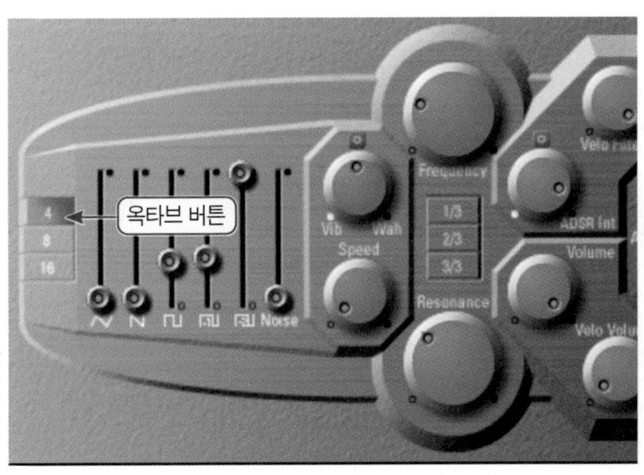

01 ES M은 다양한 파형을 제공하여 사운드를 만들 수 있습니다. 삼각파, 톱니파, 사각파 외에도 한 옥타브 낮은 펄스파와 두 옥타브 낮은 펄스파, 노이즈를 사용할 수 있습니다. 각 파형의 레벨을 조정해 믹스할 수 있으며, 옥타브 버튼으로 소리의 높낮이를 쉽게 변경할 수 있습니다.

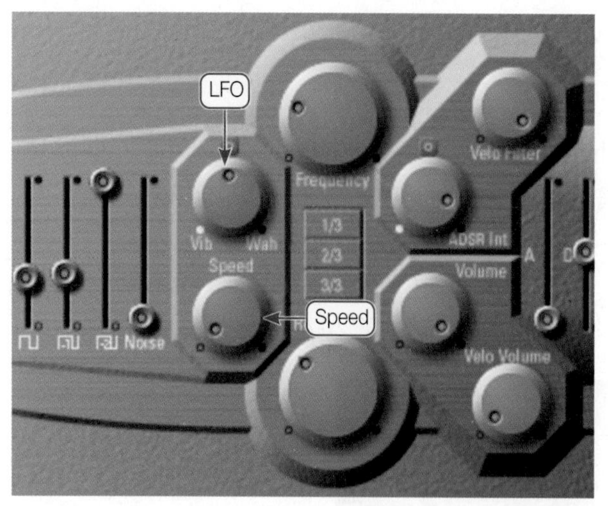

02 LFO를 통해 비브라토와 와우 와우 이펙트를 생성할 수 있습니다. Vib/Wah를 사용해 왼쪽으로 돌리면 비브라토, 오른쪽으로 돌리면 필터의 컷오프 주파수를 주기적으로 변조할 수 있으며, Speed로는 비브라토 또는 컷오프 주파수 변조의 속도를 조절할 수 있습니다.

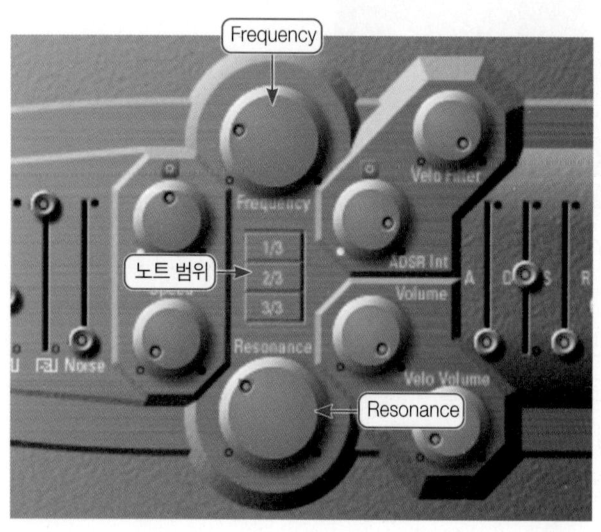

03 필터의 Frequency는 컷오프 주파수를 설정하고, Resonance는 이 주파수를 중심으로 신호를 조절합니다. 1/3, 2/3, 3/3 버튼은 MIDI 노트에 따라 컷오프 주파수를 조정하며, 3/3을 선택하면 필터가 피치에 맞춰 조정되어 높은 음이 더 밝게 들립니다.

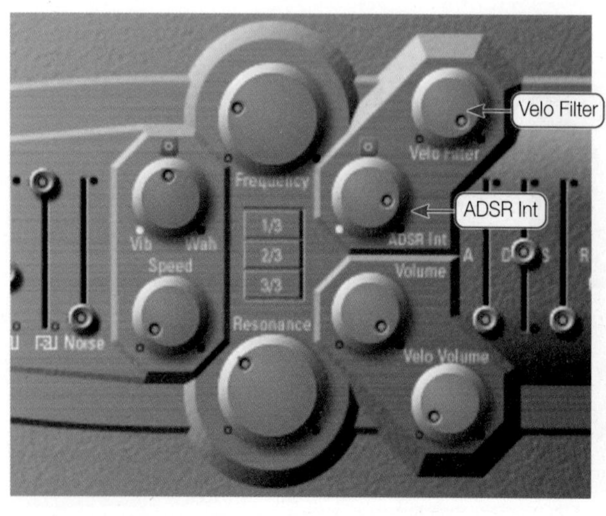

04 ADSR Int는 컷오프 주파수 변조의 깊이를 조절하고, Velo Filter는 벨로시티에 따라 모듈레이션 강도를 조정해 연주 강도에 따른 소리 변화를 만듭니다.

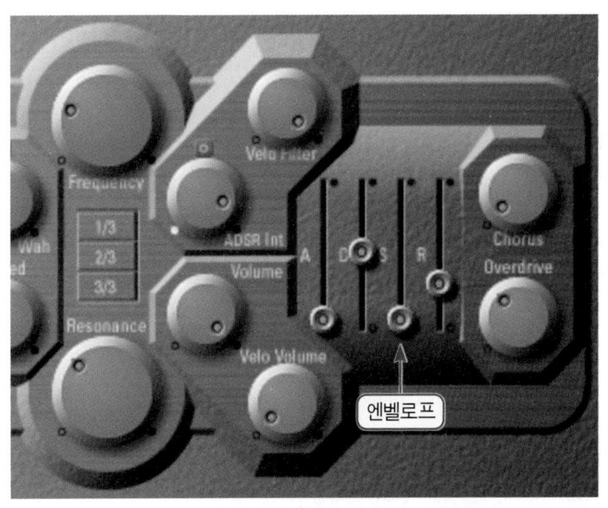

05 엔벨로프 섹션의 A(어택)는 소리가 처음 나서 최대 세기에 도달하는 시간을 설정하고, D(디케이)는 최대 세기에서 서스테인 레벨로 떨어지는 시간을 조절합니다. S(서스테인)는 지속되는 소리의 세기를 설정하며, R(릴리즈)는 서스테인 레벨에서 소리가 완전히 꺼지기까지 걸리는 시간을 조절합니다.

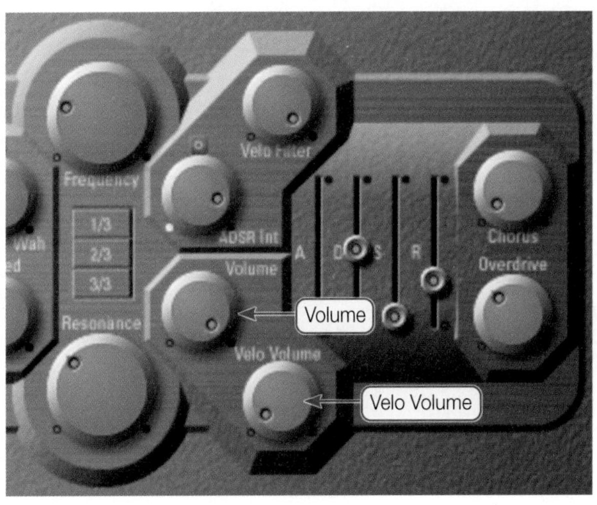

06 Volume은 신디사이저에서 나오는 소리의 전체 볼륨을 조절하며, Velo Volume은 연주하는 힘에 따라 소리의 크기가 얼마나 변하는지를 설정합니다.

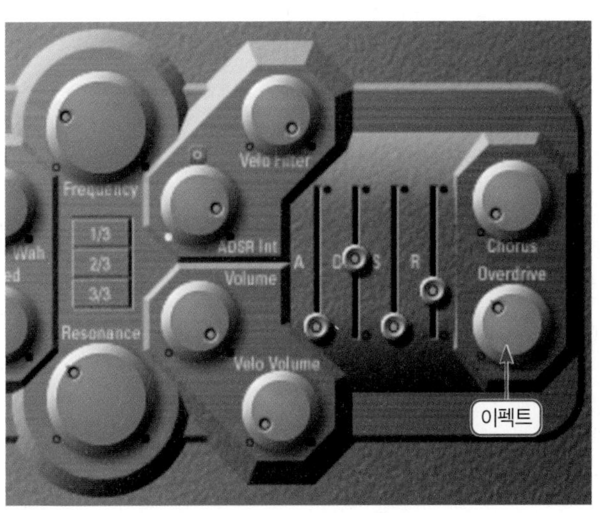

07 ES P는 1980년대 신디사이저를 모방한 내장 스테레오 코러스와 오버드라이브 이펙트를 제공합니다. Chorus 노브는 코러스의 강도를 조절해 소리를 풍부하게 만들고, Overdrive 노브는 소리의 디스토션 레벨을 설정하여 강렬한 효과를 줍니다.

4 ES 1

ES1은 간결하고 직관적인 인터페이스를 통해 아날로그 신디사이저의 서킷을 모방합니다. 이 신디사이저는 감산 합성법을 사용하여 사운드를 생성합니다. 오실레이터와 서브 오실레이터를 통해 풍부한 파형을 만들어내며, 이러한 파형을 감산하여 새로운 사운드를 형성할 수 있습니다. 톤 생성 시스템은 펀치가 강한 베이스부터 은은한 패드, 자극적인 리드, 날카로운 퍼커션까지 다양한 사운드를 생성할 수 있도록 유연한 모듈레이션 옵션을 제공합니다.

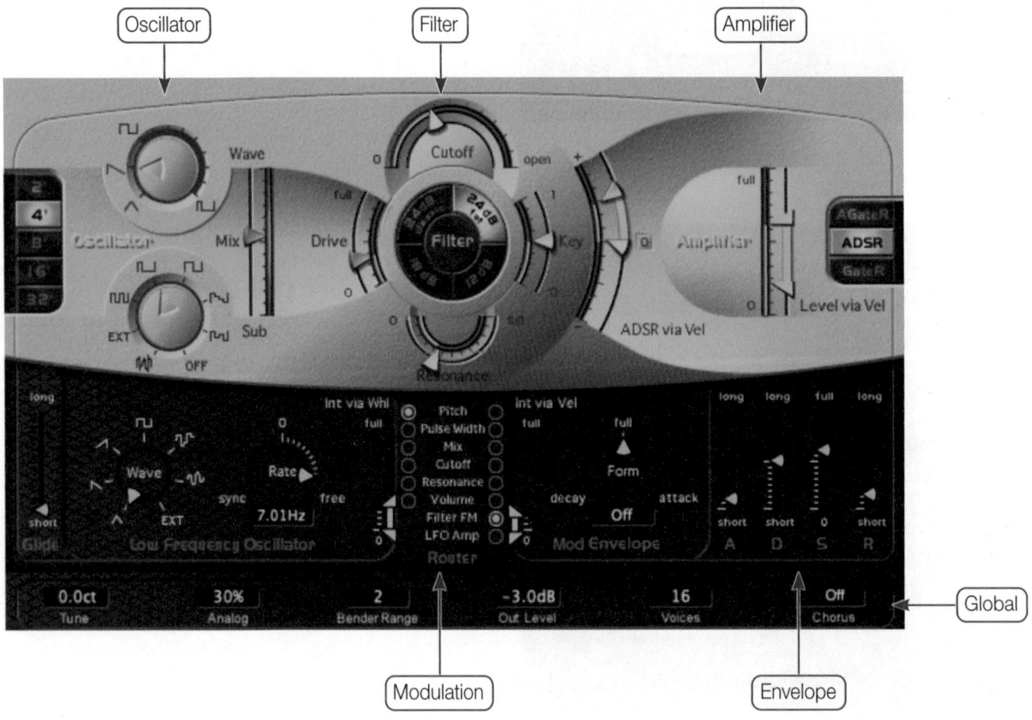

- **오실레이터** : 기본 사운드를 생성하는 부분입니다.
- **필터** : 사운드의 윤곽을 조정하는 부분으로, 특정 주파수를 선택적으로 걸러냅니다.
- **앰플리파이어** : 소리의 세기를 조절하는 역할을 합니다.
- **엔벨로프** : 소리가 시간에 따라 어떻게 변하는지를 설정합니다.
- **모듈레이션** : 사운드를 다르게 변형할 수 있는 다양한 옵션을 제공합니다.
- **글로벌 파라미터** : 전체 소리를 조정하고 코러스를 추가해 음색을 풍부하게 하는 기능이 있습니다.

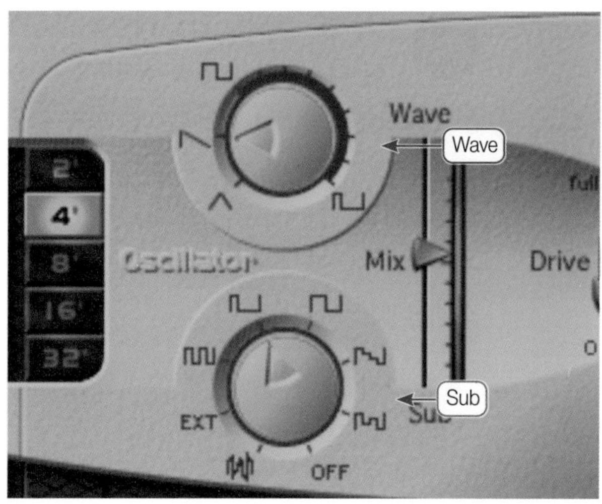

01 ES1에는 기본 오실레이터(wave)와 서브(Sub) 오실레이터가 있습니다. 기본 오실레이터는 사운드의 기본 파형을 만들고, 서브 오실레이터는 기본 오실레이터보다 한 옥타브 아래나 두 옥타브 아래에서 추가적인 파형을 생성해 줍니다.

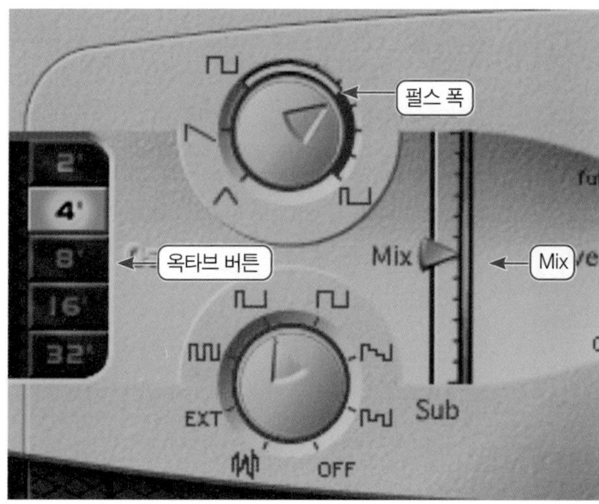

02 Mix는 기본 오실레이터와 서브 오실레이터의 소리 비율을 조정하며, 옥타브 버튼을 사용해 오실레이터의 피치를 옥타브 단위로 조정할 수 있습니다. 또한, ES1에서는 펄스 폭을 조정하여 사운드를 다양하게 변화시킬 수 있습니다.

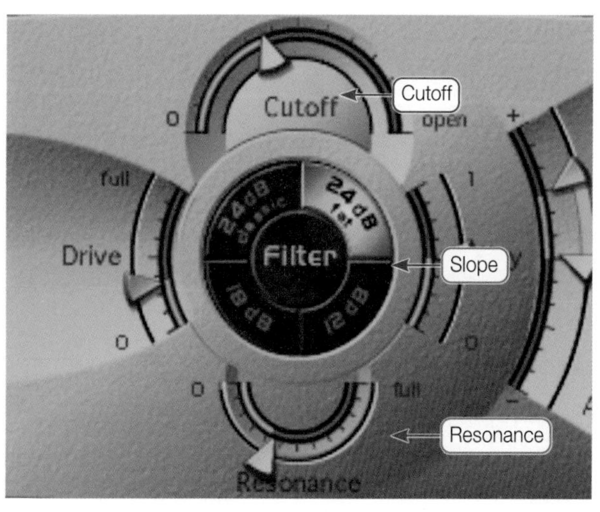

03 필터는 오실레이터의 특정 주파수를 차단하여 소리의 성격을 변화시키고 원하는 음색을 만들어냅니다. Cutoff로 통과시킬 주파수를 설정하고, Slope 버튼을 통해 차단 강도를 선택합니다. Resonance는 컷오프 주파수 주변의 신호를 차단하거나 증폭합니다.

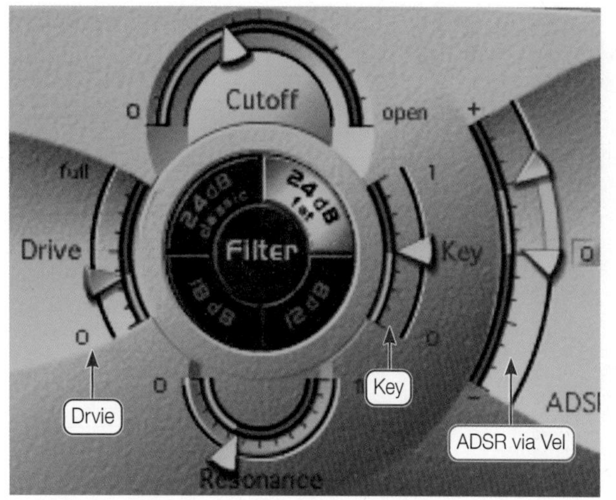

04 Drive는 필터의 입력 레벨을 조정하여 디스토션 효과를 추가하고, Key는 키보드에서 눌리는 음의 높이에 따라 컷오프 주파수가 조정되는 방식을 설정합니다. 그리고 ADSR via Vel는 노트를 얼마나 세게 눌렀는지에 따라 컷오프 주파수 모듈레이션의 강도를 조절합니다.

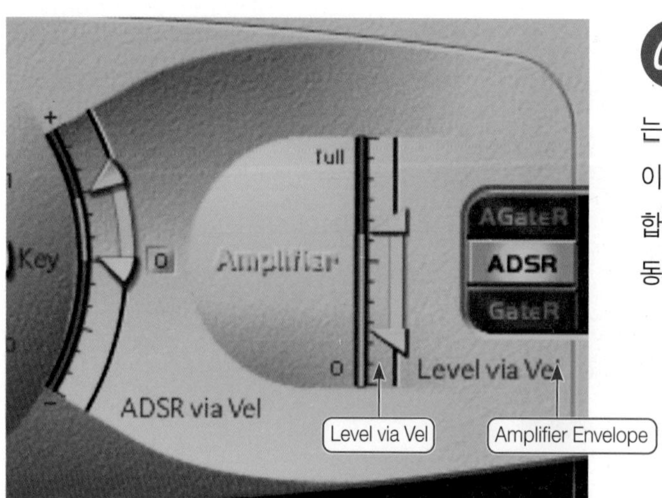

05 앰플리파이어 섹션의 Level via Vel은 노트 벨로시티가 사운드 레벨에 미치는 영향을 설정합니다. 아래쪽 화살표는 모듈레이션의 최소량을, 위쪽 화살표는 최대량을 설정합니다. 중간의 막대를 드래그하면 이 두 값을 동시에 조정할 수 있습니다.

앰플리파이어 섹션의 AGateR, ADSR, GateR 버튼은 어떤 ADSR 엔벨로프 컨트롤이 앰플리파이어 엔벨로프에 영향을 미칠지를 결정합니다.

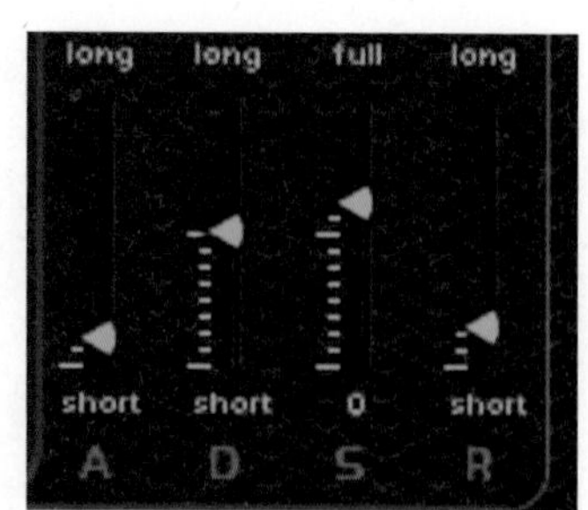

- AGateR : 어택과 릴리즈 슬라이더를 조정하여 사운드의 페이즈를 설정합니다. 노트를 누르고 있는 동안 게이트 신호는 일정한 레벨을 유지하며, 키를 릴리즈하면 릴리즈 페이즈가 즉시 시작됩니다.
- ADSR : 엔벨로프가 사운드 레벨을 시간에 따라 조절합니다.
- GateR : 게이트 신호가 노트를 누르고 있는 동안 일정한 레벨을 유지하며, 키를 릴리즈하면 릴리즈 페이즈가 즉시 시작됩니다. 이 모드에서는 어택, 디케이, 서스테인 슬라이더가 사운드 레벨에 영향을 미치지 않습니다.

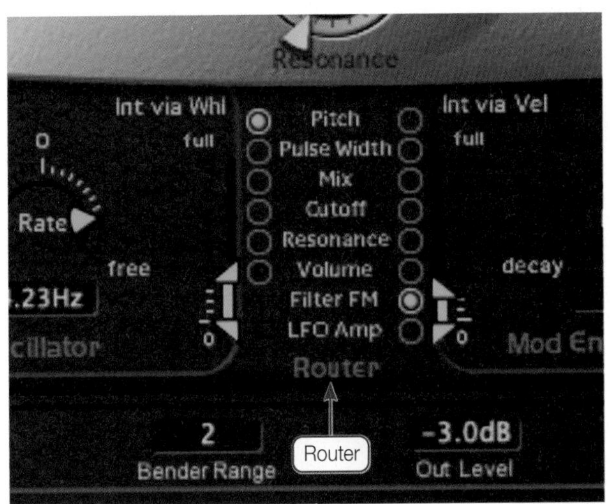

06 Router는 LFO와 모듈레이션 엔벨로프를 통해 ES1의 파라미터를 조정합니다. 왼쪽 열은 LFO 모듈레이션 대상을, 오른쪽 열은 엔벨로프 대상을 설정합니다. 주요 파라미터로는 Pitch, Pulse Width, Mix, Cutoff, Resonance, Volume, Filter FM, LFO Amp 등이 있습니다.

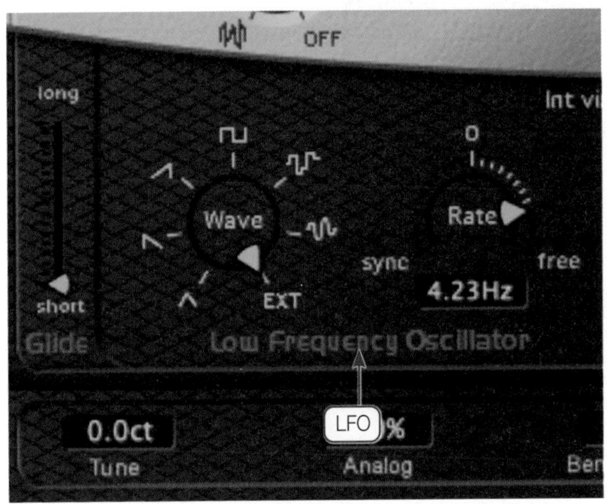

07 LFO는 ES1의 파라미터를 변조하는 주기적인 파형을 생성하며, 삼각파, 톱니파, 사각파, 무작위 등으로 설정할 수 있습니다. 사이드 체인 신호를 모듈레이션 소스로 사용할 수 있고, 속도는 Rate로 조정합니다. Int via Whl 슬라이더를 통해 키보드 모듈레이션 휠로 LFO 강도를 설정할 수 있습니다.

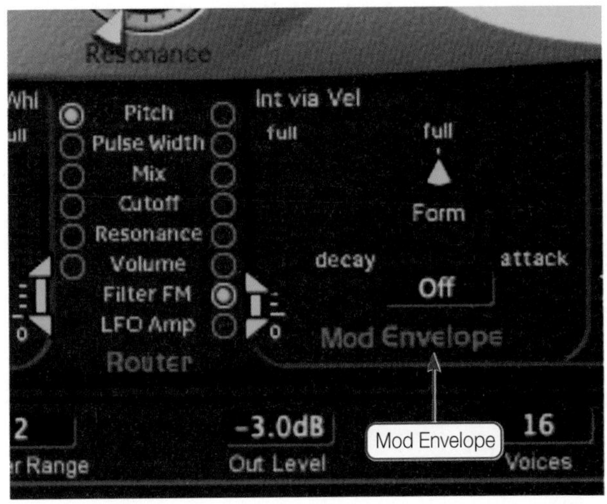

08 Mod Envelope는 선택한 파라미터를 변조하며, 페이드 인 또는 아웃 시간을 설정합니다. Full 모드에서는 강도가 고정되고, 낮은 값은 디케이 퍼커션, 높은 값은 어택을 조정합니다. Form으로 페이드 시간을 조절하고, Int via Vel로 벨로시티에 따른 모듈레이션 강도의 상한과 하한을 설정합니다.

5 EMF 1

EFM1 아날로그 신디사이저는 마치 시대를 초월한 음악의 보물과도 같습니다. 간결한 구조를 지니고 있지만, 1960년대의 FM 사운드를 필요로 할 때 가장 먼저 떠오르는 존재로 자리 잡고 있습니다. 그 퀄리티는 시대를 초월한 매력을 지니며, 진정한 음악적 영감을 불러일으키는 장치로서 많은 이들의 마음을 사로잡고 있습니다. EFM1은 단순함 속에서 복잡한 감정을 표현할 수 있는 능력을 지닌, 아날로그 사운드의 진수를 보여줍니다.

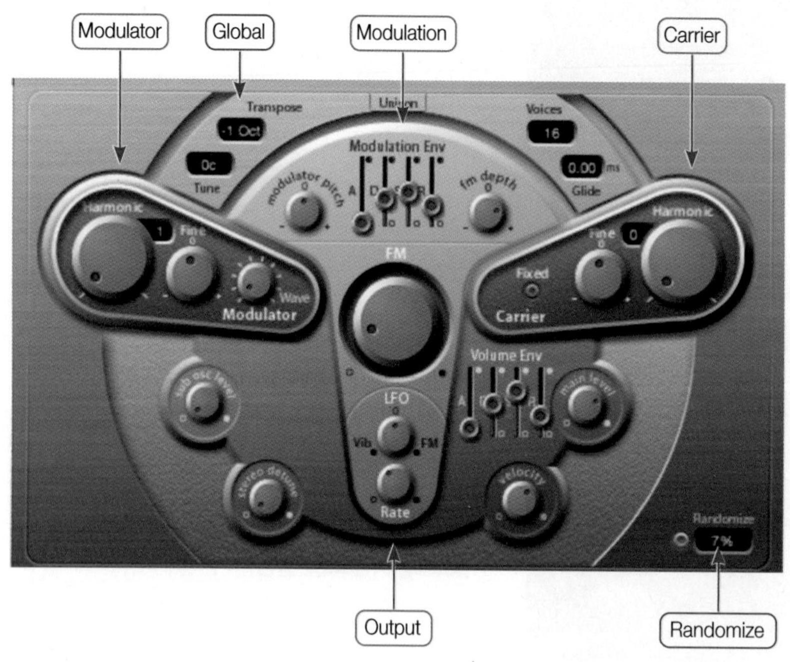

• **글로벌 파라미터** : 이 영역에서는 EFM1의 전체적인 튜닝과 소리를 조절할 수 있는 기능이 있습니다. 예를 들어, Glide 기능은 소리의 높낮이가 부드럽게 변하는 시간을 설정할 수 있습니다. Voice 개수 제한은 동시에 사용할 수 있는 소리의 개수를 설정하고, Unison 기능은 소리를 더 두껍고 풍부하게 만들어 줍니다.

• **Modulator 및 Carrier 파라미터** : FM 엔진의 핵심 부분으로 Modulator는 소리의 변화를 담당하고, Carrier는 기본 톤을 생성합니다. 중앙에 위치한 FM 인텐시티 노브는 두 파라미터의 상호 작용 강도를 조절하여 다양한 음색을 만들어냅니다.

• **모듈레이션 파라미터** : 중앙의 특별한 영역에는 Modulation Env와 LFO가 있어 소리의 변화를 더 세밀하게 조정할 수 있습니다. 이를 통해 더욱 역동적이고 흥미로운 사운드를 생성할 수 있습니다.

• **출력 파라미터** : 하단부에는 소리를 최종적으로 조정하는 데 필요한 다양한 컨트롤이 있습니다. Sub Osc Level은 저주파 소리를 추가하고, Stereo Detune은 소리의 넓이를 조절합니다. Volume Env, Main level, Velocity 컨트롤은 EFM1의 전체 음량을 설정합니다.

• **Randomize 파라미터** : 오른쪽 하단의 Randomize 버튼은 현재 설정을 무작위로 변경하여 새로운 소리를 만들어냅니다. 이는 창의적인 아이디어를 찾는 데 매우 유용합니다.

01 FM 합성은 모듈레이터 오실레이터와 캐리어 오실레이터 간의 튜닝 비율과 FM 인텐시티를 조정하여 소리를 생성하는 방법입니다. 튜닝 비율은 기본적인 배음 구조를 형성하며, FM 인텐시티는 이 배음의 강도를 조절합니다.

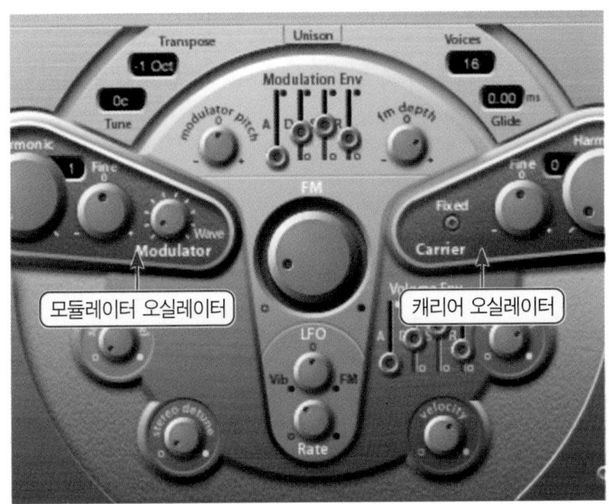

02 EFM1의 핵심은 멀티웨이브 모듈레이터 오실레이터와 순수한 사인파 캐리어 오실레이터입니다. 캐리어 오실레이터는 특색 없는 기본 톤을 생성합니다. 이 기본 사인파에 모듈레이터 오실레이터를 추가하여 주파수를 조정하면 새로운 배음이 생성되어 더욱 흥미로운 음향을 만들어냅니다.

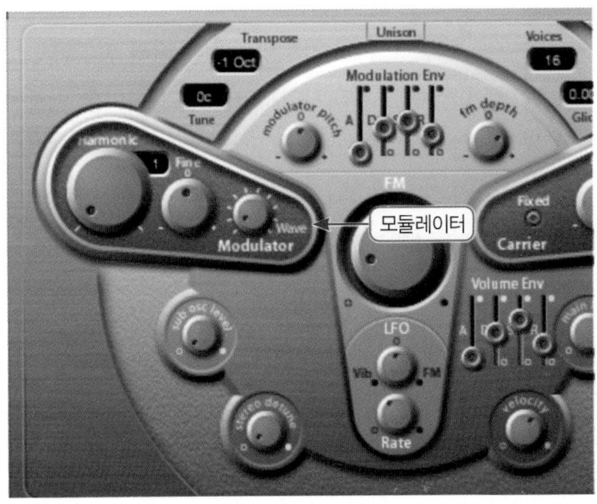

03 모듈레이터의 Harmonic은 캐리어 오실레이터 간의 튜닝 비율을 설정하여 배음 구조를 결정합니다. Fine은 이 값에 따라 두 오실레이터의 인접한 배음을 ±0.5 배음 범위 내에서 미세 조정합니다. Wave는 다양한 파형을 선택할 수 있게 하여 소리의 질감을 변화시키는 중요한 역할을 합니다.

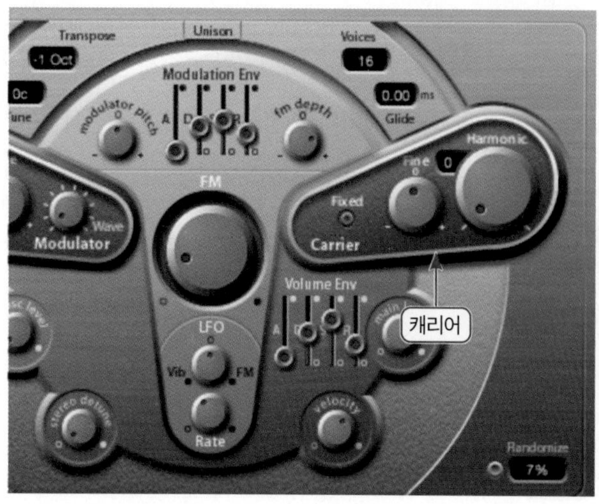

04 캐리어의 Harmonic는 모듈레이터 오실레이터 간의 튜닝 비율을 설정하여 배음의 구조를 만들어냅니다. Fine은 Harmonic에서 설정한 값에 따라 두 오실레이터의 인접한 배음을 미세하게 조정합니다. Fixed는 키보드, 피치 벤드, LFO 등에서 캐리어 주파수를 독립적으로 사용할 수 있습니다.

캐리어 주파수는 연주된 음에 따라 결정되고, 모듈레이터 주파수는 일반적으로 캐리어 주파수의 배수로 설정됩니다. EFM1에서는 첫 32개의 배음 중 어떤 것이든 모듈레이터와 캐리어를 튜닝할 수 있으며, 이 튜닝 비율이 기본 소리에 큰 영향을 미치므로 귀로 직접 들으며 조정하는 것이 가장 좋습니다.

Harmonic를 사용하면 왼쪽의 모듈레이터 오실레이터와 오른쪽의 캐리어 오실레이터 사이의 튜닝 비율을 설정할 수 있습니다. 일반적으로 균형 잡힌 튜닝 비율이 조화로운 소리를 만들지만, 특이한 비율은 더 독특하고 금속적인 배음을 생성하여 벨 사운드에 잘 어울립니다.

여기서 Harmonic와 Fine은 캐리어와 모듈레이터 간의 튜닝 관계에만 영향을 주며, 전체 튜닝을 결정하는 글로벌 Tune 파라미터와 혼동해서는 안 됩니다.

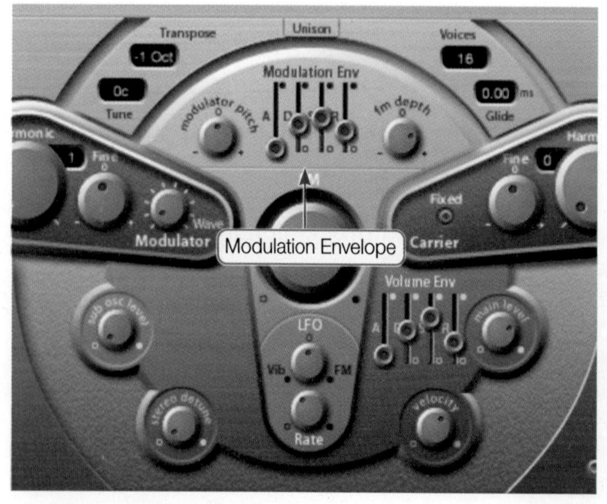

05 FM 합성은 신호 경로에서 모듈레이션의 강도와 유형에 따라 이루어지며, 아날로그 신디사이저의 LFO와는 다른 역할을 합니다. Modulation Envelope는 FM 인텐시티와 모듈레이터 피치를 시간에 따라 조절하며, 이는 MIDI 노트가 입력될 때마다 생성됩니다.

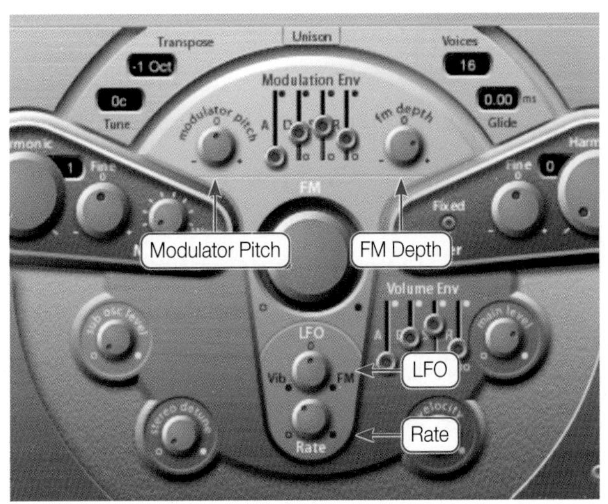

06 Modulator Pitch는 모듈레이터 오실레이터의 피치에 영향을 미치는 모듈레이션 엔벨로프의 값을 결정합니다. FM Depth는 FM 인텐시티에 영향을 주는 모듈레이션 엔벨로프의 값을 설정하며, LFO는 FM 인텐시티나 피치에 적용되는 LFO의 양을 조절합니다. Rate는 LFO의 속도를 조절합니다.

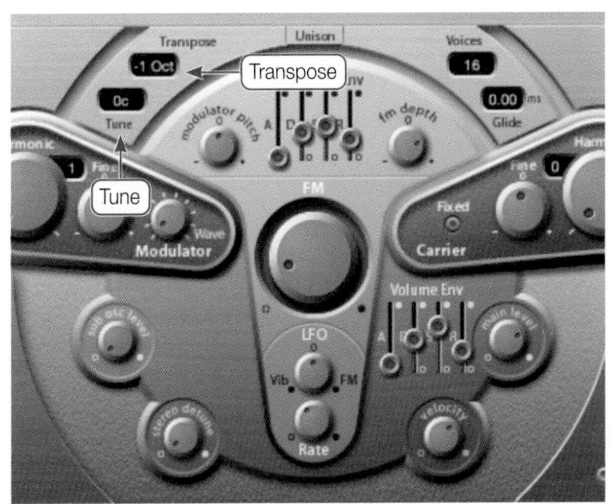

07 글로벌 파라미터는 신디사이저의 전체적인 소리와 성능을 조절하는 핵심 요소입니다. Transpose 기능을 사용하면 기본 피치를 세미톤이나 옥타브 단위로 쉽게 조정할 수 있으며, Tune 필드는 센트 단위로 더욱 세밀한 피치 조정을 가능하게 합니다.

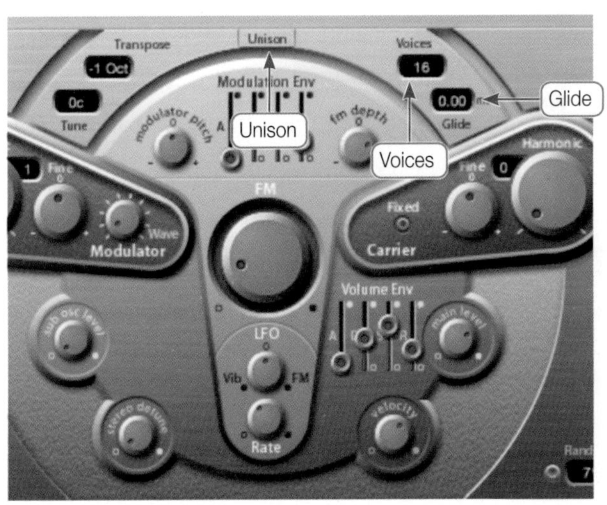

08 Voices는 동시에 재생할 수 있는 음색의 수를 선택하는 기능이며, Unison을 활성화하면 두 개의 음을 겹쳐 더욱 풍부한 사운드를 만들어 낼 수 있습니다. Glide는 연속적으로 두 음 사이의 피치를 부드럽게 이동시키는 역할을 합니다.

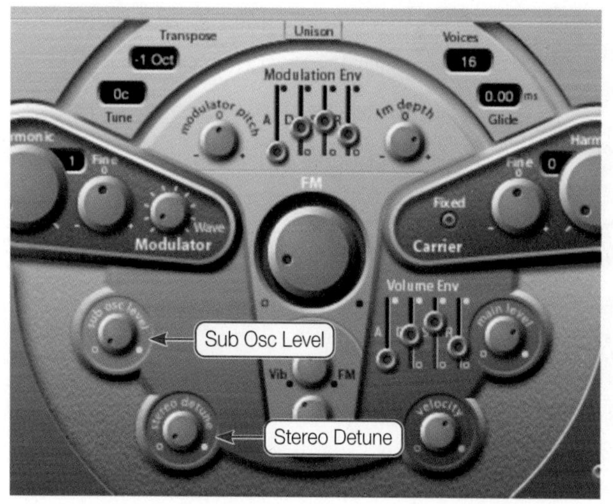

09 출력 섹션에는 EFM1의 다양한 레벨을 조절할 수 있는 파라미터들이 포함되어 있습니다. Sub Osc Level은 저역대를 강화하는 서브 오실레이터 신호를 조절하며, 이 노브를 증가시키면 서브 오실레이터의 사인파와 FM 엔진의 출력을 혼합할 수 있습니다. Stereo Detune은 소리에 코러스 같은 효과를 추가해, 디튜닝된 FM 엔진을 이중으로 겹쳐서 보다 풍부한 공간감을 만들어냅니다.

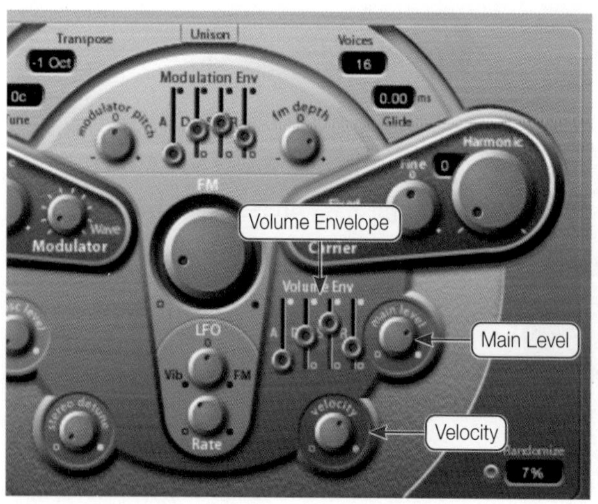

10 Volume Envelope는 소리의 볼륨이 시간에 따라 변화하는 ADSR을 조절합니다. Main Level은 전체 출력 레벨을 설정하는 역할을 하며, Velocity는 MIDI 벨로시티에 대한 감도를 조절합니다. 강하게 연주할수록 소리가 더 밝고 크게 나오지만, 이 컨트롤을 왼쪽 끝으로 설정하면 벨로시티에 반응하지 않습니다.

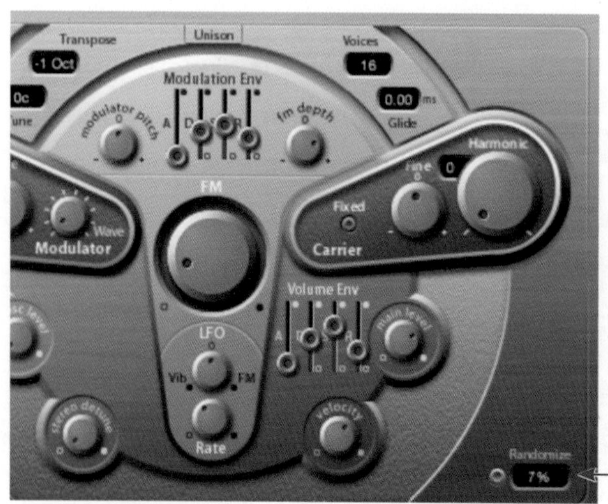

11 Randomize는 다양한 파라미터 값을 무작위로 변경하여 새로운 소리를 생성하는 도구입니다. 버튼을 클릭하면 여러 파라미터가 무작위로 바뀌어 새로운 소리가 만들어집니다. 이 버튼을 여러 번 클릭하면 다양한 소리를 실험해볼 수 있어, 창의적인 아이디어를 발견하는 데 도움을 줍니다.

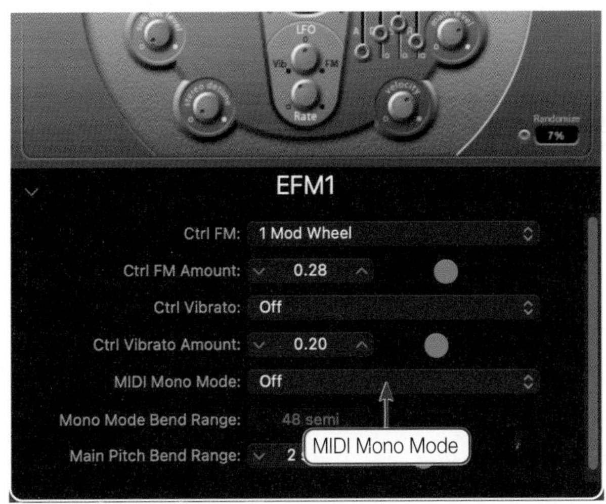

12 왼쪽 하단의 확장 버튼을 클릭하면 MIDI 컨트롤러와의 연결성을 향상시키기 위한 다양한 옵션을 설정할 수 있습니다. MIDI Mono Mode는 모노 모드를 활성화할지 여부를 선택하며, 각 보이스가 서로 다른 MIDI 채널에서 신호를 수신하게 되면, 기본 채널에서 전송된 MIDI 메시지는 모든 보이스에 영향을 미칩니다.

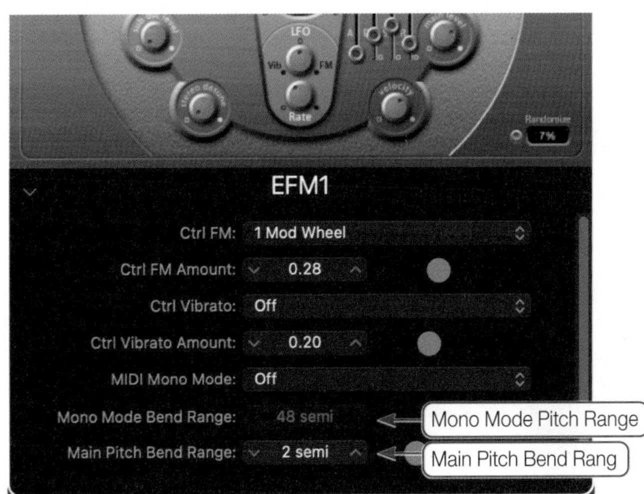

13 Mono Mode Pitch Range는 피치 벤드의 범위를 0에서 96 세미톤까지 설정하며, 기본 채널을 제외한 모든 채널의 피치 벤드 메시지에 영향을 줍니다. MIDI 기타를 사용할 경우 24 세미톤으로 설정하는 것이 좋습니다. Main Pitch Bend Range는 메인 피치 벤드 범위를 0에서 24 세미톤까지 조정할 수 있습니다.

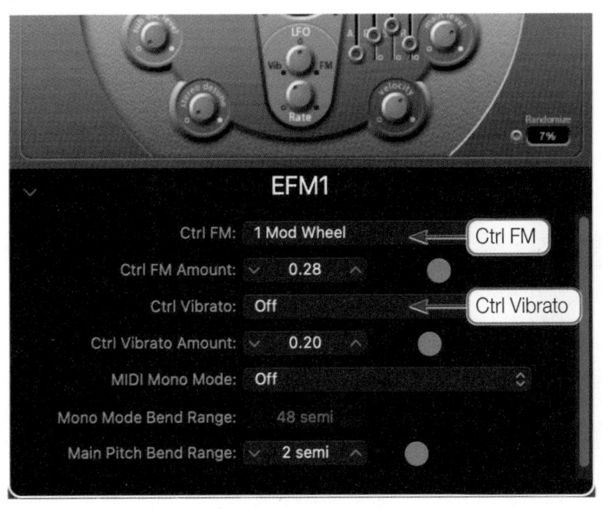

14 MIDI 컨트롤러를 EFM1에 할당하려면 Ctrl FM 또는 Ctrl Vibrato 팝업 메뉴에서 사용할 컨트롤러 이름이나 번호를 선택한 후, 슬라이더를 통해 FM 또는 비브라토의 양을 설정하면 됩니다.

Retro Synth

레트로 신스는 네 가지 소스 엔진을 제공합니다. 첫째, 전통적인 아날로그 소리, 둘째, 마스터와 슬레이브 파형을 동기화하는 싱크, 셋째, 하이브리드 방식의 테이블, 넷째, 저주파를 생성하는 FM 오실레이터입니다. 이렇게 네 가지 엔진을 통해 마치 네 개의 악기처럼 다양한 사운드를 만들 수 있습니다. 복고풍의 음색부터 독특한 현대 음색까지 손쉽게 구현할 수 있어서 어떤 음악 장르에서도 유용하게 사용할 수 있는 악기가 될 것입니다.

1 Analog 오실레이터

01 Retor Synth의 사운드 생성 과정은 앞에서 살펴본 악기들과 동일합니다. 다만, 사운드 소스를 선택하는 오실레이터 섹션에서 Analog, Sync, Table, Fm의 4가지 엔진을 제공한다는 차이가 있습니다.

02 기본적으로 선택된 Analog 엔진은 두 가지 오실레이터인 Shape 1과 Shape 2를 제공합니다. 사용자는 Mix 슬라이더를 통해 이 두 파형의 합성 비율을 조정할 수 있어 원하는 음색을 보다 쉽게 만들 수 있습니다.

03 OSC1에는 두 가지 주요 기능이 있습니다. Shape Modulation는 Shape 1의 파형을 변조하여 다양한 음색을 만들 수 있게 해주고, Vibrato는 비브라토의 주파수 범위를 설정하여 사운드의 피치를 미세하게 변조합니다.

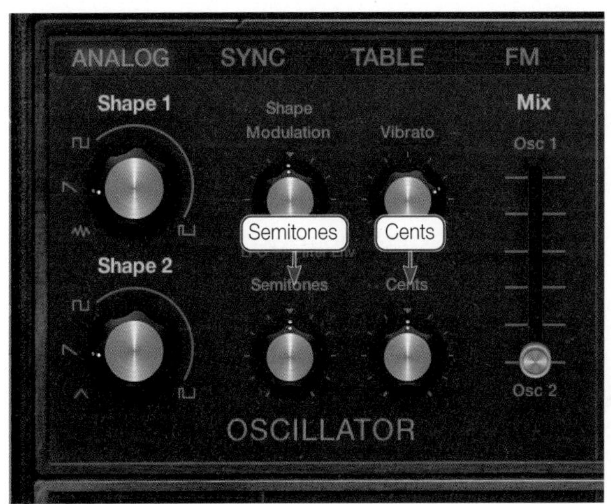

04 OSC 2에는 두 가지 조정 기능이 있습니다. Semitones는 Shape 2의 음정을 반음 단위로 조정할 수 있게 해주고, Cents는 음정을 100분의 1 단위로 미세하게 조정할 수 있습니다. 이를 통해 세밀한 음색 조정이 가능해집니다.

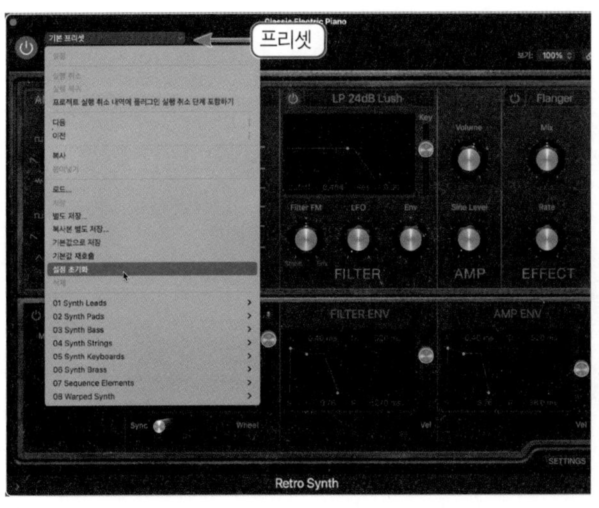

05 나머지 Filter, Amp, Effect 등의 파라미터 역할은 ES2 학습편에서 충분히 살펴보았으므로, 여기서는 직접 음색을 만들어 보면서 진행하겠습니다. 프리셋 메뉴의 설정 초기화를 선택하여 초기값으로 복구합니다.

06 실습으로 베이스 음색을 만들어 볼 것입니다. Shape 2 노브를 12시 방향으로 돌려 사각파를 선택하고, Semitiones를 -12로 설정하여 한 옥타브 낮게 설정합니다.

2 필터

01 필터 타입은 LP 24dB Fat, LP 24/18/12dB, HP 18/12dB, BP 6dB, BR 6dB, Peak의 8가지를 제공하며, 필터 On/Off 버튼 오른쪽의 목록에서 선택합니다.

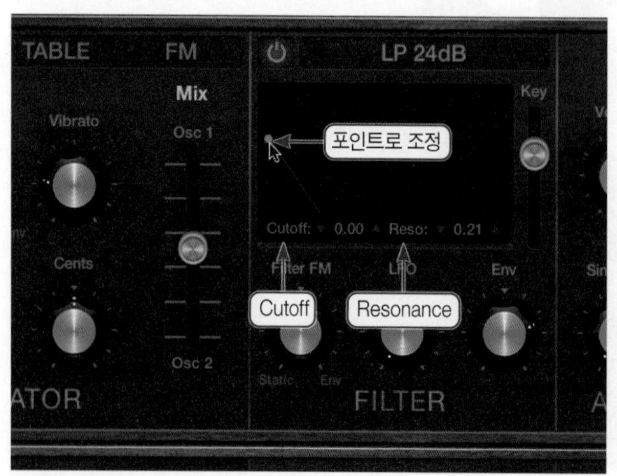

02 필터의 컷 오프와 레저넌스 값은 디스플레이 창의 포인트를 드래그하여 조정할 수 있습니다. 필터 타입을 LP 24dB Fat으로 선택하고 Cutoff는 0, Resonance는 0.21 정도로 조정합니다.

03 Key 슬라이더는 필터 컷 오프에 영향을 받은 노트 범위를 설정합니다. 테스트를 해보겠다면, Cutoff 값을 증가시키고, 마스터 건반을 연주해보면서 Key 슬라이더를 이동시켜 봅니다.

04 Filter FM은 오실레이터 Shape 1의 필터 컷 오프 주파수 변조 강도를 설정합니다. 왼쪽으로 돌리면 고정 사인파의 변조 강도, 오른쪽으로 돌리면 엔벨로프의 변조 강도가 조정됩니다. 실습에서는 11시 방향으로 조정하겠습니다.

05 그 외, LFO의 적용 강도와 Filter Env의 적용 강도를 조정할 수 있는 LFO 및 Env 노브가 있습니다. 실습에서는 Env 노브를 최대값으로 조정하겠습니다.

3 앰프 및 이펙트

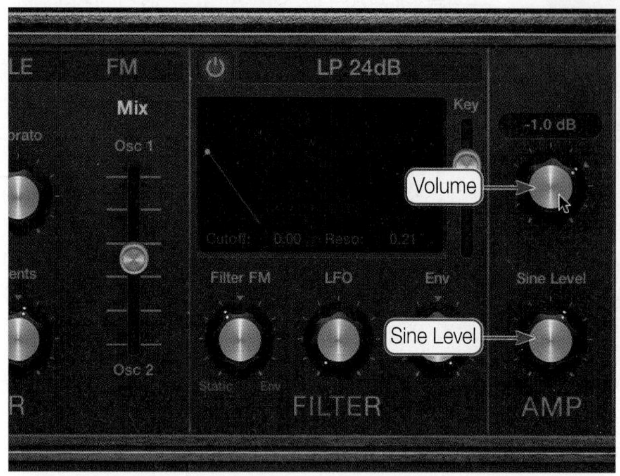

01 AMP 패널에는 전체 출력 레벨을 조정하는 Volume과 필터를 거치지 않는 오실레이터 Shape 1 레벨을 조정할 수 있는 Sine Level이 있습니다. 실습에서는 Volume을 2시 방향, Sine Level을 1시 방향 정도로 증가시키겠습니다.

02 Retro Synth에서는 Chorus와 Flanger의 두 가지 이펙트를 제공합니다. On/Off 버튼 오른쪽의 메뉴에서 선택합니다.

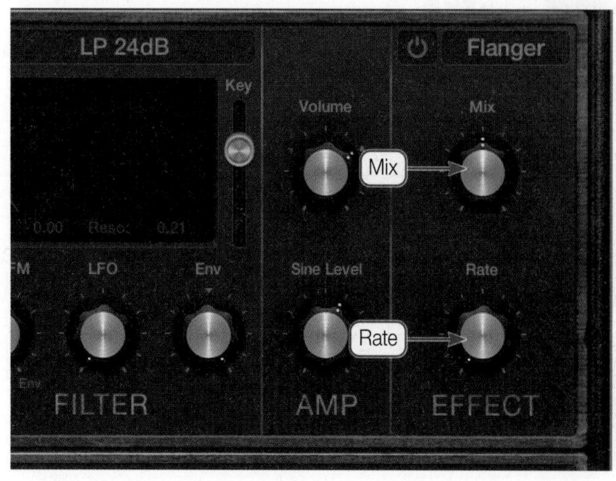

03 Effect 패널의 Mix는 이펙트의 양을 조정하는 것이며, Rate는 속도를 조정합니다. 실습에서는 전원을 Off하여 이펙트를 적용하지 않겠습니다.

4 모듈레이션

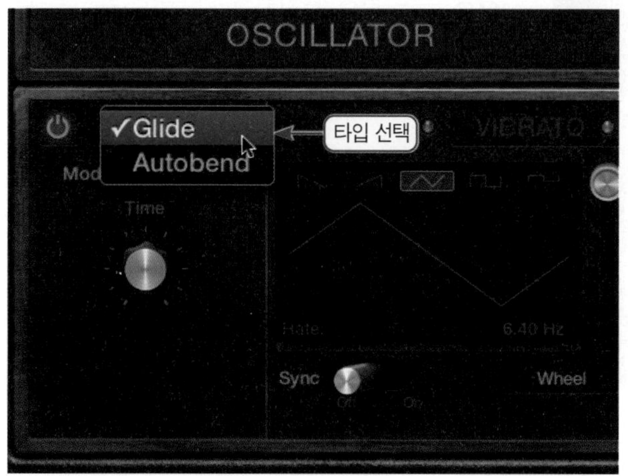

01 Glide 패널에서 노트를 연주할 때 슬라이드 주법을 만들 수 있습니다. 타입은 전원 버튼 오른쪽 메뉴에서 Glide 외에 Autobend를 선택할 수 있습니다.

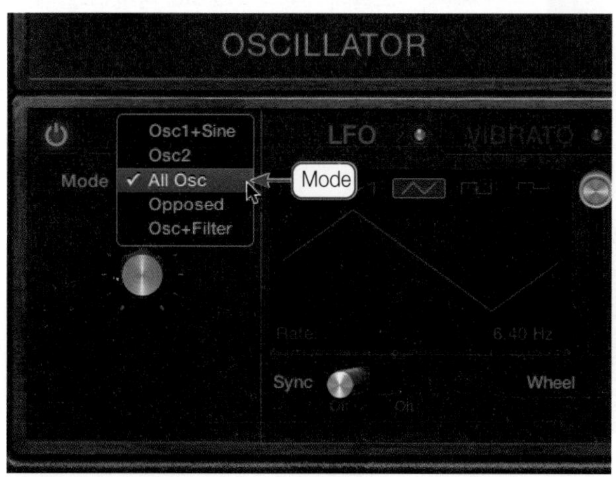

02 Mode 메뉴에서는 Oscillator 1 + Sine, Oscillator 2, All Oscillators, Opposed, Oscillators + Filter로 피치를 조정할 파라미터를 선택할 수 있습니다.

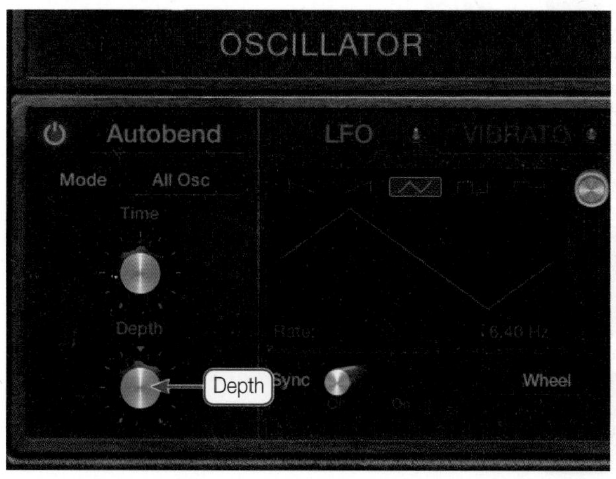

03 Glide 타입에서는 속도를 조정할 수 있는 Time 노브가 제공되며, Autobend에서는 3옥타브 범위로 시작 노트를 설정할 수 있는 Depth 노브가 추가됩니다.

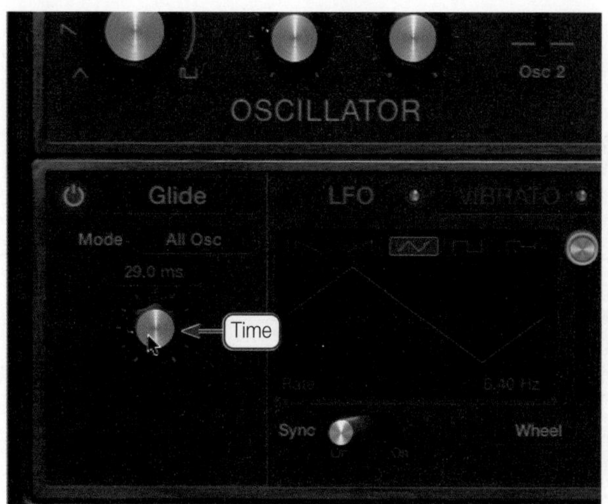

04 실습에서는 타입을 Glide, Mode는 All OSC로 선택하고, Time 값은 9시 방향 으로 설정하여 살짝 벤딩되는 효과를 만들겠습니다.

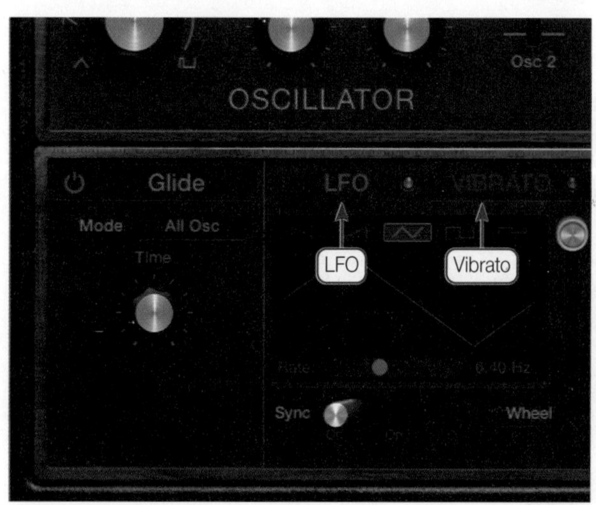

05 LFO와 Vibrato 패널은 필터의 LFO와 오실레이터의 Vibrato 피치 모듈레이션 값을 설정합니다. 패널은 탭을 클릭하여 선택합니다.

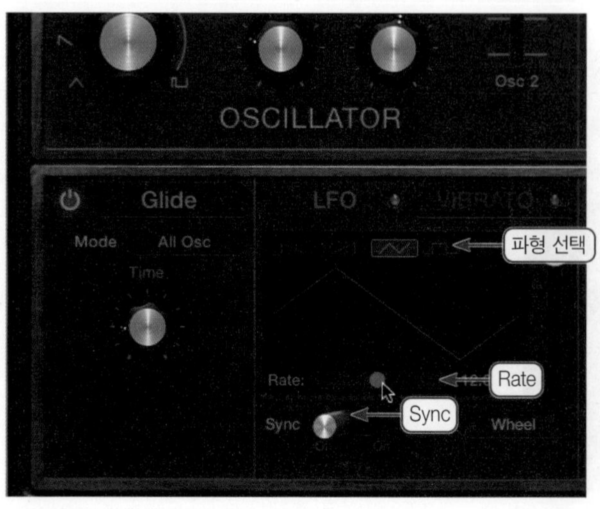

06 LFO 및 Vibrato 파형은 디스플레이 창 상단의 파형 버튼으로 선택하며, 속도는 하단의 Rate 바를 드래그하여 조정합니다. 이때 Sync On/Off 스위치를 이용하여 템포에 맞출 수 있습니다.

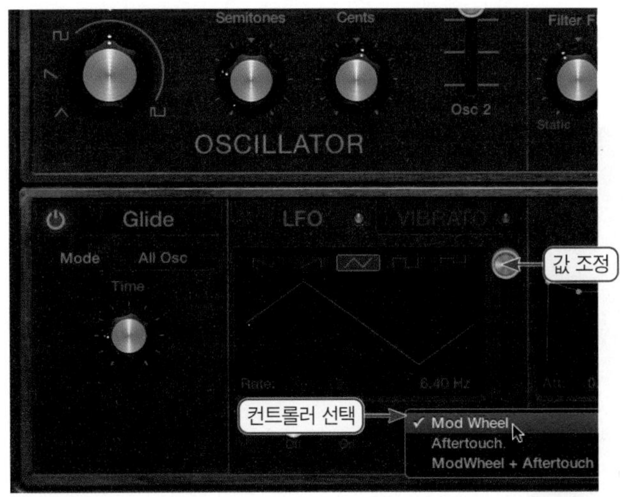

07 디스플레이 창 오른쪽의 슬라이더는 모듈레이션 값을 조정하며, Filter의 Cutoff 값을 조정하는 컨트롤러는 Mod Wheel과 Agtertouch 중에서 선택할 수 있습니다. 실습에서는 기본 값 그대로 적용하지 않겠습니다.

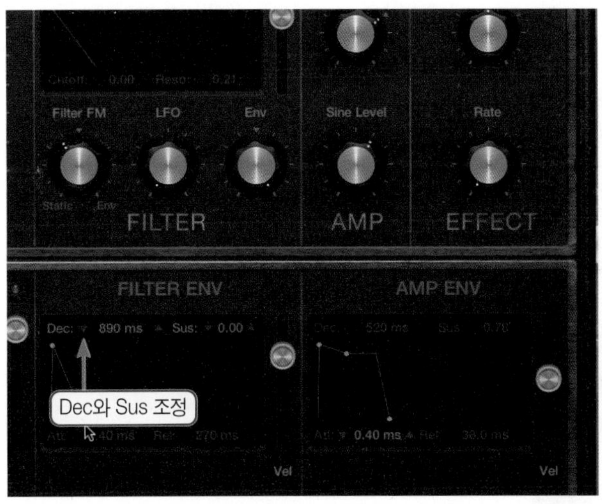

08 Filter Env는 필터의 엔벨로프 라인을 조정합니다. 실습에서는 디케이와 서스테인을 조정할 수 있는 두 번째 포인트를 드래그하여 Dec은 890ms 정도, Sus는 0으로 설정하겠습니다.

09 AMP Env의 Dec와 Sus 값도 Filter Env와 동일하게 설정합니다. 각 항목을 클릭하여 직접 입력해도 좋습니다. Filter Env 및 Amp Env의 Vel 슬라이더는 벨로시티의 감도를 조정하는 것입니다.

5 글로벌 및 컨트롤러

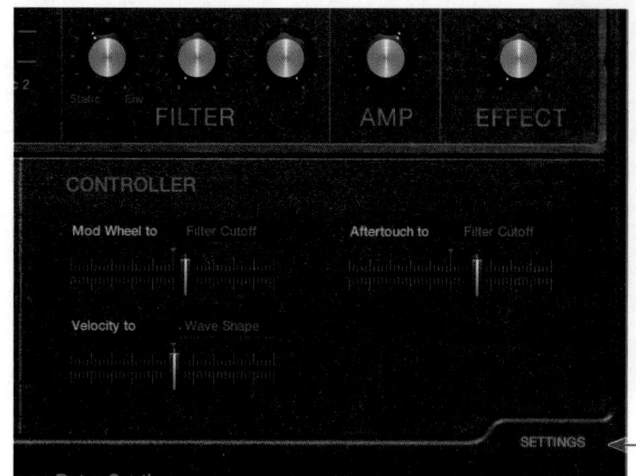

01 화면 오른쪽 하단의 Settings 버튼을 클릭하면 악기의 기본 환경을 설정할 수 있는 Global과 미디 컨트롤러에 모듈레이션, 벨로시티, 애프터터치를 할당할 수 있는 Controller을 볼 수 있습니다.

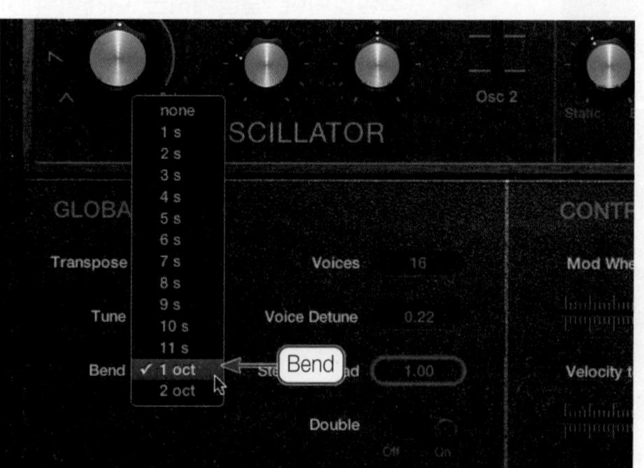

02 Transpose는 반음 단위, Tune은 100분의 1단위로 음정을 조정하며, Bend는 피치 휠의 조정 범위를 설정합니다. 베이스 악기의 경우 한 옥타브 단위로 슬라이드 되는 주법이 자주 등장하므로, Bend 값을 1 oct로 설정합니다.

03 Voices는 악기가 동시에 연주할 수 있는 노트 수를 설정합니다. 베이스는 모노 악기이므로 mono를 선택합니다. 그리고 보이스의 음정을 조정할 수 있는 Voice Detune 값을 0.5 정도로 설정하여 실제 악기가 연주될 때의 미묘한 음정 불안을 연출합니다.

04 Stereo Spread는 스테레오 범위를 조정하며, Double 스위치는 Voice 항목에서 설정한 각 노트의 유니즌 연주를 On/Off 합니다. 실습에서는 기본 값 그대로 둡니다.

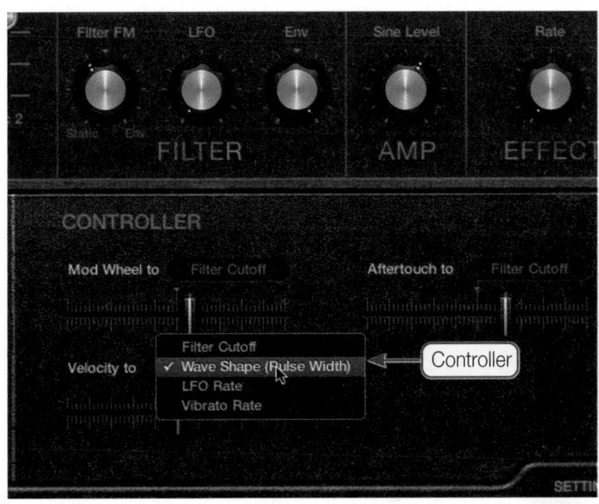

05 Controller 항목은 마스터 건반의 모듈레이션 휠, 벨로시티, 애프터터치 정보로 컨트롤할 파라미터와 값을 설정합니다. 필요한 설정이 끝나면 Settings 버튼을 Off 하여 창을 닫습니다.

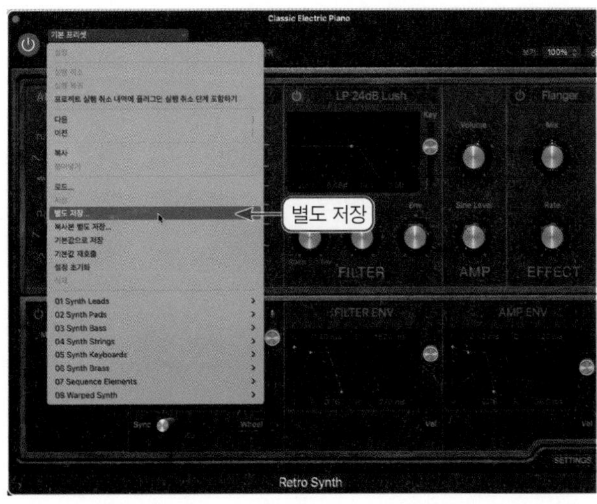

06 신디 베이스 음색을 만들어보면서 Retro Synth의 사운드 경로와 파라미터의 역할을 모두 살펴보았습니다. 음색이 마음에 든다면 프리셋 메뉴의 별도 저장을 선택하여 저장합니다.

6 Sync 오실레이터

01 Sync Oscillator는 Shape 1과 Shape 2의 파형 주기를 일치시켜 사운드를 생성하는 방식으로 리드 음색 디자인에 적합합니다. 같은 방식의 하드웨어로는 Roland 사의 Jupiter 8이 있습니다.

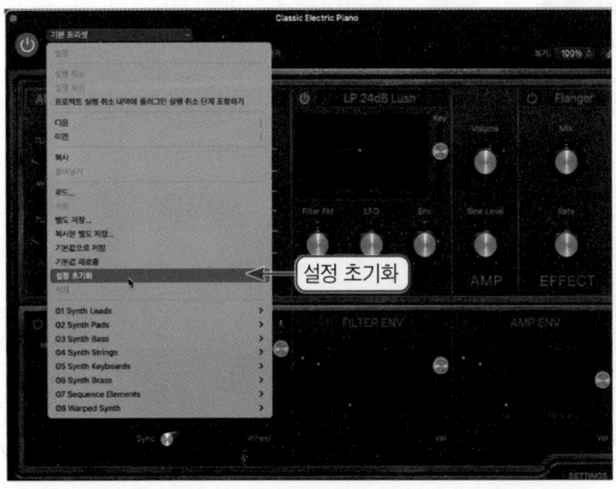

02 Sync 엔진을 이용한 신디 음색을 만들어보면서 Analog 엔진과의 차이점을 살펴보겠습니다. 프리셋 메뉴에서 설정 초기화를 선택하여 초기 값으로 복구하고 Oscillator에서 Sync 탭을 선택합니다.

03 Shape 1이 마스터이고 Shape 2가 마스터 주기에 동조되는 슬레이브 입니다. Shape 2를 12 방향으로 조정하고, Sync 값을 9시 방향으로 조정합니다.

04 Sync Modulation은 2시 방향으로 조정하고, Mix를 OSC2 쪽으로 내립니다. 동기 값과 변조 량을 조정한 Shape 2 소스만 사용하는 것입니다.

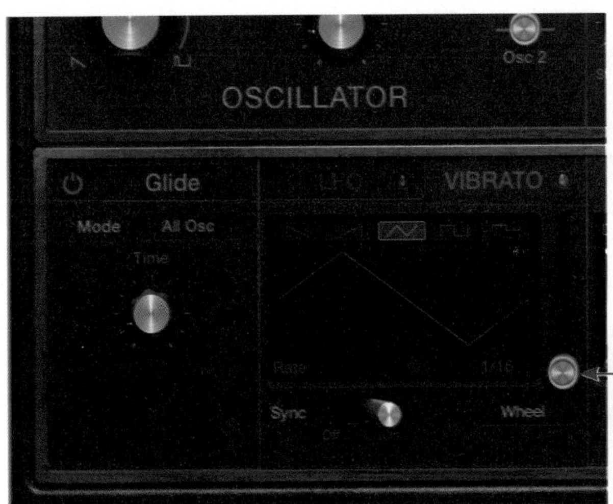

05 Vibrato 탭을 클릭하여 패널을 열고, 슬라이더를 아래쪽으로 내려 비브라토가 발생되게 합니다. 그리고 비브라토 변조 폭을 조정하는 Oscillator의 Vibrato 노브를 7시 방향으로 조정합니다.

06 Filter 패널의 포인트를 드래그하여 Cutoff는 0.4, Reso는 0.2 정도가 되게 합니다. 기본 유형이 LP 24dB이므로, 고음역이 차단됩니다.

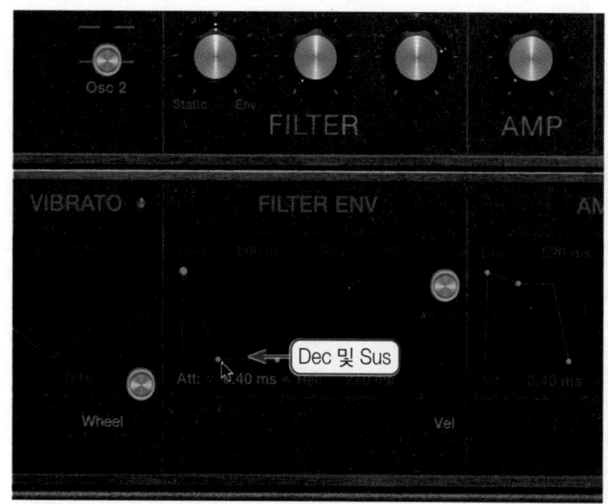

07 필터 엔벨로프는 포인트를 Dec를 800ms, Sus을 0으로 조정합니다. 디케이를 조금 길게 하고 서스테인을 제거한 설정입니다.

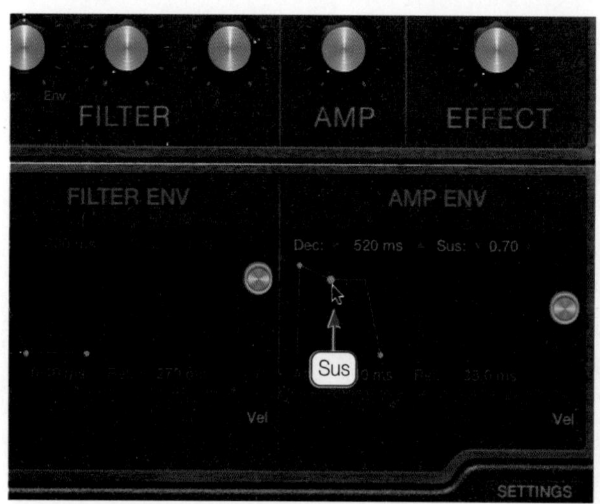

08 AMP 패널의 Volume 노브를 1시 방향으로 조정하여 볼륨을 증가 시키고, AMP ENV 패널에서는 Sus 포인트를 0.7 정도로 증가 시킵니다.

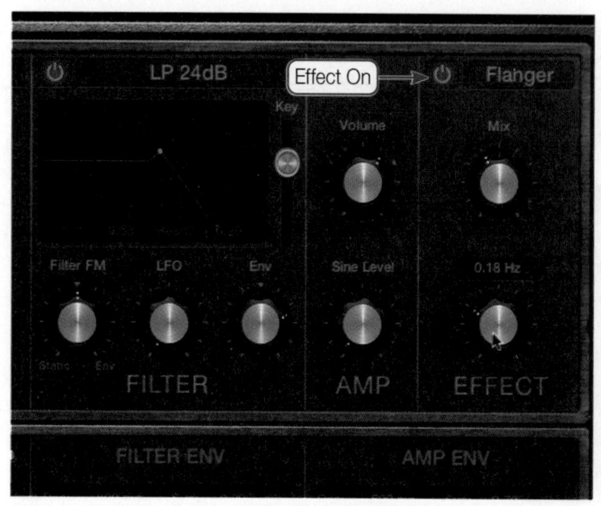

09 Effect 패널의 전원 버튼을 On으로 하여 플랜저를 적용하고, Mix 값은 11시 방향, Rate 값은 10 시 방향 정도로 조정합니다. 실습으로 제공되는 값들은 하나의 예의 뿐이므로, 각 파라미터를 조정하면 자신에 좋아하는 음색으로 찾는 것이 중요합니다.

10 Glide 패널의 전원 버튼을 On 하여 글리산도 주법이 연출되게 하고, 타임은 9시 방향 정도로 조정합니다.

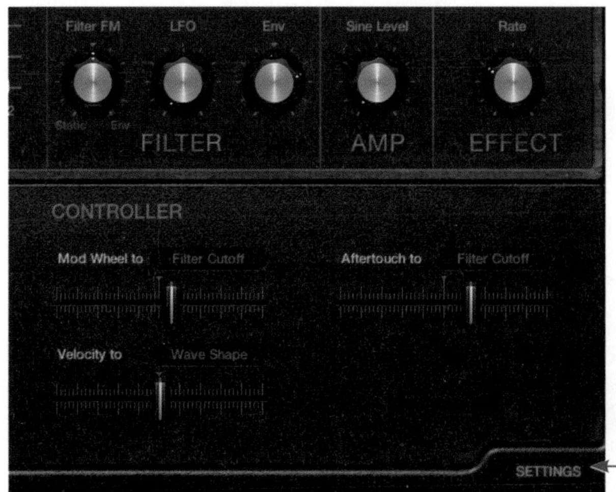

11 Settings 버튼을 클릭하여 패널을 열고, Voices는 Mono, Voice Detune은 0.5 정도, 그리고 Stereo Spread는 0.95 정도로 설정합니다.

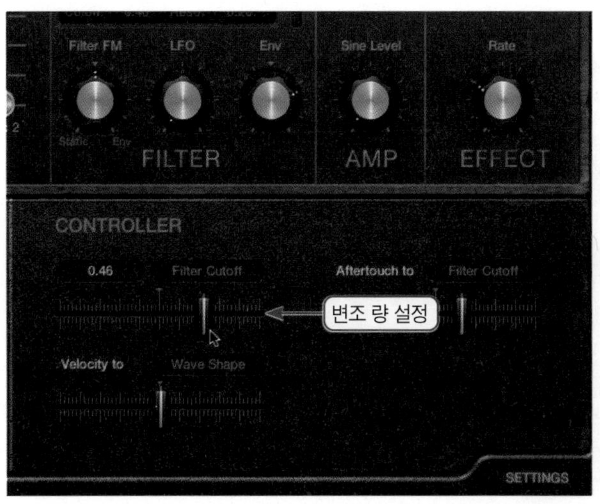

12 Controller의 Mod Wheel 변조 량을 조금 증가 시키고, Sync 엔진을 이용한 리듬 음색 디자인을 마칩니다. 완성한 음색은 언제든 이용할 수 있게 프리셋 메뉴의 별도 저장을 선택하여 저장합니다.

7 Table 오실레이터

01 Table Oscillator는 디지털 소스에 아날로그 파형을 합성하여 새로운 형태의 파형을 생성하는 하이브리드 타입입니다. 같은 방식의 하드웨어로는 이미 많은 업체에서 가상 악기로 시뮬레이션 하고 있는 PPG Wave 2 모델이 있습니다.

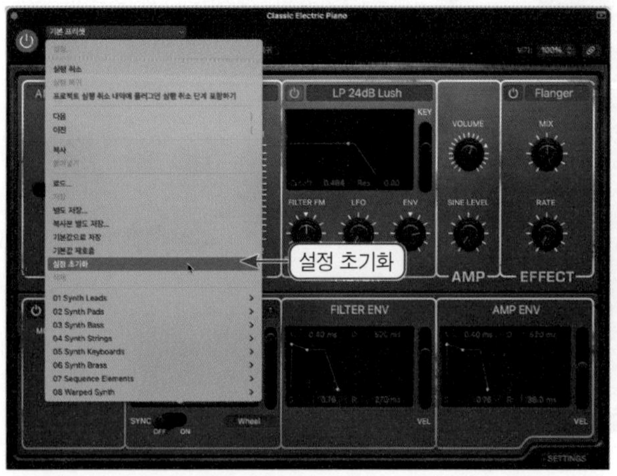

02 Table 엔진을 이용한 패드 음색을 만들어보면서 Analog 및 Sync 엔진과의 차이점을 살펴보겠습니다. 프리셋 메뉴에서 설정 초기화를 선택하여 초기화하고, Oscillator에서 Table 탭을 선택합니다.

03 Shape 1을 10 방향으로 조정하고, 변조 량을 설정하는 Shape Modulation을 3시 방향으로 설정합니다. Shape 1은 100가지의 디지털 샘플 파형을 제공하고 있으므로, 틈틈이 모니터 해보는 것이 좋습니다.

04 Filter Env는 어택(Att), 디케이(Dec), 릴리즈(Rel) 포인트를 드래그하여 모두 10s 정도로 길게 설정하고, 써스테인(Sus)은 0으로 설정합니다.

05 아날로그 파형의 Shape 2를 2시 방향으로 조정한 후, Semitones를 -12로 설정합니다. 이렇게 하면 Shape 2의 음정이 한 옥타브 낮게 합성됩니다.

06 필터 유형은 LP 18dB을 선택하고, LFO 노브를 3시 방향으로 설정합니다. LFO 패널은 Sync 스위치를 ON으로 놓고, Rate를 1/4로 조정합니다. 박자에 맞추어 LFO가 생성되게 하는 것입니다.

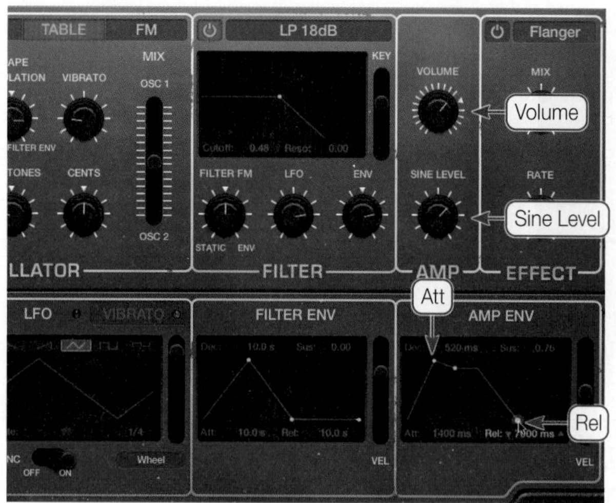

07 Volume과 Sine Level을 2시 방향으로 조정하여 레벨을 높이고, AMP Env는 어택(Att)은 1400ms, 릴리즈(Rel)는 7000ms로 조정합니다.

08 Effects 패널의 전원 버튼을 On하여 플랜저를 적용하고, Mix 노브는 2시 방향, Rate는 12시 방향으로 조정합니다.

09 Settings 창의 Voice Detune 값을 조금 증가시키면서 Table 방식을 이용한 패드 음색 디자인을 마칩니다. 프리셋 메뉴의 Save를 선택하여 저장합니다.

8 FM 오실레이터

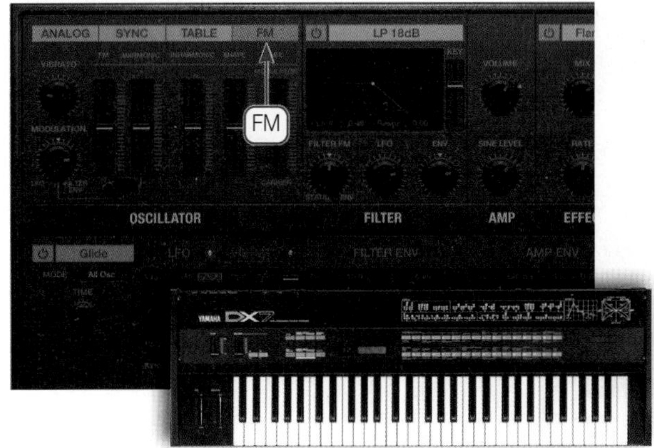

01 주파수 변조 방식의 FM 신디사이저는 많은 제작사에서 가상악기로 출시하고 있기 때문에 익숙할 것입니다. 대표적인 하드웨어로는 Yamaha 사의 DX 7이 있습니다.

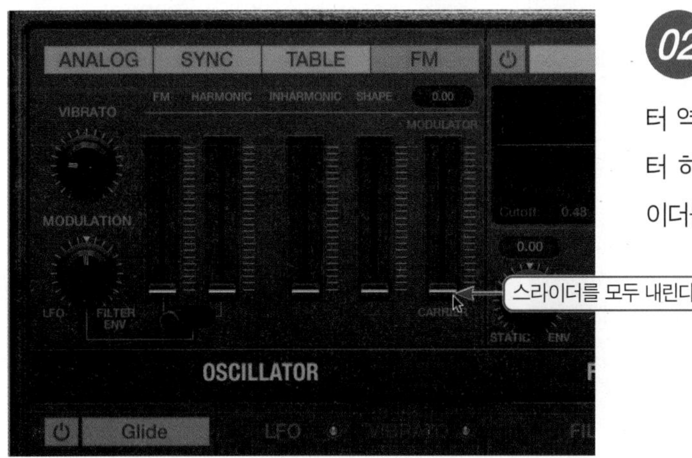

02 간단한 실습을 진행하기 전에 앞에서 살펴본 엔진들과 다른 구성의 파라미터 역할을 살펴보겠습니다. 직접 사운드를 모니터 하면서 익히는 것이 중요하므로, 모든 슬라이더를 내려 0으로 설정합니다.

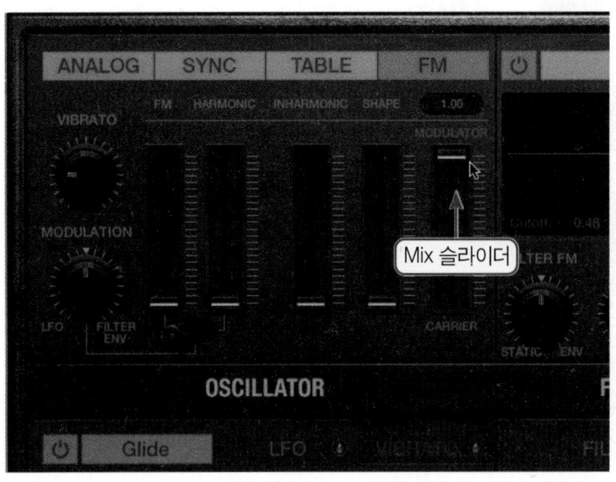

03 FM 방식은 순수 사인파에 하모니를 더해서 사운드를 창출하는 것으로 모든 슬라이더를 0으로 설정했을 때 순수 사인파가 생성되며, MIX는 사인파와 변조파의 비율을 조정합니다. 슬라이더를 올려보면서 사운드를 모니터 합니다.

04 Shape 슬라이더는 순수 사인파를 톱니파 모양으로 변형 시킵니다. Mix 슬라이더를 Carrier 쪽으로 내려서 순순 사인파만 재생되고 하고, Shape 슬라이더를 증가시키면서 사운드를 모니터 합니다. 조금 날카로워 지는 것을 느낄 수 있습니다.

05 FM 슬라이더는 순수 사인파의 주파수를 변조합니다. Shape와 Mix를 0으로 놓고, FM 슬라이더를 올려 보면서 사운드를 모니터 해보면, 값이 증가될수록 변조 량이 증가하는 것을 알 수 있습니다.

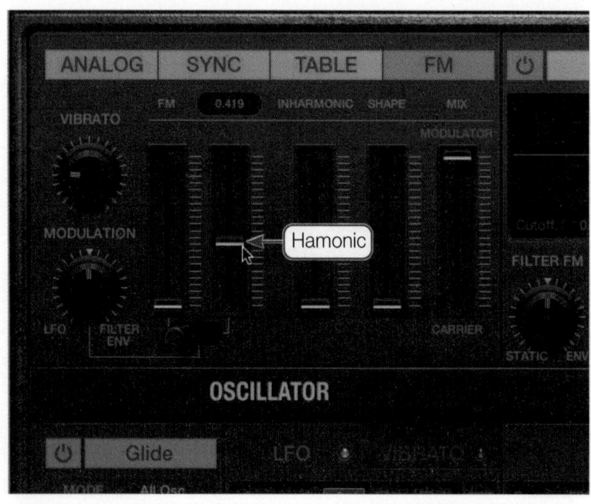

06 Homonic 슬라이더는 고음역 주파수를 추가합니다. MIx 슬라이더를 올려 Modulator로 놓고, Homonic 슬라이더를 움직여 보면서 사운드를 모니터 합니다. 고음역이 추가되는 것을 확인할 수 있습니다.

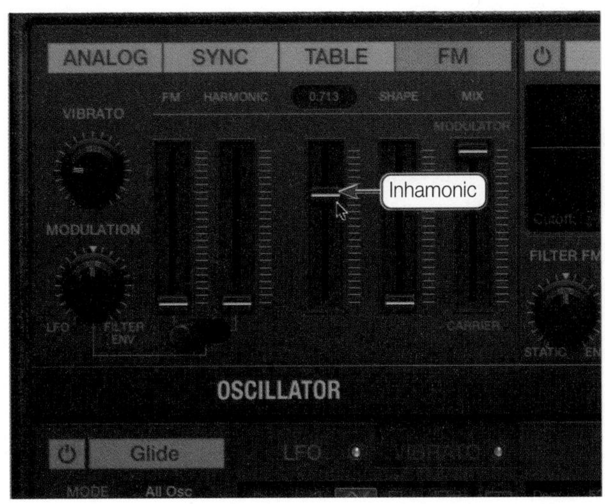

07 Inhomonic 슬라이더는 불규칙 고주파수를 추가합니다. 슬라이더를 움직여 보면서 사운드를 모니터 해보면, 불협화음이 생성되는 것을 확인할 수 있습니다. 좀 더 아날로그다운 사운드를 연출하기 위해서 꼭 필요한 파라미터입니다.

08 모듈레이션 스위치는 LFO 및 Filter Env의 변조량을 FM에 추가할 것인지, Harmonic에 추가할 것인지를 선택합니다. 왼쪽이 FM, 오른쪽이 Harmonic이며, 중앙은 양쪽 모두 추가됩니다.

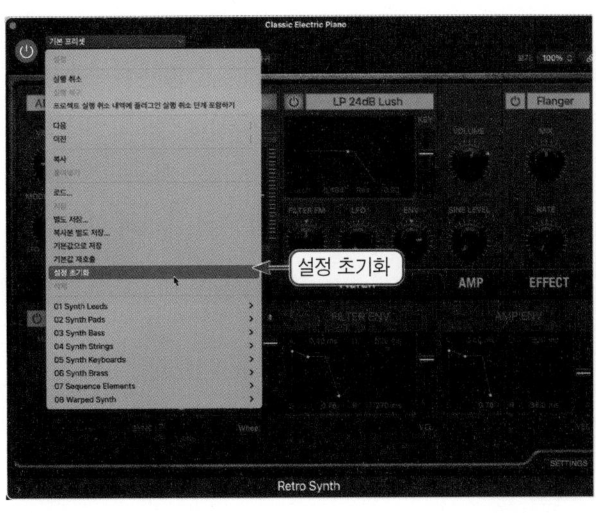

09 FM 오실레이터 패널을 구성하고 있는 파라미터의 역할을 살펴보았습니다. 이제 음색을 디자인해보면서 사운드의 변화를 체험하겠습니다. 프리셋 메뉴의 설정 초기화를 선택하여 초기화 하고, FM 탭을 선택합니다.

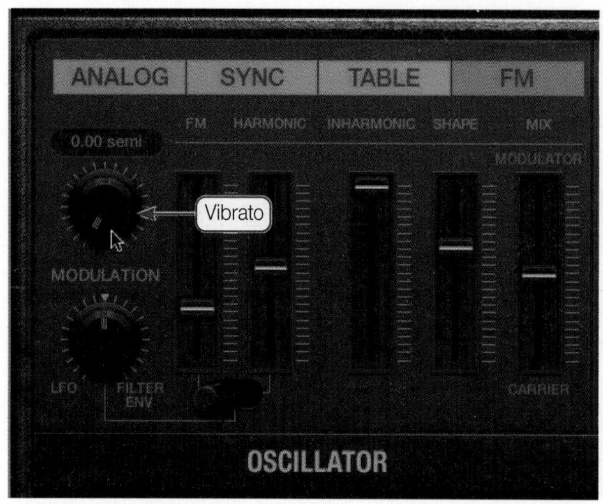

10 FM 0.3, Harmonic 0.53, Inharmonic 1.0, Shapre 0.65 정도로 조정해서 피아노 소스를 만듭니다. Bibrato는 0으로 발생되지 않게 합니다.

11 Filter 패널의 포인트를 드래그하여 Cutoff 값을 0.7 정도로 조정하고, ENV 노브를 11시 방향으로 돌려 필터 엔벨로프 값을 감소 시킵니다.

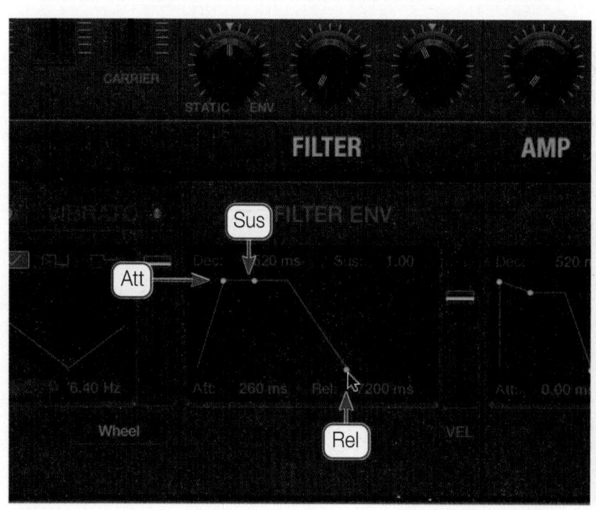

12 Filter ENV는 포인트를 드래그하여 어택(Att)은 260ms, 서스테인(Sus)은 1.0, 릴리즈(Rel)는 7200ms 정도로 조정합니다. 건반을 누르고 있는 동안 사운드가 명확하게 유지되고, 건반을 놓아도 약간의 여운이 남습니다.

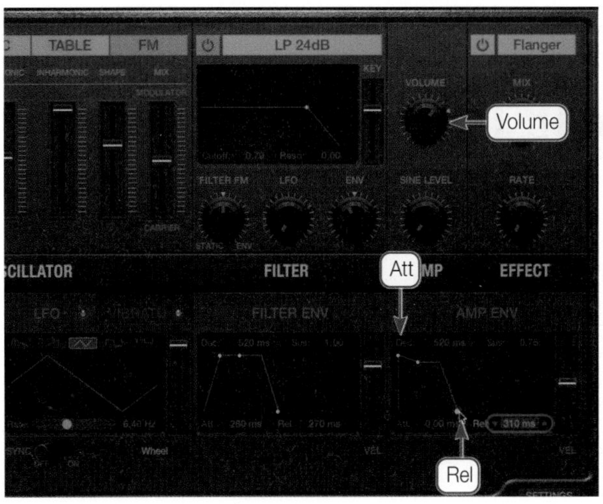

13 AMP 패널의 Volume은 2시 방향으로 증가시키고, AMP ENV에서는 포인트를 드래그하여 어택(Att)은 0으로 줄이고, 릴리즈(Rel)는 310ms 정도로 늘립니다.

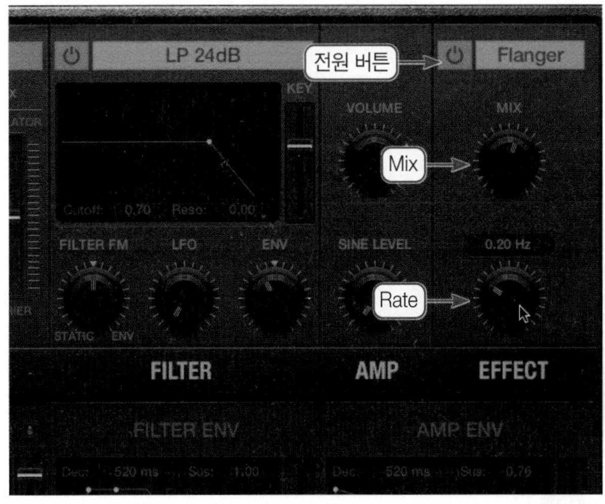

14 Effect 패널의 전원 버튼을 On으로 하여 플랜저를 적용하고, Mix는 1시 방향, Rate는 10시 방향 정도로 조정합니다.

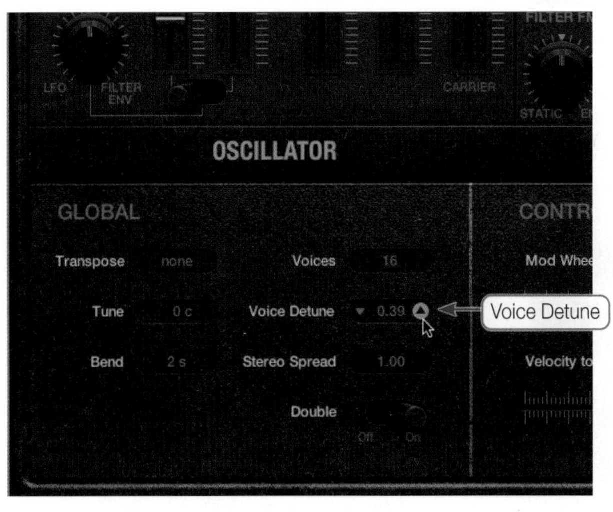

15 Settings 패널의 Voice Detune 값을 0.39 정도로 증가시키면서 FM 오실레이터를 이용한 일렉 피아노 사운드를 만들어 보았습니다. 프리셋 메뉴의 별도 저장을 선택하여 저장합니다.

빈티지 시리즈

Vintage 시리즈는 과거의 유명한 악기들을 디지털로 재현한 제품들입니다. 여기에는 하몬드 오르간 B3를 시뮬레이션한 Vintage B3 Organ, Hohner D6 클라비넷을 재현한 Vintage Clav, Rhodes와 Wurlitzer의 다양한 전자 피아노 음색을 시뮬레이션한 Vintage Electric Piano, 그리고 전설적인 건반 악기인 Mellotron가 포함되어 있습니다. 각 악기들은 재즈, 소울, 힙합, R&B 등 다양한 장르에서 빈티지한 사운드를 필요로 하는 모든 음악에 적합합니다.

1 Vintage B3 Organ

Main

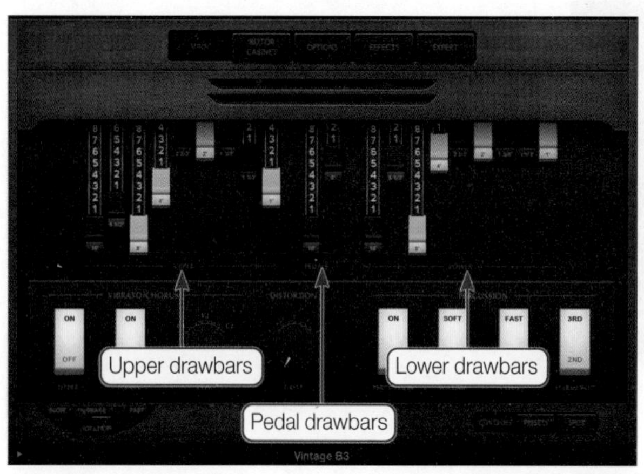

01 Vintage B3의 핵심은 음색을 만드는 드로우 바입니다. 실제 하드웨어와 같이 상단 건반의 Upper drawbars(Ch1), 하단 건반의 Lower drawbars(Ch2), 페달의 Pedal drawbars(Ch3)로 구성되어 있습니다.

02 드로우 바로 생성되는 사인파의 레벨은 8단계로 조정할 수 있으며, 이들의 조합으로 음색을 만듭니다. 바는 오른쪽이 고음역입니다. 모든 바를 올려놓고, 하나씩 내려보면서 음역대를 확인해보기 바랍니다.

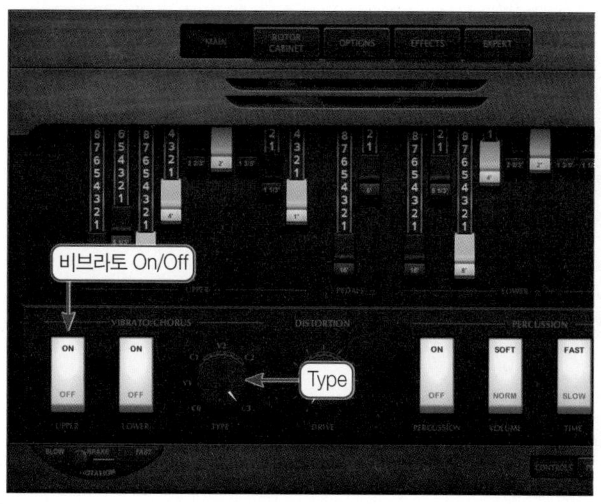

03 Vintage B3의 비브라토는 하드웨어의 딜레이 라인을 그대로 구현하고 있는 것으로 아날로그 신디에서 구현하는 LFO와는 분명한 차이가 있는 사운드를 만듭니다. Type 노브로 비브라토(V1-3)및 코러스(C1-3)을 선택하면서 사운드의 변화를 모니터 합니다.

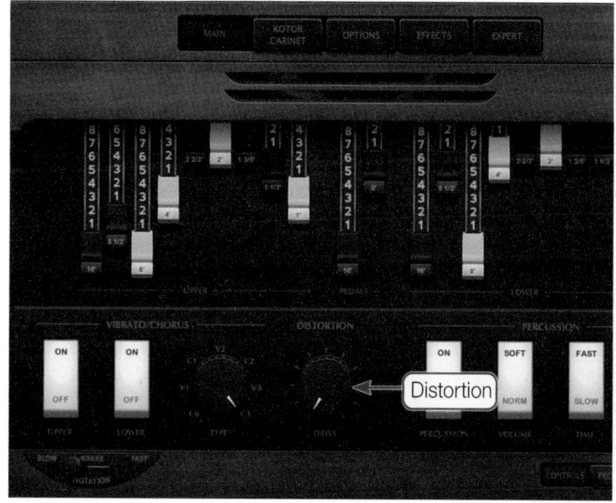

04 캐비닛에 공급하는 튜브 앰프를 시뮬레이션 하는 Distortion은 Effects 창에서 설정한 Distortion의 레벨을 조정합니다. 기본 타입은 Class AB1 Soft입니다.

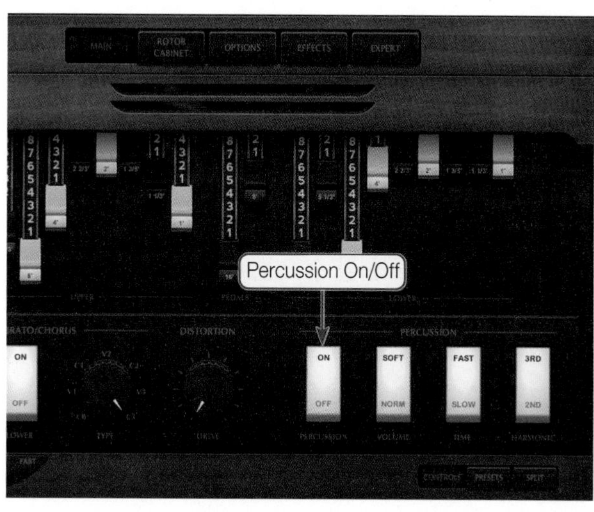

05 Percussion은 고주파를 이용한 타악기 음색을 첨가합니다. 고주파(Harmonic)는 2nd 또는 3rd 중에서 선택하며, 타임(Time), 볼륨(Volume) 스위치가 있습니다.

06 Preset 버튼을 클릭하여 패널을 열고, Select via Keyboard를 On으로 하면, 마스터 건반의 C0~B0 노트로 드로우 바 프리셋을 선택할 수 있습니다. Lower 드로우 바의 기본 설정은 미디 채널 2번 입니다.

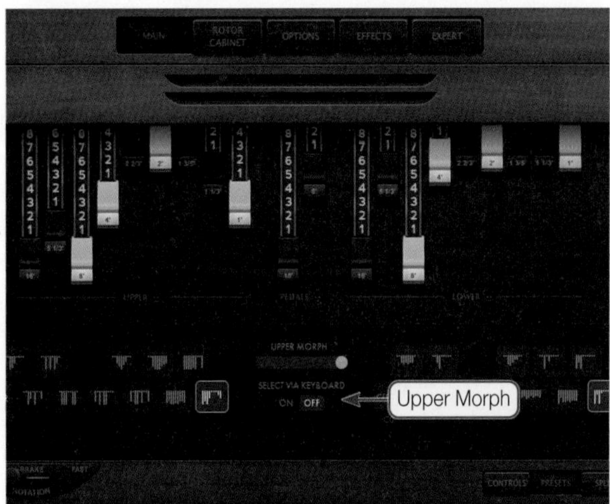

07 Upper Morph는 프리셋 전환을 부드럽게 연결합니다. Morph 휠을 움직일 컨트롤러는 Option 창의 MIDI Controller에서 선택하며 기본 값은 2 Breath 입니다.

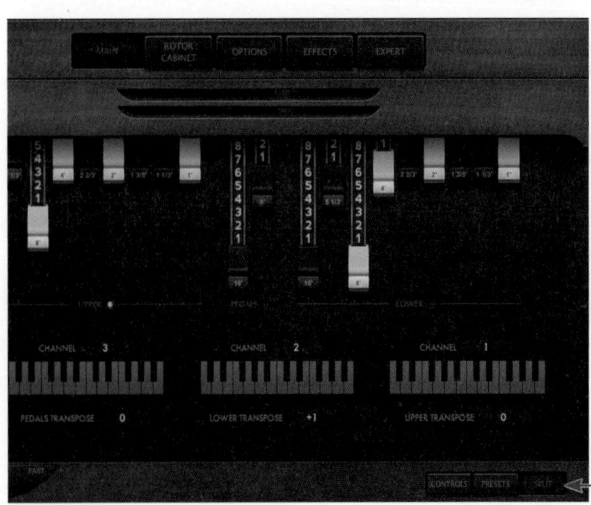

08 Split 패널은 Upper, Pedals, Lower의 노트를 할당합니다. Multi는 미디 채널로 할당되며, Split은 노트 위치로 할당합니다. Single은 Upper로만 사용합니다. 두 대의 건반을 가지고 있다면, Multi로 하몬드 오르간 환경을 구현할 수 있는 것입니다. 물론, 한 대인 경우에도 Split하여 구현 가능합니다.

Rotor Cabinet

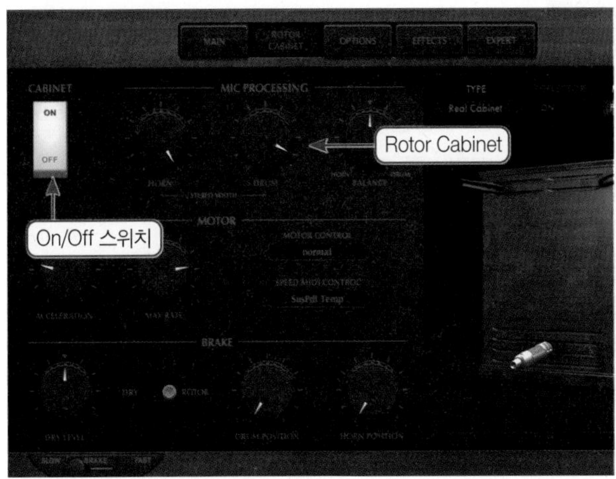

01 Vintage B3는 하몬드 오른간과 떼어 놓을 수 없는 로터리 캐비넷을 완벽하게 구현합니다. 로터리 캐비넷의 사용 여부는 Rotor Cabinet 창의 Cabinet On/Off 스위치로 결정합니다.

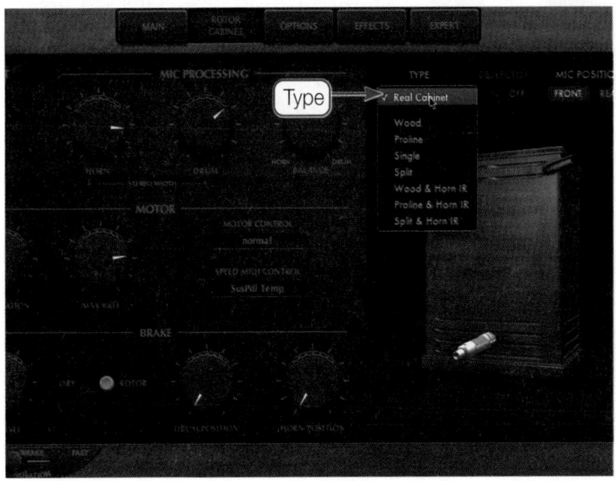

02 캐비넷 모델은 122를 모방하고 있는 Wood, 760을 모방하고 있는 Proline 등, 여러 가지가 있지만, 이름 보다는 하나씩 모니터 해보면서 음악에 어울리는 것을 찾는 것이 좋으며, Mic Position은 마이크의 위치를 선택합니다.

03 Defelctor 스위치는 혼의 장착 여부를 시뮬레이션 하며, 로터리의 회전 속도는 패널 아래쪽의 Rotation 스위치로 선택할 수 있습니다.

04 Type이 Real Cabinet일 경우에는 Mic Processing은 혼(Horn)과 드럼(Drum) 마이크의 스테레오 폭을 조정하며, 그 외의 Type에서는 거리(Distance)와 각도(Angle)를 조정합니다. Balnce는 혼과 드럼 마이크의 밸런스를 조정합니다.

05 모터의 회전 속도를 컨트롤하는 Motor 파라미터에는 최대 속도를 결정하는 Max Rate와 최대 속도에 이르는 타임을 조정하는 Acceleration이 있으며, 방향을 결정하는 Motor Control과 속도를 제어할 미디 정보를 선택할 수 있는 Speed MIDI Control이 있습니다.

06 모터 정지를 제어하는 Brake 파라미터에는 스위치가 Dry일 때의 레벨을 결정하는 Dry Level과 정지 위치를 결정하는 Drum Position 및 Horn Position이 있습니다.

Option

01 Options 페이지는 출력 레벨, 음정 등의 기본 사운드를 조정할 수 있는 파라미터로 구성되어 있습니다. Maste 항목의 Tune이 음정, Volume이 레벨, Expression이 건반에 연결된 볼륨 페달의 감도를 조정합니다.

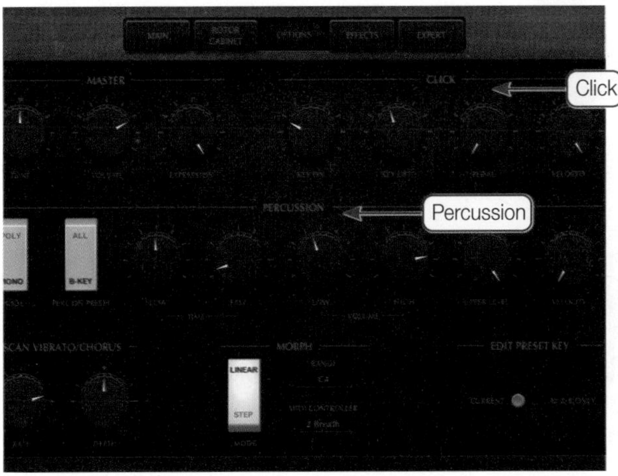

02 Click 소리는 Expert 페이지에서 컨트롤되며, Key On/Off, Pedal, Velocity 감도 설정이 가능합니다. Percussion 소리는 모노 및 폴리 모드를 선택할 수 있는 Mode, B0 프리셋 키를 제한 하는 Perc On Preset, 감쇠 시간을 조정하는 Time, 레벨을 조정하는 Volume, 그리고 Upper Level과 벨로시티 감도를 조정하는 Veloctiy 노브가 있습니다.

03 그 외, 비브라토의 속도와 폭을 조정하는 Scan Vibrato/Chorus, Motph 컨트롤의 움직임(Mode)과 범위(Range), 제어 컨트롤(MIDI Controller)을 설정하는 Morph, 프리셋 편집 키를 설정하는 Edit Preset Key 항목으로 구성되어 있습니다.

Effects

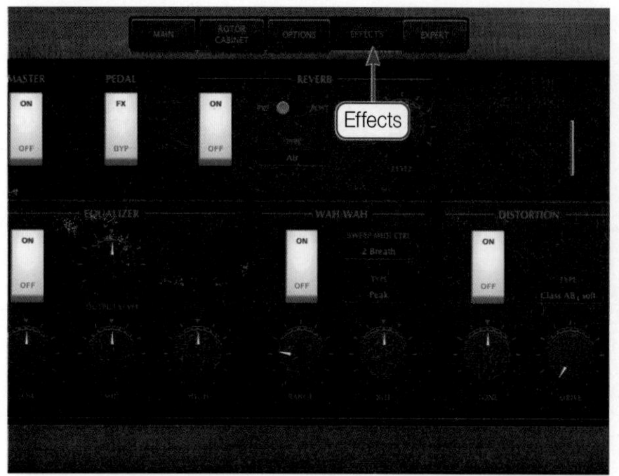

01 Vintage B3는 EQ, 리버브, 와와, 디스토션의 이펙트를 제공하고 있으며, Pedal로 컨트롤 할 수 있습니다. 이펙트의 최종 라인은 로터리 스피커입니다.

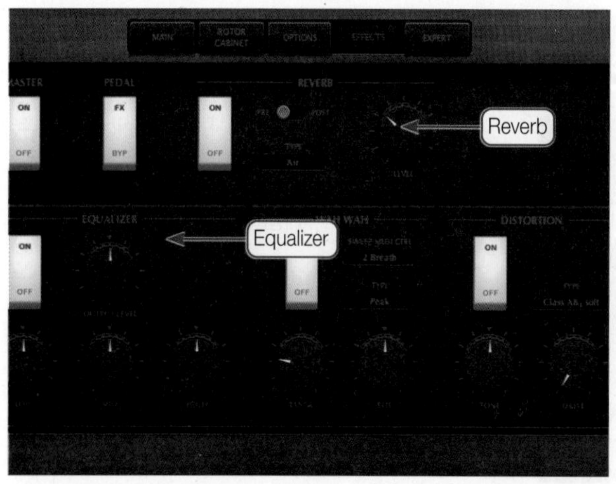

02 EQ는 저음(Low), 중음(MId), 고음(High)과 전체 볼륨을 조정할 수 있는 Output Level 노브가 있으며, 리버브는 종류를 선택할 수 있는 Type과 양을 조정할 수 있는 Level 노브가 있습니다. Pre/Post 스위치는 적용 위치를 선택합니다.

03 와와는 종류를 선택하는 Type과 컨트롤 번호를 선택하는 Sweep MIDI Ctrl, 범위를 조정하는 Range, 고음역을 증가시키는 Bits가 있으며, 디스토션은 종류를 선택하는 Type, 톤을 조정하는 Tone, 양을 조정하는 Drive가 있습니다. 이펙트에 관한 자세한 내용은 이펙트 학습편에서 살펴보겠습니다.

Expert

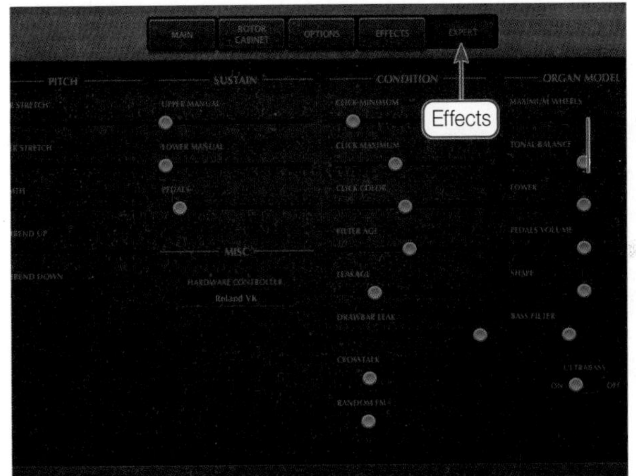

01 Expert 페이지는 사운드를 정밀하게 제어할 수 있는 파라미터를 제공합니다. Pitch는 Upper 및 Lower의 편차를 조정하는 슬라이더, 스케일에서 벗어나는 범위를 조정하는 Warmth, 피치 벤더 범위를 조정하는 Pitchbend Up/Down이 있고, Sustain의 Up, Low, Ped는 각각의 서스테인 유지 시간을 설정합니다.

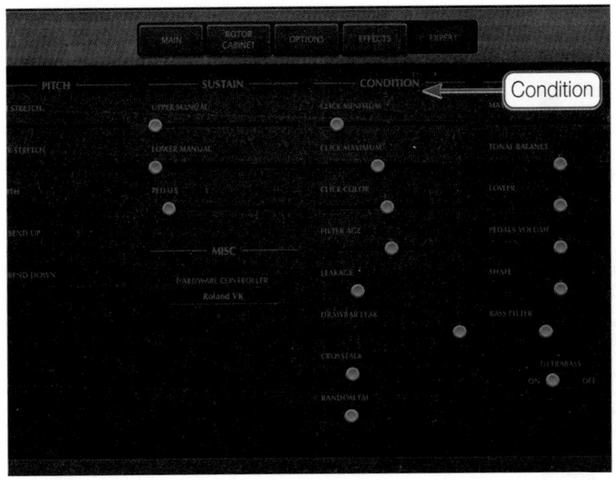

02 Condition은 노트 및 페달 On/Off에 첨가되는 클릭 사운드의 범위와 톤을 조정하는 Click Min/Mac, Color가 있고, 필터의 중심 주파수를 조정하는 Filter Age, 드로우 바의 최소 출력 레벨을 조정하는 Drawbar Leak, 숨소리, 채널이 섞이는 소리, FM 사운드를 추가하는 Leakage, Crosstalk, Random FM이 있습니다.

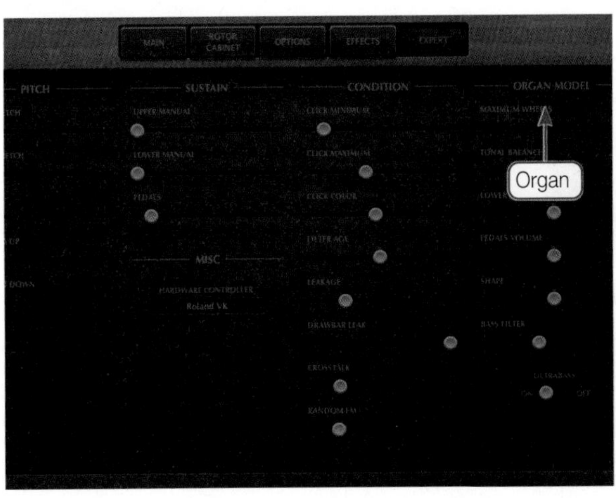

03 Organ은 휠의 최대값(Max Wheels), 음조 밸런스(Tonal Balance), Lower 및 Pedal 볼륨, 파형의 라인(Shape), 페달의 고음역을 차단(Bass Filter), 베이스 옥타브 추가(Ultra Bass)가 있습니다.

> **TIP** Misc 파라미터는 Veintage B3를 제어할 하드웨어 모델을 선택합니다.

2 Vintage Clav

Main

01 Vintage Clav는 Hohner D6 Clavinet을 시뮬레이션 하고 있는 악기이며, 다양한 모델을 제공하고 있습니다.

02 Stereo Spread는 키와 픽업 위치에 따라 변경되는 스테레오 이미지를 연출합니다. Key 또는 Pickup 스위치를 드래그하여 조정하며, 조정 값은 외각에 표시됩니다.

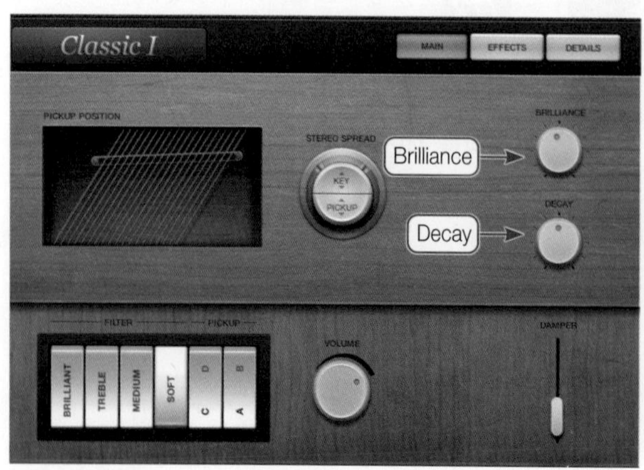

03 그 외, 메인 페이지에는 고주파 비율을 조정하는 Brilliance와 노트의 감쇠 타임을 조정하는 Decay 노브가 있습니다.

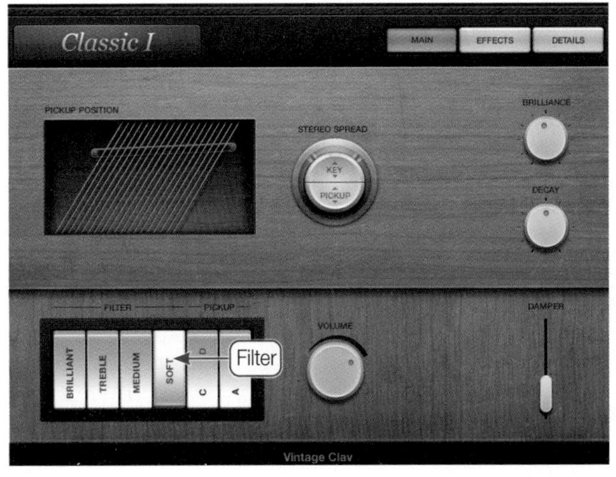

04 아래쪽에 위치한 글로벌 창의 필터(Filter)는 로우 컷이며, 정도에 따라 Brilliant, Treble, Medium, Soft의 4가지로 선택할 수 있습니다.

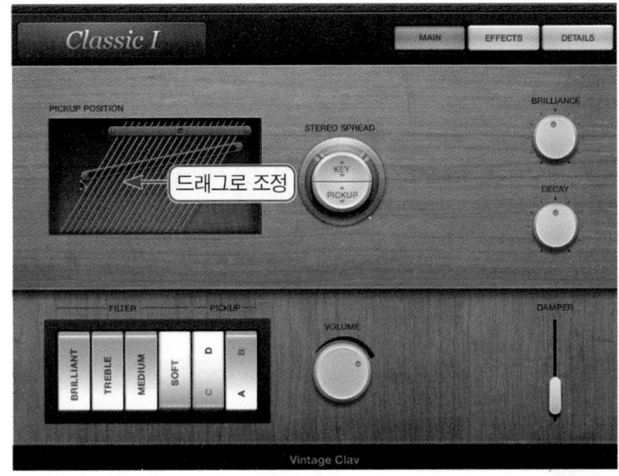

05 Vintage Clav는 Upper와 Lower 두 개의 픽업을 제공하고 있으며, Pickup 스위치에서 이들의 조합을 선택합니다. 그리고 각 픽업의 위치와 기울기 등은 마우스 드래그로 조정할 수 있습니다. 오른쪽에는 볼륨과 오리지널 악기의 댐퍼를 재현하고 있는 Damper 슬라이더가 있습니다.

Effects

01 이펙트는 Wha-Wah Compressor, Distrotion, Modulation의 4가지 이펙트를 제공하고 있으며, 이펙트의 적용 순서는 마우스 드래그로 배치할 수 있습니다.

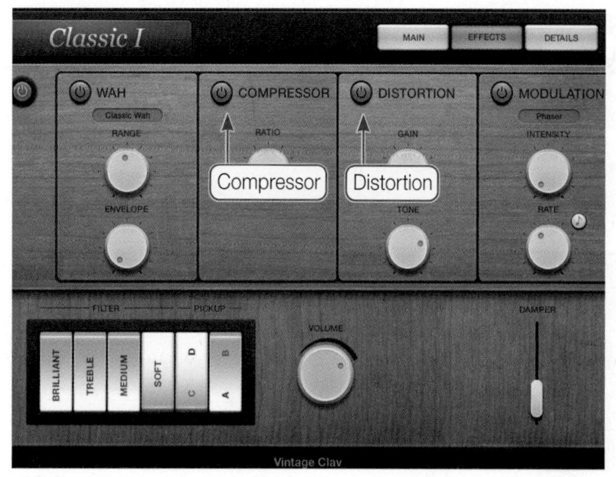

02 Compressor는 압축 비율을 조정하는 Ratio만 제공되고 있으며, Distortion 앞에서 입력 레벨을 조정하는 용도로 사용하는 것이 일반적입니다. Distortion은 이득 값을 조정하는 Gain과 톤을 조정하는 Tone 노브가 있습니다.

03 와와는 종류를 선택하는 메뉴와 범위를 조정하는 Range, 감도를 조정하는 Envelope로 구성되어 있으며, 모듈레이션은 종류를 선택하는 메뉴와 속도 및 범위를 조정하는 Rate, Intensity 노브가 있습니다.

Details

01 Excite에는 현을 두드리는 어택 라인을 조정하는 Shape 슬라이더가 있고, 아래쪽에는 클릭 사운드의 강도(Intensity), 노트 위치에 따르 밸런스(Random), 벨로시티 반응도(Velocity)를 조정하는 슬라이더와 소스를 선택하는 Key On/Off 스위치로 구성되어 있습니다.

02 String에는 릴리즈(Release), 댐핑(Damping), 강도(Stiffness), 주파수(Inhamonicity), 장력(Tension Mod), 음정(Pitch Fall)으로 현의 속성을 조정하는 파라미터로 구성되어 있습니다.

03 Pitch에는 음정을 조정하는 Tune, 저음과 고음 끝의 편차를 조정하는 Stretch Tuning, 스케일 편차 범위를 조정하는 Warmth, 피치 휠의 범위를 조정하는 Pitch Wheel, 애프터 터치 정보에 의한 음정 변화를 조정하는 Pitch Pressure 파라미터로 구성되어 있습니다.

04 Misc에는 동시 발음 수를 결정하는 Voices, 벨로시티 커브를 선택하는 Velocity Curve, 댐퍼 및 와와를 제어할 미디 컨트롤 정보를 선택하는 Damper 및 Wah 파라미터로 구성되어 있습니다.

3 Vintage Electric Piano

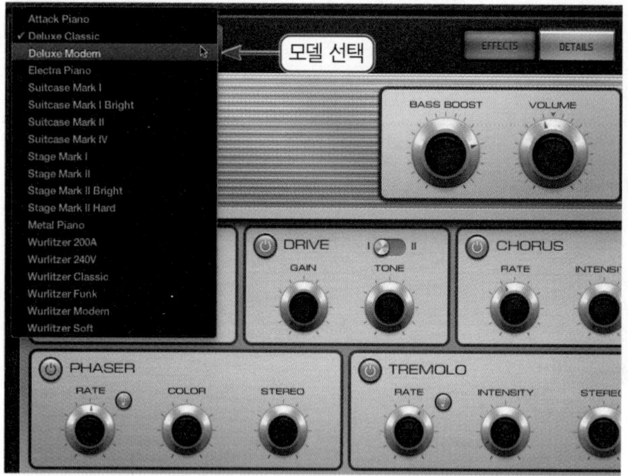

01 Vintage Electric Piano은 Rhodes, Hohner, Wurlitzer 등, 다양한 제품의 일렉 피아노 모델을 시뮬레이션 하고 있는 악기입니다. 메인에는 선택한 모델의 베이스 레벨을 조정하는 Bass Boost와 전체 레벨을 조정하는 Volume 노브가 있습니다.

02 EQ는 Treble과 Bass의 2밴드이며, Drvie는 이득 값을 조정하는 Gain과 톤을 조정하는 Tone 노브가 있습니다. 그리고 Chorus 파라미터에는 코러스 양을 조정하는 Intensity 노브가 있습니다.

03 Phaser는 위상을 겹쳐 사운드를 변조하는 것으로 변조 속도를 조정하는 Rate와 피드백 양을 조정하는 Color, 채널간의 이동 범위를 조정하는 Stereop 노브가 있습니다. Tremolo에는 속도를 조정하는 Rate, 진폭을 조정하는 Intensity, 채널 이동 범위를 조정하는 Stereo 노브가 있습니다.

04 Details 버튼을 클릭하면 악기의 동시 발음 수와 음정 등의 설정이 가능한 파라미터를 볼 수 있습니다. Voices가 동시 발음 수를 결정하며, Stereo Width는 스테레오 폭을 조정합니다.

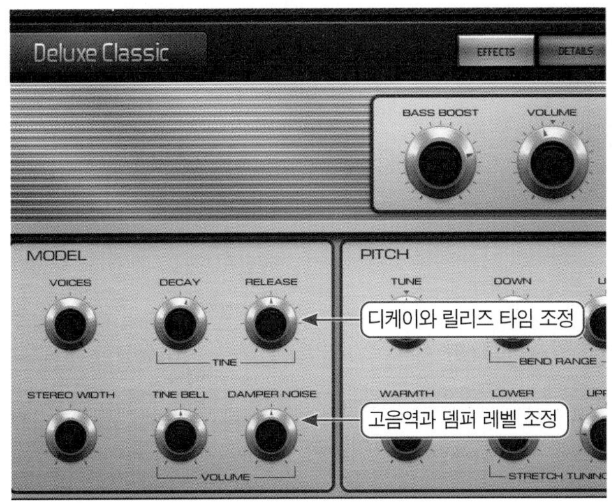

05 그 외, Model에는 선택한 모델의 디케이와 릴리즈 타임을 조정할 수 있는 Tine과, 고음역과 뎀퍼 레벨을 조정할 수 있는 Volume 노브가 있습니다.

06 Pitch에는 음정을 조정하는 Tune, 피치 벤더 범위를 조정하는 Bend Range 음정 편차를 조정하는 Warmth, 저음역과 고음역의 편차를 조정하는 Stretch Tuning을 제공합니다.

4 Vintage Mellotron

Vintage Mellotron은 매우 직관적이고 간단한 악기입니다. 이 악기는 모노로만 작동하며, 1970년대에 등장한 초기 샘플링 기법을 구현한 악기입니다. 각 음은 테이프에 연결되어 있으며, 이 테이프는 약 7초 정도의 소리를 재생합니다. 이후 모델들에서는 테이프의 길이가 더 길어져 여러 악기의 소리를 샘플링하고, 이를 전환하여 연주할 수 있게 되었습니다.

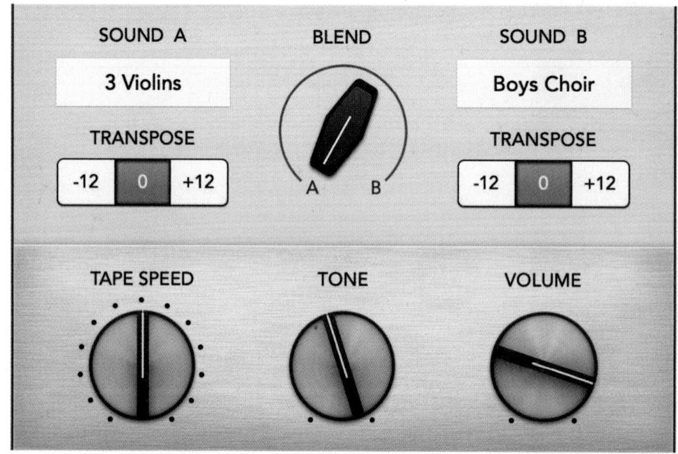

빈티지 멜로트론의 핵심은 테이프 기반 샘플링 방식에 있습니다. 이 방식은 매우 특이하고 아이코닉한 소리를 만들어내는 특징을 가집니다. 기본적으로 키를 누르면 약 7초 동안 음이 지속되고, 그 후에 음은 자동으로 되돌아갑니다. 이 방식은 테이프의 특성 덕분에 따뜻하고 감성적인 음색을 만들어내며, 시간이 지날수록 더 매력적인 빈티지 사운드를 생성합니다.

- Sound A와 B : 이 두 가지 메뉴에서 각각 다른 음색을 선택할 수 있습니다. 각 음색은 다른 악기 샘플을 기반으로 하여, 다양한 조합을 만들어낼 수 있습니다. 예를 들어, 한 음은 현악기, 다른 음은 합창과 같은 다양한 사운드를 믹스할 수 있습니다.
- Transpose : 음을 한 옥타브 올리거나 내릴 수 있어, 음역을 확장할 수 있습니다. 이를 통해 원하는 높은 음이나 낮은 음을 쉽게 조정할 수 있습니다.
- Blend : 사운드 A와 B 사이의 밸런스를 조정합니다. 두 음색을 적절히 결합하여 하나의 독특한 소리를 만들 수 있어, 음악의 색깔을 다양하게 표현할 수 있습니다.
- Tape Speed : 빈티지 멜로트론에서의 테이프 속도 조절 기능을 모방한 것으로, 테이프 속도에 따른 톤 변화를 실시간으로 재현합니다. 이 기능을 통해 소리의 느낌을 자연스럽게 변화시킬 수 있습니다.
- Tone : 사운드의 밝기를 조정할 수 있습니다.
- Volume : 빈티지 멜로트론의 전체 출력 레벨을 조절합니다.

LESSON 07 보코더 사용하기

건반에 연결된 마이크로 노래를 부르며 연주하면, 마치 건반이 직접 노래하는 것 같은 특별한 효과를 낼 수 있습니다. 이 기능을 제공하는 악기가 바로 보코더입니다. 로직의 EVOC 20 PolySynth는 이러한 보코더를 완벽하게 시뮬레이션해주는 장치입니다. 보코더는 코러스 같은 부드러운 음색부터 사이버틱한 사운드까지 다양한 스타일로 활용할 수 있어, 최신 음악에서도 자주 사용되고 있습니다. 음악을 만들 때, 꼭 한 번 시도해보길 권합니다.

01 EVOC 20 PolySynth를 보코더로 이용할 때는 사이드 체인으로 연결합니다. Side Chain에서 마이크가 연결되어 있는 인풋 또는 보컬이 녹음되어 있는 오디오 트랙을 선택합니다.

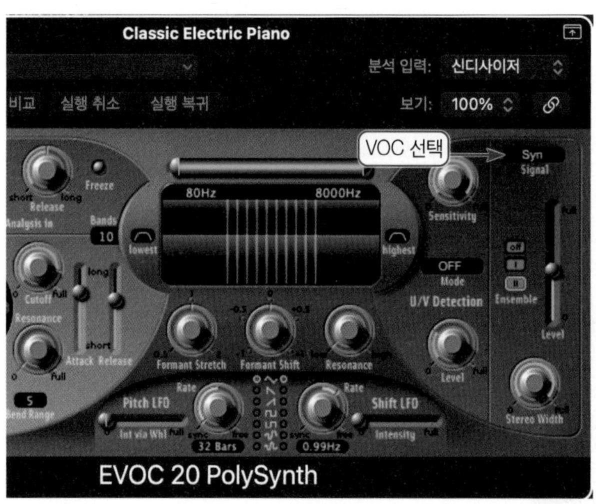

02 출력 라인을 선택하는 Signal에서 Voc를 선택합니다. 건반을 연주하면서 마이크로 노래를 하면, 독자의 목소리가 전자음으로 재생되는 것을 확인할 수 있습니다. Signal의 Syn은 EVOC 20 PolySynth 신호를 사용하는 것이며, Ana는 마이크 입력 신호를 사용하는 것입니다.

03 마이크로 입력되는 신호의 어택과 릴리즈 분석 타임은 Sidechain Analysis in 항목의 Attack과 Release로 조정합니다. Attack은 짧을 수록 좋지만, 시스템에 따라 차이가 있으므로, 조금씩 테스트를 해 봐야 할 것입니다. 값을 동결하는 Freeze 버튼은 입력 소스를 무시합니다.

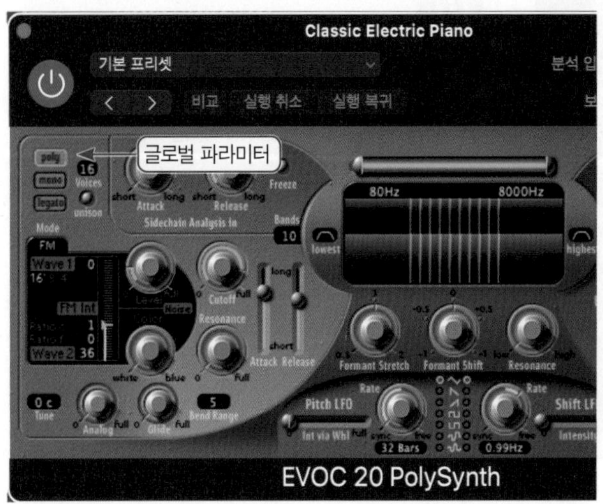

04 EVOC 20 PolySynth의 보코더 기능을 테스트 해보았다면, Signal을 Syn으로 바꾸고, 파라미터의 역할을 살펴보겠습니다. 글로벌 파라미터에는 악기를 Poly, Mono, Legato 모드로 설정하는 버튼이 있으며, Poly는 최대 16 보이스 설정이 가능합니다. Unison 버튼은 보이스를 합성하여 두텁게 합니다.

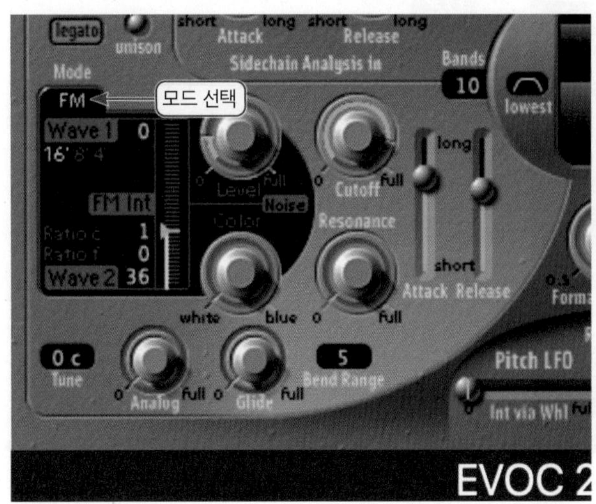

05 오실레이터는 사인파를 생성하는 FM 모드와 두 개의 웨이브 파형을 생성하는 Dual 모드의 두 가지를 제공합니다. 오실레이터 모드는 Mode 항목에 표시되어 있는 FM 또는 Dual 문자를 클릭하여 선택합니다.

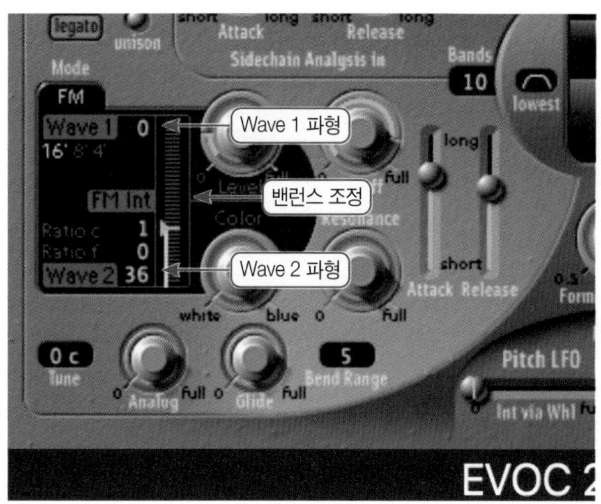

06 Dual 모드는 Wave 1과 2 각각에서 50개의 디지털 파형을 제공하고 있으며, 숫자 항목을 드래그하여 파형을 선택하고, Balance 슬라이더로 두 파형의 합성 비율을 조정합니다.

07 Wave1의 16, 8, 4는 오실레이터의 옥타브 범위를 조정하는 Range 값이며, 작을 수록 음정이 옥타브 단위로 올라갑니다. Wave2는 음정을 반음 단위(Semi)와 100분의 1 단위(Detune) 단위로 조정할 수 있습니다.

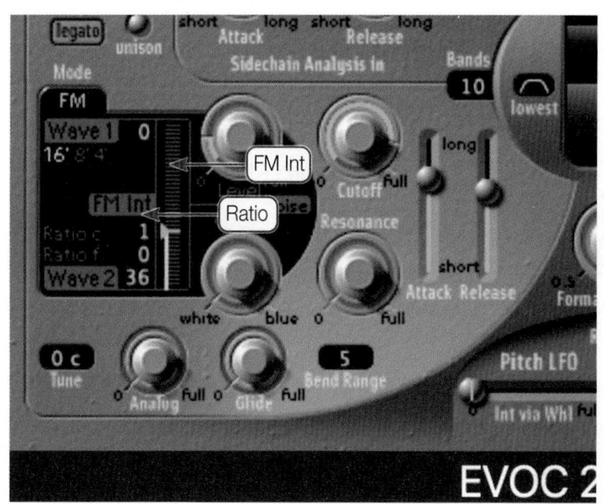

08 FM 모드에서는 Wave 2에서만 사인파가 생성되며, Ratio c는 반음 단위, Ratio f는 100분의 1 단위의 주파수 비율을 조정합니다. 그리고 슬라이더는 변조 강도를 조정하는 FM Int 입니다.

09 어떤 모드에서든 오실레이터에는 잡음을 유입하여 아날로그 느낌을 향상시킬 수 있는 Color과 Level 노브를 이용할 수 있습니다. Color은 잡음 타입을 선택하며, Level은 양을 조정합니다.

10 오실레이터에서 생성된 사운드는 Cutoff와 Resonance를 이용하여 필터를 적용할 수 있으며, Attack과 Release 타입을 조정할 수 있습니다. 그 외, 음정을 조정하는 Tune, 아날로그 느낌을 강조하는 Analog, 노트 사이를 연결하여 연주하는 Glide, 피치 휠의 범위를 조정하는 Bend Range가 있습니다.

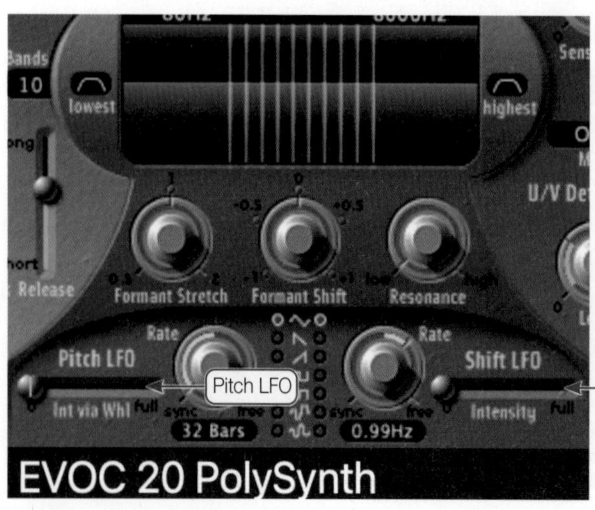

11 LFO는 피치를 변조하는 Pitch LFO의 보코더의 공진 주파수를 변조하는 Shift LFO의 두 가지를 제공하며, 각각 속도를 조정하는 Rage와 범위를 조정하는 슬라이더, 파형을 선택하는 웨이브 폼을 제공합니다. Pitch LFO는 모듈레이션 휠의 범위를 조정할 수 있게 분리되어 있습니다.

12 보코더의 필터는 Lowest 및 Highest 버튼을 클릭하여 타입을 결정하고, Bands 항목을 드래그하여 밴드 수를 결정할 수 있으며, 범위는 상단의 바를 드래그하여 조정합니다.

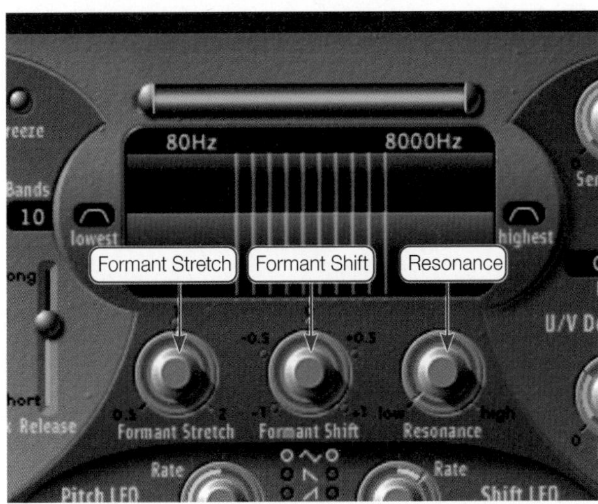

13 보코더의 공진 주파수 범위 Formant Stretch로 조정하며, 위치는 Formant Shift, 강도는 Resonance로 조정합니다. 디스플레이 창에서 범위와 위치를 바로 확인할 수 있습니다.

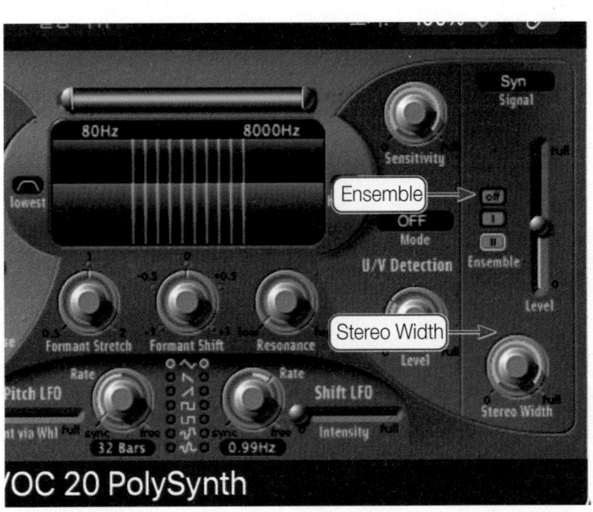

14 Sensitivity는 입력 신호의 무음 부분 인식 정도를 조정하며, Mode에서 이를 대체할 소스를 선택합니다. 그리고 대체되는 소스의 볼륨은 Level로 조정합니다. 아웃 항목에는 출력 레벨을 조정하는 Level , 스테레오 폭을 조정하는 Stereo Width가 있으며, 사운드를 풍성하게 하는 Ensemble 버튼이 있습니다.

Logic Pro 11

09 PART

오디오 편집 테크닉

로직은 컴퓨터 음악의 시초 답게 타사의 제품과는 비교조차 할 수 없는 기능들을 갖추고 있습니다. 미디는 거론 하는것 자체가 무의미하며, 오디오 기능도 한 발자욱 이상 앞서 있습니다. 로직의 뛰어난 오디오 편집 기능을 하나 씩 익혀가다 보면, 음악 작업은 로직으로라는 등식이 성립될 것입니다.

오디오 편집기

로직은 오디오 편집을 위한 다양한 기능을 제공하지만, 오디오 파형을 시각적으로 확인하며 정밀하게 작업할 수 있는 도구는 오디오 편집기뿐입니다. 이 편집기는 1000분의 1초 단위로 오디오를 자르고 붙이는 기본적인 작업부터 녹음 중 발생한 미세한 잡음을 제거하거나 볼륨 및 템포를 조정하는 고급 프로세싱까지 지원합니다. 깔끔하고 정교한 사운드를 얻기 위해 오디오 편집기의 핵심 기능을 숙지하는 것이 중요합니다.

● 실습 프로젝트 : Focus

1 편집기 열기

01 오디오 편집기를 열거나 닫는 가장 기본적인 방법은 편집할 오디오 리전을 더블 클릭하는 것입니다.

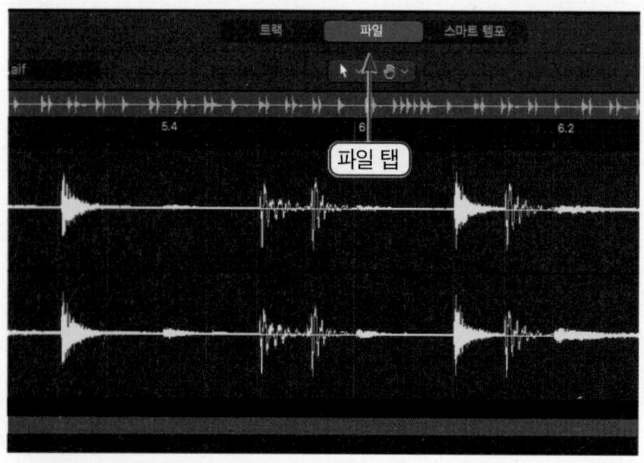

02 오디오 편집기는 리전을 편집할 수 있는 트랙과 오디오 샘플을 편집할 수 있는 파일 탭을 제공합니다.

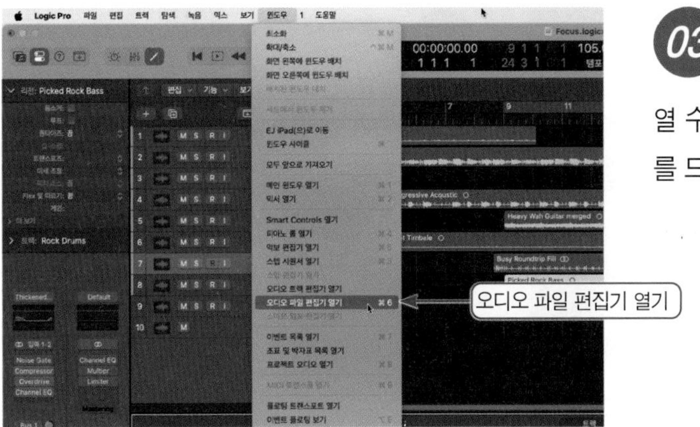

03 오디오 트랙 및 파일 편집기는 윈도우 메뉴의 열기를 선택하여 독립 창으로 열 수 있습니다. 독립 창은 오른쪽 하단 모서리를 드래그하여 크기를 조정할 수 있습니다.

2 트랙 편집기

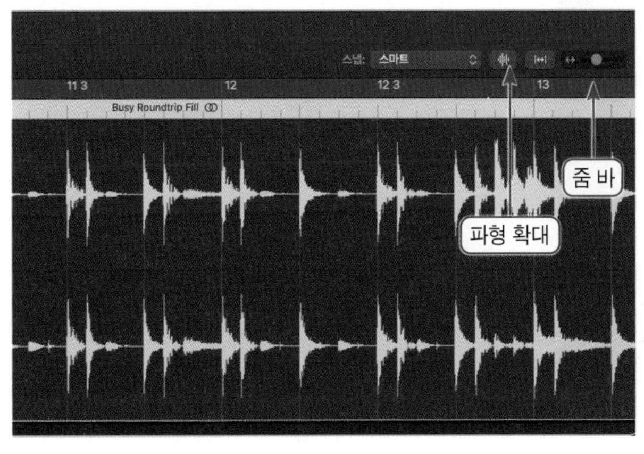

트랙 편집기는 리전을 정밀하게 자르고, 붙이는 등의 편집이 가능합니다. 정밀한 편집을 위해 파형을 확대할 수 있는 파형 버튼과 가로로 확대/축소 할 수 있는 줌 바를 제공합니다.

이동 및 복사

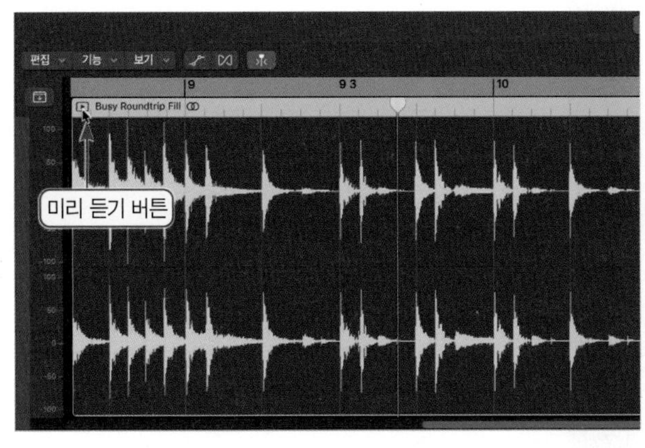

01 각 리전에는 사운드를 모니터할 수 있는 미리 듣기 버튼을 제공하며, 일부 구간을 선택하여 Command+X로 잘라내거나 Command+C로 복사할 수 있습니다.

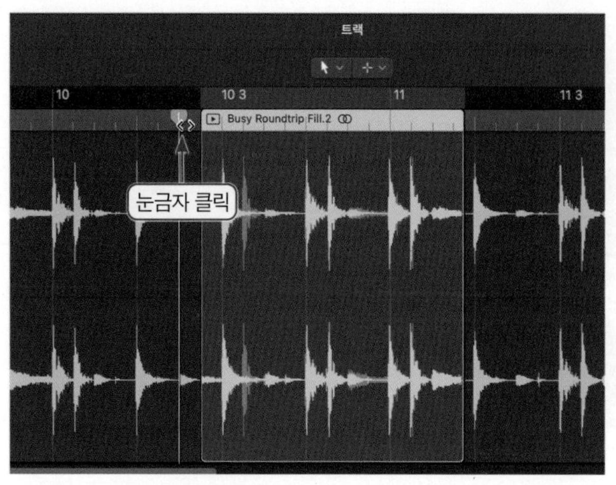

02 잘라내거나 복사한 구간은 눈금자을 클릭하여 위치를 선택하고, Command+V 키를 눌러 붙일 수 있습니다. 오토메이션 정보가 포함되어 있는 경우에는 이를 복사할 것인지의 여부를 묻습니다.

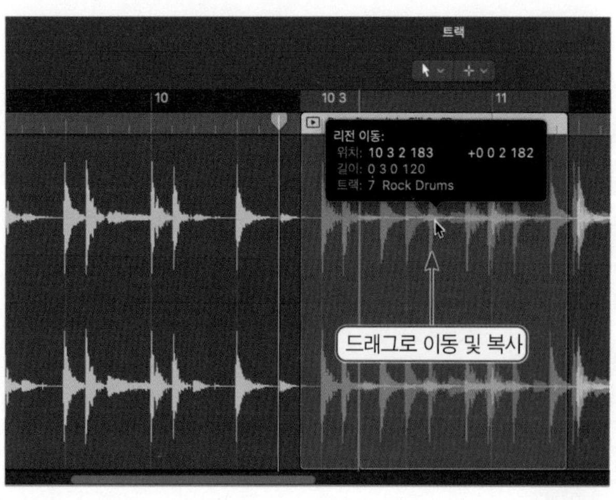

03 가까운 위치로 이동과 복사 작업을 할 때는 마우스 드래그가 편합니다. 드래그는 이동이고, Option 키를 누른 상태에서는 복사힙니다. Delete 키를 눌러 삭제할 수 있습니다.

루프 및 트림

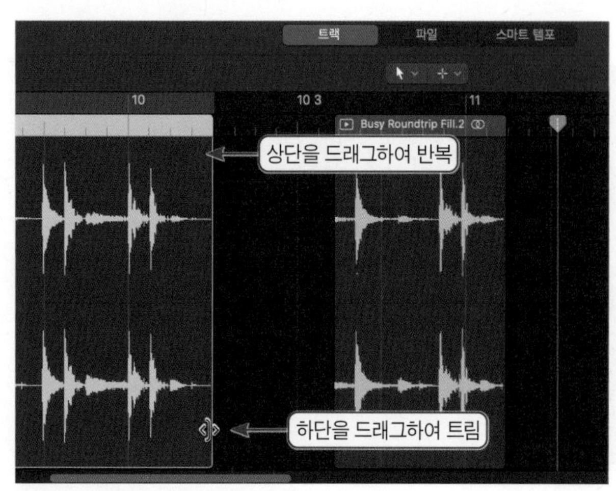

리전은 상단 끝을 오른쪽으로 드래그하여 반복시킬 수 있으며, 하단 끝을 왼쪽으로 드래그하여 트림 작업을 할 수 있습니다. 트림은 필요 없는 구간을 제거한다는 의미입니다.

자르기

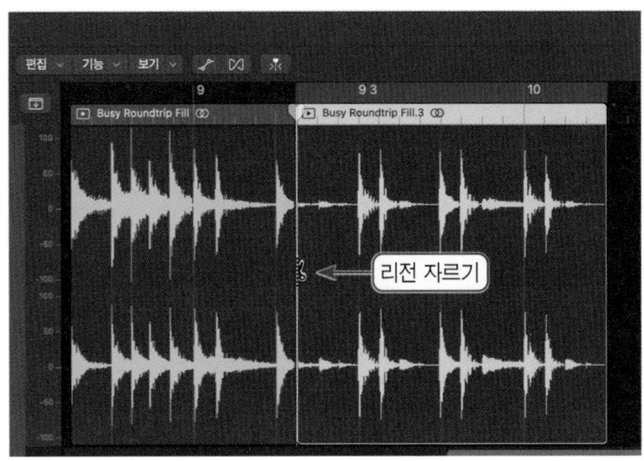

01 리전은 가위 도구로 자를 수 있습니다. 메인 창에서 재생헤드 위치를 자를 때는 Command+T 키를 누릅니다.

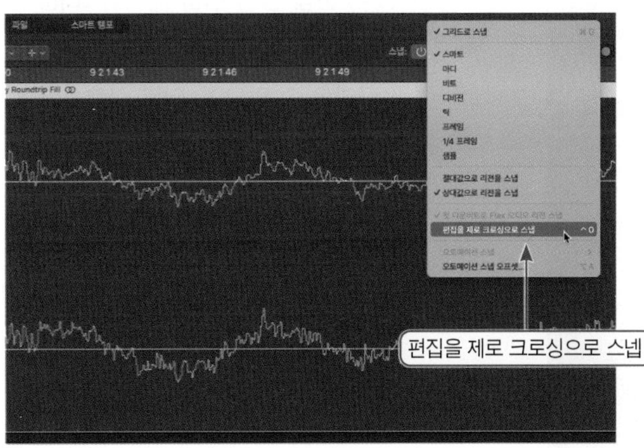

02 오디오 리전을 자를 때 파형의 제로 지점을 자르지 않으면, 잡음이 발생할 수 있습니다. 이를 방지하려면 스넵 옵션에서 편집을 제로 크로싱으로 스넵을 체크합니다.

외부 편집기 사용하기

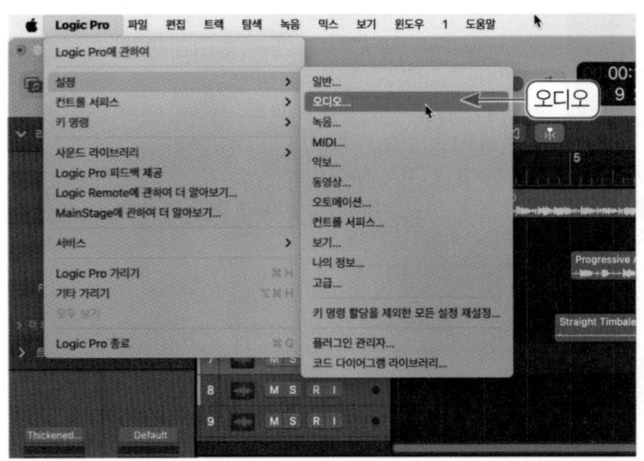

01 메인 창에서 편집할 수 있는 리전을 트랙 창에서 하는 이유는 보다 정밀한 편집을 위해서 입니다. 로직은 오디오를 정밀하게 편집할 수 있는 기능을 제공하지만, 보다 정밀한 편집을 위해서 외부 프로그램을 연결할 수 있습니다. Logic Pro의 설정에서 오디오를 선택합니다.

02 파일 편집기 탭을 선택하여 페이지를 열고, 외부 샘플 편집기 항목의 선택을 클릭하여 사용자가 주로 사용하는 오디오 편집 프로그램을 선택합니다.

TIP 맥용 오디오 편집 도구로 많이 사용하는 프로그램은 Adobe사의 Audition이 있습니다.

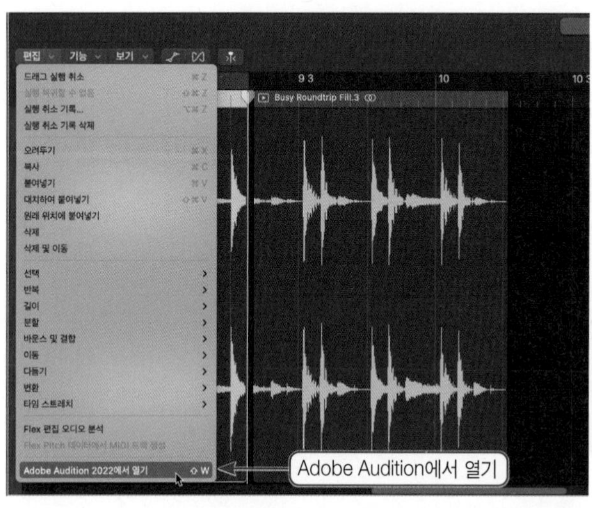

03 트랙 편집 창의 편집 메뉴를 보면, 설정 창에서 선택한 프로그램 이름이 등록된 것을 확인할 수 있으며, 이를 실행하여 선택한 리전을 편집할 수 있습니다.

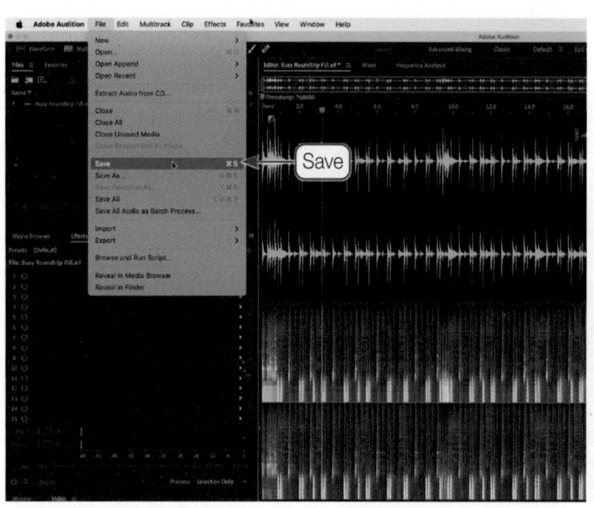

04 외부 프로그램에서 편집을 마치고 Save를 하면, 로직 프로젝트에 그대로 반영됩니다. 사운드를 정밀하게 편집할 일이 많은 사용자는 외부 프로그램을 권장합니다. 하지만, 간단한 프로세싱은 로직만으로도 충분합니다. 이를 수행하는 파일 편집기를 살펴보겠습니다.

3 파일 편집기의 구성

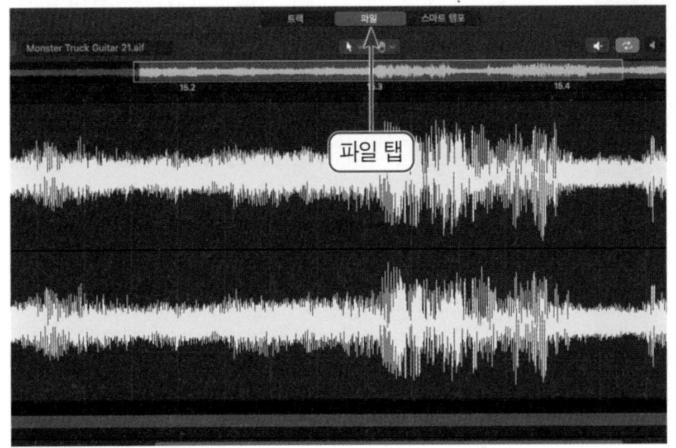

로직은 Adobe Audition과 같은 정밀한 편집은 할 수 없지만, 간단한 프로세싱이 가능한 편집기를 제공합니다. 오디오 편집기의 파일 탭을 선택합니다.

채널

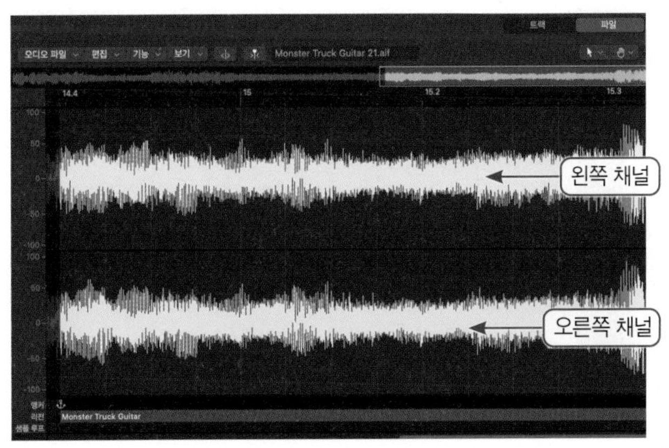

오디오 편집기가 열려있는 상태에서 7번 트랙의 리전을 선택하면 두 개의 파형으로 표시되고, 8번 트랙의 리전을 선택하면 하나의 파형으로 표시됩니다. 하나의 파형은 모노, 두 개의 파형은 스테레오 채널을 나타내며, 위쪽이 왼쪽 채널, 아래쪽이 오른쪽 채널입니다.

줌 바

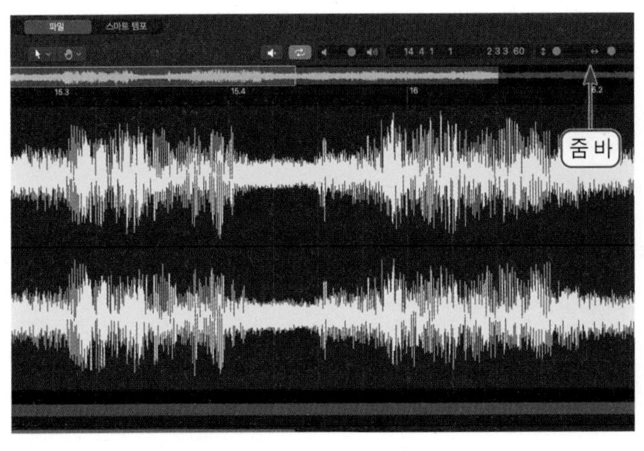

줌 바를 드래그하여 파형을 가로 및 세로로 확대/축소할 수 있습니다. 파형을 확대/축소하는 기능은 자주 사용되므로, Option 키 및 Option+Shift 키를 누른 상태에서 마우스 휠을 이용하는 것이 편리할 것입니다.

오버뷰

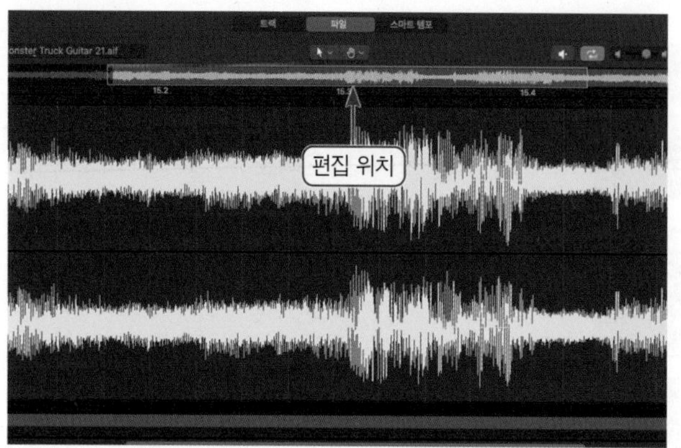

파형 위쪽에 표시되는 작은 파형은 트랙에 존재하는 모든 리전을 표시하는 오버 뷰이며, 흰색 사각형이 편집 창에 표시되는 구간입니다. 오버뷰 라인을 클릭하여 편집 위치를 빠르게 이동할 수 있습니다.

미리 듣기

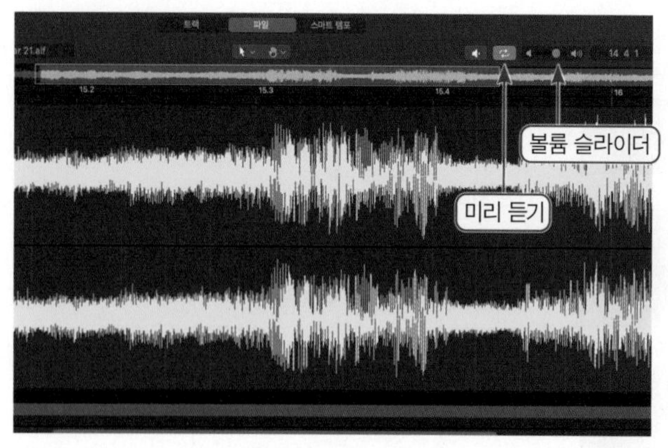

스피커 모양의 미리 듣기 버튼은 편집기에 열려 있는 오디오를 재생/정지 시키는 역할을 하며, 오른쪽의 볼륨 슬라이더는 재생 볼륨을 조정합니다.

눈금자

오디오 편집기의 눈금자을 드래그하여 사운드를 앞/뒤로 모니터 할 수 있으며, 마우스 더블 클릭으로 재생 및 정지 시킬 수 있습니다.

진폭

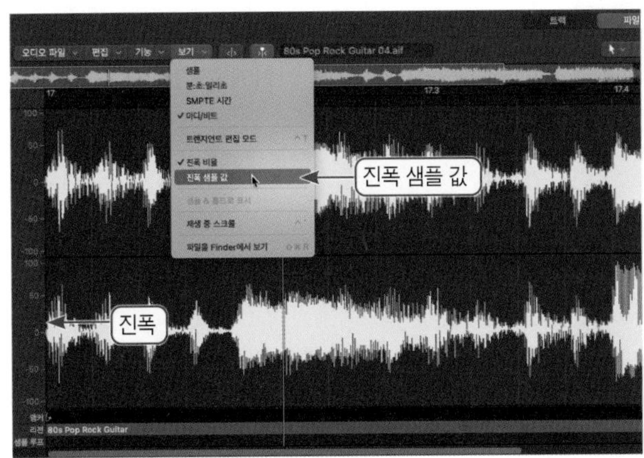

오디오 편집기 왼쪽에는 볼륨 값을 퍼센트 단위로 표시하는 진폭 눈금자가 있습니다. 보기 메뉴의 진폭 샘플 값을 선택하면 샘플 단위로 표시할 수 있습니다.

앵커 포인트

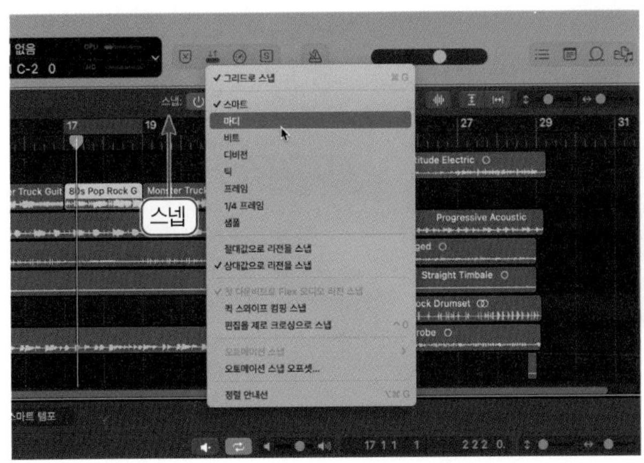

01 앵커 포인트는 리전을 편집할 때의 기준 라인을 의미합니다. 메인 윈도우의 스넵 메뉴에서 Bar를 선택합니다.

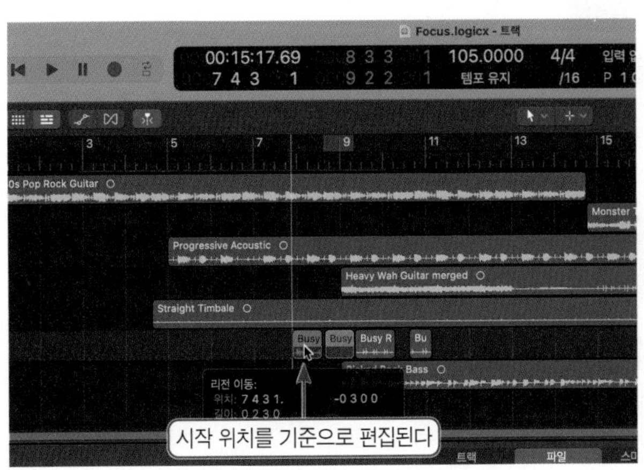

02 7번 트랙의 리전을 좌/우로 드래그하여 이동시켜보면, 리전의 시작 위치를 기준으로 한 마디씩 이동되는 것을 확인할 수 있습니다.

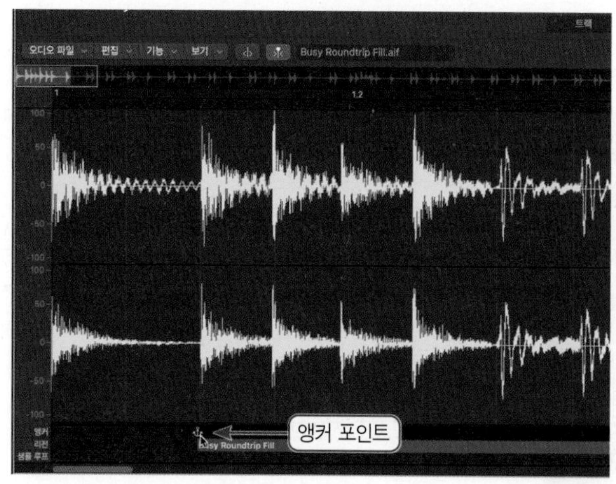

03 만일, 7번 트랙의 드럼 연주를 9마디 위치의 스네어 연주를 기준으로 편집하고 싶다면, 앵커 포인트를 드래그하여 9마디 위치의 스네어 드럼 파형에 맞춥니다.

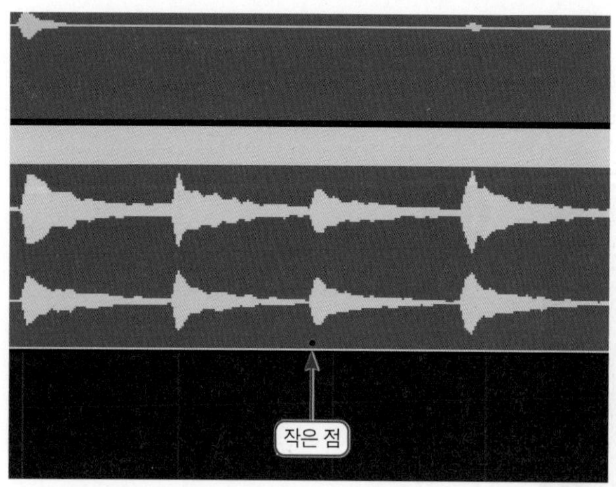

04 7번 트랙의 리전을 확대해서 자세히 보면, 9마디 위치에 작은 점이 표시되며, 리전을 좌/우로 드래그해보면, 앵커 포인트를 기준으로 이동되는 것을 확인할 수 있습니다. 확인 후에는 앵커 포인트를 원래 위치로 되돌려 놓습니다.

리전 라인

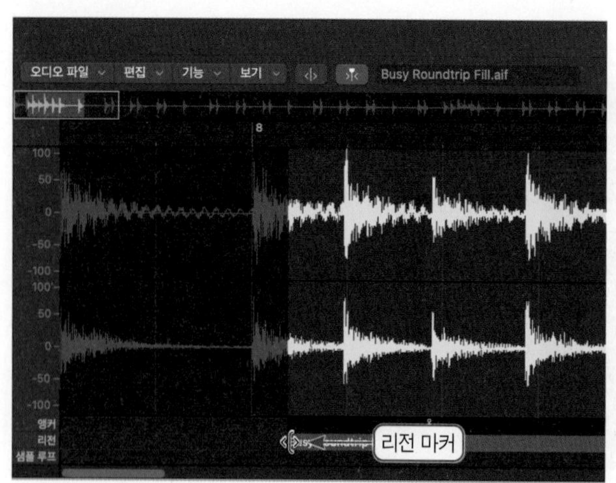

파형 아래쪽의 리전 라인의 마커 리전의 길이를 표시합니다. 시작 및 끝 지점을 드래그하여 길이를 조정해보면, 리전의 길이가 함께 조정되는 것을 확인할 수 있습니다. 리전 범위 밖의 회색 파형은 존재하는 오디오지만, 프로젝트에서 연주되지 않는 범위를 나타냅니다.

샘플 루프 라인

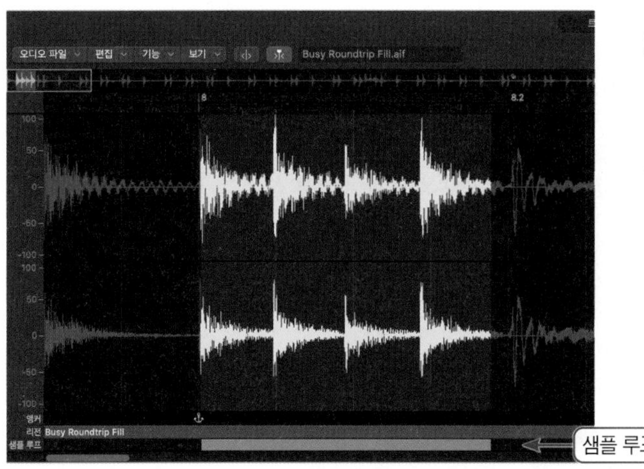

01 샘플 루프 라인은 샘플의 반복 구간을 표시합니다. 포인터 도구가 선택되어 있는 상태에서 반복 연주하고 싶은 구간을 마우스 드래그로 선택합니다.

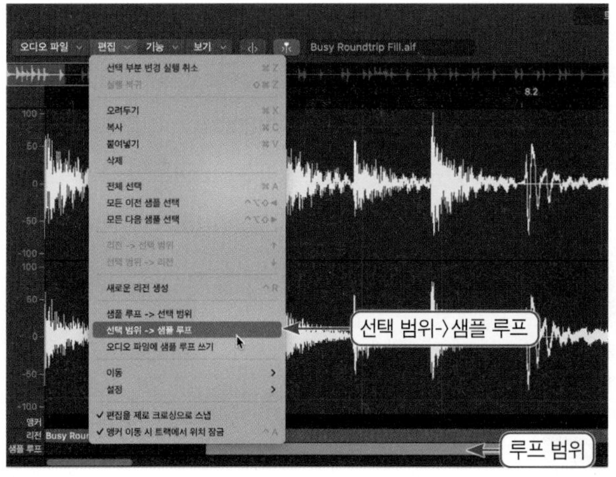

02 편집 메뉴의 샘플 범위->샘플 루프를 선택합니다. 선택한 구간이 루프 범위로 설정되는 것을 확인할 수 있습니다. 샘플 루프라인에 표시되는 바를 드래그하여 위치를 이동하거나 시작과 끝 위치를 드래그하여 범위를 재 조정할 수 있습니다.

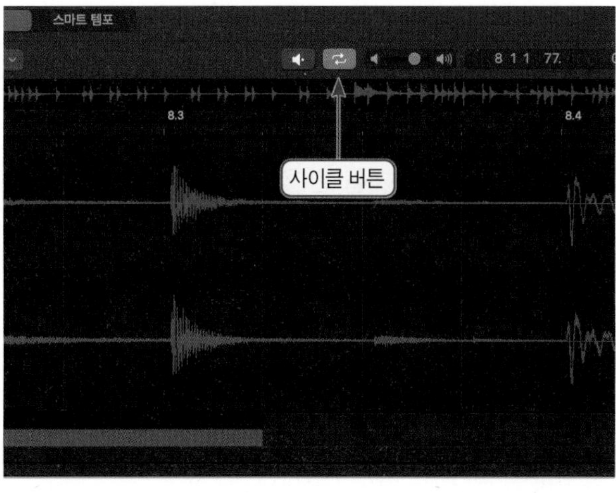

03 도구 막대의 사이클 버튼을 클릭하여 On으로 놓고, 스페이스 바 키를 눌러 재생하면 루프 구간을 반복해서 모니터 할 수 있습니다. 샘플을 편집할 때 매우 요긴한 기능입니다.

4 파일 편집의 기본

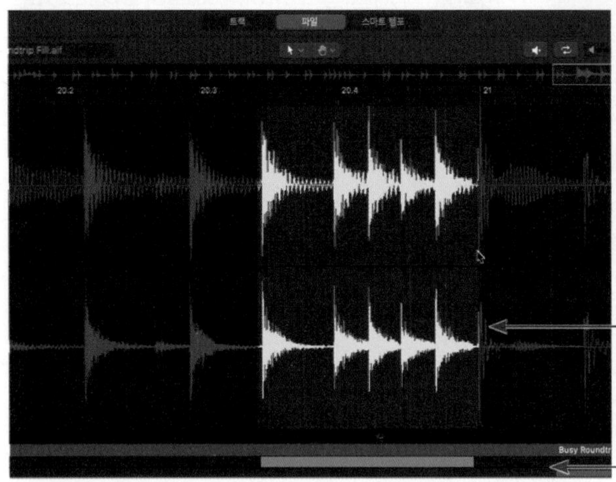

01 샘플을 지르고 붙이는 등의 간단한 편집을 해보겠습니다. 7번 트랙 리전의 20마디 셋 째박 업 비트에서 한 박자 반 동안 연주되는 스네어를 선택합니다. 파형을 대충 선택하고, 루프 라인을 조정하는 것이 요령입니다.

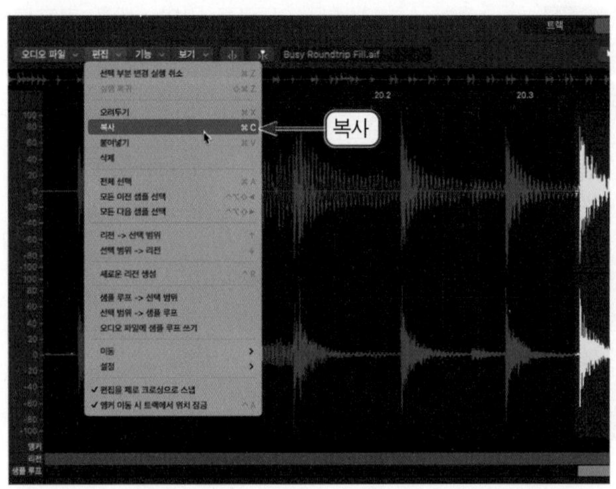

02 선택한 범위는 이동과 복사 등의 편집이 가능합니다. 편집 메뉴의 복사를 선택하거나 Command+C 키를 눌러 복사하겠습니다. 이동할 때는 오려두기 메뉴 또는 Command+X 키를 이용합니다.

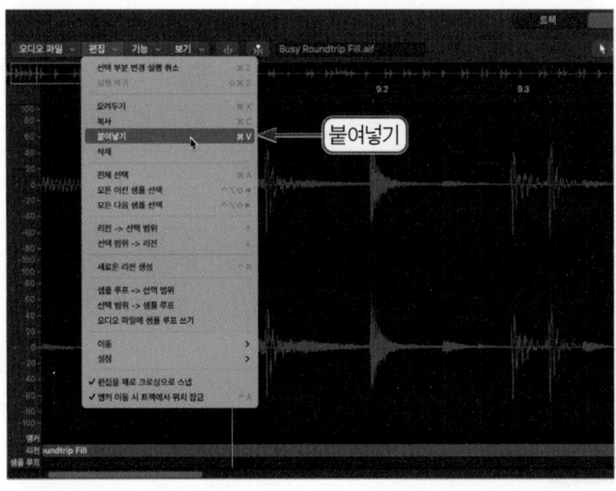

03 9 마디 시작 위치를 클릭하여 편집 라인을 가져다 놓고, 편집 메뉴의 붙여넣기를 선택하거나 Command+V 키를 누릅니다. 지금은 복사를 한 것이지만, 잘라낸 경우에는 이동이 되는 것입니다.

> TIP 오디오 편집기의 재생헤드는 혼동을 피하기 위해서 편집 라인이라고 부르고 있습니다.

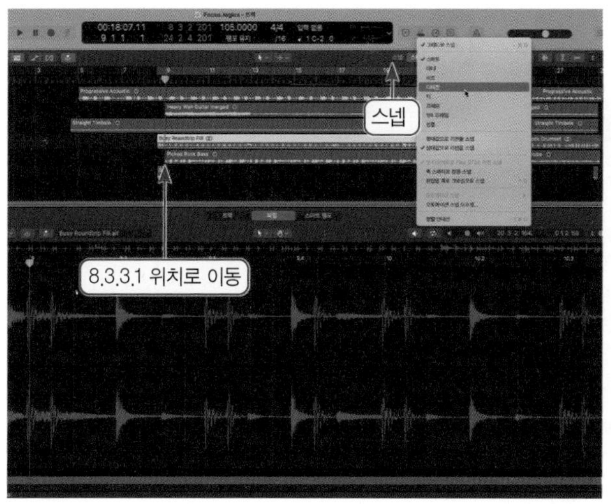

04 한 박자 반의 길이가 삽입되면서 파형은 오른쪽으로 밀립니다. 스냅을 디비전으로 변경하고, 리전을 8마디 3번째 박자 3번째 비트로 이동시킵니다.

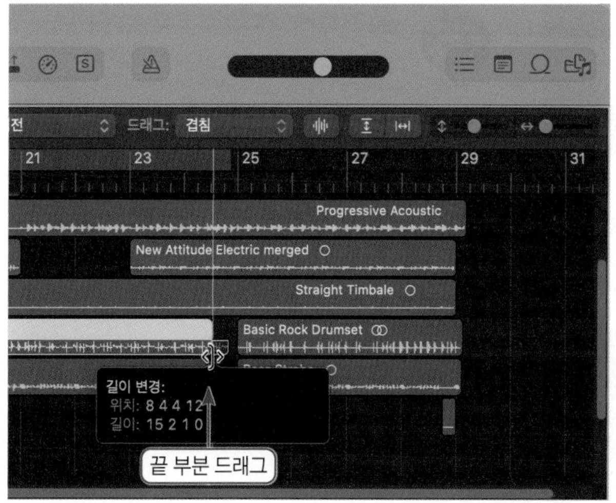

05 리전을 왼쪽으로 이동시켜 끝 부분에 공백이 생겼습니다. 끝 부분을 드래그하여 8번 트랙의 베이스 연주와 길이를 맞춥니다.

06 오디오 편집기는 파형 자체 수정도 가능합니다. 1번 트랙을 솔로로 하고, 스페이스 바 키를 눌러 모니터 해보면, 5마디 위치에 딸깍하는 피크 잡음이 섞여있는 것을 알 수 있습니다.

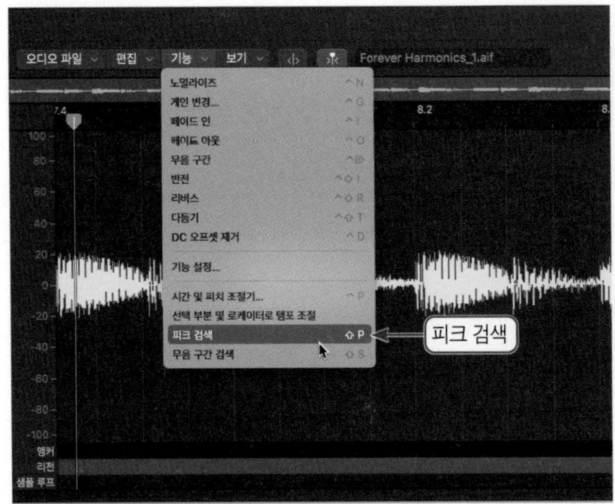

07 오디오 편집기의 기능 메뉴에서 피크 검색을 선택하여 피크 잡음이 발생하는 부분을 찾습니다.

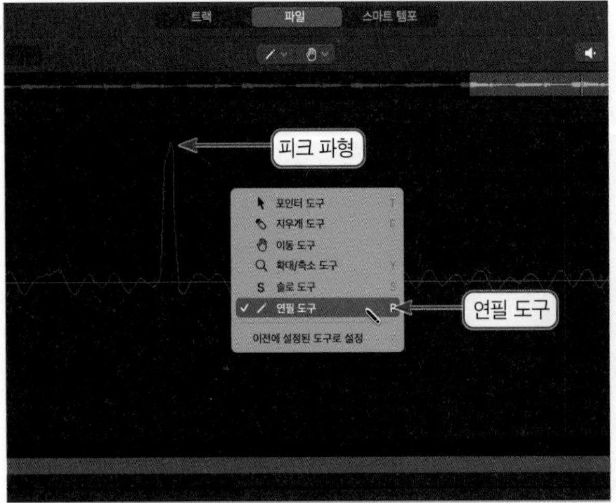

08 Option+Shift 키를 누른 상태에서 마우스 휠을 돌려 편집 창을 확대합니다. 눈으로 확인이 가능한 피크 파형을 볼 수 있습니다. T 키를 눌러 도구 메뉴를 열고, 연필 도구를 선택합니다.

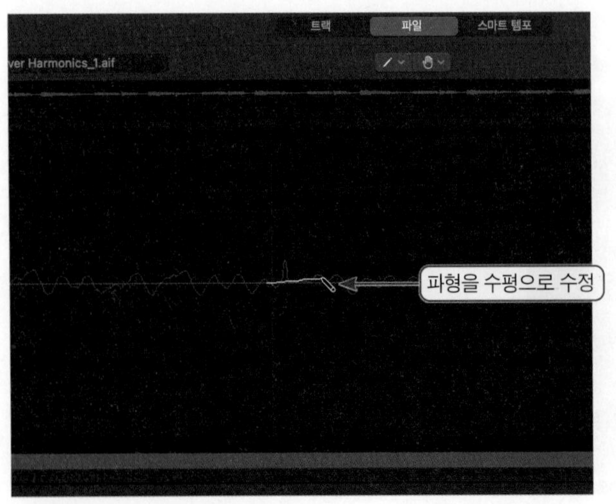

09 연필 도구을 이용해서 피크 파형을 수평으로 보정합니다. 그리고 사운드를 모니터 해보면 피크 잡음이 깔끔하게 제거된 것을 확인할 수 있습니다. 오디오 편집기의 활용 범위와 가능성을 살펴보았습니다.

오디오 프로세싱

오디오 편집기의 오디오 프로세싱 기능은 선택한 구간의 볼륨을 조정하거나 전기 잡음을 제거하는 등, 사운드의 품질을 개선하는 중요한 역할을 합니다. 로직에서도 다양한 파라미터와 메뉴를 통해 유사한 작업을 수행할 수 있지만, 원본 오디오를 직접적으로 편집할 수 있는 도구는 오디오 편집기뿐입니다. 오디오 편집기에서 제공하는 다양한 프로세싱 기능을 이해하고 활용하면, 더욱 정밀하고 효과적인 편집이 가능해집니다.

● 실습 프로젝트 : Focus

1 볼륨 최적화

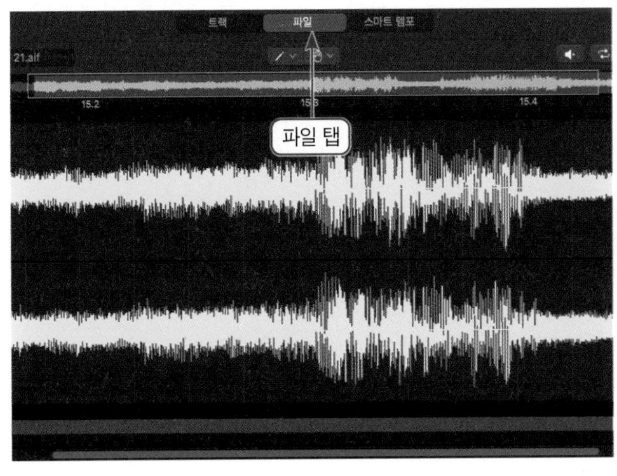

01 클리핑 현상이 일어나지 않는 한도까지 볼륨을 올려주는 노멀라이즈 기능을 살펴보겠습니다. 3번 트랙의 리전을 더블 클릭하여 오디오 편집기를 열고, 파일 탭을 선택합니다.

> TIP 사운드의 레벨이 너무 커서 찌그러지는 현상을 클리핑이라고 합니다.

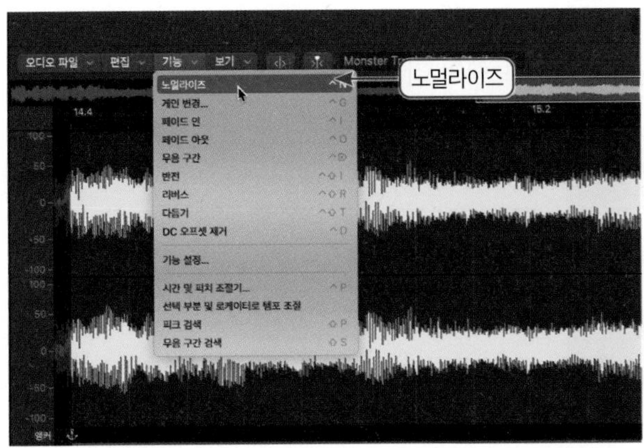

02 기능 메뉴의 노멀라이즈를 선택합니다. 볼륨이 커지는 것을 확인할 수 있습니다. 3번 트랙의 19마디 위치에 있는 리전도 같은 방법으로 노멀라이즈 시킵니다.

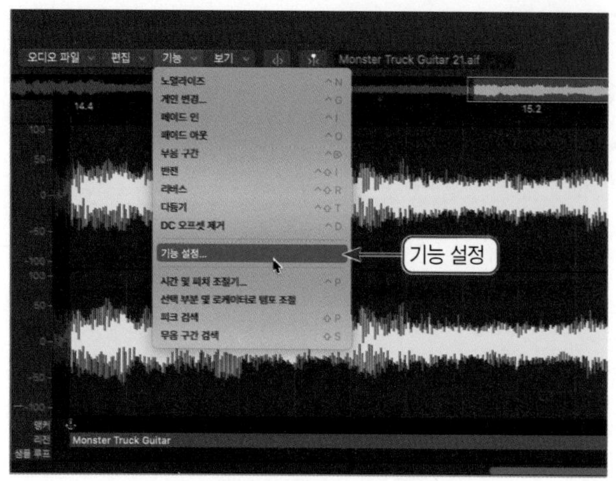

03 노멀라이즈는 선택한 파형 중에서 가장 레벨이 큰 부분을 100%(0dB)로 증가시키며, 나머지도 그 만큼 증가됩니다. 이 값을 변경하고 싶다면, 기능 메뉴의 기능 설정을 선택합니다.

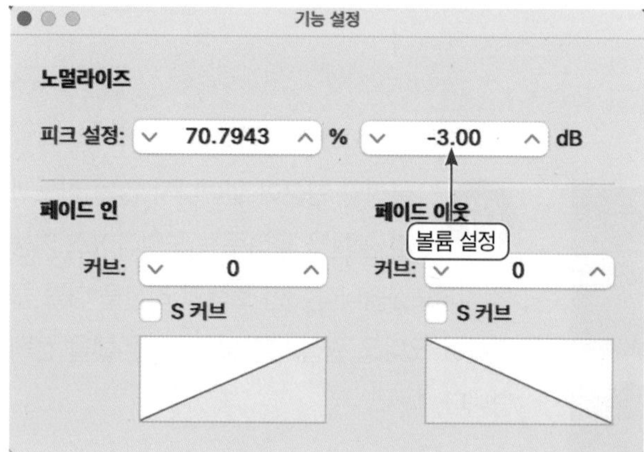

04 노멀라이즈의 최대 볼륨 값을 설정할 수 있는 창이 열립니다. 믹싱 전의 오디오를 편집할 때는 피크 값을 -3dB 정도로 설정하여 충분한 여유를 두는 것이 좋습니다.

2 게인 변경

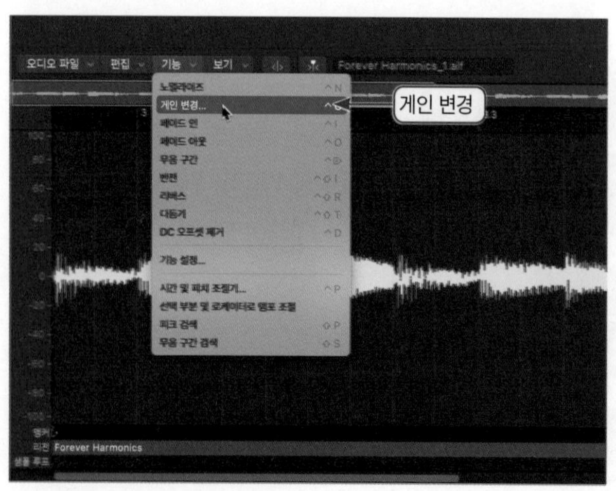

01 사용자가 원하는 만큼 볼륨을 조정할 수 있는 기능을 살펴보겠습니다. 1번 트랙의 리전을 선택하여 열고, 기능 메뉴의 게인 변경을 선택합니다.

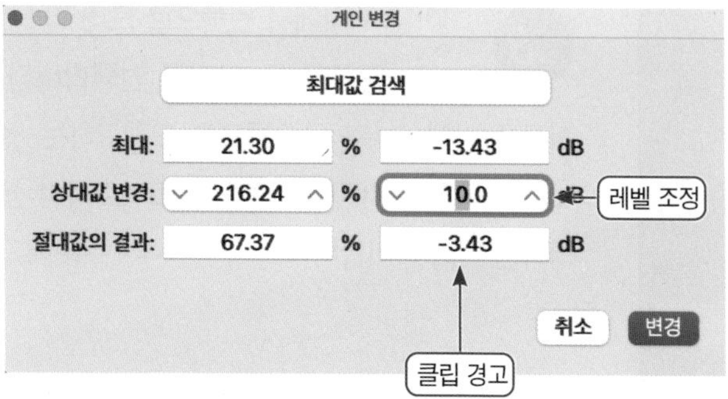

02 볼륨을 얼만큼 조정할 것인지를 설정할 수 있는 창이 열립니다. 최대값 검색 버튼을 클릭하여 작업 중인 리전의 최고 레벨을 검색합니다. 그리고 상대값 변경에서 클리핑 경고가 나타나지 않는 한도로 높여줍니다. 실습에서는 5% 입니다.

3 페이드 인/아웃

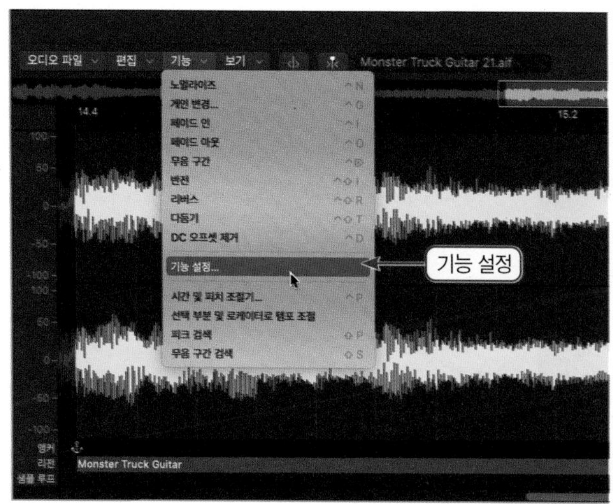

01 사운드가 점점 커지는 페이드 인과 점점 작아지는 페이드 아웃을 만들 수 있습니다. 2트랙의 리전을 선택하고, 기능 메뉴의 기능 설정을 선택합니다.

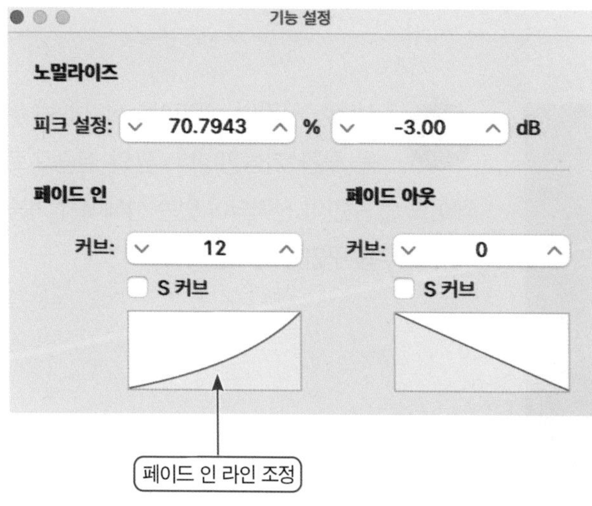

02 노멀라이즈 설정에서 보았던 창입니다. 페이드 인의 커브 값을 조정하여 페이드 인 속도를 늦춥니다. S 커브 옵션을 체크하면 S 모양의 커브를 만들 수 있습니다.

03 3마디 위치에서 왼쪽으로 드래그하여 시작 위치의 두 마디를 선택합니다. 시작 위치에서부터 오른쪽으로 드래그하는 것 보다는 목적 위치에서 왼쪽으로 드래그하여 선택하는 것이 편리합니다.

> TIP 눈금자의 단위는 마우스 오른쪽 버튼을 클릭하여 변경할 수 있습니다.

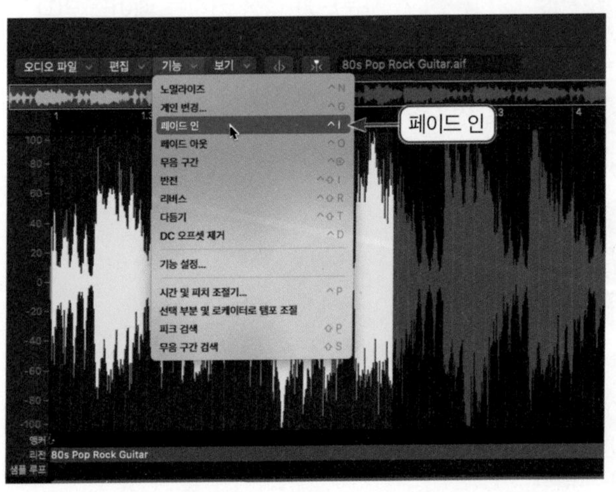

04 기능 메뉴의 페이드 인을 선택합니다. 시작 위치의 두 마디가 점점 커지면서 연주되는 페이드 인으로 처리됩니다. 기능 메뉴의 페이드 아웃은 선택 구간의 오디오가 점점 작아지는 효과를 만듭니다.

4 오디오 제거하기

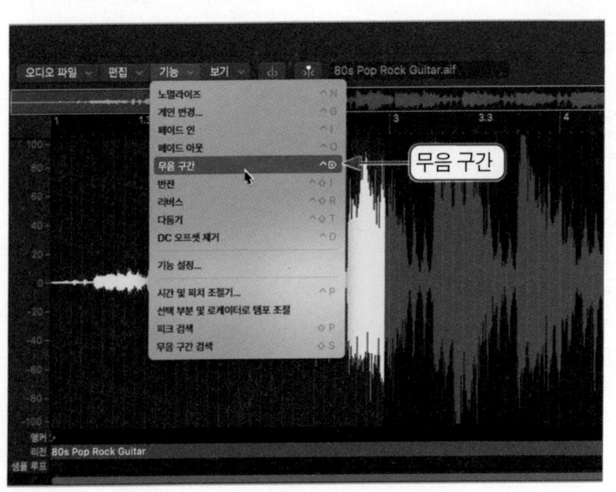

01 선택한 구간의 오디오를 제거하는 무음 구간 기능입니다. 앞의 실습으로 페이드 인 구간이 선택되어 있는 상태에서 기능 메뉴의 무음 구간를 선택합니다.

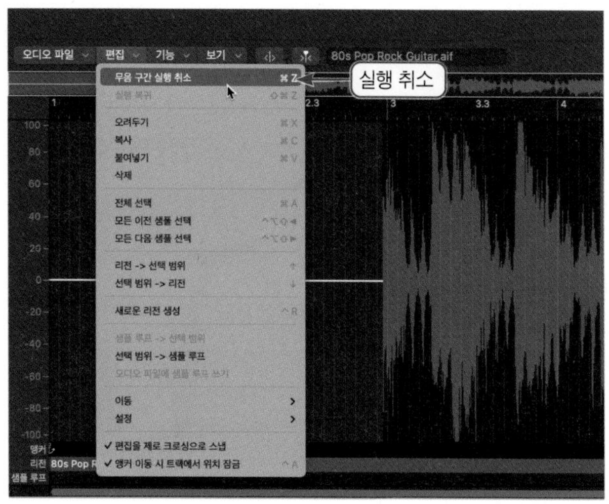

02 페이드 인 구간의 오디오가 제거되는 것을 확인할 수 있습니다. 잡음을 제거할 때 이용할 만한 기능입니다. 편집 메뉴의 실행 취소 또는 Command+Z 키를 눌러 제거 작업을 되돌립니다.

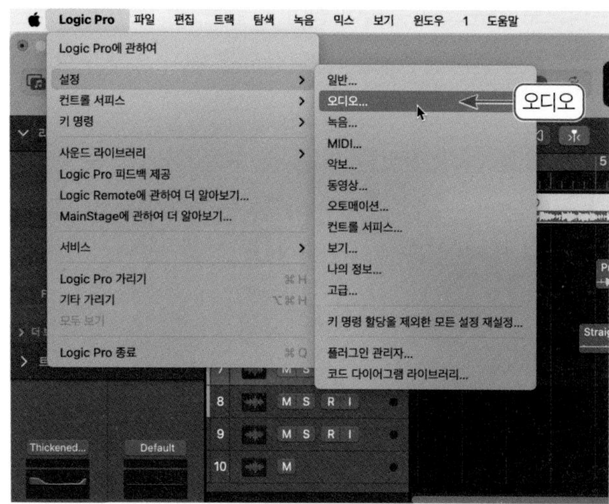

03 Command+Z 키를 한 번 더 누르면 페이드 인이 취소되며, 같은 방법으로 5회까지 취소가 가능합니다. 취소 횟수를 더 늘리고 싶다면, Logic Pro의 설정 메뉴에서 오디오를 선택합니다.

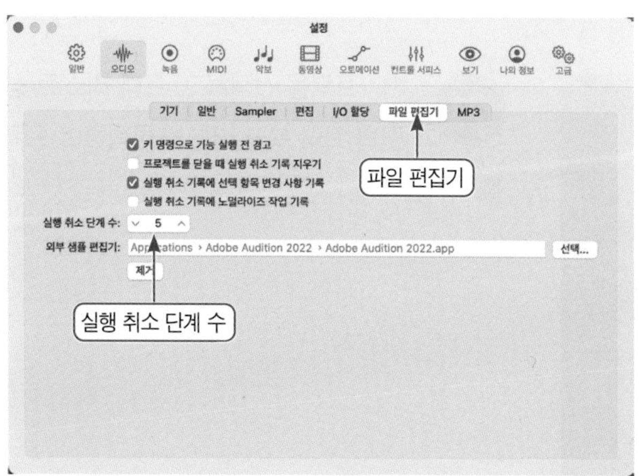

04 오디오 환경 설정 창이 열립니다. 파일 편집기 탭을 선택하여 페이지를 열고, 실행 취소 단계 수를 보면, 5로 설정되어 있습니다. 이 값이 오디오 편집기에서의 취소 가능 횟수입니다. 값을 너무 크게 설정하면 시스템이 느려질 수 있으므로 무작정 많은 값은 피하는 것이 좋습니다.

5 위상 변경하기

위상은 오디오 파형의 각도를 의미하며, 전체 사운드에 영향을 줍니다. 두 대의 Guitar 사운드가 연주되고 있을 때, 각각의 위상이 동일하다면, 이론적으로 오디오의 레벨은 두 배가 됩니다.

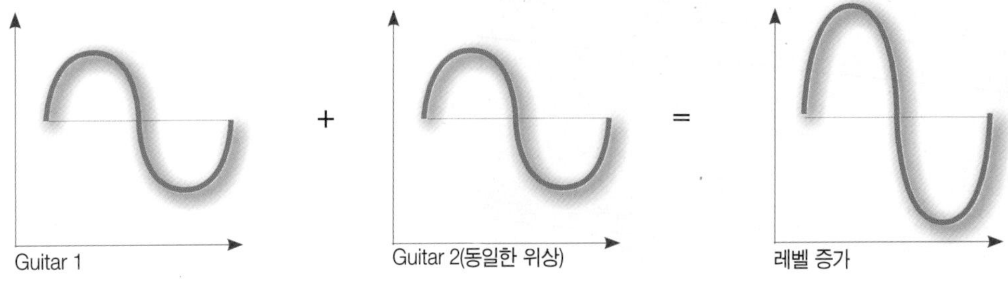

하지만, 서로의 위상이 반대로 연주되고 있다면, 이론적으로 사운드는 무음이 됩니다. 물론, 한 곡이 연주되는 동안 정확하게 위상이 반대로 겹치는 경우는 없기 때문에 무음 현상을 경험할 수 없겠지만, 왠지 소리가 작아지고, 답답해지는 것을 느낄 수는 있습니다.

위상이 반대로 겹치는 현상은 연주자의 위치, 공연장의 구조 등 여러 가지 원인이 있을 수 있지만, 한 쪽 Guitar 연주 사운드의 위상을 바꿔 해결하는 방법이 있습니다. 공연장이나 스튜디오에서 사용하는 콘솔에는 각 채널의 위상을 바꿔주는 Invert 버튼이 있으며, 오디오 편집기의 Invert도 이와 동일한 역할입니다.

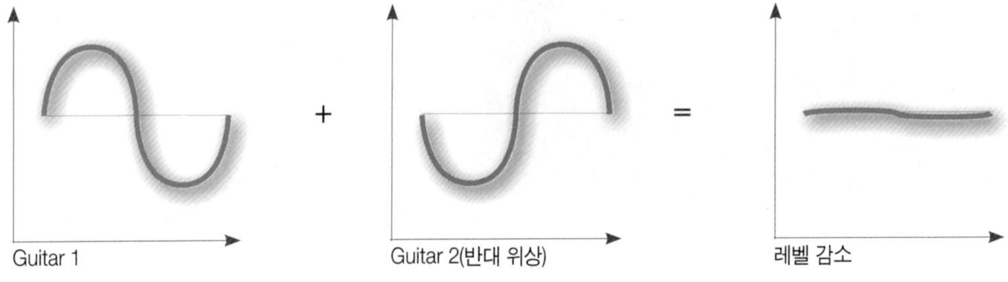

01 1번 트랙을 선택하고, 트랙 리스트 상단의 트랙 복사 버튼을 클릭하여 트랙을 복사합니다.

02 1번 트랙의 리전을 마우스 오른쪽 버튼으로 클릭하여 단축 메뉴를 열고, 변환에서 새로운 오디오 파일로 변환을 선택합니다.

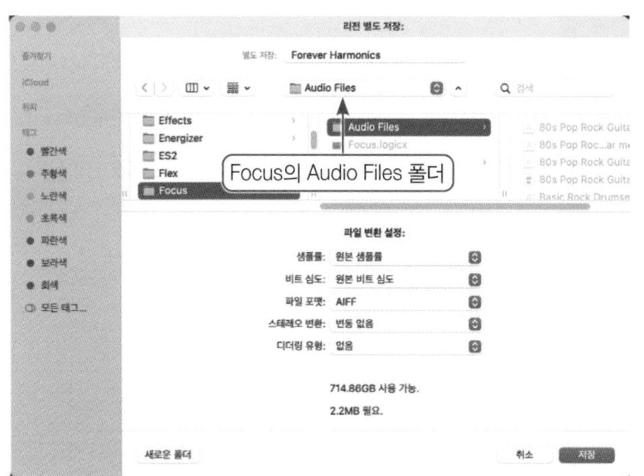

03 선택한 리전을 오디오 파일로 저장하기 위한 창이 열립니다. 프로젝트가 저장되어 있는 Focus의 Audio Files 폴더를 선택하고, 구분하기 쉬운 이름으로 저장합니다.

04 선택한 리전이 새로 저장한 파일로 변경됩니다. 브라우저 버튼을 클릭하여 프로젝트 패널을 열고, 1번 트랙에 있던 Forever Harmonics merged 파일을 2 번 트랙으로 드래그하여 가져다 놓습니다.

05 1번과 2번 트랙은 똑같은 위상을 가지고 있는 오디오입니다. Command+U 키를 눌러 리전을 반복 구간으로 설정하고, C 키를 눌러 사이클 버튼을 On으로 합니다. 그리고 1번과 2번 트랙의 솔로 버튼을 On으로 하고 연주를 해보면 당연히 레벨이 두 배로 증가된 것을 모니터 할 수 있습니다.

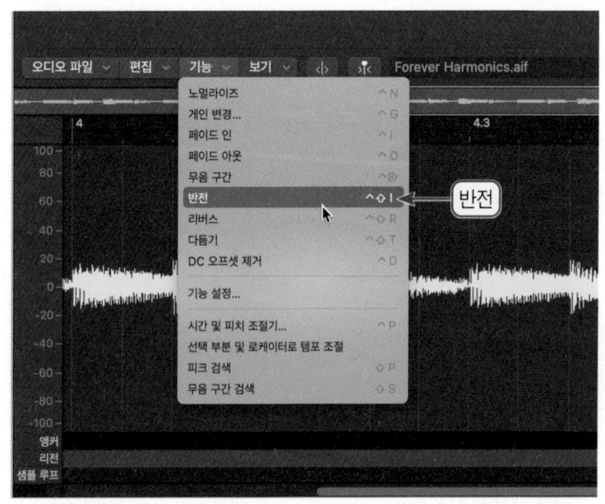

06 2번 트랙의 리전을 더블 클릭하여 오디오 편집기를 열고, 기능 메뉴의 반전을 선택하여 위상을 바꿉니다. 재생을 해보면 1번과 2번 트랙의 위상이 반대이기 때문에 소리가 들리지 않는 것을 경험할 수 있습니다.

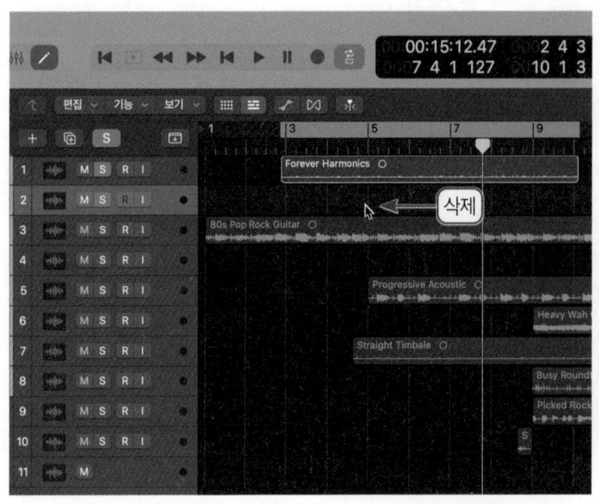

07 반전 실습으로 만들어 보았던 리전과 트랙을 Delete 키로 삭제하거나 Command+Z 키를 눌러 취소합니다. 취소를 할 때는 메인 윈도우가 선택되어 있는 상태에서 진행해야 합니다.

6 오디오 거꾸로 재생하기

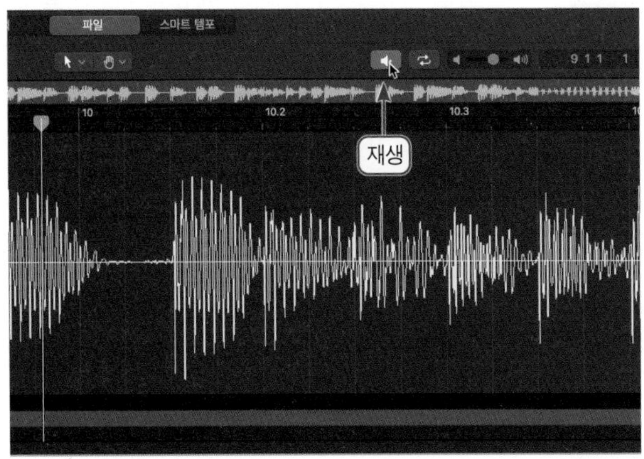

01 녹음한 오디오의 재생 방향을 바꾸어 특수 효과를 연출할 수 있는 리버스 기능을 살펴보겠습니다. 9번 트랙의 리전을 재생시켜보면, 슬라이더 업 주법으로 연주되는 베이스를 모니터 할 수 있습니다.

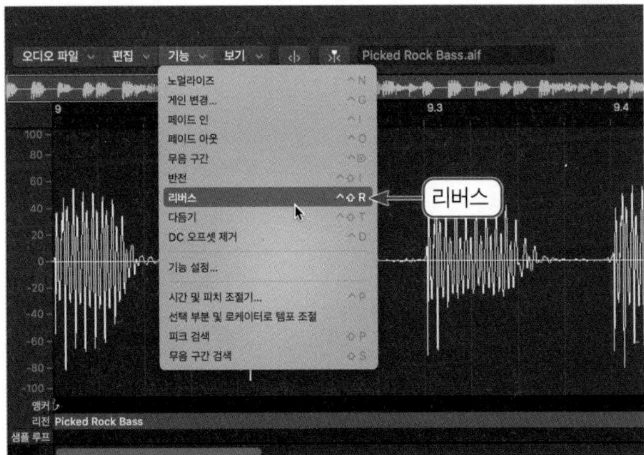

02 기능 메뉴의 리버스를 선택하여 파형을 가로로 뒤집고 모니터 해보면, 슬라이더 다운 주법으로 바뀐 것을 확인할 수 있습니다. 음성에 리버스를 적용하여 특수한 효과를 연출하는데 응용이 가능합니다.

7 리전 잘라내기

01 리전은 길이를 줄여도 이벤트는 그대로 남아있게 되어 용량의 변화는 없습니다. 2번 트랙의 리전 끝 부분을 드래그하여 길이를 줄여봅니다. 오디오 편집기를 보면 파형이 그대로 남아있다는 것을 알 수 있습니다.

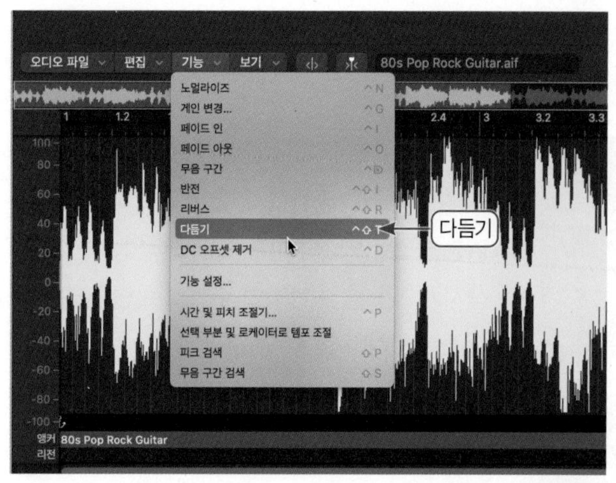

02 리전 길이 외에 오디오가 필요 없다면 이벤트를 제거하여 프로젝트의 용량을 줄일 수 있습니다. 기능 메뉴의 다듬기를 선택합니다.

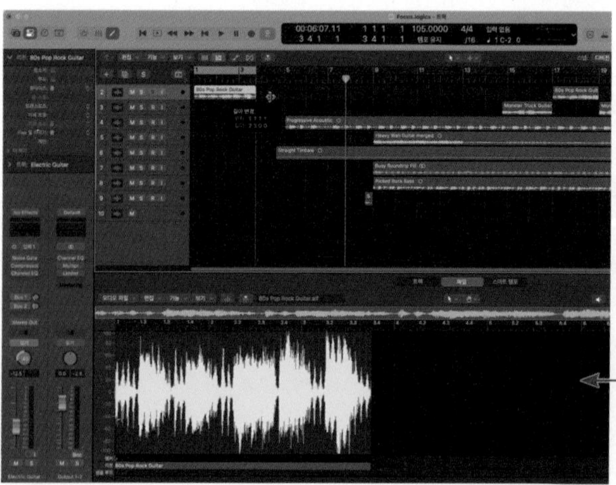

03 리전 길이 이외의 이벤트가 삭제되는 것을 확인할 수 있습니다. 리전 역시 다시 길이를 늘릴 수 없습니다. 실습에서는 Command+Z 키를 눌러 취소합니다.

8 전기 잡음 제거하기

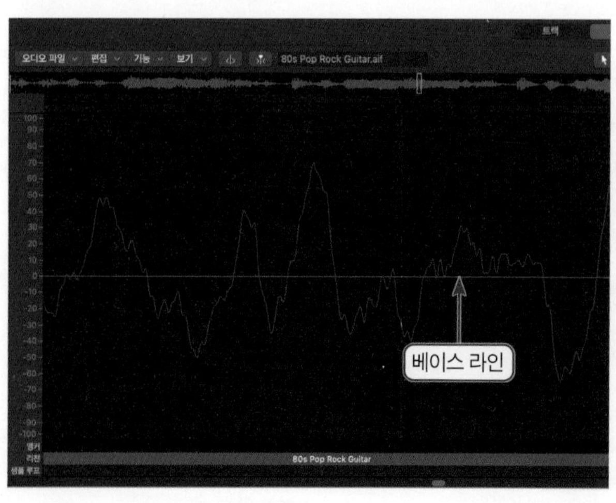

01 파형 주기의 중간 위치를 베이스 라인이라고 하며, 녹음 중에 안정적이 전원 공급이 되지 않으면, 베이스 라인을 벗어나는 현상이 발생합니다. 이것을 전기 잡음이라고 합니다.

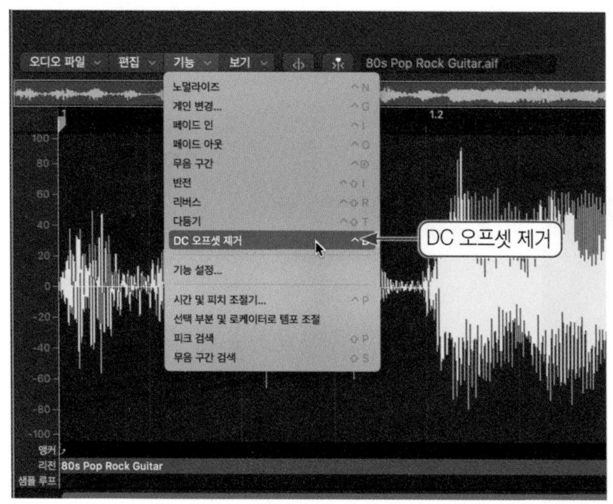

02 컴퓨터를 비롯한 모든 녹음 장비가 전기를 사용하기 때문에 조금씩은 벗어나기 마련이지만, 치직거리는 크랙 잡음이 들릴 정도라면 제거해야 합니다. 2번 트랙 리전을 열고, 기능 메뉴의 DC 오프셋 제거를 선택합니다.

03 실습을 진행하면서 느낄 정도는 아니었지만, 미세하게 벗어나 있는 것을 확인할 수 있습니다. 제거 버튼을 클릭합니다.

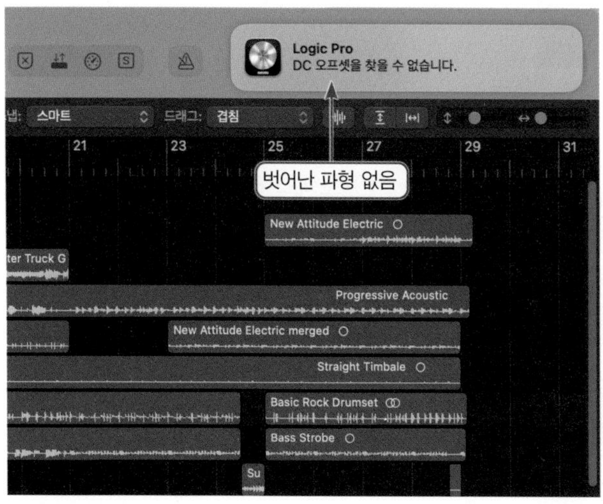

04 기능 메뉴의 DC 오프셋 제거를 다시 선택해보면, 창 오른쪽 상단에 DC 오프셋을 찾을 수 없다는 메시지가 열리는 것을 확인할 수 있습니다.

9 시간 및 피치 조절기

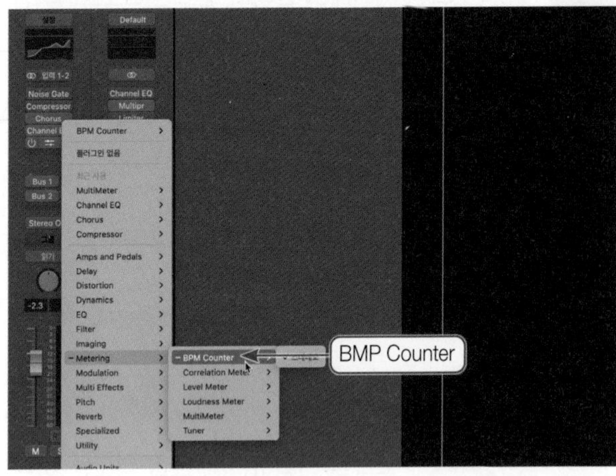

01 샘플을 재생해보면, 기타 연주의 템포가 다르다는 것을 알 수 있습니다. 외부 샘플을 이용할 때 발생할 수 있는 경우입니다. 오디오 이펙트 슬롯을 클릭하여 목록을 열고, Metering의 BPM Counter를 선택합니다.

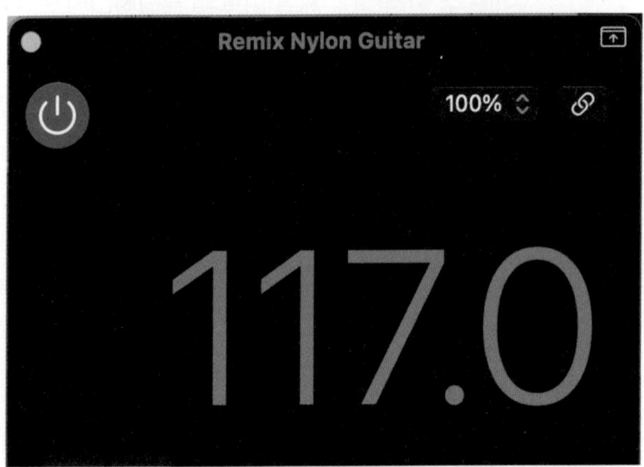

02 return 키를 눌러 재생헤드를 처음으로 이동시키고, 스페이스 바 키를 눌러 재생하여 템포를 분석합니다. 약 117로 제작된 샘플로 프로젝트와 10 차이가 난다는 것을 알 수 있습니다.

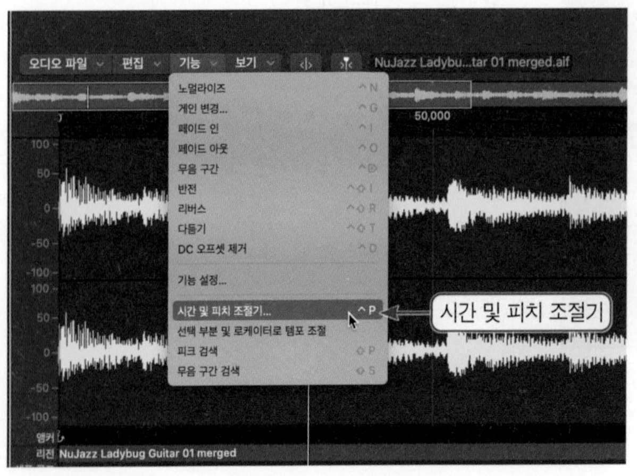

03 1번 트랙의 리전을 더블 클릭하여 오디오 편집기를 열고, 파일 탭의 기능 메뉴에서 시간 및 피치 조절기를 선택합니다.

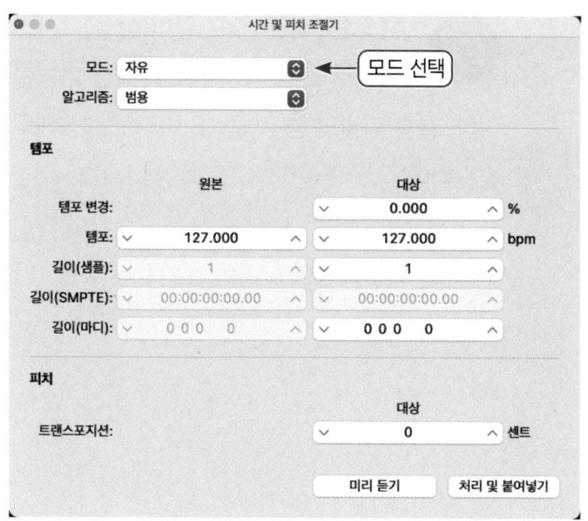

04 모드는 두 가지를 제공하고 있으며, 자유는 템포와 음정을 구분해서 조정하는 것이며, 클래식은 음정 변화에 따라 템포가 함께 조정되게 하는 것입니다. 자유 모드를 선택합니다.

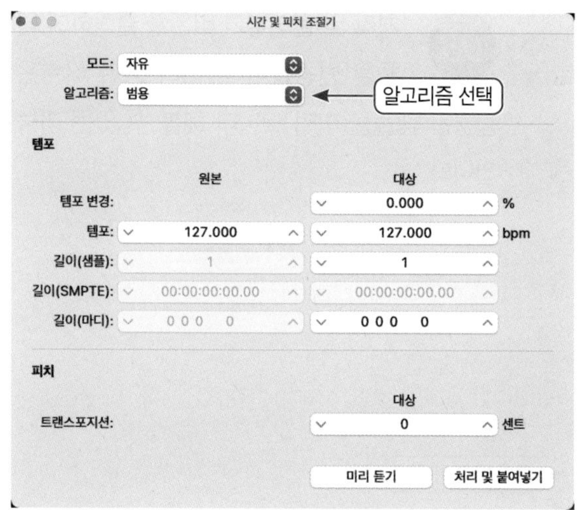

05 알고리즘은 템포와 음정을 조정할 때 사용되는 엔진을 선택합니다. 베이스와 같은 모노 악기라면 Monophonic, 드럼과 같은 비트 악기라면 비트만 등, 샘플 소스에 어울리는 알고리즘을 선택하여 음질 변화를 최소화 시키는 것입니다. 모든 소스에 적합한 범용을 선택합니다.

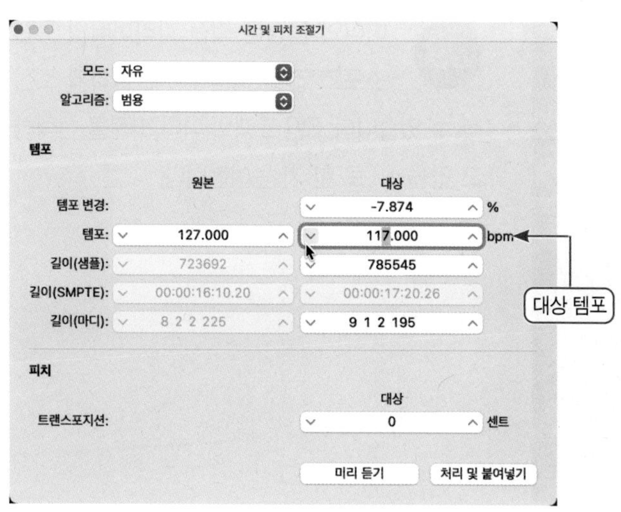

06 템포는 대상 항목에서 조정합니다. 왼쪽이 원본이고, 오른쪽이 변경 값을 의미하는 대상입니다. 원본 값이 프로젝트와 동일한 127인지를 확인하고, 대상 값을 10 빠른 137로 입력합니다.

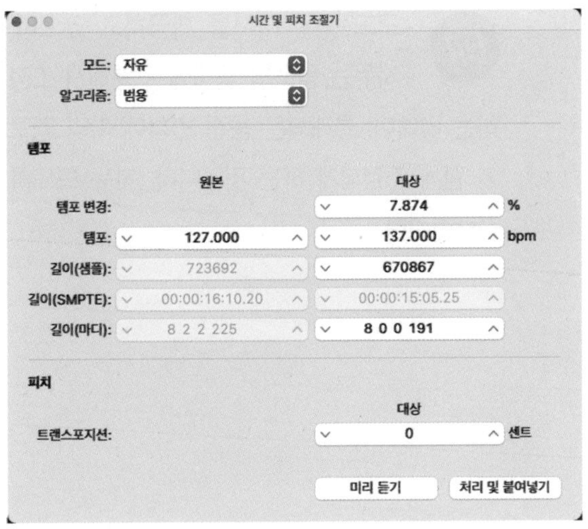

07 템포는 비율(%), 길이(샘플), 시간(SMPTE), 마디 단위로도 조정 가능합니다. 실습 파일의 경우에는 8 마디로 설정해도 좋습니다.

처리 및 붙여넣기

08 처리 및 붙여넣기 버튼을 클릭하여 템포를 변경합니다. 미리 듣기 버튼은 변경된 샘플을 미리 모니터 해볼 수 있는 기능입니다.

09 미디의 음정은 리전 파라미터의 트랜스포즈 값을 이용해서 간단하게 조정할 수 있습니다. 3번 트랙의 미디 리전을 선택하고 값을 +2 로 한 키 높여봅니다.

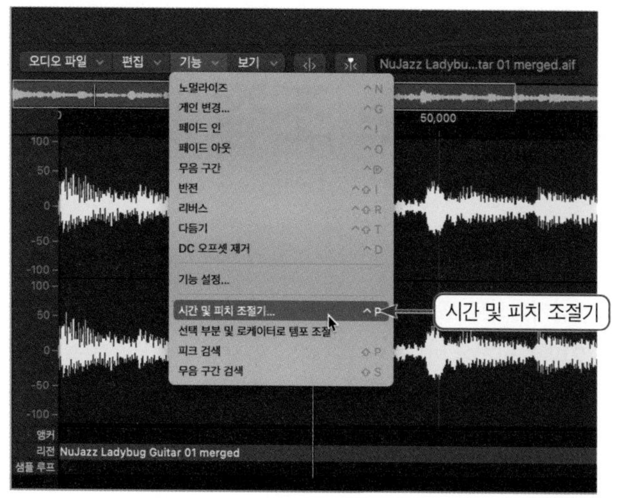

10 미디 음정에 맞추어 오디오 음정을 조정하겠습니다. 1번 트랙의 리전을 선택하고, 오디오 편집기의 기능 메뉴에서 시간 및 피치 조절기를 선택합니다.

TIP 2번 트랙은 드럼이므로, 음정 조정이 필요 없습니다.

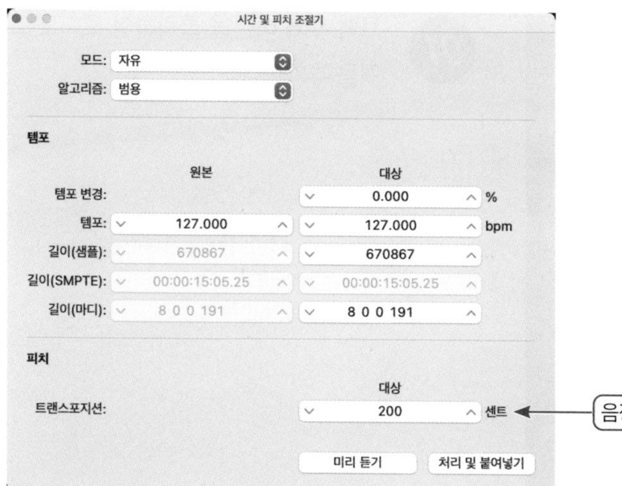

11 템포가 또 다시 변경되면 안 되므로, 비율을 0%로 하고, 트랜스포지션 값을 200으로 설정합니다. 100이 반음입니다.

12 스페이스 바 키를 눌러 모니터 해보면, 템포와 음정이 모두 변경된 것을 확인할 수 있습니다. 지금까지는 기능 메뉴의 역할을 살펴보기 위한 과정이었으며, 일반적으로 단축 메뉴의 템포에서 리전 및 다운비트에 프로젝트 템포 적용을 선택하여 맞추는 방법을 주로 사용합니다.

로케이터로 템포 조절

메인 윈도우의 자동 템포 일치 기능처럼, 오디오 파일 편집기에서도 프로젝트의 템포를 현재 로케이터 위치와 선택한 영역에 맞추는 기능을 제공합니다. 이 기능은 전체 오디오 리전이 아닌, 오디오 파일 편집기에서 선택한 특정 구간에만 적용됩니다. 즉, 선택한 구간의 템포를 현재 로케이터 위치와 프로젝트의 템포에 맞춰 조정할 수 있으며, 이를 통해 오디오 파일의 일부분을 프로젝트의 템포에 자연스럽게 맞출 수 있어 작업이 더욱 원활하게 진행됩니다.

● 실습 프로젝트 : Adjust Tempo

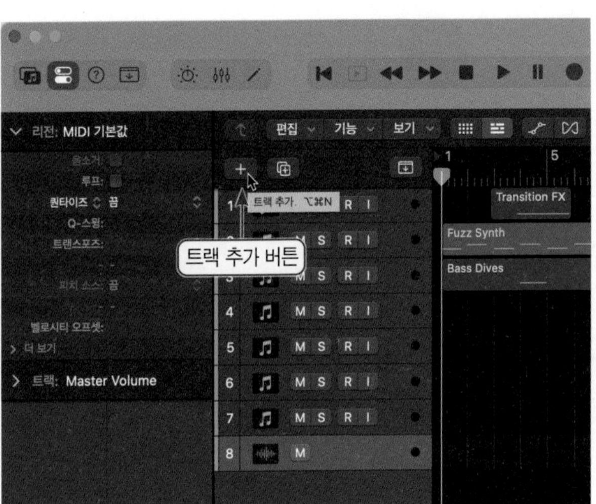

01 트랙 추가 버튼을 클릭하여 오디오 트랙을 추가합니다.

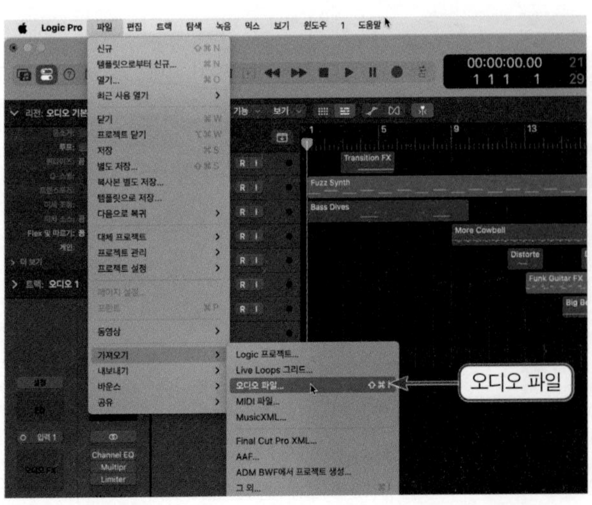

02 프로젝트에 외부 샘플을 가져올 때는 파인더에서 직접 드래그하거나 브라우저 패널을 이용하는 것이 편리하지만, 이것에 관해서는 파일 관리 편에서 설명하고 있으므로, 여기서는 메뉴를 이용하겠습니다. 파일 메뉴의 가져오기에서 오디오 파일을 선택합니다.

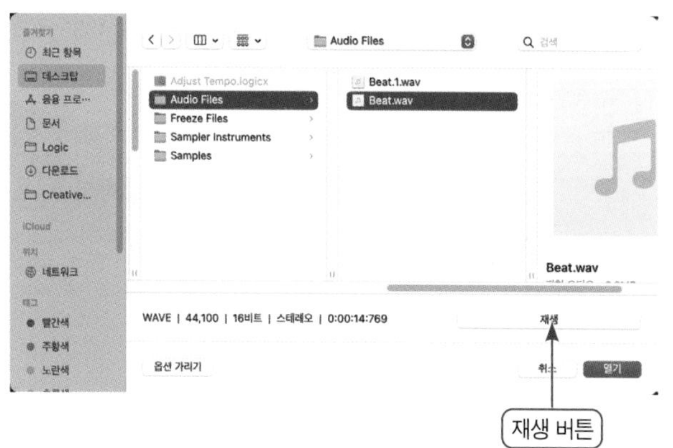

03 Adjust Temp의 Audio Files 폴더에 있는 Beat 샘플 파일을 더블 클릭하여 불러옵니다. 파일 창의 재생 버튼은 선택한 파일을 미리 들어볼 수 있는 기능입니다.

04 파일은 재생헤드가 있는 위치에 삽입됩니다. 리전을 드래그하여 5마디 위치로 이동시키고, 솔로 버튼을 On으로 합니다. 그리고 Shift+스페이스 바 키를 눌러 임포트한 리전이 몇 마디 길이인지를 모니터 합니다.

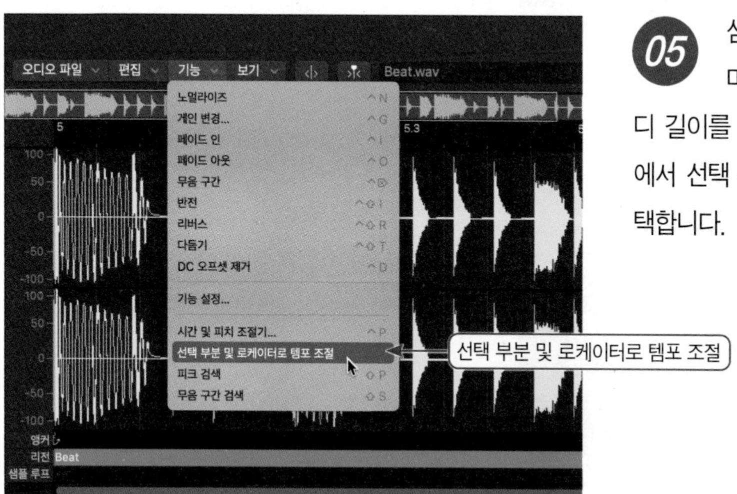

05 샘플은 8마디 길이입니다. 눈금자의 5마디에서 13마디까지 드래그하여 8마디 길이를 선택하고, 파일 에디터의 기능 메뉴에서 선택 부분 및 로케이터로 템포 조절를 선택합니다.

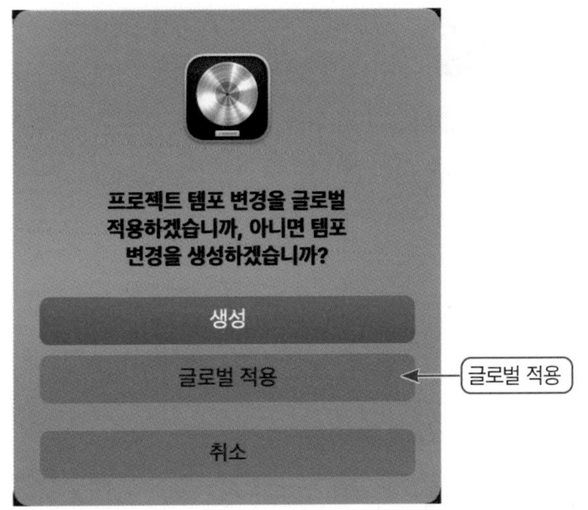

06 로케이터 구간을 선택한 리전에 맞출 때 생성되는 템포를 삽입할 것인지, 프로젝트 템포를 설정할 것인지를 선택할 수 있는 창이 열립니다. 글로벌 버튼을 클릭하여 프로젝트 템포로 적용합니다.

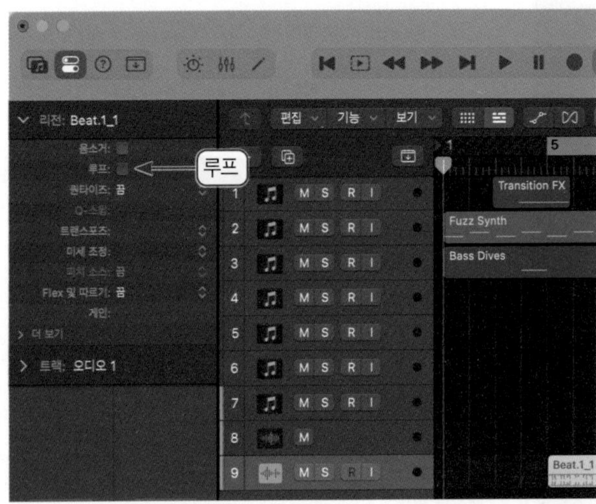

07 프로젝트의 템포가 외부 샘플에 맞추어 변경된 것을 확인할 수 있습니다. 오디오 리전 파라미터의 루프 옵션을 체크하여 샘플을 반복시킵니다.

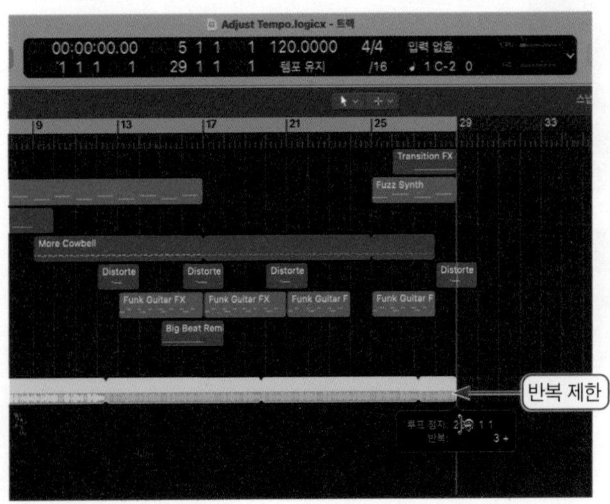

08 반복 리전의 28마디 위치를 클릭하는 것으로 샘플 곡을 완성합니다. 외부 샘플로 리듬 파트를 완성하는 미디 작업자들에게 유용한 기능이 될 것입니다.

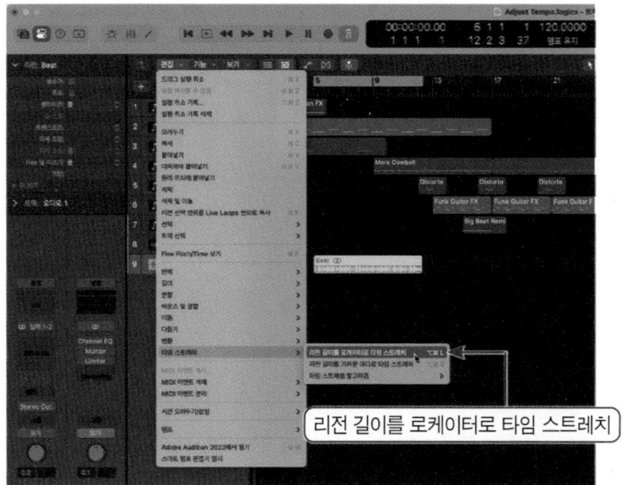

09 가져온 오디오 샘플을 프로젝트 템포에 맞추는 방법도 있습니다. Command+Z 키를 눌러 템포 변경 전으로 복구합니다. 그리고 편집 메뉴의 Time Stretch에서 리전 길이를 로케이터로 타임 스트레치를 선택합니다.

TIP 리전 길이를 가까운 마디로 타임 스트레치는 리전에서 가까운 마디 라인에 맞추어 조정합니다.

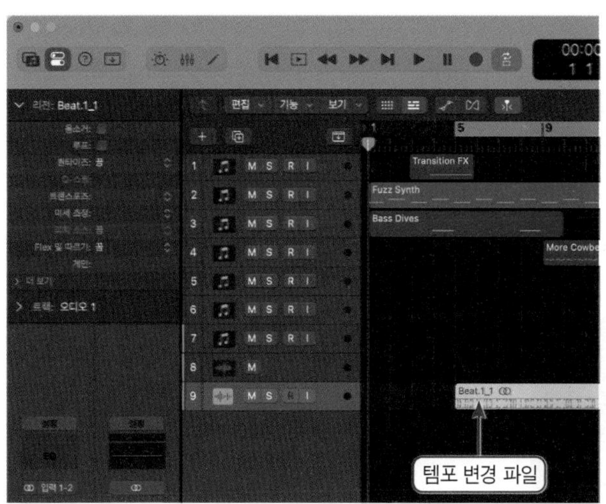

10 임포트한 오디오 샘플이 로케이터 길이에 맞추어 조정되는 것을 확인할 수 있습니다. 이때 음질의 변화가 생기기 때문에 원본은 보존되고, 길이가 변경된 파일로 대체됩니다.

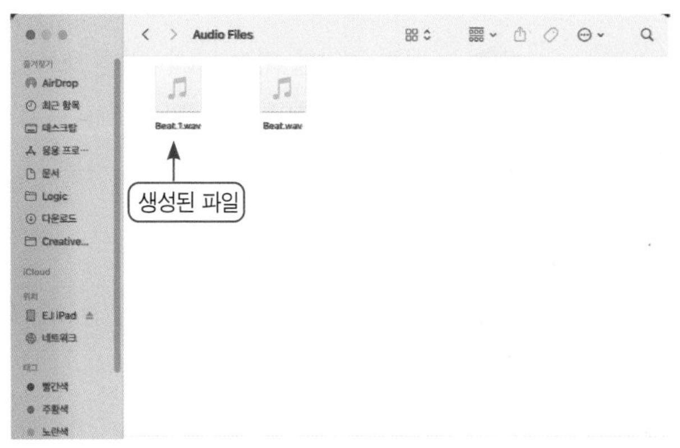

11 Beat 샘플 파일을 임포트 했던 오디오 파일 폴더를 열어보면, 템포가 조정된 Beat.1 파일이 생성된 것을 확인할 수 있으며, 이것이 프로젝트에 사용되고 있는 것입니다. 언제든 원본으로 복구가 가능한 것입니다.

TIP 타임 스트레칭 알고리즘에서 오디오 소스에 적합한 것을 선택하면, 사운드의 변화를 최소화 할 수 있습니다.

무음 구간 제거하기

로직의 무음 구간 제거 기능은 녹음 중 발생할 수 있는 빈 공간이나 불필요한 잡음을 효과적으로 처리하는 데 매우 유용합니다. 이 기능의 사용 방법은 간단합니다. 먼저 오디오 클립을 선택한 후, 오디오 파일 편집기에서 스트립 사일런스 기능을 활성화합니다. 그런 다음, 감도와 최소 길이 등의 설정을 조정하여 어떤 구간을 제거할지 정할 수 있습니다. 설정을 마친 후, 로직은 선택된 오디오 클립에서 자동으로 빈 공간과 잡음을 제거해 더 깔끔하고 전문적인 오디오 파일을 빠르고 손쉽게 얻을 수 있습니다.

● 실습 프로젝트 : Strip

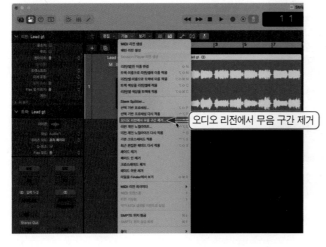

01 리전을 선택하고, 기능 메뉴의 오디오 리전에서 무음 구간 제거을 선택하거나 단축키 Control+X 키를 누릅니다.

02 작업 결과를 미리 볼 수 있는 스트립 사일런스 창이 열립니다. 스레숄드 값을 조정하여 어느 정도 레벨 이하의 사운드를 제거할 것인지를 결정합니다.

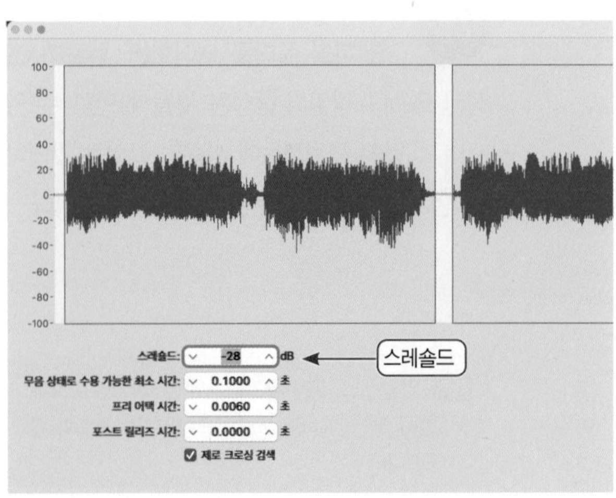

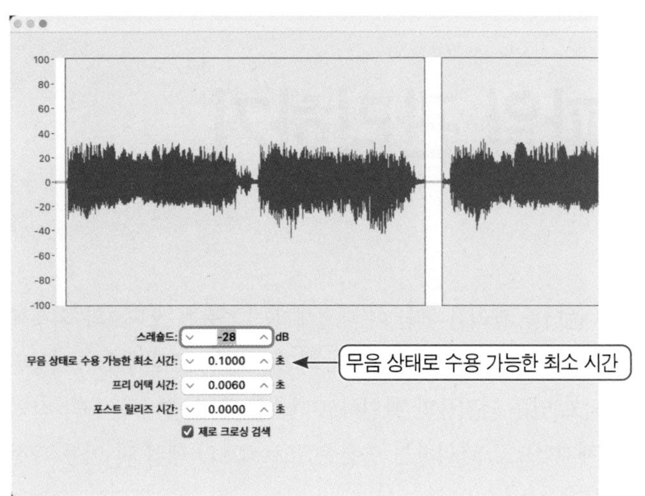

03 무음 상태로 수용 가능한 최소 시간은 스레숄드에서 설정한 값이 유지되는 시간을 결정합니다. 스레숄드가 10%이고, 무음 상태로 수용 가능한 최소 시간이 1초라면, 1초 이하의 스레숄드 값이 무시되는 것입니다.

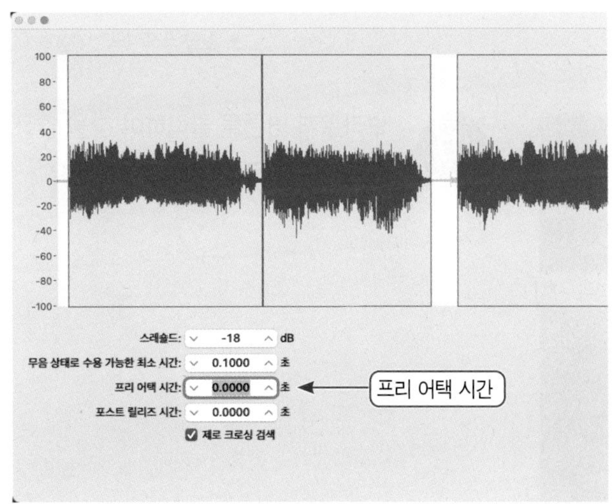

04 프리 어택 시간은 슬라이스 시작 위치의 여유 시간, 포스트 릴리즈 시간은 끝 위치의 여유 시간을 설정합니다. 프리 어택 시간은 앵커 포인트로 생성됩니다.

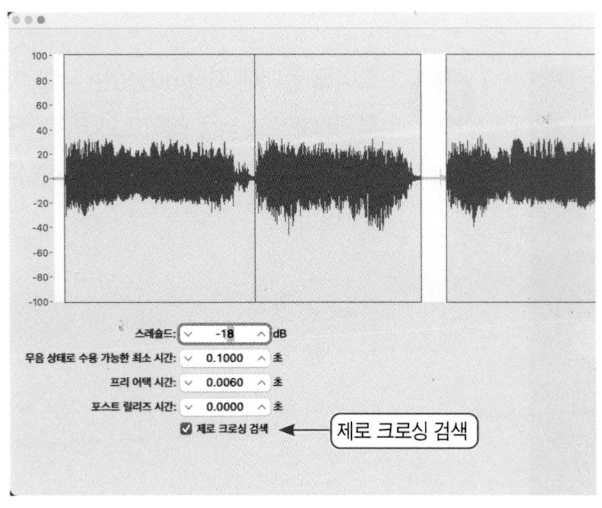

05 모든 설정이 끝나고 확인 버튼을 클릭하면, 스레숄드 이하의 사운드가 제거되고, 리전이 슬라이스 되는 것을 확인할 수 있습니다. 제로 크로싱 검색 옵션은 파형의 제로 지점을 기준으로 슬라이더되게 하는 것이므로, 체크해두는 것이 좋습니다.

오디오 파일 관리하기

브라우저의 프로젝트 패널은 프로젝트의 오디오 파일 폴더를 관리합니다. 이 패널에서는 녹음한 오디오와 외부에서 임포트한 오디오 샘플이 저장된 위치를 확인하고 관리할 수 있습니다. 오디오 파일은 모두 프로젝트가 저장된 폴더에 보관되며, 프로젝트 패널을 통해 실제로 사용되고 있는 파일들만 확인하고 관리할 수 있습니다. 음악 작업에 직접적인 영향을 미치지는 않지만, 오디오 파일을 체계적으로 관리하는 습관은 프로젝트의 백업 및 이동 과정에서 발생할 수 있는 실수를 줄이는 데 도움이 됩니다.

파일 정보

● 실습 프로젝트 : Loops_02

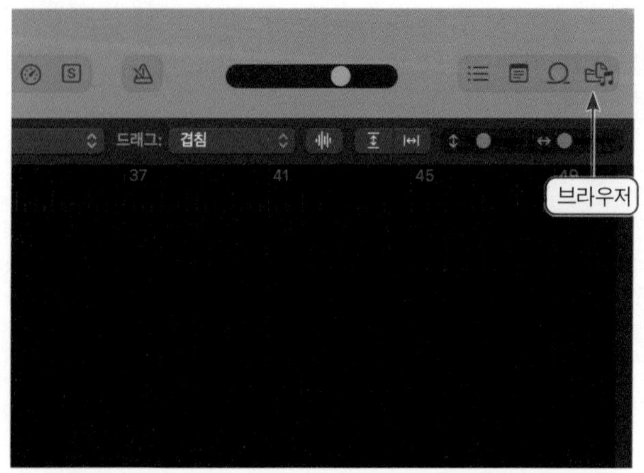

01 브라우저 버튼을 클릭하여 창을 열고, 프로젝트 탭을 선택합니다.

02 오디오 폴더에 저장되어 있는 파일 이름 및 파일의 샘플 레이트와 비트, 채널, 용량, 그리고 템포 등의 정보가 표시됩니다.

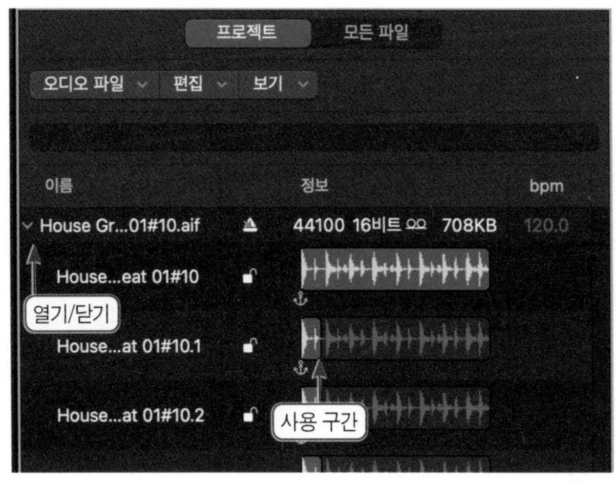

03 파일 이름 왼쪽의 작은 삼각형을 클릭하면, 프로젝트에서 사용하고 있는 리전의 수와 각 리전에서 오디오 파일의 어느 구간이 얼만큼 사용되고 있는지 확인할 수 있는 바가 표시됩니다.

그룹

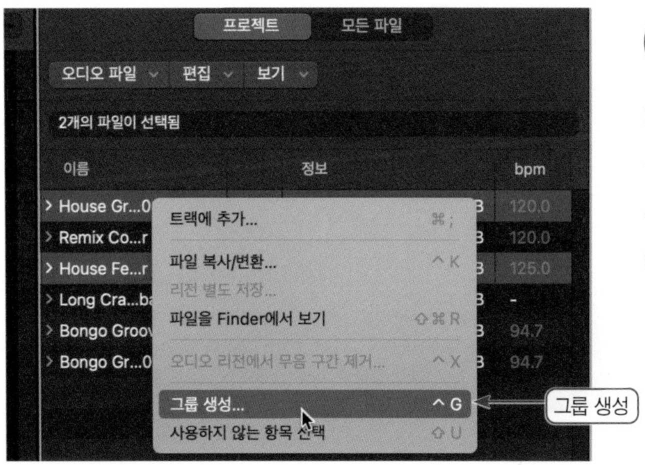

01 오디오 파일이 많은 경우에는 같은 종류의 소스를 하나의 그룹으로 관리할 수 있습니다. 그룹으로 관리할 파일들을 Command 키를 누른 상태로 선택하고, 단축 메뉴의 그룹 생성을 선택합니다. 단축키 Control+G 키를 눌러도 좋습니다.

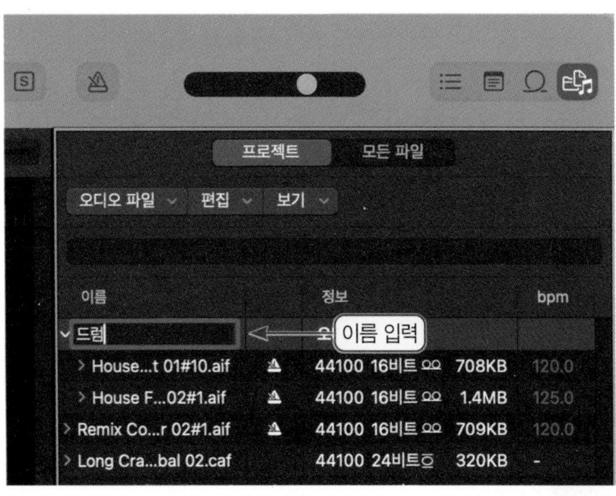

02 새로운 그룹이 생성되며, 구분하기 쉬운 이름으로 입력할 수 있습니다. 일반적으로 드럼, 스트링, 기타 등 여러 트랙에서 사용되고 있는 오디오를 그룹으로 만들어 관리합니다.

파일 삭제

01 음악 작업을 하다보면 리전으로는 사용하지 않지만, 오디오 폴더에 저장되어 있는 파일들이 생성되기도 합니다. 이것들을 삭제하여 프로젝트 용량을 줄이겠다면 단축 메뉴에서 사용하지 않는 항목 선택을 실행합니다.

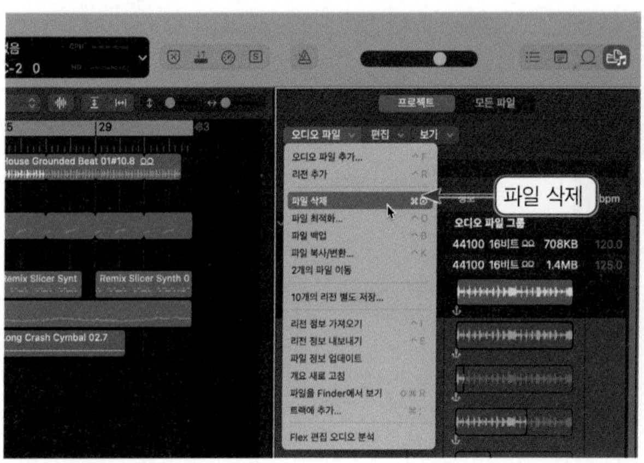

02 프로젝트에서 사용하고 있지 않은 오디오 파일들이 모두 선택됩니다. 오디오 파일 메뉴의 파일 삭제로 선택된 오디오 파일을 제거하여 프로젝트를 최적화 합니다.

파일 최적화

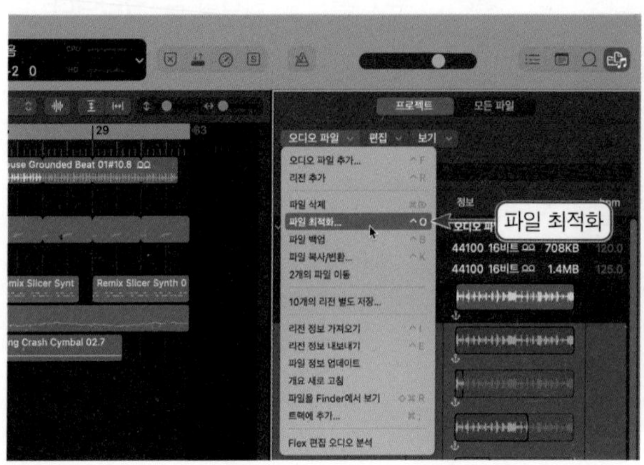

01 프로젝트의 리전은 오디오 파일의 일부만 사용되는 경우도 많습니다. 작업이 끝난 프로젝트라면, 사용하지 않는 구간을 제거하여 프로젝트의 용량을 줄일 수 있습니다. 오디오 파일 메뉴의 파일 최적화를 선택합니다.

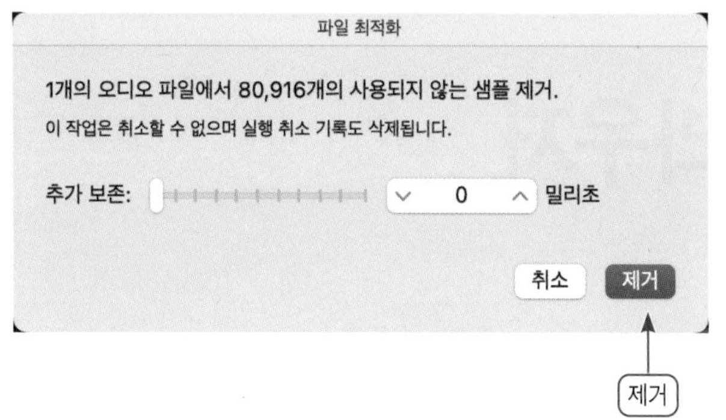

02 어느 정도의 여유를 남겨놓고, 삭제할 것인지를 설정할 수 있는 창이 열리며, 원하는 길이를 밀리초 단위로 설정할 수 있습니다. 단, Apple 루프 파일은 제외됩니다.

백업

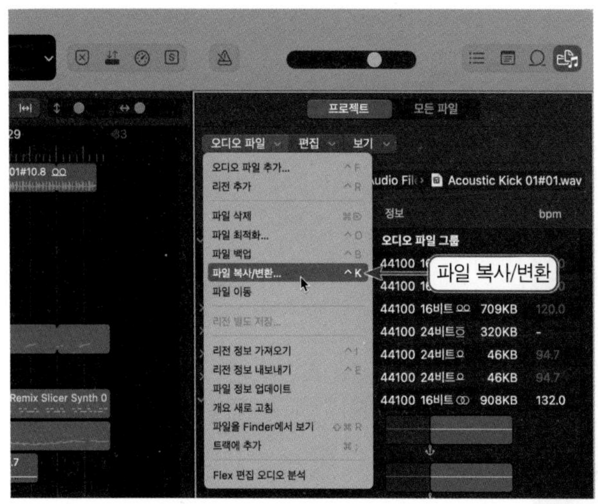

01 오디오 파일을 USB, SSD, HDD 등의 외부 저장장치로 백업할 수 있습니다. Command+A 키를 눌러 모든 파일을 선택하고, 오디오 파일 메뉴의 파일 복사/변환을 선택합니다.

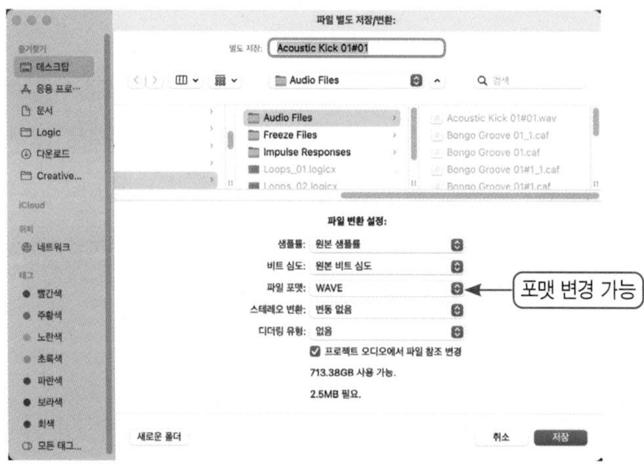

02 저장 위치를 선택할 수 있는 창이 열리며, 필요하다면 샘플 레이트, 비트, 포맷, 채널 등을 변경할 수 있습니다. 프로젝트의 오디오 파일을 효과적으로 관리하는 것도 하나의 실력입니다.

파일 브라우저

로직의 프로젝트 패널은 오디오 파일을 체계적으로 관리하며, 맥의 모든 파일을 검색하고 손쉽게 임포트할 수 있는 기능을 제공합니다. 이 패널을 통해 파인더를 열지 않고도 필요한 파일을 빠르게 찾아 임포트할 수 있어, 작업 효율성이 크게 향상됩니다. 물론, 맥의 파인더에서 파일을 드래그하여 직접 임포트하는 방법도 있지만, 로직 내의 파일 브라우저를 사용하면 파일 관리가 더 간편하고 효율적입니다.

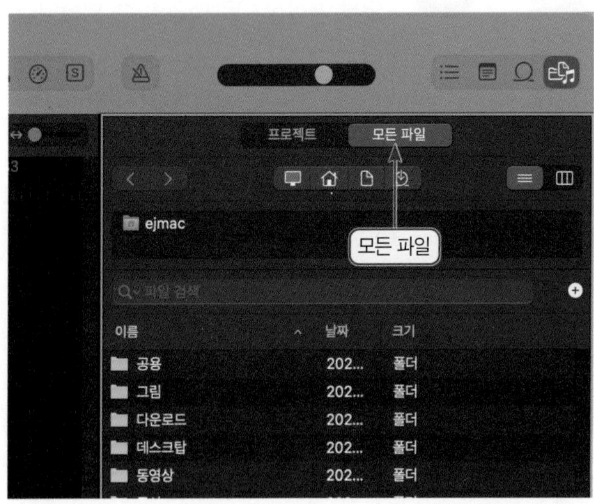

01 파일 브라우저는 도구 막대의 브라우저 버튼을 클릭하여 창을 열고, 모든 파일 탭을 선택하여 엽니다.

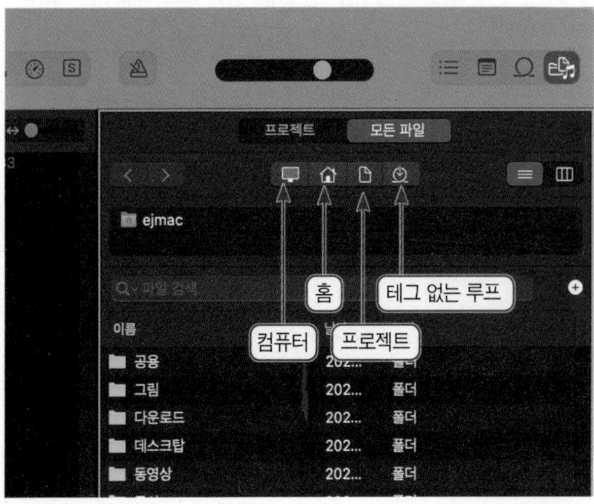

02 폴더의 위치는 데스크 탑으로 이동하는 컴퓨터 버튼, 사용자 폴더로 이동하는 홈 버튼, 현재 열려있는 프로젝트의 폴더로 이동할 수 있는 버튼과 테그 없는 루프 폴더로 이동할 수 있는 버튼이 있습니다.

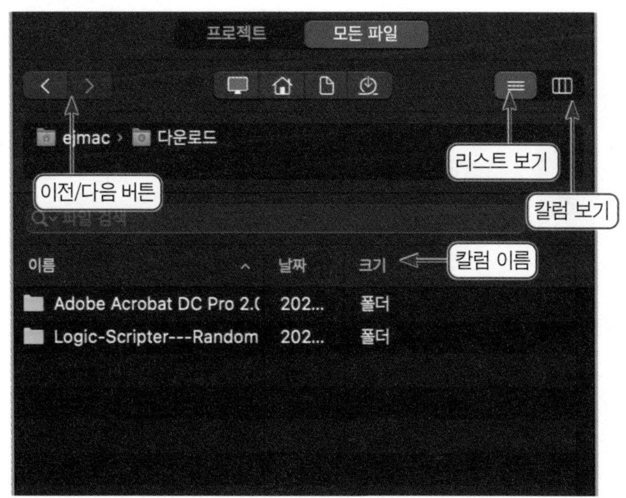

03 폴더 목록의 표시 방법은 리스트와 칼럼 타입으로 선택할 수 있습니다. 리스트 보기로 선택한 경우에는 칼럼의 이름, 날짜, 크기를 클릭하여 각각의 정렬 기준을 선택할 수 있고, 이전 또는 다음 버튼을 클릭하여 독자가 탐색한 폴더로 이동할 수 있습니다.

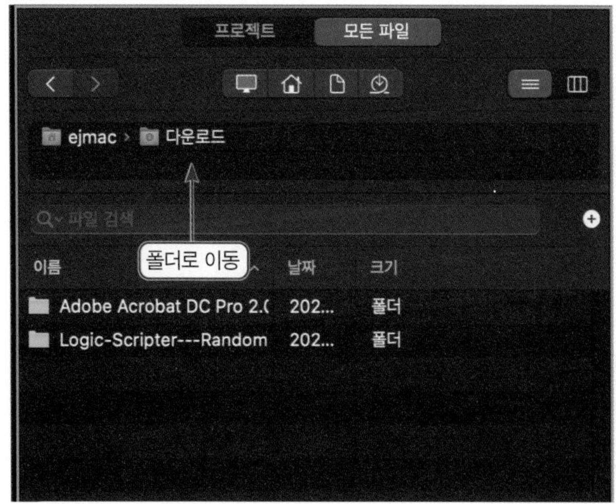

04 독자가 이동한 폴더의 경로는 목록에 표시되며, 폴더를 클릭하여 해당 폴더로 바로 이동할 수 있습니다.

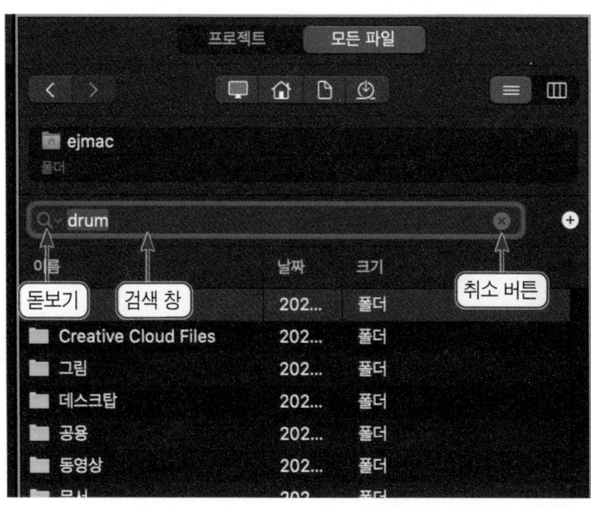

05 파일 및 폴더는 검색 창에 입력하여 찾을 수 있으며, 검색 창의 X 버튼을 클릭하여 검색을 취소할 수 있습니다. 검색 창의 돋보기 버튼을 클릭하면 독자가 검색한 리스트를 선택할 수 있습니다.

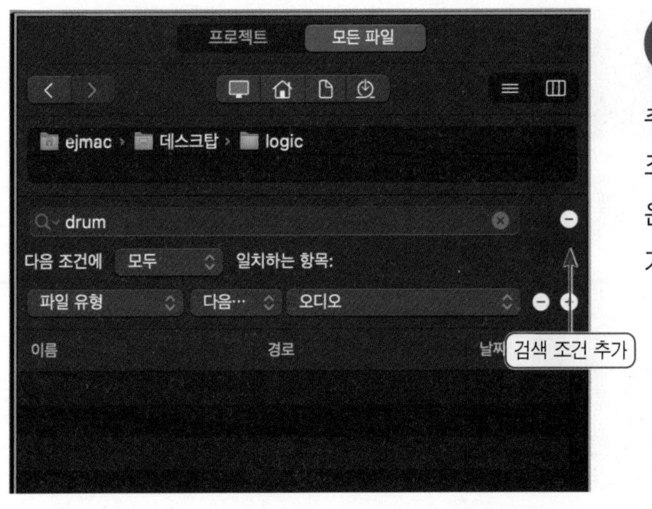

06 검색 창 오른쪽의 + 기호를 클릭하면, 검색 조건을 선택할 수 있는 항목이 추가됩니다. 파일 타입, 포맷, 크기 등으로 검색 조건을 제한하고 싶을 때 이용하며, 검색 조건은 원하는 만큼 추가할 수 있습니다. 조건을 제거할 때는 - 기호의 버튼을 클릭합니다.

07 검색한 오디오 파일은 포맷, 샘플 레이트, 비트, 채널, 길이 등을 정보를 확인할 수 있으며, 스피커 모양의 버튼을 클릭하여 재생 및 정지할 수 있습니다.

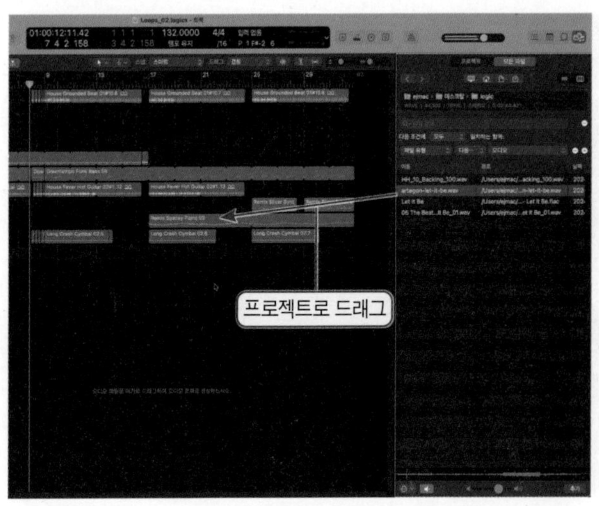

08 검색한 오디오 파일은 작업 중인 프로젝트로 드래그하여 임포트 할 수 있습니다. 지금까지 살펴본 브라우저는 맥의 파인더와 비슷하다는 것을 알 수 있었으며, 파인더에서도 임포트가 가능하므로, 자신에게 편리한 것을 이용하면 됩니다.

TIP 외부 파일을 작업 중인 프로젝트로 가져올 때 파일 메뉴의 가져오기에서 오디오 파일을 이용해도 좋습니다.

루프 파일 만들기

로직에서는 기본적으로 제공하는 루프 외에도, 사용자가 녹음한 오디오를 루프 파일로 변환하여 활용할 수 있는 기능을 제공합니다. 프로젝트의 템포를 변경할 때, 루프 속성을 가진 오디오 파일은 템포에 맞춰 자동으로 속도가 조정되지만, 그렇지 않은 일반 오디오 파일은 템포 변화에 영향을 받지 않습니다. 이처럼, 자신이 녹음한 오디오를 템포에 맞게 조정하려면 반드시 루프 속성을 부여해야 합니다. 이번에는 이러한 루프 파일을 만들고, 다양한 상황에서 어떻게 응용할 수 있는지에 대해 살펴보겠습니다.

● 실습 프로젝트 : Apple

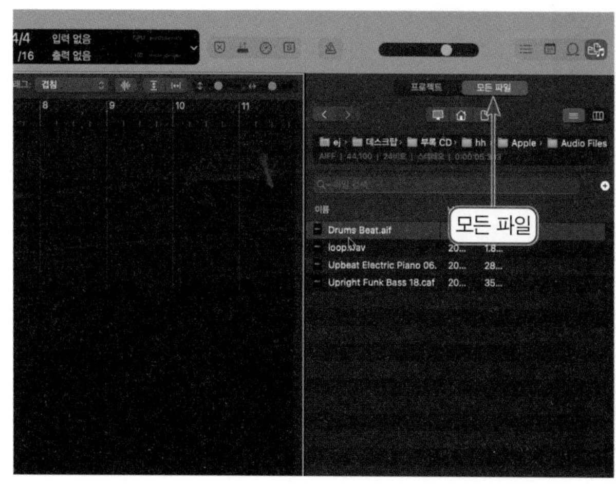

01 브라우저에서 모든 파일 페이지를 열고, Audio Files 폴더의 Drums Beat 파일을 드래그하여 프로젝트에 가져다 놓습니다. 파인더를 열고 직접 드래그해도 좋습니다.

02 해당 파일은 로직 루프가 아니기 때문에 프로젝트 템포에 일치되지 않습니다. 단축 메뉴의 내보내기에서 루프 라이브러리에 추가를 선택합니다.

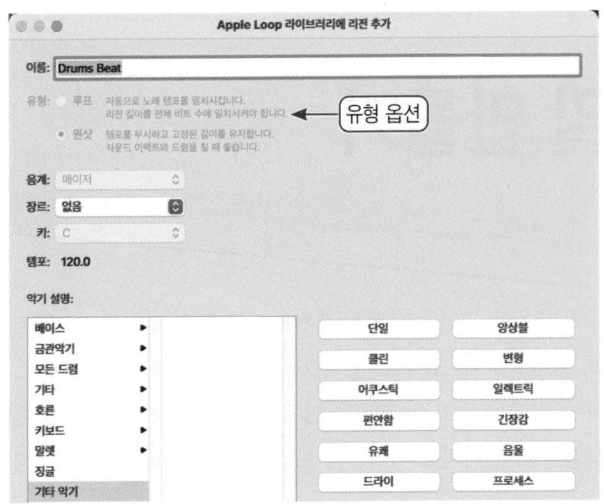

03 유형 옵션을 보면, 해당 파일에 템포 정보가 없기 때문에 루프 타입을 적용할 수 없다는 것을 확인할 수 있습니다. 취소 버튼을 클릭하여 창을 닫습니다.

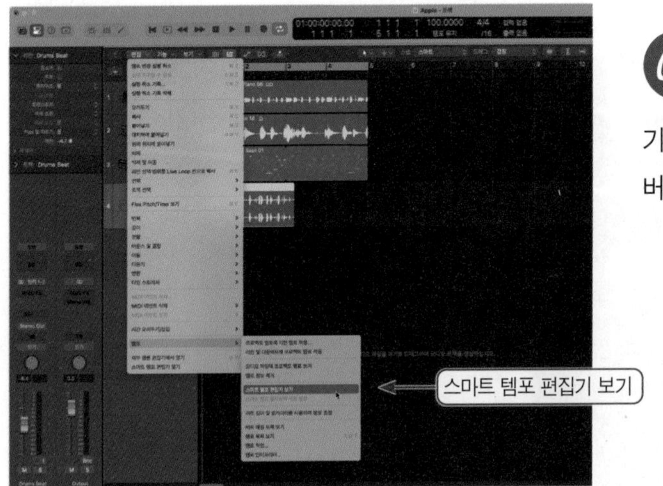

04 임포트한 오디오 리전을 선택하고, 편집 메뉴의 템포에서 스마트 템포 편집기 보기를 선택하여 창을 엽니다. 그리고 분석 버튼을 클릭하여 오디오 템포를 분석합니다.

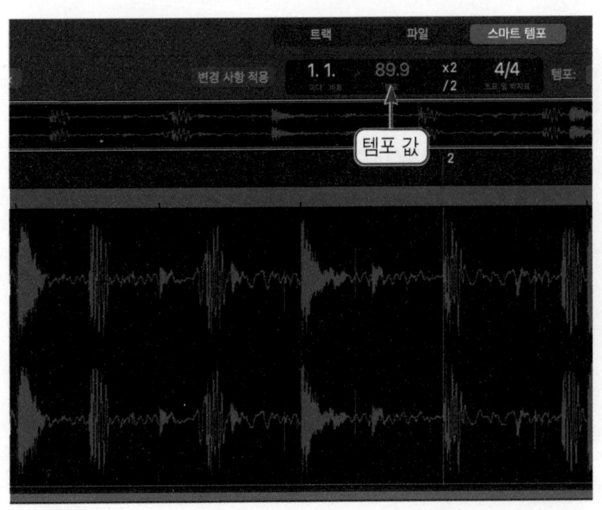

05 분석한 템포 값을 보고, 프로젝트 템포 값을 설정합니다. 간혹, 절반 또는 두 배로 분석되는 경우가 있습니다. 이때는 x2 또는 /2를 클릭하여 수정합니다.

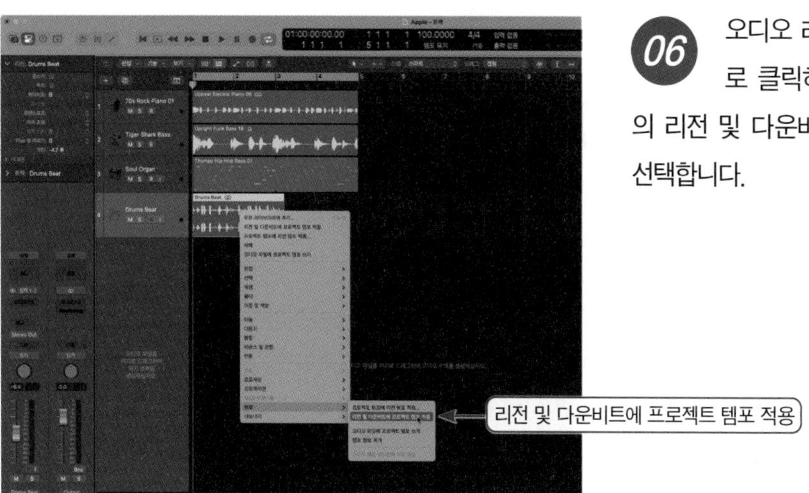

06 오디오 리전을 마우스 오른쪽 버튼으로 클릭하여 단축 메뉴를 열고, 템포의 리전 및 다운비트에 프로젝트 템포 적용을 선택합니다.

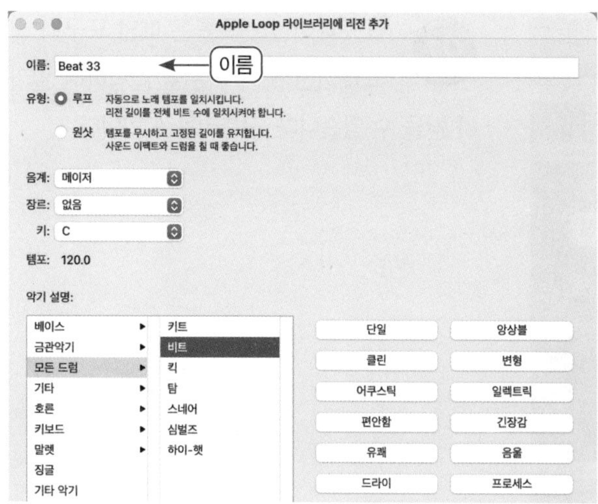

07 또 다시 루프 라이브러리에 추가를 실행하여 창을 열어보면 루프 타입이 활성화 된 것을 확인할 수 있습니다. 구분하기 쉬운 이름을 입력하고, 카테고리를 설정합니다. 멜로디 샘플이라면 키도 구분해두는 것이 좋습니다.

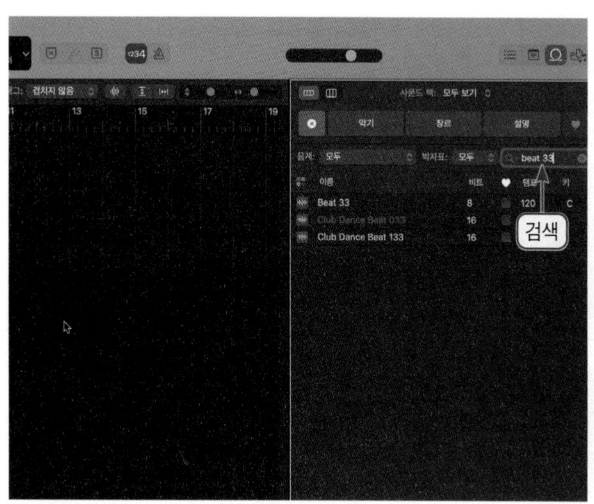

08 루프 브라우저의 검색 창에서 이름을 입력하여 사용자가 만든 루프 파일을 찾을 수 있습니다. 즉, 어떤 프로젝트에서든 자유롭게 사용할 수 있는 사용자만의 루프 샘플을 가지게 되는 것입니다.

오토메이션 작업

채널 스트립의 파라미터 또는 오디오 이펙트 슬롯에 장착한 이펙트의 파라미터 움직임을 기록하고, 자동으로 움직이도록 하는 것이 오토메이션 기능입니다. 디지털 오디오 워크스테이션의 대표적인 기능이며, 효율적인 믹싱 작업을 위해서는 반드시 익숙해져야 합니다. 물론, 사용 방법은 매우 간단하기 때문에 기능 자체를 익히는데는 별다른 어려움이 없습니다.

● 실습 프로젝트 : Auto

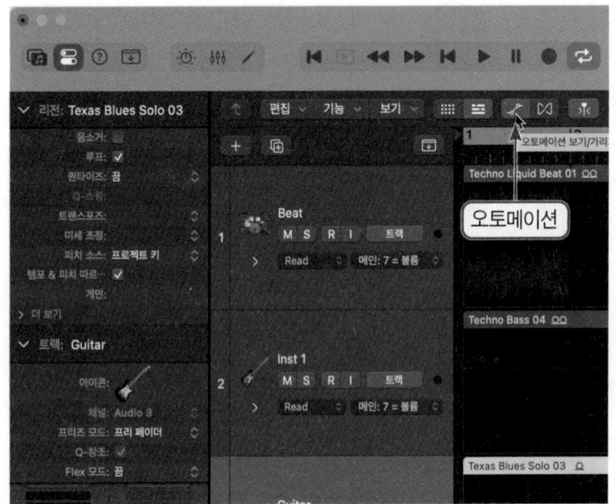

01 오토메이션 컨트롤은 메인 도구의 오토메이션 보기 버튼을 클릭하여 열거나 닫을 수 있습니다. 단축키는 A 입니다.

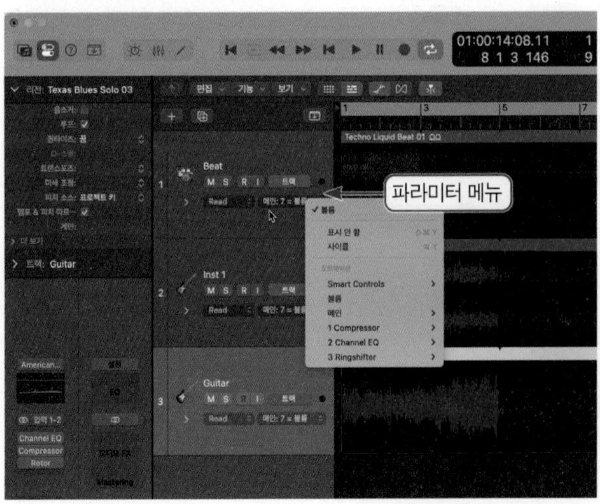

02 오토메이션 보기에는 자동으로 조정할 파라미터를 선택할 수 있는 메뉴가 있습니다. 여기서 채널 스트립 또는 오디오 이펙트 등 자동으로 조정되게 할 파라미터를 선택합니다. 기본적으로 채널 스트립의 볼륨이 선택되어 있습니다.

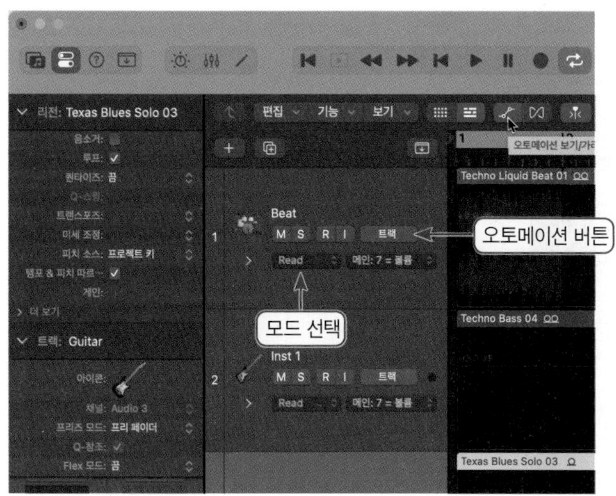

03 오토메이션은 트랙 또는 리전에 기록에 기록할 수 있으며, 오토메이션 버튼을 클릭하여 결정합니다. 그리고 메뉴에서 선택한 파라미터의 움직임은 마우스로 기록하거나 미디 컨트롤의 움직임을 자동으로 기록하는 방법이 있으며, 이는 모드에서 선택합니다.

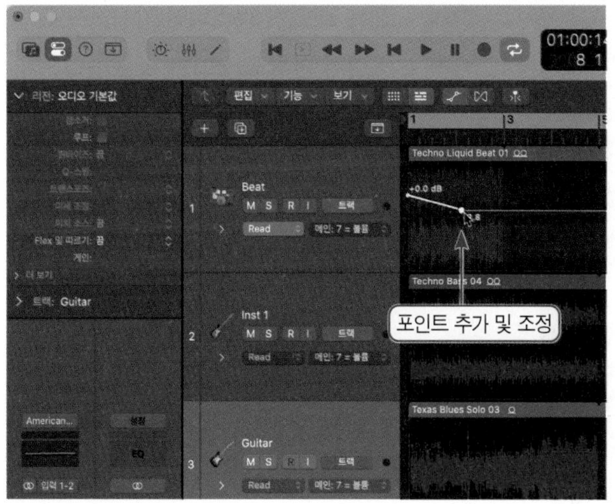

04 기본 모드 Read는 기록된 오토메이션을 동작시키거나 마우스 기록이 가능한 모드입니다. 트랙에 보이는 라인을 클릭하면 포인트가 추가되며, 포인트를 드래그하여 값을 조정할 수 있습니다. 포인트를 다시 클릭하면 삭제됩니다.

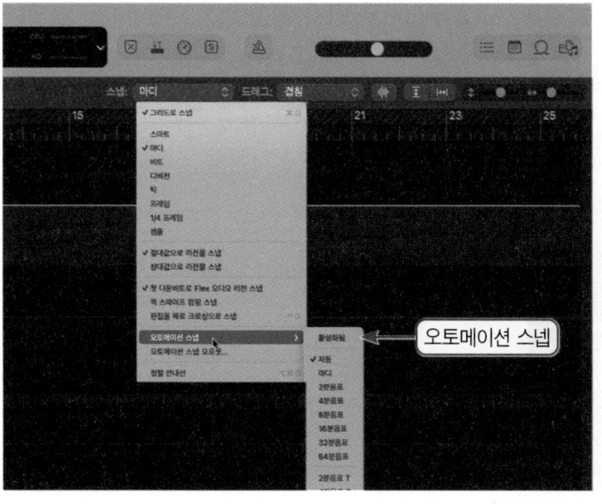

05 포인트를 추가할 때, 스넵 기능이 적용되게 하고 싶다면, 스넵 메뉴의 오토메이션 스넵을 선택하여 활성화 합니다. 메뉴를 다시 선택하여 체크 표시를 해제하면, 오토메이션 스넵 기능이 해제됩니다.

06 연필 도구를 이용하면 오토메이션 라인을 자유롭게 그릴 수 있습니다. 재생을 해보면, 기본적으로 선택되어 있던 채널 스트립의 볼륨 슬라이더가 자동으로 움직이는 것을 확인할 수 있습니다.

TIP 연필 도구 또는 미디 컨트롤러를 이용해서 오토메이션을 자유롭게 기록하고 싶은 경우에는 스넵 기능을 꺼두는 것이 좋습니다.

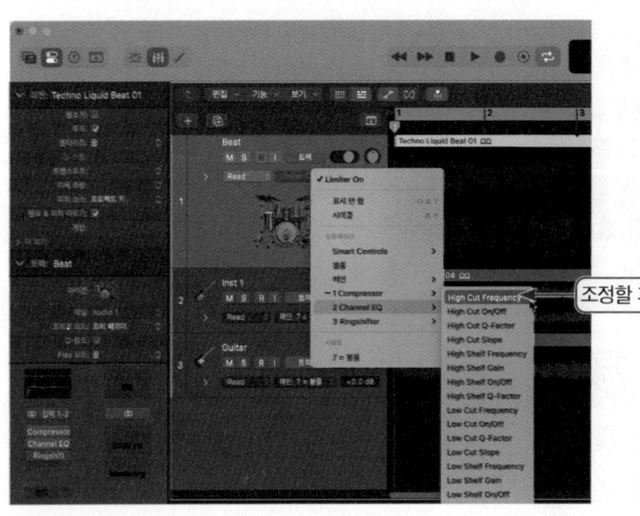

07 볼륨 이외의 파라미터를 자동으로 움직이게 만들고 싶다면, 오토메이션 메뉴에서 원하는 파라미터를 선택하고, 앞의 과정대로 라인을 그리면 됩니다. Chan EQ의 High Cut Frequency로 테스트를 해보기 바랍니다.

TIP Command 키를 누른 상태로 메뉴를 선택하면, 현재의 오토메이션을 선택한 파라미터의 이벤트로 변경하거나 복사할 수 있습니다.

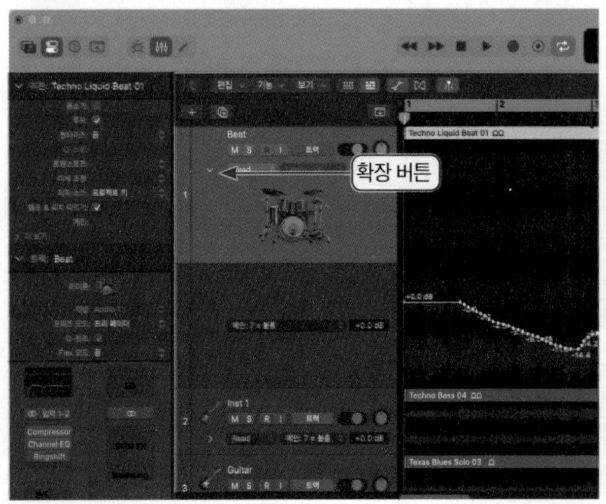

08 두 가지 이상의 오토메이션을 기록하고, 해당 트랙에 기록되어 있는 오토메이션 라인을 모두 보고 싶은 경우에는 트랙 왼쪽 하단에 있는 삼각형을 클릭하여 트랙을 확장합니다.

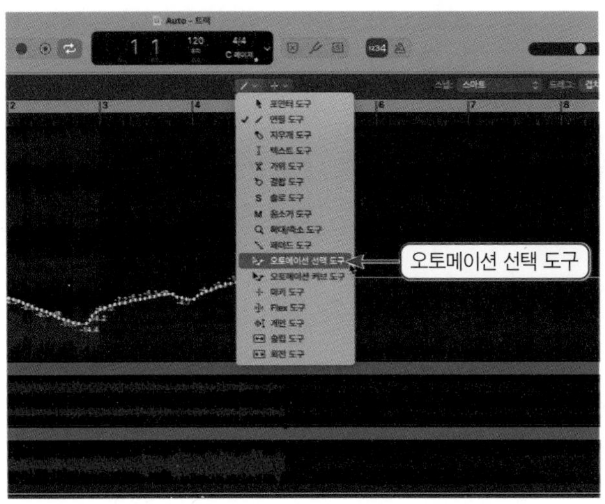

09 오토메이션 라인의 일부분을 선택하여 편집할 때는 오토메이션 선택 도구를 이용하여 선택하고 편집하는 것이 편리합니다. 그리고 라인을 편집할 때는 오토메이션 커브 도구를 이용합니다.

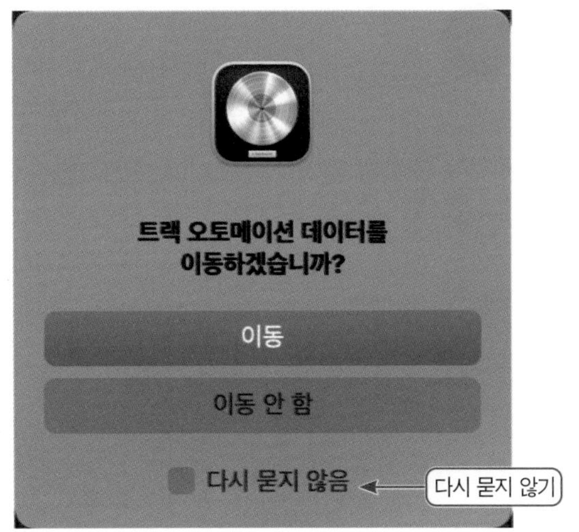

10 오토메이션이 기록되어 있는 리전을 이동시키면, 오토메이션을 함께 이동시킬 것인지를 묻는 창이 열립니다. 만일, 이것이 귀찮다면, 다시 묻지 않음을 체크합니다.

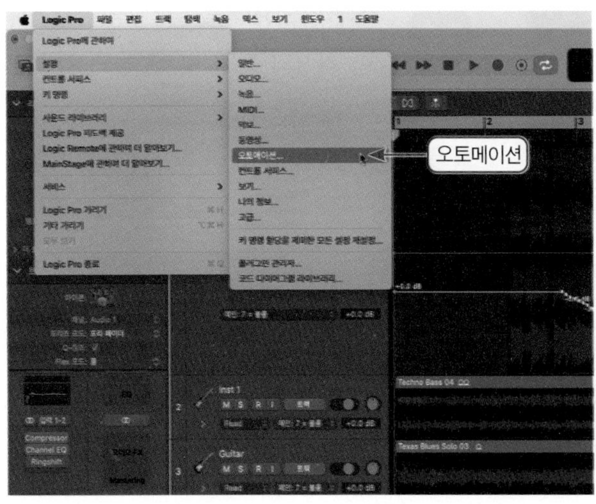

11 리전을 편집할 때, 창이 열리지 않게 해놓았지만, 마음이 바뀌어 다시 창이 열기게 하고 싶다면, Logic Pro의 설정 메뉴에서 오토메이션을 선택하여 창을 엽니다.

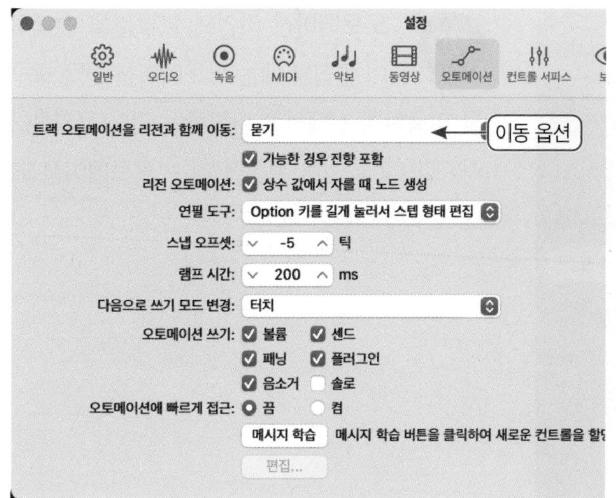

12 오토메이션 환경을 설정할 수 있는 창이 열립니다. 트랙 오토메이션을 리전과 함께 이동에서 묻기를 선택하면, 창이 다시 열리게 됩니다. 항상은 창 없이 오토메이션을 이동시키는 것이고, 안 함은 리전만 이동합니다.

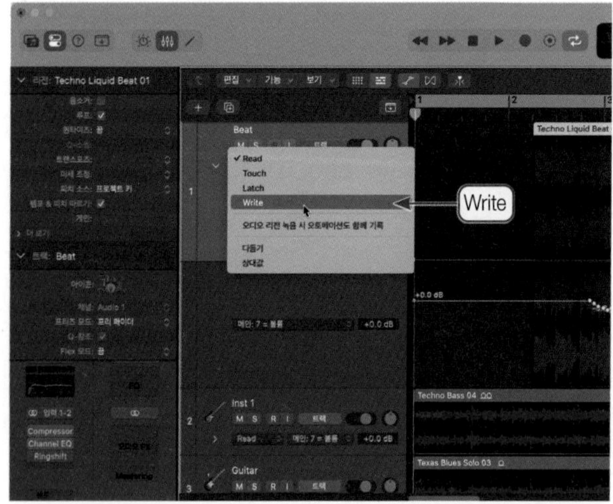

13 지금까지 마우스를 이용한 오토메이션 편집 방법을 알아보았습니다. 하지만, 실제로는 파라미터의 움직임을 자동으로 기록하는 모드를 많이 사용합니다. 모드 메뉴에서 Write를 선택합니다.

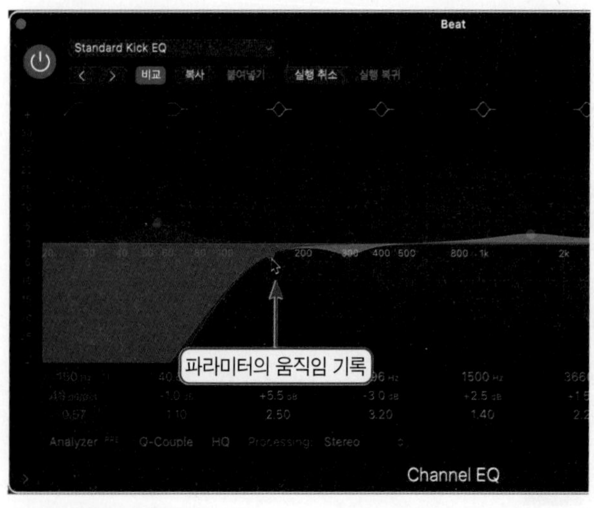

14 스페이스 바 키를 눌러 곡을 재생하고, 믹서의 볼륨 및 팬 등의 파라미터를 움직여 봅니다. 마스터 건반 사용자는 노브 및 페이더를 움직여 기록합니다. 그림에서는 EQ의 하이 패스 파라미터를 움직여 기록하고 있습니다.

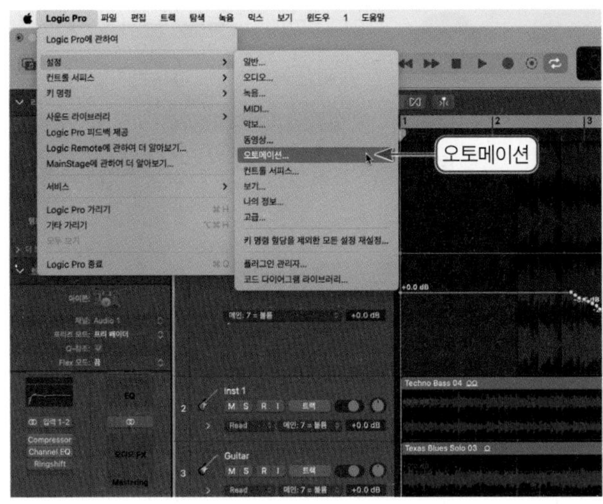

15 스페이스 바 키를 눌러 곡을 정지하면, 파라미터의 움직임을 수정할 수 있는 Touch 모드가 됩니다. 입문자는 실수를 유발할 수 있기 때문에 Read 모드로 바뀌게 하는 것이 좋습니다. Logic Pro의 설정 메뉴에서 오토메이션을 선택하여 창을 엽니다.

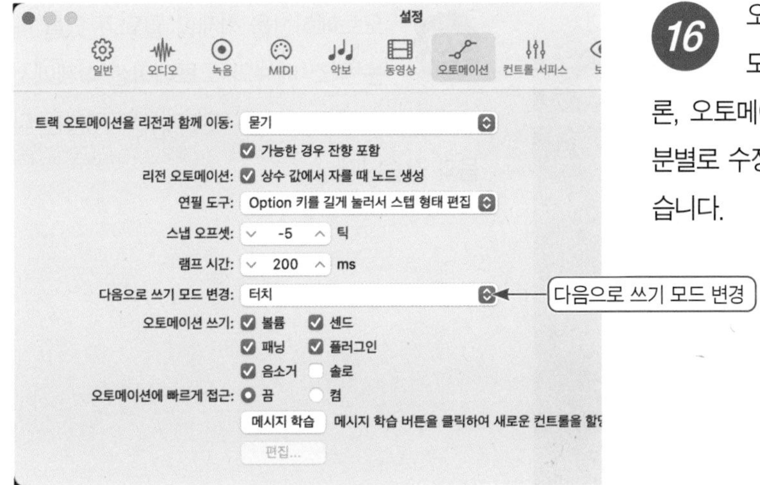

16 오토메이션 페이지의 다음으로 쓰기 모드 변경에서 읽기를 선택합니다. 물론, 오토메이션을 다루는 것이 익숙해지면, 부분별로 수정이 가능한 터치 모드가 편할 수 있습니다.

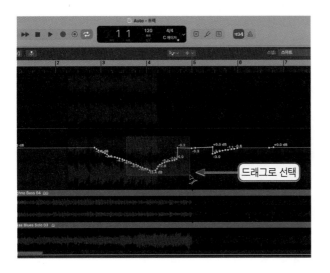

17 오토메이션을 다른 트랙에 그대로 적용하기 위한 방법으로는 복사가 편리합니다. 오토메이션 선택 도구를 이용하여 복사할 오토메이션 라인을 선택합니다.

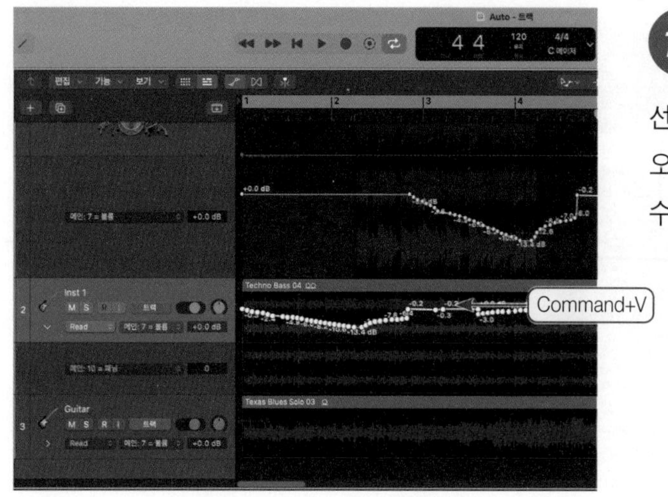

18 Command+C 키를 눌러 선택한 오토메이션을 복사하고, 원하는 트랙을 선택합니다. 그리고 Command+V 키를 누르면 오토메이션이 복사되어 동일한 움직임을 만들 수 있습니다.

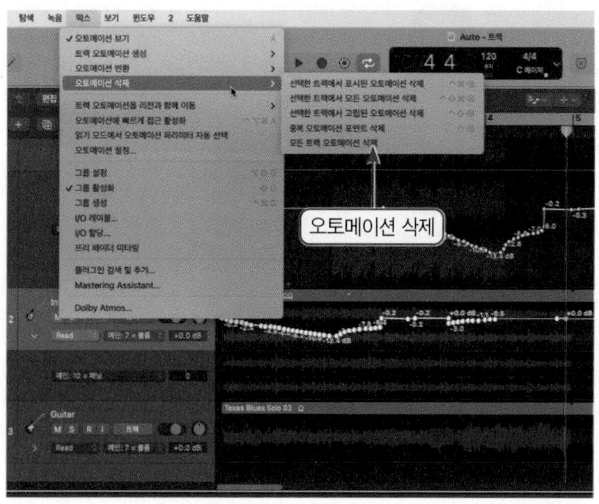

19 오토메이션을 삭제할 필요가 있을 때는 믹스 메뉴의 오토메이션 삭제에서 선택합니다. 오토메이션 삭제 메뉴의 역할은 다음과 같습니다.

- **선택한 트랙에서 표시된 오토메이션 삭제** : 오토메이션 메뉴에서 선택한 이벤트를 모두 삭제합니다.
- **선택한 트랙에서 모든 오토메이션 삭제** : 선택한 트랙에 기록되어 있는 모든 오토메이션을 삭제합니다.
- **선택한 트랙에서 고립된 오토메이션 삭제** : 사용되고 있지 않는 오토메이션을 삭제합니다.
- **중복 오토메이션 포인트 삭제** : 중복된 오토메이션 포인트를 삭제합니다.
- **모든 트랙 오토메이션 삭제** : 모든 오토메이션을 삭제합니다.

플렉스 타임 및 피치

로직 프로는 오디오 편집기, 오디오 메뉴, 비트맵, 피치 이펙트 등 다양한 도구를 제공하여 오디오의 타임과 음정을 세밀하게 조정할 수 있게 해줍니다. 하지만 그 중에서도 플렉스 기능은 특히 직관적이고 사용하기 쉬운 장점 덕분에 많은 사용자들이 주로 선택하는 도구입니다. 물론, 각 기능이 갖는 고유한 특성과 목적이 다르므로, 이전에 소개된 기능들을 무시하지 않고 상황에 맞게 적절히 활용하는 것이 중요합니다.

● 실습 프로젝트 : Flex

1 플렉스 타임

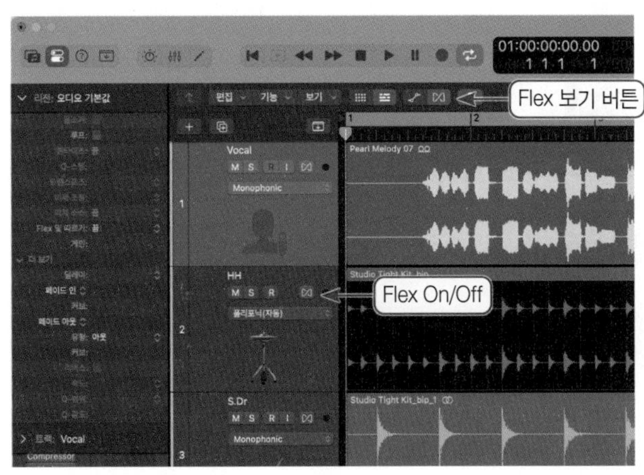

01 메인 도구의 플렉스 보기 버튼을 클릭합니다. 그리고 박자와 음정을 조정할 트랙의 플렉스 버튼을 On으로 합니다. 실습에서는 2번 트랙을 On으로 하고 있습니다.

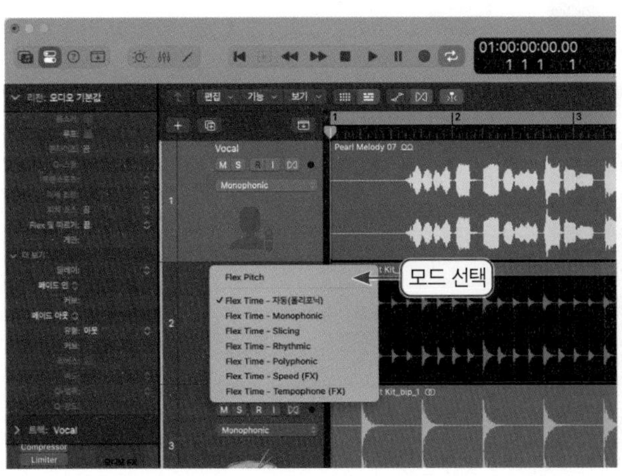

02 프렉스는 박자를 조정하는 Flex Time과 음정을 조정하는 Flex Pitch의 두 가지 모드를 제공하며, 타임에는 Monophonic, Slicing 등의 7가지 알고리즘이 있습니다. 리듬 악기이므로, Rhythmic를 선택합니다.

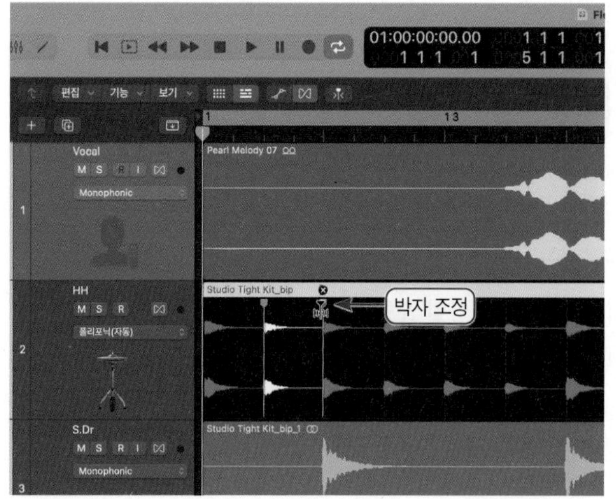

03 마우스를 리전 위쪽에서 클릭하면 하나의 트랜지언트 라인을 추가할 수 있고, 좌/우로 드래그하여 박자를 조정합니다. 라인을 제거할 때는 리전에 표시되는 X 마커를 클릭합니다.

> **TIP** 리전은 Option 키 또는 Shift+Option 키를 누른 상태에서 마우스 휠로 확대/축소 할 수 있습니다.

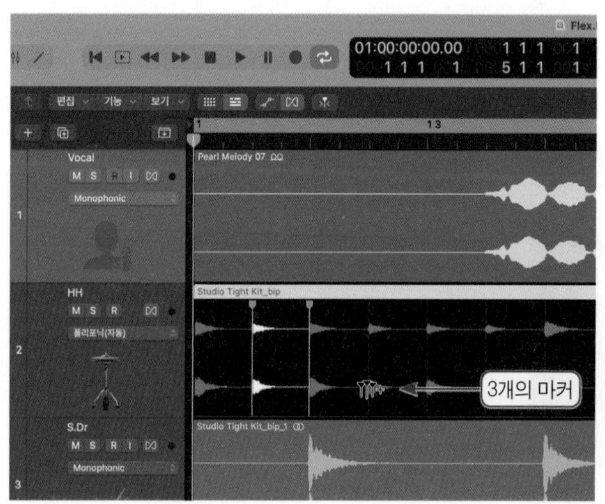

04 마우스를 리전 아래쪽에서 클릭하면 3개의 트랜지언트 라인을 추가할 수 있습니다. 이것은 앞/뒤로 생성되는 마커를 고정하고, 박자를 조정할 때 이용합니다.

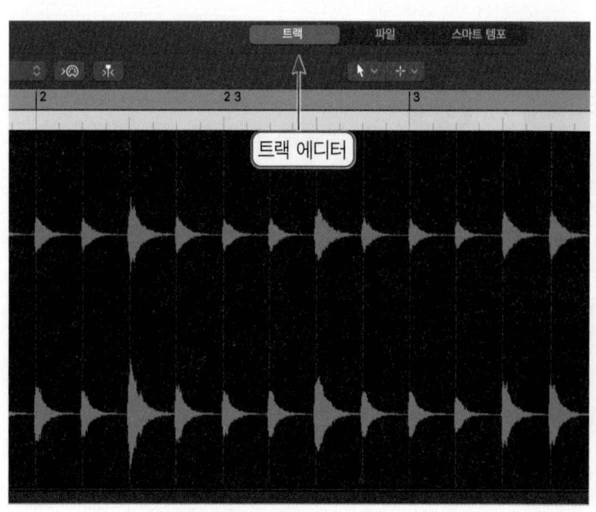

05 좀 더 정밀한 박자 조정이 필요한 경우에는 리전을 더블 클릭하거나 E 키를 눌러 트랙 에디터에서 진행합니다. 조금씩 박자가 어긋나 있는 하이해트 연주를 모두 교정해봅니다.

2 그루브 트랙

01 로직은 마스터 트랙을 기준으로 타임을 조정하는 그루브 기능을 제공합니다. 트랙에서 마우스 오른쪽 버튼을 클릭하여 메뉴를 열고, 트랙 헤더 구성을 선택합니다.

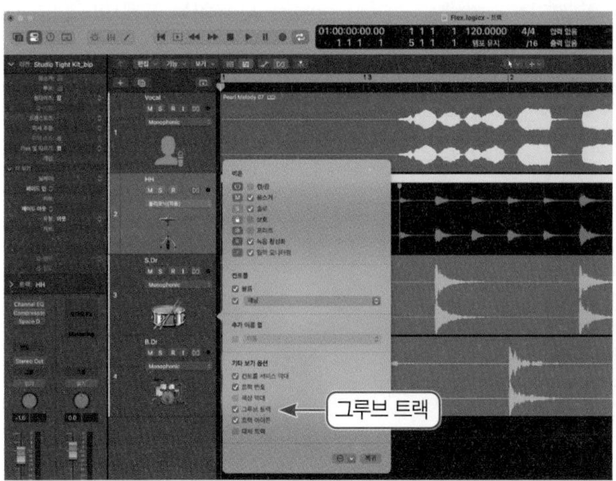

02 트랙 헤더 구성 항목의 기타 보기 옵션에서 그루브 트랙을 선택합니다.

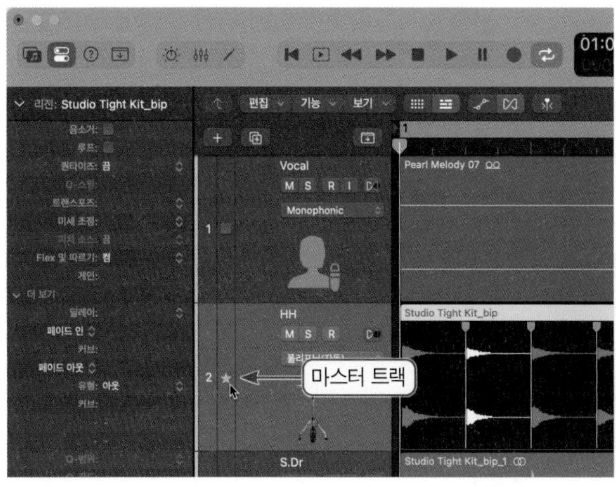

03 트랙 번호에 마우스를 가져가면 별표 모양의 아이콘이 표시되며, 이를 클릭하면 해당 트랙이 마스터가 됩니다.

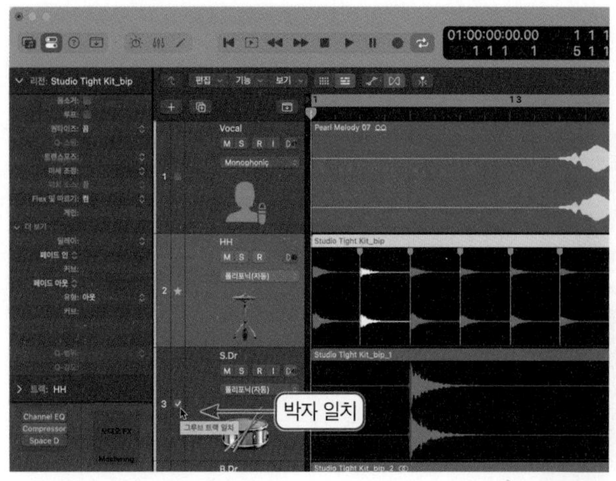

04 나머지 트랙에는 체크 상자가 표시되며, 이를 클릭하여 체크하면, 마스터 트랙에 맞추어 박자가 교정 됩니다. 3번 트랙의 스네어와 4번 트랙의 킥 트랙을 체크합니다.

TIP 자신이 좋아하는 연주자의 음악을 가져다 그루브를 일치시키는 용도로 활용할 수 있습니다.

3 그룹 트랙

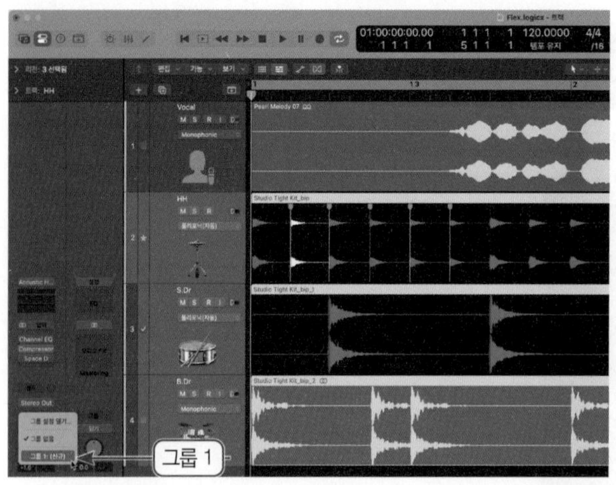

01 여러 트랙을 사용하는 드럼과 같은 경우에는 그룹으로 편집하는 것이 편리할 수 있습니다. 2, 3, 4 트랙을 Command 키를 누른 상태로 선택하고, 그룹 슬롯에서 그룹 1을 선택합니다.

02 그룹 파라미터 이름 항목에 Drums를 입력하고, 설정 창 왼쪽의 작은 삼각형을 클릭하여 패널을 엽니다. 그리고 편집(선택범위) 옵션을 체크합니다.

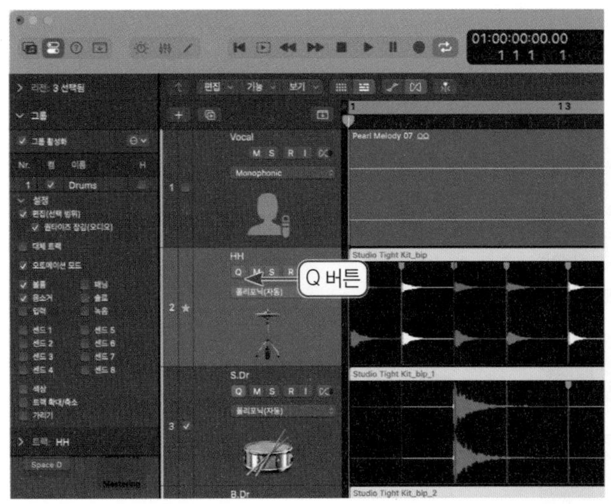

03 트랙 헤더에 트랜지언트 라인이 함께 동작되도록 하는 Q 버튼이 생성됩니다. HH 리전의 트랜지언트 라인을 편집해보면, S.Dr과 B.Dr에 생성되어 있는 트랜지언트 라인이 함께 편집되는 것을 확인할 수 있습니다.

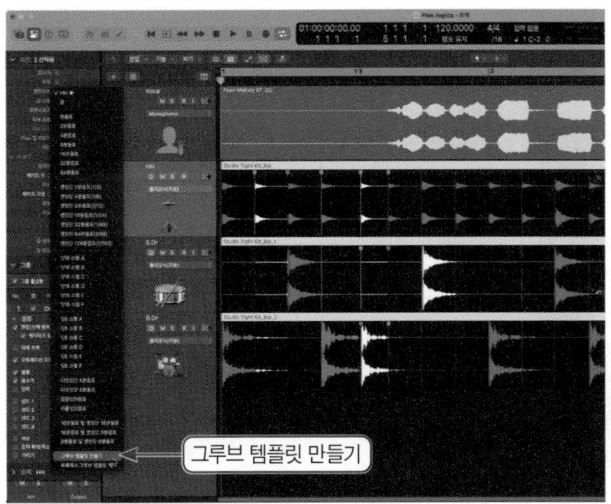

04 플렉스 타임, 그루브, 그룹 등, 오디오 박자를 조정할 수 있는 기능들을 살펴보았습니다. 모든 기능을 익혀두고 작업 상황에 어울리는 방법을 활용할 수 있길 바랍니다. 그 외, 플렉스가 적용된 리전은 미디와 동일하게 퀀타이즈를 적용할 수 있으며, 그루브 템플릿 만들기를 선택하여 템플릿을 만들 수 있다는 것도 기억해둡니다.

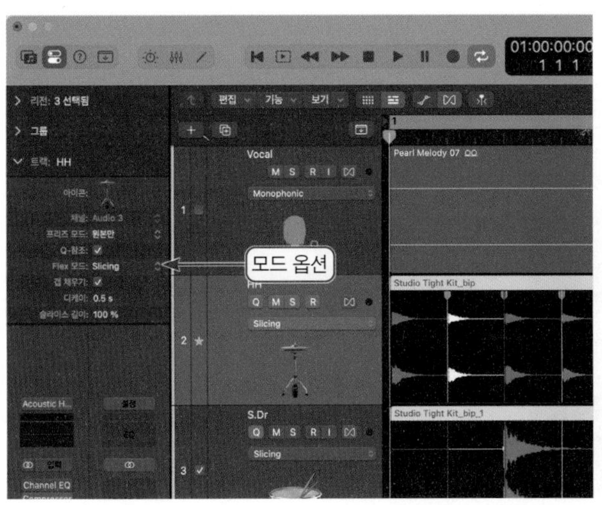

05 참고로 플렉스 모드 옵션에서 Slicing 모드를 선택했을 때, 위치 이동으로 발생하는 갭을 채울 것인지를 결정하는 갭 채우기와 라인의 생성 기준을 결정하는 디케이, 길이를 결정하는 슬라이스 길이 옵션을 제공합니다. 물론, 모드 마다 조금씩 차이가 있습니다.

4 플렉스 피치

01 앞의 플렉스 타임 실습에서 사용하던 프로젝트 1번 보컬 트랙의 플렉스 모드를 Flex Pitch로 선택합니다.

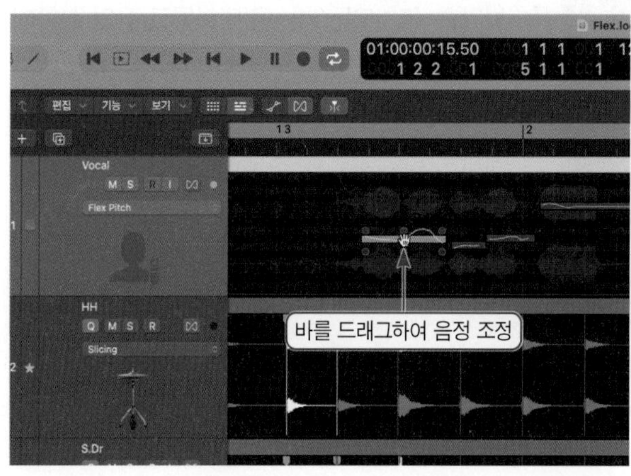

02 오디오 리전에 세로 바가 형성됩니다. 중앙을 기준으로 올라간 바는 음정이 샵(#)되어 있다는 의미이고, 내려가 있는 바는 플렛(b)되어 있다는 의미입니다. 즉, 바를 위/아래로 드래그하여 음정을 조정합니다.

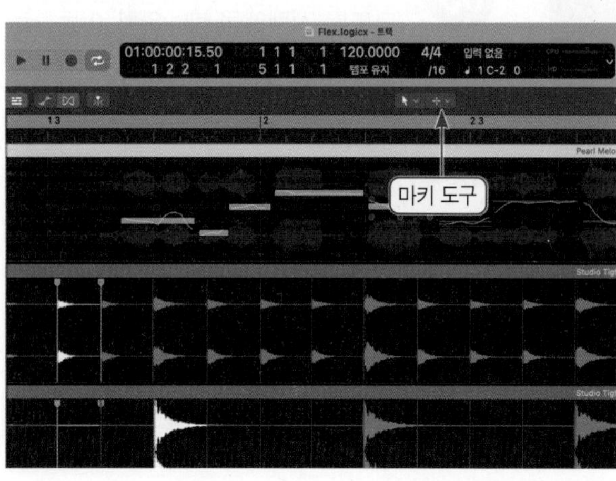

03 여러 음정을 동시에 조정하려면 Commad 도구 박스에 마키 도구가 선택되어 있는 것을 확인하고, Command 키를 누른 상태로 드래그하여 바를 선택합니다. 그리고 그 중 하나를 드래그하여 조정합니다.

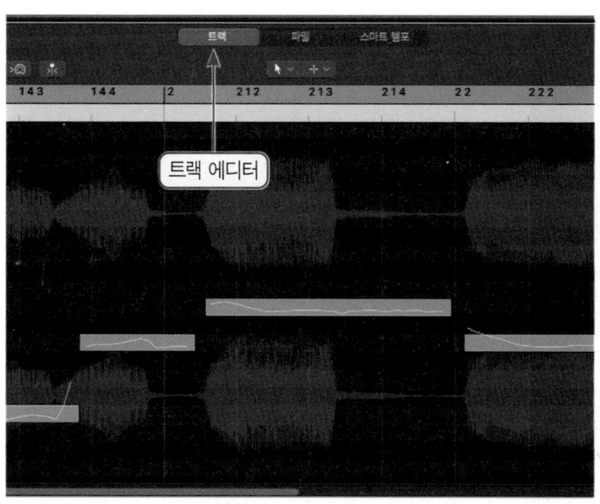

04 플렉스 타임에서와 마찬가지고 정교한 편집이 필요하다면 리전을 더블 클릭하여 트랙 에디터를 엽니다. 오디오가 노트로 분석되어 있는 것을 확인할 수 있습니다.

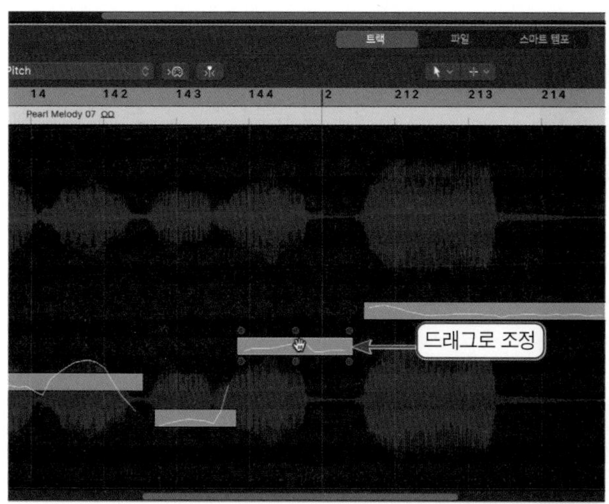

05 노트는 미디와 동일하게 위/아래로 드래그하여 음정을 조정하고, 시작 위치를 드래그하여 타임을 조정하고, 끝 위치를 드래그하여 길이를 조정할 수 있습니다.

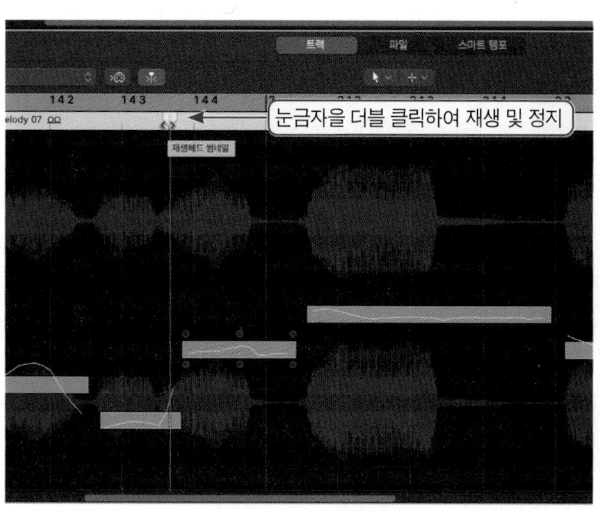

06 눈금자을 더블 클리하여 시작 위치를 모니터 해보면, 같은 음정으로 노래하여 하나의 노트로 분석되었다는 것을 확인할 수 있습니다.

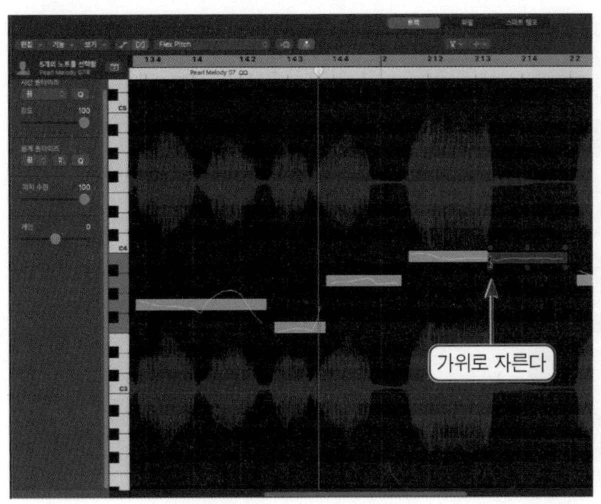

07 같은 음정으로 노래한 부분에서는 당연하게 나타나는 결과이지만, 변화를 위해 노트를 구분해야 한다면, 가위 도구를 이용하여 자르면 됩니다. 노트는 마우스 버튼을 놓을 때 잘리므로, 파형을 보면서 정확한 위치를 자를 수 있습니다.

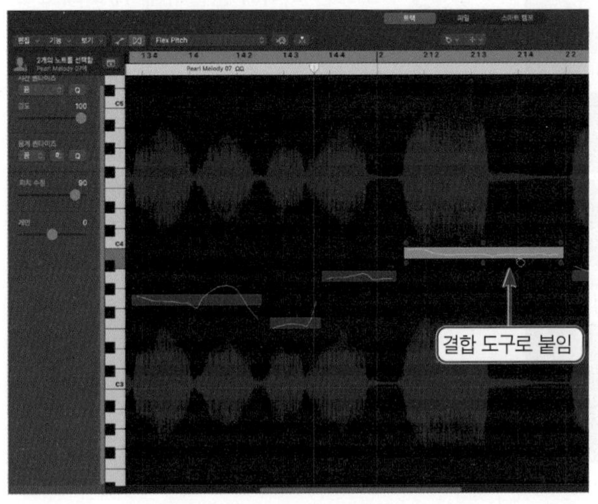

08 두 개의 노트를 하나로 붙이고 싶은 경우에는 결합 도구를 선택하고, 두 개의 노트를 드래그로 선택합니다. 그리고 클릭하면 하나의 노트로 만들어 집니다.

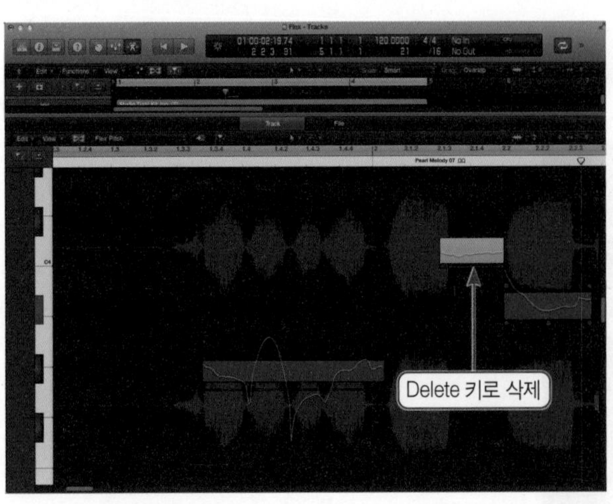

09 보컬의 숨 소리나 기타 연주의 플렛 잡음 등, 음정으로 분석할 필요가 없는 경우이거나 위치가 잘못된 노트들은 Delete 키를 눌러 삭제할 수 있습니다.

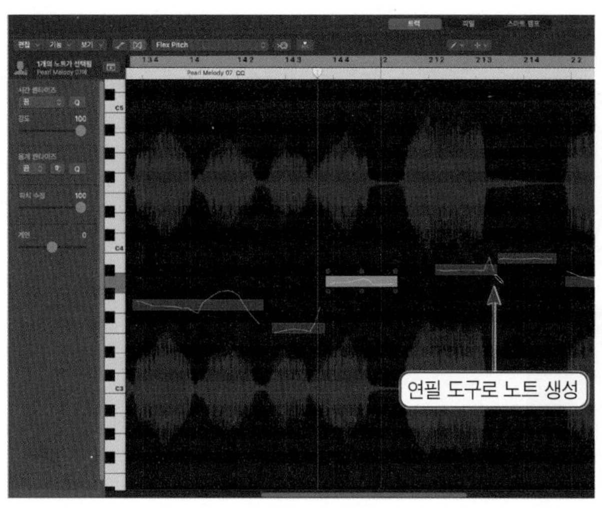

10 필요 없는 부분에 노트가 생성되는 경우와는 반대로 노트로 분석되지 않는 경우도 있습니다. 이때는 연필 도구을 이용해서 파형의 시작 부분을 클릭하여 만들수 있습니다. 좀 더 정확한 길이가 필요한 경우에는 파형의 끝 부분에서 시작 위치로 드래그 합니다.

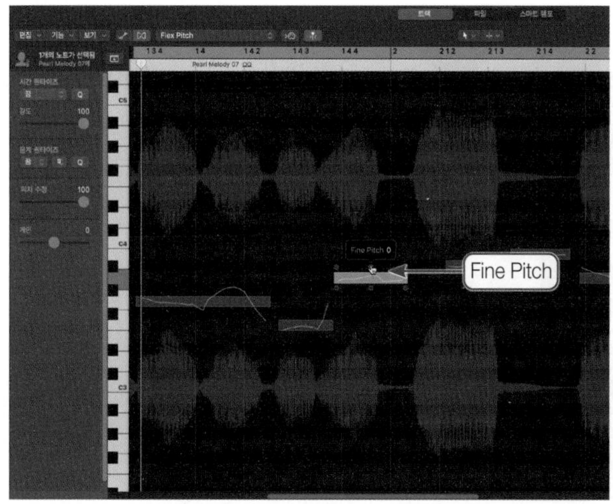

11 노트에 마우스를 위치시키면 6개의 포인트가 보이는데, 이것을 이용해서 보다 정교한 편집을 할 수 있습니다. 위쪽 중앙에 있는 것이 Fine Pitch이며, 음정을 미세하게 조정하는 역할입니다. 노트 외각에 표시되는 박스와 일치되었을 때가 퍼펙트 피치입니다.

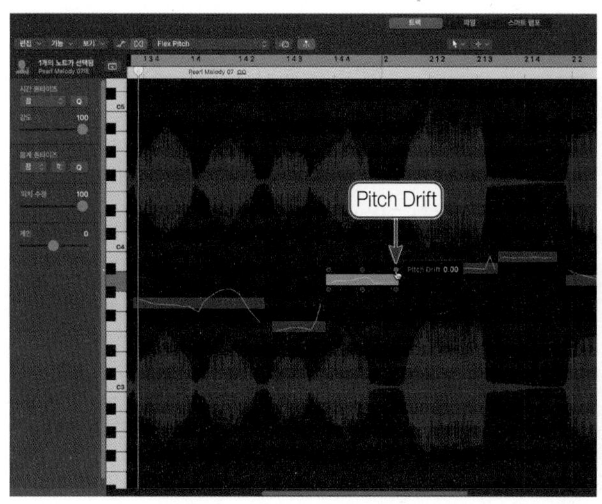

12 하나의 음정이라도 일정하게 지속되는 것이 아니라 음정이 변화가 생기게 되는데, 이것을 표시하는 것이 노트의 드리프트 라인이며, 상단 모서리의 Pitch Drift 포인트를 드래그하여 라인을 조정할 수 있습니다.

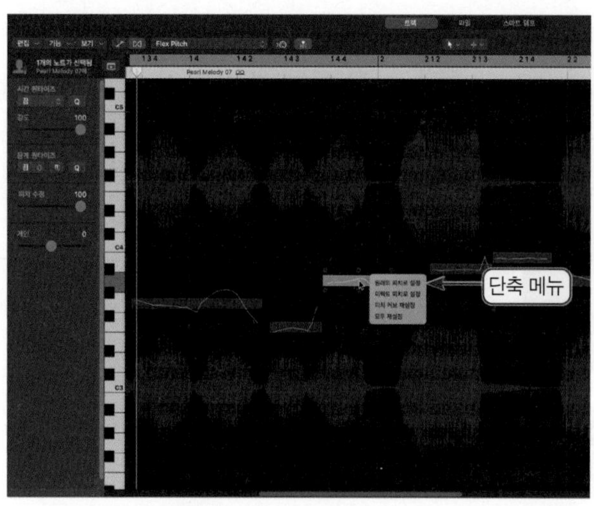

13 조정한 결과가 마음에 들지 않으면, 노트를 마우스 오른쪽 버튼으로 클릭하면 열리는 단축 메뉴에서 원래의 피치로 설정을 선택하여 초기화 합니다.

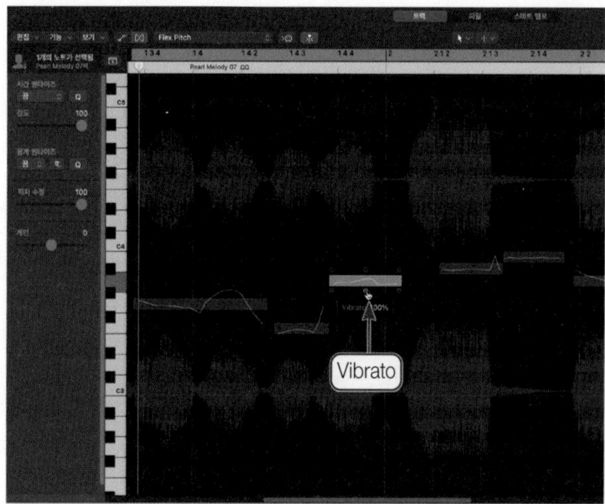

14 아래 중앙에 있는 포인트는 비브라토를 조정합니다. 값을 0%로 하여 드리프트 라인을 일정하게 만들면, 댄스 음악의 기계적인 보컬 사운드를 연출할 수 있습니다.

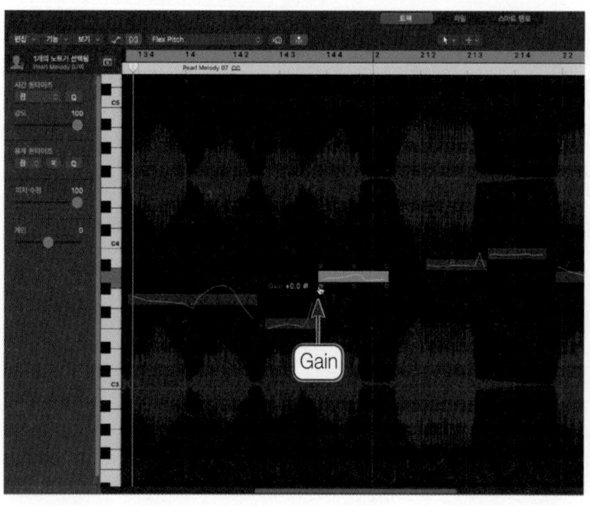

15 아래쪽 왼쪽 모서리에 있는 포인트는 해당 노트의 레벨을 조정하는 Gain입니다. 레벨은 낮아서 아쉬운 음정을 증가시키거나 믹싱 작업을 위한 평균 레벨을 연출할 때 유용한 기능입니다.

16 플렉스 피치 기능을 이용한 음정 변화는 제한이 없습니다. 하지만, 많은 변화는 음색이 변할 수 밖에 없는데, 이것을 포먼트 변화라고 합니다. 테스트를 위해 노트를 4~5 도 정도 높여봅니다.

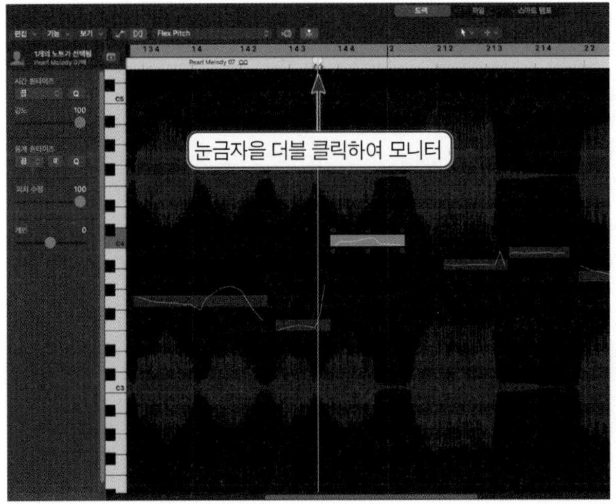

17 눈금자을 더블 클릭하여 모니터 해보면 소리가 얇아 진것을 확인할 수 있습니다. 특수 효과를 위한 것이라면 모르지만, 원치 않은 결과입니다.

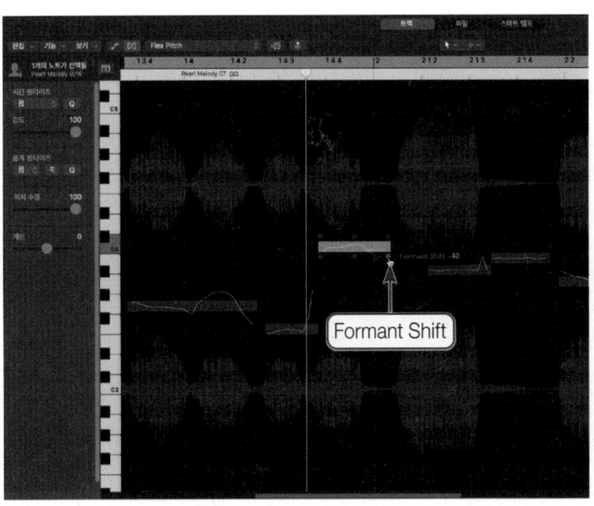

18 노트 오른쪽 하단에 보이는 Formant Shift 포인트는 음정 변화로 발생하는 음색을 보완하는 기능입니다. 포인트를 아래로 드래그하여 낮추면 가늘어진 음색이 보완되는 것을 확인할 수 있습니다. 하지만, 한계가 있으므로, 한 음정 이내를 권장하며, 그 이상은 녹음을 다시 해야 할 것입니다.

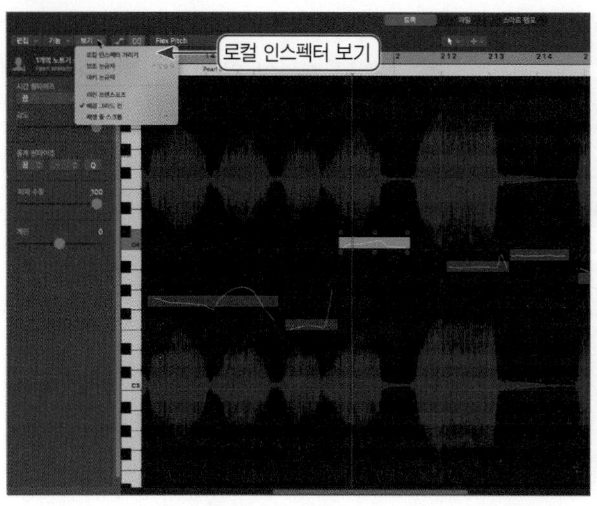

19 플렉스 피치는 미디 이벤트에서와 마찬 가지로 노트의 타임과 음정을 한번에 교정할 수 있는 인스펙터 파라미터를 제공합니다. 인스펙터 장이 보이지 않는다면 보기 메뉴의 로컬 인스펙터 보기를 선택합니다.

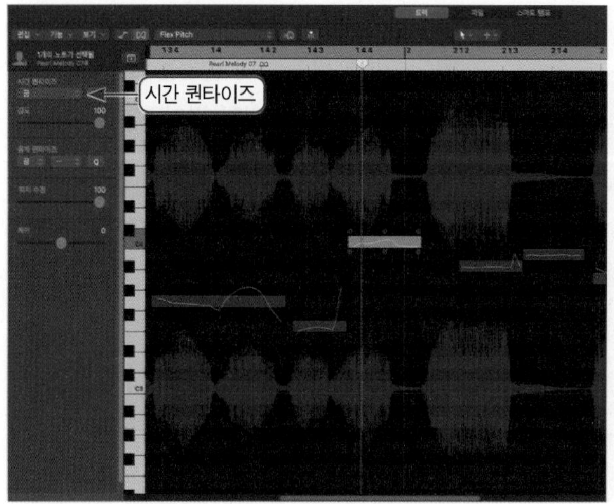

20 시간 퀀타이즈는 선택한 노트를 퀀타이즈 합니다. 모든 노트를 퀀타이즈 하겠다면 Command+A 키를 눌러 노트를 모두 선택하고 퀀타이즈 값을 선택합니다.

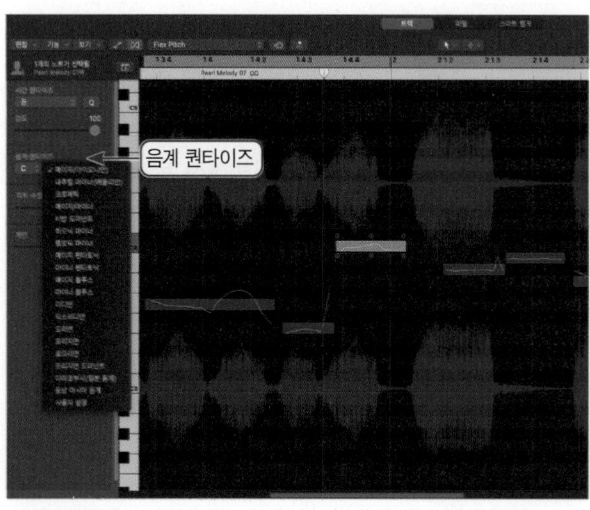

21 음계 퀀타이즈는 노트를 스케일에 맞추어 보정합니다. 예를 들러 F 메이저 스케일로 노래한 노트에 C 메이저를 적용하면 Bb 음이 C 메이저 스케일이 아니므로, B로 교정되는 것입니다. 악기 연주의 경우 블루스나 펜타토닉 등의 스케일을 간단하게 연출 할 수 있습니다.

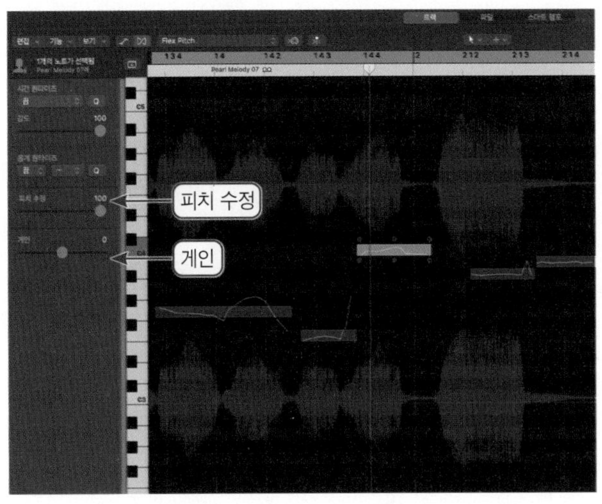

22 피치 수정은 선택한 노트의 음정을 퍼센트 비율로 조정하고, 게인은 레벨을 조정합니다. 발라드 보컬에서 100% 완벽한 교정은 자연스럽지 않으므로, 노트를 개별적으로 조금씩 교정하는 것이 좋습니다. 댄스의 경우는 100% 교정도 많이 사용합니다.

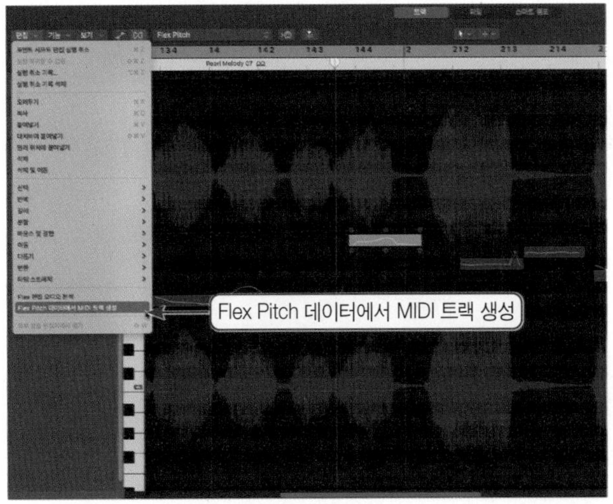

23 박자와 음정을 교정한 노트를 미디 이벤트로 추출하여 악기나 보코더를 걸어 다양한 효과를 연출하는데 응용할 수 있습니다. 편집 메뉴의 Create MIDI 트랙 from Flex Pitch Data를 선택합니다.

24 보컬 트랙 아래쪽에 미디 트랙이 생성되는 것을 확인할 수 있습니다. 로직의 플렉스 기능은 오디오를 미디와 같이 다룰 수 있다는 막강한 기능을 제공하고 있지만, 잘못된 녹음을 완벽하게 수정한다는 것은 불 가능합니다. 반드시 좋은 녹음을 할 수 있게 꾸준히 연구하고 실습하길 바랍니다.

Logic Pro 11

10 PART

믹싱과 마스터링

기타 반주에 노래를 녹음한 2트랙 음악이나 수 십 트랙을 사용하고 있는 음악이나 최종 목적은 오디오 CD 및 MP3 파일 제작입니다. 이렇게 하나의 파일로 바운스 하기 전에 각 트랙의 사운드가 선명하게 들릴 수 있게 주파수와 다이내믹 등을 조정하는 작업을 믹싱이라고 하며, 각 음악을 하나의 CD에 담기 전에 색채를 일치시키는 작업을 마스터링이라고 합니다.

믹서 창 살펴보기

믹서 창은 프로젝트에서 사용하고 있는 모든 트랙의 채널 스트립을 한 화면에서 컨트롤 하는 역할을 합니다. 결국, 믹서 창의 채널은 프로젝트 창에서 작업 중인 트랙 수와 동일하며, 루프 파일 재생을 위한 Preview, 메트로놈 사운드의 Click, 마스터링 작업을 위한 Stereo Out, 최종 출력 레벨을 조정하는 Master 채널이 포함됩니다. 하드웨어 장비에서 사용하는 채널과 소프트웨어에서 사용하는 트랙이 같은 의미로 사용되고 있으므로 착오 없길 바랍니다.

1 믹서의 구성

01 믹서 창은 믹서 버튼을 클릭하거나 X 키를 눌러 열거나 닫습니다. 다른 편집 창과 마찬가지로 윈도우 메뉴의 믹서 열기를 선택하면 독립 창으로 열 수 있습니다. 두 대의 모니터를 사용하고 있다면, 독립 창으로 여는 것이 효과적일 것입니다.

02 채널은 프로젝트 창의 트랙이 가로로 배열되어 있다고 보면됩니다. 즉, 왼쪽의 1번 채널이 프로젝트 창 위쪽의 1번 트랙입니다. 채널은 이름 항목을 클릭하여 선택하며, 드래그하여 위치를 변경할 수 있습니다.

03 기본적으로 채널은 프로젝트 창의 트랙과 Stereo Out, Master로 구성되어 있으며, 단일 버튼을 클릭하여 선택한 채널만 표시하거나 모두 버튼을 클릭하여 Preview, Click 채널을 포함한 모든 채널을 표시할 수 있습니다.

04 오른쪽의 오디오, 악기, Aux, Bus 등은 해당 채널을 화면에 표시하거나 감추는 역할을 합니다. 기본적으로 모두 선택되어 있으며, 버튼을 클릭하여 Off 시키면, 해당 채널이 화면에 표시되지 않습니다.

05 각각의 채널은 인스펙터 창의 채널 스트립과 동일한 구성이며, 역할도 같습니다. 믹서에서 볼륨을 조정하면 인스펙터 창의 볼륨 슬라이더가 함께 움직이는 것을 확인할 수 있습니다.

> **TIP** 파라미터의 조정 값을 초기화 할 때는 Option 키를 누른 상태에서 클릭합니다.

06 오디오 인터페이스 인 포트에 연결한 장치를 녹음할 때마다 바꿀 일이 없는 홈 스튜디오 환경이라면, 번호 대신에 장비의 이름을 입력해둘 수 있습니다. 옵션 메뉴의 I/O 레이블을 선택합니다.

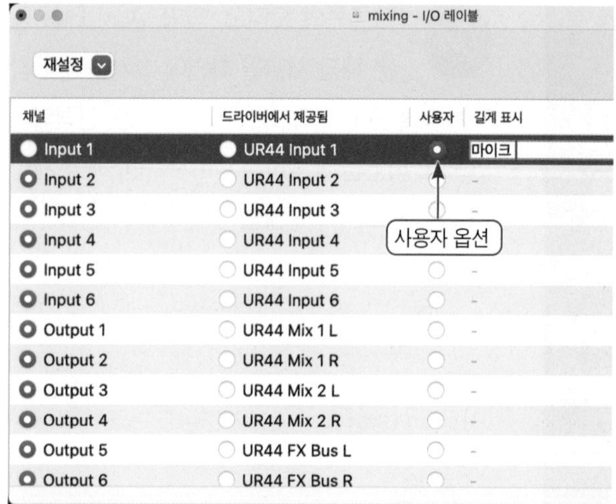

07 사용자 옵션을 선택하고, 길게 및 짧게 표시 항목을 더블 클릭하여 오디오 인터페이스 인 포트에 연결되어 있는 장비의 이름을 입력합니다.

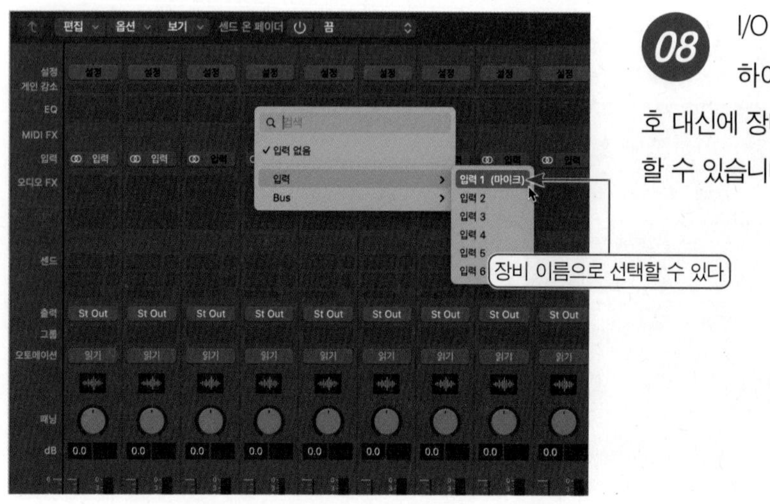

08 I/O 레이블 창을 닫고, 인 항목을 클릭하여 포트 목록을 열어보면, 채널 번호 대신에 장비의 이름으로 표시되는 것을 확인할 수 있습니다.

09 믹싱 작업을 하다보면, 특정 채널을 뮤트하거나 솔로로 모니터 해보는 경우가 많습니다. Option 키를 누른 상태에서 솔로 버튼을 클릭하면, 모든 채널의 솔로 버튼이 Off되고, 해당 트랙만 솔로로 모니터 할 수 있습니다.

10 Option 키로 솔로를 해제할 때, 솔로 상태를 유지하고 싶은 채널이 있다면, 해당 채널의 솔로 버튼을 Control 키를 누른 상태로 클릭합니다. 솔로 버튼에 빨간색 사선으로 표시되며, 다시 클릭하여 해제할 수 있습니다.

11 믹싱 작업을 하면서 화면에 표시하고 싶지 않은 파라미터가 있다면, 보기 메뉴의 채널 스트립 구성요소에서 선택합니다. 체크 표시가 되어 있는 것이 화면에 표시되는 것입니다.

2 그룹 작업

01 드럼과 같이 여러 트랙을 사용하는 악기는 하나의 그룹으로 묶어서 컨트롤하는 경우가 많습니다. 그룹 항목을 클릭하여 목록을 열고, 그룹 1을 선택합니다.

02 채널 스트립에 그룹 파라미터가 보입니다. 생성한 Nr. 1 그룹 채널의 이름을 구분하기 쉽게 입력합니다. 그룹 항목에 이름이 표시됩니다.

03 함께 동작시킬 채널의 그룹 항목에서 앞에서 입력한 그룹의 이름을 선택합니다. 그룹에서 제외시킬 채널에서는 그룹 없음을 선택합니다.

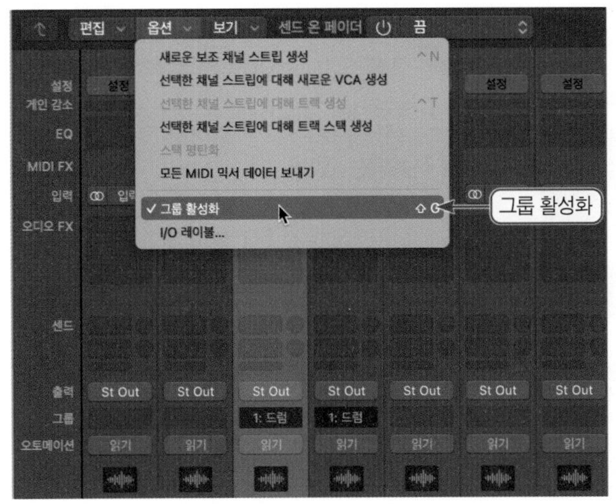

04 볼륨 및 팬을 조정해보면, 그룹으로 설정되어 있는 트랙들이 한 번에 컨트롤 되는 것을 확인할 수 있습니다. 그룹을 해제할 때는 옵션 메뉴의 그룹 활성화를 선택하여 체크 표시를 해제합니다.

05 볼륨과 팬 이외에 그룹으로 동작시킬 파라미터가 있다면, 그룹 인스펙터의 설정 창을 열고, 원하는 파라미터 옵션을 체크합니다.

06 하나의 채널에서 두 개 이상의 그룹을 사용하는 것도 가능합니다. 그룹 인스펙터의 메뉴에서 신규를 선택하여 그룹을 추가합니다.

07 그룹1로 설정되어 있던 채널에서 메뉴를 열고, Shift 키를 누른 상태로 그룹 2를 선택합니다. 해당 채널은 그룹 1과 2가 동시에 적용되는 것입니다.

08 두 개 이상의 그룹이 적용된 트랙은 그룹 번호가 표시되며, 그룹1과 2에 설정된 파라미터를 별도로 조정할 수 있습니다.

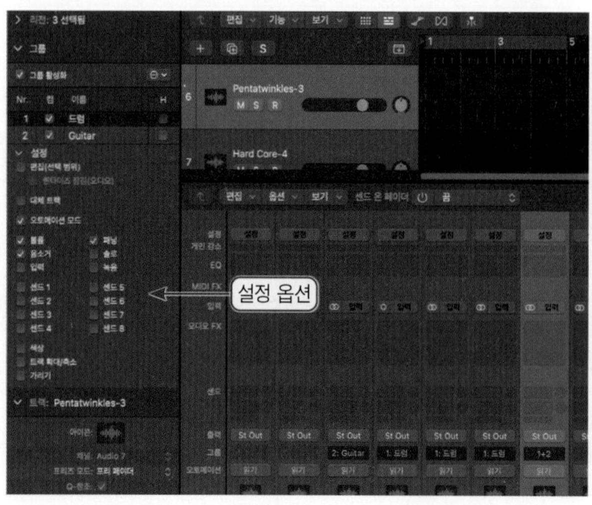

09 그룹은 채널 파라미터 외에 리전의 선택, 색상, 확대/축소, 가리기 기능까지 함께 컨트롤할 수 있습니다. 믹싱 외에 편집 작업에서도 유용한 기능이 될 것입니다.

이펙트 사용하기

믹싱 작업을 할 때는 이퀄라이저(EQ)로 주파수를 조정하고, 리버브로 공간을 만들고, 컴프레서로 다이내믹을 조정하는 등, 입력되어 있는 사운드를 좀 더 선명하게 다듬거나 자신만의 색깔을 연출하기 위해서 다양한 장치들을 사용하게 되는데, 이것을 오디오 이펙트라고 합니다. 로직에서 제공하는 이펙트를 다루는데 필요한 기본적이 내용과 Channel EQ에 관해서 살펴보겠습니다.

1 채널 EQ

01 저음을 차단하거나 고음을 증가시키는 등, 사운드의 주파수 대역을 조정하는 EQ는 거의 모든 트랙에서 사용하기 때문에 로직에서는 별도의 EQ 항목을 제공하고 있으며, 클릭하여 장착할 수 있습니다.

02 오디오 FX 슬롯에 Channel EQ가 장착되면서 패널이 열립니다. Channel EQ는 로직에서 제공하는 이퀄라이저 중의 한 가지이며, 총 8개의 주파수 대역을 조정할 수 있는 8밴드 타입입니다.

> TIP Shift 키를 누른 상태로 클릭하면 Linear Phase EQ를 장착할 수 있으며, Option 키를 누른 상태로 클릭하면 첫 번째 슬롯에 장착됩니다.

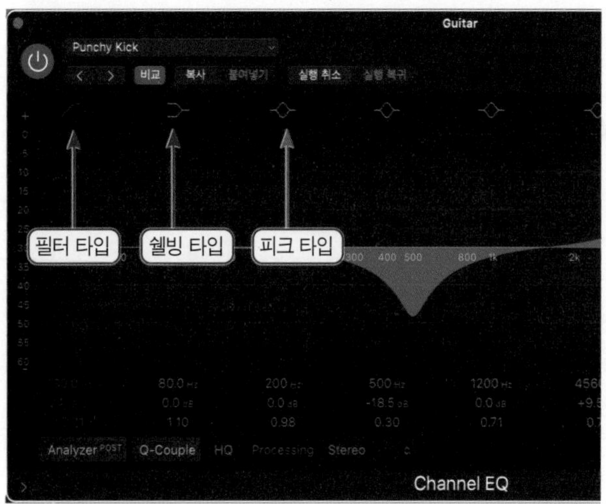

03 각 밴드의 사용 여부는 On/Off 버튼으로 결정하며, Off 되어 있는 1번과 8번은 특정 주파수 이하 및 이상을 차단하는 필터 타입, 2번과 7번은 특정 주파수 이하 및 이상을 증/감하는 쉘빙 타입, 나머지는 3-6 번은 특정 주파수 대역을 조정하는 피크 타입입니다.

> **TIP** 피크 타입은 벨 모양을 닮았다고 해서 벨 타입으로 부르기도 합니다.

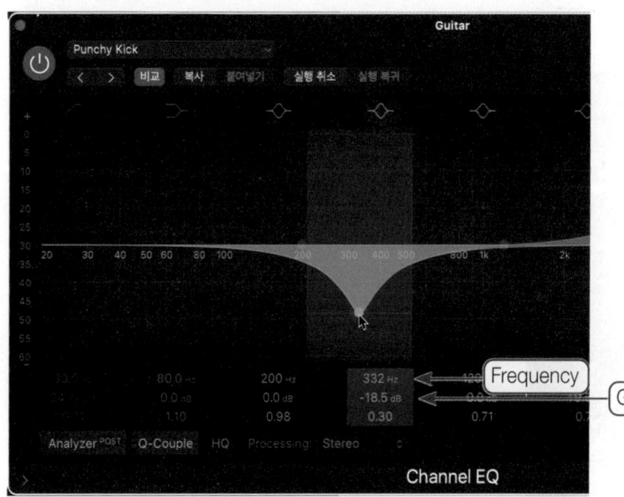

04 디스플레이 창에서 마우스를 위/아래로 드래그하면, 해당 주파수를 어느 정도 증/감할 것인지를 결정하는 Gain을 조정할 수 있고, 좌/우로 드래그하면, 어떤 주파수 대역인지를 결정하는 Frequency를 조정할 수 있습니다.

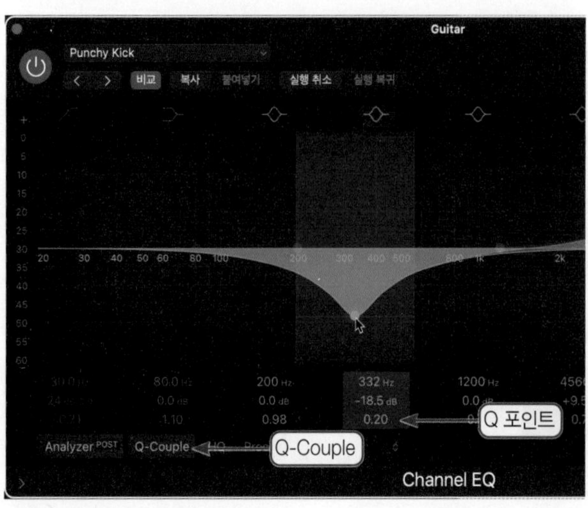

05 조정 주파수 범위를 결정하는 Q 값은 마우스 휠을 조정할 수 있습니다. Q-Couple 버튼이 활성화 되어 있는 경우, 게인 값에 따라 자동으로 Q 값이 설정됩니다.

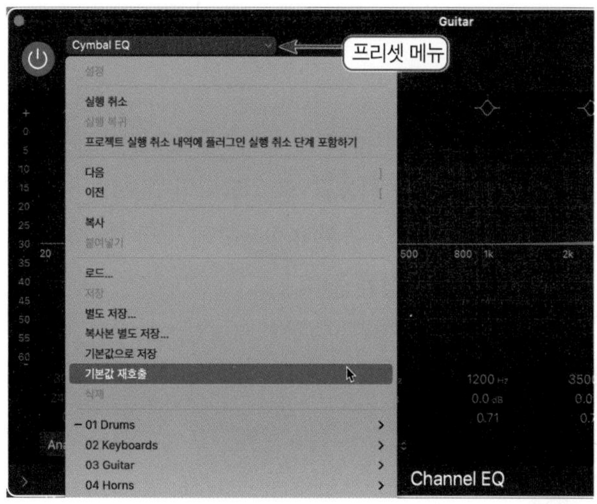

06 Frequency, Gain, Q 값을 Option 키를 누른 상태에서 클릭하여 초기화 시킬 수 있으며, 전체 조정 값을 초기화 할 때는 프리셋 메뉴의 기본값 재호출을 선택합니다. 이것은 다른 이펙트에서도 동일합니다.

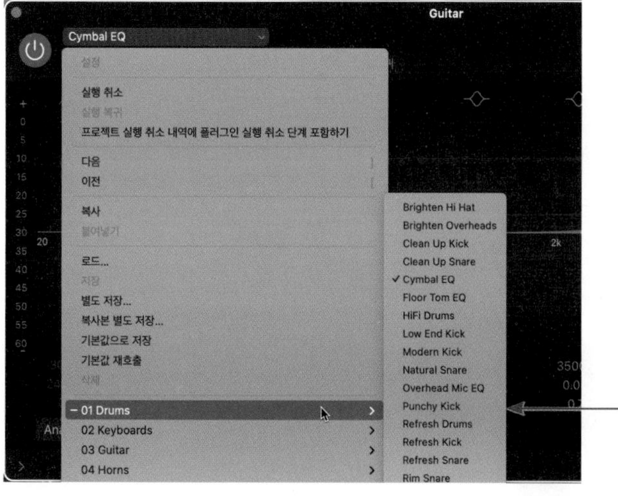

07 이펙트를 사용하는 것 자체는 간단하지만, 원하는 사운드를 만드는 것은 그리 쉽지 않습니다. 다행히 로직에서는 악기 소스에 어울리는 프리셋을 제공합니다. 입문자는 해당 트랙에 어울리는 프리셋을 선택하는 것에서부터 시작하는 것이 안전합니다.

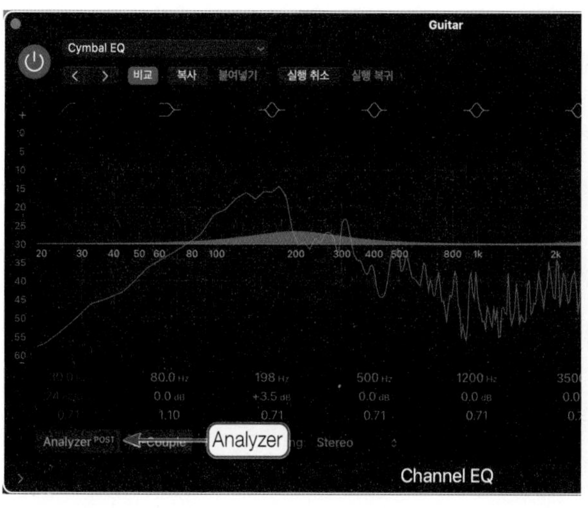

08 로직에서 제공하는 EQ의 최대 장점은 주파수의 변화를 시각적으로 모니터 할 수 있는 Analyzer 기능을 제공한다는 것입니다. Pre/Post는 EQ 적용 전/후의 변화를 모니터 합니다.

2 오디오 FX 및 센드 방식

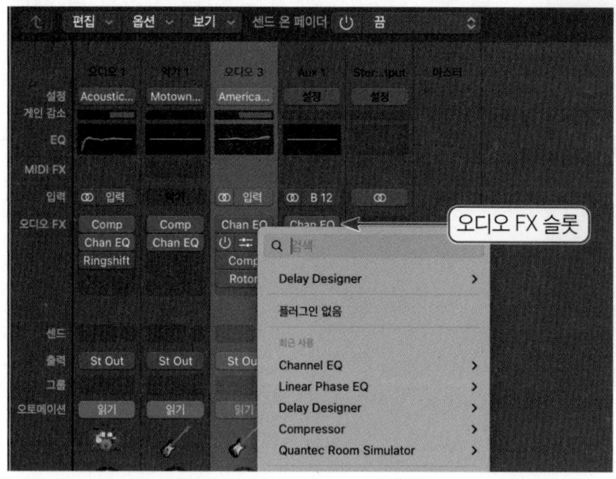

01 이펙트는 인서트 또는 센드 방식으로 사용할 수 있습니다. 인서트 방식은 오디오 FX 슬롯에 장착하며, 해당 채널에 직접적인 영향을 줍니다.

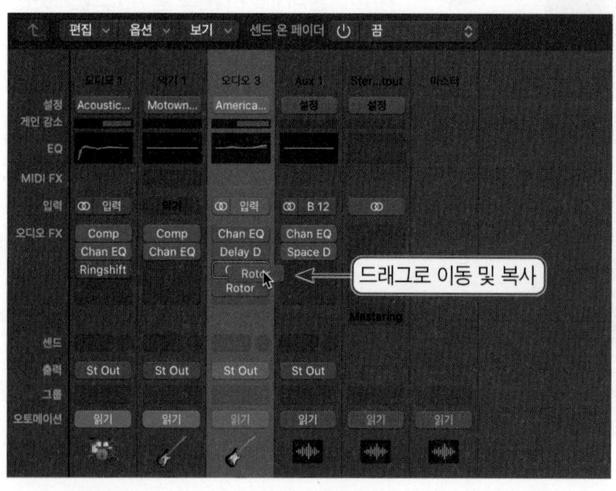

02 이펙트는 시스템이 허락하는 한도 내에서 얼마든지 사용이 가능하며, 슬롯은 자동으로 확장됩니다. 이펙트는 마우스 드래그로 위치를 변경하거나 Option 키를 누른 상태로 드래그하여 복사할 수 있습니다.

03 이펙트를 사용하지 않을 때는 오디오 FX 목록에서 플러그인 없음을 선택하거나 전원을 Off 시킵니다. 플러그인 없음은 이펙트를 슬롯에서 제거하는 것이며, 전원 Off는 이펙트 적용 전/후를 비교하기 위한 바이패스 역할입니다.

> **TIP** Command 키를 누른 상태로 슬롯을 클릭하여 장치를 제거할 수 있습니다.

04 일반적으로 오디오 이펙트는 인서트 방식으로 사용하지만, 같은 세팅을 사용하는 리버브와 딜레이 등은 센드 방식으로 사용하는 것이 유용합니다. 센드 항목의 슬롯을 클릭하여 메뉴를 열고, Bus 1을 선택합니다.

05 Aux 1 채널이 자동으로 추가됩니다. 이름 항목을 더블 클릭하여 구분하기 쉽게 변경합니다. 보통은 리버브, 딜레이 등, 해당 채널에 장착할 이펙트의 이름을 많이 사용합니다.

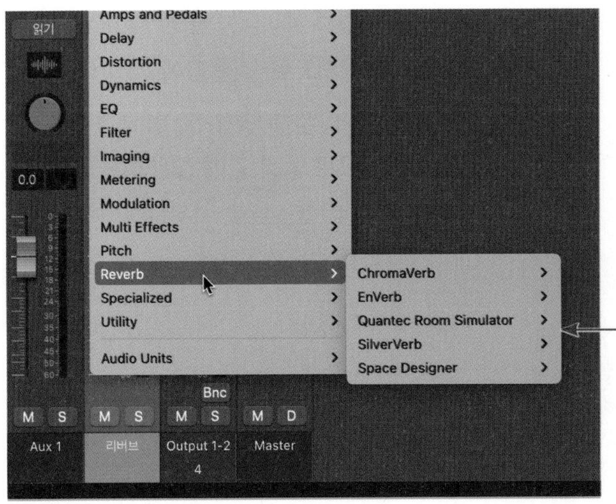

06 추가한 Aux 1 채널의 오디오 FX 슬롯에서 이펙트를 선택합니다. 일반적으로 리버브와 딜레이 등의 공간 계열 이펙트를 센드 방식으로 많이 사용합니다.

07 Aux 채널에 장착한 이펙트를 사용할 채널의 센드 슬롯에서 Bus 1을 선택합니다. 그리고 센드 노브로 이펙트의 양을 설정합니다. 하나의 이펙트를 여러 채널에서 사용할 수 있는 것입니다.

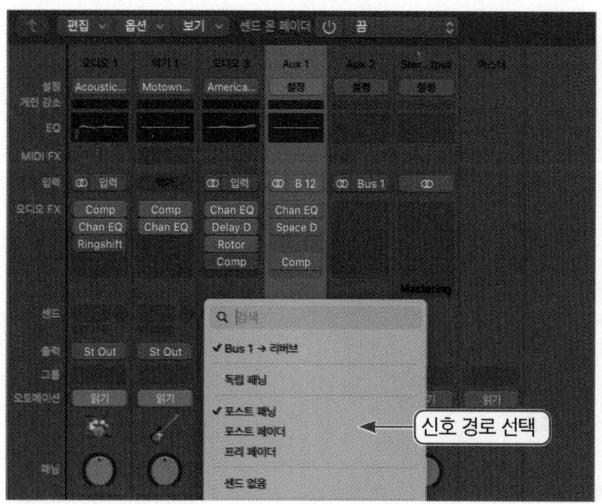

08 센드 슬롯의 Bus1을 선택하면, 이펙트를 볼륨 페이더 이후에 적용하는 포스트 페이더와 이전에 적용하는 프리 페이더로 선택하여 적용할 수 있습니다.

> TIP 로직은 팬 노브 이후에 적용하는 포스트 패닝도 제공하고 있습니다.

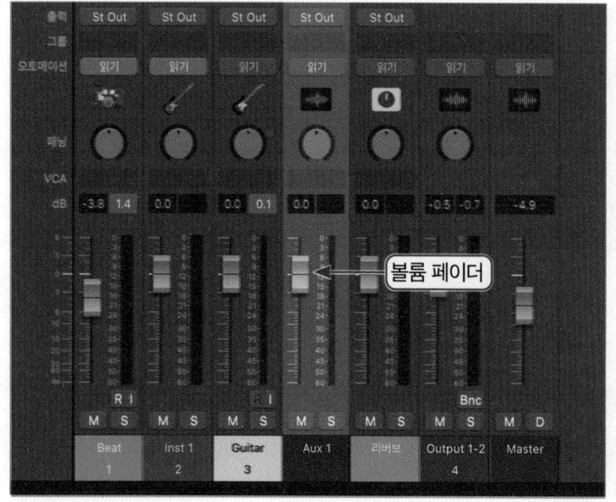

09 포스트 페이더는 볼륨 페이더 이후에 적용되므로 볼륨 값에 따라 이펙트의 양이 달라지며, 프리 페이더는 볼륨 페이더 이전에 적용되므로 볼륨 값에 상관없이 적용됩니다. 일반적으로 포스트로 사용하며, 연주자 모니터 출력으로 프리를 사용합니다.

3 이펙트 패널

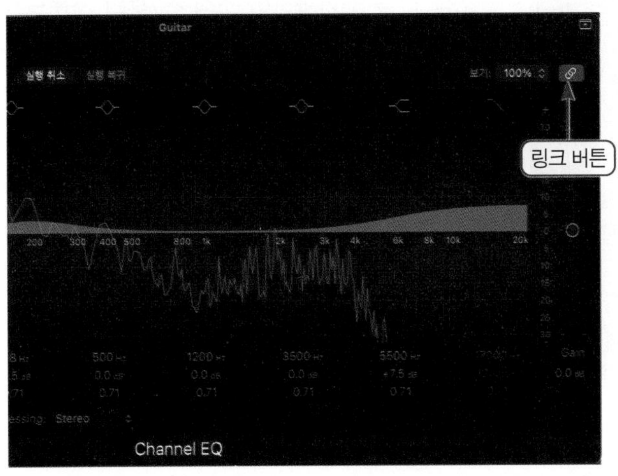

01 이펙트의 설정 값을 편집할 수 있는 패널은 슬롯에 장착한 이펙트 이름을 클릭하여 언제든 열 수 있습니다. 이때 하나의 패널로 열리게 하겠다면, 패널의 링크 버튼을 On으로 합니다.

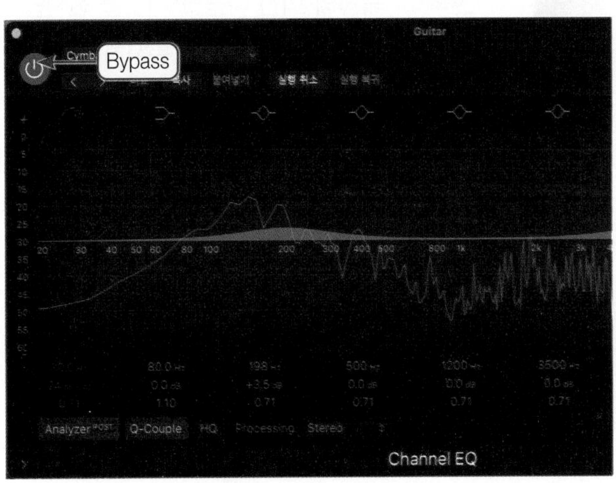

02 로직에서 제공하는 모든 이펙트는 적용 전/후의 사운드를 비교해볼 수 있는 Bypass 버튼을 제공합니다. 슬롯의 전원 버튼과 동일한 역할입니다.

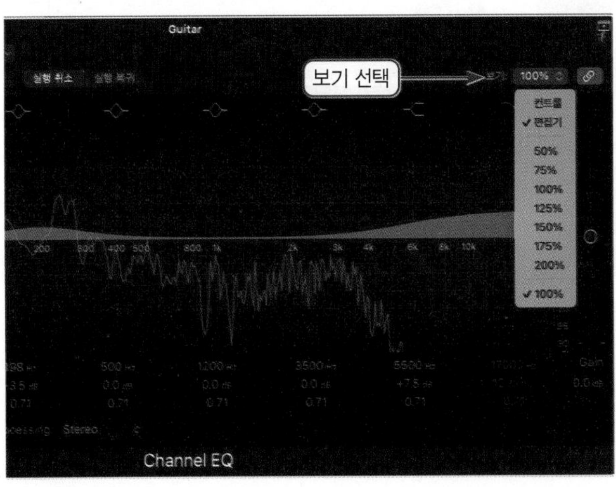

03 로직에서 제공하는 모든 이펙트는 편집기 모드 외에 컨트롤 모드로 표시가 가능합니다. 모드는 보기 메뉴에서 선택하며, 편집기 모드인 경우에는 패널의 크기를 조정할 수 있는 크기 선택 메뉴도 제공됩니다.

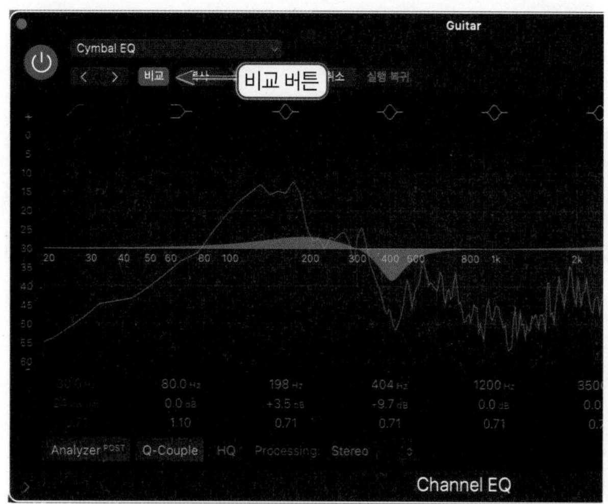

04 비교 버튼은 이펙트 패널에서 파라미터의 값을 조정했을 때 활성화 되며, 조정 값을 초기화하여 조정 전/후의 사운드를 비교할 수 있게 합니다.

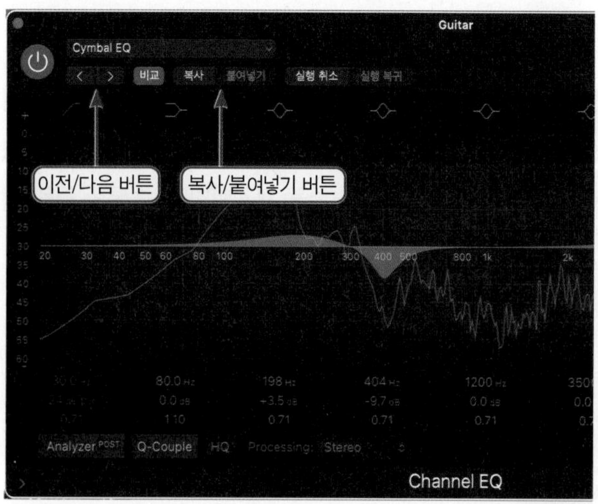

05 이전/다음 버튼은 프리셋에서 선택한 목록의 이전/다음 프리셋을 선택합니다. 그리고 패널의 설정 값을 복사하여 붙여넣을 수 있는 버튼도 제공되고 있습니다.

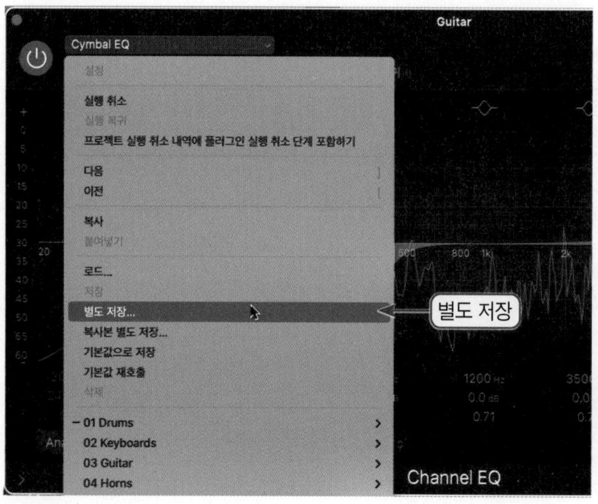

06 이펙트의 세팅 값을 다른 프로젝트에서 사용하고 싶을 때는 프리셋 메뉴의 별도 저장을 선택하여 저장합니다.

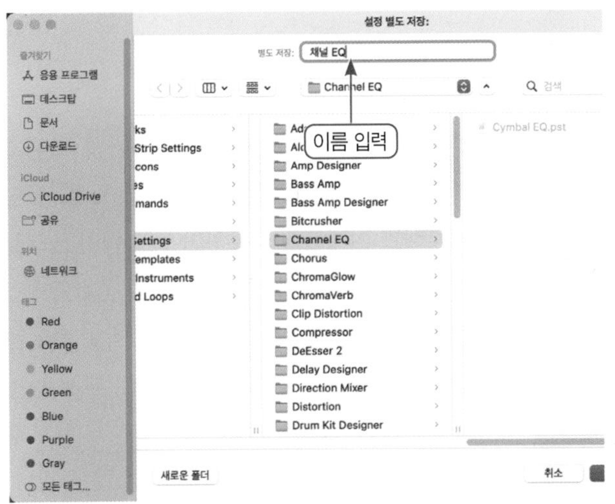

07 별도 저장 창이 열리며, 한글 입력도 가능합니다. 폴더 위치는 사용자 음악 폴더의 Audio Music Apps이며, 외부에서 구한 것을 프리셋의 로드로 불러와도 되고, 이곳에 바로 복사해도 좋습니다.

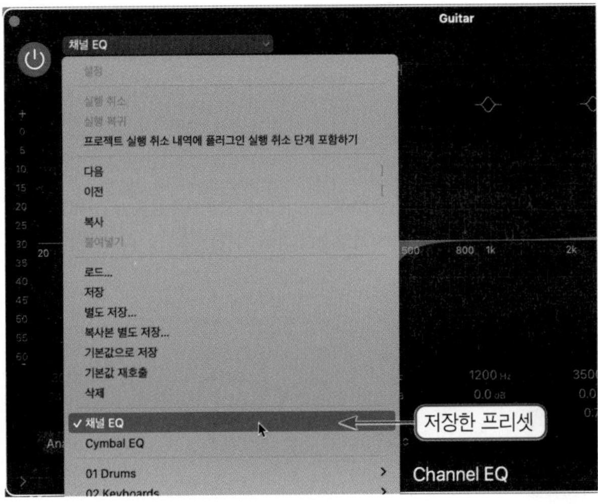

08 저장한 프리셋은 목록에 등록되며, 언제든 사용할 수 있습니다. 프리셋을 제거할 때는 삭제를 선택합니다.

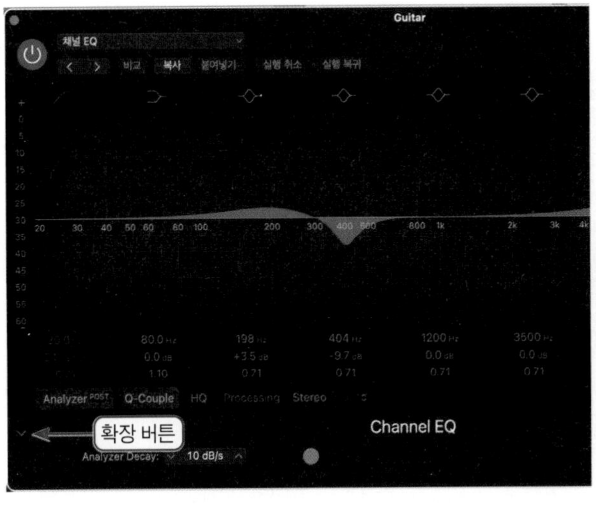

09 패널 아래쪽에 작은 삼각형이 있는 이펙트는 세부 옵션 설정이 가능한 확장 패널을 제공하는 이펙트입니다. 옵션은 이펙트 종류에 따라 차이가 있습니다.

4 프리즈 기능

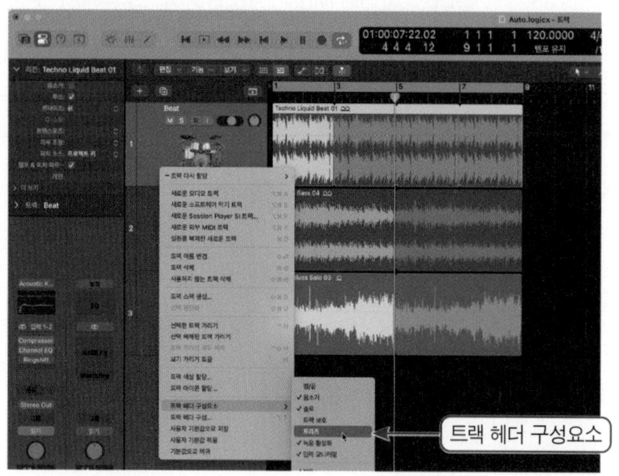

01 시스템 사양이 높고, 고가의 오디오 인터페이스를 사용하더라도 많은 수의 트랙과 이펙트를 사용하면, 시스템이 느려질 수 밖에 없습니다. 이때 이용하는 것이 프리즈 기능입니다. 트랙에서 마우스 오른쪽 버튼을 클릭하여 단축 메뉴를 열고, 트랙 헤더 구성 요소의 프리즈를 선택합니다.

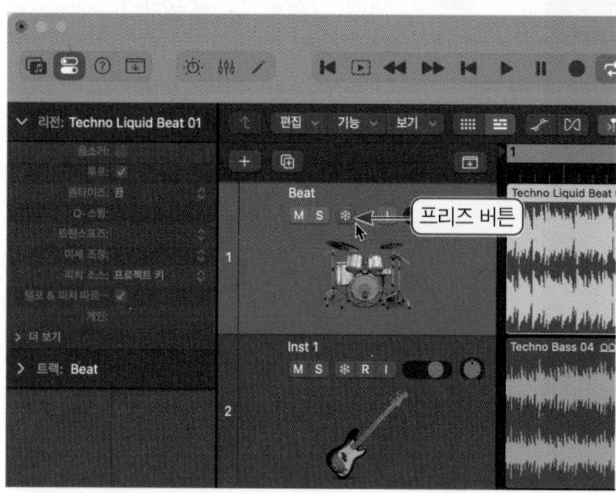

02 눈꽃 모양의 프리즈 버튼이 보이며, 이것을 클릭하여 On으로 하고, 프로젝트를 재생하면, 해당 트랙의 이펙트가 오디오에 적용되어 시스템을 확보할 수 있게 됩니다.

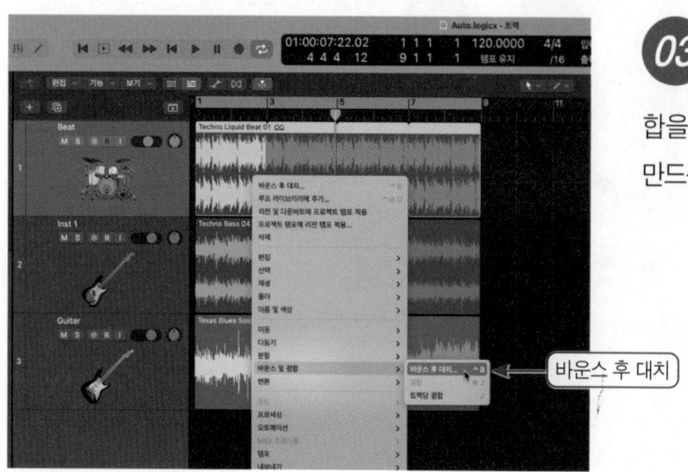

03 리전을 마우스 오른쪽 버튼으로 클릭하여 단축 메뉴를 열고, 바운스 및 결합을 선택하여 이펙트가 적용된 오디오 트랙을 만드는 방법도 있습니다.

5 EQ의 종류

이퀄라이저(EQ)는 오디오의 특정 주파수 범위를 조정하여 좋은 소리는 강조하고 불필요한 소리는 제거함으로써 사운드를 정교하게 다듬는 필수적인 믹싱 도구입니다. 로직 프로는 기본적인 Channel EQ 외에도 Linear Phase EQ, Match EQ, Single Band EQ, Vintage EQ 등 다양한 EQ를 제공하여, 각각의 EQ가 고유한 방식으로 정밀한 사운드 조정을 가능하게 하고, 음악의 질감을 한층 풍부하고 독특하게 만듭니다.

Channel EQ

채널 스트립의 EQ 항목을 클릭하면 기본적으로 장착되는 Channel EQ는 다기능 멀티밴드 EQ로, 로우패스 필터, 하이패스 필터, 로우 쉘빙 필터, 하이 쉘빙 필터와 4개의 유연한 파라메트릭 밴드를 포함하여 총 8개의 주파수 밴드를 제공합니다. 이를 통해 사용자는 세밀하게 주파수 범위를 조정할 수 있으며, 고속 푸리에 트랜스폼(FFT) Analyzer를 통해 실시간으로 주파수 곡선의 변화를 확인하고, 믹스에서 조정해야 할 부분을 명확히 파악할 수 있습니다. Channel EQ는 개별 트랙의 사운드를 다듬거나 전체 프로젝트의 톤을 형성하는 데 유용하며, 실시간 그래픽 컨트롤을 통해 오디오 신호를 쉽게 시각화하고 수정할 수 있습니다.

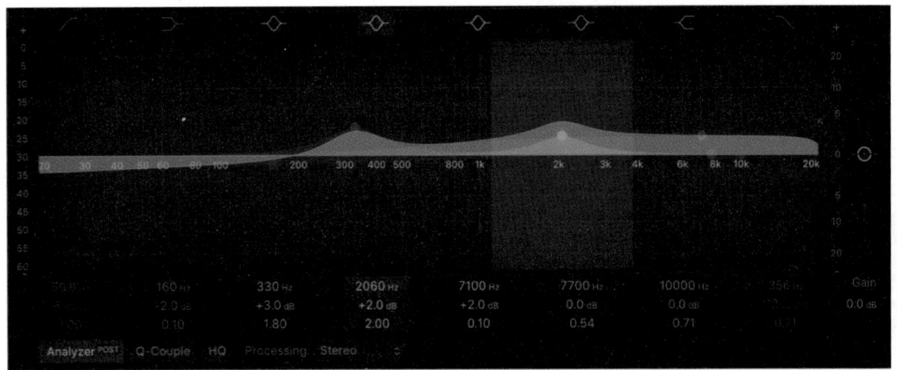

Linear Phase EQ

Linear Phase EQ는 Shift 키를 누른 채 채널 스트립의 EQ 항목을 클릭하여 장착할 수 있으며, Channel EQ와 유사한 8밴드 레이아웃과 동일한 파라미터를 공유하는 고품질 이펙트입니다. 하지만 이 두 EQ는 기본 기술에서 중요한 차이를 보입니다. Linear Phase EQ는 오디오 신호의 위상을 보존하여, 신호에 극단적인 EQ 커브를 적용해도 위상 일관성을 유지합니다. 반면, Channel EQ는 위상 변화를 도입하여 종종 의도적인 효과를 낼 수 있습니다.

Linear Phase EQ는 활성 밴드 수에 관계없이 고정된 양의 CPU 리소스를 사용하므로, 더 많은 지연 시간을 발생시킬 수 있습니다. 이로 인해 Linear Phase EQ는 위상 일관성이 중요한 작업, 예를 들어 멀티 마이크 녹음이나 마스터링에서 매우 유용합니다. 또한, 위상 변화를 최소화해야 할 때 특히 효과적이며, 가파른 커트 필터나 좁은 필터 밴드를 사용할 경우 트랜지언트에 영향을 미칠 수 있으므로 사용 시 주의가 필요합니다.

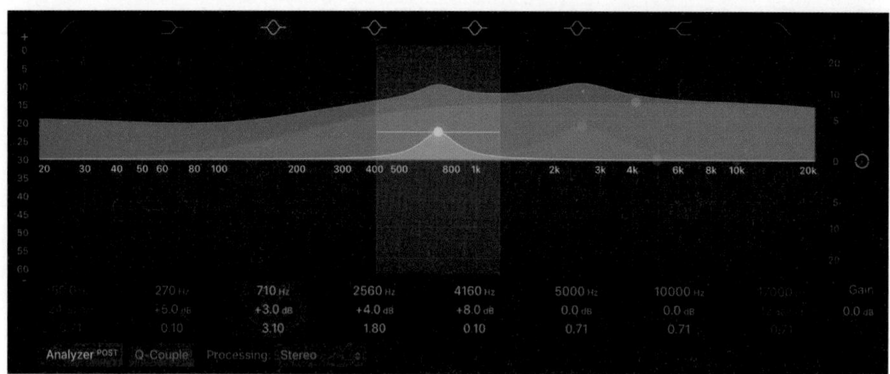

Match EQ

Match EQ는 오디오 파일의 평균 주파수 스펙트럼을 분석하여 이를 템플릿으로 저장하고, 이를 다른 오디오 신호에 적용해 기존 파일의 스펙트럼과 일치시키는 강력한 도구입니다. 흔히 지문 EQ라고도 불리며, 하나의 소리 지문을 다른 신호에 적용하는 방식입니다. 이를 통해 앨범 내의 다양한 곡들의 음질을 일관되게 맞추거나, 특정 소스 녹음의 색감을 프로젝트에 전달할 수 있습니다.

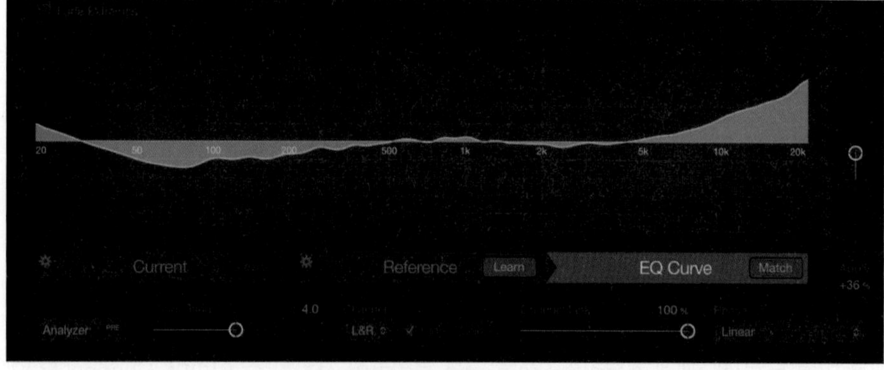

① 소스 오디오 파일을 Reference Learn 버튼으로 드래그하여 가져옵니다.

② Current Learn 버튼을 클릭하고, 프로젝트를 재생하여 트랙을 분석합니다.

③ Match 버튼을 클릭하면 프로젝트 사운드가 Reference 소스에 맞게 EQ가 자동으로 조정됩니다.

④ Apply 슬라이더를 사용하여 매칭된 EQ 커브의 적용 폭을 조정할 수 있습니다.

Single Band EQ

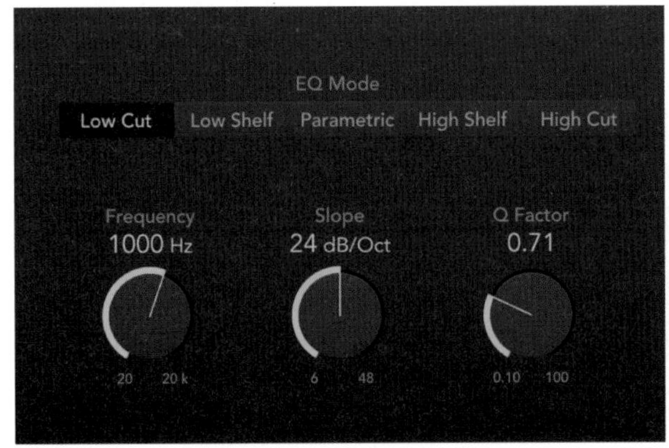

Single Band EQ는 로우 쉘빙(Low Shelving), 하이 쉘빙(High Shelving), 파라메트릭(Parametric) 등 다양한 유형의 EQ 모드가 제공되며, 모드에 따라 주파수, 대역폭, 게인 등의 조절 슬라이더가 활성화되어, 원하는 주파수 범위의 음량을 섬세하게 조정할 수 있습니다.

Vintage EQ

로직은 1950년대, 1960년대, 1970년대의 클래식한 EQ 장치들을 모델링한 Vintage Console EQ, Vintage Graphic EQ, Vintage Tube EQ 플러그인을 제공하며, 각 시대의 독특한 EQ 회로를 재현합니다. 이를 통해 전통적인 아날로그 장비에서 얻을 수 있었던 특유의 따뜻하고 유기적인 사운드를 믹스에 더할 수 있습니다.

01 Vintage Console EQ는 전통적인 믹싱 콘솔 채널의 EQ 섹션을 모방하여, 음정 색상, 따뜻함, 부드러운 상단부, 그리고 미드 포워드 존재감을 제공합니다. 이 EQ는 전환 가능한 저음역대 및 중음역대 밴드와 고정된 12kHz 고주파 밴드를 포함한 3밴드 설계로, 세밀한 톤 조정이 가능합니다. 또한, 패시브 3차(18dB/옥타브) 로우 커트/하이패스 필터도 내장되어 있어, 저주파와 고주파를 정교하게 조절할 수 있습니다.

이 콘솔 모듈은 수많은 레코딩 엔지니어들에게 컬트 클래식으로 여겨지며, 지난 40~50년 동안 수많은 히트곡에서 그 특유의 따뜻하고 유기적인 사운드를 만들어내는 데 중요한 역할을 했습니다.

02 Vintage Graphic EQ는 클래식 믹싱 콘솔 모듈을 기반으로 하여, 10개의 EQ 밴드와 각 밴드에 12dB의 커트/부스트를 제공합니다. 이 EQ는 원래 기기의 비례 Q 설계를 에뮬레이션하여 낮은 커트/부스트 수준에서는 필터의 대역폭을 확장하고, 높은 커트/부스트 수준에서는 대역폭을 좁히는 방식으로 동작합니다.

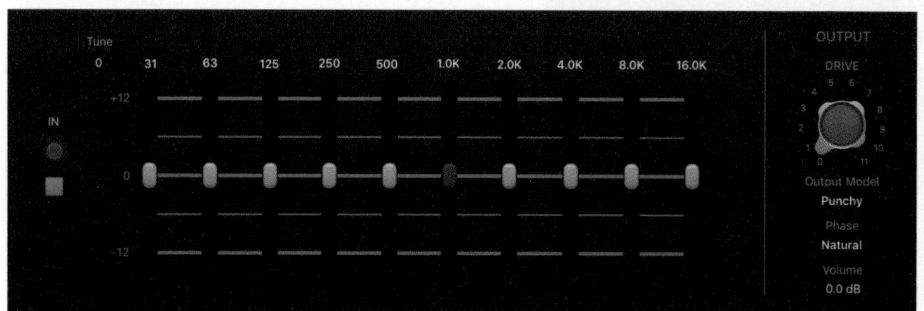

03 Vintage Tube EQ는 서로 보완적인 두 개의 레트로 EQ 유닛을 모방한 플러그인으로, 수십 년 전에 생산이 중단되었지만 여전히 오늘날 많은 오디오 엔지니어들에 의해 사용되고 있습니다. 이 EQ는 밸브가 장착된 아날로그 디자인으로 무손실 패시브 이퀄라이저 방식으로 동작합니다. 즉, EQ가 꺼져 있어도 신호 레벨이 일정하게 유지되어 믹싱 및 마스터링 작업에 매우 유용한 도구로 음악적이고 따뜻한 품질을 제공합니다.

저주파 섹션은 20~100Hz 범위에서 스위프 가능한 주파수 밴드를 가진 쉘빙 EQ로, 주파수를 13.5dB까지 부스팅하거나 17.5dB까지 커팅할 수 있으며, 고주파 섹션은 3~16kHz 범위에서 최대 18dB의 부스트를 제공하며, 대역폭 컨트롤을 통해 Q 값을 조절할 수 있습니다. 쉘프 커트 EQ는 5~20kHz 사이에서 최대 16dB의 감쇠를 제공합니다. 또한, 하위 유닛은 상위 유닛과 완벽하게 페어링되어, 중음역대에서 신호를 세밀하게 미세 튜닝할 수 있는 유연성을 제공하고, 아름다운 톤 시그니처를 만들어냅니다.

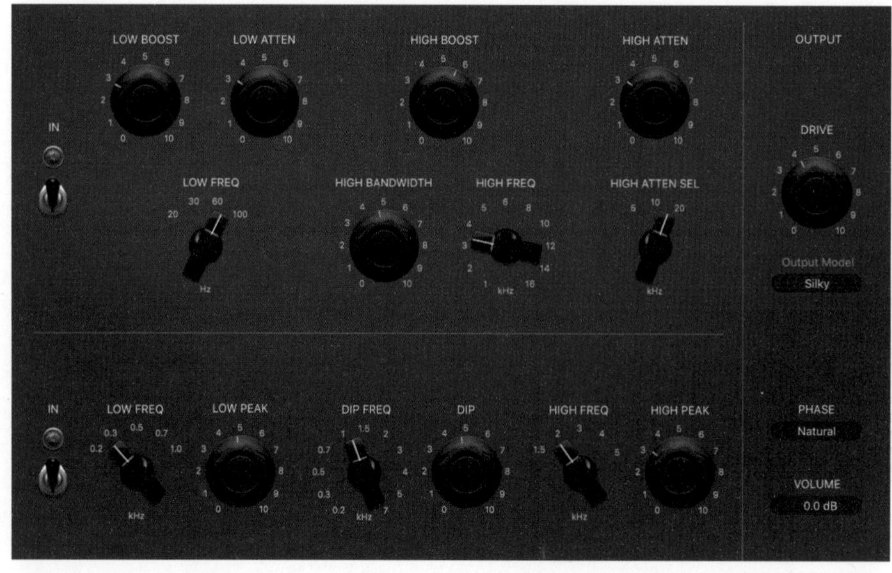

6 필터의 종류

필터는 특정 주파수 대역을 차단하거나 강조하는 EQ 계열의 장치로, 오디오 신호의 음색을 변화시키는 데 핵심적인 역할을 합니다. 로직은 오디오 신호를 창의적으로 수정할 수 있는 다양한 필터를 제공하며, 이를 통해 믹스나 개별 트랙의 주파수 스펙트럼을 극적으로 변화시킬 수 있습니다. 주로 특정 주파수를 제거하거나 강조하여 사운드의 특성을 세밀하게 조정하는 데 사용되며, 사이드 체인 입력을 지원해 외부 신호의 영향을 받아 동적으로 반응하도록 설정할 수 있어, 더욱 창의적이고 독특한 효과를 만들어낼 수 있습니다.

AutoFilter

AutoFilter는 몇 가지 고유 기능을 갖춘 다용도 필터 이펙트입니다. 이 이펙트는 클래식 아날로그 스타일의 신디사이저 이펙트를 만들거나 창의적인 사운드 설계를 위한 도구로 활용할 수 있습니다. Threshold 파라미터를 사용하여 들어오는 신호 레벨을 분석하고, 이를 초과하는 신호가 ADSR나 LFO로 트리거되어 필터 컷오프를 다이나믹하게 모듈레이션합니다. 이러한 방식으로 신호의 변화를 실시간으로 제어할 수 있습니다.

AutoFilter는 다양한 필터 유형과 슬로프를 제공하며, Resonance의 양을 제어하여 더욱 강렬하고 독특한 사운드를 만들어냅니다. 또한, 처리된 신호와 원본 드라이 신호를 믹싱하여 더욱 풍성하고 입체적인 음향을 생성할 수 있습니다. 이를 통해 사운드에 깊이와 개성을 추가할 수 있습니다.

AutoFilter 윈도우는 여러 파라미터 섹션으로 구성되어 있어 각 기능을 세밀하게 조정할 수 있습니다.

① Filter 파라미터

필터 섹션은 필터링된 시운드의 음색을 제어합니다.

- Filter Type : 필터의 종류를 선택합니다 (Low-pass, High-pass, Band-pass 등).
- Cutoff : 필터의 컷오프 주파수를 설정하여 필터링되는 주파수 범위를 정의합니다.
- Resonance : 필터의 레조넌스(강조)를 설정하여 컷오프 주파수 근처의 주파수를 부스트합니다.

② Envelope 파라미터

엔벨로프 파라미터는 시간에 따라 필터 컷오프 주파수를 변조하는 방식과 관련이 있습니다. 이 섹션은 주로 ADSR(Attack, Decay, Sustain, Release) 설정을 조정하여 필터의 반응을 동적으로 설정할 수 있습니다.

- Attack : 필터가 컷오프에 도달하는 시간을 조절합니다.
- Decay : 신호가 컷오프 주파수에서 얼마나 빨리 감소할지를 설정합니다.
- Sustain : 필터 컷오프 주파수가 유지되는 시간 동안의 레벨을 조정합니다.
- Release : 신호가 종료될 때 필터 컷오프가 원래 위치로 돌아오는 속도를 설정합니다.

③ Distortion 파라미터

디스토션 파라미터는 필터 전후의 신호에 변형을 추가하여 더욱 독특하고 공격적인 톤을 만들 수 있습니다.

- Drive: 신호에 얼마나 강한 변형을 적용할지 결정합니다.
- Tone: 변형된 신호의 톤을 설정합니다. 고주파나 저주파 강조를 통해 음색을 변형할 수 있습니다.

④ LFO 파라미터

LFO는 필터 컷오프 주파수를 동적으로 변조하는 데 사용됩니다. 이 파라미터 섹션에서는 LFO가 필터 컷오프에 어떻게 영향을 미치는지 설정할 수 있습니다:

- Rate : LFO의 속도를 설정합니다. 빠를수록 필터 컷오프 주파수가 빠르게 변하게 됩니다.
- Depth : LFO가 필터 컷오프에 얼마나 강하게 영향을 미칠지 설정합니다. 더 큰 깊이는 필터 컷오프 주파수의 변화를 더욱 극적으로 만듭니다.
- Shape : LFO의 형태를 설정하여 주파수 변조의 패턴을 제어합니다(사인파, 톱니파 등).

⑤ Output 파라미터

출력 파라미터는 필터링된 신호의 최종 레벨을 설정합니다. 이 섹션에서는 드라이 신호와 이펙트 신호의 레벨을 별도로 제어할 수 있습니다:

- Dry : 처리되지 않은 원본 신호의 레벨을 설정합니다.
- Wet : 필터링과 모듈레이션이 적용된 처리된 신호의 레벨을 설정합니다.

EVOC 20 Filterbank

EVOC 20 Filterbank는 두 개의 포먼트 필터 뱅크로 구성된 고유한 필터 이펙트로, 입력 신호는 두 필터 뱅크를 병렬로 통과하며, 각 필터 뱅크는 최대 20개의 주파수 밴드에 대해 레벨 페이더를 제공합니다. 이를 통해 각 밴드의 레벨을 독립적으로 제어할 수 있으며, 레벨 페이더를 최소값으로 설정하면 해당 밴드의 포먼트가 완전히 억제됩니다. 또한, Formant Shift 파라미터를 통해 각 필터 밴드의 위치를 조절할 수 있고, 두 필터 뱅크 사이에서 크로스페이드를 사용하여 더 세밀한 사운드 디자인을 할 수 있습니다.

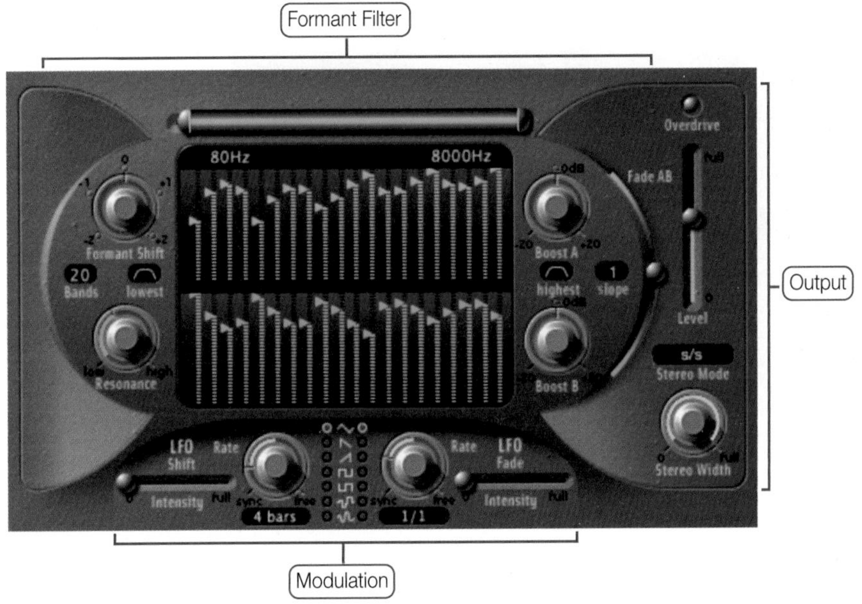

EVOC 20 Filterbank 인터페이스는 세 가지 주요 섹션으로 나뉩니다:

① **Formant Filter 파라미터** : 포먼트 필터의 위치와 레벨을 제어하는 섹션.

② **Modulation 파라미터** : 필터의 다이나믹한 변화를 위한 모듈레이션 설정.

③ **Output 파라미터** : 최종 출력 신호의 레벨과 기타 출력 관련 설정을 담당하는 섹션.

EVOC 20 TrackOscillator

EVOC 20 TrackOscillator는 모노포닉 피치 추적 오실레이터를 갖춘 보코더로, 입력 신호의 피치를 추적하고 이를 합성 엔진으로 변환하여 다양한 사운드 효과를 만들어냅니다. 특히 보컬 멜로디와 같은 모노포닉 입력 신호에서 각 노트의 피치를 추적하여 이를 미러링하거나 재생하는 기능을 제공합니다. 이 기능은 보컬 트랙의 멜로디를 따라가는 창의적인 사운드를 구현하는 데 유용합니다.

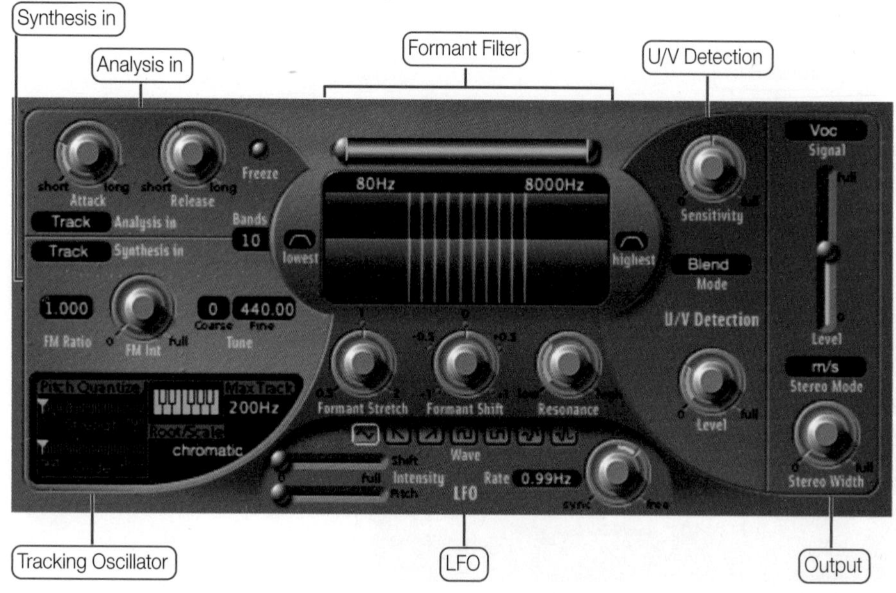

1. **Analysis In 파라미터** : 분석 필터 뱅크에서 입력 신호를 어떻게 분석할지 결정합니다. 이 파라미터는 입력된 오디오 신호가 EVOC 20 TrackOscillator의 분석 섹션으로 어떻게 처리될지를 설정합니다.

● Analysis In 파라미터를 통해 분석 신호의 소스와 강도를 제어할 수 있습니다. 예를 들어, 보컬 트랙이나 악기 트랙을 분석 신호로 설정할 수 있습니다.

● 사이드 체인 신호나 다른 트랙의 오디오도 분석 신호로 사용할 수 있습니다.

2. **U/V Detection 파라미터** : 분석 신호에서 음성 부분과 음성이 없는 부분을 감지하여, 분석 및 합성 단계에서 음성 지능을 향상시키는 기능입니다. 이는 보코더 효과를 보다 자연스럽고 정교하게 만듭니다.

● U/V Detection을 활성화하면, 침묵 부분이나 배경 소리를 감지하여 피치 추적을 최적화할 수 있습니다.

● 이 기능은 특히 보컬이나 음성 신호를 다룰 때 중요한 역할을 합니다. 소음이나 불필요한 소리 부분을 감지하고 음성 신호만 추적할 수 있도록 합니다.

3. **Synthesis In 파라미터** : 합성 필터 뱅크에서 입력 신호를 어떻게 사용할지 결정합니다. 이 파라미터는 합성 신호의 소스를 선택하고, 이를 어떻게 처리할지 설정합니다.

● Synthesis In에서 설정할 수 있는 소스는 분석 신호, 사이드 체인 신호 또는 추적 오실레이터에서 파생된 신호입니다.

● 예를 들어, 보컬을 분석한 후 그 결과를 합성 신호로 사용하여 피치를 추적하고, 그 신호를 변형하여 보코더 효과를 만들 수 있습니다.

4. **Tracking Oscillator 파라미터** : 추적 오실레이터에서 분석 입력 신호를 어떻게 처리할지를 결정합니다. 이 파라미터는 입력된 신호의 피치를 추적하여 합성 신호에 반영하는 데 중요한 역할을 합니다.

● Tracking Oscillator는 모노포닉 방식으로 동작하며, 피치 추적을 통해 입력된 음성의 개별 노트 피치를 추적합니다.

● 이 파라미터를 조정하여 오실레이터의 반응을 미세 조정할 수 있으며, 더 정교한 피치 추적 효과를 얻을 수 있습니다.

● 예를 들어, 보컬 멜로디를 입력 신호로 사용하고, 그 피치를 오실레이터가 추적하여 보코딩 효과를 생성할 수 있습니다.

5. **Formant Filter 파라미터** : 분석 및 합성 필터 뱅크의 포먼트 필터를 구성하는 파라미터입니다. 이 파라미터는 피치 추적에 의해 형성된 필터를 조정하여 신호의 음색을 결정합니다.

● Formant Filter는 분석된 주파수 대역을 조정하여 음성의 특징적인 주파수를 강조하거나 변경하는 데 사용됩니다.

● 이를 통해 보컬 트랙이나 다른 오디오 신호에 독특한 음성적 색깔을 추가할 수 있습니다.

● Formant Shift 파라미터를 활용하여 주파수 대역의 이동을 조정하거나, 특정 주파수 밴드를 강조하여 더욱 세밀한 필터링을 할 수 있습니다.

6. **LFO 파라미터** : LFO를 사용하여 필터 컷오프 주파수나 Formant Shift를 모듈레이션합니다. LFO는 오실레이터의 주파수를 주기적으로 변화시켜 변화를 주는 역할을 합니다.

● LFO를 활성화하고, LFO Rate와 Depth를 조정하여 필터 컷오프 주파수 또는 Formant Shift를 주기적으로 변조할 수 있습니다.

● 이 파라미터는 필터링된 사운드에 다이나믹한 변화를 추가하는 데 유용하며, 자동으로 주파수의 변화를 주어 더욱 유기적인 사운드를 생성할 수 있습니다.

7. **Output 파라미터** : EVOC 20 TrackOscillator의 출력 신호를 조정합니다. 이는 필터링된 신호와 원본 신호의 믹스를 제어하며, 최종적인 출력 음량을 결정합니다.

● Output 파라미터에서는 필터링되지 않은 원본 신호와 필터 및 모듈레이션이 적용된 신호를 조절하여 원하는 믹스 비율을 설정할 수 있습니다. .

● Output Level을 사용하여 출력 신호의 볼륨을 조절하고, 믹스 비율을 설정하여 최종 출력을 조정합니다.

Fuzz-Wah

Fuzz-Wah는 컴프레션(Comp), 디스토션(Fuzz), 와우 (Wah)가 결합된 이펙트입니다. 주로 일렉트릭 기타에서 많이 사용되며, 필터 컷오프 주파수를 제어하여 와우-와우라는 독특한 사운드를 생성합니다.

Fuzz-Wah는 왼쪽에서 오른쪽으로 신호가 이동하며, 파라미터를 드래그하여 순서를 변경할 수 있습니다.

- Fuzz : 기본적으로 디스토션 효과를 추가하여 신호를 왜곡하고, 강렬한 음색 변화를 유도합니다.
- Wah : 필터 컷오프 주파수를 움직여 밴드패스, 로우패스, 하이패스 필터링 효과를 생성합니다.
- Comp : 신호의 다이나믹 레인지가 과도하게 크지 않도록 조절하여, 정돈된 소리를 만들어냅니다.

Spectral Gate

Spectral Gate는 독창적인 사운드 디자인을 위해 설계된 필터 이펙트입니다. 이 플러그인은 주로 주파수 범위를 세밀하게 제어하고, 필터링 및 게이팅 기능을 결합하여 더욱 창의적인 사운드 변형을 가능하게 합니다.

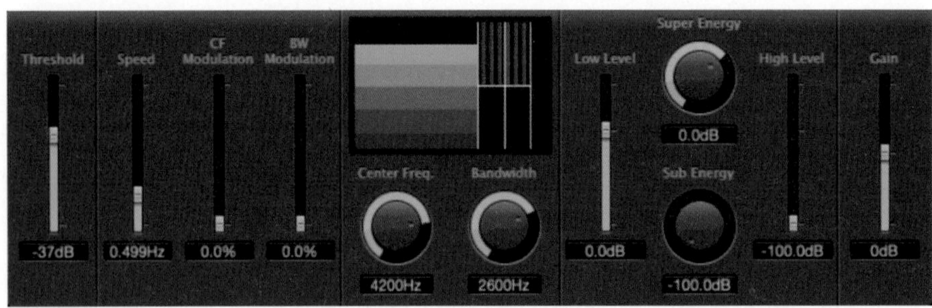

Spectral Gate는 주로 다음과 같은 중앙 주파수 밴드를 기준으로 신호를 나누고 처리합니다.

- **Center Freq** : 필터링할 중앙 주파수를 설정합니다. 이 주파수를 중심으로 두 개의 주파수 범위가 정의되며, 이는 주로 원하는 주파수 대역을 타겟으로 설정됩니다. 예를 들어, 중간 주파수나 고주파 대역을 처리하고 싶을 때 사용합니다.
- **Bandwidth** : 중앙 주파수 주변의 주파수 범위를 정의합니다. 이 값에 따라, 필터가 영향을 미치는 주파수 범위가 결정됩니다. 대역폭을 넓게 설정하면 더 많은 주파수 범위가 필터링되고, 좁게 설정하면 선택한 주파수에 더 집중할 수 있습니다.
- **Low Level** : 중앙 주파수 밴드의 하위 주파수 대역을 저 레벨로 처리하는 데 사용됩니다. 예를 들어, 특정 주파수 대역이 너무 크게 들리지 않도록 저주파 영역을 억제할 수 있습니다.
- **High Level** : 중앙 주파수 밴드의 상위 주파수 대역을 높은 레벨로 처리하는 데 사용됩니다. 이를 통해 특정 주파수 범위에서 신호를 강화할 수 있고, 고주파 영역을 강조하거나, 원하는 효과를 만들어낼 수 있습니다.
- **Super Energy** : 필터링한 신호에서 상위 에너지 대역을 강화하거나 강조하는 데 사용됩니다. 슈퍼 에너지는 보통 고주파 영역에 해당하는 파라미터로, 더 강한 신호를 만들어냅니다.
- **Sub Energy** : 저주파 영역의 에너지를 강화하는 데 사용됩니다. 필터를 통과한 신호의 저주파 대역을 강조하거나 에너지 수준을 높이는 역할을 합니다.

Spectral Gate 사용법

1. **주파수 범위 나누기** : Center Freq와 Bandwidth 파라미터를 사용하여 원하는 주파수 대역을 설정합니다. 예를 들어, 50Hz~200Hz 범위의 저주파를 강조하고, 그 위의 고주파 영역을 선택적으로 필터링할 수 있습니다.
2. **레벨 설정** : Low Level과 High Level을 적절하게 조정하여, 특정 주파수 대역을 더 낮거나 높게 처리합니다. 예를 들어, 저주파 대역을 저레벨로 설정하여 배경 소음을 억제하고, 고주파 대역을 고레벨로 설정하여 섬세한 디테일을 강조할 수 있습니다.
3. **에너지 레벨 조정** : Super Energy와 Sub Energy를 사용하여, 고주파와 저주파의 에너지를 개별적으로 강조할 수 있습니다. 예를 들어, Super Energy를 높여 고주파 대역을 더 강렬하게 강조하거나, Sub Energy를 활용하여 저주파 대역의 깊이를 추가할 수 있습니다.

실제 활용 예시

- **사운드 디자인** : Spectral Gate는 실험적인 사운드 디자인에 매우 유용합니다. 예를 들어, 신디사이저 패드에 적용하여 고주파 대역을 강조하고, 배경에서 저주파 소리를 억제하면서 미묘한 필터 효과를 낼 수 있습니다.
- **보컬 믹싱** : 보컬 트랙에서 고주파의 선명도를 높이고, 불필요한 저주파의 잡음을 제거하여 클린한 보컬 사운드를 만들어낼 수 있습니다.
- **비트 및 드럼 믹싱** : 드럼 또는 퍼커션에 적용하여 저주파 대역을 강조하거나, 고주파 소리를 차단하여 명확하고 강렬한 드럼 사운드를 만들어낼 수 있습니다.

다이내믹 보정

다이내믹 장치는 음악에서 소리의 레벨 변화를 조정하는 중요한 요소로, 작은 소리와 큰 소리의 차이를 균형 있게 만들어줍니다. 예를 들어, 보컬 녹음에서 큰 소리와 작은 소리의 차이가 너무 크면 불안정한 녹음이 될 수 있기 때문에 컴프레서나 리미터 같은 다이내믹 이펙트를 사용해 레벨을 세밀하게 조정합니다. 로직은 리미터, 컴프레서, 디에서, 엔벨로프, 익스펜더, 노이즈 게이트 등 다양한 다이내믹 장치를 제공하여 상황에 맞게 사운드를 정교하게 다듬을 수 있도록 돕습니다.

1 컴프레서

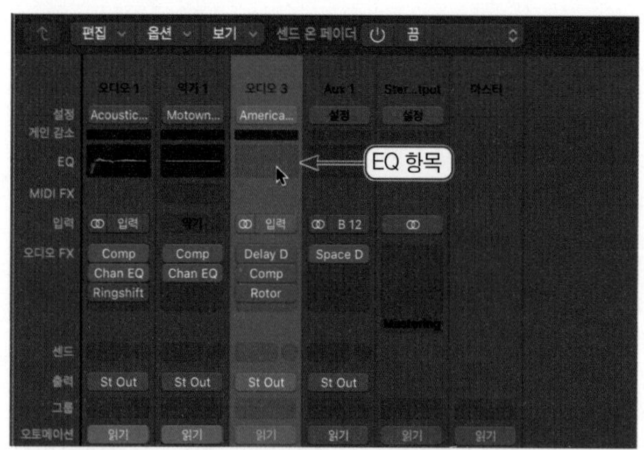

01 다이내믹 장치 중 가장 대표적인 컴프레서는 큰 소리를 줄여주는 역할을 하며, 믹싱 작업에서 필수적인 이펙트입니다. 이를 증명하듯, 채널 스트립의 첫 번째 슬롯(게인 감소)을 클릭하면 바로 장착됩니다.

TIP EQ와 마찬가지로 Option 키를 누른 상태로 클릭하면 오디오 FX 첫 번째 슬롯에 로딩됩니다.

02 컴프레서의 기본은 어느 정도의 레벨 이상을 감지할 것인지를 결정하는 Threshold 설정입니다. 기본 값은 -20dB로 설정되어 있습니다. 즉, -20dB이 넘는 레벨이 입력 되었을 때 컴프레서가 작동을 합니다.

03 Ratio는 Threshold에서 설정한 레벨을 초과하는 신호를 얼마나 압축할지를 결정하는 파라미터입니다. 예를 들어, 2:1로 설정하면, Threshold를 기준으로, 2dB이 초과하면 1dB로 출력되게 하는 것입니다.

04 Knee는 압축이 시작되는 기점을 조정합니다. 값이 높을수록 압축이 더 부드럽게 적용되며, 급격한 변화 없이 점진적으로 압축을 시작합니다. 압축의 정도는 Meter에서 확인할 수 있으며, 일부 장치에서는 Gain Reduction(GR)으로 표기되기도 합니다.

05 Attack은 Threshold에서 설정한 레벨을 초과할 때 컴프레서가 작동하기 시작하는 속도를 조정하며, Release는 신호가 Threshold 아래로 떨어졌을 때 컴프레서가 작동을 멈추는 속도를 설정합니다. Auto를 활성화하면, 릴리즈 타임이 자동으로 조정됩니다.

06 컴프레서는 큰 소리를 줄이는 장치지만, 궁극적인 목적은 전체 믹스의 평균 레벨을 올리는 것입니다. Make-Up이 낮춘 레벨을 보상하여 전체 신호를 증가시키는 역할을 합니다. Auto Gain 기능을 활성화하면, 0dB 또는 -12dB로 자동으로 레벨을 보정합니다.

07 리미터(Limiter)는 Threshold에서 설정한 레벨 이상으로 신호가 초과되지 않도록 제한하여, 컴프레서로 증폭된 신호가 피크 잡음을 일으키지 않도록 보호합니다. 적용 강도는 Distortion으로 조정할 수 있으며, 이를 통해 신호에 추가적인 왜곡을 더하거나, 원래의 신호를 더 정밀하게 제어할 수 있습니다.

08 로직의 컴프레서는 Platinum Digital 외에도 과거의 아날로그 장치를 복각한 모델을 제공하여, 같은 세팅으로도 다양한 사운드를 디자인할 수 있습니다. 오른쪽 순서대로 빈티지 모델입니다.

TIP VCA는 빠른 반응 속도, FET는 강렬한 압축, Opto는 부드럽고 자연스러운 압축이 특징입니다.

2 컴프레서의 종류

채널 스트립의 게인 감소 슬롯을 클릭하면, 기본적으로 로딩되는 컴프레서 외에도 리미터, 디에서, 익스펜더, 노이즈 게이트 등 다양한 다이나믹 프로세서들이 제공됩니다. 각 장치는 고유한 기능과 목적을 가지고 있으며, 이를 정확히 이해하고 활용하는 것이 훌륭한 믹싱 테크닉을 완성하는 핵심입니다.

Adaptive Limiter

Adaptive Limiter는 믹스의 라우드니스를 정밀하게 제어하는 데 사용되는 고급 다이나믹 프로세서로, 피크 신호를 부드럽고 균형 있게 다듬어 줍니다. 이 장치는 신호의 피크를 자연스럽게 둥글게 만들어, 아날로그 앰프처럼 과도하게 압축되지 않으면서도 강력한 효과를 냅니다. Adaptive Limiter는 신호의 음색을 섬세하게 조정하여, 사운드의 디테일을 유지하면서도 불필요한 왜곡이나 클리핑을 방지하는 역할을 합니다.

이 장치를 사용하면 신호가 0dBFS를 초과할 때 발생할 수 있는 디스토션과 클리핑을 방지하면서도 최대 게인을 달성할 수 있습니다. 이를 통해 믹스의 파워를 극대화하고, 동시에 깨끗하고 선명한 사운드를 유지할 수 있습니다. Adaptive Limiter는 믹스의 다이나믹 레인지가 과도하게 압축되지 않도록 하여, 더 풍부하고 균형 잡힌 사운드를 만들어냅니다.

Adaptive Limiter는 주로 Multipressor와 같은 컴프레서 이후, 그리고 최종 게인 조정 이전에 배치되어 사용됩니다. 이 방식은 믹스의 라우드니스를 극대화하면서도 신호의 왜곡을 방지할 수 있는 이상적인 순서를 제공합니다. 결과적으로 Adaptive Limiter는 노멀라이징을 통해 얻을 수 있는 최대한의 라우드니스 이상의 효과를 만들어내며, 믹스를 더욱 강렬하고 풍성하게 만듭니다.

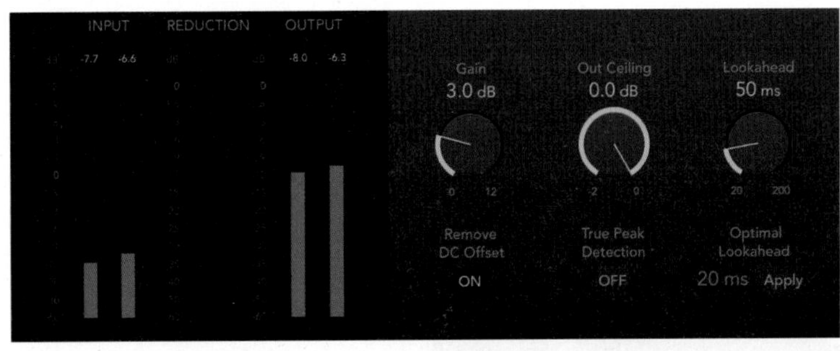

- **Input** : 입력된 오디오 신호의 실시간 레벨을 표시합니다.
- **Reduction** : 신호에 적용된 게인 감소의 양을 표시합니다.
- **Output** : 출력 신호의 레벨을 표시합니다.

- Gain : 입력된 신호를 스케일링한 후, 이 노브를 사용하여 게인의 양을 설정합니다. 이는 신호의 전반적인 레벨을 조정하는 데 사용됩니다.
- Out Ceiling : 이 노브는 출력 신호의 최대 레벨을 설정합니다. 신호는 이 설정값을 초과하지 않으며, 이 값 이상으로 올라가지 않습니다.
- Lookahead : 이 노브는 재생 버퍼의 크기를 설정하여, 신호의 피크를 얼마나 멀리 분석할지를 결정합니다. 또한, Optimal Lookahead 파라미터는 최적의 설정을 기준으로 작동하며, 설정값이 최적의 버퍼 크기보다 작을 경우 빨간색으로 표시됩니다.
- Remove DC Offset : 버튼을 활성화하면 신호에서 직류(DC) 성분을 제거하는 하이패스 필터가 적용됩니다. DC 오프셋은 종종 저품질 오디오 하드웨어에서 발생할 수 있으며, 이 필터는 불필요한 DC 성분을 제거해 신호를 깔끔하게 만듭니다.
- True Peak Detection : 버튼을 활성화하면, 샘플 간의 피크를 감지할 수 있습니다. 이를 통해 더욱 정확한 피크 레벨을 측정하고, 클리핑을 방지할 수 있습니다.
- Optimal Lookahead : Apply 버튼을 사용하여 최적의 재생 버퍼 크기를 설정할 수 있습니다. 이 설정을 적용하면, Lookahead 파라미터의 값이 자동으로 조정되어, 최적화된 값이 표시됩니다.

DeEsser 2

DeEsser 2는 복잡한 오디오 신호에서 고음역대의 특정 주파수 밴드를 선택적으로 분리하고 감쇠시키도록 설계된 고속 다이내믹스 컴프레서입니다. 이 장치는 주로 보컬 트랙에서 사용되며, 마이크 위치나 보컬리스트의 발음, 컴프레션 및 세츄레이션으로 인해 발생할 수 있는 불필요한 치찰음을 줄이는 데 탁월합니다.

스레숄드를 초과하는 특정 고주파 신호만을 선택적으로 감쇠합니다. 이로 인해 치찰음이 없는 구간에서는 자연스럽게 고주파가 어두워지지 않으며, 보컬의 맑고 선명한 사운드를 유지할 수 있습니다. 또한, 빠른 어택과 릴리즈 응답 속도를 제공하여, 트랜지언트가 짧고 빠른 사운드에도 효과적으로 작용합니다. 이 방식은 보컬의 자연스러운 특성을 손상시키지 않으면서 치찰음만 정확하게 제거하는 데 도움을 줍니다.

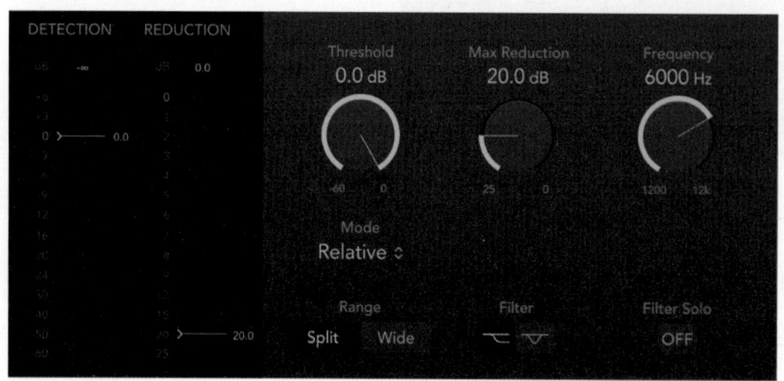

● Detection : 선택한 주파수의 입력 신호 레벨을 실시간으로 표시합니다. 동작 모드는 Absolute와 Relative로 전환할 수 있으며, 각 모드는 신호를 처리하는 방식에 차이를 둡니다.

● **Relative 모드** : 필터링된 신호의 레벨(Range, Frequency, Filter 설정에 따라 결정됨)이 입력 신호의 전체 밴드 폭 레벨과 비교됩니다. Threshold 파라미터 값은 필터링된 신호의 증폭 레벨을 결정합니다. 필터링된 신호가 전체 밴드 폭 신호보다 낮으면 Detection 측정기는 Threshold 값 이하로 표시되고, 처리되지 않음(파란색) 상태가 됩니다. 반면, 증폭된 신호가 전체 밴드 폭 신호보다 높으면, Detection 측정기는 Threshold 값을 초과하여 표시되며, 처리됨(노란색) 상태로 표시됩니다.

● **Absolute 모드** : 필터링된 신호의 입력 레벨을 직접적으로 표시합니다. 필터링된 신호 레벨이 Threshold 파라미터 값을 초과하면, 측정기 화면이 파란색에서 노란색으로 전환됩니다. Threshold 파라미터가 낮게 설정되면, 낮은 레벨 신호는 Absolute 모드에서만 처리됩니다.

● Detection : 선택된 주파수의 최대 레벨을 표시합니다. 클릭하여 재설정할 수 있습니다. 슬라이더를 드래그하여 선택된 주파수의 게인 감소가 적용될 Threshold 또는 증폭 레벨을 설정합니다.

● Reduction : 실제로 적용된 게인 감소의 양을 나타냅니다. 슬라이더를 드래그하여 선택된 주파수에 적용되는 다이나믹 게인 감소의 최대 양을 설정합니다.

● Threshold : 선택된 주파수에 게인 감소가 적용될 레벨을 설정합니다.

● Max Reduction : 선택된 주파수에 적용되는 다이나믹 게인 감소의 최대 양을 설정합니다.

● Frequency : 감지 필터의 중심이나 최대 주파수를 설정합니다.

● Range : 설정된 주파수 밴드 내에서만 필터가 적용되는 Split와 전체 주파수 범위에 영향을 주는 Wide 중에서 선택할 수 있습니다.

● Filter : 로우패스 쉘빙(왼쪽) 또는 피크 필터(오른쪽)를 선택하여 특정 주파수 대역을 감소시킵니다. 로우패스 필터는 넓은 범위의 주파수를 감소시키며, 피크 필터는 특정 주파수의 좁은 범위를 감소시킵니다. 필터는 감지 전 단계에서 적용됩니다.

● Filter Solo : 버튼을 활성화하면 Split 모드에서 필터링된 신호를 개별적으로 들을 수 있습니다.

〈사용하기〉

1. **모드 선택** : Relative 모드를 선택합니다. 대부분의 신호에서 효과적으로 작동합니다.

2. **감쇠할 주파수 식별** : 치찰음은 대체로 5~10kHz 주파수 대역에 집중되어 있습니다. 이를 쉽게 식별하려면, DeEsser 2 이전에 Channel EQ를 삽입하고, Analyzer를 사용하여 주파수 분석을 실시간으로 확인합니다.

3. **Frequency 설정** : 감쇠할 주파수를 설정합니다. 원하는 주파수를 더 명확하게 들을 수 있도록 Filter Solo 버튼을 클릭하여, 선택한 주파수만을 듣고 조정할 수 있습니다.

4. **Threshold 설정** : 감쇠를 시작할 레벨을 설정하고 범위를 선택합니다. 좁은 주파수 범위를 설정하려면 Split, 더 넓은 주파수 범위를 설정하려면 Wide 버튼을 클릭합니다.

5. **Max Reduction 설정** : 얼마나 감소시킬지 설정합니다. Reduction은 감쇠 정도를 실시간으로 표시해줍니다.

Enveloper

Enveloper는 신호의 어택(Attack)과 릴리즈(Release) 페이즈를 조형하는 독특한 프로세서로 트랜지언트(Transients) 처리에 특화된 장치입니다. 다른 다이내믹스 프로세서와는 달리 신호의 절대적인 레벨에 독립적으로 작동합니다. 다만, Threshold가 가능한 가장 낮은 값으로 설정된 경우에만 활성화됩니다. 이를 통해 더욱 세밀한 제어가 가능합니다.

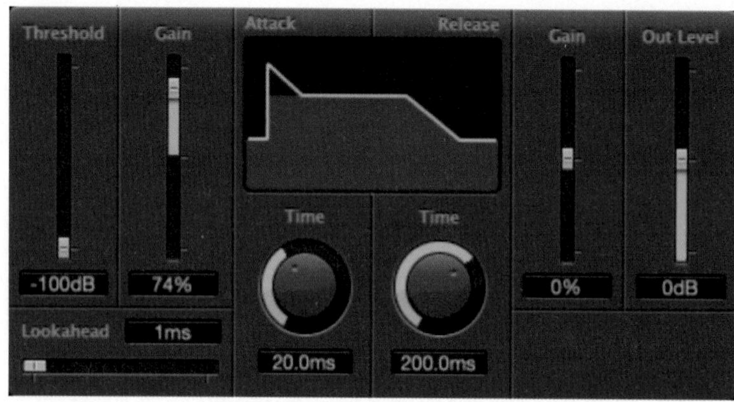

Enveloper의 가장 중요한 파라미터는 Gain 입니다. 중앙 디스플레이의 양쪽에 위치한 두 개의 슬라이더는 각각 Attack과 Release 페이즈의 레벨을 제어합니다.

● Attack을 높이면 드럼 사운드에 강한 스냅을 추가하거나 현악기의 첫 플럭이나 피킹 사운드를 강조할 수 있습니다. 이 방식은 특히 퍼커션 악기나 타격 소리를 더욱 선명하게 만들어줍니다.

● Attack을 낮추면 퍼커션 신호가 더 부드럽게 페이드 인 되며, 갑작스러운 타격 소리가 자연스럽게 시작됩니다. 또한 Attack을 음소거(Mute)하면 거의 들리지 않게 할 수 있어, 신호를 원하지 않는 트랜지언트를 제거하는 데 유용합니다.

● Release를 높이면 Reverb가 강조되어 공간감과 울림이 크게 느껴집니다. 이는 트랙에 풍부한 질감을 추가할 때 유용합니다.

● Release를 낮추면 트랙의 Reverb 효과가 줄어들고, 사운드가 더 드라이하게 들립니다. 드럼 루프나 리듬 작업 시 특히 유용하며, 사운드의 건조함과 선명함을 강조하는 데 사용됩니다.

적용 예시

● 드럼 사운드에서 Attack을 증가시키면 드럼의 킥과 스네어의 힘이 강조되고, Release를 조정하여 리버브가 더 도드라지게 할 수 있습니다.

● 보컬 트랙에서 Attack을 낮추어 더 부드럽게 시작하도록 하거나, Release를 조절하여 보다 자연스러운 드라이 보컬을 만들 수 있습니다.

파라미터

● Threshold : 신호가 Threshold 값을 초과할 때 Attack과 Release 페이즈의 레벨이 변경됩니다. 일반적으로 Threshold는 최소값으로 설정하고 그대로 두는 것이 좋습니다. 그러나 원래 녹음본에서 노이즈가 과도하게 증가한 경우, Threshold를 약간 높여 조정할 필요가 있습니다. 이렇게 하면 Enveloper가 유용한 신호 부분에만 영향을 미치도록 제한됩니다.

● (Attack) Gain : Attack 페이즈의 신호를 증폭하거나 감쇠시킵니다. 슬라이더를 중앙 위치(0%)로 설정하면 신호가 영향을 받지 않습니다. 이 값을 조정하여 어택 트랜지언트를 강조하거나 완화할 수 있습니다.

● Lookahead : 수신되는 신호의 미리 읽기 분석 시간을 설정합니다. Lookahead은 신호가 수신되기 전에 이를 얼마나 미리 분석하여 향후 이벤트를 예측할지를 정의합니다. 트랜지언트가 민감한 신호에서는 Lookahead을 사용하는 것이 유용하지만, 대부분의 경우 트랜지언트가 그렇게 민감하지 않은 신호에서는 필요하지 않습니다. Lookahead 값을 높이면 Attack 타임도 더 조정해야 할 수 있습니다.

● (Attack) Time : 신호가 Threshold 값에서 최대 Gain 레벨로 상승하는 데 걸리는 시간을 설정합니다. Attack Time은 20ms로 시작하는 것이 좋으며, 이 값을 조정하여 어택 타이밍을 더욱 세밀하게 조정할 수 있습니다.

● (Release) Time : 신호가 최대 Gain 레벨에서 Threshold 값으로 돌아가는 데 걸리는 시간을 설정합니다. Release 타임을 조정하여 신호가 드라이하고 명확하게 처리되도록 할 수 있습니다.

● (Release) Gain : Release 페이즈의 신호를 증폭하거나 감쇠시킵니다. Gain 슬라이더를 중앙(0%) 위치로 설정하면 신호에 영향을 미치지 않습니다. Release를 적절히 감쇠하거나 증폭하여 신호의 드라이한 느낌 또는 리버브 효과를 강조할 수 있습니다.

● Out Level : 출력 신호의 레벨을 설정합니다. Attack이나 Release 페이즈에서 급격한 증폭 또는 차단이 이루어지면 신호의 전체 레벨이 변경될 수 있습니다. 슬라이더를 조정하여 신호의 전체 레벨을 보정하고, 과도한 레벨 변화를 안정화시킬 수 있습니다.

Expander

Expander는 컴프레서와 유사한 개념을 가지고 있지만, 그 목적은 Threshold 레벨 위의 다이나믹 범위를 낮추는 대신 다이나믹 범위를 확대하는 것입니다. 즉, 신호의 강한 부분을 그대로 강조하면서 약한 부분은 더욱 감쇠시키는 방식으로 작동합니다.

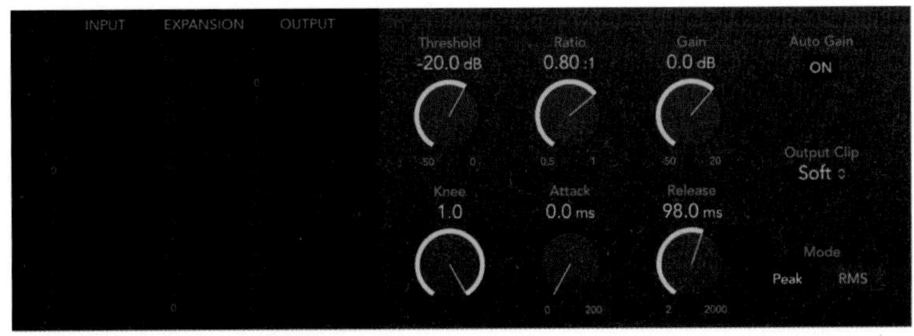

- Input : 입력 신호의 레벨을 표시합니다. 신호가 들어오는 강도를 실시간으로 보여주며, 신호의 기본적인 세기와 입력 레벨을 모니터링하는 데 사용됩니다.
- Expansion : 익스펜더가 적용된 게인 확장의 양을 보여줍니다. 신호가 확장된 정도를 확인하여, 얼마나 다이내믹이 확대되었는지 모니터링합니다.
- Output : 전체 출력 신호의 레벨을 표시합니다. 최종 출력되는 신호의 레벨을 확인하고, 필요시 추가적인 조정을 할 수 있습니다.
- Threshold : 스레숄드 레벨을 설정합니다. 이 레벨보다 높은 신호만 확장되며, 신호가 이 스레숄드를 초과하면 Expander가 적용됩니다. 적절한 스레숄드 레벨을 설정하여 원하는 신호만 확장하도록 설정합니다.
- Ratio : 확장 비율을 설정합니다. 스레숄드를 초과한 신호가 얼마나 확장될지를 결정하는 비율입니다. 예를 들어, 2:1 비율은 2단계의 신호 증폭을 의미합니다. 상향 확장은 1:1에서 0.5:1 사이로 설정되며, 이는 하향 확장기와 다르게 신호를 늘리는 방식입니다.
- Gain : 출력 신호의 게인 양을 설정합니다. 전체 신호의 출력 레벨을 조정합니다. 확장 후의 최종 출력을 제어하며, 필요에 따라 오버나 언더를 보정합니다.
- Auto Gain : 자동 게인 보정 기능을 활성화합니다. Expander로 인한 레벨 증가는 자동으로 보정되어 신호의 피크를 유지하면서도 사운드를 더 부드럽게 만듭니다. Auto Gain이 활성화되면 급격한 레벨 변화에도 피크가 일정하게 유지되며 디스토션을 방지할 수 있습니다.
- Knee : 스레숄드와 가까운 레벨에서의 확장 강도를 설정합니다. Knee 값이 낮을수록 하드 니(즉각적인 확장)가 발생하며, 높을수록 소프트 니(부드러운 확장)가 발생합니다. 하드 니는 더 날카롭고 강한 효과를 주며, 소프트 니는 더 자연스럽고 부드러운 확장을 제공합니다.
- Attack : 익스펜더가 신호의 스레숄드 레벨을 초과할 때 반응하는 시간을 설정합니다. 빠른 어택은 급격히 확장 효과를 나타내고, 느린 어택은 점진적인 확장을 만듭니다.
- Release : 신호가 스레숄드 이하로 떨어진 이후 Expander가 신호 처리를 정지하는 데 걸리는 시간을 설정합니다. 시간이 짧을수록 신속하게 신호를 원래대로 되돌리고, 길면 부드럽게 점차적으로 감소됩니다.
- Output Clip : 0dB 이상으로 클리핑을 적용할지 여부와 클리핑 유형을 선택합니다. Soft Clip은 피크가 부드럽게 디스토션되며 신호를 자연스럽게 처리하며, Hard Clip은 디스토션이 강하게 발생하며, 신호 피크가 갑작스럽게 잘립니다. 0dB 이상의 피크를 처리하고 싶을 때 사용합니다.
- Peak/RMS : 신호 분석 방식을 선택합니다. Peak는 실시간으로 신호의 최대 레벨을 측정하며, RMS는 평균 레벨을 측정하여, 장기적인 다이내믹 변화에 반응합니다.

Limiter

Limiter는 컴프레서와 비슷하지만, 신호의 피크를 제한하는 데 중점을 둔 다이내믹스 프로세서입니다. 컴프레서가 스레숄드를 초과한 신호를 비례적으로 줄이는 반면, Limiter는 스레숄드를 초과한 모든 신호를 강제로 제한하여 일정한 레벨 이상으로 올라가지 않도록 합니다. 주로 마스터링에서 사용되어, 믹스의 볼륨을 일정 수준으로 올려도 피크가 0dB를 넘지 않도록 합니다.

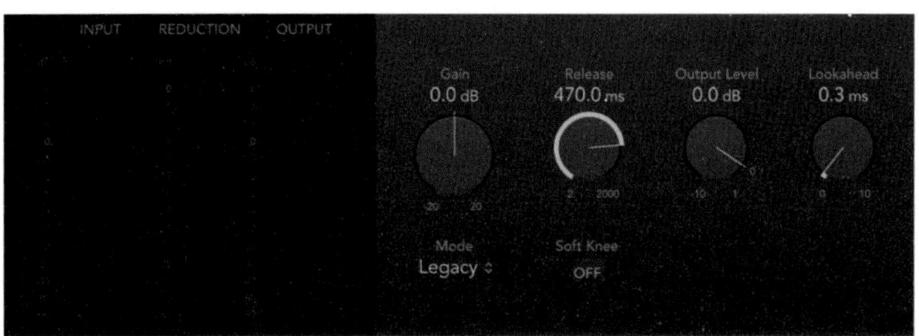

● **Threshold** : 리미터가 신호를 제한하기 시작하는 레벨을 설정합니다. 이 값을 초과하면 Limiter가 개입하여 신호를 제한합니다. 보통 0dB 근처로 설정하여 최종 마스터링에서 피크가 0dB를 넘지 않도록 조정합니다.

● **Input Gain** : 입력 신호의 레벨을 조정하여 리미터가 처리할 신호의 세기를 설정합니다. 이 값은 신호가 Limiter를 통과하기 전에 최적화되어, 피크가 클리핑되지 않도록 미리 조정됩니다.

● **Output Level** : 리미터가 처리한 후 신호의 최종 출력을 설정합니다. 보통 0dB로 설정하여 마스터링에서 최적의 볼륨을 유지할 수 있도록 하며, 이 값에 의해 신호가 최종적으로 어떻게 출력될지 결정됩니다.

● **Release** : 신호가 스레숄드 아래로 떨어진 후 Limiter가 신호 프로세싱을 멈추는 데 걸리는 시간을 설정합니다. 이 값이 짧으면 빠르게 신호가 정상으로 돌아가고, 길게 설정하면 더 부드럽게 회복됩니다.

● **Output Clip** : 출력 신호의 클리핑 방식에 대해 선택할 수 있습니다. Soft Clip은 부드럽게 클리핑을 처리하여 디스토션을 최소화하고, Hard Clip은 강하게 클리핑하여 더 뚜렷한 디스토션을 생성합니다. 이 설정은 최종 사운드의 성격에 영향을 미칩니다.

● **Lookahead** : 신호가 들어오기 전에 Limiter가 그 신호를 분석할 시간을 설정합니다. 이 기능은 트랜지언트가 많은 신호에 유용하며, 피크가 발생하기 전에 미리 예측하여 신호의 피크를 부드럽게 처리할 수 있습니다.

● **Ceiling** : 리미터가 신호의 최종 출력에서 넘어가지 않도록 설정하는 최대 레벨을 정의합니다. 일반적으로 0dB로 설정하여 마스터링에서 최대 볼륨을 설정하되, 과도하게 넘지 않도록 제한합니다.

Multipressor

Multipressor는 마스터링에서 매우 유용한 다목적 도구로, 입력 신호를 최대 4개의 주파수 밴드로 분할하여 각 밴드를 개별적으로 컴프레션할 수 있게 합니다. 이를 통해 각 주파수 밴드의 신호를 독립적으로 제어할 수 있어, 전체적인 사운드 품질을 더욱 정밀하게 다룰 수 있습니다. 예를 들어, 저음 부분은 강하게 컴프레션하고, 고음은 덜 컴프레션하는 방식으로, 다양한 주파수 대역에 필요한 정도로만 컴프레션을 적용할 수 있습니다. 이 방식은 과도한 컴프레션으로 인해 발생할 수 있는 펌핑을 방지하며, 보다 자연스럽고 균형 잡힌 결과를 제공합니다.

주파수 밴드 별로 다른 컴프레션 비율을 설정할 수 있어, 신호의 각 부분에 맞는 최적의 처리 방법을 적용할 수 있습니다. 이로 인해 아티팩트가 발생하지 않고, 평균 볼륨을 높일 수 있어 마스터링 시 매우 유리합니다. 또한, 노이즈 플로어에서 원하는 볼륨 증가율을 얻을 수 있어, 전체적인 사운드를 더욱 선명하고 깨끗하게 만듭니다.

Downward Expansion 기능을 통해, Multipressor는 낮은 볼륨의 신호를 확장하거나 억제하는 역할도 합니다. 이는 일반적인 컴프레서와는 반대로, 신호가 스레숄드 레벨 아래로 떨어지면 그 신호의 레벨을 부드럽게 감소시키는 방식입니다. 이 기능은 Noise Gate와 유사하지만, 갑작스러운 음의 차단 없이 점진적으로 볼륨을 낮추는 방식으로 작동합니다. 이로 인해 불필요한 배경 소음이나 저음 노이즈를 자연스럽게 억제할 수 있습니다. Multipressor는 이와 같은 다양한 기능을 통해, 여러 주파수 대역에 걸쳐 세밀하게 컴프레션을 적용하며, 최종 마스터링 결과물의 품질을 크게 향상시킬 수 있습니다.

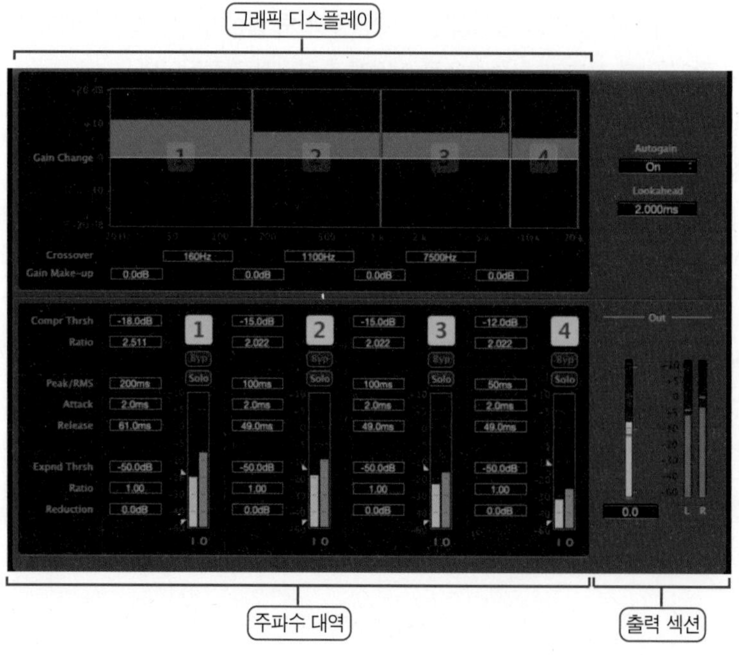

디스플레이 파라미터

Multipressor에서 각 주파수 밴드를 시각적으로 조정하고 관리하는 데 도움을 주는 인터페이스 요소입니다. 이 그래픽 디스플레이에서는 각 주파수 밴드의 주파수와 게인을 쉽게 보고 조정할 수 있습니다. 게인 변화는 0dB부터 시작하여 파란색 막대로 표시되며, 각 밴드 번호는 해당 밴드의 중앙에 나타나 사용자가 어떤 밴드를 조정하는지 명확히 알 수 있습니다.

각 밴드의 Gain Change를 위아래로 드래그하여 조정할 수 있으며, 이를 통해 해당 주파수 대역의 신호 레벨을 직접 수정할 수 있습니다. 또한, 각 주파수 밴드의 크로스오버 주파수는 밴드의 수직 가장자리를 왼쪽이나 오른쪽으로 드래그하여 조정할 수 있으며, 이를 통해 인접한 밴드 간의 주파수 범위를 설정하고 전체 밴드의 크기를 변경할 수 있습니다. 이 방식은 주파수 대역을 세밀하게 나누어 컴프레션을 최적화할 때 매우 유용합니다.

Crossover는 인접한 주파수 밴드 간의 크로스오버 주파수를 설정하는 데 사용됩니다. 이 값을 조정하면 각 밴드가 영향을 미치는 주파수 범위가 바뀌며, 더 세밀한 밴드 설정을 가능하게 합니다. Gain Make-up은 각 밴드의 최종 게인 양을 조정하는데 사용되며, 드래그하여 조정할 수 있습니다. 이를 통해 각 밴드의 신호 레벨을 전체적으로 맞춰줄 수 있습니다.

주파수 밴드 파라미터

Multipressor의 각 주파수 밴드를 세밀하게 조정할 수 있도록 돕는 여러 가지 설정을 제공합니다.

● Compression Threshold : 선택한 주파수 밴드에 적용되는 컴프레션 스레숄드를 설정합니다. 이 값이 0dB로 설정되면 해당 밴드는 컴프레션을 받지 않습니다. 또한, 각 Level Meter의 왼쪽에 있는 위쪽 화살표를 사용하여 이 값을 조정할 수 있습니다.

● Compression Ratio : 선택한 주파수 밴드의 컴프레션 비율을 설정하며, 이 값이 1:1로 설정되면 해당 밴드는 컴프레션이 적용되지 않습니다.

● Expansion Threshold : 선택한 밴드의 확장 스레숄드를 설정합니다. 이 값을 -60dB로 설정하면, 이 레벨 이하로 떨어지는 신호만 확장됩니다. 이 값도 각 Level Meter의 왼쪽에 있는 아래쪽 화살표로 설정할 수 있습니다.

● Expansion Ratio : 해당 밴드에서 적용될 확장 비율을 설정합니다. 이 설정은 신호가 스레숄드를 넘지 않을 때 발생하는 확장 효과의 강도를 조절합니다.

● Expansion Reduction : 선택한 밴드에서의 하향 확장 정도를 설정하며, 밴드의 하향 확장 양을 제어합니다.

● Peak/RMS : 피크 감지와 RMS 감지를 설정합니다. 피크 감지를 짧게 하려면 작은 값을, RMS 감지를 밀리초 단위로 설정하려면 큰 값을 입력합니다.

● Attack : 선택한 밴드가 컴프레션을 시작하기 전에, 신호가 스레숄드를 초과한 후의 시간을 설정합니다.

● Release : 신호가 스레숄드 아래로 떨어진 후 컴프레션이 종료되기까지의 시간을 설정합니다.

● Band : 각 주파수 밴드를 켜거나 끄는 기능을 제공합니다. 활성화되면 버튼이 강조 표시되고, 해당 밴드는 그래픽 디스플레이에 나타납니다. Bypass 버튼은 선택된 주파수 밴드를 바이패스하여 컴프레션이나 확장 처리가 적용되지 않도록 만듭니다. Solo 버튼은 선택된 주파수 밴드만 들을 수 있도록 하여, 해당 밴드의 컴프레션 효과만 집중해서 들을 수 있습니다.
● Level Meter : 왼쪽 막대가 입력 레벨, 오른쪽 막대가 출력 레벨을 나타내어, 각 밴드의 처리 전후 레벨을 시각적으로 확인할 수 있습니다.

출력 파라미터

● Auto Gain : 신호의 전체 프로세싱을 0dB로 참조하여 출력을 자동으로 조정합니다. 이 기능을 사용하면, 레벨이 높아져 출력이 크게 증가하게 됩니다.
● Lookahead : 입력 신호를 얼마나 멀리까지 분석하여 피크 볼륨에 빠르게 반응할지를 설정합니다. 이 값은 Multipressor가 입력 신호를 예측하고, 트랜지언트 피크에 대비해 적절하게 반응할 수 있도록 도와줍니다.
● Out : Multipressor 출력의 전체 게인을 설정하는 파라미터입니다. 이 슬라이더를 사용하여 출력 신호의 레벨을 증가시키거나 감소시킬 수 있습니다.
● Level Meter : 전체 출력 레벨을 시각적으로 표시해 주며, 최종적으로 처리된 신호의 볼륨을 확인할 수 있게 해줍니다.

Noise Gate

Noise Gate는 오디오 신호에서 원치 않는 낮은 레벨의 노이즈를 제거하는 데 주로 사용되는 도구입니다. 이 장치는 배경 노이즈, 전자기적 혼선, 또는 작은 험 노이즈와 같은 불필요한 소리를 제거하는 데 매우 효과적입니다. Noise Gate는 설정된 스레숄드 레벨을 기준으로 작동합니다. 신호가 이 레벨 이상일 때는 정상적으로 통과시켜 오디오를 손상시키지 않으며, 레벨이 이보다 낮을 경우 신호를 감쇠시켜 불필요한 부분을 잘라냅니다. 이 기능을 사용하면, 신호의 주요 부분을 유지하면서 잡음은 제거할 수 있습니다. 또한 Ducker 모드에서도 작동할 수 있습니다. Ducking은 소스 신호의 레벨을 자동으로 줄여주는 기술로, 주로 라디오나 방송에서 사용됩니다. 예를 들어, DJ나 아나운서가 말을 할 때 배경 음악이 자동으로 줄어들고, 멘트가 끝나면 음악의 볼륨이 다시 원래대로 돌아가는 방식입니다. 이를 통해 중요한 음성 신호를 강조하고, 배경 소음은 최소화할 수 있습니다.

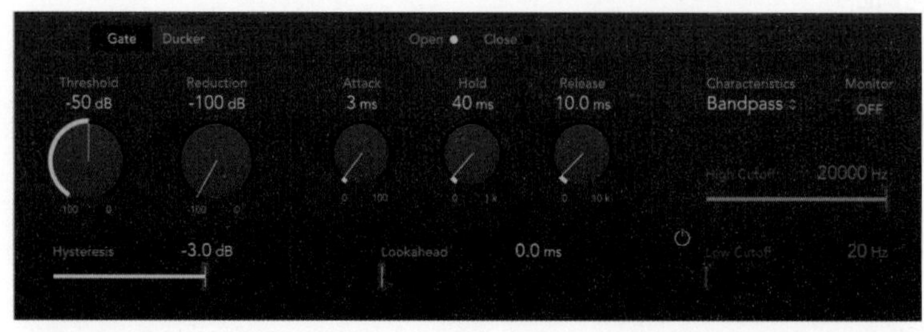

● **Gate/Ducker** : Noise Gate와 Ducker 모드를 선택하는 스위치입니다. Noise Gate는 특정 레벨 이하의 신호를 차단하고, Ducker는 소스 신호의 레벨을 자동으로 줄이는 기능을 활성화합니다.

● **Threshold** : 게이트가 작동하는 기준이 되는 레벨을 설정합니다. 이 레벨 이하의 신호는 차단되며, 이상인 신호는 그대로 통과합니다.

● **Reduction/Ducking** : 신호가 감소하는 정도를 설정합니다.

● **Hysteresis** : 게이트가 열리고 닫히는 스레숄드 값 사이의 차이를 설정하는 기능입니다. 이를 통해 신호가 스레숄드 근처에서 지속적으로 열리고 닫히는 현상을 방지하고, 게이트의 반응을 부드럽게 만들어 줍니다.

● **Open/Close** : 게이트가 열려 있는지 또는 닫혀 있는지를 표시하는 시각적인 표시입니다.

● **Attack** : 신호가 스레숄드를 초과한 후, 게이트가 완전히 열리는 데 걸리는 시간을 설정합니다. 이 시간을 짧게 설정하면 게이트가 빠르게 열리고, 길게 설정하면 느리게 열립니다.

● **Hold** : 신호가 스레숄드 아래로 떨어진 후, 게이트가 열린 상태로 얼마나 유지될지 시간을 설정합니다. 이 시간 동안 게이트는 열려 있으며, 신호가 완전히 감소한 후 닫히게 됩니다.

● **Release** : 신호가 스레숄드 아래로 떨어진 후, 최대 감쇠 상태에 도달하는 데 걸리는 시간을 설정합니다. 이 설정은 신호가 감쇠하는 속도에 영향을 줍니다.

● **Lookahead** : 입력 신호를 얼마나 멀리까지 분석하고, 신호의 피크 레벨에 얼마나 빨리 반응할 수 있을지 제어하는 기능입니다. 이를 통해 더 정확한 게이팅 효과를 얻을 수 있습니다.

● **Characteristics** : 사이드체인 필터의 유형을 Bandpass 또는 Band Reject로 선택할 수 있습니다. Bandpass는 특정 주파수 범위만 통과시키고, Band Reject는 특정 주파수 범위를 차단하는 방식입니다.

● **Monitor** : 활성화되면, High Cut 및 Low Cut 필터가 적용된 사이드체인 신호를 들을 수 있게 해줍니다.

● **Filter** : High Cutoff와 Low Cutoff를 조정하여 사이드체인 신호의 고주파수 및 저주파수를 설정합니다.

● **High Cutoff** : 사이드체인 신호의 고주파수 컷오프를 설정합니다.

● **Low Cutoff** : 사이드체인 신호의 저주파수 컷오프를 설정합니다.

설정 및 활용 방법

1. **Reduction 설정** : 가장 낮은 값으로 설정하여 Threshold 값 이하의 사운드를 완전히 억제할 수 있습니다. 이 방법은 배경 노이즈나 불필요한 저수준 신호를 효과적으로 차단하는 데 유용합니다. 높은 값으로 설정하면 낮은 레벨의 사운드는 줄여서 통과시키므로, 신호를 증폭하거나 Ducking 효과를 원하는 경우, 최대 20dB까지 증폭할 수 있습니다.

2. **Attack, Hold, Release 조정** : Attack 신호가 Threshold를 초과한 후, Noise Gate가 열리는 속도를 설정합니다. 드럼처럼 빠르게 변하는 퍼커션 신호에 대해 빠르게 반응하려면 낮은 값을 설정하세요. 스트링 패드 같은 느린 어택을 가진 소리는 높은 값으로 설정하여 자연스럽게 열리도록 합니다.
Hold 신호가 Threshold 아래로 떨어지기 전에 게이트가 열린 상태로 유지되는 최소 시간을 설정합니다. 이 값을 높이면 갑작스러운 채터링을 방지할 수 있습니다.

Release 신호가 Threshold 이하로 떨어졌을 때 Noise Gate가 최대 감쇠에 도달하는 시간을 설정합니다. 느린 페이드 아웃이나 긴 리버브 테일을 가진 신호에 적합하게 설정하여 자연스럽게 사라지게 할 수 있습니다.

3. **Hysteresis** : 채터링 방지 기능을 제공합니다. Threshold 값 주위에서 신호 레벨이 맴돌 때, Noise Gate가 반복적으로 열리고 닫히는 문제를 방지합니다. Hysteresis는 Threshold와 게이트가 닫히는 하한값 사이의 차이를 설정하여 더 안정적으로 작동하게 만듭니다. 일반적으로 -6dB에서 시작하는 것이 좋습니다.

사이드 체인 필터 활용

사이드 체인 기능을 사용하면 특정 신호나 주파수만을 선택적으로 처리할 수 있어, 오디오 믹싱에서 더욱 섬세한 제어가 가능합니다. High Cut과 Low Cut 필터를 활용하면 원치 않는 주파수 영역을 필터링하여 정확한 트리거 신호만을 인식하도록 할 수 있습니다.

1. **Monitor On** : 버튼을 켜면 사이드 체인에서 트리거 신호가 어떻게 처리되는지 실시간으로 들을 수 있습니다. 이 버튼을 사용하면 High Cut과 Low Cut 필터가 입력 트리거 신호에 미치는 영향을 직접 확인할 수 있습니다.

2. **High Cutoff 조정** : High Cutoff 슬라이더를 드래그하여 상위 주파수를 설정합니다. 이 값은 필터링할 최고 주파수를 정의하며, 이 이상의 주파수를 가지는 신호는 필터링됩니다. 예를 들어, 드럼 녹음에서 하이햇이 원치 않는 신호일 때, High Cut 필터를 사용하여 하이햇의 고주파 성분을 차단할 수 있습니다. 이를 통해 스네어와 같은 원하는 신호만을 통과시킬 수 있습니다.

3. **Low Cutoff 조정** : 슬라이더를 드래그하여 하위 주파수를 설정합니다. 이 값은 필터링할 최저 주파수를 정의하며, 이 이하의 주파수를 가지는 신호는 필터링됩니다. 예를 들어, 저역 노이즈나 저주파 성분이 불필요한 경우, Low Cut 필터를 사용하여 이러한 부분을 제거할 수 있습니다.

4. **필터링을 통한 트리거 신호 고립** : High Cut과 Low Cut 필터를 적절히 사용하면, 원치 않는 주파수 범위의 신호를 제거하고 원하는 주파수 범위만을 남길 수 있습니다. 예를 들어, 드럼 킷에서 하이햇이나 킥 드럼처럼 불필요한 고주파 또는 저주파 성분을 제거하고, 원하는 트리거 신호인 스네어만을 필터링하여 Noise Gate가 정확하게 반응하도록 할 수 있습니다.

5. **Monitor Off** : 버튼을 끄면 필터가 적용된 상태에서 신호를 더 쉽게 Threshold 레벨에 맞출 수 있습니다. 필터링된 신호를 기준으로 Noise Gate나 다른 이펙트의 Threshold를 설정할 수 있어, 정확한 처리가 가능합니다.

예시 : High Cut 필터로 하이햇의 고주파를 차단하고, Low Cut 필터로 저역의 불필요한 노이즈를 차단한 후, 스네어 드럼만을 선택적으로 처리할 수 있어, 스네어는 통과하면서 원치 않는 드럼 소리는 억제됩니다.

타임 계열 장치

리버브와 딜레이 등의 타임 계열 장치는 음악에 깊이와 공간감을 부여하는 중요한 이펙트로 소리가 발생한 후 얼마나 빨리, 얼마나 많이 반복되거나 울리는지를 제어합니다. 센드 방식으로 적용하는 것이 일반적이며, 모든 트랙이 동일한 공간을 공유하게 되어 믹스의 통일성을 유지하고, 리소스를 절약할 수 있습니다. 또한, 각 트랙에 대한 리버브나 딜레이의 양을 개별적으로 조정할 수 있어 섬세한 표현과 유연한 제어가 가능하고, 스테레오 이미지를 통해 공간감을 세밀하게 다듬는 데도 유리하여 전체 믹스의 입체감을 한층 강화시킬 수 있습니다.

1 Space Designer

Space Designer는 컨볼루션 리버브(Convolution Reverb)로 실제 환경의 임펄스 응답(IR)을 기반으로 리버브 효과를 생성하는 장치입니다. 오디오 신호가 특정 공간에서 어떻게 반향하고 울리는지를 사실적으로 재현하는 데 사용됩니다.

임펄스 응답(IR)은 특정 공간에서 발생한 반향 패턴을 녹음한 오디오 파일입니다. 이를 통해 공간의 크기, 구조, 마이크 위치 등을 분석하고, 그 특성에 맞는 리버브를 생성할 수 있습니다. 주로 WAV 또는 AIFF 형식으로 저장되며, Space Designer는 이러한 임펄스 응답을 로드하여 공간 특성을 반영한 리버브를 만듭니다. 예를 들어, 오페라 하우스에서 녹음된 IR을 사용하면, 보컬 트랙에 오페라 하우스의 리버브 특성이 반영되어 매우 사실적인 공간감을 재현할 수 있습니다.

01 Space Designer는 실제로 녹음된 오디오 샘플을 분석하여 사용하는 Sample IR과 엔벨로프와 필터 값을 합성하여 생성하는 Synthesized IR의 두 가지 모드를 제공하여 사실적인 공간부터 창의적인 공간까지 다양한 효과를 연출할 수 있는 플러그인입니다.

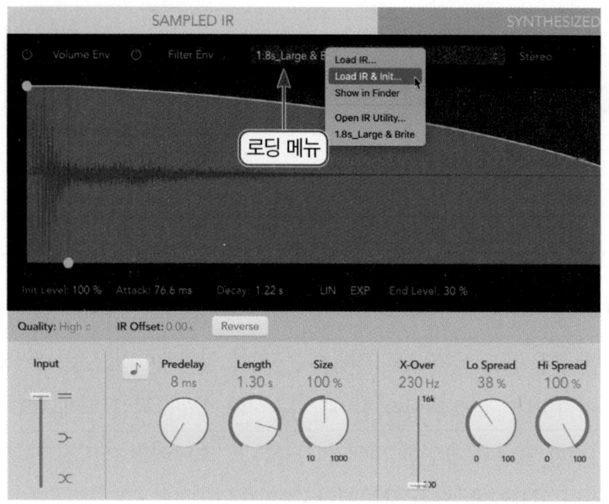

02 오디오 파일은 Sample IR 모드의 로딩 메뉴에서 Load IR & Init를 선택하거나 파인더에서 직접 드래그하여 불러올 수 있습니다. Load IR은 엔벨로프 값을 유지하며, Show in Finder는 파일 위치를 엽니다.

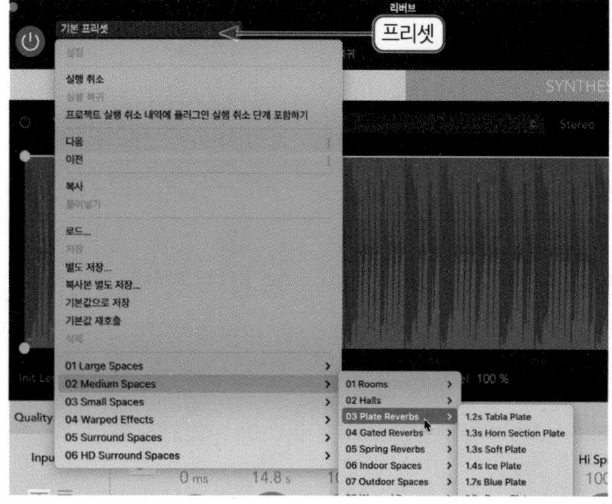

03 인터넷에서 다양한 임펄스 응답(IR) 파일을 구할 수 있지만, 이미 다양한 공간의 프리셋을 제공하고 있기 때문에 이를 선택하고 스타일에 맞게 수정하면 충분히 효과적인 리버브 효과를 얻을 수 있습니다.

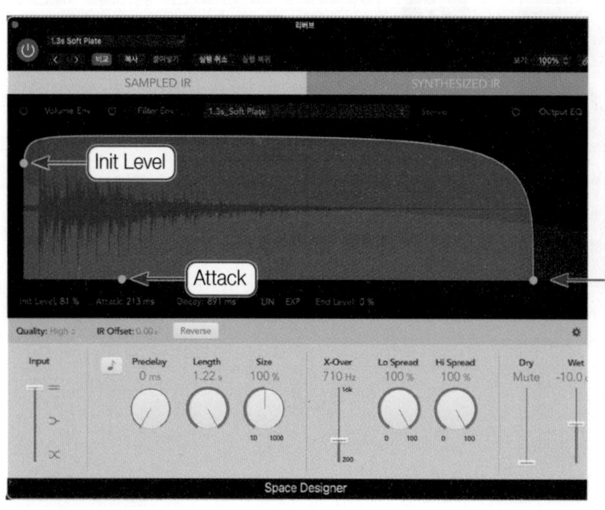

04 Volume Env에서는 포인터를 드래그하여 잔향의 초기 레벨(Init Level), 시작 타임(Attack), 길이(Decay), 그리고 최종 레벨(End Level)을 조절할 수 있습니다.

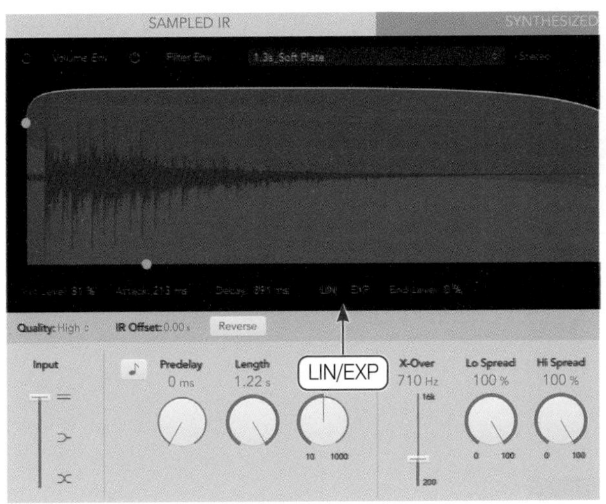

05 LIN 버튼을 활성화하면 리버브의 디케이 커브가 일정한 속도로 사라지는 리니어 방식으로 설정되며, EXP 버튼을 활성화하면 디케이 커브가 지수 방식으로 형성되어 리버브가 자연스럽고 부드럽게 점차적으로 느려지며 사라집니다.

06 잔향은 장소의 특성에 따라 달라집니다. 이를 표현하는 데 중요한 역할을 하는 것이 필터이며, Filter Env에서 잔향의 주파수 응답을 조정할 수 있습니다.

07 필터 타입은 고음을 줄이는 LP 6dB/12dB, 저음을 줄이는 HP, 그리고 고음과 저음을 동시에 줄이는 BP가 있으며, 이를 통해 리버브의 밝기를 조절할 수 있습니다. 레조넌스(Res)는 컷 오프 주파수를 강조하여 특정 주파수가 더 두드러지게 합니다.

08 디스플레이의 포인트를 가로로 드래그하여 초기 컷오프 주파수(Init Freq), 시작(Attack)과 끝 위치(Decay)를 설정할 수 있고, 세로로 드래그하여 어택이 끝난 지점에서 디케이가 시작되는 컷오프 주파수(Break Level)와 디케이 마지막 지점에서의 컷오프 주파수(End Freq)를 조정할 수 있습니다.

09 Output EQ에서는 6가지 필터(하이 패스, 로우 패스, 미드 밴드 2개, 로우 쉘빙, 하이 쉘빙)를 사용하여 리버브 사운드의 주파수 대역을 조정하고, 이를 통해 리버브의 톤을 세밀하게 다듬을 수 있습니다.

10 Synthesized IR 모드에는 리버브의 합성 임펄스 응답에서 반사의 밀도를 조절할 수 있는 Density Env를 제공합니다. 이는 시간이 지나면서 얼마나 많은 반사가 일어나는지를 제어합니다.

11 포인트를 수직으로 드래그하여 초기 밀도(Init Density)와 종료 밀도(End Density)를 조정할 수 있으며, 수평으로 드래그하여 초기 밀도에서 종료 밀도에 이르는 변화를 시간적으로 설정하는 Ramp Time을 조정할 수 있습니다.

12 Reflection Shape은 초기 반사음이 벽, 천장, 가구 등에서 반사될 때 그 반사의 기울기나 형태를 결정짓는 파라미터입니다. 값이 낮으면 반사가 예리하고 뚜렷하게 들리며, 값이 높으면 보다 부드럽고 자연스러운 반사 효과가 나타납니다. 이 설정은 리버브의 공간적인 특성을 더욱 실감 나게 표현할 수 있도록 도와주며, 특히 가상 공간을 재구성할 때 중요한 역할을 합니다.

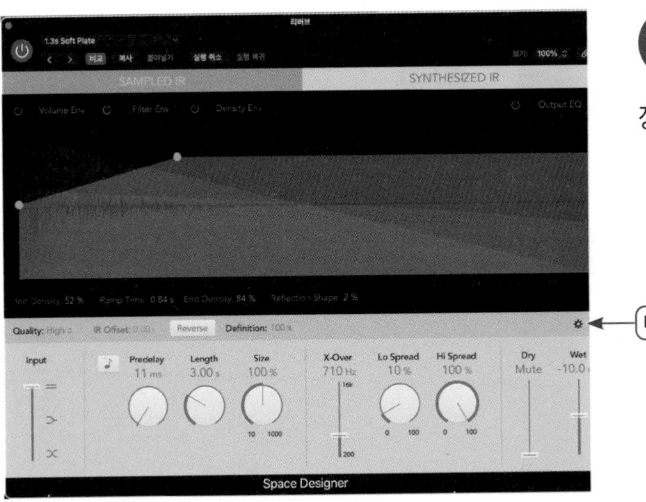

13 디스플레이 아래쪽에는 리버브의 공간적 특성이나 사운드를 세밀하게 조정할 수 있는 파라미터와 메뉴를 제공합니다.

● **Quality** : 샘플률을 설정니다. Lo-Fi는 거친 리버브를 만들어내고, Low는 호스트 샘플률을 절반으로 줄여 리버브가 낮은 품질로 들리게 합니다. Medium은 원래의 샘플률을 유지하여 정확한 사운드를 만들고, High는 가장 깨끗하고 부드러운 리버브를 제공합니다.

● **IR Offset** : 임펄스 응답의 시작점을 조정합니다.

● **Reverse** : 임펄스 응답의 방향을 반대로 바꿔줍니다. 이를 통해 리버브 효과의 순서를 반전시킬 수 있습니다.

● **Definition** : 합성된 임펄스 응답 테일의 레졸루션(세밀도)을 설정하는 파라미터로, 이 값을 낮추면 리버브가 더욱 확산된 느낌을 주고, CPU 자원을 절약할 수 있습니다.

● **메뉴** : 엔벨로프 초기화 및 지연 보상 메뉴로 구성되어 있습니다.

Reset : 선택한 엔벨로프(Selected Envelope), 모든 엔벨로프(All Envelopes), EQ 설정을 초기화합니다.

Compensation : 리버브의 프로세싱 지연을 보정할 수 있는 Latency Compensation과 임펄스 응답 간 볼륨이 다를 때 이를 보정하는 Volume Compensation 옵션이 있습니다.

Show Bezier Handles : 엔벨로프 커브를 조정할 수 있는 Bezier 핸들을 표시합니다.

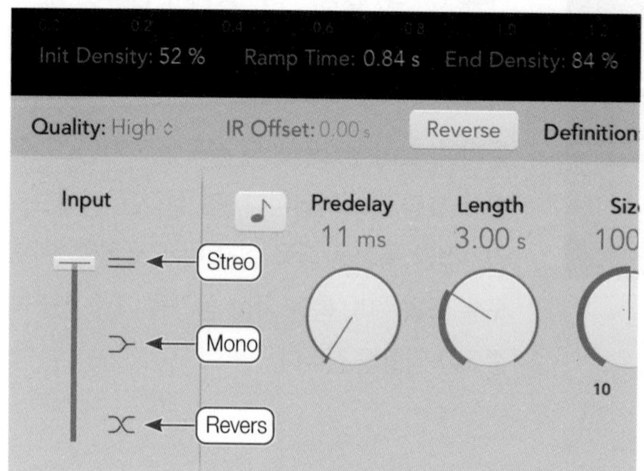

14 Input은 스테레오 채널에서 신호의 처리 방식을 결정합니다. Stereo는 왼쪽과 오른쪽 채널이 개별적으로 처리되어 스테레오 밸런스를 유지하며, Mono는 두 채널이 합쳐져 모노 신호로 처리됩니다. Reverse는 좌우 채널을 서로 바꾸어 처리하고, 슬라이더가 중간 위치에 있을 때는 혼합되어 독특한 음향을 만들어냅니다.

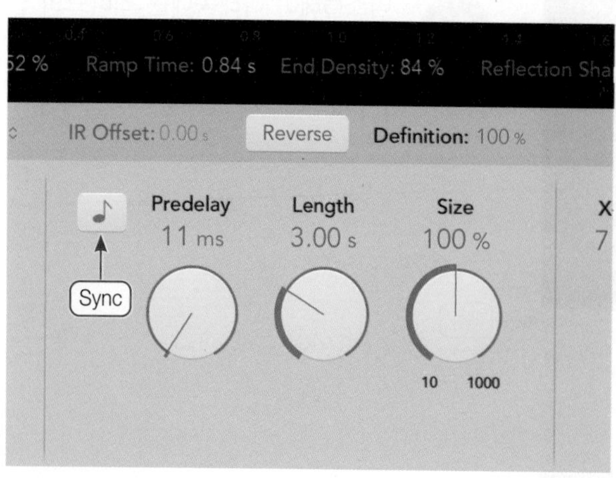

15 Predelay는 반사음이 시작되는 시간, Lenght는 지속시간, Size는 공간의 크기를 조정합니다. Sync가 활성화되면 Predelay를 템포에 맞춰 조정할 수 있습니다.

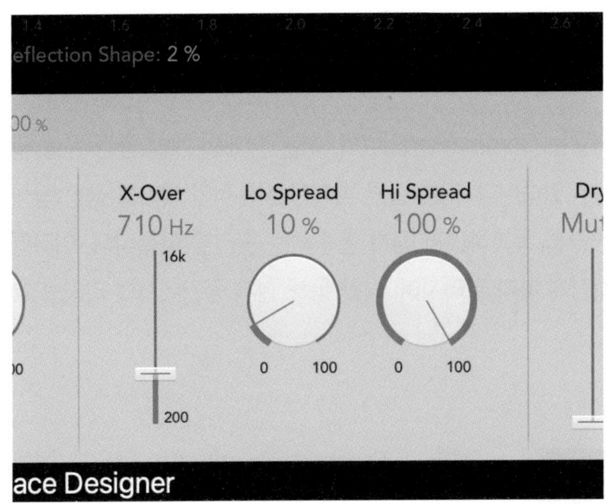

16 X-Over는 교차 주파수를 설정하는 컨트롤입니다. 이 값보다 낮은 주파수는 Lo Spread의 영향을 받으며, 그 이상인 주파수는 Hi Spread의 영향을 받습니다. Lo Spread와 Hi Spread는 각각 저주파와 고주파의 인식된 너비를 조정하여, 사운드의 공간감을 세밀하게 조절할 수 있습니다.

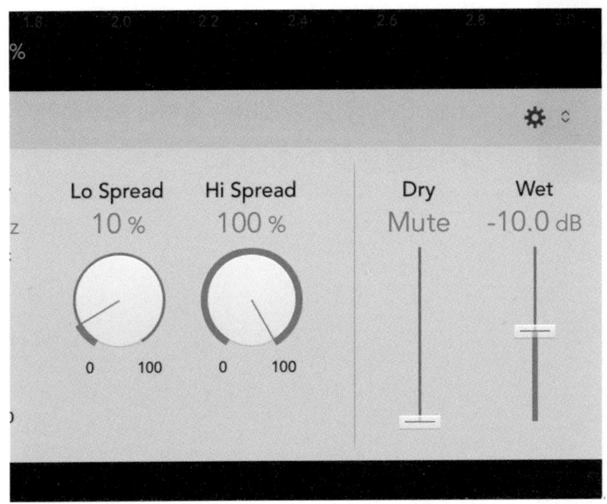

17 입력 소스(Dry)와 출력 소스(Wet)의 비율을 조정합니다. 센드 방식으로 사용할 때는 Dry를 0%(Mute), Wet를 100%(0dB)로 설정하고, 각 채널의 센드 레벨 값으로 이펙트이 양을 조절합니다.

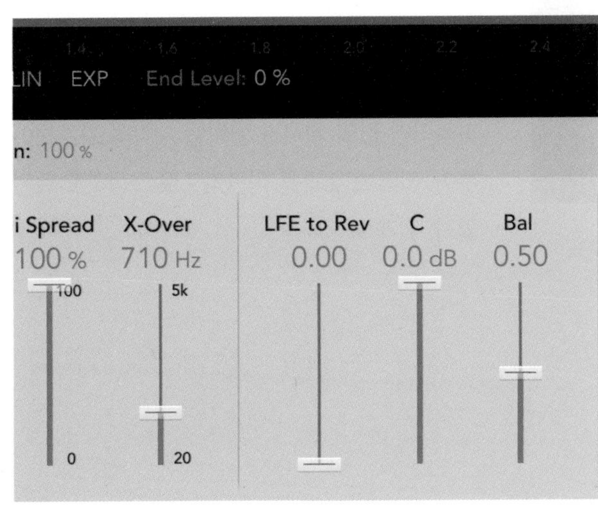

18 서라운드 채널에서는 우퍼(LFE to Rev)와 중앙 채널(C)로 전달되는 리버브의 양, 그리고 전면과 후면 채널 간의 밸런스를 조절하는 Bal 슬라이더가 제공됩니다. 이를 통해 리버브 출력의 균형을 세밀하게 조정하여 더욱 정교한 사운드 환경을 만들 수 있습니다.

2 ChromaVerb

로직 사용자들이 믹싱할 때 가장 많이 사용하는 리버브는 ChromaVerb입니다. 이는 14개의 개별 공간 유형 알고리즘을 제공하여 각기 다른 리버브 효과를 구현할 수 있습니다. 기본 접근 방식은 전통적인 리버브 생성 방식과 차별화되며, 마치 실제 공간에서처럼 사운드가 공간을 통과하면서 점차 흡수되는 원리를 따릅니다. 이러한 흡수 특성은 선택한 공간 유형과 Reverb 파라미터 설정에 따라 달라지며, 이를 통해 실제 공간에서의 리버브 효과를 더욱 사실감 있게 재현할 수 있습니다.

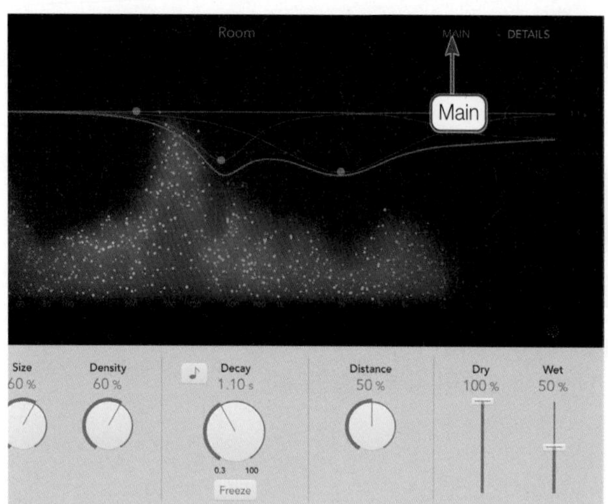

01 ChromaVerb 인터페이스는 두 가지 보기로 제공되며, 오른쪽 상단에 있는 Main 또는 Details 버튼을 클릭하여 전환할 수 있습니다. Main은 가장 일반적으로 사용되는 파라미터들을 포함하며, Details은 6밴드 Output EQ를 통해 리버브 출력의 세부적인 주파수 조정을 할 수 있습니다.

02 유형 메뉴를 사용하여 리버브의 공간을 선택할 수 있습니다. ChromaVerb가 생성하는 다양한 리버브 효과에 중요한 역할을 하며, 선택한 공간에 맞는 독특한 리버브 특성을 제공합니다. 디스플레이는 입력 신호와 파라미터 값의 실시간 변화를 시각적으로 보여주어, 리버브 효과를 직관적으로 조정하고 확인할 수 있게 해줍니다.

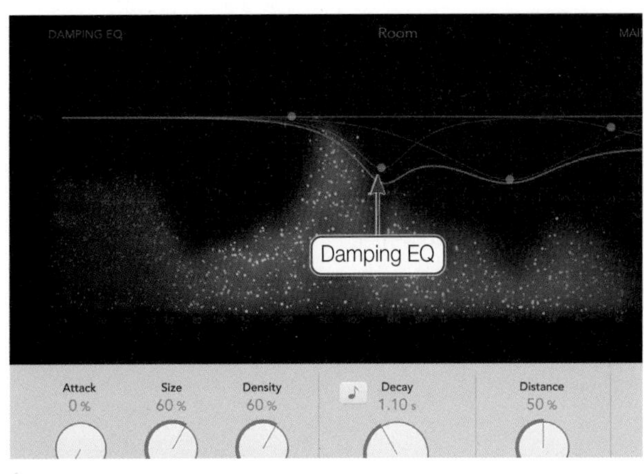

03 디스플레이에 표시되는 Damping EQ는 리버브의 디케이 신호 주파수를 조정하는 데 사용됩니다. 포인트를 드래그하여 Frequency와 Ratio를 조정할 수 있으며, 휠을 돌려 Q를 조정할 수 있습니다.

- **Attack** : 리버브의 어택 페이즈를 설정합니다. Theatre, Dense Room, Smooth Space, Reflective Hall, Strange Room, Airy 유형은 볼륨을 증가시키고, Room, Chamber, Concert Hall, Synth Hall, Digital, Dark Room, Vocal Hall, Bloomy는 Density에 도달하는 시간을 설정합니다.
- **Size** : 공간의 크기를 설정합니다. 값이 커질수록 공간이 더 크게 인식되며, 깊이와 확산을 결정합니다.
- **Density** : 리버브 공간 내 초기 및 후기 반사의 밀도를 동시에 조정합니다.
- **Predelay** : 원본 신호와 첫 번째 반사 사이의 시간을 설정합니다. 짧은 값은 사운드를 밀어내는 느낌을 주며, 긴 값은 사운드를 더 전면적으로 내보냅니다. Sync 버튼을 활성화하면, 템포에 맞게 동기화할 수 있습니다.
- **Decay** : 리버브의 소멸 시간을 설정합니다. 리버브가 얼마나 오래 지속될지를 결정하며, 특정 주파수의 디케이는 Damping 파라미터에 따라 달라집니다. Freeze 버튼을 활성화하면, 선택된 공간 내에서 신호가 무한히 재순환하며 지속적인 리버브 효과를 생성합니다.
- **Distance** : 초기 및 후기 에너지를 조정하여, 소스로부터 인식된 거리를 설정합니다. 리버브가 공간 내에서 어떻게 확산될지를 결정하는 데 사용됩니다.
- **Dry/Wet** : 원본 신호와 리버브 효과 신호의 레벨을 독립적으로 조정합니다.

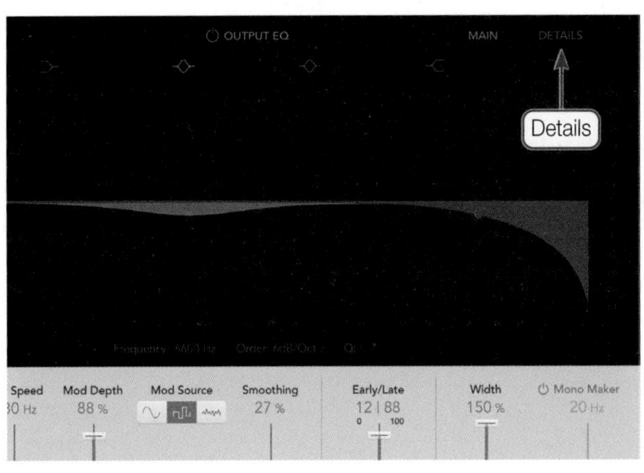

04 Details 보기는 내장 6밴드 출력 이퀄라이저를 표시합니다. 이 EQ는 리버브 효과의 출력 신호에 대해 세부적인 주파수 조정을 가능하게 하여, 전반적인 톤을 조정하고, 원하는 사운드 특성을 보다 섬세하게 컨트롤할 수 있게 해줍니다.

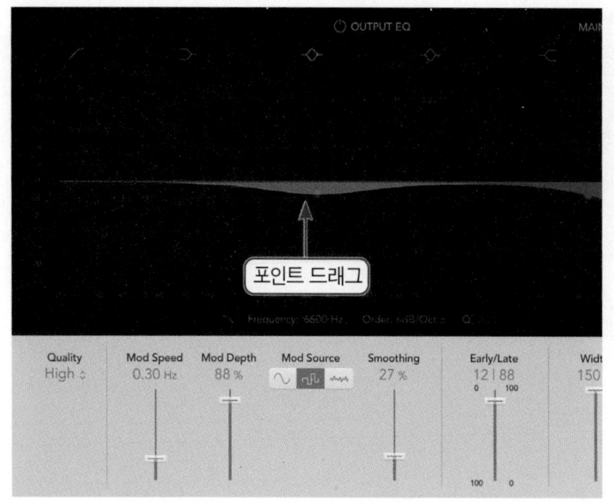

05 디스플레이에 표시되는 포인트를 드래그하여 Frequency와 Ratio를 조정할 수 있으며, 휠을 돌려 Q를 조정할 수 있습니다. Option 키를 누른 상태로 클릭하여 초기화할 수 있습니다.

● Quality : 리버브의 음질 수준을 선택할 수 있는 옵션을 제공합니다.

Low : 노이즈가 많고 거친 리버브 효과를 발생시킵니다.

High : 깨끗하고 정확한 사운드를 생성합니다.

Ultra : 부드럽고 고급스러운 리버브 사운드를 제공합니다.

● Mod Speed : 내장 LFO(Low Frequency Oscillator)의 속도를 설정합니다. 이 속도는 리버브 모듈레이션 효과의 변화를 얼마나 빠르게 할지 결정합니다.

● Mod Depth : LFO 모듈레이션의 깊이를 설정하며, 이는 리버브 효과의 변동 폭을 조정합니다. 이 범위는 선택한 공간 유형에 따라 다를 수 있습니다.

● Mod Source : LFO의 파형을 선택할 수 있습니다.

왼쪽(Sine) : 부드럽고 연속적인 변화를 생성합니다.

중앙(Random): 예측할 수 없는 무작위적인 변화를 생성합니다.

오른쪽(Noise) : 불규칙하고 난잡한 소리를 생성합니다.

● Smoothing : LFO 파형의 변화를 조정하는 역할을 합니다. 무작위 파형은 더 부드러워지고, 사인파와 노이즈 파형은 포화 상태가 됩니다.

● Early/Late Mix : 초기 및 후기 반사의 레벨을 설정합니다. 이 값은 Distance 파라미터 값에 따라 달라집니다.

● Width : 리버브 효과의 스테레오 폭을 조정합니다. 이를 통해 리버브의 넓이와 공간감을 설정할 수 있습니다.

● Mono Maker : 스테레오 정보가 제거될 주파수를 설정합니다.활성화하면 해당 슬라이더로 지정된 주파수 이하의 스테레오 정보를 모노로 변환하여, 저음역대에서 레벨 손실을 보정할 수 있습니다.

3 그 밖의 리버브

로직은 Space Designer와 ChromaVerb 외에도 EnVerb, Quantec Room Simu-lator, SilverVerb 등의 리버브 플러그인을 제공합니다. 각 플러그인은 고유한 리버브 사운드를 제공하며, EnVerb는 다양한 공간의 깊이를 강조하고, Quantec Room Simulator는 사실감 있는 음향을, SilverVerb는 간결하고 자연스러운 리버브를 생성합니다. Space Designer와 ChromaVerb의 사용법에 익숙하다면, 손쉽게 다룰 수 있으므로 다양한 리버브 효과를 실험해보는 것을 권장합니다.

Quantec Room Simulator

Quantec QRS(Quantec Room Simulator)는 1980년대 초 발표되면서 디지털 리버브의 판도를 바꾼 혁신적인 기술로, 사실적이고 투명한 음향을 제공하는 것으로 명성을 얻었습니다. QRS는 당시 대부분의 디지털 리버브 장비가 겪고 있던 거칠고 금속적인 아티팩트를 제거한 최초의 리버브 장치로, 그 자체의 자연스러운 음향 특성 덕분에 영화 음악, 텔레비전 프로덕션, 그리고 음악 녹음 분야에서 단번에 자리잡았습니다. QRS가 구현한 공간의 정밀한 재현은 마치 실제 공간에 있는 듯한 착각을 일으켰고, 이로 인해 수많은 뮤지션과 프로듀서들에게 필수적인 도구로 자리매김했습니다.

특히 QRS의 프리즈(Freeze) 기능은 무한 리버브 효과를 자연스럽게 만들어내어 보컬이나 악기의 레이어링에 깊이와 텍스처를 추가할 수 있는 강력한 도구가 되었습니다. 이 기능은 단순히 사운드를 지속시키는 데 그치지 않고, 음반 전체의 사운드와 느낌을 형성하는 데 중요한 역할을 했습니다. QRS가 제공하는 깊이 있고 몰입감 있는 리버브는 전설적인 앨범들의 제작에 없어서는 안 될 요소로, 많은 아티스트와 프로듀서들이 그 사운드를 손에 넣기 위해 이 기술을 고수하게 만들었습니다.

1990년대 후반, Quantec은 QRS 알고리즘을 디지털 형식으로 새롭게 업데이트한 YardStick 2402를 선보였고, 2008년에는 YardStick 249x 시리즈를 통해 더욱 정교해진 룸 시뮬레이션과 더 높은 정확도의 공간 모델링을 가능하게 했습니다. 이러한 진화는 Quantec이 제공하는 리버브 기술을 더욱 현대적이고 혁신적으로 만들었으며, 그 사운드는 여전히 많은 프로페셔널 스튜디오에서 표준으로 사용됩니다.

오늘날 Quantec Room Simulator 플러그인은 원래 하드웨어 알고리즘을 그대로 재현하는 QRS와 YardStick 두 가지 모델을 제공하며, 이를 통해 탁월한 공간감을 창출할 수 있습니다. 이 플러그인은 리버브의 깊이와 텍스처를 완벽하게 제어하며, 사운드의 투명성을 유지하면서도 풍부한 음향적 분위기를 만들어냅니다. Quantec은 그 어떤 리버브 장치와도 비교할 수 없는 사실감과 몰입감을 선사하며, 현대 음악 프로덕션에 필수적인 도구로 자리잡았습니다.

QRS 모델은 알고리즘 기반 리버브 기술에서 중요한 발전을 이룬 디지털 리버브 유닛으로, 다양한 환경의 음향적 특성을 정확하게 시뮬레이션할 수 있는 첫 번째 장치 중 하나로 자리잡았습니다. 이 모델은 그 자체의 혁신적인 알고리즘을 통해, 음향을 세밀하게 분석하고, 실시간으로 매우 자연스러운 리버브 효과를 구현하는 데 성공했습니다. QRS는 그 성능 덕분에 고급 음악 프로덕션에서 널리 사용되며, 수많은 아티스트와 프로듀서들에게 필수적인 도구로 자리매김하게 되었습니다.

QRS는 세 가지 주요 기능을 제공하여, 각기 다른 리버브 이펙트를 생성합니다.

1. **Reverb** : 전통적인 리버브 이펙트로 초기 반사(Initial Reflection)와 리버브 테일(Reverb Tail)을 포함해 룸의 자연스러운 음향을 재현합니다. 이 모드는 8개의 파라미터를 통해 리버브의 깊이, 밀도, 시간 등을 제어할 수 있어 매우 정밀하고 사실적인 리버브를 만들어냅니다.
2. **Freeze** : 리버브 테일의 스냅샷을 캡처하고 이를 루프(loop)하여 원하는 시간 동안 지속적으로 재생할 수 있는 기능입니다. 이 기능을 사용하면, 사운드가 특정 룸 안에 계속 머물도록 하여, 앰비언트 텍스처와 변화하는 사운드스케이프를 생성할 수 있습니다. 이는 특히 무한 리버브를 통해 창의적이고 실험적인 사운드를 만들어낼 때 유용합니다.
3. **Enhance** : 향상 모드는 일반적인 리버브 테일을 생성하는 대신 소스 신호의 명확성을 높이고 공간적 품질을 강화하는 밀집된 리플렉션 클러스터를 생성합니다. 이 기능은 모노 신호를 스테레오 이미지로 변환하거나 더욱 몰입감 있는 바이노럴 효과를 만들어낼 때 사용됩니다. 이로 인해 QRS는 보다 넓은 음향 공간을 창출하며, 공간감을 더욱 풍부하게 만듭니다.

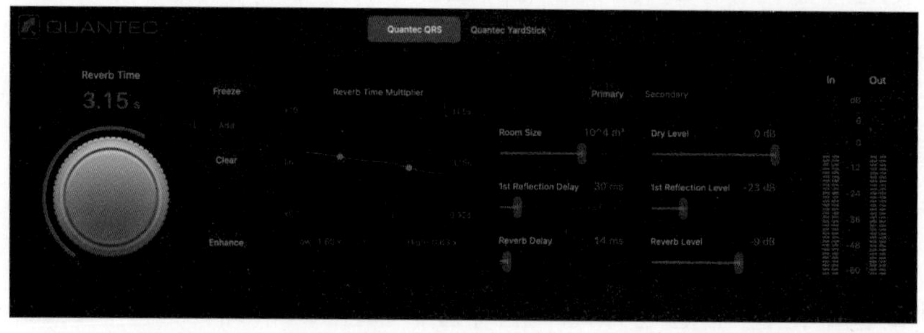

YardStick 모델은 QRS 모델을 기반으로 하여 음향 시뮬레이션의 정확성과 리버브 특성 제어 능력을 획기적으로 강화한 디지털 리버브 유닛입니다. 이 모델은 QRS의 기본 알고리즘을 발전시켜, 초기 리플렉션, 확산(diffusion), 모듈레이션의 향상된 제어 기능을 제공합니다. 이를 통해, 리버브의 깊이와 풍부함을 보다 세밀하게 조정할 수 있으며, 복잡하고 동적인 리버브 테일을 생성하는 데 필요한 고급 기능을 지원합니다.

YardStick의 주요 발전은 동적이고 변화하는 리버브 이펙트를 가능하게 하는 점에 있습니다. 이 모델은 리버브 테일을 더 깊고 풍부하게 만들어 다양한 음향 환경에서 더 자연스럽고 몰입감 있는 사운드를 재현합니다. 또한, 리버브가 진행되는 동안 변화하는 파라미터를 더 정교하게 다룰 수 있어 스튜디오 환경에서 요구되는 고급 리버브 효과를 정확히 구현할 수 있습니다.

이 모델은 QRS의 정확성을 유지하면서, 더욱 세련된 음향 공간을 창조할 수 있는 능력을 제공하며, 특히 복잡한 음향 구조나 고급 믹싱 작업에 최적화된 선택이 됩니다. 음향의 뉘앙스와 깊이를 더하려는 제작자들에게 YardStick은 리버브 효과를 다룰 때 새로운 차원의 창의력을 가능하게 합니다.

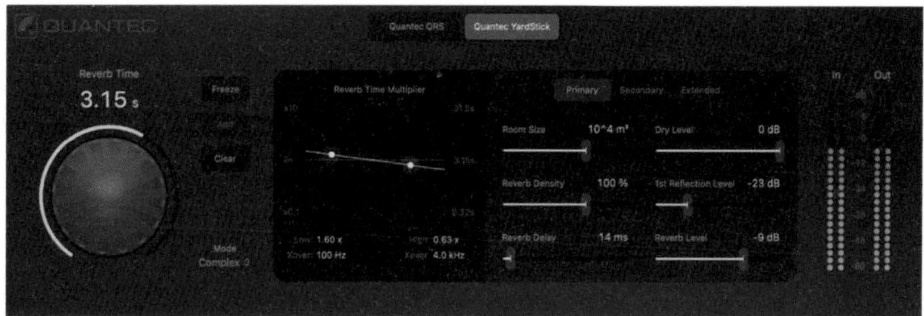

EnVerb

EnVerb는 리버브 잔향의 엔벨로프를 세밀하게 조정할 수 있는 고유한 기능을 갖춘 다목적 리버브 이펙트입니다. 상단 영역에서는 리버브의 시간 경과에 따른 레벨(엔벨로프)을 표시하고 조정할 수 있으며, 하단 영역에서는 Crossover 파라미터를 사용하여 들어오는 신호를 두 개의 주파수 밴드로 분할하고, 저음역대 주파수 밴드를 별도로 설정하여 리버브 신호의 특성을 형성합니다.

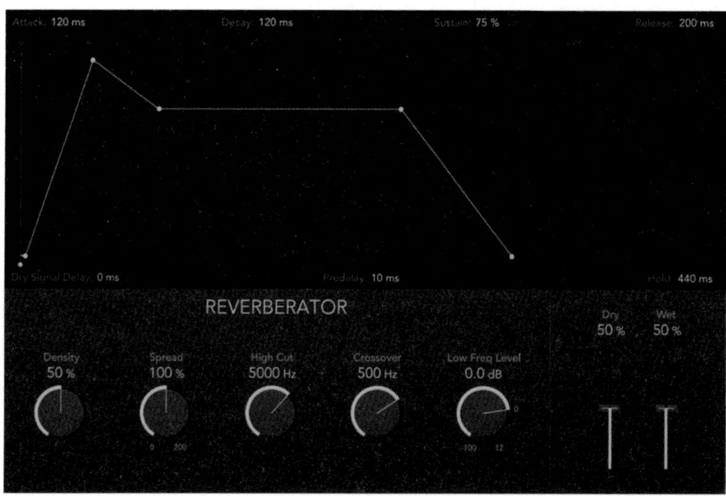

SilverVerb

SilverVerb는 리버브 신호의 변조와 조정에 유용한 다양한 기능을 제공합니다. 이 플러그인은 저음역대 주파수 오실레이터(LFO)를 내장하고 있어, 리버브 효과에 동적이고 변화하는 특성을 부여할 수 있습니다. 이 LFO는 리버브 신호의 변화를 부드럽게 만들어 더 자연스럽고 유연한 리버브 테일을 생성할 수 있게 돕습니다.

또한 하이 컷 필터와 로우 컷 필터를 포함하여 사용자는 리버브 신호에서 특정 주파수 대역을 손쉽게 제거하거나 조정할 수 있습니다. 고음역대 주파수의 트랜지언트는 때때로 불쾌하게 들릴 수 있으며, 음성 신호나 다른 중요한 주파수를 방해할 수 있습니다. 이러한 필터링 기능은 불필요한 고음역대 노이즈를 제거하고, 리버브의 공간감을 더 깨끗하고 선명하게 만들어 줍니다.

긴 리버브 잔향에서 특히 문제될 수 있는 것은 베이스 영역의 과도한 축적입니다. 베이스가 많은 리버브는 종종 믹스에서 불분명한 효과를 초래할 수 있으며, 원본 신호와의 구분을 흐릿하게 만들 수 있습니다. SilverVerb는 이러한 문제를 해결할 수 있는 필터링 옵션을 제공하여 더 명확하고 깔끔한 믹스를 만들어줍니다. 이처럼 SilverVerb는 리버브 신호의 주파수 범위를 세밀하게 조정하여 더욱 정교하고 균형 잡힌 사운드를 제공합니다.

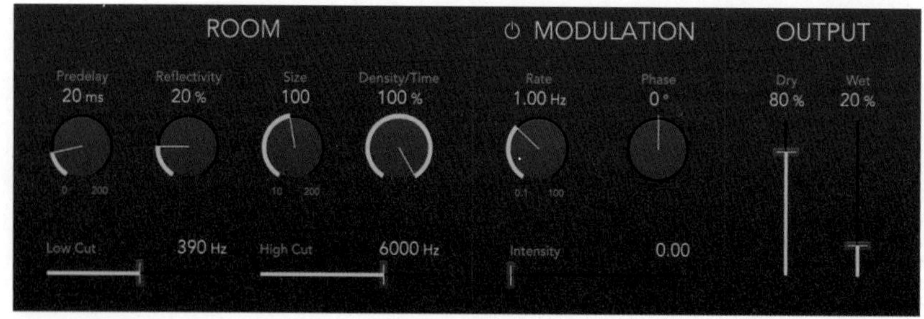

- Predelay : 원본 신호와 리버브 신호 사이의 시간 지연을 설정합니다.
- Reflectivity : 가상 공간 내 벽, 천장, 바닥의 반사 정도를 정의합니다.
- Size : 시뮬레이션된 공간의 크기를 정의합니다.
- Density/Time : 리버브의 밀도와 지속 시간을 동시에 설정합니다.
- Low Cut : 설정된 값 이하의 주파수를 리버브 신호에서 필터링합니다.
- High Cut : 설정된 값 이상의 주파수를 리버브 신호에서 필터링합니다.
- Modulation : LFO를 활성화하거나 비활성화합니다.
- Rate : LFO의 주파수 또는 속도를 설정합니다.
- Phase : 리버브 신호의 왼쪽과 오른쪽 채널 간 모듈레이션의 위상을 정의합니다.
- Intensity : LFO의 변조 강도를 설정합니다.
- Dry/Wet : 원본 신호와 리버브 신호의 레벨을 조정하여 두 신호의 밸런스를 설정합니다.

4 Delay Designer

딜레이 이펙트는 입력 신호를 반복하는 Echo 효과를 생성하며, 각 반복은 점차 약해져 모호한 오디오 출력이나 코러스와 같은 효과를 만듭니다. 딜레이 시간은 프로젝트 템포에 맞춰 노트 값으로 조정하거나 ms 단위로 조정되며, 이를 통해 리듬감이나 공간감을 추가하거나 멜로디를 두 배로 늘린 듯한 효과를 생성할 수 있습니다.

Delay Designer는 최대 26개의 개별 탭을 제공하는 다중 탭 딜레이 이펙트로, 각 탭은 독립적으로 레벨, 패닝, 피치, 로우패스 또는 하이패스 필터링을 설정할 수 있습니다. 이 유닛은 기존의 단일 딜레이와 달리 더욱 복잡한 사운드 디자인이 가능하며, 동기화, 퀀타이즈, 피드백 등의 파라미터로 더욱 정교한 효를 생성합니다. 기본적인 Echo 이펙트부터 오디오 패턴 시퀀서까지 다양한 활용이 가능하며, 탭의 위치를 싱크시켜 복잡하고 변화하는 리듬을 만들거나 트랜스포지션 및 필터링을 통해 더욱 풍부한 음악적 가능성을 제공합니다.

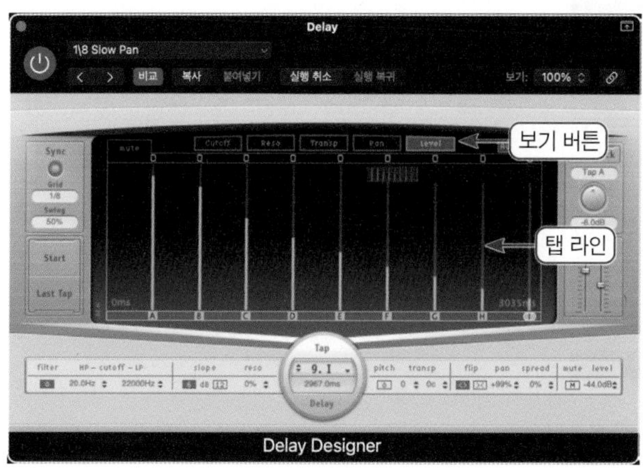

01 디스플레이 창은 보기 버튼을 클릭하여 Cutoff, Reso, Transp, Pan, Level을 표시할 수 있으며, 세로 선은 사운드가 반복되는 것을 표시하는 탭 라인입니다. 그림은 Level 버튼을 클릭하여 반복되는 사운드의 레벨을 보고 있는 모습입니다.

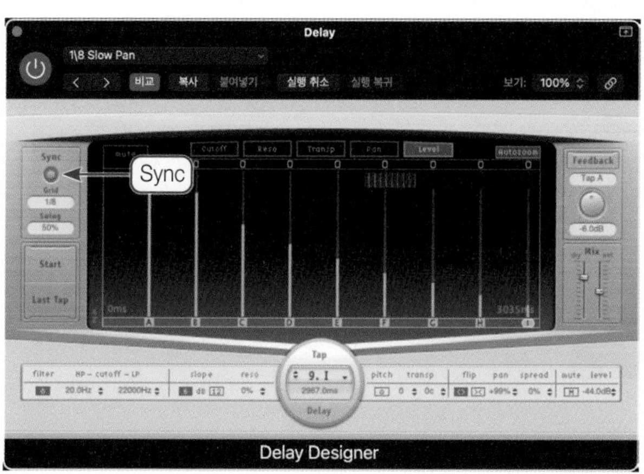

02 딜레이를 설정할 때의 핵심은 얼마 만큼의 시간 간격으로 사운드를 반복시킬 것인지를 결정하는 타임입니다. 입문자는 템포에 일치시키는 것이 안전한데, Sync 버튼을 ON으로 하면, 자동으로 일치됩니다. 간격은 Gird에서 선택합니다.

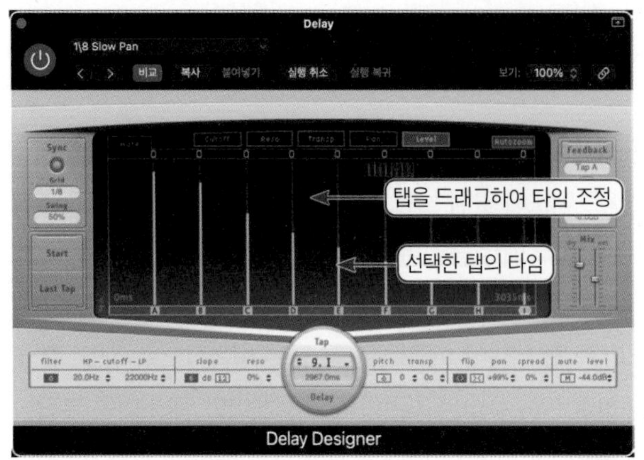

03 입문자에게는 권장하지 않지만, 특별한 목적을 위해서 타임을 수동으로 조정해야 하는 경우도 있습니다. 이때는 Sync 버튼을 Off로 하고, 탭을 드래그하거나 Delay Time 항목에서 직접 입력 합니다.

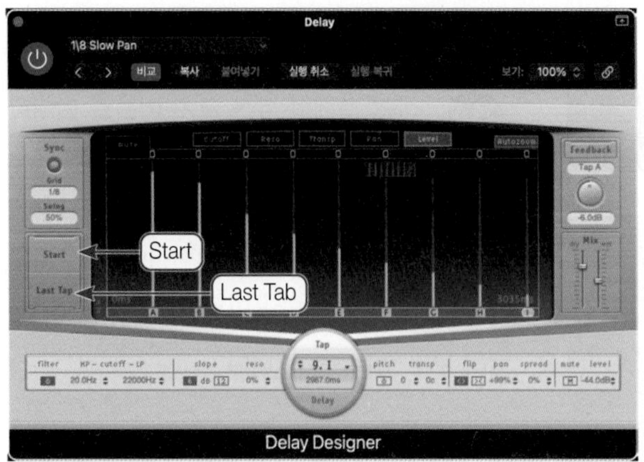

04 Delay Designer는 고급 장치에서나 볼 수 있는 탭 기능을 제공합니다. 스페이스 바 키를 눌러 곡을 재생하고, Start 버튼을 클릭하여 탭을 만드는 것입니다. 끝낼 때는 Last Tap 버튼을 클릭합니다.

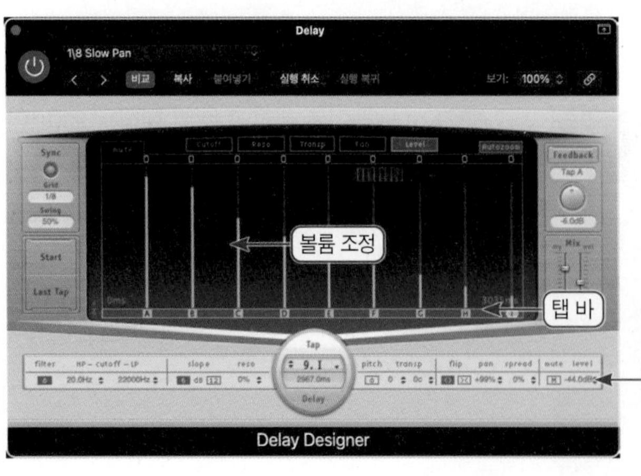

05 각 탭의 레벨은 마우스 드래그로 조정하거나 Level 항목에서 값을 입력합니다. 선택한 탭은 Delete 키로 삭제할 수 있으며, 탭 바를 클릭하여 추가할 수 있습니다. Sync를 On으로 한 경우에는 Grid에서 선택한 간격으로 추가됩니다.

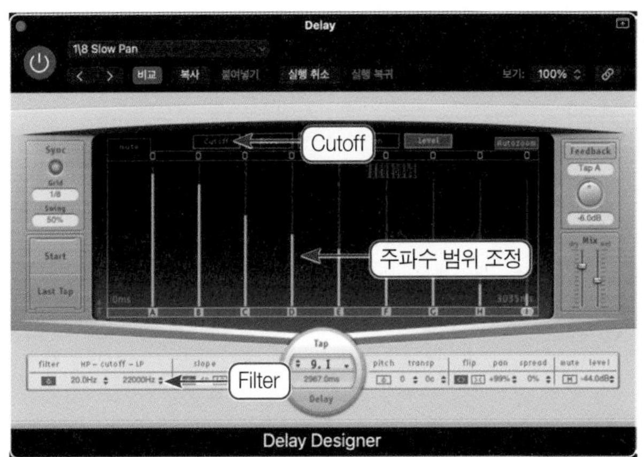

06 딜레이는 공간에 따라 차이가 있으며, 이것을 표현하는 것이 필터 입니다. 주파수 범위는 Cutoff에서 탭을 드래그하거나 Filter 항목에서 직접 입력하여 조정할 수 있습니다.

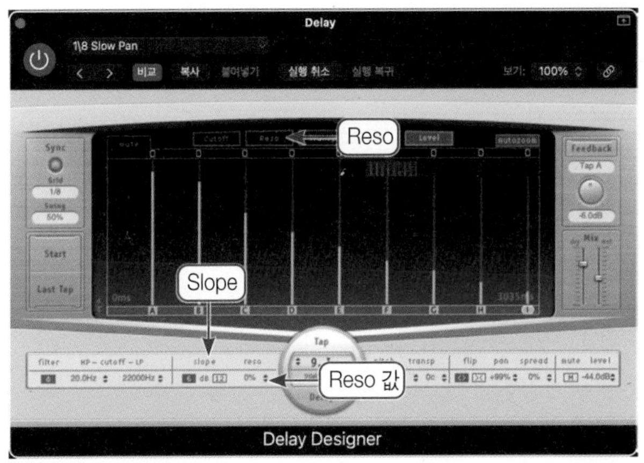

07 Cutoff 주파수 범위를 조정하는 Resonance 역시, 탭을 드래그하거나 Reso 항목에서 입력하여 조정할 수 있습니다. 이때 라인의 경사인 Slope는 6 dB 또는 12dB 중에서 선택할 수 있습니다.

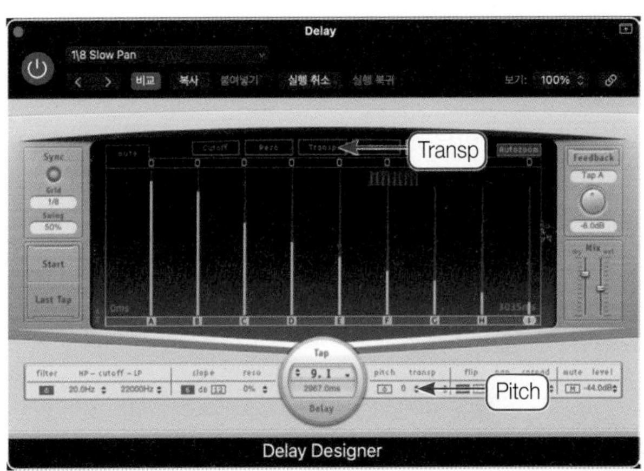

08 Transp는 각 탭의 음정을 표시합니다. 일반적인 딜레이 사운드에서는 음정을 조정할 이유가 없지만, 특수한 효과가 필요한 영상 음악 작업에서는 유용한 기능입니다. Pitch 항목에서 반음 단위, Transp에서 100분의 1 단위로 직접 입력해도 좋습니다.

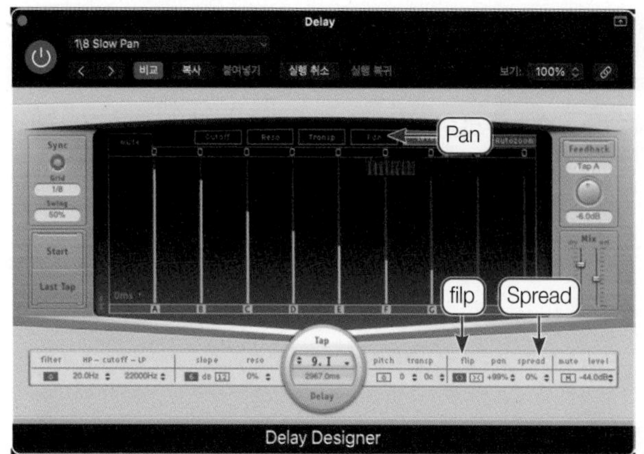

09 Pan 보기에서는 탭의 좌/우 밸런스를 조정합니다. 사운드가 좌/우로 이동하는 핑퐁 효과를 연출할 수 있는 것입니다. Pan 항목의 Filp은 채널을 바꾸는 것이며, Spread는 스테레오 범위를 조정하는 것입니다.

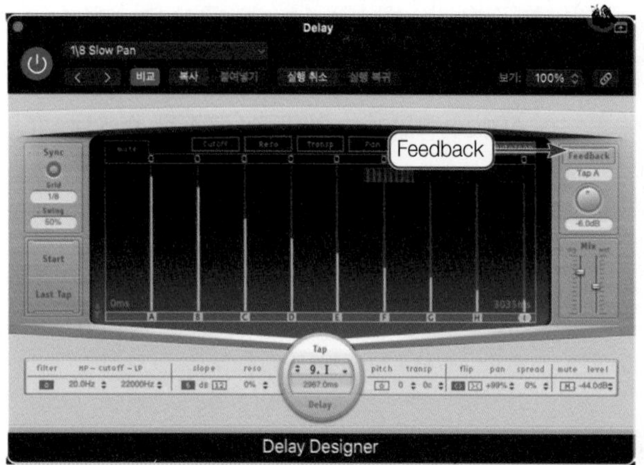

10 피드백은 딜레이 사운드를 입력으로 다시 보내서 반복시키는 역할을 하며, Feedback 버튼으로 사용 여부를 결정합니다. 반복시킬 사운드는 메뉴에서 선택할 수 있으며, 레벨은 아래쪽 노브를 이용해서 조정합니다.

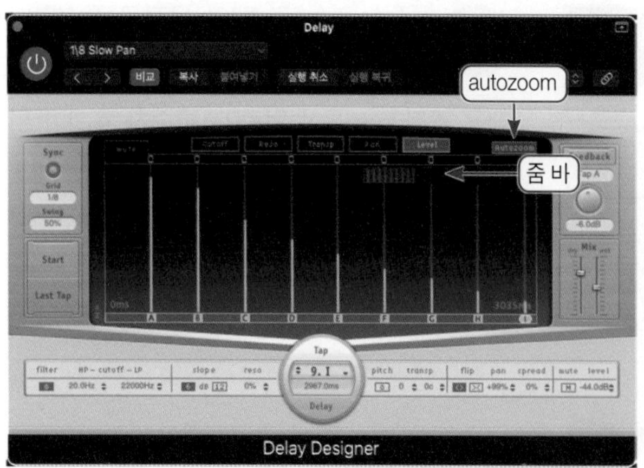

11 딜레이 사운드를 디자인하면서 디스플레이 공간을 확대하거나 축소할 일이 있을 때는 줌 바를 드래그하여 조정합니다. Autozoom 버튼을 클릭하면 모든 탭이 한 화면에 보이는 크기로 자동 조정됩니다.

TIP 딜레이 역시 센드 방식으로 사용하는 것이 일반적이며, Dry는 Mute, Wet는 0dB로 설정합니다.

5 Stereo Delay

Stereo Delay는 초보자도 쉽게 사용할 수 있는 효과로 왼쪽과 오른쪽 채널에 대해 독립적으로 딜레이, 피드백, 믹스 파라미터를 설정할 수 있습니다. 이를 통해 스테레오 신호에서 더욱 입체적이고 풍부한 딜레이 효과를 만들 수 있습니다. Crossfeed 노브는 각 채널에서 반대쪽 스테레오 채널로 라우팅되는 신호의 피드백 강도를 조절하여 스테레오 이미지 내에서 신호의 상호작용을 제어합니다. 모노 채널에서는 트랙이 자동으로 스테레오 모드로 전환되고, 이후 모든 이펙트 슬롯은 스테레오로 작동하게 됩니다.

- Input : 스테레오의 각 측면에 대한 입력 신호를 선택합니다.
- Delay Time : 딜레이 시간을 설정하며, 프로젝트의 템포에 맞춰 ms 또는 note 값으로 싱크할 수 있습니다.
- Note : 템포 동기화가 활성화되면 딜레이 시간의 그리드 레졸루션을 설정할 수 있습니다.
- Deviation : 딜레이의 디비에이션 정도를 설정하며, 그리드에서 벗어난 딜레이 효과를 제공합니다.
- Low/High Cut : 이펙트 신호에서 저주파수 및 고주파수 대역을 필터링하여 딜레이 효과의 톤을 조정합니다.
- Feedback : 왼쪽 및 오른쪽 딜레이 신호에 대한 피드백의 강도를 설정합니다.
- Feedback Phase : 피드백 신호의 페이즈를 인버트하여, 반복되는 딜레이 신호의 음향을 변경합니다.
- Crossfeed Left to Right/Right to Left : 한 채널의 피드백 신호를 반대 채널로 전송하는 기능입니다.
- Crossfeed Phase : 크로스피드 피드백 신호의 페이즈를 인버트하여 양쪽 채널 간의 상호작용을 제어합니다.
- Routing : 내부 신호 라우팅을 선택할 수 있으며, 옵션을 통해 다양한 공간적 효과를 생성할 수 있습니다.
- Tempo Sync : 딜레이 반복을 프로젝트 템포와 싱크시켜 리듬에 맞는 정밀한 딜레이 효과를 생성합니다.
- Stereo Link : 두 채널의 값을 동일하게 조정할 수 있도록 연결하는 버튼입니다.
- Output Mix : 왼쪽 및 오른쪽 채널의 신호 레벨을 독립적으로 조절할 수 있는 파라미터입니다.

6 그 밖의 딜레이

로직은 Delay Designer와 Stereo Delay 외에도 Sample Delay와 Tape Delay를 제공합니다. Sample Delay는 멀티 채널 마이크에서 발생할 수 있는 타이밍 문제를 수정하는 데 유용한 이펙트로 각 채널의 딜레이 시간을 개별적으로 조정할 수 있어 다양한 채널 간의 위상 문제를 해결하고 믹스에서 정확한 타이밍을 맞출 수 있습니다. Tape Delay는 빈티지 테이프 에코 머신의 독특한 사운드를 시뮬레이션하는 이펙트로, 따뜻하고 아날로그적인 톤을 제공하며 테이프의 고유한 왜곡과 에러를 재현합니다. 이 이펙트는 빈티지한 느낌의 딜레이 효과가 필요한 음악 제작에 적합하며, 고전적인 테이프 에코 머신의 특성을 현대적 환경에서도 구현할 수 있습니다.

Sample Delay

Sample Delay는 이펙트라기보다는 유틸리티에 가까운 도구로 단일 샘플 값만큼 채널을 딜레이시키는 데 사용됩니다. 특히 Gain 이펙트의 페이즈 인버전 기능과 결합하여 다중 채널 마이크에서 발생할 수 있는 타이밍 문제를 수정하는 데 유용합니다. 또한, 스테레오 마이크 채널 분리를 에뮬레이트하는 창의적인 방식으로도 활용될 수 있습니다. 예를 들어, 44.1kHz의 샘플 주파수에서 하나의 샘플은 음파가 약 7.76mm를 이동하는 시간에 해당합니다. 이때, 스테레오 마이크의 한 채널을 13샘플만큼 딜레이시키면 약 10센티미터의 음향 분리가 발생하게 됩니다.

- **Delay Left/Right** : 들어오는 신호가 딜레이되는 샘플 수 또는 밀리초(ms)를 설정하는 파라미터입니다. 이를 통해 각 채널에 대해 개별적인 딜레이 시간을 조정할 수 있습니다. Link L & R 버튼을 활성화하면, 왼쪽 채널과 오른쪽 채널의 딜레이 값이 동일하게 설정됩니다. 이 기능은 스테레오 신호에서 양 채널의 타이밍을 맞추는 데 유용합니다.
- **Unit** : Delay 노브 및 필드 값의 측정을 Samples 또는 밀리초로 선택할 수 있게 해줍니다. Samples 모드는 샘플 단위로 딜레이 시간을 조정하는 방식이고, ms 모드는 밀리초 단위로 시간을 설정할 수 있습니다.

Tape Delay

Tape Delay는 빈티지 테이프 에코 머신의 고유한 사운드를 재현하는 이펙트로 따뜻하고 아날로그적인 톤과 자연스러운 왜곡을 제공합니다. 딜레이 시간을 자유롭게 설정할 수 있을 뿐만 아니라, 프로젝트 템포와 동기화하여 정확한 타이밍을 맞출 수도 있습니다. 피드백 루프에 내장된 하이패스 필터와 로우패스 필터는 전통적인 더빙 효과를 쉽게 구현할 수 있게 해주며, LFO는 딜레이 시간에 모듈레이션을 추가하여 긴 딜레이에서도 코러스 효과를 발생시킵니다. 이 모든 기능은 테이프 머신 특유의 따뜻하고 빈티지한 사운드를 완벽하게 복원하며, 빈티지한 느낌의 딜레이 이펙트를 현대적인 믹스에 적합하게 적용할 수 있도록 해줍니다.

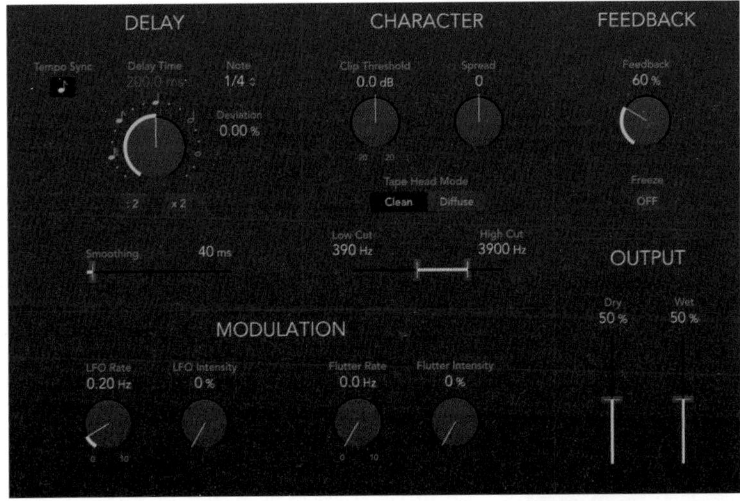

- Tempo Sync : 딜레이 반복을 프로젝트 템포와 동기화하여 템포 변경 시에도 자동으로 맞춰집니다.
- Delay Time : 딜레이 시간을 밀리초 또는 노트 값으로도 설정할 수 있습니다.
- Note : 딜레이 시간에 대한 그리드 레졸루션을 설정하며, 템포에 맞춰 동기화할 수 있습니다.
- Deviation : 그리드에서 디비에이션 정도를 설정하여 딜레이의 미세한 변화를 조정할 수 있습니다.
- Smoothing : LFO와 플러터 효과를 균일하게 만들어 자연스러운 모듈레이션을 생성합니다.
- Clip Threshold : 테이프 세츄레이션의 디스토션 레벨을 설정합니다.
- Spread : 스테레오 인스턴스에서 이펙트 신호의 폭을 설정합니다.
- Tape Head Mode : Clean 또는 Diffuse 모드를 선택하여 테이프 헤드의 위치를 에뮬레이션합니다.
- Low/High Cut : 하이패스 및 로우패스 필터를 통해 딜레이 반복의 주파수를 차단합니다.
- LFO Rate/Intensity : LFO의 속도와 모듈레이션 강도를 설정합니다.
- Flutter Rate/Intensity : 아날로그 테이프의 속도 불규칙성을 재현하여 특유의 플러터 효과를 생성합니다.
- Feedback : 딜레이 신호가 다시 입력으로 라우팅되는 양을 설정하여, 에코 효과의 반복 강도를 조정합니다.
- Freeze : 현재 딜레이 반복을 캡처하여 지속시킬 수 있습니다.
- Dry/Wet : 원본 신호와 이펙트 신호의 비율을 독립적으로 조절하여 원하는 믹스 비율을 설정할 수 있습니다.

마스터링

마스터링은 믹싱이 완료된 곡들을 최종적으로 다듬어 앨범 전체에 일관된 사운드를 제공하는 중요한 과정입니다. 이 작업은 곡들의 색채와 다이내믹스를 조정해 통일된 느낌을 만들지만, 최근 음원 발매 트렌드에서는 다른 곡들과 비교할 때 강한 다이내믹스와 볼륨을 확보하는 데 초점을 맞추고 있습니다. 하지만, 마스터링의 방식은 시대와 트렌드에 따라 달라지므로, 결국 자신만의 색깔을 찾는 것이 가장 중요합니다.

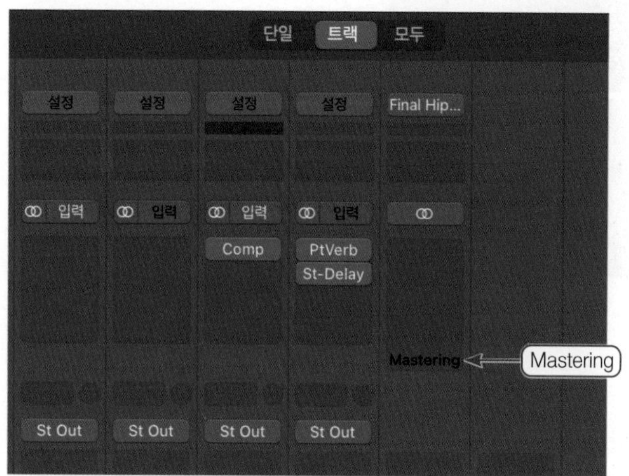

01 로직은 마스터링 작업을 자동으로 처리할 수 있는 Mastering Assistant를 제공합니다. 출력 채널 스트립에서 Mastering을 클릭하여 활성화할 수 있으며, 이를 통해 오디오를 세밀하게 분석하고 다이나믹 조정, 정밀한 주파수 보정, 음색 향상 등을 자동으로 적용하여 사운드를 미세 조정합니다.

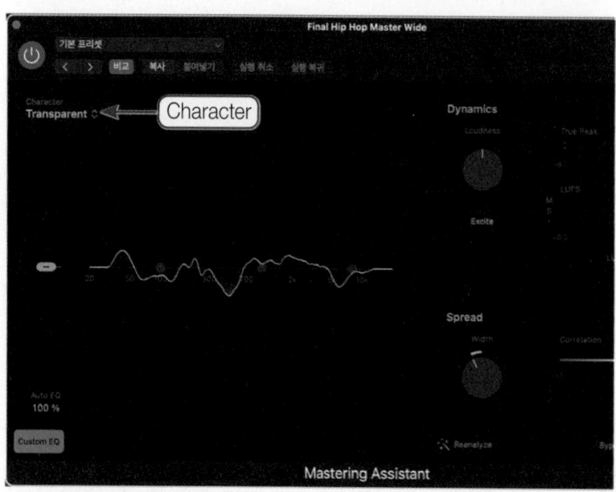

02 장치를 로딩하면 자동으로 프로젝트를 분석하여 보정이 필요한 주파수와 다이내믹이 설정되며, Character 메뉴를 통해 사운드의 품질을 변경할 수 있습니다.

● Clean : 투명하고 박력 있는 결과물을 제공하는 알고리즘으로 EDM이나 어쿠스틱 음악처럼 깨끗하면서도 강렬한 사운드가 필요한 음악에 적합합니다.

● Valve : 튜브 기반 프로세싱 체인을 시뮬레이션하여 깊은 로우엔드와 세련된 하이엔드를 제공합니다. 어쿠스틱 음악과 힙합 장르에 적합한 옵션입니다.

● Punch : 중음역대를 미묘하게 강조하는 공격적인 사운드를 제공하는 알고리즘으로 록 음악에 이상적입니다.

● Transparent : 현대적인 컴프레서에서 영감을 얻은 알고리즘으로 깔끔하고 정갈한 사운드를 제공합니다. 대부분의 음악 장르에 적합합니다.

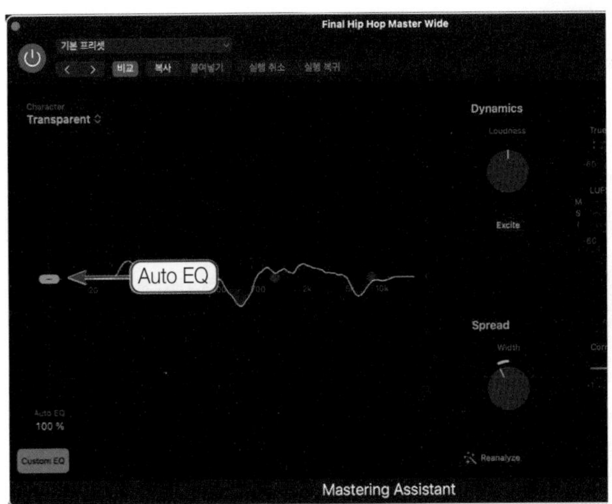

03 Auto EQ 슬라이더는 예측하는 수정 EQ의 양을 조절하는 기능입니다. 프로젝트 분석 후, Mastering Assistant는 프로젝트의 사운드를 개선하기 위해 적용한 주파수 곡선을 표시합니다. 기본적으로 Auto EQ 슬라이더는 100%로 설정되어 있으며, 이를 위나 아래로 드래그하여 EQ 수정의 강도를 조절할 수 있습니다.

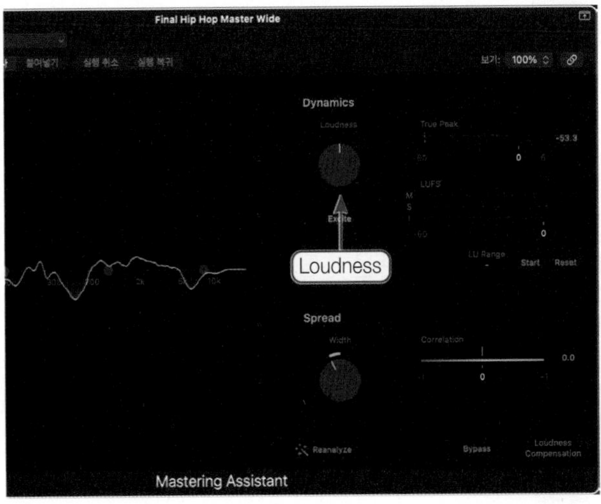

04 Loudness는 처리된 오디오의 라우드니스를 조정하는 기능입니다. 노브를 중앙 위치로 설정하면 출력 라우드니스가 약 -14 LUFS로 재생되며, 이는 많은 스트리밍 플랫폼의 목표 라우드니스에 해당합니다.

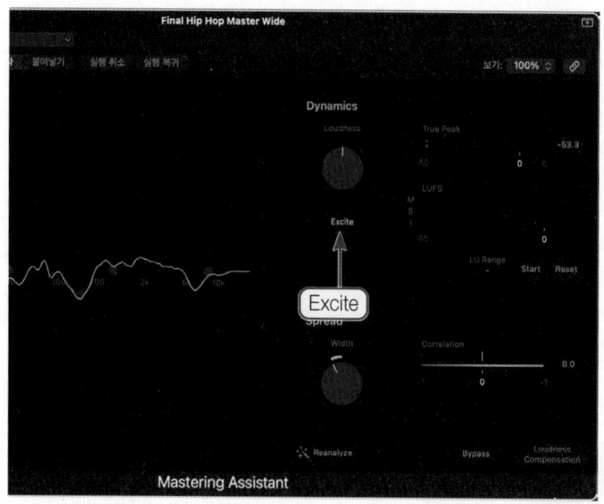

05 Excite 버튼은 신호의 중고음역대 주파수에 세츄레이션을 추가하여 더 많은 배음을 생성하고 믹스에 풍부함과 선명함을 더합니다. 이 기능은 60년대, 70년대, 80년대의 빈티지 트랜스포머 기반 콘솔 디자인과 유사한 결과물을 생성하며, 믹스에 고유한 따뜻함과 명료함을 부여합니다.

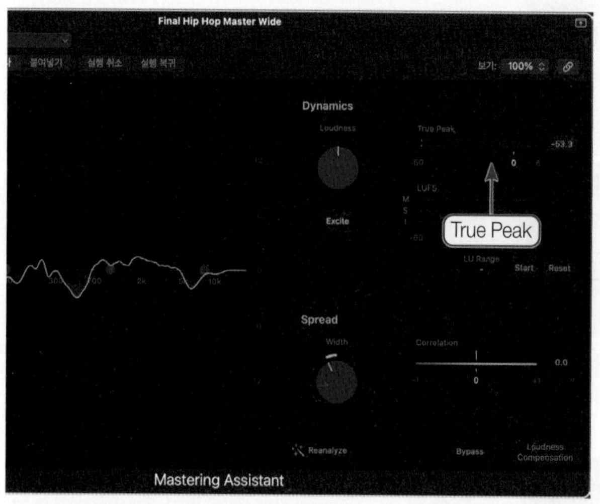

06 True Peak는 신호가 도달할 수 있는 절대적인 최고 레벨을 나타내며, 디지털 오디오에서 왜곡이나 클리핑을 방지하려면 이 레벨을 정확하게 확인하는 것이 중요합니다. 신호 레벨은 초록색 막대로 표시되며, -3dB 이상일 경우 노란색으로 변하고, 0dB을 초과하면 빨간색으로 변합니다.

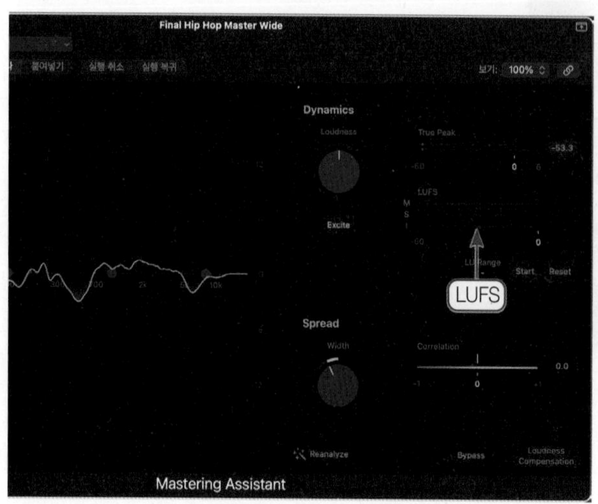

07 LUFS(Loudness Units Full Scale) 측정기는 프로세싱된 믹스의 라우드니스 수준을 측정하고 표시합니다. 이 측정기는 M, S, I 필드를 사용하여 현재 순간적인 단기(Loudness), 통합(Loudness), 주기적(Short-term Loudness) 신호 레벨을 표시합니다.

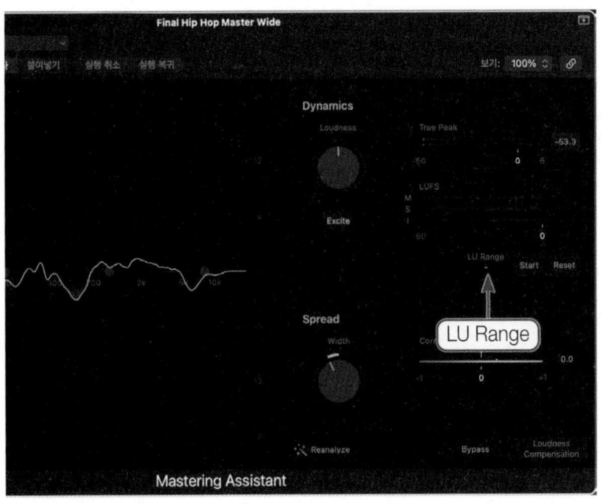

08 LU Range는 라우드니스 범위를 표시하며, Start 버튼은 라우드니스 측정을 시작하고, Pause는 측정이 멈추며, 마지막 값을 유지합니다. Reset은 초기화하여 새로운 오디오를 측정하거나 조정된 값을 다시 측정할 때 사용합니다.

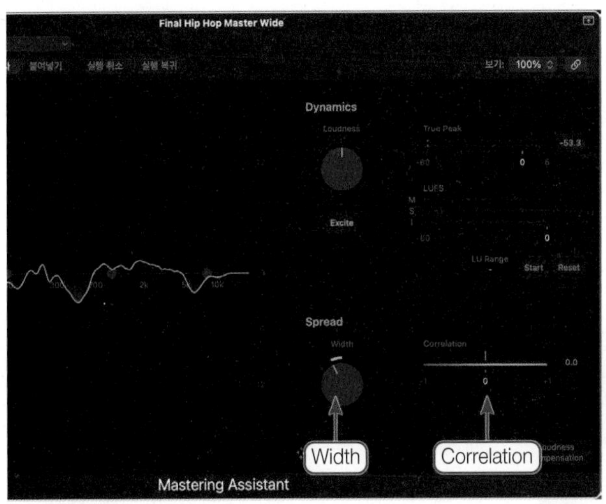

09 Width 노브는 스테레오 폭을 조정하며, Correlation는 왼쪽과 오른쪽 채널 간의 위상 관계를 보여주는 지표입니다. 위상은 소리가 시간에 따라 어떻게 변화하는지를 의미하며, 두 채널이 정확히 맞아야 최상의 스테레오 효과를 낼 수 있습니다. 이 미터는 0에서 +1 사이의 값을 가지며, 값이 클수록 두 채널이 잘 맞아 있다는 의미입니다.

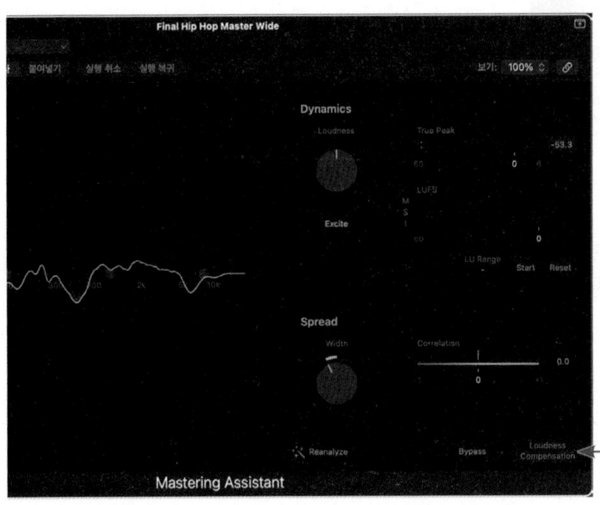

10 Reanalyze는 프로젝트 변경 시 새로운 분석을 실행하여 최적의 마스터링 결과를 제공합니다. Bypass는 처리된 오디오와 원본 오디오를 비교할 수 있게 해주며, Loudness Compensation은 볼륨 차이를 보정해 왜곡 없이 정확한 사운드 평가를 가능하게 합니다.

측정 도구

믹싱과 마스터링 과정에서 자신이 만든 음악을 객관적으로 평가하는 것은 사실상 불가능합니다. 이는 오랜 경험을 쌓은 전문 엔지니어들에게도 마찬가지입니다. 그래서 음악을 정확히 분석하고 그 결과를 명확하게 시각화할 수 있는 측정 도구는 필수적입니다. 특히 방송, 유튜브 등 다양한 플랫폼에서는 각기 다른 라우드니스 기준을 맞추는 것이 매우 중요합니다. 로직은 바로 이러한 요구를 충족시키기 위해 여러 측정 도구를 제공하며, 음악 제작자들이 더욱 정밀하고 전문적인 작업을 할 수 있도록 돕습니다.

1 MultiMeter

MultiMeter는 오디오 분석을 위한 다양한 도구들을 하나의 창에서 제공하는 고급 측정 플러그인입니다. 이 도구는 여러 측정 기능을 포함하고 있어 믹싱과 마스터링 작업에서 오디오를 정밀하게 분석할 수 있습니다.

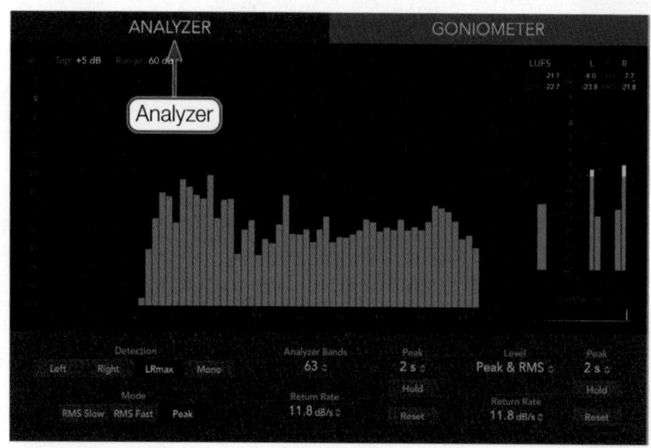

01 로직은 마스터링 작업을 자동으로 처리할 수 있는 Mastering Assistant를 제공합니다. 출력 채널 스트립에서 Mastering을 클릭하여 활성화할 수 있으며, 이를 통해 오디오를 세밀하게 분석하고 다이나믹 조정, 정밀한 주파수 보정, 음색 향상 등을 자동으로 적용하여 사운드를 미세 조정합니다.

- **Top/Range** : 최대 레벨과 전체 다이나믹 레인지를 설정하는 옵션입니다. 이 설정을 조정하면 Analyzer 디스플레이의 값들이 어떻게 나타날지를 결정합니다. 예를 들어, 레벨을 설정하면 분석할 신호의 범위를 쉽게 볼 수 있습니다.
- **Scale** : 주파수 레벨의 수직 스케일을 조정합니다. 스케일을 드래그하면 레벨 차이를 더 쉽게 파악할 수 있어, 특히 컴프레션 비율이 높은 오디오를 분석할 때 유용합니다. 즉, 작은 변화도 눈에 띄게 됩니다.

● **Detection** : 어떤 채널을 표시할지 선택하는 옵션입니다. 왼쪽(Left) 또는 오른쪽(Right) 채널을 선택하거나, 스테레오 합성 최대 레벨(LRmax) 또는 모노(Mono)로 양쪽 채널을 합친 신호를 분석할 수 있습니다.

● **Mode** : 분석 방식 선택이 가능합니다. Peak 모드는 레벨의 최고값을 정확히 보여주고, RMS 모드는 실효 평균값을 보여줍니다. RMS는 인지된 볼륨을 측정하는 데 유용합니다. Slow RMS는 서서히 변하는 평균 값을 보여주며, Fast RMS 빠르게 변하는 평균 값을 보여줍니다.

● **Analyzer Bands** : 주파수 밴드의 수를 설정합니다. 선택 가능한 옵션은 31 Bands (1/3 옥타브)와 63 Bands (메이저 세컨드)입니다. 63개의 밴드는 더 세밀한 분석을 제공하고, 31개의 밴드는 더 큰 범위에서 신호를 볼 수 있게 해줍니다.

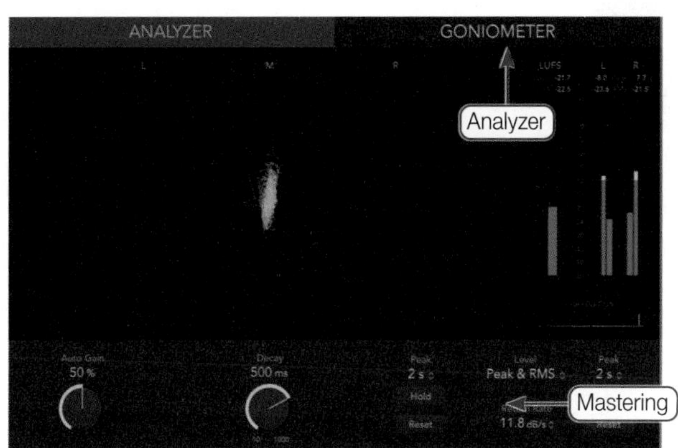

02 Goniometer는 스테레오 사운드의 위상 일관성을 판단하는 도구로, 왼쪽과 오른쪽 채널 간의 위상 차이를 쉽게 확인할 수 있게 도와줍니다. 특히 스테레오 이미지를 분석할 때 매우 유용하며, 위상 문제를 발견하는 데 도움을 줍니다.

주요 기능

● **스테레오 이미지 분석** : Goniometer는 스테레오 신호가 좌우 채널 간에 얼마나 잘 일관성을 유지하고 있는지 보여줍니다. 위상 차이가 있을 경우, 센터 라인(Mid/Mono) 근처에서 트레이스 캔슬레이션(신호가 사라지는 부분)을 확인할 수 있습니다. 위상 문제가 발생하면, 왼쪽과 오른쪽 신호가 서로 상쇄되는 현상이 나타나므로, 이 부분을 통해 위상 문제를 식별할 수 있습니다.

● **초기 오실로스코프 방식** : Goniometer의 개념은 초기의 2채널 오실로스코프에서 비롯되었습니다. 사용자는 왼쪽과 오른쪽 채널을 X와 Y 입력에 연결하고, 디스플레이를 45° 로 기울여 스테레오 신호의 위상 변화를 시각적으로 확인할 수 있었습니다. 이 방식은 위상을 분석하는 데 유용한 자료를 제공했습니다.

● **디스플레이 특징** : Goniometer에서는 트레이스(흔적선)가 천천히 검은색으로 사라지는 방식을 채택하여 디스플레이 가독성을 높였습니다. 이렇게 함으로써 스테레오 신호의 변화를 더 잘 관찰할 수 있게 됩니다.

파라미터

● **Auto Gain** : 입력 신호가 낮을 경우 디스플레이의 가독성을 향상시키기 위해 디스플레이 보상을 설정합니다. 자동 게인 설정을 10%로 설정하거나 끄기로 설정할 수 있습니다. 이 파라미터는 실제 오디오 레벨에 영향을 미치지 않고, 디스플레이 상에서의 레벨을 조정하는 데만 사용됩니다.

● **Decay** : Goniometer에서 신호 트레이스가 사라지는 속도를 설정합니다. 트레이스가 검은색으로 사라지는 시간을 결정하며, 이 설정을 통해 고니오미터의 디스플레이 가독성을 조정할 수 있습니다.

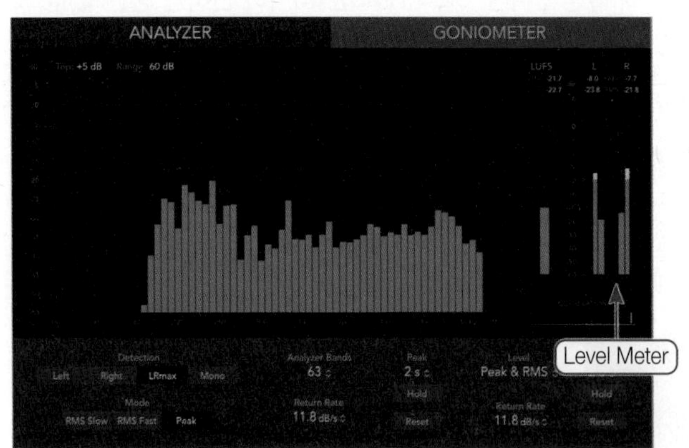

03 Level Meter는 오디오 신호의 실시간 레벨을 데시벨(dB) 스케일로 표시합니다. 이 미터는 오디오 신호의 강도를 시각적으로 확인할 수 있는 중요한 도구입니다.

● **신호 레벨** : 현재 신호의 레벨을 파란색, 신호가 0dB에 가까워지면 노란색, 신호 레벨이 0dB을 초과할 때, 즉 클리핑이 발생할 때 빨간색 막대로 표시합니다.

● **Peak 및 RMS 레벨** : 실효값(RMS)은 짙은 파란색 막대로 표시됩니다. 이는 평균적인 신호 레벨을 의미하며, 피크 레벨은 짙은 파란색 막대로 신호의 순간적인 최고치를 나타냅니다.

● **Peak 및 RMS 필드** : 각 레벨은 숫자(dB) 로 표시되며, 신호의 피크와 RMS 값을 실시간으로 보여줍니다. 디스플레이를 클릭하여 값을 초기화할 수 있습니다.

● **레벨 표시 모드** : Level 팝업 메뉴에서 다음과 같은 모드를 선택하여 레벨 표시 방식을 결정할 수 있습니다:

Peak: 피크 레벨을 정확하게 표시

RMS : RMS 레벨을 표시

Peak & RMS : 피크와 RMS를 동시에 표시

True Peak : 인터폴레이트된 샘플 값을 표시

True Peak & RMS : True Peak와 RMS를 동시에 표시

● **Return Rate** : 메뉴에서 피크 레벨이 0 또는 수신된 신호 레벨로 돌아오는 속도를 설정할 수 있습니다. 이는 초당 dB로 표현됩니다.

● **Hold** : 최근 피크 레벨을 표시하는 작은 세그먼트가 나타납니다. 이 버튼은 Level Meter와 Correlation Meter에 영향을 미칩니다. Level Meter에서는 노란색의 작은 세그먼트로 최근 피크 레벨을 표시합니다.

● **Reset** : Level Meter의 모든 값을 재설정할 수 있습니다.

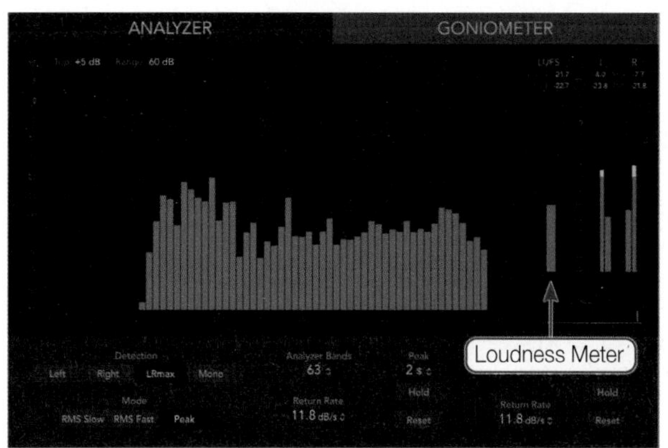

04 Loudness Meter는 인지된 신호 레벨을 측정하며, 주로 믹싱과 마스터링 시에 라우드니스(Loudness)를 조절하는 데 유용한 도구입니다. 이는 인간의 청력으로 감지할 수 있는 소리의 강도를 나타냅니다.

- LUFS (Loudness Units Full Scale) : 라우드니스는 LUFS로 측정됩니다. 각 LU는 1dB에 해당합니다. 이 값은 오디오의 인지된 볼륨을 나타내며, 방송 표준인 AES 128 규격을 준수합니다.
- LU-I (Integrated) : 프로그램 자료의 시작부터 끝까지 인지된 전체 라우드니스 레벨을 나타냅니다. 이는 전체 트랙의 평균적인 라우드니스 수준을 제공합니다.
- LU-S (Short Term) : 최근 3초 동안의 라우드니스 변화를 나타냅니다. 이는 트랙에서 짧은 시간 동안의 라우드니스 변동을 빠르게 분석하는 데 유용합니다.

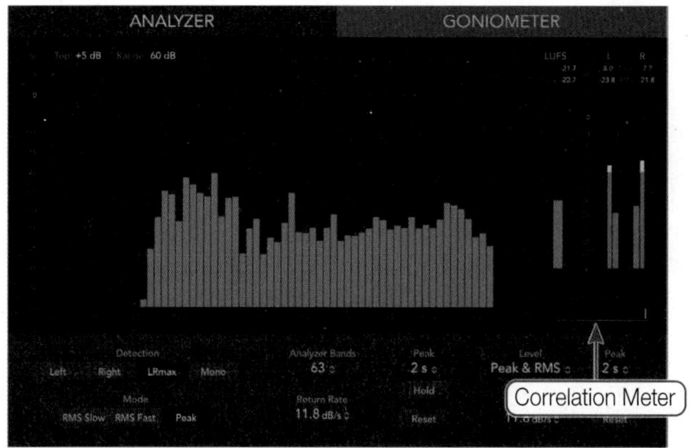

05 Correlation Meter는 위상 문제를 미리 발견하여 스테레오 신호가 모노 환경에서도 잘 들리도록 만들 수 있습니다. 특히, 믹싱과 마스터링 시에는 스테레오 이미지를 효과적으로 관리하고, 모노 호환성이 중요한 방송, 유튜브 등에서 사용될 때 유용합니다.

Correlation Meter는 왼쪽(L)과 오른쪽(R) 채널이 얼마나 유사한지 또는 차이가 나는지를 측정합니다. 이 값은 0에서 +1까지의 스케일로 표시되며, +1은 완전한 위상 일치를 의미하고, 0은 전혀 상관 관계가 없는 상태를 의미합니다. 이를 통해, 스테레오 신호가 모노로 변환되었을 때 발생할 수 있는 위상 문제를 탐지할 수 있습니다.

- +1: 100% 위상 일치를 의미합니다. 왼쪽(L)과 오른쪽(R) 채널이 완전히 동일한 신호를 가진 경우로 두 채널은 완전한 동기화 상태이며, 모노 신호와 동일하게 들립니다. 즉, 완전한 위상 일치를 의미합니다.

● **0** : 최고로 허용 가능한 왼쪽/오른쪽 디버전스를 나타냅니다. 광범위한 스테레오 효과를 제공하며, 두 채널이 약간의 위상 차이를 가지더라도 스테레오 효과가 잘 유지됩니다. 하지만 이 값이 0인 상태는 스테레오 신호의 위상이 크게 어긋나지 않음을 의미합니다. 이 상태에서는 여전히 스테레오 느낌이 잘 들리며, 위상이 크게 어긋나지 않음을 알 수 있습니다.

● **0에서 -1 사이** : 이 값이 왼쪽으로 이동할수록 위상 차이가 커진다는 의미입니다. 위상 어긋남이 존재하는 경우입니다. 예를 들어, 두 채널이 상반된 위상을 가지면, 모노 신호로 변환했을 때 캔슬레이션이 일어나 소리가 사라지거나 왜곡됩니다. 음악이 모노 환경에서 들릴 때는 왼쪽/오른쪽 신호가 완전히 병합되면서 일부 주파수가 상쇄될 수 있습니다. 이 현상은 모노 호환성 문제로 이어질 수 있습니다.

● **0에서 +1 사이** : 스테레오 신호가 모노 호환성을 띄고 있다는 뜻입니다. 이는 왼쪽과 오른쪽 채널이 비슷하게 들리지만, 완벽하게 동일하지 않아서 모노 스피커에서 잘 들린다는 의미입니다. 위상 차이가 거의 없거나 적어서 모노에서 사라지지 않는 신호를 말합니다.

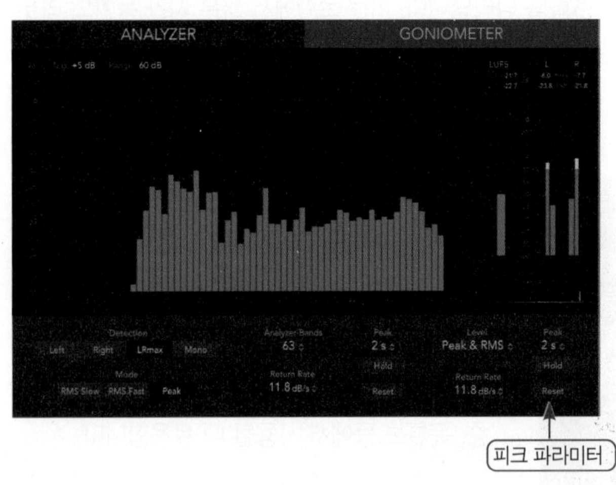

06 피크 파라미터는 신호의 최고치를 측정하는 기능입니다. 이 피크 값을 확인하면 과도한 신호(클리핑)이 발생하지 않는지 알 수 있습니다.

● **Peak** : 각 측정 도구에 대해 피크가 나타날 때까지 기다리는 시간을 설정할 수 있습니다. 예를 들어, 피크가 발생하고 2초, 4초, 6초 또는 무한 시간 동안 기다리게 설정할 수 있습니다. 선택한 시간이 지나면 피크를 감지하고 표시합니다.

● **Hold** : 피크 값이 기록되어 화면에 고정됩니다. 이 기능을 통해 최근 피크 레벨을 쉽게 확인할 수 있습니다. Analyzer 모드에서는 각 1/3 옥타브 레벨 막대 위에 최근 피크가 나타나며, Goniometer 모드에서는 피크가 대기 상태로 표시됩니다.

● **Reset** : 모든 측정 도구의 피크 값이 초기화하여 피크 값을 다시 측정할 수 있습니다.

● **Return Rate** : 분석한 신호가 최대 레벨에서 0 또는 다른 신호로 돌아오는 속도를 설정합니다. 이 속도는 초당 dB로 표현됩니다.

2 BPM Counter

BPM Counter는 오디오 신호에서 템포(BPM)를 분석하는 플러그인입니다. 이 도구는 입력 신호의 트랜지언트를 감지하여 템포를 계산합니다. 트랜지언트는 오디오 신호에서 매우 빠르고 비주기적인 변화로, 보통 어택 부분에 존재하며, 이 트랜지언트가 명확할수록 BPM을 쉽게 감지할 수 있습니다.

BPM Counter는 템포를 자동으로 감지하고, 이를 정확하게 분석하여 믹싱이나 마스터링 작업 시 유용한 도구가 됩니다. 템포가 일정하지 않거나 변화하는 곡에서도 이를 실시간으로 추적하고 반영해주므로, 작업에 필요한 정확한 BPM을 파악하는 데 도움이 됩니다.

● **BPM Counter** : 오디오 신호의 템포를 BPM으로 분석하여 숫자 디스플레이에 표시합니다. 이 숫자 디스플레이를 클릭하면 템포 분석이 재설정됩니다.

● **LED 표시** : 템포 분석이 진행 중일 때는 LED가 깜빡입니다. 분석이 완료되면 LED가 켜지며 숫자 디스플레이에 최종 템포가 나타납니다. 측정 범위는 80~160 BPM으로 측정된 템포는 소수점 한 자리까지 정확히 표시됩니다.

● **BPM 변동 감지** : BPM Counter는 템포가 변하는 경우도 감지하여 이를 반영하려 시도합니다. 분석 중에는 LED가 깜빡이며, 새로운 고정 템포를 감지하면 LED 깜빡임이 멈추고 새로운 템포가 표시됩니다.

● **:2 및 x 2 버튼** : 표시된 템포를 절반(0.5배) 또는 두 배(2배)로 설정할 수 있습니다. 예를 들어, 120 BPM을 분석했다면, :2 버튼을 클릭하여 60 BPM, x2 버튼을 클릭하여 240 BPM으로 템포를 변경할 수 있습니다.

※ 템포 분석에 어려움이 있을 수 있는 경우

퍼커시브 드럼 및 리듬 악기(예: 베이스라인)는 템포 분석에 적합합니다. 그러나 패드 사운드나 느리게 변화하는 음향은 템포 분석이 어려울 수 있습니다. 이런 소리들은 트랜지언트가 명확하지 않아서 BPM 감지가 어려워집니다.

3 그 밖의 측정 도구

로직은 오디오 작업에서 중요한 여러 요소들을 측정할 수 있는 다양한 미터를 제공합니다. 위상 문제를 측정할 수 있는 Correlation Meter, 레벨을 측정할 수 있는 Level Meter, 라우드니스를 측정할 수 있는 Loudness Meter를 개별적으로 제공합니다. 일반적으로 믹싱과 마스터링 작업을 진행할 때는 이들 모두를 한 창에서 확인할 수 있는 MultiMeter를 사용하지만, 필요에 따라 개별적으로 이용할 수도 있습니다.

Correlation Meter

Correlation Meter는 스테레오 신호의 위상 상관 관계를 시각적으로 표시하는 도구입니다. 이 미터를 사용하면 스테레오 믹스에서 왼쪽(L)과 오른쪽(R) 채널 간의 위상이 얼마나 일치하는지, 또는 얼마나 차이가 나는지를 확인할 수 있습니다. 이를 통해 믹스의 스테레오 이미지가 넓은지, 아니면 좁은 모노 이미지처럼 들리는지를 알 수 있습니다.

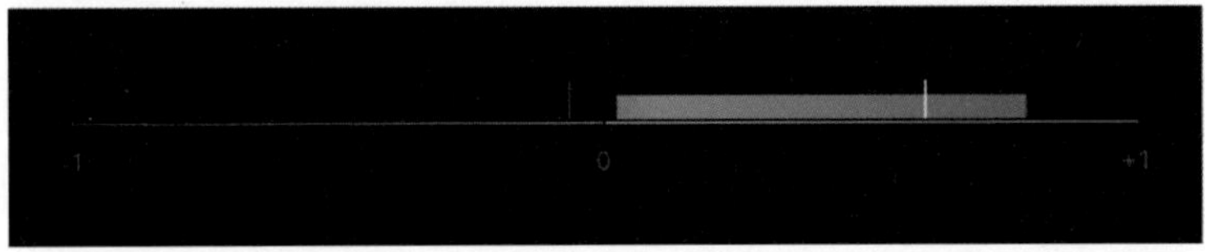

Level Meter

Level Meter는 현재 오디오 신호의 레벨을 데시벨(dB) 스케일로 표시하는 도구입니다. 이 미터는 신호의 크기를 시각적으로 확인하는 데 유용하며, 각 채널의 신호 레벨은 파란색 막대로 표시됩니다. 0dB에 가까운 신호는 노란색 막대로 나타내며, 0dB을 초과하는 경우, 빨간색으로 표시되어 클리핑을 경고합니다.

스테레오 신호에 대한 Level Meter는 좌측과 우측 채널에 대해 독립적인 두 개의 막대를 표시합니다. 반면, 모노 인스턴스는 단 하나의 막대만 표시하여 한 채널의 신호 레벨을 보여줍니다. 또한, 서라운드 신호의 경우 각 채널별로 막대를 표시하여 서라운드 믹스 내에서 각 채널의 레벨을 확인할 수 있게 합니다. 이를 통해 여러 채널의 신호 레벨을 한눈에 볼 수 있으며, 믹싱 작업에서 신호의 균형을 맞추는 데 도움이 됩니다.

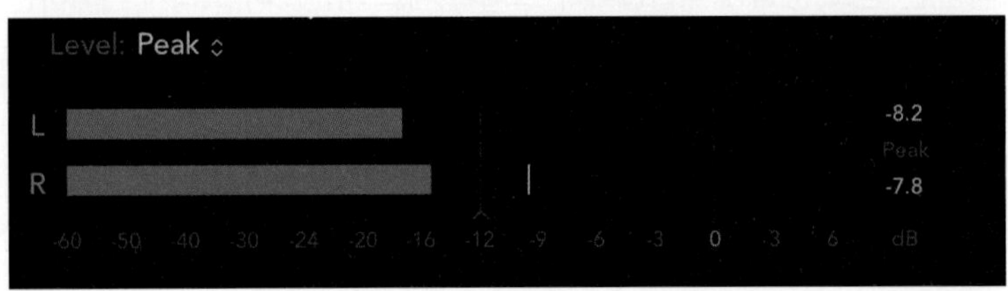

Loudness Meter

Loudness Meter는 순간적인 단기 통합 라우드니스 레벨을 표시하는 도구로 인간이 실제로 감지할 수 있는 신호의 인지된 레벨을 나타냅니다. 이는 믹싱이나 마스터링 작업에서 매우 유용한 레퍼런스 도구로 특히 방송이나 스트리밍 콘텐츠의 최적화에 중요합니다.

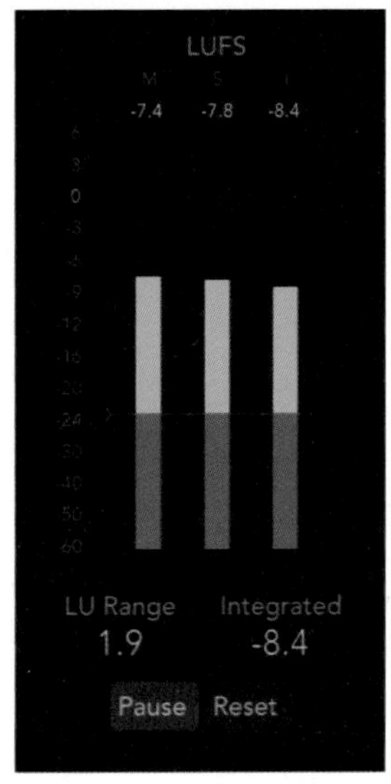

이 미터는 EBU R 128 규격을 준수하며, 라우드니스는 LUFS (Loudness Units Full Scale) 단위로 측정됩니다. 1 LUFS는 1 데시벨(dB)에 해당하며, 이 값을 통해 음향의 인지된 볼륨을 정확하게 측정하고 조정할 수 있습니다.

라우드니스 측정은 단순히 신호의 크기만을 측정하는 것이 아니라, 인간의 청각 특성을 반영하여 음의 질감과 감지된 강도를 바탕으로 레벨을 평가하는 방식을 사용합니다. 이 덕분에 Loudness Meter는 음악, 영화, 방송 등 다양한 미디어의 오디오 품질을 더욱 정밀하게 관리할 수 있도록 도와줍니다.

4 Tuner

Tuner는 시스템에 연결된 악기의 튜닝을 돕는 플러그인입니다. 이를 통해 외부 악기를 레코딩하거나 소프트웨어 악기, 샘플과 일관되게 맞출 수 있습니다.

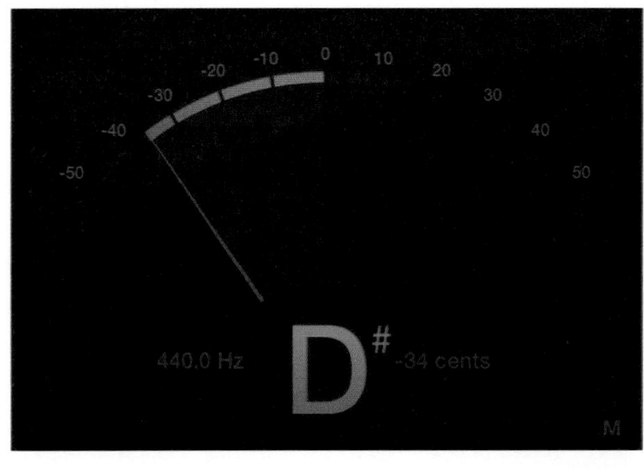

그래픽 튜닝 디스플레이는 노트의 피치를 센트 단위로 표시하며, 중앙에 표시되면 정확한 튜닝을 의미합니다.

Reference Tuning 필드에서 기준 피치를 설정할 수 있으며, 기본값은 440Hz의 A 노트입니다. 음소거 버튼을 통해 튜닝 중 신호 방해를 없앨 수 있고, 보기 팝업 메뉴에서는 디스플레이 방향과 크기를 조정할 수 있습니다.

MP3 음원 만들기

믹싱과 마스터링이 완료되면, 프로젝트 바운스 기능을 통해 MP3 파일과 오디오 CD 제작을 위한 16bit, 44.1kHz 스테레오 PCM 파일을 즉시 생성할 수 있습니다. 또한, 영상 사운드 포맷으로 널리 사용되는 AAC 코덱 기반의 M4A 파일 제작도 지원하며, 요즘에는 드물지만, DVD 멀티 레코더를 사용하고 있다면 집에서 CD 및 DVD도 직접 제작할 수 있습니다.

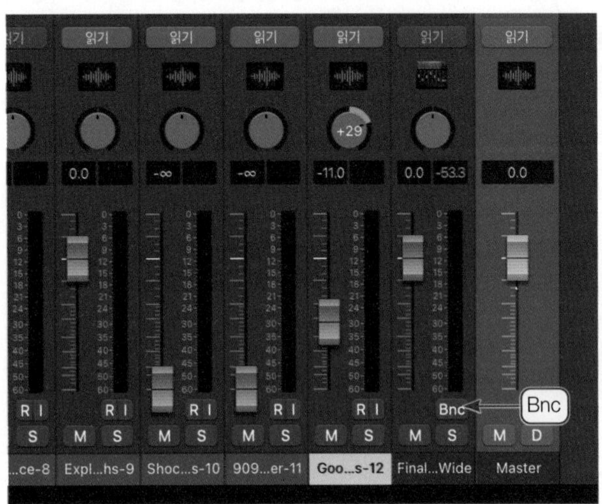

01 믹싱과 마스터링 작업이 끝나면, 프로젝트 창에서 Command+A 키를 눌러 모든 리전을 선택합니다. 그리고 출력 채널의 Bnc 버튼을 클릭합니다.

> **TIP** 파일 메뉴의 바운스에서 프로젝트 또는 섹션을 선택하거나 단축키 Command+B를 눌러도 좋습니다.

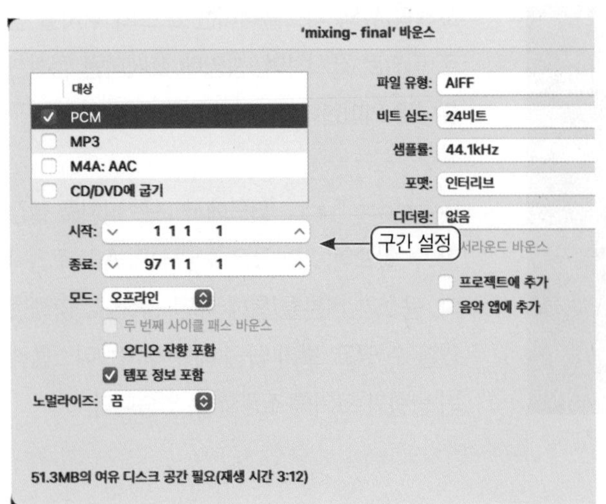

02 바운스 할 파일 포맷과 구간 등을 선택할 수 있는 창이 열립니다. 시작과 종료는 바운스 구간을 의미합니다. 창을 열기 전에 Commad+A 키를 눌러 모든 리전을 선택했던 이유입니다.

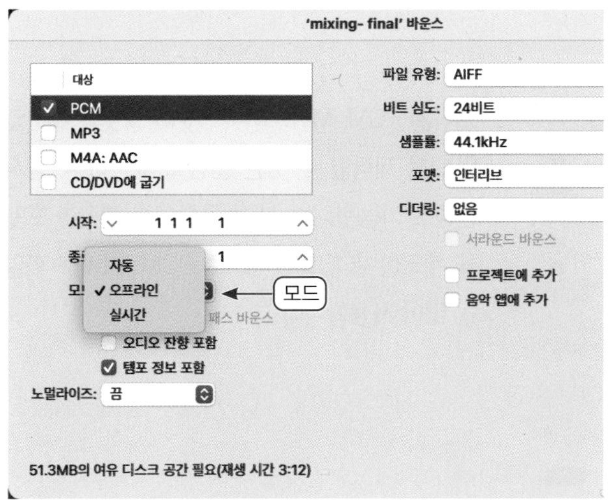

03 모드는 바운스 음악을 모니터 할 수 있는 실시간과 모니터 하지 않는 오프라인, 그리고 자동이 있습니다. 일반적으로 오프라인을 사용하지만, 실수를 피하기 위해 실시간으로 처리하는 것도 좋습니다.

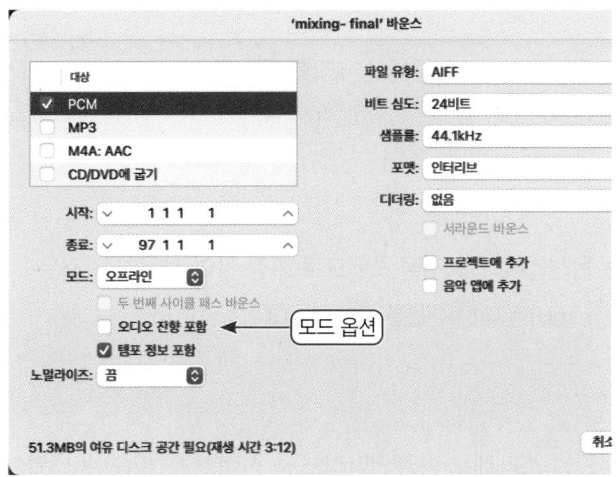

04 모드 옵션은 두 번째 반복부터 바운스 파일을 생성하게 하는 실시간 모드 옵션과 오디오 잔향 및 템포 정보를 포함시킬 것인지 선택할 수 있습니다. 일반적으로 오디오 잔향을 포함합니다.

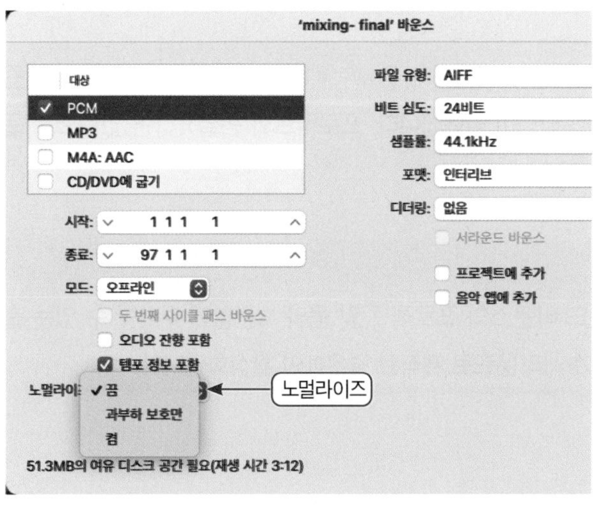

05 노멀라이즈 옵션은 바운스 하는 음악의 볼륨을 최대화로 키울 것인지를 선택합니다. 피크 점을 기준으로 하는 과부하 보호만와 전체 레벨을 기준으로 하는 켬이 있지만, 권장하지 않습니다.

PCM 제작 옵션

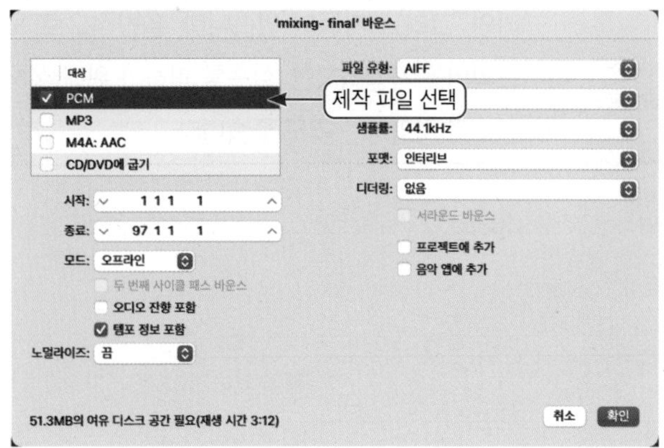

로직은 PCM, MP3, M4A: AAC 포맷과 CD 및 DVD를 제작할 수 있는 옵션을 제공하며, 동시 진행도 가능합니다. 대상 목록에서 제작할 포맷을 체크합니다. 일반적으로 PCM과 MP3 파일을 많이 사용합니다.

● **파일 유형**

맥 표준의 AIFF와 윈도우 표준의 Wave, 그리고 애플 플랫폼의 CAF 중에서 제작할 오디오 파일의 유형을 선택할 수 있습니다.

● **비트 심도/샘플률**

비트 심도와 샘플률은 PCM 파일의 음질을 결정하는 옵션입니다. 디지털 포맷으로 가장 많이 사용하는 것은 24비트/48KHz 이지만, 오디오 CD 제작을 위한 것이라면 16비트/44.1KHz를 선택합니다.

● **포맷**

스테레오 믹스의 왼쪽 및 오른쪽 채널을 분할하거나 단일 스테레오 파일(인터리브)을 선택할 수 있습니다. 위상 교정 또는 영상 프로덕션 등의 특별한 목적 외에는 인터리브를 선택합니다.

● **디더링**

비트 심도 변환 과정에서 발생할 수 있는 잡음 처리 방법을 선택합니다. Pow-r #1~3, 그리고 UV22HR 알고리즘을 제공하며, 순서에 따라 처리 능력이 좋지만, 바운스 타임이 길어집니다. 프로젝트와 동일하다면 없음으로 둡니다.

● **출력**

서라운드 프로젝트의 채널 파일 제작을 위한 서라운드 바운스와 프로젝트 및 음악 보관함에 추가할 수 있는 출력 옵션을 제공합니다. 서라운드 바운스는 프로젝트가 서라운드로 제작된 경우에만 활성화됩니다.

MP3 제작 옵션

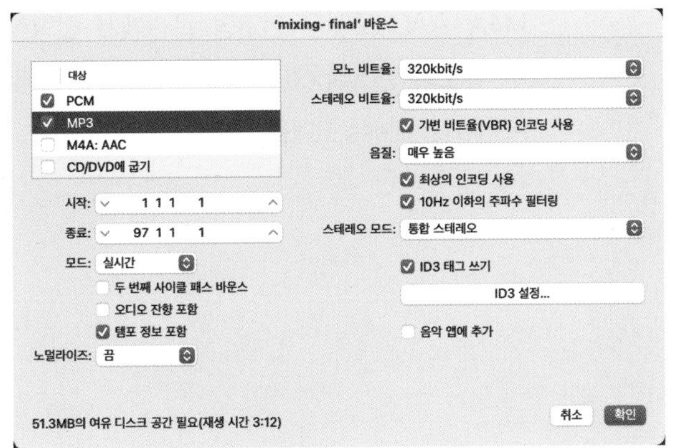

MP3 (MPEG-2, Audio Layer 3)는 Fraunhofer Institute에서 개발한 오디오 파일 형식으로, 뛰어난 압축률을 제공하면서도 합리적인 오디오 음질을 유지하는 것이 특징입니다. 현재 인터넷 음악 파일의 표준으로 사용되고 있습니다.

● **모노 /스테레오 비트율**

MP3 파일의 음질을 결정하는 것은 비트율입니다. 모노 및 스테레오 스트림을 각각 설정할 수 있으며, 일반적으로 320kbit/s를 많이 사용합니다.

● **가변 비트율(VBR) 인코딩 사용**

MP3 파일을 만들 때 음향적으로 단순한 구간을 더 많이 압축하여 용량을 줄일 수 있는 가변 비트율(VBR) 인코딩 사용 옵션을 제공하지만, 잘 사용하지 않습니다.

● **음질**

음질을 선택할 수 있는 메뉴와 옵션을 제공합니다. 당연히 음질은 매우 높음을 권장합니다. 그리고 최상의 인코딩 사용과 10Hz 이하의 주파수 필터링 옵션도 모두 체크하는 것이 좋습니다.

● **스테레오 모드**

파일을 제작할 때 사용하는 엔진을 선택하는 옵션입니다. 통합은 왼쪽과 오른쪽 채널을 통합하여 압축률을 높이고, 일반은 채널을 그대로 유지합니다. 결과물은 큰 차이는 없으므로, 기본값을 그대로 사용해도 좋습니다.

● **ID 태그 쓰기**

옵션을 체크하면, 곡 제목, 작곡가, 제작자 등의 정보를 포함시킬 수 있습니다. 정보는 ID3 설정 버튼을 클릭하여 입력할 수 있습니다.

M4A:AAC 제작 옵션

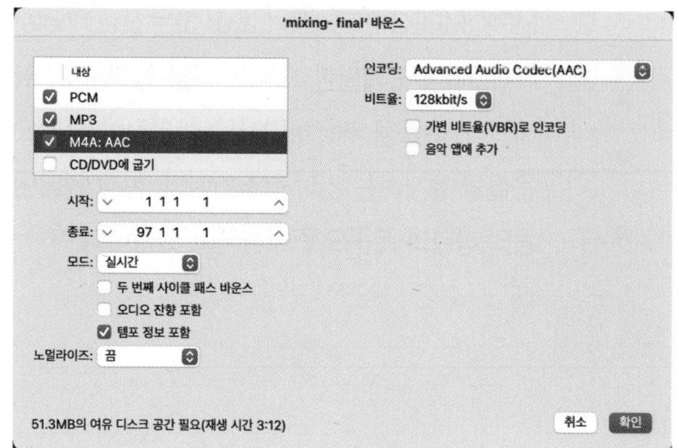

M4A: AAC 포맷은 인코딩 옵션에서 선택할 수 있으며, Advancd Audio Codex(AAC) 및 Apple Lossless 코덱을 지원합니다.

- **Advancd Audio Codex(AAC)**

M4A 파일의 주요 오디오 코덱으로 MP3 보다 효율적인 압축 알고리즘을 사용하여 동일한 비트율에서 더 나은 음질을 제공합니다. 이 포맷은 주로 인터넷 스트리밍과 모바일 기기에서 널리 사용됩니다.

- **Apple Lossless Audio Codec (ALAC)**

애플이 개발한 무손실 오디오 압축 포맷입니다. ALAC는 오디오 파일을 압축할 때 음질 손실 없이 원본 사운드를 그대로 유지할 수 있는 포맷으로 압축된 파일을 다시 복원해도 원본과 동일한 품질을 제공합니다.

- **M4A 파일**

이 두 인코딩 알고리즘(AAC 또는 Apple Lossless)은 .m4a 파일로 저장되며, MP4 포맷의 오디오 파일 형식입니다. m4a 파일은 압축률이 높으면서도 뛰어난 음질을 제공하는 점에서 많이 사용됩니다.

- **비트율**

AAC 포맷을 사용할 경우, 비트율은 16kbit/s에서 320kbit/s 사이에서 선택할 수 있습니다. 더 높은 비트율을 선택할수록 음질은 개선되지만, 파일 크기도 커집니다.

- **가변 비트율(VBR) 인코딩**

VBR 인코딩은 음향적으로 단순한 부분을 더 많이 압축하고, 복잡한 부분은 덜 압축하여 효율적으로 음질을 개선합니다. 이 옵션은 기본적으로 꺼져 있지만, 대상 청취자가 VBR을 지원하는 경우 활성화할 수 있습니다.

- **음악 앱에 추가**

.m4a 파일을 Apple Music과 같은 음악 보관함에 추가하려면 이 체크박스를 선택합니다.

CD/DVD에 굽기 옵션

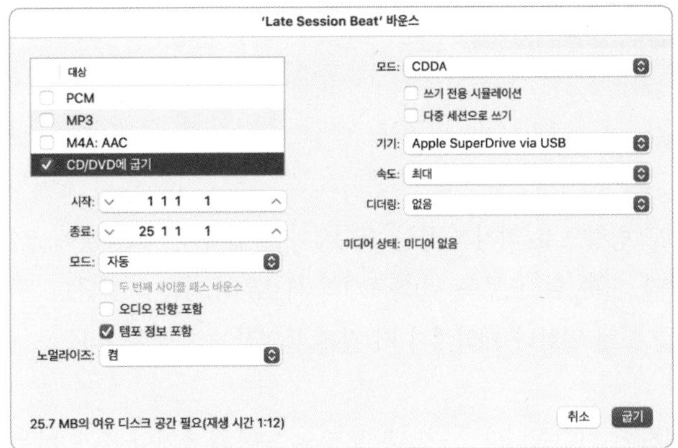

프로젝트를 오디오 파일로 바운스하는 것 외에도 DVD 멀티 레코더가 있다면 프로젝트를 CD나 DVD로 직접 제작할 수 있는 기능을 제공합니다. 사실, 요즘에는 CD나 DVD와 같은 물리적인 미디어는 거의 사용되지 않지만, 여전히 특정 사용자나 목적에는 필요한 기능이 될 수 있습니다.

● 모드

CD 제작을 위한 CDDA (CD Digital Audio) 또는 DVD 제작을 위한 DVDA (DVD Audio) 중에서 선택합니다.

● 모드 옵션

쓰기 전용 시뮬레이션 : 실제로 디스크에 데이터를 쓰지 않고 CD/DVD 굽기를 시뮬레이션합니다. 이 옵션을 사용하면 실제로 디스크에 데이터를 쓰지 않으므로, 실수로 데이터를 손상시키지 않도록 할 수 있습니다.
다중 세션으로 쓰기 : CDDA 모드에서만 사용할 수 있는 옵션으로, 한 장의 CD에 여러 세션을 추가할 수 있습니다. 예를 들어, 프로젝트 파일 외에 다른 데이터를 추가할 수 있습니다.

● 기기

컴퓨터에 연결된 내장 광학 디스크 드라이브 또는 외부 디스크 굽기 장비를 선택합니다.

● 속도

디스크 굽기 속도를 선택합니다. 이 속도는 디스크 굽기 장비의 성능에 따라 다를 수 있습니다. 처음 메뉴를 열면 로직 프로가 디스크 굽기 장비의 지원 가능한 속도를 쿼리하여 보여줍니다.

● 디더링

디더링 알고리즘을 선택합니다. 디더링은 파일을 다운샘플링할 때 발생할 수 있는 잡음을 줄여주는 과정입니다.

LESSON 08 돌비 애트모스

서라운드 사운드는 여러 스피커를 사용해 소리를 360도 방향으로 퍼지게 하는 오디오 기술입니다. 예를 들어, 5.1 서라운드 시스템은 5개의 주요 스피커(왼쪽, 오른쪽, 중앙, 왼쪽 뒤, 오른쪽 뒤)와 1개의 서브우퍼(저음을 담당)로 구성되어 실제 공간에 있는 듯한 소리를 재현합니다. 이를 통해 영화나 게임에서 더 깊은 몰입감을 제공합니다.

Dolby Atmos는 기존 서라운드 사운드 시스템과 차별화된 기술입니다. 가장 큰 특징은 높이를 추가할 수 있다는 점으로 이를 통해 기존의 2D 공간을 넘어 3D 공간을 경험할 수 있게 해줍니다. 예를 들어, 5.1.2 형식은 기존 5.1 서라운드에 2개의 천장 스피커를 추가하여 소리가 좌우와 앞뒤뿐만 아니라 위아래로도 이동할 수 있게 만듭니다. 이를 통해 소리가 위에서 내려오는 느낌을 구현할 수 있어 더욱 몰입감 있는 3D 공간 오디오 경험을 제공합니다.

Dolby Atmos는 몰입형 서라운드 형식으로 최대 128개 채널을 지원하며, 이는 3D 공간에서 소리가 자유롭게 움직일 수 있다는 것을 의미합니다. 반면, Spatial Audio는 Apple이 사용하는 용어로 Apple Music이나 Apple TV에서 Dolby Atmos를 경험할 수 있는 기능입니다. Logic Pro에서는 Dolby Atmos를 지원하며, 공간 오디오로 믹싱된 오디오를 바이노럴(헤드폰에서 3D 효과를 느끼게 해주는)로 변환하여 들을 수 있습니다.

Logic Pro에서 Dolby Atmos 믹싱을 할 때는 서라운드 패너를 사용하여 여러 개의 스피커를 설정하고, 높이 추가 기능을 통해 몰입감 있는 오디오를 만들 수 있습니다. 최종 믹스는 ADM BWF 형식으로 내보낼 수 있으며, 이는 방송용 오디오 형식으로 압축되지 않은 고품질 오디오 파일입니다.

▲ 7.1.4 돌비 애트모스 시스템 구성의 예

01 스테레오로 작업한 프로젝트는 대체 프로젝트를 만들거나 다른 이름으로 저장하고, 믹스 메뉴의 Dolby Atmos를 선택합니다.

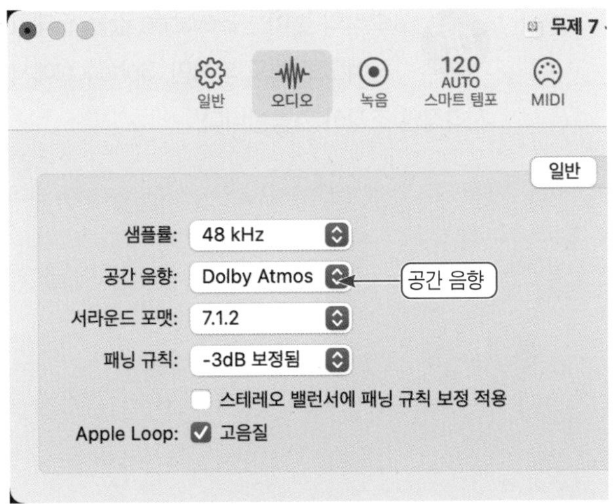

02 공간 음향에서 Dolby Atmos를 선택하면 프로젝트가 서라운드 포맷으로 변경됩니다. 참고로 Dolby Atmos는 샘플률이 48KHz 이상이어야 하며, 버퍼 사이즈도 512 이상이 권장됩니다.

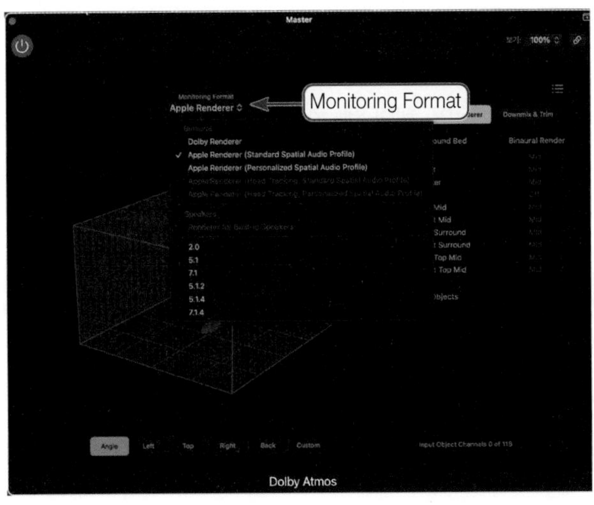

03 마스터 트랙에 장착된 Atmos 플러그인을 클릭하여 패널을 열고, 작업 환경에 어울리는 모니터 포맷을 선택합니다. 기본 설정은 표준 애플 제품의 Standard Spatial Audio Profile 입니다.

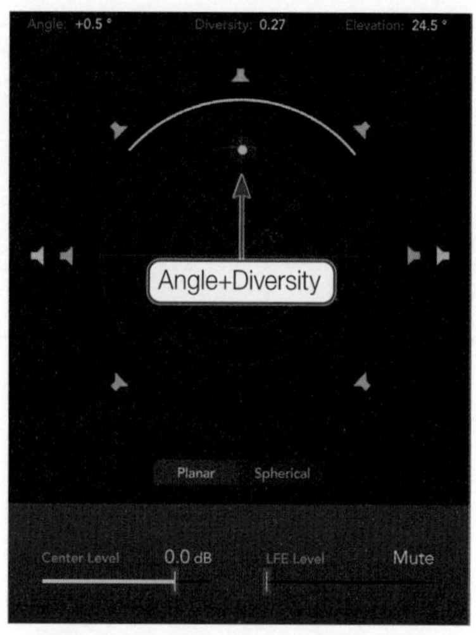

04 믹서의 패닝 항목을 더블 클릭하면 소리의 방향과 범위를 조정할 수 있는 서라운드 패너가 열립니다. 포인트를 드래그하여 위치와 범위를 조정할 수 있고, Center Level로 중앙 스피커의 레벨, LFE Level로 서브 우퍼의 레벨을 조정합니다.

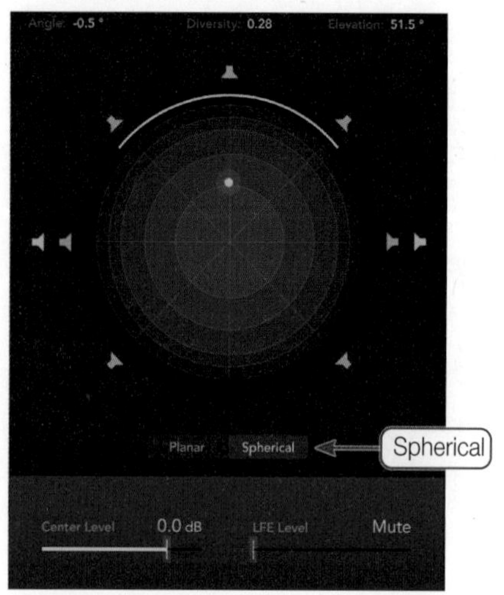

05 소리의 높이는 Elevation 값을 드래그하여 조정해도 되지만, Spherical에서 시각적인 조정이 가능합니다.

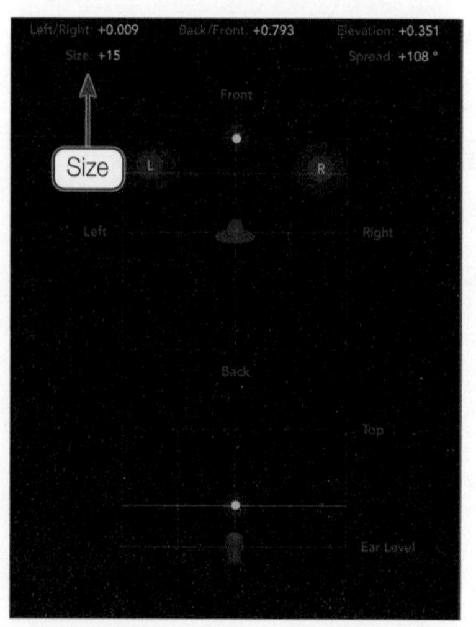

06 믹서 패닝 항목에서 단축 메뉴를 열고, 3D 오브젝트 패널 조절기를 선택하면, 해당 채널이 3D 오브젝트로 배치되며, 플러그인은 확산감(Size)을 조정할 수 있는 3D 오브젝트 타입으로 제공됩니다.

TIP Bed Objects는 10개의 서라운드 채널로 고정되어 있으며, 3D Objects는 최대 118개까지 추가하여 자유롭게 위치를 조정할 수 있습니다.

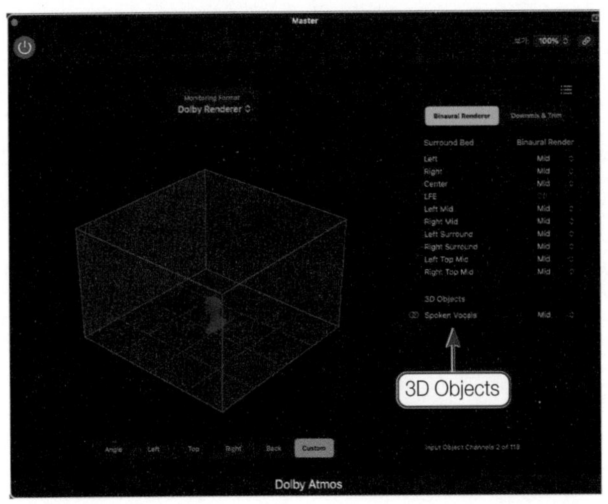

07 Atmos를 열어보면 3D Objects가 별도로 추가 되어 있는 것을 확인할 수 있습니다. 이는 Surround Bed를 우회하기 때문에 마스터 이펙트를 적용하려면 개별 처리가 필요하다는 의미입니다.

TIP 모니터링 포맷을 표준 Dolby Renderer로 설정하면, Binaural Render 옵션에서 각 채널의 거리감을 설정할 수 있습니다.

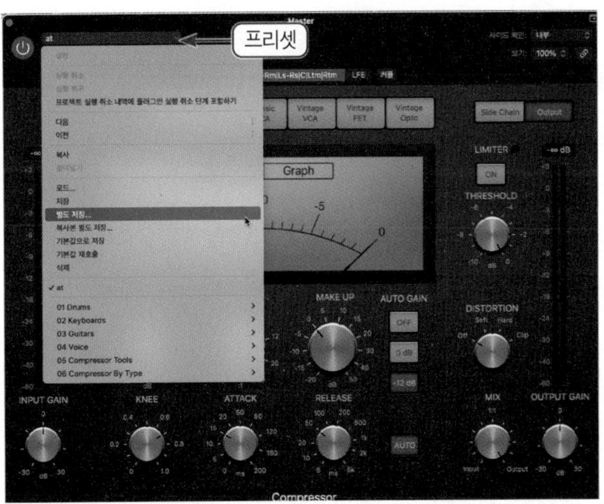

08 Atmos 마스터 채널의 플러그인은 3D Objects를 우회하므로, 이를 적용하려면 프리셋을 별도 저장해 사용해야 합니다. 또한, Aux로 묶을 수 없으므로 각 채널에 개별적으로 적용해야 합니다.

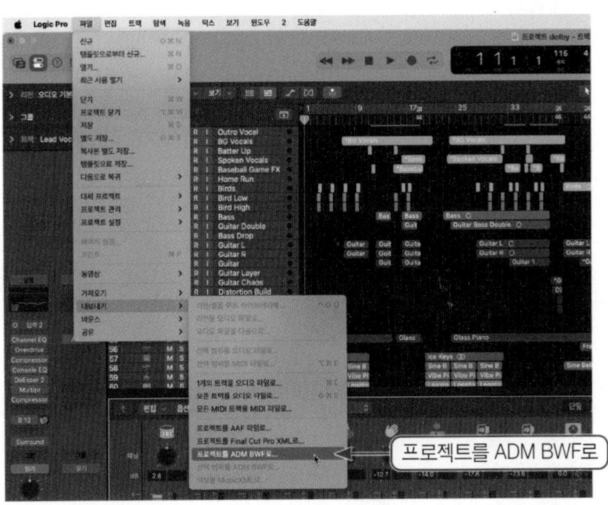

09 Dolby Atmos 음악은 파일 메뉴의 내보내기에서 프로젝트를 ADM BWF를 선택하여 제작할 수 있습니다.

TIP Dolby Atmos는 음악 시장에서 아직 보편화되지 않았지만, 애플 뮤직과 아마존 뮤직 등에서 지원되고 있으며, 새로운 시도가 가능한 기술입니다.

Logic Pro 11

11
PART

이펙트 플러그인

로직은 믹싱과 마스터링에서 필수적으로 사용되는 EQ와 컴프레서 외에도 창의적인 사운드 디자인을 위한 다양한 이펙트 플러그인들을 제공합니다. 각 플러그인은 개인의 작업 스타일과 목적에 따라 다채롭게 활용될 수 있지만, 기본적인 작동 원리를 이해하면 손쉽게 다룰 수 있습니다.

앰프와 페달

컴퓨터 음악을 공부하는 많은 사람들이 기본적으로 한두 가지 악기를 다룰 줄 압니다. 그 중에서도 특히 기타를 다루는 사람들이 많습니다. 그래서인지 로직은 기타 녹음을 할 때 필요한 앰프와 이펙트를 완벽하게 시뮬레이션할 수 있는 전용 트랙을 제공합니다. 덕분에 고가의 앰프나 이펙트를 따로 구매하지 않아도 기타 한 대와 오디오 인터페이스만 있으면, 집에서도 스튜디오처럼 풍부하고 전문적인 사운드를 녹음할 수 있습니다.

1 기타 또는 베이스 트랙

01 기타 또는 베이스를 오디오 인터페이스에 연결하여 레코딩할 때는 Hi-Z가 표기된 포트를 이용합니다. 제품에 따라 Inst로 표기되어 있는 경우도 있고, 각 기능을 활성화 시키는 스위치를 별도로 제공하는 것도 있습니다. 자세한 것은 제품 설명서를 참조합니다.

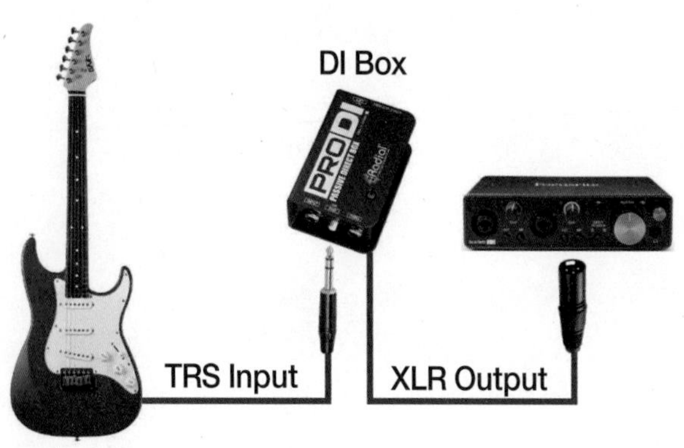

02 오디오 인터페이스에 Hi-Z 기능이 없는 제품이라면 다이렉트 박스(DI Box)라고 불리는 장치를 사용하여 연결할 수 있습니다. 이 경우 흔히 스테레오 잭이라고 불리는 TRS 케이블 또는 마이크 잭이라고 불리는 XLR 케이블을 사용합니다.

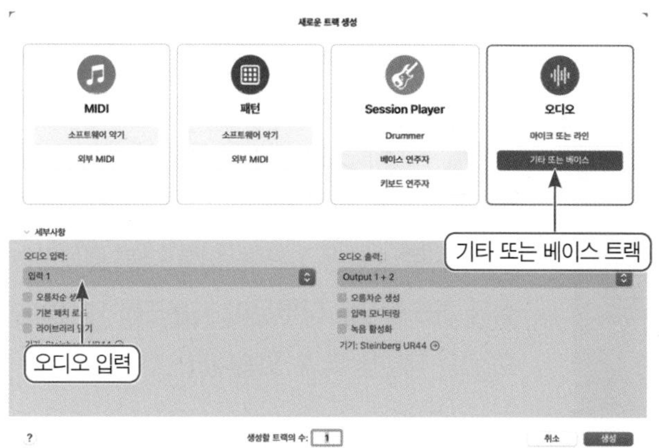

03 로직은 기타와 베이스 레코딩을 위한 전용 트랙을 제공합니다. 새로운 트랙 생성 창에서 기타 또는 베이스를 선택하고, 오디오 입력에서 악기가 연결되어 있는 입력 포트를 선택하여 트랙을 만듭니다.

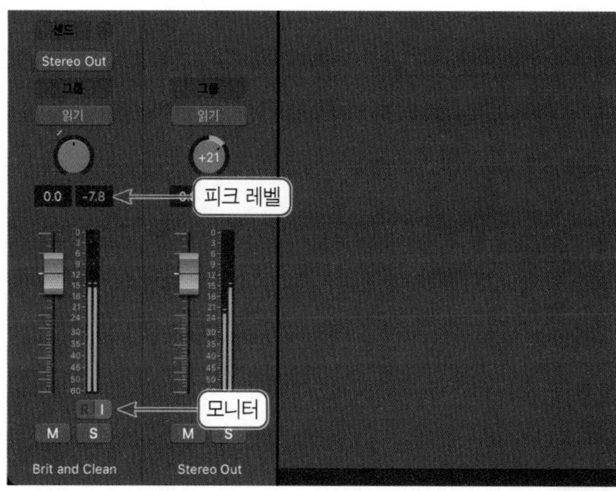

04 녹음은 가급적 크게하는 것이 좋습니다. 하지만 클리핑이 발생하면 안 됩니다. 트랙의 모니터 버튼을 On으로 하고 기타를 연주하면서 피크 레벨이 -3dB에서 -6dB이 넘지 않도록 오디오 인터페이스의 게인 레벨을 조정합니다.

05 기본 패치는 Clean 톤이지만, 라이브러리에서 패치를 선택하여 Crunch, Distorted 등의 톤으로 쉽게 변경할 수 있습니다. 라이브러리는 Y 키를 눌러 열거나 닫을 수 있습니다.

2 Amp Designer

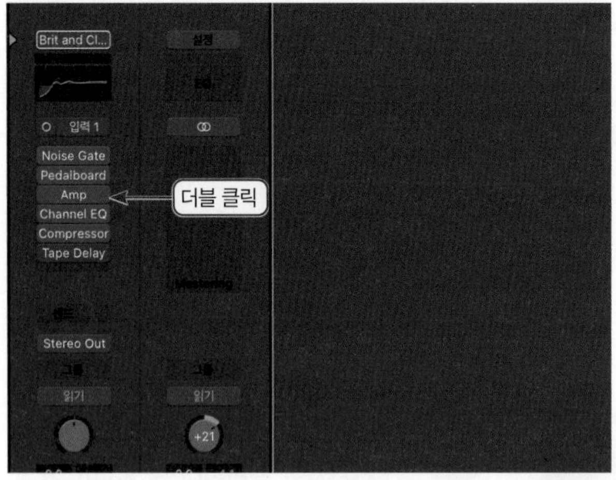

01 기타 또는 베이스 트랙의 오디오 FX 슬롯에는 기본적으로 Pedalboard와 Amp가 로딩 되어 있으며, 이를 더블 클릭하면 실제 하드웨어를 다루듯이 사운드를 디자인할 수 있는 패널을 열 수 있습니다.

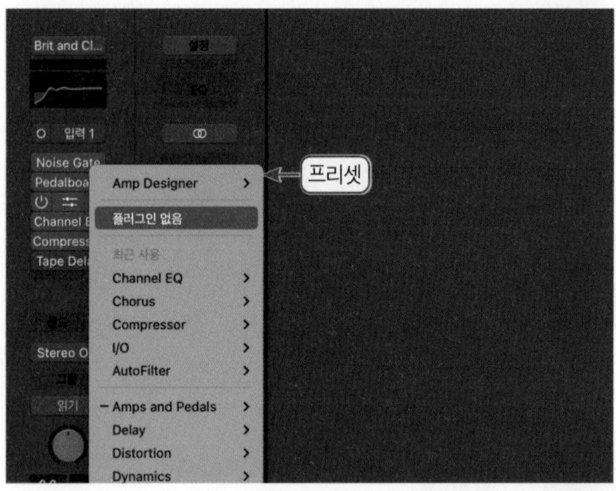

02 이펙트 이름 왼쪽의 전원 버튼을 클릭하면 해당 장치를 바이패스 시켜 적용 전/후의 사운드를 비교해볼 수 있으며, 제거를 할 때는 오른쪽을 클릭하면 열리는 메뉴에서 플러그인 없음을 선택합니다.

03 Amp Designer의 사운드를 가장 손쉽게 세팅하는 방법은 프리셋을 이용하는 것입니다. Clean, Crunch, Distorted 별도 다양한 프리셋을 제공합니다.

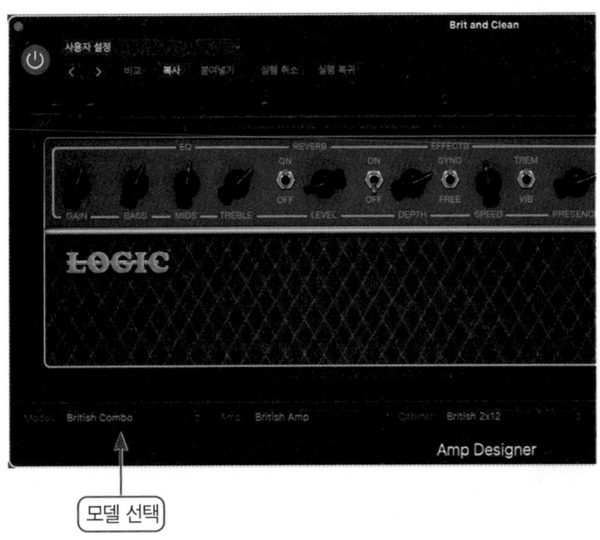

03 Model은 앰프, 캐비넷, 마이크 콤보 설정을 선택하며, 앰프, 캐비넷, 마이크 모델을 개별적으로 변경할 수 있습니다.

05 오른쪽 캐비넷 그림에 마우스를 가져가면, 마이크 위치를 변경할 수 있는 창이 열립니다. 실제로 마이크 위치에 따라 톤 변화가 심하게 달라지므로 다양한 시도를 해보길 바랍니다.

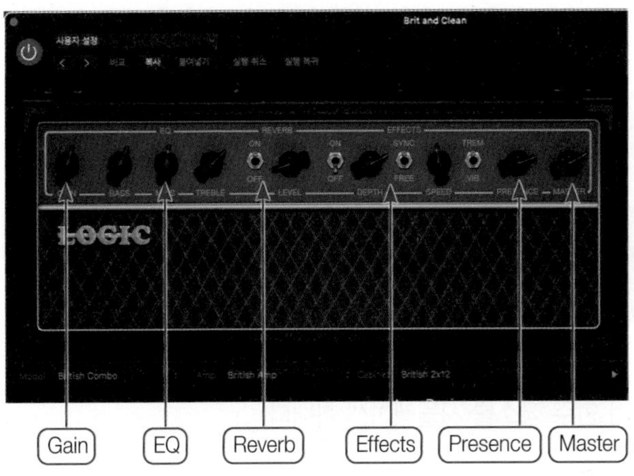

06 앰프는 모델에 상관없이 Gain, EQ, Reverb, Effects, Presence, Master 노브를 가지고 있으며, 기타 연주자들에게는 이미 익숙한 것들입니다.

● Gain : 기타의 입력 레벨을 조정합니다. 최적의 사운드를 구현하기 위해서는 기타의 볼륨을 최대로 놓고 조정하는 것이 요령입니다.

● EQ : 베이스 음역(Bass), 중음역(Mdis), 고음역(Treble)을 조정합니다. EQ 문자를 클릭하면, 밝은 톤(British Bright), 빈티지 톤(Vintage), 클래식 톤(U.S. Classic), 모던 톤(Modern), 부티크 톤(Boutique)을 선택할 수 있는 메뉴가 열립니다.

● Reverb : 리버브를 만드는 On/Off 스위치와 리버브 레벨을 조정하는 노브로 구성되어 있습니다. 리버브는 사운드의 잔향을 의미하며, 잔향 값에 따라 공간의 크기를 시뮬레이션 합니다. Reverb 문자를 클릭하여 프리셋을 선택할 수 있는 메뉴가 열립니다.

● Effects : 트레몰로(Trem) 또는 비브라토(Vib) 효과를 만듭니다. 트레몰로와 비브라토는 모두 음이 떨리는 효과를 만들지만, 트레몰로는 음량의 변화를 이용해서 만들고, 비브라토는 음정의 변화를 이용해서 만들기 때문에 결과물에는 큰 차이가 있습니다. Depth는 진동 폭, Speed는 진동 속도를 조정합니다. 진동 속도를 템포에 맞추겠다면, Sync/Free 스위치를 Sync로 올립니다. 그러면 Speed를 박자 단위로 조정할 수 있습니다.

● Presence : 중음역 이상의 주파수 범위를 조정하여 연주 장소를 시뮬레이션 합니다.
● Master : 사운드의 최종 출력 레벨을 조정합니다.

3 Pedalboard

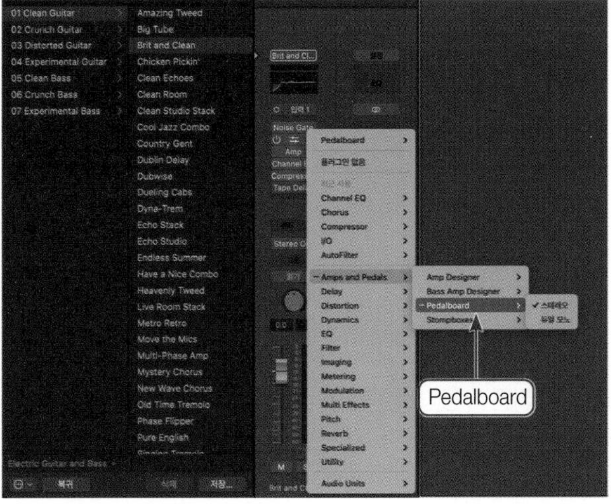

01 Audio FX 슬롯의 Pedalboard를 더블 클릭하면 실제 하드웨어를 다루는 것처럼 사운드를 디자인할 수 있는 페달보드를 열 수 있습니다. 오디오 트랙에 페달보드를 수동으로 추가할 때는 Audio FX 슬롯에서 Amp and Pedals의 Pedalboard를 선택합니다.

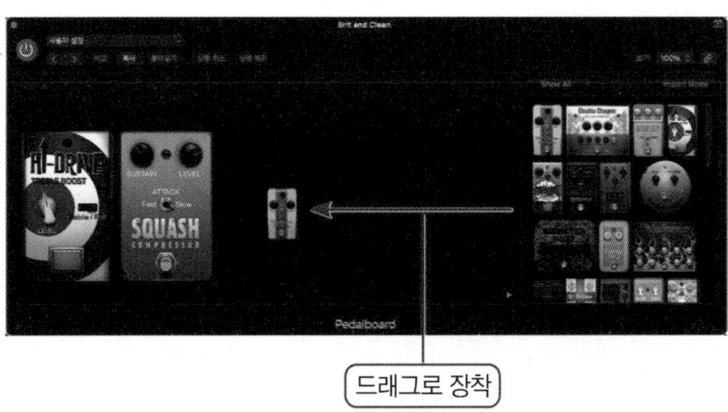

02 기타 연주자들에게 너무나 익숙한 페달보드는 실제 페달 이펙트를 구성하듯이 드래그하여 장착할 수 있습니다. 제거할 때는 보드 밖으로 드래그합니다.

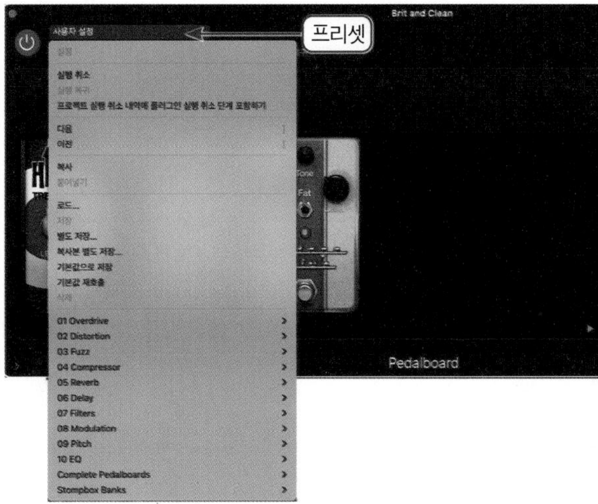

03 로직은 37가지의 페달을 제공하고 있지만, 각 페달의 세팅 값이나 연결 순서에 따라 결과가 달라지기 때문에 사운드를 디자인하는 것은 무제한입니다. 가장 쉬운 선택은 프리셋에서 시작하는 것입니다.

디스토션 페달

입력 사운드가 앰프의 출력 레벨의 한계를 넘어가면 사운드가 찌그러집니다. 이러한 현상을 임의로 발생시키는 장치가 디스토션이며, 메탈 음악에서는 빼놓을 수 없는 사운드입니다. 디스토션을 기준으로 강도가 약한 것은 오버드라이브(Overdrive), 강한 것은 퍼즈(Fuzz)로 구분하고 있지만, 모두 같은 계열입니다.

▷ Vintage Drive

전통적인 Overdrive 입니다. 사운드의 찌그러짐이 작아서 메탈 외에 블루스와 재즈 등의 다양한 장르에 이용됩니다.

Drive : 디스토션의 강도를 조정합니다.

Level : 출력 레벨을 조정합니다.

Tone : 톤을 조정합니다. 왼쪽으로 돌리면 저음, 오른쪽으로 돌리면 고음이 많아 집니다.

Fat : 디스토션을 증폭하는 스위치입니다.

Power : 장치의 사용 여부를 On/Off 합니다.

▷ Double Dragon

입/출력 레벨을 독립적으로 컨트롤 할 수 있는 고급 사양의 Overdrive 입니다.

Drive : 디스토션의 강도를 조정합니다.

Tone : 톤을 조정합니다.

Level : 출력 레벨을 조정합니다.

Input : 입력 레벨을 조정합니다.

Squash : 입력 사운드의 압축 레벨을 조정합니다.

Contour : 입력 사운드의 압축 비율을 조정합니다.

Mix : 입/출력 사운드의 비율을 조정합니다.

Fat : 디스토션의 증폭 및 밝은 톤 선택 스위치 입니다.

Power : 장치의 사용 여부를 On/Off 합니다.

▷ Grinder

일반적인 Distortion 입니다. 메탈 음악에서는 거의 습관처럼 사용되고 있습니다.

Grind : 디스토션의 양을 조정합니다.

Filter : 톤을 조정합니다.

Level : 출력 레벨을 조정합니다.

Full/Scope : 디스토션이 적용되는 주파수 범위를 선택합니다. Full은 전체 범위, Scope는 Filter에서 선택한 주파수 범위입니다.

Power : 장치의 사용 여부를 On/Off 합니다.

▷ Hi-Drive

고음역만 디스토션을 걸 수 있는 스위치를 가지고 있습니다.

Level : 출력 레벨을 조정합니다.

Treble/Full : 디스토션이 적용되는 주파수 범위를 선택합니다. Treble은 고음역이며, Full은 전체 범위 입니다.

Power : 장치의 사용 여부를 On/Off 합니다.

▷ Rawk Distortion

Vintage Drive 보다 강렬한 사운드를 만들 수 있는 Overdrive 입니다.

Crunch : 디스토션의 강도를 조정합니다.

Level : 출력 레벨을 조정합니다.

Tone : 톤을 조정합니다.

Power : 장치의 사용 여부를 On/Off 합니다.

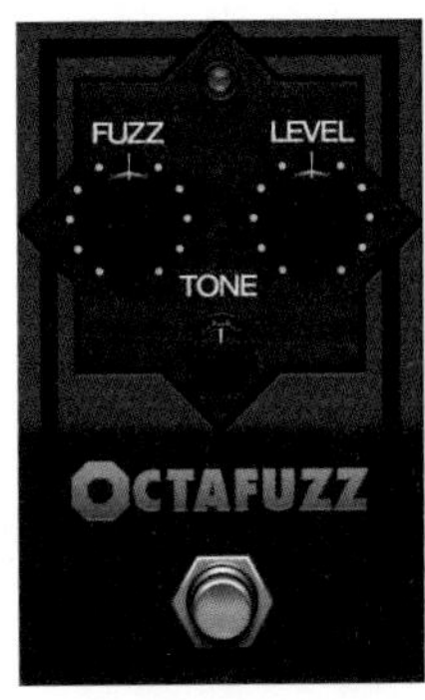

▷ Octafuzz

부드러운 색체감을 느낄 수 있는 Fuzz 입니다.

Fuzz : 디스토션의 강도를 조정합니다.

Level : 출력 레벨을 조정합니다.

Tone : 톤을 조정합니다.

Power : 장치의 사용 여부를 On/Off 합니다.

▷ Fuzz Machine

강렬한 디스토션 사운드를 얻기 위해서 사용되는 Fuzz 입니다. 해비메탈 연주를 즐기는 사용자라면 꼭 한 번 사용해보기 바랍니다.

Fuzz : 디스토션의 강도를 조정합니다.

Level : 출력 레벨을 조정합니다.

Tone : 톤을 조정합니다.

Power : 장치의 사용 여부를 On/Off 합니다.

▷ Happy Face Fuzz

입력 사운드 전체에 디스토션을 적용하는 Fuzz 입니다.

Fuzz : 디스토션 양을 조정합니다.

Volume : 출력 레벨을 조정합니다.

Power : 장치의 사용 여부를 On/Off 합니다.

▷ Monster Fuzz

매우 거친 사운드를 연출할 수 있는 Fuzz 입니다.

Roar : 입력 사운드를 증폭시킵니다.

Growl : 디스토션 음색의 톤을 조정합니다.

Tone : 전체 톤을 조정합니다.

Texture : 드라이브의 강도를 조정합니다.

Gain : 입력 레벨을 조정합니다.

Level : 출력 레벨을 조정합니다.

Power : 장치의 사용 여부를 On/Off 합니다.

▷ Candy Fuzz

밝은 톤의 디스토션을 얻을 수 있습니다.

Drive : 디스토션의 강도를 조정합니다.

Level : 출력 레벨을 조정합니다.

Power : 장치 사용 여부를 On/Off 합니다.

모듈레이션 페달

Phaser, Flanger, Vibrato, Chorus 등, 입력 사운드를 짧은 시간차로 반복시켰을 때 발생하는 위상의 변조 효과를 이용한 장치들입니다. 독특한 사운드가 연출되기 때문에 여러 장르의 음악에 이용됩니다.

▷ Retro Chorus

짧은 딜레이 타임을 만들어 여러 대의 기타가 연주하는 듯한 효과를 만듭니다.

Rate : 반복되는 사운드의 타임을 조정합니다.

Depth : 반복되는 사운드의 폭을 조정합니다.

Sync : 반복되는 사운드의 타임을 프로젝트 템포에 정확히 맞춥니다.

Power : 장치의 사용 여부를 On/Off 합니다.

▷ Heavenly Chorus

조금 밝은 색채감을 연출할 수 있는 Chorus 입니다.

Rate : 반복되는 사운드의 타임을 조정합니다.

Bright : 밝은 사운드를 만드는 On/Off 스위치입니다.

Depth : 반복되는 사운드의 폭을 조정합니다.

Feedback : 코러스 사운드가 반복되는 양을 조정합니다.

Delay : 반복되는 사운드의 타임을 조정합니다.

Sync : 반복되는 사운드의 타임을 프로젝트 템포에 정확히 맞춥니다.

Power : 장치의 사용 여부를 On/Off 합니다.

▷ Robo Flanger

입력 사운드와 반복되는 사운드를 믹스시킬 때 발생하는 위상 변조로 독특한 사운드를 만들어냅니다.

Rate : 반복되는 사운드의 타임을 조정합니다.

Depth : 반복되는 사운드의 폭을 조정합니다.

Feedback : 사운드가 반복되는 양을 조정합니다.

Manual : 반복되는 사운드의 타임을 조정합니다.

Sync : 반복되는 사운드의 타임을 프로젝트 템포에 정확히 맞춥니다.

Power : 장치의 사용 여부를 On/Off 합니다.

▷ The Vibe

플랜저 및 페이저와 동작 방식은 비슷하지만, 반복되는 사운드를 좀 더 다양한 형태로 변조하여 색다른 느낌의 사운드를 연출합니다.

Rate : 반복되는 사운드의 타임을 조정합니다.

Depth : 반복되는 사운드의 폭을 조정합니다.

Type : 사운드의 변조 방식을 선택합니다.

Sync : 반복되는 사운드의 타임을 프로젝트 템포에 정확히 맞춥니다.

On/Off : 장치의 사용 여부를 On/Off 합니다.

▷ Phase Tripper

페이저와 비슷한 장치로 반복되는 입력 사운드와 반복되는 사운드 사이에서 발생하는 위상을 변조하여 독특한 사운드를 만듭니다.

Rate : 반복되는 사운드의 타임을 조정합니다.

Depth : 반복되는 사운드의 폭을 조정합니다.

Feedback : 사운드가 반복되는 양을 조정합니다.

Sync : 반복되는 사운드의 타임을 프로젝트 템포에 정확히 맞춥니다.

Power : 장치의 사용 여부를 On/Off 합니다.

▷ Phaze2

LFO1과 LFO2로 두 대의 페이저를 연결한 효과를 연출합니다.

Rate : 반복되는 사운드의 타임을 조정합니다.

Foor : 페이저가 적용될 주파수 범위를 조정합니다.(저음역)

Ceiling : 페이저가 적용될 주파수 범위를 조정합니다.(고음역)

Order : Foor과 Ceiling으로 빗 모양의 comb-filtering 효과가 적용될 때의 간격 수를 설정합니다.

Feedback : 사운드가 반복되는 양을 조정합니다.

Tone : 사운드 톤을 조정합니다.

Sync : 반복되는 사운드의 타임을 프로젝트 템포에 맞춥니다.

Mix : LFO 1과 LFO 2의 비율을 조정합니다.

Power : 장치의 사용 여부를 On/Off 합니다.

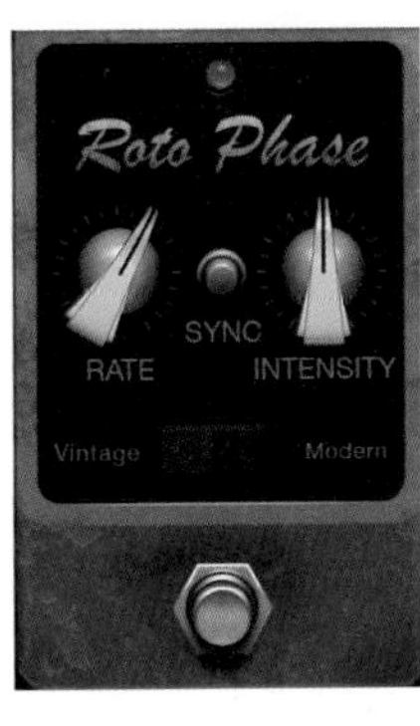

▷ Roto Phase

빈티지 및 모던 스위치를 가지고 있는 페이저입니다.

Rate : 반복되는 사운드의 타임을 조정합니다.

Intensity : 페이서의 강도를 조정합니다.

Sync : 반복되는 사운드의 타임을 프로젝트 템포에 정확히 맞춥니다.

Vintage/Modern : 사운드 톤을 선택하는 스위치입니다.

On/Off : 장치의 사용 여부를 On/Off 합니다.

▷ Trem-o-Tone

입력 사운드의 레벨을 변조하여 떨림 효과를 만드는 트레몰로 입니다.

Rate : 반복되는 사운드의 타임을 조정합니다.

Depth : 반복되는 사운드의 폭을 조정합니다.

Level : 출력 레벨을 조정합니다.

Sync : 반복되는 사운드의 타임을 프로젝트 템포에 정확히 맞춥니다.

Power : 장치의 사용 여부를 On/Off 합니다.

▷ Total Tremolo

떨림의 폭을 주기적으로 변조할 수 있는 트레몰로 입니다.

Rate : 반복되는 사운드의 타임을 조정합니다.

Sync : 반복되는 사운드의 타임을 프로젝트 템포에 맞춥니다.

Depth : 반복되는 사운드의 폭을 조정합니다.

Wave : 반복되는 사운드의 파형을 변경합니다.

Smooth : Wave로 만드는 파형 라인을 부드럽게 조정합니다.

Volume : 출력 레벨을 조정합니다.

1/2 & 2x Speed : Rate에서 조정한 속도를 반 또는 두 배로 조정합니다.

On/Off : 장치의 사용 여부를 On/Off 합니다.

Speed Up/Down : 떨림의 시작(Up)과 끝(Down)에 가속도를 붙입니다.

▷ Roswell Ringer

금속성 사운드를 만드는 링 모듈레이션입니다.

Freq : 입력 사운드의 차단 주파수를 설정합니다.

Fine : Freq 값을 미세하게 조정합니다.

Lin/Exp : 조정되는 주파수 범위를 좁게(Lin), 넓게(Exp) 선택합니다.

FB : 반복되는 사운드의 양을 조정합니다.

Mix : 입/출력 사운드의 비율을 조정합니다.

On/Off : 장치의 사용 여부를 On/Off 합니다.

▷ Spin Box

사운드가 회전하는 로터리 스피커를 시뮬레이션하는 장치입니다.

Cabinet : 스피커의 유형을 선택합니다.

Fast Rate : 최대 변조 속도를 조정합니다.

Response : Fate Rate에서 Slow 까지의 타임을 조정합니다.

Drive : 입력 사운드의 레벨을 조정합니다.

Bright : 고음역 필터 강화 On/Off 스위치입니다.

Off/on : 장치의 사용 여부를 On/Off 합니다.

Slow : 최소 변조 속도를 조정합니다.

Brake : 회전을 중지 시킵니다.

Fast : Fate Rate를 빠르게 회전시킵니다.

딜레이 페달

입력 사운드를 반복시켜 풍부한 사운드를 만드는 전통적인 방식이며, 장르를 불문하고 기본적으로 사용되고 있는 장치입니다. 로직은 Blue Echo, Spring Box, Tru-Tape Delay의 3가지를 제공하고 있습니다.

▷ Blue Echo

딜레이는 노래방 마이크와 같이 사운드를 반복시켜 풍부한 사운드를 만듭니다.

Time : 사운드가 반복되는 간격을 조정합니다.

Repeats : 사운드가 반복되는 횟수를 조정합니다.

Mix : 입력 사운드와 반복되는 사운드의 비율을 조정합니다.

Tone Cut : 고음역(Hi) 또는 저음역(Lo)을 차단합니다.

Sync : 반복되는 사운드의 타임을 프로젝트 템포에 정확히 맞춥니다.

Power : 장치의 사용 여부를 On/Off 합니다.

▷ Spring Box

딜레이 보다는 짧은 타임으로 공간감을 만드는 리버브 입니다.

Time : 리버브 타임을 조정합니다. .

Tone : 사운드의 밝기를 조정합니다.

Style : Boutique, Simple, Vintage, Bright, Resonant 등, 리버브 타입을 선택합니다.

Mix : 리버브의 양을 조정합니다.

Power : 장치의 사용 여부를 On/Off 합니다.

▷ Tru-Tape Delay

과거에는 릴 테잎을 이용해서 딜레이 효과를 만들었는데, 이것을 시뮬레이션하고 있는 장치입니다.

Norm Reverse : 딜레이의 진행 방향을 선택합니다.

Lo/Hi Cut : 저음 및 고음역대를 차단합니다.

Dirt : 입력 레벨을 조정합니다.

Tone Cut : 고음역(Hi) 또는 저음역(Lo)을 차단합니다.

Flutter : 테잎의 속도를 조정합니다. Sync 버튼을 On으로 하여 프로젝트 템포에 맞출 수 있습니다.

Time : 사운드가 반복되는 간격을 조정합니다.

Feedback : 반복되는 사운드의 양을 조정합니다.

Mix : 입력 사운드와 반복되는 사운드의 비율을 조정합니다.

Power : 장치의 사용 여부를 On/Off 합니다.

필터 페달

사운드의 주파수를 변조하여 재미있는 효과를 연출하는 장치입니다. 로직은 Auto-Funk, Classic Wah, Modern Wah의 3가지를 제공하고 있습니다.

▷ Auto Funk

이름 그대로 입력 사운드 볼륨 값에 자동으로 반응하여 주파수를 변조시키는 장치입니다. 70년대 펑키 음악 사운드를 그대로 연출할 수 있습니다.

Sensitivity : 오토 펑키가 동작하는 볼륨 레벨의 반응도를 조정합니다.

Cutoff : 필터의 중심 주파수를 조정합니다.

BP/LP : 중심 주파수를 강조하는 BP와 저음역을 강조하는 LP 선택 스위치입니다.

HI/Lo : 필터가 적용되는 주파수 대역을 고음역(HI) 또는 저음역(Lo)으로 선택합니다.

Up/Down : 필터가 동작하는 주파수의 이동 방향을 위(Up)/아래(Down)로 선택합니다.

Power : 장치의 사용 여부를 On/Off 합니다.

▷ Classic Wah

펑키한 사운드를 연출할 때 가장 많이 쓰이는 와와 페달을 그대로 시뮬레이션하고 있는 장치입니다. 사용 여부를 결정하는 On/Off 스위치만 있으며, 볼륨 페달에 연결해서 사용하면 보다 리얼한 연주가 가능합니다.

▷ Modern Wah

좀 더 다양한 모드를 지원하는 와와 페달입니다.

Q : 필터의 중심 주파수를 조정합니다.

Mode : 5가지 모드를 지원하며, Volume을 선택하면 볼륨 페달로 이용할 수 있습니다.

Power : 장치의 사용 여부를 On/Off 합니다.

Pedal : 페달 그림을 위/아래로 드래그하여 필터가 적용되는 양을 조정합니다.

다이내믹 페달

입력 사운드의 레벨을 압축하여 전체적으로 일률적인 출력 레벨을 유지할 수 있게 하는 장치입니다. 페달은 Squash Compressor만 제공되고 있지만, 로직에서 제공하는 컴프레서를 이용해도 좋습니다. 이것은 다른 이펙트로 마찬가지 입니다.

▷ Squash Compressor

사운드 레벨을 일률적으로 조정하기 위한 컴프레서입니다.

Sustain : 압축을 시작할 레벨을 설정합니다.

Level : 출력 레벨을 조정합니다.

Attack : Sustain에서 설정한 레벨이 감지되었을 때 압축을 시작할 속도를 선택합니다.

Power : 장치의 사용 여부를 On/Off 합니다.

유틸 페달

지금까지 살펴본 페달과 같이 사운드에 효과를 적용하는 것이 아니라 신호 경로를 바꾸는 장치입니다. 신호를 합치는 Mixer와 분리하는 Splitter를 제공합니다.

▷ Mixer

장치는 어떤 위치에서든 사용이 가능하지만, 제일 마지막에 연결하는 것이 일반적입니다. 여러 개를 A/B 두 개의 라인으로 연결하고, 사운드를 믹스하거나 선택해서 사용할 수 있습니다. 경로는 믹스 페이더 아래쪽의 A Mix B 스위치를 이용하여 선택할 수 있으며, Mix 모드에서는 페이더를 이용해서 A/B의 비율을 조정할 수 있습니다. 각각 팬을 조정할 수 있는 Pan 노브도 갖추고 있습니다.

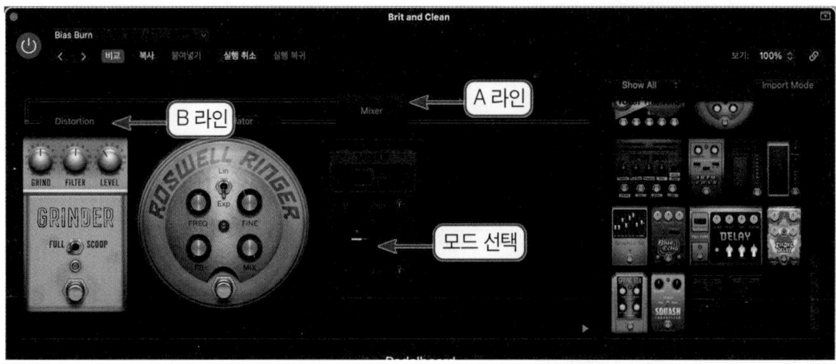

▷ Splitter

사운드를 분리하는 Splitter는 두 가지 모드를 지원합니다. 기본값 Split는 입력 신호를 두 개의 라인으로 동시에 보내는 것이고, Freq는 Frequency 노브에서 설정한 주파수를 기준으로 고음역은 A 라인, 저음역은 B 라인으로 보내는 것입니다. 주파수마다 서로 다른 이펙트를 적용하여 믹스로 출력하면 매우 재미있는 사운드 연출이 가능한 것입니다.

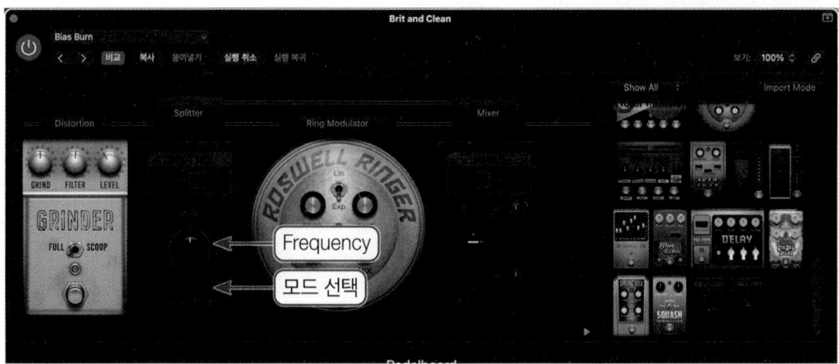

4 Bass Amp Designer

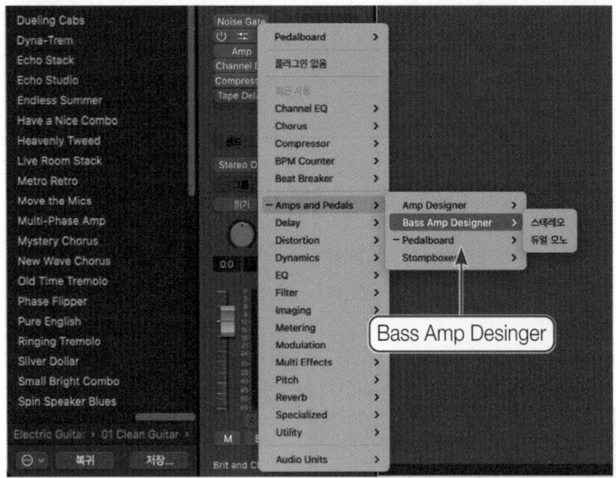

01 로직는 베이스 기타 앰프를 시뮬레이션 하고 있는 Bass Amp Designer를 제공합니다. 기타를 위한 Amp Designer와 크게 다르지 않지만, 좀 더 베이스 악기에 최적화된 사운드를 연출합니다.

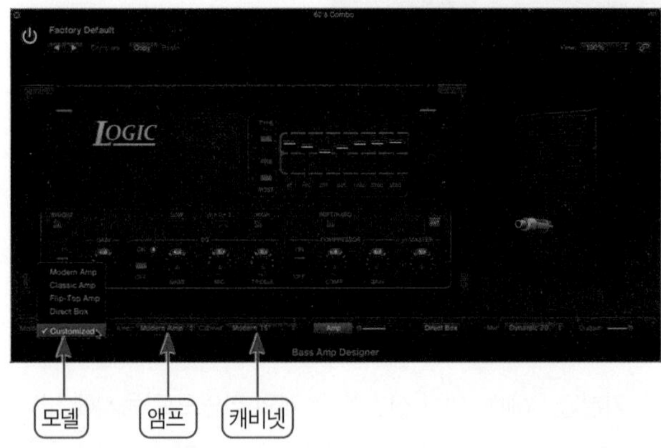

02 모델은 Modern, Classic, Flip-Top의 3가지와 Direct Box를 제공하고 있으며, Amp와 Cabinet을 개별적으로 선택하여 사용자만의 시스템을 구성할 수 있습니다.

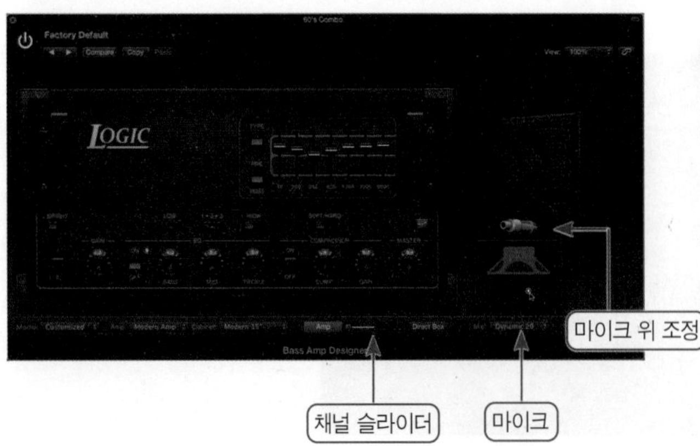

03 Bass Amp는 Amp 및 Direct Box 두 채널을 제공하며, 슬라이더를 이용하여 혼합 가능합니다. 마이크의 종류는 Mic 메뉴에서 선택하며, 마이크를 드래그하여 위치를 조정할 수 있습니다.

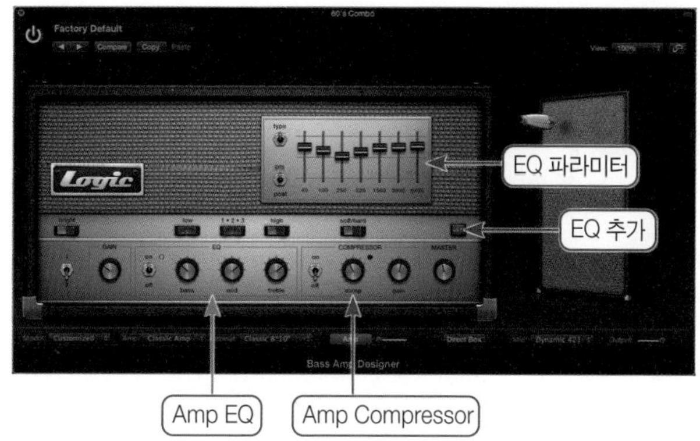

04 앰프에 내장된 EQ와 Compressor 외에 추가 버튼을 클릭하여 EQ를 추가할 수 있습니다. 추가된 EQ는 Type 스위치를 이용하여 그래픽 및 파라매트릭 타입을 선택할 수 있고, Pre/Post 스위치로 라인 경로를 선택할 수 있습니다.

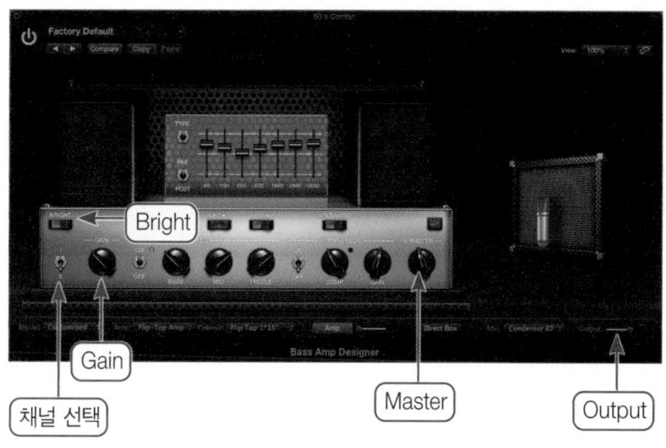

05 앰프 컨트롤은 채널을 선택하는 스위치, 미들 음역을 증가시키는 Bright, 입력 레벨을 조정하는 Gain, 출력 레벨을 조정하는 Master가 있습니다. 캐비넷을 통과한 최종 레벨은 Output 슬라이더로 조정합니다.

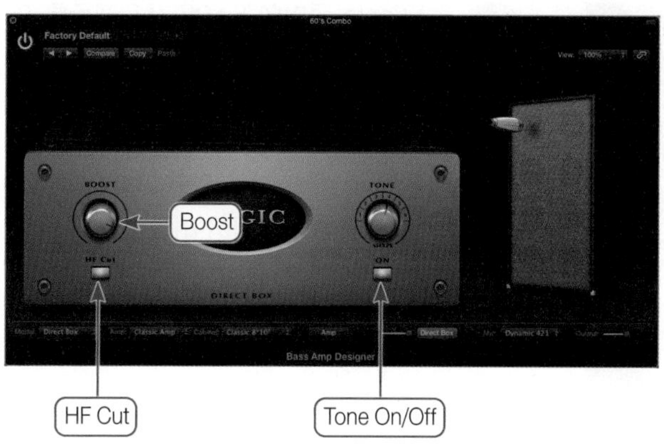

06 Direct Box는 입력 레벨을 조정하는 Boost 저음역에서 발생하는 잡음을 제거하는 HF Cut 스위치가 있고, 다양한 전자 악기 톤을 조정할 수 있는 Tone 노브를 제공합니다. 라인 하나로 앰프 사운드를 연출할 수 있는 Bass Amp Desiner는 베이스 연주자들에게 매우 반가운 이펙트가 될 것입니다.

디스토션 이펙트

디스토션은 앰프가 수용할 수 있는 한계 출력 이상의 입력 레벨로 사운드가 찌그러지는 현상을 인위적으로 만드는 장치를 말합니다. 메탈 음악의 기타 사운드를 연상하면 쉽게 짐작할 수 있을 것입니다. 로직은 Bitcrusher, ChromaGlow, Clip Distortion, Distortion, Distortion II, Overdrive, Phase Distortion의 7가지를 제공하고 있습니다. 장치마다 고유한 특성을 가지고 있으며, 단순한 사운드 찌그러짐에서부터 아날로그 배음 사운드를 연출하기 위해 사용될 수 있습니다. 음악 작업의 창의성을 높이고 다채로운 사운드를 구현하는 데 도움이 될 것입니다.

1 Bitcrusher

Bitcrusher는 로우 레졸루션 디지털 디스토션 효과입니다. 이 효과를 사용하면 초기 디지털 오디오 장비의 사운드를 모방하거나 샘플링 레이트를 낮추어 인위적인 앨리어싱을 만들거나 신호를 디스토션 처리할 수 있습니다. Bitcrusher는 오디오 신호를 정밀도가 낮은 수준으로 잘라내어 이러한 디지털적인 변형을 생성합니다.

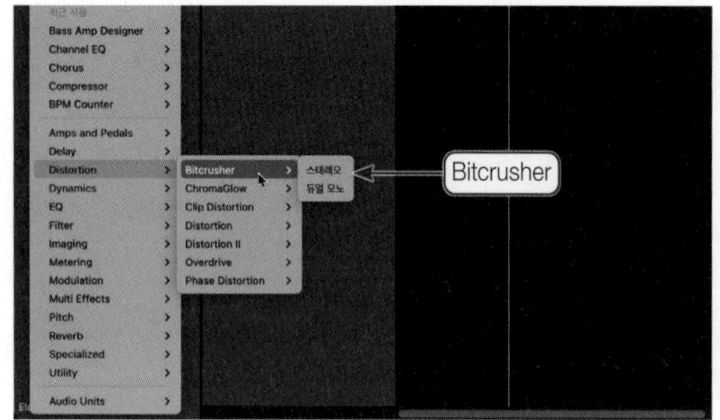

01 Effects 폴더의 Fx-06 프로젝트를 열고, 사운드를 모니터 합니다. 그리고 채널 스트립의 Audio FX 슬롯에서 Distortion의 Bitcrusher를 선택하여 디스토션이 적용되었을 때의 사운드를 모니터하여 비교합니다.

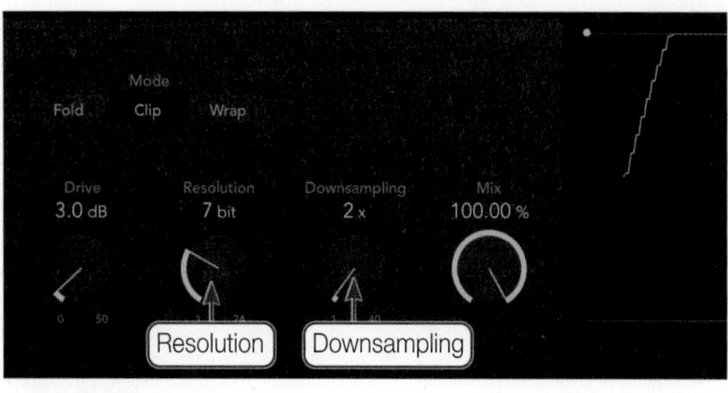

02 Bitcrusher는 샘플 포맷을 다운시켜 사운드를 왜곡시키는 장치입니다. Resolution에서 비트를 감소시켜 보고, Downsampling에서 레이트를 감소시켜 봅니다. 레이트 값이 X2이면, 두 배로 감소되는 것입니다.

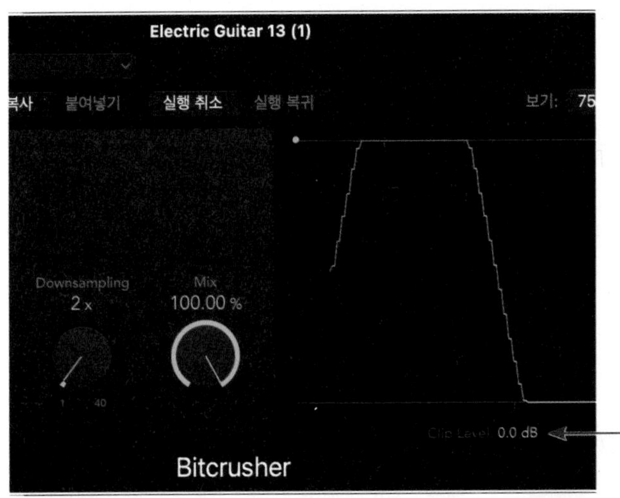

03 Drive 슬라이더를 이용해서 입력 레벨을 조정합니다. 이것은 사운드 왜곡이 발생하는 클립 레벨에 영향을 주며, 클립 레벨 지점은 Clip Level 슬라이더를 이용해서 조정합니다.

04 클립 레벨 이상의 사운드를 왜곡시키는 방식은 신호 중앙을 왜곡시키는 Fold, 클립 이상의 레벨을 모두 왜곡 시키는 Clip, 신호의 시작과 끝을 부드럽게 처리하는 Wrap의 3가지 모드를 지원합니다. 왜곡 모양은 디스플레이 창에서 확인할 수 있습니다.

05 Mix 노브는 Bitcrusher의 최종 레벨을 조정합니다. Bitcrusher는 신호 왜곡 파형을 디스플레이에서 확인할 수 있기 때문에 초보자도 쉽게 사용할 수 있다는 장점이 있습니다.

2 ChromaGlow

ChromaGlow는 아날로그 오디오 장비의 따뜻함과 음색을 모방하기 위해 설계된 세츄레이션 플러그인입니다. 이 플러그인은 들어오는 오디오 신호에 하모닉 디스토션을 추가하여 아날로그 기어에서 나타나는 비선형 응답과 미세한 압축을 재현합니다. 이 과정은 오디오의 하모닉 콘텐츠를 풍부하게 만들어 더욱 세밀하고 질감이 풍부한 사운드를 생성합니다. 또한, 약간의 압축 효과는 다이나믹 레인지와 트랜지언트 처리를 부드럽게 해주어 전문가 수준의 완성된 사운드를 만드는 데 도움이 됩니다.

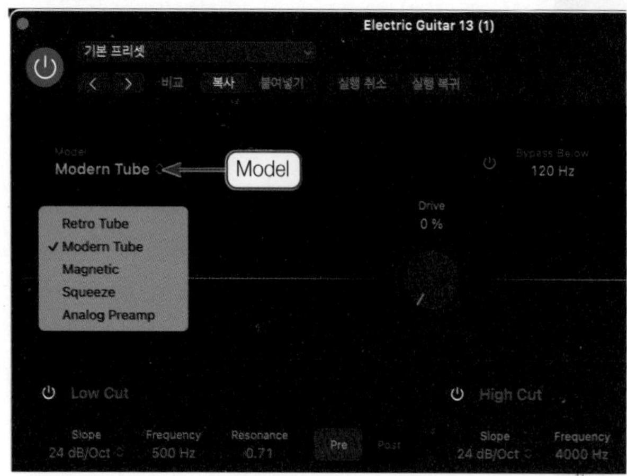

01 ChromaGlows는 Retro Tube, Modern Tube, Magnetic, Squeeze, Analog Preamp의 빈티지 오디오 장비를 에뮬레이션 하는 5가지 모델을 제공합니다.

- Retro Tube : 진공관 기기의 따뜻하고 부드러운 사운드를 복제합니다. 이는 빈티지하고 생동감 있는 디스토션을 추가하여 오디오를 더욱 풍부하게 만들어줍니다.

- Modern Tube : 최신 튜브 장비의 풍성한 소리를 만들어냅니다. 이는 트랙이나 믹스 전체에 부드럽고 따뜻한 톤을 부여하여 사운드의 질을 향상시킵니다.

- Magnetic : 아날로그 테이프 기계의 특성을 모방하여 따뜻하고 유기적인 사운드를 만들어줍니다. 이는 빈티지한 느낌을 살려주며, 약간의 압축 효과도 더해집니다.

- Squeeze : 컴프레서를 사용해 의도적으로 디스토션을 조절합니다. 이는 사운드에 따뜻함을 더하고, 톤의 특성을 변화시켜 주어 다양한 음색을 만들어냅니다.

- Analog Preamp : 튜브나 테이프와는 다른 강렬하고 활기찬 사운드를 제공합니다. 이는 날카로운 특성을 가지며, 뛰어난 개성을 갖춘 사운드를 만들어냅니다.

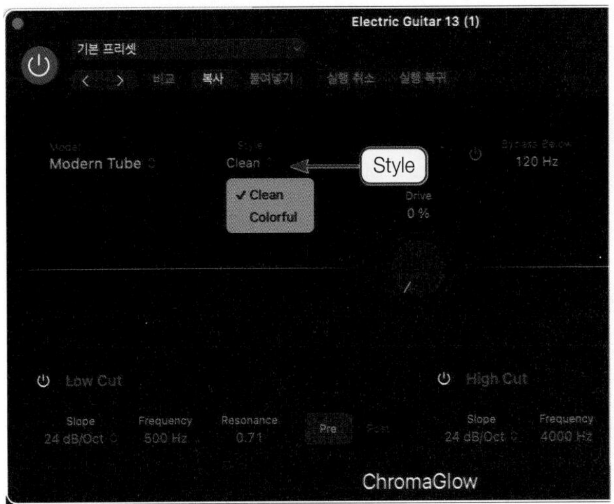

02 선택한 모델에 따라 2가지 스타일에 제공하여 사운드에 각기 다른 음색을 적용할 수 있습니다.

● Retro Tube

Clean : 약간의 탁함과 함께 따뜻한 느낌을 미세하게 추가합니다.

Colorful : 더 강조된 탁함과 함께 사운드에 다양한 특성을 더합니다.

● Modern Tube

Clean : 깨끗하고 투명한 사운드를 유지하면서 튜브의 따뜻함을 미세하게 추가합니다.

Colorful : 클래식한 따뜻함과 현대적인 선명도를 조화롭게 결합하여 풍부하고 조화로운 사운드를 제공합니다.

● Magnetic

Colorful : 높은 세츄레이션과 따뜻하고 풍부한 사운드를 삽입합니다.

Clean : 적은 하모닉을 가진 깨끗한 신호를 생성합니다.

● Squeeze

Soft Press : 부드럽고 자연스러운 압축을 제공하여 따뜻하고 풍부한 사운드를 개선합니다.

Hard Press : 강력하고 뚜렷한 디스토션을 만들어내어 퍼커션 등에 강한 영향을 줍니다.

● Analog Preamp

Clean : 트랜지스터 기반의 세츄레이션 회로를 사용하여 깨끗하고 정확한 사운드를 생성합니다.

Colorful : 포근하고 빈티지한 사운드를 제공하여 따뜻하고 약간 압축된 톤을 만들어냅니다.

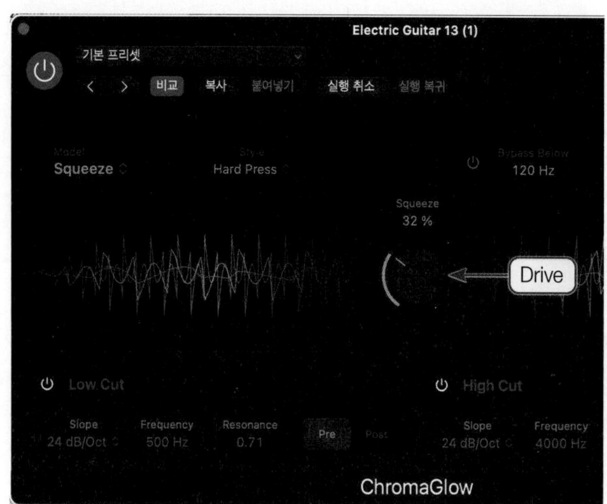

03 모델과 스타일을 선택하고 Drive 노브를 이용하여 효과가 적용되는 양을 조정합니다. Sequeeze 모델을 선택한 경우 노브 이름도 Sequeeze로 표시됩니다.

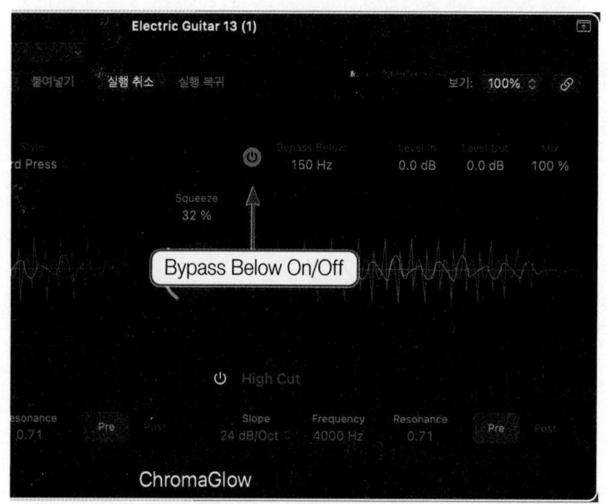

04 Bypass Below를 켜면 설정 주파수 이하의 사운드를 유지할 수 있으며, Level In/Out은 입/출력 레벨을 설정하고, Mix는 최종 출력 레벨을 설정합니다.

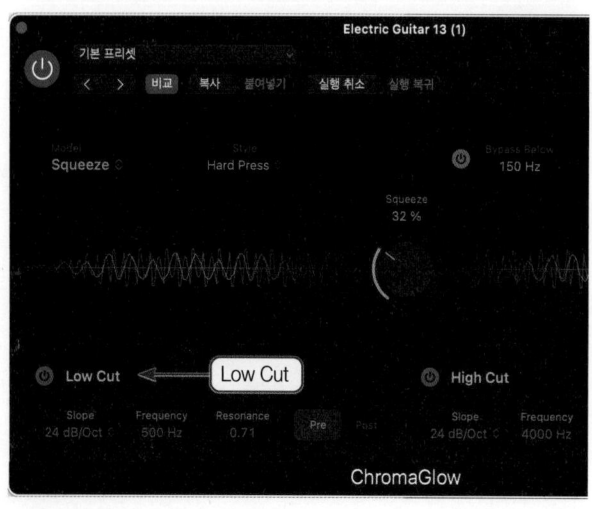

05 Low Cut 및 High Cut을 필터를 제공하여 Freqency 이하 또는 이상의 사운드를 차단할 수 있습니다. Slope는 주파수 감소 양을 결정하며, Resonace는 컷오프 부근 주파수를 강조합니다. 그리고 필터를 이펙트 적용 전 또는 후에 적용할 것인지를 결정할 수 있는 Pre/Post 스위치가 있습니다.

3 Clip Distortion

논-리니어 디스토션을 사용하여 예측할 수 없는 하모닉 스펙트럼을 만들어냅니다. 이는 따뜻하고 강렬한 진공관 사운드를 모방하며, 강력한 디스토션 효과를 제공합니다. 입력 신호는 Drive 설정에 따라 강도를 조절하며, 하이패스 필터를 통과하면서 논-리니어 디스토션이 발생합니다. 그 후에는 로우패스 필터를 거쳐 신호가 처리되고, 원본 신호와 결합하여 최종 믹스 신호가 생성되며, 추가적인 로우패스 필터를 통과하여 최종 출력됩니다. 모든 필터는 옥타브당 6dB의 기울기를 가지고 있어서 특정 주파수 영역을 섬세하게 조절할 수 있습니다.

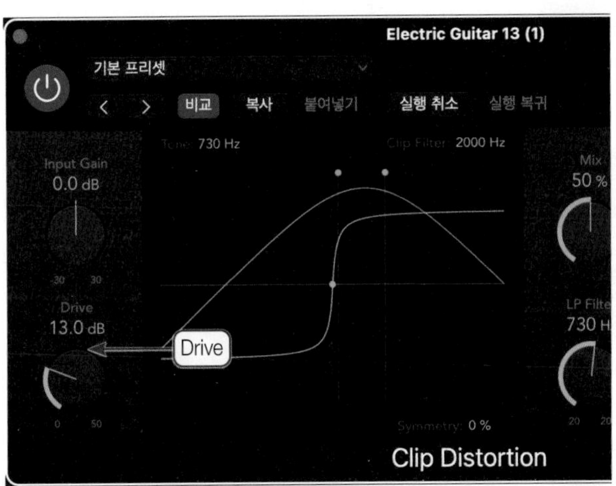

01 Bitcrusher는 녹음 사운드를 보충하는 역할로 많이 사용하기 때문에 디스토션이라고 보기에는 어렵습니다. Bitcrusher를 Clip Distortion으로 변경하고, Drive를 증가시켜 디스토션 사운드를 경험합니다.

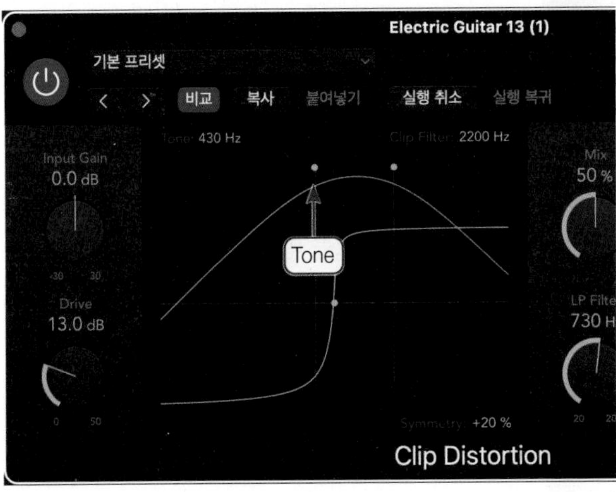

02 Drive로 증폭된 클립 사운드는 하이패스 필터를 거쳐서 통과되기 때문에 좀 더 부드러운 디스토션 사운드를 만들 수 있으며, Tone을 이용해서 하이패스로 보낼 주파수를 설정할 수 있습니다. 포인트를 드래그하여 값을 낮추어 좀 더 많은 주파수가 전송되게 해 봅니다.

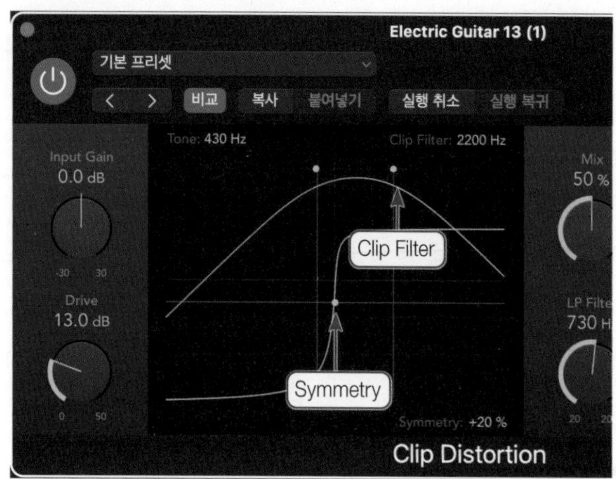

03 Clip Filter는 하이쉘빙을 제외한 주파수 범위를 설정하며, Symmetry로 왜곡의 양을 조정합니다. - 값은 입력 사운드의 양이 더 커집니다.

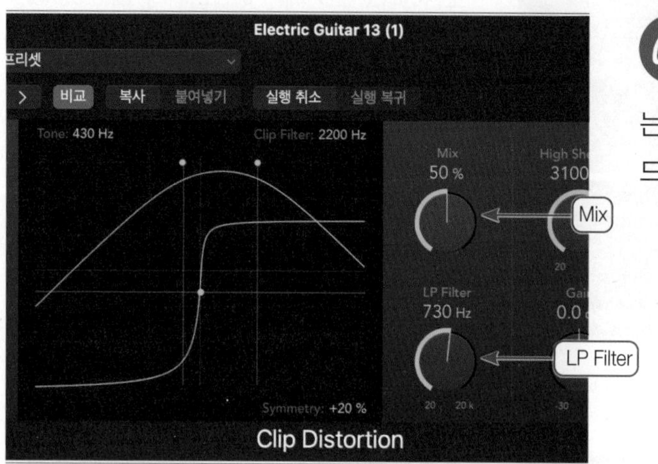

04 Mix는 원본 사운드와 왜곡 사운드의 비율을 조정하며, LP Filter는 믹스되는 주파수의 범위를 조정합니다. 믹스되는 사운드의 주파수가 LP Filter로 결정되는 것입니다.

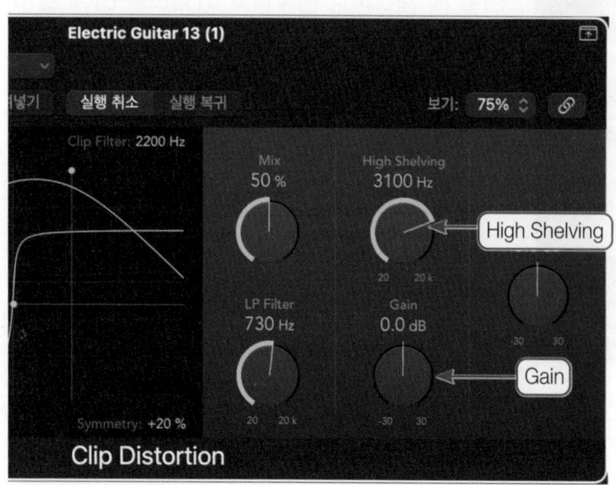

05 High Shelving에서 통과시킬 고음역 주파수를 설정하고, Gain으로 레벨을 설정합니다. 고음역을 유지하면서 사운드를 왜곡시킬 수 있기 때문에 다른 디스토션보다 깔끔한 사운드를 얻을 수 있는 것입니다.

4 그 밖의 디스토션

로직은 앞에서 살펴본 Bitcrusher, ChromaGlow, Clip Distortion 외에 Distortion, Distortion II, Overdrive, Phase Distortion의 4가지 디스토션을 제공합니다. 시그널 경로와 사용 방법이 동일하므로 간단하게 정리하겠습니다.

Distortion

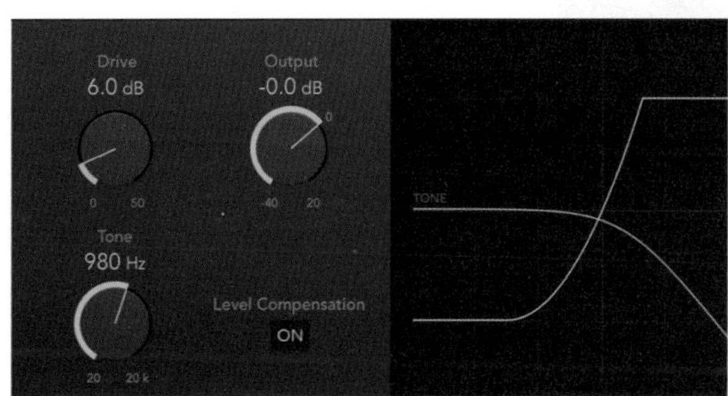

Tone에서 설정한 주파수 대역 이하의 사운드를 왜곡하는 전통적인 디스토션입니다. 입력 레벨과 출력 레벨을 설정할 수 있는 Drive와 Output으로 심플한 구성을 갖추고 있습니다.

Distortion II

하몬드 B3 올겐의 디스토션 회로를 시뮬레이션 하고 있는 장치로 다양한 악기 소스에 응용 할 수 있습니다.

- PreGain : 입력 신호의 이득 값을 조정합니다.
- Drive : 왜곡 양을 조정합니다.
- Tone : 하이패스 필터 주파수를 설정합니다.
- Type : 디스토션의 종류를 선택합니다. 로터리 스피커의 튜브를 시뮬레이션하는 Growl, 블루스 기타의 오버드라이브를 시뮬레이션 하는 Bity, 강한 디스토션을 만드는 Nasty의 3가지 타입이 있습니다.

Overdrive

왜곡의 강도가 적은 오버 드라이브입니다. 파라미터의 구성이나 용법은 Distortion 과 동일합니다.

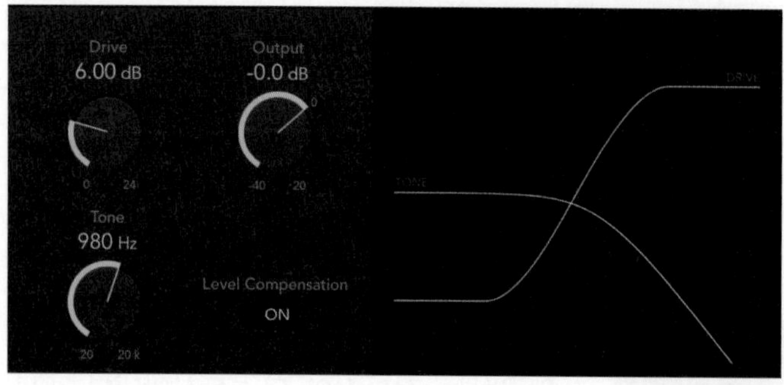

Phase Distortion

입력 신호를 지연시키고, 이를 반복하여 발생하는 위상 변조를 왜곡시키는 방식입니다. 페이저에 디스토션을 적용한 것으로 생각해도 좋습니다.

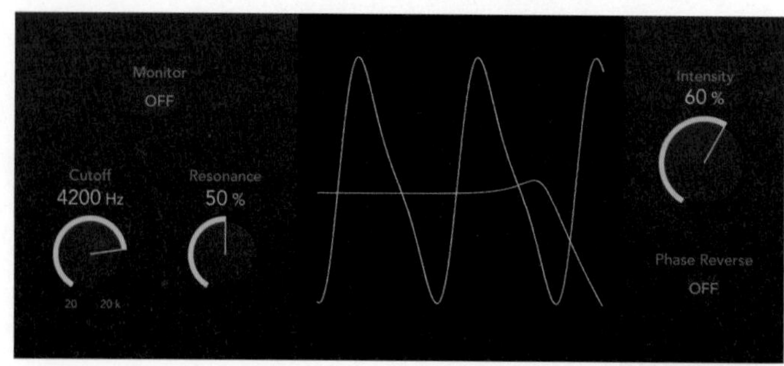

- Monitor : 입력 신호만 모니터 할 수 있는 버튼입니다.
- Cutoff : 왜곡 사운드 주파수 범위를 설정합니다.
- Resonance : 왜곡 사운드의 정도를 조정합니다.
- Mix : 입력 신호와 디스토션 사운드의 비율을 조정합니다.
- Max Modulation : 사운드의 지연 값을 설정합니다.
- Intensity : 변조의 양을 조정합니다.
- Phase Reverse : Cutoff 필터 이상의 사운드 채널을 바꿔주는 옵션으로 확장 패널에서 제공됩니다.

LESSON 03 이미지 프로세스

마이크 두 대로 스테레오 사운드를 녹음할 때 사용되는 기법에는 AB, XY, MS 등이 있습니다. AB는 두 마이크를 평행으로 나란히 배치하는 방식이고, XY는 두 마이크를 90~120도 각도로 서로 마주보게 놓는 방식입니다. MS는 하나의 마이크는 정면을 향하게 다른 하나는 측면을 향하게 배치하는 방식입니다. 그러나 이들 모두 각기 단점이 존재하며, 연주 인원 수나 녹음 장소에 따라 최적의 결과를 얻기 어려울 수 있습니다. 로직은 이러한 문제를 해결하기 위해 스테레오 이미지를 더욱 넓고 깊게 확장시킬 수 있는 Binaural Post-Processing, Direction Mixer, Stereo Spread와 같은 고급 이미지 프로세싱을 제공합니다.

1 Binaural Post-Processing

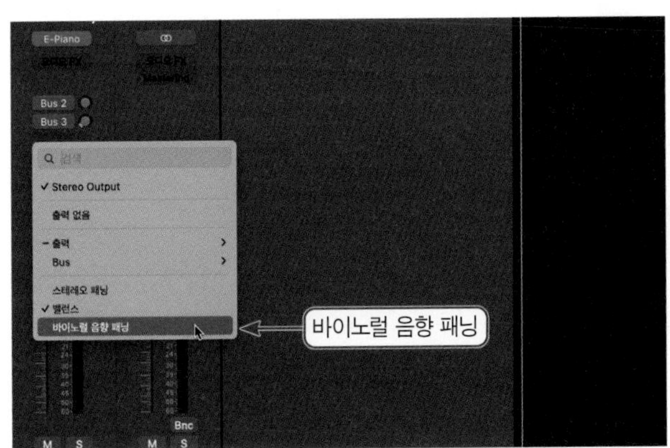

01 바이노럴 패닝은 소리의 방향을 가상으로 시뮬레이션하는 기술로 헤드폰을 사용할 때 소리가 어디서 나는지 정확하게 전달해주는 역할을 합니다. 채널 스트립의 아웃 항목에서 바이노럴 음향 패닝을 선택합니다.

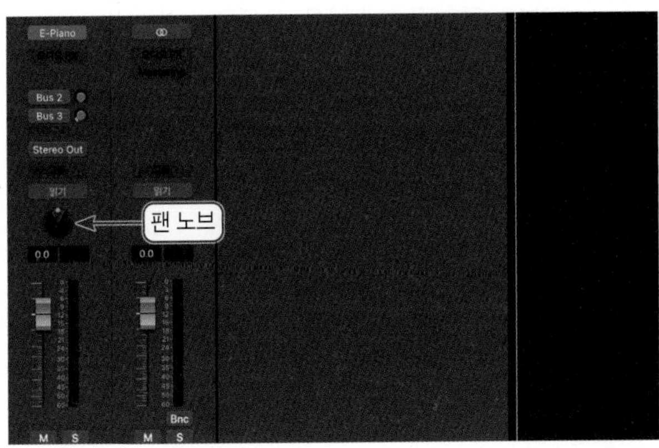

02 채널 스트립의 팬 노브가 바이노럴 타입으로 변경되며, 이것을 더블 클릭하면, 팬을 입체적으로 조정할 수 있는 패널이 열립니다.

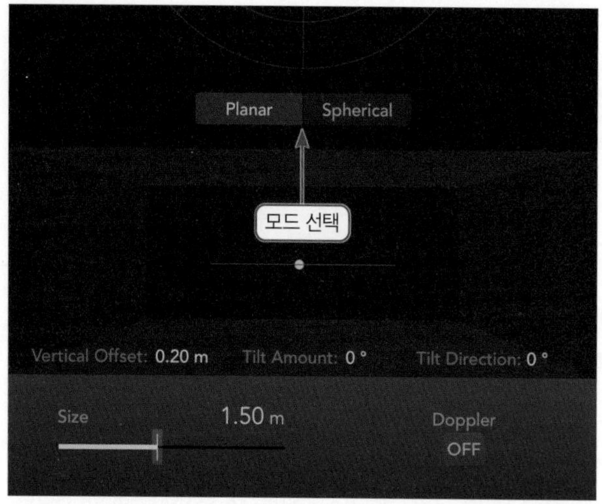

03 기본은 각도와 고도를 함께 조정할 수 있는 Planar 모드이며, Spherical 모드는 사람의 청취 상태를 시뮬레이션 하여 각도, 고도, 거리 등을 입체적으로 조정할 수 있습니다. Size는 공간의 크기를 조정하며, Doppler는 음원과의 거리에 따라 달라지는 도플러 현상을 시뮬레이션 합니다.

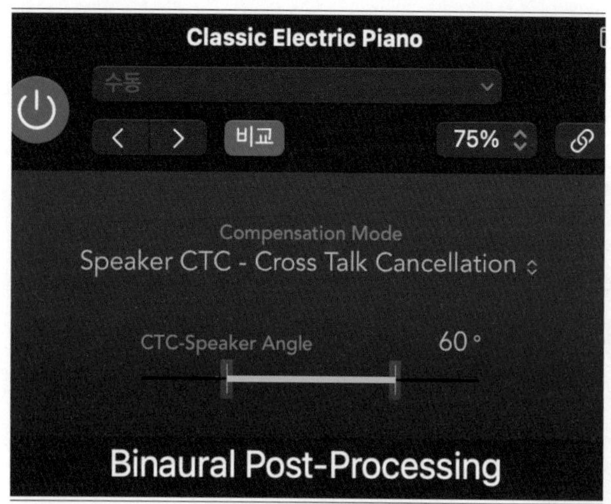

04 팬은 헤드폰으로 모니터할 때와 스피커로 모니터할 때, 차이점이 발생하는데, 이를 보충할 수 있는 프로세스가 Binaural Post-Processing 이며, Comensation Mode에서 헤드폰(Headphne) 및 스피커(Speaker CTC) 청취 환경을 선택하여 적용합니다.

- Headphone FF : 헤드폰을 사용할 때, 소리가 앞쪽에서 올 때 중립적으로 잘 들리도록 보정합니다.
- Headphone HB : 헤드폰에서 왼쪽/오른쪽 소리가 더 자연스럽게 들리도록 보정합니다.
- Headphone DF : 소리가 어디서나 왔다고 가정할 때, 평균적으로 중립적인 소리가 나도록 보정합니다.
- Speaker CTC : 스피커로 소리를 들을 때, 양쪽 스피커의 음을 교차하여 자연스러운 바이노럴 효과를 주도록 보정합니다.

2 Direction Mixer

Direction Mixer는 스테레오 음원을 다양한 방식으로 제어하고, 소리의 위치와 넓이를 세밀하게 조정할 수 있는 플러그인입니다. 예를 들어, 스테레오 마이킹 기법으로 녹음한 소리의 위치를 조정하거나 미드/사이드(MS) 마이킹으로 녹음된 신호를 디코딩하여 더욱 세밀한 제어를 할 수 있습니다.

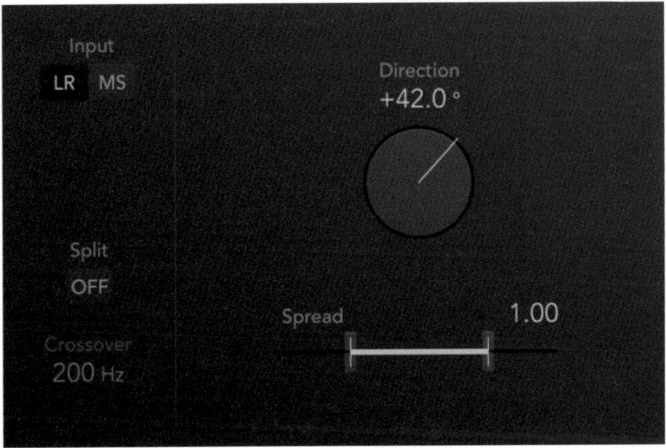

- Input : LR (스테레오), MS (중앙/사이드) 신호로 구성된 특별한 마이킹 방식을 선택합니다.
- Direction : 패닝 위치를 설정합니다. 즉, 소리의 중심이 믹스 내에서 어디에 위치할지 결정합니다.
- Spread : LR 신호에서 스테레오의 폭을 조정하고, MS 신호에서 레벨을 조정하여, 중앙 신호보다 더 크게 할 수 있습니다. 값이 2일 때는 사이드 신호만 들을 수 있습니다.
- Split : 고음역과 저음역을 분리해서 독립적으로 조정할 수 있게 해줍니다. 이 기능을 사용하면, 주파수 대역을 나누어 각각 다른 패닝을 적용할 수 있습니다.
- Crossover : 고음역과 저음역의 주파수를 나눕니다.
- Direction High/Low : 고음역과 저음역 각각에 대해 중앙 패닝 위치를 설정합니다.
- Spread High/Low : 고음역과 저음역에 대해 각각 스테레오 확산을 설정하거나, 사이드 신호의 레벨을 조정합니다.

3 Stereo Spread

Stereo Spread는 스테레오 신호의 폭을 확장하는 플러그인입니다. 좌우 채널 간의 거리를 넓히거나 좁히는 효과를 줍니다. 일반적으로 마스터링이나 믹싱에서 사용되며, 리버브나 다른 이펙트와 함께 활용하여 소리의 공간적 인식을 높일 수 있습니다.

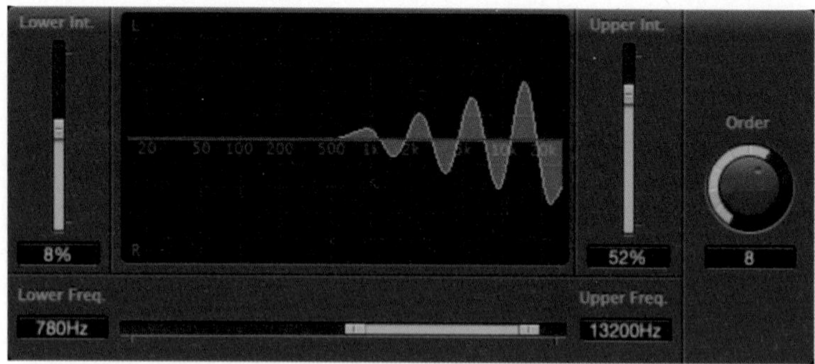

- Lower Intensity : 낮은 주파수(저음)에 대한 스테레오 확장 정도를 조정합니다.
- Upper Intensity : 높은 주파수(고음)에 대한 스테레오 확장 정도를 설정합니다.
- **그래픽 디스플레이** : 스테레오 이미지의 분포를 시각적으로 보여줍니다. 왼쪽 채널과 오른쪽 채널에서 어떻게 신호가 분배되는지, 그리고 주파수 대역별로 효과가 어떻게 나타나는지를 확인할 수 있습니다.
- Upper/Lower Frequency : 스테레오 확장이 적용될 주파수 대역의 범위를 설정합니다. Upper Frequency는 가장 높은 주파수, Lower Frequency는 가장 낮은 주파수를 설정하며, 이 슬라이더를 통해 어떤 주파수 대역에 확장을 적용할지 결정합니다.
- Order : 스테레오 확장 효과를 적용하는 주파수 대역의 수를 조정합니다. 값을 8로 설정하면 대부분의 경우 충분히 자연스러운 결과를 얻을 수 있으며, 더 많은 대역을 사용하려면 최대 12 대역까지 사용할 수 있습니다. 이 값을 조정하여 소리의 세밀한 제어가 가능합니다.

모듈레이션

모듈레이션(Modulation)은 사운드의 특성을 변조하는 과정을 의미합니다. 이는 기본적으로 입력되는 오디오 신호에 대해 다양한 변화를 주는 효과입니다. 모듈레이션은 주로 위상, 속도, 깊이, 피치 등을 조절하여 음향에 변화를 주는데, 이를 통해 더 풍부하고 다채로운 소리를 만들 수 있습니다.

1 Chorus

Chorus는 원본 신호를 미세하게 지연시킨 후, 이 지연된 신호를 LFO를 사용하여 주기적으로 변조하는 방식으로 작동합니다. 변조된 신호는 원본(Dry) 신호와 섞여서 출력됩니다. 이 과정을 통해 마치 여러 명의 연주자나 보컬리스트가 동시에 연주하거나 부르는 듯한 효과를 만들어낼 수 있습니다.

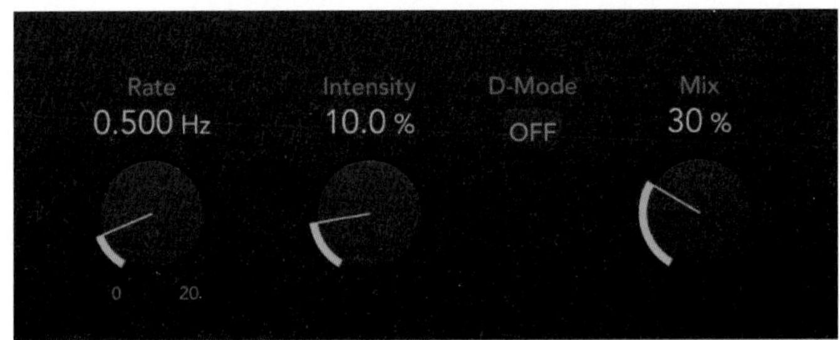

- **Rate** : LFO의 속도를 설정합니다. 값을 낮추면 느린 변동이, 값을 높이면 빠른 변동이 적용됩니다.
- Intensity : 모듈레이션의 양을 조절합니다. 값을 높일수록 더 두터운 사운드를 얻을 수 있습니다.
- D-Mode : 빈티지 프로세서와 비슷한 공간 필터링 효과를 추가합니다. 이 모드를 활성화하면 고전적인 Chorus의 특성을 살려 더 따뜻하고 클래식한 느낌을 연출할 수 있습니다.
- Mix : 원본 신호와 변조 신호의 밸런스를 설정합니다.

2 Ensemble

Ensemble은 다수의 Chorus 이펙트를 결합하여 소리에 풍부함과 움직임을 더해주는 프로세서입니다. 특히 여러 개의 보컬을 동시에 사용할 때 효과가 두드러지며, 강한 피치 변화를 통해 디튠된 느낌을 만들어낼 수 있습니다. Ensemble은 최대 8개의 Chorus 이펙트를 병렬적으로 결합하여 복잡한 모듈레이션을 구현할 수 있습니다. 이로 인해 자연스러운 풍성함을 부여하면서도 움직임 있는 사운드를 만듭니다.

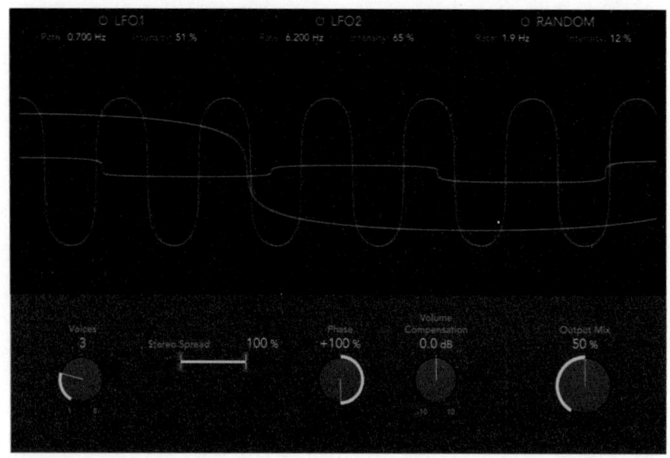

- **LFO1/LFO2/Random** : LFO1, LFO2, 또는 랜덤 LFO를 개별적으로 활성화하거나 비활성화합니다.
- **Rate** : 각 LFO와 랜덤 LFO의 주파수를 설정합니다. 이 값이 낮을수록 더 느린 변조가, 높을수록 빠른 변조가 적용됩니다.
- **Intensity** : 각 LFO와 랜덤 LFO의 모듈레이션 양을 설정합니다. 값이 높을수록 변조가 더 강하게 적용됩니다.
- **그래픽 디스플레이** : LFO1, LFO2, 랜덤 LFO의 모듈레이션 형태와 강도를 그래픽으로 보여줍니다. 이 화면에서 모듈레이션 파형을 조절할 수 있습니다. 수평선은 모듈레이션 강도를 파형은 모듈레이션 비율을 나타내며, LFO1은 왼쪽 1/3, LFO2는 가운데, 랜덤 LFO는 오른쪽 1/3에서 조정합니다.
- **Voices** : 원래 신호에 추가로 생성될 코러스 인스턴스(보이스)의 수를 설정합니다. 이로 인해 보이스가 여러 개 생성되어 소리가 더 풍성해지고 넓어집니다.
- **Stereo Spread** : 보이스를 스테레오 또는 서라운드 필드에 분배합니다. 값이 200%로 설정되면, 스테레오 또는 서라운드 영역이 인위적으로 확장되어 더 넓은 공간감이 생깁니다.
- **Phase** : 개별 보이스 모듈레이션 사이의 페이즈 관계를 설정합니다. 값이 100%일 때 모든 보이스는 동일한 페이즈를 가지며, -100%일 때는 가장 극단적인 페이즈 차이를 나타냅니다.
- **Volume Compensation** : 보이스 수에 따라 생긴 볼륨 변화를 보정합니다. 보이스를 추가할 때 볼륨이 갑자기 커지거나 작아지는 것을 조정할 수 있습니다.
- **Output Mix** : 원본 신호와 변조 신호 사이의 밸런스를 결정합니다.

3 Flanger

Flanger는 Chorus와 유사한 방식으로 작동하지만, 짧은 딜레이 시간과 피드백 기능이 특징인 이펙트입니다. 이 이펙트는 입력 신호를 지연시키고 변조하여 독특한 공간적이고 수중의 느낌을 추가할 수 있습니다. 특히, Flanger는 딜레이 타임을 더 짧게 설정하고, 신호를 다시 입력으로 라우팅할 수 있어 스위핑과 같은 독특한 음색 변화를 만들어냅니다.

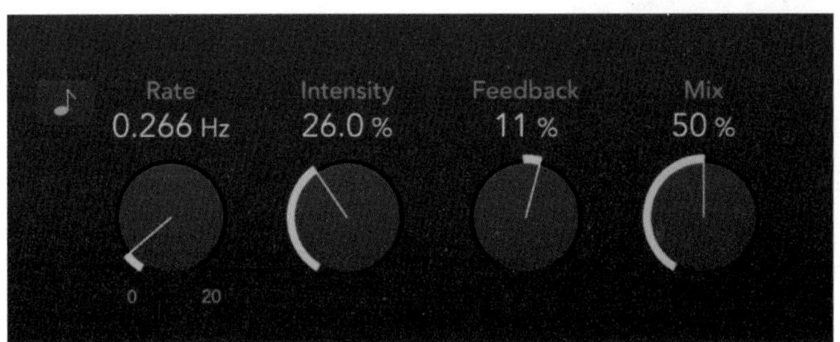

- Sync : 음표 모양의 버튼을 활성화하면 모듈레이션 속도가 프로젝트 템포와 동기화됩니다.
- Rate : LFO의 주파수 또는 속도를 설정합니다. 값이 높을수록 변조가 빠르게 일어나며, 낮을수록 느리게 진행됩니다.
- Intensity : 모듈레이션의 양을 설정합니다. 값이 높을수록 변조의 강도가 커져 Flanger의 스위핑 효과가 두드러지게 됩니다.
- Feedback : 이펙트 신호의 피드백 양을 설정합니다. 신호를 입력으로 다시 라우팅하여 강화된 변조 효과를 얻을 수 있습니다. 피드백 값이 높으면 스위핑 효과가 강해지며, 마이너스 값은 페이즈 반전을 일으켜 신호의 음색을 더욱 변화시킵니다.
- Mix : 원본 신호와 변조 신호 사이의 밸런스를 결정합니다.

4 Microphaser

Microphaser는 빠르게 휩쓰는 소리의 페이즈 이펙트를 만들어내는 모듈레이션 이펙트입니다. 이 이펙트는 작은 페이즈 이동과 빠른 모듈레이션을 통해 소리에 역동적이고 빠른 변화를 추가하며, 수중의 느낌이나 움직이는 느낌을 강조하는 데 사용됩니다. 주로 패드나 기타, 보컬 등에 적용하여 소리에 움직임과 깊이를 부여합니다.

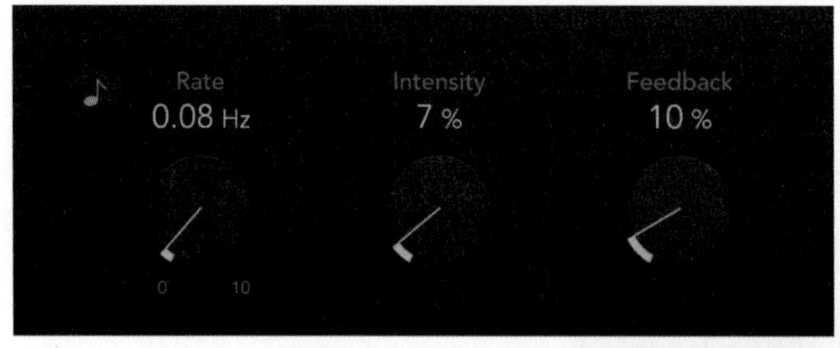

- Sync : 음표 모양의 버튼을 활성화하면 모듈레이션 속도가 프로젝트의 템포와 동기화됩니다.
- Rate : LFO의 주파수 또는 속도를 설정합니다. 값이 높을수록 변조의 속도가 빨라지며, 낮을수록 더 느린 변조가 발생합니다.
- Intensity : 모듈레이션의 양을 설정합니다. 값이 높을수록 변조의 강도가 강해져 빠르고 뚜렷한 페이즈 변화가 나타납니다.
- Feedback : 입력 신호의 이펙트 신호 피드백 양을 설정합니다. 이 값이 높으면 스위핑 효과가 강해지고 음색에 변화를 주게 됩니다. 마이너스 값은 페이즈 반전을 일으켜 더욱 독특한 음색을 만들어냅니다.

5 Modulation Delay

Modulation Delay는 Flanger나 Chorus 이펙트와 비슷한 원리로 작동하지만, 지연 시간을 설정할 수 있어 훨씬 더 유연한 효과를 만듭니다. 이 이펙트는 Chorus, Flanger, 그리고 더 극단적인 모듈레이션 이펙트를 모두 만들어낼 수 있으며, 레조네이터나 더블링 효과도 가능합니다. 특히 두 개의 가변형 LFO를 사용해 복잡한 모듈레이션을 할 수 있기 때문에 다양한 소리 변화와 질감을 제공합니다.

● Mod Intensity : 변조 효과의 강도를 결정하는 설정입니다. 값이 낮으면 변조가 부드럽고 약하게 적용되고, 값이 높으면 변조가 강하고 뚜렷하게 느껴집니다. 변조의 깊이를 조절하는 이 파라미터는 강렬한 변조 효과를 원할 때 높은 값으로 설정합니다.

● Time : 딜레이 효과의 기본 지연 시간을 설정하는 노브입니다. 왼쪽 끝에 가까울수록 Flanger와 같은 짧은 지연 효과가 발생하고, 가운데에 설정하면 Chorus와 같은 긴 지연 효과를 만들 수 있습니다. 오른쪽 끝으로 갈수록 두 신호의 차이를 더 뚜렷하게 구분할 수 있습니다.

● Feedback : 변조된 신호가 원래 신호로 다시 돌아오는 양을 설정하는 파라미터입니다. 피드백 값을 높이면 변조 효과가 강하게 반복되고, 낮추면 원래 신호와 변조 신호의 상호작용이 적어집니다. 강한 변조 효과를 원할 때는 높은 값을 설정합니다.

● De-Warble : 변조된 신호의 피치를 일정하게 유지하는 기능입니다. 이 버튼을 활성화하면 변조의 영향을 받는 피치가 일정하게 유지되어 변조가 더 부드럽고 자연스럽게 들립니다. 이는 변조의 불규칙적인 변화를 방지하고 부드러운 변조를 원하는 경우 유용합니다.

● Constant Mod : 변조의 크기를 일정하게 고정하는 기능입니다. 이 버튼을 활성화하면 모듈레이션 비율에 상관없이 모듈레이션의 크기가 고정되어 변조의 깊이가 일정하게 유지됩니다. 이 설정은 변화 없이 일정한 모듈레이션을 원하는 경우에 유용합니다.

● D-Mode : 빈티지 프로세서와 비슷한 공간 필터링 효과를 추가합니다. 이 모드를 활성화하면 빈티지나 클래식한 느낌의 독특한 사운드를 만들 수 있습니다. 주로 오래된 아날로그 장비처럼 특유의 느낌을 원할 때 유용한 설정입니다.

● LFO 1/2 Rate : 왼쪽과 오른쪽 스테레오 채널에 각각 적용되는 모듈레이션 비율을 설정합니다. 두 채널의 모듈레이션 비율을 따로 조정함으로써 스테레오 효과를 더욱 강조하고, 두 채널 간의 비율 차이를 활용해 다양한 사운드를 창출할 수 있습니다.

● Mix : 두 LFO 사이의 밸런스를 설정합니다. 이 값을 조절하여 왼쪽 LFO와 오른쪽 LFO의 신호가 어떻게 결합될지 결정할 수 있습니다. 밸런스를 맞추면 두 채널이 잘 어우러지게 되고, 다양한 스테레오 효과를 만들 수 있습니다.

● Phase : 채널 간의 모듈레이션 타이밍 차이를 조절합니다. 0° 에서는 두 채널이 동시에 동일한 변조를 받으며, 180° 나 -180° 에서는 두 채널이 반대 방향으로 변조되어 더 극단적인 효과가 만들어집니다. 이를 통해 소리의 다이나믹을 더욱 극대화할 수 있습니다.

● Distribution : 서라운드 믹스에서 채널 간의 페이즈 오프셋을 어떻게 분배할지를 결정하는 옵션입니다. 선택할 수 있는 옵션으로는 circular(원형), left↔right(좌우), front↔rear(앞뒤), random(무작위) 등이 있어 서라운드 환경에서 채널 간의 페이즈 차이를 다양하게 설정할 수 있습니다.

● Low/High Cut : 페이즈 시프트가 교차하는 주파수 지점을 설정하는 슬라이더입니다. 이를 통해 특정 주파수 범위에서의 소리 변조를 보다 세밀하게 조절할 수 있습니다. 예를 들어, 저역이나 고역을 잘라내어 원하는 주파수 대역에만 변조를 집중시킬 수 있습니다.

● Output Mix : 원본 신호와 변조된 신호 사이의 밸런스를 설정합니다. 이 값을 조정하면, 효과가 적용된 신호와 원래 신호의 비율을 조절할 수 있어 더 많은 효과가 필요할 때는 높은 Wet 신호를 설정하고, 원래 신호를 강조할 때는 Dry 신호를 강조할 수 있습니다.

6 Phaser

Phaser는 원본 신호와 약간 벗어난 페이즈를 가진 복사본을 결합하여 독특한 소리를 만들어냅니다. 이 방식은 두 신호가 타이밍 차이를 두고 각각의 최고점과 최저점에 도달하는 효과를 만들며, 두 개의 독립적인 LFO에 의해 제어되어 변조됩니다. 또한, 내장 엔벨로프 팔로워와 필터 서킷을 사용하여 신호의 볼륨 변화를 추적하고, 이를 바탕으로 다이나믹한 제어 신호를 생성합니다. 일반적으로 휩쓰는 소리를 만들기 위해 사용되며, 주로 기타 이펙트로 많이 쓰이지만 다른 많은 신호에도 적용할 수 있습니다.

● **Stages** : 페이저 알고리즘의 단계를 설정하는 파라미터입니다. 알고리즘은 짝수 단계에서 페이저 효과를 생성하고, 홀수 단계에서는 콤 필터링 효과를 만들어냅니다. 사용 가능한 단계는 4, 6, 8, 10, 12로 각각의 알고리즘은 아날로그 서킷으로 모델링되어 특정 용도를 위해 디자인되었습니다. 홀수 단계(5, 7, 9, 11)는 실제 페이징 효과는 없지만, 미세한 콤 필터링 효과를 만들어 유용하게 활용될 수 있습니다.

● **Sweep Mode** : 주파수 범위에 대한 입력 신호 레벨의 영향을 결정합니다. 이 모드를 사용하면 Ceiling과 Floor 컨트롤을 통해 주파수 범위를 설정할 수 있습니다. 이는 신호의 변조 범위를 조정할 수 있게 해줍니다.

● **Ceiling/Floor** : LFO 모듈레이션의 영향을 받을 주파수 범위를 설정합니다. 이 슬라이더를 조정하여, 초록색 슬라이더를 Ceiling과 Floor 사이로 드래그하면 전체 범위가 이동하며 변조 범위를 설정할 수 있습니다.

● **Rate 1/2** : 각각 LFO 1과 LFO 2의 모듈레이션 속도를 설정하는 노브입니다. 이 값을 조정하여 각 LFO의 속도를 맞출 수 있습니다.

● **Sync** : LFO의 모듈레이션 속도를 프로젝트의 템포에 맞추는 기능입니다. 이 버튼을 활성화하면 Rate 1과 Rate 2의 속도가 프로젝트 템포에 동기화됩니다.

● Phase : 개별 채널 간의 모듈레이션 타이밍 차이를 조절합니다. 0° 에서는 모든 채널에 동시에 동일한 모듈레이션이 적용되고, 180° 또는 -180° 에서는 두 채널 간에 가능한 최대 타이밍 차이가 적용됩니다. 이를 통해 더 극단적인 소리를 만들 수 있습니다.

● LFO Mix : 두 LFO 사이의 비율을 설정합니다. 이 값으로 왼쪽 LFO와 오른쪽 LFO의 신호가 결합되는 방식을 조정할 수 있습니다.

● Distribution : 서라운드 인스턴스에서 채널 간의 페이즈 오프셋을 어떻게 분배할지를 결정합니다. 선택할 수 있는 옵션으로는 circular(원형), left↔right(좌우), front↔rear(앞뒤), random(무작위) 등이 있습니다.

● Level : 이펙트 신호의 양을 설정하는 파라미터로 신호가 얼마나 강하게 재조정되는지를 결정합니다.

● Warmth : 디스토션 서킷을 활성화하거나 비활성화하여 따뜻한 오버드라이브 효과를 추가합니다. 이를 통해 더욱 따뜻하고 고전적인 사운드를 만들 수 있습니다.

● Low/High Cut : 저역 및 고역 필터의 컷오프 주파수를 설정하는 데 사용됩니다. 이를 통해 특정 주파수 대역의 소리만 변조하거나 차단할 수 있습니다.

● Filter : 필터 섹션을 활성화하거나 비활성화하는 기능입니다. 이를 통해 추가적인 필터링 효과를 적용할 수 있습니다.

● Mix : 원본 신호와 이펙트가 적용된 신호의 비율을 결정합니다. 마이너스 값으로 설정하면, 이펙트 신호와 원본 신호가 페이즈 반전되어 더 독특한 효과를 생성할 수 있습니다.

7 Ringshifter

Ringshifter는 링 모듈레이터와 주파수 시프터를 결합한 이펙트로 링 모듈레이터는 입력 신호의 진폭을 오실레이터나 사이드 체인 신호로 모듈레이션해 금속음이나 쨍그랑거리는 소리를 생성하며, 주파수 시프터는 신호의 주파수를 이동시켜 배음 관계를 변경해 부드럽고 공간감 있는 페이징 효과나 로봇 같은 음색을 만들어냅니다. 주파수 시프팅과 피치 시프팅은 비슷하지만 다르게 작용하는데, 주파수 시프팅은 신호의 전체적인 조화를 바꾸고, 피치 시프팅은 신호의 높낮이는 변하지만 배음의 관계는 유지되며, 이 두 효과를 결합하여 다양한 독특한 소리를 만들어낼 수 있습니다.

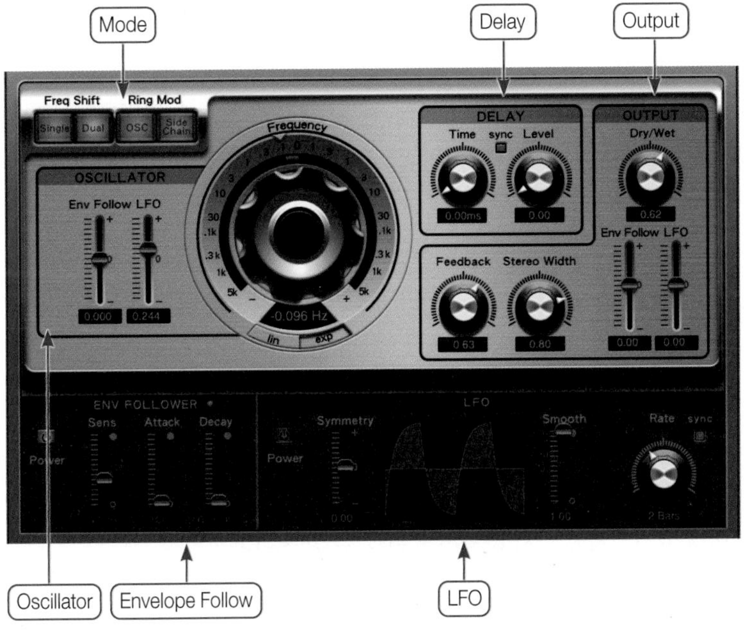

- **Mode** : Ringshifter가 주파수 시프터로 작동할지, 아니면 링 모듈레이터로 작동할지를 결정하는 기능입니다. 각 모드는 서로 다른 음향 효과를 만들어내므로, 원하는 효과에 맞게 설정을 변경할 수 있습니다.
- **Oscillator** : Ringshifter가 주파수 시프터 모드와 링 모듈레이터 모드에서 입력 신호의 진폭을 변조하는 내장 사인파 오실레이터의 설정을 조정합니다. 이를 통해 신호의 변조 정도를 세밀하게 조정할 수 있습니다.
- **Delay** : 생성된 이펙트 신호를 지연시켜 보다 복잡한 소리의 텍스처를 만들어냅니다. 이 값을 조정함으로써 이펙트의 타이밍을 세밀하게 조절할 수 있습니다.
- **Envelope Follow** : 오실레이터 주파수와 출력 신호를 엔벨로프 팔로워로 변조하여 신호의 다이내믹스를 자동으로 추적하고 반응하게 합니다. 이 기능을 사용하면 신호의 변화를 보다 유연하게 반영할 수 있습니다.
- **LFO** : 오실레이터 주파수와 출력 신호를 LFO로 변조하여 반복적인 변조 효과를 추가합니다. 이를 통해 더욱 리듬감 있고 변동성이 있는 소리를 생성할 수 있습니다.

Mode

Ringshifter 모드 버튼은 이펙트가 주파수 시프터로 작동할지 링 모듈레이터로 작동할지를 결정합니다. 모드를 선택함으로써 원하는 음향 효과를 조절할 수 있습니다.

- Single Freq Shift : 하나의 시프트된 이펙트 신호를 생성하려면 이 버튼을 설정합니다. 오실레이터 주파수 컨트롤을 통해 신호가 양의 값으로 시프트될지, 음의 값으로 시프트될지 결정됩니다.
- Dual Freq Shift : 각 스테레오 채널에 대해 두 개의 시프트된 이펙트 신호를 생성합니다. 하나의 채널은 위로, 다른 채널은 아래로 시프트됩니다. 이를 통해 스테레오 효과를 강화할 수 있습니다.
- OSC Ring Mod : 내장 사인파 오실레이터를 사용하여 입력 신호의 진폭을 변조하려면 이 버튼을 활성화합니다. 링 모듈레이션 효과를 사용하여 더 독특한 소리를 만들 수 있습니다.
- Side Chain Ring Mod : 사이드 체인 입력을 사용하여 할당된 오디오 신호로 입력 신호의 진폭을 변조하려면 이 버튼을 활성화합니다. 사이드 체인 모드가 활성화되면 사인파 오실레이터가 꺼지고, 주파수 컨트롤이 비활성화됩니다. 이 모드는 외부 신호와의 상호작용을 통해 변조 효과를 적용합니다.

Oscillator

주파수 시프터 모드와 링 모듈레이터 OSC 모드 모두에서 내장 사인파 오실레이터는 입력 신호의 진폭을 변조하는 데 사용됩니다. 그러나 두 모드에서 오실레이터의 역할은 다르게 작용합니다:

주파수 시프터 모드에서는 주파수 파라미터가 입력 신호에 위나 아래로 적용되는 주파수 시프팅의 양을 조절합니다. 이때 신호의 배음 관계가 변화하며, 소리의 특성이 부드럽게 변화합니다.

링 모듈레이터 OSC 모드에서는 주파수 파라미터가 이펙트의 주파수 내용(음색)을 조절합니다. 이 경우, 소리는 미세한 트레몰로 효과에서부터 금속성의 시끄러운 소리까지 다양하게 변할 수 있습니다.

- Frequency : 사인파 오실레이터의 주파수를 설정합니다. 이 값은 입력 신호의 변조 깊이를 결정하며, 주파수 시프터 모드에서 시프트되는 주파수와 링 모듈레이터 OSC 모드에서 음색을 결정합니다.
- Linear/Exponential : 주파수 컨트롤의 스케일링 방식을 변경합니다.

Lin : 전체 제어 범위에서 균일하게 적용되어 주파수가 고르게 변합니다.

Exp : 주파수의 변화를 0에 가까운 작은 값으로 더 세밀하게 제어할 수 있습니다. 주로 페이징이나 트레몰로 효과에서 유용하게 사용됩니다.

- Env Follow : 들어오는 신호의 레벨이 오실레이터의 모듈레이션 심도에 얼마나 영향을 미치는지를 조정합니다. 이 값을 통해 신호의 다이나믹스에 따라 오실레이터의 반응을 조절할 수 있습니다.
- LFO : LFO의 영향을 받아 오실레이터 모듈레이션의 양을 조정합니다. LFO 값이 커질수록 반복적인 변조 효과가 강조됩니다.

Delay

이펙트 신호는 오실레이터를 지나 딜레이를 통과한 후 출력됩니다. 딜레이 파라미터는 이펙트의 시간 지연과 반복 효과를 제어하는 중요한 요소입니다.

- **Time** : 딜레이 시간을 설정합니다. 기본적으로는 헤르츠 (Hz) 값으로 설정할 수 있으며, 이 값은 딜레이 신호의 지연 시간을 결정합니다. 또한, Sync 버튼을 활성화하면 딜레이 시간을 프로젝트의 템포에 맞춰 음표 값으로 설정할 수 있어 음악의 리듬에 맞춘 딜레이가 가능합니다.
- **Sync** : 딜레이 시간을 프로젝트 템포에 맞춰 동기화합니다. 이 버튼을 켜면, Time 노브가 노트 값으로 설정됩니다.
- **Level** : 링 모듈레이션 또는 주파수 시프팅 효과가 적용된 신호에 대해 딜레이의 레벨을 설정합니다. 레벨 값을 0으로 설정하면, 딜레이가 적용되지 않고 원본 신호만 출력됩니다.
- **Delay Low/High Cut** : Low Cut와 High Cut 슬라이더를 사용하여 반복되는 딜레이 신호의 고주파 및 저주파 부분을 필터링할 수 있습니다. Low Cut는 저주파 부분을 컷하여 더 얇고 선명한 에코 효과를 만들 수 있고, High Cut는 고주파 부분을 컷하여 점점 더 뭉개지고 어수선한 톤을 만들 수 있습니다.

Envelope Follow

오실레이터 주파수와 Dry/Wet 파라미터는 내장 엔벨로프 팔로워와 LFO를 통해 변조될 수 있습니다. 오실레이터 주파수는 0Hz 지점을 통해 모듈레이션할 수 있어 이 경우 진동의 방향이 반전되는 효과를 만듭니다. 이 모듈레이션 방식은 소리에 독특한 변화와 뉘앙스를 추가할 수 있습니다. 엔벨로프 팔로워는 입력 신호의 진폭을 실시간으로 분석하고, 이 분석을 바탕으로 변하는 제어 신호를 생성하여 신호의 다이나믹한 볼륨 엔벨로프를 형성합니다. 이 제어 신호는 오실레이터 주파수나 다른 파라미터에 영향을 주는 모듈레이션 용도로 사용될 수 있습니다.

- **Power** : 엔벨로프 팔로워의 활성화/비활성화를 제어합니다. 버튼을 켜면, 엔벨로프 팔로워의 민감도, 반응 시간 등의 세부 파라미터를 설정할 수 있습니다.
- **Sensitivity** : 엔벨로프 팔로워가 입력 신호의 진폭에 얼마나 민감하게 반응할지를 결정합니다. 낮은 설정에서는 신호의 큰 피크에만 반응하고, 높은 설정에서는 더 섬세하게 신호의 변화를 추적할 수 있습니다. 단, 너무 높은 값에서는 다이나믹한 반응을 얻지 못할 수 있습니다.
- **Attack** : 엔벨로프 팔로워가 입력 신호의 피크에 반응하기 시작하는 시간을 설정합니다. 낮은 값은 빠르게 반응하며, 높은 값은 더 느리게 반응합니다.
- **Decay** : 신호의 피크에서 감소할 때 걸리는 시간을 설정합니다. 값이 크면 천천히 감소하고, 값이 낮으면 급격히 감소합니다.

LFO

오실레이터 주파수와 Dry/Wet 파라미터는 LFO와 엔벨로프 팔로워를 통해 변조될 수 있습니다. 오실레이터 주파수는 0Hz 지점으로도 변조가 가능하며, 이 경우 진동의 방향이 반전되어 독특한 소리 변화를 만들어냅니다. LFO는 주기적으로 변하는 신호를 생성하여 계속해서 순환하는 제어 신호로 작용합니다. 이를 통해 파라미터가 지속적으로 변화하면서 동적인 사운드를 생성할 수 있습니다.

- Power : LFO의 활성화 및 비활성화를 제어합니다. LFO를 켜면 다음 파라미터들을 설정할 수 있습니다.
- Symmetry/Smooth : LFO의 파형 모양을 변경합니다. 이 파라미터를 사용해 파형을 비대칭적으로 만들거나 더 부드럽게 다듬을 수 있습니다. 다양한 파형 모양을 통해 독특한 리듬 효과나 변화가 가능합니다.
- **파형 디스플레이** : LFO 파형의 실시간 변화를 시각적으로 확인할 수 있는 영역입니다. 이를 통해 LFO의 변화를 직관적으로 확인하며 설정할 수 있습니다.
- Rate : LFO의 주기를 설정합니다. 즉, 얼마나 빠르게 파형이 반복되는지를 제어하며, 속도를 조절하여 LFO의 변조가 얼마나 자주 일어날지를 결정합니다.
- Sync : 프로젝트 템포에 맞춰 LFO의 속도를 동기화합니다. 이 버튼을 활성화하면, LFO의 속도는 프로젝트의 템포에 맞춰 자동으로 조정되어 음악적 템포와의 일치를 유지할 수 있습니다.

Output

Ringshifter의 출력 파라미터는 원본 신호와 이펙트 신호의 밸런스를 설정하고, 이펙트 신호의 특성인 피드백과 스테레오 너비를 조정합니다.

- Dry/Wet : 원본 신호와 이펙트 신호의 믹스를 조절합니다. 이 파라미터를 통해 이펙트의 강도를 조절할 수 있습니다.
- Feedback : 피드백을 통해 이펙트 입력 신호를 다시 출력으로 라우팅합니다. 피드백은 이펙트의 특성을 변화시키는데, 높은 피드백 설정은 소리를 날카롭고 격렬하게 만들 수 있습니다. 짧은 딜레이 시간(10ms 이하)에서는 콤 필터링 이펙트를 만들어내며, 긴 딜레이 시간에서는 주파수 시프트 이펙트가 계속해서 변화하는 소리를 생성합니다.
- Stereo Width : 이펙트 신호의 스테레오 폭을 설정합니다. 이 파라미터는 Wet 신호에만 영향을 미치며, 스테레오 이미지의 넓이를 조절하여 더 넓고 풍부한 공간감을 만들 수 있습니다. 드라이 신호에는 영향을 미치지 않습니다.
- Env Follow : 입력 신호의 레벨에 따라 Dry/Wet 파라미터의 모듈레이션 강도를 조절합니다. 이 파라미터는 입력 신호의 다이나믹한 변화를 반영하여 모듈레이션의 양을 실시간으로 조절합니다.
- LFO : Dry/Wet 파라미터에 대한 LFO의 영향을 설정합니다. 이를 통해 이펙트의 변조 강도를 주기적으로 변화시킬 수 있어 리듬감 있는 효과를 만들 수 있습니다.

8 Rotor Cabinet

Rotor Cabinet 이펙트는 유명한 Hammond 오르간의 회전하는 스피커 캐비닛을 에뮬레이션하여 Leslie 효과를 구현합니다. 이 이펙트는 회전하는 스피커 캐비닛과 소리를 녹음하는 마이크, 그리고 디플렉터가 적용되거나 제거된 상황을 시뮬레이션합니다. 사용자는 로터의 회전 속도, 캐비닛 모델, 마이크 설정 등을 완벽하게 제어할 수 있습니다.

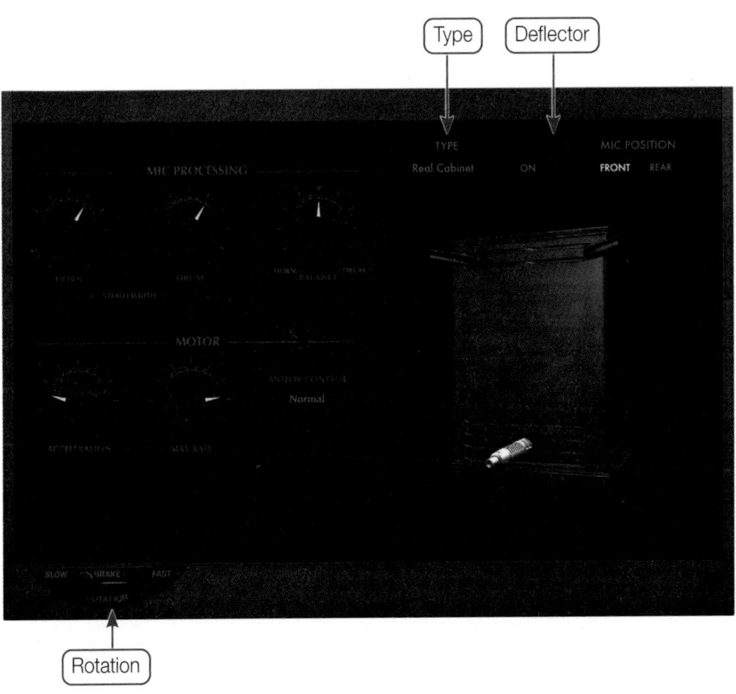

● Rotation : 로터의 회전 속도를 선택합니다.

Slow : 느린 회전 속도

Brake : 정지 상태

Fast : 빠른 회전 속도

● Type : 다양한 Leslie 캐비닛 모델을 선택할 수 있습니다.

Wood : 나무 케이스로 된 Leslie, Leslie 122 또는 147 모델과 유사한 소리

Proline : 열려 있는 케이스로 된 Leslie, Leslie 760 모델처럼 더 개방적이고 밝은 소리

Single : 단일 풀 레인지 로터, Leslie 825 모델과 유사한 소리

Split : 베이스 로터와 트레블 로터 신호를 좌우로 분리하여 라우팅하는 방식

Wood & Horn IR : 목재 인클로저와 혼의 임펄스 응답을 사용하는 Leslie 소리

Proline & Horn IR : 개방된 인클로저와 혼의 임펄스 응답을 사용하는 Leslie 소리

Split & Horn IR : 베이스와 트레블 로터 신호를 분리하여 라우팅한 혼의 임펄스 응답을 사용

● **Deflector** : 혼 디플렉터가 있는 Leslie 캐비닛을 에뮬레이션할지, 아니면 디플렉터를 제거한 상태로 시뮬레이션할지 결정합니다.
활성화 : 주파수 모듈레이션이 감소하고, 진폭 모듈레이션이 증가하여 더 풍부한 사운드를 제공합니다.
비활성화 : 소리의 특성이 변하고, 더 날카롭고 다이나믹한 변화가 발생할 수 있습니다.

Motor

Motor 컨트롤 파라미터를 통해 로터의 가속, 속도 조절 및 다양한 모드 설정을 제어할 수 있습니다. 이는 회전하는 스피커의 물리적 특성을 시뮬레이션하여 실제 Leslie 효과를 구현합니다.

● **Acceleration** : 로터가 최대 속도에 도달하는 데 걸리는 시간과 그 속도를 다시 느려지게 하는 시간을 조절합니다. 이 노브를 통해 로터의 가속 및 감속 정도를 조절할 수 있습니다.
왼쪽 : 즉시 프리셋 속도로 변경됩니다.
오른쪽 : 속도 변화가 더 느리게 진행되어 Leslie와 유사한 효과를 얻을 수 있습니다.
기본 설정 : Leslie와 비슷한 가속 및 감속 동작을 제공합니다.
● **Max Rate** : 로터의 최대 속도를 설정합니다. 로터의 회전 속도를 최고치로 설정할 때 사용됩니다.
● **Motor Control** : 베이스와 트레블 로터의 속도를 각각 다르게 설정할 수 있는 옵션을 제공합니다. 로터의 회전 속도를 조절하는 여러 모드를 선택할 수 있습니다.
Normal : 양쪽 로터가 동일한 속도로 회전합니다. Rotation 스위치에 설정된 속도에 따라 결정됩니다.
Inv : 빠른 속도에서 베이스 로터는 빠르게 회전하고, 트레블 로터는 느리게 회전합니다. 반대로, 느린 속도에서는 베이스 로터는 느리게, 트레블 로터는 빠르게 회전합니다.
910 : Memphis로도 알려진 이 설정에서는 베이스 드럼이 느린 속도에서 정지하고, 트레블 로터는 회전 속도를 유지합니다. 탄탄한 베이스와 트레블 사운드를 모두 원할 때 유용합니다.
Sync : 혼 및 베이스 로터가 동시에 가속하고 감속하도록 동기화됩니다. 이는 두 로터가 잠겨 있는 느낌을 주지만, 가속 및 감속 중에만 그 효과를 확실히 들을 수 있습니다.

Mic Processing

Rotor Cabinet 이펙트에서 중요한 부분은 마이크 설정입니다. 이 파라미터를 통해 어떤 마이크를 어떻게 사용할지를 결정할 수 있으며, 소리의 느낌을 크게 바꾸어 줍니다.

● **Mic Position** : Type에서 Real Cabinet을 선택하면, 실제 Leslie 캐비닛을 사용할 때처럼 마이크 그림이 표시되며, 이를 클릭하여 상단과 하단 마이크 유형을 변경할 수 있습니다.

Dynamic : 카디오이드(단일 지향성) 형태의 마이크로 소리의 중심을 집중적으로 잡아냅니다. 밝고 날카로운 소리를 내며, 컨덴서 마이크보다 더 강한 사운드를 전달합니다. 일반적으로 락, 재즈, 팝 등에서 많이 사용됩니다.

Condenser : 스튜디오 콘덴서 마이크의 사운드를 모방한 것입니다. 섬세하고 밸런스 잡힌 소리를 내며, 투명하고 부드러운 소리로 잘 알려져 있습니다. 보통 보컬이나 클래식, 어쿠스틱 기타 등의 녹음에서 많이 사용됩니다.

Mid-Side Mic : 미들/사이드(MS) 구성의 마이크 배열로 두 개의 마이크가 서로 다르게 배치되어 있습니다. 하나는 카디오이드 마이크로 직선으로 캐비닛을 향해 있고, 다른 하나는 양방향성(figure-8) 마이크로 90도 각도로 왼쪽과 오른쪽을 향하고 있습니다. 카디오이드 마이크는 중앙의 소리를 스테레오의 한쪽으로 포착하며, 양방향성 마이크는 캐비닛의 왼쪽과 오른쪽에서 나오는 소리를 스테레오의 다른 쪽으로 포착합니다.

- Front/Rear : 마이크의 위치를 설정합니다. 전면은 더 밝고 명료한 소리를 잡아내며, 후면은 부드럽고 둔탁한 소리를 잡아낼 수 있습니다.

- Horn : 혼 스피커의 마이크가 스테레오 이미지를 얼마나 넓게 잡을지 결정합니다. 스테레오 너비를 넓게 설정하면 소리가 더 넓고 입체적으로 들리며, 좁게 설정하면 소리가 더 집중적이고 밀도가 있는 느낌을 줍니다.

- Drum : 드럼 스피커의 마이크에 대해서도 마찬가지로 스테레오 너비를 설정할 수 있습니다. 혼 스피커와 드럼 스피커 사이의 스테레오 밸런스를 조정할 수 있습니다.

- Distance : 마이크와 스피커 캐비닛 사이의 물리적 거리를 설정합니다. 노브를 오른쪽으로 돌리면 마이크가 캐비닛에서 멀어지며, 그로 인해 소리가 어두워지고 덜 정제된 느낌을 줍니다. 왼쪽으로 돌리면 마이크가 캐비닛에 더 가까워져서 소리가 더 밝고 선명하게 들립니다.

- Angle : 마이크의 각도를 0도에서 180도 사이로 조정하는 파라미터입니다. 0도에서는 마이크가 정면을 향해 소리를 직접적으로 캡처하며, 180도에서는 마이크가 반대 방향을 향해 소리를 캡처하여, 스테레오의 넓은 분포를 만들 수 있습니다.

- Balance : 혼과 드럼 마이크의 신호 간 밸런스를 설정합니다. 왼쪽으로 돌리면 혼 마이크의 신호가 더 강하게 들어가고, 오른쪽으로 돌리면 드럼 마이크의 신호가 더 강하게 들어갑니다.

9 Scanner Vibrato

Scanner Vibrato는 Hammond 오르간의 전통적인 스캐너 비브라토 섹션을 시뮬레이션한 이펙트입니다. 이 효과는 오르간 사운드에서 흔히 들을 수 있는 비브라토와 코러스 효과를 만들어냅니다.

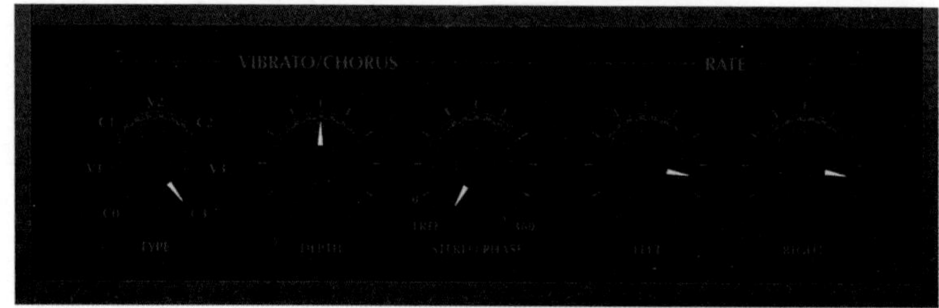

● Type : 세 가지 비브라토(V1, V2, V3) 또는 세 가지 코러스(C1, C2, C3) 중 하나를 선택할 수 있습니다.
비브라토(V1, V2, V3)는 Delay Line의 신호만을 사용하여 소리의 강도를 다르게 만들어냅니다. 각각 다른 강도의 비브라토 효과를 제공하며, 각 설정에 따라 소리가 더 빠르거나 느리게 떨리거나 강하게 변합니다. 코러스(C1, C2, C3)는 비브라토 신호가 원본 신호와 섞여 새로운 소리를 만듭니다. 즉, Delay Line의 신호와 원본 신호가 섞여 코러스 효과를 생성합니다. 이 오르간 스타일의 코러스는 일반적인 코러스 플러그인과는 조금 다른 독특한 사운드를 만들어내며, C0로 설정하면 비브라토와 코러스가 모두 비활성화되어 원본 소리만 나옵니다.

● Depth : 선택한 Chorus 이펙트의 강도를 조절합니다. 비브라토를 선택한 경우에는 이 파라미터가 아무런 영향을 미치지 않으며, 코러스를 선택하면, 코러스 효과의 강도를 설정합니다. 즉, Depth를 높이면 코러스 효과가 강해지고, 낮추면 효과가 약해집니다.

● Stereo Phase : 좌우 채널의 모듈레이션 페이즈 관계를 설정합니다. Free의 경우, 좌우 채널의 모듈레이션 속도를 개별적으로 설정할 수 있습니다. 즉, 왼쪽과 오른쪽 채널의 모듈레이션 속도가 서로 다를 수 있습니다.
0° 에서 360° 의 경우, 좌우 채널이 같은 속도로 모듈레이션되며 Rate Left와 Rate Right가 동일한 속도로 작동합니다. 이 모드에서는 Rate Right가 영향을 미치지 않습니다.

● Rate Left : Stereo Phase가 Free로 설정된 경우 왼쪽 채널의 모듈레이션 속도를 조정합니다. Stereo Phase가 0° 와 360° 사이로 설정되면, 이 노브는 양쪽 채널의 모듈레이션 속도를 함께 조정하게 됩니다. Rate Right 노브는 이 모드에서 영향을 미치지 않으며, Rate Left가 좌우 채널의 속도를 동시에 설정합니다.

● Rate Right : Stereo Phase가 Free로 설정된 경우 오른쪽 채널의 모듈레이션 속도를 조정하며, 좌우 채널의 속도를 개별적으로 설정하고 싶을 때 유용합니다.

10 Spreader

Spreader는 스테레오 사운드를 더 넓고 입체적으로 만들 수 있는 이펙트입니다. 이 이펙트는 원본 신호의 주파수 범위를 주기적으로 변화시켜, 신호의 스테레오 스펙트럼을 넓히고 인식되는 너비를 변화시킵니다. 또한, 샘플 간의 채널 딜레이를 설정할 수 있어 더 뛰어난 채널 분리와 스테레오 효과를 만들 수 있습니다.

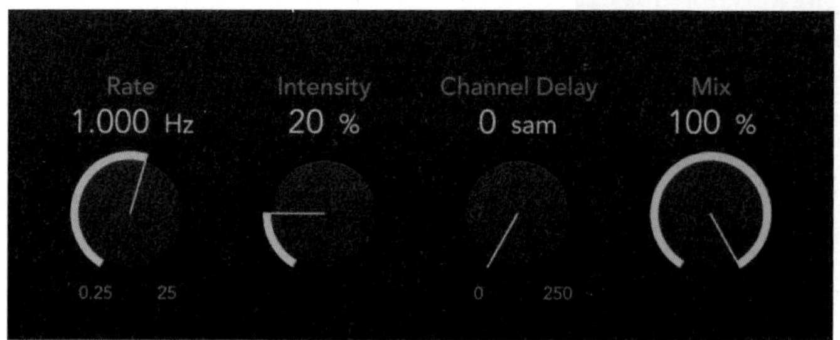

● Rate : Spreader의 내장 LFO(저주파 진동자)의 속도를 설정하는 파라미터입니다. LFO는 주기적으로 변하는 신호를 만들어내는 장치로 Rate를 조정하면 그 주기의 속도를 변경할 수 있습니다. 이 속도는 Spreader가 주파수를 주기적으로 이동시키는 속도에 영향을 미치며, 느리게 설정하면 사운드의 변화가 더 느리고 부드럽게, 빠르게 설정하면 변화가 더 급격하고 강하게 일어납니다.

● Intensity : 모듈레이션의 양을 설정합니다. 이 파라미터는 LFO의 효과의 강도를 결정하며, 더 높은 값으로 설정하면 더 강한 변화가 일어나고, 낮은 값으로 설정하면 효과가 더 미세하고 부드럽게 적용됩니다. Intensity를 조정하여 사운드가 얼마나 넓어지거나 변화할지를 결정할 수 있습니다.

● Channel Delay : 샘플의 딜레이 시간을 설정하는 파라미터입니다. 이 딜레이는 왼쪽과 오른쪽 채널 간의 시간 차이를 조정하여 채널 분리를 만들어냅니다. 즉, 왼쪽 채널과 오른쪽 채널이 서로 다르게 지연되도록 설정할 수 있습니다. 딜레이가 크면 스테레오 효과가 더 분리되고 넓어지며, 딜레이가 작으면 두 채널이 더 가깝게 들리게 됩니다.

● Mix : 이펙트와 입력 신호 간의 밸런스를 설정하는 파라미터입니다. Mix를 왼쪽으로 돌리면 원본 신호가 더 많이 들리고, 오른쪽으로 돌리면 Spreader 이펙트의 영향을 더 많이 받을 수 있습니다.

11 Tremolo

Tremolo는 신호의 진폭을 주기적으로 변동시켜 볼륨의 변화를 만들어내는 이펙트입니다. 주로 기타 앰프에서 사용되며, 비브라토와 혼동되기도 하지만 비브라토는 주파수의 변화를 트레몰로는 진폭의 변화를 일으킵니다.

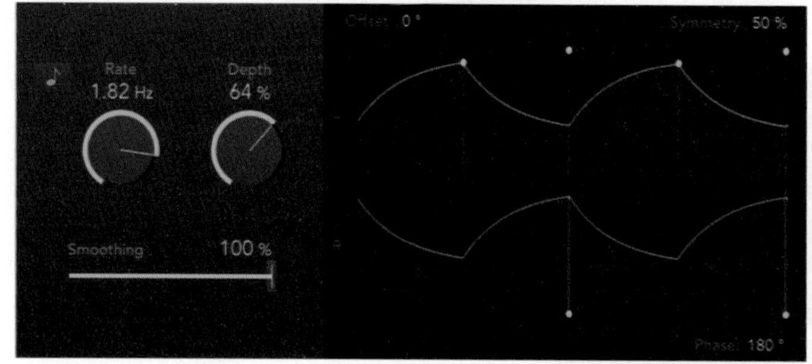

- **Sync** : 모듈레이션 속도가 프로젝트의 템포와 동기화됩니다. Rate 노브로 음의 값을 설정하면, 템포에 맞춰 주기적인 볼륨 변화가 자동으로 조정됩니다.
- **Rate** : Tremolo의 LFO(Low Frequency Oscillator) 주파수를 설정하는 파라미터입니다. LFO는 신호의 진폭(볼륨)을 주기적으로 변화시키는데, 이 Rate는 변화의 속도를 조정합니다. Rate를 낮추면 볼륨 변화가 느리게 일어나고, 높이면 빠르게 변화합니다.
- **Depth** : Tremolo 모듈레이션의 강도를 설정하는 파라미터입니다. 값을 높이면 볼륨의 변화가 더 극적이고, 낮추면 더 미세한 변화가 일어납니다.
- **Smoothing** : LFO 파형의 모양을 부드럽게 하는 기능입니다. 값이 0%일 때 LFO 파형은 급격하게 변화하며, 100%일 때는 변화가 매우 부드럽게 연결됩니다.
- **Distribution** : 서라운드 또는 스테레오 채널에서 모듈레이션의 페이즈 오프셋(좌우 또는 전후 채널 간의 시간 차이)을 어떻게 분배할지 설정하는 파라미터입니다. 선택할 수 있는 옵션은 circular, left↔right, front↔rear, random, new random입니다.
- **Offset** : Tremolo의 진폭이 왼쪽 또는 오른쪽으로 이동하는 양을 설정합니다. 이 값이 크면 볼륨이 더 많이 이동하고, 작으면 미세한 변화만 일어납니다.
- **Symmetry** : Tremolo 파형의 위쪽과 아래쪽 페이즈 간의 밸런스를 조정합니다. 50%일 때 파형의 변화가 대칭적으로 일어나며, 값을 변경하면 볼륨 변화의 상승과 하강이 불균형해져 소리가 왜곡되거나 디스토션이 발생할 수 있습니다.
- **Phase** : 스테레오 또는 서라운드 신호에서 채널 간 모듈레이션 페이즈 관계를 제어합니다. 0° 로 설정하면 모든 채널에서 동일한 타이밍으로 모듈레이션이 일어나며, 180° 또는 -180° 로 설정하면 서로 반대 방향으로 볼륨 변화가 일어나며, 채널 간 최대 거리를 만들어냅니다.
- **디스플레이** : Offset, Symmetry, Phase 설정을 그래픽적으로 시각화합니다. 초록색 핸들을 사용하여 Offset과 Symmetry를 조정할 수 있으며, 파란색 핸들을 사용하여 Phase 값을 조정할 수 있습니다.

멀티 이펙트

Multi Effects 폴더에서는 여러 음악적 상황을 한 번에 처리할 수 있는 4가지 장치를 제공합니다. Beat Breaker는 오디오를 실시간으로 재정렬하고 슬라이스하며 스크래치 효과를 추가할 수 있습니다. Phat FX는 드럼과 기타에 따뜻함과 펀치를 더하며, 디스토션을 사용하여 강렬한 사운드를 만들어냅니다. Step FX는 깊이 있는 모듈레이션 제어를 통해 섬세한 강화나 댄스플로어 효과를 추가할 수 있습니다. Remix FX는 DJ 스타일의 다양한 이펙트를 결합하여 라이브 환경에서 그루브를 강화하는 데 사용됩니다.

1 Beat Breaker

Beat Breaker는 오디오를 실시간으로 재정렬하여 슬라이스하고, 재배열하며, 긁는 이펙트를 추가할 수 있는 특별한 오디오 플러그인입니다. 각 슬라이스마다 설정된 반복 횟수에 따라 속도, 방향, 볼륨을 조정할 수 있는 기능을 제공합니다. 이는 사용자가 원하는 대로 패턴을 변경하여 새로운 음악적 아이디어를 창출하는 데 도움을 줍니다. 힙합과 같은 장르에서 두각을 나타내며, 무대나 스튜디오에서 실시간으로 사용할 수 있습니다.

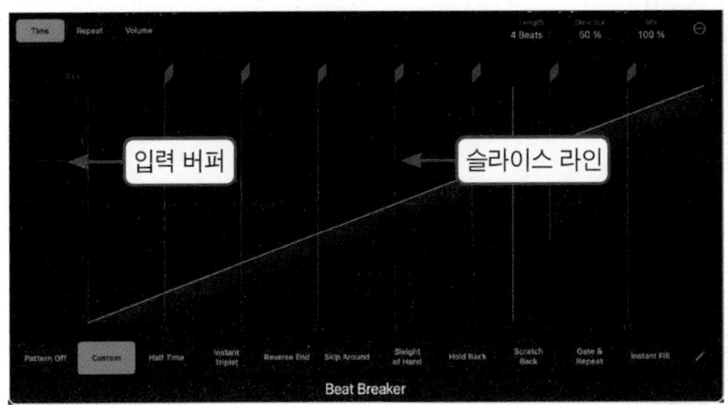

01 Beat Breaker를 로딩하면 메인 편집기 왼쪽에 입력 오디오 파형이 세로로 표시되고, 그 오른쪽으로 출력 파형이 표시됩니다. 출력 파형에 표시되는 8개의 세로 라인은 오디오가 잘린 위치를 나타내는 슬라이스 라인입니다.

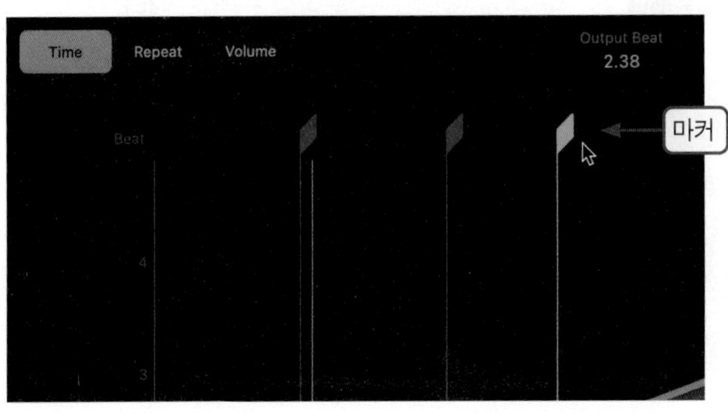

02 슬라이스 라인의 위치는 상단의 슬라이스 스트립 바에 표시되는 마커를 드래그하여 옮길 수 있으며, 빈 공간을 탭하여 추가하거나 더블 탭하여 제거할 수 있습니다.

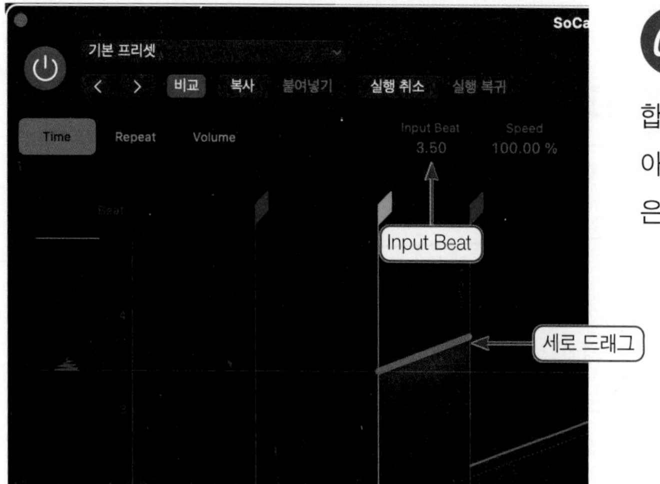

03 Beat Breaker는 Time, Repeat, Volume의 세 가지 편집 모드를 제공합니다. Time은 주황색 라인으로 표시되며 위/아래로 드래그하여 연주 위치를 결정합니다. 값은 Input Beat에 표시되며, 수정 가능합니다.

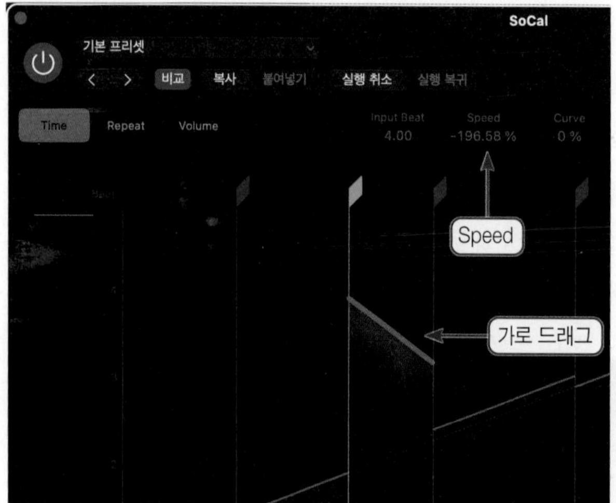

04 주황색 라인을 좌/우로 드래그하면 재생 속도가 변경됩니다. 값은 Speed 파라미터에서 확인할 수 있으며, 마이너스 값은 거꾸로 재생됩니다.

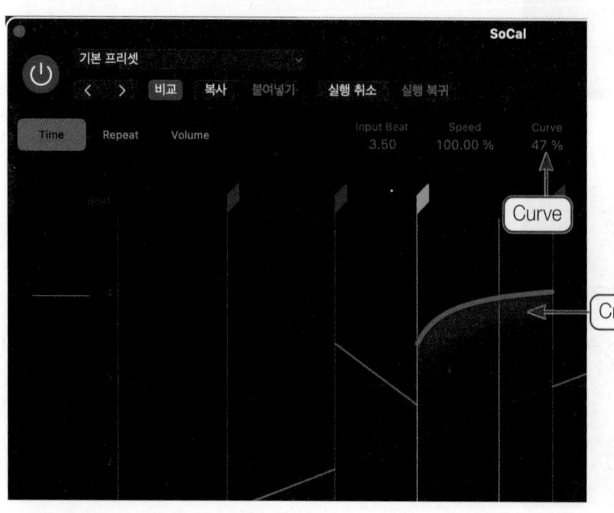

05 슬라이스를 Commad 키를 누른 상태로 드래그하여 속도 변화를 줄 수 있습니다. 값은 Curve 항목에 표시되며 드래그 및 더블 클릭으로 수정할 수 있습니다.

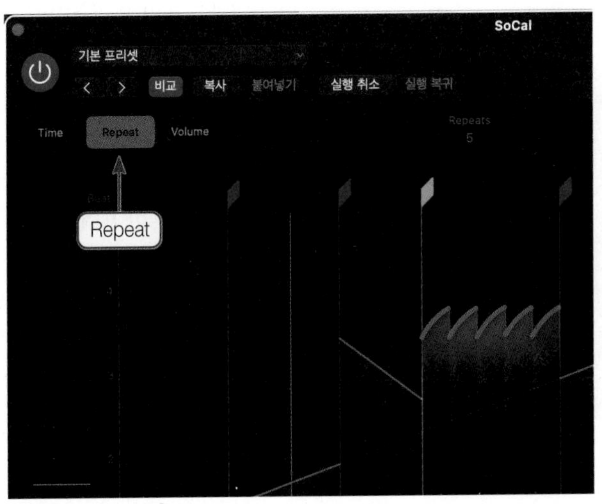

06 자주색으로 표시되는 Repeat 편집 모드는 위/아래로 드래그하여 슬라이스 구간을 최대 8번 반복시킬 수 있습니다. 값은 Repeats 파라미터에 표시되며 변경 가능합니다.

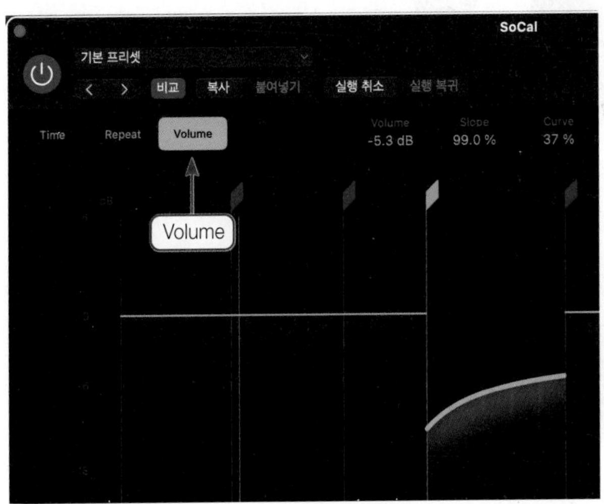

07 노란색으로 표시되는 Volume 편집 모드는 위/아래로 드래그하여 볼륨을 조정하고, 좌/우로 드래그하여 슬로프 값을 조정하고, Commad 키를 누른 상태로 커브를 조정합니다.

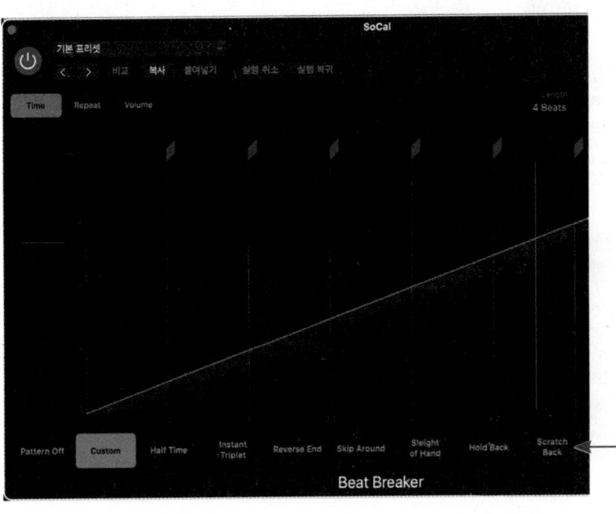

08 파형 디스플레이 아래쪽의 버튼들은 로직에서 제공하는 패턴입니다. 각각의 패턴을 선택하여 비트가 어떻게 바뀔 수 있는지 모니터해봅니다.

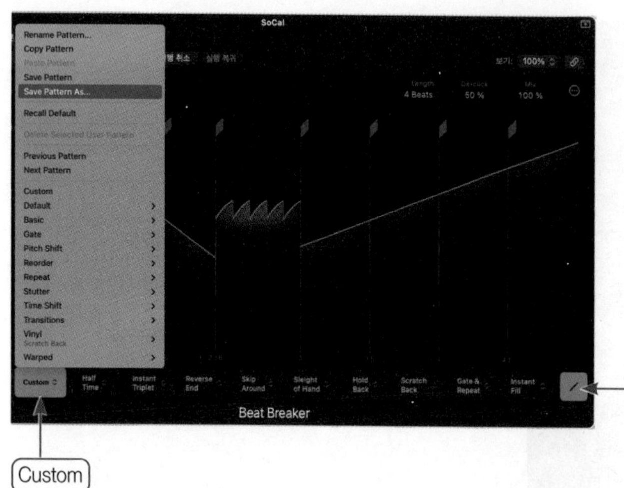

09 사용자가 만든 것도 패턴으로 저장하여 언제든 사용할 수 있습니다. 연필 모양의 편집 버튼을 탭하고, 사용자가 만든 Custom 패턴 버튼을 탭하여 메뉴를 엽니다. 그리고 Save Pattern As를을 선택하여 구분하기 쉬운 이름으로 저장합니다.

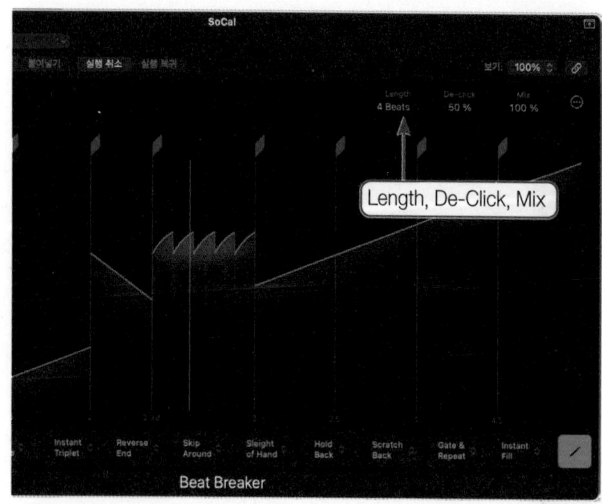

10 오른쪽 상단에는 패턴의 길이를 설정할 수 있는 Length, 페이드 인/아웃 값을 설정할 수 있는 De-click, 소스와 Beat Breaker의 출력 비율을 조절할 수 있는 Mix 파라미터를 제공합니다.

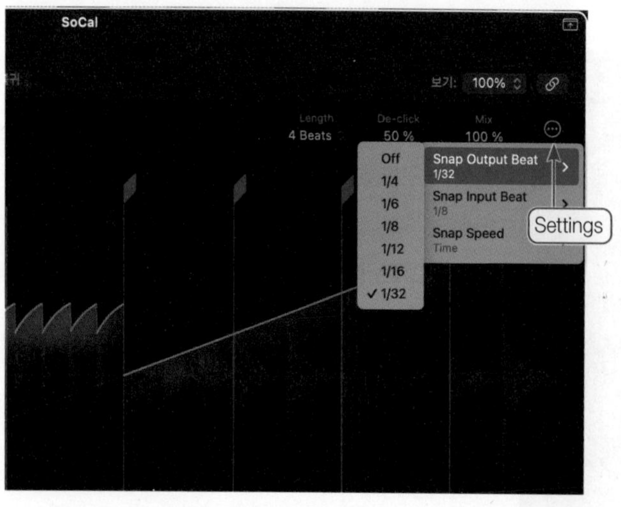

11 오른쪽 끝의 Settings 버튼을 탭하면 In/Output Beat의 스넵 간격과 Time 모드의 Speed를 설정할 수 있는 메뉴가 열립니다.

2 Phat FX

Phat FX는 드럼, 베이스, 기타 등 여러 음악 파트에 적합한 멀티 이펙트 플러그인입니다. 디스토션, 필터링, 컴프레셔 등의 다양한 이펙트를 통해 사운드에 풍성함과 힘을 더합니다. Bass Enhancer와 Bandpass 필터를 사용하여 로우엔드 주파수를 강화하며, 3개의 디스토션 유닛과 멀티모델 컴프레서, 레조넌스 필터, 모듈레이션 이펙트 유닛 등이 포함되어 있어 다채로운 음향 조작이 가능합니다. XY 패드와 2개의 LFO 및 엔벨로프 팔로워를 통해 실시간으로 파라미터를 조작할 수 있어 창의적인 음악 제작에 유용합니다.

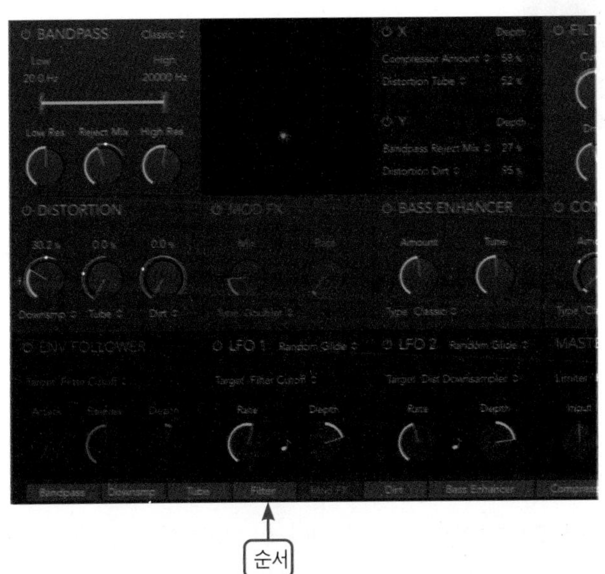

01 PhatFX는 다양한 오디오 이펙트를 결합한 멀티 이펙트 유닛으로, Bandpass, Filter, Distortion, Mod FX, Bass Enhacer, Compressor 등을 포함하여 다양한 소리 변화를 제공합니다. 신호는 하단의 스트립에 나열된 순서대로 처리되며, 이 순서는 드래그하여 자유롭게 변경할 수 있어 이펙트의 적용 방식을 조절할 수 있습니다.

02 각각의 장치는 사용 여부를 결정짓는 전원 버튼을 제공합니다. 입문자는 각 장치들이 어떤 효과를 만들어내는지 탐색하기 가장 좋은 방법은 테스트 장치를 제외한 모든 장치를 꺼두는 것입니다.

BandPass

밴드패스 필터는 Low에서 High 슬라이드로 설정된 주파수 범위만 통과시키고 그 외의 주파수는 차단하는 이펙트입니다. 이 필터를 사용하면 원하는 주파수 대역만 강조하거나 선택적으로 들을 수 있습니다.

- Type : 필터 특성을 선택할 수 있는 옵션입니다. 각 필터 특성은 레조넌스(Resonance) 값에 따라 음색과 응답이 달라집니다.
- Low/High : 필터를 통과할 수 있는 최저 주파수(Low)와 최고 주파수(High)를 설정합니다. 이 범위 밖의 주파수는 차단되어 통과하지 않습니다.
- Low/High Res : 저주파와 고주파 주변의 레조넌스를 조정하여 필터링된 신호의 특성을 설정합니다. 값을 높이면 해당 주파수가 강조되어 더 선명하고 밝은 소리를 만들고, 값을 낮추면 더 부드럽고 둔탁한 느낌을 줍니다.
- Reject Mix : 필터를 통과하지 않은 신호를 복원하여 믹싱할 수 있는 노브입니다. 이 파라미터를 조정하여 필터를 적용한 후에도 전체 신호를 혼합할 수 있으며, 이를 통해 주파수 범위 밖의 신호도 복원하여 사운드를 풍부하게 만들 수 있습니다.

Filter

필터 유닛은 다양한 필터 유형을 제공하여 신호의 주파수 범위를 제어하고, 필터를 적용하는 방식에 따라 다양한 소리 변화를 만들 수 있습니다. 필터는 주파수의 특정 범위를 통과시키거나 차단하는 데 사용되며, 이를 통해 신호의 음색을 세밀하게 조정할 수 있습니다.

● Type : 필터의 특성을 선택합니다. 선택된 필터 유형에 따라 컷오프(Cutoff), 레조넌스(Resonance), 드라이브(Drive) 등 필터의 동작 방식과 응답이 달라집니다.

● Cutoff : 필터의 컷오프 주파수를 설정합니다. 저음을 차단하는 HP, 고음을 차단하는 LP, 저음과 고음을 모두 차단하는 BP가 있으며, Comb 필터나 다른 필터 유형에서는 동작 방식에 차이가 있습니다.

● Res : 컷오프 주파수를 중심으로 주파수 밴드의 부스트 또는 컷을 조절합니다. 레조넌스를 높이면 필터 근처의 주파수가 강조되어 더 선명하고 날카로운 소리가 나며, 낮추면 부드러운 소리가 됩니다.

● Drive : 필터에 오버드라이브를 적용하여 더 강한 디스토션 효과를 만듭니다. 필터 유형에 따라 드라이브 값을 조정하면 디스토션이 심해질 수 있으며, 이로 인해 사운드가 더욱 거칠고 강렬해집니다.

● Mix : 원본 신호와 필터링된 신호의 레벨 비율을 설정합니다.

Distortion

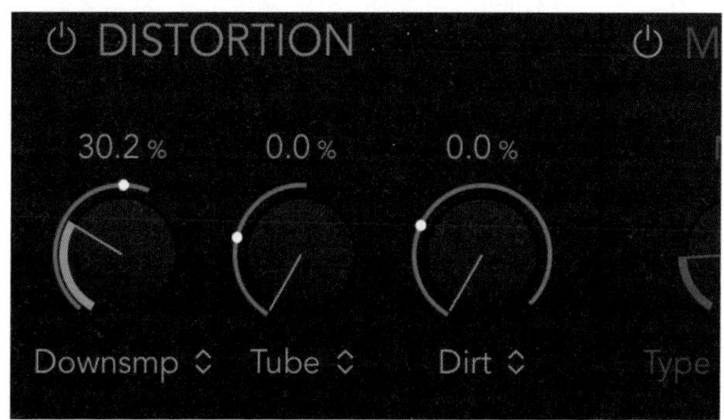

디스토션 유닛은 세 가지 개별 유닛을 사용하거나 조합하여 다양한 음색을 만들 수 있는 강력한 효과입니다. 주로 신호에 왜곡을 추가하여 신호를 더 거칠고, 따뜻하거나 강렬하게 변형하는 데 사용됩니다.

● Bitcrusher : 디지털적인 왜곡을 추가하여 더 거칠고 날카로운 사운드를 만듭니다.

● Diode : 부드러운 클리핑을 통해 톤을 부드럽게 만들고, 자연스러운 세츄레이션을 추가합니다.

● Dirt & Grit : 이 두 디스토션은 과도한 세츄레이션을 제공하여 굉장히 거칠고 공격적인 사운드를 만듭니다.

● Downsampler : 로우파이 디지털 이펙트로 Bitcrusher와 유사하지만, 주파수에 의존적인 특성을 가지고 있습니다.

● Exciter : 고주파수 콘텐츠를 강조하여, 상승된 고음을 만들어냅니다.

● Scream : 클래식한 튜브 디스토션 효과로 고주파수를 강조하고 격렬한 왜곡을 더합니다.

● Soft Saturation : 따뜻하고 부드러운 느낌의 디스토션을 만들어주는 효과로 튜브 앰프에서 나오는 느낌을 원할 때 사용합니다.

● Squared : 매우 강한 클리핑을 통해 톤을 강력하게 왜곡합니다.

● Tube : 클래식한 튜브 디스토션 효과로 따뜻하고 자연스러운 톤을 만듭니다.

● Vari Drive : 깨끗한 부스트에 적합한 튜브 기반 디스토션 효과입니다.

MOD FX

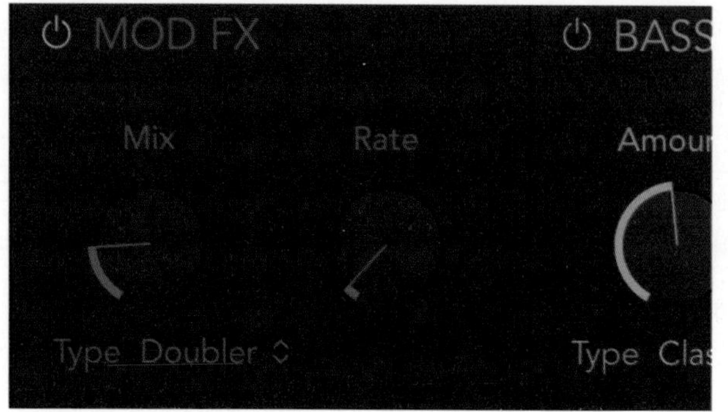

Mod FX 유닛은 주로 코러스 이펙트와 관련된 다양한 모듈레이션 효과를 제공합니다. 이 유닛은 소프트한 더블링 효과부터 앙상블 스타일의 처리에 이르는 여러 가지 효과를 통해 신호에 깊이와 입체감을 추가할 수 있습니다.

- Mix : 원본 신호와 변조된 신호의 비율을 조정합니다.
- Rate : 모듈레이션 효과의 속도를 설정합니다. 낮은 값은 느리고 미세한 모듈레이션을 제공하고, 높은 값은 빠르고 극적인 변화를 만듭니다.
- Type : 모듈레이션 효과의 특성을 선택합니다. 각 모듈레이션 타입은 다양한 음색과 이펙트 깊이를 제공하여 원하는 사운드를 손쉽게 만들 수 있습니다.

Bass Enhancer

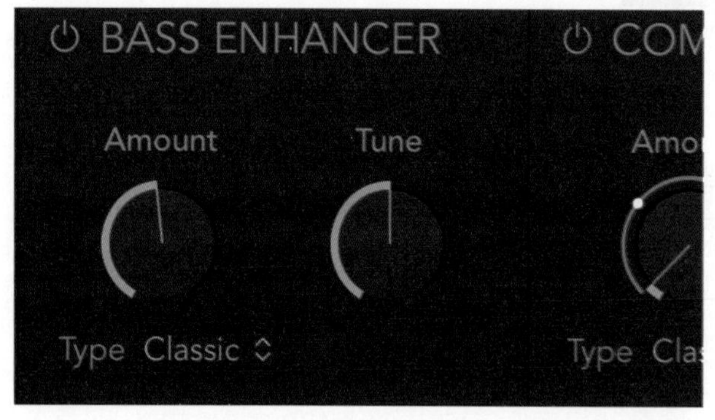

베이스 인핸서 유닛은 신호에서 주파수 대역을 강화하여 저음을 강조하고 더 강력한 베이스 사운드를 만듭니다. 주로 베이스와 킥 드럼 같은 저주파 요소를 더욱 강렬하고 두텁게 만들어줍니다.

- Amount : 이펙트 신호의 레벨을 설정합니다.
- Tune : 베이스 강화의 중심 주파수를 설정합니다.
- Type : 베이스 강화 특성을 선택합니다.

Warm : 따뜻하고 부드러운 저음 영역을 강조합니다.
Classic : 전통적인 톤을 강조하는 클래식한 스타일의 베이스를 제공합니다.
Clip : 강한 클리핑 효과를 제공하며, 과장된 디스토션을 추가합니다.

Compressor

컴프레서 유닛은 다이나믹스를 부드럽게 하고 전체 볼륨을 높여 오디오를 강화하는 데 사용됩니다. 이 파라미터들을 통해 더 정밀한 제어가 가능하고, 다양한 효과를 얻을 수 있습니다.

- Amount : 컴프레션의 강도를 설정합니다.
- Release : 컴프레션 서킷이 신호 감소를 멈추는 데 걸리는 시간을 설정합니다.
- Type : 컴프레션 서킷 모델을 선택합니다. Classic, Clip, Platinum, Studio VCA, FET, Vintage VCA 등 여러 모델이 있으며, 각기 다른 음색과 응답을 제공합니다.

ENV Follower

엔벨로프 팔로워는 들어오는 신호의 레벨을 추적하고, 이를 기반으로 Phat FX 내 다른 파라미터들을 변조하는 데 사용됩니다. 주로 필터 파라미터를 제어하는 사이드체인 입력 신호를 추적하는 데 사용되며, 동적이고 반응적인 이펙트를 생성하는 데 중요한 역할을 합니다.

- Target : 엔벨로프 팔로워가 추적한 신호를 변조할 대상을 선택합니다.
- Attack : 신호의 상승 부분에 얼마나 빠르게 반응할지 결정합니다.
- Release : 신호의 하강 부분에 얼마나 빠르게 반응할지 결정합니다.
- Depth : 제어 신호의 강도를 결정합니다. 100%에서 사인파, 화이트 노이즈 또는 0dB에 도달하는 신호는 출력이 최대에 달하며, 조용한 신호에서는 1%에서 1000%까지 범위 조정이 필요할 수 있습니다.

LFO 1/2

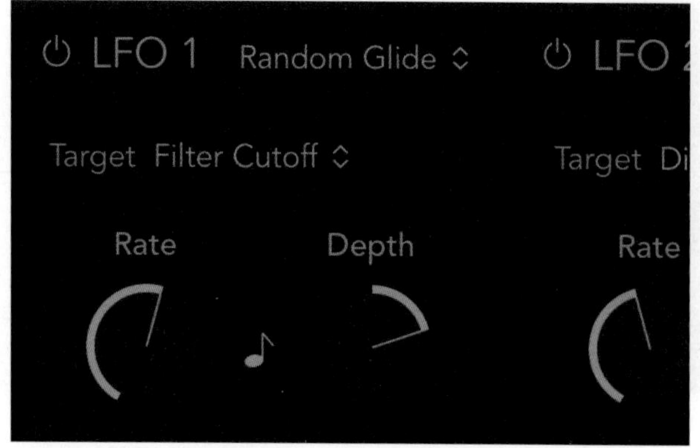

LFO는 오디오 프로세싱에서 주로 주기적인 변화를 만들어내는 데 사용됩니다. Phat FX의 LFO 파라미터는 이 변화를 어떻게 적용할지 설정하는 데 중요한 역할을 하며, 각 파라미터는 LFO의 작동 방식을 세밀하게 조정할 수 있게 합니다.

- Type : LFO가 사용할 파형을 선택합니다. 파형 종류는 주기적인 변화를 만드는 형태를 선택하는 것으로 사인파, 삼각파, 사각파 등이 있으며, 각 파형은 변조의 모양과 변화 양상에 영향을 미칩니다.
- Target : 변조할 대상을 선택합니다. 대상은 마스터 컨트롤이나 모든 활성 이펙트 프로세서에서 선택할 수 있으며, 이를 통해 LFO가 어떤 파라미터를 변조할지 결정합니다.
- Rate : LFO의 주기적인 변화를 얼마나 빨리 적용할지를 결정합니다. 속도 값은 헤르츠(Hz) 단위로 표시되며, 초당 몇 번의 주기가 발생할지를 나타냅니다. 음표 모양의 Sync 버튼이 켜지면, 프로젝트 템포와 동기화되어 비트 값으로 설정할 수 있습니다.
- Depth : 변조 정도를 결정합니다. 값이 클수록 LFO에 의한 변동이 강해지며, 작을수록 변동이 미세해집니다.

Master

Master 컨트롤은 플러그인의 최종 출력과 신호 처리 강도를 조정합니다.

● Limiter : 신호의 피크을 제한하여 왜곡을 방지하는 리미팅을 설정합니다.

Soft Limiting : 신호의 피크를 부드럽게 제한하여 자연스러운 소리의 왜곡을 최소화합니다.

Hard Limiting : 강하게 리미팅하여 피크를 갑작스럽게 제한합니다. 이 방식은 더 강력한 신호 처리로 더 강한 피크 제한 효과를 제공합니다.

Off : 리미팅을 비활성화하여 신호의 피크 제한 없이 자연스럽게 지나가도록 설정합니다.

● Input : 플러그인에 들어오는 전체 입력 레벨을 설정합니다.
● Mix : 원본 신호와 처리된 신호의 비율을 설정합니다.
● Output : 최종 출력 레벨을 설정합니다.

XY 패드

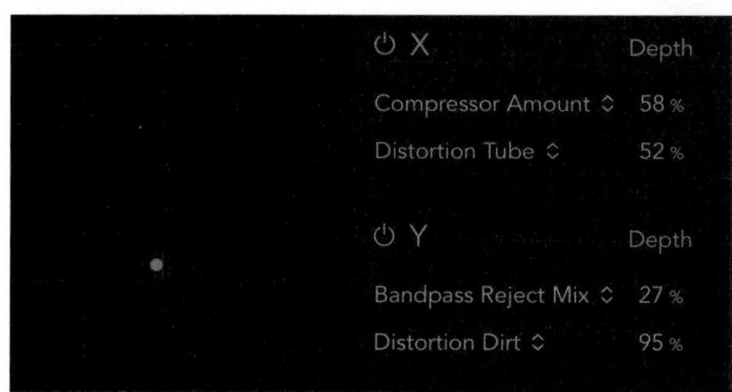

XY 패드는 PhatFX의 고급 모듈레이션 도구로 두 가지 축(X, Y) 을 사용하여 최대 4개의 대상 파라미터를 동시에 제어할 수 있는 기능을 제공합니다. 이를 통해 여러 파라미터의 변화를 동시에 처리하여 더욱 다채롭고 역동적인 사운드를 창출할 수 있습니다.

● XY 패드 : X축(수평)과 Y축(수직)을 사용하여 할당된 파라미터의 값을 실시간으로 조정합니다.

● Target : 각 축에서 제어할 파라미터를 선택합니다. 이 메뉴를 통해 활성 이펙트 프로세서, 모듈레이션 소스 또는 마스터 제어 섹션에서 모듈레이션 대상을 하나 또는 두 개 선택할 수 있습니다.

● Depth : 선택된 대상 파라미터의 모듈레이션 범위/양을 설정합니다. 이 필드를 통해 X 대상 파라미터에 얼마나 큰 변화를 줄 것인지, 즉 모듈레이션의 강도를 조정할 수 있습니다.

3 Remix FX

Remix FX는 전자 음악과 댄스 음악에서 자주 사용되는 실시간 이펙트를 제공하는 플러그인입니다. DJ와 프로듀서가 라이브 세션에서 오디오 신호를 조작하고, 스크래치 믹싱 및 다양한 이펙트를 통해 트랙을 변형할 수 있습니다. 이 플러그인은 버스에서 사용되도록 설계되었지만, 프로젝트의 어떤 신호에도 삽입할 수 있습니다.

01 좌/우의 X/Y 패드는 상단의 이름 항목을 탭하여 적용하고자 하는 이펙트를 변경할 수 있습니다. 기본적으로 왼쪽에는 Filter, 오른쪽에는 Wobble이 선택되어 있으며, 각각 Orbit, Repeater, Reverb, Delay로 변경할 수 있습니다.

02 드럼 패드에서는 두 가지 기능 버튼을 제공합니다. 첫 번째가 반복 버튼입니다. 이를 탭하여 켜면 패드를 누르고 있을 때 반복되는 비트 수를 선택할 수 있습니다.

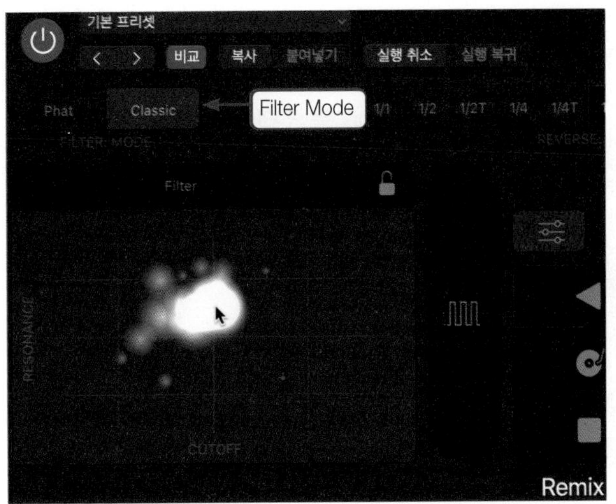

03 Filter는 세로로 스크롤하여 컷오프 주파수(Cutoff)를 조정하고, 가로로 스크롤하여 공명 값(Resonance)을 조정합니다. 모드는 24dB LowPass 및 24dB HighPass 필터를 사용하는 웜사운드의 Phat과 12dB/Oct의 슬로프를 지닌 깨끗한 사운드의 Classic 중에서 선택할 수 있습니다.

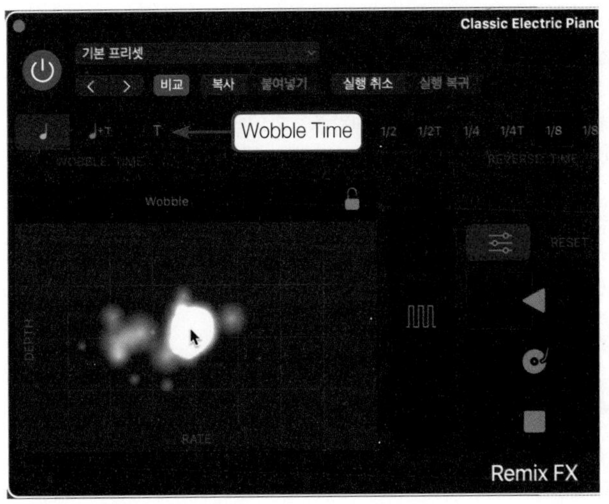

04 Wobble은 빈티지 스타일의 필터를 통해 오디오 신호를 변조하는 것으로 세로는 변조 속도(Rate), 가로는 깊이(Depth)를 조정합니다. 타임은 스트레이트 비트, 점음표, 셋잇단음 중에서 선택할 수 있습니다.

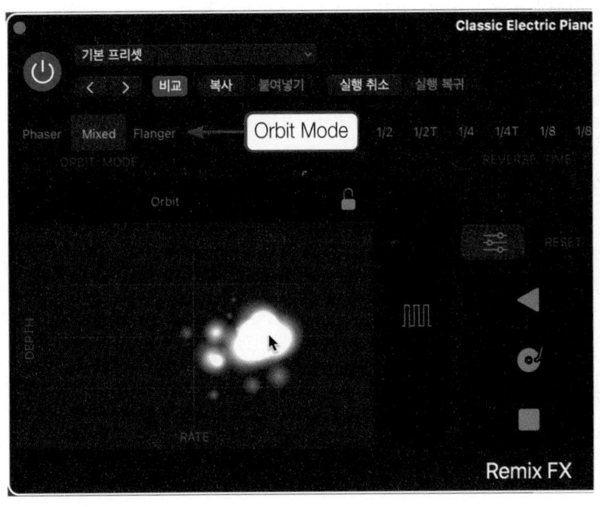

05 Orbit는 플랜저(Flanger)와 페이저(Phase) 둘의 혼합(Mixed)을 통해 오디오 신호를 변조합니다. 세로는 변조 속도(Rate), 가로는 깊이를 조정하며, 이펙트는 Mode에서 선택합니다.

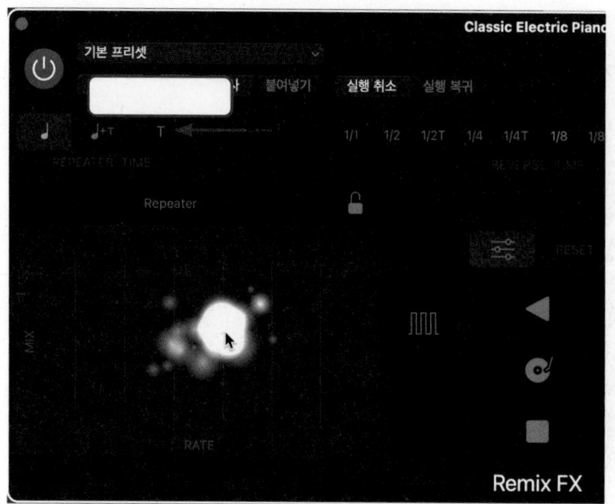

06 Repeater는 버벅거리는 효과를 만듭니다. 세로는 반복 속도(Rate), 가로는 믹스의 양(Mix)을 조정하며, 타임은 Wobble와 동일합니다.

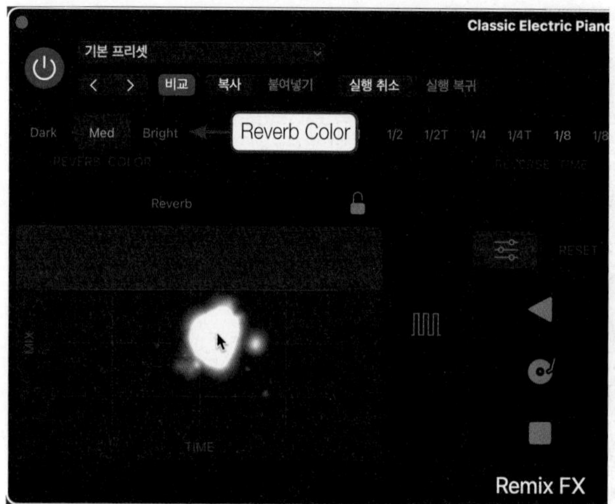

07 Reverb는 잔향 효과를 만드는 것으로 세로는 리버브 타임(Time), 가로는 믹스의 양(Mix)을 조정합니다. Color는 저음역(Dark), 중음역(Med), 고음역(Bright)로 잔향이 만들어지는 주파수 대역을 선택합니다.

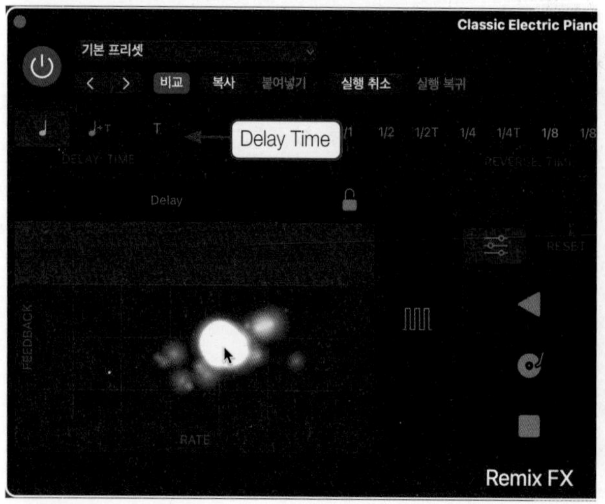

08 Delay는 오디오 신호에 에코음을 더합니다. 가로는 속도(Rate), 세로는 반복되는 양(Feedback)을 조정하며, 타임은 Wobble 및 Repeater와 동일합니다.

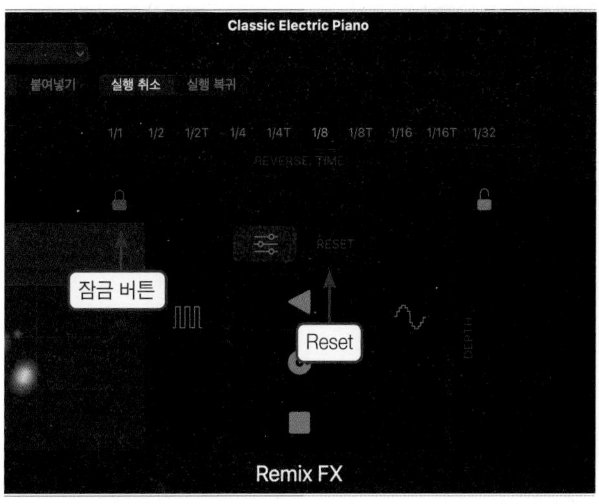

09 잠금 버튼을 탭하면 패드의 마지막 움직임을 고정시켜 다른 효과와 함께 사용할 수 있으며, Reset 버튼을 탭하여 해제할 수 있습니다.

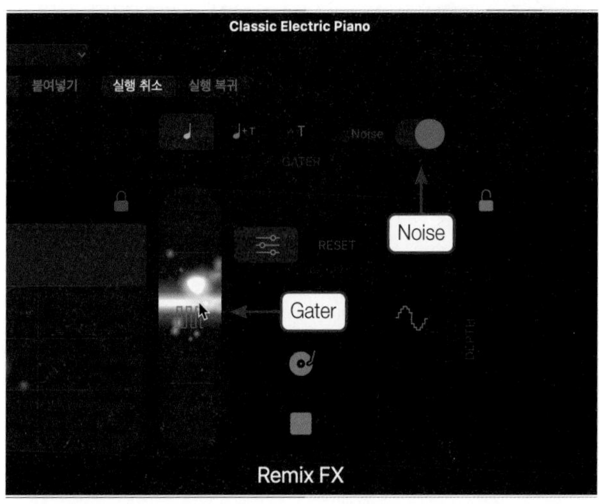

10 Gater는 신호를 차단하는 게이트 효과를 만듭니다. Wobble 및 Repeater와 동일하게 타임을 설정할 수 있는 추가 파라미터를 제공하며, Noise는 오디오 신호에 노이즈를 주입하여 오디오 신호가 없어도 게이트 소리를 들을 수 있도록 합니다.

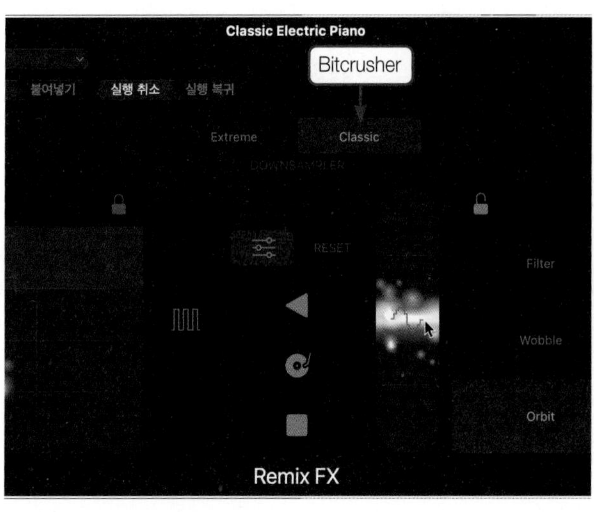

11 Downsampler는 오디오의 레졸루션을 변경하여 디스토션과 유사하게 더 얇거나 거칠거나 높게 만듭니다. Bitcrusher는 오디오 신호에 공감적인 울림 주파수를 도입하는 Extreme과 오디오를 거칠게 다운샘플링하는 Classic 모드 중에서 선택할 수 있습니다.

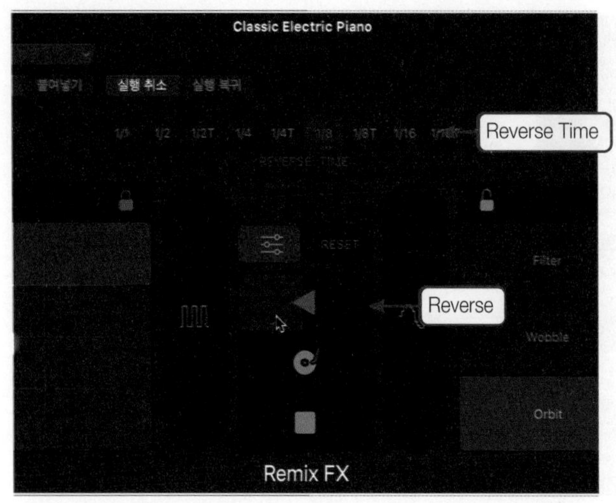

12 Reverse는 오디오를 거꾸로 재생합니다. Reverse Time은 왼쪽과 오른쪽 버튼을 다르게 설정할 수 있습니다.

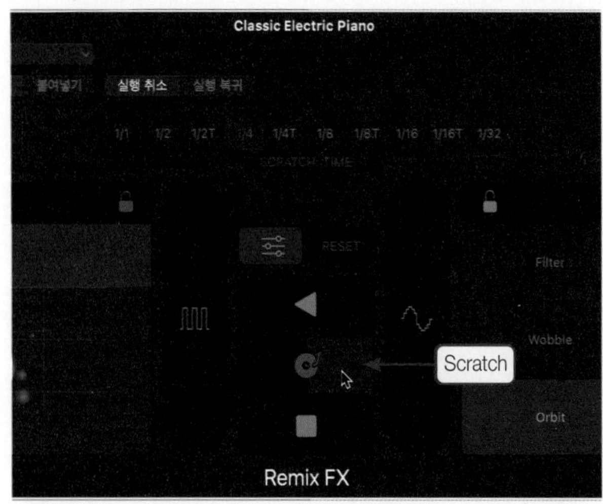

13 Scratch는 디제잉 스크래치를 시뮬레이션 합니다. Scratch Time 역시 왼쪽과 오른쪽 버튼을 다르게 설정할 수 있습니다.

14 Tape Stop은 오디오의 속도 낮추며 정지합니다. 타임은 왼쪽과 오른쪽 버튼을 다르게 설정할 수 있습니다.

알아 두면 좋아요! 로직 리모트

아이패드 사용자는 로직 리모트(Logic Remote) 앱을 통해 별도의 하드웨어 컨트롤러 없이 로직 프로의 모든 기능을 무선으로 제어할 수 있습니다. 이 앱은 앱 스토어에서 무료로 제공되며, 설치 후에는 복잡한 설정 없이 바로 사용할 수 있어 매우 편리합니다. 특히, Live Loops와 Remix FX를 제어하는 데 필수적인 기능을 제공하므로, 로직을 더 다이내믹하게 활용하고자 하는 사람들에게 매우 유용합니다. 아이패드를 가진 로직 사용자라면, 이 앱을 꼭 설치하여 활용하는 것이 좋습니다.

로직 프로를 원격으로 제어할 수 있는 Logic Remote는 App Store에서 무료로 다운로드하여 설치할 수 있으며, 로직 프로를 제어하려면 수백만 원짜리 하드웨어 컨트롤러 대신 아이패드 한 대만 있으면 충분합니다. 아이패드가 이미 있다면 로직 리모트 하나로 아이패드 구입 가치를 충분히 충족시킬 수 있습니다.

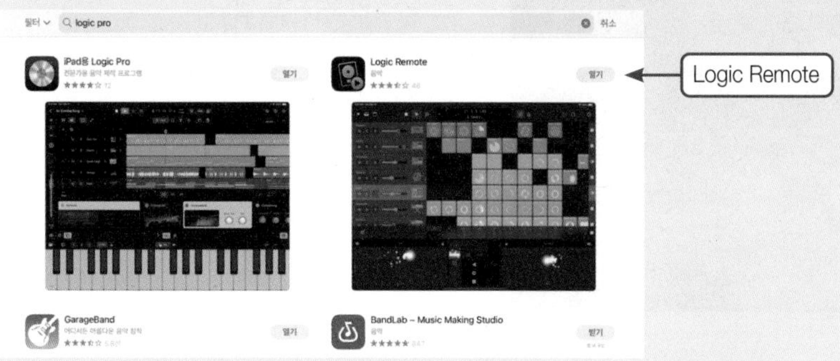

로직 리모트를 처음 실행하면, 맥에 연결하라는 메시지가 뜹니다. 로직 프로가 실행된 맥을 선택하고, 맥에서 연결 요청을 탭하면, 아이패드와 맥의 로직 프로가 연결되어 아이패드에서 로직 프로를 제어할 수 있게 됩니다.

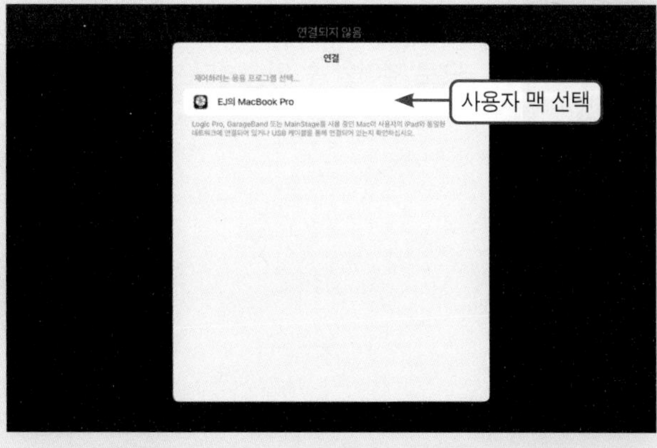

4 Step FX

Step FX는 3개의 독립적인 스텝 모듈레이터를 사용해 오디오의 다양한 파라미터를 세밀하게 제어할 수 있는 멀티 이펙트 유닛입니다. 이 유닛은 최대 128개의 스텝을 사용해 신호에 강력한 변화를 주거나 댄스플로어용 게이팅 이펙트를 추가하며, 여러 이펙트를 동시에 실시간으로 조작할 수 있는 XY 패드를 통해 더욱 직관적인 조작이 가능합니다. 또한, 멀티모드 필터, 딜레이, 리버브, 디스토션 등 다양한 이펙트가 내장되어 있어 이펙트의 순서를 자유롭게 설정해 원하는 소리로 변형할 수 있습니다.

01 Step FX의 핵심은 바로 Step Modulator 입니다. 이 모듈은 실제로 Step FX의 엔진 역할을 하며, 스텝 시퀀스를 생성하고, Step FX 내의 다양한 모듈을 변조하는 중요한 역할을 합니다.

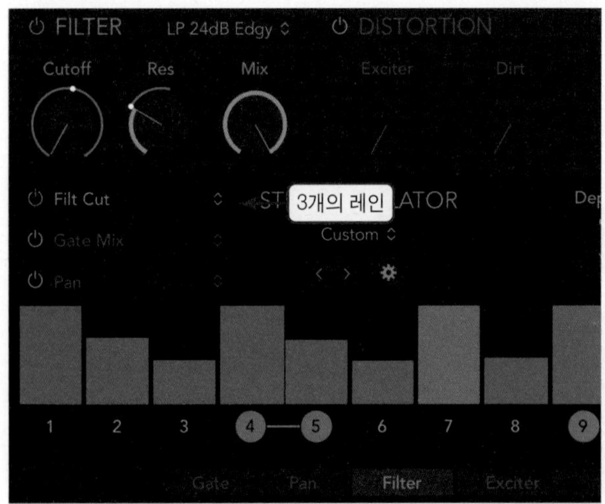

02 Step Modulator는 3개의 레인을 가지고 있으며, 이로 인해 Step FX에는 사실상 3개의 독립적인 스텝 모듈레이터가 존재합니다. 각각의 모듈레이터는 독립적인 컨트롤러를 가지고 있어서 다양한 파라미터를 개별적으로 제어할 수 있습니다.

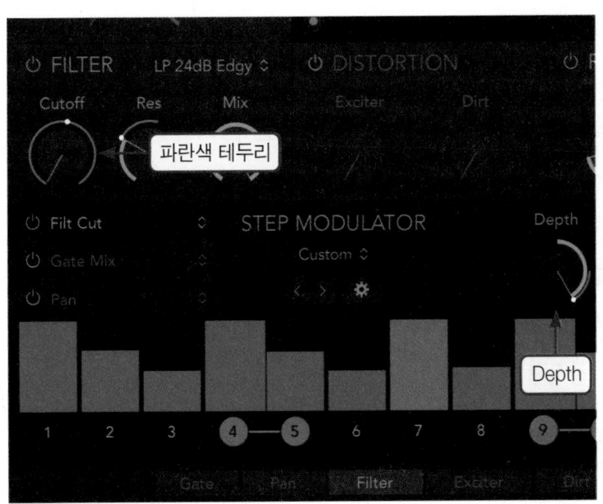

03 Step Modulator 1의 기본 설정은 Filter Cutoff이며, Depth로 조정 범위를 설정합니다. 이 범위는 노브에 파란색으로 표시되고, 각 스텝의 움직임은 하얀 점으로 표시됩니다.

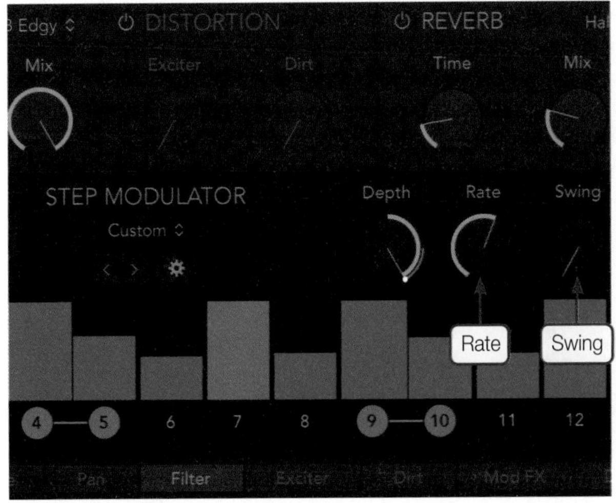

04 각 스텝의 길이는 기본적으로 16분 음표로 설정되어 있으며, Rate를 이용하여 변경할 수 있고, Swing을 이용하여 트리플 리듬을 만들 수 있습니다.

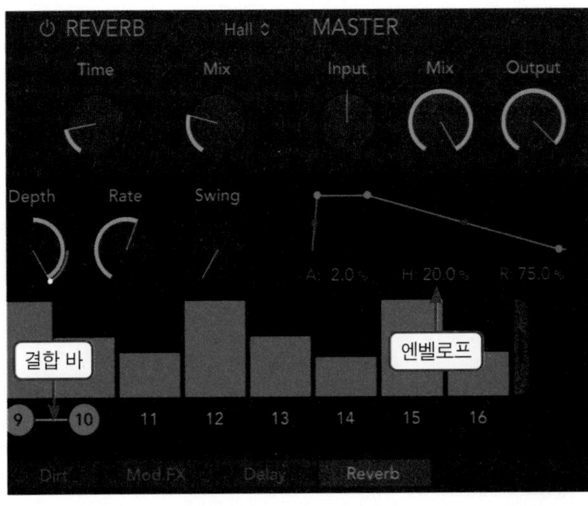

05 각 스텝은 드래그하여 값과 길이를 조정할 수 있으며, 결합 바를 클릭하여 연결할 수 있습니다. 이때 각 스텝은 Attack, Hold, Release에 영향을 받으며, 이 엔벨로프가 하얀 점 위치에 영향을 미쳐 필터 컷오프의 위치가 변하는 것처럼 보입니다. Option+클릭하여 기본값으로 되돌리면, 필터 컷오프의 상태를 100% 열림 상태로 설정할 수 있습니다.

01

Step Modulator 2의 기본 설정은 Gate이며, 활성화하면 여러 스텝에서 일부를 끄거나 레벨을 줄여서 리듬을 만들 수 있습니다.

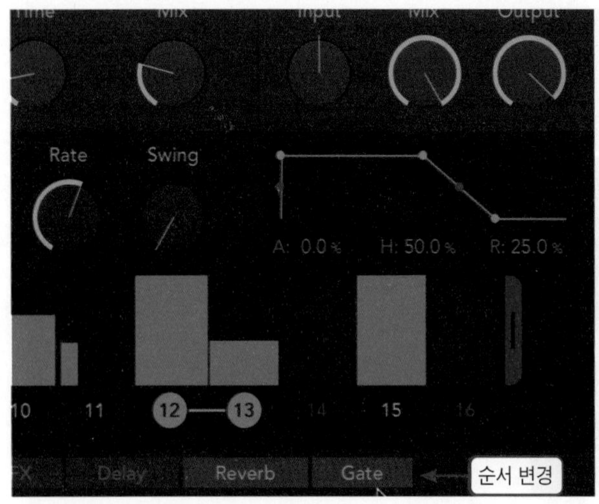

02

각 모듈은 신호 체인에서 순서를 바꿀 수 있습니다. 예를 들어, Gate를 Reverb 뒤에 두면 Reverb도 게이팅되며, Master Output을 타겟으로 설정하면, 마스터 출력에 블루 범위가 적용되고, 모듈레이션 깊이를 조정하여 원하는 결과를 얻을 수 있습니다.

03

Gate는 Mix와 Add의 두 가지 모드가 있습니다. Gate Mix는 Depth 값이 0%일 때 음량에 변화가 없고, 값이 100%로 증가하면 음량이 감소합니다. 반면, Gate Add는 Depth 값이 0%일 때 음량이 변하지 않으며, 100%로 증가하면 음량이 점차 증가합니다.

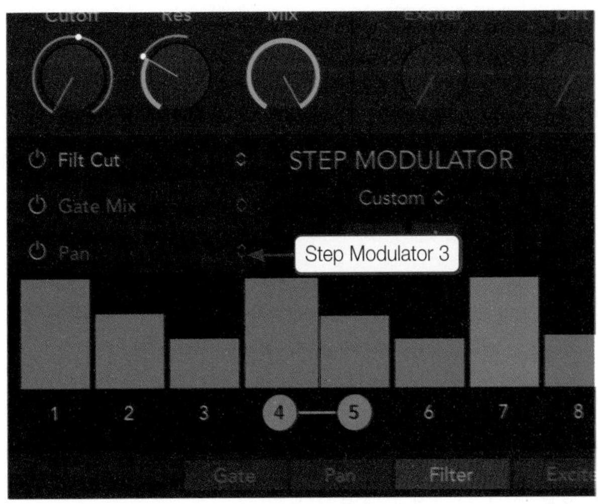

01 Step Modulator 3의 기본 설정은 Pan이며, 활성화하면 소리가 왼쪽과 오른쪽으로 이동하는 효과를 줄 수 있습니다.

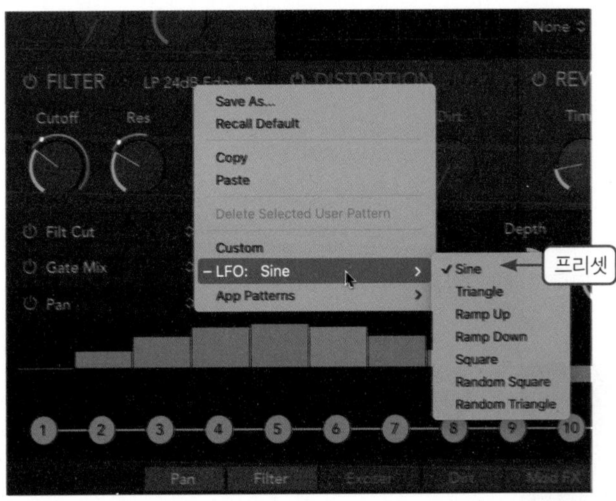

02 스텝 패턴은 사전 설정된 프리셋을 사용하여 만들 수 있습니다. 예를 들어, 사인파 LFO를 사용하여 속도를 두 배로 증가시킬 수 있으며, Step Rate를 두 배로 늘려서 더 빠른 리듬을 만들 수 있습니다.

03 Step FX는 각 모듈레이터에서 선택한 대상을 스텝 단위로 움직이게 하는 역할을 하며, 이를 통해 다양한 리듬과 효과를 만들어낼 수 있습니다. 각 모듈레이터는 개별적으로 사용할 수도 있고, 여러 개를 동시에 동작시켜 더 복잡하고 창의적인 리듬을 구성할 수도 있습니다.

피치 이펙트

Pitch 유닛은 Pitch Correction, Pitch Shifter, Vocal Transformer 세 가지 장치를 제공하여 오디오 신호의 피치를 조정하거나 변조할 수 있습니다. Pitch Correction은 보컬이나 악기의 피치를 정확히 맞추어 주며, Pitch Shifter는 음악의 키를 변경하거나 음계를 조정할 수 있습니다. Vocal Transformer는 보컬에 특화된 피치 조정과 하모니 보이싱 기능을 제공하여 다채로운 음향 효과를 만들어냅니다. 이러한 기능들은 불완전한 보컬 퍼포먼스를 보정하거나 모든 피치를 특정 키로 일관되게 조정하여 음악적 일관성을 유지하는 데 유용합니다.

1 Pitch Correction

Pitch Correction은 보컬이나 기타 오디오 신호의 피치를 자동으로 보정하는 도구입니다. 특히 보컬에서 발생하는 부정확한 음정을 자연스럽게 조정해줍니다. 이 장치는 설정한 음계 내에서 작동하며, 사용자는 필요에 따라 Scale과 Root를 조정하여 보정의 강도를 조절할 수 있습니다. 특히, 오디오 처리 과정에서 발생할 수 있는 불필요한 아티팩트를 최소화하여 고급 사용자와 초보자 모두가 쉽게 활용할 수 있습니다.

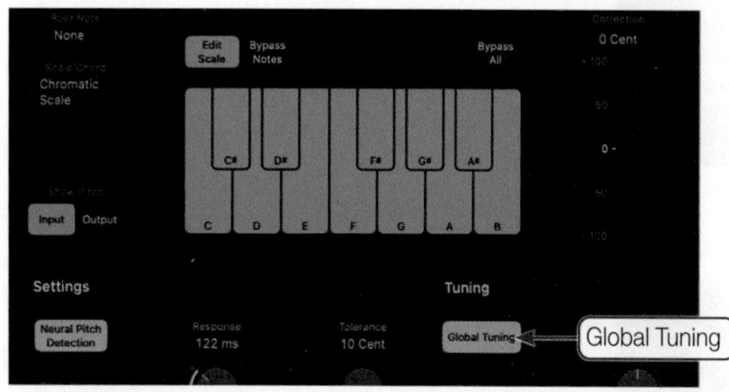

01 음정을 보정하는 Pitch Correction은 Global Tuning과 Reference 모드로 사용할 수 있으며, Global Tuning의 On/Off로 결정합니다. 특별한 목적이 없다면, 버튼을 On 하여 Global Tuning 모드로 사용합니다.

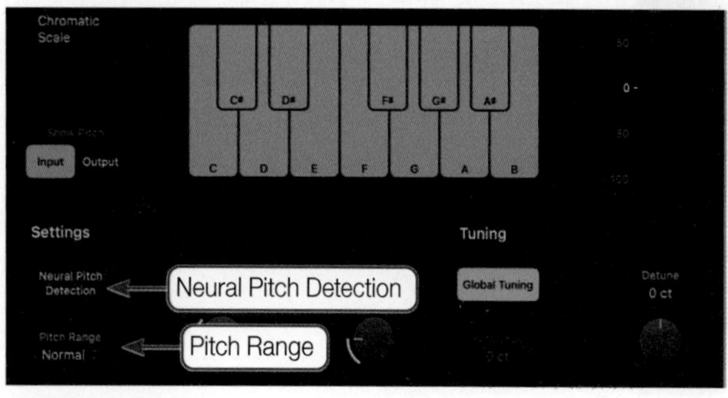

02 피치 추적을 위해서는 Neural Pitch Detection 버튼이 켜져 있어야 합니다. 꺼져 있으면 Pitch Range에서 범위를 설정할 수 있습니다. Normal은 대부분의 오디오 에서 잘 작동하며, Low는 100Hz 이하의 낮은 주파수에서도 정확하게 작동합니다.

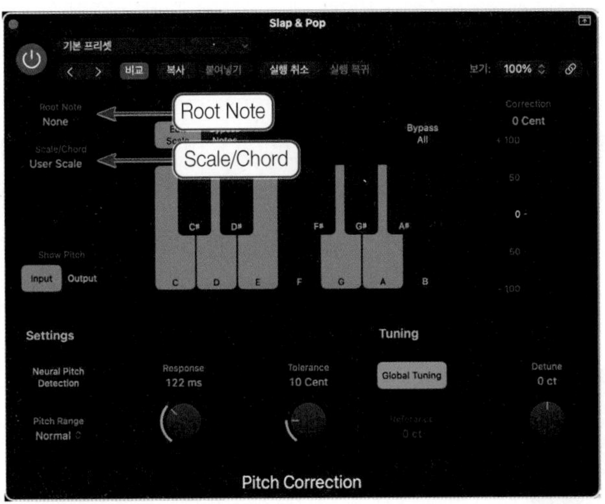

03 Root Note 및 Scale/Chord에서 교정할 피치 퀀타이즈 그리드를 선택합니다. 건반을 클릭하여 사용자 음계를 설정할 수 있습니다.

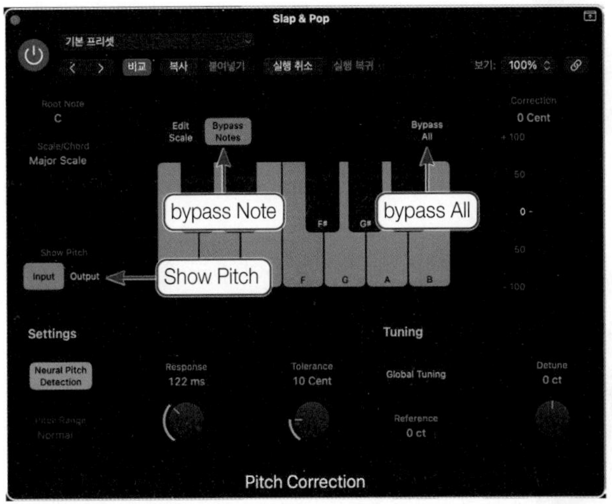

04 Show Pitch에서 입력 소스(Input)를 모니터 하거나 출력 소스(Output)를 모니터 할 수 있으며, Bypass로 교정 노트를 제외시킬 수 있습니다. bypass all은 교정 전/후의 사운드를 비교해볼 때 이용합니다.

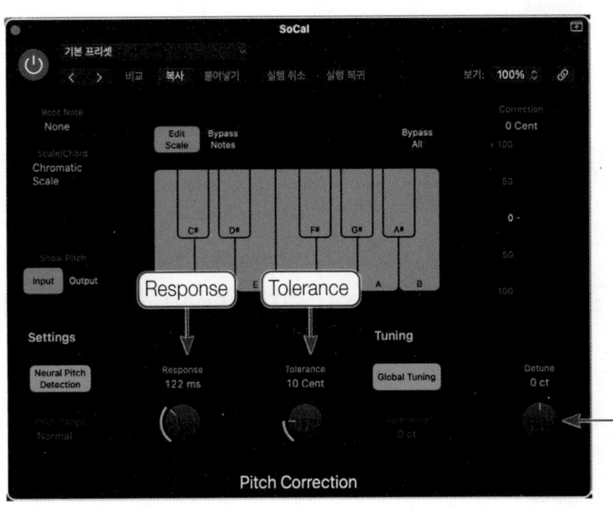

05 Response는 보정 속도를 조정하며, Tolerance는 어느 정도 벗어났을 때 피치 수정이 작동되게 할 것인지를 결정합니다. Detune은 최종적으로 출력되는 음정을 조정합니다.

2 Pitch Shifter

Pitch Shifter는 오디오 신호를 사용자가 정의한 음정으로 변조할 수 있는 플러그인입니다. 이 장치는 신호의 피치를 자연스럽게 변화시켜 주며, 다양한 음악적 상황에 맞게 사운드를 조정하는 데 유용합니다. 다양한 음악 장르와 스타일에서 활용될 수 있으며, Logic Pro의 다른 효과들과 원활하게 통합되어 복잡한 오디오 처리 작업을 간편하게 수행할 수 있습니다.

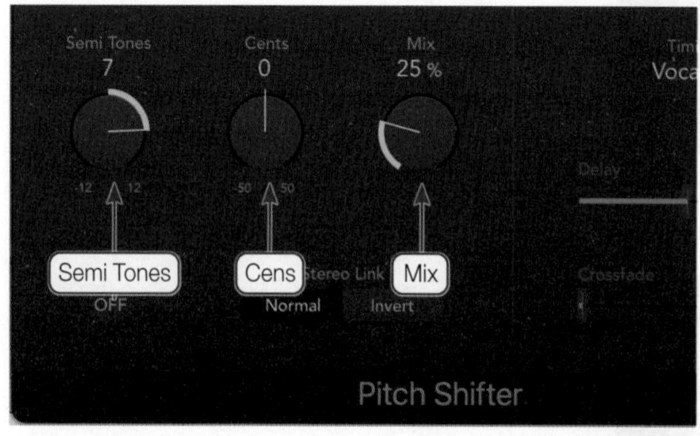

01 Semi Tones은 반음 단위, Cent는 100분 1 단위이며, Mix는 원본과 교정본의 비율을 조정합니다. 최대한 옥타브 범위로 조정이 가능하지만, 음성 변조와 같은 특별한 목적이 아니라면 잘 사용하지 않습니다.

02 Latency Comp는 실시간으로 사용할 때 발생되는 레이턴시를 보정하며, Stereo Link는 신호 처리 방식을 제어합니다. Normal은 소스 신호를 유지하며, Invert는 신호를 반전합니다.

03 Timing에서 소스에 적합한 알고리즘을 선택하여 오디오 색상이 변경되는 것을 최소화 할 수 있습니다. Manual을 선택하면 입력 신호 교정 타임(Delay)과 분석 범위(Crossfade)를 수동으로 설정할 수 있습니다.

3 Vocal Transformer

Vocal Transformer는 보컬의 원본 포먼트를 유지하면서도 피치를 자연스럽게 변화시킬 수 있어 보컬 트랙을 다양한 스타일로 변형하는 데 유용합니다. 포먼트는 음성의 특정 주파수 범위를 나타내며, 이를 독립적으로 조정하여 보컬의 음색을 세밀하게 다룰 수 있습니다. 특히, 모노포닉 신호에 최적화되어 있어 보컬에서의 극적인 효과를 원할 때 매우 유용합니다.

01 Pitch 노브를 이용해서 반음 단위로 음정을 조정하고, Formant 노브로 음색을 조정합니다. 음정을 유지하면서 음색만 변경하여 특수 효과를 만들 수도 있습니다.

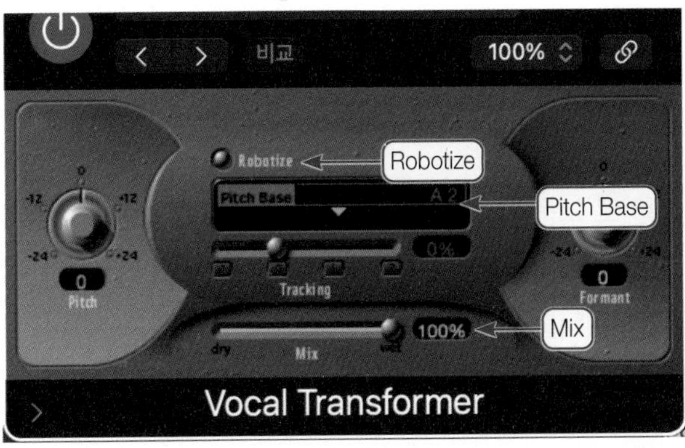

02 Robotize 버튼을 On으로 하면, 슬라이더를 이용해서 변조의 양을 조정할 수 있습니다. 기본값 100%는 1이며, 0, -1 또는 +2는 옥타브 단위입니다. 이때 기준 피치는 역삼각형 모양의 Pitch Base를 이용해서 설정합니다. Mix 슬라이더는 원음과 변조음의 비율을 조정합니다.

03 확장 패널에는 음정 조정 속도를 설정하는 Glide, 정밀도를 조정할 수 있는 Grain Size, 알고리즘의 작동 방식을 선택하는 Formants, 입력 신호의 음정을 조정하는 Fine Pitch 항목으로 구성되어 있습니다. Formants는 항상 작동되는 Process Always와 무음에서 정지하는 Keep Unvoiced Formant의 두 가지입니다.

그 밖의 플러그인

로직에서 제공하는 모든 플러그인을 살펴보았습니다. 실제로 이 모든 장치를 다 사용할 일은 없겠지만, 개인의 작업 목적과 스타일에 따라 필요한 도구가 다르기 때문에 모든 장치의 역할을 알아둘 필요는 있습니다. 마지막으로 Specialized와 Utility 카테고리에서 제공하는 장치의 역할을 정리하겠습니다.

1 Specialized

Specialized 카테고리에는 음악 제작이나 녹음 중에 발생하는 특정 작업을 처리하기 위해 설계된 Exciter와 SubBass 플러그인을 제공합니다.

Exciter

Exciter는 원본 신호에 고음역대 주파수를 추가하는 장치로 고음역대가 부족하거나 흐릿하게 들리는 오디오를 더 선명하고 풍성하게 만들어줍니다. 이 플러그인은 하모닉 디스토션을 이용해 고음역대 주파수를 생성하는 방식으로 오버드라이브나 디스토션과 유사하지만, 고음역대 필터를 먼저 적용한 후 하모닉을 추가하는 점에서 차이가 있습니다. 그 결과, 원본 신호에는 없던 고음역대 성분이 더해져 더욱 밝고 깨끗한 소리가 완성됩니다.

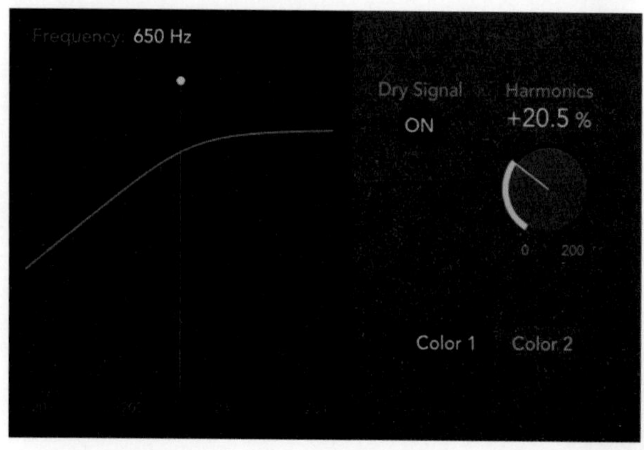

- Frequency : 차단 주파수를 설정합니다. 이 필터는 하모닉이 생성되기 전에 신호를 통과시킵니다.
- Dry Signal : 버튼을 켜면 원본 신호와 이펙트가 믹스되고, 끄면 이펙트만 들을 수 있습니다.
- Harmonics : 원본 신호와 이펙트 신호의 비율을 조절합니다. Dry Signal이 꺼지면 효과가 없습니다.
- Color 1 & 2 : 하모닉 디스토션의 밀도를 조절하는 버튼으로 Color 1은 밀도가 낮은 하모닉을, Color 2는 밀도가 높은 하모닉을 생성합니다. Color 2는 더 많은 왜곡을 유발할 수 있으므로 주의해야 합니다.

SubBass

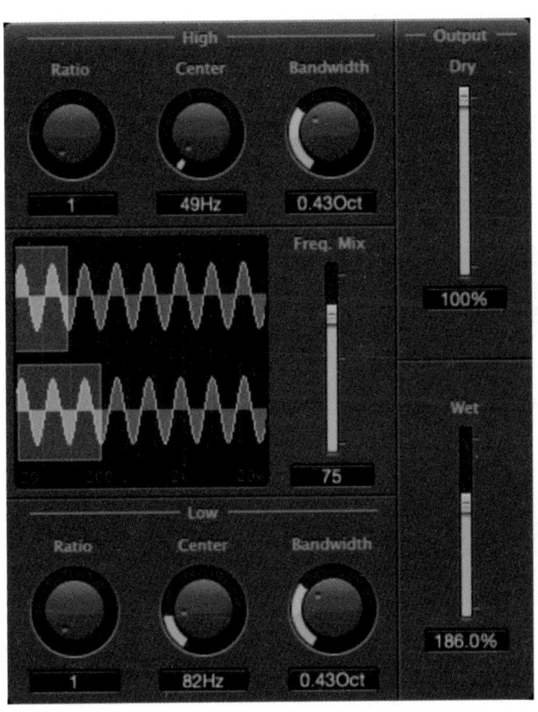

SubBass는 Exciter와 반대로 원본 신호보다 낮은 주파수를 생성하여 인위적인 베이스 콘텐츠를 추가하는 플러그인입니다. 가장 기본적인 용도는 옥타브 디바이더 역할을 하며, 일렉트릭 베이스 기타에서 사용하는 옥타버 이펙트 페달과 유사한 기능을 제공합니다. 하지만 옥타버 페달은 명확한 피치의 단선율 입력 사운드만 처리할 수 있는 반면, SubBass는 복잡한 서밍 신호에도 적용할 수 있어 훨씬 더 유연한 작업이 가능합니다.

- High Ratio : 생성된 고음역대 신호와 원본 신호의 고음역대 주파수 밴드 간 비율을 조정합니다.
- High Center : 고음역대 주파수 밴드의 중심 주파수를 설정합니다.
- High Bandwidth : 고음역대 주파수 밴드의 폭을 설정하여 고음역대의 범위를 조정합니다.
- Freq Mix : 고음역대와 저음역대 주파수 밴드 간의 믹스 비율을 조정합니다.
- Low Ratio : 생성된 저음역대 신호와 원본 신호의 저음역대 주파수 밴드 간 비율을 조정합니다.
- Low Center : 저음역대 주파수 밴드의 중심 주파수를 설정합니다.
- Low Bandwidth : 저음역대 주파수 밴드의 폭을 설정하여 저음역대의 범위를 조정합니다.
- Dry : 원본 신호의 양을 설정합니다.
- Wet : 이펙트가 적용된 신호의 양을 설정합니다.

2 Utility

Utility 카테고리에 있는 도구들은 음악 제작 과정에서 발생할 수 있는 다양한 작업을 간편하게 처리할 수 있도록 돕습니다. 예를 들어, Gain 플러그인은 입력 신호의 레벨이나 위상을 조절하는 데 유용하고, I/O 유틸리티는 외부 오디오 이펙트를 채널 스트립에 직접 적용할 수 있게 해줍니다. 또한, Auto Sampler를 사용하면 복잡한 샘플링 작업 없이 Sampler 악기를 간편하게 생성할 수 있어 음악 작업을 보다 효율적으로 진행할 수 있습니다.

Auto Sampler

Auto Sampler는 MainStage와 Logic Pro에서 사용할 수 있는 Sampler 악기를 손쉽게 만들 수 있게 해주는 도구입니다. 이 도구를 사용하면 MIDI 지원 하드웨어 신디사이저, 소프트웨어 악기, 또는 이펙트 플러그인을 사용해 악기 샘플을 생성할 수 있습니다.

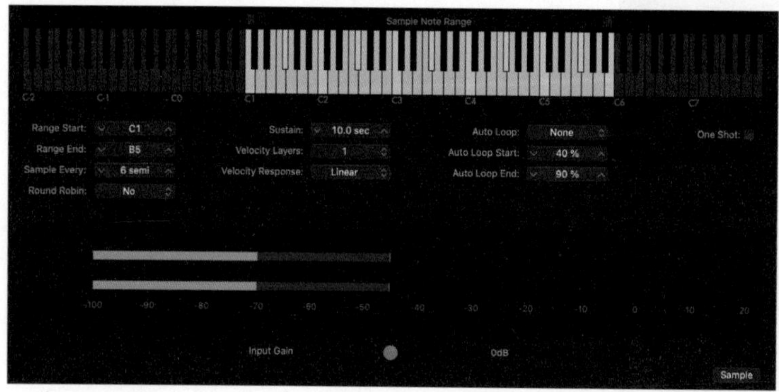

• **키보드** : 샘플링할 키 범위와 실제 음을 나타내는 키보드 입니다. 파란색 영역은 샘플링할 음의 범위를 표시하며, Sample Note Range의 가장자리를 드래그하여 범위를 조정할 수 있습니다.

• **메인 컨트롤** : 샘플링될 음의 키 범위, 서스테인 길이, 샘플링된 벨로시티 레이어 수, 자동 루프 여부 등 여러 샘플링 설정을 조정하는 컨트롤입니다. 여기서 설정된 값들이 샘플링 과정에 직접적으로 영향을 미칩니다.

- Range Start : 키 범위의 가장 낮은 음을 설정합니다. 수직으로 드래그하거나 키보드 디스플레이에서 왼쪽 Sample Note Range 핸들을 드래그하여 설정할 수 있습니다.
- Range End : 키 범위의 가장 높은 음을 설정합니다. 수직으로 드래그하거나 키보드 디스플레이에서 오른쪽 Sample Note Range 핸들을 드래그하여 설정할 수 있습니다.
- Sample Every : 샘플링된 음들 사이의 간격을 반음 단위로 설정합니다. 이를 통해 샘플링의 해상도를 조정할 수 있습니다.

- Round Robin : 샘플을 반복적으로 재생할 때, 보다 사실적인 재생을 위해 각 샘플이 녹음되는 횟수를 선택합니다.
- Sustain : 노트가 샘플링되는 시간을 설정합니다. 음이 끝날 때까지 샘플링된 노트를 유지하는 시간을 설정하여 퍼커션과 기타 짧은 사운드를 적절히 샘플링할 수 있습니다. 10초 이상의 서스테인을 권장합니다.
- Velocity Layers : 샘플링할 벨로시티 레이어 수를 선택합니다. 기본값은 1이며, 다중 벨로시티 레이어를 샘플링하려면 소스 악기가 MIDI 벨로시티에 반응해야 합니다.

- Velocity Response : 벨로시티 응답 커브를 설정하여 다중 벨로시티 레이어를 샘플링합니다.
Linear : 벨로시티 범위를 균등하게 나눕니다 (기본값).
Exp1-Exp3 : 벨로시티 범위를 점차 지수 형태로 나눕니다.
Log1-Log3 : 벨로시티 범위를 점차 로그 형태로 나눕니다.

- Auto Loop : 자동 루프 설정 방법을 선택합니다.
None : 자동 루프 없음.
Search : 최적의 루프 포인트를 검색.
Search with XFade : 루프 크로스페이드를 추가하여 최적의 루프 포인트를 검색.
Search with Rev XFade : 루프 복사본을 리버스하여 최적 루프를 생성하고 크로스페이드.
Penrose Machine : DSP 합성 루프를 자동으로 생성.
Bidirectional : 루프 영역을 절단하여 두 배로 늘리고 크로스페이드.

- Auto Loop Start : 자동 루프의 시작점을 설정합니다. 전체 샘플 길이에서 백분율로 설정됩니다. 예를 들어, 10초 샘플에서 시작점이 40%이면 4초부터 루프를 시작합니다.
- Auto Loop End : 자동 루프의 끝점을 설정합니다. 역시 백분율로 설정됩니다.
- One Shot : 원샷 샘플로 저장할지 여부를 결정합니다. 원샷 샘플은 반복 없이 끝까지 재생됩니다. 일반적으로 퍼커션 사운드나 사운드 이펙트에 사용됩니다.

- **디스플레이** : 연주 시 클리핑 여부와 레벨을 표시합니다. 음을 연주할 때 클리핑이 발생하면 빨간색으로 표시됩니다. 샘플링 중에는 현재 샘플링 중인 사운드의 파형을 실시간으로 표시하며, Velocity Layers에서는 벨로시티 편집창으로 표시됩니다.

- Input Gain : 입력 게인을 조정하여 음이 클리핑 없이 충분히 높은 레벨로 샘플링되도록 합니다.

- Sample : 버튼을 클릭하면 Sampler 악기 생성 프로세스가 시작됩니다.

Gain

Gain 플러그인은 오디오 신호의 레벨을 빠르고 쉽게 조정할 수 있는 유용한 도구입니다. 특정 데시벨 양만큼 신호를 증폭하거나 감소시켜 믹싱과 포스트 프로세싱 중에 레벨을 빠르게 조절할 수 있습니다. 이펙트에 게인 제어 기능이 없는 경우나 리믹스 버전에서 트랙의 레벨을 조정할 때 매우 유용합니다.

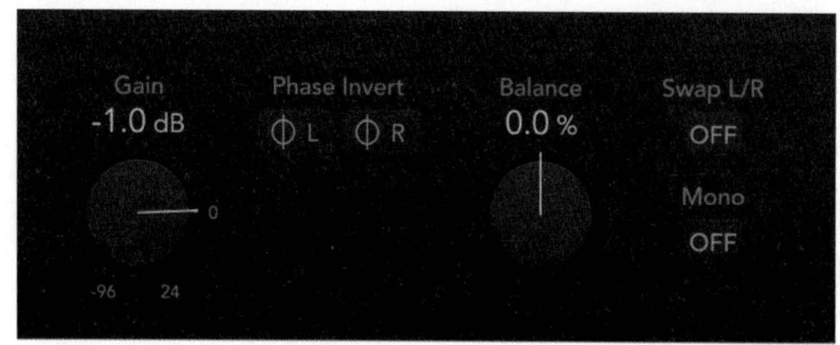

- Gain : 신호의 게인(레벨)을 설정하는 데 사용됩니다. 게인을 증가시키거나 감소시켜 원하는 오디오 레벨을 조정할 수 있습니다. 예를 들어, 지나치게 낮거나 높은 레벨을 조정할 때 유용합니다.

- Phase Invert L/R : 왼쪽 채널(L)과 오른쪽 채널(R) 각각의 위상을 인버트(반전)시킬 수 있습니다. 여러 마이크를 사용한 동시 녹음에서 위상 정렬 문제를 해결하는 데 유용합니다. 예를 들어, 스네어 드럼 위와 아래에 마이크를 배치한 경우 두 마이크의 위상을 인버트하면 사운드가 더 명확해질 수 있습니다. 위상 인버트는 신호가 단독으로 들리는 경우와 다른 신호와 함께 들리는 경우 모두 다르게 영향을 미칠 수 있습니다. 작업할 때 직접 모니터링하면서 적절하게 적용해야 합니다.

- Balance : 왼쪽 채널과 오른쪽 채널 간의 신호 밸런스를 조절할 수 있습니다. 스테레오 레코딩에서 왼쪽과 오른쪽의 볼륨 밸런스를 맞추는 데 사용됩니다. 예를 들어, 왼쪽 채널의 볼륨이 오른쪽보다 너무 크거나 작은 경우, 이 노브로 균형을 맞출 수 있습니다.

- Swap L/R : 왼쪽(L) 및 오른쪽(R) 채널의 출력 신호를 서로 교환합니다. 이 기능을 사용하면 스테레오 채널의 위치를 바꿀 수 있습니다. 예를 들어, 잘못된 방향으로 설정된 스테레오 믹스를 교정할 수 있습니다. Mono 버튼이 활성화되면 이 기능은 비활성화됩니다.

- Mono : 스테레오 신호를 모노로 합성하여 양쪽 채널에서 동일한 신호를 출력합니다. 스테레오 믹스를 모노로 변환할 때 유용합니다. 예를 들어, 믹싱 후 최종 출력이 모노 환경에서 테스트 필요할 때 사용합니다. Mono 버튼을 켜면 Swap L/R 버튼이 비활성화되고, Balance와 Phase Invert 옵션도 조정할 수 없습니다.

I/O

I/O 유틸리티는 로직에서 외부 오디오 이펙트 장치를 사용할 수 있게 해주는 중요한 도구입니다. 이를 사용하면 내부 이펙트를 사용하듯이 외부 하드웨어 이펙트 장치를 통합하여 트랙에 효과를 적용할 수 있습니다. I/O 유틸리티는 외부 하드웨어 장치와의 상호작용을 가능하게 하며, 특히 아날로그 또는 디지털 I/O를 제공하는 오디오 인터페이스를 통해 신호를 전송합니다.

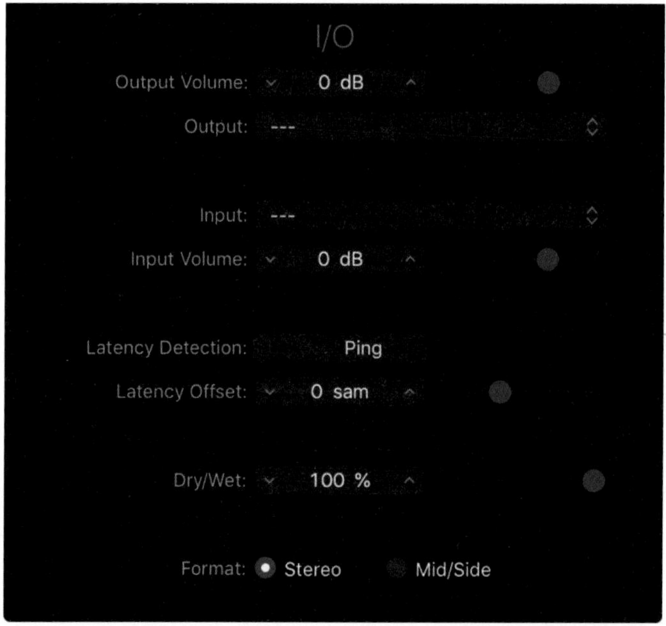

- Output Volume : 출력 신호의 레벨을 조절합니다. 외부 이펙트 장치에 보내는 신호의 강도를 설정하는 데 사용됩니다. 출력 신호의 레벨을 조절하여 외부 이펙트 장치에서 처리될 신호의 세기를 맞출 수 있습니다.

- Output : 오디오 인터페이스의 출력을 선택합니다. 출력 신호를 전달할 하드웨어 출력을 선택하여 특정 출력을 통해 외부 이펙트 장치로 신호를 보낼 수 있습니다.

- Input : 오디오 인터페이스의 입력을 선택합니다. 다중 입력을 지원하는 오디오 인터페이스가 활성화된 경우에만 표시되며, 외부 이펙트 장치에서 처리된 신호를 수신할 오디오 인터페이스의 입력을 선택합니다.

- Input Volume : 입력 신호의 레벨을 조절합니다. 외부 이펙트 장치에서 처리된 신호의 볼륨을 조정하여 믹스에서 적절한 레벨을 유지합니다.

- **Latency Detection(Ping)** : 출력과 입력 사이의 딜레이(레이턴시)를 감지합니다. 외부 장치에서 발생할 수 있는 딜레이를 자동으로 감지하고 보정하여 신호의 동기화 문제를 해결할 수 있으며, 레이턴시를 유발하는 플러그인이 활성화된 경우, 이를 우회하여 가장 정확한 판독 값을 얻을 수 있습니다.

- **Latency Offset** : 감지된 레이턴시를 표시하고 이를 수동으로 조정할 수 있습니다. 외부 이펙트 장치와의 상호작용에서 발생한 레이턴시를 수동으로 보정하여 정확한 시간 동기화를 맞출 수 있습니다.

- **Dry/Wet** : 원래 신호와 이펙트를 적용한 신호 간의 비율을 조절합니다. 외부 이펙트의 양을 조절하여 원본 신호와 이펙트를 혼합할 수 있습니다. 이를 통해 원하는 효과를 자연스럽게 믹스할 수 있습니다.

- **Format** : 스테레오 인스턴스에서 Stereo와 Mid/Side 모드 중 선택할 수 있습니다. 스테레오 믹스를 처리할 때 Mid/Side 방식으로 변환하거나 기존의 스테레오 방식으로 처리할 수 있습니다.

Test Oscillator

Test Oscillator는 주로 스튜디오 장비나 악기의 튜닝을 위해 사용되는 유용한 플러그인입니다. 테스트 톤 모드와 사인 스윕 모드를 제공하며, 각각 다른 방식으로 주파수 테스트를 수행할 수 있습니다.

Test Oscillator

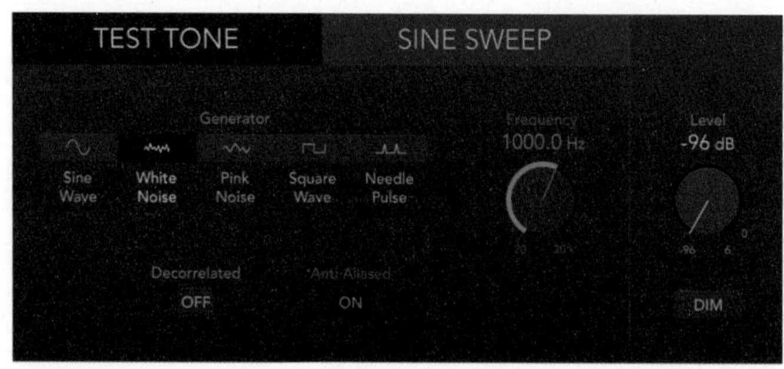

- **Generator** : 테스트 톤에 사용할 파형을 선택합니다.

Square Wave : 정사각파로 앨리어싱이 발생할 수 있습니다.
Needle Pulse : 단극 임펄스 파형으로 극성 또는 위상 문제를 분석하는 데 유용합니다.
Sine Wave : 정현파로 순수한 톤을 제공합니다.

• Decorrelated : 노이즈 파형을 사용하고 있을 때, 왼쪽 및 오른쪽 채널의 신호를 디코릴레이션합니다. 스테레오 테스트에서 왼쪽과 오른쪽 채널의 상관관계를 줄여 각 채널을 독립적으로 측정할 수 있게 합니다.

• Anti Aliased : 앨리어싱이 없는 Square Wave 또는 Needle Pulse 파형을 제공합니다.

• Frequency : 오실레이터의 주파수를 설정합니다. 기본값은 1KHz 이며, 드래그 및 더블 클릭으로 1Hz ~ 22kHz 범위 내에서 값을 입력할 수 있습니다.

• Level : 출력 레벨을 조절합니다. 생성된 테스트 톤의 전체 레벨을 조정할 수 있습니다. 테스트 장비나 오디오 시스템의 감도를 맞추는 데 유용합니다.

• Dim : 출력 레벨을 18dB 감소시킵니다. 과도한 레벨로 인해 시스템에 과부하가 걸리는 것을 방지할 수 있습니다. 두 모드에서 공통적으로 사용 가능합니다.

Sine Sweep

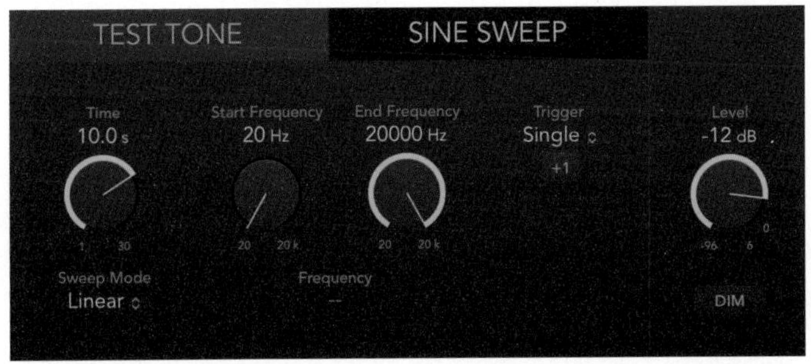

• Time : 사인파 스윕의 지속 시간을 설정합니다. 스윕이 진행되는 시간의 길이를 결정하며, 짧거나 긴 주파수 변화에 맞춰 조정할 수 있습니다.

• Sweep Mode : 주파수 스윕의 곡선을 선택합니다. Linear는 일정한 속도로 주파수가 변화하며, Log는 저주파에서 고주파로 가는 스윕에서 속도가 다르게 설정됩니다.

• Start/End Frequency : 사인 스윕의 시작과 끝 주파수를 설정합니다. 스윕이 시작될 주파수와 끝나는 주파수를 설정하여 원하는 주파수 범위만 스윕할 수 있으며, Frequency 필드에 값이 표시됩니다.

• Trigger : 사인 스윕 모드를 설정합니다. Single은 한 번의 스윕을 원할 때 사용하고, Continuous는 지속적인 스윕을 위해 선택합니다.

LOGIC PRO 11

12 PART

나만의 작업 환경 만들기

로직은 기본 환경으로 작업을 해도 문제될 것이 없지만, 사용자마다 스타일이나 시스템이 다르기 때문에 자신에게 어울리는 환경을 구축할 수 있는 설정 옵션은 알아두는 것이 좋습니다. 이는 한 번만 해두면 되는 로직 프로 설정과 프로젝트 마다 설정이 필요한 프로젝트 설정이 있습니다.

엔바이런먼트

엔바이런먼트는 컴퓨터에 연결된 하드웨어를 가상으로 재구성하는 도구입니다. 이는 가상 스튜디오 역할을 하며, 입출력 라인을 재배치하고 패치를 설정하여 다양한 연주 스타일을 구현할 수 있습니다. 단일 노트로 코드를 연주하거나 아르페지오를 생성하며, 건반을 좌우로 나누어 복잡한 연주를 구성할 수도 있습니다. 이를 통해 사용자는 다양한 하드웨어 리소스를 창의적으로 활용하고, 그 결과물을 효과적으로 편집하여 독특하고 풍부한 사운드를 만들어 낼 수 있습니다.

1 엔바이런먼트의 이해

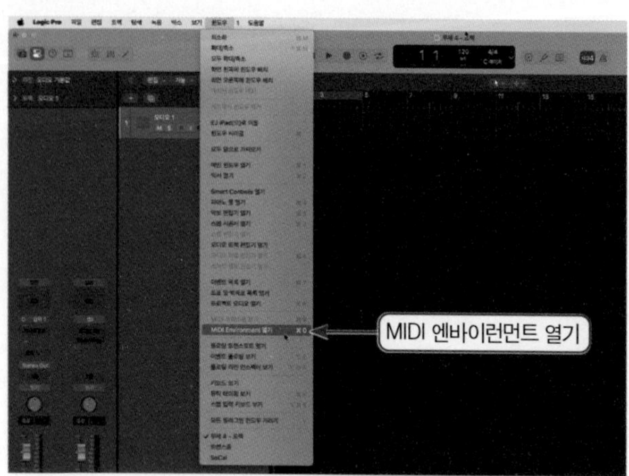

01 로직의 기능이 향상되면서 엔바이런먼트를 사용하는 경우는 줄어들었지만, 여전히 미디 자동화를 효율적으로 관리하는 데 중요한 도구입니다. 엔바이런먼트에 접근하려면 Option 키를 누른 상태에서 윈도우 메뉴를 선택하거나 단축키 Command+0을 누르면 됩니다.

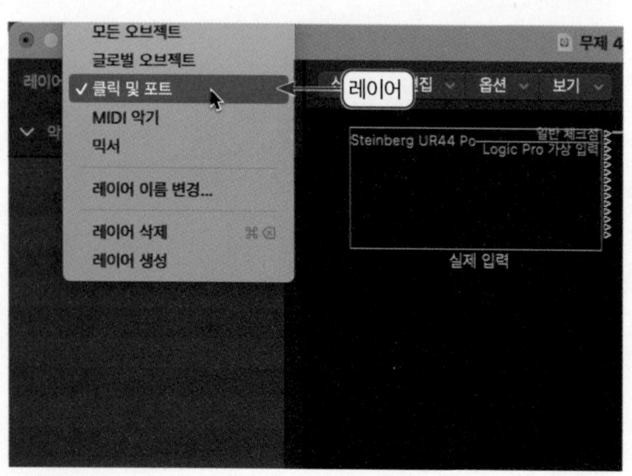

02 엔바이런먼트 창의 믹서 레이어가 열립니다. 레이어 선택 메뉴에서 클릭 및 포트를 선택합니다.

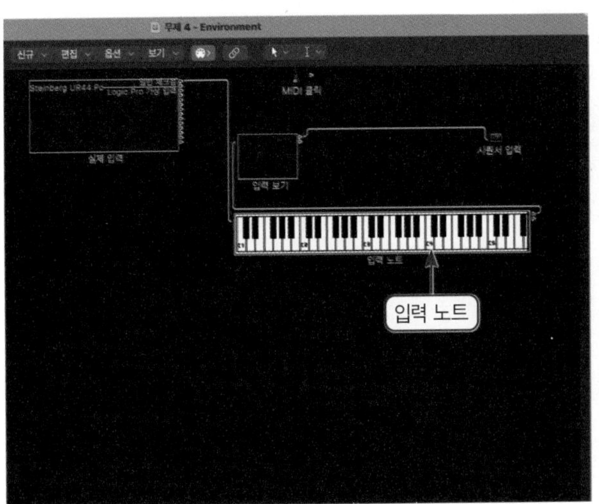

03 하드웨어 미디 입력 포트를 의미하는 실제 입력과 로직을 의미하는 시퀀서 입력 오브젝트가 있고, 그 사이에 MIDI 클릭, 입력 보기, 입력 노트 오브젝트가 있습니다.

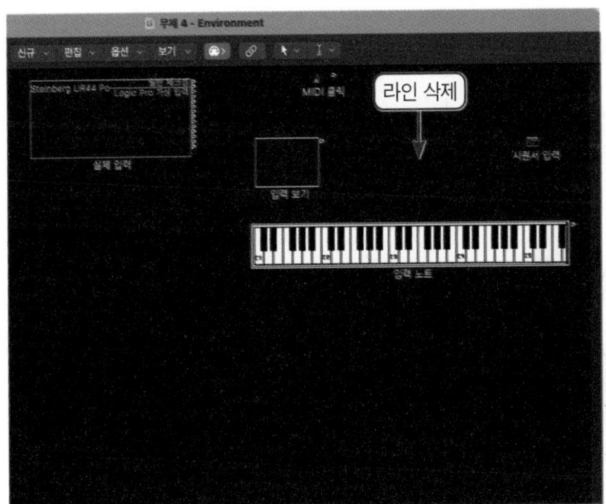

04 경로 이해를 위해 기본적으로 연결되어 있는 라인을 모두 삭제하겠습니다. 라인을 선택하고, Delete 키를 눌러 삭제합니다.

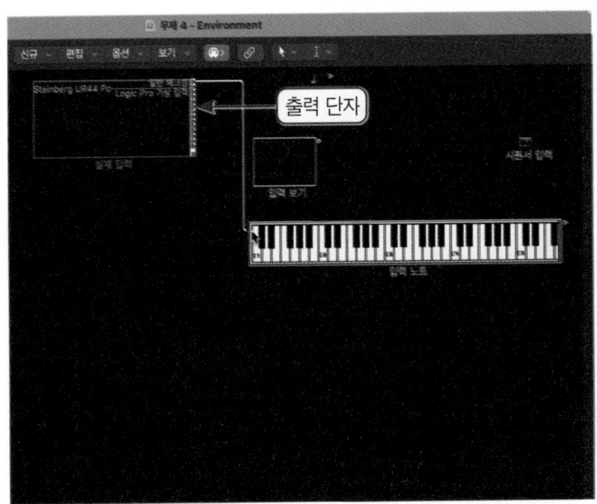

05 시퀀서 입력은 컴퓨터에 연결되어 있는 미디 인풋을 의미하며, 체크썸은 모든 입력, Logic Pro 가상 입력은 가상 키보드를 나타냅니다. 그 외의 목록은 컴퓨터에 연결되어 있는 미디 인터페이스의 인풋 목록입니다. 출력 단자를 드래그하여 입력 노트 오브젝트에 연결합니다.

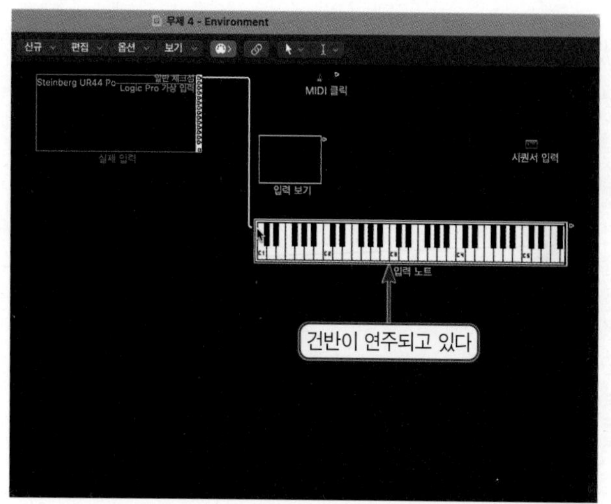

06 독자가 사용하고 있는 마스터 건반을 연주해봅니다. 로직을 의미하는 시퀀서 입력에는 연결되어 있지 않기 때문에 소리는 나지 않지만, 입력 노트에는 건반이 터치되고 있는 것을 확인할 수 있습니다.

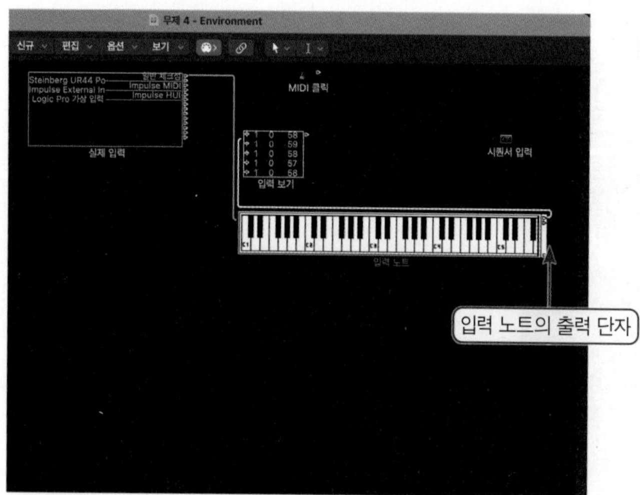

07 입력 노트의 출력 단자를 드래그하여 입력 보기 오브젝트로 연결합니다. 그리고 건반을 연주해보면, 독자가 누르는 건반의 노트와 벨로시티 값이 모니터 되는 것을 확인할 수 있습니다.

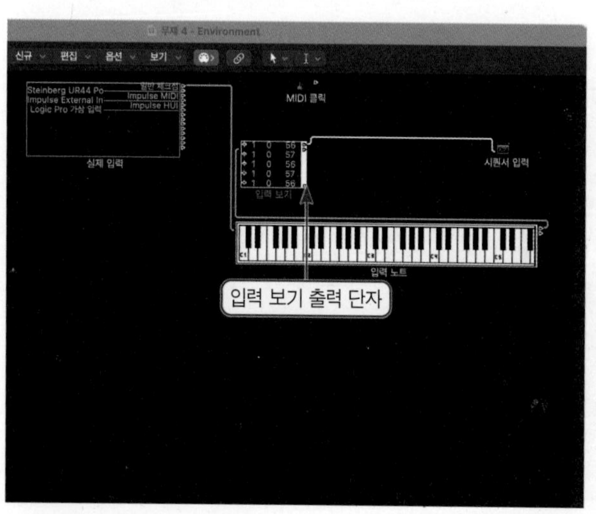

08 입력 보기의 출력 단자를 드래그하여 시퀀서 입력 오브젝트로 연결합니다. 비로서 연주되는 건반이 소리를 냅니다. 각 오브젝트의 역할과 입/출력 라인의 연결 방법, 그리고 입력에서 출력까지의 경로를 이해하기 바랍니다.

2 아르페지오 오브젝트

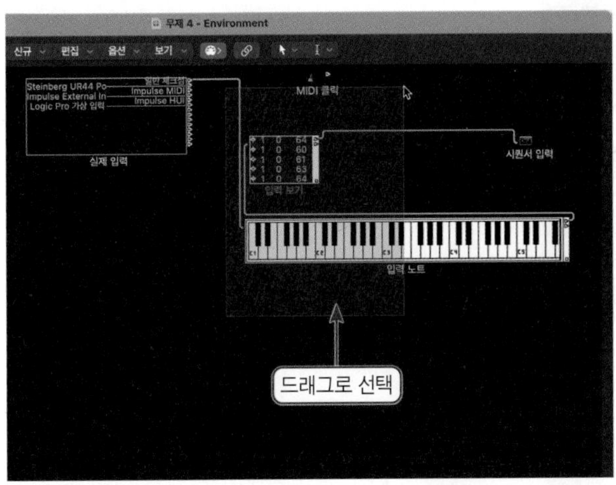

01 최종 출력의 실제 입력과 최종 입력의 시퀀서 입력 사이에 오브젝트를 추가하여 아르페지오 연주 효과를 만들어 보겠습니다. 중간의 오브젝트들을 마우스 드래그로 선택하고, Delete 키를 눌러 삭제합니다.

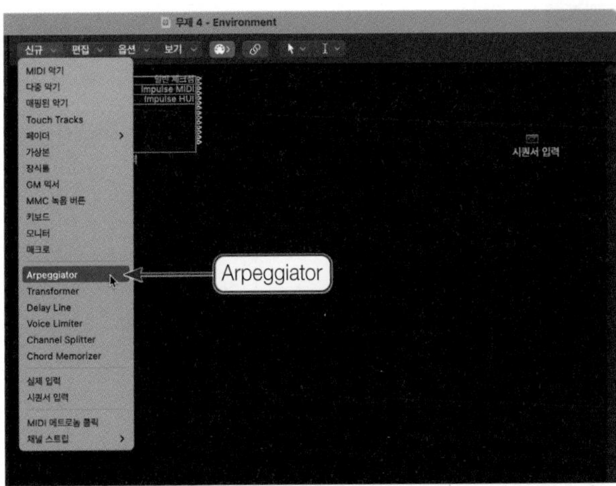

02 오브젝트는 신규 메뉴를 이용하여 추가합니다. 신규 메뉴를 열어보면 다양한 오브젝트가 제공되고 있다는 것을 확인할 수 있습니다. Arpeggiator를 선택합니다.

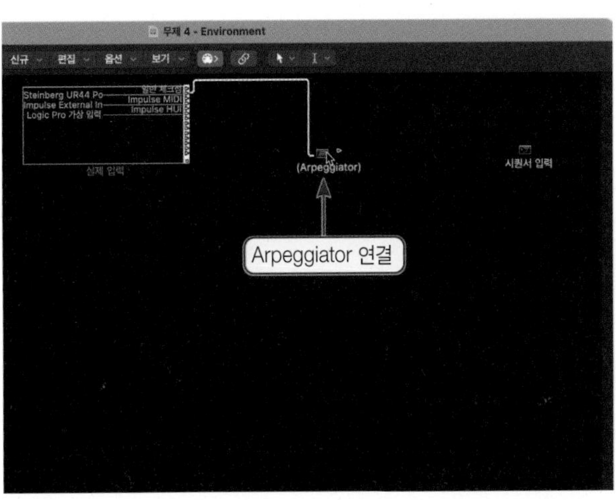

03 Arpeggiator 오브젝트를 드래그하여 적당한 위치에 가져다 놓고, 실제 입력 오브젝트의 체크썸 단자를 드래그하여 Arpeggiator에 연결합니다.

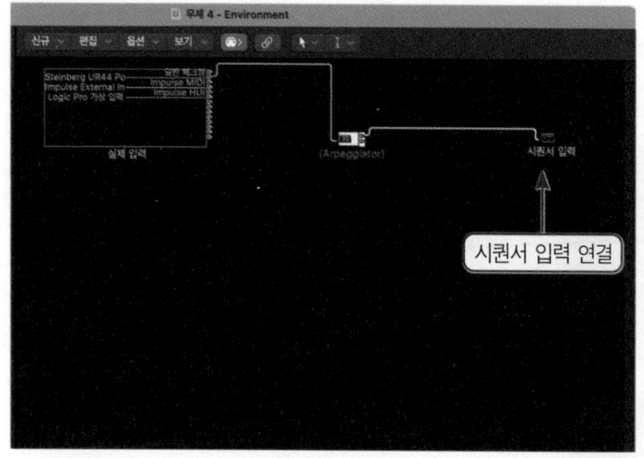

04 Arpeggiator 오브젝트의 출력 단자를 시퀀서 입력 오브젝트에 연결합니다. 입력되는 노트가 아르페지오를 거쳐서 기록되는 것입니다. 스페이스 바 키를 눌러 프로젝트를 재생하고, 코드를 눌러 확인합니다.

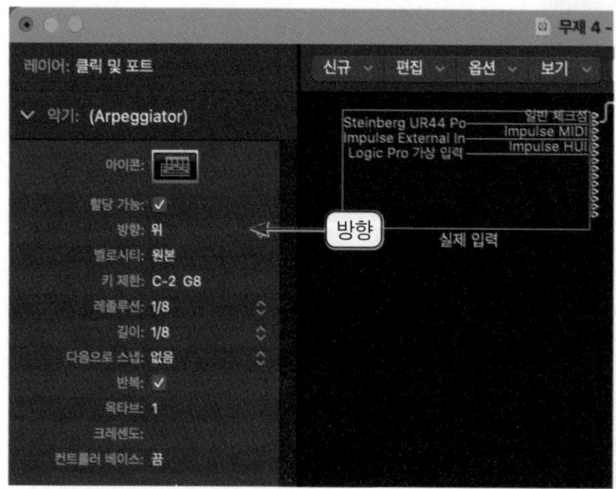

05 Arpeggiator와 같이 연주 효과를 만드는 오브젝트는 옵션을 설정할 수 있는 파라미터를 제공합니다. Arpeggiator 오브젝트를 선택하고, 방향에서 위/아래을 선택합니다. 건반을 눌러보면, 아르페지오가 위/아래로 연주되는 것을 확인할 수 있습니다. 파라미터의 역할은 다음과 같습니다.

- **악기** : 오브젝트의 이름(Arpeggiator)은 마우스 더블 클릭으로 변경할 수 있습니다.
- **아이콘** : 오브젝트 아이콘을 변경할 수 있습니다.
- **방향** : 아르페지오의 연주 방향을 선택합니다.
- **벨로시티** : 벨로시티를 설정합니다. 사용자 연주 값을 따르는 원본과 자유롭게 연주되는 무작위도 있습니다.
- **키 제한** : 아르페지오가 연주되는 노트의 범위를 조정합니다.
- **레졸루션** : 아르페지오가 연주되는 비트를 선택합니다.
- **길이** : 아르페지오 연주 노트의 길이를 선택합니다.
- **다음으로 스넵** : 아르페지오가 연주되는 시작 타임을 선택합니다.
- **반복** : 건반을 누르고 있는 동안 아르페지오를 반복 연주하게 합니다.
- **옥타브** : 아르페지오가 펼쳐질 옥타브 범위를 설정합니다.
- **크레센도** : 반복 연주되는 아르페지오의 세기를 설정합니다.
- **컨트롤러 베이스** : 미디 컨트롤러로 아르페지오를 적용할 때의 컨트롤 번호를 선택합니다.

3 스위치 오브젝트

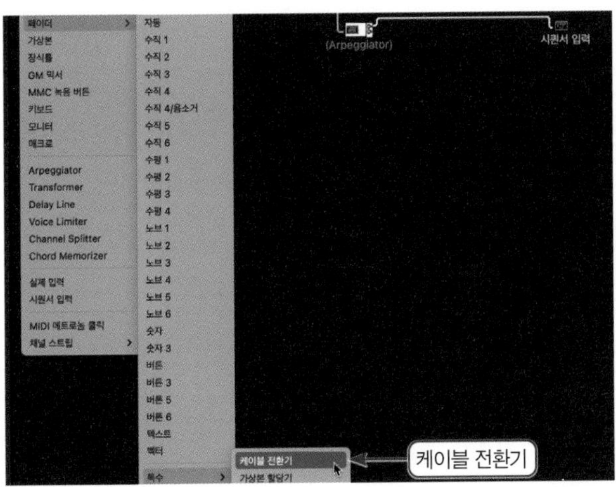

01 두 개 이상의 오브젝트를 추가하고, 선택해서 사용할 수 있는 스위치 오브젝트에 관해서 살펴보겠습니다. 앞의 실습에 이어서 신규 메뉴의 페이더에서 특수의 케이블 전환기를 선택합니다.

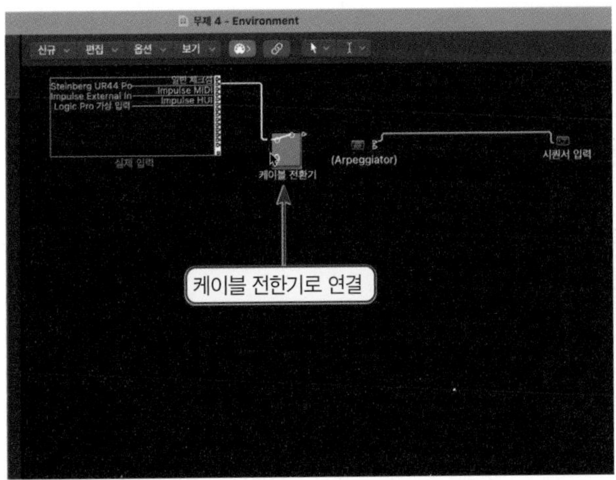

02 실제 입력의 두 번째 연결된 케이블 전환기 오브젝트가 추가됩니다. 자동 연결된 라인을 Delete 키로 삭제하고 Arpeggiator에 연결되어 있던 출력 라인을 케이블 전환기 오브젝트로 연결합니다.

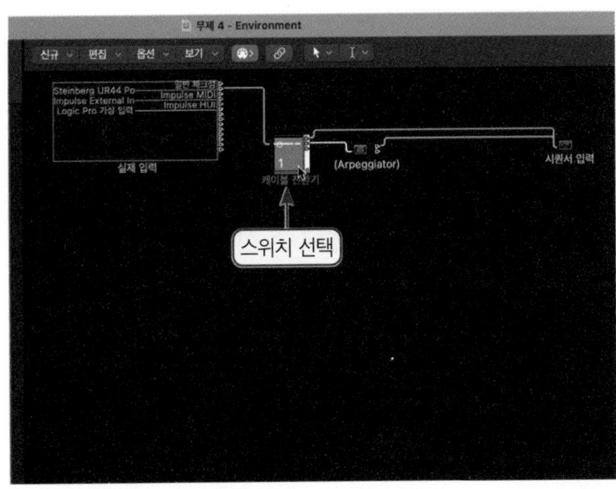

03 케이블 전환기 오브젝트의 아웃 라인을 시퀀서 입력과 Arpeggiator 오브젝트에 각각 연결합니다. 케이블 전환기 오브젝트를 클릭하여 0을 선택하면, 그냥 연주되고, 1을 선택하면 아르페지오로 연주되는 스위치 역할을 하고 있습니다.

4 코드와 딜레이 오브젝트

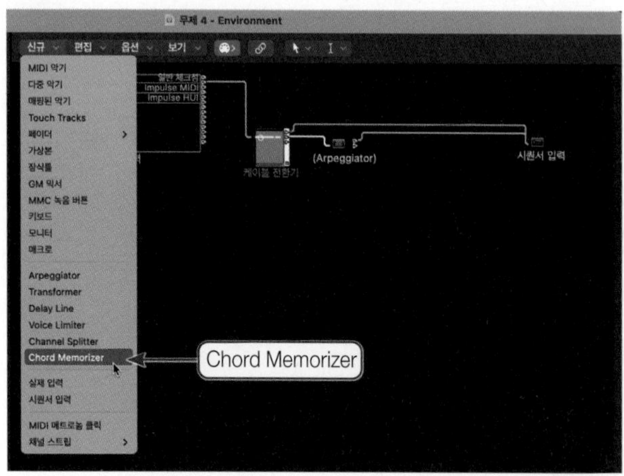

01 현재 0, 1, 2의 3구로 설정되어 있는 스위치는 사용자가 원하는 만큼 늘릴 수 있습니다. 신규 메뉴의 Chord Memorizer를 선택하여 코드 오브젝트를 추가합니다.

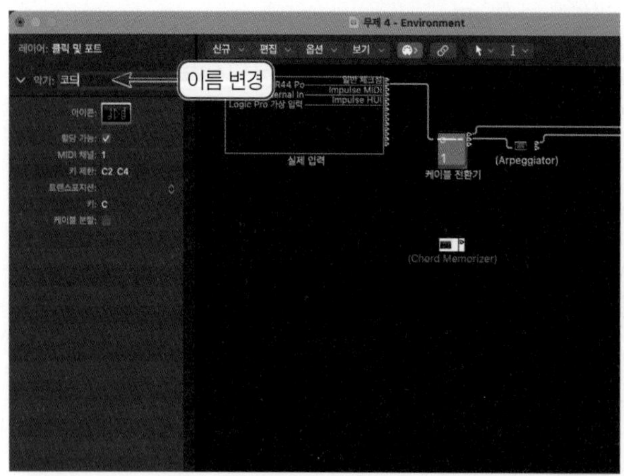

02 스위치 2번에 연결된 코드 오브젝트가 추가되며, 스위치는 4구가 됩니다. 코드 오브젝트를 적당한 위치로 드래그하여 배치하고, 파라미터의 이름 항목을 더블 클릭하여 코드로 변경합니다.

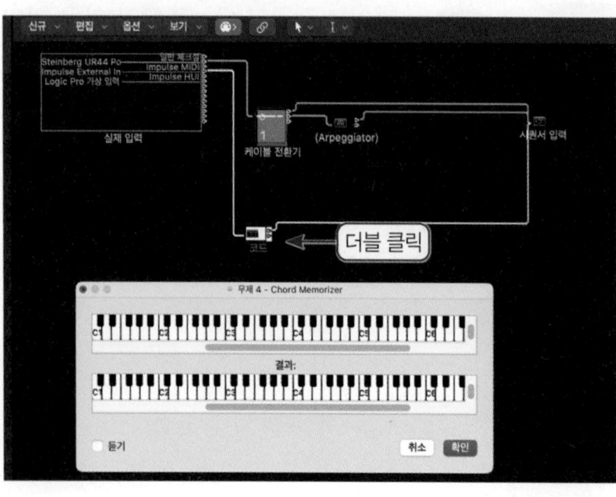

03 코드 오브젝트를 더블 클릭하여 건반을 엽니다. 위쪽이 연주할 노트를 설정하는 건반이고, 아래쪽이 연주될 코드를 설정하는 건반입니다. 위에서 C3를 선택하고, 아래쪽에서 C3, E3, G3를 선택하면, C3 노트 하나로 C 코드를 연주할 수 있는 것입니다.

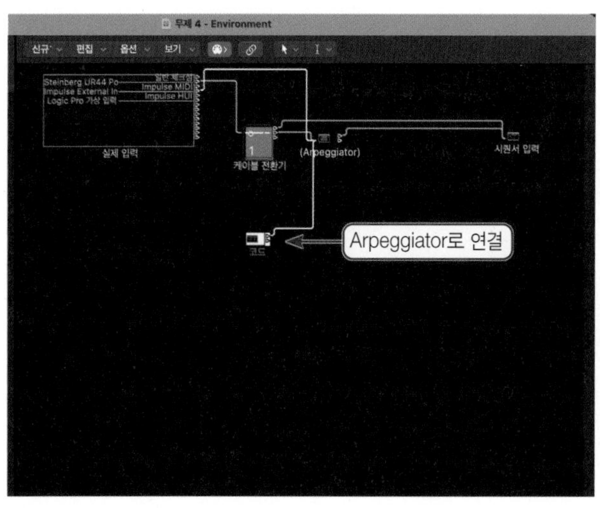

04 각각의 노트 마다 독자가 원하는 코드를 모두 만들고, OK 버튼을 클릭하여 닫습니다. 그리고 코드 오브젝트를 Arpeggiator 오브젝트로 연결합니다. 즉, 건반 하나로 아르페지오 효과를 연출하게 하는 것입니다.

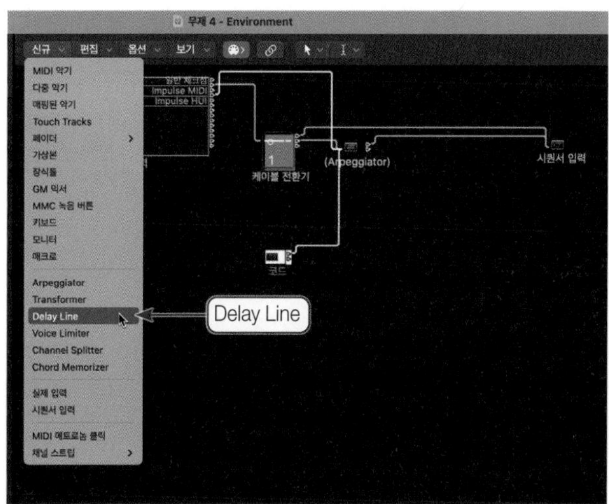

05 오브젝트를 하나 더 추가하여 스위치를 확장하겠습니다. 신규 메뉴의 Delay Line을 선택하여 추가 합니다.

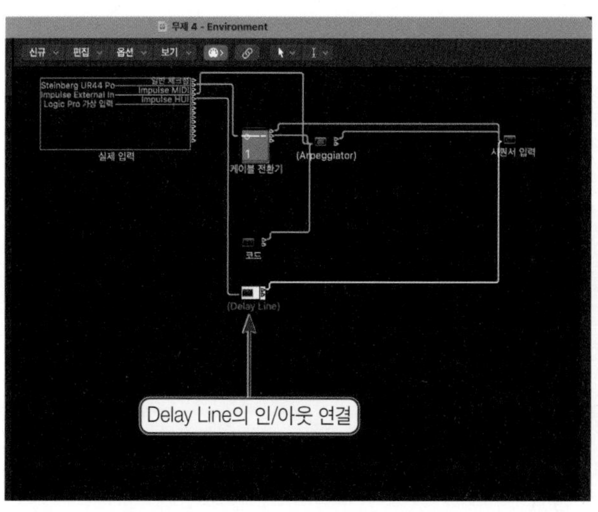

06 케이블 전환기의 3번 라인을 새로 추가한 Delay Line에 연결하고, Delay Line을 시퀀서 입력으로 연결합니다. 스위치는 그냥 연주되는 0번, 아르페지오로 연주되는 1번, 코드-아르페지오로 연주되는 2번, 딜레이 효과가 적용되는 3번, 그리고 비어있는 4번의 4구로 형성되었습니다.

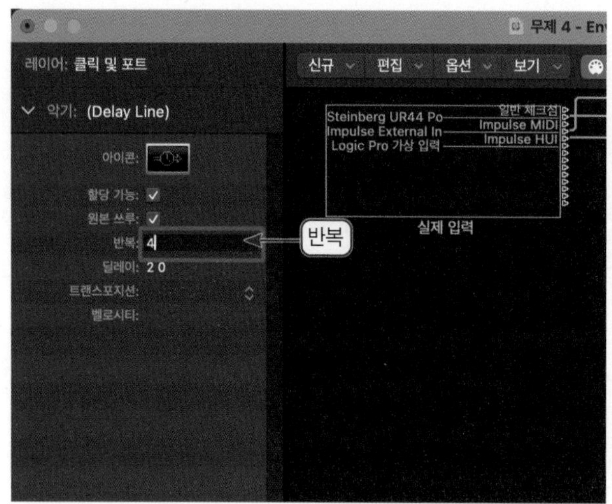

07 딜레이 오브젝트를 선택하고, 파라미터의 반복 항목을 4로 증가시킵니다. 사운드를 4번 반복시키는 딜레이 효과를 연출하고 있는 것입니다.

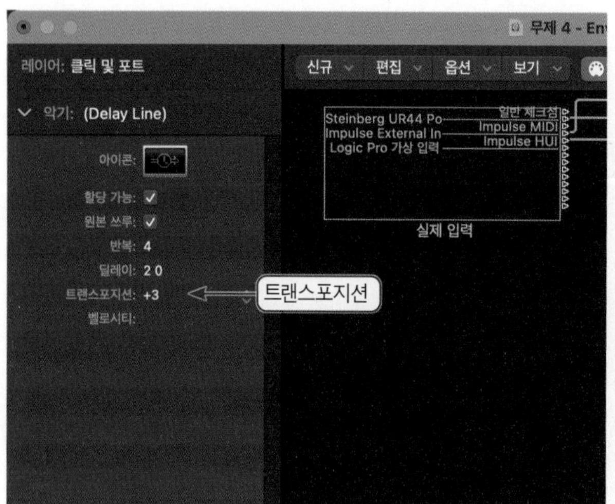

08 딜레이 간격은 8비트를 의미하는 2 값을 그대로 두고, 트랜스포지션 항목을 더블 클릭하여 3을 입력합니다. 1이 반음을 의미하므로, 반복되는 사운드가 8비트 간격으로 단 3도씩 올라가는 것입니다.

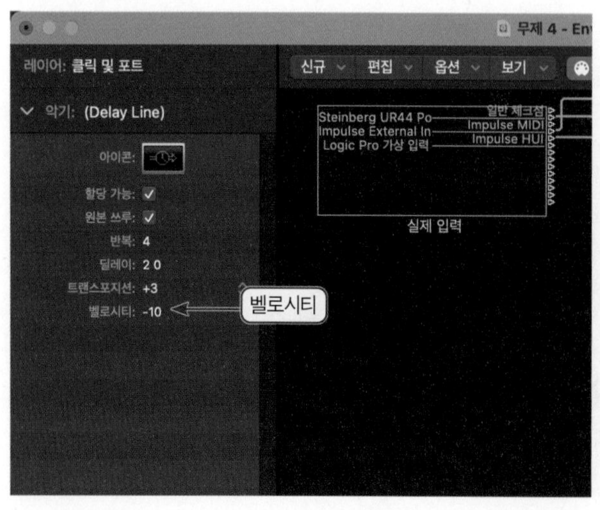

09 마지막으로 벨로시티 항목을 드래그하여 -10으로 설정합니다. 반복되는 사운드의 벨로시티가 -10씩 감소되도록 하는 것입니다. 스페이스 바 키를 눌러 프로젝트를 재생하고, 케이블 전환기 오브젝트를 클릭하여 0, 1, 2, 3 스위치 연주를 확인해 봅니다.

레이어 만들기

아르페지오, 코드, 딜레이와 같은 오브젝트를 통해 입력된 노트를 제어하여 원하는 스타일의 연주를 만드는 방법을 살펴보았습니다. 이제, 컨트롤 정보를 제어하는 오브젝트를 통해 하드웨어 미디 컨트롤러나 아이폰 미디 컨트롤러를 포함한 다양한 장치에서 발생하는 입력을 처리하고, 사용자가 원하는 동작을 자동화하거나 최적화하는 방법을 살펴보겠습니다. 이를 통해 마스터 건반으로 로직을 정밀하게 제어할 수 있는 아이디어를 얻을 수 있습니다.

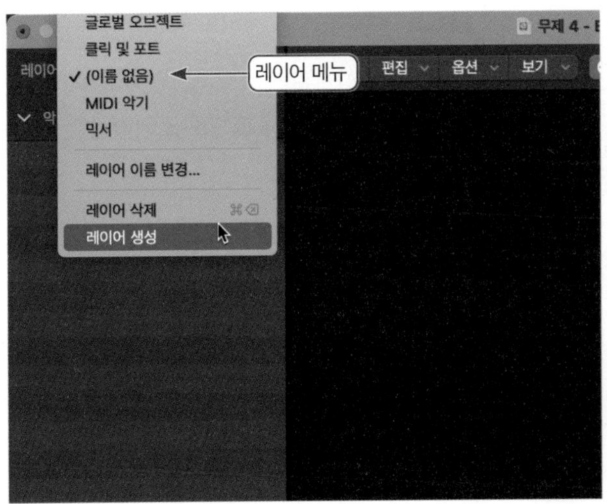

01 엔바이런번트에서 기본적으로 제공하는 레이어 외에, 사용자만의 레이어를 만들어서 진행하겠습니다. 레이어 메뉴에서 세 이어 생성을 선택합니다.

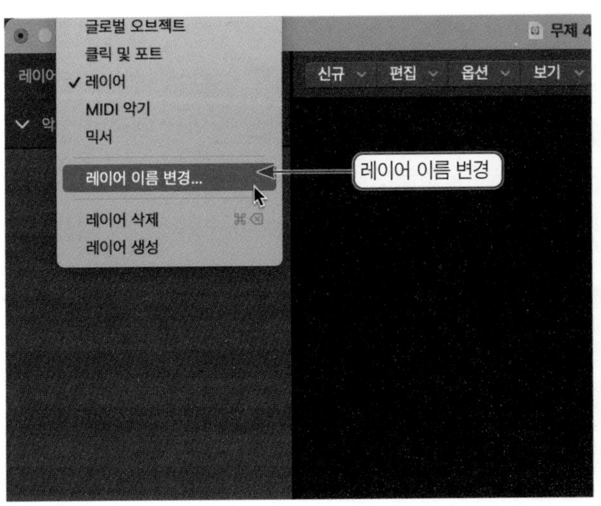

02 새로운 레이어가 생성됩니다. 레이어의 이름은 레이어 이름 변경 메뉴를 선택하여 구분하기 쉬운 것으로 변경할 수 있습니다. 선택한 레이어는 레이어 삭제 메뉴를 이용하여 삭제할 수 있습니다.

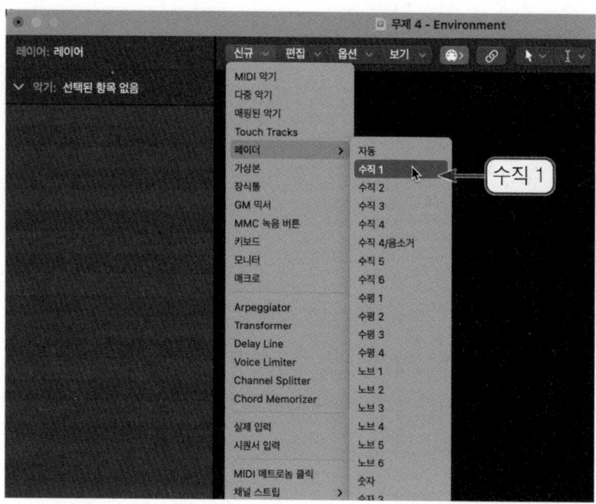

03 신규 메뉴의 페이더를 선택해보면, 다양한 타입의 페이더 오브젝트가 제공되고 있다는 것을 확인할 수 있습니다. 세로 타입의 수직 1을 선택하여 추가해봅니다.

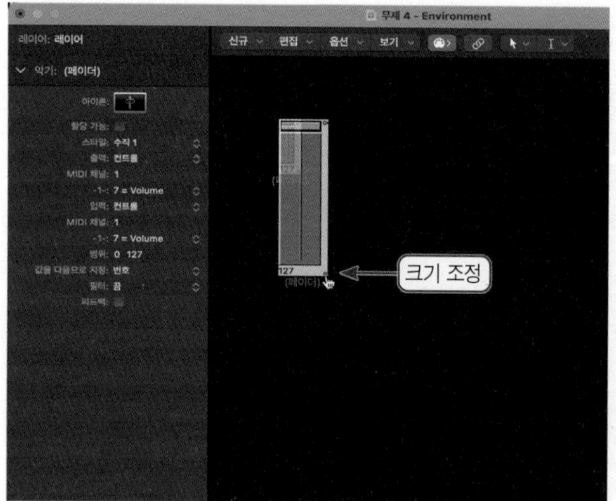

04 오브젝트의 크기는 오른쪽 하단의 작은 사각형을 드래그하여 조정할 수 있습니다. 독자가 원하는 크기로 조정합니다.

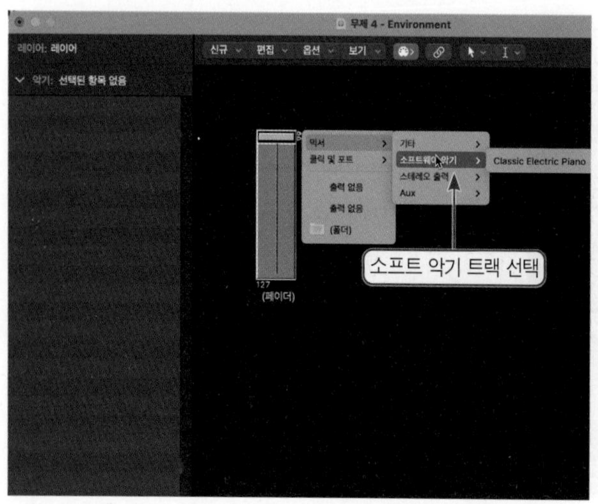

05 페이더 오브젝트의 출력 단자를 Option 키를 누른 상태에서 선택하면, 작업 중인 프로젝트의 믹서 목록이 열립니다. 실습은 소프트웨어 악기 트랙을 만든 새로운 프로젝트로 진행을 하고 있으므로, 믹서에서 소프트웨어 악기 트랙만 볼 수 있습니다.

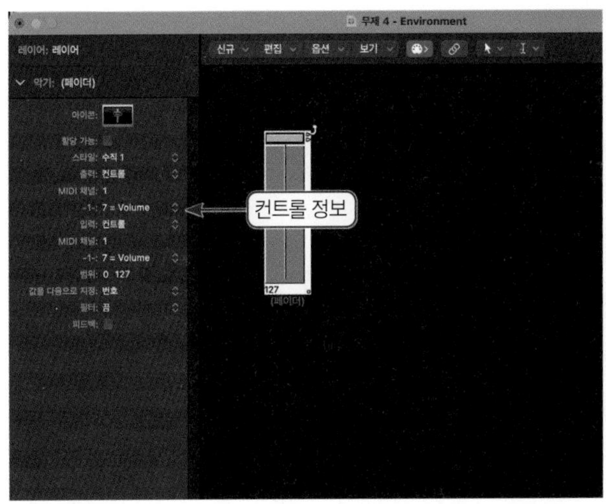

06 페이더 오브젝트를 소프트 악기 트랙으로 연결한 것입니다. 파라미터의 아웃을 보면, 7=Volume이라고 설정되어 있습니다. 컨트롤 정보 7번의 볼륨을 의미합니다.

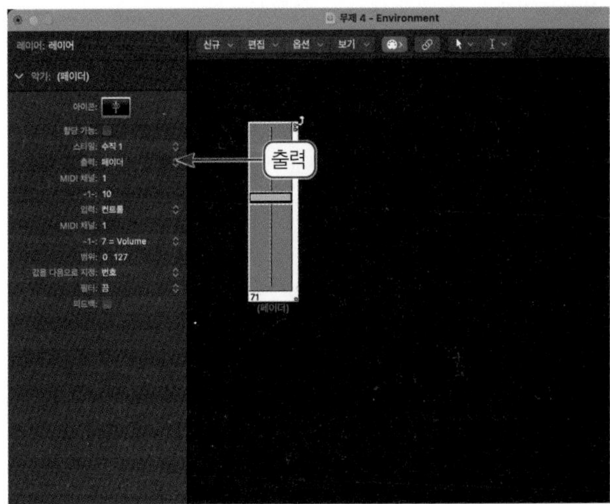

07 출력을 페이더로 변경합니다. 그리고 페이더를 움직여보면, 기본값이 컨트롤 정보 7번의 볼륨으로 설정되어 있으므로, 소프트 악기 트랙의 볼륨 페이더가 조정되는 것을 확인할 수 있습니다.

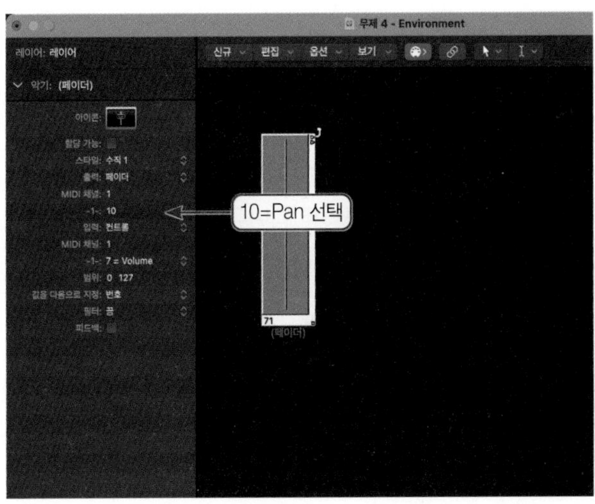

08 컨트롤 정보 목록을 열고, 10=Pan을 선택합니다. 페이더로 팬 값을 조정하겠다는 의미입니다.

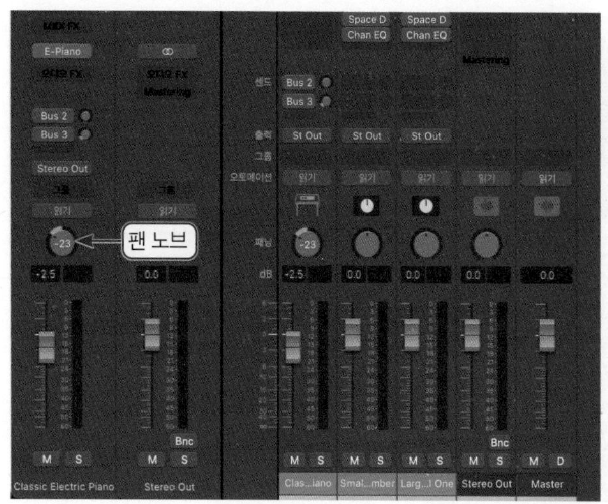

09 페이더를 움직여 보면, 소프트 악기 트랙의 팬 노브가 조정되는 것을 확인할 수 있습니다. 즉, 출력 파라미터는 해당 오브젝트로 어떤 정보를 컨트롤할 것인지를 설정하는 것입니다.

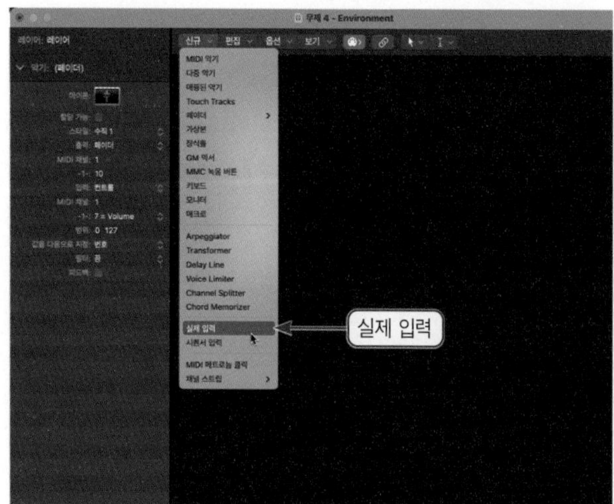

10 이제 어떤 정보로 페이더를 움직이게 할 것인지를 설정하는 입력 항목을 실습하겠습니다. 신규 메뉴의 실제 입력을 선택하여 미디 입력 오브젝트를 추가합니다.

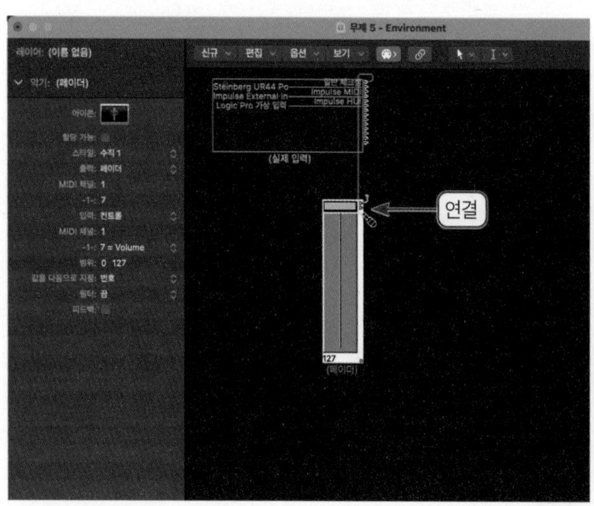

11 실제 입력 오브젝트의 썸 단자를 페이더 오브젝트로 드래그하여 연결합니다. 컴퓨터에 연결되어 있는 마스터 건반 또는 미디 컨트롤러를 이용해서 페이더 오브젝트를 제어하겠다는 의미입니다.

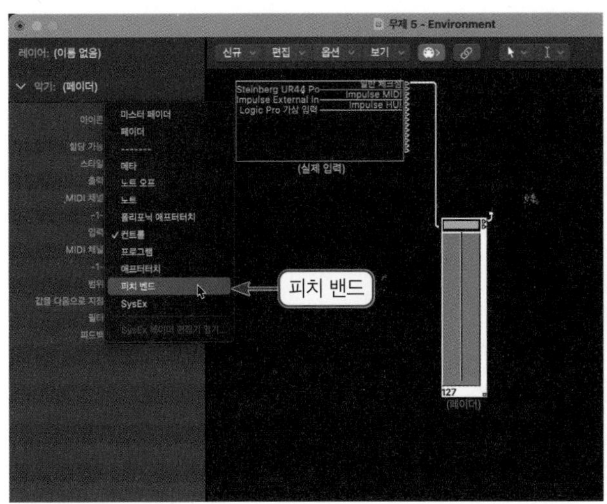

12 입력 항목에서 마스터 건반 및 미디 컨트롤러에서 전송할 정보를 선택합니다. 단순한 마스터 건반 사용자도 테스트 할 수 있게 피치 밴드를 선택해봅니다.

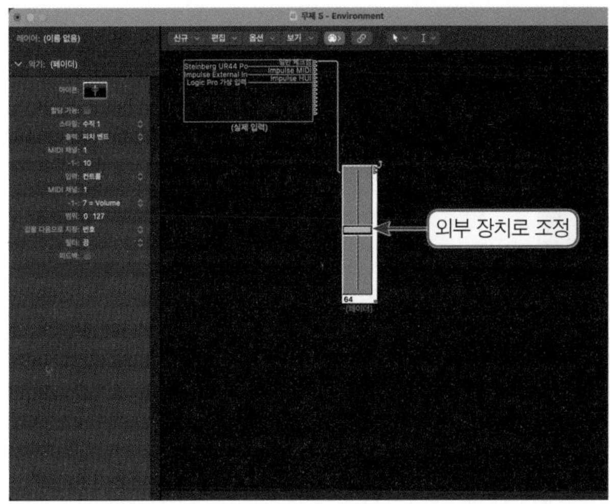

13 마스터 건반의 피치 밴더를 움직여 보면, 페이더 오브젝트가 동작하는 것을 확인할 수 있습니다. 또한 페이더의 아웃 항목은 컨트롤 정보 10번의 팬으로 설정되어 있었으므로, 팬 값이 조정됩니다. 즉, 마스터 건반의 피치 밴더로 믹서의 팬을 조정하는 것입니다.

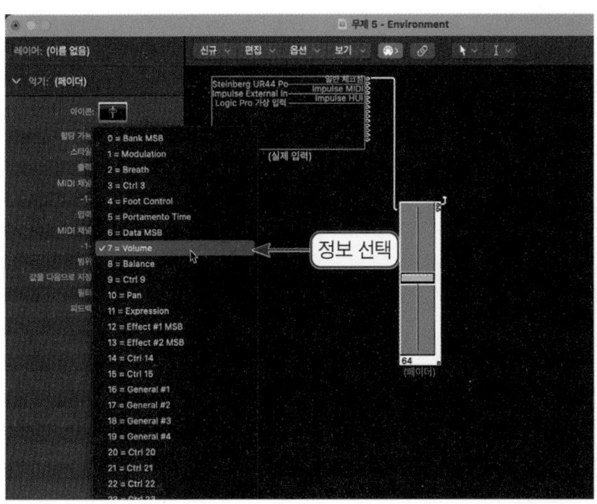

14 미디 컨트롤러와 같이 컨트롤 정보를 전송할 수 있는 장비를 사용하고 있다면, 입력 항목에서 컨트롤을 선택하고, -1 항목에서 전송할 컨트롤 번호를 선택합니다.

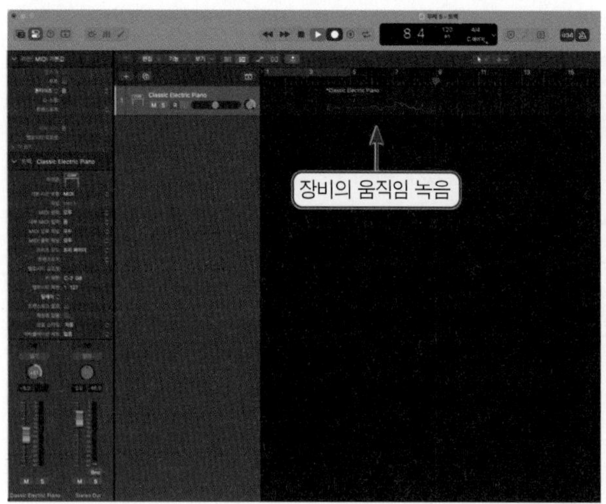

15 대부분의 미디 컨트롤러는 LED 창을 가지고 있으며, 슬라이더 및 노브를 움직일 때 몇 번 정보가 전송되는지 표시되기 때문에 입력에서 원하는 정보를 선택하는 것은 어렵지 않습니다. 만일, 이를 확인할 수 없는 장비를 사용하고 있다면, 어레인지 창에서 R 키를 눌러 녹음을 진행하고, 미디 컨트롤러의 슬라이더 및 노브를 움직입니다.

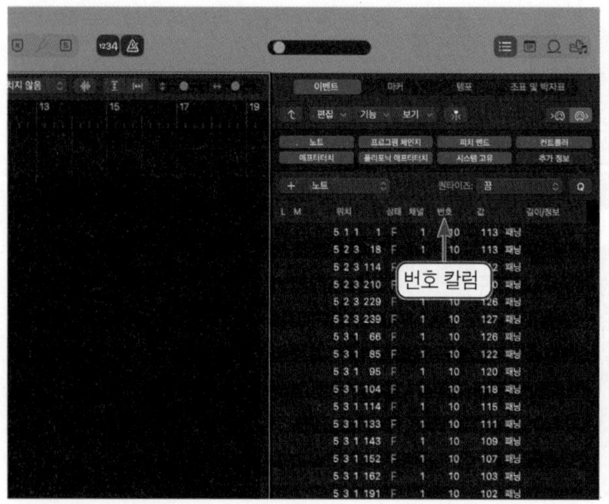

16 스페이스 바 키를 눌러 녹음을 정지하고, 목록 편집기 패널의 이벤트 창을 열어봅니다. 장비가 움직이면서 전송되는 컨트롤 정보가 기록되어 있으며, 번호 칼럼에서 확인할 수 있습니다.

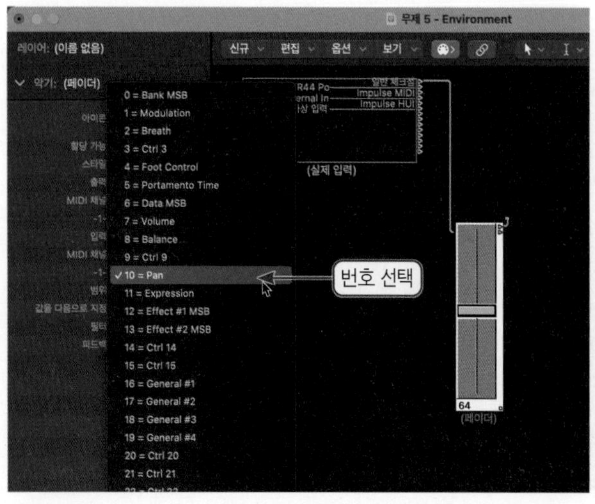

17 마스터 건반 및 미디 컨트롤러에서 전송하는 정보를 확인했다면, 입력 항목에서 해당 번호를 선택합니다. 즉, 사용하고 있는 장비에서 독자가 원하는 파라미터로 페이더 오브젝트를 제어하는 것입니다.

미디 멀티 레코딩

입력 데이터의 조건을 정밀하게 탐색하여 사용자가 원하는 형식으로 출력할 수 있는 트랜스폼 객체의 활용은 음악 제작의 새로운 차원을 엽니다. 이를 통해 멜로디와 베이스를 동시에 녹음하거나 드럼 구성 악기를 개별 트랙으로 분리하여 정교하게 녹음하는 작업이 가능해집니다. 트랜스폼의 개념은 이미 미디 편집 과정에서 충분히 다룬 바 있으므로, 여기서는 엔바이런먼트 창에서 제공하는 트랜스폼 객체 모드의 특징과 활용법에 대해 살펴보겠습니다.

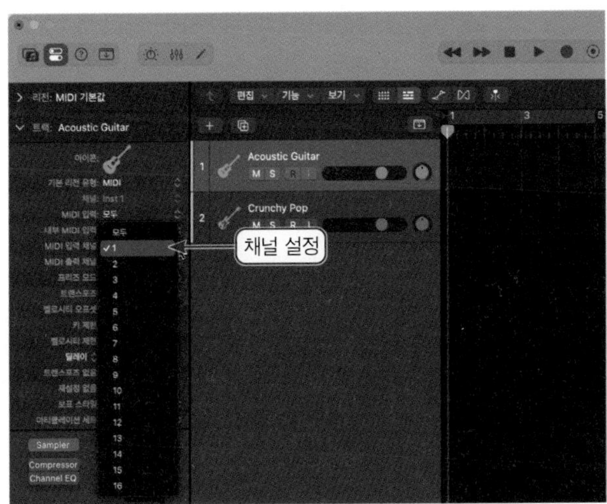

01 새 프로젝트에서 두 개의 소프트웨어 악기 트랙을 만들고, 하나는 피아노, 다른 하나는 베이스 음색으로 선택합니다. 그리고 피아노는 1번 채널, 베이스는 2번 채널로 설정합니다.

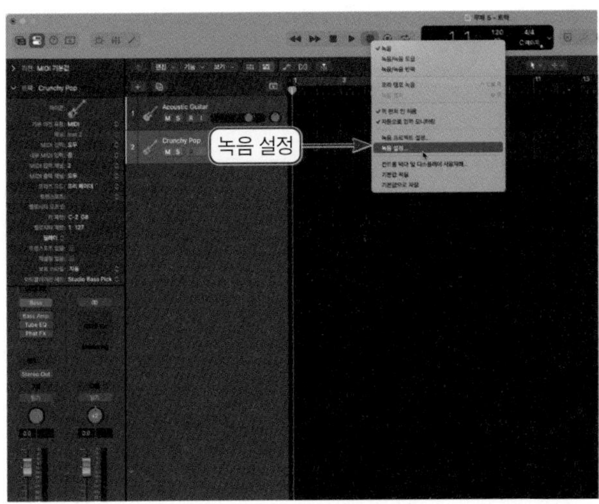

02 녹음 버튼을 마우스 오른쪽 버튼으로 클릭하여 단축 메뉴를 열고, 녹음 설정을 선택하여 창을 엽니다.

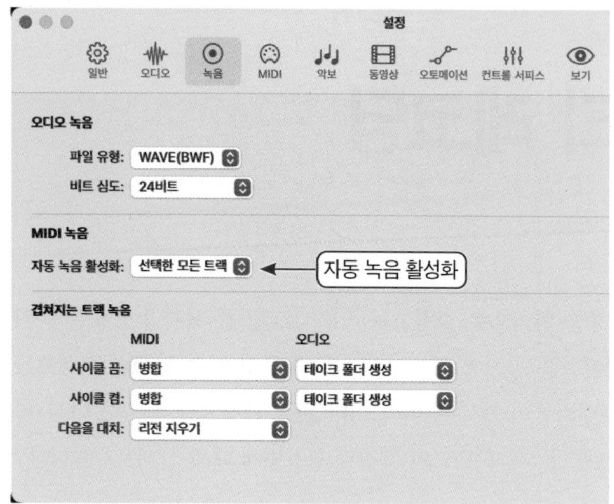

03 녹음 환경을 설정할 수 있는 프로젝트 세팅 창의 Recording 페이지가 열립니다. Auto demix by channel if multitrack recording 옵션을 체크하고 창을 닫습니다.

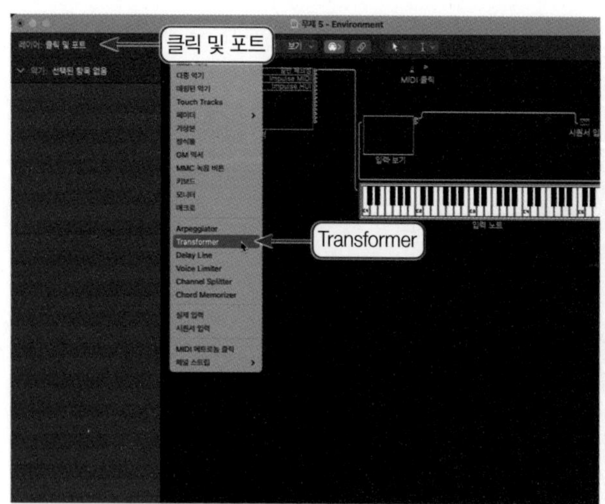

04 Command+0 키를 눌러 엔바이런먼트 창을 열고, 클릭 및 포트 레이어를 선택합니다. 그리고 신규 메뉴에서 Transformer와 모니터를 차례로 선택하여 오브젝트를 추가합니다.

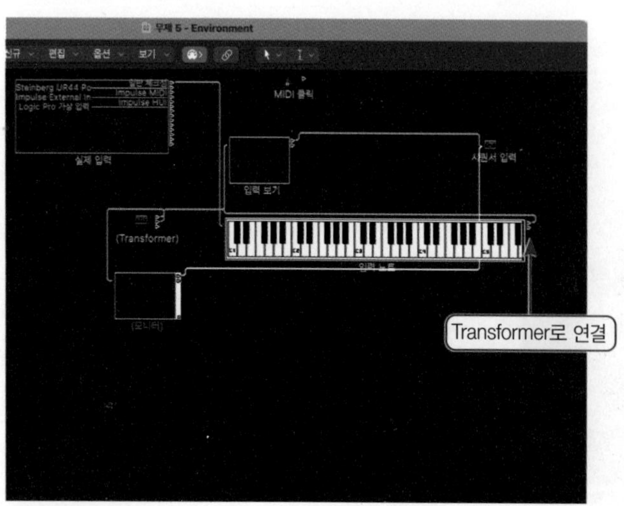

05 입력 보기 아웃을 Transformer로 연결하고, Transformer의 아웃을 입력 보기와 새로 추가한 모니터 오브젝트로 연결합니다. 모니터 오브젝트의 아웃은 시퀀서 입력으로 연결합니다.

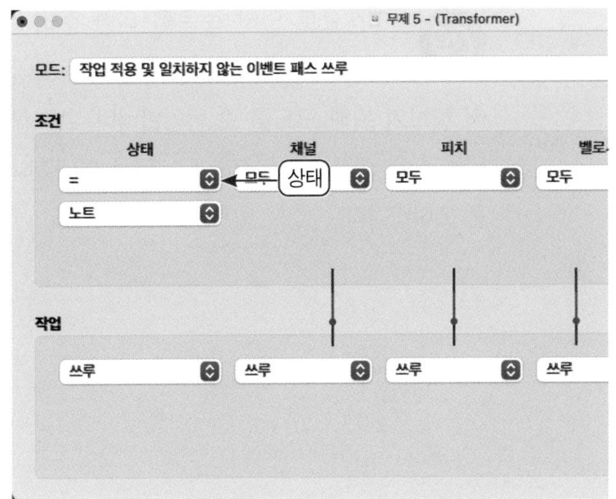

06 미디 정보가 Transformer를 거쳐서 로직에 입력되도록 한 것이며, 모니터는 이를 확인하기 위해서 입니다. Transformer 오브젝트를 더블 클릭하여 상태 칼럼에서 =를 선택합니다.

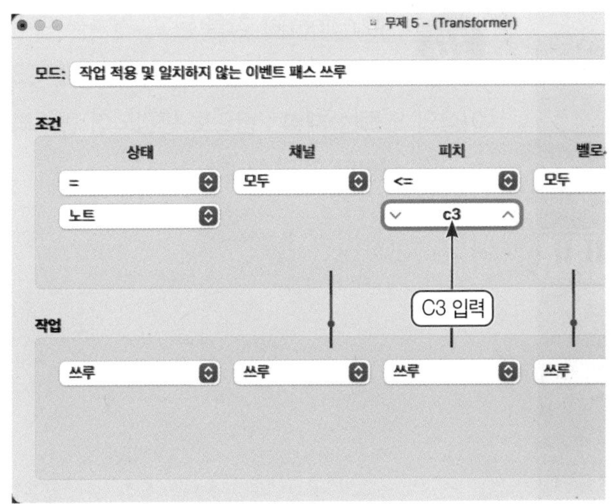

07 상태의 기본값은 노트입니다. 그대로 두고, 피치 칼럼에서 〈=를 선택합니다. 그리고 값은 C3로 입력합니다. C3 이상으로 입력되는 노트를 변경하겠다는 것입니다.

> **TIP** Transformer에 관한 자세한 내용은 미디 편집 학습 편에서 이미 살펴보았습니다.

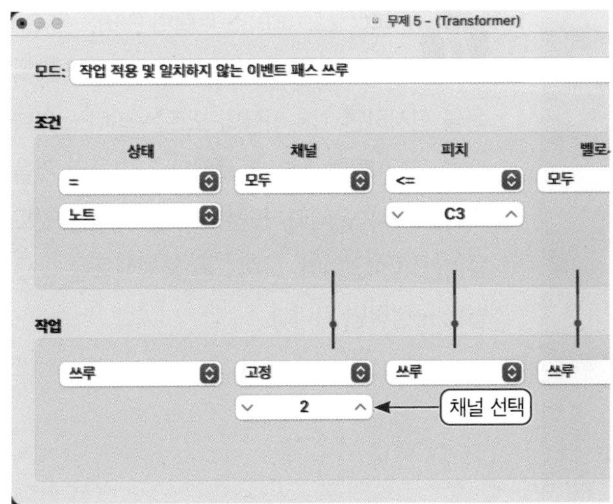

08 작업 패널의 채널 항목에서 고정을 선택하고, 값을 2로 수정합니다. C3 이상으로 입력되는 노트의 채널로 2번으로 변경하겠다는 것입니다.

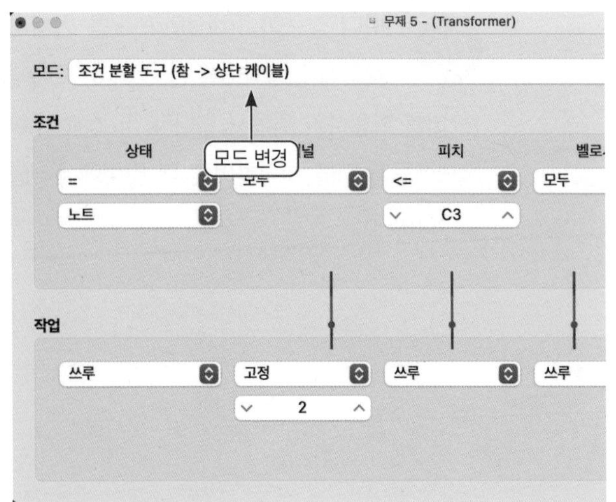

09 이상으로 멀티 녹음을 위한 준비는 끝났지만, 엔바이런먼트 창에서 모니터 해보기 위해 모드를 로 변경합니다. 2번 채널을 상위 케이블로 연결한 모니터로 보내겠다는 의미입니다.

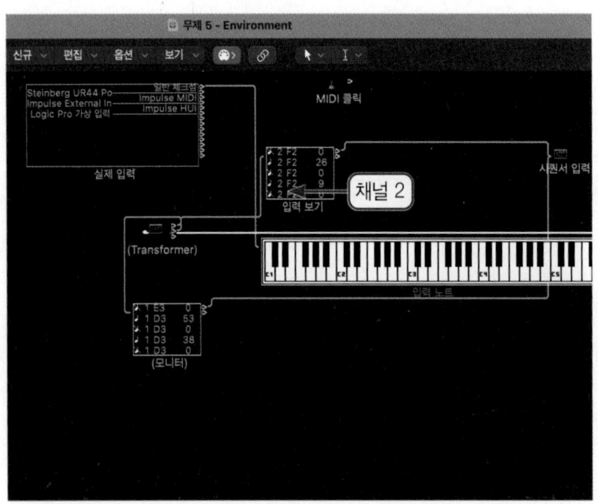

10 Transformer 창을 닫고, 건반을 연주해 보면서 모니터를 확인합니다. C3 이상의 노트는 채널 2번으로 변경되어 연주되는 것을 확인할 수 있습니다.

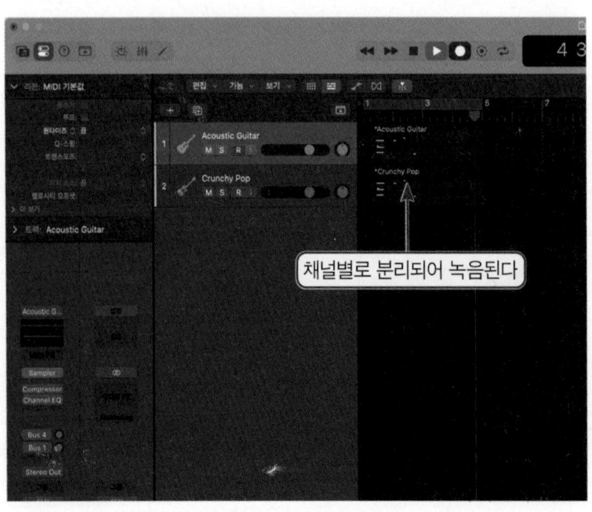

11 피아노와 베이스 트랙의 R 버튼을 On으로 놓고, 녹음을 진행해 봅니다. 녹음을 정지하면, C3 이상의 노트는 피아노 트랙으로, 그 이하는 베이스 트랙으로 기록된 것을 확인할 수 있습니다. 드럼 노트를 나누는 것도 동일한 방식입니다. 트랙스폼 오브젝트를 노트별로 구성하면 됩니다.

디제잉 컨트롤 만들기

엔바이런먼트 오브젝트를 활용하면, Audio FX 슬롯에 장착된 이펙트를 한층 더 직관적으로 제어할 수 있는 놀라운 가능성을 열어줍니다. 마치 클럽의 DJ처럼, DJ 컨트롤러를 통해 손쉽게 감각적인 디제이잉을 즐길 수 있는 이 혁신적인 시스템은 음악의 세계에서 새로운 차원의 경험을 제공합니다. Audio FX 슬롯에 장착된 이펙트의 파라미터 전송 데이터를 실시간으로 추적하고, 지금까지 살펴본 오브젝트들의 기능을 결합함으로써 이 환경의 활용 영역은 그 어떤 상상을 초월하는 방식으로 확장될 수 있는 잠재력을 품고 있습니다.

● 실습 프로젝트 : Laike

01 엔바이런먼트 창의 믹서 레이어에서 Chan EQ와 Echo가 걸려있는 Club 채널을 Command+X 키를 눌러 잘라냅니다.

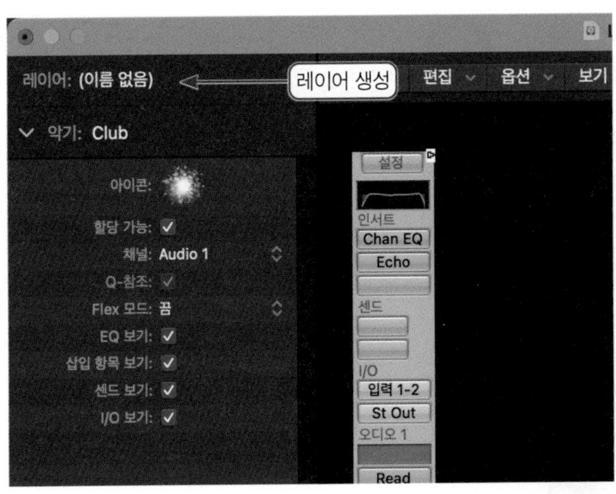

02 레이어 목록에서 레이어 생성을 선택하여 새로운 레이어를 만들고, Command+V 키를 눌러 앞에서 잘라낸 채널을 붙입니다.

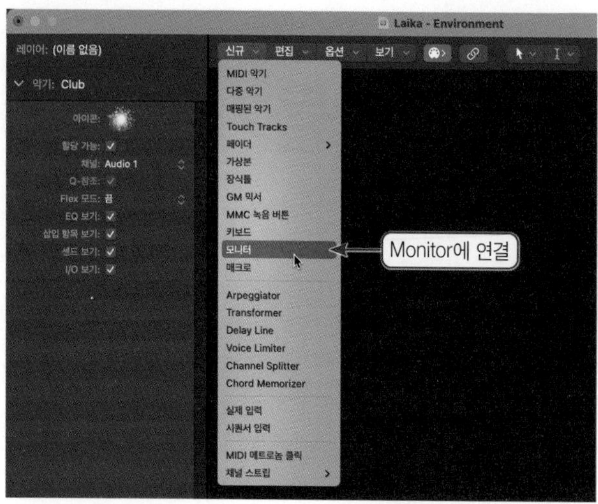

03 신규 메뉴의 모니터를 선택하여 오브젝트를 추가하고, Club 채널의 아웃을 모니터 오브젝트로 연결합니다. 그리고 EQ 항목을 더블 클릭하여 패널을 엽니다.

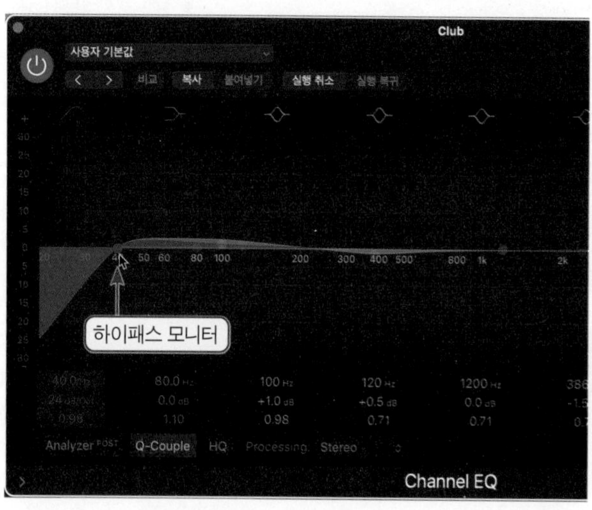

04 Channel EQ의 하이 패스 밴드를 움직여 보면서 모니터를 보면, 2번 채널에 1번 데이터가 전송되는 것을 알 수 있습니다. 로우 패스 밴드도 움직여 보면, 29번 데이터가 전송된다는 것을 모니터 할 수 있습니다.

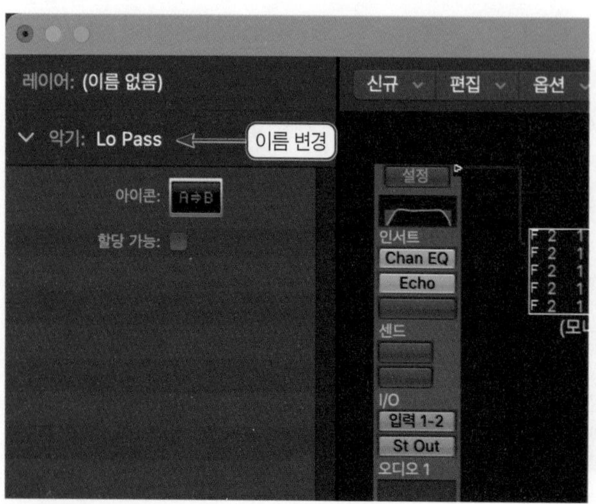

05 신듀 메뉴의 Transformer를 두 번 선택하여 두 개의 오브젝트를 추가합니다. 그리고 이름 파라미터를 더블 클릭하여 각각 Hi Pass와 Lo Pass로 변경합니다.

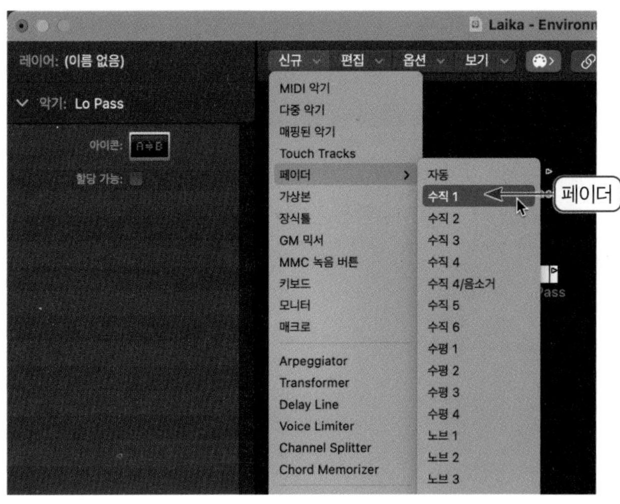

06 신규 메뉴의 페이더에서 수직 1을 선택하여 오브젝트를 추가합니다. 그리고 페이더를 Hi와 Lo Pass에 연결하고, Hi와 Lo Pass는 채널로 연결합니다.

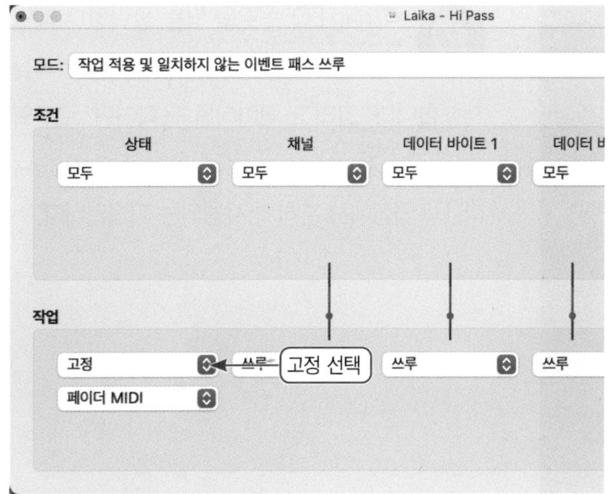

07 Hi Pass 오브젝트를 더블 클릭하여 트랜스폼 창을 엽니다. 기본 모드는 작업 적용 및 일치하지 않는 이벤트 패스 쓰루입니다. 작업 칼럼에서 고정을 선택합니다. 기본값은 페이더 입니다.

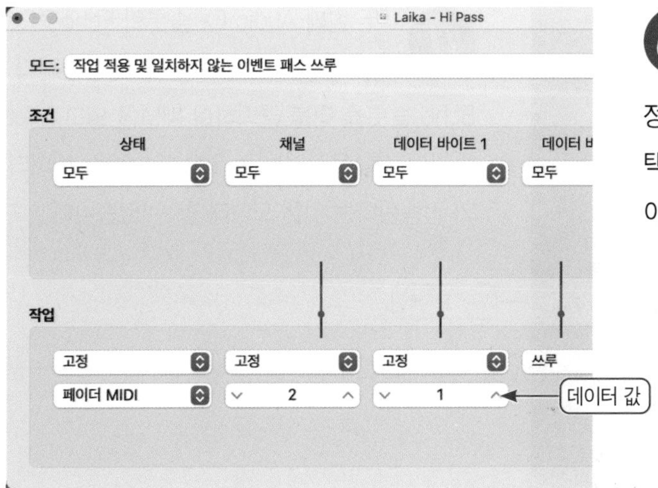

08 하이 패스 밴드가 2번 채널의 데이터 1번 이었으므로, 채널 칼럼에서는 고정-2, 데이터 바이트 1 칼럼에서는 고정-1을 선택합니다. 페이더를 움직였을 때 2번 채널의 데이터 1이 전송되도록 하는 것입니다.

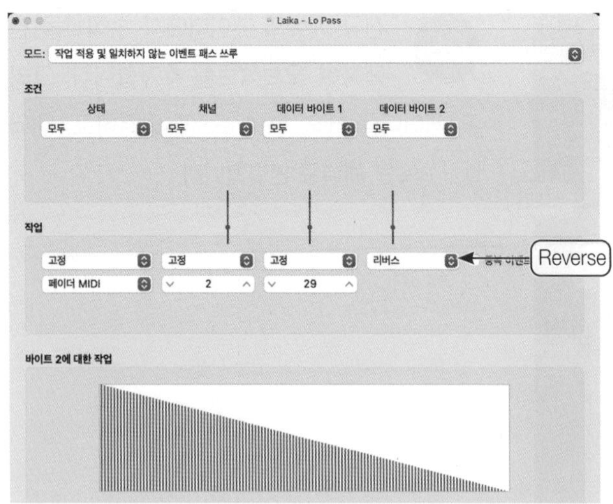

09 Lo Pass 오브젝트를 더블 클릭하여 창을 열고, 작업과 채널은 동일하게, 데이터 바이트 1값은 29로 설정합니다. 그리고 로우 패스가 반대로 움직여야 할 것이므로 데이터 바이트 2 필드에서 리버스를 선택합니다.

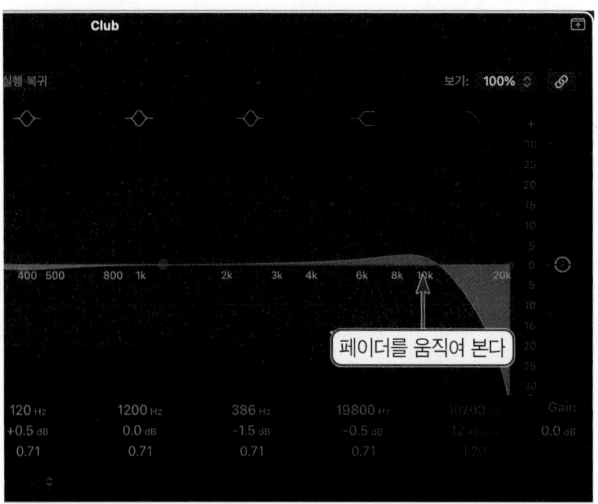

10 Chan EQ 슬롯을 더블 클릭하여 패널을 열고, 스페이스 바 키를 눌러 곡을 재생합니다. 그리고 페이더를 움직이면, 로우와 하이 패스가 움직이는 것을 확인할 수 있습니다. DJ 믹싱에서 흔하게 사용되는 기법입니다.

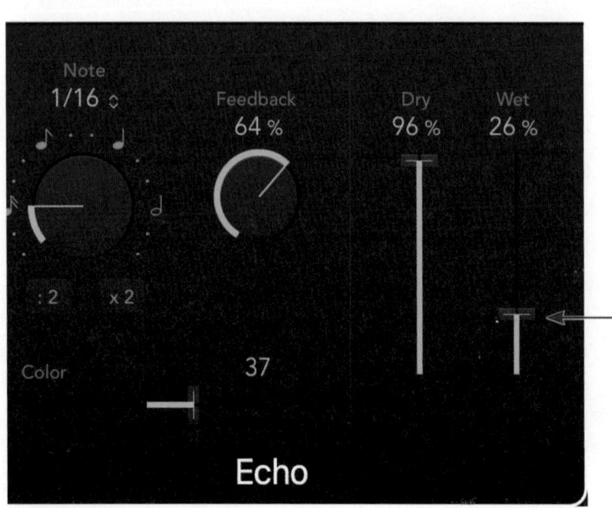

11 두 번째 Audio FX 슬롯의 Echo도 같은 방법으로 컨트롤을 설정합니다. Echo 슬롯을 더블 클릭하여 패널을 열고, Wet 슬라이더를 움직여보면, 3채널의 20번 데이터가 전송된다는 것을 모니터 할 수 있습니다.

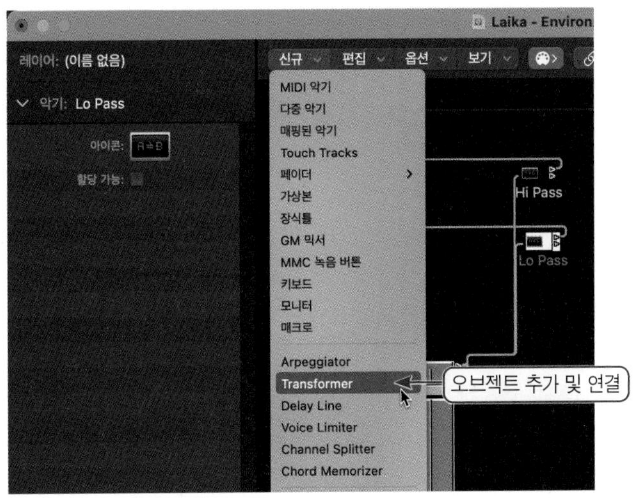

12 신규 메뉴의 Transformer를 선택하여 오브젝트를 추가하고, 이름을 Echo로 변경합니다. 그리고 페이더의 아웃을 Echo로 연결하고, Echo 아웃을 채널로 연결합니다.

TIP Echo를 따로 조정하고 싶다면, 페이더 오브젝트를 추가하여 별도로 연결합니다.

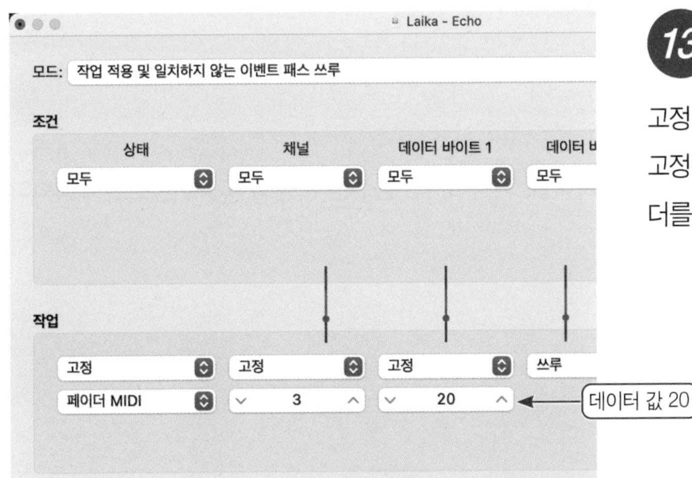

13 Echo 오브젝트를 더블 클릭하여 트랜스폼 창을 열고, 작업 항목의 상태는 고정-페이더, 채널은 고정-3, 데이터 바이트는 고정-20으로 설정합니다. Echo의 Wet 슬라이더를 모니터 했던 값입니다.

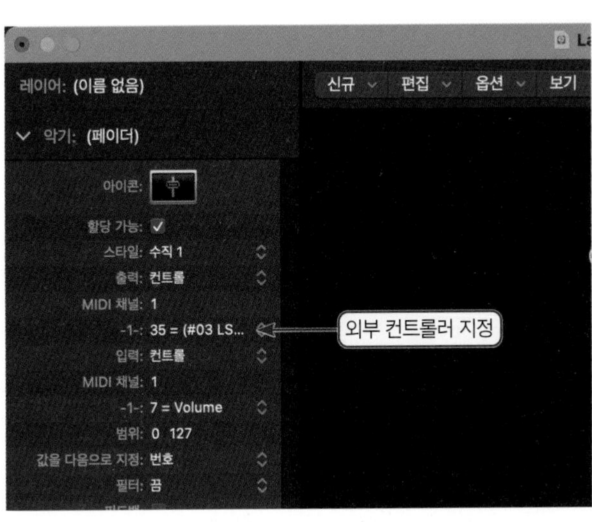

14 곡을 재생시키고, 페이더를 움직이면, EQ와 Echo를 컨트롤 할 수 있게 되는 것입니다. DJ 컨트롤러를 가지고 있다면, 페이더 파라미터의 입력을 해당 장치로 연결하여 테스트 해봅니다. 물론, 마스터 건반으로 즐겨도 좋습니다.

기본 환경 설정

Logic Pro의 설정은 사용자가 소프트웨어를 개인화하고 효율적으로 활용할 수 있도록 도와줍니다. 설정은 한 번 정의하면 변경 전까지 유지되며, Logic Pro의 설정 창에서 다양한 서브 메뉴를 선택하거나 Command+콤마(,) 키를 눌러 창을 열고 필요한 설정을 선택할 수 있습니다. Logic Pro 메뉴의 설정에서 키 명령 할당을 제외한 모든 설정 재설정을 선택하여 사용자가 변경한 설정을 기본값으로 되돌릴 수 있습니다. 이 명령을 실행하면 컨트롤 막대, 도구 막대, 인스펙터 채널 스트립 구성요소, 트랙 헤더 구성요소의 사용자 기본값, 채널 스트립 구성요소의 사용자 기본값, 새로운 트랙 창의 세부사항 설정도 초기화됩니다.

1 일반

로직의 기본 환경을 설정하는 프로젝트 제반, 편집, 사이클, 캐치, 알림, 손쉬운 사용의 6가지 탭으로 구성되어 있습니다.

프로젝트 제반

로직의 프로젝트 처리 방법을 결정합니다.

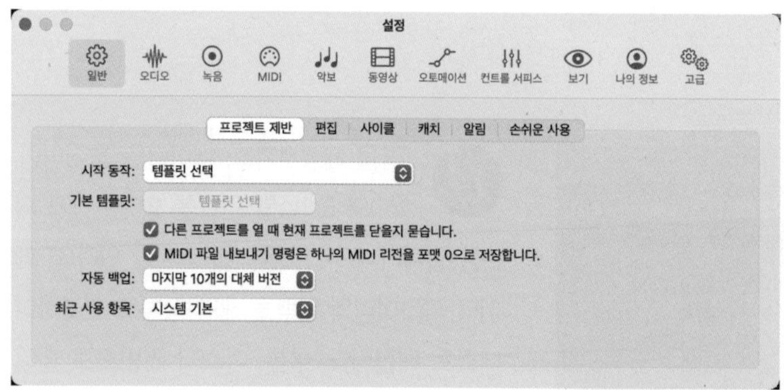

● 시작 동작 : 로직을 열 때 어떤 작업을 할지 정의하는 설정입니다. 이 메뉴에서 원하는 동작을 선택하면 로직을 열 때 자동으로 특정 작업을 수행하도록 할 수 있습니다.

- **동작 실행 안 함** : 아무런 자동 작업이 실행되지 않습니다. 사용자는 메뉴를 이용해 새 프로젝트를 만들거나, 기존 프로젝트를 열거나, 템플릿을 선택해야 합니다.

- **가장 최근 프로젝트 열기** : 마지막으로 작업하던 프로젝트가 자동으로 열립니다. 로직을 닫기 전에 마지막으로 작업하던 프로젝트가 자동으로 다시 열리므로 이전에 하던 작업을 이어서 할 수 있습니다.

- **기존 프로젝트 열기** : 기존 프로젝트를 선택하는 열기 창이 표시됩니다. 사용자는 이 창을 통해 컴퓨터에 저장된 프로젝트 파일을 찾아 열 수 있습니다. 작업 중인 프로젝트가 아니라도 이전에 저장한 프로젝트 파일을 찾아서 열 수 있습니다.

- **템플릿 선택** : 템플릿 선택 창이 열립니다. 템플릿은 미리 설정된 프로젝트의 틀을 제공하는데, 이 창에서 기본 제공 템플릿을 선택하거나 자신이 만든 템플릿을 선택해 프로젝트를 시작할 수 있습니다.(기본 옵션)

- **비어 있는 새로운 프로젝트 생성** : 새로운 프로젝트가 열리고, 그 안에 추가할 트랙의 유형과 수를 정하는 창이 나타납니다. 이 창을 통해 프로젝트의 기본 설정을 완료하고, 새로운 트랙을 만들 준비를 할 수 있습니다.

- **기존 템플릿을 사용하여 새로운 프로젝트 생성** : 기본 템플릿을 기반으로 한 새로운 프로젝트가 열립니다. 프로젝트 이름을 지정하고 저장하는 별도 저장 창이 열리며, 프로젝트의 저장 위치와 이름을 설정할 수 있습니다.

- **묻기** : 로직을 열 때 위에서 설명한 모든 선택지를 제공하는 시작 창이 열립니다. 이 창을 통해 사용자는 자신이 원하는 작업을 선택할 수 있으며, 새로운 프로젝트를 시작하거나 기존 프로젝트를 열거나 템플릿을 선택하는 등 여러 가지 옵션을 고를 수 있습니다.

● 기본 템플릿 : 시작 동작 팝업 메뉴에서 기본 템플릿을 사용하여 새로운 프로젝트를 생성할 때, 어떤 기본 템플릿을 사용할지 선택할 수 있는 옵션입니다. 이 버튼을 클릭하면, 로직에서 제공하는 기본 템플릿을 선택하여 새 프로젝트를 쉽게 시작할 수 있습니다. 기본 템플릿은 일반적으로 트랙, 이펙트, 설정 등이 미리 준비된 상태로 제공되어 작업을 빠르게 시작할 수 있도록 도와줍니다.

☑ 다른 프로젝트를 열 때 현재 프로젝트를 닫을지 묻습니다 : 로직에서 다른 프로젝트를 열 때, 현재 작업 중인 프로젝트를 닫을지 묻는 대화 상자가 나타납니다. 이를 통해 사용자는 기존 프로젝트를 저장할지 또는 닫을지 선택할 수 있습니다. 이 항목을 선택하지 않으면, 새로운 프로젝트를 열 때 현재 프로젝트가 자동으로 닫히지 않고 계속 열려 있는 상태로 유지됩니다.

☑ **MIDI 파일 내보내기 명령은 하나의 MIDI 리전을 포맷 0으로 저장합니다** : 파일 메뉴의 내보내기에서 선택 범위를 MIDI 파일로 선택 시, 하나의 MIDI 리전만 선택한 경우, 해당 리전의 콘텐츠가 MIDI 파일 포맷 0으로 저장됩니다. MIDI 포맷 0은 모든 MIDI 파일 플레이어와 호환되는 파일 형식으로 다른 MIDI 장비나 소프트웨어에서 재생할 때 문제가 발생하지 않도록 합니다. 이 옵션을 활성화하면 MIDI 파일의 호환성이 높아져 다양한 시스템에서 파일을 쉽게 사용할 수 있습니다.

● **자동 백업** : 프로젝트를 작업할 때, 로직이 자동으로 백업을 저장하는 대체 항목의 수를 설정하는 옵션입니다. 이 메뉴에서 정의된 숫자만큼 백업 파일이 자동으로 저장되며, 과거 작업을 복구할 때 유용하게 사용됩니다. 예를 들어, 대체 항목 수를 5로 설정하면, 로직은 마지막 5개의 백업을 저장하고, 그 이전의 백업은 자동으로 삭제됩니다.

● **최근 사용 항목** : 최근 사용 항목에서 최근에 연 프로젝트를 몇 개까지 표시할지 설정하는 옵션입니다. 예를 들어, 최근 사용 항목을 10개로 설정하면, 로직에서 최근에 열었던 10개의 프로젝트가 빠르게 접근할 수 있도록 목록에 표시됩니다. 만약 이 목록을 표시하고 싶지 않으면 없음을 선택하여 최근 항목을 전혀 표시하지 않게 할 수 있습니다.

편집

편집에 관련된 옵션을 결정합니다.

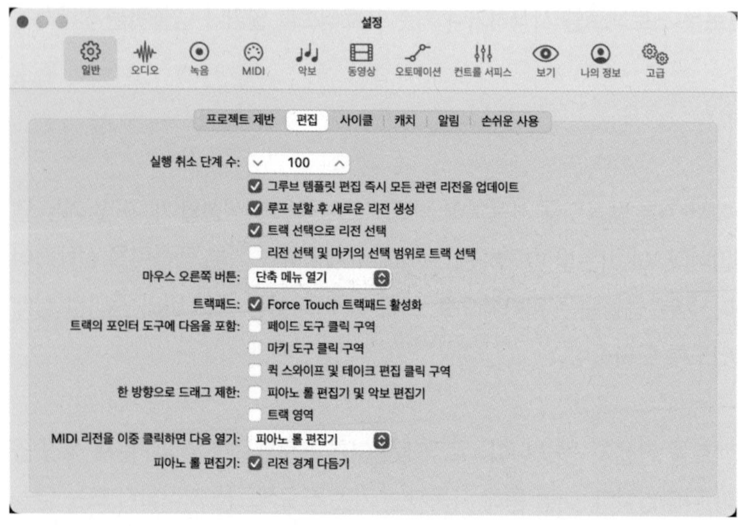

● 실행 취소 단계 수 : Command+Z 키를 눌러 작업을 취소할 수 있는 횟수를 결정하는 옵션입니다. 예를 들어, 슬라이더를 50으로 설정하면, 로직에서 최대 50단계까지 실행 취소할 수 있습니다.

☑ 그루브 템플릿 편집 즉시 모든 관련 리전을 업데이트 : 그루브 템플릿을 편집할 때, 그루브 템플릿에 영향을 받은 모든 리전이 자동으로 업데이트됩니다. 즉, 원본 리전에서 파생된 퀀타이즈 템플릿이 자동으로 수정되어 템플릿 변경이 즉시 반영됩니다. 선택하지 않으면, 그루브 템플릿을 수정해도 기존의 리전은 영향을 받지 않고 기존 템플릿 상태가 유지됩니다.

☑ 루프 분할 후 새로운 리전 생성 : 루프 리전을 커팅할 때, 분할 후 새로운 리전을 자동으로 생성할지 여부를 결정합니다. 체크하면, 리전의 루프 영역을 커팅한 뒤 새로운 리전을 만들어서 루프의 변형 없이 여러 구간을 독립적으로 다룰 수 있습니다. 선택하지 않으면, 리전의 루프 설정이 꺼지고, 루프 리전 자체를 커팅할 수 없게 됩니다.

☑ 트랙 선택으로 리전 선택 : 트랙을 선택할 때 트랙 레인의 모든 리전이나 사이클, 오토펀치 영역 내의 리전이 자동으로 선택됩니다. 만약 이 옵션을 선택하지 않으면, 트랙을 선택해도 트랙 레인의 리전은 선택되지 않으며, Option 키를 누른 상태로 리전을 추가로 선택해야 합니다. Option-Shift 키를 누른 상태에서 클릭하면 선택한 트랙의 리전이 현재 선택 범위에 추가됩니다.

☑ 리전 선택 및 마키의 선택 범위로 트랙 선택 : 리전을 선택하거나 마키 도구로 선택 범위를 설정할 때, 해당 트랙과 할당된 채널 스트립도 자동으로 선택됩니다. 마찬가지로 마우스 오른쪽 클릭을 통해 트랙을 선택하거나 선택 해제할 수 있습니다. 이 옵션을 활성화하면 트랙의 선택 범위가 리전 선택에 따라 함께 변경되므로, 더 편리하게 트랙을 선택하고 편집할 수 있습니다.

● 마우스 오른쪽 버튼 : 마우스 오른쪽 버튼을 클릭할 때 어떤 메뉴가 표시될지 설정하는 옵션입니다.
- **도구에 할당 가능** : 도구 선택 메뉴에 마우스 오른쪽 목록을 추가합니다.
- **도구 메뉴 열기** : 도구을 선택할 수 있는 목록을 엽니다.
- **단축 메뉴 열기** : 단축 메뉴를 엽니다(기본 옵션).
- **도구 및 단축 메뉴 열기** : 도구과 단축 메뉴를 함께 엽니다.

● 트랙패드 :
☑ Force Touch 트랙패드 활성화 : Force Touch 트랙패드 기능을 통해 세게 클릭하거나 세 손가락으로 탭하는 방식으로 특정 작업을 수행할 수 있습니다. 예를 들어, 오디오 파일 추가, 피아노 롤 편집기에서 노트 추가와 같은 기능을 강하게 클릭하거나 세 손가락으로 탭하여 햅틱 피드백과 함께 작업을 보다 직관적으로 진행할 수 있습니다.

- 트랙의 포인터 도구에 다음을 포함 :

☑ 페이드 도구 클릭 구역 : 리전의 왼쪽 상단 및 오른쪽 상단 가장자리에 포인터를 올렸을 때, 페이드 도구가 활성화됩니다. 이 옵션을 활성화하면 페이드 효과를 빠르게 적용할 수 있습니다. Option 키를 길게 눌렀을 때도 루프 포인터에 계속 접근할 수 있어 작업 효율성이 높아집니다.

☑ 마키 도구 클릭 구역 : 리전의 아래쪽 절반에서 마우스 포인터를 올렸을 때 마키 도구가 활성화됩니다. 또한, Quick 스와이프와 테이크 편집 클릭 구역도 활성화되어 테이크 리전의 중간에 포인터를 놓으면 마키 도구가 자동으로 선택됩니다. 이 설정은 마키 도구를 빠르게 사용하려는 경우 유용합니다.

☑ Quick 스와이프 및 테이크 편집 클릭 구역 : 테이크 리전의 위쪽 중간에 포인터를 놓았을 때 Quick 스와이프 포인터가 활성화됩니다. 또한, 마키 도구 클릭 구역이 활성화되어 테이크 리전의 위쪽 1/3에서 포인터를 놓으면 표준 포인터가 활성화되어 빠른 편집이 가능합니다.

- 한 방향으로 드래그 제한 :

☑ 피아노 롤 편집기 및 악보 편집기 : 피아노 롤 편집기 또는 악보 편집기에서 노트를 한 방향으로만 이동할 수 있습니다. 이 설정을 사용하면 노트의 시간 이동 또는 트랜스포즈를 동시에 하지 않고, 단일 방향으로만 편집할 수 있습니다. 이를 통해 실수를 줄이고 더 정밀하게 편집할 수 있습니다.

☑ 트랙 영역 : 트랙 영역에서 리전을 한 방향으로만 이동할 수 있습니다. 이는 피아노 롤 편집기에서와 마찬가지로 리전이 하나의 축으로만 이동하게 하여 편집의 정확도를 높이는 데 유용합니다.

- MIDI 리전 이중 클릭 팝업 메뉴 열기 : MIDI 리전을 두 번 클릭했을 때 열리는 편집기를 설정하는 옵션입니다. 선택할 수 있는 편집기는 악보 편집기, 이벤트 목록, 또는 피아노 롤 편집기입니다. 이 메뉴에서 원하는 편집기를 선택하면, MIDI 리전 두 번 클릭 시 자동으로 해당 편집기가 열립니다.

- 피아노 롤 편집기 :

☑ 리전 경계 다듬기 : 피아노 롤 편집기에서 리전 경계를 조절할 수 있습니다. 리전의 시작과 끝 부분을 쉽게 다듬을 수 있어 MIDI 작업을 정확하게 조정할 수 있습니다.

사이클

사이클 옵션을 결정합니다.

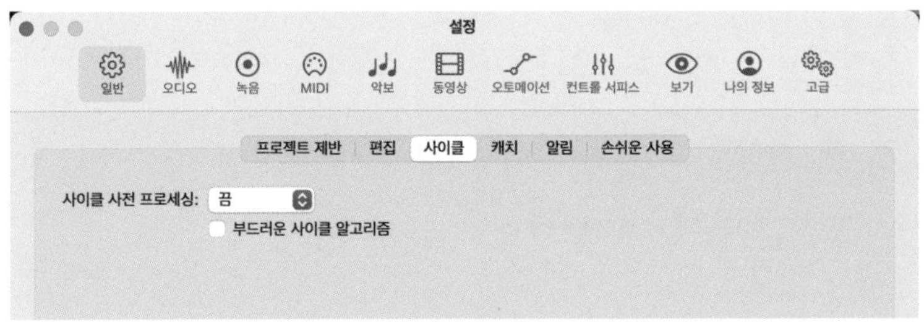

● 사이클 사전 프로세싱 : 사이클 기능을 사용할 때, 사이클의 끝 지점에서 시작 지점으로의 원활한 점프를 보장하기 위해 설정하는 옵션입니다. 기본적으로 사이클 점프는 리전의 끝 지점에서 시작 지점으로 이동하는데, 이때 원활한 전환을 위해 실제 위치보다 약간 앞에서 점프를 처리합니다. 이를 통해 사이클링을 할 때 끊김이나 불연속적인 점프 현상을 줄일 수 있습니다.

- 기본값 끔은 대부분의 용도에 적합하며, 전처리 시간을 설정하지 않습니다.
- 전처리 시간을 사용자가 조정할 수 있으며, 이는 사이클 점프가 이루어지는 미세한 타이밍 차이를 결정합니다.

☑ 부드러운 사이클 알고리즘 : 사이클 모드에서 샘플 루프의 길이 설정을 더 원활하게 하고, 사이클 점프의 타이밍을 개선하는 기능을 제공합니다. 이 체크상자는 주로 컴퓨터의 프로세서가 느린 경우에 유용하며, 그래픽 작업에서의 처리 요구 사항을 줄여줍니다.

- 체크 상자 선택 시 사이클이 부드럽게 진행되며, 빈번한 사이클 작업을 할 때 유용합니다.
- 체크 상자 선택하지 않으면 사이클 점프가 약간 덜 부드럽게 될 수 있지만, 때로는 루프가 더 완벽하게 처리될 수 있습니다.
- Apple Loop를 사용할 경우, 이 설정의 필요성이 줄어들 수 있습니다. Apple Loop는 자동으로 정확한 루프 점프를 처리하기 때문에 설정을 따로 변경할 필요가 없습니다.

캐치

재생헤드를 움직이게 하는 캐치 버튼의 옵션을 결정합니다.

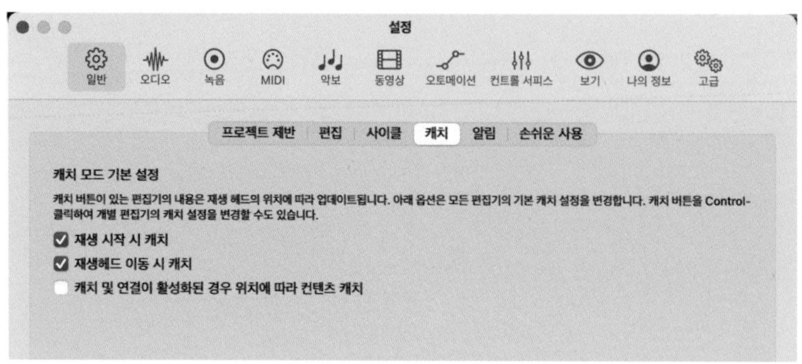

☑ 재생 시작 시 캐치

재생 또는 일시 정지 버튼을 클릭할 때마다 캐치 모드가 자동으로 켜지도록 설정합니다. 캐치 모드는 재생헤드가 이동할 때, 특정 위치에서 편집 영역을 자동으로 맞춰주는 기능입니다. 이 옵션을 선택하면, 재생을 시작할 때 자동으로 편집 뷰와 재생헤드의 위치가 동기화되어 편집이 더 직관적이고 빠르게 이루어질 수 있습니다.

☑ 재생헤드 이동 시 캐치

재생헤드를 이동할 때마다 캐치 모드가 활성화되도록 합니다. 즉, 사용자가 재생헤드를 드래그하거나 이동시키면, 이동한 재생헤드 위치에 맞춰 열려 있는 편집기가 자동으로 동기화됩니다. 반대로, 편집기에서 작업을 하면 재생헤드도 그에 맞춰 위치가 조정되어 편집과 재생이 동시에 잘 맞물리게 됩니다. 이 설정은 작업 중에 재생과 편집을 동시에 편리하게 다루고자 할 때 유용합니다.

☑ 캐치 및 연결이 활성화된 경우 위치에 따라 컨텐츠 캐치

Catch 버튼이 켜져 있고, 로컬 보기 메뉴에서 콘텐츠 링크가 활성화된 경우, 현재 재생헤드 위치에 있는 리전의 콘텐츠가 자동으로 표시되도록 합니다. 예를 들어, 재생헤드가 특정 위치에 있을 때, 그 위치에 해당하는 리전의 내용을 편집기 창에 바로 표시합니다. 만약 이 설정이 꺼져 있으면, 재생헤드는 리전 내에서 위치를 따르되, 다음 리전으로 넘어갈 때 콘텐츠 업데이트가 이루어지지 않게 됩니다. 이 설정은 재생 모드나 녹음 모드에서 특히 유용하며, 실시간으로 편집을 하고 있을 때 재생헤드의 위치에 맞춰 콘텐츠를 빠르게 확인할 수 있습니다.

알림

알림 설정을 사용하여 다시 표시 안 함으로 설정했던 모든 경고 및 알림을 재설정할 수 있습니다.

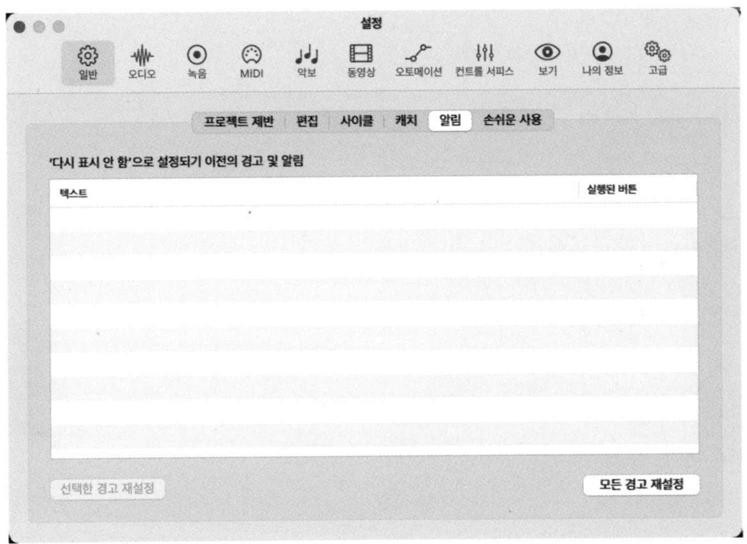

● **텍스트 열** : 경고나 알림을 표시하는 영역입니다. 예를 들어, 로직에서 발생한 특정 이벤트나 작업에 대한 경고 메시지가 여기에서 보여집니다. 사용자가 작업을 수행할 때 발생할 수 있는 오류나 주의 사항이 이 텍스트 열에 나타나게 되며, 이를 통해 작업의 진행 상태나 발생할 수 있는 문제에 대해 쉽게 인지할 수 있습니다.

● **실행된 버튼 열** : 경고나 알림에서 사용자가 선택한 옵션을 표시하는 영역입니다. 예를 들어, 경고 창에서 여러 가지 선택지가 있을 경우, 사용자가 어떤 버튼을 눌렀는지 (예: 확인, 취소, 다시 시도 등) 해당 버튼이 실행된 버튼 열에 표시됩니다. 이 열은 사용자가 선택한 옵션의 기록을 보여주며, 해당 경고에 대해 다른 선택을 할 수 있는 팝업 메뉴를 통해 다시 조정할 수 있습니다.

● **선택한 경고 재설정** : 목록에서 하나 이상의 경고 항목을 선택하고 이를 삭제할 수 있습니다. 예를 들어, 한 번 다시 표시 안 함으로 설정한 경고 메시지를 다시 표시하고 싶을 때 이 버튼을 사용합니다. 선택한 경고를 재설정하여 이후 해당 경고나 알림이 다시 나타나도록 할 수 있습니다. 이 작업을 통해 이전에 무시했던 경고를 다시 확인할 수 있습니다.

● **모든 경고 재설정** : 목록에 있는 모든 항목을 제거하고, 이전에 다시 표시 안 함으로 설정된 모든 경고 및 알림을 초기화하는 기능을 합니다. 이 버튼을 사용하면 로직에서 모든 경고 메시지를 다시 표시할 수 있게 되어, 사용자가 이전에 무시한 경고를 다시 확인하고 적절히 대응할 수 있게 됩니다.

손쉬운 사용

맥 시스템 설정의 손쉬운 사용에서 VoiceOver가 켜져 있는 경우 다음 항목들을 읽어줍니다.

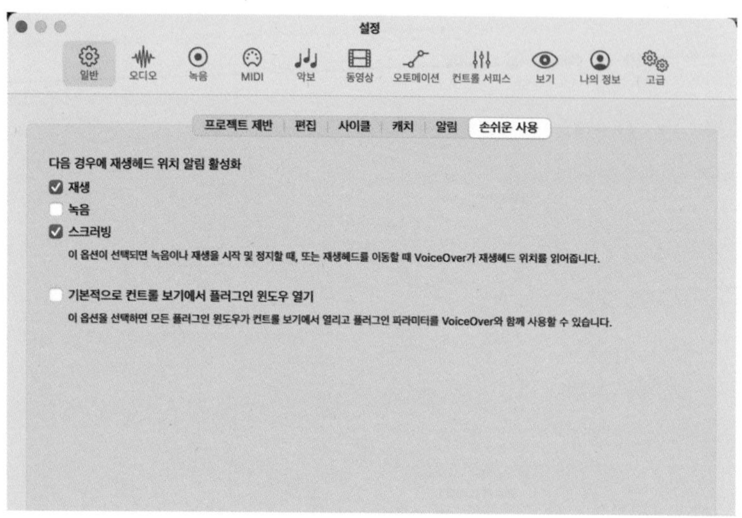

● 재생 중 : VoiceOver 기능을 설정하는 옵션으로, 로직에서 재생을 시작하거나 정지할 때마다 재생헤드의 위치를 VoiceOver가 읽어주도록 설정합니다. 이 기능은 시각 장애가 있는 사용자가 재생헤드가 어디에 위치하는지 알 수 있게 도와줍니다. 이 옵션을 선택하면, 음악을 재생하거나 일시 정지할 때, VoiceOver가 자동으로 현재 재생헤드의 위치를 음성으로 안내합니다.

● 녹음 : 녹음 시작 또는 정지 시, VoiceOver가 현재 재생헤드 위치를 읽어주도록 설정합니다. 즉, 녹음을 시작하거나 멈추면 VoiceOver가 녹음이 진행되고 있는 위치를 음성으로 안내해 줍니다. 이를 통해 사용자는 녹음 진행 상황과 위치를 확인할 수 있습니다. 시각적인 피드백 없이도 음성을 통해 현재 상태를 알 수 있어 음악 제작에 도움이 됩니다.

● 스크러빙 : 재생헤드를 이동할 때 VoiceOver가 그 위치를 읽어주도록 설정합니다. 스크러빙은 재생헤드를 빠르게 이동시키면서 그 구간을 미리 듣는 기능인데, 이 체크상자를 선택하면 스크러빙할 때마다 VoiceOver가 그때그때 현재 재생헤드의 위치를 음성으로 안내해 줍니다. 이 기능은 스크러빙을 통해 특정 구간을 확인하거나 수정할 때 매우 유용합니다.

☑ 기본적으로 컨트롤 보기에서 플러그인 윈도우 열기 : 플러그인 창이 컨트롤 보기에서 자동으로 열리도록 설정됩니다. VoiceOver와 함께 플러그인 파라미터를 음성으로 사용할 수 있게 되므로, 플러그인 설정을 음성으로 조정하거나 확인할 수 있습니다. 예를 들어, 이퀄라이저, 컴프레서, 리버브와 같은 플러그인을 사용할 때, VoiceOver가 플러그인의 각 파라미터를 읽어주며 사용자가 플러그인 설정을 쉽게 변경할 수 있도록 돕습니다.

2 오디오

로직은 설치된 모든 Core Audio 하드웨어를 자동으로 인식하고, 오디오 MIDI 설정 유틸리티에서 정의된 기본 설정을 사용합니다. 즉, 기본적으로 시스템에 연결된 오디오 장치들이 자동으로 로직에 의해 인식되어 사용될 준비가 되어 있습니다. 하지만 만약 여러 개의 오디오 인터페이스나 다중 입/출력 기기를 사용하고 있다면, 각 하드웨어에 대해 최적화된 설정을 적용하여 더욱 효율적으로 작업할 수 있습니다. 이렇게 하려면 오디오 MIDI 설정 유틸리티를 열어 각 장치의 설정을 세밀하게 조정할 수 있습니다. 이를 통해 복잡한 오디오 장비 환경에서도 안정적인 작업이 가능합니다.

기기

맥 내장 오디오 및 외부 오디오 인터페이스 사용 환경을 설정합니다.

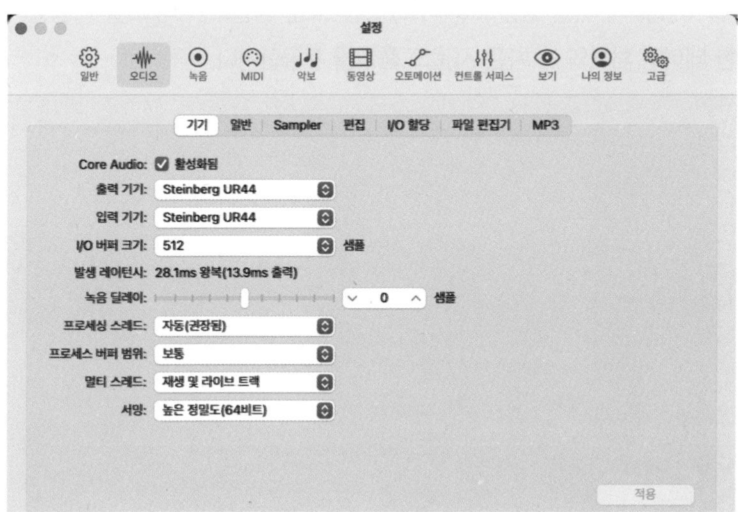

- **Core Audio** : 프로젝트에서 오디오를 녹음하거나 재생할 때 로직이 Core Audio 드라이버를 사용할 수 있도록 합니다. Core Audio는 Mac의 오디오 처리 시스템으로, 로직이 오디오를 다루는 데 중요한 역할을 합니다.

- **출력 기기** : 이 메뉴에서 선택할 수 있는 출력 기기는 내부 사운드 하드웨어를 포함하여 설치된 모든 Core Audio 기기입니다. 여러 오디오 인터페이스로 구성된 통합 오디오 기기들도 포함됩니다.

- **입력 기기** : 내부 사운드 하드웨어를 포함한 Core Audio 기기 중에서 선택할 수 있습니다. 출력 기기에서 입력을 제공하는 기기를 선택한 경우, 해당 입력 기기 팝업 메뉴도 자동으로 업데이트됩니다. 최상의 음질을 위해 두 오디오 기기가 공통 워드 클락을 사용하는 것이 좋습니다.

- **I/O 버퍼 크기** : 오디오 스트림이 전송될 때 컴퓨터의 프로세서와 오디오 기기 간의 I/O 버퍼 크기를 설정합니다. 버퍼 크기가 작을수록 녹음 중 모니터링에서 대기 시간이 줄어듭니다. 단, 너무 작은 버퍼 크기는 오디오에서 클릭이나 팝 등의 잡음이 발생할 수 있습니다. I/O 버퍼 크기 값을 더 높거나 낮게 조정하는 경우, 컨트롤 막대 및 디스플레이 사용자화에서 샘플률/버퍼 크기 체크상자를 선택해 I/O 버퍼 크기를 표시할 수 있습니다.
- **발생 레이턴시** : I/O 버퍼 크기에 따른 왕복 및 출력 레이턴시를 표시합니다. 이를 통해 시스템에서 발생하는 지연 시간을 쉽게 확인할 수 있습니다.
- **녹음 딜레이** : 오디오 드라이버로 인한 딜레이를 보정하기 위해 오디오 녹음을 일정 시간 지연시킬 수 있습니다. 일반적으로 기본값을 유지하는 것이 좋습니다.
- **프로세싱 스레드** : 최대 프로세싱 스레드 수를 선택하거나 시스템이 자동으로 설정하도록 합니다. 기본값은 자동이며, 다른 CPU 집약적인 응용 프로그램과 로직을 동시에 사용할 경우가 아니면 자동 설정이 권장됩니다.
- **프로세스 버퍼 범위** : 믹싱 및 이펙트 계산에 사용되는 버퍼 크기를 설정합니다. 작게, 보통, 크게 옵션 중에서 선택할 수 있습니다.
- **멀티 스레드** : 멀티스레딩을 재생 트랙에만 적용할지, 재생 트랙과 라이브 트랙 모두 적용할지를 결정합니다.
- **서밍** : 로직 오디오 엔진이 오디오를 서밍할 때 더블 정밀도(64비트) 또는 표준 정밀도(32비트)를 사용할지 선택합니다. 더 높은 정밀도는 더 정확한 데이터 처리와 더 나은 사운드 품질을 제공합니다.

일반

오디오 엔진의 기본 환경을 설정합니다.

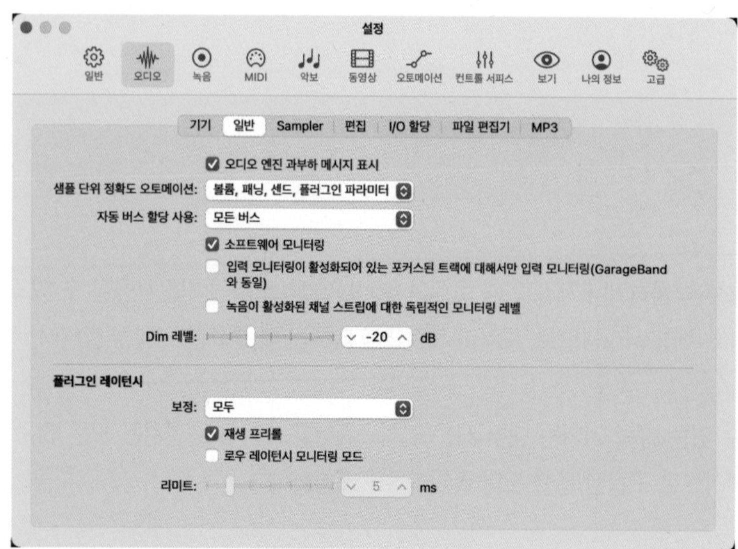

☑ 오디오 엔진 과부화 메시지 표시 : 옵션을 체크하면 오디오 엔진 과부하가 발생할 때 경고 메시지가 표시됩니다. 선택하지 않으면, 경고 없이 재생이 중지됩니다.

● 샘플 단위 정확도 오토메이션 : 오토메이션 파라미터가 샘플 단위로 오토메이션되는 방식을 결정합니다. 샘플 정확도 오토메이션은 매우 프로세서 집약적이어서 시스템 리소스를 많이 소모할 수 있습니다. 이는 주로 많은 소프트웨어 악기와 이펙트를 사용하는 무거운 프로젝트에서 발생할 수 있습니다.

- **끔** : 오토메이션 정확도가 낮아지며 시스템 오버헤드가 최소화됩니다.
- **볼륨, 패팅, 센드** : 이들 파라미터만 샘플 정확도로 오토메이션됩니다.
- **볼륨, 패팅, 센드, 플러그인 파라미터** : 이들 모두가 샘플 정확도로 오토메이션됩니다. 단, 모든 Audio Units 플러그인이 이 방식으로 오토메이션될 수 있는 것은 아닙니다.

● 자동 버스 할당 사용 : 모든 버스를 사용할지 아니면 특정 번호 이상의 버스만 사용할지 선택할 수 있습니다. 일반적으로 프로젝트의 크기와 복잡성에 맞춰 선택할 수 있습니다.

☑ 소프트웨어 모니터링 : 소프트웨어 모니터링을 켜거나 끕니다. 소프트웨어 모니터링이 켜져 있으면, 오디오 신호가 소프트웨어를 통해 처리되며 일정한 레이턴시가 발생합니다. 하드웨어 모니터링을 지원하는 오디오 인터페이스를 사용할 때나 믹싱 콘솔을 통해 녹음된 신호를 듣고 있을 때는 이 옵션을 끄는 것이 좋습니다.

☑ 입력 모니터링 활성화되어 있는 포커스된 트랙에 대해서만 입력 모니터링 : 포커스된 트랙에서만 입력 모니터링이 활성화됩니다. 여러 트랙을 선택한 경우, 트랙 헤더에서 트랙 번호를 클릭하여 해당 트랙을 포커스시켜야만 모니터링이 가능합니다. 포커스되지 않은 트랙의 입력 모니터링 버튼은 비활성 상태일 때 회색으로 표시됩니다.

☑ 녹음이 활성화된 채널 스트립에 대한 독립적인 모니터링 레벨 : 녹음이 활성화된 채널 스트립에 대해 독립적인 모니터링 레벨을 설정할 수 있습니다. 녹음 중인 트랙에서 페이더를 조정하여 모니터링 레벨을 조절할 수 있으며, 녹음이 끝나면 원래 레벨로 복원됩니다. 이 설정은 녹음 레벨에는 영향을 주지 않으며, 모니터링 레벨에만 영향을 미칩니다.

● Dim 레벨 : 딤(Dim) 기능의 개별 레벨을 설정할 수 있습니다. 0dB에서 -30dB까지 조정이 가능합니다. 이 레벨은 마스터 채널 스트립에서 Dim 버튼이 활성화될 때 적용됩니다.

플러그인 레이턴시

플러그인은 오디오 신호를 처리하는 데 시간이 걸리기 때문에 출력 신호가 지연될 수 있습니다. 이를 레이턴시라고 하며, 로직은 플러그인 레이턴시 보정 기능을 사용하여 트랙들이 동기화되어 재생되도록 보장합니다. 가장 높은 레이턴시가 있는 트랙을 기준으로 다른 트랙들이 동기화됩니다.

● 보정 : 선택한 옵션에 따라 플러그인 레이턴시 보정을 활성화하거나 비활성화할 수 있습니다. 보정이 적용되면 트랙들의 오디오 및 MIDI 리전이 지연되어 정확한 동기화가 이루어집니다.

- **끔** : 플러그인 레이턴시 보정을 완전히 끄기 옵션입니다.
- **오디오 및 소프트웨어 악기 트랙** : 오디오와 소프트웨어 악기 트랙에만 레이턴시 보정을 적용합니다. 이 옵션은 오디오 및 악기 트랙에 레이턴시를 유발하는 플러그인이 있을 때 유용합니다. 이 경우, 로직은 트랙의 오디오 및 MIDI 리전을 해당 플러그인에 맞게 지연시킵니다.
- **모두** : 모든 오디오, 소프트웨어 악기, Aux, 출력 채널 스트립에 레이턴시 보정을 적용합니다. 이 옵션은 트랙의 모든 플러그인으로 인한 레이턴시를 최대 레이턴시에 맞춰 계산하여 적용합니다.

☑ 재생 프리롤 : 이 옵션을 체크하면, 재생 명령이 시작될 때 프리롤을 조금 더 빠르게 시작하여 트랜지언트가 정확히 재생되도록 합니다. 이 옵션을 선택하지 않으면, 시작점에 정확하게 맞춰지지 않거나 페이드 인 되는 현상이 발생할 수 있습니다.

☑ 로우 페이턴시 모니터링 모드 : 트랙의 신호 경로에서 레이턴시를 유발하는 플러그인이 제한됩니다. 이 설정은 플러그인 레이턴시를 제한 슬라이더에서 설정한 값 이상으로 발생하지 않도록 합니다. 이는 특히 트랙 녹음 시 유용합니다. 센드는 꺼지고, 레이턴시를 유발하는 플러그인이 바이패스될 수 있습니다. 이 모드는 컨트롤 막대의 로우 레이턴시 모니터링 모드 버튼과 연결되어 있으며, 로직을 종료할 때까지 설정이 유지됩니다.

● 리미트 : 이 슬라이더는 로우 레이턴시 모니터링 모드가 활성화된 경우, 트랙에서 허용되는 최대 플러그인 레이턴시를 설정합니다. 최대값은 30ms입니다. 바이패스된 플러그인은 회색으로 표시되며, 해당 플러그인의 버튼은 주황색 텍스트로 변경됩니다. 전송 버튼도 꺼지고 회색으로 표시됩니다. 이 버튼을 Control+클릭하면 로우 레이턴시 안전 모드를 선택할 수 있으며, 이 옵션을 활성화하면 전송이 자동으로 꺼지는 것을 방지할 수 있습니다. 프로젝트 바운스 시 로우 레이턴시 모니터링 모드는 자동으로 비활성화됩니다.

Sampler - 기타

Sampler 악기의 다양한 설정 옵션에 접근할 수 있습니다. 이 설정은 샘플의 작동 방식을 변경하거나 샘플링 프로세스를 최적화하는 데 유용합니다. 이를 통해 악기의 전반적인 성능을 최적화하고, 샘플링 및 로딩 시간을 단축시킬 수 있습니다.

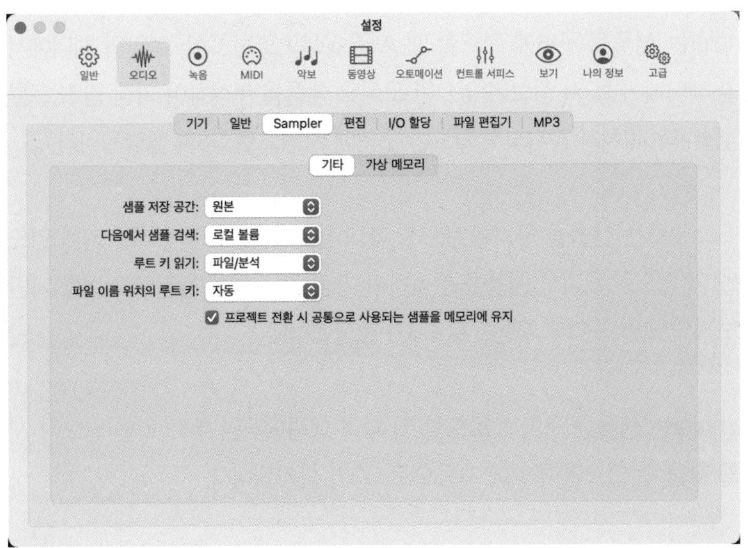

● 샘플 저장 공간 : 샘플의 비트 심도를 처리하는 방법을 설정합니다.

- **원본** : 샘플을 원본 비트 심도로 RAM에 로드합니다. 이후 재생 시 호스트 응용 프로그램의 32비트 부동소수점 포맷으로 변환됩니다.

- **32비트 부동소수** : 샘플을 32비트 부동소수점 포맷으로 저장하고 로드하여 실시간 포맷 변환이 필요하지 않습니다. 이 옵션은 더 높은 효율성과 동시에 더 많은 음성을 재생할 수 있게 해줍니다.

● 다음에서 샘플 검색 : Sampler가 악기 샘플을 검색하는 위치를 결정합니다

- **로컬 볼륨** : Sampler는 컴퓨터에 부착되어 있는 저장 장치에서 샘플을 검색합니다.

- **외부 볼륨** : Sampler는 네트워크를 통해 접근할 수 있는 외부 저장 장치(예: 네트워크 드라이브, 외장 하드 드라이브 등)에서 샘플을 검색합니다.

- **모든 볼륨** : 로컬 및 네트워크 미디어 모두에서 샘플을 검색합니다. 외부 볼륨 또는 모든 볼륨을 선택하면 샘플을 검색하고 로드하는 시간이 늘어날 수 있습니다.

● **루트 키 읽기** : 최적화 모드를 사용하여 로드할 때 오디오 파일의 루트 키를 결정하기 위해 Sampler 및 Quick Sampler가 사용하는 방법을 설정합니다.

- **파일/분석** : Sampler 및 Quick Sampler는 샘플을 구역에 로드할 때 AIFF, WAV 또는 CAF 파일의 헤더에서 먼저 루트 키를 읽으려 시도합니다. 파일 헤더에 루트 키 정보가 없으면 오디오 샘플을 분석하여 가장 긴 노트를 감지하고 이를 기반으로 루트 키를 결정합니다. 피치가 감지되지 않으면 구역에 자동으로 C3가 할당됩니다.

- **파일 이름/분석** : Sampler 및 Quick Sampler는 샘플을 구역에 로드할 때 파일 이름에서 먼저 루트 키를 읽으려 시도합니다. 파일 이름에 루트 키 정보가 없으면 오디오 샘플을 분석하여 가장 긴 노트를 감지하고 이를 기반으로 루트 키를 결정합니다. 유용한 정보가 없으면 구역에 자동으로 C3가 할당됩니다.

- **파일 이름만** : Sampler 및 Quick Sampler는 샘플을 구역에 로드할 때 파일 이름에서만 루트 키를 읽으려 시도합니다. 파일 이름에서 루트 키 정보를 찾을 수 없으면 구역에 자동으로 C3가 할당됩니다.

- **파일만** : Sampler 및 Quick Sampler는 샘플을 구역에 로드할 때 AIFF, WAV 또는 CAF 파일의 헤더에서만 루트 키를 읽으려 시도합니다. 파일 헤더에서 루트 키 정보를 찾을 수 없으면 구역에 자동으로 C3가 할당됩니다.

- **분석만** : Sampler 및 Quick Sampler는 샘플을 구역에 로드할 때 가장 긴 노트를 분석하여 이를 기반으로 루트 키를 결정합니다. 피치가 감지되지 않으면 구역에 자동으로 C3가 할당됩니다.

● **파일 이름 위치의 루트 키** : Sampler가 오디오 파일 헤더에서 루트 키를 얻는 방법을 결정합니다.

- **자동** : 파일 이름에서 숫자와 키에 대한 스마트 분석을 제공합니다. Sampler는 파일 이름에서 숫자를 인식하고, 60과 060을 동일하게 처리할 수 있습니다. 유효한 숫자는 보통 21에서 127 사이이며, 이 범위를 벗어나는 숫자는 일반적으로 버전 번호로 취급됩니다. 파일 이름에서 키 번호도 인식 가능하며, 예를 들어 C3, C 3,C_3, A-1, #C3, C#3 등의 형식을 사용할 수 있습니다. 가능한 키 범위는 C-2에서 G8까지입니다.

- **숫자 값** : Sampler는 파일 이름에서 숫자의 위치를 통해 루트 키를 결정할 수 있습니다. 이는 파일 이름에 여러 숫자가 사용되어 템포와 루트 키를 함께 표시하는 루프 파일 등에 유용합니다. 예를 들어 loop100-60.wav는 분당 100비트의 템포와 루트가 60번째 위치(E6)에 해당하는 샘플을 의미합니다. 이 경우 숫자 값을 설정하여 파일 이름의 특정 위치에서 루트 키를 자동으로 인식할 수 있습니다.

- 이전 악기 팝업 메뉴 및 필드 : 이전 악기 선택에 사용되는 MIDI 이벤트 유형과 데이터 값을 설정합니다. 가능한 옵션으로는 노트, 폴리포닉 애프터터치, 컨트롤 체인지, 프로그램 체인지, 채널 애프터터치, 피치 벤드가 있으며, 각각의 옵션에 따라 노트 번호나 데이터 바이트 값을 설정할 수 있습니다. 컨트롤 체인지를 선택하면 MIDI 컨트롤러 번호를 결정하는 숫자 필드가 나타납니다.

- 다음 악기 팝업 메뉴 및 필드 : 다음 악기 선택에 사용되는 MIDI 이벤트 유형과 데이터 값을 설정합니다. 이 메뉴도 노트, 폴리포닉 애프터터치, 컨트롤 체인지, 프로그램 체인지, 채널 애프터터치, 피치 벤드 중에서 선택할 수 있으며, 각각의 옵션에 따라 노트 번호나 데이터 바이트 값을 설정할 수 있습니다. 컨트롤 체인지를 선택하면 MIDI 컨트롤러 번호를 결정하는 숫자 필드가 나타납니다.

☑ 프로젝트 전환 시 공통으로 사용되는 샘플을 메모리에 유지 : 프로젝트 간 전환 시 두 프로젝트에서 공통으로 사용되는 샘플을 다시 로드하지 않고 메모리에 유지합니다. 이 설정은 프로젝트 간 샘플 로딩 시간을 절약할 수 있습니다. 선택하지 않으면 프로젝트를 전환할 때마다 공통 샘플을 다시 로드해야 하므로 시간이 더 걸릴 수 있습니다.

Sampler - 가상 메모리

Sampler 악기는 샘플의 효율적인 로딩과 처리를 위해 다양한 메모리 및 디스크 설정을 제공합니다. 이를 통해 프로젝트의 성능을 최적화하고, 하드웨어 성능에 맞게 샘플을 처리할 수 있습니다.

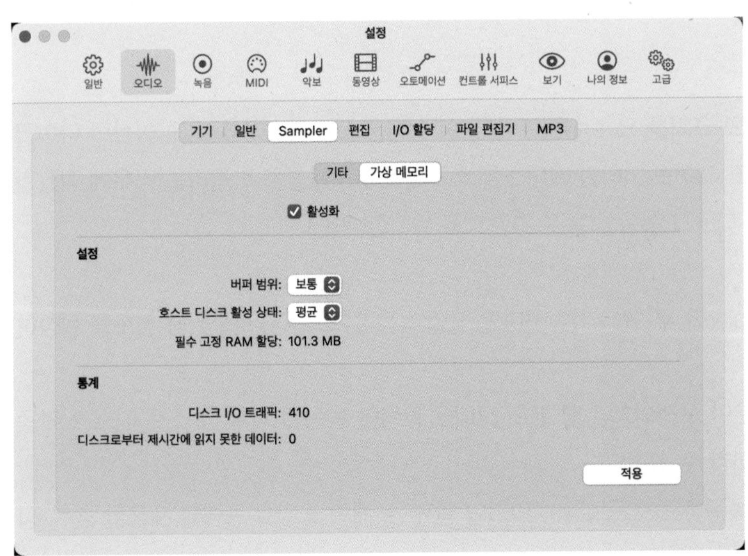

☑ 활성화 : Sampler의 가상 메모리 기능을 켜면, 샘플의 초기 어택 부분만 RAM에 로드되고 나머지 샘플은 하드 드라이브에서 필요할 때 실시간으로 스트리밍됩니다. 이 기능은 물리적 RAM이 부족한 상황에서도 프로젝트에서 많은 오디오 트랙을 재생할 수 있게 해줍니다. 그러나 컴퓨터에 충분한 물리적 RAM이 있을 경우, 가상 메모리를 비활성화하여 성능을 향상시킬 수 있습니다.
가상 메모리가 비활성화되어 있고 프로젝트의 모든 샘플을 로드할 수 있는 RAM이 충분하지 않으면, Sampler는 데이터를 디스크와 주고받아야 하므로 성능이 저하될 수 있습니다. 또한, 프로젝트를 로드하는 시간도 더 걸릴 수 있습니다. 따라서 프로젝트의 오디오 트랙이 많고 물리적 RAM이 부족한 경우에는 가상 메모리를 활성화하는 것이 좋습니다. 그렇지 않으면 성능 문제가 발생할 수 있습니다.

설정

● 버퍼 범위 : 오디오 샘플을 처리하는 데 사용되는 버퍼의 크기를 결정합니다. 프로젝트의 규모와 요구 사항에 따라 적절히 선택되어야 하며, 호스트 컴퓨터의 성능과 관련된 디스크 활동을 최적화하는 데 중요한 역할을 합니다.

- **작게** : 오디오 샘플을 처리하는 버퍼의 크기를 작게 설정합니다. 이 설정은 프로젝트가 주로 녹음된 악기나 보컬, 그리고 소프트웨어 악기를 사용하여 구성된 경우에 적합합니다. 작은 버퍼 크기는 호스트 컴퓨터의 디스크 활동을 낮은 수준으로 유지합니다.

- **보통** : 버퍼의 크기를 보통으로 설정합니다. 이 설정은 프로젝트에서 몇 개의 오디오 트랙을 녹음하고 소프트웨어 악기를 사용하여 재생해야 할 경우에 적합합니다. 보통 크기의 버퍼는 호스트 컴퓨터의 디스크 활동을 평균 수준으로 유지합니다.

- **크게** : 오디오 샘플을 처리하는 버퍼의 크기를 크게 설정합니다. 이 설정은 프로젝트에서 12개 이상의 마이크를 사용하여 전체 드럼 키트를 녹음하고 라이브 기타와 베이스를 스트리밍하며 합창을 녹음하는 경우에 적합합니다. 큰 버퍼 크기는 호스트 컴퓨터의 디스크 활동을 높은 수준으로 유지합니다.

● 호스트 디스크 활성 상태 : Sampler와 무관한 다른 오디오 작업(녹음 및 스트리밍)의 발생 정도를 설정하여 Sampler를 최적화합니다.
- **낮음** : 프로젝트가 소프트웨어 악기로만 구성되거나 몇 개의 오디오 트랙만 녹음된 경우, 호스트 디스크 활동을 적게 설정하여 시스템 성능을 최적화할 수 있습니다.
- **평균** : 프로젝트에서 소수의 트랙을 녹음하고 소프트웨어 악기와 함께 몇 개의 오디오 트랙을 재생할 경우, 평균적인 디스크 활동을 설정하여 효율적인 성능을 유지할 수 있습니다.
- **높음** : 많은 트랙을 녹음하고, 마이크 및 드럼 키트, 라이브 악기, 합창 등의 오디오 스트리밍을 동시에 처리해야 하는 복잡한 프로젝트에서는 높은 디스크 활동을 설정하여 더 많은 디스크 I/O 처리를 지원할 수 있습니다.

- 필수 고정 RAM 할당 : 위에서 설정한 파라미터에 따라 필요한 메모리 요구 사항을 표시하며, 하드 드라이브의 속도와 녹음 활동에 따라 가상 메모리에 할당해야 할 RAM의 양이 달라질 수 있습니다. 필요에 따라 메모리 크기를 조정하고 변경사항을 적용할 수 있습니다.

통계

- 디스크 I/O 트래픽 : Sampler의 디스크에서의 읽기/쓰기 작업을 표시합니다. 디스크 I/O 트래픽이 하드 드라이브의 처리 능력을 초과하면 오디오 결함이 발생할 수 있습니다. 이 설정을 통해 디스크 활동이 너무 많은 경우에 대응할 수 있습니다.

- 디스크로부터 제시간에 읽지 못한 데이터 : Sampler가 제 시간에 읽을 수 없는 오디오 파일의 수를 표시합니다. 디스크에서 오디오를 제 시간에 읽지 못하면 오디오 재생 중에 끊김이 발생할 수 있습니다. 이 설정을 통해 파일 로딩 시간이나 디스크 액세스 문제를 식별할 수 있습니다.

편집

로직에서는 오디오 편집 작업을 보다 정밀하게 할 수 있도록 크로스페이드와 스크러빙 관련 설정을 제공하며, 이를 통해 오디오 편집의 효율성을 높일 수 있습니다.

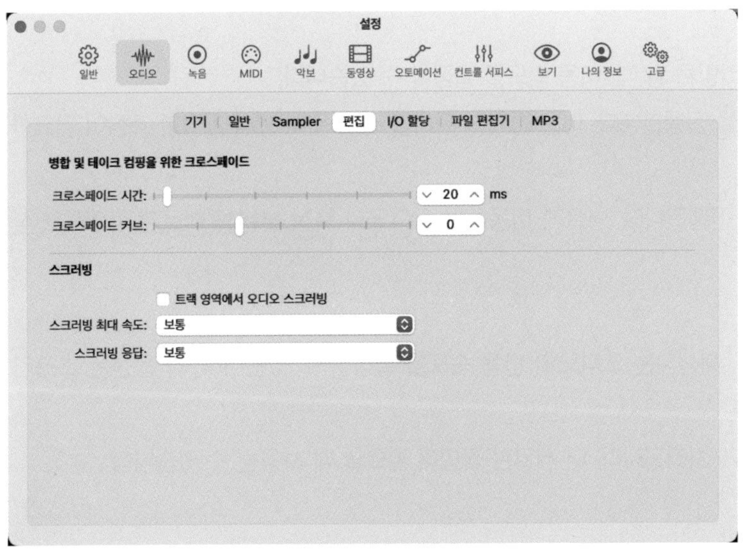

병합 및 테이크 컴핑을 위한 크로스페이드

● 크로스페이드 시간 : 트랙 영역에서 크로스페이드 작업의 기본 시간 값을 설정합니다. 크로스페이드는 두 오디오 클립이 서로 자연스럽게 결합되도록 돕는 중요한 도구입니다. 이 슬라이더를 사용하면 트랙 영역 내의 모든 크로스페이드에 대해 기본적인 시간을 설정할 수 있습니다. 기본 시간 값이 길거나 짧은지에 따라 크로스페이드의 효과가 더 부드럽거나 급격하게 나타날 수 있습니다.

● 크로스페이드 커브 : 트랙 영역에서 크로스페이드 작업에 대한 글로벌 커브 유형을 설정합니다. 이 슬라이더를 사용하면 크로스페이드의 모양을 결정하는 커브를 설정할 수 있습니다. 커브 유형에 따라 크로스페이드의 적용 방식이 달라지며, 예를 들어, S자형 커브는 부드러운 자연스러운 페이드 효과를 만들어줄 수 있습니다. 다양한 옵션을 통해 원하는 크로스페이드 스타일을 설정할 수 있습니다.

스크러빙

☑ 트랙 영역에서 오디오 스크러빙 : 트랙 영역에서 오디오 스크러빙 기능을 활성화할 수 있습니다. 이 체크박스를 선택하면 가위 도구 또는 솔로 도구를 사용하여 트랙 영역에서 직접 오디오 리전을 스크러빙할 수 있습니다. 오디오 스크러빙은 오디오 파일을 빠르게 탐색하거나 특정 부분을 정확하게 찾는데 유용한 기능입니다. 가위 도구로 이동하면 빠르게 리전의 시작과 끝을 찾을 수 있고, 솔로 도구로는 특정 오디오 부분만 들을 수 있습니다.

● 스크러빙 최대 속도 : 오디오 스크러빙을 할 때, 이동 속도를 설정할 수 있습니다.
일반 : 정상적인 재생 속도로 스크러빙을 진행합니다. 이는 정확한 위치를 찾기 위해 보다 세밀한 조정이 필요한 경우 유용합니다.
두 배 : 두 배 빠른 속도로 스크러빙이 진행됩니다. 빠르게 이동하여 오디오의 특정 부분을 빠르게 확인하고 싶을 때 유용합니다.

● 스크러빙 응답 : 스크러빙을 할 때, 재생되는 오디오의 반응 속도를 설정할 수 있습니다. 각 옵션은 스크러빙의 정확도와 속도에 영향을 미칩니다.
느림 : 오디오 스크러빙의 반응이 느리게 처리됩니다. 더 세밀한 작업이 필요할 때 사용될 수 있습니다.
일반 : 기본 반응 속도입니다.
빠름 : 오디오 스크러빙의 반응이 빠르게 이루어집니다. 빠르게 탐색할 수 있습니다.
더 빠름 : 오디오 스크러빙의 반응이 매우 빠르게 설정되어, 빠른 탐색을 필요로 할 때 유용합니다.

I/O 할당 - 출력

로직에서 스테레오 및 서라운드 출력을 설정하는 방법은 오디오 프로젝트의 출력 경로를 제어하는 중요한 기능입니다.

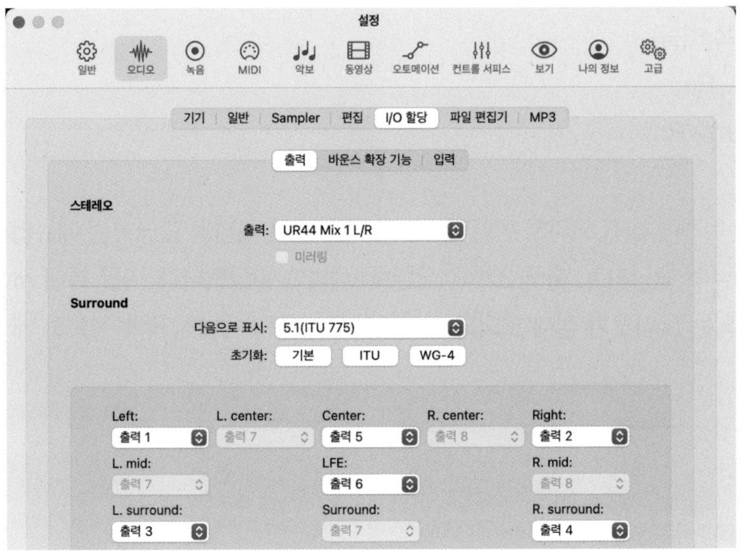

스테레오

● 출력 : 스테레오 출력이 재생되는 오디오 인터페이스의 물리적 출력 채널을 설정합니다. 이 메뉴에서 선택한 출력 채널은 오디오 인터페이스의 실제 물리적 출력과 일치해야 하며, 선택된 출력은 스테레오 사운드를 송출하는 채널로 사용됩니다. 예를 들어, 출력 1-2가 기본 스테레오 출력으로 설정되며, 그 외의 설정에 따라 다른 출력 채널을 사용할 수 있습니다.

☑ 미러링 : 출력 팝업 메뉴에서 선택된 출력 채널 외에도 출력 1-2에 스테레오 출력을 라우팅하는 기능입니다. 이 체크박스는 멀티채널 오디오 기기에만 적용됩니다. 만약 출력 팝업 메뉴에서 스테레오 출력 외의 채널을 선택하면, 해당 채널 외에도 출력 1-2에도 동일한 스테레오 출력을 보내는 기능을 활성화할 수 있습니다. 이 설정을 사용하면, 예를 들어 5.1 채널 서라운드 시스템에서도 스테레오 출력을 동시에 보내고자 할 때 유용합니다.

Surround

● 다음으로 표시 : 서라운드 포맷을 선택하고, 이를 오디오 기기의 출력 채널에 할당하는 데 사용 가능한 17개의 스피커 위치 팝업 메뉴를 결정합니다. 서라운드 포맷을 선택하면 해당 포맷에 맞는 스피커 위치가 자동으로 표시됩니다. 선택한 서라운드 포맷에서 사용할 수 없는 스피커 위치는 흐리게 표시되며, 기본 서라운드 포맷이나 5.1 서라운드 등 다양한 포맷에 따라 다르게 설정할 수 있습니다.

● 초기화 : 서라운드 시스템에서 출력되는 각 채널의 순서를 초기화할 수 있습니다. 세 가지 버튼 중 하나를 선택하면 해당 서라운드 포맷의 채널 순서를 설정할 수 있습니다.

예를 들어, 5.1 서라운드 포맷에서 출력 채널이 다음과 같이 설정됩니다.
기본: L (왼쪽) - R (오른쪽) - Ls (왼쪽 서라운드) - Rs (오른쪽 서라운드) - C (센터) - LFE (Low Frequency Effects) - Lm (왼쪽 미들) - Rm (오른쪽 미들)
ITU: L - R - C - LFE - Ls - Rs - Lm - Rm
WG-4: L - R - Ls - Rs - C - LFE - Lm - Rm

● 스피커 위치 : 각 서라운드 스피커 위치에 대해 오디오 인터페이스의 개별 출력 채널을 할당하는 메뉴입니다. 예를 들어, 출력 1이 L (왼쪽) 채널에 할당되고, 출력 2가 R (오른쪽) 채널에 할당됩니다. 이를 통해 서라운드 시스템에서 각 스피커로 출력되는 오디오가 실제 오디오 인터페이스의 출력 채널에 맞게 정확히 배치될 수 있습니다.

I/O 할당 - 바운스 확장 기능

바운스 확장 기능 및 서라운드 포맷을 설정할 수 있습니다.

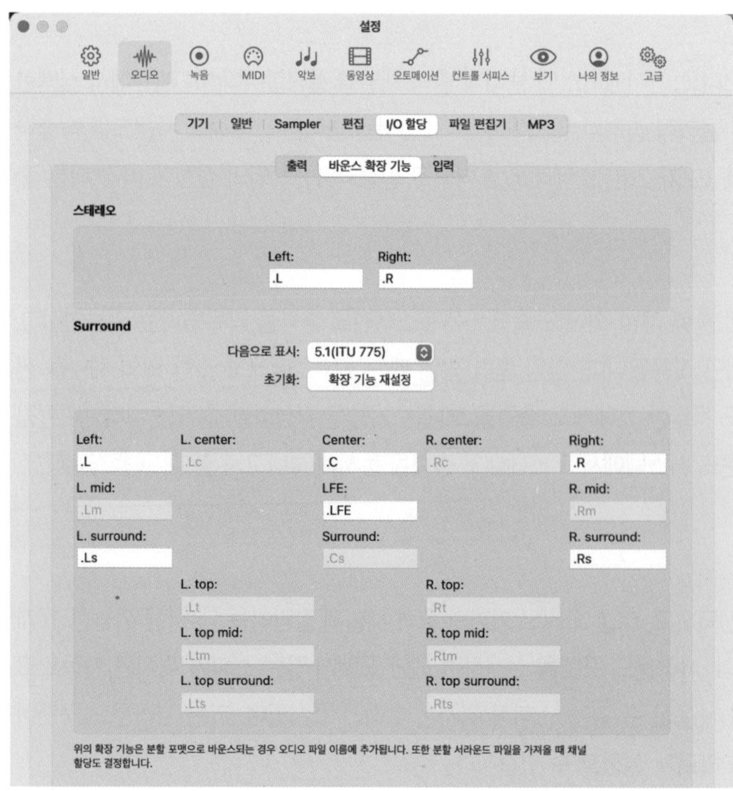

스테레오

● 왼쪽 및 오른쪽 : 스테레오 출력의 오디오 파일 바운스 확장자를 설정하는 기능입니다. 이 필드에서는 스테레오 오디오 파일을 바운스할 때 왼쪽(L)과 오른쪽(R) 채널에 대해 바운스 확장자를 정의할 수 있습니다. 예를 들어, file_L.wav, file_R.wav와 같은 이름으로 출력될 수 있습니다. 확장자는 텍스트 필드에 직접 입력하여 변경할 수 있으며, 특정 형식으로 바운스된 파일을 관리할 때 유용합니다.

Surround

● 다음으로 표시 : 서라운드 포맷을 선택하여 각 스피커 위치에 대한 바운스 확장자 설정을 조정합니다. 이 메뉴에서 서라운드 포맷을 선택하면, 선택된 포맷에 맞는 스피커 위치를 나타내는 17개의 필드가 표시됩니다. 예를 들어, 5.1 서라운드 포맷에서는 6개의 채널(왼쪽, 오른쪽, 센터, 서라운드, LFE 등)을 설정할 수 있습니다. 사용 가능한 스피커 위치 필드는 포맷에 따라 달라지며, 해당 포맷에서 사용되지 않는 필드는 흐리게 표시되어 선택할 수 없습니다. 이 기능을 통해 서라운드 사운드 포맷에 따라 각 채널을 정확하게 바운스할 수 있습니다.

● 초기화 : 이 버튼을 클릭하면 서라운드 포맷에 대한 바운스 확장자 설정을 초기 상태로 되돌릴 수 있습니다. 만약 서라운드 채널 구성이나 바운스 설정을 실수로 변경한 경우, 이 버튼을 통해 빠르게 원래의 설정을 복구할 수 있습니다.

● 서라운드 확장자 : 서라운드 사운드로 바운스를 진행할 때, 오디오 파일의 이름에 추가되는 확장자를 설정할 수 있습니다. 예를 들어, 5.1 서라운드 포맷에서는 file_L.wav, file_R.wav, file_C.wav, file_LFE.wav와 같은 개별 파일 이름으로 바운스가 될 수 있습니다. 이 확장자는 서라운드 포맷에서 각 채널이 어떤 역할을 하는지에 따라 변경될 수 있으며, 분할 서라운드 파일을 가져올 때 이 확장자가 채널 할당을 결정합니다.

I/O 할당 - 입력

오디오 I/O 할당 입력 설정은 서라운드 사운드 포맷을 사용하여 오디오 인터페이스의 입력 채널을 서라운드 스피커 위치에 정확히 매핑하는 데 중요한 역할을 합니다. 이를 통해 각 입력이 어떤 스피커 위치와 연결되는지 명확하게 설정할 수 있으며, 특히 마이크나 기타 외부 장치가 서라운드 믹싱을 지원하는 오디오 인터페이스에 연결될 때 매우 유용합니다.

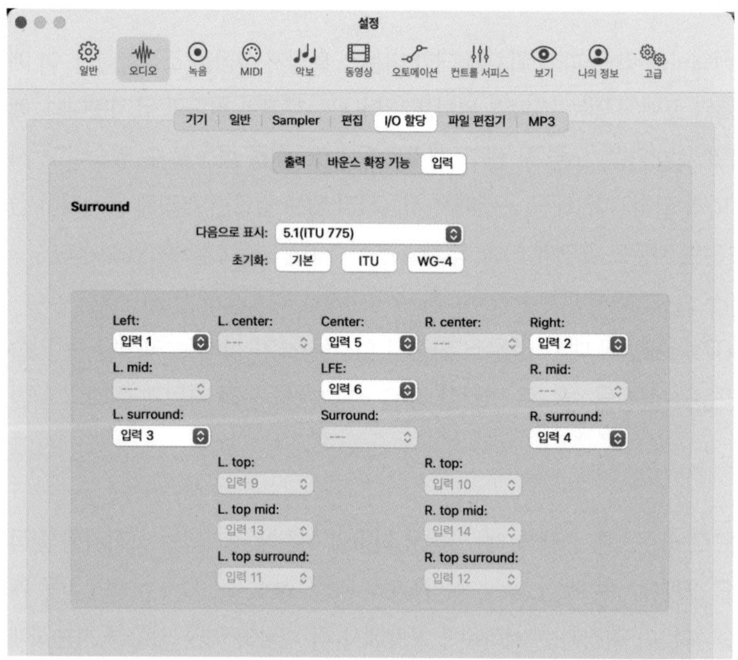

Surround

● 다음으로 표시 : 선택한 서라운드 포맷에 따라 스피커 위치 팝업 메뉴에 표시될 수 있는 17개의 스피커 위치를 결정합니다. 이 메뉴에서는 서라운드 포맷을 선택할 수 있으며, 선택된 포맷에 맞는 스피커 위치들이 표시됩니다. 예를 들어, 5.1 채널 서라운드 포맷을 선택하면 6개의 주요 스피커 위치(왼쪽, 오른쪽, 센터, 서라운드 왼쪽, 서라운드 오른쪽, LFE)만 표시되지만, 7.1 채널 포맷을 선택하면 추가적인 스피커 위치가 표시될 수 있습니다. 사용자는 서라운드 포맷을 선택하여 해당 포맷에 맞는 입력을 구성할 수 있습니다.

● 초기화 : 사용자가 서라운드 포맷에 맞춰 입력을 매핑하는 과정에서 실수로 변경된 설정을 원래 상태로 되돌릴 수 있는 버튼입니다. 버튼을 클릭하면 선택된 포맷에 맞게 입력 채널의 할당 순서가 기본값으로 재설정됩니다. 서라운드 포맷에 대한 기본 채널 순서는 일반적으로 스피커의 전통적인 위치에 따라 자동으로 할당됩니다.

● 스피커 위치 : 각 서라운드 채널에 맞는 입력을 선택할 수 있는 메뉴입니다. 예를 들어, 5.1 서라운드에서 L (왼쪽 채널)과 R (오른쪽 채널)은 오디오 인터페이스의 입력 1, 2에 연결되고, C (센터 채널)은 입력 3에 연결될 수 있습니다.

파일 편집기

오디오 파일 편집기 설정은 오디오 편집 작업을 할 때 중요한 다양한 기능을 사용자 맞춤형으로 설정할 수 있도록 돕습니다. 이를 통해 사용자는 오디오 편집 시 보다 세밀하게 작업을 수행하고, 데이터 손상을 방지하거나 작업 흐름을 최적화할 수 있습니다.

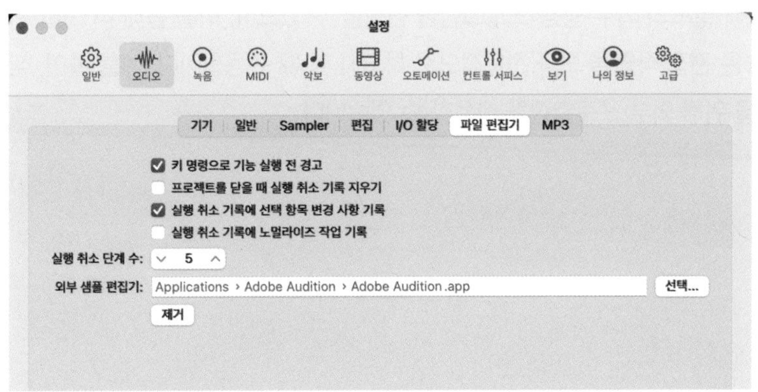

☑ 키 명령으로 기능 실행 전 경고 : 이 설정을 활성화하면 키 명령(예: 삭제, 잘라내기 등)을 사용할 때 파괴적인 편집 작업이 발생하기 전에 경고 메시지를 보여줍니다. 이를 통해 실수로 중요한 데이터를 삭제하거나 변경하는 것을 방지할 수 있습니다. 예를 들어, 클립의 일부를 삭제하는 단축키를 누를 때 경고가 나타나면, 사용자는 취소하거나 작업을 다시 생각할 수 있습니다.

☑ 프로젝트를 닫을 때 실행 취소 기록 지우기 : 이 옵션을 활성화하면 프로젝트를 닫을 때마다 실행 취소 기록이 자동으로 삭제됩니다. 이는 프로젝트 종료 후 불필요한 메모리 사용을 줄여주며, 새 프로젝트를 시작할 때 이전 작업의 실행 취소 기록이 남지 않도록 할 수 있습니다. 비활성화할 경우, 종료 후에도 이전 작업의 실행 취소 기록이 계속 유지되어 다시 열었을 때 복구가 가능합니다.

☑ 실행 취소 기록에 선택 항목 변경 사항 기록 : 이 기능을 활성화하면, 오디오 파일 편집기에서 선택 항목(예: 클립, 트랙 등)의 변경 사항이 실행 취소 기록에 저장됩니다. 예를 들어, 특정 클립을 선택하고 이동했을 때 그 변경 사항을 실행 취소할 수 있게 되며, 이를 통해 실수를 되돌리거나 이전 상태로 복구할 수 있습니다.

☑ 실행 취소 기록에 노멀라이즈 작업 기록 : 노멀라이즈는 오디오 파일의 음량을 일정 수준으로 맞추는 작업입니다. 이 체크상자를 활성화하면 노멀라이즈 작업에 대한 변경 사항도 실행 취소 기록에 기록되어 이후 실행 취소나 되돌리기를 통해 변경을 쉽게 되돌릴 수 있습니다. 예를 들어, 노멀라이즈 작업 후 결과가 마음에 들지 않으면 실행 취소를 통해 원래 상태로 돌아갈 수 있습니다.

● 실행 취소 단계 수 : 최대 실행 취소 가능한 단계 수를 설정할 수 있습니다. 예를 들어, 10을 설정하면 마지막 10번의 작업까지 실행 취소를 할 수 있습니다. 이 설정은 시스템 메모리에 영향을 미치므로, 너무 많은 단계를 기록하면 메모리 사용량이 늘어날 수 있습니다. 적당한 수치로 설정하여 작업의 편리함과 시스템 성능을 균형 있게 유지할 수 있습니다.

● 외부 샘플 편집기 : 샘플 편집을 위해 별도의 외부 응용 프로그램을 선택할 수 있으며, 이를 통해 더 고급 편집 기능을 활용할 수 있습니다. 이 기능은 편집 작업을 보다 전문적으로 하고자 할 때 유용합니다. 예를 들어, 샘플의 정밀한 파형 편집이나 효과 적용을 위해 외부 프로그램을 사용할 수 있습니다.

MP3

MP3 바운싱 파일 포맷을 설정합니다.

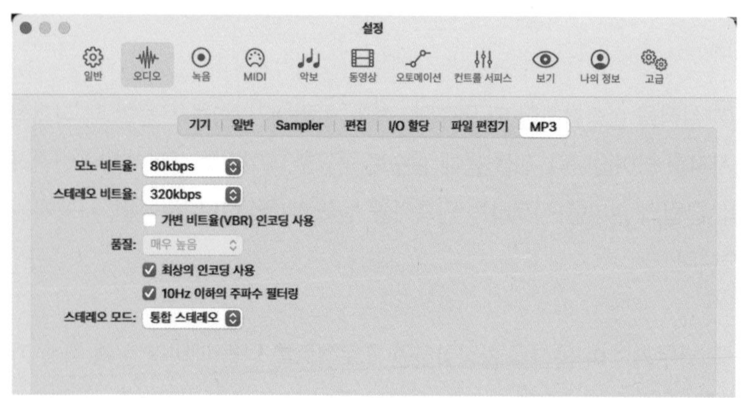

● 모노/스테레오 비트율 : 비트율은 MP3 파일의 품질을 정의하는 핵심 요소로, 그 숫자가 높을수록 더욱 세밀하고 풍부한 음향을 제공합니다. 그러나 이와 동시에 파일의 크기도 비례하여 커지게 됩니다. 모노는 단일 채널을 사용해 음향을 전달하는 방식이며, 스테레오는 좌우 두 채널을 통해 보다 입체적인 소리를 구현합니다. 사실상 모노는 거의 사용되지 않으며, 스테레오의 기본 비트율은 160kbit/s로 설정되어 있지만, 대부분은 320kbit/s를 사용합니다.

- 가변 비트율(VBR) 인코딩 사용 : 가변 비트율은 음악의 복잡도에 따라 비트율을 자동으로 조정하는 방식으로 복잡한 부분은 높은 비트율을, 단순한 부분은 낮은 비트율을 사용하여 파일을 더욱 효율적으로 압축합니다. 이로 인해 동일한 품질을 유지하면서도 파일 크기를 줄일 수 있는 장점이 있습니다. 그러나 모든 MP3 플레이어가 VBR을 완벽하게 지원하지 않기 때문에 그다지 사용되지 않는 옵션입니다.

- 품질 : 가변 비트율(VBR) 오디오 파일의 품질을 결정하는 중요한 요소입니다. 최고 품질을 선택하면 파일 변환에 더 많은 시간이 소요되지만, 그만큼 더욱 세밀하고 풍부한 음질의 음악 파일을 얻을 수 있습니다.

☑ 최상의 인코딩 사용 : 이 설정을 활성화하면 파일의 품질이 향상되지만, 변환 시간이 길어집니다. 반대로 비활성화하면 변환 속도는 빨라지지만, 그만큼 품질은 낮아집니다. 따라서 시간이 허락한다면 이 설정을 켜 두는 것이 가장 바람직합니다.

☑ 10Hz 이하의 주파수 필터링 : 이 옵션을 켜면, 들리지 않는 저주파 소리를 제거해 파일 크기를 줄이고, 나머지 중요한 소리에 더 많은 공간을 할당합니다. 특별히 저주파 테스트나 특수한 오디오 파일을 처리하는 경우가 아니면, 켜 두는 것이 좋습니다.

- 스테레오 모드 : 통합 스테레오는 왼쪽(L)과 오른쪽(R) 채널의 오디오를 하나의 단일 스테레오 채널로 통합하여 파일 크기를 줄이는 방식입니다. 반면, 일반 스테레오는 두 채널을 독립적으로 유지하며, 왼쪽과 오른쪽의 음향을 분리하여 보다 입체적이고 풍부한 소리를 제공합니다. 따라서, 보다 세밀한 음향을 원한다면 일반 스테레오를 선택하고, 파일 크기 절약이 우선이라면 통합 스테레오가 유리합니다.

3 녹음

오디오를 녹음 환경을 설정합니다.

오디오 녹음 : 프로젝트에 녹음되는 오디오 파일의 유형 및 비트 심도를 결정합니다.

● 파일 유형 : 녹음 포맷을 선택합니다.

- **AIFF** : Apple Interchange File Format으로 Mac 플랫폼에서 주로 사용됩니다.
- **WAVE(BWF)** : Broadcast Wave Format으로 가장 호환성이 좋은 오디오 파일 포맷입니다.
- **CAF** : Core Audio Format으로 긴 녹음을 지원하는 경우에 사용됩니다.

● 비트 심도 : 녹음 비트를 선택합니다.

- **16비트** : 파일 크기를 작게 유지할 수 있지만, 소리의 세밀함은 떨어집니다. 이 설정은 오디오 기기가 16비트만 지원할 때 사용하거나 파일 크기를 줄여야 할 때 사용합니다.
- **24비트** : 가장 일반적으로 사용되는 비트 심도로, 파일 크기는 16비트보다 50% 더 큽니다. 그러나 디스토션이 거의 없고, 144dB의 더 넓은 다이내믹 레인지를 제공합니다. 대부분의 녹음에는 이 설정이 충분합니다.
- **32비트 부동소수** : 가장 높은 품질을 제공합니다. 24비트보다 33% 더 큰 파일을 만듭니다. 이 방식은 녹음 중에 디지털 클리핑이 발생했을 때, 나중에 게인을 조정하여 복구할 수 있는 장점이 있습니다.

MIDI 녹음 : 자동 녹음 활성화는 트랙을 선택할 때 소프트웨어 악기 트랙의 녹음 활성화 버튼이 자동으로 켜지도록 설정하는 기능입니다. 이 설정을 통해 트랙을 선택하는 것만으로 자동으로 녹음 버튼이 활성화되므로, 별도로 녹음 활성화 버튼을 클릭할 필요가 없습니다.

- **선택한 모든 트랙** : 이 옵션을 선택하면, 사용자가 여러 트랙을 선택할 때 모든 트랙에서 녹음 버튼이 자동으로 켜집니다. 즉, 녹음할 트랙을 선택만 하면 녹음 준비가 완료됩니다.
- **포커스된 트랙** : 이 옵션을 선택하면, 사용자가 선택한 첫 번째 트랙(또는 단일 트랙)만 녹음 활성화됩니다. 여러 트랙을 선택하더라도, 녹음 활성화는 첫 번째 트랙에서만 이루어집니다.

겹치는 트랙 녹음 : MIDI 리전이나 오디오 리전이 있는 트랙에서 새로 녹음할 때 발생하는 동작을 결정합니다. 각 옵션은 사이클 모드를 켤 때와 끌 때의 처리 방식을 정의합니다.

● 사이클 끔 : 사이클 모드가 꺼져 있을 때, 선택된 구간이 반복되지 않고 한 번만 녹음됩니다. 사이클 모드를 끄면 녹음은 반복되지 않으며, 녹음이 끝나면 자동으로 멈춥니다.

● 사이클 켬 : 사이클 모드가 켜져 있을 때, 지정된 구간이 반복 재생되면서 새로 녹음됩니다. 이 모드는 MIDI와 오디오 녹음 모두에 적용되며, 반복 재생 중에 새로 녹음된 데이터가 추가됩니다.

- **테이크 폴더 생성** : 기존의 MIDI 리전 또는 오디오 리전과 새로 녹음된 리전들이 포함된 새 테이크 폴더가 생성됩니다. 이를 통해 여러 테이크를 효율적으로 관리할 수 있습니다.

- **트랙 생성** : 새로운 트랙이 자동으로 생성되어 새로 녹음된 MIDI 리전 또는 오디오 리전을 포함하게 됩니다. 이 트랙은 기존 트랙과 동일한 채널 스트립에 할당됩니다.

- **대체 트랙 생성** : 새 트랙이 생성되어 새로 녹음된 MIDI 리전 또는 오디오 리전을 포함하며, 기존 트랙을 대체합니다. 기존 트랙은 변경되지 않으며, 새로운 리전은 대체 트랙에 기록됩니다.

- **병합 (MIDI)** : 겹쳐지는 MIDI 리전들의 데이터가 하나로 결합됩니다. 기존 리전의 MIDI 데이터와 새로 녹음된 데이터가 결합되어 하나의 리전으로 생성됩니다.

- **겹침 (MIDI)** : 새로운 녹음이 기존 MIDI 리전과 겹치거나 덮는 방식으로 생성됩니다. 기존 리전은 그대로 유지되며, 모든 MIDI 데이터가 재생됩니다.

- **선택한 리전 겹치기/병합 (MIDI)** : 선택된 MIDI 리전들만 병합하거나 겹칩니다. 선택하지 않은 리전은 영향을 받지 않습니다.

- **트랙 생성 및 음소거 (오디오)** : 사이클 반복에 대해 새로운 트랙이 자동으로 생성되지만, 새로 생성된 리전은 음소거됩니다. 즉, 녹음된 리전은 처음에 소리가 나지 않게 설정됩니다.

- **대체 트랙 생성 (오디오)** : 사이클 반복에 대해 새로운 대체 트랙이 생성됩니다. 기존 트랙을 대체하는 방식으로, 새로 녹음된 오디오 리전이 포함된 트랙이 생성됩니다.

● 다음을 대치 : 대치 모드를 활성화했을 때 발생하는 동작을 설정합니다. 대치 모드를 켜거나 끄면 기존 리전이 지워지거나 대체됩니다.
- **리전 지우기** : 새로 녹음된 MIDI 데이터가 수신되지 않더라도 기존 리전의 일부 구간이 녹음 시작부터 끝까지 지워집니다. 선택된 구간의 데이터를 삭제합니다.

- **리전 펀치** : 새로운 MIDI 데이터가 수신되는 구간에서만 기존 리전의 일부가 지워집니다. 즉, 새로 녹음된 데이터가 들어오는 부분만 삭제되고, 나머지 부분은 그대로 유지됩니다.

- **콘텐츠 지우기** : 새로 녹음된 MIDI 데이터가 수신되지 않더라도 기존 리전의 모든 데이터를 녹음 시작부터 끝까지 삭제합니다. 기존의 MIDI 데이터가 완전히 지워집니다.

- **콘텐츠 펀치** : 새로운 MIDI 데이터가 수신되는 구간에서만 기존 리전의 일부 MIDI 데이터를 지웁니다. 기존 데이터는 새로운 데이터에 의해 수정되며, 나머지 부분은 그대로 유지됩니다.

4 MIDI

로직의 미디 환경을 설정하는 일반, 재설정 메시지, 동기화, 입력 탭으로 구성되어 있습니다.

일반

미디 기본 환경을 설정합니다.

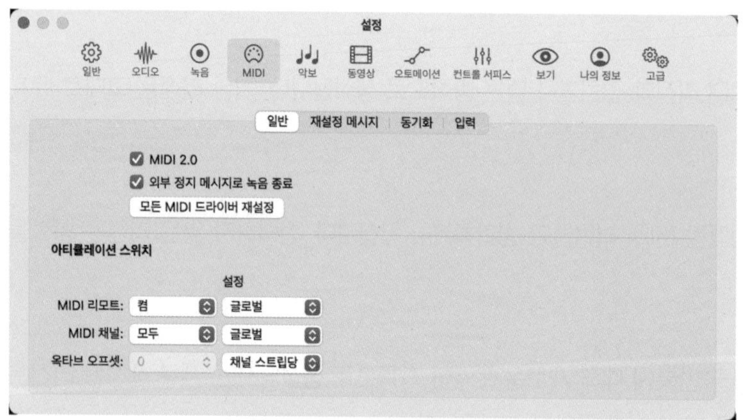

☑ MIDI 2.0 : 로직이 MIDI 2.0 프로토콜을 사용하여 더 빠르고 정확하게 MIDI 데이터를 처리하고, 더 많은 기능을 지원하는 최신 MIDI 버전을 사용할 수 있습니다. MIDI 2.0을 지원하는 소프트웨어 악기나 외부 MIDI 장비에서 보내는 데이터를 제대로 인식하고 처리할 수 있게 되며, 값을 어떻게 표시할지 선택할 수 있습니다.

☑ 외부 정지 메시지로 녹음 종료 : 외부 장비나 타임코드를 사용해 로직과 동기화할 때, 외부 장비가 타임코드를 정지될 때 로직의 녹음도 멈추고, 선택하지 않으면 타임코드는 멈추지만 녹음 모드는 계속 유지되어 녹음이 일시 정지 상태가 됩니다.

● 모든 MIDI 드라이버 재설정 : 로직에서 사용하는 모든 MIDI 드라이버를 재설정합니다. MIDI 드라이버는 로직과 MIDI 장비간의 통신을 돕는 소프트웨어입니다. 만약 MIDI 장비와 연결이 잘 되지 않거나 통신에 문제가 생겼다면, 이 버튼을 눌러 드라이버를 초기화하여 문제를 해결할 수 있습니다.

아티큘레이션 스위치

● MIDI 리모트 : 아티큘레이션 전환이 활성화되어 있는지 여부를 결정합니다. 모든 채널에 대해 동일한 MIDI 리모트 설정을 사용하려면 글로벌을 선택하고, 각 채널 스트립마다 다른 설정을 원하면 채널 스트립당으로 설정할 수 있습니다.

● MIDI 채널 : 아티큘레이션 스위치에 사용할 MIDI 채널을 설정합니다. 모든 채널에 대해 동일한 MIDI 채널을 사용하려면 글로벌을 선택하고, 채널 스트립별로 다르게 설정하려면 채널 스트립당을 유지합니다.

● 옥타브 오프셋 : 아티큘레이션 스위치에 대한 옥타브 오프셋을 설정합니다. +10에서 -10 옥타브 범위 내에서 옥타브를 선택할 수 있습니다. 모든 채널에 동일한 옥타브 오프셋을 적용하려면 글로벌을 선택하고, 각 채널 스트립마다 다른 옥타브 오프셋을 적용하려면 채널 스트립당을 유지합니다.

재설정 메시지

정지 버튼(기본 키 명령 0)을 두 번 눌러 모든 MIDI 채널에 전송할 초기화 메시지를 선택합니다.

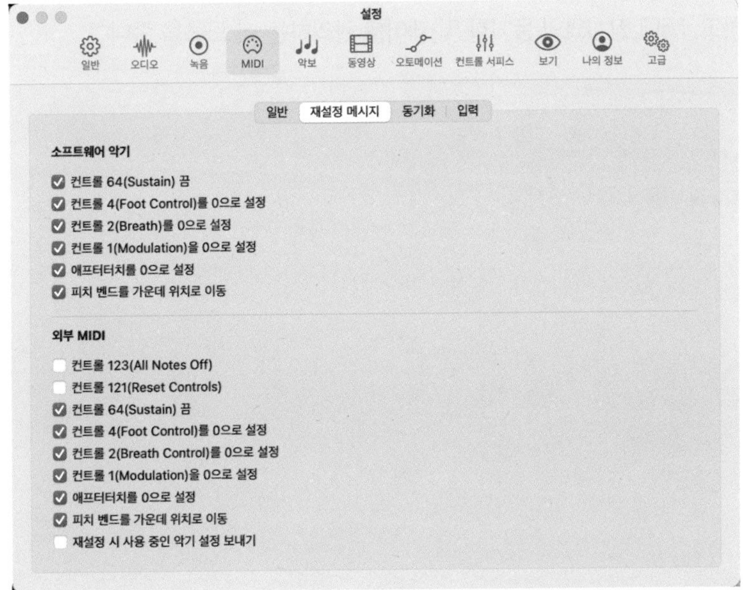

소프트웨어 악기

☑ **컨트롤 64(Sustain) 끔** : 소프트웨어 악기에서 Sustain 효과를 끄는 메시지를 보냅니다.

☑ **컨트롤 1(Modulation)을 0으로 설정** : 소프트웨어 악기에서 Modulation을 0으로 설정하는 메시지를 보냅니다.

☑ **피치 벤드를 가운데 위치로 이동** : 소프트웨어 악기의 피치 벤드 값을 가운데로 설정하는 메시지를 보냅니다.

외부 MIDI

☑ **컨트롤 4(Foot Control)를 0으로 설정** : MIDI 악기에서 Foot Control을 0으로 설정하는 메시지를 보냅니다.

☑ **컨트롤 2(Breath Control)를 0으로 설정** : MIDI 악기에서 Breath Control을 0으로 설정하는 메시지를 보냅니다.

☑ **애프터터치를 0으로 설정** : MIDI 악기에서 애프터터치(Aftertouch)를 0으로 설정하는 메시지를 보냅니다.

☑ **컨트롤 123(All Notes Off)** : MIDI 악기에서 모든 음을 끄는 메시지(All Notes Off)를 보냅니다.

☑ **컨트롤 121(Reset Controls)** : MIDI 악기에서 모든 컨트롤을 초기화하는 메시지(Reset Controls)를 보냅니다.

공통

☑ **컨트롤 64(Sustain) 끔** : 소프트웨어 악기와 외부 MIDI 악기 모두에 대해 Sustain 끔 메시지를 보냅니다.

☑ **재설정 시 사용 중인 악기 설정 보내기** : 현재 사용 중인 악기 설정을 모든 외부 MIDI 악기로 보냅니다. 이 설정은 트랙 인스펙터의 프로그램, 볼륨, 패닝 파라미터를 포함한 설정입니다.

동기화

MIDI 출력, MTC 동기화, MMC (MIDI Machine Control) 관련 옵션을 제공합니다. MIDI 트랙, 오디오 트랙, 소프트웨어 악기 간의 타이밍 차이를 조정하고, MIDI 장치와의 동기화 및 제어를 관리하는 데 도움을 줍니다.

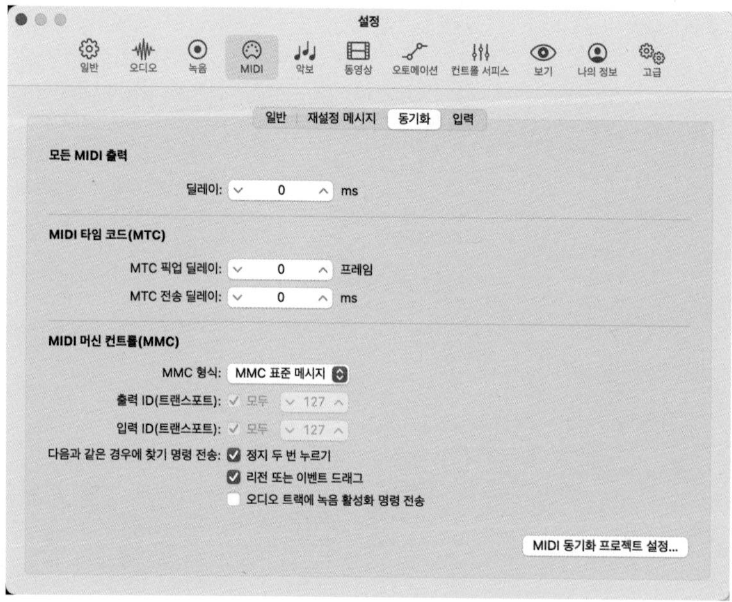

모든 MIDI 출력

- **딜레이** : 모든 MIDI 포트에 대해 MIDI 출력을 딜레이하거나 진행하여 MIDI 트랙과 오디오 또는 소프트웨어 악기 트랙 간의 타이밍 차이를 보정할 수 있습니다.

MIDI 타임 코드(MTC)

- **MTC 픽업 딜레이** : 로직이 MIDI 타임 코드(MTC) 동기화 모드에 있을 때, 정확한 픽업 시간을 보장하기 위해 설정됩니다. 일반적으로 0으로 설정하지만, 불안정한 MTC 신호를 받는 장비와 동기화할 때는 딜레이 시간을 설정하여 동기화의 불안정성을 해결할 수 있습니다.

MTC 입력을 픽업하기 전 딜레이 시간을 설정하고, 동기화가 일관되지 않거나 시작 시 부정확한 MTC 명령이 발생하는 경우 이를 보정합니다. 25~30 프레임은 약 1초 정도의 딜레이를 유발합니다. 하드 디스크 레코더 및 기타 장비와 동기화할 때 유용합니다.

- **MTC 전송 딜레이** : MIDI 타임코드를 전송하는 시간을 딜레이시킵니다. 음수 값을 사용하면 MTC가 더 일찍 전송되어 외부 장비가 MTC를 따르는 동안 발생하는 입력 반응 딜레이를 보정할 수 있습니다.

MIDI 머신 컨트롤(MMC)

- **MMC 형식** : MIDI MMC 사양을 따르는 표준 메시지 또는 이전 Fostex 포맷을 선택할 수 있습니다. MMC 표준 메시지는 MIDI MMC 사양을 엄격하게 준수하는 메시지이고, Fostex은 과거 Fostex 장비에서 사용되던 MMC 포맷을 지원하는 옵션입니다.

- **출력 ID(트랜스포트)** : MMC를 모든 포트로 보냅니다. 특정 출력 포트에 대해 출력 포트 ID를 설정할 수 있습니다.

- **입력 ID(트랜스포트)** : MMC를 모든 포트에서 수신합니다. 특정 입력 포트에 대해 입력 포트 ID를 설정할 수 있습니다.

다음과 같은 경우에 찾기 명령 전송

☑ **정지 두 번 누르기** : 정지 버튼 또는 정지 키 명령을 두 번 누르면 MMC Locate 명령을 전송합니다.

☑ **리전 또는 이벤트 드래그** : 로직에서 트랙 영역에서 리전 또는 이벤트를 드래그하면, 그 위치와 함께 MMC Locate 명령을 전송합니다.

☑ **오디오 트랙에 녹음 활성화 명령 전송** : 오디오 트랙에서 녹음 활성화를 켜거나 끌 때 MMC 녹음 활성화 명령 또는 녹음 비활성화 명령을 전송합니다. 수신된 모든 MMC 녹음 활성화 명령은 오디오 트랙의 녹음 활성화 상태를 설정합니다.

입력

로직에서 MIDI 입력 포트는 컴퓨터에 연결된 MIDI 기기와의 인터페이스 역할을 합니다. 이 설정을 통해 MIDI 신호를 어떻게 수신하고, 선택한 포트로 녹음할지 결정할 수 있습니다.

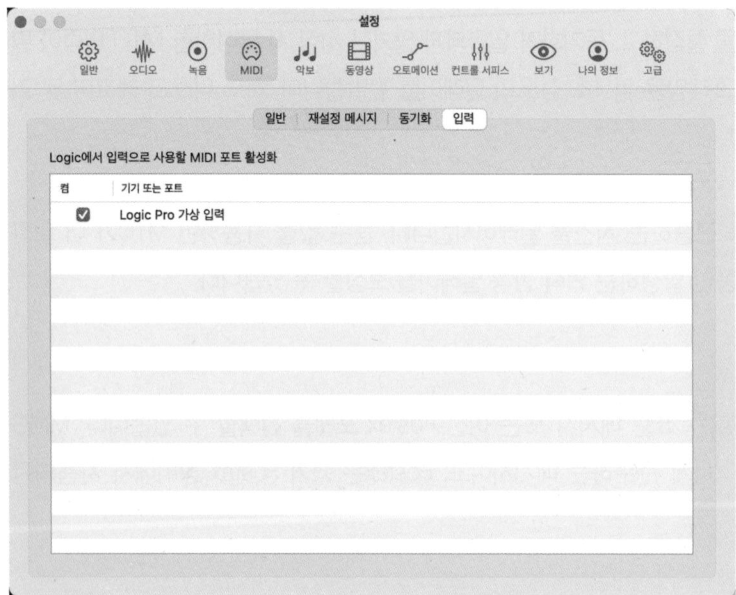

● MIDI 입력 포트 목록

목록의 항목은 Core MIDI에 의해 인식되는 연결된 모든 MIDI 기기를 나타냅니다. 각 항목은 MIDI 포트가 여러 개일 경우 개별적으로 나열됩니다. 예를 들어, 하나의 MIDI 기기가 여러 포트를 가질 수 있습니다.

● MIDI 입력 포트 활성화/비활성화

체크박스를 사용하여 포트 활성화 : 선택한 체크박스가 있는 포트만 악기 트랙 및 외부 MIDI 트랙의 MIDI 입력 포트 팝업 메뉴에서 사용할 수 있습니다. 해당 포트의 MIDI 신호만 녹음할 수 있습니다. 활성화된 포트만 로직에서 사용할 수 있고, 비활성화된 포트는 트랙 인스펙터의 입력 목록에서 제외됩니다.

켬 체크상자 : MIDI 입력 포트를 비활성화하거나 다시 활성화할 수 있습니다. 비활성화된 포트는 녹음에서 제외되며, 더 이상 MIDI 신호를 수신하지 않습니다.

● 사용할 수 있는 MIDI 입력 포트

유선 또는 무선 기기 : USB 또는 Bluetooth를 통해 연결된 MIDI 컨트롤러에서 MIDI 신호를 수신합니다.
로직 가상 입력 : 내장 버스를 사용하여 MIDI 출력으로 선택된 로직 가상 입력이 있는 컴퓨터의 다른 앱에서 MIDI를 수신합니다.

IAC 드라이버 버스 1 : 이 내장 버스를 통해 오디오 MIDI 설정 앱에서 구성한 컴퓨터의 다른 앱에서 MIDI를 수신합니다.

네트워크 세션 1 : 네트워크를 통해 다른 앱에서 MIDI를 수신합니다. 오디오 MIDI 설정 앱에서 설정 필요.

Auto Sampler : 프로젝트에 오디오 트랙의 Auto Sampler 플러그인이 삽입된 경우 이 옵션이 보입니다.

● MIDI 입력 포트 사용 팁

원하는 MIDI 입력 포트만 활성화 : MIDI 컨트롤러에 해당하는 포트만 선택하여 사용합니다. 불필요한 MIDI 이벤트 수신을 방지하려면 다른 포트는 선택 해제해야 합니다.

MIDI 입력 포트 비활성화 : 외부 장치나 다른 소프트웨어 응용 프로그램에서 발생하는 불필요한 MIDI 신호를 차단하여 녹음 품질을 개선할 수 있습니다.

● 기기 또는 포트 필드

기기 또는 포트 이름 : 사용 가능한 각 MIDI 기기 또는 포트의 이름이 나열됩니다.

기기 제거 : 비활성화된 기기(회색으로 표시)는 Delete 키를 눌러 삭제할 수 있습니다.

● LCD의 MIDI 활동 디스플레이

LCD 화면에서 모든 MIDI 입력 포트에서 수신되는 MIDI 메시지를 모니터링할 수 있습니다. 이 모니터링 기능은 포트 선택 여부에 관계없이 활성화됩니다. MIDI 이벤트 모니터링 및 재설정 기능을 통해 입력되는 MIDI 신호를 실시간으로 관찰하고 문제를 해결할 수 있습니다.

● MIDI 데이터 스트림 문제 해결

MIDI 입력 포트 충돌 : 동일한 MIDI 입력 포트를 사용하여 로직과 다른 소프트웨어 응용 프로그램이 동시에 MIDI 데이터를 수신할 때 문제가 발생할 수 있습니다. 이로 인해 재생 아티팩트나 프로젝트 손상이 일어날 수 있습니다. 예를 들어 오디오 인터페이스가 가상 USB MIDI 포트를 사용해 MIDI sysex 데이터를 동시에 두 개의 응용 프로그램에 보내는 경우, MIDI 입력 설정에서 다른 소프트웨어가 사용 중인 포트를 비활성화하여 충돌을 방지합니다.

MIDI 모니터링 응용 프로그램 사용 : MIDI 데이터 스트림의 문제를 진단하려면 MIDI 모니터링 응용 프로그램을 사용하여 입력되는 MIDI 신호를 확인할 수 있습니다. 무료 MIDI 모니터링 앱은 인터넷에서 다운로드할 수 있으며, MIDI 하드웨어 기기 설명서를 통해 sysex 데이터가 전송되는 포트를 확인할 수 있습니다.

5 악보

악보 편집 및 관련 기능을 제어하는 다양한 설정이 있습니다.

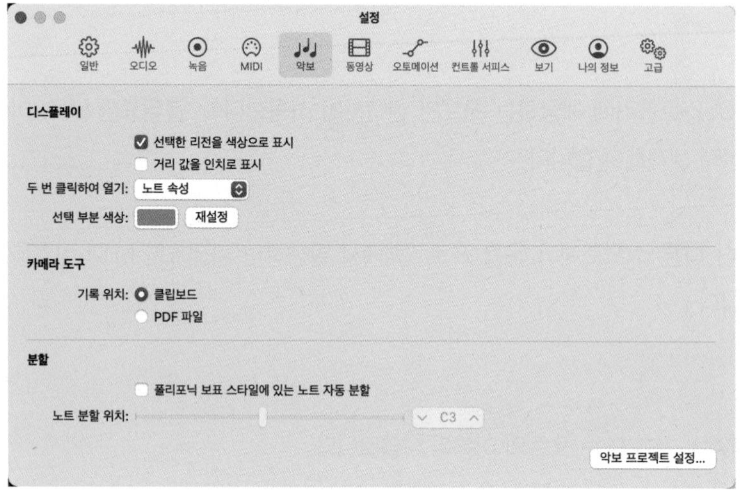

디스플레이

☑ **선택한 리전을 색상으로 표시** : 현재 선택된 MIDI 리전의 보표 선을 컬러로 표시합니다. 다른 리전은 기본적으로 검은색 보표 선으로 표시됩니다. 이 옵션을 사용하면 리전 인스펙터의 파라미터가 현재 선택된 리전에만 영향을 미치기 때문에 편리합니다.

☑ **거리 값을 인치로 표시** : 페이지 악보 보기에서 눈금자의 단위를 인치로 표시합니다. 기본 설정은 센티미터입니다. 주로 인치 단위를 사용하는 작업을 하거나 인치 기반의 출력을 원하는 경우 유용합니다.

● 두 번 클릭하여 열기 : 노트 헤드를 두 번 클릭했을 때 열리는 창을 설정합니다.

● 선택 부분 색상 : 악보 편집기에서 선택한 오브젝트의 색상을 설정합니다. 색상은 직관적인 시각적 편집을 도와줍니다. 선택한 오브젝트의 색상을 개인화하여 편집할 때 눈에 띄게 하며, Reset 버튼을 클릭하면 기본 색상으로 되돌릴 수 있습니다.

카메라 도구

● 기록 위치 : 카메라 도구를 사용하여 악보나 MIDI 트랙을 클립보드나 PDF 파일 형식으로 내보낼 수 있습니다. 악보를 이미지로 저장하거나 출력물로 내보내는 데 사용됩니다. 주로 악보 인쇄나 디지털 파일로 내보내기를 할 때 유용합니다.

분할

☑ **폴리포닉 보표 스타일에 있는 노트 자동 분할** : 폴리포닉 보표 스타일을 사용할 때 새로운 노트가 자동으로 분할되어 MIDI 채널을 기반으로 저장됩니다. 이 옵션은 MIDI 채널을 사용하여 음성 할당을 하는 경우에만 활성화됩니다.

● 노트 분할 위치 : 노트 분할 위치를 조정하는 슬라이더로 폴리포닉 보표 스타일을 사용할 때 노트를 자동으로 분할하는 지점을 설정합니다. 녹음된 노트가 다른 MIDI 채널에 자동으로 할당될 때, 노트가 언제 분할될지 설정하는 데 사용됩니다.

6 동영상

동영상 작업과 관련된 다양한 설정을 통해 동영상 추가, 캐시 관리, 오디오 출력 설정 등을 세밀하게 조정할 수 있습니다. 프로젝트에서 동영상을 효과적으로 다루고, 품질과 성능을 최적화하는 데 도움을 줍니다.

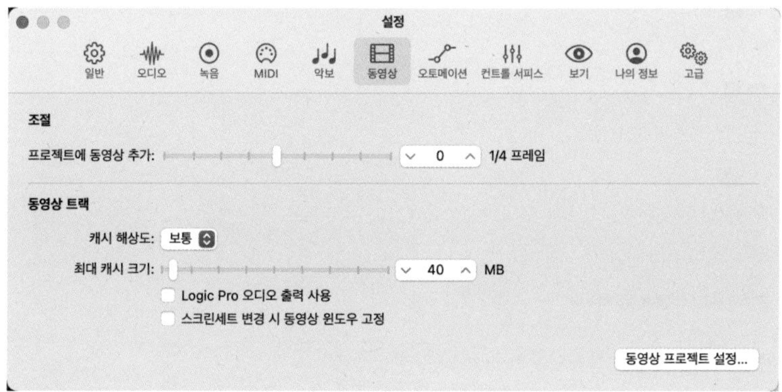

조절

● 프로젝트에 동영상 추가 : 동영상의 시작점을 미세하게 조정할 수 있는 슬라이더입니다. 이를 통해 동영상의 정확한 시작 지점을 설정할 수 있습니다.

동영상 트랙

● 캐시 해상도 : 동영상 썸네일의 해상도를 정의합니다. 캐시에서 사용하는 해상도가 높을수록 더 선명한 썸네일을 표시하지만, 더 많은 메모리를 차지합니다.

● 최대 캐시 크기 : 썸네일 캐시용으로 예약된 메모리 양을 설정합니다. 예를 들어, 중간 해상도의 경우 약 40MB가 권장되며, 해상도가 높을수록 더 많은 메모리를 할당해야 합니다.

☑ **Logic Pro 오디오 출력 사용** : 선택하면 로직이 동영상의 사운드 트랙을 기타 오디오 출력과 동일한 출력으로 보냅니다. 즉, 동영상의 사운드 트랙이 별도의 출력 장치가 아니라 로직의 메인 오디오 출력 장치에서 나옵니다.

☑ **스크린세트 변경 시 동영상 윈도우 고정** : 스크린세트 변경 시 동영상 윈도우가 현재 위치에 고정되어 변경되지 않고 재생이 계속됩니다. 여러 스크린세트와 작업 영역을 자주 전환하는 경우, 동영상 윈도우가 고정되어 편리하게 작업할 수 있습니다. 특히 동영상 작업 중에 화면 위치를 고정하고 싶을 때 유용합니다.

7 오토메이션

트랙 오토메이션과 리전 이동, 복사, 편집 관련 설정은 오토메이션 데이터의 정확한 관리와 작업 흐름에 중요한 영향을 미치는 옵션입니다.

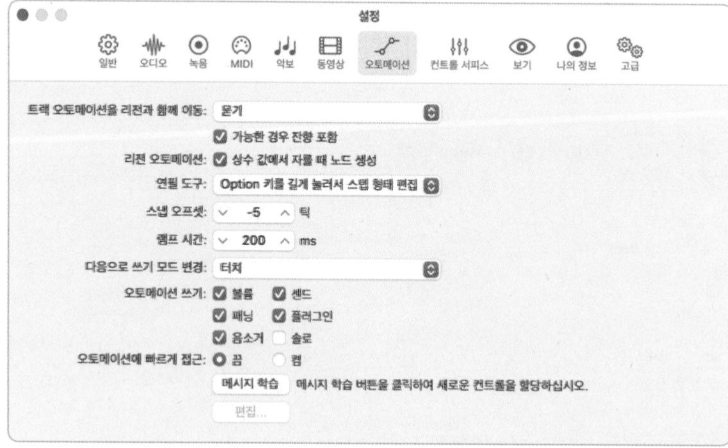

트랙 오토메이션을 리전과 함께 이동

● 안 함 : 리전을 이동할 때 오토메이션 데이터를 이동하지 않습니다. 오토메이션은 기존 상태를 유지하며, 리전만 이동합니다.

● 항상 : 리전을 이동할 때 오토메이션도 항상 이동합니다. 리전 경계에 포함된 오토메이션 데이터가 함께 이동되며, 리전이 이동하는 범위에 포함된 오토메이션도 함께 이동됩니다.

● 묻기 : 리전을 이동할 때마다 오토메이션 데이터를 이동할지 그대로 둘지 선택하는 창이 표시됩니다. 리전 이동 시 오토메이션에 대한 제어를 사용자가 결정할 수 있습니다.

☑ **가능한 경우 잔향 포함** : 리전 이동, 복사 또는 다른 동작을 할 때 리전 다음에 오는 비어 있는 공간의 오토메이션 파라미터가 함께 포함됩니다. 이를 통해 리전 이후에 계속 오토메이션 데이터가 이어지는 경우, 트레일을 포함하여 오토메이션의 연속성을 유지할 수 있습니다.

☑ **상수 값에서 자를 때 노드 생성** : 잘라내는 위치에서 데이터가 있을 경우, 새로운 MIDI 리전의 왼쪽 경계에 컨트롤 체인지, 애프터터치, 피치 벤드의 MIDI 이벤트가 생성됩니다. 리전을 자를 때 잘라내는 지점에서 새로운 오토메이션 데이터를 자동으로 생성하여 원활한 편집과 연속적인 오토메이션을 유지할 수 있습니다.

연필 도구 : Option 키를 눌러서 연필 도구의 동작을 변경할 수 있습니다. 이 설정은 연필 도구를 사용할 때, Option 키를 눌러서 더 정밀한 오토메이션 조정이 가능합니다.

● Option 키를 길게 눌러서 스텝핑 편집 : Option 키를 누른 상태에서 오토메이션 레인을 드래그하면 Step 오토메이션 곡선이 생성됩니다. 이 설정은 값이 갑자기 변화하는 형식을 만들 때 유용합니다.

● Option 키를 길게 눌러서 곡선 형태 편집 : Option 키를 누른 상태에서 드래그하면 Curve로 오토메이션 곡선이 생성됩니다. 이를 통해 부드러운 곡선 형태로 값을 변화시킬 수 있습니다.

스냅 오프셋 : 트랙 영역의 스냅 팝업 메뉴에서 설정한 대로 오토메이션 데이터가 스냅되는 위치에 특정 수의 틱을 추가하거나 빼는 슬라이더입니다. 오토메이션 데이터가 정확한 위치로 스냅되도록 하되, 필요에 따라 미세한 조정이 필요할 때 사용합니다.

램프 시간 : 이전에 기록된 오토메이션 파라미터 값으로 돌아가는 데 필요한 시간을 조정하는 파라미터입니다. 이는 오토메이션 데이터가 급격하게 변경되기 전에 점진적으로 복귀하도록 하는데 사용됩니다. 오토메이션의 변화가 갑작스럽지 않게 자연스럽게 이루어지도록 설정할 수 있습니다. 예를 들어, 페이더를 자동으로 변경할 때 급격한 변화를 방지할 수 있습니다.

다음으로 쓰기 모드 변경 : 오토메이션 데이터 기록이 완료되면 페이더가 자동으로 전환할 모드를 설정합니다. 이를 통해 오토메이션 데이터의 기록이 끝난 후, 페이더나 컨트롤러가 어떻게 동작할지를 결정할 수 있습니다. 예를 들어, 오토메이션을 기록하는 동안 페이더를 수동으로 조정해야 할 때, 기록 후에 자동으로 다시 이전 상태로 전환되도록 설정할 수 있습니다.

오토메이션 쓰기 : Touch, Latch 및 Write 모드에서 쓰일 수 있는 오토메이션 데이터 유형을 설정합니다. 이 옵션은 각 모드에서 오토메이션 데이터가 어떻게 기록되는지에 영향을 미칩니다.

오토메이션에 빠르게 접근 : 단일 하드웨어 컨트롤러를 사용하여 선택된 트랙의 현재 활성화된 오토메이션 파라미터를 오토메이션할 수 있습니다. 이를 통해 하드웨어 컨트롤러에서 오토메이션을 빠르게 조작할 수 있습니다. 하드웨어 MIDI 컨트롤러를 사용하여 실시간으로 오토메이션을 제어할 수 있으므로, 물리적인 인터페이스를 통해 편리하게 오토메이션을 편집하고 조정할 수 있습니다.

8 컨트롤 서피스

컨트롤 서피스 설정은 외부 하드웨어 컨트롤러와의 상호작용을 최적화하여 워크플로우를 개선하고, 다양한 작업을 더 효율적으로 수행할 수 있게 도와줍니다. 이 설정은 특히 페이더, 노브, 조그 휠과 같은 물리적 컨트롤러를 사용하여 트랙 및 파라미터를 실시간으로 제어할 때 유용합니다.

일반

컨트롤 서피스 설정은 외부 MIDI 컨트롤러와의 상호작용을 최적화하고, 사용자가 트랙, 파라미터, 오토메이션 등을 더 효율적으로 제어할 수 있도록 도와주는 다양한 옵션을 제공합니다.

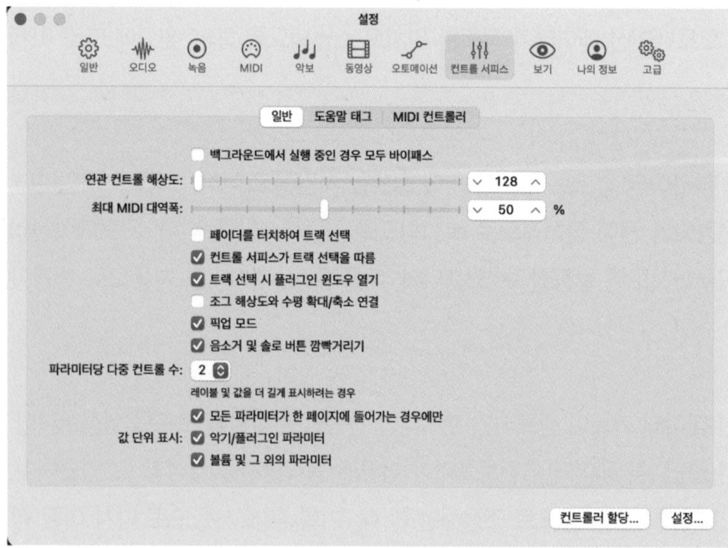

☑ **백그라운드에서 실행 중인 경우 모두 바이패스** : 로직이 활성 프로그램이 아닐 때에도 컨트롤 서피스가 다른 응용 프로그램과 공유될 수 있습니다. 로직 외의 다른 응용 프로그램을 사용하면서도 컨트롤 서피스를 계속 사용할 수 있도록 설정할 수 있습니다.

연관 컨트롤 해상도 : 상대적으로 값을 변경하는 컨트롤의 해상도를 설정할 수 있습니다. 기본값은 128스텝이고, 이를 높이면 더 세밀한 값 변경이 가능합니다. 예를 들어 EQ 필터나 미세한 볼륨 조정 시 해상도를 높여 세밀하게 조정할 수 있습니다.

최대 MIDI 대역폭 : 컨트롤 서피스가 사용할 수 있는 최대 MIDI 대역폭을 설정합니다. 기본값은 50%로 설정되어 있으며, MIDI나 오토메이션 재생에 영향을 미치는 경우 이를 조정할 수 있습니다.

☑ **페이더를 터치하여 트랙 선택** : 컨트롤 서피스의 페이더를 터치할 때 해당 페이더에 연결된 트랙이 자동으로 선택됩니다. 단, 터치 감지 페이더가 장착된 기기에서만 작동합니다.

☑ **컨트롤 서피스가 트랙 선택을 따름** : 트랙을 선택할 때, 컨트롤 서피스가 자동으로 해당 트랙이나 채널을 선택합니다. 로직의 트랙 선택과 컨트롤 서피스의 트랙 선택이 동기화되어 물리적 컨트롤러에서 바로 선택한 트랙을 제어할 수 있습니다.

☑ **조그 해상도와 수평 확대/축소 연결** : 로직의 수평 확대/축소 레벨과 컨트롤 서피스의 조그/셔틀 휠을 사용한 스크러빙의 정밀도가 연결됩니다. 조그 휠을 사용해 스크러빙을 할 때, 로직의 수평 확대/축소 레벨에 맞춰 스크러빙의 해상도가 자동으로 조정되므로 디테일한 작업을 할 수 있습니다. 물론, 컨트롤 서피스에 조그 휠이 있어야 합니다.

☑ **픽업 모드** : 컨트롤 서피스의 페이더나 노브가 현재 값에 도달한 후에만 파라미터를 제어합니다. 이는 자동 오토메이션 재생 중에 파라미터 값의 급격한 변화를 방지합니다. 주로 전동 페이더나 노브가 없는 일부 컨트롤 서피스에서 유용하며, 기존 오토메이션 데이터를 정확하게 따라가면서 조정할 수 있습니다.

☑ **음소거 및 솔로 버튼 깜빡거리기** : 음소거 또는 솔로 모드가 활성화된 트랙에서 컨트롤 서피스의 음소거/솔로 버튼이 깜박입니다. 믹싱 시 음소거나 솔로 상태를 직관적으로 확인할 수 있어 편리합니다.

파라미터당 다중 컨트롤 수 : 플러그인이나 오디오 악기 편집 시 각 파라미터에 대해 사용할 최대 인코더 수를 설정할 수 있습니다.

- 1 : 각 파라미터에 대해 하나의 인코더만 사용
- 2 : 두 개의 인코더가 첫 번째, 두 번째 파라미터에 사용
- 4 : 네 개의 인코더가 두 개의 파라미터에 사용
- 8 : 여덟 개의 인코더가 두 개의 파라미터에 사용

☑ **모든 파라미터가 한 페이지에 들어가는 경우에만** : 충분한 인코더가 있을 경우 페이지를 변경하지 않고 모든 파라미터를 한 페이지에서 제어할 수 있습니다. 인코더가 부족한 경우에는 페이지를 전환하여 파라미터를 표시합니다.

☑ **값 단위 표시** : 각 파라미터 값에 측정 단위를 추가하여 표시합니다. 예를 들어, 볼륨 값에 dB 단위를 주파수에 Hz를 표시할 수 있습니다. 디스플레이가 너무 복잡해지면 이 옵션을 비활성화할 수 있습니다.

도움말 태그

컨트롤 서피스를 사용하여 작업할 때, 도움말 태그는 각 파라미터에 대한 추가 정보를 제공하는 중요한 기능입니다. 이 설정을 통해 LCD 디스플레이에 표시되는 정보의 양과 방식, 그리고 시간 등을 조정할 수 있습니다.

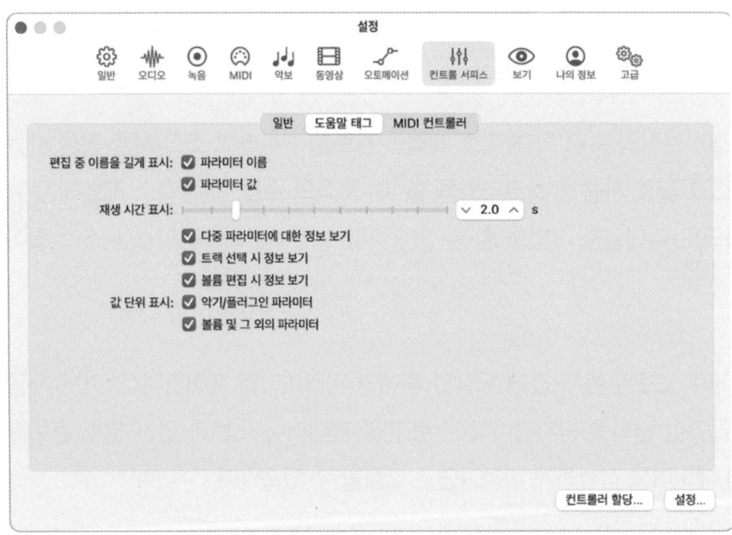

☑ **편집 중 이름을 길게 표시** : 컨트롤 서피스의 LCD 화면에 표시되는 파라미터 이름과 값을 편집 중에 더 길게 표시할 수 있도록 설정합니다. 이는 특히 파라미터 이름이 긴 경우 유용합니다.

재생 시간 표시 : LCD에 파라미터 이름과 값이 표시되는 시간을 설정할 수 있습니다. 설정 후, 해당 파라미터가 표시되는 시간은 슬라이더로 설정한 값에 맞춰 조정됩니다. 특정 파라미터를 조정한 후, 디스플레이에 해당 정보를 더 오랫동안 표시할 수 있게 설정하여 긴급한 작업에 유용합니다.

☑ **다중 파라미터에 대한 정보 보기** : LCD에 가장 최근에 편집된 파라미터의 정보가 초과된 시간까지 표시됩니다. 이로 인해 정보가 겹칠 수 있지만, 여러 파라미터에 대한 정보를 연속적으로 볼 수 있습니다. 이 옵션을 끄면 가장 최근에 편집된 파라미터만 표시하며, 텍스트가 겹치는 문제를 방지합니다.

☑ **트랙 선택 시 정보 보기** : 트랙을 선택할 때 컨트롤 서피스의 LCD 화면에 해당 트랙에 대한 정보가 표시됩니다. 상단에는 선택됨이라는 텍스트가 표시되고, 하단에는 선택한 트랙의 이름이 표시됩니다.

☑ **볼륨 편집 시 정보 보기** : 트랙의 볼륨을 편집할 때 상단 LCD 라인에 볼륨이라는 텍스트가 표시되고, 하단 LCD 라인에 편집된 볼륨 값이 표시됩니다.

☑ **값 단위 표시** : 파라미터 값 뒤에 적절한 측정 단위를 추가하여 표시합니다. 이 옵션은 악기와 이펙트 플러그인 파라미터뿐만 아니라 트랙 볼륨과 기타 채널 스트립 파라미터에도 적용됩니다.

MIDI 컨트롤러

외부 MIDI 장치와의 연결을 최적화하고, 자동화된 MIDI 할당 및 Lua 스크립트를 사용하여 컨트롤러의 동작을 설정할 수 있습니다.

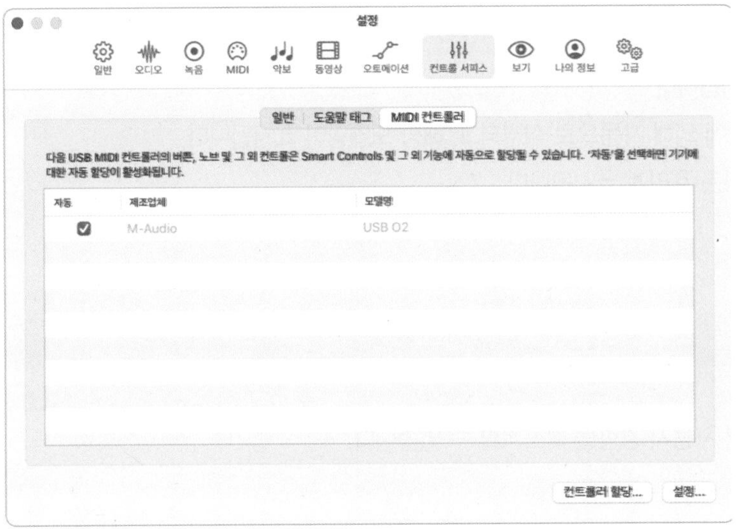

자동 활성화

해당 USB MIDI 컨트롤러에 대해 자동 할당을 사용합니다. 즉, MIDI 장치가 연결되고 켜지면, 로직이 자동으로 해당 장치에 대한 할당을 생성합니다.

- 자동 할당은 Lua 스크립트의 정보를 기반으로 합니다.
- 사용자 정의 또는 편집된 할당이 이미 존재하면, 기존 할당이 유지되고 새 할당이 생성되지 않습니다.
- Lua 스크립트가 활성화되면, MIDI 입력 및 MIDI 출력 처리가 자동으로 활성화됩니다.
- 자동 할당을 통해 MIDI 장치와 로직 간의 연결 및 설정을 빠르게 처리할 수 있습니다. 외부 장치가 연결되면, 바로 사용할 수 있게 됩니다.

자동 비활성화

Lua 스크립트 할당이 제거됩니다. 이때, 사용자가 수정한 할당은 그대로 유지됩니다.

- Lua 스크립트 MIDI 처리도 비활성화됩니다.
- 기기 최초 식별 시 체크상자의 상태가 자동 할당 또는 없음으로 표시됩니다.
- 수동으로 MIDI 할당을 관리하려면 이 옵션을 비활성화하여 더 이상 자동 할당이 적용되지 않게 할 수 있습니다.

제조업체

MIDI 컨트롤러 제조업체의 이름이 표시됩니다.

- 각 USB MIDI 장치는 Lua 스크립트에 의해 자동으로 식별되고, 해당 제조업체 이름이 표시됩니다.
- 컨트롤러가 오프라인일 경우 해당 제조업체 이름이 흐리게 표시됩니다.

모델명

연결된 MIDI 컨트롤러의 모델명이 표시됩니다.

- 각 USB MIDI 장치는 Lua 스크립트에 의해 자동으로 식별되고, 해당 모델명이 표시됩니다.
- 컨트롤러가 오프라인일 경우 모델명은 흐리게 표시됩니다.

9 보기

디스플레이 및 인터페이스 설정을 통해 사용자 경험을 최적화할 수 있습니다.

일반

화면 스타일, 글꼴 크기, 도움말 태그 및 MIDI 데이터 표시 방법 등을 세밀하게 조정할 수 있습니다.

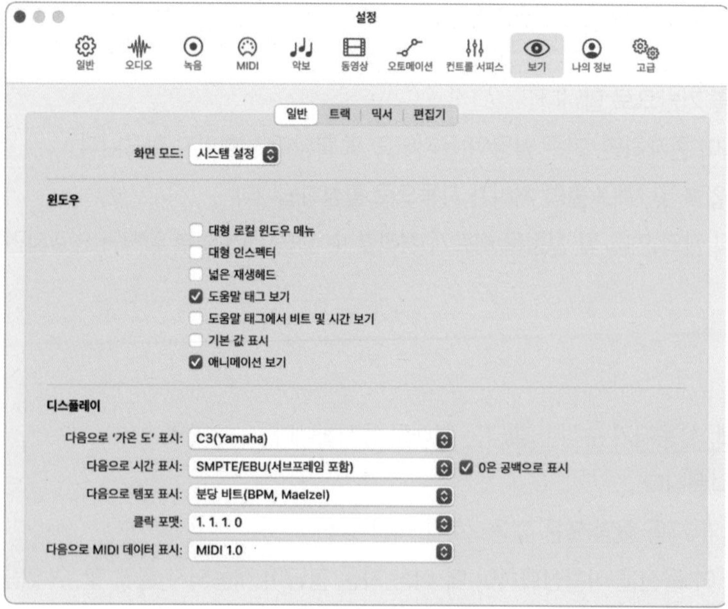

화면 모드 : 로직에서 사용되는 화면의 색상 테마를 설정하는 옵션입니다. 여기서 시스템 설정을 기반으로 할지, 어둡거나 밝은 화면 스타일로 표시할지 선택할 수 있습니다.

윈도우

☑ **대형 로컬 윈도우 메뉴** : 메뉴 항목들이 더 큰 글씨로 표시됩니다. 메뉴가 너무 작아서 읽기 어려운 경우 유용합니다.

☑ **대형 인스펙터** : 인스펙터에서 사용하는 글씨 크기를 키우는 설정입니다. 글씨가 더 크게 표시되어 더 쉽게 읽을 수 있습니다.

☑ **넓은 재생헤드** : 재생 헤드를 더 두껍게 표시하는 설정입니다. 재생 헤드를 더 눈에 띄게 하고 싶을 때 사용합니다.

☑ **도움말 태그 보기** : 마우스를 인터페이스의 다양한 도구나 버튼 위에 올릴 때마다 도움말이 나타납니다.

☑ **도움말 태그에서 비트 및 시간 보기** : 도움말 태그에서 시간과 비트 정보도 표시됩니다.

☑ **기본 값 표시** : 파라미터나 설정의 기본 값이 도움말 태그에 표시됩니다. 이렇게 하면 설정이 기본 상태에서 얼마나 변했는지 쉽게 알 수 있습니다.

☑ **애니메이션 보기** : 로직의 다양한 윈도우가 열릴 때 애니메이션 효과가 적용됩니다. 만약 이 애니메이션이 불편하거나 산만하게 느껴지면, 이 체크박스를 끄면 됩니다.

디스플레이

● **가온 도 표시 팝업 메뉴** : MIDI 키보드에서의 음계 표기를 설정하는 항목입니다. 예를 들어, C1은 키보드에서 첫 번째 C 노트를 가리키고, 중간 C(C3)는 일반적으로 음악에서 자주 사용하는 C 노트입니다. 이 설정을 통해 C3 또는 C4를 기준으로 음계를 설정할 수 있습니다.

● **다음으로 시간 표시** : 시간 디스플레이에서 시간을 어떻게 표시할지 설정하는 옵션입니다. 절대 시간 또는 특정 형식으로 표시될 수 있습니다.

☑ **0은 공백으로 표시** : 시간 표시에서 0 값을 공백으로 표시하는 설정입니다. 0초 대신 아무것도 표시하지 않게 할 수 있습니다.

● **다음으로 템포 표시** : 컨트롤 막대에서 템포를 어떻게 표시할지 설정하는 옵션입니다. 사용자가 원하는 방식으로 템포를 설정할 수 있습니다.

● **클락 포맷** : 시간 단위로 비트나 막대, 비트와 디비전을 어떻게 표시할지 설정하는 옵션입니다. 기본값은 16분음표로 설정되어 있으며, 이를 8분음표나 다른 값으로 변경할 수 있습니다.

● **다음으로 MIDI 데이터 표시** : MIDI 데이터를 어떻게 표시할지 설정합니다. MIDI 1.0, 0~127 범위나, MIDI 2.0의 고해상도로 MIDI 데이터를 표시할 수 있게 합니다.

MIDI 1.0 : 전통적인 7비트 MIDI 시스템으로, MIDI 값은 0에서 127 사이로 표시됩니다. 이는 오래된 표준입니다.

0.0 - 127.9 : MIDI 1.0 값에 소수점을 추가하여 더 정밀하게 표시할 수 있도록 합니다.

퍼센트 : MIDI 값을 백분율로 표시합니다.

트랙

트랙 및 리전 색상을 설정할 수 있는 옵션을 제공합니다.

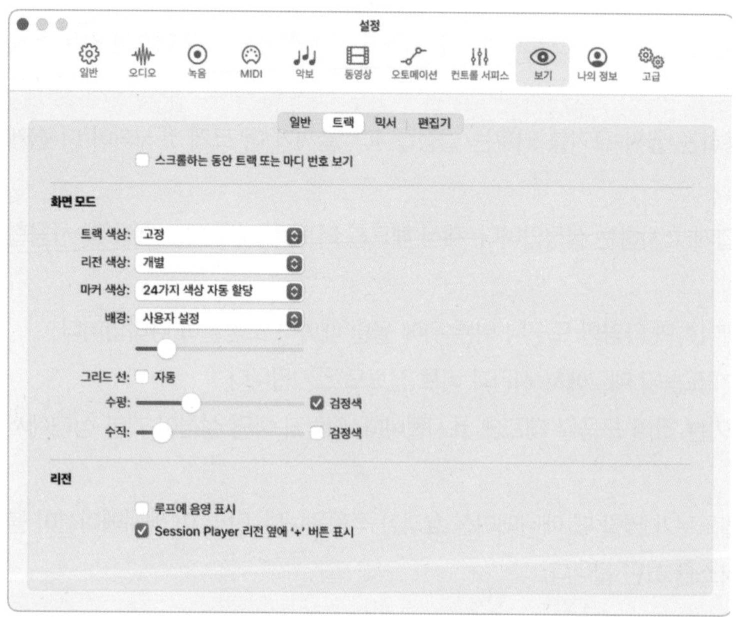

스크롤하는 동안 트랙 또는 마디 번호 보기 : 트랙을 스크롤할 때 화면 중앙에 현재 보고 있는 트랙 번호나 마디 번호를 표시하는 기능입니다. 프로젝트에 트랙이 많거나 여러 마디로 구성된 곡을 작업할 때 유용합니다.

화면 모드

- **트랙 색상** : 새로 만든 트랙에 자동으로 할당되는 색상 방식을 설정합니다. 트랙 색상은 프로젝트에서 각 트랙을 쉽게 구분하는 데 도움이 됩니다.

고정 : 새로 생성된 트랙에는 고정된 색상(기본색상이나 이전에 설정한 색상)이 자동으로 할당됩니다.

24가지 색상 자동 할당 : 색상 팔레트에 있는 24가지 색상을 순차적으로 사용하여 트랙에 자동으로 색상을 할당합니다.

96가지 색상 자동 할당 : 색상 팔레트에 있는 96가지 색상을 순차적으로 사용하여 트랙에 자동으로 색상을 할당합니다.

- **리전 색상** : 리전 색상 설정을 통해 각 리전이 트랙의 색상을 따를지 아니면 개별적으로 색상을 지정할지 선택할 수 있습니다. 이 설정을 사용하면, 리전마다 다르게 색상을 설정하여 구간을 구별하거나 트랙 색상과 동일한 색상으로 리전이 표시되도록 할 수 있습니다.

● **마커 색상** : 마커는 프로젝트 내에서 특정 지점을 표시하는 데 사용됩니다. 이 설정은 새 마커에 색상을 자동으로 할당할지 여부를 설정합니다.

● **배경** : 트랙 영역의 배경 색상을 설정하는 옵션입니다. 작업하는 환경의 배경색을 어두운색, 밝은색 또는 사용자 정의 색상으로 설정할 수 있습니다. 슬라이더는 배경을 어두운색에서 밝은색까지 조절할 수 있게 해줍니다. 이 설정을 통해 트랙 영역의 배경색을 취향에 맞게 조정할 수 있습니다.

● **그리드 선** : 그리드 선은 타임라인에서 일정한 간격으로 나타나는 선들로 수동 조정이 필요하다면 자동 옵션을 해제합니다.

● **수평/수직** : 그리드 선의 가시성을 조절할 수 있습니다. 예를 들어, 수평 그리드 선이 얼마나 잘 보일지, 수직 그리드 선을 얼마나 눈에 띄게 할지 설정할 수 있습니다.

☑ **검정색** : 수평 또는 수직 그리드 선이 검은색으로 표시될지 흰색으로 표시될지 설정합니다.

리전

☑ **루프에 음영 표시** : 리전이 반복될 때, 그 반복 구간이 음영 처리되어 표시되도록 설정할 수 있습니다. 이를 통해 반복되는 구간을 시각적으로 쉽게 구별할 수 있습니다.

☑ **Session Player 리전 옆에 '+' 버튼 표시** : Session Player는 특정 리전에서 자동으로 추가할 수 있는 기능입니다. 이 옵션을 활성화하면, Session Player로 설정된 트랙에 + 버튼이 나타나 새 리전을 추가할 수 있습니다.

믹서

트랙 및 리전 색상을 설정할 수 있는 옵션을 제공합니다.

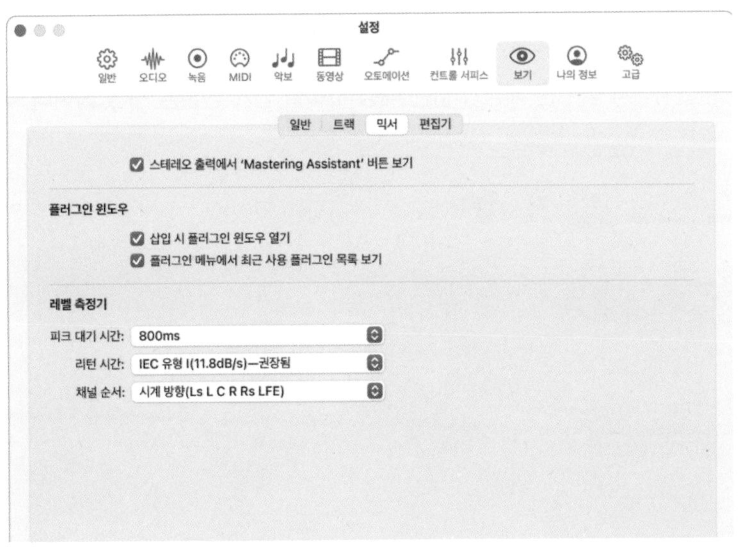

☑ **스테레오 출력에서 'Mastering Assistant' 버튼 보기** : 스테레오 출력 채널 스트립에서 Mastering Assistant 버튼을 보이게 할지 말지를 설정하는 옵션입니다.

플러그인 윈도우

☑ **삽입 시 플러그인 윈도우 열기** : 플러그인이 채널 스트립에 삽입될 때마다 자동으로 플러그인 윈도우가 열리게 됩니다. 예를 들어, 오디오 이펙트나 악기 플러그인을 추가하면 그 플러그인의 설정 화면이 자동으로 나타나게 됩니다. 만약 자동으로 열리고 싶지 않다면 이 체크박스를 선택 해제하면 됩니다.

☑ **플러그인 메뉴에서 최근 사용 플러그인 목록 보기** : 플러그인 메뉴의 맨 상단에 최근에 사용한 플러그인 목록이 표시됩니다. 자주 사용하는 플러그인이 있을 경우, 빠르게 선택할 수 있어 편리합니다.

레벨 측정기

- **피크 대기 시간** : 피크는 오디오 신호가 최고로 달성한 순간의 레벨을 나타냅니다. 이 설정은 피크가 나타난 후 레벨 측정기가 피크를 표시하는 시간을 얼마나 유지할지를 결정합니다.
- **리턴 시간** : 레벨 측정기가 0으로 돌아가는 속도를 설정하는 옵션입니다. 예를 들어, 오디오 신호가 감소할 때, 레벨 측정기가 얼마나 빠르게 0으로 돌아갈지 설정할 수 있습니다. 기본 설정인 IEC Type I (11.8 dB/s)는 대부분의 프로젝트에 적합한 속도입니다. 다른 옵션으로는 빠르거나 느린 반환 속도를 선택할 수 있습니다.
- **채널 순서** : 서라운드 사운드 시스템에서 레벨 측정기의 LED 막대에 표시되는 스피커의 위치 순서를 설정하는 옵션입니다. 이 설정은 각 채널 스트립과 트랙 헤더의 레벨 측정기에도 적용되어 정확한 오디오 믹싱과 모니터링을 가능하게 합니다. 즉, 이 메뉴에서 선택한 순서에 따라 스피커의 오디오 신호가 어떻게 출력되고, 각 채널의 레벨을 어떻게 표시할지가 결정됩니다.

편집기

배경을 밝은 색상으로 설정 체크상자는 피아노 롤 편집기에서 배경의 색상을 전환하는 기능입니다. 이 체크상자를 선택하거나 해제함으로써 피아노 롤 편집기에서 어두운 배경과 밝은 배경 사이를 쉽게 전환할 수 있습니다.

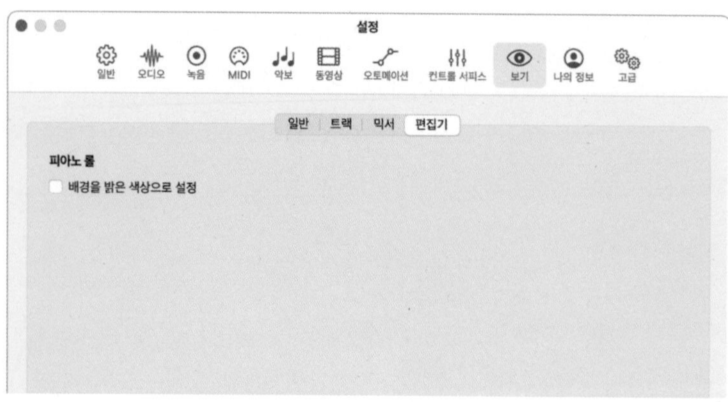

10 나의 정보

로직에서 만든 음악을 다른 사람들과 공유하거나 음악 스트리밍 앱에서 노래를 식별하는 데 도움을 주는 정보들을 설정하는 곳입니다. 이 설정을 통해 사용자는 만든 곡에 대한 기본 정보를 입력하고, 공유할 때 곡이 어떻게 식별될지 설정할 수 있습니다.

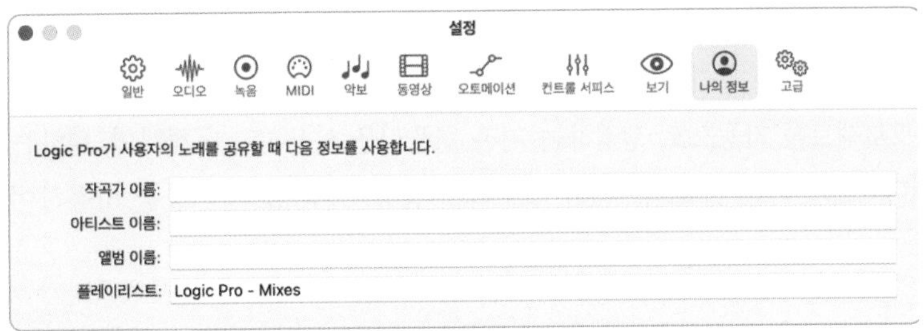

11 고급

컴플리트 기능 활성화는 로직에서 고급 작업을 위한 다양한 기능들을 사용할 수 있게 해주는 설정입니다. 이 기능을 활성화하면, 대체 프로젝트, 백업, 비트 매핑, 확장 믹싱, 오토메이션 등과 같은 고급 기능들을 이용해 더욱 정교하고 전문적인 작업을 할 수 있습니다. 이러한 기능들은 음악을 더욱 창의적이고 효과적으로 제작할 수 있도록 도와줍니다.

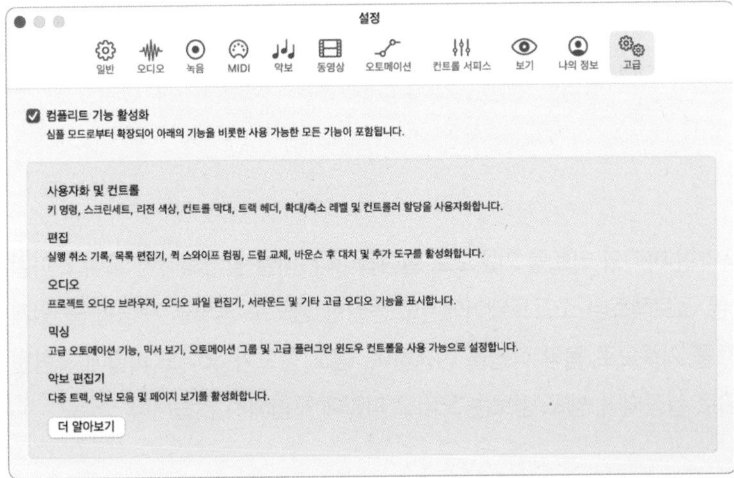

프로젝트 설정 옵션

로직에서는 개별 프로젝트에 적용되는 설정을 정의하고 수정할 수 있습니다. 이를 위해 프로젝트 설정 윈도우에서 해당 작업을 수행합니다. 이러한 설정은 각 프로젝트에 자동으로 저장되므로, 프로젝트마다 설정이 달라질 수 있습니다. 만약 로직을 실행할 때 새로운 프로젝트를 자동으로 생성하는 기본 템플릿을 사용하고자 한다면, 원하는 설정을 해당 템플릿에 저장할 수 있습니다. 또한, 다른 프로젝트에서 프로젝트 설정을 가져오기 기능을 사용하여 기존의 설정을 불러올 수도 있습니다.

1 일반

눈금자를 어떻게 표시할지, 템포 정보가 오디오 파일에 기록될지 여부를 설정하는 옵션입니다.

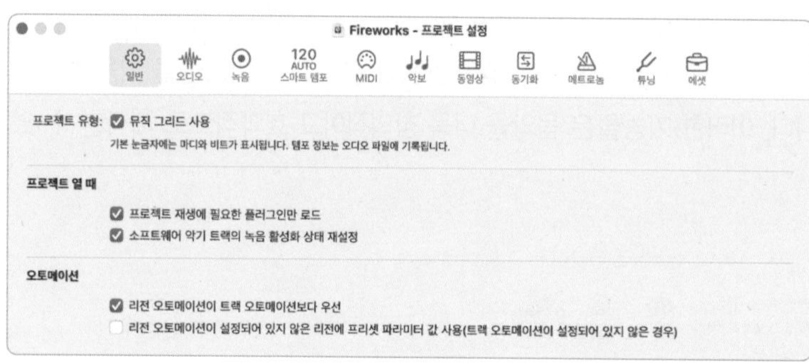

프로젝트 유형

☑ **뮤직 그리드 사용** : 기본 눈금자는 음악의 마디와 비트를 기준으로 설정됩니다. 이를 활성화하면 오디오 파일에 템포 정보가 기록되므로, 나중에 다른 프로젝트나 소프트웨어에서도 동일한 템포로 음악을 재생할 수 있게 됩니다. 옵션을 활성화 하면 마디와 비트를 기준으로 음악 작업을 진행하며, 템포 정보가 오디오 파일에 포함됩니다. 비 활성화하면 눈금자는 시간 단위로 설정되며, 템포 정보는 오디오 파일에 포함되지 않습니다.

프로젝트 열 때

☑ **프로젝트 재생에 필요한 플러그인만 로드** : 프로젝트가 열릴 때, 재생에 필요한 플러그인만 로드됩니다. 이렇게 하면 프로젝트를 열 때 불필요한 플러그인들이 로드되지 않아 시스템 자원을 절약할 수 있어 복잡한 프로젝트에서 플러그인 로딩 시간을 절약하고, 컴퓨터 자원을 효율적으로 관리할 수 있습니다.

☑ **소프트웨어 악기 트랙의 레코드 활성화 상태 재설정** : 프로젝트를 닫을 때 활성화된 녹음 활성화 버튼이 비활성화됩니다. 다시 프로젝트를 열면 녹음 활성화 상태가 초기화됩니다. 이는 매번 새로 프로젝트를 열 때 녹음 상태를 새롭게 설정할 수 있게 합니다.

오토메이션

☑ **리전 오토메이션이 트랙 오토메이션보다 우선** : 리전에 설정된 오토메이션이 트랙 오토메이션보다 우선적으로 적용됩니다. 즉, 리전 안에 오토메이션 데이터가 있으면, 해당 구간에서는 트랙 오토메이션이 무시됩니다.

☑ **리전 오토메이션이 설정되어 있지 않은 리전에 프리셋 파라미터 값 사용** : 리전에 오토메이션 데이터가 없을 때, 해당 리전에서 채널 스트립이나 플러그인에서 설정한 파라미터 값이 자동으로 적용됩니다. 비활성화 시 오토메이션 데이터가 없는 리전은 이전 리전에서 설정한 파라미터의 최종 값을 사용합니다. 즉, 리전마다 독립적인 설정이 아닌, 마지막에 설정된 값이 이어집니다.

2 오디오

오디오 작업의 기본적인 동작 방식을 결정하는 중요한 옵션들을 제공합니다.

일반

프로젝트의 오디오 품질, 공간 음향, 그리고 서라운드 사운드 설정 등을 조정할 수 있습니다.

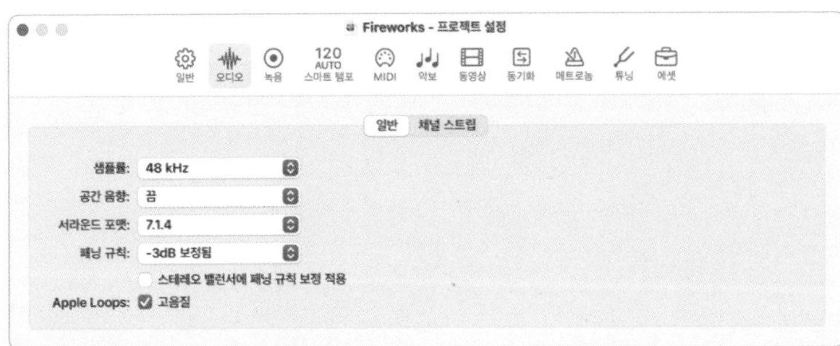

샘플률 : 오디오의 품질과 관련이 있으며, 프로젝트의 샘플률을 설정합니다. 기본값은 48kHz이며, 이는 대부분의 오디오 프로젝트에서 일반적으로 사용되는 샘플률입니다.

공간 음향 : Dolby Atmos를 선택하면, 스테레오 출력으로 설정된 모든 채널이 서라운드 채널로 자동 변경됩니다. 이 설정은 3D 오디오 또는 서라운드 사운드에 중요한 설정입니다.

서라운드 포맷 : 프로젝트의 서라운드 포맷을 선택할 수 있습니다. 서라운드 사운드를 다룰 때 중요한 옵션으로 다양한 포맷을 지원합니다.

패닝 규칙 : 오디오 신호가 왼쪽, 오른쪽 채널로 어떻게 배분될지를 결정하는데, 패닝 규칙은 이 배분에서 신호의 레벨을 어떻게 조정할지를 설정합니다. 여러 가지 패닝 규칙 옵션이 제공되며, 각 옵션은 중앙과 좌우로 패닝될 때 신호 레벨이 어떻게 조정될지를 다룹니다.

0 dB : 중앙 위치에서 신호가 출력 채널로 라우팅될 때 레벨 변화 없음.

-3 dB : 중앙으로 패닝될 때 신호가 -3dB 감소하여 왼쪽/오른쪽 채널로 라우팅됩니다.

-3 dB 보정됨 : 중앙 위치에서 신호는 동일한 레벨로 라우팅되며, 좌/우 패닝 시 +3dB가 증가합니다.

-6 dB 보정됨 : 중앙 위치에서 신호는 동일한 레벨로 라우팅되고, 좌/우 패닝 시 +6dB 증가.

스테레오 밸런서에 패닝 규칙 보정 적용 : 위에서 선택한 패닝 규칙 보정이 스테레오 밸런스 컨트롤에도 적용됩니다. 즉, 패닝 규칙을 기반으로 더 정교한 밸런스를 맞출 수 있습니다.

☑ **Apple Loop 고음질** : Apple Loop를 보다 고음질로 재생할 수 있는 새로운 알고리즘이 적용됩니다. Logic Pro X 10.4에서 도입된 기능으로, 이전 버전에서 생성된 프로젝트는 원래의 소리처럼 들리도록 이 설정이 비활성화됩니다.

채널 스트립

트랙과 채널 스트립의 동작을 관리하는 중요한 옵션들을 제공합니다.

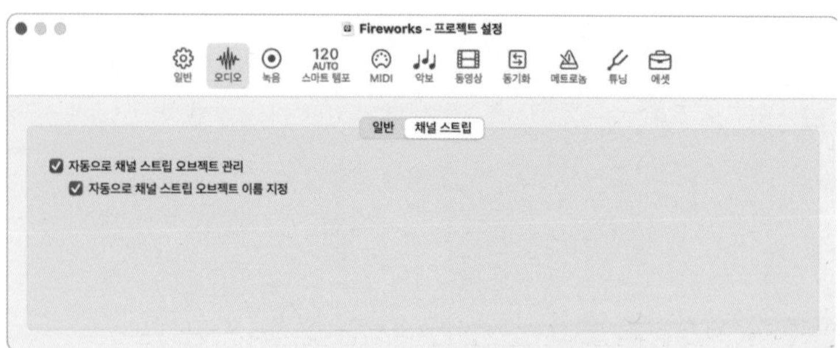

☑ **자동으로 채널 스트립 오브젝트 관리** : 이 설정을 활성화하면 로직에서 채널 스트립의 생성 및 관리가 자동으로 처리됩니다. 사용자는 별도로 트랙이나 채널 스트립을 수동으로 관리할 필요 없이 로직이 모든 변경 사항을 처리해 주기 때문에 작업이 보다 간편해집니다. 예를 들어, 프로젝트에 새 트랙을 추가하거나 채널 스트립을 생성할 때, Logic Pro가 자동으로 이를 관리하여 트랙과 채널 스트립을 일관되게 설정합니다. 만약 사용자가 Environment 창에서 직접 채널 스트립을 수동으로 변경해야 할 경우에는 이 옵션을 비활성화해야 합니다. 이 경우, 더 세밀한 제어가 가능하지만 자동 관리의 이점은 사라집니다.

☑ **자동으로 채널 스트립 오브젝트 이름 지정** : 이 설정을 활성화하면, 채널 스트립이 생성될 때 자동으로 이름이 지정됩니다. 이름은 프로젝트에서 마지막으로 로드된 설정에 따라 자동으로 정해지며, 사용자가 별도로 이름을 입력할 필요가 없습니다. 예를 들어, 새로운 트랙을 생성하면, 로직이 자동으로 이름을 지정하여 일관된 네이밍 규칙을 적용합니다. 이렇게 하면 트랙 이름을 수동으로 지정하는 시간을 절약할 수 있습니다. 만약 사용자가 채널 스트립의 이름을 수동으로 지정하고 싶다면, 이 옵션을 비활성화하면 됩니다. 그러면 로직은 채널 스트립의 이름을 자동으로 지정하지 않고, 사용자가 직접 이름을 입력해야 합니다.

3 녹음

로직에서 녹음 작업을 설정하고 관리하는 데 사용되는 중요한 옵션들입니다.

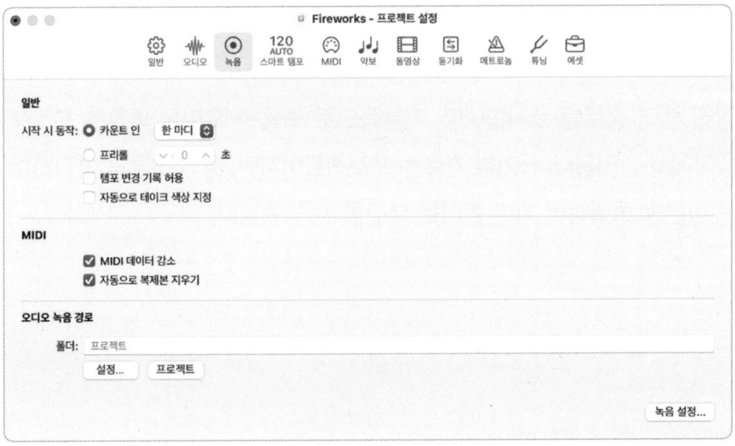

일반

- **카운트 인** : 녹음을 시작하기 전에 미리 들을 수 있는 마디나 비트 수입니다. 이 설정을 활성화하면, 녹음이 시작되기 전에 선택한 수의 마디나 비트가 사운드로 제공되어 연주자가 준비할 수 있는 시간을 제공합니다.

없음 : 카운트 인 없이 바로 녹음이 시작됩니다.

x 마디 : 지정한 수의 마디만큼 카운트 인을 제공합니다. (1마디에서 6마디까지 선택 가능)

x/4 : 분수로 표시된 비트 단위로 카운트 인을 설정합니다.

- **프리롤** : 카운트 인 전까지 사운드가 미리 들려주는 시간을 설정하는 기능입니다. 최대 60초까지 설정할 수 있습니다.

☑ **템포 변경 기록 허용** : 이 옵션을 선택하면 녹음 중 템포 변경이 기록되어 이후 해당 템포 변화가 자동으로 프로젝트에 반영됩니다.

☑ **자동으로 테이크 색상 지정** : 첫 번째 테이크에서 특정 색상이 할당되고, 이후 녹음되는 테이크는 점차 다른 색상으로 지정됩니다. 이렇게 하면 여러 테이크를 구분하기 쉽습니다. 이 색상은 색상 팔레트에서 선택되며, 테이크가 진행될 때마다 색상이 변경됩니다. 트랙 보기 설정에서 리전 색상 사용 옵션을 설정하면, 테이크 색상도 트랙 색상에 맞춰지도록 설정할 수 있습니다.

MIDI

☑ **MIDI 데이터 감소** : 이 옵션은 MIDI 데이터를 효율적으로 처리하여 시스템의 부담을 줄여줍니다. 녹음 중에 컨트롤러 이벤트를 솎아내어 MIDI 버스의 데이터 로드를 줄이고, MIDI 타이밍이 더 정확하게 유지될 수 있도록 합니다. 주로 인터페이스 포트가 제한된 경우 유용하며, MIDI 타이밍이 중요한 작업에서 도움이 됩니다.

☑ **자동으로 복제본 지우기** : 이 설정을 활성화하면, 스텝 녹음 또는 병합을 통해 새로운 MIDI 노트를 추가할 때, 동일한 위치와 피치의 기존 노트가 자동으로 삭제됩니다.

오디오 녹음 경로 설정

폴더 필드는 녹음한 오디오 파일이 저장될 폴더 경로를 표시합니다. 기본적으로 녹음된 오디오 파일은 프로젝트 내에 저장되며, 프로젝트와 연결된 폴더에서 관리됩니다. 기본 경로는 프로젝트이지만, 설정 버튼을 클릭하여 다른 경로를 선택할 수 있으며, 프로젝트 버튼을 클릭하여 기본 폴더로 복구할 수 있습니다.

4 스마트 템포

오디오 및 MIDI의 템포와 관련된 다양한 동작을 제어하는 옵션입니다.

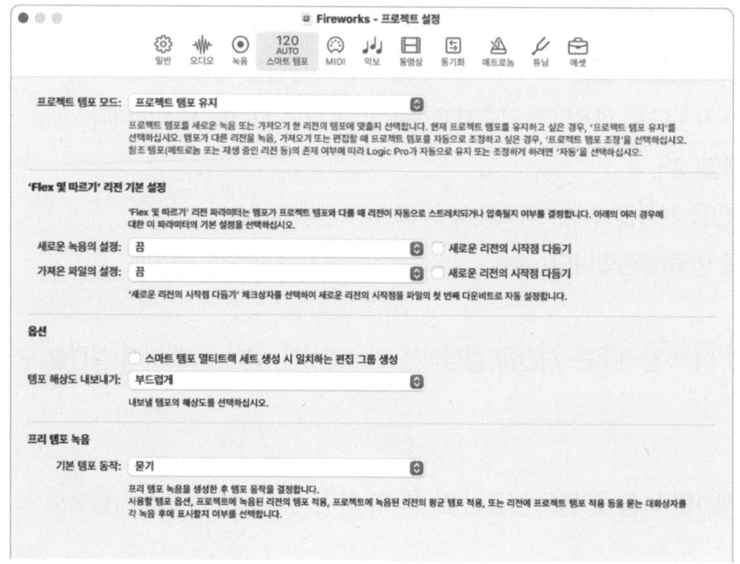

프로젝트 템포 모드

프로젝트 템포 유지, 조정, 자동 모드를 선택하여 오디오 녹음 및 가져오기 시 프로젝트 템포가 어떻게 반응할지 결정할 수 있습니다. 새로운 녹음과 가져온 파일에 대해 템포를 분석하고 마커를 배치하는 것이 가능합니다.

- **프로젝트 템포 유지** : 오디오를 녹음하거나 오디오 파일을 가져올 때 프로젝트 템포가 유지됩니다. 즉, 프로젝트의 템포는 변하지 않고 그대로 유지되며, 추가된 오디오 파일이나 녹음된 템포는 무시됩니다. 이는 기본적인 템포 설정으로 이전 버전과 동일한 방식입니다.
- **프로젝트 템포 조정** : 새로운 리전의 템포가 프로젝트 템포와 일치하도록 자동으로 조정됩니다. 프로젝트 템포와 일치하지 않는 새로운 리전이 추가되면, 해당 리전의 템포가 프로젝트 템포에 맞게 조정됩니다.
- **자동 모드** : 메트로놈의 활성 여부와 리전의 존재 여부에 따라 유지 또는 조정 동작을 자동으로 선택합니다. 이 모드는 상황에 맞게 가장 적절한 템포 모드를 자동으로 결정합니다.

Flex 및 따르기 리전 기본 설정

리전이 프로젝트 템포를 따를지 아니면 Flex 타임을 적용할지 결정하는 옵션입니다. 이 설정을 통해 새로운 오디오 파일이나 녹음에 대해 기본적으로 적용되는 템포 분석 및 Flex 설정을 지정할 수 있습니다.

새로운 녹음의 설정

- **끔**: 스마트 템포는 새로운 녹음의 템포를 분석하지 않습니다.
- **켬**: 스마트 템포는 녹음된 오디오의 템포를 분석하고, 템포 변경이 감지되는 지점에 템포 마커를 배치합니다.
- **켬+마디 정렬**: 스마트 템포는 오디오의 템포를 분석하고 템포 변경이 감지되는 마디에 템포 마커를 배치합니다.
- **켬 + 마디 및 비트 정렬**: 템포 변경이 감지되는 각 비트마다 템포 마커를 배치합니다.

☑ **새로운 리전의 시작점 다듬기** : 새로 녹음된 리전의 시작점을 파일의 첫 번째 다운비트로 자동 설정합니다. 이 옵션을 활성화하면, 녹음이 시작되는 위치가 항상 첫 다운비트에 맞춰 정렬됩니다.

가져온 파일의 설정

- **끄기**: 가져온 오디오 파일의 템포를 분석하지 않습니다.
- **켬**: 가져온 파일의 템포를 분석하고, 템포 변경이 감지되는 지점에 템포 마커를 배치합니다.
- **켬 + 마디 정렬**: 가져온 파일의 템포를 분석하고, 템포 변경이 감지되는 마디에 템포 마커를 배치합니다.
- **켬 + 마디 및 비트 정렬**: 템포 변경이 감지되는 비트마다 템포 마커를 배치합니다.

☑ **새로운 리전의 시작점 다듬기** : 가져온 오디오 파일의 시작을 파일의 첫 번째 다운비트로 자동 설정합니다. 이를 통해 오디오 파일을 프로젝트에 맞게 정렬할 수 있습니다.

옵션

☑ **스마트 템포 멀티트랙 세트 생성 시 일치하는 편집 그룹 생성** : 멀티트랙 세트를 생성할 때, 사용한 모든 오디오 파일을 단일 그룹으로 묶어서 편집합니다. 이 옵션을 활성화하면 여러 트랙을 동시에 편집할 때 편리합니다.

템포 해상도 내보내기

- **부드럽게** : 템포 점프가 부드럽게 처리되도록 템포를 내보냅니다.
- **비트** : 각 비트마다 템포 정보를 내보냅니다.

프리 템포 녹음

프리 템포 녹음 후에 새로 녹음된 리전의 템포 조정을 어떻게 할지 결정하는 설정입니다.

기본 템포 동작

- **묻기** : 프리 템포 녹음을 한 후, 템포 동작을 선택하는 대화상자가 나타납니다.
- **프로젝트에 리전 템포 적용** : 녹음된 리전에서 분석된 템포를 프로젝트 템포에 적용합니다.
- **프로젝트에 평균 리전 템포 적용** : 녹음된 리전에서 분석된 평균 템포를 프로젝트 템포에 적용합니다.
- **리전에 프로젝트 템포 적용** : 프로젝트 템포를 녹음된 리전에 적용합니다. 이 경우, 녹음된 리전은 프로젝트 템포에 맞게 자동으로 조정됩니다.
- **리전 템포를 분석하거나 프로젝트 템포를 변경하지 않음** : 녹음된 리전에서 템포 분석이 적용되지 않으며, 프로젝트 템포도 변경되지 않습니다.

5 MIDI

MIDI 컨트롤을 효과적으로 사용하고, 하드웨어 및 소프트웨어 간의 상호작용을 최적화합니다.

일반

MIDI 메시지, 악기 설정, 그리고 전송 옵션과 관련된 설정을 다룹니다.

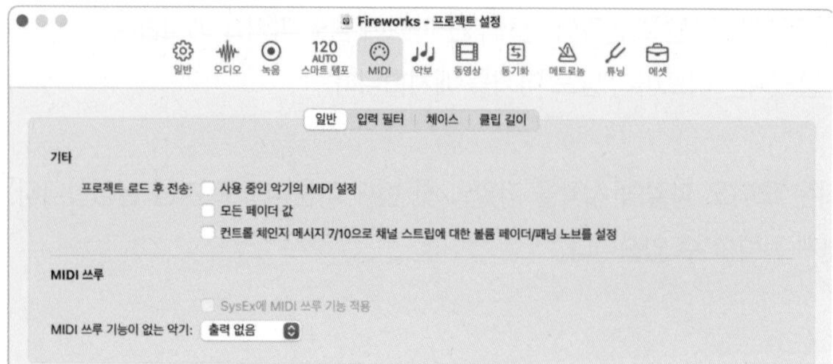

프로젝트 로드 후 전송 설정

☑ **사용 중인 악기의 MIDI 설정** : 프로젝트가 로드된 후 활성 악기의 MIDI 설정을 자동으로 전송합니다. 이를 통해 프로젝트를 열 때 악기 설정이 즉시 적용되어 작업을 더 빠르게 시작할 수 있습니다.

☑ **모든 페이더 값** : 프로젝트가 로드될 때 Environment에서 설정된 모든 페이더 값이 자동으로 전송됩니다. 이를 통해 프로젝트를 열 때 각 채널의 볼륨 조정 상태가 그대로 유지됩니다.

☑ **컨트롤 체인지 메시지 7/10으로 채널 스트립에 대한 볼륨 페이더/패닝 노브를 설정** : MIDI 컨트롤 체인지 메시지 7 (#7) 은 채널 스트립의 볼륨을 제어하고, MIDI 컨트롤 체인지 메시지 10 (#10) 은 채널 스트립의 패닝 위치를 제어하게 됩니다. 이 설정을 켜면 MIDI 플러그인 및 Smart Control 매핑에 영향을 줄 수 있으며, 충돌을 일으킬 수 있습니다. 예를 들어, 다른 MIDI 매핑이 이미 볼륨이나 패닝을 제어하고 있다면, 이 설정이 영향을 미쳐서 예기치 않은 결과를 초래할 수 있습니다.

MIDI 쓰루

☑ **SysEx에 MIDI 쓰루 기능 적용** : 입력되는 SysEx 메시지가 다른 MIDI 데이터와 함께 MIDI 출력으로 전달됩니다. 이 기능은 편집 중인 신디사이저나 하드웨어 장치의 파라미터 변경을 즉시 모니터링할 수 있게 해주며, 하드웨어 프로그래머를 사용할 때 매우 중요합니다.

- **MIDI 쓰루 기능이 없는 악기** : 메뉴에서 선택한 악기는 선택된 트랙에 할당될 때 컴퓨터를 통해 MIDI 이벤트를 전달하지 않습니다. 기본적으로 출력 없음이 선택되어 있습니다. 이 옵션은 MIDI 쓰루 기능이 필요 없는 경우 유용하며, 특히 MIDI 신호를 무시해야 하는 경우에 설정합니다. 예를 들어, 트랙에서 MIDI 데이터를 전달하지 않아야 할 때 이 옵션을 사용합니다.

입력 필터

로직에서 MIDI 필터링 기능을 활용하여, 원하는 MIDI 메시지만 통과시키고, 불필요한 메시지를 차단하는 역할을 하며, 이를 통해 보다 정밀한 MIDI 작업 환경을 구성할 수 있습니다.

☑ **노트** : 입력되는 MIDI 데이터에서 노트 메시지가 필터링됩니다. 즉, 노트 온/오프 메시지를 차단하고, 다른 MIDI 메시지만 처리할 수 있습니다.

☑ **프로그램 체인지** : 프로그램 체인지 메시지를 필터링하여 입력되는 MIDI 데이터에서 해당 메시지가 통과하지 않도록 합니다.

☑ **피치 벤드** : 피치 벤드 메시지를 필터링합니다. 피치 벤드는 음을 미세하게 조정하는 제어 메시지로, 이 체크박스를 선택하면 해당 메시지가 처리되지 않도록 할 수 있습니다.

☑ **컨트롤 체인지** : 컨트롤 체인지 메시지(MIDI CC 메시지)를 필터링합니다. 이 설정을 활성화하면, MIDI CC 번호에 해당하는 메시지들이 입력될 때 이를 차단할 수 있습니다.

☑ **애프터터치** : 애프터터치 메시지(모든 키에서 눌러서 발생하는 터치에 대한 응답)를 필터링합니다. 이 체크박스를 활성화하면 입력되는 애프터터치 메시지가 차단됩니다.

☑ **폴리포닉 애프터터치** : 폴리포닉 애프터터치는 개별 노트에 대해 애프터터치를 처리하는 방식입니다. 이 체크박스를 활성화하면 입력되는 폴리포닉 애프터터치 메시지를 필터링합니다.

☑ **시스템 고유** : 시스템 고유 메시지는 특정 장치나 시스템에서 사용하는 특별한 메시지 유형입니다. 이 체크박스를 선택하면 이러한 시스템 고유 메시지가 필터링됩니다.

체이스

로직에서 MIDI 이벤트가 재생 시작점 이전에 놓였을 때, 해당 이벤트를 전송할 수 있도록 하여 프로젝트의 중간에서 재생을 시작할 때도 모든 MIDI 메시지가 제대로 처리되도록 보장합니다. 이 옵션은 재생 시작점 이전에 발생하는 MIDI 메시지를 스캔하고 전송하여 재생이 매끄럽게 이루어질 수 있도록 돕습니다.

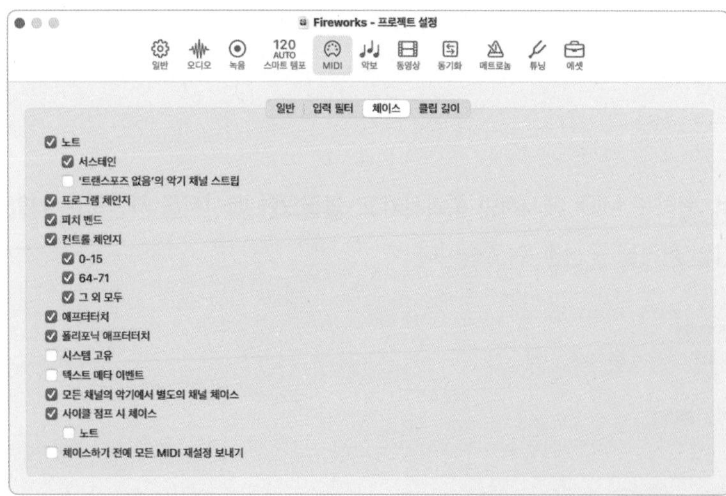

☑ **노트** : 재생 시작점이 노트의 시작 또는 끝 사이에 있을 경우, 해당 노트의 노트 켬 메시지를 전송합니다. 즉, 이전에 재생되지 않은 노트들이 재생 시작점에서 올바르게 시작될 수 있도록 합니다.

☑ **서스테인** : 재생 시작점에서 끝난 노트가 있을 경우, 그 노트 켬 메시지를 전송하고, 서스테인 페달(CC 64)의 영향을 받아 여전히 재생될 수 있도록 합니다.

☑ **트랜스포즈 없음의 악기 채널 스트립** : 트랜스포즈 없음 상태로 악기를 할당할 수 있습니다. 이로 인해 트랙에서 다른 악기들과의 동기화되지 않는 사운드를 방지할 수 있습니다.

☑ **프로그램 체인지** : 프로그램 체인지 메시지를 스캔하여 해당 메시지가 재생 시작점 이전에 위치할 경우, 마지막 이벤트를 전송합니다.

☑ **피치 벤드** : 피치 벤드 메시지를 스캔하여 재생 시작점 이전에 해당 이벤트가 있다면 마지막 피치 벤드 정보를 전송합니다.

☑ **컨트롤 체인지** : 연속적인 컨트롤러 메시지(CC 0 ~ CC 127)를 스캔하여 해당 메시지들이 재생 시작점 이전에 있었으면 마지막 컨트롤 이벤트를 전송합니다. 여기에는 다음 세 가지 범위가 포함됩니다:

0-15 범위: 모듈레이션, 숨쉬기 컨트롤러 등

64-71 범위: 서스테인 등 스위치 컨트롤러

기타 CC (72-127): 사운드 컨트롤러 등

☑ **애프터터치** : 애프터터치 메시지를 스캔하여 재생 시작점 이전의 마지막 애프터터치 메시지를 전송합니다.

☑ **폴리포닉 애프터터치** : 폴리포닉 애프터터치 메시지를 스캔하여 재생 시작점 이전의 마지막 이벤트를 전송합니다.

☑ **시스템 고유** : SysEx 메시지와 같은 시스템 고유 메시지를 스캔하여 해당 메시지가 재생 시작점 이전에 있었으면 마지막 SysEx 메시지를 전송합니다. 하드웨어와의 통합 작업에서 SysEx 데이터가 제대로 전달되지 않으면 장치가 초기화되거나 제대로 작동하지 않을 수 있으므로, 이를 전송하여 정상 작동하도록 합니다.

☑ **텍스트 메타 이벤트** : 텍스트 메타 이벤트를 스캔하여 해당 이벤트가 재생 시작점 이전에 있었으면 마지막 이벤트를 전송합니다.

☑ **모든 채널의 악기에서 별도의 채널 체이스** : 각 MIDI 채널에서 발생하는 모든 이벤트를 별도로 스캔하고, 채널별로 마지막 MIDI 이벤트를 전송합니다. 이 설정은 MIDI 채널이 모두로 설정된 경우에만 적용됩니다.

☑ **사이클 점프 시 체이스** : 사이클 모드에서 재생이 시작되면, 사이클 시작점으로 점프할 때마다 체이스 이벤트가 활성화되어 같은 메시지가 전송됩니다.

☑ **체이스하기 전에 모든 MIDI 재설정 보내기** : 재생을 정지할 때 MIDI 재설정 메시지를 보내어 연결된 모든 MIDI 장치가 기본 상태로 초기화되도록 합니다.

클립 길이

리전이 끝에 도달했을 때 특정 MIDI 이벤트를 설정하거나 기본값을 전송하는 옵션입니다. 이를 통해 MIDI 리전의 끝에서 MIDI 메시지가 어떻게 처리될지 미리 정의할 수 있어 프로젝트의 일관성을 유지하는 데 유용합니다.

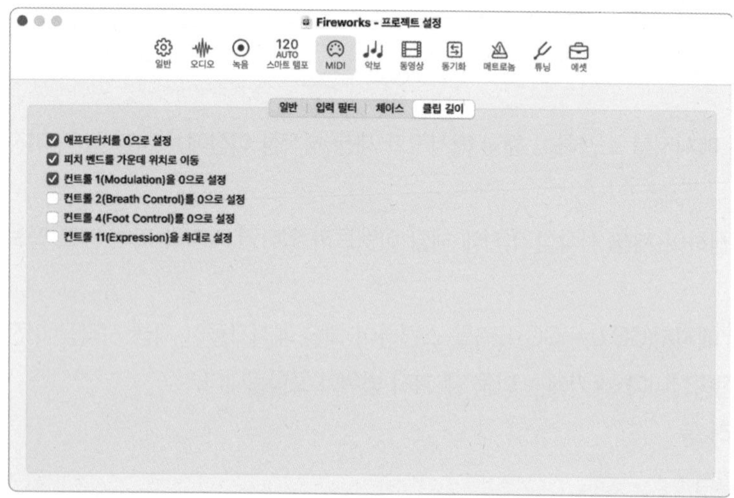

☑ **애프터터치를 0으로 설정** : 애프터터치 메시지가 리전 끝에서 자동으로 0으로 설정되어 압력이 비워지거나 해제된 상태가 됩니다. 이 설정은 리전 끝에서 애프터터치의 상태를 제어하고 싶을 때 유용합니다.

☑ **피치 벤드를 가운데 위치로 이동** : 리전이 끝날 때 피치 벤드를 초기 상태(중앙 위치)로 돌아가게 하여 다음 리전이 시작될 때 피치 벤드가 안정적으로 유지되도록 합니다. 피치 벤드가 끝나지 않거나 급격히 변경되면, 리전 간의 전환이 어색할 수 있기 때문에 이 옵션을 통해 중립화할 수 있습니다.

☑ **컨트롤 1(Modulation)을 0으로 설정** : 리전 끝에서 모듈레이션을 0으로 설정하여 모듈레이션 휠의 변화가 끝나고 기본 상태로 돌아가도록 합니다. 이는 리전 끝에서의 갑작스러운 모듈레이션 변화를 방지하고 부드러운 전환을 할 수 있게 도와줍니다.

☑ **컨트롤 2(Breath Control)를 0으로 설정** : 컨트롤 2(Breath Control)가 리전 끝에서 0으로 설정되어 연주가 끝날 때 숨결의 제어 상태가 자연스럽게 해제되도록 할 수 있습니다. 숨결 제어가 끝나지 않고 지속되면, 다음 리전에서 음향적인 불연속성을 만들 수 있기 때문에 이 설정으로 자연스러운 전환을 구현할 수 있습니다.

☑ **컨트롤 4(Foot Control)를 0으로 설정** : 컨트롤 4(Foot Control, 발 페달 제어) 값을 리전 끝에서 자동으로 0으로 리셋되어 페달의 압력이 해제된 상태로 재생을 시작할 수 있게 됩니다. 이는 발 페달을 사용하는 악기에서 페달을 리전 끝에서 해제시키는 데 유용합니다.

☑ **컨트롤 11(Expression)을 최대로 설정** : 컨트롤 11(Expression, 표현력)을 리전이 끝날 때 최대값으로 설정하여 음악적 표현이 강하게 유지되도록 할 수 있습니다. 이 설정은 리전 끝에서의 갑작스러운 소리 변화를 방지하고, 전환 시에도 음량이 일정하게 유지되도록 합니다.

6 악보

악보의 전반적인 형식과 디자인을 설정할 수 있는 다양한 옵션을 제공합니다.

글로벌

악보 레이아웃의 세부적인 요소들을 다루며, 사용자가 원하는 악보를 편집하고 출력할 수 있도록 돕습니다.

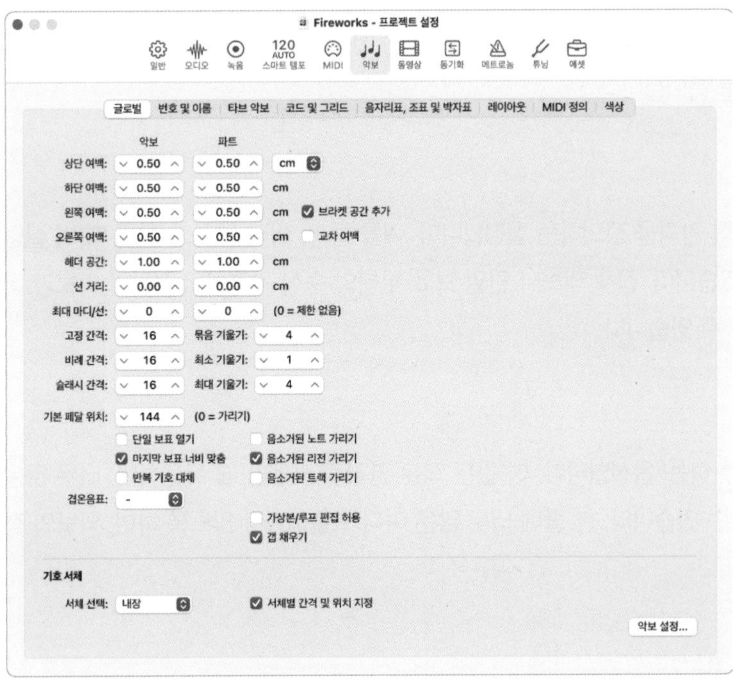

상단, 하단, 왼쪽 및 오른쪽 여백

이 값들은 페이지에서 프린트 가능 영역의 바깥쪽 테두리 여백의 크기를 설정합니다. 이 설정을 통해 프린트된 악보의 여백을 세밀하게 조정할 수 있습니다. 여백 값을 0으로 설정하면, 선택한 프린터 드라이버가 허용하는 범위 내에서 프린트가 용지 상단과 가까운 위치에서 시작되며, 여백의 크기가 달라질 수 있습니다. 악보가 인쇄될 때 페이지의 테두리와의 간격을 정의하여 가독성을 높이고 여백을 최적화할 수 있습니다.

브라켓 공간 추가

중괄호와 대괄호를 위해 왼쪽 여백선과 보표의 시작 사이에 추가 공간을 만들어 줍니다. 이를 선택하지 않으면 보표가 왼쪽 여백선과 바로 맞춰 정렬됩니다. 여러 보표를 묶을 때 중괄호나 대괄호로 그룹화된 보표를 더 잘 구분할 수 있도록 여백을 추가하여 시각적으로 더 명확하게 보이도록 합니다.

교차 여백

매 두 번째 페이지마다 왼쪽 및 오른쪽 페이지 여백 설정이 뒤바뀌도록 합니다. 이는 악보를 책처럼 양면 인쇄할 때 유용합니다. 일반적으로 안쪽 여백은 바깥쪽 여백보다 약간 더 커야 하므로, 이 설정을 통해 적절한 레이아웃을 만들 수 있습니다. 악보를 책으로 묶을 때 양쪽 페이지의 여백을 다르게 하여 페이지가 책으로 펼쳐졌을 때 자연스러운 느낌을 제공합니다.

헤더 공간

첫 페이지의 상단 여백과 첫 번째 보표의 상단 여백 사이의 공간을 정의합니다. 이 값은 주로 헤더에 사용되며, 이 영역에 삽입된 텍스트 오브젝트는 글로벌 텍스트 요소로 처리됩니다. 첫 페이지의 상단에 들어갈 텍스트나 헤더를 적절히 배치할 수 있도록 공간을 정의합니다.

선 거리

같은 페이지에서 보표 단위 사이의 수직 간격을 정의하는 설정입니다. 예를 들어, 여러 보표가 있을 때 이 설정을 통해 보표 간의 간격을 조정할 수 있습니다. 전체 악보나 단일 보표 부분의 수직 간격을 조절하여 악보가 너무 꽉 차지 않도록 하여 가독성을 높일 수 있습니다.

최대 마디/선 필드

한 줄에 표시할 수 있는 마디 수를 제한하는 옵션입니다. 이 값은 작은 간격을 사용할 때 유용하며, 너무 많은 마디가 한 줄에 표시되는 것을 방지할 수 있습니다. 한 줄에 너무 많은 마디가 들어가지 않도록 하여, 악보의 적절한 마디 배치와 가독성을 유지합니다.

고정 간격

리듬 값에 관계없이 노트 사이의 수평 간격을 일정하게 유지하는 설정입니다. 고정 간격을 0으로 설정하면 모든 마디가 동일한 수평 간격으로 설정됩니다. 노트의 리듬 값에 상관없이 일정한 간격으로 노트를 배치할 때 사용됩니다.

비례 간격

노트의 지속 시간에 따라 노트 사이의 수평 간격을 결정합니다. 비례 간격을 사용하면 온음표와 4분음표 간의 간격이 다르게 설정됩니다. 리듬에 따라 노트 간격을 다르게 설정하여 음악적인 흐름을 더 잘 반영하도록 할 수 있습니다.

슬래시 간격

슬래시 기호에 대한 간격을 설정합니다. 이는 슬래시 악보에서 사용되며, 슬래시와 그에 해당하는 노트 간격을 조정하는 데 유용합니다. 슬래시 악보나 기타 스타일에서 슬래시와 코드 기호 간의 관계를 조정합니다.

묶음 기울기, 최소 기울기 및 최대 기울기

묶음 기울기는 묶기된 노트 간격에 연관된 기울기의 크기를 결정하며, 최소 및 최대 기울기는 묶기 기울기의 범위를 설정합니다. 묶음의 기울기를 설정하여 노트 연결의 시각적 표현을 조정합니다. 다양한 기울기를 적용하여 악보의 균형을 맞출 수 있습니다.

기본 페달 위치

서스테인 페달 기호의 기본 위치를 설정합니다. 0으로 설정하면 MIDI 서스테인 페달 이벤트가 악보에서 가려집니다. 페달 기호의 위치를 사용자 정의하여 악보에서 페달 효과가 어떻게 보일지 결정할 수 있습니다.

단일 보표 열기

시작점에 세로선 없이 단일 보표를 표시할 수 있도록 설정합니다. 단일 보표를 표시할 때 세로선 없이 더욱 깔끔하게 표시되도록 할 수 있습니다.

마지막 보표 너비 맞춤

마지막 보표의 너비를 오른쪽 여백까지 늘리는 옵션입니다. 마지막 페이지에서 마지막 보표가 오른쪽 여백까지 확장되어 보이도록 설정할 수 있습니다.

반복 기호 대체

반복 기호를 책 스타일의 괄호로 대체합니다. 반복 기호가 괄호로 표시되게 하여 보다 전통적인 악보 스타일을 적용할 수 있습니다.

음소거된 노트/리전/트랙 가리기

음소거된 노트, 리전, 트랙을 악보에서 숨길 수 있는 옵션입니다. 음소거된 항목을 악보에서 제외하여 비활성화된 요소가 악보에 표시되지 않도록 할 수 있습니다.

서체 선택

설치된 악보 서체를 선택할 수 있는 옵션입니다. 예를 들어, 소나타 서체 등이 있습니다. 악보에 사용할 서체를 설정하여 악보의 시각적 스타일을 정의합니다.

가상본/루프 편집 허용

가상본 또는 루프 편집 기능을 켜거나 끕니다. MIDI 루프 편집 및 가상본을 활성화하여 반복 작업을 효율적으로 할 수 있습니다.

번호 및 이름

악보의 페이지 번호, 마디 번호, 악기 이름의 자동 디스플레이와 관련된 옵션을 조정하는 기능을 제공합니다. 각 항목은 악보의 텍스트 요소들이 어떻게 표시되고, 어떻게 레이아웃이 적용되는지에 큰 영향을 미칩니다.

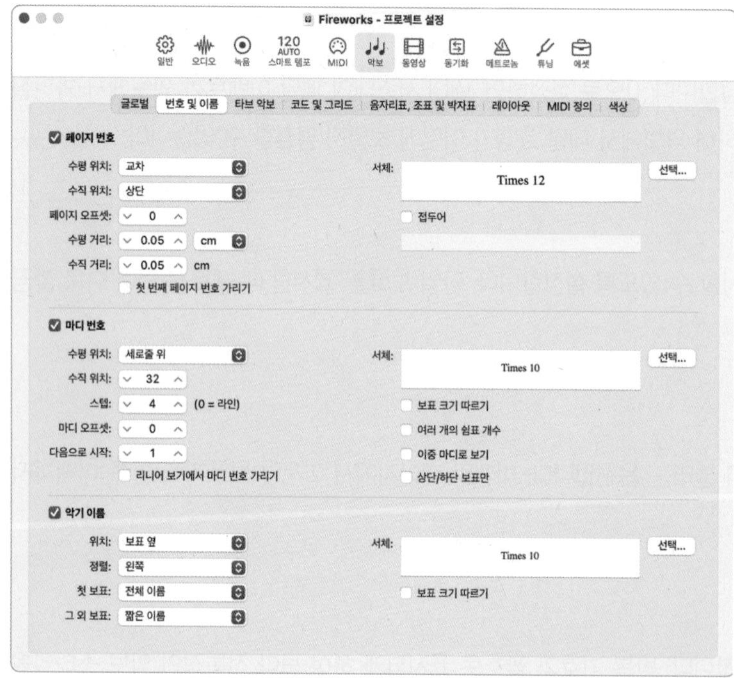

☑ **페이지 번호** : 페이지 번호를 디스플레이 하거나 숨길 수 있습니다. 이를 선택하면 자동으로 각 페이지에 페이지 번호가 표시됩니다.

수평 위치 : 페이지 번호의 수평 위치를 설정합니다.

교차 : 페이지 번호가 교차하여 페이지 번호가 오른쪽에서 시작하여 왼쪽으로 넘겨집니다.

왼쪽, 오른쪽 또는 중앙 : 페이지 번호를 왼쪽, 오른쪽, 또는 중앙에 배치할 수 있습니다.

리버스 교차 : 페이지 번호가 왼쪽에서 시작하여 오른쪽으로 넘겨집니다.

수직 위치 : 페이지 번호의 수직 위치를 설정합니다. 페이지 번호를 상단 또는 하단에 배치할 수 있습니다.

페이지 오프셋 : 각 페이지 번호에 오프셋 값을 추가하여, 페이지 번호의 시작점을 조정할 수 있습니다. 여러 부분으로 나뉜 악보에서 연속적인 페이지 번호를 유지하려면 이 값을 조정해야 합니다.

수평 거리 : 페이지 번호의 수평 위치를 왼쪽 또는 오른쪽으로 조정합니다. 교차 또는 리버스 교차 설정에서만 유효합니다.

수직 거리 : 페이지 번호의 수직 위치를 상단 또는 하단에 설정한 후, 그 위치에서 추가적으로 수직 거리를 조정합니다.

☑ **첫 번째 페이지 번호 가리기** : 첫 페이지에서 페이지 번호를 표시하지 않도록 합니다. 이후 페이지들에는 번호가 표시됩니다.

페이지 번호 서체 : 페이지 번호에 사용할 서체를 선택할 수 있습니다. 선택한 서체, 스타일, 크기가 필드에 표시됩니다.

☑ **접두어** : 페이지 번호 앞에 접두어를 추가할 수 있습니다. 예를 들어, 페이지라는 단어와 함께 번호를 표시할 수 있습니다. 접두어에 텍스트 기호(\ i, \ n, \ s, \ d)를 사용하여 동적으로 정보를 삽입할 수 있습니다.

\ i: 악보 모음 이름

\ n: 프로젝트 파일 이름

\ s: 현재 표시된 디스플레이 레벨의 이름

\ d: 현재 날짜

☑ **마디 번호** : 마디 번호를 디스플레이 하거나 숨길 수 있습니다.

수평 위치 : 마디 번호의 수평 위치를 설정합니다. 세로줄 위 또는 마디 중앙에 배치할 수 있습니다.

수직 위치 : 마디 번호의 수직 위치를 설정합니다. 음수 값을 설정하면 마디 번호가 보표 아래에 배치됩니다.

스텝 : 마디 번호 간의 간격을 설정합니다. 예를 들어, 4로 설정하면 첫 번째, 다섯 번째, 아홉 번째 마디에 번호가 표시됩니다.

마디 오프셋 : 마디 번호에 추가할 오프셋 값을 설정합니다. 모든 마디 번호에 이 값이 추가되어 표시됩니다.

마디 번호 서체 : 마디 번호에 사용할 서체를 선택합니다.

다음으로 시작 : 자동 번호 매기기를 특정 마디에서 시작할 수 있습니다.

☑ **리니어 보기에서 마디 번호 가리기** : 빈 페이지 악보 보기에서는 마디 번호를 숨길 수 있습니다.

☑ **보표 크기 따르기** : 마디 번호의 크기를 보표의 크기에 맞춰 자동으로 조정할 수 있습니다.

☑ **여러 개의 쉼표 개수** : 여러 개의 쉼표 아래에서 첫 번째와 마지막 마디 번호를 표시할 수 있습니다.

☑ **이중 마디로 보기** : 겹세로줄 및 반복 기호 위/아래에 마디 번호를 표시하도록 설정합니다.

☑ **상단/하단 보표만** : 마디 번호를 상단 보표 위에만 표시하도록 설정합니다. 수직 위치가 음수일 경우 하단 보표에 표시됩니다.

☑ **악기 이름** : 악기 이름을 디스플레이 하거나 숨길 수 있습니다.

위치 : 악기 이름을 보표 위 또는 보표 옆에 배치할 수 있습니다.

정렬 : 악기 이름을 왼쪽 또는 오른쪽 여백에 배치할 수 있습니다.

첫 보표 : 첫 번째 보표에 악기 이름을 표시할지를 설정합니다. 옵션으로는 이름 없음, 짧은 이름, 또는 전체 이름이 있습니다.

그 외 보표 : 첫 번째 보표와 같은 옵션을 설정할 수 있습니다.

악기 이름 서체 : 악기 이름에 사용할 서체를 선택합니다. 선택한 서체, 스타일, 크기가 필드에 표시됩니다.

타브 악보

타브 악보는 주로 프렛이 있는 현악기(기타와 일렉트릭 베이스)에서 사용되는 악보 시스템입니다. 이 시스템에서 각 라인은 특정 스트링을 나타내며, 각 노트는 그 스트링에서 연주해야 하는 프렛 번호로 표시됩니다. 로직에서는 특정 튜닝 세트에 맞춰 타브 악보를 자동으로 변환할 수 있는 기능이 제공되며, 이를 위해 몇 가지 주요 설정과 파라미터가 필요합니다.

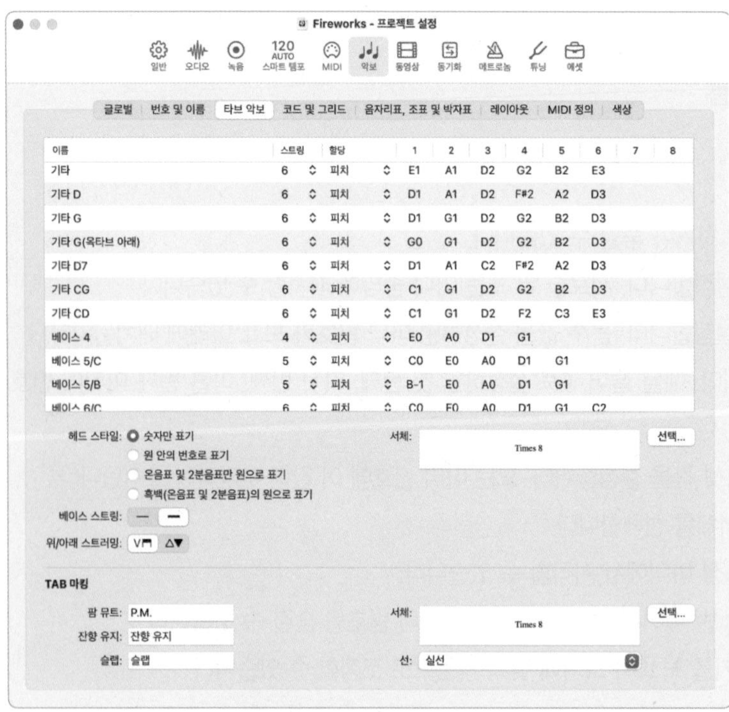

튜닝 세트 : 로직에서는 최대 12개의 서로 다른 튜닝 세트를 정의할 수 있습니다. 각 튜닝 세트는 한 줄에 해당하며, 기본적으로 기타 및 베이스의 튜닝은 기본값으로 설정되어 있습니다.

튜닝 세트 파라미터

이름 : 튜닝 세트의 이름을 변경할 수 있습니다. (더블 클릭하여 텍스트 필드에서 수정)

스트링 : 사용하려는 스트링의 수를 3에서 16개까지 선택할 수 있습니다.

할당 : 각 스트링에 대해 자동으로 할당되는 음을 선택하는 방법을 설정합니다.

String Pitch : 각 스트링의 피치를 설정할 수 있습니다. 직접 입력하거나 드래그하여 튜닝을 변경할 수 있습니다. 기본적으로 8개 스트링까지 직접 표시되며, 8개 이상의 스트링을 사용할 경우 스크롤을 통해 다른 스트링을 볼 수 있습니다.

공통 파라미터

헤드 스타일 : 타브 악보에서 노트의 표기 스타일을 설정합니다.

☑ **숫자만 표기** : 단순한 숫자 표기

☑ **원 안의 번호로 표기** : 원 모양의 안에 숫자를 표기

☑ **온음표 및 2분음표만 원으로 표기** : 온음표/2분음표 표기

☑ **흑백(온음표 및 2분음표)의 원으로 표기** : 흑백으로 된 원 안에 음표 표기

베이스 스트링 : 가장 낮은 스트링의 디스플레이 스타일을 결정합니다. 일반적으로 더 두꺼운 라인으로 표시됩니다.

위/아래 스트러밍 : 코드 그리드와 타브 악보에서 스트러밍 방향(위/아래)을 설정합니다.

서체 : 타브 악보의 서체 스타일을 선택합니다.

TAB 마킹

팜 뮤트 : Palm Muting을 사용하여 타브 악보에 표시할 수 있는 옵션을 설정합니다. 이름, 서체, 크기를 사용자 지정합니다.

잔향 유지 : Reverb Sustain 마킹을 타브 악보에 설정할 수 있습니다.

슬랩 : Slap 기법을 표시하는 마킹을 설정합니다.

선 : 선 스타일을 실선, 대시선, 점선으로 설정할 수 있습니다.

서체 : TAB 마킹에 사용할 서체를 선택합니다.

스트링 할당 결정

타브 악보에서 각 노트가 어떤 스트링에서 어떤 프렛으로 연주될지를 결정하는 것이 중요한데, 이를 스트링 할당 파라미터에서 설정할 수 있습니다. 이 방식은 주로 MIDI 채널에 따라 노트를 할당하는 방식입니다.

피치 모드 : 로직은 기본적으로 각 노트를 가장 낮은 스트링에서 재생 가능한 위치로 할당합니다. 예를 들어, A3 (MIDI 채널 1)은 G 스트링의 두 번째 프렛에 해당합니다. 프렛 위치는 MIDI 채널보다 낮을 수 없습니다. 예를 들어, A3 (MIDI 채널 1)은 3번째 프렛 이상에서만 유효합니다.

채널 모드 : 스트링 번호(1~6)는 MIDI 채널에 대응되며, 가장 낮은 스트링부터 높은 스트링까지 할당됩니다. 예를 들어, 채널 7~16은 가장 높은 스트링에 할당됩니다.

Inv. Channel : 채널 번호가 가장 높은 스트링부터 낮은 스트링으로 할당됩니다. 이는 기타 타브 악보에서 일반적으로 사용되는 방식입니다. 전통적인 기타 타브 악보에서는 1번 스트링부터 6번 스트링까지 역순으로 할당됩니다.

Inv. Ch-1 및 Inv. Ch-2 : 이 모드는 일렉트릭 베이스의 타브 악보에서 사용됩니다. Inv. Ch-1은 5스트링 베이스에 Inv. Ch-2는 4 스트링 베이스에 사용됩니다. 이 모드는 기타-to-MIDI 변환기에서 중요한 역할을 합니다.

코드 및 그리드

악보의 코드 기호와 코드 그리드를 세밀하게 제어하는 옵션입니다. 이 설정을 통해 코드 기호의 서체, 크기, 위치와 같은 세부 사항을 조정하고, 코드 그리드의 운지법, 프렛 수, 방향 등을 커스터마이즈할 수 있습니다.

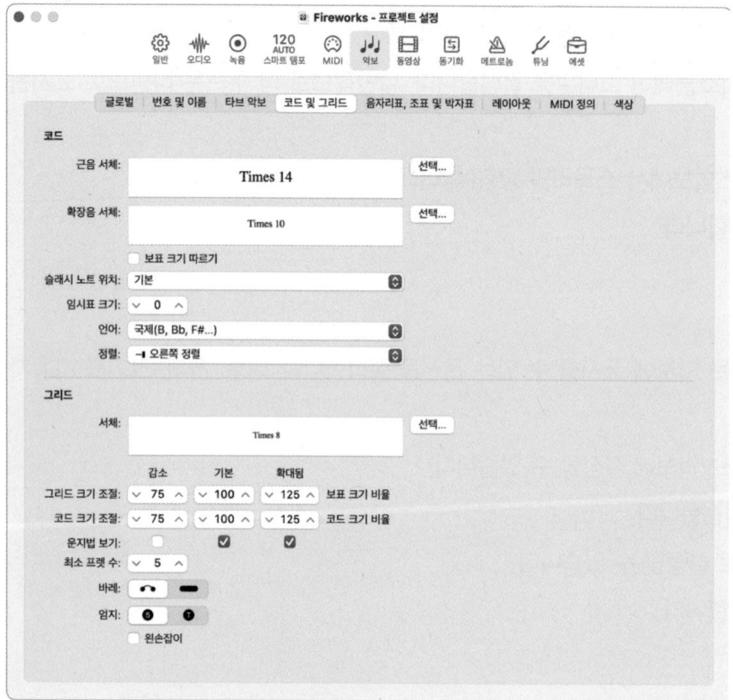

코드

근음 서체 : 코드 기호의 근음에 대한 서체를 설정합니다. 예를 들어, C나 G와 같은 근음을 나타내는 기호의 스타일을 변경할 수 있습니다.

확장음 서체 : 텐션 코드 부분에 대한 서체를 설정합니다. 예를 들어, 7, 9, 11 등의 텐션음을 나타내는 기호의 스타일을 설정합니다.

보표 크기 따르기 : 코드 기호의 크기를 보표 크기에 맞추기로 설정합니다. 즉, 보표 크기에 따라 코드 기호의 크기가 자동으로 조정됩니다.

슬래시 노트 위치 : 슬래시 노트의 위치를 설정합니다. 슬래시 노트는 코드 기호 밑에 슬래시를 넣어 대체 음을 표시하는 방법으로 사용되며, 이 설정으로 그 위치를 조정할 수 있습니다.

임시표 크기 필드 : 코드 기호 내 임시표의 크기를 조정할 수 있습니다. 양수 값을 입력하면 임시표가 커지고, 음수 값은 임시표의 크기를 줄입니다.

언어 : 임시표 및 코드 기호에 사용할 언어를 선택합니다. 영어, 독일어, 프랑스어 등 다양한 언어를 지원합니다.

정렬 : 코드 기호의 수평 정렬을 결정합니다. 코드 기호의 위치를 기본값으로 설정할 수 있으며, 마디 내에서 코드 기호가 어떻게 정렬될지를 결정합니다.

그리드

서체 : 코드 그리드의 기본 서체를 설정합니다. 코드 그리드에 포함된 기타 악기 운지법 다이어그램이나 코드 기호의 서체 스타일을 정의합니다.

그리드 크기 조절 : 그리드 크기를 설정하는 3개의 슬라이더가 제공됩니다.
감소 슬라이더 : 첫 번째 코드 그리드의 크기를 설정합니다.
보통 슬라이더 : 두 번째 코드 그리드의 크기를 설정합니다.
확대 슬라이더 : 세 번째 코드 그리드의 크기를 설정합니다.

코드 크기 조절 : 코드 기호 크기를 조정하는 슬라이더입니다.
감소 슬라이더 : 첫 번째 코드 그리드의 코드 크기를 설정합니다.
보통 슬라이더 : 두 번째 코드 그리드의 코드 크기를 설정합니다.
확대 슬라이더 : 세 번째 코드 그리드의 코드 크기를 설정합니다.

운지법 보기 : 코드 그리드에서 운지 번호를 표시합니다. 선택하면 코드 다이어그램에 각 프렛의 운지법 번호가 표시됩니다.

최소 프렛 수 : 코드 그리드에서 최소 프렛 수를 정의합니다. 코드 다이어그램에서 4개, 5개, 또는 6개의 프렛을 사용할 수 있습니다.

바레 : 코드 다이어그램에서 Barre 스타일을 정의합니다. 이를 통해 붙임줄(Barre) 기법이 사용된 코드를 나타내는 스타일을 설정할 수 있습니다.

엄지 : 코드 다이어그램에서 엄지손가락 운지법 기호를 설정합니다. 보통 5 또는 T로 나타내며, 이를 통해 엄지로 누르는 프렛을 표시할 수 있습니다.

왼손잡이 : 왼손잡이 사용자를 위해 코드 그리드의 방향을 변경하는 옵션입니다.

음자리표, 조표 및 박자표

음자리표, 조표 및 박자표 설정은 악보에서 음악적 표기의 다양한 세부 사항을 제어하는 설정입니다. 음자리표, 조표 및 박자표의 표시 방식과 관련된 여러 디스플레이 파라미터를 조정할 수 있으며, 옥타브 기호와 선의 스타일을 세밀하게 설정하여 악보를 원하는 형태로 커스터마이즈할 수 있습니다.

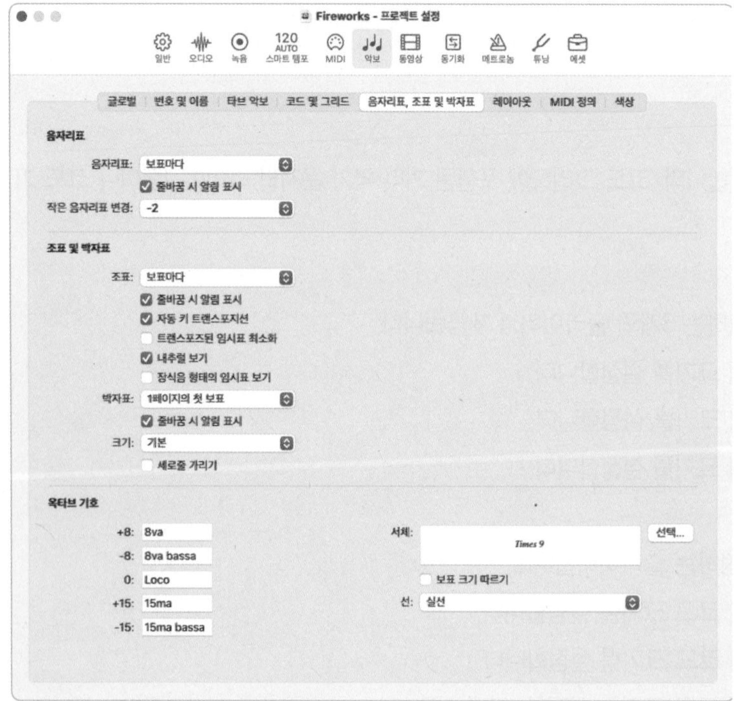

음자리표

음자리표 : 음자리표의 디스플레이 옵션을 선택합니다.

보표마다 : 각 보표마다 음자리표를 표시.

모든 페이지의 첫 보표 : 첫 페이지에서만 음자리표를 표시.

1페이지의 첫 보표 : 첫 페이지의 첫 보표에만 음자리표를 표시.

모두 가리기 : 모든 음자리표를 숨깁니다.

☑ **줄바꿈 시 알림 표시** : 음자리표가 변경될 때 보표의 끝에 경고를 표시합니다. 예를 들어, 음자리표가 변경될 때 그 변경 사항을 후속 보표나 보표단의 시작 부분에 알리기 위해 표시합니다.

작은 음자리표 변경 : 음자리표의 변경 사항을 작은 크기로 표시합니다. 보표 시작 부분의 음자리표보다 작은 크기로 변경 사항을 표시하는 옵션입니다.

조표 및 박자표

조표 : 조표의 디스플레이 옵션을 선택합니다.

보표마다 : 각 보표마다 조표를 표시.

모든 페이지의 첫 보표 : 첫 페이지에서만 조표를 표시.

1페이지의 첫 보표 : 첫 페이지의 첫 보표에만 조표를 표시.

모두 가리기 : 모든 조표를 숨깁니다.

☑ **줄바꿈 시 알림 표시** : 조표가 변경될 때 보표 또는 보표단의 끝에서 경고를 표시합니다. 조표가 변경되면 후속 보표나 보표단의 시작 부분에서 이를 알리기 위해 표시됩니다.

☑ **자동 키 트랜스포지션** : 조표의 자동 트랜스포지션을 활성화합니다. 보표 스타일을 트랜스포즈할 때 조표가 자동으로 조정됩니다. 이 설정은 기본적으로 선택되어 있으며, 무조음악을 사용할 때는 예외가 적용됩니다.

☑ **트랜스포즈된 임시표 최소화** : 임시표의 수를 최소화하여 조표가 적은 형태로 나타나도록 설정합니다. 예를 들어, B장조(5개의 샵)로 작성된 악보에서 Bb 악기는 Db장조(5개의 플랫)로 표시됩니다.

☑ **내추럴 보기** : 제자리표(Natural Sign)를 표시합니다. 조표가 변경되면 이전에 적용되었던 임시표를 더 이상 사용하지 않도록 합니다. 예를 들어, E장조에서 G장조로 변할 때 제자리표가 나타나게 됩니다.

☑ **장식음 형태의 임시표 보기** : 식음 형태의 임시표를 표시합니다. 즉, 온음계 노트가 임시표로 인해 변경될 때마다, 해당 노트가 이후 마디에서 다시 임시표(주로 제자리표)가 표시됩니다.

박자표 : 박자표의 디스플레이 옵션을 선택합니다.

보표마다 : 각 보표마다 박자표를 표시.

모든 페이지의 첫 보표 : 첫 페이지에서만 박자표를 표시.

1페이지의 첫 보표 : 첫 페이지의 첫 보표에만 박자표를 표시.

모두 가리기 : 모든 박자표를 숨깁니다.

☑ **줄바꿈 시 알림 표시** : 박자표가 변경될 때 보표 또는 보표단의 끝에서 경고를 표시합니다.

크기 : 박자표의 크기를 조정하는 옵션입니다. 주로 지휘 목적에 따라 크기를 크게 설정할 수 있으며, 일반 값과 백분율 값으로 크기를 변경할 수 있습니다.

☑ **세로줄 가리기** : 세로줄을 숨깁니다. 주로 교육 자료, 그레고리안 단선율 성가 표기법 등에 유용하며, 자동으로 표시된 세로줄만 가려지며 수동으로 삽입된 세로줄은 그대로 표시됩니다.

옥타브 기호

+8, -8, 0, +15, -15 : 옥타브 기호(예: +8, -8 등)의 텍스트 문자열과 포맷을 편집합니다. 각 필드에서 텍스트를 입력하여 표시 형식을 설정할 수 있습니다.

옥타브 기호 서체 : 옥타브 기호의 서체를 선택할 수 있습니다. 선택한 서체, 스타일, 크기가 표시됩니다.

☑ **보표 크기 따르기** : 옥타브 기호를 보표 크기에 맞게 자동으로 조정합니다.

선 : 선의 스타일을 조정할 수 있습니다. 실선, 대시선, 점선 중에서 선택하여 선의 스타일을 변경할 수 있습니다.

레이아웃

악보의 다양한 요소들을 어떻게 표시할지에 대한 세부 설정을 제어합니다. 특히, 선 두께, 이음줄과 붙임줄의 설정, 노트와 다른 표기 요소들 간의 거리 조정 등을 통해 악보의 시각적인 조화를 맞출 수 있습니다.

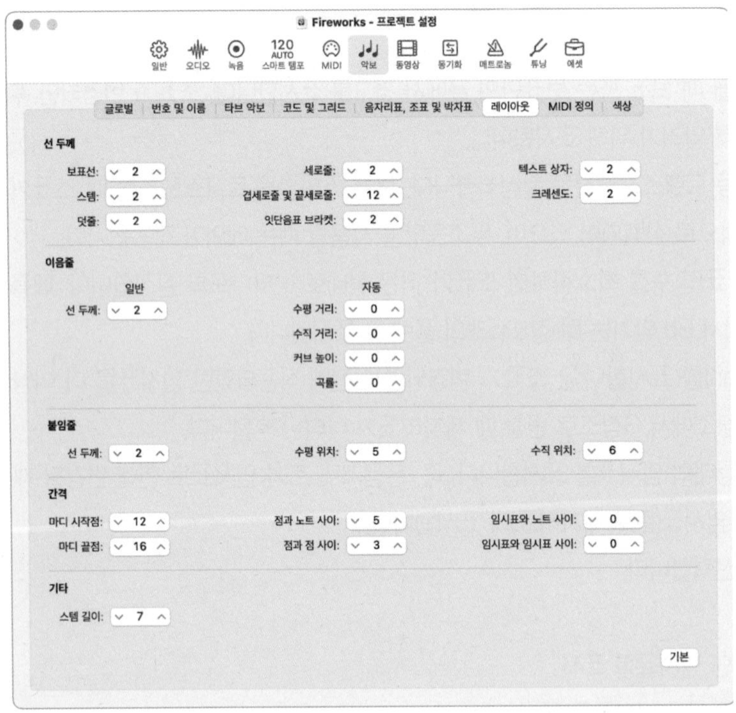

선 두께

악보의 여러 요소에 사용되는 선 두께를 정의합니다.

보표선, 스템, 덧줄, 세로줄, 겹세로줄, 끝세로줄, 잇단음표 브라켓, 텍스트 상자, 크레센도/디크레센도(라인 오브젝트 및 화살표에도 영향을 줍니다)

이음줄

이음줄의 두께를 설정합니다. 모든 이음줄에 동일한 두께가 적용됩니다.

수평 거리 : 이음줄의 시작과 끝 사이의 수평 거리를 설정합니다. 이음줄의 간격을 조정할 수 있습니다.

수직 거리 : 이음줄의 수직 높이를 설정합니다. 악보 내에서 이음줄의 위치를 조정할 수 있습니다.

커브 높이 : 이음줄의 커브 보우를 결정합니다. 이음줄의 곡선을 얼마나 부드럽게 만들지 설정할 수 있습니다.

곡률 : 이음줄의 곡률 정도를 설정합니다. 곡률이 높을수록 이음줄이 더 둥글게 나타납니다.

붙임줄

선 두께 : 붙임줄 선의 두께를 설정합니다. 모든 붙임줄에 대해 동일한 두께가 적용됩니다.

수평 위치 : 노트 헤드와 관련된 붙임줄의 수평 위치를 설정합니다. 붙임줄의 가로 위치를 조정합니다.

수직 위치 : 붙임줄이 노트 헤드와 얼마나 떨어져 있을지 조정할 수 있습니다.

간격

마디 시작점 간격 및 마디 끝점 간격 : 마디의 첫 번째 및 마지막 노트와 세로줄 사이의 상대 거리를 설정합니다. 마디의 시작점과 끝점에서 세로줄과의 간격을 조정합니다.

점과 노트 사이 거리 및 점과 점 사이 거리 : 점이 있는 노트의 노트 헤드와 점 사이의 간격을 설정합니다. 또한, 겹점 음표의 경우 점과 점 사이의 거리도 설정할 수 있습니다.

임시표와 노트 사이 거리 : 임시표와 노트 헤드 사이의 수평 간격을 설정합니다. 기본적으로 임시표와 노트 사이의 간격을 조정할 수 있으며, 아주 작은 값을 사용하면 노트 사이의 간격이 좁아집니다. 이 설정은 글로벌하게 적용되며, 개별 노트 속성에서 설정한 임시표 간격 파라미터와 결합될 수 있습니다.

임시표와 임시표 사이 거리 : 여러 임시표 간의 수평 간격을 설정합니다. 코드에서 여러 임시표를 사용하는 경우, 그들 간의 간격을 조정할 수 있습니다.

기타

스템 길이 : 스템 길이의 기본 설정을 조정합니다. 스템이 얼마나 길거나 짧은지를 결정하는 슬라이더입니다.

MIDI 정의

악보에서 사용하는 다양한 기호가 노트의 MIDI 재생에 미치는 영향을 조정하는 중요한 기능입니다. 이 설정을 통해 기호가 노트의 벨로시티와 길이에 어떻게 영향을 미치는지 정의할 수 있습니다. 이 설정은 마우스로 노트를 삽입할 때 매우 유용하며, MIDI 재생에서 더 사실적이고 생동감 있는 소리를 만드는 데 기여합니다.

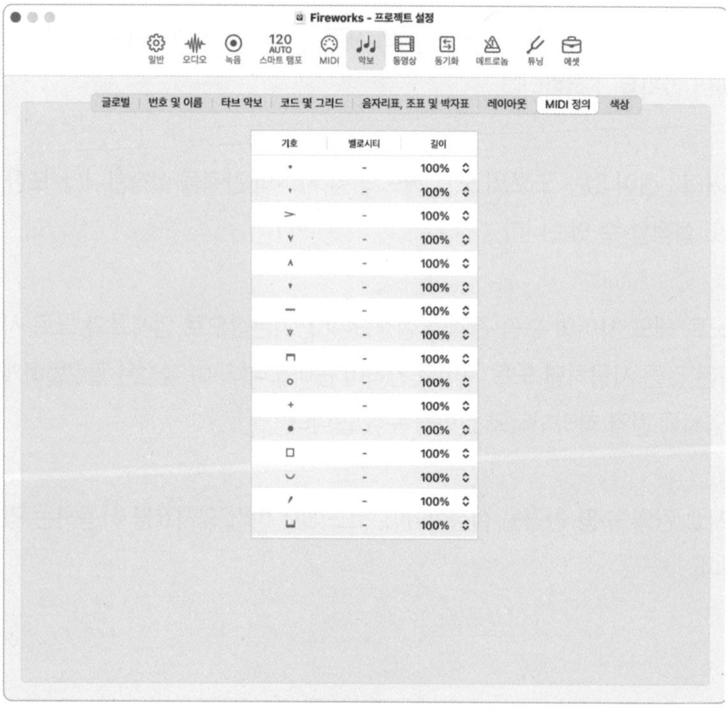

기호

기호는 특정 노트에 붙어 해당 노트의 MIDI 출력을 수정하는데 사용됩니다. 각 기호에 대해 다음 두 가지 파라미터를 설정할 수 있습니다.

벨로시티

벨로시티는 노트의 원본 벨로시티 값에 더해지거나 빼집니다. 예를 들어, 액센트 기호가 붙으면 해당 노트의 벨로시티가 높아져 강조된 소리를 낼 수 있습니다. 벨로시티 값을 조정하면 노트의 세기가 달라지므로, 음악의 다이나믹을 조절하는 데 유용합니다.

길이

길이는 노트의 원본 길이에 대해 백분율로 조정됩니다. 예를 들어, 길이를 50%로 설정하면 해당 노트는 원래 길이의 절반으로 줄어듭니다. 이 설정은 노트의 재생 길이에만 영향을 미치며 화면에 표시되는 악보의 길이에는 영향을 주지 않습니다. 이벤트 인스펙터나 이벤트 목록에서 변경된 길이를 확인할 수 있습니다.

MIDI 정의 설정 사용 예시

초기 설정 : 기본적으로, MIDI 정의 패널의 설정은 벨로시티 0 (변경 없음)과 길이 100% (변경 없음)입니다. 이 상태에서는 기호가 순수하게 그래픽적인 요소로만 존재하고, MIDI 재생에 영향을 미치지 않습니다.

기호 삽입 및 벨로시티/길이 변경 : 액센트나 프레이징 마크를 일부 노트에 삽입하면, 해당 노트의 벨로시티와 길이가 변경됩니다. 액센트 기호를 붙이면 그 노트의 벨로시티가 증가하여 강조된 느낌을 줄 수 있고, 프레이징 마크는 길이를 변경할 수 있습니다.

사운드의 사실성 향상 : MIDI 정의 기능을 활용하면, 자동으로 재생되는 노트들의 다이나믹과 리듬을 세밀하게 조정하여 더 실제적인 사운드를 구현할 수 있습니다. 이 기능을 통해 연주와 악보의 차이를 줄일 수 있으며, 음악이 더 생동감 있게 들립니다.

MIDI 정의 설정의 유용성

마우스 삽입 후 사용 : 마우스로 노트를 삽입할 때, 기본적으로 모든 노트는 동일한 벨로시티와 동일한 길이를 가집니다. 그 후에 기호를 추가하여 벨로시티와 길이를 수정할 수 있습니다.

실시간 녹음 : 리전 실시간 녹음(키보드 사용) 시에도 기본 설정이 유용하며, 기본값으로도 노트가 원하는 사운드를 낼 수 있습니다.

주의사항

설정 조정 시점 : MIDI 정의를 사용하고자 할 때는 액센트나 프레이징 마크 등의 기호를 삽입하기 전에 설정을 조정해야 합니다. 이미 삽입된 기호에는 설정이 적용되지 않기 때문에 설정 후 기호를 삽입해야만 제대로 적용됩니다.

기호 삭제 : 기호를 삭제하면 노트의 벨로시티와 길이가 초기값으로 재설정됩니다. 따라서 기호가 삭제된 후, 노트의 벨로시티와 길이는 변경되지 않습니다.

색상

악보에서 다양한 피치, 벨로시티, 노트 색상 등을 지정하는 옵션을 통해 시각적인 요소를 조정할 수 있게 해줍니다. 이 설정은 특히 색상으로 시각적인 구분을 쉽게 하여, 연주자가 빠르게 피치나 벨로시티를 식별하고 음악적 구조를 더 잘 이해할 수 있도록 돕습니다.

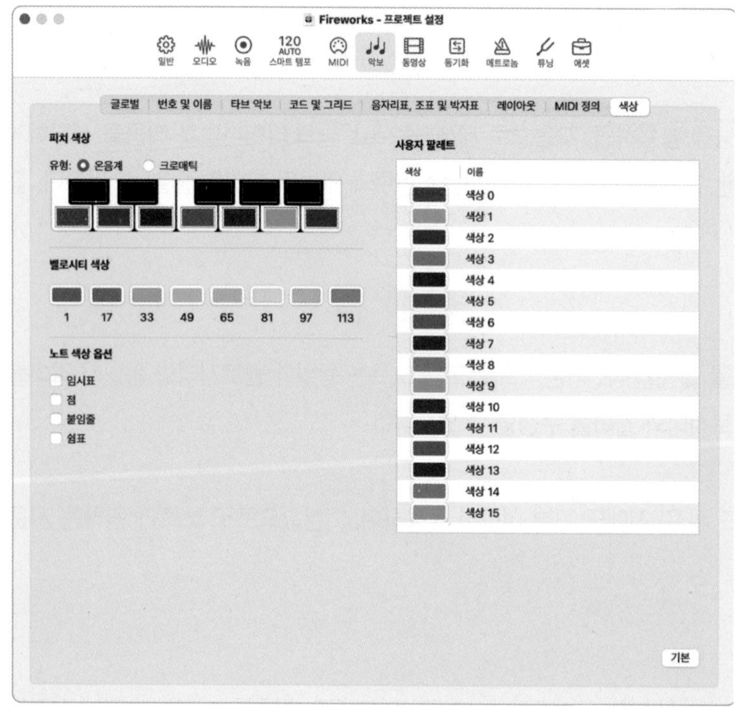

피치 색상

피치 색상 유형을 설정하면, 각 옥타브의 노트에 특정 색상을 할당할 수 있습니다. 이를 통해 피아노 키와 비슷하게 색상으로 음을 구분할 수 있습니다.

유형

온음계 : 7가지 서로 다른 색상을 사용하여 7개의 자연음(C, D, E, F, G, A, B)을 구분합니다.

크로매틱 : 12가지 색상을 사용하여 12개의 반음을 모두 구분할 수 있습니다.

피치 색상 버튼 : 각 음의 색상을 클릭하여 표준 색상 윈도우에서 색상을 변경할 수 있습니다.

벨로시티 색상

벨로시티 색상은 MIDI에서 노트의 강도를 시각적으로 표시하는 데 사용됩니다. 벨로시티가 커질수록 노트의 색상도 변화합니다.

벨로시티 색상 버튼 : 벨로시티 범위에 따라 8가지 색상이 적용됩니다. 이 색상은 왼쪽(최소 벨로시티)에서 오른쪽(최대 벨로시티)로 적용됩니다. 색상을 클릭하여 표준 색상 윈도우에서 원하는 색상으로 변경할 수 있습니다.

노트 색상 옵션

이 항목들은 악보에서 다양한 기호들의 색상 설정을 정의할 수 있습니다. 이로 인해 악보의 시각적 요소들이 더 명확하게 구분됩니다.

☑ 임시표 : 임시표가 컬러로 표시될지 검은색으로 표시될지를 결정합니다. 노트 연결에 따라 색상을 다르게 표시할 수 있습니다.

☑ 점 : 점이 컬러로 표시될지 아니면 검은색으로 표시될지를 결정합니다. 노트에 점이 붙은 경우, 점의 색상도 노트 연결에 따라 다르게 설정할 수 있습니다.

☑ 붙임줄 : 임줄이 컬러로 표시될지 아니면 검은색으로 표시될지를 결정합니다. 노트 간의 붙임줄도 연결에 따라 색상이 달라질 수 있습니다.

☑ 쉼표 : 표가 컬러로 표시될지 아니면 검은색으로 표시될지를 설정합니다. 이 옵션은 주로 폴리포닉 보표 스타일에 사용되며, 사용자 쉼표에만 적용됩니다.

사용자 팔레트

사용자는 자신만의 색상 팔레트를 만들어 자유롭게 편집할 수 있습니다. 색상의 이름을 지정하여 사용자가 쉽게 식별하고 적용할 수 있습니다.

색상 : 사용자 팔레트에서 색상을 편집하고 이름을 지정할 수 있습니다. 색상을 클릭하여 표준 색상 윈도우에서 특정 색상을 변경합니다.

이름 : 텍스트 상자를 두 번 클릭하여 색상에 이름을 붙여 관리할 수 있습니다. 이름은 다른 색상 선택 메뉴(예: 보표 스타일, 노트 속성 등)에서 색상 옵션으로 표시됩니다.

7 동영상

동영상 파일과 관련된 위치, 볼륨, 템포 등의 값을 조정하는 옵션입니다. 이 설정을 통해 음악과 동영상의 동기화를 원활하게 조정하고, 동영상의 특정 부분을 원하는 위치에서 정확하게 조절할 수 있습니다.

위치

동영상 : 전체 동영상의 위치를 설정합니다. 이 필드를 사용하면 동영상의 시작 위치를 왼쪽이나 오른쪽으로 이동시킬 수 있습니다. 이를 통해 동영상의 전체 타이밍을 조정할 수 있습니다.

리전 : 동영상 리전의 위치를 설정합니다. 리전은 동영상의 특정 구간을 나타내며, 해당 리전의 시작 위치를 왼쪽이나 오른쪽으로 이동할 수 있습니다. 이 설정은 특정 구간을 음악과 동기화하는 데 유용합니다.

리전 경계

시작 : 동영상 리전의 시작점을 설정합니다. 리전의 시작점은 동영상의 전체 타임라인(SMPTE 위치)과 일치할 수 있습니다. 이 필드는 리전이 시작되는 정확한 위치를 결정합니다.

종료 : 동영상 리전의 끝 지점을 설정합니다. 동영상 리전이 어느 시점에서 끝날지를 정의합니다. 이를 통해 동영상의 특정 구간을 지정하여 음악과 동기화시킬 수 있습니다.

길이 : 리전의 길이를 표시합니다. 리전의 시작과 끝 위치에 따라, 동영상 리전의 길이가 자동으로 계산되어 표시됩니다. 이 길이는 전체 동영상에서 리전이 차지하는 시간적 범위를 나타냅니다.

동영상 볼륨

동영상 오디오 트랙의 볼륨을 설정하는 슬라이더입니다. 이 슬라이더를 사용하여 동영상의 오디오를 증가시키거나 감소시킬 수 있습니다. 음악이나 다른 오디오 요소와의 균형을 맞추는 데 유용합니다.

음소거 : 동영상의 오디오 트랙을 음소거로 설정하는 버튼입니다. 클릭하면 동영상 오디오가 끄기 상태로 변경되어, 다른 오디오 트랙의 사운드가 강조될 수 있습니다.

8 동기화

다른 장비나 동기화 소스와의 동기화 방법을 설정하고, 시간 표시 방식을 제어하는 옵션입니다.

일반

외부 장비와의 동기화, 프레임률, 시간 디스플레이 등을 정의할 수 있습니다.

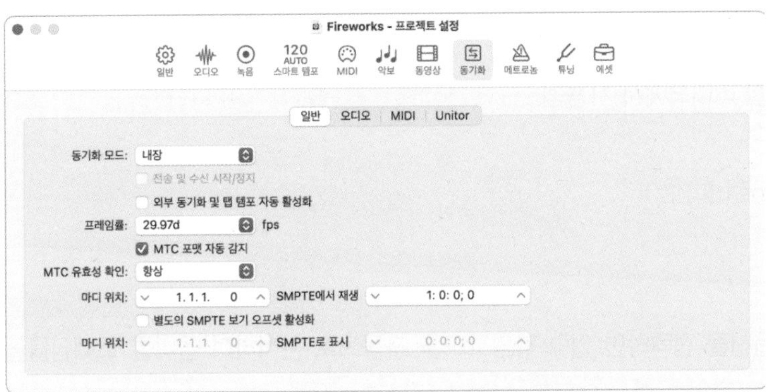

동기화 모드 : 로직 내부 클락을 사용하여 동기화할지 아니면 외부 소스에 의해 제어될지 결정합니다. 외부 장비나 시스템과 동기화할 때 사용할 수 있는 여러 모드가 있습니다.

내장 : 로직 자체 내장 타이머를 사용하고, 외부 기기는 MIDI 클락이나 MTC를 통해 동기화됩니다.

Ableton Link : 네트워크 상의 다른 기기들과 비트, 템포, 단계를 동기화하는 기능입니다. 여러 응용 프로그램이 같은 네트워크에서 함께 동기화됩니다.

MTC (MIDI Time Code) : 로직 MIDI Time Code를 수신하여 동기화합니다. MTC는 MIDI 인터페이스나 SMPTE 타임코드를 통해 입력될 수 있습니다.

매뉴얼 : 템포 인터프리터 모드를 선택하여 MIDI 클락 임펄스를 수신하고, 로직 템포 인터프리터 명령에 응답하도록 설정합니다.

☑ **전송 및 수신 시작/정지** : 트랜스포트 시작/정지 명령이 모든 동기화된 장치들 간에 공유되어 여러 기기에서 동기화된 상태로 시작 및 정지할 수 있습니다.

☑ **외부 동기화 및 탭 템포 자동 활성화** : 외부 동기화 신호를 수신할 때까지 MIDI 클락을 전송합니다. 첫 번째 동기화 신호를 수신하면 자동으로 동기화가 잠금됩니다. 단, 동기화 신호가 동시에 수신되지 않도록 해야 하며, 하나의 기기만 타임코드를 전송해야 합니다.

프레임률 : 타임라인의 시간 위치는 시간, 분, 초로 측정되며, 각 초는 프레임으로 나뉩니다. 프레임률은 초당 프레임 수(fps)로 표시됩니다. 로직이 전송 및 수신하는 타임코드에 사용할 프레임률을 선택합니다. 다양한 프레임률 옵션이 제공되며, 각각의 영상 포맷과 동기화 표준에 맞춰 선택할 수 있습니다.

23.976fps: 99.9%에서 24fps 실행. 필름을 NTSC 비디오로 쉽게 전송.
24fps: 영화 및 고화질 비디오.
25fps: PAL 비디오/TV 방송.
29.97d fps: 드롭 프레임을 사용하는 NTSC 비디오/TV 방송.
29.97fps: 표준 NTSC 비디오.
30fps: 초기 흑백 NTSC 비디오, 고화질 비디오에서 사용됨.
50fps: 25fps에서 더 높은 프레임률.
59.94dfps: 드롭 프레임을 사용한 60fps 비디오.
60fps: 더 높은 프레임률 비디오 표준.

MTC 포맷 자동 감지 체크상자 : 이 옵션을 선택하면 입력 타임코드를 자동으로 분석하여 올바른 프레임률을 설정합니다. 로직은 29.97fps와 30fps를 구별할 수 없으므로, 이를 자동으로 해석합니다.

MTC 유효성 확인 : 입력 타임코드를 확인하는 빈도를 지정합니다. 동기화의 무결성을 유지하기 위해 타임코드 펄스의 일부 수치를 설정할 수 있습니다.

마디 위치 및 SMPTE 시간 설정 : 절대적 시간(SMPTE 타임코드)과 상대적 시간(마디 및 비트) 간의 관계를 정의합니다.
Bar Position plays at SMPTE : 프로젝트의 SMPTE 오프셋을 정의합니다. 마디 1에서 정확히 시작하는 것과 상관없이 특정 SMPTE 시간에 마디 위치를 지정할 수 있습니다. 기본값은 마디 1 1 1 1이 SMPTE 01:00:00:00에서 재생되도록 설정됩니다.

☑ **별도의 SMPTE 보기 오프셋 활성화** : 시간 디스플레이에 실제 SMPTE 시간이 아닌 프로젝트 시작으로부터의 절대적 시간이 표시됩니다. 이 방식으로 타임라인에서 SMPTE 시간을 볼 수 있습니다.

SMPTE로 표시되는 마디 위치 : SMPTE 보기 오프셋을 선택하면, 마디 위치를 1 1 1 1으로 선택하고 SMPTE 00:00:00:00(기본 프리셋)으로 표시할 수 있습니다. 다른 SMPTE 오프셋 값을 설정할 수도 있습니다.
1시간 SMPTE 오프셋 (01:00:00:00) 설정은 비디오/오디오 포스트 프로덕션에서 일반적으로 사용됩니다. 이렇게 하면 midnight 문제를 피할 수 있습니다. 이 시간은 일부 장비에서 문제를 일으킬 수 있기 때문에, 프리롤을 설정하여 00:00:00:00을 넘지 않도록 합니다.

오디오

로직에서 오디오 트랙과 MIDI 트랙 간의 동기화를 유지하기 위한 설정을 제공합니다. 특히 외부 타임코드 송신기(MTC) 와의 동기화와 오디오 하드웨어의 샘플률 변화를 관리하는 데 중요한 역할을 합니다.

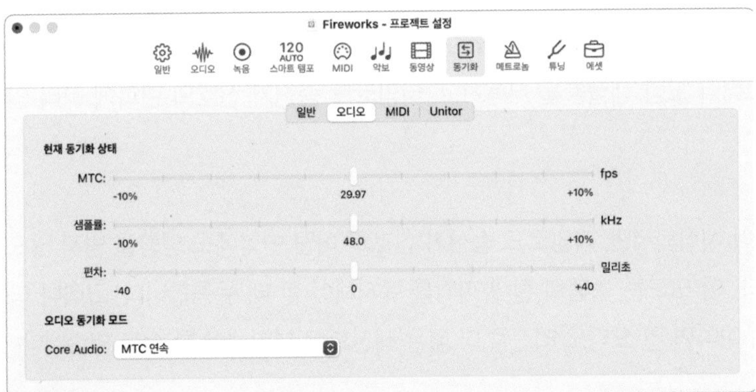

현재 동기화 상태

MTC : 입력 MTC와 명목 프레임률 간의 편차를 표시합니다. 편차가 큰 경우, 일반 동기화 패널에서 프레임률이 올바르게 설정되어 있는지 확인해야 합니다. 프레임률이 정확하면, 이 슬라이더를 사용하여 타임코드를 전송하는 장비의 테이프 속도를 명목 값으로 조정할 수 있습니다. 슬라이더가 중앙에 올 때까지 타임코드 송신기의 varipitch(속도 조절)를 조정하면 됩니다.

샘플률 : 샘플률의 편차를 표시합니다. 일부 오디오 하드웨어는 샘플률의 변화를 허용하지 않습니다. 이 슬라이더는 오디오 하드웨어와 동기화될 때 중요한 요소입니다.

편차 : 타임코드 송신기에서 워드 클락의 현재 위상 편차를 표시합니다. 이 값은 오디오와 MIDI 간의 편차를 나타냅니다. 타임코드 신호가 변해도 오디오와 MIDI 동기화 간에 큰 편차가 발생하지 않도록 하며, 이 과정은 MTC 연속 동기화 모드에서 유지됩니다. 이를 통해 오디오 하드웨어가 샘플률을 지속적으로 변경할 수 있도록 지원하며, MIDI는 타임코드 송신기를 따르므로 편차가 미미합니다.

오디오 동기화 모드

Core Audio : 하드웨어가 외부 타임코드 송신기와 동기화되는 방식을 정의합니다. 여러 동기화 옵션이 있으며, 각 옵션은 오디오 리전의 동기화 방식에 영향을 미칩니다. 다음은 오디오 리전의 동기화 및 샘플률 조정에 사용되는 다양한 동기화 모드입니다.

MTC 연속 : 이 모드에서는 오디오 리전이 타임코드 송신기와 동기화되어 시작되며, 샘플률은 타임코드 송신기 신호의 변화와 일치하도록 지속적으로 조정됩니다. 긴 오디오 리전도 이 모드에서 동기화 상태를 유지합니다. 매우 긴 리전에서도 안정적인 동기화를 보장합니다.

MTC 트리거 + 자동 속도 감지 : 타임코드 송신기의 템포가 지속적으로 모니터링됩니다. 이 모드는 MTC 연속보다 다소 느리지만, 타임코드 송신기와의 동기화를 더 잘 유지할 수 있도록 설계되었습니다. 로직을 다시 시작할 때, 조정된 샘플률이 사용됩니다. 그러나 고정 샘플률을 사용하고, 타임코드 송신기 신호의 변화에 따라 영향을 받지 않습니다.

MTC 트리거 : 오디오 리전이 동기화되어 시작되지만, 타임코드 송신기 신호의 어떤 변화에도 영향을 받지 않으며, 고정 샘플률로 오디오가 재생됩니다. 이 모드는 녹음의 절대 피치를 유지해야 할 때 유용합니다. 그러나 타임코드 송신기의 속도가 명목 값에서 벗어나면 긴 오디오 리전을 더 짧은 섹션으로 분할해야 할 수도 있습니다.

외부 또는 자유 : 로직은 샘플률에 영향을 미치지 않으며, 오디오 하드웨어는 오디오 리전의 위치와 샘플률이 일치하는지 확인하는 역할을 합니다. 이 모드는 외부 SMPTE 또는 워드 클락 싱크로나이저를 사용하여 동기화 상태를 유지하고 있다는 것이 확실할 때만 사용됩니다.

MIDI

로직에서 MIDI 클락 수신 및 동기화 설정에 대한 옵션을 제공합니다. 이 설정은 MIDI 클락, MIDI 타임코드(MTC), 및 MIDI 머신 컨트롤(MMC)을 외부 기기와 동기화하는 데 사용됩니다. 이를 통해 로직에서 최대 10개의 외부 MIDI 기기를 개별적으로 동기화할 수 있으며, 각 기기의 설정을 세부적으로 조정할 수 있습니다.

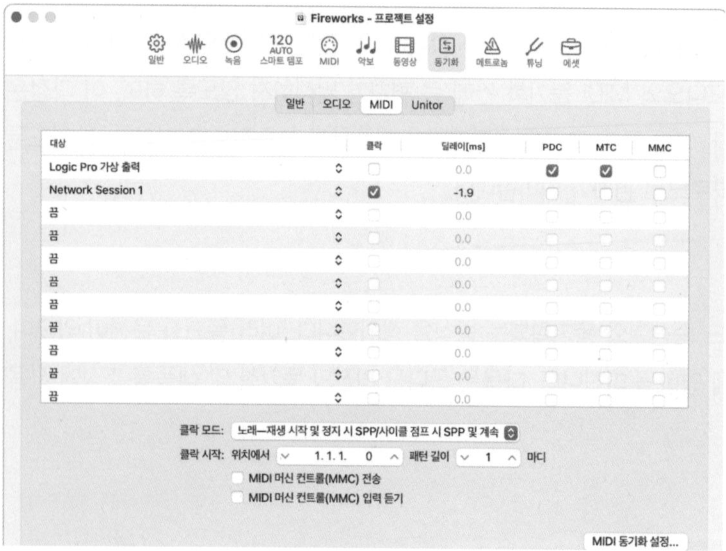

대상 : MIDI 클락을 보낼 기기를 선택할 수 있습니다.

모두 : 모든 MIDI 기기로 전송합니다.

네트워크 세션 1 : 로컬 네트워크의 응용 프로그램으로 보냅니다. (구성 필요)

IAC 드라이버 : 동일한 컴퓨터 내에서 MIDI 데이터를 전송합니다. (구성 필요)

로직 가상 출력 : 동일한 컴퓨터 내의 모든 응용 프로그램으로 전송합니다. 구성은 필요하지 않으며, 로직 내에서 자동으로 MIDI 입력 기기로 표시됩니다.

유선/무선 기기: USB 또는 Bluetooth를 통해 연결된 모든 MIDI 기기가 대상에 표시됩니다.

☑ **클락** : 선택된 MIDI 포트로 MIDI 클락 전송을 활성화합니다. 이를 통해 MIDI 클락 신호를 다른 MIDI 이벤트와 함께 보낼 수 있습니다.

딜레이[ms] : MIDI 클락 신호 전송을 지연시킬 수 있습니다. 음수 값은 신호를 더 일찍 전송함을 의미합니다. 이를 통해 외부 기기의 반응 딜레이를 보정할 수 있습니다.

☑ **PDC** : 플러그인 딜레이 보정을 활성화하여 소프트웨어 플러그인 사용 시 발생하는 딜레이를 보정합니다.

☑ **MTC** : 선택된 MIDI 포트로 MIDI 타임코드(MTC) 를 전송합니다. 그러나 MTC는 데이터 집약적이기 때문에 가능한 한 모든 포트로 보내지 않도록 하며, 사용하지 않는 MIDI 포트를 활용하는 것이 좋습니다.

☑ **MMC** : MIDI 머신 컨트롤(MMC) 전송을 활성화합니다. 이는 로직의 전송 기능(예: 시작, 정지, 되감기)을 외부 기기에서 제어할 수 있도록 해줍니다.

클락 모드 : 동기화된 MIDI 기기의 MIDI 클락 전송 모드를 선택할 수 있습니다. 다양한 옵션은 클락 전송 방식과 시퀀서 재생 시작 시기에 영향을 줍니다.

패턴 : 패턴 길이에 기반한 퀀타이즈된 클락 시작.

노래 : 재생 시작 및 정지 시, 또는 사이클 점프 시 SPP와 함께 계속 명령을 보냄.

노래-재생 시작 시에만 SPP : 초기 재생 시작 시에만 SPP 명령을 보냄.

클락 시작 : MIDI 클락 출력이 시작될 위치를 정의합니다. 1 1 1 1과 같은 특정 위치에서 시작하도록 설정할 수 있습니다.

☑ **MIDI 머신 컨트롤(MMC) 전송** : MIDI 머신 컨트롤(MMC)을 선택된 모든 MIDI 포트로 전송합니다.

☑ **MIDI 머신 컨트롤(MMC) 입력 듣기** : 외부 MIDI 기기에서 MMC 명령을 수신하여 로직을 제어할 수 있도록 설정합니다. 이는 재생, 지연 재생, 정지 명령을 포함합니다. 지연 재생은 기계적인 MIDI 클락을 수신하는 기기(예: 릴 테이프 레코더)에서 사용됩니다. 이 명령은 기기가 재생을 시작하기 전에 원하는 SMPTE 위치에 도달하도록 요청합니다.

Unitor

Unitor8은 SMPTE (Society of Motion Picture and Television Engineers) 타임코드를 사용하여 오디오와 비디오 장비 간의 동기화를 처리하는 데 매우 유용한 도구입니다. 이 설정은 SMPTE 데이터를 읽거나 쓰는 방법, 타임코드의 형식, 그리고 프리휠 및 텔레비전 포맷 설정 등을 세부적으로 조정할 수 있습니다.

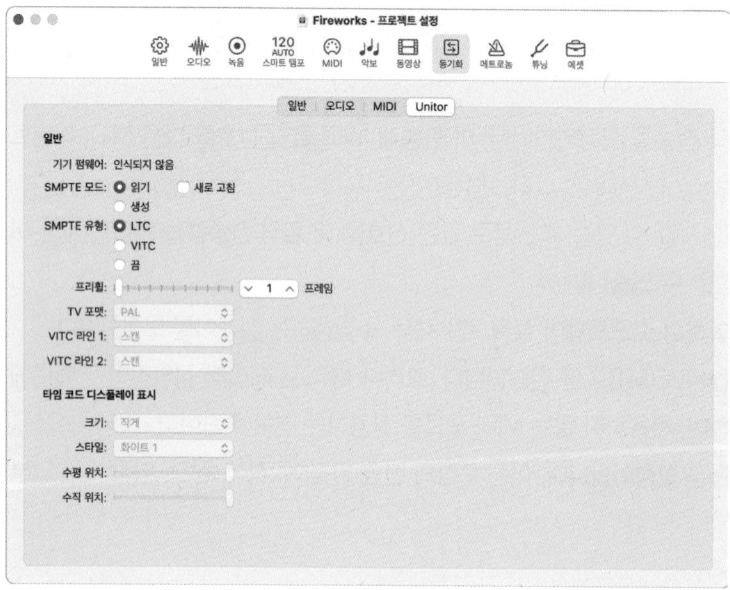

일반

기기 펌웨어 : 장치 연결 상태를 표시합니다.

SMPTE 모드

- **읽기** : Unitor8이 SMPTE 데이터를 읽도록 설정합니다. 이 옵션은 외부 장치에서 타임코드를 수신하는 데 사용됩니다.
- **생성** : Unitor8이 SMPTE 데이터를 생성하도록 설정합니다. 이는 타임코드를 외부 장치에 전송하는 데 사용됩니다.
- **새로 고침** : 수신된 타임코드에 맞춰 새로운 타임코드를 생성하는 새로 생성 모드가 활성화됩니다. 이 모드는 VITC (Vertical Interval Timecode)와 LTC (Linear Timecode) 모두에서 작동합니다. 타임코드를 복사할 때만 이 모드를 활성화해야 하며, 품질 손실 없이 LTC를 복사할 수 없기 때문에 이 모드를 사용하여 타임코드를 복사해야 합니다. 예를 들어, 전체 멀티트랙 테이프를 복사할 때 모든 트랙은 직접 패치해야 하지만 타임코드 트랙은 Unitor8을 통해 새로 생성됩니다.

SMPTE 유형

- **LTC** : 세로 타임코드(Linear Timecode)가 테이프 트랙에 기록되는 형식을 선택합니다. 이는 물리적 테이프에 타임코드를 기록하는 전통적인 방식입니다.
- **VITC** : 세로 음성 통합 타임코드(Vertical Interval Timecode)를 선택합니다. VITC는 비디오 테이프에 보이지 않게 기록되는 타임코드입니다. VITC는 비디오 신호의 수직 간격에 기록되어 비디오 이미지 자체에는 영향을 미치지 않습니다.
- **끔** : 타임코드를 기록하지 않는 옵션을 선택합니다.

프리휠 : 프리휠 시간은 타임코드 읽기가 중단된 후 MTC (MIDI Time Code) 를 계속 전송하는 시간을 설정합니다. 이 설정은 타임코드 판독기에 영향을 미칩니다. LTC와 VITC에 대한 프리휠 시간을 프레임 단위로 설정할 수 있습니다. 긴 프리휠 시간은 타임코드에 드롭아웃이 있거나 중단된 경우에도 동기화를 유지할 수 있지만, 그만큼 로직의 반응 시간이 느려질 수 있습니다. 반대로 짧은 프리휠 시간은 대기 시간이 짧아지지만 동기화의 신뢰도가 떨어질 수 있습니다. 실제 환경에서는 이 값을 너무 크거나 작지 않게 조정하여 최적의 동기화를 유지하는 것이 중요합니다.

TV 포맷 : 타임코드를 사용할 텔레비전 포맷을 정의합니다. 이는 비디오의 타임코드와 동기화된 작업을 할 때 중요합니다.

- **PAL** : 유럽, 남미, 아시아의 일부 국가에서 사용되는 비디오 포맷입니다. SECAM 포맷을 사용하는 경우에도 이 옵션을 선택합니다.
- **NTSC** : 미국, 일본, 캐나다 등에서 사용되는 비디오 포맷입니다.

VITC 라인 1 및 VITC 라인 2 : VITC는 일반적으로 보이지 않는 비디오 사진에 두 개의 라인으로 타임코드를 기록합니다. 이 두 라인은 인접하지 않아야 하며, 보통 12번과 20번 라인 사이에 배치됩니다. 스캔 옵션을 선택하면 VITC 라인을 자동으로 인식하게 되며, 문제가 있을 경우 수동으로 라인을 설정할 수도 있습니다.

타임 코드 디스플레이

- **크기** : 비디오 사진에 번인되는 타임코드 카운터 윈도우의 크기를 설정할 수 있습니다.
- **스타일** : 비디오 사진에 번인되는 타임코드 카운터의 스타일을 설정할 수 있습니다. 이를 통해 시각적인 타임코드 디스플레이의 스타일을 맞출 수 있습니다.
- **수평 위치 및 수직 위치** : 비디오 화면에서 타임코드 카운터 윈도우의 위치를 설정합니다. 이를 통해 타임코드 카운터가 화면에서 어느 위치에 표시될지 정의할 수 있습니다.

9 메트로놈

MIDI 클릭 및 Klopfgeist 소프트웨어 악기와 같은 가상 메트로놈 음원을 결합하여 다양한 메트로놈 옵션을 제공합니다. 재생, 녹음, 카운트인 등 다양한 상황에서 메트로놈 클릭 소리의 출력을 제어할 수 있습니다.

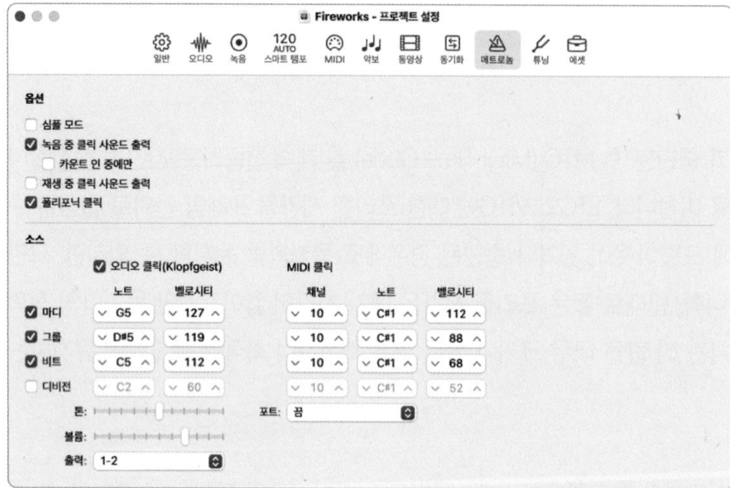

Klopfgeist 사용

Klopfgeist는 로직의 내장 소프트웨어 악기로 메트로놈 클릭 사운드를 생성하는 데 사용됩니다. 이 플러그인은 악기 채널 스트립의 유틸리티 서브 폴더에 위치하며, 프로젝트 생성 시 자동으로 로드됩니다.

채널 스트립 설정

이름이 클릭으로 지정되고, 믹서의 오른쪽에 배치됩니다. 기본적으로 이 채널 스트립은 솔로 세이프(Solo Safe)로 설정되어 클릭이 계속 들리게 됩니다. 즉, 클릭 사운드는 다른 트랙을 솔로로 설정해도 들을 수 있습니다.

컨트롤 막대에서 메트로놈 설정 옵션 : 메트로놈 버튼을 오른쪽 버튼으로 클릭하여 선택할 수 있는 설정

심플 모드(Simplified Mode) : 이 모드를 활성화하면 기본적인 메트로놈 설정만 사용되며, 더 복잡한 설정 옵션이 비활성화됩니다.

녹음 중 클릭 사운드 출력 : 이 설정을 통해 녹음 중에 메트로놈 클릭이 출력될지 여부를 제어합니다.

카운트 인 중에만 : 카운트 인이 활성화된 경우에만 메트로놈 클릭이 들리도록 설정할 수 있습니다. 녹음 중 클릭 사운드 출력이 활성화된 경우에만 이 옵션이 적용됩니다.

재생 중 클릭 사운드 출력 : 재생 시에도 메트로놈 클릭을 출력하도록 설정합니다.

폴리포닉 클릭 : 마디, 비트, 디비전에 대해 동시에 여러 노트를 보낼 수 있도록 설정합니다. 이 옵션을 선택하지 않으면 메트로놈은 한 번에 하나의 노트만 출력합니다.

소스

로직에서 메트로놈 클릭의 사운드 소스는 두 가지로 선택할 수 있습니다.

오디오 클릭 (Klopfgeist 플러그인 사용)

MIDI 클릭 (MIDI 노트 이벤트로 외부 MIDI 사운드 모듈에 전송)

이 설정은 로직 환경설정 파일에 저장되며, 모든 프로젝트에서 동일한 설정이 적용됩니다.

메트로놈 클릭 패턴 설정

다양한 리듬 유닛에 대한 클릭을 설정할 수 있습니다.

마디 : 각 마디의 다운비트에서 클릭을 생성합니다.

그룹 : 복합 박자에서 그룹에 대해 클릭을 생성합니다.

비트 : 각 비트에서 클릭을 생성합니다.

디비전 : 비트 내에서 나누어진 단위에서 클릭을 생성합니다.

이러한 설정을 통해 다양한 리듬에 맞춰 메트로놈 클릭을 조정할 수 있습니다.

오디오 클릭(Klopfgeist)

노트 : 마디, 그룹, 비트, 디비전에 할당된 노트 번호를 설정합니다.

벨로시티 : 각 노트의 벨로시티(세기)를 설정합니다.

톤 : Klopfgeist의 Tonality 파라미터를 조정하여 클릭 소리를 우드 블록이나 클라베스와 같은 피치가 있는 소리로 변경합니다.

볼륨 : Klopfgeist 채널 스트립의 볼륨을 조절하여 클릭 사운드의 출력 레벨을 설정합니다.

MIDI 클릭

MIDI 클릭을 사용할 경우에는 다음과 같은 파라미터를 설정할 수 있습니다:

채널 : 생성된 MIDI 노트의 채널을 설정합니다.

노트 : 생성된 MIDI 노트의 번호를 설정합니다.

벨로시티 : 생성된 MIDI 노트의 벨로시티를 설정합니다.

포트 : MIDI 클릭의 출력 포트를 선택하여 외부 MIDI 사운드 모듈로 전송할 수 있습니다.

10 튜닝

로직은 실시간 튜닝 시스템을 제공하여 다양한 소프트웨어 악기와 외부 악기의 튜닝을 세밀하게 조정할 수 있습니다. 이를 통해 음악 제작자는 튜닝 시스템을 변경하고, 조정된 튜닝을 트랙에 실시간으로 적용할 수 있습니다.

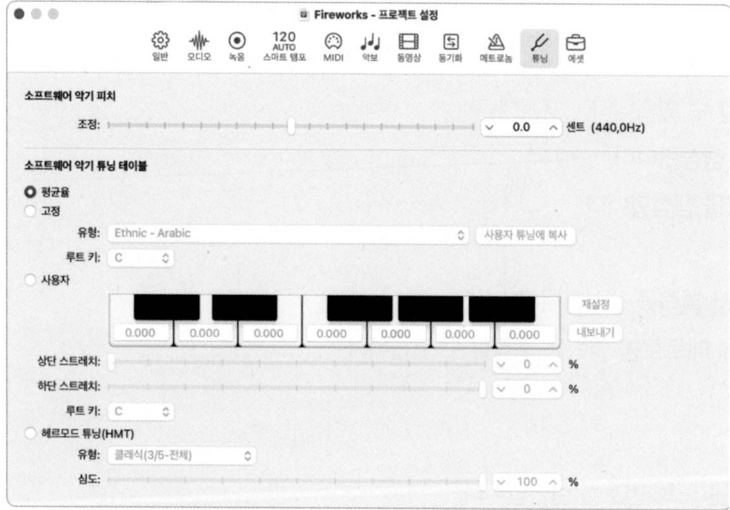

소프트웨어 악기 피치

모든 소프트웨어 악기의 글로벌 튜닝을 설정합니다. 기본적으로 콘서트 피치 A (440Hz) 로 설정되며, 디튜닝은 센트(세미톤의 1/100) 단위로 조정됩니다. 이 슬라이더를 사용하여 전체 악기의 튜닝을 바꿀 수 있습니다.

소프트웨어 악기 튜닝 테이블

평균율 : 기본 튜닝 시스템으로, 모든 음정이 동일한 간격으로 조정됩니다. 평균율은 대부분의 현대 음악에서 사용됩니다.

고정 : 여러 고정된 튜닝 스케일을 사용하여 음악의 키를 설정합니다. 예를 들어, C 메이저가 기본 키로 설정되며, 해당 키에 맞게 악기들이 튜닝됩니다. 고정 튜닝 모드는 바로크 음악이나 중세 음악에서 자주 사용되며, 특정 코드나 음정을 중심으로 튜닝이 이루어집니다.

유형 : 다양한 역사적인 튜닝 스케일을 제공하며, 이 옵션을 통해 특정 튜닝 스케일을 선택할 수 있습니다.

루트 키 : 선택한 튜닝 스케일에 대한 글로벌 키(예: C, D 등)를 선택할 수 있습니다. 이 메뉴를 통해 튜닝 테이블의 기준이 되는 키를 쉽게 설정할 수 있습니다.

사용자 : 현재 선택된 튜닝 테이블을 사용자 튜닝 섹션으로 복사하여 개인적인 튜닝을 만들 수 있습니다. 원하는 값에 도달할 때까지 세미톤 상자를 드래그하거나 클릭하여 값을 조정할 수 있습니다. 첫 번째 세미톤 박스(루트 키)는 수정할 수 없습니다.

재설정 : 모든 튜닝 조정을 기본값(0.000)으로 재설정합니다.

내보내기 : 현재 튜닝 테이블 설정을 Tuning Tables 폴더로 내보낼 수 있습니다. 내보낸 파일은 나중에 불러와서 사용할 수 있습니다.

상단 스트레치 : 소리의 트레블(고음) 끝에서 평균율 스케일로부터의 편차를 결정합니다. 값이 높을수록 고음이 더 높게 튜닝됩니다. 0으로 설정하면 평균율 튜닝이 적용됩니다.

하단 스트레치 : 소리의 베이스(저음) 끝에서 평균율 스케일로부터의 편차를 결정합니다. 값이 높을수록 저음이 더 낮게 튜닝됩니다. 0으로 설정하면 평균율 튜닝이 적용됩니다.

헤르모드 튜닝 (HMT)

헤르모드 튜닝 (HMT)을 사용하면 피치 관계를 유지하면서도 3도 및 5도 음정의 순도를 조정할 수 있습니다. HMT 모드와 이펙트 정도를 설정하여, 키와 노트 간의 피치 관계를 자연스럽게 조정할 수 있습니다.

유형

클래식(3/5-전체) : 순정율의 3도와 5도를 정확하게 튜닝하며, 충돌 시 음정이 약간 어긋날 수 있습니다.

팝/재즈(3/5/7-전체) : 5도, 3도, 7도를 디튠하여 팝과 재즈 스타일에 적합한 음정을 만듭니다. 7도의 디튠이 중요하여 폴리포닉 음악에는 적합하지 않습니다.

바로크(3/5-어댑티브) : 순정율 3도와 5도의 튜닝을 제공합니다. 하모닉 센터가 분명한 음악에서 미들 코드는 매우 순수하게 튜닝됩니다.

심도 : 0%에서 100% 사이의 값을 설정하여 이펙트 정도를 조절합니다. 값이 클수록 3도와 5도의 순도가 높아집니다.

11 에셋

로직은 프로젝트를 저장할 때, 해당 프로젝트에 포함된 다양한 에셋들을 함께 저장할 수 있는 옵션을 제공합니다. 이 설정을 통해 프로젝트 파일이 패키지 형식으로 저장되거나 폴더 형식으로 저장될 때 사용되는 에셋 유형을 선택할 수 있습니다. 이상적으로는 모든 프로젝트 에셋을 프로젝트 파일과 함께 저장하는 것이 좋지만, 일부는 저장하지 않고 외부에서 관리할 수도 있습니다.

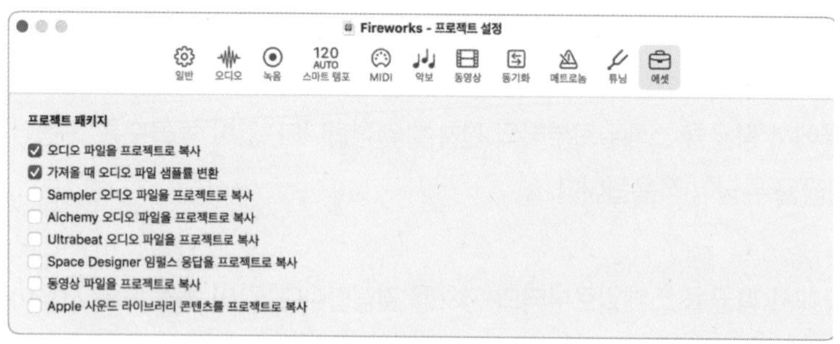

프로젝트 에셋 프로젝트 설정

프로젝트 패키지 또는 프로젝트 폴더 내에서 복사할 에셋을 선택할 수 있는 옵션을 제공합니다. 이 설정은 프로젝트 패키지 또는 폴더가 어떻게 구성되고 저장될지에 대한 세부사항을 설정하는 데 유용합니다.

저장 위치와 형식

프로젝트 패키지는 모든 파일을 하나의 단일 파일로 묶어 저장하는 방식입니다.
프로젝트 폴더는 프로젝트 관련 파일들이 개별 파일로 폴더 안에 저장되는 방식입니다.
이 헤더는 프로젝트가 단일 파일(패키지)로 저장되었는지 폴더로 저장되었는지에 따라 표시됩니다.

프로젝트 패키지

다음의 항목들에 대해 프로젝트로 복사할지 여부를 선택할 수 있습니다.

☑ **오디오 파일을 프로젝트로 복사** : 이 항목을 선택하면 프로젝트로 가져온 모든 오디오 파일이 프로젝트 패키지 또는 폴더의 일부로 복사됩니다. 프로젝트에 포함된 오디오 파일을 독립적으로 저장할 수 있습니다.

☑ **가져올 때 오디오 파일 샘플률 변환** : 이 항목을 선택하면 오디오 파일의 샘플률이 프로젝트의 샘플률에 맞게 자동 변환됩니다. 프로젝트와 동일한 샘플률로 오디오 파일을 변환하여 저장할 수 있습니다.

☑ **Sampler 오디오 파일을 프로젝트로 복사** : 이 옵션을 선택하면 Ultrabeat 샘플을 포함한 모든 샘플 파일들이 프로젝트 패키지 또는 폴더에 저장됩니다. Sampler에 의해 사용된 오디오 파일을 포함할 때 유용합니다.

☑ **Alchemy 오디오 파일을 프로젝트로 복사** : 이 항목을 선택하면 Alchemy에 의해 사용된 모든 오디오 데이터가 프로젝트 패키지 또는 폴더의 일부로 저장됩니다. Alchemy의 샘플이 프로젝트 내에 포함되어 있을 경우 이를 저장합니다.

☑ **Ultrabeat 오디오 파일을 프로젝트로 복사** : Ultrabeat 샘플이 포함된 프로젝트에서 이 항목을 선택하면 해당 샘플들이 프로젝트 패키지 또는 폴더에 저장됩니다.

☑ **Space Designer 임펄스 응답을 프로젝트로 복사** : 이 항목을 선택하면 프로젝트에 사용된 Space Designer 임펄스 응답(IR) 파일들이 프로젝트 패키지 또는 폴더에 저장됩니다. Space Designer에서 사용된 임펄스 응답 파일도 프로젝트와 함께 저장되므로, 나중에 다른 시스템에서 열어도 동일한 효과를 유지할 수 있습니다.

☑ **동영상 파일을 프로젝트로 복사** : 프로젝트에 사용된 모든 동영상 파일들이 프로젝트 패키지 또는 폴더의 일부로 저장됩니다. 프로젝트 내에서 비디오를 사용한 작업이 있을 경우 이를 함께 저장할 수 있습니다.

☑ **Apple 사운드 라이브러리 콘텐츠를 프로젝트로 복사** : 이 항목을 선택하면 프로젝트에 사용된 Apple 사운드 라이브러리 콘텐츠가 프로젝트 패키지 또는 폴더에 저장됩니다. 프로젝트에서 Apple의 기본 제공 사운드 라이브러리 콘텐츠를 사용한 경우 이를 프로젝트와 함께 저장할 수 있습니다.

사용자에게 제공되는 유연성
로직은 프로젝트 저장 시 어떤 에셋을 포함할지 유연하게 선택할 수 있어 프로젝트의 크기를 관리하거나 특정 에셋을 외부에서 관리하고 싶을 때 유용합니다. 예를 들어:

- 오디오 파일을 프로젝트와 함께 저장하면 나중에 다른 시스템에서 해당 프로젝트를 열 때 관련된 오디오 파일들이 자동으로 포함되어 있습니다.

- 동영상 파일을 프로젝트에 포함하면 비디오와 관련된 요소를 독립적으로 관리할 수 있습니다.

- 특정 라이브러리 콘텐츠를 제외하고, 프로젝트가 가볍게 유지되도록 할 수 있습니다.

이러한 옵션들은 프로젝트를 다른 사람과 공유하거나 백업을 만들 때 유용합니다. 로직의 프로젝트 설정에서 어떤 파일을 포함할지 선택하여 프로젝트 파일을 더 깔끔하고 효율적으로 관리할 수 있습니다.